2019年
君合业务研究报告

JUNHE| 君合律师事务所 著

中华工商联合出版社

图书在版编目（CIP）数据

君合业务研究报告 · 2019 / 君合律师事务所著 . --
北京 : 中华工商联合出版社 , 2020.6
ISBN 978-7-5158-2579-3

Ⅰ . ①君… Ⅱ . ①君… Ⅲ . ①律师业务—研究报告—
中国— 2019 Ⅳ . ① D926.5
中国版本图书馆 CIP 数据核字（2020）第 075181 号

君合业务研究报告 · 2019

作　　者：君合律师事务所
出 品 人：李　梁
责任编辑：于建廷 效慧辉 王　欢
装帧设计：肖　杰
责任审读：傅德华
责任印制：迈致红
出版发行：中华工商联合出版社有限责任公司
印　　刷：北京雅图新世纪印刷科技有限公司
版　　次：2020 年 6 月第 1 版
印　　次：2020 年 6 月第 1 次印刷
开　　本：710mm × 1000 mm　1/16
字　　数：1250 千字
印　　张：54
书　　号：ISBN 978-7-5158-2579-3
定　　价：160.00 元

服务热线：010—58301130—0（前台）
销售热线：010—58301132（发行部）
010—58302977（网络部）
010—58302837（馆配部）
010—58302813（团购部）
地址邮编：北京市西城区西环广场 A 座
19—20 层，100044
http://www.chgslcbs.cn
投稿热线：010—58302907（总编室）
投稿邮箱：1621239583@qq.com

目录

CONTENTS

081 资本市场业务年度报告

199 银行金融业务年度报告

259 税务法业务年度报告

271 基础设施和项目融资业务年度报告

385 传媒娱乐业务年度报告

513 专利法业务年度报告

569 劳动法业务年度报告

599 反垄断业务年度报告

631 境外投资业务年度报告

739 合规业务年度报告

781 诉讼仲裁业务年度报告

2019 年
君合业务研究报告

公司并购业务
年度报告

君合律师事务所公司组

一、2019 年度公司与并购业务重要立法摘要

（一）《中华人民共和国外商投资法》

2019 年 3 月 15 日，中华人民共和国第十三届全国人民代表大会（以下简称“**全国人代会**”）第二次会议正式通过并公布《中华人民共和国外商投资法》（以下简称“**《外商投资法**”），该法自 2020 年 1 月 1 日起施行，届时《中华人民共和国外资企业法》《中华人民共和国中外合资经营企业法》《中华人民共和国中外合作经营企业法》（以下统称“**外资三**”）将同时废止。

1. 出台背景

《外商投资法》出台之前，我国主要依赖以外资三法为基础的外商投资法律体系。外资三法在我国改革开放初期和经济高速发展时期，对我国招商引资起到了重要作用。然而，现阶段我国的经济进入一个新的发展阶段，原有的外资三法已难以满足新时期引进外资的要求并应对新的挑战。此外，从整体国际环境来讲，全球经济一体化进一步发展，为充分彰显新时代我国进一步扩大对外开放、积极促进外商投资的决心和信心，营造法治化、国际化、便利化的营商环境，一部统一的新的外商投资领域的基础性法律亟待出台。

我国早在 2015 年即通过商务部颁布了《中华人民共和国外国投资法》（草案征求意见稿）（以下简称“**201**”），该征求意见稿采用了较为宽泛的外国投资活动的外延，明确将协议控制（即 VIE 结构）纳入监管范围。2018 年 12 月 26 日，全国人民代表大会常务委员会（以下简称“**全国人代会**”）发布了《中华人民共和国外商投资法》（草案）（以下简称“**201**”），2018 年草案与 2015 年草案相比，适当调整了外商投资活动的外延，将协议控制的问题暂时搁置，并明确采用准入前国民待遇 + 负面清单的管理模式，历时三个月三次审议后该草案于 2019 年 3 月 15 日获得正式通过。

2. 主要内容

《外商投资法》的主要内容是明确规定了外商投资活动的外延及对外商投资的保护政策，外商投资准入前国民待遇 + 负面清单的管理制度，外商投资信息报告制度，外商投资安全审查制度以及其他相关监管制度，具体内容如下：

（1）明确《外商投资法》适用于外国的自然人、企业和其他组织（以下统称“外国投资者”）直接或间接在中国境内进行的下述投资活动，包括：（i）外国投资者单独或者

与其他投资者共同在中国境内设立外商投资企业；（ii）外国投资者取得中国境内企业的股份、股权、财产份额或者其他类似权益；（iii）外国投资者单独或者与其他投资者共同在中国境内投资新建项目；以及（iv）法律、行政法规或者国务院规定的其他方式的投资。

（2）明确规定国家对外商投资实行准入前国民待遇 + 负面清单管理制度。前述准入前国民待遇是指在投资准入阶段给予外国投资者及其投资不低于本国投资者及其投资的待遇；前述负面清单，是指国家规定在特定领域对外商投资实施的准入特别管理措施，由国务院发布或批准发布。国家对负面清单之外的外商投资，给予国民待遇；对于负面清单规定限制投资的领域，外国投资者进行投资应当符合负面清单规定的条件；对于负面清单规定禁止投资的领域，外国投资者不得投资。

（3）明确建立外商投资信息报告制度，外国投资者或者外商投资企业应当通过企业登记系统以及企业信用信息公示系统向商务主管部门报送投资信息。外商投资信息报告的内容和范围按照确有必要的原则确定；通过部门信息共享能够获得的投资信息，不得再行要求报送。如违反相关报告制度的，由相关部门依法查处，并按照国家有关规定纳入企业信用信息系统。

（4）明确建立外商投资安全审查制度，对影响或者可能影响国家安全的外商投资进行安全审查。依法作出的安全审查决定为最终决定。

（5）明确保障外商投资企业在参与标准制定及其适用、参与政府采购、国家支持企业发展政策的适用、国家征收、所得汇出、知识产权、商业秘密、政府承诺等方面的合法利益。

（6）明确外商投资企业的组织形式、组织机构及其活动准则，适用《中华人民共和国公司法》（以下简称“《公司法》”）、《中华人民共和国合伙企业法》（以下简称“《合伙企业法》”）等法律的规定。

（7）明确规定五年的过渡期限，即在《外商投资法》施行前依照“外资三法”设立的外商投资企业，自《外商投资法》生效之日起五年的过渡期内可以继续保留原企业组织形式等，具体实施办法由国务院规定。

3. 简评

《外商投资法》将“外资三法”进行统一整合，在法律层面明确外商投资准入前国民待遇 + 负面清单的管理制度，并在外商投资企业的组织形式、组织机构等方面与《公司法》进行无缝对接，进一步优化了外商投资市场的环境，对中国进一步推进对外开放具有重大意义。另一方面，由于《外商投资法》主要从框架方面作出了原则性的规定，其具体条款的执行和适用，以及现行有效的其他外商投资相关法规如何适用等相关问题有待进一步明确和澄清。但是总体上，《外商投资法》对于在中国境内投资的外国投资者来说，是一个值得鼓舞的重大利好。

（二）《中华人民共和国外商投资法实施条例》[1]

2019年12月26日，国务院正式通过并公布《中华人民共和国外商投资法实施条

1 本文部分节选自《外商投资进入中国快车道——解读最新〈外商投资法实施条例〉》（作者：郑宇、廖悦悦等），载于君合法律评论2020年1月3日。

例》（以下简称“**《外商投资法实施条例**”），该条例自 2020 年 1 月 1 日起施行。

1. 出台背景

为配合《外商投资法》的有效实施，司法部于 2019 年 11 月 1 日颁布了《中华人民共和国外商投资法实施条例（征求意见稿）》，对外商投资的投资保护政策、投资管理措施、五年过渡期的处理等进一步细化和明确。经过广泛征集各方意见，《外商投资法实施条例》最终于 2019 年 12 月 26 日获得正式通过并颁布。

2. 主要内容

《外商投资法实施条例》共 6 章、49 条，主要内容包括《外商投资法》的适用范围、促进和保护投资措施、投资管理措施、法律责任和过渡期处理等，具体内容如下：

（1）明确中国的自然人可以是外商投资企业的投资主体之一，以取代“外资三法”项下中方投资者未包括中国自然人的历史规定。

（2）细化投资促进的相关规定，如未经依法公布的与外商投资有关的政府规范性文件，不得作为行政管理的依据；国家制定的强制性标准对外商投资企业和内资企业平等适用，不得专门针对外商投资企业适用高于强制性标准的技术要求。

（3）细化投资保护的相关规定，如国家加大对知识产权侵权行为的惩处力度，持续强化知识产权执法；采取如下具体措施保护外国投资者和外商投资企业的商业秘密：（i）严格限定行政机关要求提供涉及商业秘密材料和信息的范围；（ii）禁止与履行职责无关的人员接触涉及该等商业秘密的材料和信息；（iii）依法需与其他行政机关共享信息的，应当对信息中的商业秘密进行保密处理，防止泄露。政府及其有关部门制定涉及外商投资的规范性文件，应当按照国务院的规定进行合法性审核；地方各级人民政府及其有关部门应当履行向外国投资者、外商投资企业依法作出的政策承诺以及依法订立的各类合同，不得以行政区划调整、政府换届、机构或者职能调整以及相关责任人更替等为由违约毁约。因国家利益、社会公共利益需要改变政策承诺、合同约定的，应当依照法定权限和程序进行，并依法对外国投资者、外商投资企业因此受到的损失及时予以公平、合理的补偿。

（4）细化投资管理的相关规定：（i）外商投资企业的登记注册，由国务院市场监督管理部门或者其授权的地方人民政府市场监督管理部门依法办理。此外，《外商投资法实施条例》还规定，有关主管部门在依法履行职责过程中，对外国投资者拟投资负面清单内领域，但不符合负面清单规定的，不予办理许可、企业登记注册等相关事项。因此，市场监督管理部门在进行外商投资企业的设立和变更登记时，将一并审查是否属于负面清单领域，且是否符合负面清单的相关规定；（ii）外国投资者在依法需要取得许可的行业、领域进行投资的，除法律、行政法规另有规定外，负责实施许可的有关主管部门应当按照与内资一致的条件和程序，审核外国投资者的许可申请，不得在许可条件、申请材料、审核环节、审核时限等方面对外国投资者设置歧视性要求；（iii）外国投资者或者外商投资企业应当通过企业登记系统以及企业信用信息公示系统向商务主管部门报送投资信息；外商投资信息报告的内容、范围、频次和具体流程，由国务院商务主管部门会同国务院市场监督管理部门等有关部门按照确有必要、高效便利的原则确定并公布；（iv）商务主管部门、其他有关部门应当加强信息共享，通过部门信息共享能够获得的投资信息，不得再行要求外国投资者或者外商投资企业报送。

（5）明确过渡期的处理规则，现有外商投资企业在组织形式、组织机构等与《公司法》《合伙企业法》等法律的强制性规定不一致的，如在《外商投资法》施行后5年的过渡期内未变更的，企业登记机关不予办理该企业的其他登记事项，并将相关情形予以公示。但是，值得注意的是，现有中外合资经营企业和中外合作经营企业各方投资者在合同中约定的股权或者权益转让办法、收益分配办法、剩余财产分配办法等，可以继续按照约定办理。该条规定可以较好解决在“外资三法”框架下达成的合营合同或合作合同中与《公司法》规定有冲突但又涉及各方投资者核心商业利益的合同安排的效力问题，从而避免纠纷。

（6）香港及澳门特别行政区投资者在内地的投资、华侨在内地的投资参照适用《外商投资法》及其实施条例；台湾地区投资者在大陆投资适用《中华人民共和国台湾同胞投资保护法》及其实施细则，对于《中华人民共和国台湾同胞投资保护法》及其实施细则未规定的事项，参照适用《外商投资法》及其实施条例；定居在国外的中国公民在中国境内投资，参照适用《外商投资法》及其实施条例，但法律、行政法规或者国务院另有规定的，从其规定。

3. 简评

《外商投资法实施条例》是《外商投资法》的核心配套法规之一，其对《外商投资法》进行了进一步细化和补充，对引进外资和有效实施《外商投资法》具有重大的现实意义。《外商投资法实施条例》出台以后，长久以来在外商投资企业设立和变更过程中需要分别走商务部门审批/备案和市场监管部门（原工商管理部门）登记等行政程序，将基本简化为在市场监管部门实行“一站式”的审核/登记，这将极大简化外商投资企业设立和变更的程序，提升行政程序的效率，同时减轻投资者和企业的负担。

（三）《最高人民法院关于适用〈中华人民共和国公司法〉若干问题的规定（五）》[1]

2019年4月28日，最高人民法院发布《最高人民法院关于适用〈中华人民共和国公司法〉若干问题的规定（五）》（以下简称“**《公司司法解释五》**”），自2019年4月29日起施行。

1. 出台背景

保护投资者权益是我国公司法重要立法目的之一。《公司法司法解释五》就股东权益保护等纠纷案件适用法律问题作出解释，目的在于充分发挥法院司法职能，平等保护各方主体权益、严格规范交易行为。在现有法律制度框架内对中小投资者权益保护等相关制度进行完善，可以更加有效地维护社会关系稳定和生产生活秩序，增强市场交易的可预见性，对打造法治化、国际化、便利化的营商环境具有重大意义。

2. 主要内容

《公司法司法解释五》共六条，主要对履行法定程序不能豁免关联交易赔偿责任、关

---

1 本文部分节选自最高人民法院于2019年4月28日在其官方网站上发表的“最高法出台公司法司法解释（五）就股东权益保护等适用法律问题作出规定”及“依法保护股东权益 服务保障营商环境——最高人民法院民二庭相关负责人就《关于适用若干问题的规定（五）》答记者问”。

联交易合同的无效与撤销、董事职务的无因解除与离职补偿、公司分配利润的时限、有限责任公司股东重大分歧解决机制等方面的问题做了规定。相关具体内容如下：

（1）规范了关联交易内外部责任

《公司法司法解释五》明确，尽管交易已经履行了相应的程序，但如果结果上存在不公平，损害公司利益的情形，公司依然可以主张控股股东等关联人承担损害赔偿责任。同时，将股东代表诉讼的适用范围扩大到关联交易合同行为中，在关联交易合同存在无效或者可撤销情形而公司不起诉的情况下，符合条件的股东可以依法请求确认关联交易合同无效或者撤销该合同。

（2）规范了董事职务无因解除

《公司法司法解释五》明确了董事任期未届满，股东会或股东大会也可决议解除其职务。同时规范了法院审理董事因职务解除与公司就补偿问题发生的纠纷时，应依据法律、法规、公司章程的规定及合同的约定，综合考虑多种因素确定是否补偿以及补偿的合理数额，对法院审理此类案件时自由裁量权的行使进行了指引。需要注意的是，职工董事不由股东决议任免，因此不存在股东会或股东大会决议解除其职务的情形。

（3）规范了公司分配利润的时限

《公司法司法解释五》从中小股东利益出发，首先从利润分配请求权方面着力保护公司股东权利。利润分配请求权，是指股东有权按照出资或股份比例请求分配公司利润的权利。《最高人民法院关于适用〈中华人民共和国公司法〉若干问题的规定（四）》对于股东利润分配请求权已赋予了相应的司法救济，《公司法司法解释五》又进一步提出了公司完成利润分配的时限要求，明确公司至迟应当自作出分配决议之日起一年内完成利润分配。

（4）构建了有限责任公司股东分歧解决机制

基于公司永久存续性特征，在有限责任公司股东产生重大分歧，导致公司僵局时，只要尚有其他途径解决矛盾，应当尽可能采取其他方式解决，以维持公司运营，避免解散。解决公司僵局一般采取股东离散方式来避免公司解散，但有限责任公司基于其人合性特征，股权转让受到诸多限制，不愿意继续经营公司的股东退出公司较为困难。《公司法司法解释五》在诉讼过程中指引股东协商解决分歧，以调解方式解决股东退出问题。

3. 简评

《公司法司法解释五》切实提升了公司股东特别是中小股东的权利，一是，《公司法司法解释五》明确了尽管已履行了法定程序也不能豁免关联交易赔偿责任。同时规定符合条件的股东可以提起代表诉讼，请求对关联交易中相关合同确认无效或撤销，为中小股东提供了追究关联人责任，保护公司和自身利益的利器。二是，《公司法司法解释五》明确了董事职务的无因解除与相对应的离职补偿，厘清公司与董事的法律关系，增强股东权益保护，降低代理成本。三是，《公司法司法解释五》明确了公司作出分配利润的决议后，完成利润分配的最长时限，使股东利润分配请求权落到实处；四是，《公司法司法解释五》建立了有限责任公司股东重大分歧解决机制，强调法院在相关案件审理中强化

调解，引导股东协商解决分歧，恢复公司正常经营，避免公司解散。

（四）《全国法院民商事审判工作会议纪要》[1]

2019年11月8日，最高人民法院发布《全国法院民商事审判工作会议纪要》（以下简称“**《纪要》**”）。《纪要》共计12部分130条，内容涉及公司、合同、担保、金融、破产等民商事审判的大部分领域，同时对案外人执行异议之诉、第三人撤销之诉、民刑交叉等突出程序问题进行了规范。

1. 出台背景

最高人民法院于2019年7月3日至4日在黑龙江省哈尔滨市召开了全国法院民商事审判工作会议。最高人民法院党组书记、院长出席会议并讲话，明确当前和今后一个时期人民法院民商事审判工作要“以营造法治化营商环境为工作重心，重点抓好产权保护、金融审判和破产审判三项工作”。会上讨论了《全国法院民商事审判工作会议纪要（稿）》，该纪要在广泛征求各方面意见的基础上，经最高人民法院民事行政审判专业委员会讨论，于2019年11月8日正式发布。

2. 主要内容

本文主要关注《纪要》中与公司法有关的部分。其主要内容如下：

（1）关于“对赌协议”的效力及履行

《纪要》明确，实践中俗称的“对赌协议”，又称估值调整协议，是指投资方与融资方在达成股权性融资协议时，为解决交易双方对目标公司未来发展的不确定性、信息不对称以及代理成本而设计的包含了股权回购、金钱补偿等对未来目标公司的估值进行调整的协议。

《纪要》规定，投资方与目标公司签订的“对赌协议”在不存在法定无效事由的情况下，一方当事人仅以协议存在股权回购或者金钱补偿约定为由，主张协议无效的，人民法院不予支持。但当事人主张实际履行的，人民法院应当审查是否符合公司法关于“股东不得抽逃出资”或股份回购的强制性规定，判决是否支持其请求。

（2）关于股东出资应否加速到期

在注册资本认缴制下，股东依法享有期限利益。债权人以公司不能清偿到期债务为由，请求未届出资期限的股东在未出资范围内对公司不能清偿的债务承担补充赔偿责任的，人民法院不予支持。但是，《纪要》规定了两种例外情形：一是公司作为被执行人的案件，因穷尽执行措施无财产可供执行，已具备破产原因，但不申请破产的；二是在公司债务产生后，公司股东（大）会决议延长股东出资期限的。

（3）关于公司人格否认

《纪要》明确，公司人格独立和股东有限责任是公司法的基本原则。否认公司独立人格，由滥用公司法人独立地位和股东有限责任的股东对公司债务承担连带责任，只是股东有限责任的例外情形。

《纪要》强调，要准确把握《公司法》第20条第3款规定的精神，只有在股东实施

---

1 本文部分内容参考《〈全国法院民商事审判工作会议纪要〉解读》（作者：蔡黎、牛国梁），载于《君合法律评论》2019年11月22日。

了滥用公司法人独立地位及股东有限责任的行为，且该行为严重损害了公司债权人利益的情况下，才能适用。只有实施了滥用法人独立地位和股东有限责任行为的股东才对公司债务承担连带清偿责任，而其他股东不应承担此责任。

《纪要》强调，公司人格否认不是全面、彻底、永久地否定公司的法人资格，而只是在具体案件中依据特定的法律事实、法律关系，突破股东对公司债务不承担责任的一般规则，例外地判令其承担连带责任。

《纪要》还对否定公司人格的 3 种典型情形（人格混同、过度支配与控制、资本显著不足）如何把握进行了细化。

（4）关于有限责任公司清算义务人的责任

《纪要》明确，《最高人民法院关于适用〈中华人民共和国公司法〉若干问题的规定（四）》第 18 条第 2 款规定的“怠于履行义务”，是指有限责任公司的股东在法定清算事由出现后，在能够履行清算义务的情况下，故意拖延、拒绝履行清算义务，或者因过失导致无法进行清算的消极行为。股东举证证明其已经为履行清算义务采取了积极措施，或者小股东举证证明其既不是公司董事会或者监事会成员，也没有选派人员担任该机关成员，且从未参与公司经营管理，则不是“怠于履行义务”。有限责任公司的股东能够证明其“怠于履行义务”与公司主要财产、账册、重要文件等灭失之间没有因果关系，其不应承担连带清偿责任。

（5）关于公司对外担保

《纪要》明确，根据《公司法》第 16 条的规定，担保行为不是法定代表人所能单独决定的事项，必须以公司股东（大）会、董事会等的决议作为授权的基础和来源。法定代表人未经授权擅自对外提供担保的，构成越权代表，人民法院应当根据《合同法》第 50 条关于法定代表人越权代表的规定，区分订立合同时债权人是否善意分别认定合同效力：债权人善意的，合同有效；反之，合同无效。

《纪要》明确，债权人的善意，是指债权人对公司机关决议内容进行了审查，但这种审查一般限于形式审查，只要求尽到必要的注意义务即可，标准不宜太过严苛。

《纪要》规定，担保合同有效，债权人请求公司承担担保责任的，人民法院依法予以支持；担保合同无效，债权人请求公司承担担保责任的，人民法院不予支持，但可以按照担保法及有关司法解释关于担保无效的规定处理。公司举证证明债权人明知法定代表人超越权限或者公司决议系伪造或者变造，债权人请求公司承担合同无效后的民事责任的，人民法院不予支持。

《纪要》还对表决权能否受限、有限公司的股权变动、侵犯优先购买权的股权转让合同的效力、上市公司为他人提供担保的合同效力、债务加入准用担保规则、实际出资人显名的条件以及股东代表诉讼等问题进行了规定。

3. 简评

《纪要》的发布，对于贯彻落实人民法院民商事审判工作的总体要求，进一步营造稳定公平透明、可预期的法治化营商环境，提高产权司法保护水平，健全金融法治和完善破产法律制度具有重要意义。需要强调的是，就性质而言，《纪要》既不属于法律法规，也不属于司法解释，不能作为裁判依据进行援引，但其对于全国法院审理相关案件具有重要的指导意义。人民法院在裁判文书中“本院认为”部分具体分析法律适用的理由时，可以根据《纪要》的相关规定进行说理。

（五）《外商投资准入特别管理措施（负面清单）（2019年版）》[1]

2019年6月30日，国家发展和改革委员会（以下简称“**国家发展改革委**”）、商务部发布了《外商投资准入特别管理措施（负面清单）（2019年版）》（以下简称“**《2019年全国版负面清单》**”），自2019年7月30日起实施。2018年6月28日国家发展改革委、商务部发布的《外商投资准入特别管理措施（负面清单）（2018年版）》同时废止。

1. 出台背景

近年来，我国实施新一轮高水平开放，推动形成全面开放新格局，促进经济高质量发展和供给侧结构性改革。外资准入负面清单经过几次修订，2018年版保留的限制措施与2011年版相比减少约四分之三，大幅提高了开放水平，制造业基本放开，服务业和其他领域也有序推进开放。市场准入不断扩大，加上促进外商投资的各项政策相继出台，为开放型经济发展注入了新动力，促进了外资流入稳定增长，增强了跨国公司的长期信心。国家发展改革委会同商务部等部门修订出台了2019年全国版负面清单，进一步开放市场，在更加开放的条件推进发展和改革。

2. 主要内容

《2019年全国版负面清单》体例上不再针对限制类和禁止类类目进行单独列举，涉及13个一级分类，共计40条，并明确了部分类目的过渡期安排（例如规定汽车整车制造（专用车、新能源汽车除外）、证券公司、证券投资基金管理公司、期货公司、寿险公司等最终取消外资股比限制前的过渡期）；规定境外投资者不得投资外资全国版负面清单中禁止外商投资的领域；投资外资全国版负面清单之内的非禁止投资领域，须进行外资准入许可；投资有股权要求的领域，不得设立外商投资合伙企业。

《2019年全国版负面清单》保持了2018年版的体例结构，进一步缩减了负面清单长度，新推出一批开放措施。条目由48条减至40条，压减比例16.7%，主要变化如下：

（1）推进服务业扩大对外开放

交通运输领域，取消国内船舶代理须由中方控股的限制。

基础设施领域，取消50万人口以上城市燃气、热力管网须由中方控股的限制。

文化领域，取消电影院、演出经纪机构须由中方控股的限制。

增值电信领域，取消国内多方通信、存储转发、呼叫中心3项业务对外资的限制。

（2）放宽农业、采矿业、制造业准入

农业领域，取消禁止外商投资野生动植物资源开发的规定。

采矿业领域，取消石油天然气勘探开发限于合资、合作的限制，取消禁止外商投资钼、锡、锑、萤石勘查开采的规定。

制造业领域，取消禁止外商投资宣纸、墨锭生产的规定。

---

1 本文部分内容参考《一文弄清几个最新“负面清单”的关系》（作者：郑宇、贾璐），载于《君合法律评论》2019年7月31日，及国家发改委于2019年7月1日在其官方网站“全国投资项目在线审批监督平台”上发表的“进一步放宽外资准入扩大对外开放——国家发改委有关负责人就2019年版外资准入负面清单答记者问”。

3. 简评

外商投资负面清单制度是外商在华投资的重要制度,《外商投资法》也首次从法律层面将实行准入前国民待遇加负面清单管理制度进行明确规定，进一步推动形成全面开放新格局。2019 年 6 月 30 日再次修订发布并于 2019 年 7 月 30 日起实施的《2019 年全国版负面清单》，进一步放宽了外资市场准入，这对于营造更加公平、透明、便利的外商投资环境无疑是又一大利好信号。

（六）《自由贸易试验区外商投资准入特别管理措施（负面清单）（2019 年版）》[1]

2018 年 6 月 30 日，国家发展改革委与商务部联合发布《自由贸易试验区外商投资准入特别管理措施（负面清单）（2019 年版）》(以下简称“**《2019 年自贸区负面清单》**”)，自 2019 年 7 月 30 日起实施。2018 年 6 月 30 日国家发展改革委、商务部发布的《自由贸易试验区外商投资准入特别管理措施（负面清单）（2018 年版）》同时废止。

1. 出台背景

本次《2019 年自贸区负面清单》继续发挥自贸试验区一贯以来的开放“试验田”作用。2018 年版自贸试验区外资准入负面清单规定试点的演出经纪机构、石油天然气勘探开发等开放措施已经推向全国。本次修订，在全国开放措施的基础上,《2019 年自贸区负面清单》取消了水产品捕捞、出版物印刷等领域对外资的限制，继续进行扩大开放先行先试。

2. 主要内容

《2019 年自贸区负面清单》与《2019 年全国版负面清单》体例相似，相关类目的过渡期安排也与 2019 年全国版负面清单相同，涉及 13 个一级分类，共计 37 条，统一列出股权要求、高管要求等外商投资准入方面的特别管理措施，并规定外资自贸区负面清单之外的领域，按照内外资一致原则实施管理。

《2019 年自贸区负面清单》和《2019 年全国版负面清单》在限制外商投资的类目上大体相同，主要的区别在如下几个类目：

（1）全国版要求外商投资“出版物印刷”须由中方控股，但自贸区负面清单未包含该项；

（2）全国版禁止外商投资“文艺表演团体”，自贸区负面清单允许外商投资但须由中方控股；

（3）全国版要求外商投资“小麦、玉米新品种选育和种子生产”的须由中方控股，自贸区清单要求中方股比不低于 34%。

此外，与 2018 版相比,《2019 年全国版负面清单》和《自贸区负面清单》同时将以下类目移出了清单：（i）“国内船舶代理公司”（ii）“电影院建设、经营”。

对于禁止外商投资的类目，全国版负面清单与自贸区负面清单的规定基本一致，除了“文艺表演团体”未列入外资自贸区负面清单禁止投资类目，而“放射性矿产冶炼、加工，

1 本文部分内容参考《一文弄清几个最新“负面清单”的关系》(作者：郑宇、贾璐)，载于《君合法律评论》2019 年 7 月 31 日。

核燃料生产”“中国管辖海域及内陆水域水产品捕捞”未列入外资自贸区负面清单之内。

3. 简评

自贸区负面清单管理模式自2013年设立以来，就承担着推行外商投资试验性政策的职责。新出台的《外商投资法》中也明确规定：国家根据需要设立特殊经济区域，或者在部分地区实行外商投资试验性政策措施，促进外商投资，扩大对外开放。该规定进一步肯定了自贸区在我国构建开放型经济新体制重要举措中的地位。本次修订使得自贸区继续执行开放试点功能，将有利于构建更加开放、便利、公平的投资环境，推进更大范围的全球产业链合作。

（七）《国务院关于在自由贸易试验区开展“证照分离”改革全覆盖试点的通知》

2019年11月6日，国务院印发《国务院关于在自由贸易试验区开展“证照分离”改革全覆盖试点的通知》（国发〔2019〕25号，以下简称“**《自贸区证照分离试点通知》**”）。

1. 出台背景

2015年12月22日，国务院印发《国务院关于上海市开展“证照分离”改革试点总体方案的批复》（国函〔2015〕222号），在上海市浦东新区开展“证照分离”改革试点，试点期为自批复之日起3年。

2017年09月22日，国务院印发《国务院在更大范围推进“证照分离”改革试点工作的意见》（国发〔2017〕45号），在天津、辽宁、浙江、福建、河南、湖北、广东、重庆、四川、陕西10个自贸试验区，复制推广上海市改革试点成熟做法。试点期至2018年12月21日。

2. 主要内容

（1）试点范围及时间

本次颁布的《自贸区证照分离试点通知》所规定的“证照分离”改革试点的范围在2015年和2017年11个自贸实验区基础上增加至18个自贸实验区，新增海南、山东、江苏、广西、河北、云南、黑龙江，覆盖目前划定的全部自贸实验区。试点时间自2019年12月1日起。

（2）试点内容

对所有涉企经营许可事项实行全覆盖清单管理，按照直接取消审批、审批改为备案、实行告知承诺、优化审批服务等四种方式分类推进改革，为在全国实现“证照分离”改革全覆盖形成可复制可推广的制度创新成果。

a）建立清单管理制度。将涉企经营许可事项全部纳入清单管理，清单定期调整更新并向社会公布，清单之外不得违规限制企业进入相关行业或领域，企业取得营业执照即可自主开展经营。

b）分级实施清单管理。法律、行政法规、国务院决定设定的涉企经营许可事项清单的调整，由国务院审改办商有关部门提出并按程序报批，截至《自贸区证照分离试点通知》印发之时的清单作为附件同时下发。地方性法规、地方政府规章设定的涉企经营许可事项清单，由有关省级人民政府指定部门组织按程序制定，2019年11月30日前以省为单位集中向社会公布。

c）分类推进审批制度改革：

i 审批取消。例如，对外贸易经营者备案登记、石油成品油批发经营资格审批、石油成品油仓储经营资格审批等。企业持有营业执照即可开展经营。

ii 审批改为备案。原则上备案事项按照“多证合一”的要求在企业登记注册环节一并办理，确需到有关部门备案的应予以简化、方便办事。例如，食品经营许可（仅销售预包装食品）、诊所设置审批、诊所登记执业、社会办医乙类大型医用设备配置许可等。

iii 实行告知承诺。企业就符合经营许可条件作出承诺，对企业自愿作出承诺并按要求提交材料的，要当场作出审批决定。对企业承诺已具备经营许可条件的，企业领证后即可开展经营。例如：公共聚集场所投入使用营业前消防安全检查、外商投资经营电信业务（第二类增值电信业务）审批、电信业务（第二类增值电信业务）经营许可、旅馆业特种行业许可证核发、民办职业学校培训学校设立分立合并变更及终止审批、经营性中外合作职业技能培训机构设立分立合并变更终止审批、公共场所卫生许可等。

iv 优化审批服务。不具备取消审批或实行告知承诺条件的涉企经营许可事项，应当采取切实措施优化审批服务，提高审批效率、降低办事成本。例如：电信业务（基础电信业务）经营许可、电信业务（第一类增值电信业务）经营许可、外商投资电信业务（基础电信业务）审批、外商投资电信业务（第一类增值电信业务）审批、排污许可证、房地产开发企业（一至四级）资质认定、烟草专卖（零售、批发）许可证核发等。

3. 简评

“证照分离”改革是全面优化营商环境的重要举措之一，此举一方面使得企业能够更快完成设立并投入生产经营活动，极大地节约了时间成本；另一方面也促使监管机关将更多的注意力放在设立后监管之中，推进产业良性发展的可持续性。《自贸区证照分离试点通知》将改革试点范围扩大至全国 18 个自贸实验区，预计将为“证照分离”推向全国打下坚实基础。

（八）《国家外汇管理局关于进一步促进跨境贸易投资便利化的通知》

1. 出台背景

为深入推进“放管服”改革，提升外汇管理服务实体经济能力和水平，促进跨境贸易投资便利化，2019 年 10 月 23 日，国家外汇管理局印发《国家外汇管理局关于进一步促进跨境贸易投资便利化的通知》（汇发〔2019〕28 号，以下简称“**《跨境贸易投资便利化通知》**”）。

2. 主要内容

（1）取消非投资性外商投资企业资本金境内股权投资限制

允许非投资性外商投资企业在不违反现行外商投资准入特别管理措施（负面清单）且境内所投项目真实、合规的前提下，依法以资本金进行境内股权投资。

（2）扩大资本项目收入支付便利化试点

外汇管理部门自 2017 年起开展了资本项目收入支付便利化试点，试点企业资本项目

收入（含结汇所得人民币）用于境内支付使用时，银行无须事前逐笔审核交易单证，可凭支付指令直接办理。上海、天津等12个自由贸易试验区及福建、浙江、江苏等省、深圳、宁波等市为试点地区。[1]《跨境贸易投资便利化通知》进一步规定，允许试点地区符合条件的企业将资本金、外债和境外上市等资本项下收入用于境内支付时，无须事前向银行逐笔提供真实性证明材料，其资金使用应当真实合规，并符合现行资本项目收入使用管理规定。

（3）放宽资本项目外汇资金结汇使用限制

取消境内资产变现账户资金结汇使用限制。外商直接投资项下境内股权出让方接收外国投资者股权转让对价款时，可凭相关业务登记凭证直接在银行办理账户开立、资金汇入和结汇使用手续。

放宽外国投资者保证金使用和结汇限制。外国投资者从境外汇入或从境内划入的保证金，在交易达成后，可直接用于其境内合法出资、境内外支付对价等。取消保证金账户内资金不得结汇的限制，允许交易达成或违约扣款时将保证金直接结汇支付。

（4）改革企业外债登记管理

非银行债务人可到其所属外汇分局（外汇管理部）辖内银行直接办理符合条件的外债注销登记。取消非银行债务人办理外债注销登记业务的时间限定。

试点取消非金融企业外债逐笔登记。试点地区非金融企业可按净资产2倍到所在地外汇局办理外债登记，在登记金额内自行借入外债资金，直接在银行办理资金汇出入和结购汇等手续。

3. 简评

《跨境贸易投资便利化通知》是对我国持续开放政策的有效落实，也是政府主管部门简政放权改革的具体体现。促进跨境贸易投资便利化举措有利于改善营商环境，既能够更好地吸引更多外资进入，又能够为已经进入中国的外资企业进一步提供再投资的便利条件，增强外商投资的深度与广度。

（九）《外资保险公司管理条例》和《外资保险公司管理条例实施细则》修订

1. 出台背景

（1）出台

2001年12月12日，国务院颁布《外资保险公司管理条例》（国务院令第336号）；2004年5月13日，原中国保监会颁布《外资保险公司管理条例实施细则》（保监会令2004年第4号）；

（2）第一次修订

2010年12月3日，原中国保监会颁布《中国保险监督管理委员会关于修改部分规章的决定》（原保监会令2010年第10号），《外资保险公司管理条例实施细则》第一次修订；2013年5月30日，国务院颁布《国务院关于修改〈中华人民共和国外资保险公司管理条例〉的决定》（中华人民共和国国务院令第636号），《外资保险公司管理条例》第

1 国务院新闻办公室网站《资本项目收入支付便利化试点效果良好 将进一步扩大试点》

一次修订；

（3）第二次修订

2016 年 2 月 6 日，国务院颁布《国务院关于修改部分行政法规的决定》（国务院令第 666 号），《外资保险公司管理条例》第二次修订；2018 年 2 月 13 日，原中国保监会颁布《中国保险监督管理委员会关于修改〈中华人民共和国外资保险公司管理条例实施细则〉等四部规章的决定》（原保监会令 2018 年第 4 号），《外资保险公司管理条例实施细则》第二次修订；

（4）第三次修订

2019 年 9 月 30 日，国务院颁布《国务院关于修改〈中华人民共和国外资保险公司管理条例〉和〈中华人民共和国外资银行管理条例〉的决定》（国务院令第 720 号），《外资保险公司管理条例》第三次修订；2019 年 11 月 29 日，中国银行保险监督管理委员会（以下简称“**银保监**”）颁布《外资保险公司管理条例实施细则》（银保监会令 2019 年第 4 号），《外资保险公司管理条例实施细则》第三次修订。

2. 主要内容

本次修订的主要内容如下：

（1）《外资保险公司管理条例》

a）放宽拟设立外资保险公司的外国保险公司的准入条件。外国保险公司申请设立外资保险公司的，不再要求其①经营保险业务 30 年以上，②在中国境内已经设立代表机构 2 年以上。

b）允许外国保险集团公司在中国境内投资设立外资保险公司，允许境外金融机构入股外资保险公司，并授权国务院保险监督管理机构制定具体管理办法。

（2）《外资保险公司管理条例实施细则》

a）配合《外资保险公司管理条例》删去“经营保险业务 30 年以上”以及“代表机构”的相关表述。

b）放宽合资寿险公司中外资股比。本次修订中，原来外资比例不得超过 50% 的规定被调整为不得超过 51%，并且新增如银保监会另有规定的适用其规定。与之对应的，2019 年 12 月 6 日，银保监会发布了《中国银保监会办公厅关于明确取消合资寿险公司外资股比限制时点的通知》（银保监办发〔2019〕230 号），自 2020 年 1 月 1 日起，正式取消经营人身保险业务的合资保险公司（以下简称“**合资寿**”）的外资比例限制，合资寿险公司的外资比例可达 100%。《外资保险公司管理条例实施细则》也将据此进一步修订。

c）明确外资保险公司主要股东责任。本次修订新增规定，外资保险公司应至少有 1 家经营正常的保险公司作为主要股东（即持股比例最大或是其他符合法律法规、银保监会规定的对公司经营管理有重大影响的股东，关联方、一致行动人持股比例应合并计算），并且主要股东取得股权之日起 5 年内不转让所持有股权；减持股权或退出中国市场的，应当履行股东义务，保证保险公司偿付能力符合监管要求。

d）统一中外资保险公司监管规则

i 合资保险公司中的中国申请人资格管理按照《保险公司股权管理办法》等相关规定要求实施，不再单独列举；

ii 外资保险公司分支机构的设立和管理适用银保监会的有关规定（即《保险公司分支机构市场准入管理办法》（保监发〔2013〕20号）等相关规定），不再单独列举。

3. 简评

《外资保险公司管理条例》和《外资保险公司管理条例实施细则》的适时修订是对2020年金融业对外开放规划的有力落实。通过放宽准入主体经营时间限制，有助于引入更多创新型保险业态；在逐步向外资提供国民待遇的同时，加强对于外资保险公司经营稳定性的管控，也确保了保险业对外开放的平稳过渡。

（十）《证券公司股权管理规定》[1]

1. 出台背景

2019年7月5日，中国证监会正式发布《证券公司股权管理规定》（以下简称"**《股权规定》**"）。相比2018年3月发布的《股权规定》征求意见稿（Ô下简称"**《征求意见稿》**"），《股权规定》正式稿继续强调对证券公司股权管理应遵循审慎监管的原则，对证券公司股权应实施"穿透式监管"和"分类监管"，并在保留《征求意见稿》主要内容外，对分类管理的要求作出了调整。

值得关注的是，中国证监会在答记者问时宣布统筹考虑对内对外开放，重启内资券商的设立审批，其重要意义还在于在加强对证券公司股权监管的同时，为内外资提供准入及展业的同等机会。

2. 主要内容

（1）新分类和不同类别之间的转换

根据证券公司从事业务的风险及复杂程度，《股权规定》明确将证券公司分为两类：对于从事常规传统证券业务（如证券经纪、证券投资咨询、财务顾问、证券承销与保荐、证券自营等）的证券公司（以下简称"**专业类**"）；和从事的业务具有显著杠杆性质且多项业务之间存在交叉风险的证券公司（以下简称"**综合类**"），其业务范围除传统证券业务外，还包括股票期权做市、场外衍生品、股票质押回购等复杂业务。专业类证券公司在其控股股东、主要股东具备《股权规定》明确的资质条件后，可以依法申请各类创新复杂业务，转型为综合类证券公司。综合类证券公司也可以根据自身发展战略考虑变更业务范围，转型为专业类证券公司。从上述分类可见，专业类证券公司和综合类证券公司在业务范围上有很大的差别，如为专业类证券公司，则其业务范围大大受限，基本上无法从事各类创新型业务，其证券公司牌照的含金量也大为下降。

（2）不同类别下对控股股东的要求

与《征求意见稿》保持一致，证券公司股东分为四类：（i）持有5%以下股权的股东；（ii）持有5%以上股权的股东；（iii）主要股东（指持有25%以上股权的股东或者持有5%以上股权的第一大股东）；和（iv）控股股东。

不同于专业类证券公司的股东要求，综合类证券公司的控股股东需要额外满足以下条件：（i）最近三年连续盈利；（ii）长期信用保持在高水平、规模、收入、利润、市场

1　本文内容参考《证券公司股权管理新规对外国投资者的影响》（作者：谢青、秦天宇），载于《君合法律评论》2019年7月19日。

占有率等指标居于行业前列；（iii）总资产不低于500亿元人民币，净资产不低于200亿元人民币；（iv）核心主业突出，主营业务最近5年持续盈利。综合类证券公司的主要股东需要满足上述（i）和（ii）项。对于控股股东或主要股东不能满足上述条件的证券公司，证监会给予五年的过渡期。

上述对控股股东和主要股东的要求对中小券商影响较大，业内分析认为，某些中小券商可能因此选择放弃这些创新复杂的业务，或选择资本实力强的股东以确保维持综合类券商的资格。

（3）非金融企业控股证券公司

《股权规定》要求单个非金融企业实际控制证券公司股权的比例原则上不得超过50%，相比《征求意见稿》要求不得超过1/3的规定略为放松。

（4）涉及股权变更的强制要求

根据《股权规定》，投资者通过证券交易所购买证券公司股份达到5%的，应当依法举牌并报中国证监会批准。获批前，投资者不得继续增持该公司股份。中国证监会不予批准的，投资者应当在自不予批准之日起50个交易日（不含停牌时间，持股不足6个月的，应当自持股满6个月后）内依法改正。

《股权规定》新增证券公司发生股权变更情形下证券公司、股权转让方应承担的法定义务，即：一是证券公司应当制定工作方案和股东筛选标准；二是证券公司、股权转让方应履行对意向参与方的事先披露义务，披露内容包括告知证券公司股东条件、须履行的程序以及证券公司的经营情况和潜在风险等信息；三是证券公司、股权转让方应当对意向参与方做好尽职调查；四是证券公司应当与相关主体事先约定在变更注册资本或者股权过程中发生可能出现的违反规定或者承诺的行为的处理措施以及对责任人的责任追究机制。

《股权规定》进一步规定，投资者通过证券交易所、股份转让系统公开交易转让证券公司股份，且所涉股权变更事项不需审批或备案的，豁免上述四项法定义务。例如，某一境外投资者通过QFII/RQFII和/或股票通出售某一证券公司股份，如该出售不涉及证券公司5%以上股权的变更的，则豁免上述义务，但如该出售涉及5%以上股权变更的，则仍需要履行上述义务。

（5）对于股权质押的限制

《股权规定》强调维持股权的稳定性，要求股东除在股权锁定期内不得质押所持股权外，即使是在锁定期满，证券公司股东质押其持有的证券公司股权比例也不得超过其持有的全部证券公司股权的50%。

（6）禁止让渡对股权的控制权

相比《征求意见稿》，《股权规定》对有关证券公司股权变更的禁止性行为作了更为严格的规定。例如，《征求意见稿》第五十六条第（三）款和第（四）款规定，证券公司应当在章程中约定，未经中国证监会批准委托他人持有或管理证券公司股权或通过接受表决权委托或接受收益权等方式变相控制证券公司相关股权的，相关股东及其提名董事不得行使表决权。而《股权规定》第三十条第（六）款则将该类行为明确列为证券公司股东及其实际控制人的禁止性行为，而非仅限制证券公司股东行使其表决权，即，证券

公司股东或其实际控制人未经批准不得委托他人或接受他人委托持有或管理证券公司的股权，不得变相接受或让渡证券公司股权的控制权。

结合《征求意见稿》相关规定的字义理解，以“接受收益权等方式变相控制证券公司相关股权”也应属于“未经批准让渡控制权”。对这一条可能产生的疑义是，基于证券公司股权这一底层资产而达成的间接转移股权相关经济利益的总收益互换安排是否会被认为是“变相让渡证券公司相关股权的控制权”。我们理解，证券公司的股东，无论是持有5%以上或以下，均不得让渡对该股权的管理权、处置权和控制权。至于间接转移相关经济利益的安排是否被认为实质上让渡了对该股权的管理权、处置权和控制权仍需要按照“实质重于形式”的原则针对具体情形具体分析判断。

3. 简评

我们建议境外投资者密切关注新规的上述变化。我们认为，对于拟在中国境内全资或控股设立证券公司的海外大型金融机构而言，获得综合类券商的资质是必然的目标，在《股权规定》实施过程中，中小券商的整合可能给海外金融机构提供新的并购机会；而对于通过公开市场直接或间接受让或出售证券公司股份的境外投资者而言，建议研究《股权规定》新增的合规义务，评估其影响并准确地理解和把握监管精神和原则的变化。

（十一）《中华人民共和国外资银行管理条例（2019修订）》

1. 出台背景

为全面贯彻落实党中央、国务院关于银行业、保险业对外开放要求，2019年5月，银保监会从取消外资股比限制、放宽市场准入条件、扩大业务范围等方面，提出了12条扩大银行业、保险业对外开放的措施。国务院于2019年9月30日决定对《中华人民共和国外资银行管理条例》（以下简称**“《外资银行管理条例》”**）作出修改。

2. 主要内容

《外资银行管理条例》本次修改的主要内容包括：

（1）取消拟设外商独资银行的唯一或者控股股东、拟设中外合资银行的外方唯一或者主要股东提出设立申请前1年年末总资产不少于100亿美元，拟设中外合资银行的中方唯一或者主要股东应当为金融机构，以及拟设分行的外国银行提出设立申请前1年年末总资产不少于200亿美元的要求。

（2）放宽了对外国银行在中国境内同时设立外商独资银行和外国银行分行的限制，规定外国银行可以在中国境内同时设立外商独资银行和外国银行分行，或者同时设立中外合资银行和外国银行分行。

（3）放宽对外资银行业务的限制。首先，外国银行业务增加了“代理发行、代理兑付、承销政府债券”和“代理收付款项及代理保险”；其次，降低了外国银行分行吸收中国境内公民定期存款的最低限额，由每笔不少于100万元人民币下降为每笔不少于50万元人民币；此外，取消外资银行开办人民币业务的审批要求，调整为符合国务院银行业监督管理机构规定的审慎性要求。

（4）提高了外国银行分行营运资金的灵活性。将“外国银行分行营运资金的30%应当以国务院银行业监督管理机构指定的生息资产形式存在”修改为“外国银行分行应当按照国务院银行业监督管理机构的规定，持有一定比例的生息资产”。同时，增加规定：“资本充足率持续符合所在国家或者地区金融监管当局以及国务院银行业监督管理机构规定的外国银行，其分行不受‘外国银行分行营运资金加准备金等项之和中的人民币份额与其人民币风险资产的比例不得低于8%’的限制”。

3. 简评

整体而言，《外资银行管理条例》的本次修改进一步放宽了外资银行准入门槛、放宽了外资银行业务限制，有利于一步优化银行业、保险业投资和经营环境，并且有利于进一步鼓励外资参与中国银行业发展，进而推动中国银行业对外开放进程。银保监会后续将会继续推进《外资银行管理条例实施细则》等相关配套制度的修改，该等配套制度的相应修改也将会对外资银行的准入、业务及经营作出更为细化的规定。

（十二）《企业境外经营合规管理指引》

1. 出台背景

为更好服务企业开展境外经营，推动企业持续提升合规管理水平，国家发展改革委、外交部、商务部、中国人民银行、国务院国资委、外汇管理局、全国工商联于2018年12月26日共同制定了《企业境外经营合规管理指引》（以下简称“**《合规管理指引》**”）。

2. 主要内容

（1）适用范围

适用于开展对外贸易、境外投资、对外承包工程等“走出去”相关业务的中国境内企业及其境外子公司、分公司、代表机构等境外分支机构。

（2）合规要求

《合规管理指引》第二章就对外贸易、境外投资、对外承包工程以及境外日常经营等制定了具体合规要求。

a）对外货物和服务贸易：应确保经营活动全流程、全方位合规，全面掌握关于贸易管制、质量安全与技术标准、知识产权保护等方面的具体要求，关注业务所涉国家（地区）开展的贸易救济调查，包括反倾销、反补贴、保障措施调查等。

b）境外投资：应确保经营活动全流程、全方位合规，全面掌握关于市场准入、贸易管制、国家安全审查、行业监管、外汇管理、反垄断、反洗钱、反恐怖融资等方面的具体要求。

c）对外承包工程：应确保经营活动全流程、全方位合规，全面掌握关于投标管理、合同管理、项目履约、劳工权利保护、环境保护、连带风险管理、债务管理、捐赠与赞助、反腐败、反贿赂等方面的具体要求。

d）境外日常经营：应确保经营活动全流程、全方位合规，全面掌握关于劳工权利保护、环境保护、数据和隐私保护、知识产权保护、反腐败、反贿赂、反垄断、反洗钱、反恐怖融资、贸易管制、财务税收等方面的具体要求。

（3）合规管理架构

《合规管理指引》第三章对我国企业境外经营的合规治理结构与合规管理机构进行了规定。首先，企业可结合发展需要建立权责清晰的合规治理结构，在决策、管理、执行

三个层级上划分相应的合规管理责任。此外，企业可根据业务性质、地域范围、监管要求等设置相应的合规管理机构。合规管理机构一般由合规委员会、合规负责人和合规管理部门组成。尚不具备条件设立专门合规管理机构的企业，可由相关部门（如法律事务部门、风险防控部门等）履行合规管理职责，同时明确合规负责人。

（4）合规管理制度及运行机制

《合规管理指引》第四章对我国企业境外经营的合规管理制度做了规定，包括：合规行为准则、合规管理办法和合规操作流程。合规行为准则应规定境外经营活动中必须遵守的基本原则和标准；企业应在合规行为准则的基础上，针对特定主题或特定风险领域制定具体的合规管理办法；企业可结合境外经营实际，就合规行为准则和管理办法制定相应的合规操作流程，进一步细化标准和要求。此外，《合规管理指引》第五章对我国企业境外经营的合规管理运行机制做了相应规定，包括：合规培训、合规汇报、合规考核、合规咨询与审核、合规信息举报与调查以及合规问题。

（5）合规风险识别、评估与处置

《合规管理指引》第六章对我国企业境外经营的合规风险识别、评估与处置要求进行了规定。企业应当建立必要的制度和流程，识别新的和变更的合规要求；企业可通过分析违规或可能造成违规的原因、来源、发生的可能性、后果的严重性等进行合规风险评估。企业应建立健全合规风险应对机制，对识别评估的各类合规风险采取恰当的控制和处置措施。发生重大合规风险时，企业合规管理机构和其他相关部门应协同配合，依法及时采取补救措施，最大程度降低损失。必要时，应及时报告有关监管机构。

（6）合规评审与改进

《合规管理指引》第七章对我国企业境外经营的合规评审与改进进行了规定，包括：合规审计、合规管理体系评价以及持续改进。企业合规管理职能应与内部审计职能分离。企业审计部门应对企业合规管理的执行情况、合规管理体系的适当性和有效性等进行独立审计；企业应定期对合规管理体系进行系统全面的评价；企业应根据合规审计和体系评价情况，持续改进，提高合规管理水平。

（7）合规文化建设

《合规管理指引》第八章对我国企业境外经营的合规文化建设进行了规定，企业应将合规文化作为企业文化建设的重要内容，应将合规作为企业经营理念和社会责任的重要内容，并将合规文化传递至利益相关方，应树立积极正面的合规形象，促进行业合规文化发展，营造和谐健康的境外经营环境。

3. 简评

合规是企业“走出去”行稳致远的前提，合规管理能力是企业国际竞争力的重要方面。虽然整体而言《合规管理指引》的规定较为原则化，但仍旧为我国企业的境外经营合规管理提供了政策引导，有助于我国企业开展境外经营业务，推动企业持续加强合规管理，各企业可以结合实际，在此基础上制定更具体的合规管理指引。

二、2019 年并购项目重大业绩汇总

（一）君合襄助 A 股上市公司罗莱生活科技股份有限公司股东向凯雷投资集团出售股权

2019 年 3 月 18 日，凯雷投资集团（The Carlyle Group，简称“**凯雷集团**”）管理的 CA Fabric Investments（“CA”）与 A 股上市公司罗莱生活科技股份有限公司（简称“**罗莱生活**”，股票代码：002293）的股东石河子众邦股权投资管理合伙企业（有限合伙）（简称“**石河子众邦**”）及薛骏腾先生签署了《股份转让协议》，CA 拟受让罗莱生活的股份对罗莱生活进行战略投资。2019 年 4 月 19 日，本次股份转让的过户登记手续顺利完成。股份转让完成后，CA 持有罗莱生活股份 75,440,915 股，占罗莱生活已发行总股本的比例为 10%。君合在本项目中担任包括石河子众邦在内的卖方的法律顾问。

罗莱生活成立于 1992 年 6 月，是国内较早涉足家用纺织品行业，集研发、设计、生产、销售于一体的企业。2009 年 9 月公司登陆 A 股市场。目前，罗莱生活拥有罗莱家纺、LOVO 等自有品牌及收购、代理品牌共约 20 个，终端销售网络近 3000 家，销售网络遍及全国近 32 个省市。

凯雷集团是一家全球性投资公司。截至 2018 年 12 月 31 日，凯雷集团拥有约 343 个投资基金，资产管理规模约为 2,160 亿美元。凯雷于 1987 年在美国华盛顿特区创立，目前已发展成为世界最大且最成功的投资公司之一，拥有 1,650 多位专业人员，在北美、南美、欧洲、中东、非洲、亚洲和澳大利亚设有 31 个办事处。

君合作为卖方的法律顾问，全程参与了本项目交易结构设计与论证、交易文件的谈判、协助卖方与交易各方沟通，以及交割等工作。君合团队与交易各方高效沟通、通力合作，有力推动了本项目顺利交割，获得了客户和参与各方的一致认可和高度评价。

（二）君合助力 360 投资人工智能新锐公司澎思科技

经过约四个月的努力，君合于 2019 年 4 月成功代表 360 完成对澎思科技的 A 轮投资。本轮融资由 360 领投，富士康等产业资本联合投资，投资额达 1.5 亿元人民币。

澎思科技作为一家专注于计算机视觉和物联网技术，提供行业综合应用解决方案的人工智能新锐公司，在 AI 安防赛道上，已经完成从端到端、软硬件到算法的全系列自研产品体系搭建，并针对不同领域多场景复杂人群人员管控的业务需求，推出了成熟、可落地的覆盖全场景的行业解决方案。自成立以来，澎思科技各行业解决方案已经成功落地全国 50 多个城市，服务客户超过百余个。在全国多地部署动态人脸识别点位，并担任多项国家级大型活动的安保工作。

作为中国领先的互联网和手机安全产品及服务供应商，360 致力于通过提供高品质的安全服务，为用户提供安全产品解决方案。通过此次 AI 技术在垂直行业的落地应用是 360 投资考虑的重点。未来，360 将重点帮助澎思科技拓展更多 AI 技术落地垂直行业，澎思科技也将助力 360 在城市安全大脑方面的布局。

在紧张的时间表里，君合团队协助 360 对目标公司进行法律尽职调查、起草及审阅一系列投资交易文件，设计和论证交易结构，并协助交易谈判。除此以外，还协助客户

顺利进行了签约与交割。在整个交易过程中，君合团队以优质、严谨、高效的专业法律服务为项目的成功做出了贡献，获得了客户的高度认可。

（三）君合助力日出东方阿康桑马克合资公司承建亚洲最大世界海拔最高的太阳能集中供暖工程

2019年4月21日，日出东方阿康桑马克大型太阳能系统工程技术有限公司（简称**"合资公司"**）作为牵头承包方承建的西藏仲巴县县城太阳能集中供暖项目（简称**"仲巴项目"**）在仲巴县正式动工建设。

合资公司是由全球太阳能光热领导者日出东方控股股份有限公司与世界最大的大型太阳能光热应用企业丹麦阿康桑马克公司（Arcon-Sunmark A/S）于2016年共同出资在中国设立的，专注于太阳能热利用领域，为中国太阳能跨季节性蓄热采暖、大型太阳能热力工程提供系统化解决方案，致力于大型太阳能系统的技术、项目设计、施工、产品线完善、市场营销、工程运维等高端太阳能热利用工程领域的建设。

合资公司于2018年与西藏山南市浪卡子县县政府合作建设了浪卡子县城太阳能集中供暖工程，现已完成建设并投入运营。本次仲巴项目为合资公司在西藏承建的又一项供暖示范工程，总投资额人民币1.73亿元，总供暖面积达88,246平方米，工程建成后将成为亚洲最大、世界海拔最高的太阳能集中供暖工程，并将彻底终结仲巴县城依靠烧牛粪采暖的历史，标志着当地供暖基础设施建设进入一个崭新的阶段，对持续改善西藏的人居环境和生态环境具有十分重要的意义。

君合在浪卡子项目与仲巴项目中代表合资公司，就工程项目建设所涉及的各类中国法律问题提供专业支持和意见，主要工作包括审阅和修改工程总承包合同、起草和修改太阳能供暖设备的采购、安装和相关服务协议，以及与项目实施有关的其他协议，提供与项目有关的税务咨询意见等。项目团队以优质、严谨、高效的专业法律服务为项目的顺利实施做出了贡献，获得了客户的高度认可。

（四）君合助力远洋资本完成对北京一宗商办物业的联合收购及合作交易

2019年5月，国内领先的另类资产管理公司远洋资本宣布其与成功运营北京SKP的母公司北京华联集团投资控股有限公司（简称**"华联集团"**）正式达成合作，联合收购位于北京市北三环核心地段的安贞华联商厦项目。

根据远洋资本与华联集团达成的联合收购安贞华联项目的交易安排，安贞华联项目采取了在业内新型的"联合收购"模式，远洋资本通过其城市更新专项基金、华联集团通过旗下负责投资和资产管理的专业性平台共同进行出资及联合收购；在收购完成后的实际操盘中，远洋资本将充分发挥其在商业、写字楼开发、运营和改造的优势，并借重华联集团在零售领域的实力，对安贞华联项目实施改造及合资运营，共同推进安贞华联项目由"社区购物中心"到"城市精致商办综合体"的业态升级。

君合作为远洋资本本次交易的专项法律顾问，全程参与了本项目，包括参与法律尽职调查、交易方案的论证、交易文件的起草、与交易对方的谈判等。特别是针对本项目中涉及的联合收购模式，君合团队从联合收购涉及的合作、收购、运营等各个交易环节、步骤多角度向客户提供了建设性建议和意见。本项目是君合团队继上海东海商业中心、上海元博酒店项目之后助力远洋资本投资商办领域的又一业绩。君合团队勤恳尽职的工作风格和严谨细致的法律支持得到了客户的高度评价。

（五）君合助力兴港投资集团完成对上市公司合众思壮的控制权收购

2019 年 7 月，北京合众思壮科技股份有限公司（简称**“合众思壮”**或**“上市公司”**，股票代码：002383）公告称，合众思壮的控股股东由自然人郭信平变更为郑州航空港区兴慧电子科技有限公司（简称**“兴慧电子”**），实际控制人变更为郑州航空港经济综合实验区管理委员会。君合代表收购方郑州航空港兴港投资集团有限公司（简称**“兴港投资集团”**），为其下属全资子公司兴慧电子收购合众思壮控制权交易（简称**“本次交易”**或者**“本项目”**）提供全程法律服务。

本次交易方案主要包括股份转让及表决权委托两部分，其中，郭信平将其持有的部分上市公司股份（占上市公司总股本的 9.7048%）转让给兴慧电子；同时将其持有的部分上市公司股份（占上市公司总股本的 10.2952%）对应的表决权委托给兴慧电子行使。本次交易完成后，兴慧电子直接持有上市公司 11.6408% 的股份，控制上市公司合计 21.9360% 的股份对应的表决权，成为合众思壮单一拥有表决权比例最大的股东。

本次交易的收购方兴慧电子是兴港投资集团的全资子企业。兴港投资集团成立于 2012 年 10 月 9 日，注册资本 200 亿元，是郑州航空港经济综合实验区（郑州新郑综合保税区）管理委员会下属的国有独资公司，下属全资、参控股企业及分公司一百二十多家，合并资产总额 1700 多亿，净资产 500 多亿。

本次交易的被收购方合众思壮于 2010 年在深交所中小板挂牌上市，以北斗高精度卫星定位导航与时空信息应用为主营业务方向，面向行业市场提供北斗高精度产品服务和“云 + 端”全方位行业解决方案，围绕北斗高精度业务、北斗移动互联业务、时空信息服务和通导一体化四个业务板块开展业务。

君合在本次交易中为收购方提供的全方位和全流程法律服务主要包括：（1）对上市公司及其重要子公司开展全面法律尽职调查；（2）全程参与收购方与合众思壮原控股股东郭信平的谈判，结合交易对方实际情况为收购方提供有针对性的交易方案建议；（3）主导《股份转让意向协议》《股份转让协议》《不可撤销的表决权委托协议》及其他交易文件的起草、修改和定稿工作；（4）协助收购方完成国资审批的申请，取得国资监管部门的批复；（5）论证交易涉及的经营者集中问题，协助收购方完成经营者集中反垄断审查申报；（6）参与收购方与交易对方及其相关债权人就还款方案和偿债安排进行沟通和谈判，协助解决交易对方所持上市公司股份被质押、冻结等交割限制条件。

本次交易涉及的重点和难点问题主要包括：（1）交易对方持有上市公司股票存在高比例质押、司法冻结及限售等情况，除了交易对方外还涉及与多家债权人的沟通和谈判，为交易方案的设计、沟通和实施增加了诸多难度；（2）本次交易采取协议转让加表决权委托方式，交易方案的论证和最终确定历经与收购方、本次交易其他当事方及监管机构的多轮次和多渠道沟通；（3）本次交易涉及的经营者集中反垄断申报各阶段时点与股份

转让及整体交易时间段的匹配；（4）本次交易标的合众思壮业务遍及全国各地，就上市公司本部和重要子公司的尽调走访涉及北京、上海、深圳三地办公室的通力协作，就本项目涉及的经营者集中申报亦涉及反垄断业务团队的大力支持，充分体现了君合作为真正一体化运作事务所的优质高效的服务质量。君合以一贯的高效、严谨、稳健的工作风格，细致、专业的服务态度获得了公司及其他项目参与方和中介机构的一致肯定。

（六）君合助力捷成饮料有限公司与百威雪津啤酒有限公司合资

2019年8月，君合代表捷成饮料有限公司（简称**“捷成”**）向百威雪津啤酒有限公司（简称**“百威”**）出售其在捷成饮料（中国）有限公司（简称**“捷成中国”**）的部分股权，并在随后百威对捷成中国进行增资过程中继续代表捷成完成整个交易。

捷成创立于1895年，是一家深耕大中华地区，专注市场营销、分销及投资的集团企业，曾成功将保时捷引入中国。在啤酒行业，捷成经营一系列优质啤酒的市场营销和分销，包括贝克啤酒、蓝妹啤酒、百威啤酒、哈尔滨啤酒、三得利啤酒等。过去百多年，捷成把蓝妹啤酒引进香港市场，并建立它在本地最畅销啤酒市场的领导地位。

捷成与百威以合资公司方式合作完成其在中国的品牌推广，进一步拓展中国啤酒高端市场。

君合在本项目中担任捷成的境内法律顾问。君合就本项目提供交易文件审阅、参与交易细节讨论、配合境内政府机关的变更手续等法律服务。

（七）君合助力易捷特纯电动车型新车上市

2019年9月5日，由东风雷诺汽车有限公司（简称**“雷诺”**）发布的首款纯电动乘用车“雷诺e诺”正式在国内市场上市。在此之前，该车型已于2019年5月10日取得工信部道路机动车辆产品准入许可（第319批）并进入新能源汽车推广应用推荐车型目录（2019年第4批）。

该车型由雷诺–日产–东风三方合作完成。区别于传统整车生产项目，本项目是三方通过设立研发与销售平台易捷特新能源汽车有限公司（简称**“易捷特”**）完成，三方通过轻资产投入，便实现了雷诺–日产现有平台及纯电动技术与东风集团产能的有效结合，同时还将项目产生的CAFC积分和新能源积分在集团内有效分配，实现了三方共赢。

君合团队律师自2016年9月前期研究阶段即作为本项目的法律顾问为其提供多方面法律服务，包括项目可行性分析、CAFC积分政策影响、合资公司组建相关问题等。在三方合资平台易捷特成功设立后，君合团队进一步为其提供全方位的法律服务，包括产能筹划安排、技术许可、预付款安排、零部件采购、整车生产、整车及零部件销售等各类中英文合同的起草与审阅以及法律意见出具工作。在服务过程中，易捷特团队与君合团队通过不懈努力，克服项目中的各种困难和压力，最终实现了新车型的成功上市。

（八）君合助力Entegris, Inc.收购安诺过滤业务

君合代表全球特种化学品和先进材料解决方案领域的领导厂商Entegris, Inc.（简称**“Entegris”**或**“收购方”**，纳斯达克交易代码：ENTG）收购杭州安诺过滤器材有限公

司（简称**“安诺”**或**“目标公司”**）过滤业务，交易金额超过7,300万美元。本次交易于2019年9月18日初步交割，并随后完成最终交割。交割后，目标公司成为Entegris的控股子公司，隶属于微污染控制部门。

安诺创始于1989年，正式成立于2003年，是一家高分子微孔滤膜过滤企业，专业从事MCE、Nylon、PES、PVDF、PTFE等微孔滤膜的研发及生产，各种工业用折叠膜滤芯、小过滤器及囊式滤器的设计制造，并为全球80多个国家和地区的生物制药、食品饮料、医疗器械、实验室与环境分析、微电子及工业等领域的客户提供过滤、分离和净化解决方案。安诺总部位于杭州国家级富阳经济技术开发区新登新区。安诺不仅为Entegris的全球产品组合增添了新的薄膜技术和过滤产品，也为Entegris在亚洲地区制造过滤产品提供了额外的基础设施。

君合作为本次交易收购方Entegris的中国法律顾问，对安诺及其各子公司进行了法律尽职调查，并主导本项目交易结构的设计、全套交易文件的审阅、修改及谈判，就收购方及目标公司关注的重大疑难问题提供法律建议，协助客户完成本项目全套交易文件的签署、交割和交割后的各项安排，并就各项政府审批/备案、资金监管、员工留用、知识产权等方面提供全面法律意见。君合在本项目高强度的工作中，为Entegris提供了及时且高质量的法律服务，在价格调整机制、个人资产变现账户的资金的监管安排、贸易合规等方面提供了务实创新解决方案，获得了Entegris的高度认可。

（九）君合助力物美科技集团与麦德龙集团合作

2019年10月11日，物美科技集团（简称**“物美”**）在麦德龙集团（Metro AG，简称**“麦德龙”**）出售中国业务的竞标中拔得头筹，双方已经达成最终协议，将成立合资公司。物美将首先购买麦德龙中国业务70%的权益，并将通过独立流程购买目前小股东持有的麦德龙部分中国业务的10%的权益。麦德龙将继续持有其中国业务的20%的权益。本次交易麦德龙中国业务的企业总价值估值为19亿欧元，交易对价预计超过10亿欧元。本交易尚须完成中国反垄断审批，预计于2020年上半年完成交割。

麦德龙为全球自助式批发业务的领军企业，1996年，麦德龙在上海开设了它在中国的第一家现购自运批发商场，为中国带来了全新的商业理念。麦德龙是中国第一批获得中央政府批准、允许在中国主要城市建立连锁商场的外资商业巨头。迄今，麦德龙在中国的59个城市开设了97家商场，全国拥有超过11000多名员工及总共1700万客户。

物美是中国最大的主要零售商之一，经营和管理零售连锁店超过1000个，其中包括大卖场、超市、便利店、百货店和家居改善店等各种业态。物美集团年销售额500亿元人民币。数字化使物美集团进一步增强了零售业务优势及在快速变化、激烈竞争的市场上的整合能力。

君合作为物美的法律顾问，全程参与了本交易的交易结构论证、法律尽职调查、中国境内交易文件的起草与谈判、中国法律咨询，并负责本交易的中国反垄断申报及后续交割事项。君合团队对本交易的深度理解有利加强了与交易各方的高效沟通、通力合作，同时君合团队的快速响应、高质量的服务也有力地推进了本交易的顺利签约。

（十）君合襄助法国道达尔旗下帅福得集团与浙江天能集团成立新能源合资公司

2019年11月6日，在中国国家主席习近平和法国总统马克龙的见证下，帅福得集团（Saft Groupe SA）与浙江天能集团（简称**“天能集团”**）签署在中国成立新能源合资公司的合作协议。

帅福得集团为世界500强企业道达尔公司旗下全资子公司，是一家拥有100年发展历史的国际领先公司，致力于为工业、航天、海洋、航空和地面设备提供技术领先的电池解决方案。

天能集团是中国电池行业的龙头企业之一，其母公司天能动力国际有限公司于2007年作为“中国动力电池第一股”在香港联交所主板上市（股票代码：00819）。

本项目旨在联合帅福得集团及天能集团的优势，通过双方在技术、市场等方面的深入合作，致力于电动自行车、电动汽车、储能解决方案领域的锂离子电池、模块及电池组的研发、生产及销售，促进全球新能源领域的强强联合与快速发展。

君合在本项目中作为帅福得集团的法律顾问，全程参与本项目各个方面的法律服务，包括交易结构论证、法律尽职调查、交易文件的起草与谈判及项目交割，并负责本项目在中国的经营者集中申报。本项目的主要难点之一在于需要处理好合资双方在公司治理方面的利益平衡，同时确保合资公司的公司治理结构符合天能集团分拆上市的相关要求。君合在整个交易过程中，提供优质、严谨、高效的专业法律服务，促使本项目的顺利实施，尤其是面对交易中的重大困难和挑战，君合创造性地提出的许多解决方案被合资双方所采纳，法律服务的专业性和问题解决能力获得了合资双方的高度认可。

（十一）君合助力哈药集团实施混改并对旗下两家A股上市公司实施要约收购

2019年11月，哈药集团有限公司（简称**“哈药集团”**）实施混合所有制改革，引入重庆哈珀股权投资基金合伙企业（有限合伙）（简称**“重庆哈珀”**）和天津黑马祺航投资管理有限公司（简称**“黑马祺航”**）两名投资人。重庆哈珀、黑马祺航分别以现金人民币805,294,116.45元、402,647,059.15元作为对价认缴哈药集团新增注册资本435,294,117元、217,647,059元。

同时，为赋予哈药集团控股的两家A股上市公司哈药集团股份有限公司（简称**“哈药股份”**，股票代码：600664）和哈药集团人民同泰医药股份有限公司（简称**“人民同泰”**，股票代码：600829）的投资者充分选择权，哈药集团在哈药股份层面和人民同泰层面分别实施了要约收购。截至目前，前述哈药集团在哈药股份层面和人民同泰层面实施要约收购所取得的股份均已完成交割，哈药股份及人民同泰均保留上市公司地位。

哈药集团成立于1989年，拥有多家下属医药工业、商业流通企业及药物研究院，业务涵盖抗生素、非处方药及保健品、传统与现代中药、生物医药、动物疫苗及医药商业等六大业务板块。

君合作为哈药集团的法律顾问，为本项目提供了全流程、全方位的法律服务，该等工作主要包括：（1）在项目前期阶段，君合参与了混合所有制改革方案的设计；（2）在哈药集团进入哈尔滨产权交易中心（简称**“产交所”**）公开征集投资者阶段，君合参与起草了产交所所要求的包括法律意见书在内的各项文件；（3）在确定投资者后，君合协助哈药集团主导了增资协议、合资合同及其他相关交易文件的起草、审阅、谈判和修改工作，并准备了取得哈尔滨市国资委批准所需的各项材料；（4）在要约收购阶段，君合与其他中介机构紧密合作，参与了要约收购报告书及其摘要的起草、审阅和修改工作，出具相应的要约收购法律意见书，并与上海证券交易所进行沟通。君合以一贯的高效、严谨、稳健的工作风格，细致、专业的服务态度获得了哈药集团及其他项目参与方的一致肯定。

（十二）君合襄助绿地香港控股完成百亿级物业项目的出售

绿地集团旗下的香港上市公司——绿地香港控股有限公司（简称**“绿地香港”**，股票代码：00337.HK）于2019年11月27日宣布，其向博枫资产管理公司（简称**“博枫”**）出售上海五里桥项目公司股权的交易已成功交割。君合作为绿地香港的独家中国内地及香港法律顾问提供了全程法律服务。

绿地香港为绿地集团的香港上市子公司。博枫是一家全球领先的另类资产管理机构，总部位于加拿大多伦多市。在全球逾30个国家管理着超过2850亿美元的资产。博枫的明星投资包括：纽约的Brookfield Place（原世界金融中心）、伦敦的金丝雀码头、柏林的波茨坦广场等。

绿地香港此次系通过境外股权交易的方式向博枫出售位于上海市黄浦区五里桥街道的房地产开发项目。五里桥项目的土地使用权系绿地香港于2015年7月以出让方式获得，分为商业和住宅两个部分，其中，商业部分包括4栋写字楼及2栋相接裙楼、2栋独立商业大楼（含电影院）及2间独立零售商铺；住宅部分包括2栋独立的十七层住宅楼、1栋独立的商业地下室及1家会所。五里桥项目合计占地面积55,590平方米，标的物业建筑面积257,780.16平方米，物业估值超过105亿元人民币。

由于本次交易涉及的规模巨大、交易结构复杂（涉及在建工程的验收与结算、房地产开发项目贷款、项目融资及跨境资金支付等）、客户作为香港上市公司对于项目执行时间表有较高要求等，君合作为绿地香港的独家中国内地及香港法域的独家法律顾问在本项目中面临很多新的、前所未有的问题和挑战。面对这些问题和挑战，君合上海分所和香港分所通力合作，为本次交易提供了全程法律服务，为本项目的成功谈判签约、交割准备和交割做出了重要贡献，君合的专业经验和专业精神赢得了客户的高度评价。

三、市场热点问题研究

（一）“区块链信息服务”进入监管时代——简析《区块链信息服务管理规定》[1]

区块链技术的发展一直受到政府和行业的关注。2016年，区块链首次被列入

1　节选自《“区块链信息服务”进入监管时代——简析〈区块链信息服务管理规定〉》（作者：董潇、袁琼、岳原州），载于《君合法律评论》2019年1月31日。

《"十三五"国家信息化规划》。2018年，工信部印发的《工业互联网发展行动计划（2018–2020年）》鼓励推进区块链在工业互联网的应用研究。截至2018年5月底，全国24个省市或地区发布了区块链政策及指导意见。[1]

由于区块链技术在ICO领域的发展迅猛，2017年9月4日，中国人民银行联合工信部等七部委发布《关于防范代币发行融资风险的公告》[2]（以下简称"《公告》"），明确规定利用发行代币形式包括首次代币发行（ICO）进行融资的活动为非法融资并叫停该类活动，这是监管领域第一次对于区块链技术在ICO领域应用的明确发声。自该《公告》发布之后，许多区块链公司采取了"境外设立实体发币上链＋境内技术支持"的业务模式。

对于区块链技术在更为广泛的意义上提供信息服务的领域，此前国家并没有任何相关的文件或政策规定。国家网信办在2018年10月19日发布《区块链信息服务管理规定》的征求意见稿（以下简称"《管理规定》"），并于2019年1月10日正式发布。《管理规定》将于2019年2月15日生效并开始实施。

1. 什么是区块链信息服务

《管理规定》明确了"区块链信息服务"的内涵：即基于区块链技术或者系统，通过互联网站、应用程序等形式，向社会公众提供信息服务。

实践中，目前区块链落地提供的服务主要包括以下类型：（1）以公有链、联盟链和BaaS为主的平台模式；（2）区块链矿池服务；（3）基于区块链技术的在线媒体及社区平台；（4）基于区块链技术的金融服务和解决方案；以及（5）区块链在实体领域落地的服务和应用。

我们理解，上述应用和服务一旦涉及向社会公众提供信息服务，则均会纳入《管理规定》所规制的"区块链信息服务"范畴，需遵循《管理规定》的要求。

2. 什么是区块链信息服务提供者

《管理规定》对区块链信息服务提供者进行了明确定义，是指向社会公众提供区块链信息服务的主体或者节点，以及为区块链信息服务的主体提供技术支持的机构或者组织。

需要注意的是，《管理规定》提出向公众提供区块链信息服务的"节点"属于信息服务提供者。"节点"是区块链技术的专有名词，其具体的定义和范围并无法律上的明确定义。因此，《管理规定》的适用范围还有待进一步的解释和明确，特别是对于"境外实体上链与境内技术支持"的业务模式是否会产生实质性的影响，仍待观察。

3. 提供区块链信息服务需进行备案

《管理规定》首次设立了区块链信息服务提供者在提供区块链信息服务时需进行备案的制度。

（1）备案事项与内容

区块链信息服务提供者需要履行的备案事项主要包括：（i）提供服务，（ii）变更服

1 《区块链白皮书（2018年）》，中国信息通信研究院，2018年9月。

2 参见《关于防范代币发行融资风险的公告》：代币发行融资是指融资主体通过代币的违规发售、流通，向投资者筹集比特币、以太币等所谓"虚拟货币"，本质上是一种未经批准非法公开融资的行为，任何组织和个人不得非法从事代币发行融资活动。

务，（iii）终止服务三类；备案的内容主要包括：（i）服务提供者的名称，（ii）服务类别，（iii）服务形式，（iv）应用领域，（v）服务器地址等信息。

（2）备案流程

区块链信息服务的备案流程主要是服务提供者通过国家网信办区块链信息服务备案管理系统进行线上备案，各级网信办负责对备案信息进行审核，符合备案要求的应予以备案并公示。

另外，在《管理规定》公布前从事区块链信息服务的，应当自其生效日起二十个工作日内补办有关手续。

我们注意到，《管理规定》生效后，备案将成为区块链行业监管最主要的形式，服务提供者的主体责任得到进一步强化，同时与“征求意见稿”相比，《管理规定》中未体现年审、特殊行业前置审核等内容，备案程序更加简单。

4. 区块链信息服务提供者的法律责任

《管理规定》明确了区块链信息服务提供者的以下法律义务和责任：

（1）落实信息内容安全管理责任，建立相应的安全管理制度；

（2）具备与其服务相适应的技术条件，有符合国家标准的技术方案和针对法律、行政法规禁止的信息内容的应急处理能力；

（3）制定并公开管理规则和平台公约，通过服务协议的方式明确与服务使用者的权利义务；

（4）落实真实身份信息认证制度，用户不进行真实身份信息认证的，服务提供者不得为其提供相关服务；

（5）开发上线新产品、新应用、新功能的，应当按照有关规定报相应网信办进行安全评估；

（6）应对违反法律和相关规定的用户依法采取警示、限制功能等处置措施。

5. 对区块链信息服务提供者的违规处罚

针对服务提供者在提供区块链信息服务过程中的违规行为，《管理规定》规定了包括警告、责令限期改正或罚款在内的处罚措施。若同时违反《网络安全法》以及其他法律、行政法规的规定的，亦可按照该等规定进行处罚。构成犯罪的，另将依法追究刑事责任。

6. 我们的观察

《管理规定》是我国首部针对区块链技术的法律规定，对于区块链领域的健康发展和风险防范均具有重大意义。尤其是对于区块链信息服务而言，意味着摆脱“野蛮生长”，进入“监管时代”。对于各类区块链行业参与者，都应当尽快根据该《管理规定》对自身业务进行合规评估，确保在法律规定范围内提供区块链服务。

随着区块链信息服务产业更加蓬勃的发展，该《管理规定》在适用过程中势必需要不断出台相关配套或补充规范，如新产品和各类区块链技术的安全评估标准与流程，从而更好的指导区块链信息服务的市场实践。

（二）国务院发布《人类遗传资源管理条例》[1]

2019年5月28日，国务院发布了《人类遗传资源管理条例》(以下简称"《条例》")，自2019年7月1日起施行。《条例》的重要内容简要总结如下。

1. 人类遗传资源的定义

《条例》第2条规定，人类遗传资源包括人类遗传资源材料和人类遗传资源信息。其中，人类遗传资源材料是指含有人体基因组、基因等遗传物质的器官、组织、细胞等遗传材料。人类遗传资源信息是指利用人类遗传资源材料产生的数据等信息资料。

2. 对人类遗传资源的采集和保藏的规定

《条例》第11条、第12条规定了采集重要遗传家系、特定地区的人类遗传资源应符合的条件、关于隐私保护的要求，并重申了该等采集须经国务院科学技术行政部门批准。

《条例》第13条至第16条对于保藏人类遗传资源，为科学研究提供基础平台的单位需满足的条件、安全要求，以及须经国务院科学技术行政部门批准，并符合包括通过伦理审查在内的一系列要求进行了规定。

3. 国际合作科学研究、对外提供人类遗传资源的规定

《条例》第7条规定，外国组织、个人及其设立或者实际控制的机构（以下称"外方单位"）不得在我国境内采集、保藏我国人类遗传资源，不得向境外提供我国人类遗传资源。《条例》第21条进一步规定，需要利用我国人类遗传资源开展科学研究活动的外方单位应当采取与我国科研机构、高等学校、医疗机构、企业合作的方式进行。

《条例》第22条进一步规定了国际合作的条件，并明确了应经国务院科学技术行政部门批准。以获得相关药品和医疗器械在我国上市许可为目的但不涉及人类遗传资源出境的国际合作不需要审批，但是应当向国务院科学技术行政部门备案。

另，《条例》第27条进一步规定，利用我国人类遗传资源开展国际合作科学研究，或者因其他特殊情况确需将我国人类遗传资源对外提供的，应当取得国务院科学技术行政部门出具的人类遗传资源材料出境证明。

4. 将人类遗传资源信息向外方单位提供或者开放使用的安全审查和备案

《条例》对人类遗传资源信息提出了新的特殊要求。将人类遗传资源信息向外方单位提供或者开放使用的，应符合以下条件：

（1）如果可能影响我国公众健康、国家安全和社会公共利益，须通过国务院科学技术行政部门组织的安全审查；

（2）向国务院科学技术行政部门备案（第二十八条）。

由于人类遗传资源信息属于人类遗传资源，上述要求将会如何与《条例》第四和第五章规定的批准要求及法律责任相协调还有待观察。

5. 其他

其他《条例》中的值得注意的条款包括：

（1）《条例》中的第三条提出了不适用于本《条例》的特殊情况，例如为临床诊疗、采供血服务和查处犯罪等需要而采集和保藏人类遗传资源的，应当依照相关法律法规规

1　节选自《国务院发布〈人类遗传资源管理条例〉》(作者：董潇、郭静荷、董俊杰)，载于《君合法律评论》2019年6月21日。

定执行。然而，以上述为目的的相关国际合作和我国人类遗传资源的对外提供是否不受《条例》约束还有待澄清。

（2）人类遗传资源禁止买卖，但是为科学研究依法提供或者使用人类遗传资源并支付或者收取合理成本费用的，不视为买卖（第十条）。

（3）在《条例》施行以前，对违反人类遗传资源管理规范的行为规定的法律责任较为笼统，需参照相关的规定进行处罚。《条例》规定，违规的公司可能会面临最高1000万元人民币的罚款。

6. 我们的观察

对比现行的《人类遗传资源管理暂行办法》（1998）和相关施行指南，《条例》对采集、保藏、利用和对外提供人类遗传资源做了更加全面系统的规定，明确了相应的法律责任，也对保藏和对外提供人类遗传资源作出了更明确的规定。但是，《条例》的一些相关条款，例如国际合作的审批例外情形、罚款的适用等，还将待具体执法过程之中进一步确认。

（三）中国外资监管进入“大一统”时代——简评最新《外商投资法》[1]

2018年12月26日全国人大公布了《中华人民共和国外商投资法（草案）》（下称“**草案**”），向社会公众征求意见。在经过广泛征求意见和多次审议后，2019年3月15日第十三届全国人大二次会议表决通过了《中华人民共和国外商投资法》（下称“**《外商投资法》**”）。外商投资法于2020年1月1日生效实施，其对外商投资的准入、促进、保护、管理等作出了统一规定，是中国外商投资领域新的基础性法律。在外商投资法生效实施之日，曾为中国吸引和利用外资作出重要贡献的三部法律，即《中华人民共和国中外合资经营企业法》《中华人民共和国外资企业法》《中华人民共和国中外合作经营企业法》（以下统称“**外资三法**”），将同时废止，退出历史舞台。

本文旨在介绍《外商投资法》的重点内容，与草案相比的主要变化，分析其亮点及对外商投资企业的影响，并对其配套规定应进一步明确的一些问题提出相应的意见和建议。

1.《外商投资法》重点内容

《外商投资法》分为6章，包括总则、投资促进、投资保护、投资管理、法律责任、附则，共42条，与草案的39条相比，条款总数增加了3条。我们在下表中总结了《外商投资法》的重点内容，以方便读者了解。

	外商投资法的重点内容	与草案的主要区别
外商投资的定义	外商投资的定义是：“指外国的**自然人**、**企业**或者**其他组织**（以下称外国投资者）**直接**或者**间接**在中国境内进行的投资活动。”（第2条）外商投资具体包括以下四类投资活动：	与草案相比未有实质变化

1 节选自《中国外资监管进入“大一统”时代——简评最新〈外商投资法〉》（作者：郑宇），载于《君合法律评论》2019年3月15日。

续表

	外商投资法的重点内容	与草案的主要区别
	（1）外国投资者单独或者与其他投资者共同在中国境内**设立外商投资企业**； （2）外国投资者**取得中国境内企业的股份、股权、财产份额或者其他类似权益**； （3）外国投资者单独或者与其他投资者共同在中国境内**投资新建项目**； （4）法律、行政法规或者国务院规定的其他方式的投资	
投资促进	外商投资法在如下方面对促进外商投资作出了明确规定： **市场环境**：强调建立**稳定、透明、可预期**和**公平竞争**的市场环境（第3条）	与草案的规定相比，有如下一些主要变化： **市场环境**：将草案中的“投资环境”修改为“**市场环境**”，同时增加强调建立“**公平竞争**”的市场环境
	国民待遇：明确外商投资企业**依法平等适用**国家支持企业发展的各项政策（第9条）；外商投资企业**依法平等参与标准制定工作，国家强制性标准平等适用**于外商投资企业（第15条）；保障外商投资企业依法通过**公平竞争参与政府采购**活动，政府采购依法对外商投资企业**在中国境内生产的产品、提供的服务平等对待**（第16条）	**国民待遇**：将草案中同等适用外商投资企业的国家支持企业发展各项政策的例外情形“法律、法规另有规定的除外”的表述删除，修改为“**依法平等适用**”。将草案中“保障外商投资企业公平参与政府采购活动”修改为“保障外商投资企业**依法**通过**公平竞争**参与政府采购活动”，强调了所保障的是依法进行的参与活动，且公平主要体现在竞争上的公平，同时要求平等对待的不仅是产品，还包括“**服务**”
	优惠政策：鼓励和引导外国投资者在特定行业、领域、地区投资，外国投资者、外商投资企业可以**依照法律、行政法规或者国务院的规定**享受优惠待遇（第14条）	**优惠政策**：将草案中给予外国投资者的优惠待遇限定为有**法律**、**行政法规**或**国务院**有明确规定的情形。这可理解为国家部委及地方立法机构或政府均无权在没有上位法的基础上通过部门规章、地方性法规或地方政府规章等制定针对特定行业、领域或地区给予外国投资者的优惠政策
投资保护	外商投资法在如下方面对保护外国投资者的投资作出了明确规定	与草案的规定相比，有如下一些主要变化
	国有征收：国家对外国投资者的投资**不实行征收**。在特殊情况下，国家为了公共利益的需要，可以**依照法律规定**对外国投资者的投资实行**征收**或者**征用**。征收、征用应当依照**法定程序**进行，并**及时**给予公平、合理的补偿（第20条）	**国有征收**：明确限定征收或征用只能**依据法律规定**进行，其次强调补偿应**及时**给予
	所得汇出：外国投资者在中国境内的**出资、利润、资本收益、资产处置所得、知识产权许可使用费**、依法获得的**补偿**或者**赔偿**、**清**	**所得汇出**：增加了“**资产处置所得**”和“**清算所得**”的项目，在自由汇出的基础上，增加“**自由汇入**”的规定

续表

	外商投资法的重点内容	与草案的主要区别
	算所得等，可以依法以人民币或者**外汇自由汇入或者汇出**（第21条）	
	知识产权：国家保护外国投资者和外商投资企业的知识产权，技术合作条件由投资各方遵循公平原则平等协商确定，不得利用行政手段强制转让技术（第22条）	**知识产权**：增加了技术合作条件的确定需要"**遵循公平原则平等协商**"
	保密义务：行政机关及其工作人员对于履行职责过程中知悉的外国投资者、外商投资企业的**商业秘密**，应当**依法予以保密**，不得泄露或者非法向他人提供（第23条）。如果违反，依法给予处分；构成犯罪的，依法追究刑事责任（第39条）	**保密义务**：草案中无该项内容，有关行政机关及工作人员的**保密义务**及违反该义务的**法律责任**为新增内容
	行政干预：政府制定涉及外商投资的规范性文件，应当**符合法律法规**的规定；**没有法律、行政法规依据的**，不得针对外商投资企业：（i）**减损其合法权益**或者**增加其义务**，（ii）**设置市场准入和退出条件**，（iii）**干预其正常生产经营活动**（第24条）	**行政干预**：将政府对外商投资的干预（如减损权益、增加义务、设置市场准入和退出条件等）限制在有"**法律、行政法规依据**"的前提下。这意味国家部委及地方立法机构或政府均无权在没有上位法的基础上通过部门规章、地方性法规或地方政府规章等对外商投资进行干涉或限制
	政府承诺：政府应当履行向外国投资者、外商投资企业依法作出的政策承诺以及依法订立的各类合同（第25条）	**政府承诺**：与草案相比未有实质变化
	外商投诉：建立和完善外商投资企业投诉工作机制。投诉不能解决的，还可以依法申请行政复议、提起行政诉讼（第26条）	**外商投诉**：与草案相比，明确通过投诉工作机制不能解决的，外商投资企业可以依法**申请行政复议**或**提起行政诉讼**
投资管理	外商投资法规定了以下**三大外商投资管理制度**： （1）**准入前国民待遇＋负面清单**管理制度（第28条）； （2）**信息报告制度**（第34条）； （3）**国家安全审查制度**（第35条）	在草案给出负面清单定义的基础上，增加了"**准入前国民待遇**"的定义，即指"在投资准入阶段给予外国投资者及其投资不低于本国投资者及其投资的待遇"此外，新增一条（第33条），规定外国投资者并购中国境内企业或者以其他方式参与经营者集中的，应当依照《中华人民共和国反垄断法》的规定**接受经营者集中审查**
法律责任	外商投资法规定了违反负面清单、违反信息报告制度和违反法律法规的法律后果： （1）**违反负面清单**：责令改正／责令停止投资活动，限期处分股份、资产或者采取其他必要措施，恢复到实施投资前的状态；有违法所得的，没收违法所得，同时还应当依法承担相应的法律责任（第36条）；	与草案相比，对于违反负面清单的法律后果，除了行政处罚措施外，还增加了"**应当依法承担相应法律责任**"的规定。其次，增加了违反**信息报告制度**的法律责任，此外，对于违反法律法规的法律责任，删除了"**实施联合惩戒**"的表述

续表

	外商投资法的重点内容	与草案的主要区别
	（2）**违反信息报告制度**：由商务主管部门责令限期改正；逾期不改正的，处十万元以上五十万元以下的罚款（第37条）； （3）**违反法律法规**：依法查处，纳入有关信用信息系统（第38条）	
适用的例外	（1）**准入前国民待遇+负面清单管理制度适用的例外**：中华人民共和国缔结或者参加的**国际条约、协定**对外国投资者准入待遇**有更优惠规定的，可以**按照相关规定执行（第4条）； （2）**行业适用的例外**：对外国投资者在中国境内投资银行业、证券业、保险业等**金融行业**，或者在证券市场、外汇市场等**金融市场**进行投资的管理，国家另有规定的，依照其规定（第41条）	与草案相比，适用国际条约或协定是指有"**更优惠规定**"的情形，而且对是否适用该等更优惠规定，中国具有自由裁量权，是"**可以**"执行，而不是草案原来表述的"从其规定"
过渡期	外商投资法施行前依照外资三法设立的外商投资企业，在本法施行后**五年内**可以继续保留**原企业组织形式**等。具体实施办法由国务院规定。（第42条）	与草案相比未有实质变化

2.《外商投资法》的亮点

《外商投资法》对外国投资者和外商投资企业长期关注的几个问题都有比较明确的回应，应是本次立法的亮点，对于改善外商投资环境，增强外国投资者对中国投资的信心无疑应是利好的消息。这些亮点主要有：

（1）强调享受国民待遇：外商投资企业依法平等适用国家支持企业发展的各项政策（第9条）；国家保障外商投资企业依法平等参与标准制定工作，国家强制性标准平等适用于外商投资企业（第15条）；保障外商投资企业依法通过公平竞争参与政府采购活动，政府采购依法对外商投资企业在中国境内生产的产品、提供的服务平等对待（第16条）；

（2）禁止强制转让技术：外商投资过程中技术合作的条件由投资各方遵循公平原则平等协商确定，行政机关及其工作人员不得利用行政手段强制转让技术（第22条）；

（3）强调政府信守承诺：地方各级人民政府及其有关部门应当履行向外国投资者、外商投资企业依法作出的政策承诺以及依法订立的各类合同（第25条）。

3. 外商投资法对"三资企业"的影响

在《外商投资法》实施后，由于外资三法将同时废止，对原有的中外合资经营企业、中外合作经营企业和外资企业（统称"**三资企业**"）的企业组织形式将会产生不同影响。《外商投资法》第31条规定："外商投资企业的组织形式、组织机构及其活动准则，适用《中华人民共和国公司法》、《中华人民共和国合伙企业法》等法律的规定。"据此，下表列举了外商投资法实施对三资企业组织形式的主要影响。

	现有企业	新设企业
中外合作经营企业	•对于具有法人资格的，可在外商投资法规的5年过渡期内改制为根据《公司法》组建的有限责任公司或股份有限公司； •对于不具法人资格的，可在外商投资法规的5年过渡期内改制为根据《合伙企业法》组建的合伙企业，或根据《公司法》组建的有限责任公司或股份有限公司	•外商投资法实施后，将不再存在中外合作经营企业这类企业组织形式
外资企业	•因为基本是根据《公司法》组建的有限责任公司，故无实质影响	•根据《公司法》组建有限责任公司或股份有限公司（对于至少两个外国投资者组建的外资企业）； •对于由一个外国自然人投资的，在修改《个人独资企业法》可适用外国自然人的情况下，还可组建个人独资企业[1]
中外合资经营企业	•虽然是有限责任公司的组织形式，但在《外商投资法》规定的5年过渡期内需根据《公司法》修改章程，以符合《公司法》在组织机构和公司治理方面的规定	•按照《公司法》对有限责任公司或股份有限公司的要求进行组建

由于中外合资经营企业是三资企业中十分重要的一类，且在《外商投资法》实施后公司治理结构变化非常大的一类，我们在下表中列举了《外商投资法》的实施对有限责任公司形式的中外合资经营企业将产生的一些主要影响，以便读者了解。

	合资经营企业	《外商投资法》实施前	《外商投资法》实施后
1	**中方股东限制**	**中国籍自然人**不能是新设合资企业的股东[2]。	无限制
2	**外方投资比例**	一般**不低于25%**	无限制
3	**最高权力机构**	**董事会**	**股东会**
4	**董事产生方式**	董事由合营**各方委派和撤换**	非职工代表担任的董事**由股东会选举和更换**

1 根据《外商投资法》第31条规定，外商投资企业的组织形式适用《公司法》《合伙企业法》等法律的规定。由于该条表述中与草案2019年1月29日二次审议稿相比，增加了“等法律”的规定，这可以理解为外商投资企业从理论上讲可以采取除《公司法》和《合伙企业法》规定之外其他法律规定的其他企业组织形式，例如外国自然人应可根据《个人独资企业法》成立个人独资企业。因此，为体现《外商投资法》所确立的国民待遇和内外资一致原则，我们理解需要对《个人独资企业法》进行修改，删除第64条关于“外商独资企业不适用本法”的规定。

2 根据《商务部关于外国投资者并购境内企业的规定》（商务部令2009年第6号）第54条，“被股权并购境内公司的中国自然人股东，经批准，可继续作为变更后所设外商投资企业的中方投资者”。但该规定并不适用新设中外合资经营企业。

续表

	合资经营企业	《外商投资法》实施前	《外商投资法》实施后
5	**正副董事长**	正副董事长**分别由中方和外方担任**	无限制
6	**法定代表人**	**董事长**	**董事长、执行董事或总经理**
7	**最高权力机构重要决议事项的表决比例限制**	法定**需出席董事会会议董事全体一致**同意的事项： · 章程的修改 · 注册资本的增加、减少 · 企业的中止、解散 · 企业的合并、分立	法定**需经代表三分之二以上表决权的股东**同意的事项： · 章程的修改； · 注册资本的增加、减少； · 公司的解散或者变更公司形式； · 公司的合并、分立
8	**高级管理人员任命**	正副总经理（或正副厂长）**由合营各方分别担任**	无限制
9	**外方工业产权或者专有技术出资条件**	**必须满足以下条件之一：** · 能显著改进现有产品的性能、质量，提高生产效率的；或 · 能显著节约原材料、燃料、动力的	无具体限制，非法律、行政法规规定不得作为出资的财产即可
10	**股权转让限制**	任何一方的股权转让**必须经合营各方同意。**	除非公司章程另有规定，**股东之间可以相互转让**全部或部分股权，**向第三方转让**应当经**其他股东过半数同意。** 其他股东自接到书面通知之日起满三十日未答复的，视为同意转让。其他股东半数以上不同意转让的，不同意的股东应当购买该转让的股权；不购买的，视为同意转让。经股东同意转让的股权，在同等条件下，其他股东有优先购买权
11	**利润分配原则**	合营各方按注册资本比例分配利润	股东按照实缴的出资比例分配利润，但全体股东约定不按照出资比例分配的除外
1	**法定基金提取及比例**	· 储备基金 · 职工奖励及福利基金 · 企业发展基金**各项提取比例由董事会确定**	· 法定公积金 · 任意公积金 法定公积金提取比例为**税后利润 10%，**总额达到公司注册资本 50% 可以不再提取
13.	**合资合同适用法律**	中国法律（《中外合资经营企业法实施条例》第 12 条、《合同法》第 126 条）	中国法律（《合同法》第 126 条）

4. 实施《外商投资法》配套规定制定的几点意见和建议

《外商投资法》作为一部基础性法律，对外商投资的促进、保护和管理作了许多原则性的规定。在其实施的过程中必然需要一些例如实施细则类的配套性规定（下称“**配套规定**”）来确保其操作性。以下对该等配套规定的制定中需要进一步明确的问题提出一些意见和建议：

<table>
<tr><td>1. 关于“外国投资者”和“外商投资”的定义（第2条第二款）</td><td>“本法所称外商投资，是指外国的自然人、企业或者其他组织（以下称外国投资者）直接或者间接在中国境内进行的投资活动，包括下列情形：……”</td></tr>
<tr><td colspan="2">意见和建议：
在配套规定中，我们建议进一步明确关于“外国投资者”和“外商投资”的定义的有关问题，具体包括：
（1）外国投资者是否可以包括外国或地区的政府以及国际组织。
（2）定义中投资的方式包括“直接”或者“间接”，由于“间接”方式的存在，是否意味着对在中国境内的投资，其外国投资者需要追溯到最终实际控制股东进行判断？
（3）如果一个拟在中国投资的境外企业实际是由一家中国公司控制的，那么这个投资是否属于“外商投资”？
我们认为，配套规定需要明确，判断“外国投资者”身份是以直接持有在华投资企业股份、股权或权益的外国投资者的登记地或注册地作为判断标准，还是以其最终实际控制人登记地或注册地为判断标准。如果是后者的话，对“控制”也应有明确的定义。
在中国境外投资日益增多的情况下，如果不明确上述判断标准问题，对于由中国企业或自然人直接或间接控股或全资拥有的境外公司到中国投资是否应适用《外商投资法》的问题将可能引起严重的困惑。
此外，由于中国公民移民海外及外国公民定居中国的情况日益增多，建议配套规定明确当外国自然人变更为中国国籍或中国公民变更为外国国籍后，其在中国所投资的企业是否应适用《外商投资法》。</td></tr>
<tr><td>2. 国家安全审查（第35条）</td><td>“国家建立外商投资安全审查制度，对影响或者可能影响国家安全的外商投资进行安全审查。依法作出的安全审查决定为最终决定。”</td></tr>
<tr><td colspan="2">意见和建议：
《外商投资法》规定了外商投资国家安全审查制度，但并未详细规定国家安全审查制度的具体内容，如审查的范围、审查内容、申请文件要求、审查程序和时限等等。由于目前对于外商投资的国家安全审查法律依据仅有《国务院办公厅关于建立外国投资者并购境内企业安全审查制度的通知》（国办发〔2011〕6号）和《国务院办公厅关于印发自由贸易试验区外商投资国家安全审查试行办法的通知》（国办发〔2015〕24号），对于在自贸区之外新设外商投资企业进行国家安全审查尚未有明确的法律依据，因此配套规定应对所有类型外商投资涉及国家安全审查的范围、具体内容和程序等进行规定。</td></tr>
<tr><td>3. 现有外商投资企业过渡期（第42条）</td><td>“本法施行前依照《中华人民共和国中外合资经营企业法》《中华人民共和国外资企业法》《中华人民共和国中外合作经营企业法》设立的外商投资企业，在本法施行后五年内可以继续保留原企业组织形式等。具体实施办法由国务院规定。”</td></tr>
<tr><td colspan="2">意见和建议：
《外商投资法》实施后，将不存在中外合作经营企业原有的组织形式了。《中华人民共和国中外合作经营企业法》第21条第二款规定：“中外合作者在合作企业合同中约定合作期满时合作企业的全部固定资产归中国合作者所有的，可以在合作企业合同中约定外国合作者在合作期限内先行回收投资的办法。”
对于采用该条约定的现有中外合作企业，在5年的过渡期内如果按《公司法》改制为有限责任公司，对于先行投资问题，应该可以根据《公司法》第34条通过全体股东约定不按照出资比例分取红利的方式来解决。
但是，对于有关合作期满时企业全部固定资产归中国合作者所有的问题，就难以在《公司法》的框架下解决，因为《公司法》第186条第二款规定，公司清算后的剩余财产“按照股东的出资比例分配”，《公司法》并未规定股东可以约定不按出资比例分配清算剩余财产。因此，建议配套规定对该等与过渡期有关的问题的处理给予明确的指导规定。</td></tr>
<tr><td>4. 合伙协议的适用法律</td><td>/</td></tr>
<tr><td colspan="2">意见和建议：
《合同法》第126条规定：“涉外合同的当事人可以选择处理合同争议所适用的法律，但法律另有规定的除外。涉外合同的当事人没有选择的，适用与合同有最密切联系的国家的法律。在中华人民共和国境内履行的中外合资经营企业合同、中外合作经营企业合同、中外合作勘探开发自然资源合同，适用中华人民</td></tr>
</table>

续表

4. 合伙协议的适用法律	/
共和国法律。” 因此，在外资三法废止后，根据《公司法》设立的中外合资经营企业的合资经营合同根据《合同法》的规定，将仍然适用中国法律。不过，根据《合伙企业法》设立的中外合伙企业的合伙协议，**由于《合同法》并没有明确规定中外合伙协议必须适用中国法律，那是否意味着中外合伙企业的合伙协议可以根据《合同法》的规定由协议当事人选择适用外国法律？** 建议配套规定对此问题进行明确。从法律上讲，《合同法》第126条对涉外合同当事人自由选择合同适用法律的**限制仅限于法律规定**，因此行政法规和部门规章均不能对此问题作出与《合同法》上述规定不一致的规定。	

5. 结语

如果把1979年出台《中外合资经营企业法》比喻为落后的中国小心翼翼打开吸引外资的第一扇窗户，那么2019年出台《外商投资法》就是前进的中国以更加开放和积极的心态为吸引外资打开了一扇大门。通过这扇大门，中国的外资监管进入“大一统”时代，外商投资在中国的效率将大为提升，市场进入成本将大幅下降，除负面清单内的行业外，所有外商投资均无须事先行政审批或备案，享受国民待遇有充分的法律保障，这无疑是中国给予外国投资者来华投资的一项重要“制度红利”，同时也彰显中国外资监管走向更加成熟、开放和自信。

此外，《外商投资法》的出台并不完全只是带给外国投资者的利好消息，随着“外资三法”退出历史舞台，从第一家中外合资经营企业诞生至今近四十年的期间，中国自然人作为个人投资者与外国投资者在华共同设立合资或合作企业没有法律依据的历史也将一去不复返了，这应该是中国外商投资发展中具有里程碑意义的变化，对于经济实力逐渐增强、希望更多参与对外经济交流与合作的中国自然人而言，《外商投资法》的出台也算是一个喜大普奔的消息吧。

（四）《外商投资法实施条例》解读[1]

2019年12月31日，《中华人民共和国外商投资法实施条例》（下称“**《外资法实施条例》**”）正式颁布，并于2020年1月1日起与《外商投资法》一同实施。《外资法实施条例》是配合《外商投资法》顺利实施非常重要的行政法规，笔者旨在通过本文解读《外资法实施条例》的重点内容，比较其与司法部于2019年11月1日在其网站上公布的《中华人民共和国外商投资法实施条例（征求意见稿）》（下称“**《征求意见稿》**”）[2]的主要区别，分析与《外资法实施条例》相关的一些法律问题，并探讨后续可能需要立法机关或监管机关进一步澄清和解决的一些实务问题。

---

1 节选自《外商投资进入中国快车道－解读最新〈外商投资法实施条例〉》（作者：郑宇、廖悦悦、余达星、贾璐、王潇），载于《君合法律评论》2020年1月3日。

2 《中华人民共和国外商投资法实施条例（征求意见稿）》全文参见司法部以下网站链接：http://www.moj.gov.cn/news/content/2019-11/01/zlk_3235065.html

1.《外资法实施条例》重点内容解读

《外资法实施条例》共6章、49条，体例上与《外商投资法》[1]基本对应，分为：**总则、投资促进、投资保护、投资管理、法律责任**和**附则**等6个章节。与《征求意见稿》原来共5章、45条相比，有相当多的修改，几乎涉及《征求意见稿》每一个条款内容。

笔者认为，与《外资法实施条例》有关的以下几个方面问题，值得作为重点内容予以关注：

a）外商投资企业设立和变更不再实行审批和备案管理

b）管理外商投资的政府规范性文件必须依法公开

c）加强对外商投资的知识产权和商业秘密的保护

d）政府承诺应采用书面形式

e）对外国投资征收的补偿与救济

f）明确中国自然人可以成为外商投资企业或新建项目的投资者

g）负面清单领域设立外商投资合伙企业的限制

h）信息报告义务及其违反的处罚

i）现有外商投资企业的过渡期

j）对外商投资企业境内再投资适用“穿透式监管”

k）港澳台及华侨投资的参照适用

l）《外商投资法》及《外资法实施条例》与其他外商投资规定的冲突解决

m）未设置对返程投资的例外管理

n）未明确对VIE的监管问题

（1）外商投资企业设立和变更不再实行审批和备案管理

自《中外合资经营企业法》于1979年实施以来，外商投资企业的设立和变更依次经历了外国投资管理委员会、对外经济贸易部、对外贸易经济合作部和商务部等部门管理下的审批制；到2016年演变为商务部管理下的审批制和备案制并行（即审批制针对属于负面清单领域内的外商投资企业设立和变更，备案制针对属于负面清单领域之外的外商投资企业设立和变更）；而2020年1月1日《外商投资法》和《外资法实施条例》实施后，外资三法的同时废止，对外商投资企业设立和变更所实行的审批制和备案制同时退出历史舞台。

根据《外资法实施条例》，外商投资企业的登记注册，由国务院市场监督管理部门或者其授权的地方人民政府市场监督管理部门依法办理（第37条）。与此同时，《外资法实施条例》规定，有关主管部门在依法履行职责过程中，对外国投资者拟投资负面清单内领域，但不符合负面清单规定的，不予办理许可、企业登记注册等相关事项（第34条）。因此，市场监督管理部门在进行外商投资企业的设立和变更登记时，将一并审查是否属于负面清单领域，且是否符合负面清单的相关规定。

这意味着长久以来在外商投资企业设立和变更过程中需要分别走商务部门审批/备案和市场监管部门（原工商管理部门）登记等行政程序，将基本简化为在市场监管部门

1 有关《外商投资法》的重点内容和亮点介绍，以及对现有外商投资企业影响的分析，请参阅2019年3月15日君合法律评论文章：《中国外资监管进入“大一统”时代–简评最新〈外商投资法〉》（作者：郑宇）。

实行**“一站式”的审核/登记**，这将极大简化外商投资企业设立和变更的程序，提升行政程序的效率，同时减轻投资者和企业的负担，应该是中国四十年外商投资企业管理的一个非常重大和积极的变化，是将外商投资在中国的发展引入快车道的重要举措。

（2）管理外商投资的政府规范性文件必须依法公开

就外商投资管理而言，除了法律、行政法规、部门规章、地方性法规和地方政府规章外，实践中还存在大量政府制定的涉及外商投资管理的**政府规范性文件**，《外资法实施条例》明确了**未经依法公布的政府规范性文件**，不得作为行政管理依据，与此同时，对于与外商投资企业生产经营活动密切相关的规范性文件，还要求结合实际，**合理确定公布到施行之间的时间**（第7条）。这些规定对于提高外商投资管理的透明度和合理化是十分重要的。

《外资法实施条例》同时要求，各级人民政府及其有关部门制定涉及外商投资的规范性文件，应当按照国务院的规定进行**合法性审核**[1]（第26条）

（3）加强对外商投资的知识产权和商业秘密的保护

a）知识产权

《外商投资法》第22条规定，国家保护外国投资者和外商投资企业的知识产权，保护知识产权权利人和相关权利人的合法权益；对知识产权侵权行为，严格依法追究法律责任。《外资法实施条例》明确规定国家**加大对知识产权侵权行为的惩处力度，持续强化知识产权执法**（第23条）。

中国在2013年修改《商标法》时引入了惩罚性赔偿制度，规定对恶意侵犯商标专用权，情节严重的，可以判决给予一倍以上三倍以下的惩罚性赔偿。2019年11月修改的《商标法》又将惩罚性赔偿的倍数提高到“一倍以上五倍以下”。现行《著作权法》的修改已列入十三届全国人大常委会立法规划，正在由有关方面研究提出修改草案，惩罚性赔偿也是本次修改《著作权法》重点关注的问题。此外，在2019年2月发布的《专利法》修改草案中，拟将现行《专利法》的法定赔偿额上限由一百万元提高至五百万元。[2]

b）商业秘密

《外资法实施条例》规定国家行政机关应当采取如下具体措施**保护外国投资者和外商投资企业的商业秘密**：（i）严格限定行政机关要求提供涉及商业秘密材料和信息的范围；（ii）禁止与履行职责无关的人员接触涉及该等商业秘密的材料和信息；（iii）与其他行政机关共享信息的，应当对信息中的商业秘密进行保密处理，防止泄露（第25条）。

我们理解，上述对国家行政机关负有保护外国投资者和外商投资企业商业秘密义务的规定，与2019年4月23日修正的《反不正当竞争法》第9条所新增的最后一款有关禁止经营者以及经营者以外的**其他自然人、法人和非法人组织**侵犯商业秘密的规定相

1 现行与政府规范性文件合法性审核有关的法律规定有：2018年5月国务院办公厅发布的《国务院办公厅关于加强行政规范性文件制定和监督管理工作的通知》（国办发〔2018〕37号）；2018年12月国务院办公厅发布的《国务院办公厅关于全面推行行政规范性文件合法性审核机制的指导意见》（国办发〔2018〕115号），从国家层面对行政规范性文件合法性审核机制的主体、范围、程序、职责、责任等作出全面、系统的规定。

2 部分内容摘自国家知识产权局2019年8月2日《关于政协十三届全国委员会第二次会议第0345号（政治法律类第21号）提案答复的函》

一致[1]。

（4）政府承诺应采取书面形式

a）政府承诺的形式

《外商投资法》第25条规定："地方各级人民政府及其有关部门应当履行向外国投资者、外商投资企业依法作出的**政策承诺**以及依法订立的各类合同。"

《外资法实施条例》进一步解释了上述"政策承诺"的含义，即"是指地方各级人民政府及其有关部门在**法定权限内**，就外国投资者、外商投资企业在本地区投资所适用的**支持政策**、享受的**优惠待遇**和**便利条件**等作出的**书面承诺**。政策承诺的内容应当符合法律、法规规定"（第27条）。

b）政府承诺的效力和可执行性

在过去的实践中，外国投资者和外商投资企业在中国投资与地方政府签订涉及投资优惠待遇等的投资协议，该等投资协议中政府承诺的法律效力和可执行性一直是争议比较大的问题。如今，《外资法实施条例》上述规定可以算是给外国投资者或外商投资企业吃了一颗"定心丸"，不再需要担心今后与政府签署投资协议中符合法律、法规的政府承诺的效力问题。

此外，于2020年1月1日实施的《最高人民法院关于审理行政协议案件若干问题的规定》也进一步明确了属于行政协议的投资协议的可执行性。根据该司法解释，如果投资者根据投资协议向未履行义务的政府机构主张继续履行、赔偿损失或支付违约金或定金等，法院应予支持[2]。不过值得注意的是，外国投资者或外商投资企业在与政府签署涉及优惠措施或待遇投资协议时，应避免使用仲裁作为争议解决的方式，因为根据该司法解释，除非法律、行政法规或者中国缔结、参加的国际条约另有规定，否则行政协议中的仲裁条款应被认定为无效[3]。

（5）对外国投资征收的补偿与救济

《外商投资法》第20条规定在为了公共利益的需要依法对外国投资者的投资进行征收时需要及时给予公平与合理的补偿原则，而《外资法实施条例》进一步明确了补偿时应按**市场价值**的标准进行补偿。与此同时，《外资法实施条例》还规定了外国投资者对征收决定不服时的救济途径，即可以依法**申请行政复议**或者**提起行政诉讼**（第21条）。

---

1 《反不正当竞争法》（2019修正）第9条："经营者不得实施下列侵犯商业秘密的行为：（一）以盗窃、贿赂、欺诈、胁迫、电子侵入或者其他不正当手段获取权利人的商业秘密；（二）披露、使用或者允许他人使用以前项手段获取的权利人的商业秘密；（三）违反保密义务或者违反权利人有关保守商业秘密的要求，披露、使用或者允许他人使用其所掌握的商业秘密；（四）教唆、引诱、帮助他人违反保密义务或者违反权利人有关保守商业秘密的要求，获取、披露、使用或者允许他人使用权利人的商业秘密。经营者以外的其他自然人、法人和非法人组织实施前款所列违法行为的，视为侵犯商业秘密。"

2 《最高人民法院关于审理行政协议案件若干问题的规定》第19条："被告未依法履行、未按照约定履行行政协议，人民法院可以依据行政诉讼法第七十八条的规定，结合原告诉讼请求，判决被告继续履行，并明确继续履行的具体内容；被告无法履行或者继续履行无实际意义的，人民法院可以判决被告采取相应的补救措施；给原告造成损失的，判决被告予以赔偿。原告要求按照约定的违约金条款或者定金条款予以赔偿的，人民法院应予支持。"

3 《最高人民法院关于审理行政协议案件若干问题的规定》第26条："行政协议约定仲裁条款的，人民法院应当确认该条款无效，但法律、行政法规或者我国缔结、参加的国际条约另有规定的除外。"

（6）明确中国自然人可以成为外商投资企业或新建项目的投资者

《外资法实施条例》明确了**中国的自然人**可以是**外商投资企业**或**外商投资新建项目**的中方投资者（第3条）。这条规定解决了《外商投资法》公布以来，业界对中国的自然人是否可以是新设中外合资企业股东或中外合伙企业的合伙人的争论。

（7）负面清单领域设立外商投资合伙企业的限制

《征求意见稿》曾经规定在外商投资准入负面清单领域设立的外商投资合伙企业，其合伙协议约定外国投资者的表决权比例应当符合负面清单关于持股比例的限制性规定，但该条内容在《外资法实施条例》中被删除。我们理解，这意味着目前的外商投资准入负面清单（包括全国版和自贸区版）规定的，对投资**有股比要求**的领域**不得设立外商投资合伙企业**的规定将继续执行。

（8）信息报告义务及其违反的处罚

根据《外资法实施条例》，（i）外国投资者或者外商投资企业应当通过**企业登记系统**以及**企业信用信息公示系统**向商务主管部门报送投资信息（第38条）；（ii）外商投资信息报告的**内容**、**范围**、**频次**和**具体流程**，由国务院商务主管部门会同国务院市场监督管理部门等有关部门按照**确有必要**、**高效便利**的原则确定并公布（第39条）；（iii）外国投资者或者外商投资企业报送的投资信息应当**真实**、**准确**、**完整**（第39条）。

2019年12月31日，商务部与国家市场监督管理总局联合发布了《外商投资信息报告办法》（商务部、市场监管总局令2019年第2号）（下称"**《信息报告办法》**"）。根据《信息报告办法》，信息报告分为：**初始报告**、**变更报告**、**注销报告**和**年度报告**[1]，其中：

a）初始报告应当报送企业基本信息、投资者及其实际控制人信息、投资交易信息等信息；

b）**年度报告**应当报送**企业基本信息**、**投资者及其实际控制人信息**、**企业经营和资产负债**等信息，以及**相关行业许可**信息（如涉及负面清单）。

此外，值得注意的是，《信息报告办法》明确外国投资者在中国境内投资**银行业**、**证券业**、**保险业**等金融行业同样需要向商务部门履行信息报告义务。

如果违反信息报告义务，根据《信息报告办法》，将由商务主管部门责令其于**20个工作日内改正**；**逾期不改正的，处十万元以上三十万元以下罚款**；逾期不改正且存在较严重情形的（如逃避报告义务、隐瞒真实情况、提供误导性或虚假信息，或者错误报送信息涉及负面清单、投资者或实际控制人，或者被处罚后两年内再次违反等），**处三十万元以上五十万元以下罚款**。上述处罚规定是对《外商投资法》第37条有关违反信息报告义务行政处罚的进一步细化。

（9）现有外商投资企业的过渡期

现有外商投资企业（即2020年1月1日前成立）在《外商投资法》施行后**5年内**，可以依照《公司法》《合伙企业法》等法律的规定调整其**组织形式**、**组织机构**等，并依法办理变更登记，也可以继续保留原企业组织形式、组织机构等。自**2025年1月1日**起，

1 相关信息报告的格式和内容具体可参见商务部2019年12月31日发布的《关于外商投资信息报告有关事项的公告》（商务部公告2019年第62号）的附件1（外商投资初始、变更报告表）和附件2（外商投资年度报告表）。

对未依法调整组织形式、组织机构等并办理变更登记的现有外商投资企业，市场监督管理部门**不予办理其申请的其他登记事项**，并将相关情形予以公示（第44条）。

现有外商投资企业的组织形式、组织机构等依法调整后，原合营、合作各方在合同中约定的**股权或者权益转让办法**、**收益分配办法**、**剩余财产分配办法**等，可以继续按照约定办理（第46条）。该条规定可以较好解决在外资三法框架下达成的合营合同或合作合同中与《公司法》规定有冲突但又涉及各方投资者核心商业利益的合同安排的效力问题，如合营企业股权转让必须经其他投资者一致同意，外国投资者在中外合作经营企业中先行收回投资的安排等，从而可以有效避免投资各方为满足过渡期调整要求重启涉及各方核心利益的商业谈判而可能触发的纠纷，这有利于维护交易的稳定性。

（10）对外商投资企业境内再投资适用“穿透式监管”

根据《外资法实施条例》，外商投资企业在**中国境内投资**，适用《外商投资法》和《外资法实施条例》的有关规定（第47条）。

这条规定明确了中国对外商投资实施“**穿透式监管**”，即无论外国投资者通过在中国境内设立多少层的企业，其在中国直接和间接的投资都将被视为外商投资进行监管，这与《外商投资法》第2条对“外商投资”的定义是相符合的，即“本法所称外商投资，是指外国的自然人、企业或者其他组织（以下称外国投资者）**直接或者间接**在中国境内进行的投资活动”。

在外资三法监管框架下，除涉及外商投资产业指导目录/负面清单中限制类或禁止类的领域外，对外商投资企业境内再投资的企业，一般视为内资企业进行监管，而《外商投资法》和《外资法实施条例》所确立的“穿透式监管”，无疑是中国外商投资监管方式的一个重要发展和变化。

（11）港澳台及华侨投资的参照适用

根据《外资法实施条例》，**香港**及**澳门**特别行政区投资者在内地的投资、**定居在国外的中国公民**在内地的投资参照适用《外商投资法》和《外资法实施条例》，法律、行政法规或者国务院另有规定的，从其规定；**台湾**地区投资者在大陆投资适用《台湾同胞投资保护法》及其实施细则，没有规定的参照《外商投资法》和《外资法实施条例》执行（第48条）。

与外资三法框架下“港澳台”投资者及在国外居住的中国公民在内地投资参照适用的规定相比，《外资法实施条例》的相关规定具有如下一些值得注意的变化。

a）定居在国外的中国公民

《中外合作经营企业法实施细则》和《外资企业法实施细则》中均规定在国外居住的中国公民在内地设立企业参照适用，但“**在国外居住的中国公民**”并不是一个含义十分明确的法律概念。《外资法实施条例》此次使用了与此前有别的“定居在国外的中国公民”的概念，并明确了“定居在国外的中国公民”在内地的投资也参照适用《外商投资法》和《外资法实施条例》。

根据国务院侨务办公室2009年4月24日发布的《关于界定华侨外籍华人归侨侨眷身份的规定》（国侨发〔2009〕5号）的规定，**华侨**是指**定居在国外的中国公民**。因此，我们理解《外资法实施条例》中所引用的“定居在国外的中国公民”应与“华侨”具有

相同的含义，在判断是否属于定居在国外的中国公民时，可以对照上述规定对华侨的定义。上述规定列明了判断是否属于华侨的几项因素：

i“定居”是指中国公民已取得住在国长期或永久居留权，并已在住在国连续居留两年，两年内累计居留不少于18个月；

ii中国公民虽未取得住在国长期或者永久居留权，但已取得住在国连续5年以上（含5年）合法居留资格，5年内在住在国累计居留不少于30个月，视为华侨；

iii中国公民出国留学（包括公派和自费）在外学习期间，或因公务出国（包括外派劳务人员）在外工作期间，均不视为华侨。

我们理解，在《外商投资法》和《外资法实施条例》实施后，1990年8月19日颁布并实施的原《国务院关于鼓励华侨和香港澳门同胞投资的规定》（国务院令第64号）中关于华侨在内地设立独资、合资或合作经营企业需进行审批的规定亦不再执行。

b）台湾投资者

在《中外合作经营企业法实施细则》和《外资企业法实施细则》的规定中，台湾投资者在内地设立企业是直接参照适用。而《外资法实施条例》规定台湾投资者在内地投资应适用《台湾同胞投资保护法》[1]及其实施细则，没有规定的再参照《外商投资法》及《外资法实施条例》执行。

为确保台湾同胞投资同步享受到制度改革红利，更好地鼓励和促进台湾同胞投资，做好法律之间的衔接，根据《外商投资法》的原则和精神，十三届全国人大常委会第十五次会议于2019年12月28日审议通过对《台湾同胞投资保护法》的有关规定作相应修改[2]，修改后的《台湾同胞投资保护法》自2020年1月1日起施行。

（12）《外商投资法》及《外资法实施条例》与其他外商投资规定的冲突解决

《外商投资法》第28条所确定的外商投资准入负面清单以外的领域，按照内外资一致的原则实施管理的原则，是中国外商投资监管的重大改革，这使得过去在外资三法框架下对外商投资实施特殊监管的许多法律规定与这个新的监管原则存在冲突。为保障《外商投资法》有效实施，根据“上位法优于下位法、新法优于旧法”的原则，《外资法实施条例》明确规定：**2020年1月1日前制定的有关外商投资的规定与《外商投资法》和《外资法实施条例》不一致的，以《外商投资法》和《外资法实施条例》的规定为准**（第49条）。

因此，按照国务院统一部署，商务部、国家发展改革委、司法部正在组织各地方、各部门抓紧对现行有关外商投资的规定进行全面清理，明确要求凡是与《外商投资法》不符的法规、规章、规范性文件，都要予以废止或者修改[3]。

---

1 《台湾同胞投资保护法》于1994年3月5日实施，分别于2016年9月3日和2019年12月28日修改，最新修改的《台湾同胞投资保护法》自2020年1月1日起施行。

2 《台湾同胞投资保护法》的修改主要包括以下两个方面：一是删去第8条、第14条关于举办台湾同胞投资企业实行审批、备案的规定，并相应调整第9条的文字表述。二是调整第7条第一款关于台湾同胞投资方式的规定，不再按照举办合资经营企业、合作经营企业和全部资本由台湾同胞投资者投资的企业来划分台湾同胞投资方式，将该款修改为“台湾同胞投资，可以举办全部或者部分由台湾同胞投资者投资的企业，也可以采用法律、行政法规或者国务院规定的其他投资形式”。参见中央人民政府网站：《台湾同胞投资保护法修正案草案提请全国人大常委会审议》（2019年12月23日）

3 信息来源：司法部网站2019年12月31日发布的司法部、商务部、发展改革委负责人就《中华人民共和国外商投资法实施条例》有关问题答记者问。

（13）未设置对返程投资的例外管理

《征求意见稿》曾经规定，中国的自然人、法人或者其他组织（不包括外商投资企业）在中国境外设立的全资企业在中国境内投资的，经国务院有关主管部门审核并报国务院批准，可以不受外商投资准入负面清单规定的有关准入特别管理措施的限制。但该条内容在《外资法实施条例》中被删除。我们理解，这意味着目前中国投资者在境外设立的参股企业、控股企业或全资企业进行的返程投资仍将被视为外商投资，受负面清单及《外商投资法》框架下其他涉及外商投资规定的制约。

（14）未明确对VIE的监管问题

对于业界和市场非常关注的VIE问题，《外资法实施条例》并未涉及。我们理解，立法机关和监管机关可能是考虑到VIE问题具有的历史性和复杂性，以及如果明确监管原则和态度后可能对市场所产生的冲击等多重因素，在此次《外资法实施条例》中并未明确加入涉及VIE的任何规定。

不过值得注意的是，《外商投资法》第2条对“外商投资”的定义，即“本法所称外商投资，是指外国的自然人、企业或者其他组织（以下称外国投资者）**直接或者间接**在中国境内进行的投资活动，包括下列情形：……（二）外国投资者取得中国境内企业的股份、股权、财产份额或者**其他类似权益**；……”，从理论上讲，是可以把外国投资者采取VIE架构进行的投资涵盖在“外商投资”的范围之内的。因此，不排除立法机关和监管机关在将来时机合适的情况下，基于《外商投资法》对外商投资的定义，明确规定将VIE纳入监管范围，同时明确对不同性质的VIE（如外国投资者实际控制或中国投资者实际控制）的监管原则和方式。

2. 与《征求意见稿》的主要区别

如前所述，与之前的《征求意见稿》相比，《外资法实施条例》的变动还是比较大的，这也充分反映了《外资法实施条例》是在广泛征求和吸收各方面意见后所形成的文本。与《征求意见稿》相比，《外资法实施条例》新增的内容主要包括：

（1）涉及对政府采购的询问、质疑和投诉条款（第16条）；

（2）国家征收应根据市场价值确定补偿金额，对征收决定不服的可以提起行政复议或行政诉讼（第21条）；

（3）外商投资企业注册资本可选择本币或外币表示（第37条）；

（4）关于政府部门及其工作人员违反《外资法实施条例》相关规定的“法律责任”（第41条、第42条和第43条）；

（5）外商投资企业境内再投资适用《外商投资法》（第47条）；

（6）《外商投资法》和《外资法实施条例》与其他外商投资法规的冲突解决规则（第49条）。

与此同时，《外资法实施条例》稿也删除了《征求意见稿》原有的下列一些内容：

（1）有关对“新建项目”的解释（原第4条）；

（2）有关在有股比限制要求的负面清单领域设立外商投资合伙企业的条件要求（原第34条）；

（3）有关中国投资者在境外全资持有的企业经国务院批准可以不受负面清单限制的

内容（原第35条）。

对于一些较为重要条款的变化，在下表中详细列示，以便比较。

	《征求意见稿》	《外资法实施条例》	说明
总则	【新建项目】 第4条：**外商投资法第二条第二款第三项所称在中国境内投资新建项目，是指外国投资者在中国境内对特定项目建设进行投资，但不设立外商投资企业，不取得中国境内企业的股份、股权、财产份额或者其他类似权益。**	N/A	《外资法实施条例》中完全删除了对“新建项目”的解释。我们理解，对于“新建项目”的理解，有待立法机关在后续的配套法规中予以明确
投资促进	【外商投资管理规范性文件】 第10条：政府及其有关部门起草与外商投资有关的法律、法规、规章、规范性文件，应当根据实际情况，采取书面征求意见、召开座谈会、论证会等方式，听取外商投资企业以及外国商会等方面的意见；对相对集中或者涉及外商投资企业重大权利义务问题的意见，应当通过适当方式将意见采纳情况予以反馈。 与外商投资有关的规范性文件应当通过政府公报、政府网站等依法及时予以公布，未经公布的不得作为实施外商投资管理的依据。	【外商投资管理规范性文件】 第7条：制定与外商投资有关的行政法规、规章、规范性文件，或者政府及其有关部门起草与外商投资有关的法律、地方性法规，应当根据实际情况，采取书面征求意见以及召开座谈会、论证会、听证会等多种形式，听取外商投资企业和有关商会、协会等方面的意见和建议；对反映集中或者涉及外商投资企业重大权利义务问题的意见和建议，应当通过适当方式反馈采纳的情况。 与外商投资有关的规范性文件应当依法及时公布，未经公布的不得作为行政管理依据。**与外商投资企业生产经营活动密切相关的规范性文件，应当结合实际，合理确定公布到施行之间的时间**	《外资法实施条例》重点增加了需要合理确定规范性文件的公布到实施之间的时间
	【标准制定】 第15条：外商投资企业依法平等参与国家标准、行业标准、地方标准和团体标准的制定工作，任何单位和个人不得违法限制。 外商投资企业可以向国务院标准化行政主管部门提出强制性国家标准的立项建议，在标准起草、技术审查以及标准实施等过程中提出意见和建议，并可以按照规定承担相关工作。 外商投资企业可以参与国家标准的外文翻译工作。	【标准制定】 第13条：外商投资企业依法和内资企业平等参与国家标准、行业标准、地方标准和团体标准的制定、修订工作。**外商投资企业可以根据需要自行制定或者与其他企业联合制定企业标准。** 外商投资企业可以向标准化行政主管部门和有关行政主管部门**提出标准的立项建议**，在标准立项、起草、技术审查以及标准实施信息反馈、评估等过程中提出意见和建议，并按照规定承担标准起草、技术审查的相关工作以及标准的外文翻译工作	《外资法实施条例》主要增加了如下几方面的内容：（1）外商投资企业可以自行或与其他企业联合制定企业标准；（2）外商投资企业提出的标准立项建议不仅限于强制性国家标准；（3）增加了行政机关相关标准化工作的信息公开要求

续表

	《征求意见稿》	《外资法实施条例》	说明
投资促进		**标准化行政主管部门和有关行政主管部门应当建立健全相关工作机制，提高标准制定、修订的透明度，推进标准制定、修订全过程信息公开**	
	N/A	【对政府采购的质疑和投诉】 第16条：**外商投资企业可以依照《中华人民共和国政府采购法》（以下简称《政府采购法》）及其实施条例的规定，就政府采购活动事项向采购人、采购代理机构提出询问、质疑，向政府采购监督管理部门投诉。采购人、采购代理机构、政府采购监督管理部门应当在规定的时限内做出答复或者处理决定**	《外资法实施条例》此条增加的规定明确了外商投资企业在应对政府采购中所遭遇的违法行为时的救济途径
	【投资促进和便利化政策】 第20条：县级以上地方人民政府根据本地区实际情况和促进外商投资的需要，可以在法定权限内制定有针对性的外商投资促进和便利化政策措施。 县级以上地方人民政府制定外商投资促进和便利化政策措施，应当符合法律、行政法规、地方性法规的规定，以推动高质量发展为导向，坚持有利于提高经济效益、社会效益、生态效益的原则。	【投资促进和便利化政策】 第19条：县级以上地方人民政府可以根据法律、行政法规、地方性法规的规定，在法定权限内制定**费用减免、用地指标保障、公共服务提供**等方面的外商投资促进和便利化政策措施。 县级以上地方人民政府制定外商投资促进和便利化政策措施，应当以推动高质量发展为导向，有利于提高经济效益、社会效益、生态效益，有利于持续优化外商投资环境	《外资法实施条例》主要是细化了在外商投资促进和便利化政策方面的一些具体内容，如“费用减免”“用地指标保障”和“公共服务提供”等
投资保护	【国家征收和征用】 第22条：国家对外国投资者的投资不实行征收。在特殊情况下，为了公共利益的需要对外国投资者的投资实行征收或者**征用**的具体情形应当有法律的明确规定，不得根据法律以外的依据对外国投资者的投资实行征收或者征用。依照法律规定对外国投资者的投资实行征收或者征用的，应当及时给予公平、合理的补偿。	【国家征收】 第21条：国家对外国投资者的投资不实行征收。 在特殊情况下，国家为了公共利益的需要依照法律规定对外国投资者的投资实行**征收**的，应当依照**法定程序**、以**非歧视性**的方式进行，并按照被征收投资的**市场价值**及时给予补偿。 **外国投资者对征收决定不服的，可以依法申请行政复议或者提起行政诉讼**	《外资法实施条例》中删除了“征用”的情形。同时，增加了国家征收时的几个重要原则：**依照法定程序、以非歧视性方式、按市场价值补偿**。此外，明确对征收决定不服的法律救济手段：申请行政复议或提起行政诉讼

续表

	《征求意见稿》	《外资法实施条例》	说明
投资保护	【禁止要求强制技术转移的义务主体】 第25条：行政机关及其工作人员不得利用办理登记注册、投资项目核准或者备案、行政许可以及实施监督检查、行政处罚、行政强制以及其他履行行政管理职责的行为，强制或者变相强制外国投资者、外商投资企业转让技术。	【禁止要求强制技术转移的义务主体】 第24条：行政机关（**包括法律、法规授权的具有管理公共事务职能的组织，下同**）及其工作人员不得利用实施行政许可、行政检查、行政处罚、行政强制以及其他行政手段，强制或者变相强制外国投资者、外商投资企业转让技术	《外资法实施条例》把禁止要求外国投资者或外商投资企业强制或变相强制转让技术的主体从行政机关扩大到包括法律、法规授权的具有管理公共事务职能的组织
	【不得违反政府承诺】 第29条：地方各级人民政府及其有关部门应当履行向外国投资者、外商投资企业依法作出的政策承诺以及依法订立的各类合同，非因国家利益、社会公共利益不得改变政策承诺、合同约定，不得以行政区划调整、政府换届、机构或者职能调整以及相关责任人更替等为由违约毁约。	【不得违反政府承诺】 第28条：地方各级人民政府及其有关部门应当履行向外国投资者、外商投资企业依法作出的政策承诺以及依法订立的各类合同，不得以行政区划调整、政府换届、机构或者职能调整以及相关责任人更替等为由违约毁约。**因国家利益、社会公共利益需要改变政策承诺、合同约定的，应当依照法定权限和程序进行，并依法对外国投资者、外商投资企业因此受到的损失及时予以公平、合理的补偿**	《外资法实施条例》强调改变政府承诺必须依照法定权限和程序进行，同时增加了应该对改变政府承诺而给外国投资者和外商投资企业造成的损失给予及时、公平与合理的补偿
投资管理	【负面清单限制性要求】 第34条：外商投资准入负面清单规定限制投资的领域，外国投资者进行投资应当符合负面清单规定的股比、高管人员等方面的限制性要求。 **外商投资准入负面清单对相关领域外国投资者的持股比例作出限制性规定，外国投资者以设立合伙企业方式在该领域进行投资的，合伙协议约定的外国投资者的表决权比例应当符合负面清单关于持股比例的限制性规定。**	【负面清单限制性要求】 第33条：负面清单规定禁止投资的领域，外国投资者不得投资。负面清单规定限制投资的领域，外国投资者进行投资应当符合负面清单规定的股权要求、高级管理人员要求等限制性准入特别管理措施	《外资法实施条例》删除了有关在负面清单领域有股比限制的情况下允许设立外商投资合伙企业需要满足的条件
	【返程投资例外管理】 第35条：**中国的自然人、法人或者其他组织在中国境外设立的全资企业在中国境内投资的，经国务院有关主管部门审核并报国务院批准，可以不受外商投资准入负面清单规定的有关准入特别管理措施的限制。** **前款所称法人或者其他组织，不包括外商投资企业。**	N/A	《外资法实施条例》删除了有关返程投资可以作为负面清单例外管理条件的情形

续表

	《征求意见稿》	《外资法实施条例》	说明
投资管理	【外商投资企业注册】 第38条：市场监督管理部门在依法办理外商投资企业登记注册时，审核其是否符合外商投资准入负面清单规定的股比、高管人员等方面的限制性要求；有关主管部门依法办理相关手续时已经审核的，市场监督管理部门不再重复审核	【外商投资企业注册】 第37条：外商投资企业的登记注册，由国务院市场监督管理部门或者其授权的地方人民政府市场监督管理部门依法办理。国务院市场监督管理部门应当公布其授权的市场监督管理部门名单。 **外商投资企业的注册资本可以用人民币表示，也可以用可自由兑换货币表示**	《外资法实施条例》主要增加了关于外商投资企业注册资本可以选择以本币或外币表示的内容
法律责任	N/A	【政府及其工作人员法律责任】 第41条：**政府和有关部门及其工作人员有下列情形之一的，依法依规追究责任：** （一）制定或者实施有关政策不依法平等对待外商投资企业和内资企业； **（二）违法限制外商投资企业平等参与标准制定、修订工作，或者专门针对外商投资企业适用高于强制性标准的技术要求；** **（三）违法限制外国投资者汇入、汇出资金；** **（四）不履行向外国投资者、外商投资企业依法作出的政策承诺以及依法订立的各类合同，超出法定权限作出政策承诺，或者政策承诺的内容不符合法律、法规规定。** 第42条：**政府采购的采购人、采购代理机构以不合理的条件对外商投资企业实行差别待遇或者歧视待遇的，依照政府采购法及其实施条例的规定追究其法律责任；影响或者可能影响中标、成交结果的，依照政府采购法及其实施条例的规定处理。** **政府采购监督管理部门对外商投资企业的投诉逾期未做处理的，对直接负责的主管人员和其他直接责任人员依法给予处分。** 第43条：**行政机关及其工作人员利用行政手段强制或者变相强制外国投资者、外商投资企业转让技术的，对直接负责的主管人员和其他直接责任人员依法给予处分**	《征求意见稿》中没有关于政府及其工作人员违反《外商投资法》或《外资法实施条例》相关规定的法律责任，《外资法实施条例》增加了3条相关法律责任的规定，这将有利于督促政府部门及其工作人员严格履行与《外商投资法》和《外资法实施条例》相关的义务

续表

	《征求意见稿》	《外资法实施条例》	说明
附则	【过渡期】 第42条：外商投资法施行前依照《中华人民共和国中外合资经营企业法》《中华人民共和国外资企业法》《中华人民共和国中外合作经营企业法》设立的外商投资企业（以下称现有外商投资企业），其组织形式、组织机构等与《中华人民共和国公司法》《中华人民共和国合伙企业法》等法律的强制性规定不一致的，**国家鼓励其在外商投资法施行后5年内依法办理变更手续。** 属于前款规定情形的现有外商投资企业，在外商投资法施行后5年内未依法办理变更手续的，**应当自2025年1月1日起6个月内依法办理变更手续**；逾期未依法办理变更手续的，企业登记机关不予办理该企业的其他登记事项，并可以将相关情形在企业信息公示系统中公示。 现有外商投资企业办理组织形式、组织机构等变更手续的具体办法，由国务院市场监督管理部门会同国务院有关部门制定。国务院市场监督管理部门应当编制并对外公布办事指南，明确办理变更手续的具体流程等	【过渡期】 第44条：外商投资法施行前依照《中华人民共和国中外合资经营企业法》《中华人民共和国外资企业法》《中华人民共和国中外合作经营企业法》设立的外商投资企业（以下称现有外商投资企业），在外商投资法施行后5年内，可以依照《中华人民共和国公司法》《中华人民共和国合伙企业法》等法律的规定调整其组织形式、组织机构等，并依法办理变更登记，也可以继续保留原企业组织形式、组织机构等。 自2025年1月1日起，对未依法调整组织形式、组织机构等并办理变更登记的现有外商投资企业，市场监督管理部门不予办理其申请的其他登记事项，并将相关情形予以公示	《外资法实施条例》删除了在5年过渡期内"国家鼓励"现有外商投资企业办理组织形式和组织机构变更的表述。同时删除了在5年过渡期届满时给予额外6个月宽限期的规定
	【过渡期变更的例外事项】 第43条：外商投资法施行后，现有外商投资企业合营、合作各方在合同中约定的收益分配方法、剩余财产分配方法等，在合营、合作期限内可以继续按照约定办理	【过渡期变更的例外事项】 第46条：现有外商投资企业的组织形式、组织机构等依法调整后，原合营、合作各方在合同中约定的**股权或者权益转让办法**、收益分配办法、剩余财产分配办法等，可以继续按照约定办理	对于在过渡期内及其之后现有外商投资企业可以保留不变的事项，除了收益分配办法、剩余财产分配办法，《外资法实施条例》还增加了股权或权益转让办法
	【过渡期变更的例外事项】 第43条：外商投资法施行后，现有外商投资企业合营、合作各方在合同中约定的收益分配方法、剩余财产分配方法等，在合营、合作期限内可以继续按照约定办理	【过渡期变更的例外事项】 第46条：现有外商投资企业的组织形式、组织机构等依法调整后，原合营、合作各方在合同中约定的**股权或者权益转让办法**、收益分配办法、剩余财产分配办法等，可以继续按照约定办理	对于在过渡期内及其之后现有外商投资企业可以保留不变的事项，除了收益分配办法、剩余财产分配办法，《外资法实施条例》还增加了股权或权益转让办法

续表

	《征求意见稿》	《外资法实施条例》	说明
附则	N/A	【外商投资企业境内再投资】 第47条：**外商投资企业在中国境内投资，适用外商投资法和本条例的有关规定**	《外资法实施条例》增加明确外商投资企业境内再投资的法律适用规定
	【港澳台及华侨参照适用】 第44条：香港特别行政区、澳门特别行政区投资者在内地投资，参照外商投资法和本条例执行，法律、行政法规或者国务院另有规定的除外。 台湾地区投资者在大陆投资，适用《中华人民共和国台湾同胞投资保护法》和《中华人民共和国台湾同胞投资保护法实施细则》（以下称台湾同胞保护法及其实施细则）的规定；台湾同胞保护法及其实施细则未规定的事项，参照外商投资法和本条例执行。 **华侨**在中国境内投资，参照外商投资法和本条例执行	【港澳台及华侨参照适用】 第48条：香港特别行政区、澳门特别行政区投资者在内地投资，参照外商投资法和本条例执行；法律、行政法规或者国务院另有规定的，从其规定。 台湾地区投资者在大陆投资，适用《中华人民共和国台湾同胞投资保护法》（以下简称台湾同胞投资保护法）及其实施细则的规定；台湾同胞投资保护法及其实施细则未规定的事项，参照外商投资法和本条例执行。 **定居在国外的中国公民**在中国境内投资，参照外商投资法和本条例执行；**法律、行政法规或者国务院另有规定的，从其规定**	《外资法实施条例》把“华侨”的概念替换成了“定居在国外的中国公民”的概念。根据《关于界定华侨外籍华人归侨侨眷身份的规定》（国侨发〔2009〕5号）的规定，这两个概念的含义应该相同。我们理解这样的改动可能是基于在《国籍法》中使用的概念是“定居外国的中国公民”，保持一致，有利于法律之间的衔接和解读
	【生效】 第45条：本条例自2020年1月1日起施行。《中华人民共和国中外合资经营企业法实施条例》《中外合资经营企业合营期限暂行规定》《中华人民共和国外资企业法实施细则》、《中华人民共和国中外合作经营企业法实施细则》同时废止	【生效及法律冲突解决】 第49条：本条例自2020年1月1日起施行。《中华人民共和国中外合资经营企业法实施条例》、《中外合资经营企业合营期限暂行规定》《中华人民共和国外资企业法实施细则》《中华人民共和国中外合作经营企业法实施细则》同时废止。 **2020年1月1日前制定的有关外商投资的规定与外商投资法和本条例不一致的，以外商投资法和本条例的规定为准**	《外资法实施条例》增加了《外商投资法》和《外资法实施条例》与其他外商投资法规的冲突解决规则

3. 涉及负面清单的外商投资合同效力问题

《外商投资法》所确立的外商投资管理最重要的制度是**负面清单制度**。《外商投资法》第36条对外国投资者违反负面清单禁止性或限制性规定的后果进行了规定，包括责令改

正、限期处分股份、恢复原状、没收违法所得等[1]。

但无论是《外商投资法》还是《外资法实施条例》都未对违反负面清单禁止性或限制性规定的投资合同的效力进行明确规定。就此问题，最高人民法院于2019年12月26日发布《最高人民法院关于适用〈中华人民共和国外商投资法〉若干问题的解释》(法释〔2019〕20号)(下称"**《外商投资法司法解释》**")进行了明确，该司法解释亦于2020年1月1日起实施。《外商投资法司法解释》关于涉及负面清单的投资合同[2]效力的认定分为以下几种情形：

	投资领域	违反情形	投资合同效力
1	负面清单**以外**	未经有关行政主管部门批准、登记	投资合同**效力不受影响**
2	负面清单之内	违反**禁止投资**规定	投资合同**无效**
3	负面清单之内	违反**限制性**规定	投资合同**无效**
4	负面清单之内	违反**限制性**规定	法院**作出生效裁判前**，当事人采取必要措施**满足负面清单限制性的要求**，当事人主张投资合同有效的，法院应予支持。
5	负面清单之内	违反**禁止性**或**限制性**规定	法院**作出生效裁判前**，因**负面清单调整**，不再属于禁止或者限制投资的领域，当事人主张投资合同有效的，法院应予支持

《外商投资法司法解释》拟通过上述制度设计，在依法维护和保障外资管理秩序的前提下，尽可能促进投资合同有效，最大限度保障投资者的合法权益[3]。

4. 相关部门规章及规范性文件的调整或清理

根据《外商投资法》第4条规定的准入前国民待遇原则和其第24条规定，除非**法律**和**行政法规**有明确规定，相关部门规章、地方政府规章、地方性法规或其他政府规范性文件均不得规定外国投资者设立外商投资企业时存在与中国投资者不一样的条件或义务，

---

1 《外商投资法》第36条："外国投资者投资外商投资准入负面清单规定禁止投资的领域的，由有关主管部门责令停止投资活动，限期处分股份、资产或者采取其他必要措施，恢复到实施投资前的状态；有违法所得的，没收违法所得。外国投资者的投资活动违反外商投资准入负面清单规定的限制性准入特别管理措施的，由有关主管部门责令限期改正，采取必要措施满足准入特别管理措施的要求；逾期不改正的，依照前款规定处理。外国投资者的投资活动违反外商投资准入负面清单规定的，除依照前两款规定处理外，还应当依法承担相应的法律责任。"

2 《外商投资法司法解释》第1条："本解释所称投资合同，是指外国投资者即外国的自然人、企业或者其他组织因直接或者间接在中国境内进行投资而形成的相关协议，包括设立外商投资企业合同、股份转让合同、股权转让合同、财产份额或者其他类似权益转让合同、新建项目合同等协议。外国投资者因赠与、财产分割、企业合并、企业分立等方式取得相应权益所产生的合同纠纷，适用本解释。"

3 2019年12月27日上午最高人民法院关于《外商投资法司法解释》《"一带一路"意见二》《新片区意见》新闻发布会发言。

而《外商投资法》颁布前制订的不少部门规章和规范性文件存在对外商投资企业的特殊审批条件和审批要求的规定，这些规定与《外商投资法》规定的原则有所冲突。

根据《外资法实施条例》第 49 条的规定：2020 年 1 月 1 日前制定的有关外商投资的规定与《外商投资法》和《外资法实施条例》不一致的，以《外商投资法》和《外资法实施条例》的规定为准。因此我们理解，在《外商投资法》和《外资法实施条例》生效后，上述规章和规范性文件均应尽快清理或调整，以确保按照《外商投资法》规定的原则，在外商投资准入负面清单以外的领域，按照内外资一致的原则实施管理。

事实上，商务部已完成部分清理工作，并于 2019 年 12 月 26 日发布《商务部关于废止部分规范性文件的公告》（商务部公告 2019 年第 59 号），决定自 2020 年 1 月 1 日起废止 56 项有关外商投资的规范性文件，涉及内容包括中外合资经营企业的期限、外商投资企业投资总额和注册资本等等。

除此之外，我们认为，包括但不限于以下一些涉及外商投资管理的部门规章，需要尽快及时调整或清理，以便在《外商投资法》实施后可以符合其要求，同时也便于外国投资者在进行相关领域的投资时可以获得明确和具有操作性的指导：

	部门规章	需要调整或清理的原因
1	国家发展改革委《外商投资项目核准和备案管理办法》（2014 年修正）	存在**内外资监管不一致**的问题
2	《商务部关于设立外商投资股份有限公司若干问题的暂行规定》（1995 年颁布，2015 年修正）	该规定存在对外国投资者作为发起人在中国设立股份有限公司时的**资质要求**、**股份锁定期**、**最低持股比例**等，及**现有外商投资有限责任公司变更为股份有限公司需满足连续 3 年盈利**的条件等方面的限制性规定
3	《商务部关于外商投资举办投资性公司的规定》（商务部令 2015 年第 2 号）	该规定存在对外国投资者在中国设立投资性公司的**资质条件**、**出资要求**、**投资性公司的经营范围**，以及**地区总部的认定条件**等方面的限制性规定
4	《商务部关于涉及外商投资企业股权出资的暂行规定》（中华人民共和国商务部令 2012 年第 8 号）	该规定存在对外国投资者使用其**持有的中国境内企业的股权**对外商投资企业进行出资的**条件**、**限制**、**程序**和**审批**等方面的限制性规定
5	由商务部等六部门于 2006 年颁发并于 2009 年修订的《关于外国投资者并购境内企业的规定》	该规定存在对外国投资者并购境内企业时如下方面的限制性规定：（1）境内的公司或自然人通过境外控制的公司进行**关联并购需要经商务部审批**（第 11 条）；（2）**如果并购将导致拥有驰名商标或中华老字号的境内企业实际控制权转移的，当事人应就此向商务部进行申报**（第 12 条）；（3）**外国投资者仅可以使用符合条件的境外上市公司的股权作为并购支付手段**（第四章）等
6	商务部、证监会等五部门于 2005 年颁发并于 2015 年修订的《外国投资者对上市公司战略投资管理办法》	该规定存在对外国投资者投资中国境内上市公司的**资质**、**最低持股比例**、**锁定期**、**审批条件和程序**等方面的限制性规定
7	由原外经贸部、科技部等五部门于 2003 年颁布、2015 年修订的《外商投资创业投资企业管理规定》	该规定存在对**作为必备投资者的外国投资者投资创业企业时的资质**、**出资比例要求**及**转让要求**等方面的限制性规定

5. 后续需要澄清和解决的一些实务问题

《外资法实施条例》进一步明确和细化了《外商投资法》规定的涉及中国外商投资管理新体制的不少问题，鉴于这是一个更加全面和更加开放的外商投资管理体制，实施中可能面临的问题和挑战一定不会少，因此也一定是一个逐步改进和完善的过程。下面抛砖引玉，列举几个在《外商投资法》和《外资法实施条例》实施后可能需要立法机关或监管机构将来进一步澄清和解决的一些实务问题。

（1）投资者国籍变更后的法律适用

目前，中国公民移民海外的情况日益增多，中国公民取得外国国籍而丧失中国国籍后，其在国籍变更前在中国境内已投资的企业，在其取得外国国籍后是否应适用《外商投资法》的问题，《外资法实施条例》未提及。同样的，对于取得中国国籍而放弃外国国籍的自然人，在其国籍变更前已在中国投资的企业在其取得中国国籍后是否仍然适用《外商投资法》的问题，《外资法实施条例》也未提及。此外，实践中还有一种更为复杂的情形，即中国公民取得外国国籍但并未注销其中国户籍和身份证的情形应如何适用[1]。因此，建议立法机关或监管机构在将来明确上述问题。

（2）中外合伙企业协议及新建项目投资协议的法律适用

《合同法》第126条规定："涉外合同的当事人可以选择处理合同争议所适用的法律，但法律另有规定的除外。涉外合同的当事人没有选择的，适用与合同有最密切联系的国家的法律。在中华人民共和国境内履行的中外合资经营企业合同、中外合作经营企业合同、中外合作勘探开发自然资源合同，适用中华人民共和国法律。"

因此，在外资三法废止后，根据《公司法》设立的中外合资经营企业的合资经营合同根据《合同法》的规定，应仍然适用中国法律。不过，根据《合伙企业法》设立的中外合伙企业的合伙协议，由于《合同法》并没有明确规定中外合伙协议必须适用中国法律，那是否意味着中外合伙企业的合伙协议可以根据《合同法》的规定由协议当事人选择适用外国法律？《外资法实施条例》并未对此问题进行明确。同样的，对于外国投资者根据《外商投资法》第二条的规定与中国投资者进行新建项目的投资而签订的投资协议的法律适用问题，《外资法实施条例》也未提及。

值得注意的是，从法律上讲，《合同法》第126条对涉外合同当事人自由选择合同适用法律的限制**仅限于法律规定**，因此行政法规（如《外资法实施条例》）和部门规章均不能对此问题作出与《合同法》上述规定不一致的规定。因此，如果立法机关希望对上述两类合同制定与中外合资经营企业合同需适用中国法律一样的原则，则需要考虑在未来修改《合同法》或制定《民法典》时明确规定该问题。

（3）外国企业在华经营活动是否属于外商投资

根据《外商投资法》第2条对外商投资的定义，除外国投资者对企业或新建项目的投资外，外商投资还包括"法律、行政法规或者国务院规定的其他方式的投资"。

根据1992年实施及2016年修订的《国家工商行政管理局关于外国（地区）企业在中国境内从事生产经营活动登记管理办法》，外国企业从事下列生产经营活动需要办理登

---

1 《国籍法》第9条规定："定居外国的中国公民，自愿加入或取得外国国籍的，即自动丧失中国国籍。"因此，如果中国公民虽取得外国国籍，但并未在国外定居，根据该条规定，并不符合自动丧失中国国籍的条件。

记注册：

a）陆上、海洋的石油及其他矿产资源勘探开发；

b）房屋、土木工程的建造、装饰或线路、管道、设备的安装等工程承包；

c）承包或接受委托经营管理外商投资企业；

d）外国银行在中国设立分行；

e）国家允许从事的其他生产经营活动。

对于外国企业在华从事的上述经营活动是否属于《外商投资法》下的“外商投资”活动从而应适用《外商投资法》及《外资法实施条例》，《外资法实施条例》的规定未涉及。

建议立法机关对上述问题进行明确。如果上述活动属于“外商投资”活动，需要进一步明确如何适用主要针对设立外商投资企业而制定的相关规定，例如国家安全审查、信息报告等。

（4）设立外国个人独资企业的可行性

《外商投资法》第31条规定：“外商投资企业的组织形式、组织机构及其活动准则，适用《中华人民共和国公司法》《中华人民共和国合伙企业法》等法律的规定。”

由于《外商投资法》对外商投资企业的组织形式适用的法律规定的范围是使用**不完全列举的方式**，因此，从理论上讲，由一个外国自然人投资的企业，应该可以根据《个人独资企业法》设立个人独资企业[1]。

但目前《个人独资企业法》第47条规定：“外商独资企业不适用本法。”如果《外商投资法》的立法的本意是除负面清单领域外，对外商投资实行国民待遇和内外资一致管理原则，则应允许外国自然人在中国与中国自然人一样可以依照《个人独资企业法》设立个独资企业。因此，立法机关后续可能需要对此问题进行明确。

6. 结语

如2019年12月31日司法部、商务部、国家发展改革委负责人就《外资法实施条例》有关问题答记者问中提到的，《外商投资法》总结改革开放40年中国外商投资法律制度的实践经验，适应新形势新要求，确立了中国新型外商投资法律制度的基本框架，对外商投资的准入、促进、保护、管理等作出了统一规定，是中国外商投资领域新的基础性法律，为推动更高水平对外开放提供了有力法治保障。因此制定和完善配套法规，细化《外商投资法》确定的主要法律制度，对于保障《外商投资法》有效实施具有重要意义。

君合受邀积极参与了《外商投资法》及《外资法实施条例》的立法支持工作，君合对制定《外资法实施条例》所提出的立法建议涉及的一些问题，最终也体现在《外资法实施条例》的内容之中。君合将会继续关注《外商投资法》和《外资法实施条例》执行中的相关法律和实务问题，并与广大法律工作者分享我们的执业经验和研究成果。

1 《个人独资企业法》第2条规定：“本法所称个人独资企业，是指依照本法在中国境内设立，由一个自然人投资，财产为投资人个人所有，投资人以其个人财产对企业债务承担无限责任的经营实体。”

（五）几个外商投资“负面清单”之间的关系[1]

《外商投资法》将于2020年1月1日起实施，在其总则中明确规定了准入前国民待遇加负面清单的外商投资管理制度，这是我国首次在法律层面确定对外商投资实施准入前国民待遇加负面清单管理制度。因此，准确理解和适用负面清单对于来华投资的外商尤为重要。本文旨在介绍涉及外商投资的各类负面清单及其适用规则，并重点比较最新的对外商投资普遍适用的负面清单与在自贸区适用的负面清单之间的主要区别。

1. 涉及外商投资的负面清单

《外商投资法》第四条对负面清单进行了定义，即指国家规定在特定领域对外商投资实施的准入特别管理措施。国家对负面清单之外的外商投资，给予国民待遇。负面清单由国务院发布或者批准发布。

与此同时，《外商投资法》第二十八条对负面清单制度的具体含义进行了明确：

（1）外商投资准入负面清单规定禁止投资的领域，外国投资者不得投资；

（2）外商投资准入负面清单规定限制投资的领域，外国投资者进行投资应当符合负面清单规定的条件；

（3）外商投资准入负面清单以外的领域，按照内外资一致的原则实施管理。

截至目前，我国发布的负面清单主要包括《市场准入负面清单（2018年版）》（以下简称“市场准入负面清单”）、以及刚刚于2019年6月30日颁布并将于2019年7月30日起实施的《外商投资准入特别管理措施（负面清单）（2019年版）》（以下简称“外资全国版负面清单”）和《自由贸易试验区外商投资准入特别管理措施（负面清单）（2019年版）》（以下简称“外资自贸区负面清单”）。相关内容总结如下：

名称	发布机关	发布日期	实施时间
市场准入负面清单	国家发展改革委、商务部	2018.12.21	2018.12.21
外资全国版负面清单	国家发展改革委、商务部	2019.06.30	2019.07.30
外资自贸区负面清单	国家发展改革委、商务部	2019.06.30	2019.07.30

市场准入负面清单：主体包括禁止和许可两类，共151个事项。对禁止准入事项，市场主体不得进入；对许可准入事项，由市场主体提出申请，行政机关依法依规作出是否予以准入的决定；对市场准入负面清单以外的行业、领域、业务等，各类市场主体皆可依法平等进入。

外资全国版负面清单：体例上不再针对限制类和禁止类类目进行单独列举，涉及13个一级分类，共计40条，并明确了部分类目的过渡期安排（例如规定汽车整车制造（专用车、新能源汽车除外）、证券公司、证券投资基金管理公司、期货公司、寿险公司等最终取消外资股比限制前的过渡期）；规定境外投资者不得投资外资全国版负面清单中禁

1 节选自《一文弄清几个最新“负面清单”的关系》（作者：郑宇、贾璐），载于《君合法律评论》2019年7月31日；《一文弄清几个最新“负面清单”的关系》系在2019年5月14日君合法律评论微信公众号发布的《解读〈外商投资法〉下的负面清单制度》（作者：郑宇、葛田雯）一文基础上，结合2019年6月30日发布的最新全国版和自贸区版外商投资负面清单相关内容进行撰写。

止外商投资的领域；投资外资全国版负面清单之内的非禁止投资领域，须进行外资准入许可；投资有股权要求的领域，不得设立外商投资合伙企业。

与 2018 版不同，2019 版外资全国版负面清单在体例上不再列出二级分类，在内容上，其与 2018 版负面清单主要区别如下：

外资全国版负面清单

	2018 版	2019 版
1	石油、天然气（含煤层气，油页岩、油砂、页岩气等除外）的勘探、开发限于合资、合作	**（未列入清单）**
2	禁止投资钨、**钼、锡、锑、萤石**勘查、开采。禁止投资稀土勘查、开采及选矿。禁止投资放射性矿产勘查、开采及选矿	禁止投资稀土、放射性矿产、钨勘查、开采及选矿
3	禁止投资宣纸、墨锭生产	**（未列入清单）**
4	城市人口 50 万以上的城市**燃气、热力**和排水管网的建设、经营须由中方控	城市人口 50 万以上的城市排水管网的建设、经营须由中方控股
5	国内船舶代理公司须由中方控股	**（未列入清单）**
6	电信公司：限于中国入世承诺开放的电信业务，增值电信业务的外资股比不超过 50%（电子商务除外），基础电信业务须由中方控股	电信公司：限于中国入世承诺开放的电信业务，增值电信业务的外资股比不超过 50%（电子商务、**国内多方通信、存储转发类、呼叫中心**除外），基础电信业务须由中方控股
7	禁止投资国家保护的原产于中国的野生动植物资源开发	**（未列入清单）**
8	电影院建设、经营须由中方控股	**（未列入清单）**
9	演出经纪机构须由中方控股	**（未列入清单）**

外资自贸区负面清单（2019 版）：与外资全国版负面清单体例相似，相关类目的过渡期安排也与外资全国版负面清单相同，涉及 13 个一级分类，共计 37 条，统一列出股权要求、高管要求等外商投资准入方面的特别管理措施，并规定外资自贸区负面清单之外的领域，按照内外资一致原则实施管理。

与外资全国版负面清单类似，2019 版外资自贸区版负面清单在体例上同样不再列出二级分类，在内容上，其与 2018 版主要区别如下：

外资自贸区负面清单

	2018 版	2019 版
1	禁止投资中国管辖海域及内陆水域水产品捕捞	**（未列入清单）**
2	禁止投资钨、钼、锡、锑、萤石勘查、开采。禁止投资稀土勘查、开采及选矿。禁止投资放射性矿产勘查、开采及选矿	禁止投资稀土、放射性矿产、钨勘查、开采及选矿
3	出版物印刷须由中方控股	**（未列入清单）**

续表

	2018版	2019版
4	禁止投资宣纸、墨锭生产	**（未列入清单）**
5	城市人口50万以上的城市燃气、热力和排水管网的建设、经营须由中方控	城市人口50万以上的城市排水管网的建设、经营须由中方控股
6	国内船舶代理公司须由中方控股	**（未列入清单）**
7	电信公司：限于中国入世承诺开放的电信业务，增值电信业务的外资股比不超过50%（电子商务除外），基础电信业务须由中方控股	电信公司：限于中国入世承诺开放的电信业务，增值电信业务的外资股比不超过50%（电子商务、**国内多方通信、存储转发类、呼叫中心**除外），基础电信业务须由中方控股
8	禁止投资国家保护的原产于中国的野生动植物资源开发	**（未列入清单）**
9	电影院建设、经营须由中方控股	**（未列入清单）**

2. 外商投资负面清单的适用规则

上述三类负面清单中，市场准入负面清单适用于全部市场主体，包括内资企业及外商投资企业。外资全国版负面清单及外资自贸区负面清单则专门适用于外商投资企业。

关于两份外资负面清单的适用规则，《外商投资法》中明确规定：国家根据需要设立特殊经济区域，或者在部分地区实行外商投资试验性政策措施，促进外商投资，扩大对外开放。外资自贸区负面清单在其说明篇章第一项也指出：外资自贸区负面清单统一列出股权要求、高管要求等外商投资准入方面的特别管理措施，适用于自由贸易试验区。

据此，在自贸区进行的外商投资应优先适用外资自贸区负面清单，而在自贸区之外的地区进行的外商投资应适用外资全国版负面清单。此外，外商投资还应根据内外资一致原则适用前述市场准入负面清单。三份负面清单的适用关系图示如下：

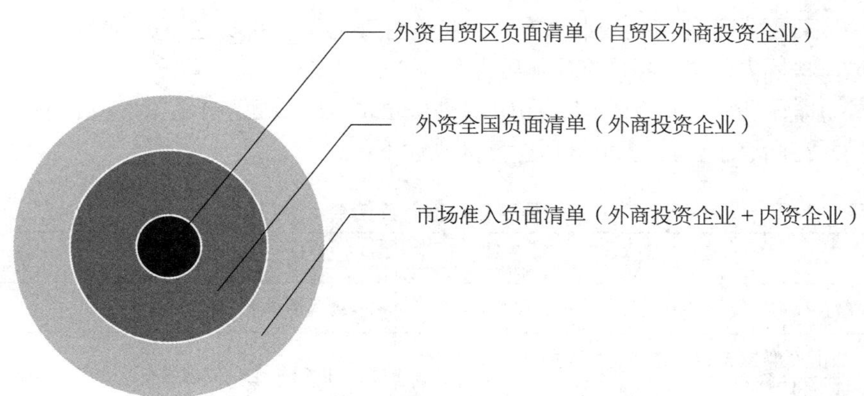

3. 外资全国版负面清单 vs 外资自贸区负面清单

（1）外商投资限制类目

从下表可以看出，外资全国版负面清单和外资自贸区负面清单在限制外商投资的类目上大体相同，主要的区别在如下几个类目："出版物印刷""文艺表演团体"和"小麦、玉米新品种选育和种子生产"。此外，与 2018 版相比，2019 版的外资全国版负面清单和外资自贸区负面清单同时将以下类目移除了清单：（1）"国内船舶代理公司"、（2）"电影院建设、经营"。与此同时，2019 版外资全国版负面清单取消了"演出经纪机构"中方控股的要求和"石油、天然气（含煤层气，油页岩、油砂、页岩气等除外）的勘探、开发"限于合资、合作的要求等两个与 2018 版和 2019 版外资自贸区负面清单限制不一致的类目。

序号	类目	自贸区负面清单	全国版负面清单
1. 中方控股			
1.1	核电站的建设、经营	是	是
1.2	城市供排水管网的建设、经营（限于城市人口 50 万以上的城市）	是	是
1.3	除农、林、渔业通用航空公司之外的其他通用航空公司	是	是
1.4	基础电信业务（限于中国入世承诺开放的电信业务）	是	是
1.5	广播电视收听、收视调查	是	是
1.6	出版物印刷	未入清单	是
1.7	国内水上运输公司	是	是
1.8	公共航空运输公司［注：且一家外商及其关联企业投资比例不得超过 25%，法定代表人须由中国籍公民担任。］	是	是
1.9	文艺表演团体	是	禁止投资
2. 中方相对控股			
2.1	民用机场的建设、经营	是	是
3. 中方股比不低于 34%			
3.1	小麦、玉米新品种选育和种子生产	是	中方控股
4. 中方股比不低于 50%			
4.1	汽车整车制造（专用车、新能源汽车除外）［注：2020 年取消商用车制造外资股比限制。2022 年取消乘用车制造外资股比限制以及同一家外商可在国内建立两家及两家以下生产同类整车产品的合资企业的限制］	是	是
4.2	增值电信业务（电子商务除外、国内多方通信、存储转发类、呼叫中心除外）（限于中国入世承诺开放的电信业务）	是	是

续表

序号	类目	自贸区负面清单	全国版负面清单
5. 外资股比不超过 51%			
5.1	证券公司［注：2020 年取消外资股比限制］[1]	是	是
5.2	证券投资基金管理公司［注：2020 年取消外资股比限制］[2]	是	是
5.3	期货公司［注：2020 年取消外资股比限制］[3]	是	是
5.4	寿险公司［注：2020 年取消外资股比限制］[4]	是	是
6. 限于合资 / 合作			
6.1	农、林、渔业通用航空公司	限于合资	限于合资
6.2	学前、普通高中和高等教育机构（由中方主导）	限于合作	限于合作
6.3	市场调查	限于合资 / 合作	限于合资 / 合作
6.4	医疗机构	限于合资 / 合作	限于合资 / 合作

值得注意的是，在《外商投资法》实施后，由于《中华人民共和国中外合作经营企业法》废止，因此新设的外商投资企业中将不再存在中外合作经营企业这类企业组织形式。在此情况下，负面清单中规定限于合作的限制性要求将如何适用和实施，有待于负面清单的制定部门进行明确。

（2）外商投资禁止类目

对于禁止外商投资的类目，外资全国版负面清单与外资自贸区负面清单的规定基本一致，除了“文艺表演团体”未列入外资自贸区负面清单禁止投资类目，以及“放射性矿产冶炼、加工，核燃料生产”“中国管辖海域及内陆水域水产品捕捞”未列入外资自贸区负面清单之内。两份负面清单中禁止外商投资的类目列举如下：

序号	禁止外商投资类目
1	中国稀有和特有的珍贵优良品种的研发、养殖、种植以及相关繁殖材料的生产（包括种植业、畜牧业、水产业的优良基因）
2	农作物、种畜禽、水产苗种转基因品种选育及其转基因种子（苗）生产

1　根据国务院金融稳定发展委员会办公室于 2019 年 7 月 20 日发布的《国务院金融稳定发展委员会办公室关于进一步扩大金融业对外开放的有关举措》第 9 条，原定于 2021 年取消证券公司、基金管理公司和期货公司外资股比限制的时点提前到 2020 年。

2　同注释 1。

3　同注释 1。

4　根据国务院金融稳定发展委员会办公室于 2019 年 7 月 20 日发布的《国务院金融稳定发展委员会办公室关于进一步扩大金融业对外开放的有关举措》第 6 条，人身险外资股比限制从 51% 提高至 100% 的过渡期，由原定 2021 年提前到 2020 年。

续表

序号	禁止外商投资类目
3	稀土、放射性矿产、钨勘查、开采及选矿
4	中药饮片的蒸、炒、炙、煅等炮制技术的应用及中成药保密处方产品的生产
5	宣纸、墨锭生产
6	烟叶、卷烟、复烤烟叶及其他烟草制品的批发、零售
7	空中交通管制
8	邮政公司、信件的国内快递业务
9	互联网新闻信息服务、网络出版服务、网络视听节目服务、互联网文化经营（音乐除外）、互联网公众发布信息服务（上述服务中，中国入世承诺中已开放的内容除外）
10	中国法律事务（提供有关中国法律环境影响的信息除外），不得成为国内律师事务所合伙人
11	社会调查
12	人体干细胞、基因诊断与治疗技术开发和应用
13	人文社会科学研究机构
14	大地测量、海洋测绘、测绘航空摄影、地面移动测量、行政区域界线测绘，地形图、世界政区地图、全国政区地图、省级及以下政区地图、全国性教学地图、地方性教学地图、真三维地图和导航电子地图编制，区域性的地质填图、矿产地质、地球物理、地球化学、水文地质、环境地质、地质灾害、遥感地质等调查
15	义务教育机构、宗教教育机构
16	新闻机构（包括但不限于通讯社）
17	图书、报纸、期刊、音像制品和电子出版物的编辑、出版、制作业务
18	各级广播电台（站）、电视台（站）、广播电视频道（率）、广播电视传输覆盖网（发射台、转播台、广播电视卫星、卫星上行站、卫星收转站、微波站、监测台及有线广播电视传输覆盖网等）
19	广播电视视频点播业务和卫星电视广播地面接收设施安装服务
20	广播电视节目制作经营（含引进业务）公司
21	文物拍卖的拍卖公司、文物商店和国有文物博物馆
22	电影制作公司、发行公司、院线公司以及电影引进业务**（注：外资自贸区负面清单中规定：经批准，允许中外企业合作摄制电影）**
23	文艺表演团体**（仅限外资全国版负面清单适用）**
24	放射性矿产冶炼、加工，核燃料生产**（仅限外资全国版负面清单适用）**
25	中国管辖海域及内陆水域水产品捕捞**（仅限外资全国版负面清单适用）**

（3）负面清单表述的差异问题

与外资全国版负面清单相比，外资自贸区负面清单中对许多类目均作出更进一步的详细说明。该等说明中，绝大部分均有明确相关法律法规依据，应为区内区外统一适用，因此，即便在外资全国版负面清单相同的类目中没有明确的说明，实际也是统一适用的。但其中，对于非学制类职业技能培训机构的设立，自贸区作出与全国不同的特殊规定；对于外资自贸区负面清单中“禁止设立与经营非物质文化遗产调查机构”的规定，区内区外是否同样适用，有待主管机关进一步澄清。此外，自贸区负面清单中对个别类目的说明暂未见相关依据。该等说明的详细内容列举如下：

序号	外资全国版负面清单	外资自贸区负面清单	法律法规依据
1	**二、采矿业** 5. 禁止投资稀土、放射性矿产、钨勘查、开采及选矿	**二、采矿业** 4. 禁止投资稀土、放射性矿产、钨勘查、开采及选矿。 （未经允许，禁止进入稀土矿区或取得矿山地质资料、矿石样品及生产工艺技术。）	·**《国务院关于将钨、锡、锑、离子型稀土矿产列为国家实行保护性开采特定矿种的通知》** “二、国家禁止全民所有 制、集体所有制矿山企业与外资合作、合资开采离子型稀土矿产。未经国务院稀土领导小组批准，任何单位和个人不得接待没有中华人民共和国居民身份证的人员进入离子型稀土矿区，或向其提供矿山的地质资料、矿石样品及生产工艺技术。”
2	**六、交通运输、仓储和邮政业** 14. 国内水上运输公司须由中方控股	**六、交通运输、仓储和邮政业** 11. 国内水上运输公司须由中方控股。（且不得经营或租用中国籍船舶或者舱位等方式变相经营国内水路运输业务及其辅助业务；水路运输经营者不得使用外国籍船舶经营国内水路运输业务，但经中国政府批准，在国内没有能够满足所申请运输要求的中国籍船舶，并且船舶停靠的港口或者水域为对外开放的港口或者水域的情况下，水路运输经营者可以在中国政府规定的期限或者航次内，临时使用外国籍船舶经营中国港口之间的海上运输和拖航。）	·**《国内水路运输管理条例》**（2017修订） “第十一条 外国的企业、其他经济组织和个人不得经营水路运输业务，也不得以租用中国籍船舶或者舱位等方式变相经营水路运输业务。” “第十六条 水路运输经营者不得使用外国籍船舶经营水路运输业务。但是，在国内没有能够满足所申请运输要求的中国籍船舶，并且船舶停靠的港口或者水域为对外开放的港口或者水域的情况下，经国务院交通运输主管部门许可，水路运输经营者可以在国务院交通运输主管部门规定的期限或者航次内，临时使用外国籍船舶运输。”
3	**六、交通运输、仓储和邮政业** 15. 公共航空运输公司须由中方控股，且一家外商及其关联企业投资比例不得超过25%，法定代表人须	**六、交通运输、仓储和邮政业** 12. 公共航空运输公司须由中方控股，且一家外商及其关联企业投资比例不得超过25%，法定代表人须由中国籍公民担任。（只有中国公共航空运输企业才能经营国内航空服务，并作为中国指定承运人提供	·**《中华人民共和国民用航空法》**（2018修正） “第一百七十七条 外国民用航空器的经营人，不得经营中华人民共和国境内两点之间的航空运输。” ·**《国际航权资源配置与适用管理办法》** “第九条 一类国际航线不限定指定

续表

序号	外资全国版负面清单	外资自贸区负面清单	法律法规依据
	由中国籍公民担任	定期和不定期国际航空服务。）	承”运人数量、航线表、运营班次及运力安排 “第十四条 指定承运人数量有限制的，根据双边、多边航空运输安排公布指定承运人配置内容和程序。” **·中国政府与各国政府签订的民用航空运输协定** 中国政府与各国政府签订的双边民用航空运输协定，如美国、新西兰、巴拿马、刚果共和国等国家，其中均提及“缔约一方有权书面向缔约另一方指定一家空运企业，在规定航线上经营协议航班，并且有权撤销或者更改上述指定”“**缔约一方指定空运企业的主要所有权和有效管理权应属于该缔约方或者其国民。**”等类似表述。 据此，“只有中国公共航空运输企业才能……作为中国指定承运人提供定期和不定期国际航空服务。”应同样为区内区外统一适用
4	**六、交通运输、仓储和邮政业** 19. 禁止投资邮政公司、信件的国内快递业务	**六、交通运输、仓储和邮政业** 19. 禁止投资邮政公司（和经营邮政服务）、信件的国内快递业务	**·《邮政普遍服务监督管理办法》** “第二十一条 外商和境外邮政不得在中华人民共和国境内提供邮政服务。”
5	**七、信息传输、软件和信息技术服务业** 20. 电信公司：限于中国入世承诺开放的电信业务，增值电信业务的外资股比不超过50%（电子商务、国内多方通信、存储转发类、呼叫中心除外），基础电信业务须由中方控股	**七、信息传输、软件和信息技术服务业** 17. 电信公司：限于中国入世承诺开放的电信业务，增值电信业务的外资股比不超过50%（电子商务、国内多方通信、存储转发类、呼叫中心除外），基础电信业务须由中方控股（且经营者须为依法设立的专门从事基础电信业务的公司）	**·《电信业务经营许可管理办法》（2017修订）** “第五条 经营基础电信业务，应当具备下列条件 （一）经营者为依法设立的专门从事基础电信业务的公司，并且公司的国有股权或者股份不少于51%”
6	**九、租赁和商务服务业** 25. 禁止投资中国法律事务（提供有关中国法律环境影响的信息除外），不得成为	**九、租赁和商务服务业** 22. 禁止投资中国法律事务（提供有关中国法律环境影响的信息除外），不得成为国内律师事务所合伙人。（外国律师事务所只能以代表机构的方式进入中国，且不得聘	**·《外国律师事务所驻华代表机构管理条例》** “第六条 外国律师事务所在华设立代表机构、派驻代表，应当经国务院司法行政部门许可。外国律师事务所、外国其他组织或者个人不得以

续表

序号	外资全国版负面清单	外资自贸区负面清单	法律法规依据
	国内 律师事务所合伙人	用中国执业律师，聘用的辅助人员不得为当事人提供法律服务；如在华设立代表机构、派驻代表，须经中国司法行政部门许可。）	咨询公司或者其他名义在中国境内从事法律服务活动。”“第十六条 代表机构不得聘用中国执业律师；聘用的辅助人员不得为当事人提供法律服务。”
7	**十一、教育** 31. 学前、普通高中和高等教育机构限于中外合作办 学，须由中方主导（校长或者主要行政负责人应当具有中国国籍，理事会、董事会或者联合管理委员会的中方组成人员不得少于1/2）	**十一、教育** 28. 学前、普通高中和高等教育机构限于中外合作办学，须由中方主导（校长或者主要行政负责人应当具有中国国籍（且在中国境内定居），理事会、董事会或者联合管理委员会的中方组成人员不得少于1/2）。（外国教育机构、其他组织或者个人不得单独设立以中国公民为主要招生对象的学校及其他教育机构（**不包括非学制类职业技能培训**），但是外国教育机构可以同中国教育机构合作举办以中国公民为主要招生对象的教育机构。）	·**《中华人民共和国中外合作办学条例》（2019修正）** “第二条 外国教育机构同中国教育机构（以下简称中外合作办学者）在中国境内合作举办以中国公民为主要招生对象的教育机构（以下简称中外合作办学机构）的活动，适用本条例。” “第二十五条 中外合作办学机构的校长或者主要行政负责人，应当具有中华人民共和国国籍，在中国境内定居，热爱祖国，品行良好，具有教育、教学经验，并具备相应的专业水平。” “第六十二条 外国教育机构、其他组织或者个人不得在中国境内单独设立以中国公民为主要招生对象的学校及其他教育机构。” ·**《中外合作职业技能培训办学管理办法》（2015修订）** “第五十八条 外国教育机构、其他组织或者个人不得在中国境内单独设立以中国公民为主要招生对象的职业技能培训机构。” ·**注**：对于非学制类职业技能培训机构的设立，自贸区作出特殊规定。 ■ 自贸区外，外国教育机构、其他组织或者个人不得单独设立以中国公民为主要招生对象非学制类职业技能培训机 构； ■ 但在自贸区内，上述机构、组织或者个人可以单独设立以中国公民为主要招生对象非学制类职业技能培训机构； ■ 实践中，国内首家外商独资非学制类职业技能培训机构普华永道商务技能培训（上海）有限公司已于2016年落户上海自贸区[1]

1 参见2016年10月14日网络新闻《中国首家外商独资非学制类职业培训机构落“沪”》。

续表

序号	外资全国版负面清单	外资自贸区负面清单	法律法规依据
8	**十三、文化、体育和娱乐业** 34. 禁止投资新闻机构（包括但不限于通讯社）	**十三、文化、体育和娱乐业** 31. 禁止投资新闻机构（包括但不限于通讯社）。（外国新闻机构在中国境内设立常驻新闻机构、向中国派遣常驻记者，须经中国政府批准。外国通讯社在中国境内提供新闻的服务业务须由中国政府审批。中外新闻机构业务合作，须中方主导，且须经中国政府批准。）	·**《中华人民共和国外国常驻新闻机构和外国记者采访条例》** ·“第六条 外国新闻机构在中国境内设立常驻新闻机构、向中国派遣常驻记者，应当经外交部批准。” ·**《国务院对确需保留的行政审批项目设定行政许可的决定》**（2016 修正） “外国通讯社在中国境内提供新闻的服务业务审批。”[1]
9	**十三、文化、体育和娱乐业** 35. 禁止投资图书、报纸、期刊、音像制品和电子出版物的编辑、出版、制作业务。	**十三、文化、体育和娱乐业** 32. 禁止投资图书、报纸、期刊、音像制品和电子出版物的编辑、出版、制作业 务。（但经中国政府批准，在确保合作中方的经营主导权和内容终审权并遵守中国政府批复的其他条件下，中外出版单位可进行新闻出版中外合作出版项目。未经中国政府批准，禁止在中国境内提供金融信息服务。）	·**《国务院对确需保留的行政审批项目设定行政许可的决定》**（2016 修正） “新闻出版中外合作项目审批” ·**《外国机构在中国境内提供金融信息服务管理规定》** “第四条 国务院新闻办公室为外国机构在中国境内提供金融信息服务的监督管理机关。外国机构在中国境内提供金融信息服务，必须经国务院新闻办公室批准。 未经国务院新闻办公室批准的外国机构，不得在中国境内提供金融信息服务。”
10	**十三、文化、体育和娱乐业** 36. 禁止投资各级广播电台（站）、电视台（站）、广播电视频道（率）、广播电视传输覆盖网（发射台、转播台、广播电视卫星、卫星上行站、卫星收转站、微波站、监测台及有线广播电视传输覆盖网等），禁止从事广播电视视频点播业务和卫星电 视广播地面接收设施安装服务。	**十三、文化、体育和娱乐业** 33. 禁止投资各级广播电台（站）、电视台（站）、广播电视频道（率）、广播电视传 输覆盖网（发射台、转播台、广播电视卫星、卫星上行站、卫星收转站、微波站、监测台及有线广播电视传输覆盖网等），禁止从事广播电视视频点播业务和卫星电 视广播地面接收设施安装服务。（对境外卫星频道落地实行审批制度。）	·**《境外卫星电视频道落地管理办法》** “第二条 国家广播电视总局（以下简称广电总 局）负责对境外卫星电视频道落地实行归口管理，对境外卫星电视频道落地实行审批制度。”
11	**十三、文化、体育和娱乐业** 37. 禁止投资广播电	**十三、文化、体育和娱乐业** 34. 禁止投资广播电视节目制作经营（含引进业务）公司。（引进境	·**《境外电视节目引进、播出管理规定》** “第五条 引进境外影视剧和以卫星传送方式引进其他境外电视节目，由

1 对于外资自贸区负面清单中规定“中外新闻机构业务合作，须中方主导，且须经中国政府批准”，暂未见其他法律法规有类似的规定。

续表

序号	外资全国版负面清单	外资自贸区负面清单	法律法规依据
	视节目制作经营（含引进业务）公司。	外影视剧和以卫星传送方式引进其他境外电视节目由广电总局指定的单位申报。对中外合作制作电视剧（含电视动画片）实行许可制度。）	广电总局指定的单位申报。" ·**《中外合作制作电视剧管理规定》** "第四条 国家对中外合作制作电视剧（含电视动画片）实行许可制度。"
12	**十三、文化、体育和娱乐业** 38. 禁止投资电影制作公司、发行公司、院线公司以及电影引进业务。	**十三、文化、体育和娱乐业** 35. 禁止投资电影制作公司、发行公司、院线公司以及电影引进业务。（但经批准，允许中外企业合作摄制电影。）	·**《电影管理条例》** "第十九条 中外合作摄制电影片，应当由中方合作者事先向国务院广播电影电视行政部门提出立项申请。国务院广播电影电视行政部门征求有关部门的意见后，经审查符合规定的，发给申请人一次性《中外合作摄制电影片许可证》。申请人取得《中外合作摄制电影片许可证》后，应当按照国务院广播电影电视行政部门的规定签订中外合作摄制电影片合同。"
13	**十三、文化、体育和娱乐业** 39. 禁止投资文物拍卖的拍卖公司、文物商店和国有文物博物馆。	**十三、文化、体育和娱乐业** 36. 禁止投资文物拍卖的拍卖公司、文物商店和国有文物博物馆。（禁止不可移动文物及国家禁止出境的文物转让、抵押、出租给外国人。**禁止设立与经营非物质文化遗产调查机构**；境外组织或个人在中国境内进行非物质文化遗产调查和考古调查、勘探、发掘，应采取与中国合作的形式并经专门审批许可。）	·**《中华人民共和国文物保护法》（2017修正）** "第二十四条 国有不可移动文物不得转让、抵押。" "第二十五条 非国有不可移动文物不得转让、抵押给外国人。" "第三十三条 非经国务院文物行政部门报国务院特别许可，任何外国人或者外国团体不得在中华人民共和国境内进行考古调查、勘探、发掘。" "第五十二条 国家禁止出境的文物，不得转让、出租、质押给外国人。" ·**《中华人民共和国非物质文化遗产法》** "第十五条 境外组织或者个人在中华人民共和国境内进行非物质文化遗产调查，应当报经省、自治区、直辖市人民政府文化主管部门批准……境外组织在中华人民共和国境内进行非物质文化遗产调查，应当与境内非物质文化遗产学术研究机构合作进行。" **《涉外调查管理办法》** "第三条 本办法所称社会调查，是指市场调查之外，以问卷、访谈、观察或者其他方式，收集、整理和分析有关社会信息的活动。" "第七条 任何组织、个人不得进行可能导致下列后果的涉外调查：

续表

序号	外资全国版负面清单	外资自贸区负面清单	法律法规依据
			（八）法律、法规、规章和国家有关规定认定的其他情形。” （**注**：对于外资自贸区负面清单中“禁止设立与经营非物质文化遗产调查机构”的规定，根据《涉外调查管理办法》对“社会调查”的定义，非物质文化遗产调查应属社会调查范畴，受该管理办法约束。外资自贸区负面清单由国家发展改革委及商务部发布，应属部门规章，其所规定的“禁止设立与经营非物质文化遗产调查机构”应当属于《涉外调查管理办法》第七条第（八）项所涵盖范畴。但该等禁止性规定仅出现在外资自贸区负面清单中，全国范围内是否同样适用，有待主管机关澄清。）

4. 简评

外商投资负面清单制度是外商在华投资的重要制度，《外商投资法》也首次从法律层面将实行准入前国民待遇加负面清单管理制度进行明确规定，进一步推动形成全面开放新格局。2019 年 6 月 30 日再次修订发布并于 2019 年 7 月 30 日起实施的最新外资自贸区负面清单及外资全国版负面清单，进一步放宽了外资市场准入，这对于营造更加公平、透明、便利的外商投资环境无疑是又一大利好信号。

（六）外商投资营利性非学历语言类培训机构需审批登记[1]

2019 年 8 月 30 日，教育部的网站悄然挂出《关于做好外商投资营利性非学历语言类培训机构审批登记有关工作的通知》（教发厅函〔2019〕75 号，下称“**《审批登记通知》**”），由教育部办公厅、商务部办公厅和市场监管总局办公厅联合发文。此文一出，行业内似乎并没有出现想象中应有的反响，但是这个文件的内容其实非常重要。2016 年《关于修改〈中华人民共和国民办教育促进法〉的决定》一出台，国内英语培训市场上有外资背景的几大品牌不约而同立即追问一个问题：新民促法下我们要办证吗？

1. 面向中小学生的校外培训机构

在 2002 年出台的《民办教育促进法》（下称“**旧《民促法》**”）中，关于培训机构仅有的规定是“第六十六条在工商行政管理部门登记注册的经营性的民办培训机构的管理办法，由国务院另行规定。”但直至 2017 年 9 月 1 日开始施行新《民办教育促进法》（下称“**新《民促法》**”）之前，国务院均未另行对民办培训机构的登记注册出台过任何专门

1 节选自《靴子落地：外商投资营利性非学历语言类培训机构也要办证》（作者：余苏），载于《君合法律评论》2019 年 9 月 4 日。

的法律规定，因此自2003年至2017年，市场上存在的民办培训机构大多是在工商行政管理部门（市场监督管理部门）登记注册的公司，仅有为数不多的机构真正持有《办学许可证》，尤其是语言类的培训机构。

随后，全国人大常委会关于修改《中华人民共和国民办教育促进法》的决定（2016）第十五条明确提出“删去（旧《民促法》）第六十六条。”再然后大家就在等《民办教育促进法实施条例》会不会有对民办培训机构的规定。

至于制定中的《民办教育促进法实施条例》，无论是2018年4月20日的“征求意见稿”，还是2018年8月10日的“送审稿”，关于包括语言类培训在内的素质培训都是规定“可以直接申请法人登记”。正当大家都以为营利性非学历语言类培训机构应该不用领取《办学许可证》的时候，《国务院办公厅关于规范校外培训机构发展的意见》（国办发〔2018〕80号，2018年8月22日发布）第（五）条明文规定“校外培训机构必须经审批取得办学许可证后，登记取得营业执照（或事业单位法人证书、民办非企业单位登记证书，下同），才能开展培训。”，也就是说只要是面向中小学生的校外培训机构，无论从事的是文化学科类的培训，还是素质类的培训，都必须领取《办学许可证》。

至此，似乎已经尘埃落定。但紧接着又有一个细分问题，面向中小学生以外的非学历性培训机构，比如专门做成人培训的机构，需要领取《办学许可证》吗？

2. 外资语言类培训机构

根据《审批登记通知》第四条的规定“外资语言类培训机构开展培训的，执行国家关于校外培训机构的有关规定，按照标准申请办学许可，由教育行政部门颁发民办学校办学许可证后，在市场监督管理部门进行法人登记，并应符合国家关于外商投资的有关规定。开展线上培训的，按照线上培训的有关规定执行。”如此一来，我们理解，只要是依照中国法律在中国境内登记注册设立、依法取得企业法人资格的外商投资企业，从事营利性非学历语言类培训活动，无论对象是中小学生，还是成年人，甚或是学前儿童，都需要领取《办学许可证》后方能在市场监督管理部门进行法人登记。至此，靴子终于落地，所有争论戛然而止。

现在还没有办证的符合规定的培训机构怎么办？《审批登记通知》第七条明确规定“此通知印发前设立的外资语言类培训机构，应抓紧按照通知要求和国家相关规定完善条件、规范行为，需要办学许可的，应于本通知发布之日起一年内向各地教育行政部门提交申请，领取办学许可证，凭办学许可证到市场监管部门申请换发营业执照。”

我们留意到，《审批登记通知》是三部委办公厅2019年7月24日作出的，教育部网站显示生成日期是2019年8月19日，但正式公布日期是2019年8月30日。因此，我们理解本通知发布之日应为2019年8月30日，也就是说现有的培训机构均应在2020年8月30日前按照通知要求和国家相关规定，抓紧申请领取《办学许可证》。

3. 各地的实践问题

需不需要办证是一个问题，能不能办证又是另外一个问题了。外商投资的从事营利性非学历语言类培训的机构在中国大陆究竟能不能领取《办学许可证》？以设立港资学前教育机构而言，根据《自由贸易试验区外商投资准入特别管理措施（负面清单）（2018

年版)》(自 2018 年 7 月 30 日起实施)、《外商投资准入特别管理措施(负面清单)(2019 年版)》，学前教育机构依然限于中外合作，但可以援引《内地与香港关于建立更紧密经贸关系的安排》及其补充协议中的有关优惠政策。

以上海市为例，根据我们的研究，在旧《民促法》时期，上海教育部门实际禁止外商投资设立经营性英语培训机构。尤其在 2017 年度，徐汇区教育局明确全年停止办理经营性民办培训机构的设立审批，杨浦区教育局在 2017 年期间实际亦暂停了设立审批。

在新《民促法》颁布后，因法律政策衔接问题，上海地区的教育部门实际上在 2018 年 1 月 1 日后才开始对营利性培训机构的设立并颁发《办学许可证》进行审批，但在上海市教育部门实操层面，外商独资投资经营性英语培训机构依然被禁止。

所以，当我们看到《审批登记通知》第八条规定“本通知自印发之日起施行，待《中华人民共和国民办教育促进法实施条例》《中华人民共和国中外合作办学条例》修订实施后再相应进行调整，具体由教育部、商务部、市场监管总局负责解释”时，有理由可以推测出，尽管《审批登记通知》已经公布实施，但是在各地的实践工作中，外商投资营利性非学历语言类培训机构申请领取《办学许可证》大概率应该还是会比较困难的。

(七)城镇小区配套幼儿园的政策解读[1]

2019 年 1 月 22 日，国务院办公厅发布了《国务院办公厅关于开展城镇小区配套幼儿园治理工作的通知》(国办发〔2019〕3 号)(下称“**《通知》**”)，对小区配套幼儿园治理的主要任务、工作措施、治理时间表和组织领导等方面提出明确要求。《通知》是对 2018 年 11 月国务院印发的《关于学前教育深化改革规范发展的若干意见》(下称“**《深化意见》**”)中小区配套幼儿园政策的补充和执行。

幼教从业人员应该如何理性解读《通知》所传递的政策内容？城镇小区配套幼儿园将何去何从？我们又应如何看待当下最关注的小区配套幼儿园移交的问题？本文将从解读《通知》的内容出发，以广东省为例对小区配套幼儿园的主要问题予以分析，供大家探讨。

1.《通知》是对已有政策的补充和细化

早在2010年国务院印发的《国务院关于当前发展学前教育的若干意见》(国发〔2010〕41 号)(下称“**《2010 年国务院意见》**”)就已提出“城镇小区没有配套幼儿园的，应根据居住区规划和居住人口规模，按照国家有关规定配套建设幼儿园。新建小区配套幼儿园要与小区同步规划、同步建设、同步交付使用。建设用地按国家有关规定予以保障。未按规定安排配套幼儿园建设的小区规划不予审批。城镇小区配套幼儿园作为公共教育资源由当地政府统筹安排，举办公办幼儿园或委托办成普惠性民办幼儿园”，但该规定较为概括，各地的实践中主要以各地对小区配套幼儿园建设和移交的有关规定予以规范。

为了解决“入园难”“入园贵”问题，《深化意见》提出学前教育的主要目标“到

---

1 节选自《学前教育政策解读——城镇小区配套幼儿园何去何从？》(作者：余苏、余嫒姗)，载于《君合法律评论》2019 年 1 月 25 日。

2020年，全国学前三年毛入园率达到85%，普惠性幼儿园覆盖率（公办园和普惠性民办园在园幼儿占比）达到80%。”如何完成这一目标呢？《深化意见》提出四项扩大资源供给的途径，包括“（i）实施学前教育专项。国家逐年安排建设一批普惠性幼儿园……；（ii）积极挖潜扩大增量。充分利用腾退的空置厂房、乡村公共服务设施、农村中小学闲置校舍等资源，以租赁、租借、划转等形式举办公办园……；（iii）规范小区配套幼儿园建设使用。……；（iv）鼓励社会力量办园。……”

显然，规范小区配套幼儿园建设使用是普惠性幼儿园重要的资源供给途径。为此，《深化意见》在第三条第（八）款就如何规范小区配套幼儿园建设使用作出了原则性的规定。

《深化意见》具体应该怎么执行？对此，早在2018年11月28日，教育部相关负责人在山东济南召开新闻发布会解读《深化意见》时已经明确要求，2019年的四项专项活动之一即是小区配套幼儿园的专项治理，并表示中央将很快部署这项工作。

有鉴于此，《通知》应运而生。我们理解，它即是从中央层面对城镇小区配套幼儿园专项治理工作的具体部署，是对《深化意见》的补充和执行，是着力构建以普惠性资源为主体的学前教育公共服务体系的具体措施。

2.《通知》的要点内容

《通知》的关键词“治理”，是针对城镇小区配套幼儿园规划、建设、移交、使用等环节存在的问题进行整治，《通知》对小区配套幼儿园治理的主要任务、工作措施、治理时间表和组织领导等方面提出明确要求。

（1）工作任务

a）小区配套幼儿园的规划、建设治理

《通知》明确“对于城镇小区没有规划配套幼儿园或规划不足，或者有完整规划但建设不到位的，要依据国家和地方配建标准，通过补建、改建或就近新建、置换、购置等方式予以解决。对存在配套幼儿园缓建、缩建、停建、不建和建而不交等问题的，在整改到位之前，不得办理竣工验收”。

b）小区配套幼儿园的移交治理

《通知》明确“已建成的小区配套幼儿园应按照规定及时移交当地教育行政部门，未移交当地教育行政部门的应限期完成移交，对已挪作他用的要采取有效措施予以收回。有关部门要按规定对移交的幼儿园办理土地、园舍移交及资产登记手续”。

为了促进开发商及时移交小区配套幼儿园，部分地市要求小区配套幼儿园应移交给住建部门，例如《广州市居住区配套公共服务设施管理暂行规定》（2016年）规定，2016年3月之后取得建设用地建设的小区配套幼儿园应移交给住建部门。

c）小区配套幼儿园的使用

《通知》明确“小区配套幼儿园移交当地教育行政部门后，应当由教育行政部门办成公办园或委托办成普惠性民办园，不得办成营利性幼儿园”。

也就是说，移交手续完成后，小区配套幼儿园由政府统筹安排幼儿园的使用，不得挪作他用。

（2）工作要求

小区配套幼儿园专项治理包括规划、建设、移交、使用的各个环节的治理，每个环节有其特定的工作要求。最基本就是对现存小区配套幼儿园的摸底排查。

a）2019 年 4 月底前完成摸底排查

《通知》明确“各地以县（市、区）为单位，对城镇小区配套幼儿园情况进行全面摸底排查，针对规划、配建、移交、使用不到位等情况，分别列出清单、建立台账。该项工作于 2019 年 4 月底前完成”。

b）全面整改

《通知》明确“针对摸底排查出的问题，按照‘一事一议’‘一园一案’的要求逐一进行整改。”主要分为下列情况：

· 已经建成、需要办理移交手续的，原则上于 2019 年 6 月底前完成；

· 需要回收、置换、购置的，原则上于 2019 年 9 月底前完成；

· 对于需要补建、改建、新建的，原则上于 2019 年 12 月底前完成相关建设规划，2020 年 12 月底前完成项目竣工验收。

c）监督评估

《通知》要求“对各地自查、摸排、整改等环节加强督导、监督和评估，并针对关键环节适时进行抽查，对落实不力、整改不到位的地区进行通报”。

（3）组织实施

小区配套幼儿园专项治理小组成员由教育部、住建部、国家发展改革委、民政部、自然资源部等部门负责同志组成。各部门各司其职。其中，**关于小区配套幼儿园的用地**，自然资源部门要根据国家和地方配建标准，统筹规划城镇小区配套幼儿园，将小区配套幼儿园必要建设用地及时纳入国土空间规划，**按相关规定划拨建设用地**。

小区配套幼儿园的规范治理已箭在弦上，势在必行。可以预计，各省均会按照《通知》的要求，开展全面的治理工作。这也将成为 2019 年各省教育工作的重点内容。

3. 广东省的小区配套幼儿园管理要求

我们发现，广东省在小区配套幼儿园问题上早已走在前列。2015 年 12 月 31 日，广东省教育厅、广东省发改委、广东省财政厅、广东省国土资源厅、广东省住房和城乡建设厅联合发布《广东省加强住宅小区配套幼儿园建设和管理工作的指导意见》（粤教基〔2015〕21 号）（下称 **“《广东省意见》”**），结合广东省的实际情况，提出指导意见。对小区配套幼儿园的规划和建设、工作要求和保障机制进行规定，与《通知》的要求相互契合。

（1）规划建设

《广东省意见》规定“没有达到配套标准要求的住宅小区，可采取单独选址、改建或者扩大区域内其他新建住宅小区配套幼儿园建设规模等形式配置幼儿园”。

（2）工作要求

a）要求城乡规划部门应将幼儿园建设布局规划的有关内容纳入控制性详细规划，保证幼儿园的规模、数量与城市发展和人口增长相适应。

b）国土资源行政主管部门要根据规划配套建设幼儿园的地块，在国有建设用地使用

出让公告中列明，并在国有建设用地使用权出让合同中约定应履行住宅小区配套幼儿园建设以及无偿移交给当时政府部门的义务和责任。

c）住宅小区配套幼儿园属于公共教育资源，未经政府部门批准，任何单位和个人不得擅自拆除、改建、扩建、出租、出售、转让、抵押，不得擅自改变用途。

d）开发建设单位要保证配套幼儿园与所在住宅小区开发建设同步设计、同步建设、同步竣工、同步交付使用。

e）政府接收住宅小区配套幼儿园后，归口教育部门同一管理，统筹用于举办公办幼儿园或普惠性民办幼儿园。

（3）保障机制

由各县（市、区）人民政府会同相关部门建立幼儿园规划、建设、使用的督促检查、考核奖惩和问责机制，确保住宅小区配套幼儿园建设使用得到落实。

从以上广东省的规定内容来看，广东省对各部门工作做了全面的部署和安排。保障住宅小区配套幼儿园的建设和使用最终落实到各区县具体执行。而据我们了解，广州市有些区已陆续开展小区配套幼儿园的移交工作，合理考虑小区配套幼儿园的历史遗留问题，贯彻“一园一策”的原则，争取妥善解决小区配套幼儿园的移交事宜。

4. 我们关心的问题

（1）针对即将开展得轰轰烈烈的小区配套幼儿园专项治理工作，我们关心的核心问题是：小区配套幼儿园的具体定义和范围是什么？小区配套幼儿园移交的是土地校舍的产权还是使用权？如果不是小区配套幼儿园，政府又要求移交的，是否有相应的补偿？小区配套幼儿园只能办成普惠性幼儿园的情况下如何收费？什么是小区配套幼儿园？

并不是小区内开办的幼儿园均是小区配套幼儿园。因此，在探讨是否移交之前，均应先明确自己开办的幼儿园是不是小区配套幼儿园。

根据最新颁布实施的住建部印发的《城市居住区规划设计标准》（GB50180—2018，2018年12月1日起实施）对“城市居住区”作了重新的划分。根据该规定，居住区按居民步行范围、住宅套数或人口规模可分为十五分钟生活圈居住区、十分钟生活圈居住区、五分钟生活圈居住区、居住街坊四级：

	十五分钟	十分钟	五分钟	居住街坊
住宅（万套）	1.7–3.2	0.5–0.8	0.15–0.4	0.03–0.1
人口（万人）	5–10	1.5–2.5	0.5–1.2	0.1–0.3

根据该规定，五分钟生活圈以上级别的居住区配套设施必须包括幼儿园（见下图第6项）。如图：

B.0.2 五分钟生活圈居住区配套设施应符合表 B.0.2 的设置规定。

表 B.0.2 五分钟生活圈居住区配套设施设置规定

类别	序号	项目	五分钟生活圈居住区	备注
社区服务设施	1	社区服务站（含居委会、治安联防站、残疾人康复室）	▲	可联合建设
	2	社区食堂	△	可联合建设
	3	文化活动站（含青少年活动站、老年活动站）	▲	可联合建设
	4	小型多功能运动（球类）场地	▲	宜独立占地
	5	室外综合健身场地（含老年户外活动场地）	▲	宜独立占地
	6	幼儿园	▲	宜独立占地
	7	托儿所	△	可联合建设
	8	老年人日间照料中心（托老所）	▲	可联合建设
	9	社区卫生服务站	△	可联合建设
	10	社区商业网点（超市、药店、洗衣店、美发店等）	▲	可联合建设
	11	再生资源回收点	▲	可联合设置
	12	生活垃圾收集站	▲	宜独立设置
	13	公共厕所	▲	可联合建设
	14	公交车站	△	宜独立设置
	15	非机动车停车场（库）	△	可联合建设
	16	机动车停车场（库）	△	可联合建设
	17	其他	△	可联合建设

注：1 ▲为应配建的项目；△为根据实际情况按需配建的项目；

2 在国家确定的一、二类人防重点城市，应按人防有关规定配建防空地下室。

也就是说，小区配套幼儿园是根据小区的规模，在房地产开发商开发小区住宅建设项目的规划设计文件中明确应当配套建设的公共服务设施。《通知》也明确提到“城镇小区严格依标配建幼儿园。严格遵循《中华人民共和国城乡规划法》和《城市居住区规划设计标准》（GB50180）的规定”。

换句话说，在小区里开办的幼儿园并非都是小区配套园，只有小区规划中明确规定作为配套建设的公共服务设施才是小区配套园，在这种情况下，才涉及小区配套园移交的问题。

（2）小区配套幼儿园移交的是什么

小区配套幼儿园移交的是幼儿园土地校舍的产权，还是幼儿园土地校舍的使用权，还是仅指幼儿园的举办权？《通知》规定“有关部门要按规定对移交的幼儿园办理土地、园舍移交及资产登记手续。”此处“资产登记手续”应如何理解？

经过我们对众多省市关于小区配套幼儿园移交规定的研究和分析，绝大部分的地区均要求对小区配套幼儿园的场地及校舍的产权进行移交，仅有少部分地区（例如天津）只是规定小区配套幼儿园需无偿移交给政府管理和使用，未明确产权是否需要同步移交。我们理解，当小区配套幼儿园永久性无偿移交政府管理和使用，实质与小区配套幼儿园产权移交给政府没有太大的差别。因而，我们倾向于小区配套幼儿园的移交更多的意味着土地与校舍产权的移交。

（3）小区配套幼儿园移交是否应该补偿

小区配套幼儿园作为公建配套设施，建设用地本应按规定由政府划拨方式提供。但对于历史遗留问题，尽管小区的规划文件中明确为小区配套幼儿园，但开发商取得土地时应政府的要求已足额缴纳土地出让金及市政配套费，并出资建设了幼儿园的校舍，那么在该等情况下，如果需要移交，是否应有相应的补偿措施？《深化意见》与《通知》均未规定。对此，我们认为按照物权“谁投资、谁建设、谁享有”的原则，如果需要移交，应有相应的补偿方案，否则，将存在损害公民合法权益的风险并引发相应的纠纷。

（4）小区配套幼儿园应如何按照普惠要求收费

根据《深化意见》及《通知》的要求，小区配套幼儿园均应移交政府统筹，举办公办园或委托举办普惠园，不得举办营利性幼儿园。也就是说，存量小区配套幼儿园和新建小区配套幼儿园，除公办园之外，均应举办普惠性幼儿园，且只能举办非营利性民办幼儿园。那么，该等幼儿园如何收费呢？对此，我们已有专门探讨，具体可参见我们之前的法评文章《你想知道的普惠性幼儿园答案都在这里》。

5. 结语

学前教育关系民生大计，老百姓的孩子能否就近公平地接受普惠性学前教育的问题，困扰多年。国家已全面拉开解决“入园难”“入园贵”的攻坚战。作为教育法律工作者，我们既感到欣喜又有部分忧虑，喜的是学前教育体系日臻完善，逐步的规范管理。忧的是执行过程中如果未能正确理解国家政策精神，全面一刀切，极为容易造成社会不公平的现象，这也是《通知》一发便引发不同解读和恐慌的因素。

我们认为，《通知》是对如何规范开展城镇小区配套幼儿园治理工作进行了规定，但是并不是否认民办教育的存在，否认社会力量的贡献。相反，国家仍然是鼓励社会力量办学，尤其是举办普惠性幼儿园。

我们期待各地方人民政府根据《深化意见》和《通知》出台的操作细则和解决方案，以便稳妥实现教育事业发展的“十三五规划”目标，完成2035年学前教育目标，为幼儿提供更加充裕、更加普惠、更加优质的学前教育。

四、立法展望

（一）《外商投资法》配套规定的制定和清理[1]

《外商投资法》已于2020年1月1日生效，与此相关的一些行政法规、规章和司法解释等也已陆续颁布、实施[2]。

为更好地实施与落实《外商投资法》，仍然需要对现行有关外商投资的规定进行全面清理，并在具体配套制度方面予以进一步细化补充，在立法层面，加强外商投资领域相关配套制度的衔接。

1. 现行规定的清理

根据《外商投资法》第4条规定的准入前国民待遇原则，和其第24条规定，除非法律和行政法规有明确规定，相关部门规章、地方政府规章、地方性法规或其他政府规范性文件均不得规定外国投资者设立外商投资企业时存在与中国投资者不一样的条件或义务，而《外商投资法》颁布前制订的不少部门规章和规范性文件存在对外商投资企业的特殊审批条件和审批要求的规定，这些规定与《外商投资法》规定的原则有所冲突。按照国务院统一部署，商务部、国家发展改革委、司法部正在组织抓紧对现行有关外商投资的规定进行全面清理，明确要求凡是与《外商投资法》不符的法规、规章、规范性文件，都要予以废止或者修改。

目前商务部已完成部分清理工作，并于2019年12月26日发布《商务部关于废止部分规范性文件的公告》（商务部公告2019年第59号）、2019年12月28日发布《商务部关于废止部分规章的决定》（商务部令2019年第3号），决定自2020年1月1日起废止62项有关外商投资的规范性文件，如《关于设立外商投资股份有限公司若干问题的暂行规定》《外商投资企业投资者股权变更的若干规定》《外商投资企业自动进口许可管理实施细则》《商务部关于涉及外商投资企业股权出资的暂行规定》等。

除此之外，我们认为，包括但不限于以下一些涉及外商投资管理的部门规章，需要尽快及时调整或清理，以便在《外商投资法》实施后可以符合其要求，同时也便于外国投资者在进行相关领域的投资时可以获得明确和具有操作性的指导：《外商投资项目核准和备案管理办法》（2014年修正）、《商务部关于外商投资举办投资性公司的规定》（商务部令2015年第2号）、《关于中外合资经营企业注册资本与投资总额比例的暂行规定》（工商企字〔1987〕第38号）、《关于外国投资者并购境内企业的规定》等文件。

2. 统一外债管理模式有待明确

在《外商投资法》实施后，外商投资企业“投注差”模式的外债管理将逐步退出历

1 本章节参考《外商投资进入中国快车道——解读最新〈外商投资法实施条例〉》（作者：郑宇，廖悦悦，余达星，贾璐，王潇），载于《君合法律评论》2020年1月3日。

2 包括《外商投资法实施条例》（国务院令第723号）、《外商投资信息报告办法》（商务部、市场监管总局令2019年第2号）、《关于外商投资信息报告有关事项的公告》（商务部公告2019年第62号）、市场监管总局 商务部 外汇局《关于做好年报“多报合一”改革有关工作的通知》（国市监信〔2019〕238号）、《关于贯彻落实〈外商投资法〉做好外商投资企业登记注册工作的通知》（国市监注〔2019〕247号）、最高人民法院《关于适用〈中华人民共和国外商投资法〉若干问题的解释》（法释〔2019〕20号）。

史舞台。《中国人民银行关于全口径跨境融资宏观审慎管理有关事宜的通知》(银发〔2017〕9号)在2017年1月11日发布和实施，该通知规定外商投资企业、外资金融机构自该通知发布之日起设置一年过渡期，过渡期内外商投资企业、外资金融机构可在“投注差”模式和通知规定的“净资产”模式下任选一种模式适用；过渡期结束后，外资金融机构自动适用该通知模式。外商投资企业跨境融资管理模式由中国人民银行、国家外汇管理局根据通知总体实施情况评估后确定，但直至目前尚未出台相应新规。我们理解，在《外商投资法》正式实施后，中国人民银行、国家外汇管理局应会出台相关规定尽快明确这个问题。

3. 与加强知识产权保护相关的立法

《外商投资法实施条例》第23条明确规定国家加大对知识产权侵权行为的惩处力度，持续强化知识产权执法。中国在2013年修改《商标法》时引入了惩罚性赔偿制度，规定对恶意侵犯商标专用权，情节严重的，可以判决给予一倍以上三倍以下的惩罚性赔偿。2019年11月修改的《商标法》又将惩罚性赔偿的倍数提高到“一倍以上五倍以下”。现行《著作权法》的修改已列入十三届全国人大常委会立法规划，正在由有关方面研究提出修改草案，惩罚性赔偿也是本次修改《著作权法》重点关注的问题。此外，在2019年2月发布的《专利法》修改草案中，拟将现行《专利法》的法定赔偿额上限由一百万元提高至五百万元。

（二）个人信息保护的立法展望

随着App违法违规收集使用个人信息专项治理工作以及App侵害用户权益专项整治工作在2019年年初和年末分别开展，政府对于个人信息的保护监管日趋严格。但从法律层面，目前关于个人信息保护的规定主要分散于相关法律法规以及国家标准当中，尚待通过个人信息保护法进行统一、完善。

目前就个人信息保护问题进行相对详尽规范的法律为《网络安全法》。于2019年新出台的相关法规，如《儿童个人信息网络保护规定》《App违法违规收集使用个人信息自评估指南》《App违法违规收集使用个人信息行为认定方法》等亦主要基于《网络安全法》的框架对个人信息保护问题进行了细化规定。但上述法律法规的规范主体为网络运营者，即网络的所有者、管理者和网络服务提供者。除了网络服务提供者(如App及网站运营者等)在提供互联网服务的情况下，需要遵守《网络安全权法》等规定中关于个人信息保护的要求这一点较为明确外，很多情况下的个人信息控制主体对个人信息的收集和使用行为，如公司内部对其员工个人信息的收集和使用，通过线下渠道收集个人信息的主体对个人信息的收集和使用(如4S店收集顾客的信息)是否可以落入到网络运营者的范畴，从而适用《网络安全法》的规定一直存在疑问。

从政府监管的角度，主管部门做出行政处罚应当具有相应的法律授权。而对于上述主体，如果无法落入《网络安全法》项下的网络运营者的范畴，则从行政监管角度，主管部门直接对该类主体进行相应的监管缺少明确的法律基础。

此外，对于个人信息主体的权利，目前主要为国家推荐性标准(即《个人信息安全规范》)对该等权利进行了较为细致的规定，例如《个人信息安全规范》规定了个人信息主体的访问权、更正权、删除权、账户注销权等。但是从法律层面，相关法律如《民法总则》只对个人信息权进行了笼统的规定。根据民法典人格权编（草案三次审议稿），民法典将可能对个人信息主体的权利（如访问权、更正权、删除权）进行细化规定。我们理解，民法典的人格权编将主要从公民的民事权利的角度对该问题进行规范。在未来的个人信息保护法中，可以从行政监管角度，对这一问题进行细化的规定。

根据2018年8月公布的十三届全国人大常委会立法规划，《个人信息保护法》被列入条件比较成熟、任期内拟提请审议的法律草案。据此，理论上在2023年之前《个人信息保护法》草案将制定完毕并提交审议。

相信在不久之后《个人信息保护法》的颁布，可以从法律层面给予相关主管部门进行行政监管提供依据，同时明确个人信息主体应受保护的权利，从而更好地健全、完善我国个人信息保护的制度。

（三）学前教育和职业教育立法改革

学前教育及职业教育领域亦有不少立法关注点。

1. 学前教育法草案有望公布

目前我国学前教育规模持续扩大、民办幼儿园快速发展、区域差距逐步缩小，但学前教育法仍处于缺位状态。教育部部长陈宝生2019年8月接受采访时透露，学前教育法拟列入国务院2020年立法计划。学前教育法的立法关注点包括：

（1）价格监管与财政保障：针对此前部分幼儿园过度逐利的行为，相关部门预计将在后续立法时对幼儿园的收费标准加强监管；同时，预计各地政府将会进一步推出幼儿园办园补贴方案，探索政府、家庭、社会之间费用的合理分担比例。

（2）民办与公办学前教育并举：根据国务院关于学前教育事业改革和发展情况的报告，2010–2018年期间，民办幼儿园总数增加了6.4万所，全国在园幼儿增量的70%都在民办幼儿园。教育部此前多次强调，将坚持学前教育公办民办并举，相信政府将在大力扩大公立公办及民办普惠性学前教育学校。

（3）强化教师资质监管：目前，学前教育阶段的师资力量良莠不齐，后续立法应考虑明确学前教育阶段教职工的准入门槛，例如教师应持有幼师资格证，保育人员、管理人员应接受专业培训、具有相应从业经验，其他工作人员应进行健康检查等。

（4）小区配套幼儿园工作：2019年1月，国务院办公厅印发了《关于开展城镇小区配套幼儿园治理工作的通知》，要求对城镇小区配套幼儿园的规划、建设、移交、使用情况进行专项治理。在后续公布的学前教育法草案中，预计会以法律形式对小区配套幼儿园的规划、建设、运营标准设立进一步的规范。

2. 职业教育法修订

2019年12月，教育部发布了《职业教育法修订草案（征求意见稿）》，这是职业教育法1996年颁布实施以来的首次修订。征求意见稿中值得关注的内容包括：

（1）打通职业学校教育发展通道：征求意见稿中以“职业高等学校”的表述替代原来的“高等职业学校”表述，未来，接受职业高等教育的学生所能取得学历将不限于大

专，而将包括本科乃至更高学历。[1]

（2）鼓励企业参与职业教育：征求意见稿中，鼓励各级政府、行业组织、民间资金举办股份制、混合所有制职业学校 / 培训机构。此外，国家重点鼓励企业参与职业教育，包括建立产教融合型企业认定制度、并提供补贴和优惠；允许职业学校 / 职业培训机构与行业企业共同举办教育机构 / 项目，并自主制定分配办法。

（3）职业学校的办学自主权有望扩大：未来，职业学校将可破格录取高级技能型人才；可适当调整修业年限，实行弹性学制，经批准还可以实行中、高等学校职业教育的贯通培养。

（四）《电子商务法》相关问题有待立法进一步明确

针对日新月异的电子商务领域，全国人大常委会经充分酝酿，于 2018 年 8 月 31 日第十三届全国人大常务会第五次会议通过《电子商务法》。该法已于 2019 年 1 月 1 日正式施行，其中对电子商务经营者、电子商务平台经营者、电子商务合同的订立与履行、电子商务争议解决、电子商务促进、法律责任等方面进行了重点规定。

实务中，各电子商务平台对《电子商务法》的制定过程高度关注，该法正式通过至施行前后，大多数电子商务平台均基于《电子商务法》的相关规定对各自平台的制度及运营管理流程进行了相应的调整及合规改造（包括但不限于对商户信息公示要求、电子商务合同成立时点、交易规则修改生效时间、消费者评价管理制度等进行调整），以保证自身的业务经营符合《电子商务法》的相关规定。

尽管如此，目前来看，《电子商务法》仍有若干问题有待进一步澄清及细化。举例而言，根据《电子商务法》第十条的规定，原则上，除满足特定几类要求（个人销售自产农副产品、家庭手工业产品，个人利用自己的技能从事依法无须取得许可的便民劳务活动和零星小额交易活动等）外，电子商务平台上的商家均须进行工商注册登记。然而，在实际的电子商务中，电商平台"个人开店"但未进行工商登记的情况并不罕见，如严格按照《电子商务法》条文进行文意解释并遵照执行，可能会导致大量的从事电子商务的个人因未办理工商登记，造成"个人开店"受限甚至关停下架。这对社会稳定和活跃经济同样是不利的。目前，各主要的电商平台已就或正就这一问题从文本、流程、界面显示等方面进行相应的改进，以缓释相关法律风险。考虑到现阶段对电子商务平台上经营的个人一律要求进行工商登记可能存在难度，如何处理该问题以求得灵活经营与规范管理上的平衡，将是下一阶段立法机关及主管部门的立法工作要点之一。

总体而言，我们理解，就《电子商务法》实施过程中存在的相关问题或待澄清之处，后续可能通过实施细则或相关监管部门的部门规章等形式予以进一步呈现。

（五）《招投标法》的修订展望[2]

2019 年 12 月 3 日，国家发展改革委公布《中华人民共和国招标投标法（修订草案

1　征求意见稿情况说明中亦明确指出，职业高等学校对应于普通高等学校，包括专科、本科层次。

2　本章节参考（1）《〈中华人民共和国招标投标法（修订草案公开征求意见稿）〉简评》（作者：袁家楠，陈艳梅，罗策），载于《君合法律评论》2019 年 12 月 19 日；（2）《〈招标投标法（修订草案公开征求意见稿）〉重点、亮点解读》（作者：郑哲、王嘉禄），载于《中建一局投资运营公司法律合规部》2019 年 12 月 16 日。

公开征求意见稿)》(以下简称“**《招投标意见稿》**”)。相对于现行《招标投标法》及《招标投标法实施条例》，此次公布的《招投标意见稿》内容改动较大，着重于深化招投标领域“放管服”改革、优化营商环境、解决招投标市场存在的突出问题，体现了立法者对于招投标行为的态度及管理趋势。同时，对现行《招标投标法》未规定的招标终止、异议与投诉处理程序、招标档案管理、投标担保和履约担保等基本制度作了补充规定，对法律实施过程中有关方面理解和执行上存在疑问的规定作了进一步明确。

此次修订及未来展望主要涉及如下内容：

1. 修订必须招标范围

《招投标意见稿》第三条中关于必须招标范围删去了现行《招标投标法》中的“(一)大型基础设施、公用事业等关系社会公共利益、公众安全的项目”。然而国家发改委2018年6月8日印发的《必须招标的基础设施和公用事业项目范围规定》中，其范围与《招投标意见稿》中必须招标范围不相符。国家发展改革委的前述文件规定了“大型基础设施、公用事业等关系社会公共利益、公众安全的项目”，包括能源基础设施项目；铁路、公路、机场等交通运输基础设施项目；通信基础设施项目；水利基础设施项目；城市轨道交通等城建项目。而《招投标意见稿》将“(一)大型基础设施、公用事业等关系社会公共利益、公众安全的项目”删去后，上述国家发展改革委规定的具体项目是否必须进行招投标，届时需由国家发展改革委进一步发文明确。

此外，满足规模要求的PPP必须招标。根据《招投标意见稿》，满足《招投标法》规模要求的PPP项目都必须通过招投标程序，不能再同以往一样采取竞争性谈判、竞争性磋商途径，以避免程序的不规范、不透明。

2. 对“异常低价”投标的认定与处理

《招投标意见稿》将现行《招标投标法》规定的“投标人不得以低于成本的报价竞标”修改为“投标人不得以可能影响合同履行的异常低价竞标”。同时规定，“评标委员会发现投标人的报价为异常低价且可能影响合同履行的投标时，应当要求投标人澄清或说明；如投标人无法说明其报价合理性的，应当否决其投标”。现行《招标投标法》采用“低于成本”这一标准，但在实践中其报价是否真正低于“成本”较为难以把握和认定。对此，《招投标意见稿》参照并吸取了《评标委员会和评标办法暂行规定》(2001年7月颁布，2013年4月修订)确定的一个解决机制，即投标人的报价明显低于其他投标报价或者在设有标底时明显低于标底，投标人需进行澄清或说明，不能合理说明或者不能提供相关证明材料的，由评标委员会认定该投标人以低于成本报价竞标，其投标应作废标处理。此规定亦与有关国际趋势保持一致。

3. 修订招投标形式及流程

根据《招投标意见稿》，国家推广以数据电文形式开展电子招标投标活动，推进交易流程、公共服务、行政监督电子化和规范化，以及招标投标信息资源全国互联共享；此外，对于集中招标，尽管集中采购在《中华人民共和国政府采购法》中已有涉及，招投标本身亦是政府采购的主要方式之一，但现行《招标投标法》对集中招标并未提及。本次《招投标意见稿》从招投标法律的角度确定了集中招标模式并实现与其他相关法律之间的对接，有关具体内容也仍待后续进一步规范。

4. 解决招标僵局

《招投标意见稿》中多条条款规定了如何解决招标僵局，例如如果（1）同一项目两次招标中的投标人均少于三个主体，或（2）依法必须进行招标的项目在两次招标中均出现所有投标被否决的情况，可以不再进行招标，以其他方式从现有投标人中确定中标人，但需要向有关行政监督部门备案。上述规定对于解决招标僵局，避免招标投标资源重复浪费具有重要作用。

致 谢

本年度报告由以下合伙人、律师参与编写：

第一部分：田小影、王潇、刘青宇、杨栋

第二部分：杨和、蔡子霄、南李、张安捷

第三部分：林涛、叶舒静、孔清扬、曾洁

第四部分：孙桢、陈乐意、张晓彬、余达星

统筹与审阅：郑宇、张颖。

在此对他们一并致以诚挚的感谢。

2019 年
君合业务研究报告

资本市场业务年度报告

君合律师事务所公司组

一、2019年中国证券与资本市场重要立法摘要

（一）境内上市

1. A股IPO及再融资、重大资产重组

（1）证券法第二次修订

2019年12月28日，第十三届全国人民代表大会常务委员会第十五次会议表决通过了新修订的《中华人民共和国证券法》（以下简称**《新证券法》**），并于2020年3月1日起施行。修订后的《新证券法》内容体例上包括总则、证券发行、证券交易、上市公司收购、信息披露、投资者保护、证券交易场所、证券公司、证券登记结算机构、证券服务机构、证券业协会、证券监督管理机构、法律责任和附则14个章节，本次修订要点如下：

1）扩大证券品种监管范围

《新证券法》第2条扩展了监管范围，首先是扩大了受监管的证券品种，明确将存托凭证作为境内证券品种纳入监管范围，同时确定了资产支持证券、资产管理产品作为准证券的法律地位，将由国务院按照《新证券法》的原则规定制定相关的发行、交易的管理办法。其次，顺应资本市场全球化趋势，增加对境外证券的发行和交易活动进行有条件管辖的规定。具体修订内容如下：

修订前	修订后
第二条 在中华人民共和国境内，股票、公司债券和国务院依法认定的其他证券的发行和交易，适用本法；本法未规定的，适用《中华人民共和国公司法》和其他法律、行政法规的规定。 政府债券、证券投资基金份额的上市交易，适用本法；其他法律、行政法规另有规定的，适用其规定。 证券衍生品种发行、交易的管理办法，由国务院依照本法的原则规定。	**第二条** 在中华人民共和国境内，股票、公司债券、**存托凭证**和国务院依法认定的其他证券的发行和交易，适用本法；本法未规定的，适用《中华人民共和国公司法》和其他法律、行政法规的规定。 政府债券、证券投资基金份额的上市交易，适用本法；其他法律、行政法规另有规定的，适用其规定。 **资产支持证券、资产管理产品**发行、交易的管理办法，由国务院依照本法的原则规定。 **在中华人民共和国境外的证券发行和交易活动，扰乱中华人民共和国境内市场秩序，损害境内投资者合法权益的，依照本法有关规定处理并追究法律责任。**

2）全面推行注册制

《新证券法》第二章“证券发行”明确了公开发行证券全面适用注册制的原则，简化了公司债券的发行条件，并全面修订了证券发行基本条件及发行程序等内容，主要修订内容对比如下：

修订前	修订后
第十条 公开发行证券，必须符合法律、行政法规规定的条件，并依法报经国务院证券监督管理机构或者国务院授权的部门核准；未经依法核准，任何单位和个人不得公开发行证券。有下列情形之一的，为公开发行： （一）向不特定对象发行证券的； （二）向特定对象发行证券累计超过二百人的； （三）法律、行政法规规定的其他发行行为。 非公开发行证券，不得采用广告、公开劝诱和变相公开方式。	**第九条** 公开发行证券，必须符合法律、行政法规规定的条件，并依法报经国务院证券监督管理机构或者国务院授权的部门**注册**。未经依法**注册**，任何单位和个人不得公开发行证券。**证券发行注册制的具体范围、实施步骤，由国务院规定。**有下列情形之一的，为公开发行： （一）向不特定对象发行证券； （二）向特定对象发行证券累计超过二百人，但依法实施员工持股计划的员工人数不计算在内； （三）法律、行政法规规定的其他发行行为。 非公开发行证券，不得采用广告、公开劝诱和变相公开方式。
第十三条 公司公开发行新股，应当符合下列条件： （一）具备健全且运行良好的组织机构； （二）具有持续盈利能力，财务状况良好； （三）最近三年财务会计文件无虚假记载，无其他重大违法行为； （四）经国务院批准的国务院证券监督管理机构规定的其他条件。 上市公司非公开发行新股，应当符合经国务院批准的国务院证券监督管理机构规定的条件，并报国务院证券监督管理机构核准。	**第十二条** 公司**首次**公开发行新股，应当符合下列条件： （一）具备健全且运行良好的组织机构； （二）具有持续**经营**能力； （三）最近三年财务会计**报告被出具无保留意见审计报告；** **（四）发行人及其控股股东、实际控制人最近三年不存在贪污、贿赂、侵占财产、挪用财产或者破坏社会主义市场经济秩序的刑事犯罪；** （五）经国务院批准的国务院证券监督管理机构规定的其他条件。 上市公司发行新股，应当符合经国务院批准的国务院证券监督管理机构规定的条件，**具体管理办法由国务院证券监督管理机构规定。** **公开发行存托凭证的，应当符合首次公开发行新股的条件以及国务院证券监督管理机构规定的其他条件。**
第十六条 公开发行公司债券，应当符合下列条件： ~~（一）股份有限公司的净资产不低于人民币三千万元，有限责任公司的净资产不低于人民币六千万元；~~ ~~（二）累计债券余额不超过公司净资产的百分之四十；~~ ~~（三）最近三年平均可分配利润足以支付公司债券一年的利息；~~ ~~（四）筹集的资金投向符合国家产业政策；~~ ~~（五）债券的利率不超过国务院限定的利率水平；~~	**第十五条** 公开发行公司债券，应当符合下列条件： **（一）具备健全且运行良好的组织机构；** （二）最近三年平均可分配利润足以支付公司债券一年的利息； （三）国务院规定的其他条件。 公开发行公司债券筹集的资金，必须**按照公司债券募集办法所列资金用途使用；改变资金用途，必须经债券持有人会议做出决议。公开发行公司债券筹集的资金**，不得用于弥补亏损和非生产性支出。 上市公司发行可转换为股票的公司债券，除应当符合第一款规定的条件外，还应当**遵守**本法第

续表

修订前	修订后
（六）国务院规定的其他条件。 公开发行公司债券筹集的资金，必须用于核准的用途，不得用于弥补亏损和非生产性支出。 上市公司发行可转换为股票的公司债券，除应当符合第一款规定的条件外，还应当符合本法关于公开发行股票的条件，并报国务院证券监督管理机构核准。	**十二条第二款的规定。但是，按照公司债券募集办法，上市公司通过收购本公司股份的方式进行公司债券转换的除外。**
第十八条　有下列情形之一的，不得再次公开发行公司债券： ~~（一）前一次公开发行的公司债券尚未募足；~~ （二）对已公开发行的公司债券或者其他债务有违约或者延迟支付本息的事实，仍处于继续状态； （三）违反本法规定，改变公开发行公司债券所募资金的用途。	**第十七条**　有下列情形之一的，不得再次公开发行公司债券： （一）对已公开发行的公司债券或者其他债务有违约或者延迟支付本息的事实，仍处于继续状态； （二）违反本法规定，改变公开发行公司债券所募资金的用途。
第十九条　发行人依法申请核准发行证券所报送的申请文件的格式、报送方式，由依法负责核准的机构或者部门规定。	**第十八条**　发行人依法申请**公开**发行证券所报送的申请文件的格式、报送方式，由依法负责**注册**的机构或者部门规定。
第二十条　发行人~~向国务院证券监督管理机构或者国务院授权的部门~~报送的证券发行申请文件，必须真实、准确、完整。 为证券发行出具有关文件的证券服务机构和人员，必须严格履行法定职责，保证其所出具文件的真实性、准确性和完整性。	**第十九条**　发行人报送的证券发行申请文件，**应当充分披露投资者作出价值判断和投资决策所必需的信息，内容应当**真实、准确、完整。 为证券发行出具有关文件的证券服务机构和人员，必须严格履行法定职责，保证所出具文件的真实性、准确性和完整性。
第二十二条　国务院证券监督管理机构~~设发行审核委员会~~，依法审核股票发行申请。 发行审核委员会由国务院证券监督管理机构的专业人员和所聘请的该机构外的有关专家组成，以投票方式对股票发行申请进行表决，提出审核意见。 发行审核委员会的具体组成办法、组成人员任期、工作程序，由国务院证券监督管理机构规定。	**第二十一条**　国务院证券监督管理机构**或者国务院授权的部门**依照法定条件负责**证券发行申请的注册。证券公开发行注册的具体办法由国务院规定。** **按照国务院的规定，证券交易所等可以审核公开发行证券申请，判断发行人是否符合发行条件、信息披露要求，督促发行人完善信息披露内容。** **依照前两款规定参与证券发行申请注册**的人员，不得与发行申请人有利害关系，不得直接或者间接接受发行申请人的馈赠，不得持有**所注册的发行申请的证券，**不得私下与发行申请人进行接触。
~~**第二十三条**　国务院证券监督管理机构依照法定条件负责核准股票发行申请。核准程序应当公开，依法接受监督。~~ ~~参与审核和核准股票发行申请的人员，不得与发行申请人有利害关系，不得直接或者间接接受发行申请人的馈赠，不得持有所核准的发行申请的股票，不得私下与发行申请人进行接触。~~ ~~国务院授权的部门对公司债券发行申请的核准，参照前两款的规定执行。~~	/

续表

修订前	修订后
第二十四条 国务院证券监督管理机构或者国务院授权的部门应当自受理证券发行申请文件之日起三个月内，依照法定条件和法定程序作出予以核准或者不予核准的决定，发行人根据要求补充、修改发行申请文件的时间不计算在内；不予核准的，应当说明理由。	**第二十二条** 国务院证券监督管理机构或者国务院授权的部门应当自受理证券发行申请文件之日起三个月内，依照法定条件和法定程序作出予以**注册**或者不予**注册**的决定，发行人根据要求补充、修改发行申请文件的时间不计算在内。不予**注册**的，应当说明理由。
第二十五条 证券发行申请经核准，发行人应当依照法律、行政法规的规定，在证券公开发行前，公告公开发行募集文件，并将该文件置备于指定场所供公众查阅。 发行证券的信息依法公开前，任何知情人不得公开或者泄露该信息。 发行人不得在公告公开发行募集文件前发行证券。	**第二十三条** 证券发行申请经**注册后**，发行人应当依照法律、行政法规的规定，在证券公开发行前公告公开发行募集文件，并将该文件置备于指定场所供公众查阅。 发行证券的信息依法公开前，任何知情人不得公开或者泄露该信息。 发行人不得在公告公开发行募集文件前发行证券。
第二十六条 国务院证券监督管理机构或者国务院授权的部门对已作出的核准证券发行的决定，发现不符合法定条件或者法定程序，尚未发行证券的，应当予以撤销，停止发行。已经发行尚未上市的，撤销发行核准决定，发行人应当按照发行价并加算银行同期存款利息返还证券持有人；保荐人应当与发行人承担连带责任，但是能够证明自己没有过错的除外；发行人的控股股东、实际控制人有过错的，应当与发行人承担连带责任。	**第二十四条** 国务院证券监督管理机构或者国务院授权的部门对已作出的**证券发行注册**的决定，发现不符合法定条件或者法定程序，尚未发行证券的，应当予以撤销，停止发行。已经发行尚未上市的，撤销发行**注册**决定，发行人应当按照发行价并加算银行同期存款利息返还证券持有人；**发行人的控股股东、实际控制人以及保荐人，应当与发行人承担连带责任，但是能够证明自己没有过错的除外。** **股票的发行人在招股说明书等证券发行文件中隐瞒重要事实或者编造重大虚假内容，已经发行并上市的，国务院证券监督管理机构可以责令发行人回购证券，或者责令负有责任的控股股东、实际控制人买回证券。**

a）明确注册制原则、确立股东人数计算例外情形

《新证券法》第9条规定了公开发行证券的注册制原则，即公开发行证券必须符合法定条件且经中国证监会或国务院授权部门依法注册，未经依法注册不得公开发行证券；据此，在上海证券交易所（以下简称“上交所”）科创板践行注册制的基础上，预计证券发行的其他板块（主板、中小板及创业板）将逐步全面落实注册制，证券发行注册制的具体范围、实施步骤将由国务院进行规定。值得注意的是，此前2019年4月26日公布的证券法修订草案三次审议稿（以下简称“三审稿”）第11条关于可以豁免核准、注册的两种公开发行证券情形（①通过中国证监会认可的互联网平台公开发行，募集资金数额和单一投资者认购资金数额较小的；②通过证券公司公开发行，募集资金数额较小，发行人符合规定条件的）在本次修订中并未得到采纳。

此外，针对发行对象为特定对象且认购人数累计超过200人构成公开发行证券的规定，《新证券法》确立了依法实施员工持股计划的员工人数不计算在内的例外情形，有

利于解决企业上市前，因实施员工股权激励可能造成的股东穿透计算人数超过 200 人的问题。考虑到《上海证券交易所科创板股票发行上市审核问答》已明确符合“闭环原则”或“在基金业协会依法依规备案”的员工持股计划可按 1 名股东计算人数而不再穿透计算，我们理解其他板块在《新证券法》修订后推行注册制时有望借鉴上述规定。

b）精简证券公开发行基本条件、调整证券发行相关程序

A 股 IPO 基本条件：《新证券法》第 12 条规定了 A 股 IPO 的基本条件，相较于原证券法的规定，第二项条件从“具有持续盈利能力，财务状况良好”变更为“具有持续经营能力”，为后续其他板块改革证券发行财务指标条件预留了空间；第三项条件从“最近三年财务会计文件无虚假记载”变更为“最近三年财务会计报告被出具无保留意见审计报告”，在压实会计师责任的同时也为监管部门提供了更为客观的审核标准；第四项条件从“无其他重大违法行为”变更为“发行人及其控股股东、实际控制人最近三年不存在贪污、贿赂、侵占财产、挪用财产或者破坏社会主义市场经济秩序的刑事犯罪”，对合规性要求的适用主体及适用范围进行了细化规定；上述发行基本条件的修改在一定程度上与中国证监会现行 IPO 监管规则形成了良好的衔接与统一。

债券公开发行基本条件：相较于原证券法的规定，《新证券法》第 15 条大幅删减了公开发行公司债券的条件要求，删除的内容包括：①股份公司净资产不低于 3,000 万元，有限公司净资产不低于 6,000 万元；②累计债券余额不超过公司净资产的 40%；③筹集资金投向符合国家产业政策；④债券利率不超过国务院限定的利率水平。此外，本次修订还删去了关于前一次公开发行公司债券尚未募足不得再次公开发行债券的限制性规定，允许企业在前次债券募足前再次公开发行债券。

A 股 IPO 发行程序：《新证券法》重新定义了注册制下各监管部门的职责范围，在取消发审委制度（原《证券法》第 22 条）后，中国证监会由核准部门转变为注册部门，审核权限下放至证券交易所（《新证券法》第 21 条）。参照上交所科创板的实践，我们理解后续 A 股 IPO 发行程序主要包括：发行人股东大会批准→ IPO 申请文件递交（《新证券法》第 19 条）→证券交易所受理→ IPO 申请文件预披露（《新证券法》20 条）→证券交易所审核（《新证券法》第 21 条）→中国证监会注册（《新证券法》第 22 条）→发行人公告募集文件并公开发行（《新证券法》第 23 条）。在前述发行程序完成后，《新证券法》第 24 条建立了严格的股票回购机制，即发行人在招股说明书等证券发行文件中隐瞒重要事实或者编造重大虚假内容的，中国证监会可责令发行人回购证券，或责令负有责任的控股股东、实际控制人买回证券。

3）调整证券交易规则及上市公司收购规则

《新证券法》第三章“证券交易”对股票限售、短线交易等内容进行了修订，《新证券法》第四章“上市公司的收购”对上市公司收购中的权益变动、要约收购及控制权收购等内容进行了修订，主要修订内容对比如下：

修订前	修订后
第三十八条 依法发行的股票、公司债券及其他证券，法律对其转让期限有限制性规定的，在限定的期限内不得买卖。	**第三十六条** 依法发行的**证券，《中华人民共和国公司法》和其他**法律对其转让期限有限制性规定的，在限定的期限内不得**转让**。

续表

修订前	修订后
	上市公司持有百分之五以上股份的股东、实际控制人、董事、监事、高级管理人员，以及其他持有发行人首次公开发行前发行的股份或者上市公司向特定对象发行的股份的股东，转让其持有的本公司股份的，不得违反法律、行政法规和国务院证券监督管理机构关于持有期限、卖出时间、卖出数量、卖出方式、信息披露等规定，并应当遵守证券交易所的业务规则。
第四十七条 上市公司董事、监事、高级管理人员、持有上市公司股份百分之五以上的股东，将其持有的该公司的股票在买入后六个月内卖出，或者在卖出后六个月内又买入，由此所得收益归该公司所有，公司董事会应当收回其所得收益。但是，证券公司因包销购入售后剩余股票而持有百分之五以上股份的，卖出该股票不受六个月时间限制。 公司董事会不按照前款规定执行的，股东有权要求董事会在三十日内执行。公司董事会未在上述期限内执行的，股东有权为了公司的利益以自己的名义直接向人民法院提起诉讼。 公司董事会不按照第一款的规定执行的，负有责任的董事依法承担连带责任。	**第四十四条** 上市公司**、股票在国务院批准的其他全国性证券交易场所交易的公司持**有百分之五以上**股份**的股东**、董事、监事、高级管理人员**，将其持有的该公司的股票或**者其他具有股权性质的证券**在买入后六个月内卖出，或者在卖出后六个月内又买入，由此所得收益归该公司所有，公司董事会应当收回其所得收益。但是，证券公司因**购入包销**售后剩余股票而持有百分之五以上股份**，以及有国务院证券监督管理机构规定的其他情形的除外。** **前款所称董事、监事、高级管理人员、自然人股东持有的股票或者其他具有股权性质的证券，包括其配偶、父母、子女持有的及利用他人账户持有的股票或者其他具有股权性质的证券。** 公司董事会不按照**第一**款规定执行的，股东有权要求董事会在三十日内执行。公司董事会未在上述期限内执行的，股东有权为了公司的利益以自己的名义直接向人民法院提起诉讼。 公司董事会不按照第一款的规定执行的，负有责任的董事依法承担连带责任。
第八十六条 通过证券交易所的证券交易，投资者持有或者通过协议、其他安排与他人共同持有一个上市公司已发行的股份达到百分之五时，应当在该事实发生之日起三日内，向国务院证券监督管理机构、证券交易所作出书面报告，通知该上市公司，并予公告；在上述期限内，不得再行买卖该上市公司的股票。 投资者持有或者通过协议、其他安排与他人共同持有一个上市公司已发行的股份达到百分之五后，其所持该上市公司已发行的股份比例每增加或者减少百分之五，应当依照前款规定进行报告和公告。在报告期限内和作出报告、公告后二日内，不得再行买卖该上市公司的股票。	**第六十三条** 通过证券交易所的证券交易，投资者持有或者通过协议、其他安排与他人共同持有一个上市公司已发行的**有表决权**股份达到百分之五时，应当在该事实发生之日起三日内，向国务院证券监督管理机构、证券交易所作出书面报告，通知该上市公司，并予公告，在上述期限内不得再行买卖该上市公司的股票**，但国务院证券监督管理机构规定的情形除外。** 投资者持有或者通过协议、其他安排与他人共同持有一个上市公司已发行的**有表决权**股份达到百分之五后，其所持该上市公司已发行的**有表决权**股份比例每增加或者减少百分之五，应当依照前款规定进行报告和公告，**在该事实发生之日起至**公告后三日内，不得再行买卖该上市公司的股票**，但国务院证券监督管理机构规定的情形除外。** **投资者持有或者通过协议、其他安排与他人共同持有一个上市公司已发行的有表决权股份达到百分之五后，其所持该上市公司已发行的有表决权股**

续表

修订前	修订后
	份比例每增加或者减少百分之一，应当在该事实发生的次日通知该上市公司，并予公告。 **违反第一款、第二款规定买入上市公司有表决权的股份的，在买入后的三十六个月内，对该超过规定比例部分的股份不得行使表决权。**
第八十七条 依照前条规定所作的书面报告和公告，应当包括下列内容： （一）持股人的名称、住所； （二）持有的股票的名称、数额； （三）持股达到法定比例或者持股增减变化达到法定比例的日期。	**第六十四条** 依照前条规定所作的公告，应当包括下列内容： （一）持股人的名称、住所； （二）持有的股票的名称、数额； （三）持股达到法定比例或者持股增减变化达到法定比例的日期**、增持股份的资金来源；** **（四）在上市公司中拥有表决权的股份变动的时间及方式。**
第八十八条 通过证券交易所的证券交易，投资者持有或者通过协议、其他安排与他人共同持有一个上市公司已发行的股份达到百分之三十时，继续进行收购的，应当依法向该上市公司所有股东发出收购上市公司全部或者部分股份的要约。 收购上市公司部分股份的收购要约应当约定，被收购公司股东承诺出售的股份数额超过预定收购的股份数额的，收购人按比例进行收购。	**第六十五条** 通过证券交易所的证券交易，投资者持有或者通过协议、其他安排与他人共同持有一个上市公司已发行的**有表决权**股份达到百分之三十时，继续进行收购的，应当依法向该上市公司所有股东发出收购上市公司全部或者部分股份的要约。 收购上市公司部分股份的要约应当约定，被收购公司股东承诺出售的股份数额超过预定收购的股份数额的，收购人按比例进行收购。
第九十一条 在收购要约确定的承诺期限内，收购人不得撤销其收购要约。收购人需要变更收购要约的，必须及时公告，载明具体变更事项。	**第六十八条** 在收购要约确定的承诺期限内，收购人不得撤销其收购要约。收购人需要变更收购要约的，**应当**及时公告，载明具体变更事项，**且不得存在下列情形：**
	（一）降低收购价格； **（二）减少预定收购股份数额；** **（三）缩短收购期限；** **（四）国务院证券监督管理机构规定的其他情形。**
第九十二条 收购要约提出的各项收购条件，适用于被收购公司的所有股东。	**第六十九条** 收购要约提出的各项收购条件，适用于被收购公司的所有股东。**上市公司发行不同种类股份的，收购人可以针对不同种类股份提出不同的收购条件。**
第九十八条 在上市公司收购中，收购人持有的被收购的上市公司的股票，在收购行为完成后的十二个月内不得转让。	**第七十五条** 在上市公司收购中，收购人持有的被收购的上市公司的股票，在收购行为完成后的**十八个月内**不得转让。

a）证券交易规则的调整

股票限售规则：《新证券法》第36条对股票限售规则进行以下调整：①锁定期方面，将《新证券法》与公司法现行关于股份限售的规定（包括发起人所持股份的限售、IPO前已发行股份的限售、董监高所持股份的限售）进行衔接；②减持规则方面，未具体规

定三审稿或中国证监会、证券交易所减持规则中关于三个月内通过集中竞价交易转让股份的总数不得超过上市公司股份总数1%的规定或其他减持限制，仅原则性规定持股5%以上的股东、实际控制人、董监高、持有IPO前已发行股份的股东、持有上市公司增发股份的股东（如参与定增、配套融资的股东、发行股份购买资产的交易对方）转让所持股份不得违反法律、行政法规和中国证监会相关规定，并应当遵守证券交易所的业务规则，为后续中国证监会、证券交易所根据资本市场的需求调整锁定期及减持规则具体内容预留空间。

短线交易规则：《新证券法》第44条对短线交易（指特定人员违规将其持有的公司股票或者其他具有股权性质的证券在买入后六个月内卖出，或者在卖出后六个月内又买入的行为）规则进行了以下调整：①在监管对象方面，除上市公司持股5%以上股东及董监高外，将前述自然人股东或董监高的配偶、父母、子女一并作为监管对象，并将监管对象利用他人账户所持有的证券纳入监管范围，但未明确持股5%以上股东或董监高的其他一致行动人是否接受短线交易规则的约束；②在适用范围方面，在上市公司外新增“股票在国务院批准的其他全国性证券交易场所交易的公司”，如新三板挂牌公司；③在标的证券方面，除上市公司股票外，增加适用于其他具有股权性质的证券，如可转债。

b）上市公司收购规则的调整

权益变动披露规则：《新证券法》第63条对权益变动披露规则进行了以下调整：①较原证券法以持股比例作为权益变动计算基础的规则，《新证券法》明确所持股份比例的计算应当基于“有表决权的股份”，该项修改是否会导致投资者通过主动放弃股份表决权等方式规避法定义务有待进一步观察；②就投资者所持上市公司股比达5%以后每增减5%时，要求投资者应在该事实发生之日起至公告后3日内，不得再行买卖该上市公司的股票，较原证券法规定的敏感期延长1日；③就投资者所持上市公司股比达到5%及此后每增减5%时敏感期内的买卖限制，增设中国证监会有权作出例外规定的条款；④就投资者违反相关规定的罚则进行明确约定，即要求违规买入的相关股票在买入后36个月内不得行使表决权。

要约收购规则：《新证券法》第68条、69条对要约收购规则进行了部分调整，一是禁止对收购要约的实质内容进行变更，包括：①降低收购价格；②减少预定收购股份数额；③缩短收购期限；④国务院证券监督管理机构规定的其他情形。上述规则的调整将有助于遏制收购要约变更的随意性，更加有利于中小股东权益的保护。二是增加了在上市公司发行不同种类股份的情况下，收购人可以针对不同种类股份提出不同的收购条件，符合上市公司收购中的差异化要求。

控制权收购规则：《新证券法》第75条对控制权收购规则进行了部分调整，为获得或者巩固上市公司控制权而进行的上市公司收购中，收购人持有的被收购上市公司的股票在收购行为完成后的禁售期由12个月延长至18个月，对收购人的提出了更加严格的锁定要求。

4）强化信息披露要求、加强投资者保护

《新证券法》增设第五章“信息披露”，系统完善信息披露制度，强化信息披露义务人的信息披露义务，主要修改内容包括：扩大信息披露义务人的范围，除发行人外，还包括法律、行政法规和中国证监会规定的其他信息披露义务人；提高信息披露质量的要求，强调披露信息应当真实、准确、完整，简明清晰，通俗易懂，不得有虚假记载、误导性陈述或者重大遗漏；进一步完善信息披露内容，包括对股票交易价格和债券交易价格产生较大影响的重大事件；强化发行人的董监高在信息披露过程中的义务。

《新证券法》增设第六章“投资者保护”，从多方面加强了对投资者利益的保护，如：明确投资者适当性管理，区分普通投资者和专业投资者，有针对性地作出投资者权益保护的安排；建立上市公司股东权利代为行使征集制度，禁止有偿或变相有偿征集；建立普通投资者与证券公司纠纷的强制调解制度；完善现金分红制度以及证券诉讼代表人制度等。

5）大幅提高违法成本、扩大处罚幅度区间

相较于原证券法的规定，《新证券法》大幅提高了对证券违法违规的处罚力度。如对于欺诈发行行为，从原来最高可处募集资金百分之五的罚款，提高至募集资金的一倍；对于上市公司信息披露违法行为，从原来最高可处以六十万元罚款，提高至一千万元；对于发行人的控股股东、实际控制人组织、指使从事虚假陈述行为，或者隐瞒相关事项导致虚假陈述的，规定最高可处以一千万元罚款等。同时，《新证券法》对证券违法民事赔偿责任也做了完善，如规定了发行人等不履行公开承诺的民事赔偿责任，明确了发行人的控股股东、实际控制人在欺诈发行、信息披露违法中的过错推定、连带赔偿责任等此外，《新证券法》提高了证券服务机构未履行勤勉尽责义务的违法处罚幅度，由原来最高可处以业务收入五倍的罚款，提高到十倍，情节严重的，并处暂停或者禁止从事证券服务业务等。

6）进一步推行证券市场行政和解机制

《新证券法》第171条对证券市场行政和解机制作出了明确规定：中国证监会对涉嫌证券违法的单位或者个人进行调查期间，由被调查的当事人书面申请，承诺在中国证监会认可的期限内纠正涉嫌违法行为、赔偿有关投资者损失、消除损害或者不良影响的，证监会可以决定中止调查。《新证券法》的这一规定是自2015年中国证监会公布《行政和解试点实施办法》《行政和解金管理暂行办法》之后，首次在法律层面明确规定行政和解，为在我国证券市场推行行政和解执法模式提供了更为充分的法律依据。

我们认为，《新证券法》实施后，行政和解机制的推行力度或将进一步加大：一方面，对监管部门而言，通过行政和解可以有效节约行政监管资源，提高执法效能，解决过往一些疑难案件“查处难”的问题，且收取的行政和解金可用于对投资者进行赔偿，更好地实现对投资者的保护；另一方面，对案涉机构和个人而言，在《新证券法》大幅提高对证券市场违法违规行为处罚力度以及近两年通过“行刑衔接”加大对证券违法案件移送司法力度的大背景下，当事人在个案中考虑通过行政和解方式结案可能不失为一个现实选择。

（2）科创板IPO新规

1）科创板制度出台及落地背景

2018年11月5日，国家主席习近平在首届中国国际进口博览会开幕式上发表主旨演讲，提出将在上交所设立科创板并试点注册制。科创板，是独立于主板市场的新设板

块，其目的在于补齐资本市场服务科技创新的短板。无论从国家战略层面还是企业需求层面来看，科创板的推出都是经济发展的必由之路。

a）国家战略层面

i）多层次资本市场改革

资本市场改革一直是国家重点关注的话题，近几年资本市场的地位上升到了前所未有的高度。金融服务实体一直是改革的重点，2017年7月的中央金融工作会议着重强调要把发展直接融资放在重要位置，建立完善的多层次资本市场体系，力求融资功能完备。党的十九大也指出要促进多层次资本市场的健康发展，提高直接融资的比重。2018年12月中央经济工作会议指出资本市场在金融运行中至关重要，牵一发而动全身，需要深化改革以打造符合金融运行的规范、透明、开放、有活力、有韧性的资本市场。

目前我国金融体系中，融资模式还是以银行主导的间接融资为主，导致我国杠杆率居于高位，同时也增加了金融体系的系统性风险和地方政府的隐性债务风险。为改善金融体系的脆弱性，降低杠杆率，需要逐步扩大直接融资水平，，因此多层次资本市场的构建、资源配置效率的提高、融资环境的改善迫在眉睫。

ii）创新驱动和科技强国战略

我国长期以来坚持“科技是第一生产力”，对科技创新的重视程度在不断上升，创新能力的是经济全球化背景下的核心竞争力。《中国制造2025》的提出以及《国家创新驱动发展战略纲要》的颁布，党的十九大和最近两年的政府工作报告均对科技创新战略布局进行强调，我国自主创新的高速列车在不断前进着。

我国的科技创新能力在稳步提升中，但也暴露了不足，即：我国目前的创新体系优势主要集中在市场规模、专利数量、出口数量等方面，对于一些更具含金量的指标，较欧美等高收入国家而言依旧处于落后水平，集中反映在监管体系效率不高、企业开办便利度和企业注销便利度不够，以及对科技型小微企业的金融支持力度显著低下等。要想激活创新的动力，必须为科技创新营造良好的市场环境，努力补齐制约科技创新的短板。

b）企业需求层面

i）融资问题

企业融资难问题一直是我国实体经济发展，尤其是科技创新型企业发展的障碍。科技型中小企业具有高技术、高风险、高收益的特征，投入大且周期长，目前以间接融资为主的融资环境不能满足科技创新型企业的融资需求，要切实落实创新驱动和科技强国战略，对科技型企业而言，必须拓宽融资渠道、发展直接融资模式、降低融资成本、增加融资的便利程度。

ii）上市问题

近几年很多优秀科技型企业选择境外上市，比如阿里巴巴、美团点评、小米集团等。远赴境外上市的原因错综复杂，但国内资本市场的不完善是主因之一。一是以核准制为主的上市程序烦琐且漫长，企业选择流程较快的境外上市；二是上市门槛依然相对较高，在解决中小企业融资难和服务科技创新等方面稍显不足，很多中小企业，尤其是互联网企业准备上市时都是亏损状态，不满足盈利标准。

基于以上，无论从国家战略还是企业现实需求的角度，降低杠杆率、解决科技创新型企业融资难问题需要拓宽直接融资渠道，提高国家综合创新能力和企业自主创新能力必须补齐资本市场服务科技创新的短板，科创板在这样的背景下应运而生。

自2019年7月22日科创板首批25家公司上市交易，至2019年底，科创板已顺利运行5个月，科创板扩容迅速、定位基本符合预期、初显成效。

2）科创板发行及上市条件

a）科创板首发上市条件

根据《科创板上市公司持续监管办法（试行）》和《上海证券交易所科创板股票上市规则》，科创板首发上市条件具体如下：

项目	科创板要求
行业标准	符合科创板定位
注册地	允许注册地在境外、主要经营活动在境内的红筹企业，在符合相关规定的前提下申请上市
主体资格	依法设立且持续经营3年以上的股份有限公司；有限责任公司按原账面净资产值折股整体变更为股份有限公司的，持续经营时间可以从有限责任公司成立之日起计算
主营业务	最近2年内主营业务没有发生重大不利变化；发行人生产经营符合法律、行政法规的规定，符合国家产业政策； 科创板重点支持新一代信息技术、高端装备、新材料、新能源、节能环保以及生物医药等高新技术产业和战略性新兴产业，推动互联网、大数据、云计算、人工智能和制造业深度融合
股本要求	1）发行后股本总额不低于人民币3,000万元； 2）公开发行的股份达到公司股份总数的25%以上；公司股本总额超过人民币4亿元的，公开发行股份的比例为10%以上
管理层及核心技术人员稳定性	最近2年内董事、高级管理人员及核心技术人员均没有发生重大不利变化
管理层合规性	董事、监事和高级管理人员不存在最近3年内收到中国证监会行政处罚，或者因涉嫌犯罪被司法机关立案侦查或者涉嫌违法违规被中国证监会立案调查，尚未有明确结论意见等情形
实际控制人	控股股东和受控股股东、实际控制人支配的股东所持发行人的股份权属清晰，最近2年实际控制人没有发生变更，不存在导致控制权可能变更的重大权属纠纷，亦不存在大股东或实际控制人占用资金、发行人违规担保行为
同业竞争	与控股股东、实际控制人及其控制的其他企业间不存在对发行人构成重大不利影响的同业竞争
关联交易	不存在严重影响独立性或者显失公平的关联交易
无重大违法行为	最近3年内，发行人及其控股股东、实际控制人不存在贪污、贿赂、侵占财产、挪用财产或者破坏社会主义市场经济秩序的刑事犯罪，不存在欺诈发行、重大信息披露违法或者其他涉及国家安全、公共安全、生态安全、生产安全、公众健康安全等领域的重大违法行为

续表

<table>
<tr><th>项目</th><th colspan="2">科创板要求</th></tr>
<tr><td rowspan="2">财务及内控合规</td><td colspan="2">发行人会计基础工作规范，财务报表的编制和披露符合企业会计准则和相关信息披露规则的规定，在所有重大方面公允地反映了发行人的财务状况、经营成果和现金流量，并由注册会计师出具标准无保留意见的审计报告</td></tr>
<tr><td colspan="2">发行人内部控制制度健全且被有效执行，能够合理保证公司运行效率，合法合规和财务报告的可靠性，并由注册会计师出具无保留结论的内部控制鉴证报告</td></tr>
<tr><td>业务独立</td><td colspan="2">发行人业务完整，具有直接面向市场独立持续经营的能力</td></tr>
<tr><td>公司治理</td><td colspan="2">发行人具有完善的公司治理结构，依法建立健全股东大会、董事会、监事会以及独立董事、董事会秘书、审计委员会制度，相关机构和人员能够依法履行职责</td></tr>
<tr><td>资产完整</td><td colspan="2">发行人不存在主要资产，核心技术，商标等的重大权属纠纷，重大偿债风险，重大担保、诉讼、仲裁等或有事项，经营环境已经或者将要发生重大变化等对持续经营有重大不利影响的事项</td></tr>
<tr><td rowspan="6">市值及
财务指标[1]</td><td rowspan="5">一般企业</td><td>标准一：预计市值≥ 10 亿
最近 2 年净利润均为正且累计净利润不低于人民币 5,000 万元或最近一年净利润为正且营业收入不低于人民币 1 亿元</td></tr>
<tr><td>标准二：预计市值≥ 15 亿
最近一年营业收入不低于人民币 2 亿元，且最近 3 年累计研发投入占最近 3 年累计营业收入的比例不低于 15%</td></tr>
<tr><td>标准三：预计市值≥ 20 亿
最近一年营业收入不低于人民币 3 亿元，且最近三年经营活动产生的现金流量净额累计不低于人民币 1 亿元</td></tr>
<tr><td>标准四：预计市值≥ 30 亿
最近一年营业收入不低于人民币 3 亿元</td></tr>
<tr><td>标准五：预计市值≥ 40 亿
1）主要业务或产品需经国家有关部门批准，市场空间大，目前已取得阶段性成果，并获得知名投资机构一定金额的投资；
2）医疗行业企业需取得至少一项核心产品获准开展二期临床试验；
3）其他符合科创板定位的企业需具备明显的技术优势并满足相应条件</td></tr>
<tr><td>红筹企业或具有表决权差异安排的企业</td><td>1）预计市值不低于人民币 100 亿元；
2）预计市值不低于人民币 50 亿元，且最近一年营业收入不低于人民币 5 亿元</td></tr>
</table>

1 发行人申请在科创板上市，市值及财务指标应当至少符合表格中所列标准中的一项；本表格及下方表格中“市值及财务指标”中所称的净利润以扣除非经常损益前后的孰低者为准，所称净利润、营业收入、经营活动产生的现金流量净额均指经审计的数值。

b）与国内现行其他板块主要差异

试点注册制是科创板的重要特征，与国内施行核准制的主板、中小板、创业板相比，科创板发行条件更加灵活包容，结合“市值、收入、净利润、现金流、核心技术”等多重指标实现差异化评定。科创板与国内现行其他板块的发行条件的区别具体如下：

项目	主板 / 中小板	创业板	科创板
主营业务	最近3年内主营业务没有发生重大变化	发行人应当主要经营一种业务，最近2年内主营业务没有发生重大变化	最近2年主营业务没有发生重大不利变化，符合科创板定位
注册地	注册地在境内	注册地在境内	允许注册地在境外、主要经营活动在境内的红筹企业，在符合相关规则的前提下申请上市
股本总额	发行前股本总额不少于人民币3,000万元；发行后股本总额不少于人民币5,000万元	发行后股本总额不少于人民币3,000万元	发行后股本总额不少于人民币3,000万元
市值及财务指标	连续三年盈利； 扣非净利润累计超过人民币3,000万元； 最近三年经营现金流量净额累计超过5,000万元，或者最近三年营业收入累计超过人民币3亿元	标准1： 连续两年盈利； 最近两年扣非净利润不少于人民币1,000万元； 或 标准2： 最近一年盈利； 最近一年营业收入不少于人民币5,000万元	5套市值标准及针对红筹企业 / 具有表决权差异设置的企业（详见上表）
净资产 / 无形资产	最近一期末无形资产占净资产的比例不高于20%	最近一期末净资产不少于人民币2,000万元	N/A
实际控制人	最近3年内实际控制人没有发生变更	最近2年内实际控制人没有发生变更	最近2年内实际控制人没有发生变更，不存在导致控制权可能变更的重大权属纠纷
管理层及核心技术人员稳定性	最近3年内董事、高级管理人员没有发生重大变化； 对于核心技术人员无明文规定	最近2年内董事、高级管理人员没有发生重大变化； 对于核心技术人员无明文规定	最近2年内董事、高级管理人员、核心技术人员均没有发生重大不利变化
同业竞争	发行人的业务与控股股东、实际控制人及其控制的其他企业间不得有同业竞争	发行人的业务与控股股东、实际控制人及其控制的其他企业间不得有同业竞争	发行人的业务与控股股东、实际控制人及其控制的其他企业间不存在对发行人构成重大不利影响的同业竞争

续表

项目	主板/中小板	创业板	科创板
关联交易	关联交易价格公允，不存在通过关联交易操纵利润的情形	关联交易价格公允，不存在通过关联交易操纵利润的情形	不存在严重影响独立性或者显示公平的关联交易

3）审核流程

根据《上海证券交易所科创板股票发行上市审核规则》等规定，发行人在科创板完成股票的发行及上市，需要经历下述步骤和流程：

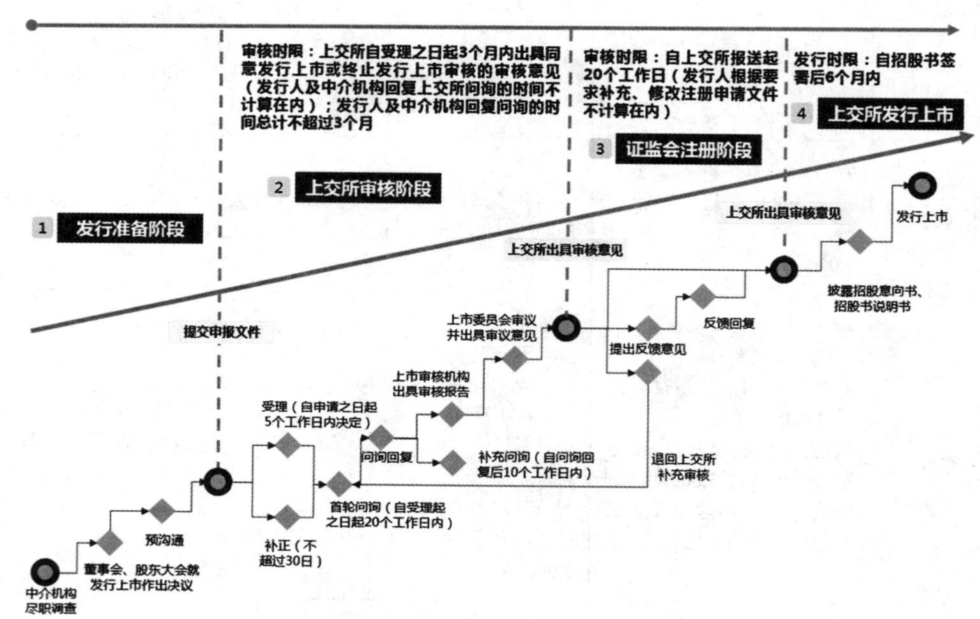

a）受理

科创板股票发行上市的审核工作实行全程电子化，申请、受理、问询、回复等事项均通过上交所发行上市审核系统办理。发行人应当通过保荐人以电子文档形式向上交所提交发行上市申请文件，上交所收到发行上市申请文件后5个工作日内作出是否予以受理的决定。

b）上交所审核

上交所审核机构自受理之日起20个工作日内发出审核问询，发行人及保荐人应及时、逐项回复上交所问询。审核问询可多轮进行。

审核机构认为不需要进一步问询的，将出具审核报告提交上市委员会。

上市委员会召开会议对上交所审核机构出具的审核报告及发行人上市申请文件进行审议，与会委员就审核机构提出的初步审核意见，提出审议意见。上市委员会可以要求对发行人代表及其保荐人进行现场问询。上市委员会通过合议形成同意或者不同意发行上市的审议意见。

上交所结合上市委员会审议意见，出具同意或不同意发行上市的审核意见。上交所审核不同意的，作出终止发行上市审核的决定。

上交所审核时限为三个月，发行人及其保荐人、证券服务机构回复上交所审核问询的时间不计算在内。

c）证监会注册

上交所出具同意发行上市的审核意见的，将审核意见、相关审核资料和发行人的发行上市申请文件报送中国证监会履行注册程序。中国证监会认为存在需要进一步说明或者落实事项的，可以要求上交所进一步问询。

中国证监会在 20 个工作日内对发行人的注册申请作出同意或者不予注册的决定。

d）发行上市

中国证监会同意注册的决定自作出之日起 1 年内有效，发行人应当按照规定在注册决定有效期内发行股票，发行时点由发行人自主选择。

4）科创板发行与承销制度

《上海证券交易所科创板股票发行与承销实施办法》与《上海证券交易所科创板股票发行与承销业务指引》是规范科创板发行与承销制度的主要规范，其核心要点如下：

a）定价机制

考虑到科创板对投资者的投资经验、风险承受能力要求更高，科创板突破了目前 A 股实践中原则上不超过 23 倍市盈率的定价方式，全面采用市场化的询价定价方式。定价完成后，如发行人总市值无法满足其在招股说明书中明确选择的市值与财务指标上市标准，将中止发行。

b）配售机制

科创板设置了特殊的配售机制，包括战略配售、保荐机构相关子公司跟投、高级管理人员及核心员工参与配售。

i）战略配售

科创板首次公开发行股票可以向战略投资者配售。首次公开发行股票数量在 1 亿股以上的，战略投资者获得配售的股票总量原则上不得超过本次公开发行股票数量的 30%，超过的应当在发行方案中充分说明理由；首次公开发行股票数量不足 1 亿股的，战略投资者获得配售的股票总量不得超过本次公开发行股票数量的 20%。战略投资者不参与网下询价，且应当承诺获得本次配售的股票持有期限不少于 12 个月，持有期自本次公开发行的股票上市之日起计算。

A 股主板、中小板、创业板要求，首次公开发行股票数量在 4 亿股以上的，可以向战略投资者配售，科创板此次降低了向战略投资者配售条件。

ii）保荐机构相关子公司跟投

科创板试行保荐机构相关子公司跟投制度。发行人的保荐机构通过依法设立的另类投资子公司或者实际控制该保荐机构的证券公司依法设立的另类投资子公司参与发行人首次公开发行战略配售，并对获配股份设定限售期（自发行人首次公开发行并上市之日起 24 个月）。

保荐机构可以参与战略配售成为科创板上市企业的基石投资者，这使得保荐机构与

科创板上市企业进行深度绑定。

iii）高级管理人员、核心员工参与配售

科创板发行人的高级管理人员与核心员工可以设立专项资产管理计划参与本次发行战略配售。前述专项资产管理计划获配的股票数量不得超过首次公开发行股票数量的10%，且应当承诺获得本次配售的股票持有期限不少于12个月。

发行人的高级管理人员、核心员工参与配售在境外成熟市场的首次公开发行中较为普遍，有利于向市场投资者传递正面信号。

c）绿鞋机制

发行人和主承销商可以在方案中采用超额配售选择权，采用超额配售选择权发行股票数量不得超过首次公开发行股票数量的15%。发行人股票上市之日起30日内，主承销商有权使用超额配售股票募集的资金，从二级市场购买发行人股票，但每次申报的买入价不得高于本次发行的发行价。主承销商可以根据超额配售选择权行使情况，要求发行人按照超额配售选择权方案发行相应数量股票。

借鉴境外成熟市场的制度经验，在绿鞋机制下，主承销商有权根据上市后股价变动情况选择如何行使超额配售选择权利。通过该安排有利于稳定股价，增强参与一级市场认购的投资者的信心，实现新股股价由一级市场向二级市场的平稳过渡。

5）信息披露及持续监督

与A股市场现行的上市规则相比，科创板有几大重要突破，例如允许尚未盈利的公司上市、允许不同投票权架构的公司上市、允许红筹和VIE架构企业上市等。虽然科创板的包容性高，存在放宽的环节，但事中事后的监管网络没有放松，严监管依旧在线，数轮问询秉持从严审核，注重信息披露和公司质量，无论是事中的齐备性检查还是事后的审核，都做了严格的规定。

a）首次提出“新三性”要求

科创板信息披露的总体要求除了主板原有的“老三性”要求，即真实性、准确性、完整性，还增加了“新三性”要求，即充分性、一致性、可理解性。其中：-“充分性”重点关注发行上市申请文件披露的内容是否包含对投资者作出投资决策有重大影响的信息，披露程度是否达到投资者作出投资决策所必需的水平。

“一致性”重点关注发行上市申请文件的内容是否前后一致、是否具有内在逻辑性，包括但不限于财务数据之间是否具有合理的勾稽关系、非财务信息之间是否存在矛盾、财务信息与非财务信息是否能相互印证、能否对于同行业公司存在重大差异作出合理解释等事项。

“可理解性”重点关注发行上市申请文件披露的内容是否简明易懂，是否便于一般投资者阅读和理解，包括但不限于是否使用浅白语言、是否简明扼要、重点突出、逻辑清晰，是否结合企业自身特点进行有针对性的信息披露，是否采用直观、准确、易于理解的披露形式等事项。

b）切实贯彻“以信息披露为中心”的审核理念，细化发行审核中信息披露违规责任

截至2019年底，已有23家企业终止科创板审核，这些企业中有的主营收入来自广告，有的缺乏核心技术，体现出科创板防止“病从口入”，努力提高上市公司质量，切实

贯彻“以信息披露为中心”的审核理念。这首先要求发行人“讲清楚”，同时要求中介机构“核清楚”。

相较于主板，上交所在开展严格的公开化问询式审核的同时，继续要求发行人保证信息披露真实、准确、完整，承担第一责任；继续压严压实中介机构责任，督促中介机构对信息披露的真实、准确、完整进行核查验证，承担好“看门人”角色应有的责任，依法对发行人的信息披露进行核查把关。

若发行人存在信息披露违规的情形，上交所最高可以对发行人给予1至5年内不接受其提交的发行上市申请文件的纪律处分；若中介机构存在信息披露违规的情形，上交所最高可以对相关机构给予1至3年内不接受其提交的发行上市申请文件的纪律处分，上交所最高可以对相关人员给予3年内不接受其签字的发行上市申请文件、申请披露文件的纪律处分。

c）严格监控异常交易

根据上交所通报，科创板开市至今，共发现8起异常交易行为。对于这些行为，上交所及时采取了监管措施。

在首批科创板公司上市后，上交所加强了对违法违规行为的监控，保障市场交易有序进行。整体来看，虽然投资者参与热情高涨，但大多数投资者秉持了对规则的敬畏之心，“踩线”行为不多。

此前，上交所发布了《上海证券交易所科创板股票异常交易实时监控细则（试行）》，意在维护科创板股票交易秩序，保护投资者合法权益，防范交易风险。以业务规则的形式公开股票异常交易监控标准，在境内资本市场的交易监管实践中尚属首次，这是上交所进一步落实证监会关于优化交易监管相关要求的具体举措。

根据该《细则》，异常交易行为类型包括虚假申报，以引诱或者误导其他投资者的交易决策；拉抬打压，导致股票交易价格明显上涨（下跌）；维持股票交易价格或者交易量；自买自卖或者互为对手方交易，影响股票交易价格或者交易量；严重异常波动股票申报速率异常；违反法律法规或者上交所业务规则的其他异常交易行为。

从交易模式看，这几类交易行为特征明显，异常模式完整，都有可能对市场价格调节机制的正常运行造成负面影响，甚至误导其他投资者的交易决策；从量化标准来看，这几类异常交易行为均需具备一定的资金或持股优势。

对于实施异常交易行为的，上交所可以实施口头警示、书面警示、将账户列为重点监控账户、要求投资者提交合规交易承诺书、暂停投资者账户交易、限制投资者账户交易、认定为不合格投资者等监管措施或纪律处分。

值得关注的是，如果存在“在一定时间内反复、连续实施异常交易行为”“对严重异常波动股票实施异常交易行为”“实施异常交易行为的同时存在反向交易”等6种行为的，上交所将从重实施监管措施或者纪律处分。

（3）重大资产重组管理办法修改

2019年10月18日，中国证监会发布《关于修改〈上市公司重大资产重组管理办法〉的决定》，对《上市公司重大资产重组管理办法》（以下简称**《重组办法》**）的相关条款进行了修改，并同步修改了《〈上市公司重大资产重组管理办法〉第十四条、第四十四

条的适用意见——证券期货法律适用意见第12号》(以下简称**《12号适用意见》**)的相关规定，其中：

1)《重组办法》的主要修改内容如下：

修订前	修订后
第十三条第一款 上市公司自控制权发生变更之日起**60个月**内，向收购人及其关联人购买资产，导致上市公司发生以下根本变化情形之一的，构成重大资产重组，应当按照本办法的规定报经中国证监会核准： （一）购买的资产总额占上市公司控制权发生变更的前一个会计年度经审计的合并财务会计报告期末资产总额的比例达到100%以上； （二）购买的资产在最近一个会计年度所产生的营业收入占上市公司控制权发生变更的前一个会计年度经审计的合并财务会计报告营业收入的比例达到100%以上； ~~（三）购买的资产在最近一个会计年度所产生的净利润占上市公司控制权发生变更的前一个会计年度经审计的合并财务会计报告净利润的比例达到100%以上；~~ （四）购买的资产净额占上市公司控制权发生变更的前一个会计年度经审计的合并财务会计报告期末净资产额的比例达到100%以上； （五）为购买资产发行的股份占上市公司首次向收购人及其关联人购买资产的董事会决议前一个交易日的股份的比例达到100%以上； （六）上市公司向收购人及其关联人购买资产虽未达到本款第（一）至第（五）项标准，但可能导致上市公司主营业务发生根本变化； （七）中国证监会认定的可能导致上市公司发生根本变化的其他情形。	**第十三条第一款** 上市公司自控制权发生变更之日起**36个月**内，向收购人及其关联人购买资产，导致上市公司发生以下根本变化情形之一的，构成重大资产重组，应当按照本办法的规定报经中国证监会核准： （一）购买的资产总额占上市公司控制权发生变更的前一个会计年度经审计的合并财务会计报告期末资产总额的比例达到100%以上； （二）购买的资产在最近一个会计年度所产生的营业收入占上市公司控制权发生变更的前一个会计年度经审计的合并财务会计报告营业收入的比例达到100%以上； （三）购买的资产净额占上市公司控制权发生变更的前一个会计年度经审计的合并财务会计报告期末净资产额的比例达到100%以上； （四）为购买资产发行的股份占上市公司首次向收购人及其关联人购买资产的董事会决议前一个交易日的股份的比例达到100%以上； （五）上市公司向收购人及其关联人购买资产虽未达到本款第（一）至第（五）项标准，但可能导致上市公司主营业务发生根本变化； （六）中国证监会认定的可能导致上市公司发生根本变化的其他情形。
第十三条第五款 ~~创业板上市公司自控制权发生变更之日起，向收购人及其关联人购买资产，不得导致本条第一款规定的任一情形。~~	**第十三条第五款 创业板上市公司自控制权发生变更之日起，向收购人及其关联人购买符合国家战略的高新技术产业和战略性新兴产业资产，导致本条第一款规定任一情形的，所购买资产对应的经营实体应当是股份有限公司或者有限责任公司，且符合《首次公开发行股票并在创业板上市管理办法》规定的其他发行条件。**
第十四条第一款第一项 计算本办法第十二条、第十三条规定的比例时，应当遵守下列规定： （一）购买的资产为股权的，其资产总额以被投资企业的资产总额与该项投资所占股权比例的乘积和成交金额二者中的较高者为准，营业收入以被投资企业的营业收入与该项投资所占股权比例的乘积为准，资产净额以被投资企业的净资产额与该项投	**第十四条第一款第一项 计算本办法第十二条、第十三条规定的比例时，应当遵守下列规定： （一）购买的资产为股权的，其资产总额以被投资企业的资产总额与该项投资所占股权比例的乘积和成交金额二者中的较高者为准，营业收入以被投资企业的营业收入与该项投资所占股权比例的乘积为准，资产净额以被投资企业的净资产额与该项投**

续表

修订前	修订后
资所占股权比例的乘积和成交金额二者中的较高者为准；出售的资产为股权的，其资产总额、营业收入以及资产净额分别以被投资企业的资产总额、营业收入以及净资产额与该项投资所占股权比例的乘积为准。 购买股权导致上市公司取得被投资企业控股权的，其资产总额以被投资企业的资产总额和成交金额二者中的较高者为准，营业收入以被投资企业的营业收入为准，净利润以被投资企业扣除非经常性损益前后的净利润的较高者为准，资产净额以被投资企业的净资产额和成交金额二者中的较高者为准；出售股权导致上市公司丧失被投资企业控股权的，其资产总额、营业收入以及资产净额分别以被投资企业的资产总额、营业收入以及净资产额为准。	资所占股权比例的乘积和成交金额二者中的较高者为准；出售的资产为股权的，其资产总额、营业收入以及资产净额分别以被投资企业的资产总额、营业收入以及净资产额与该项投资所占股权比例的乘积为准。 购买股权导致上市公司取得被投资企业控股权的，其资产总额以被投资企业的资产总额和成交金额二者中的较高者为准，营业收入以被投资企业的营业收入为准，资产净额以被投资企业的净资产额和成交金额二者中的较高者为准；出售股权导致上市公司丧失被投资企业控股权的，其资产总额、营业收入以及资产净额分别以被投资企业的资产总额、营业收入以及净资产额为准。
第二十二条第四款　上市公司应当在至少一种中国证监会指定的报刊公告董事会决议、独立董事的意见，并应当在证券交易所网站全文披露重大资产重组报告书及其摘要、相关证券服务机构的报告或者意见。	第二十二条第四款　上市公司只需选择一种中国证监会指定的报刊公告董事会决议、独立董事的意见，并应当在证券交易所网站全文披露重大资产重组报告书及其摘要、相关证券服务机构的报告或者意见。
第四十四条第一款　上市公司发行股份购买资产的，除属于本办法第十三条第一款规定的交易情形外，可以同时募集部分配套资金，其定价方式按照现行相关规定办理。	第四十四条第一款　上市公司发行股份购买资产的，可以同时募集部分配套资金，其定价方式按照现行相关规定办理。
第五十九条　重大资产重组实施完毕后，凡因不属于上市公司管理层事前无法获知且事后无法控制的原因，上市公司所购买资产实现的利润未达到资产评估报告或者估值报告预测金额的 80%，或者实际运营情况与重大资产重组报告书中管理层讨论与分析部分存在较大差距的，上市公司的董事长、总经理以及对此承担相应责任的会计师事务所、财务顾问、资产评估机构、估值机构及其从业人员应当在上市公司披露年度报告的同时，在同一报刊上作出解释，并向投资者公开道歉；实现利润未达到预测金额 50% 的，中国证监会可以对上市公司、相关机构及其责任人员采取监管谈话、出具警示函、责令定期报告等监管措施。	第五十九条　重大资产重组实施完毕后，凡因不属于上市公司管理层事前无法获知且事后无法控制的原因，上市公司所购买资产实现的利润未达到资产评估报告或者估值报告预测金额的 80%，或者实际运营情况与重大资产重组报告书中管理层讨论与分析部分存在较大差距的，上市公司的董事长、总经理以及对此承担相应责任的会计师事务所、财务顾问、资产评估机构、估值机构及其从业人员应当在上市公司披露年度报告的同时，在同一报刊上作出解释，并向投资者公开道歉；实现利润未达到预测金额 50% 的，中国证监会可以对上市公司、相关机构及其责任人员采取监管谈话、出具警示函、责令定期报告等监管措施。 交易对方超期未履行或者违反业绩补偿协议、承诺的，由中国证监会责令改正，并可以采取监管谈话、出具警示函、责令公开说明、认定为不适当人选等监管措施，将相关情况记入诚信档案。
—	第六十一条　中国证监会对科创板上市公司重大资产重组另有规定的，从其规定。

2)《12 号适用意见》的修订内容如下：

修订前	修订后
执行累计首次原则，即上市公司控制权发生变更之日起 60 个月内（含上市公司控制权发生变更的同时），向收购人及其关联人购买的资产所对应的资产总额、资产净额、营业收入或净利润，占上市公司控制权发生变更的前一个会计年度经审计的合并财务会计报告的相应指标的比例累计首次达到 100% 以上的，或者所对应的发行股份的数量，占上市公司首次向收购人及其关联人购买资产的董事会决议前一个交易日的股份比例累计首次达到 100% 以上的，合并视为一次重大资产重组，应当按规定申报核准；前述 60 个月内分次购买资产的，每次所购买资产对应的资产总额、资产净额、营业收入、净利润，以该购买事项首次公告日的前一个会计年度经审计的相应指标为准。	执行累计首次原则，即上市公司控制权发生变更之日起 36 个月内（含上市公司控制权发生变更的同时），向收购人及其关联人购买的资产所对应的资产总额、资产净额、营业收入，占上市公司控制权发生变更的前一个会计年度经审计的合并财务会计报告的相应指标的比例累计首次达到 100% 以上的，或者所对应的发行股份的数量，占上市公司首次向收购人及其关联人购买资产的董事会决议前一个交易日的股份比例累计首次达到 100% 以上的，合并视为一次重大资产重组，应当按规定申报核准；前述 36 个月内分次购买资产的，每次所购买资产对应的资产总额、资产净额、营业收入，以该购买事项首次公告日的前一个会计年度经审计的相应指标为准。
执行预期合并原则，即上市公司按累计首次原则申报重大资产重组方案时，如存在同业竞争或非正常关联交易等问题，则对于收购人及其关联人为解决该等问题所制定的承诺方案，涉及未来向上市公司注入资产的，也将合并计算。	执行预期合并原则，即上市公司按累计首次原则申报重大资产重组方案时，如存在同业竞争或非正常关联交易等问题，则对于收购人及其关联人为解决该等问题所制定的承诺方案，涉及上市公司控制权发生变更之日起 36 个月内向上市公司注入资产的，也将合并计算。

3）主要修订内容的分析

a）取消重组上市认定标准中的“净利润”指标

2016 年修订后的《重组办法》在重组上市的认定标准上设定了 4 项财务指标（总资产、净资产、营业收入、净利润)、1 项发行股份指标及 2 项特殊指标（主营业务根本变化、中国证监会认定)，在一定时期内有效抑制了亏损、微利上市公司“保壳”“养壳”和市场“炒壳”乱象。但随着“炒壳”等市场行为逐步得到抑制，市场对高风险、短期套利的重组情形日趋理性，继续实施“净利润”认定指标将导致亏损上市公司注入任何盈利资产即构成重组上市，微利上市公司注入规模相对不大、盈利能力较强的资产也易触及净利润指标。在上述背景下，本次修改后的《重组办法》删除净利润指标，有利于降低亏损、微利上市公司的重组难度，促进盈利性强的优质资产注入，实现上市公司整体质量的提升。

b）缩短“累计首次原则”计算期限

2016 年修订后的《重组办法》为重组上市的“累计首次原则”（指上市公司控制权发生变更之日起，在一定期限内购买资产行为按首次公告时最新会计年度相应指标为准合并计算，来确定购买资产行为是否达到重组上市认定标准）明确了 60 个月的计算期限，在一定时期内有效抑制了单纯炒作“壳”资源的行为。考虑到 60 个月的期间过长，不利于引导收购方及其关联方在控制上市公司后加快注入优质资产，本次修改后的《重组办法》将“累计首次原则”计算期间缩短至 36 个月，即超过 36 个月后向控股股东或实际控制人及其关联方购买资产不再视为重组上市。

c）有条件放开创业板重组上市

鉴于创业板上市公司多为高科技成长型公司，市值普遍偏小，中国证监会在 2013 年 11 月发布的《关于在借壳上市审核中严格执行首次公开发行股票上市标准的通知》中明确禁止在创业板实施重组上市，上述要求在 2016 年修订的《重组办法》中得到了延续。本次修改后的《重组办法》允许“符合国家战略的高新技术产业和战略性新兴产业”相关资产在创业板重组上市，有利于推动创业板改革，促进创业板上市公司的转型升级。但就何等资产属于“符合国家战略的高新技术产业和战略性新兴产业’，尚待中国证监会等监管部门进一步明确相关规则。

d）恢复重组上市配套融资

为抑制资本市场投机等情况，2016 年修订《重组办法》时取消了重组上市的配套融资安排。中国证监会近年来陆续通过修改配套融资监管问答等方式放松对上市公司重组配募的管制，本次修改后的《重组办法》删除了“禁止重组上市的同时募集部分配套资金”的规定，进一步显示了配套融资监管政策的市场化趋势，有利于上市公司在引入优质资产的同时解决流动性问题，也将提升重组上市的吸引力。

（4）科创板重大资产重组新规

为了规范科创板上市公司重大资产重组行为，中国证监会和上交所 2019 年内相继出台了《科创板上市公司重大资产重组特别规定》《上海证券交易所科创板上市公司重大资产重组审核规则》（以下合称“科创板重组规则”）等规定。相较于适用于主板、中小板及创业板的《重组办法》，科创板重组规则反映了科创板本身的定位和属性，且更加强调信息披露。

此外，值得注意的是，科创板重组规则出台仅一周后，华兴源创（688001.SH）便披露了首例科创板重大资产重组预案。以下以华兴源创为例，简析《重组办法》与科创板重组规则之间的比较适用情况：

项目	《重组办法》的规定	科创板重组规则的规定	华兴源创
重大资产重组的认定标准	上市公司及其控股或者控制的公司购买、出售资产，达到下列标准之一的，构成重大资产重组： （一）购买、出售的资产总额占上市公司最近一个会计年度经审计的合并财务会计报告期末资产总额的比例达到 50% 以上； （二）购买、出售的资产在最近一个会计年度所产生的营业收入占上市公司同期经审计的合并财务会计报告营业收入的比例达到 50% 以上； （三）购买、出售的资产净额占上市公司最近一个会计年度经审计的合并财务会计报告期末净资产额的比例达到 50% 以上，且超过 5,000 万元人民币。	科创板上市公司购买、出售资产，达到下列标准之一的，构成重大资产重组： （一）购买、出售的资产总额占科创板上市公司最近一个会计年度经审计的合并财务会计报告期末资产总额的比例达到 50% 以上； （二）购买、出售的资产在最近一个会计年度所产生的营业收入占科创板上市公司同期经审计的合并财务会计报告营业收入的比例达到 50% 以上，**且超过 5,000 万元人民币；** （三）购买、出售的资产净额占科创板上市公司最近一个会计年度经审计的合并财务会计报告期末净资产额的比例达到 50% 以上，且超过 5,000 万元人民币。	标的资产欧立通未经审计的最近一期资产总额、资产净额（与交易对价相比孰高）占上市公司华兴源创最近一个会计年度经审计的合并财务报告相关指标的比例超过 50%

续表

项目	《重组办法》的规定	科创板重组规则的规定	华兴源创
标的资产的协同效应	上市公司为促进行业的整合、转型升级，在其控制权不发生变更的情况下，可以向控股股东、实际控制人或者其控制的关联人之外的特定对象发行股份购买资产。所购买资产与现有主营业务没有显著协同效应的，应当充分说明并披露本次交易后的经营发展战略和业务管理模式，以及业务转型升级可能面临的风险和应对措施。	科创公司实施重大资产重组或者发行股份购买资产的，**标的资产应当符合科创板定位，所属行业应当与科创公司处于同行业或者上下游，且与科创公司主营业务具有协同效应。**	预案中专项披露本次交易标的的科创属性及与上市公司主营业务的协同效应（增加定价权、降低成本、加速产品迭代、产品或服务能够进入新的市场、提高对客户的整体方案解决能力）
发行价格的确定	上市公司发行股份的价格不得低于市场参考价的90%。市场参考价为本次发行股份购买资产的董事会决议公告日前20个交易日、60个交易日或者120个交易日的公司股票交易均价之一。	科创公司发行股份的价格**不得低于市场参考价的80%**。市场参考价为本次发行股份购买资产的董事会决议公告日前20个交易日、60个交易日或120个交易日的公司股票交易 均价之一。	发行价格不低于定价基准日前20个交易日公司股票交易均价的80%
交易对价的支付	股份、现金、定向可转债	股份、现金、定向可转债、**存托凭证、优先股、定向权证**	股份、现金
重组上市	符合《首次公开发行股票并上市管理办法》规定的发行条件	科创公司实施重组上市的，标的资产对应的经营实体应当是符合《科创板首次公开发行股票注册管理办法（试行）》（以下简称《注册管理办法》）规定的相应发行条件的股份有限公司或者有限责任公司，**并符合下列条件之一：** **（一）最近两年净利润均为正且累计不低于人民币5000万元；** **（二）最近一年营业收入不低于人民币3亿元，且最近3年经营活动产生的现金流量净额累计不低于人民币1亿元。**	本次交易不构成重组上市
审核机构	中国证监会并购重组审核委员会	（1）发行股份购买资产：重组审核机构出具审核意见，报证监会履行注册程序。 （2）重组上市：重组审核机构经审核提出初步审核意见后，提交科创板上市委员会审议，形成同意或者不同意重组上市的审议意见。不涉及股份发行的，交易所作出是否同意重组上市的决定，涉及股份发行的，交易所出具同意意见后报证监会履行注册程序。	本次交易需经上交所审核，并获得中国证监会注册

续表

项目	《重组办法》的规定	科创板重组规则的规定	华兴源创
审核方式	传统的纸质审核方式	科创板重组全部为电子化审核，与首发上市相同。	电子化审核方式
信息披露	强化上市公司及中介机构的披露义务	以信息披露为中心，与26号准则相比，科创板重组要求披露下列方面的信息： （1）标的资产与主营业务的协同效应； （2）交易安排的合理性； （3）与本次交易有关的重大报道、市场传闻等。	预案例披露了标的资产与上市公司主营业务的协同效应、交易安排的合理性等信息

（5）再融资管理办法及实施细则

2019年11月8日，中国证监会就《上市公司证券发行管理办法》(以下简称《主板再融资办法》)、《创业板上市公司证券发行管理暂行办法》(以下简称《创业板再融资办法》)以及《上市公司非公开发行股票实施细则》(以下简称《实施细则》)三项规则的修订向社会公开征求意见。

1）本次拟修订的主要内容

为进一步提高再融资服务实体经济发展的能力，本次修订拟按照注册制的理念，对现行再融资规则中制定时间较早、不能适应市场形势发展需要的部分规定进行调整，切实解决企业融资难、融资贵问题，积极支持上市公司充分利用资本市场做优做强，提高直接融资特别是股权融资比重。本次拟修订的主要内容包括以下方面：

主要事项	修订前（主板、中小板）	修订前（创业板）	修订后
发行对象	不超过10名	不超过5名	不超过35名
发行条件	——	（一）连续2年盈利； （二）最近一期末资产负债率高于45%，但上市公司非公开发行股票的除外； （三）前次募集资金基本使用完毕。	（一）创业板非公开股票不再受最近两年盈利条件的限制； （二）创业板再融资均不再受最近一期末资产负债率高于45%的限制； （三）取消创业板前次募集资金基本使用完毕的条件，将其调整为信息披露要求。
定价基准日	发行期首日	发行期首日、董事会决议公告日	以发行期首日为原则。如在董事会决议前确定全部发行对象，且属于下列三类特殊发行对象的，则定价基准日可为董事会决议公告日、股东大会决议公告日或发行期首日：

续表

<table>
<tr><th>主要事项</th><th>修订前
（主板、中小板）</th><th>修订前（创业板）</th><th>修订后</th></tr>
<tr><td></td><td></td><td></td><td>（一）上市公司的控股股东、实际控制人或其控制的关联人；
（二）通过认购本次发行的股份取得上市公司实际控制权的投资者；
（三）董事会拟引入的境内外战略投资者。</td></tr>
<tr><td>发行价格</td><td>不低于定价基准日前20个交易日公司股票均价的90%</td><td rowspan="2">（一）发行价格不低于发行期首日前1个交易日公司股票均价的，本次发行股份自发行结束之日起可上市交易；
（二）发行价格低于发行期首日前20个交易日公司股票均价但不低于90%，或者发行价格低于发行期首日前1个交易日公司股票均价但不低于90%的，本次发行股份自发行结束之日起12个月内不得上市交易；
（三）上市公司控股股东、实际控制人或者其控制的关联方以及董事会引入的境内外战略投资者，以不低于董事会作出本次非公开发行股票决议公告日前20个交易日或者前1个交易日公司股票均价的90%认购的，本次发行股份自发行结束之日起36个月内不得上市交易。</td><td>不低于定价基准日前20个交易日公司股票均价的80%</td></tr>
<tr><td>新发行股份锁定期</td><td>自发行结束之日起12个月内不得转让；控股股东、实际控制人及其控制的企业认购的股份36个月内不得转让</td><td>自发行结束之日起6个月内不得转让；三类特殊发行对象认购的股份18个月内不得转让</td></tr>
<tr><td>新发行股份减持</td><td>未明确规定</td><td>未明确规定</td><td>不适用《上市公司股东、董监高减持股份的若干规定》的有关规定</td></tr>
<tr><td>保底承诺</td><td>未明确规定</td><td>未明确规定</td><td>上市公司及其控股股东、实际控制人、主要股东不得向发行对象做出保底保收益或变相保底保收益承诺，且不得直接或间接向发行对象提供财务资助或者补偿</td></tr>
<tr><td>核准文件有效期</td><td>自核准发行之日起6个月</td><td>自核准发行之日起6个月</td><td>自核准发行之日起12个月</td></tr>
</table>

2）主要拟修订内容的分析

a）放宽定价基准日和定价折扣：此次修订拟进一步优化定价基准日，允许上市公司在董事会决议前确定全部发行对象且为战略投资者等特定发行对象的，可在董事会决议公告日、股东大会决议公告日或者发行期首日中自行选择定价基准日。通过选择前两种定价基准日，发行对象可在发行前锁定认购价格，降低市场风险，另一方面，锁价发行也将支持上市公司引入战略投资者，引导资本市场投资者结构优化。同时，本次修订拟调低发行价格下限，进一步增加市场博弈定价的空间，有利于提升发行对象的积极性。

b）缩短定增锁定期和减持期：本次修订拟大幅度缩短发行对象的锁定期，将控股股东、实际控制人或其控制的关联人、战略投资者、通过认购本次发行的股份取得上市公司实际控制权的投资者的锁定期缩短至 18 个月，其他普通投资者的锁定期缩短至 6 个月，并明确定增取得股份不受减持规则的相关限制。如上述修订成功落地，投资者锁定及减持期限将大幅缩短，有利于提升各市场主体参与上市公司再融资的积极性。

c）放宽发行对象数量限制：本次修订拟将主板、中小板、创业板非公开发行股票发行对象数量统一调整为不超过 35 名。大幅提高发行对象的数量，可有效降低上市公司对单个发行对象参与再融资资金规模的需求，降低发行对象参与再融资的门槛，提升再融资的成功率。

d）放宽创业板再融资条件：本次修订拟取消创业板发行证券最近一期末资产负债率高于 45% 的条件。目前创业板上市公司资产负债率相对较低，如本次修订正式通过，将有利于创业板上市公司再融资。

e）明确禁止大股东保底承诺：为保障再融资成功实施，市场上存在由上市公司或其大股东向发行对象承诺“保底保收益”的情形。本次修订拟首次明文规定禁止保底保收益，而且将承诺主体从常见的上市公司、控股股东、实际控制人扩大至主要股东，有助于规范市场秩序、保护上市公司及公众投资者的利益。

（6）境内上市公司分拆上市规则落地

2019 年 12 月 12 日，中国证监会发布《上市公司分拆所属子公司境内上市试点若干规定》(以下简称**《分拆上市规定》**)，并自发布之日起实施。《分拆上市规定》的出台标志着 A 股市场境内分拆上市制度的正式落地，填补了此前的制度空白，部分企业难以实现境内分拆上市而以 H 股或红筹形式境外上市的现状有望改变。《分拆上市规定》主要内容如下：

1）明确上市公司分拆的实质条件

《分拆上市规定》所称上市公司分拆，是指境内上市公司（以下亦称“**母公司**”）将部分业务或资产，以其直接或间接控制的子公司（以下简称“**子公司**”）的形式，在境内证券市场首次公开发行股票上市或实现重组上市的行为。为保障分拆后母子公司均具备独立面向市场的能力，引导发挥分拆的正向作用，《分拆上市规定》从财务指标、规范运作、独立性等多个维度，对分拆上市中的母子公司提出了以下实质条件：

a）上市时限：母公司股票在境内上市已满 3 年。

b）财务指标：①母公司最近 3 个会计年度连续盈利；②母公司最近 3 个会计年度扣除按权益享有的子公司的净利润后，归属于母公司股东的净利润累计不低于 6 亿元人民币（以扣除非经常性损益前后孰低值计算）；③母公司最近 1 个会计年度合并报表中按权益享有的子公司的净利润不得超过归属于母公司股东的净利润的 50%；④母公司最近 1 个会计年度合并报表中按权益享有的子公司的净资产不得超过归属于母公司股东的净资产的 30%。

c）规范运作：①母公司不存在资金、资产被控股股东、实际控制人及其关联方占用的情形，或其他损害公司利益的重大关联交易；②母公司及其控股股东、实际控制人最

近36个月内未受到过中国证监会的行政处罚，最近12个月内未受到过证券交易所的公开谴责；③母公司最近一年及一期财务会计报告被注册会计师出具无保留意见审计报告。

d）子公司业务资产来源：①母公司最近3个会计年度内发行股份及募集资金投向的业务和资产，不得作为子公司的主要业务和资产，但子公司最近3个会计年度使用募集资金合计不超过其净资产10%的除外；②母公司最近3个会计年度内通过重大资产重组购买的业务和资产，不得作为子公司的主要业务和资产；③不得分拆主要从事金融业务的子公司上市。

e）董事高管持股限制：①母公司董事、高级管理人员及其关联方持有子公司的股份，合计不得超过子公司分拆上市前总股本的10%；②子公司董事、高级管理人员及其关联方持有子公司的股份，合计不得超过子公司分拆上市前总股本的30%。

f）独立性：①母公司应当充分披露并说明分拆有利于母公司突出主业及增强独立性；②分拆后母公司与子公司均应当符合监管部门关于同业竞争、关联交易的监管要求，且资产、财务、机构方面相互独立，高级管理人员、财务人员不存在交叉任职，独立性方面不存在其他严重缺陷。

2）规范上市公司分拆的程序性要求

为充分保障股东合法权益，《分拆上市规定》对上市公司提出了以下程序性要求：

a）信息披露要求：①上市公司应当参照重大资产重组的规定，充分披露对投资者决策和上市公司证券及其衍生品种交易价格可能产生较大影响的所有信息；②上市公司应当披露分拆的目的、商业合理性、必要性、可行性；分拆对各方股东特别是中小股东、债权人和其他利益相关方的影响；分拆预计和实际的进展过程、各阶段可能面临的相关风险，以及应对风险的具体措施、方案等。

b）董事会履职要求：董事会应当就子公司分拆是否符合相关法律法规和《分拆上市规定》、是否有利于维护股东和债权人合法权益，上市公司分拆后能否保持独立性及持续经营能力，分拆形成的新公司是否具备相应的规范运作能力等做出决议。

c）股东大会程序要求：①股东大会应当就董事会提案中有关子公司分拆是否有利于维护股东和债权人合法权益、上市公司分拆后能否保持独立性及持续经营能力等进行逐项审议并表决；②分拆决议须同时经出席会议的股东所持表决权的三分之二以上、出席会议的中小股东所持表决权的三分之二以上通过；③上市公司董事、高级管理人员在拟分拆子公司安排持股计划的，该事项应当由独立董事发表专项意见，作为独立议案提交股东大会表决，并须经出席股东大会的中小股东所持表决权的半数以上通过。

3）强化中介机构核查督导职责

上市公司分拆应当聘请具有保荐资格的独立财务顾问、律师事务所以及具有证券业务资格的会计师事务所，就分拆事项进行核查、出具意见。独立财务顾问应当对上市公司分拆是否符合规定、披露的相关信息是否存在虚假记载、误导性陈述或者重大遗漏等，进行尽职调查、审慎核查，出具核查意见，并予以公告，同时在子公司在境内上市当年剩余时间及其后一个完整会计年度，持续督导母公司维持独立上市地位。

4）做好分拆监管与发行规则衔接

分拆子公司在境内上市，仍须履行境内发行上市程序。涉及首次公开发行股票并上市的，应当遵守证券发行上市、保荐、承销等相关规定；涉及重组上市的，应当遵守上市公司重大资产重组的相关规定。证券交易所、上市公司所在地证监局应当就上市公司是否符合《分拆上市规定》的相关条件进行专项核查，并出具持续监管意见。

5）依法依规严格实施监管

为防范分拆过程中可能存在的信披违规、内幕交易、操纵市场等违法违规行为，抑制"忽悠式"分拆、借分拆概念炒作等市场乱象，《分拆上市规定》规定就上市公司及相关各方未按照规定披露分拆相关信息，或者所披露的信息存在虚假记载、误导性陈述或者重大遗漏的，或者利用上市公司分拆从事内幕交易、操纵市场等证券违法行为的，中国证监会将严格追究相关主体的法律责任。

（7）首发上市监管审核问答发布

为完善审核标准，增强审核透明度，提高首发企业信息披露质量，便于各中介机构履职尽责，上交所在中国证监会的批准指导下分别于2019年3月3日、2019年3月24日发布并实施《上海证券交易所科创板股票发行上市审核问答》和《上海证券交易所科创板股票发行上市审核问答（二）》（共计32条，以下简称**《科创板上市审核问答》**）。2019年3月25日，中国证监会发布并实施《首发业务若干问题解答》（共计50条），其中《首发业务若干问题解答（一）》（以下简称**《首发问答一》**）24条，涉及首发申请人具有共性的法律问题，内容上基本涵盖了《科创板上市审核问答》所涉相关法律问题，除《科创板上市审核问答》对个别问题（如股改时存在未弥补亏损的处理、同业竞争的认定、上市前股权激励）的审核尺度有所放宽外，其对于相关法律问题的审核标准与《首发问答一》不存在实质性差别。现就主要法律问题的审核要求汇总对比分析如下：

法律问题	《首发问答一》规定	《科创板上市审核问答》规定
实际控制人认定	认定原则：确定控制权归属应当本着实事求是的原则，尊重企业实际情况，以发行人自身认定为主，由发行人股东予以确认；中介机构应通过对公司章程、协议或其他安排以及发行人股东大会、董事会、监事会及发行人经营管理的实际运作情况的核查对实际控制人认定发表明确意见。 并分别分析了单一控制、共同控制和特定情形（自然人死亡、股份代持）下对实际控制人的认定	无实质差异
锁定期安排	存在实际控制人的：发行人控股股东和实际控制人所持股份自发行人股票上市之日起36个月内不得转让，其亲属所持股份比照前述规定适用。 没有或难以认定实际控制人的：发行人股东（员工持股计划、持股5%以下的股东、非第一大且符合条件的创业投资基金股东除外）应按其持股比例从高到低依次承诺其所持股份自上市之日起锁定36个月，直至锁定股份的总数不低于发行前股份总数的51%	无实质差异
报告期内管理层及核心技术人员稳定性	明确了发行人及中介机构对于最近3年（创业板为2年）董事、高级管理人员没有发生重大变化的核查及披露要求。就是否发生重大变化的认定，应当本着实质重于形式的原则，综合两方面分析：1）最近	核查期间为最近2年，将**核心技术人员**纳入核查及披露的范围，并明确了核心技术人员认定标准；其他内容基本一致

续表

法律问题	《首发问答一》规定	《科创板上市审核问答》规定
	3年内的变动人数及比例，在计算人数比例时，以董事、高管人员合计总数作为基数；2）上述人员因离职或无法正常参与生产经营是否对发行人生产经营产生重大不利影响。若最近3年内人员变动人数比例较大，或董事、高管中的核心人员发生变化对发行人的生产经营产生重大不利影响，应视为发生重大变化。 **除外情形：1）新增人员来自原股东委派或发行人内部培养产生，原则上不构成人员的重大变化；2）发行人管理层因退休、调任等原因发生岗位变化的，不轻易认定为重大变化，但发行人应当披露相关人员变动对公司生产经营的影响**	
首发申报前股权激励	无明确规定	**员工持股计划**：符合"闭环原则"或虽未按照"闭环原则"运行但已在基金业协会备案的员工持股计划，在计算公司股东人数时，按一名股东进行计算。 **期权激励计划**：首发申报前制定但符合以下条件的期权激励计划可在上市后实施：1）激励对象符合《科创板上市规则》第10.4条相关规定；2）激励计划必备内容与基本要求参考《上市公司股权激励管理办法》的相关规定执行；3）行权价格不低于最近一年经审计的净资产或评估值；4）计划规模原则上不得超过上市前总股本的15%，且不得设置预留权益；5）在审期间不得新增期权激励计划，激励对象不得行权；行权不得导致控制人发生变化；激励对象承诺自行权日起三年内不减持，期满后比照董事、监事及高级管理人员减持规定执行
对赌协议类似安排及处理	投资机构在投资发行人时约定对赌协议等类似安排的，原则上要求在申报前清理；但满足以下特定条件的，在披露内容、影响并提示风险后，**可以不清理**：1）发行人不作为对赌协议当事人；2）对赌协议不存在可能导致公司控制权变化的约定；3）对赌协议不与市值挂钩；4）对赌协议不存在严重影响发行人持续经营能力或者其他严重影响投资者权益的情形	无实质差异
"三类股东"核查披露要求	就**新三板挂牌期间形成的**"三类股东"，要求核查并披露以下内容： 1）控股股东、实际控制人、第一大股东不属于	无实质差异

续表

法律问题	《首发问答一》规定	《科创板上市审核问答》规定
	"三类股东"；2）"三类股东"依法设立并有效存续，纳入国家金融监管部门有效监管，并已按照规定履行审批、备案或报告程序，其管理人依法注册登记；3）"三类股东"相关过渡期安排，以及相关事项对发行人持续经营的影响；4）控股股东、实际控制人、董事、监事、高级管理人员及其近亲属，中介机构及其签字人员是否直接或间接在"三类股东"中持有权益；5）"三类股东"已作出合理安排，可确保符合锁定期和减持规则要求	
"突击入股"的核查披露要求及锁定承诺	**就申报前1年通过增资或股权转让产生的新股东**，应当核查新股东的基本情况、产生新股东的原因、股权转让或增资的价格及定价依据，有关股权变动是否是双方真实意思表示，是否存在争议或潜在纠纷，新股东与发行人其他股东、董监高、中介机构负责人及其签字人员是否存在亲属关系、关联关系、委托持股、信托持股或其他利益输送安排，新股东是否具备法律、法规规定的股东资格。 **就申报后通过增资或股权转让产生的新股东**，原则上发行人应当撤回发行申请，重新申报。但股权变动未造成实际控制人变更，未对发行人股权结构的稳定性和持续盈利能力造成不利影响，且符合下列情形的除外：新股东产生系因继承、离婚、执行法院判决或仲裁裁决、执行国家法规政策要求或由省级及以上人民政府主导，且新股东承诺其所持股份上市后36个月之内不转让、不上市交易（继承、离婚原因除外）。 **股份锁定要求**：申报前6个月内进行增资扩股的，新增股份自发行人完成增资扩股工商变更登记手续之日起锁定3年；在申报前6个月内从控股股东或实际控制人处受让的股份，应比照控股股东或实际控制人所持股份进行锁定	无实质差异
股改时存在未弥补亏损的处理	《首发问答（一）》无相关规定。 根据中国证监会于2019年1月11日发布实施的《发行监管问答——关于首发企业整体变更设立股份有限公司时存在未弥补亏损事项的监管要求》，有限责任公司按原账面净资产值折股整体变更为股份有限公司时存在未弥补亏损，或者整体变更时不存在未弥补亏损，但因会计差错更正追溯调整报表而致使整体变更时存在未弥补亏损的，发行人应当自完成整体变更的工商登记后运行满36个月	科创企业在整体变更为股份公司前存在累计未弥补亏损的，**可以依照发起人协议、在履行内部决策程序后，以不高于净资产金额折股，通过整体变更设立股份有限公司方式解决以前累计未弥补亏损**，持续经营时间可从有限责任公司成立之日起计算。 整体变更存在累计未弥补亏损，或者因会计差错更正追溯调整报表而致使整体变更时存在累计未弥补亏损的，发行人**可以在完成整体变更的工商登记注册后提交发行上市申请文件，不受运行36个月的限制**
同业竞争核查	**核查范围**：控股股东（实际控制人）及其近亲属全资或控股的企业。 **判断原则**：1）"同业"指竞争方从事与发行人主	对发行人构成"重大不利影响"的同业竞争构成发行上市的实质障碍。

续表

法律问题	《首发问答一》规定	《科创板上市审核问答》规定
	营业务相同或相似业务；2）“竞争”核查认定应结合相关企业的历史沿革、资产、人员、主营业务等方面与发行人的关系，以及业务是否有替代性、竞争性、是否有利益冲突等进行判断。不能简单以产品销售地域/产品档次不同等认定不构成“同业竞争”	**“重大不利影响”**的认定：应结合竞争方与发行人的经营地域、产品或服务的定位；同业竞争是否会导致发行人与竞争方之间的非公平竞争、利益输送、相互或者单方让渡商业机会；对未来发展的潜在影响等方面进行核查并出具意见。竞争方的**同类收入或毛利占发行人该类业务收入或毛利的比例达30%以上的**，如无充分相反证据，原则上应认定为构成重大不利影响
关联交易核查	对于**控股股东、实际控制人与发行人之间关联交易**对应的收入、成本费用或利润总额占发行人相应指标的比例较高（**如达到30%**）的，发行人应结合相关关联方的财务状况和经营情况、关联交易产生的收入、利润总额合理性等，披露关联交易是否影响发行人的经营独立性、是否构成对控股股东或实际控制人的依赖，是否存在通过关联交易调节发行人收入利润或成本费用、对发行人利益输送的情形；此外，还应披露未来减少与控股股东、实际控制人发生关联交易的具体措施	无相关规定

（8）《再融资业务若干问题解答》发布

2019年7月5日，为增强审核透明度，引导规范上市公司融资行为，便于各中介机构履职尽责，中国证监会发布并实施《再融资业务若干问题解答》（共计30条），其中《再融资业务若干问题解答（一）》共计14条涉及再融资申请人具有共性的法律问题，现就主要法律问题的审核要求汇总如下：

问题	主要内容
同业竞争	认定标准：核查范围、判断原则等认定标准与《首发问答（一）》的相关规定无实质差异； 披露核查：公开发行证券的，需披露：1）是否存在与控股股东、实际控制人及其控制的企业从事相同、相似业务的情况，若存在，应对是否存在同业竞争做出合理解释；2）对已存在或可能存在的同业竞争，应当披露解决同业竞争的具体措施；3）独立董事对发行人是否存在同业竞争和避免同业竞争措施的有效性所发表的意见。 中介机构应核查发行人与竞争方是否存在同业竞争、已存在的同业竞争是否制定解决方案并明确时间安排、已做出的关于避免或解决同业竞争承诺的履行情况及是否存在违反承诺的情形等。 募投项目新增同业竞争：如募投项目实施前不存在同业竞争，但募投项目实施后新增同业竞争，原则上认为不符合规定；如募投项目实施前已存在同业竞争、该同业竞争首发上市时已存在或为上市后基于特殊原因产生，相关方已制定明确可行的整合措施并公开承诺，则募集资金继续投向上市公司原有业务可视为未违反规定

续表

问题	主要内容
关联交易	**披露核查**：公开发行证券的，发行人应披露关联方及关联关系，按经常性关联交易和偶发性关联交易披露最近三年及一期关联交易情况，关联交易对公司主要业务的影响，以及减少和规范关联交易的措施等。 中介机构应当对关联交易存在的必要性、合理性、决策程序的合法性、信息披露的规范性、关联交易价格的公允性、是否存在关联交易非关联化的情况，以及关联交易对发行人独立经营能力的影响等进行核查并发表意见。 **募投项目新增关联交易**：中介机构应当结合新增关联交易的性质、定价依据，总体关联交易对应的收入、成本费用或利润总额占发行人相应指标的比例等论证是否对发行人的独立经营能力构成重大不利影响
公开承诺事项	**披露核查**：1）发行人及其控股股东、实际控制人作出的公开承诺内容是否符合《上市公司监管指引第 4 号——上市公司实际控制人、股东、关联方、收购人以及上市公司承诺及履行》（4 号指引）的相关要求；2）如承诺内容不符合 4 号指引，承诺相关方应当进行规范，中介机构应对规范后的承诺内容是否符合 4 号指引发表意见；3）承诺方是否存在超期未履行承诺或违反承诺的情形。 **具体适用**：1）发行人及其控股股东、实际控制人最近 12 个月内未履行公开承诺，构成主板（中小板）发行人公开发行股票（可转债）、发行人公开发行优先股的法律障碍；2）发行人最近 12 个月内未履行公开承诺，构成创业板发行（含定增）的法律障碍；3）创业板发行人控股股东、实际控制人最近 12 个月内未履行公开承诺，不得参与本上市公司发行证券认购；4）导致上市公司的权益被控股股东或实际控制人严重损害，或严重损害投资者合法权益的，还构成主板（中小板）发行人非公开发行股票和发行人非公开发行优先股的法律障碍
重大违法行为	**认定标准**：1）存在贪污、贿赂、侵占财产、挪用财产或者破坏社会主义市场经济秩序等刑事犯罪，原则上应认定为重大违法行为；2）被处以罚款以上行政处罚的违法行为，符合特殊情形且中介机构出具明确核查结论，可不认定为重大违法行为。重大违法行为的起算时点，从刑罚执行完毕或者行政处罚决定执行完毕之日起计算。 **特殊主体**：1）发行人合并报表范围内的各级子公司，若对发行人主营业务收入和净利润不具有重要影响（占比不超过 5%），其违法行为可不视为发行人存在相关情形，但违法行为导致严重环境污染、重大人员伤亡或社会影响恶劣的除外；2）被处罚主体为发行人收购而来且相关处罚于发行人收购完成之前作出，原则上不视为发行人存在相关情形，但上市公司主营业务收入和净利润主要来源于被处罚主体或违法行为社会影响恶劣的除外。 **具体适用**：1）主板（中小板）公开发行股票（可转债）发行人、创业板发行人、公开发行优先股发行人最近 36 个月内存在重大违法行为的，构成发行的法律障碍；主板（中小板）发行人非公开发行股票、发行人非公开发行优先股存在重大违法行为的，不必然构成发行的法律障碍；2）对于主板（中小板）发行人非公开发行股票、发行人非公开发行优先股发行条件中规定的“**严重损害投资者合法权益和社会公共利益的其他情形**”，需根据行为性质、主观恶性程度、社会影响等具体情况综合判断；如相关违法行为导致严重环境污染、重大人员伤亡、社会影响恶劣等，原则上视为构成严重损害投资者合法权益和社会公共利益的违法行为
募投项目实施	**实施主体**：1）原则上实施主体应为母公司或其拥有控制权的子公司；2）参股公司实施募投项目需同时满足：①上市公司基于历史原因一直通过该参股公司开展主营业务；②上市公司能够对募集资金进行有效监管；③上市公司能够参与该参股公司的重大事项经营决策；④该参股公司有切实可行的分红方案；3）不得与控股股东、实际控制人、董监高及其亲属共同出资新设公司实施募投项目，通过历史上与上述主体共同出资设立的公司实施募投项目的，应当披露该公司的基本情况、利益冲突的防范措施以及通过该公司实施募投项目的原因、必要性和合理性等。 **特殊实施方式**：1）通过向控股子公司或参股公司增资或提供委托贷款形式实施募投项目

续表

问题	主要内容
	的，应说明中小股东或其他股东是否提供同比例增资或提供贷款，并明确增资价格和借款的主要条款；2）通过与合作方新设立项目公司实施募投项目的，应当关注合作原因、合作方实力及商业合理性
募集资金使用	**披露要求**：公开发行证券或非公开发行股票的，应当披露募投项目的审批、核准或备案情况。 **使用限制**：原则上不得使用募集资金投资于产能过剩行业或投资于《产业结构调整指导目录》中规定的限制类、淘汰类行业；涉及特殊政策允许投资上述行业的，应提供有权机关的核准或备案文件，以及有权机关对相关项目是否符合特殊政策的说明。对偿还银行贷款或补充流动资金、境外实施、境内收购等不涉及新增境内过剩产能的项目，以及投资其他转型发展的项目，不受上述限制

（9）明确首发企业股改时存在未弥补亏损的监管要求

2019 年 1 月 11 日，中国证监会发布《发行监管问答——关于首发企业整体变更设立股份有限公司时存在未弥补亏损事项的监管要求》，就申请首次公开发行股票的非试点创新企业（以下简称“**首发企业**”）整体变更设立股份有限公司（以下简称“**整体变更**”）时存在未弥补亏损，或整体变更时不存在未弥补亏损，但因会计差错更正追溯调整报表而致使整体变更时存在未弥补亏损情形时审核端的具体监管要求进行了明确：1）存在上述情形的首发企业应当自完成整体变更的工商登记后运行满 36 个月；2）发行人及中介机构应在招股说明书中对累计未弥补亏损形成原因、该情形是否已消除及对未来盈利能力的影响以及整改措施（如有）等做出详尽的信息披露，并充分揭示相关风险，信息披露及核查要求包括以下两方面：一是中介机构对整体变更是否依法履行相关决策程序、是否存在侵害债权人利益、是否完成工商及税务登记手续、是否符合法律法规规定等事项进行核查并发表意见；二是发行人在招股说明书中充分披露整体变更前未分配利润为负的形成原因及整体变更后的变化情况和发展趋势，与报告期盈利水平变动的匹配关系，对未来持续盈利能力的影响，并披露整改措施（如有）和充分揭示相关风险；同时披露净资产折股的具体方法、比例及相应会计处理。

2. 上市公司信息披露

（1）沪、深交易所发布重大资产重组信息披露指引

2019 年 5 月 10 日，深交所发布《深圳证券交易所上市公司信息披露指引第 3 号——重大资产重组》（以下简称**《深交所重组指引》**），对深交所上市公司重大资产重组信息披露相关行为进行规范。《深交所重组指引》共六章六十四条，包括总则、重组筹划阶段、重组相关说明会、行政许可审核期间相关事项（如适用）、重组实施及持续监管以及附则等章节。相较于深交所前期制定的并购重组业务规则，《深交所重组指引》的主要变化如下：

1）补齐规则短板，进一步完善重组信息披露监管安排，具体包括：完善内幕信息防控机制、细化并购重组委会议停复牌安排、明确终止筹划重组的审议程序和披露要求、强化重组实施的持续监管以及增强重组监管的约束机制等；2）适度简化整合，进一步提高规则针对性和便利性，具体包括：删减原重组停复牌相关规定、简化重组方案报送材

料及披露要求、对中介机构核查要求给予适度弹性、优化重组“冷淡期”安排、优化相关说明会机制、调整部分具体细化的操作性条款以及简化与上位法规则相重复的部分条款等。此外，为进一步深化依法治市，明确市场预期，《深交所重组指引》对原规则中经过实践验证成熟并行之有效的相关制度安排予以保留和优化，如优化重组方案的审议程序及披露要求、强化重组方案的风险提示、明确中国证监会不予核准的后续安排、规范重组实施阶段的披露要求和强化独立财务顾问的督导责任等。

2019 年 12 月 10 日，上交所发布《上市公司重大资产重组信息披露业务指引》（以下简称**《上交所重组指引》**），对上交所上市公司重大资产重组信息披露相关行为进行规范。与上交所原《上市公司重大资产重组信息披露及停复牌业务指引》（以下简称**《停复牌指引》**）相比，《上交所重组指引》删减了部分独立章节，大幅简化重组预案披露要求，具体如下：

1）大幅简化重组预案披露要求，聚焦于主要交易对方和交易标的等核心要素的披露；2）不再单独设置重组筹划及停牌部分，而是提出上市公司应审慎停牌的原则性要求，明确应根据《停复牌指引》的相关规定办理重组停复牌业务。3）明确上市公司筹划非许可类重组的，可以按照分阶段披露原则，披露筹划重大资产重组的提示性公告，后续随交易推进实际情况，分阶段披露重组进展；上市公司首次披露重组事项至发出审议重组方案的股东大会通知前，至少每 30 日发布一次进展公告，如重组发生重大进展或重大变化，则应立即履行信息披露义务；4）删除原第二章“重组传闻及澄清”、原第四章“交易核查”，仅保留部分重要条款，优化章节结构。此外，为突出重组承诺和重组实施效果的信息披露要求，《上交所重组指引》新增了重组承诺相关信息披露内容，明确了对盈利预测及商誉减值的持续信息披露要求，新增了重组标的整合进展的信息披露，并对实践中一些既有的做法予以明确，如重组终止后的“冷淡期”要求等。

（2）深交所发布员工持股计划信息披露指引

2019 年 11 月 3 日，深交所发布《深圳证券交易所上市公司信息披露指引第 4 号——员工持股计划》（以下简称**《4 号指引》**），对深交所上市公司及相关主体实施员工持股计划的信息披露行为进行规范。《4 号指引》沿用了 2014 年 11 月发布的员工持股计划信息披露业务备忘录（以下简称“**原备忘录**”）已实践有效的条款，主要变化如下：1）适度简化整合，删除原备忘录与上位规定重复且涉及实质性规范的内容，删除原备忘录员工持股计划届满前 1 个月的披露义务和披露届满后的详细处置计划的内容，进一步提高规则针对性和有效性；2）应对新情况和新问题，细化规定，补齐短板，体现有效性；3）完善员工持股筹划到终止各环节的信息披露要求，对员工持股计划的筹划、审议、实施、终止全链条明确信息披露的节点和内容；4）明确各个环节的审议程序以及回避要求，体现严密性；5）明确市场关注度高但尚不明确的事项，体现实践性；6）明晰法律意见书的基本内容，督促中介机构归位尽责。

（3）上交所发布信息披露监管问答第三期

2019 年 12 月 13 日，上交所发布《上市公司信息披露监管问答（第三期）》（以下简称**《监管问答第三期》**），就上市公司在信息披露实务中可能遇到的规则难点和疑问、常见错误和风险进行集中梳理，并有针对性地解读规则条款，阐明规则要点，明确监管标

准。《监管问答第三期》主要包括4方面的内容：

1）关于资产交易，对上市公司以现金方式购买或者出售资产的交易行为，主要从董监高和中介机构勤勉尽责、一般交易和关联交易的信息披露、提交股东大会审议注意点等多个方面，强化现金资产交易监管，防范控股股东、实际控制人利用不当资产交易侵占上市公司利益。

2）关于募集资金，从募集资金的存放、专户的使用管理、募集资金使用缓慢时的进展披露、募投项目收益情况披露、募集资金置换预先投入资金、闲置募集资金管理及临时补流、募集资金变更用途及永久补流等方面，规范上市公司募集资金的使用与管理。

3）关于委托理财，从委托理财的信息披露具体标准、预计委托理财金额的决策和披露要求、理财资金不同投向的差异化披露要求、以募集资金进行委托理财的注意事项、完善内控制度等方面，引导上市公司审慎开展委托理财业务。

4）关于二级市场举牌，明确了权益变动报告书中增持目的和未来增减持计划的披露要求，强化权益变动报告书及提示性公告中增持主体和资金来源等的披露义务。

（4）科创板信息披露规则的创新

1）首次提出“新三性”要求

科创板信息披露的总体要求除了主板原有的“老三性”要求，即真实性、准确性、完整性，还增加了“新三性”要求，即充分性、一致性、可理解性。其中，“充分性”重点关注发行上市申请文件披露的内容是否包含对投资者作出投资决策有重大影响的信息，披露程度是否达到投资者作出投资决策所必需的水平；“一致性”重点关注发行上市申请文件的内容是否前后一致、是否具有内在逻辑性，包括但不限于财务数据之间是否具有合理的勾稽关系、非财务信息之间是否存在矛盾、财务信息与非财务信息是否能相互印证、能否对于同行业公司存在重大差异作出合理解释等事项；“可理解性”重点关注发行上市申请文件披露的内容是否简明易懂，是否便于一般投资者阅读和理解，包括但不限于是否使用浅白语言、是否简明扼要、重点突出、逻辑清晰，是否结合企业自身特点进行有针对性的信息披露，是否采用直观、准确、易于理解的披露形式等事项。

2）细化发行审核中信息披露违规责任

相对于主板，科创板进一步强化了中介机构的信息披露责任，上交所明确了发行人及其控股股东、实际控制人、董事、监事和高级管理人员是信息披露的第一责任人，应当依法履行信息披露义务；保荐人、证券服务机构等中介机构承担“看门人”角色，应当依法对发行人的信息披露进行核查把关。

若发行人存在信息披露违规的情形，上交所最高可以对发行人给与一年至五年内不接受其提交的发行上市申请文件的纪律处分；若中介机构存在信息披露违规的情形，上交所最高可以对相关机构给与一年至三年内不接受其提交的发行上市申请文件的纪律处分，上交所最高可以对相关人员给予三年内不接受其签字的发行上市申请文件、申请披露文件的纪律处分。

3. 上市公司规范运作

（1）沪、深证券交易所发布回购股份实施细则

2019年1月11日，上交所发布《上海证券交易所上市公司回购股份实施细则》，对

上交所上市公司回购股份行为进行进一步规范。相较于此前发布的征求意见稿，本次正式稿完善了已回购股份出售制度、强化特殊主体回购期间的减持限制和信息披露义务、规范已回购股份用途变更等重要事项，防范“忽悠式”回购，增加变更回购股份用途的“负面清单”，同时对新旧规则衔接也做出了相应的安排。同日，深交所发布《深圳证券交易所上市公司回购股份实施细则》，对深交所上市公司回购股份作出了相关规定，主要内容包括：1）拓宽回购股份适用情形，明确“为维护公司价值及股东权益所必需”情形的回购要求；2）简化特定情形回购审议程序，规范回购股份的提议程序；3）细化回购股份信息披露及方案变更要求，设置“爬行”回购条款；4）明确回购资金来源，回购股份支付现金视同现金红利；5）明确回购股份的减持要求和相关限制；6）强化回购股份日常监管，严防违法违规行为。

（2）强化并购重组内幕交易防控

2019 年 2 月 11 日，中国证监会发布《中国证监会关于强化上市公司并购重组内幕交易防控相关问题与解答》（以下简称**《解答》**），在并购重组领域简政放权、上市公司股票停复牌制度改革的背景下，就如何加强上市公司并购重组内幕交易防控的相关问题进行了解答。为有效防控在并购重组过程中可能发生的内幕交易，《解答》规定：相关主体应当切实履行保密义务，做好重组信息管理和内幕信息知情人登记工作；上市公司应于首次披露重组事项时向证券交易所提交内幕信息知情人名单，并应在披露重组报告书时披露内幕信息知情人股票交易自查报告，披露股票交易自查报告时，独立财务顾问和律师应当核查并发表明确意见；上市公司向证券交易所提交内幕信息知情人名单时，应一并向所在派出机构报告名单，各派出机构可根据需要对辖区上市公司重组过程中的内幕知情人登记管理制度执行情况等防控工作实施专项现场检查等。

（3）上市公司章程指引、上市规则修订

2019 年 4 月 17 日，中国证监会发布《关于修改〈上市公司章程指引〉的决定》，对《上市公司章程指引》的相关规定进行修改，并自发布之日起实施。本次修改主要集中在以下三个方面：1）明确了存在特别表决权股份的上市公司，应当在公司章程中规定特别表决权股份的持有人资格、特别表决权股份拥有的表决权数量与普通股份拥有的表决权数量的比例安排、持有人所持特别表决权股份能够参与表决的股东大会事项范围、特别表决权股份锁定安排及转让限制、特别表决权股份与普通股份的转换情形等事项；2）根据《公司法》的规定，完善上市公司回购本公司股份的法定情形，明确收购方式、决策程序和股份处理要求等；3）结合《上市公司治理准则》和上市公司治理实践，对股东大会召开方式以及便利化要求、董事职务解除、董事会专门委员会设置、高管人员任职要求等进行完善。

2019 年 4 月 30 日，上交所宣布对《上海证券交易所科创板股票上市规则》《上海

证券交易所股票上市规则》进行修改；同日，深交所同时宣布对《深圳证券交易所股票上市规则》《深圳证券交易所创业板股票上市规则》的有关条款进行修改。本次修改主要是配合《上市公司章程指引》等规则的修订，督促上市公司规范运作、相关主体尽职履责，推动上市公司完善治理，提高上市公司质量。修改内容主要包括：1）进一步明确董事的聘任、解聘程序；2）对上市公司股东大会程序提出细化要求；3）禁止上市公司控股子公司持有上市公司股份，避免因交叉持股产生的资产虚增，股权结构不清晰等问题。

4. 新三板新规

（1）修订《非上市公众公司监督管理办法》，并出台《全国中小企业股份转让系统股票向不特定合格投资者公开发行并在精选层挂牌规则（试行）》等配套细则

1）新三板改革，允许挂牌公司向新三板不特定合格投资者公开发行

2019年12月20日，为进一步深化新三板改革，落实差异化监管安排，中国证监会对《非上市公众公司监督管理办法》（以下简称**《公众公司监管办法》**）进行修订，本次修订的重点是对向不特定合格投资者公开发行、优化定向发行机制等改革内容进行针对性调整，具体如下：a）引入向不特定合格投资者公开发行制度。允许挂牌公司向新三板不特定合格投资者公开发行，实行保荐、承销制度；b）优化定向发行制度，放开挂牌公司单次发行新增股东不得超过35人的限制，推出自办发行方式；c）优化公开转让和发行的审核机制。公司公开转让和发行需要履行行政许可程序的，由全国中小企业股份转让系统有限责任公司（以下简称"**全国股转公司**"）先出具自律监管意见，证监会以此为基础进行核准；d）创新监管方式，确定差异化信息披露原则。明确公司治理违规的法律责任，压实中介机构责任，督促公司规范运作。

2020年1月19日，全国股转公司发布《全国中小企业股份转让系统股票向不特定合格投资者公开发行并在精选层挂牌规则（试行）》（以下简称**《公开发行规则》**），明确挂牌公司公开发行股份的具体条件，并相应发布了《全国中小企业股份转让系统股票向不特定合格投资者公开发行保荐业务管理细则（试行）》及《全国中小企业股份转让系统股票向不特定合格投资者公开发行与承销管理细则（试行）》2件公开发行业务细则。前述业务规则及细则的发布实施，标志着新三板市场股票向不特定合格投资者公开发行并在精选层挂牌业务已正式启动。根据《公众公司监管办法》《公开发行规则》的相关规定，挂牌公司申请公开发行的主要事项及相关规定如下：

主要事项	相关规定
发行主体	根据《公开发行规则》第十一条，发行人应当为在全国股转系统连续挂牌满十二个月的创新层挂牌公司。
发行对象	根据《公开发行规则》第十三条，发行对象应当为已开通全国股转系统精选层股票交易权限的合格投资者。

续表

主要事项	相关规定
发行条件	**《公开发行规则》第十二条的规定：** （一）符合《公众公司监管办法》规定的公开发行股票的相关要求； （二）《全国中小企业股份转让系统分层管理办法》（以下简称《分层管理办法》）规定的精选层市值、财务条件等要求，且不存在《分层管理办法》规定的不得进入精选层的情形； （三）发行人存在违规对外担保、资金占用或者其他权益被控股股东、实际控制人严重损害情形的，相关情形已经解除或者消除影响； （四）发行人具有表决权差异安排的，该安排应当平稳运行至少一个完整会计年度，且相关信息披露和公司治理符合有关规定。 **《公众公司监管办法》第五十五条关于公开发行股票的相关要求：** 挂牌公司申请公开发行，应当符合以下条件： （一）具备健全且运行良好的组织机构； （二）具有持续盈利能力，财务状况良好，最近 3 年财务会计文件无虚假记载； （三）依法规范经营，最近 3 年内，公司及其控股股东、实际控制人不存在贪污、贿赂、侵占财产、挪用财产或者破坏社会主义市场经济秩序的刑事犯罪，不存在欺诈发行、重大信息披露违法或者其他涉及国家安全、公共安全、生态安全、生产安全、公众健康安全等领域的重大违法行为，最近 12 个月内未受到中国证监会行政处罚。 **《分层管理办法》第十五条关于精选层市值、财务条件的相关要求：** 挂牌公司申请公开发行并进入精选层时，应当符合下列条件之一： （一）市值（指以挂牌公司向不特定合格投资者公开发行价格计算的股票市值，下同）不低于 2 亿元，最近两年净利润均不低于 1500 万元且加权平均净资产收益率平均不低于 8%，或者最近一年净利润不低于 2500 万元且加权平均净资产收益率不低于 8%； （二）市值不低于 4 亿元，最近两年营业收入平均不低于 1 亿元，且最近一年营业收入增长率不低于 30%，最近一年经营活动产生的现金流量净额为正； （三）市值不低于 8 亿元，最近一年营业收入不低于 2 亿元，最近两年研发投入合计占最近两年营业收入合计比例不低于 8%； （四）市值不低于 15 亿元，最近两年研发投入合计不低于 5000 万元。 **《分层管理办法》第十六条关于精选层资产规模及公众性的相关要求：** （一）最近一年期末净资产不低于 5000 万元； （二）公开发行的股份不少于 100 万股，发行对象不少于 100 人； （三）公开发行后，公司股本总额不少于 3000 万元； （四）公开发行后，公司股东人数不少于 200 人，公众股东持股比例不低于公司股本总额的 25%；公司股本总额超过 4 亿元的，公众股东持股比例不低于公司股本总额的 10%； （五）中国证监会和全国股转公司规定的其他条件。 **《分层管理办法》第十三条、第十七条关于精选层负面清单的相关要求：** 挂牌公司或其他相关主体不得存在下列情形： （一）挂牌公司或其控股股东、实际控制人最近三年内存在贪污、贿赂、侵占财产、挪用财产或者破坏社会主义市场经济秩序的刑事犯罪；存在欺诈发行、重大信息披露违法或者其他涉及国家安全、公共安全、生态安全、生产安全、公众健康安全等领域的重大违法行为； （二）挂牌公司或其控股股东、实际控制人、董事、监事、高级管理人员最近 12 个月内被中国证监会及其派出机构采取行政处罚，或因证券市场违法违规行为受到全国股转公司等自律监管机构公开谴责； （三）挂牌公司或其控股股东、实际控制人、董事、监事、高级管理人员因涉嫌犯罪正被司法机关立案侦查或涉嫌违法违规正被中国证监会及其派出机构立案调查，尚未有明确结论意见；

续表

主要事项	相关规定
	（四）挂牌公司或其控股股东、实际控制人被列入失信被执行人名单且情形尚未消除； （五）未按照全国股转公司规定在每个会计年度结束之日起4个月内编制并披露年度报告，或者未在每个会计年度的上半年结束之日起2个月内编制并披露半年度报告； （六）最近三年财务会计报告被会计师事务所出具非标准审计意见的审计报告； （七）中国证监会和全国股转公司规定的，对挂牌公司经营稳定性、直接面向市场独立持续经营的能力具有重大不利影响，或者存在挂牌公司利益受到损害等其他情形。
发行程序	**内部决策：**《公众公司监管办法》第五十六条规定，公司董事会应当依法就本次股票发行的具体方案、本次募集资金使用的可行性及其他必须明确的事项作出决议，并提请股东大会批准。 **全国股转公司审查：**《公开发行规则》第二十一条、第二十七条规定，发行人应当制作申请文件并向全国股转公司提交。全国股转公司收到申请文件后，应当在2个交易日内作出是否受理的决定。发行人存在尚未实施完毕的股票发行、重大资产重组、收购、股票回购等情形的，全国股转公司不予受理。全国股转公司自受理申请文件之日起2个月内出具自律监管意见或作出终止自律审查决定。 **中国证监会核准：**《公开发行规则》第二十四条规定，全国股转公司自律审查通过的，根据发行人委托向中国证监会报送申请文件。《公众公司监管办法》第五十九条规定，中国证监会受理申请文件后，依法对公开发行条件、信息披露等进行审核，在20个工作日内作出核准、中止审核、终止审核、不予核准的决定。 **公开发行：**《公开发行规则》第二十八条规定，发行人及主承销商应当在取得中国证监会核准文件后，及时向全国股转公司提交发行与承销方案。

2）挂牌公司公开发行制度

挂牌公司公开发行将贯彻“以信息披露为中心”的监管理念，强调市场主体归位尽责，加强信息披露监管。本次发布的《公开发行规则》借鉴了注册制理念，针对挂牌公司公开发行业务中的发行主体、发行条件、审议程序、申报受理、发行审查、发行承销、进入精选层以及相关的信息披露、募集资金管理和各方责任作出了系统性规定。同时，相较公开发行并在交易所上市制度，挂牌公司公开发行制度亦存在如下亮点：

一是多元化的定价机制。为贯彻“简政放权”理念，发行价格、时机、规模和结果由市场决定。同时，考虑到挂牌公司差异较大，针对盈利能力强、高成长性、市场认可度高、创新能力强等不同类型的企业分别设置有针对性的进入精选层标准，允许挂牌公司与主承销商根据发行人基本情况和市场环境等，自主合理选择直接定价、竞价或询价方式确定发行价格，以提高发行效率、实现市场化定价。

二是老股东及中小投资者合法权益保障机制。为保护挂牌公司老股东权益，将允许挂牌公司在公开发行前召开股东大会审议确定发行价格区间或发行底价，最终确定的发行价格应当在前述价格区间内或高于发行底价。精选层挂牌公司公开发行股票的发行价格应参考发行人发行前一定期间的交易价格确定，同时允许全部或部分向原股东优先配售。另一方面，挂牌公司召开股东大会审议公开发行时应当提供网络投票等方式为股东参加股东大会提供便利，股东人数超200人的，还应当对持有未达到10%股份的股东表决情况进行单独计票并披露，以合理保障中小投资者权益。

三是对战略配售进行差异化安排。科创板设置了保荐机构跟投制度，但鉴于部分市场主体认为保荐机构参与战略配售可能与其保荐职责存在潜在利益冲突，不利于其独立作出专业判断、也不利于降低发行成本，因此《公开发行规则》未采纳保荐机构跟投制度。同时，为降低集中抛售风险，提升战略配售参与积极性，促进发行成功，挂牌公司公开发行制度对战投所持股份设置差异化限售安排，对发行人高管、核心员工参与战略配售取得的股票限售12个月，对其他投资者参与战略配售取得的股票限售6个月。

（2）修订《全国中小企业股份转让系统做市商做市业务管理规定（试行）》

2019年1月25日，全国股转公司对《全国中小企业股份转让系统做市商做市业务管理规定（试行）》进行修订，新增做市库存股回售、转售的相关规定，具体如下：1）允许做市商与挂牌公司股东就做市库存股回售、转售进行约定；2）相应对做市库存股回售、转售行为进行规范。禁止出现因库存股回售或转售安排导致影响做市商独立性的情形，并要求有回售、转售安排的做市商及时履行信息披露义务。

（3）发布《全国中小企业股份转让系统挂牌公司申请股票终止挂牌及撤回终止挂牌业务指南》

2019年3月8日，为进一步规范挂牌公司申请办理股票终止挂牌及撤回终止挂牌业务，加强投资者权益保护，全国股转公司发布并实施《全国中小企业股份转让系统挂牌公司申请股票终止挂牌及撤回终止挂牌业务指南》，在总结市场化摘牌机制与经验的基础上，拟提升业务办理的规范性，并明确相关程序要求，具体如下：

1）明确关于停复牌的要求。在原有的股权登记日次日停牌的制度基础上，对已因重大事项或重大资产重组处于停牌状态的公司，要求该等公司在董事会决议公告披露后（即摘牌相关信息首次披露后），至少复牌5个转让日，以确保投资者在摘牌前的交易权利和退出机会；

2）规定不予受理终止挂牌的情形。为督促挂牌公司切实履行信息披露义务，保证投资者对挂牌公司基本信息的知情权，全国股转公司对自每年4月15日起未披露上一年年度报告或自每年8月15日起未披露本年半年度报告的挂牌公司，不受理其主动摘牌申请；同时，为防范部分公司规避监管，对已提交主动摘牌申请但未在规定期限内披露年报或半年报的公司，不受理其撤回摘牌的申请；

3）明确异议股东保护措施的相关要求。针对主动摘牌相关事项，挂牌公司或相关方应当制定合理的异议股东保护措施，主动联系异议股东，对保护措施进行解释说明，主办券商和律师需要针对相关义务人与异议股东的沟通情况及达成一致的情况进行重点核查并发表意见，以确保异议股东合法权益得到有效保障。

（4）发布《全国中小企业股份转让系统股票挂牌审查工作指引（试行）》

2019年3月8日，为进一步规范全国中小企业股份转让系统股票挂牌审查流程、有序推进挂牌审查工作公开透明，全国股转公司发布并实施《全国中小企业股份转让系统股票挂牌审查工作指引（试行）》，具体如下：

1）对挂牌审查全流程进行规范。以审查流程为主线，明确审查流程的各个具体环节，包括申请与受理、出具反馈意见、落实反馈意见、质控会、全国股转公司出具审查意见、项目办结归档等环节；

2）规范审查流程相关时限要求，明确市场预期。全国股转公司在项目受理之日起

20个转让日内出具反馈意见；申请挂牌公司、主办券商及其他中介机构在反馈意见要求的时间内（不超过20个转让日）回复；全国股转公司审查职能部门召开质控会审议项目情况，如需再次反馈的，在收到反馈回复之日起10个转让日内发出反馈意见；

3）进一步明确并完善预披露制度。全国股转公司接收申请材料后，即在网站披露公开转让说明书的申报稿、审计报告、法律意见书和主办券商推荐报告等文件，提升项目审查的公开透明度，同时，反馈意见及其回复、审查进程均在网站予以披露；

4）加强对在审项目的管理及特殊情形的应对。对挂牌审查项目的中止审查、恢复审查、终止审查、更换中介机构及签字人员等事项分别进行了规范。

（5）发布《挂牌公司权益变动与收购业务问答（二）》

2019年4月12日，为明确挂牌公司收购中特殊投资条款的披露和监管要求，便于市场主体通过特定事项协议转让方式履行特殊投资条款，全国股转公司发布并实施《挂牌公司权益变动与收购业务问答（二）》，具体如下：

1）进一步明确对特殊投资条款在内容和披露方面的监管要求。收购人可以与相关主体约定业绩承诺及补偿等特殊投资条款，但挂牌公司不得成为特殊投资条款的义务承担主体；同时，为保持收购后挂牌公司的控制权稳定，也不得约定有可能导致挂牌公司控制权再次发生变动的补偿条款；《收购报告书》及《权益变动报告书》应对特殊投资条款的相关内容进行披露；

2）进一步明确对中介机构发表核查意见的具体要求。中介机构应当对特殊投资条款进行核查验证，并发表专业意见，收购人聘请的财务顾问和律师应当对特殊投资条款是否合法有效、是否符合监管要求、承诺是否合理等事项发表意见，挂牌公司聘请的律师应当重点针对公司是否承担特殊投资条款中约定义务等涉及公司利益的事项发表意见；

3）针对特殊投资条款在挂牌公司的内部审议程序要求，根据不同的收购方式进行了区分。收购人通过股票发行方式收购挂牌公司的，特殊投资条款属于股票发行方案的组成部分，相关协议应当经挂牌公司董事会与股东大会审议通过；收购人通过股票发行以外的其他方式收购挂牌公司的，根据全国股转公司及挂牌公司章程规定，如特殊投资条款涉及的事项需提交公司董事会、股东大会审议通过的，应履行相应审议程序。

（6）发布《挂牌公司股票发行常见问题解答（四）——特殊投资条款》

2019年4月19日，为进一步明确挂牌公司股票发行中特殊投资条款的监管要求，引导投融双方规范设置特殊投资条款，提升发行融资效率，全国股转公司发布并实施《挂牌公司股票发行常见问题解答（四）——特殊投资条款》，具体内容如下：

1）对特殊投资条款进行负面清单管理。挂牌公司不得成为特殊投资条款当事人；发行认购方不得设置有权不经公司内部决策直接派驻董事或者派驻董事享有一票否决权的条款，也不得设置不符合相关法律法规规定的优先清算权、查阅权、知情权等条款；特殊投资条款不得限制挂牌公司未来融资价格或发行对象，不得限制公司权益分派，不得通过与公司市值挂钩的方式变相干预公司股票发行或交易价格，也不得约定未来融资中的特殊投资条款自动适用于本次发行认购方；

2）明确对特殊投资条款的审议和披露的监管要求。特殊投资条款作为股票发行方案的重要组成部分，应当经挂牌公司董事会、股东大会审议通过，董事会、股东大会审议通过后，提交备案材料前，投资者新增特殊投资条款或者对股东大会审议通过的特殊投资条款作出实质修改的，挂牌公司应当对股票发行方案进行修订，并重新履行董事会、股东大会审议程序；挂牌公司应当在股票发行方案及股票发行情况报告书中完整披露特殊投资条款的具体内容；

3）明确对中介机构发表核查意见的具体要求。主办券商与律师应当就股票发行中特殊投资条款的合法合规性发表明确意见，具体包括：特殊投资条款是否为协议各方真实的意思表示，是否合法有效；特殊投资条款内容是否符合监管要求；挂牌公司是否已在股票发行方案中完整披露特殊投资条款的具体内容；特殊投资条款内容是否已经挂牌公司董事会、股东大会审议通过；主办券商和律师认为需要说明的其他问题；全国股转公司要求的其他事项。

（7）发布《全国中小企业股份转让系统挂牌公司要约收购业务指引》

2019 年 6 月 14 日，为进一步完善新三板市场功能，规范挂牌公司要约收购行为，明确相关业务办理流程，全国股转公司发布并实施《全国中小企业股份转让系统挂牌公司要约收购业务指引》，具体如下：1）对于要约收购的全流程进行规范，明确要约收购的实施流程，包括要约收购期限开始前、期间内及期限届满后的各个具体环节；2）进一步落实《非上市公众公司收购管理办法》中关于要约收购的规定，明确要约收购中履约保证的办理、要约代码的发放、预受要约的申报和撤回等业务环节的落地操作安排；3）在《非上市公众公司收购管理办法》相关条款的基础上，对于收购要约的变更作出更为细化的规定，确保挂牌公司和投资人的合法权益。

（8）发布《非上市公众公司信息披露管理办法》

2019 年 12 月 20 日，为进一步明确实行分层管理后各层次挂牌公司信息披露要求，深化差异化监管安排，中国证监会发布并实施《非上市公众公司信息披露管理办法》，具体如下：1）从新三板市场和挂牌公司实际情况出发，明确挂牌公司信息披露基本要求，保障挂牌公司信息披露质量；2）结合分层结构建立差异化信息披露体系，在披露形式、披露内容和信息披露事务管理方面进行差异化安排，与各发展阶段中小企业实际情况和投资者信息需求相匹配；3）将证监会行政监管与全国股转公司自律监管相衔接，强化分工协作，形成高效监管机制。

（9）修订《全国中小企业股份转让系统分层管理办法》

2019 年 12 月 27 日，为完善分层管理，优化市场层级结构，全国股转公司对《全国中小企业股份转让系统挂牌公司分层管理办法》进行修订，并更名为《全国中小企业股份转让系统分层管理办法》，本次修订的主要内容为设立精选层，明确精选层入层条件，同时优化创新层条件，完善层级调整机制，丰富差异化制度安排，具体如下：

1）适度降低精选层进入标准。相较于 2019 年 11 月发布的征求意见稿，适当降低了精选层入层标准，具体调整包括两方面：一是将精选层准入标准一中企业加权平均净资产收益率要求由 10% 降低至 8%；二是将精选层准入标准二中的“营业收入增长率”进一步明确表述为“最近一年的营业收入增长率”；

2）完善各层级调整机制。精选层公司实行“随发随进”，即明确“在全国股转系统

连续挂牌满12个月的创新层挂牌公司”可以申请公开发行并进入精选层；挂牌同时符合创新层条件的可“随挂随进”，即申请挂牌公司可在挂牌的同时完成股票发行，符合创新层进入条件的，挂牌即进入创新层；此外，优化了定期降层和即时降层的制度安排，丰富了触发情形，既维护了相应层级的稳定运行，也确保将不再符合相应层级条件的挂牌企业及时调出，保障相应市场层级企业的整体质量；

3）规定转板上市条款。规定符合中国证监会、证券交易所和全国股转公司有关规定的精选层挂牌公司，可以直接向证券交易所申请上市交易，即精选层公司可以直接向交易所申请上市，由交易所审核，无须证监会核准，实行注册制。

（10）修订《全国中小企业股份转让系统股票交易规则》

2019年12月27日，为规范股票交易行为，全国股转公司对于《全国中小企业股份转让系统股票转让规则》进行修订，并更名为《全国中小企业股份转让系统股票交易规则》，本次修订拟优化不同市场层级的差异化交易安排，并进一步完善市场交易机制，具体如下：1）减少不同市场及层级之间的交易制度差异。为减少不同市场之间，以及新三板各层级之间交易制度差异，将精选层收盘集合竞价时间由5分钟改为3分钟，将基础层、创新层集合竞价不可撤单时间统一为3分钟；2）明确强制变更股票交易方式的情形。挂牌公司进入或调出精选层的，股票交易方式可强制变更为相应市场层级交易方式；基础层、创新层采取做市交易的，如做市商不足2家且未在30个交易日内恢复为2家以上的，将强制变更为集合竞价交易方式；基础层、创新层采取做市交易的，在全国股转公司作出终止挂牌决定后的恢复交易期间，交易方式将强制变更为集合竞价交易方式。

（11）修订《全国中小企业股份转让系统投资者适当性管理办法》

2019年12月27日，为加强投资者适当性管理，保护投资者合法权益，全国股转公司对于《全国中小企业股份转让系统投资者适当性管理办法》进行修订，本次修订的主要内容为调整完善适当性标准、资产认定范围以及持续性管理要求，对不同市场层级的投资者实施差异化适当性管理，具体如下：1）全面修改投资者适当性标准。对精选层、创新层、基础层实施差异化的适当性要求，个人投资者资产标准也由金融资产调整为证券资产；除资产门槛的下调外，新三板对于投资者投资经验实施多元化认定标准，认定维度包括投资经历、工作经历和任职经历等，投资者在上述三方面维度的要求中满足其一，即可达到适当性标准；2）优化投资者适当性持续管理。不再要求主办券商督促投资者持续符合资产要求，改为要求主办券商结合所了解的投资者信息和投资者参与挂牌公司股票交易的情况，及时对评估数据库进行更新。

（12）修订《全国中小企业股份转让系统挂牌公司股份特定事项协议转让细则》及配套业务办理指南

2019年12月27日，为了优化挂牌公司股份特定事项协议转让业务，全国股转公司、中国证券登记结算有限责任公司对《全国中小企业股份转让系统挂牌公司股份特定事项协议转让业务暂行办法》及配套业务办理指南进行修订，并更名为《全国中小企业股份转让系统挂牌公司股份特定事项协议转让细则》，本次修订主要对特定事项协议转让的适用情形、转让要求、业务流程及申请材料等方面进行了完善。

（二）境外上市

1. 概述

常见的境外上市形态主要包括：境内股份有限公司发行境外上市外资股（如 H 股）、中资控股境外平台公司（主要为央企 / 国企背景的境内企业设立的境外平台公司，少数为民营背景的境内企业设立的境外平台公司）用境内权益在境外上市（即大红筹）和非国有主体（多为境内外居民自然人）在境外设立或控制的平台公司用境内权益在境外上市（即小红筹）。

（1）H 股 IPO（包括 GEM 和主板）、再融资（包括配股、增发等）及 H 股全流通、GEM 转主板

H 股 IPO 和再融资主要适用国务院 1994 年 8 月 4 日颁布的《国务院关于股份有限公司境外募集股份及上市的特别规定》（国务院令第 160 号）和证监会 2012 年 12 月 20 日发布的《关于股份有限公司境外发行股票和上市申报文件及审核程序的监管指引》（以下简称“**《境外发行监管指引》**”）。为便利境外上市具体文件的制作和申报，证监会于 2006 年 11 月 3 日公布了《股份有限公司境外公开募集股份及上市（包括增发）审批申请材料目录和申请书示范文本》和《境外上市公司发行可转换为股票的公司债券审批申请材料目录和申请书示范文本》，并于 2014 年 12 月 19 日进一步修改了《行政许可事项－股份有限公司境外公开募集股份及上市（包括增发）审批申请材料目录和申请书示范文本》，详细规定了相关申请的申请文件清单和提交形式。证监会于 2015 年 5 月和 8 月分别公布了《股份有限公司境外公开募集股份及上市（包括增发）审核工作流程》（以下简称“《审核工作流程》”）和《股份有限公司境外公开募集股份及上市（包括增发）审核关注要点》（以下简称“**《审核关注要点》**”），进一步明确境外上市的审批要求。证监会于 2019 年 7 月 22 日公布《行政许可事项服务指南－股份有限公司境外公开募集股份及上市（包括增发）审批》，进一步将 H 股的上市申请文件减少至 6 项，但对于其中的申请报告及相关文件一项新增了提交公司及其董事、监事、高级管理人员关于申请材料真实、准确、完整的承诺的要求；于 2019 年 7 月 23 日公布《股份有限公司境外公开募集股份及上市（包括增发）审核关注要点》，进一步将审核关注要点减少至 11 条，取消了国有股权管理事项审核，引入了对于发行人业务以及募集资金投向是否符合《市场准入负面清单》和《产业结构调整指导目录》的核查，新增了对发行人是否存在违反国家和地方环境保护相关要求的情形、发行人现有股东及本次发行对象（如适用）之间是否存在关联关系或一致行动关系等事宜的核查。

此外，过往 H 股为人诟病的一个方面即为内资股不能在境外上市流通，但证监会于 2019 年 11 月 15 日发布《H 股公司境内未上市股份申请“全流通”业务指引》，在 2018 年已开展三家 H 股上市公司“全流通”试点的基础上，全面推出了 H 股“全流通”政策，亦同步出台 H 股“全流通”申请材料目录及审核关注要点；深交所于 2019 年 12 月 31 日发布了《H 股“全流通”业务实施细则》。根据我们了解的 H 股全流通情况，境内股东在 H 股全流通后出售股票获得的资金仍需汇回境内，因此，对于有资金出境需求的民营企业，未来在选择 H 股或红筹上市时，选择可能会更加分化。

（2）大红筹上市及境外子公司分拆红筹上市

主要适用国务院 1997 年 6 月 20 日颁布的《关于进一步加强在境外发行股票和上市管理的通知》（国发〔1997〕21 号，即所谓的“**红筹指引**”）和证监会 1998 年 2 月 22 日下发的《关于落实国务院〈关于进一步加强在境外发行股票和上市管理的通知〉若干问题的通知》（证监〔1998〕5 号）以及其他规范性文件。大红筹项目多为早期已在境外设立平台公司的央企 / 国企，少数为民营企业。近年来，大红筹项目在香港分拆上市的案例有所增加，符合盘活国有资产的目标，对稳定香港金融市场、香港股市亦有促进作用。

（3）小红筹上市

小红筹上市的监管有较复杂的历史。证监会曾于 2000 年 6 月 9 日下发《关于涉及境内权益的境外公司在境外发行股票和上市有关问题的通知》，要求中国律师就小红筹上市项目出具法律意见书并由证监会出具无异议函。2003 年 4 月证监会废止该规定，自此，小红筹上市实际上处于一个无明确监管的状态。【备注：按此结论，民企 ODI 出去的企业上市应归类于大红筹，因为民企 ODI 还是要适用 97 红筹指引】

2006 年 8 月 8 日，商务部、国务院国资委、国家税务总局、原国家工商行政管理总局、证监会、国家外汇局联合发布《关于外国投资者并购境内企业的规定》（2006 年第 10 号）并由商务部修订后于 2009 年 6 月 22 重新发布《关于外国投资者并购境内企业的规定》（商务部令 2009 年第 6 号，以下简称“**10 号令**”），其中第 40 条规定，特殊目的公司境外上市交易应经国务院证券监督管理机构批准；特殊目的公司系指中国境内公司或自然人为实现以其实际拥有的境内公司权益在境外上市而直接或间接控制的境外公司；特殊目的公司为实现在境外上市，其股东以其所持公司股权，或者特殊目的公司以其增发的股份，作为支付手段，购买境内公司股东的股权或者境内公司增发的股份的，适用该规定。因此，小红筹境外上市过程中，境内居民身份的股东一般不通过跨境换股的重组方式完成境内外架构的对接。

10 号令更为重要的一条规定为第 11 条，即“关联并购”审批规定——境内公司、企业或自然人以其在境外合法设立或控制的公司名义并购与其有关联关系的境内的公司，应报商务部审批；当事人不得以外商投资企业境内投资或其他方式规避前述要求。随着近年来商事改革，不涉及国家规定实施准入特别管理措施的外商投资企业的设立及变更已由商务审批制变更为备案制，2019 年 12 月 31 日公布的《外商投资信息报告办法》将备案制相关规定废除，变更为报告制，体现了商务部门和市场监督管理部门信息报告系统的合并。但对于 10 号令关联并购的审批，目前仍在适用。获得商务部关联并购审批的案例并不多见，因此，在 10 号令后的相当一段时期甚至截至目前，小红筹上市或以搭建红筹架构为目的的重组项目，仍然采用的做法是变换股东国籍、VIE 架构、信托持股、“两步走”等方式绕开 10 号令商务部对于关联并购的审批。然而，需提示的是，部分地区的商务部门对“两步走”的态度趋严。商务部对于关联并购的审批虽严，但如为央企 / 国企上市，仍有机会获得商务部关于关联并购的审批。

2. 境外上市监管规则

香港联合交易所（以下简称“联交所”）于 2019 年对《主板上市规则》及《GEM 上

市规则》(合称为"《上市规则》")的修订中重点需要注意的是关于收紧借壳上市及抑制壳股活动方面的修订。有关修订已于2019年10月1日开始生效。

（1）有关收紧借壳上市的修订

为抑制规避上市要求的借壳上市行为，联交所修订了反收购交易的定义（详见下文）并强化了反收购及极端交易的合规要求（详见下文）。

（a）有关反收购交易的定义及相关条文的修订

（i）**反收购的原则为本测试。**根据联交所的指引信GL78-14，上市公司进行一项或一系列收购交易是否构成"反收购"的判断标准包括"原则为本的测试（Principle based test）及"明确测试"（Bright line tests)"，某项/某系列交易只要符合其中之一即会构成"反收购"。根据原则为本的测试，反收购指目的是将目标资产上市并且规避通常新上市申请需要满足的《上市规则》条文的收购交易，即通常所说的借壳上市。

联交所对《主板上市规则》及《GEM上市规则》的本次修订是载于指引信GL78-14的六项评估因素（最后两项有所修改）收编入两项《上市规则》的有关规则的注解之中。因此，根据修改后的两项《上市规则》，联交所于运用原则为本的测试判断某项或某系列的收购是否构成"反收购"时，将考虑以下六项评估因素：

（A）收购或一系列收购的规模相对上市公司的规模；

（B）上市公司的主营业务有否出现根本转变；

（C）上市公司于收购或一系列收购前的业务性质及规模；

（D）收购目标的质素；

（E）上市公司（不包括其附属公司）的控制权或实际控制权有否出现转变（控股股东、单一最大主要股东、董事会及/或高层管理人员出现重大转变等情况）；

（F）时间接近（通常为36个月之内）或互有关连的交易（包括控制权/实际控制权转变、收购及/或出售事项方面)，连同该收购或一系列收购会构成意图将收购目标上市的交易。

（ii）**反收购－明确测试。**《上市规则》修订前，反收购的明确测试是指上市公司于控制权发生转变之时或之后的24个月内，向新控股股东及/或其联系人进行一项或一系列的非常重大的收购。本次修订将上述24个月的判断基准延长至36个月，并且明确规定上市公司不得在其控制权变动时或其后36个月内将其全部或大部分原有业务出售或作实物配发，除非上市公司余下的业务（或从新控股股东或其联系人所收购的业务）仍然能够符合《上市规则》下有关新上市申请的标准。

（iii）**限制以大规模发行证券的方式借壳上市。**修订后的《上市规则》新增一项规定：当上市公司拟大规模发行新证券（包括任何股份、权证、期权或可换股证券）换取现金以收购及/或开展新业务，而联交所认为该等证券发行是为了规避新上市规定及取得该新业务的上市，则联交所可拒绝批准该等新证券的上市申请。联交所会考虑上文提及的六项评估因素，以衡量有关证券发行是否是为了规避新上市的规定以及是否为了取得有关新业务的上市。

（b）强化反收购及极端交易的合规要求

（i）**极端交易。**根据修订后的《上市规则》，极端交易指一项或一系列资产收购，且

该交易若参照上文提及的六项评估因素衡量，具有将收购目标上市的效果，但上市公司能够向联交所证明有关交易并非借壳上市，并且符合以下规定：

（A）上市公司须有规模庞大的主要业务，且该业务会在收购完成后继续；

（B）上市公司须长时间（一般不少于36个月）受同一人控制或实际控制，而且有关交易不会令上市公司控制权或实际控制权有变。

（ii）**反收购及极端交易的规定。**修订后的《上市规则》要求反收购及极端交易的收购目标的业务须符合《上市规则》下有关新上市申请业务的标准及要求，扩大后的集团须符合《上市规则》对新上市申请公司的规定，但不需要符合盈利测试的要求。

（2）抑制壳股活动方面的修订

（a）**关于足够业务运作的要求。**修订后的《上市规则》规定，上市公司须有足够的业务运作并且拥有相当价值的资产以支持其营运，否则不得继续上市。该规定属于定量性测试。举例而言，若联交所认为上市公司的业务并非具有实质性或长远而言并不可持续发展，则联交所可能会认为上市公司不符合此项规定。在考虑上市公司是否符合上述规定时，上市公司集团（除了根据《主板上市规则》第21章的规定上市的投资公司外）的自营证券交易及/或投资活动一般不包括在内，除非有关自营证券交易及/或投资是由上市公司集团内从事银行、保险或《证券及期货条例》项下的受规管活动的公司在其日常业务过程中所进行的。

（b）**关于现金资产公司的规定。**根据修订后的《上市规则》，倘若上市公司（除了根据《主板上市规则》第21章的规定上市的投资公司外）的所有或大部分资产都由现金或“短期证券”构成，则该公司不适合上市，进而会被联交所停牌。上述规定的“短期证券”指年期在一年内的证券，如债券或票据，并包含了容易转换为现金的金融工具、上市证券。

除了联交所对《上市规则》的修订外，香港证监会也发布了《有关披露交易对手方的实际控制人或实益拥有人的声明》。该声明中强调，如果上市公司的交易对手方的实际控制人的身份对上市公司的投资者评估该上市公司或其业务、资产、债务、财政情况是必要的，则上市公司须披露有关交易对手方的实际控制人的身份，否则香港证监会将动用其在《证券及期货（在证券市场上市）规则》下的权力（包括当上市公司发布重大失实、不完整或具误导性的信息时，香港证监会可要求联交所停止该上市公司证券的交易），以保障投资者的利益。就此，香港证监会于声明中举例，上市公司倘若进行收购、出售、注资、组成合资公司、发债、发新股或可转债、发期权、设立或投资私募基金等交易时，应考虑是否披露交易对手方的实际控制人的身份以确保投资者可获得所有必要的信息以评估是否买卖有关上市公司的股份。

（三）债券市场

1. 银行间债券市场新规

（1）建立健全债券违约处置机制

为保护银行间市场非金融企业债务融资工具持有人合法权益，建立健全债券违约处置机制，提升违约处置效率，2019年12月27日，中国银行间市场交易商协会（以下简称“交易商协会”）发布了《银行间债券市场非金融企业债务融资工具违约及风险处置指南》（以下简称“《处置指南》”）（中市协发〔2019〕161号）、《银行间债券市场非金融企业债务融资工具受托管理人业务指引（试行）》（以下简称“《受托管理人指引》”）及其配套文件《银行间债券市场非金融企业债务融资工具持有人会议规程（修订稿）》（以下简称“新《持有人会议规程》”）三大系列制度。

《处置指南》明确了违约及风险处置的基本理念和原则，即各方应坚持市场化、法治化理念，遵循平等自愿、公平清偿、公开透明、诚实守信的原则；并对市场参与各方的权责与权利做了进一步的明确，包括强化发行人、主承销商、受托管理人及其他中介机构的职责，同时明确持有人的权利和可采取的措施；同时还提供了多元化处置路径措施供市场参考，明确了债券持有人可采用协商制定重组方案、置换、协商采用其他方式等多元化处置措施以维护其合法权益。同时这些措施不仅可适用于违约债券，对于未发生违约但偿付存在较大风险的债券，发行人也可以与持有人协商采用相关措施，提前化解风险。

《受托管理人指引》首次在银行间债券市场引入受托管理人制度，为投资者提供更好的风险及违约处置的机制保障，也便于债项的投资者集体通过受托管理人开展统一行动。《受托管理人指引》从受托管理人适当性、利益冲突防范机制、受托管理人的职责与权利等不同方面对受托管理人的独立性、客观性提出了具体要求，并允许投资者可通过持有人会议机制变更存在严重利益冲突或怠于行使相关权利的受托管理人，更有利于保护投资者权益。由于《受托管理人指引》将于2020年7月1日生效，为保障市场平稳运行，交易商协会配套发布了关于《银行间债券市场非金融企业债务融资工具受托管理人业务指引（试行）》过渡期安排的通知，对过渡期间非金融企业债务融资工具受托管理人相关机制安排做出了具体规定。

新《持有人会议规程》在强化债券风险及违约处置制度背景下，对交易商协会于2010年8月27日首次发布实施并于2013年8月6日第一次修订的《银行间债券市场非金融企业债务融资工具持有人会议规程》进行了第二次修订。新《持有人会议规程》扩大了召开持有人会议的前提条件，特别是在发现债务融资工具或发行人可能出现风险事件的情况下，即可安排召开持有人大会，进一步保护了投资人权益。同时，为了使债务融资工具的违约处置存在更灵活的协商和操作空间，新《持有人会议规程》明确将对于债券本息条款的修改及第三方承担清偿义务等安排纳入议案的内容。此外，新《持有人会议规程》对于该等议案还设置了较高的投票通过比例要求，旨在保护绝大多数投资人的利益。

（2）进一步便利境外机构投资者投资

为进一步便利境外机构投资，满足高水平开放要求，2019年9月30日，中国人民银行会同国家外汇管理局发布了《中国人民银行、国家外汇管理局关于进一步便利境外机构投资者投资银行间债券市场有关事项的通知》（银发〔2019〕240号），允许同一境外主体QFII/RQFII和直接入市渠道下的债券进行非交易过户，资金账户之间可以直接划转，同时同一境外机构投资者分别通过QFII/RQFII和直接投资渠道投资境内银行间债券市场的，只需通过QFII/RQFII境内托管行或者直接投资结算代理人向中国人民银行上海

总部备案一次即可。此外，根据国务院之前的批准，中国人民银行和国家外汇管理局已取消了RQFII试点国家和地区，以及QFII/RQFII额度限制，由此境外机构投资者不同渠道投资银行间市场的政策原则上基本趋同。

2. 交易所市场债券新规

（1）进一步规范公司债券发行

为进一步规范公司债券发行业务，维护债券市场正常秩序，保护投资者合法权益，促进债券市场健康稳定发展，2019年12月13日，上海证券交易所和深圳证券交易所分别发布了《关于规范公司债券发行有关事项的通知》（上证发〔2019〕115号、深证上〔2019〕821号），对公司债券发行业务进行规范。其中包括：明确了发行人不得在发行环节直接或间接认购自己发行的债券；要求披露发行人的董事、监事、高级管理人员、持股比例超过5%的股东及其他关联方的认购情况；要求主承销商对上述事项进行核查，并发表核查意见；明确了承销机构及其关联方参与认购其所承销债券的，应当在发行业务与投资交易业务设立防火墙；明确了证券交易所对于违反上述规定者可采取监管或纪律处分措施等内容。

（2）放开非上市公司非公开发行可转换公司债券

2019年8月30日，上海证券交易所和深圳证券交易所分别发布了《非上市公司非公开发行可转换公司债券业务实施办法》（以下简称"《实施办法》"）（上证发〔2019〕89号、深证上〔2019〕524号），旨在拓宽企业融资渠道，充分发挥交易所债券市场助力企业融资的积极作用，2017年9月22日发布的《创新创业公司非公开发行可转换公司债券业务实施细则（试行）》（以下简称"《实施细则》"）同时废止。与《实施细则》相对比，本次发布的《实施办法》主要有如下几方面的变化：

一、扩大发行主体。扩大了可转换债券的发行主体及适用范围，由创新创业公司扩展至股票未在证券交易所上市的股份有限公司，且符合一定条件的有限责任公司非公开发行可转换债券也可参照适用；

二、明确发行方式。规定了可转债采取非公开方式发行，可转债发行之前及转股后，股份有限公司股东人数不得超过200人，《实施办法》此次增加"中国证券监督管理委员会（以下简称'证监会'）的其他规定"可突破上述限制，并增加有限公司的相关规定，即可转换债券发行前以及债券持有人行使转股权后，有限责任公司股东人数不得超过50人；

三、明确转股流程。《实施办法》区分了全国股转系统挂牌公司和非挂牌公司两类不同发行主体并分别详细规定了相应的挂牌转让及转股操作流程，并对相关文书材料增加了部分要求；

四、强化信息披露义务。《实施办法》制定了更加严格的信息披露要求，并对年度报告、中期报告、临时披露义务、债券受托管理人年度受托管理事务报告、转股公告等事项进行了规定。

（3）推动公司信用类债券信息披露制度统一

为完善公司信用类债券信息披露制度，推动公司信用类债券信息披露规则统一，促进我国债券市场持续健康发展，中国人民银行会同国家发展和改革委员会（以下简称

"国家发改委")、证监会先后起草并于2019年12月20日发布了《公司信用类债券信息披露管理办法(征求意见稿)》(以下简称"《管理办法》")、《公司信用类债券募集说明书编制要求(征求意见稿)》(以下简称"《募集说明书编制要求》")及《公司信用类债权定期报告编制要求(征求意见稿)》(以下简称"《定期报告编制要求》")。

《管理办法》定位于基础性规范,着力对市场需求迫切的框架性标准进行统一规定,重点明确企业发行及存续期的信息披露、中介机构信息披露、监督管理等总体要求。具体来看,其主要内容涵盖了如下几个方面:一是明确信息披露的基本原则;二是统一企业信息披露的义务;三是统一存续期重大事项认定及披露要求;四是规范信息披露事务管理制度;五是明确信息披露参与各方的责任;六是明确特殊状态下的信息披露义务人及相关责任;七是统一对自律组织及相关服务机构的要求。

《募集说明书编制要求》主要规定了募集说明书编制的主要内容和格式体例,涵盖了风险提示及说明、募集资金运用、企业基本情况、企业主要财务情况、企业资信情况和投资保护等内容,并明确了面向个人投资者披露的信息披露要求。此外,《募集说明书编制要求》充分考虑近年来违约债券处置中的实际问题,进一步推动完善募集说明书约定内容,强化募集说明书中关于债券违约情形、违约责任、受托管理人事项、债券持有人会议、投资者保护条款等与投资者权益密切相关的内容,为市场化、法治化处置违约债券提供基础。

《定期报告编制要求》主要规定了定期报告的内容框架、编制原则、格式体例、披露要件等。在充分考虑不同类型投资者决策与风险分析能力的基础上,设置了差异化的信息披露要求。同时,其分别规定面向合格机构投资者的债券在存续期间内的年度报告、半年度报告和季度报告的不同编制要求。此外,《定期报告编制要求》还重点规定了面向个人投资者的债券还应遵守的其他信息披露要求。《募集说明书编制要求》和《定期报告编制要求》注重平衡信息披露效率与成本,在满足投资者保护需求的同时,允许企业通过索引方式信息披露,减少重复信息披露。

(4)探索公司信用类违约债券处置机制

为建立健全违约债券处置机制,妥善化解信用风险,推动我国债券市场持续健康发展,中国人民银行会同国家发改委、证监会,于2019年12月27日对外公布了《关于公司信用类债券违约处置有关事宜的通知(征求意见稿)》(以下简称"《信用类债券违约处置通知》"),主要包括以下内容:

一、明确违约处置的基本原则。《信用类债券违约处置通知》明确了债券违约处置的四项原则,即:底线思维原则、市场化,法治化原则、各方尽职尽责原则以及平等自愿原则。

二、充分发挥受托管理人和债券持有人会议制度在债券违约处置中的核心作用。《信用类债券违约处置通知》强调在债券发行文件中明确受托管理人的责任和义务,支持受托管理人在有效授权内代表债券持有人开展有关活动。鼓励在债券发行文件中约定债券持有人会议的相关条款,鼓励建立分层次的持有人会议议案表决机制。

三、明确违约处置各方的职责与义务。《信用类债券违约处置通知》具体地规范了债券发行人、中介机构的职责与义务,强化发行人的信息披露义务及中介机构的勤勉尽责

义务，并支持债券持有人充分利用集体行动机制维护合法权益。与此同时，《信用类债券违约处置通知》还强调投资者要树立风险自担意识，主动提高信用风险识别能力。

四、丰富市场化违约债券处置方式。为提高违约债券处置效率，《信用类债券违约处置通知》明确在继续发挥违约债券交易机制作用的基础上，要进一步丰富市场化债券违约处置方式，包括允许发行人在基于平等、自愿原则的前提下，通过债券置换、展期等方式协商进行债务重组。同时，《信用类债券违约处置通知》规定违约债券的处置进展及结果应当真实、及时、完整地告知全体持有人，充分保障投资者的知情权。

五、加大对发行人逃废债的打击力度。为加大对恶意逃废债行为的惩戒力度，维护市场秩序，《信用类债券违约处置通知》进一步建立健全跨部门联合惩戒机制。一是推进债券市场统一执法，提高违法违规成本，加大对违法违规行为的打击力度；二是依法依规对恶意逃废债企业的市场融资进行一定程度限制；三是对情节严重、造成重大损失和不良社会影响的恶意逃废债企业及负有主要责任的相关人员，依法将相关信息纳入征信系统及全国信用信息共享平台。

（5）修订非公开发行公司债券项目承接负面清单

中国证券业协会于2019年12月20日发布了修订后的《非公开发行公司债券项目承接负面清单指引》（以下简称“《指引》”）（中证协发〔2019〕342号），旨在进一步防范非公开发行公司债券业务风险。此次修订明确了非公开发行公司债券项目承接实行负面清单管理，承销机构项目承接不得涉及负面清单限制的范围，其中包括地方融资平台公司以及主管部门认定的存在“闲置土地”“炒地”“捂盘惜售”“哄抬房价”等违法违规行为的房地产公司在内的五类特殊行业或类型的发行人。此次修订内容主要涉及两项条款：一是将被采取行政监管措施或纪律处分而完成整改的发行人排除于负面清单外；二是将存在违法违规行为房地产公司的认定主体进行了调整。

3. 企业债券新规

（1）完善企业债券发行管理制度

为贯彻落实党中央、国务院关于增强金融服务实体经济能力的决策部署，完善企业债券发行管理制度，提高发行效率和质量，国家发改委于2019年9月24日发布了《企业债券簿记建档发行业务指引》（以下简称“《簿记建档指引》”）及《企业债券招标发行业务指引》（以下统称“两部《指引》”）。两部《指引》是在2014年4月国家发改委发布的《企业债券簿记建档发行业务指引（暂行）》及《企业债券招标发行业务指引（暂行）》的经验基础上进行修订的成果。本次对两部《指引》的修订工作主要围绕三个方面展开：一是强化内控制度要求，严控发行环节相关风险，整合《指引》中发行参与人内控制度的有关要求，为内控制度设置独立章节，进一步凸显内控制度重要性，充分体现健全发行业务内外部监管要求，强化报告制度。二是强化企业债券发行环节社会信用管理，实施失信联合惩戒，要求发行参与人按规定或协议约定履行相关义务，未履行规定或协议约定的相关行为记入信用记录，并按照国家有关规定纳入信用信息系统，实施失信联合惩戒。三是适应债券市场发行新形势，提高债券发行效率，根据市场参与各方需求，一方面赋予企业债券灵活的发行定价权利，发行人可自主选择设置弹性配售选择权或当期追加发行选择权；另一方面调整直接投资人申请标准，充分发挥直接投资人在企业债券发行过程中的重要作用。修订后的两部《指引》增加了弹性配售选择权和当期追加选择权等定价方式，相关规则将由国家发改委指导中央结算公司制定，并增加了债券发行前公告日期的弹性。在充分披露的前提下，给予发债企业一定自主选择权，增加发行额度和公告日期安排弹性，有利于提升企业债券的发行效率，有利于降低企业债券的发行利率和扩大直接融资规模。

4. 境外债券市场新规

自国家发改委2015年9月下发《国家发展改革委关于推进企业发行外债备案登记制管理改革的通知》（发改外资〔2015〕2044号，以下简称“2044号文”）起四年以来，境外融资的政策总体呈现对外开放特别是金融开放的导向。

纵观2019年全年，国务院、国家外汇管理局为、国家发改委均陆续发布了境外融资相关的监管意见，2019年中国企业境外发债领域的监管重点主要呈现以下两个方面的特点：一方面，从政策层面为市场主体合规办理外汇业务提供便利化举措，有效降低市场主体跨境使用资金的成本；另一方面，针对特定企业尤其是地方政府融资平台和房地产企业实施差异化监管，为特定企业境外融资提出了更高的要求。

（1）国务院关于境外发债的新规

2019年10月30日，国务院发布《国务院关于进一步做好利用外资工作的意见》（国发〔2019〕23号，以下简称“23号文”），旨在深化投资便利化改革，降低资金跨境使用成本。针对外商投资企业借用外债，23号文提出“推进企业发行外债登记制度改革，完善全口径跨境融资宏观审慎管理政策，支持外商投资企业自主选择借用外债模式，降低融资成本”，并明确国家发改委、商务部、人民银行、外汇局按职责分工负责。

（2）国家外汇管理局关于境外发债的新规

2019年10月23日，国家外汇管理局为深入推进“放管服”改革，提升外汇管理服务实体经济能力和水平，促进跨境贸易投资便利化，国家外汇管理局发布《关于进一步促进跨境贸易投资便利化的通知》（汇发〔2019〕28号，以下简称“28号文”）。28号文的主要相关内容如下：（1）取消非投资性外商投资企业资本金境内股权投资限制。在投资性外商投资企业（包括外商投资性公司、外商投资创业投资企业和外商投资股权投资企业）可依法依规以资本金开展境内股权投资的基础上，28号文允许非投资性外商投资企业在不违反现行外商投资准入特别管理措施（负面清单）且境内所投项目真实、合规的前提下，依法以资本金进行境内股权投资；（2）扩大资本项目收入支付便利化试点。28号文允许试点地区符合条件的企业将资本金、外债和境外上市等资本项下收入用于境内支付时，无须事前向银行逐笔提供真实性证明材料，其资金使用应当真实合规，并符合现行资本项目收入使用管理规定；（3）改革企业外债登记管理。28号文取消了非银行债务人需到所在地外汇局办理外债注销登记管理要求，非银行债务人可到其所属外汇分局（外汇管理部）辖内银行直接办理符合条件的外债注销登记。取消非银行债务人办理外债注销登记业务的时间限定。试点取消非金融企业外债逐笔登记。试点地区非金融企业可按净资产2倍到所在地外汇局办理外债登记，非金融企业可在登记金额内自行借入外债资金，直接在银行办理资金汇出入和结购汇等手续，并按规定办理国际收支申报；（4）取消资本项目外汇账户开户数量限制。28号文取消了资本项目外汇账户开户数量限

制，具体而言，取消“每笔外债最多可以开立3个外债专用账户”“每个开户主体原则上只能开立1个境外汇入保证金专用账户”“每笔股权转让交易的股权出让方仅可开立1个境内资产变现账户”等限制，相关市场主体可根据实际业务需要开立多个资本项目外汇账户，但相关账户开户数量应符合审慎监管要求。

28号文进一步便利了市场主体办理外汇业务，尤其是试点取消非金融企业外债逐笔登记的举措大大减轻了境外发债融资主体的负担。同时，允许试点地区非金融企业在净资产2倍的登记金额内自行借入外债资金、直接在银行办理资金汇出入和结购汇手续，也是对《中国人民银行关于全口径跨境融资宏观审慎管理有关事宜的通知》的响应和践行。需要注意的是，28号文的大部分政策目前仅能在试点地区实践，比如，取消非金融企业外债逐笔登记的规定先行在粤港澳大湾区和海南进行，资本项目收入支付便利化的试点地区仅限于18个自由贸易区和部分省份，非试点地区暂不能参考适用28号文的规定。

（3）国家发改委关于境外发债的新规

1）申请指引

2019年2月18日，国家发改委发布《关于企业申请办理外债备案登记证明的指引》，针对某些企业发行外债未按2044号文申请办理备案登记的情况，国家发改委再次强调中央管理企业和金融机构需由集团总部（总公司、总行等）向国家发改委提出备案登记申请，地方企业（含金融机构）直接向国家发改委提出备案登记申请，对外债备案申请主体及受理主体进行了明确。

2）666号文

2019年6月6日，国家发改委办公厅发布《关于对地方国有企业发行外债申请备案登记有关要求的通知》（发改办外资〔2019〕666号，以下简称“666号文”），在2044号文、《国家发展改革委、财政部关于完善市场约束机制严格防范外债风险和地方债务风险的通知》（发改外资〔2018〕706号）的基础上，666号文对于境内企业境外发债，尤其是承担地方政府融资职能的地方国有企业的境外发债提出了更为个性化的要求。

666号文的主要规定如下：（1）所有企业（含地方国有企业）及其控制的境外企业或分支机构发行外债，需由境内企业向国家发改委申请备案登记；（2）所有企业（含地方国有企业）发行外债申请备案登记应提交申请材料的真实性承诺函，并由企业主要决策人员签字确认。对于虚假承诺的企业，国家发改委将把企业及主要决策人员违规行为记入信用记录，并纳入全国信用信息共享平台；（3）地方国有企业发行外债申请备案登记需持续经营不少于三年；（4）地方国有企业作为独立法人承担外债偿还责任，地方政府及其部门不得直接或者承诺以财政资金偿还地方国有企业外债，不得为地方国有企业发行外债提供担保；（5）承担地方政府融资职能的地方国有企业发行外债仅限用于偿还未来一年内到期的中长期外债；（6）地方国有企业发行外债应加强信息披露。在债券募集说明书等文件中，严禁掺杂可能与政府信用挂钩的误导性宣传信息。

结合境外债的实践，我们认为666号文需要关注的主要内容如下：（1）666号文明确外债备案申请主体必须为境内企业，从而方便发改委对申请人的具体情况进行核实和查证。境外红筹上市公司发行外债时应尤其注意该规定，应以境内实体作为外债备案申请主体，而非境外上市公司；（2）666号文强调外债备案申请材料的真实性，强化追责机制，要求企业主要决策人员为外债备案申请文件的真实性、准确性和完整性背书。建议潜在发行人及中介机构重视外债备案申请文件的起草，对于无法完全确定的事宜，尽量采用模糊表述，保持灵活性；（3）限制地方国有企业发外债，要求其持续经营三年，便于发改委考察其经营能力及还款能力。实践中，如实际用款人持续经营少于三年，但其母子公司、兄弟公司满足持续经营不少于三年的条件，则建议调整申请主体为其母子公司或兄弟公司，待筹集资金后再进行集团内的资金调配；（4）对募集资金用途进行限制，仅限用于偿还未来一年内到期的中长期外债。此条款切断了地方政府融资平台首次发行外债融资的渠道，地方政府融资平台如此前未发生过中长期境外债务，即不可能满足该条关于募集资金用途的要求，也就不具备向国家发改委申请外债备案的条件。同时，即使发行人持有存量中长期境外债务，也只能在存量债务到期前一年内发行，限制了发行窗口，试图达到地方政府融资平台境外债务存量不增、已有债务滚动存续的效果。

3）778号文

2019年7月9日，国家发改委在其官网发布《国家发展改革委办公厅关于对房地产企业发行外债申请备案登记有关要求的通知》（发改办外资〔2019〕778号，以下简称“778号文”）。

778号文是国家发改委针对房地产企业发行外债融资的专项规定，从外债募集资金用途、备案申请文件要求、信息披露和负债结构方面对房地产企业提出了更为个性化的要求。具体而言，778号文明确了如下几点：（1）房地产企业发行外债只能用于置换未来一年内到期的中长期境外债务；（2）房地产企业在外债备案登记申请材料中要列明拟置换境外债务的详细信息，包括债务规模、期限情况、经我委备案登记情况等，并提交《企业发行外债真实性承诺函》；（3）房地产企业发行外债要加强信息披露，在募集说明书等文件中需明确资金用途等情况；（4）房地产企业应制定发行外债总体计划，统筹考虑汇率、利率、币种及企业资产负债结构等因素，稳妥选择融资工具，灵活运用货币互换、利率互换、远期外汇买卖、期权、掉期等金融产品，合理持有外汇头寸，保持境内母公司外债与境外分支机构外债、人民币外债与外币外债、短期外债与中长期外债、内债与外债合理比例，有效防控外债风险。

778号文与666号文异曲同工，从外债募集资金用途、备案申请文件要求、信息披露和负债结构方面对房地产企业提出了更为严苛的条件。与666号文相似，房地产企业发行外债“只能用于置换未来一年内到期的中长期境外债务”是778号文的杀手锏，该条规定切断了很大一部分新兴房地产企业发行外债融资的渠道，新兴房地产企业如此前未发生过中长期境外债务，即不可能满足该条关于募集资金用途的要求，也就不具备向国家发改委申请外债备案的条件。同时，即使是持有存量中长期境外债务的房地产企业，也并不能任意选择发债窗口，只能在存量债务到期前一年内发行，且募集资金只能用于存量债务的置换，无法扩大融资量。

778号文尚出台不久，境外债市场上目前仍在活跃的房地产公司绝大部分是在778号文出台之前已经取得国家发改委外债备案文件的企业，拟新申请外债备案的房地产企业和中介机构亦处于观望状态，尚不能判断778号文对房地产企业境外债券融资市场的

具体影响。然而，按照当前持续收紧的房地产调控政策，国家发改委对于778号文的适用解释预计会趋于严格，建议市场上的发行人和中介机构予以重视，及时关注监管政策的变化。

（四）私募股权投资

1. 最高法印发《全国法院民商事审判工作会议纪要》

最高人民法院（以下简称“**最高院**”）于2019年11月8日印发了《全国法院民商事审判工作会议纪要》（法〔2019〕254号，以下简称“**九民纪要**”），九民纪要的内容系针对民商事审判中的前沿疑难争议问题，在广泛征求各方面意见的基础上，经最高院审判委员会民事行政专业委员会讨论决定的。九民纪要虽不属于司法解释，不能直接作为裁判依据进行援引，但其内容可作为裁判文书“本院认为”部分具体分析法律适用时的理由。九民纪要全文四万余字，针对多达十二个领域的前沿疑难问题的法律适用进行了梳理，其出台规范了法官自由裁量权，增强了民商事审判的可预期性。九民纪要中关于公司纠纷案件内容与私募股权投资业务密切相关的部分进行以下具体解读：

（1）关于“对赌协议”的效力及履行

在私募股权投资中，投资人投资的标的企业通常是未上市企业，对于该等企业的投资通常会面临几大挑战，包括被投企业未来发展的不确定性、投资人掌握信息的有限性和不对称性以及投资人对于公司业务经营参与和决策的有限性。出于应对上述挑战的目的，投资协议中通常会安排一些投资人保护条款，其中“对赌”安排是比较常见的一种，其具体的名称和条款表述可能五花八门，但核心要义基本一致，即在标的企业未来表现不如投资人的预期（包括在一段期限内未能上市），投资人有权要求对赌义务人对投资人进行补偿，这种补偿可以是按照约定的价格收购其所持股权和/或进行金钱或股权补偿等。

对赌协议的影响有时并不止及与对赌协议的签署方，特定种类的对赌协议还可能影响到标的企业的债权人的权益，因此在九民纪要出台前，关于对赌协议效力的争论不绝于耳，从过去的司法实践总结出的结果可以简单概括为：和标的企业对赌的一般无效，和创始人、实际控制人、标的企业的股东对赌的一般有效。本次九民纪要对于对赌协议效力的问题进行了正面回应，具体如下：

1）对赌义务人是创始人、实际控制人及/或标的企业股东

此种情形下，若对赌安排被触发，将由创始人、实际控制人及/或标的企业的股东对投资人承担回购或补偿义务。该等约定的有效性争议不大，由于承担义务的并非标的企业本身，因此并不会直接影响标的企业债权人的利益，在过去的司法判例中，人民法院通常认定其为平等民事主体间意思自治的结果从而维持其效力。

本次九民纪要肯定了这种实践，明确指出“对于投资方与目标公司的股东或者实际控制人定义的‘对赌协议’，如无其他无效事由，认定有效并支持实际履行，实践中并无争议”。

2）对赌义务人包括标的企业

此种情形下，若对赌安排被触发，将由标的企业承担回购或补偿义务。如果是回购模式，由于我国的《公司法》严格限制公司回购公司股权/股票的行为，特别是对于有

限责任公司，《公司法》并没有明确规定公司可主动回购个别股东股权的情形，因此公司承担回购义务本身是否符合《公司法》的规定本身存疑；如果是公司承担金钱补偿义务，似乎又有股东抽逃出资之嫌。加之又有观点认为由标的企业承担对赌安排下的义务有违资本维持原则，侵害了标的企业债权人和其他股东的利益，还使投资人脱离所投资企业的业绩享有了固定收益。可见不论是以哪种形式，标的企业承担义务的方式都容易引发争议。因此在过往的司法实践中，鲜有由标的企业作为对赌义务人的安排得到人民法院肯定的案例。

九民纪要在此问题上没有采用一刀切，指出“投资方与目标公司订立的‘对赌协议’在不存在法定无效事由的情况下，目标公司仅以存在股权回购或者金钱补偿约定为由，主张‘对赌协议’无效的，人民法院不予支持，但投资方主张实际履行的，人民法院应当审查是否符合《公司法》关于‘股东不得抽逃出资’及股份回购的强制性规定，判决是否支持其诉讼请求”，该等意见确认了由标的企业作为对赌义务人的安排本身并不必然无效，并给出了司法审查的标准，具体而言：

对于投资方请求目标公司回购股权的

九民纪要指出“人民法院应当依据《公司法》第 35 条关于‘股东不得抽逃出资’或者第 142 条关于股份回购的强制性规定进行审查。经审查，目标公司未完成减资程序的，人民法院应当驳回其诉讼请求”。可见投资方请求目标公司回购股权的前提是目标公司已经完成了减资，这体现了对债权人利益优先保护的价值取向。但根据《公司法》的相关规定，减资是股东会决议事项，且决议必须经代表三分之二以上表决权的股东通过，而私募股权投资中的投资人很少能持有如此之高的股比。此外，减资还必须经过公告、债权申报等手续，而对赌条件触发时目标公司多处于经营不善、内部外部纠纷四起的状态，可能债权人也会阻挠公司进行减资；加之根据实践经验，存在部分地方市场监督管理部门并不接受定向减资的做法。综合考量上述因素，要顺利完成减资程序从而能够获得法院据此而对对赌安排的支持可能并不容易。

对于投资方请求目标公司承担金钱补偿义务的

九民纪要指出“人民法院应当依据《公司法》第 35 条关于‘股东不得抽逃出资’和第 166 条关于利润分配的强制性规定进行审查。经审查，目标公司没有利润或者虽有利润但不足以补偿投资方的，人民法院应当驳回或者部分支持其诉讼请求。今后目标公司有利润时，投资方还可以依据该事实另行提起诉讼”。可见投资方请求目标公司承担金钱补偿义务的前提是目标公司有利润。根据《公司法》的相关规定，公司的税后利润应首先用于弥补亏损和提取法定公积金，因此我们理解目标企业用于承担金钱补偿义务的资金只能来源于税后利润在弥补亏损和提取法定公积金后剩余的部分。

综上，区分对赌后果是股权回购还是金钱补偿，九民纪要分别给出了司法审查的标准，该等标准本质上是对《公司法》适用的明确。在九民纪要中，可以理解为股权回购被视为（定向）减资，金钱补偿被视为（定向）分红，从而将对赌安排这种舶来概念整合进现有的《公司法》体系下，以减资和分红的法定要求作为司法审查标准。

值得注意的是，九民纪要没有对股权补偿（即由投资人无偿或低价认购标的企业增资以稀释投资人的投资单价从而起到补偿的效果）这一可能的对赌后果进行讨论，这一

方式在实践当中并不罕见，且因为投资人并无退出需求，无论是目标公司还是其创始人、实际控制人或其他股东可能都无需履行金钱给付义务，客观而言对于各方的压力较小，实践当中可能存在一定的生存空间，其实际执行中可能产生的阻力，主要来源于可能因该等低价认购行为而被稀释的其他股东，以及在此过程中因程序需求可能需要提供配合的债权人。无论如何，由于九民纪要未予明确这一部分，其未来如何认定其合法性可能还有待观察。

（2）关于股东出资加速到期及表决权问题

自《公司法》将公司的注册资本制度从实缴制变为认缴制后，即股东可以选择在一定期限内完成实缴注册资本的义务，前述出资期限由各股东约定于章程之中。《公司法》明确股东有义务按期履行出资义务，不按期履行出资义务的股东除了要补缴以外，还应对其他按期缴纳的股东承担违约责任。除此以外，《公司法解释（三）》还明确债权人有权要求未履行或未全面履行出资义务的股东在其未出资本息范围内对公司不能清偿的债务承担补充赔偿责任，但是。《公司法解释（三）》中所谓“未履行或未全面履行出资义务”的理解较难把握，其出资义务究竟是指全部注册资本而言的现在及将来之所有出资义务，还是仅指出资期限已届满的到期出资义务，似乎语焉不详。公司的注册资本没有充分缴足显然会影响公司的偿付能力，而由于出资期限取决于股东间的内部约定，这里就需要平衡债权人和股东之间的利益。

对此，九民纪要通过明确了股东“期限利益”这一概念给出了答案。九民纪要指出：“在注册资本认缴制下，股东依法享有期限利益。债权人以公司不能清偿到期债务为由，请求未届出资期限的股东在未出资范围内对公司不能清偿的债务承担补充赔偿责任的，人民法院不予支持”。此条内容明确了《公司法》语境下股东的出资义务原则上都应当按到期之出资义务来理解，换言之，出资期限未届满的，出资义务并未实际形成，不能构成真正的义务，最多只能算是潜在义务，甚至可以进一步解读为在出资期限未届满的情况下，股东享有不出资的“权利”。当然有原则就有例外，为了防止权利滥用，九民纪要还是给出了两项例外：“（1）公司作为被执行人的案件，人民法院穷尽执行措施无财产可供执行，已具备破产原因，但不申请破产的；（2）在公司债务产生后，公司股东（大）会决议或以其他方式延长股东出资期限的”。在前述这两种例外情形下，股东的出资义务还是会被加速到期。其中第一种情况与破产制度相衔接，在《公司法解释（二）》中已明确“公司财产不足以清偿债务时，债权人主张未缴出资股东，以及公司设立时的其他股东或者发起人在未缴出资范围内对公司债务承担连带清偿责任的，人民法院应依法予以支持”，因此在该等特殊情况下股东期限利益让位于债权人权利；第二种情况则明显是为了防范公司股东为了逃避债务恶意延长出资期限，这种情况下由于产生欺诈的可能性较大，司法选择不承认“刻意制造”出来的期限利益。

与加速到期问题类似的还有出资期限到期前股东的表决权是否会受到影响，《公司法解释（三）》中指出“股东未履行或者未全面履行出资义务或者抽逃出资，公司根据公司章程或者股东会决议对其利润分配请求权、新股优先认购权、剩余财产分配请求权等股东权利作出相应的合理限制，该股东请求认定该限制无效的，人民法院不予支持”。九民纪要则明确：“股东认缴的出资未届履行期限，对未缴纳部分的出资是否享有以及如何行使表决权等问题，应当根据公司章程来确定。公司章程没有规定的，应当按照认缴出资的比例确定。如果股东（大）会作出不按认缴出资比例而按实际出资比例或者其他标准确定表决权的决议，股东请求确认决议无效的，人民法院应当审查该决议是否符合修改公司章程所要求的表决程序，即必须经代表三分之二以上表决权的股东通过。符合的，人民法院不予支持；反之，则依法予以支持”。可见九民纪要在此问题上同样尊重股东期限利益，除非章程有相反约定，公司内部亦不可限制出资期限未届满股东的表决权。

（3）股权转让相关问题

九民纪要在股权转让领域明确了两个问题：一是股东名册变更的效力，二是侵犯原有股东优先购买权的股权转让合同的效力。

1）股东名册变更的效力

九民纪要指出“当事人之间转让有限责任公司股权，受让人以其姓名或者名称已记载于股东名册为由主张其已经取得股权的，人民法院依法予以支持，但法律、行政法规规定应当办理批准手续生效的股权转让除外。未向公司登记机关办理股权变更登记的，不得对抗善意相对人”。这一理解明确了股东名册的变更通常具有对内效力，但不具备对抗效力。从股权转让交易中买方的立场来看，以工商变更登记完成作为交割先决条件仍是最佳选择，但如果在卖方较为强势的情况下无法争取到该等条款的，要求至少将股东名册变更作为交割先决条件，也能从一定程度上保障买方的权益。

2）侵犯原有股东优先购买权的股权转让合同的效力

九民纪要指出“一方面，其他股东依法享有优先购买权，在其主张按照股权转让合同约定的同等条件购买股权的情况下，应当支持其诉讼请求，除非出现该条第 1 款规定的情形（注：指《公司法解释（四）》第 21 条第 1 款，即但其他股东自知道或者应当知道行使优先购买权的同等条件之日起三十日内没有主张，或者自股权变更登记之日起超过一年的情形）。另一方面，为保护股东以外的股权受让人的合法权益，股权转让合同如无其他影响合同效力的事由，应当认定有效。其他股东行使优先购买权的，虽然股东以外的股权受让人关于继续履行股权转让合同的请求不能得到支持，但不影响其依约请求转让股东承担相应的违约责任”。这一理解未超出《公司法解释（四）》中对该问题的意见，即不直接否定侵犯原有股东优先购买权的股权转让合同的效力，但如果受侵犯的原有股东在特定期限内主张行使优先购买权或主张损害赔偿的，人民法院应当支持，因此造成原受让方不能实现合同目的的，原受让方应通过转让合同的违约责任向转让方求偿。

（4）公司提供担保相关问题

公司在日常经营或融资过程中不时需要提供担保，担保的对象可能是股东、实际控制人，也可能是与公司无关联的第三方。《公司法》对公司的担保行为有明确规定，其要求“公司向其他企业投资或者为他人提供担保，依照公司章程的规定，由董事会或者股东会、股东大会决议；公司章程对投资或者担保的总额及单项投资或者担保的数额有限额规定的，不得超过规定的限额。公司为公司股东或者实际控制人提供担保的，必须经股东会或者股东大会决议。前款规定的股东或者受前款规定的实际控制人支配的股东，不得参加前款规定事项的表决。该项表决由出席会议的其他股东所持表决权的过半数通过”。实践中经常出现的问题是交易方往往过于相信法定代表人的签字，忽视《公司法》

对于公司权力机关做出决议的要求；亦或是满足于见到董事会决议/股东会决议，而不深究该等决议是否符合《公司法》或章程的要求，因此公司提供担保也成为公司纠纷频发的领域。

九民纪要较为系统的梳理了公司提供担保的审查模式，可简要概括如下：

1）为公司股东或实际控制人提供关联担保

该等关联担保根据《公司法》的要求必须由股东（大）会决议通过，未经股东（大）会决议，构成越权代表。在此情况下，债权人主张担保合同有效，应当提供证据证明其在订立合同时对股东（大）会决议进行了审查，决议的表决程序符合《公司法》第16条的规定，即在排除被担保股东表决权的情况下，该项表决由出席会议的其他股东所持表决权的过半数通过，签字人员也符合公司章程的规定。

2）为公司股东或实际控制人以外的人提供非关联担保

只要债权人能够证明其在订立担保合同时对董事会决议或者股东（大）会决议（不论章程是否对决议机关有约定，或约定是该由董事会决议还是由者股东（大）会决议）进行了审查，同意决议的人数及签字人员符合公司章程的规定即可，但公司能够证明债权人明知公司章程对决议机关有明确规定的除外。

当然，为了避免给债权人施加过于沉重的审查义务，九民纪要同时明确“债权人对公司机关决议内容的审查一般限于形式审查，只要求尽到必要的注意义务即可，标准不宜太过严苛。公司以机关决议系法定代表人伪造或者变造、决议程序违法、签章（名）不实、担保金额超过法定限额等事由抗辩债权人非善意的，人民法院一般不予支持”。

上述系对公司提供担保的有效性的一般审查原则，九民纪要也列举了四项例外，若存在下列情形的，即便债权人知道或者应当知道没有公司机关决议，也应当认定担保合同符合公司的真实意思表示，合同有效：（1）公司是以为他人提供担保为主营业务的担保公司，或者是开展保函业务的银行或者非银行金融机构；（2）公司为其直接或者间接控制的公司开展经营活动向债权人提供担保；（3）公司与主债务人之间存在相互担保等商业合作关系；（4）担保合同系由单独或者共同持有公司三分之二以上有表决权的股东签字同意。

2. 外商投资领域法规变化

在中美贸易战的背景下，一方面因为国际局势，另一方面也因为自身发展需要，2019年我国进一步加快了外商投资领域对外开放的进程。

（1）外商投资法发布

2018年12月26日《外商投资法（草案）》在中国人大网公布，向社会公众征求意见，并于2019年3月15日正式发布《外商投资法》(以下简称“**《外资法》**”)。《外资法》已于2020年1月1日生效。《外资法》与《外商投资法（草案）》在内容上差别不大，其主要内容仍然包括外商投资的定义和情形、投资促进、投资保护、投资管理等方面。

1）明确了外商投资的内涵及外延

《外资法》所称外商投资，是指外国的自然人、企业或者其他组织（以下称外国投资者）直接或者间接在中国境内进行的投资活动，包括下列情形：（i）外国投资者单独或者与其他投资者共同在中国境内设立外商投资企业；（ii）外国投资者取得中国境内企业的股份、股权、财产份额或者其他类似权益；（iii）外国投资者单独或者与其他投资者共同在中国境内投资新建项目；（iv）法律、行政法规或者国务院规定的其他方式的投资。

从上述规定可以看出，《外资法》并未对外国投资者是否实际由中国投资者控制进行区分，我们理解由中国投资者控制的外国投资者仍然无法摆脱对外商投资的限制，更进一步分析，《外资法》从整体上而言没有强调控制的概念，未采用从实际控制人出发的监管思路，如此一来，《外资法》对 VIE 架构仍然采取回避态度，VIE 架构未来一段时期内可能还将保持其灰色地带的状态。

2）投资促进措施

根据《外资法》的规定，投资促进措施包括：外商投资企业依法平等适用国家支持企业发展的各项政策；与外商投资有关的规范性文件、裁判文书等，应当依法及时公布；国家建立健全外商投资服务体系，为外国投资者和外商投资企业提供法律法规、政策措施、投资项目信息等方面的咨询和服务；国家根据国民经济和社会发展需要，鼓励和引导外国投资者在特定行业、领域、地区投资；外国投资者、外商投资企业可以依照法律、行政法规或者国务院的规定享受优惠待遇；国家保障外商投资企业依法平等参与标准制定工作，强化标准制定的信息公开和社会监督等。

值得注意的是，《外资法》还明确国家保障外商投资企业依法通过公平竞争参与政府采购活动；政府采购依法对外商投资企业在中国境内生产的产品、提供的服务平等对待。且外商投资企业可以依法通过公开发行股票、公司债券等证券和其他方式进行融资。

3）关于投资保护的规定

根据《外资法》的规定，国家对外国投资者的投资不实行征收；在特殊情况下，国家为了公共利益的需要，可以依照法律规定对外国投资者的投资实行征收或者征用。征收、征用应当依照法定程序进行，并及时给予公平、合理的补偿。《外资法》还明确了外国投资者在中国境内的出资、利润、资本收益、资产处置所得、知识产权许可使用费、依法获得的补偿或者赔偿、清算所得等，可以依法以人民币或者外汇自由汇入、汇出。

《外资法》在如下方面进一步明确了对外国投资者和外商投资企业的保护。

· 在知识产权方面，本次的《外资法》明确：国家保护外国投资者和外商投资企业的知识产权，保护知识产权权利人和相关权利人的合法权益；对知识产权侵权行为，严格依法追究法律责任。国家鼓励在外商投资过程中基于自愿原则和商业规则开展技术合作。技术合作的条件由投资各方遵循公平原则平等协商确定。行政机关及其工作人员不得利用行政手段强制转让技术。此前常有外国投资者抱怨中国的监管者会利用各种方式强制知识产权转让，上述算是对这种意见的一个回应，这对外资企业的知识产权保护可能是个利好信号。

除了知识产权外，《外资法》还强调了对商业秘密的保护，其要求行政机关及其工作人员对于履行职责过程中知悉的外国投资者、外商投资企业的商业秘密，应当依法予以保密，不得泄露或者非法向他人提供。

·《外资法》对各级政府制定限制性规则的权力加以约束，明确各级人民政府及其有关部门制定涉及外商投资的规范性文件，应当符合法律法规的规定；没有法律、行政法规依据的，不得减损外商投资企业的合法权益或者增加其义务，不得设置市场准入和退

出条件，不得干预外商投资企业的正常生产经营活动。

·《外资法》要求地方各级政府做到诚信履约，明确地方各级人民政府及其有关部门应当履行向外国投资者、外商投资企业依法作出的政策承诺以及依法订立的各类合同。因国家利益、社会公共利益需要改变政策承诺、合同约定的，应当依照法定权限和程序进行，并依法对外国投资者、外商投资企业因此受到的损失予以补偿。

·《外资法》确立了外商投资企业投诉工作机制，及时处理外商投资企业或者其投资者反映的问题，协调完善相关政策措施。外商投资企业或者其投资者认为行政机关及其工作人员的行政行为侵犯其合法权益的，可以通过外商投资企业投诉工作机制申请协调解决。该等投诉机制与行政复议、诉讼等救济是并行关系，外商投资企业或者其投资者认为行政机关及其工作人员的行政行为侵犯其合法权益的，除依照前款规定通过外商投资企业投诉工作机制申请协调解决外，还可以依法申请行政复议、提起行政诉讼。

4）关于投资管理的规定

《外资法》再一次明确了准入前国民待遇加负面清单管理的整体思路，这也与目前不断更新的负面清单制度相衔接，而外商投资项目的核准、备案，仍然按照国家有关规定执行。

另外，《外资法》明确国家建立外商投资信息报告制度，外国投资者或者外商投资企业应当通过企业登记系统以及企业信用信息公示系统向商务主管部门报送投资信息。外商投资信息报告的内容和范围按照确有必要的原则确定；通过部门信息共享能够获得的投资信息，不得再行要求报送。这一制度取代此前由商务部门负责的外商投资企业设立及变更审批/备案制度，即外商投资企业设立和变更直接在主管工商或市场监督管理部门完成，在商务主管部门仅适用信息报告制度。

此外，《外资法》还提到了外国投资者并购中国境内企业或者以其他方式参与经营者集中的，应当依法接受经营者集中审查；以及对影响或者可能影响国家安全的外商投资国家可进行安全审查等制度。

由于《外资法》在对外商投资定义时同时包括了外国投资者“直接”或者“间接”在中国境内进行的投资活动，因此从字面意义理解，对于负面清单事项的监管应是穿透监管（包括下文提到的《外商投资法实施条例》亦明确外商投资企业在中国境内投资，适用《外资法》和《外商投资法实施条例》的有关规定），即外资成分并不会因为多层境内结构而被视为内资从而规避负面清单中的特别监管措施。根据我们的实践经验（考虑到截至本文撰写日《外资法》生效的时间较短，实践经验也相对有限），有的市场监督管理部门在办理工商变更登记的过程中尚未严格实施穿透监管核查（例如在办理变更时追溯上层股东的股权结构等），换言之外国投资人通过设立多层境内架构投向负面清单规定的领域可能仍可以完成工商变更登记，但不排除商务主管部门会根据信息报告制度对负面清单的遵守情况进行监管，也不排除市场监督管理部门未来在办理外商投资设立和变更登记时严格适用穿透原则予以核查，从而可能终结目前较为普遍的多层结构投资模式。

（2）外商投资法配套法规和司法解释发布

2019年底，随着《外资法》生效日期的临近，《外资法》的相关配套法规和司法解释也集中出台，其中较为重要的包括《外商投资法实施条例》、最高人民法院关于适用

《外资法》若干问题的解释（以下简称“**《外商投资法解释》**”）、市场监管总局关于贯彻落实《外资法》做好外商投资企业登记注册工作的通知（以下简称“**《外商投资企业登记注册通知》**”）以及《外商投资信息报告办法》。

1）外商投资法实施条例：《外商投资法实施条例》作为《外资法》的细化规则，体例上也依照《外资法》对应设置了总则、投资促进、投资保护、投资管理、法律责任和附则，其中要点如下：（i）《外商投资法实施条例》在总则部分明确了中国的自然人也能作为股东参与设立外商投资企业；（ii）在投资促进、投资保护部分则主要强调了对外商投资企业的平等对待和对一些行政工作具体开展时的流程要求以强调对外商投资企业合法权利的保护，并针对实践中的一些突出问题做出了直接回应，例如其第二十八条即明确地方各级人民政府及其有关部门应当履行向外国投资者、外商投资企业依法作出的政策承诺以及依法订立的各类合同，不得以行政区划调整、政府换届、机构或者职能调整以及相关责任人更替等为由违约毁约；（iii）从投资管理的部分来看，新体系下对外商投资的管理脉络分为三个层次，其一是市场监管部门负责的企业登记注册，其二是行业主管部门负责的市场准入许可，其三是发改部门负责的固定资产投资项目核准，商务部门不再参与事前的备案、核准工作，转而由上述三类部门在业务过程中监督外商投资企业的投资行为是否符合负面清单的相关要求，发现外国投资者投资负面清单规定禁止投资的领域，或者外国投资者的投资活动违反负面清单规定的限制性准入特别管理措施的，均可依照《外资法》第三十六条的规定予以处理，商务部门对于外商投资的监管将依赖于外商投资信息报告制度，外国投资者或者外商投资企业应当通过企业登记系统以及企业信用信息公示系统向商务主管部门报送投资信息；（iv）在附则部分，《外商投资法实施条例》明确了五年的过渡期，自 2025 年 1 月 1 日起，对未依法调整组织形式、组织机构等并办理变更登记的现有外商投资企业，市场监督管理部门不予办理其申请的其他登记事项，并将相关情形予以公示。另外，《外商投资法实施条例》规定“定居在国外的中国公民在中国境内投资，参照外商投资法和本条例执行”，这里‘定居在国外”的标准可能还有待明确。

2）外商投资企业登记注册通知：如前文分析，《外资法》和《外商投资法实施条例》已将外商投资企业设立变更阶段的监管部门从商务部门和市场监管部门双线监管的模式调整为市场监管部门“准”单线监管，商务部门从台前转向幕后（不再有所谓商委备案、核准，仅通过信息报告制度进行监管），因此市场监管部门出台的《外商投资企业登记注册通知》在实操领域具有很强的指导意义：（i）根据《外商投资企业登记注册通知》，在申请外商投资企业设立或者变更登记时，投资人应当承诺是否符合负面清单的要求，登记机关对相关申请材料进行形式审查，行业主管部门在登记注册前已经依法核准相关涉企经营许可事项的，登记机关无需就是否符合准入特别管理措施规定条件进行重复审查；（ii）《外商投资企业登记注册通知》还对信息报告制度的落实进行了规定，其明确市场监管部门应配合商务部门落实外商投资信息报告制度，自 2020 年 1 月 1 日起，不再执行外商投资企业设立商务备案与工商登记“一口办理”，在申请外商投资企业设立、变更登记时，申请人应当填写外商投资初始报告、变更报告，提交外商投资信息报告不是办理外商投资企业登记注册的必要条件，登记机关不对外商投资信息报告进行审查，申请人提

交企业登记申请后，可以继续填写外商投资信息报告信息，外国投资者或者外商投资企业应当通过国家企业信用信息公示系统报送“多报合一”年报。

3）外商投资信息报告办法：对于信息报告制度更为具体的要求见于商务部和国家市场监督管理总局联合出台的《外商投资信息报告办法》，根据其规定，信息报告分为初始报告、变更报告、注销报告、年度报告，其中：（i）初始报告适用于新设外商投资企业以及外国投资者股权并购境内非外商投资企业，其内容包括企业基本信息、投资者及其实际控制人信息、投资交易信息等信息；（ii）变更报告适用于初始报告的信息发生变更时；（iii）注销报告适用于外商投资企业注销或者转为内资企业，注销报告虽有其名但并非一份单独的报告，外商投资企业注销或者转为内资企业的，在办理企业注销登记或者企业变更登记后视同已提交注销报告，相关信息由市场监管部门推送至商务主管部门，外商投资企业无需另行报送；（iv）年度报告则应由外商投资企业应于每年1月1日至6月30日通过国家企业信用信息公示系统提交，当年设立的外商投资企业，自下一年起报送年度报告。上述四种报告的提交时间都和企业在市场监管部门办理登记（备案）手续的时间同步，商务主管部门发现外国投资者或者外商投资企业存在未报、错报、漏报的，应当通知外国投资者或者外商投资企业于20个工作日内进行补报或更正，对于不履行或者未适当履行信息报告义务的行为，《外商投资信息报告办法》亦给出了明确的罚则，包括限期改正、罚款等《外商投资信息报告办法》还对信息报告制度在外商境内多层次投资情形下的适用进行了明确：（i）外商投资企业在中国境内投资（含多层次投资）设立企业的，在向市场监管部门办理登记备案、报送年报信息后，相关信息由市场监管部门推送至商务主管部门，上述企业无需另行报送；（ii）外商投资举办的投资性公司、创业投资企业和以投资为主要业务的合伙企业在境内投资设立企业的，应当参照《外商投资信息报告办法》第二章的规定报送投资信息。

4）外商投资法解释：《外商投资法解释》的内容主要围绕投资合同展开，首先明确了投资合同的其内涵和外延：“投资合同，是指外国投资者即外国的自然人、企业或者其他组织因直接或者间接在中国境内进行投资而形成的相关协议，包括设立外商投资企业合同、股份转让合同、股权转让合同、财产份额或者其他类似权益转让合同、新建项目合同等协议”；其次明确了特定情形下投资合同效力的认定，具体而言：（i）对外商投资法第四条所指的外商投资准入负面清单之外的领域形成的投资合同，当事人以合同未经有关行政主管部门批准、登记为由主张合同无效或者未生效的，人民法院不予支持；（ii）外国投资者投资外商投资准入负面清单规定禁止投资的领域，或投资负面清单限制投资的领域且违反限制性准入特别管理措施，当事人主张投资合同无效的，人民法院应予支持；（iii）在生效裁判作出前，因外商投资准入负面清单调整，外国投资者投资不再属于禁止或者限制投资的领域，当事人主张投资合同有效的，人民法院应予支持。

（3）2019年版负面清单发布

2019年6月30日，国家发展改革委、商务部发布了《外商投资准入特别管理措施（负面清单）（2019年版）》（以下简称“**2019全国负面清单**”）和《自由贸易试验区外商投资准入特别管理措施（负面清单）（2019年版）》（以下简称“**2019自贸区负面清单**”，与2019一般负面清单合称为“**2019年版负面清单**”）。本次修订仍沿用2018年版负面清单的表格体例，在交通运输、增值电信、基础设施、文化等服务业领域，以及制造业、采矿业、农业领域均推出了新的开放措施，在更多领域允许外资控股或独资经营，且未出现新增限制。

从内容上看，2019 全国负面清单条目由 48 条减至 40 条，2019 自贸区负面清单条目从 45 条减至 37 条。根据 2019 年版负面清单以及国家发展改革委有关负责人就 2019 年版外资准入负面清单答记者问，主要开放措施包括：

1）推进服务业扩大对外开放。交通运输领域，取消国内船舶代理须由中方控股的限制。基础设施领域，取消 50 万人口以上城市燃气、热力管网须由中方控股的限制。文化领域，取消电影院、演出经纪机构须由中方控股的限制。增值电信领域，取消国内多方通信、存储转发、呼叫中心 3 项业务对外资的限制。

2）放宽农业、采矿业、制造业准入。农业领域，取消禁止外商投资野生动植物资源开发的规定。采矿业领域，取消石油天然气勘探开发限于合资、合作的限制，取消禁止外商投资钼、锡、锑、萤石勘查开采的规定。制造业领域，取消禁上外商投资宣纸、墨锭生产的规定。

3）继续发挥自贸试验区开放“试验田”作用。2018 年版自贸试验区外资准入负面清单试点的演出经纪机构、石油天然气勘探开发等开放措施推向全国。本次修订，在全国开放措施的基础上，2019 年版自贸试验区外资准入负面清单取消了水产品捕捞、出版物印刷等领域对外资的限制，继续进行扩大开放先行先试。

（4）取消非投资性外商投资企业资本金境内股权投资限制

2019 年 10 月 23 日，国家外汇管理局发布了《关于进一步促进跨境贸易投资便利化的通知》（以下简称“**28 号文**”）。28 号文明确取消非投资性外商投资企业资本金境内股权投资限制，在投资性外商投资企业（包括外商投资性公司、外商投资创业投资企业和外商投资股权投资企业）可依法依规以资本金开展境内股权投资的基础上，允许非投资性外商投资企业在不违反负面清单且境内所投项目真实、合规的前提下，依法以资本金进行境内股权投资。非投资性外商投资企业以资本金原币划转开展境内股权投资的，被投资主体应按规定办理接收境内再投资登记并开立资本金账户接收资金，无需办理货币出资入账登记；非投资性外商投资企业以资本金结汇开展境内股权投资的，被投资主体应按规定办理接收境内再投资登记并开立“资本项目 – 结汇待支付账户”接收相应资金。

在 28 号文出台前，非投资性外商投资企业只可以合法利润进行境内再投资，在经营范围不包括“投资”的情况下（在实践中工商主管部门几乎很难允许非投资性外商投资企业在经营范围内单独添加“投资”字样），不得用资本金进行境内投资；28 号文出台后，所有外商投资企业，无论它的经营范围内是否含“投资”字样，都可以依法以资本金原币或者结汇开展境内股权投资，且条件仅是不违反负面清单以及所投项目真实、合规。我们理解对非投资性外商投资企业资本金境内股权投资的松绑将惠及广大一般外商投资企业。从另一方面看，考虑到投资性外商投资企业普遍存在较高的准入门槛，28 号文的出台可能对该类企业的存在价值造成较大的削弱。

（五）私募基金管理人登记、备案

1. 两类基金募资新规

（1）概述

2019年10月25日，国家发改委、中国人民银行、财政部、银保监会、证监会、外汇局六部门发布了《关于进一步明确规范金融机构资产管理产品投资创业投资基金和政府出资产业投资基金有关事项的通知》（发改财金规〔2019〕1638号）（以下简称“两类基金细则”）。指出凡是符合通知要求的创业投资基金和政府出资产业投资基金（以下统称“两类基金”），均在接受资管产品及私募投资基金投资时不视为一层资管产品。对于两类基金细则出台前已签订认缴协议且符合规定的两类基金，过渡期内，金融机构可以发行老产品向两类基金出资。

（2）享受政策的创业投资基金的定义

两类基金细则中明确了可以享受优惠政策的两类基金的定义。其中，创业投资基金的定义基本沿用了2005年出台的《创业投资企业管理暂行办法》中的表述，具体为：

a）符合《创业投资企业管理暂行办法》和《私募投资基金监督管理暂行办法》规定并完成备案的；

b）投向符合产业政策、投资政策；

c）投资范围限于未上市企业；

d）基金运作不涉及债权融资；

e）基金存续期不短于7年；

f）对基金份额不得进行结构化安排，但政府出资设立的创业投资引导基金作为优先级的除外；

g）基金名称或基金合同和招募说明书中体现“创业投资”字样。

实践中，存续期短于7年的专项基金及存在结构化安排的基金将因不满足前述条件而无法适用该优惠政策。

（3）享受政策的政府出资产业投资基金的定义

两类基金细则对政府出资产业投资基金的定义为：

a）由中央、省级或计划单列市人民政府批复设立；

b）政府认缴出资比例不低于基金总规模的10%，其中党中央、国务院批准设立的，政府认缴出资比例不低于5%；

c）符合《政府出资产业投资基金管理暂行办法》和《政府投资基金暂行管理办法》；

d）投向符合产业政策、投资政策；

e）基金运作不涉及新增地方政府隐形债务。

两类基金细则中对于政府出资产业投资基金的定义较为严苛：政府出资产业投资基金必须是依据中央、省级或计划单列市人民政府的批复设立，故市场上部分活跃的由市级政府设立的引导基金（如前海产业投资引导基金、南京市政府创业投资引导基金等）均无法适用该优惠政策。此外，两类基金细则对于政府出资的比例有一定要求，但并未对出资的政府层级进行限制，即中央、省、市、区等各级政府合计认缴出资符合规定要求即可。

（4）嵌套限制

2018 年 4 月 27 日，中国人民银行、银保监会、证监会及外汇管理局联合发布了《关于规范金融机构资产管理业务的指导意见》（银发〔2018〕106 号）（以下简称“资管新规”）。资管新规第二十二条规定，资产管理产品可以再投资一层资产管理产品，但所投资的资产管理产品不得再投资公募证券投资基金以外的资产管理产品。前述规定对资管产品的多层嵌套进行了限制。

资管新规第二条第三款规定，私募投资基金适用私募投资基金专门法律、行政法规，私募投资基金专门法律、行政法规中没有明确规定的适用本意见。创业投资基金、政府出资产业投资基金的相关规定另行制定。对两类基金的嵌套规则的适用预留了一定空间。

两类基金细则规定，符合两类基金细则要求的两类基金接受资产管理产品及其他私募投资基金投资时，该两类基金不视为一层资产管理产品。两类基金细则在一定程度上放宽了两类基金的嵌套限制。

（5）老产品出资

2018 年 7 月 20 日。中国人民银行发布了《关于进一步明确规范金融机构资产管理业务指导意见有关事项的通知》（“资管新规实施细则”），规定过渡期内，金融机构可以发行老产品投资新资产，优先满足国家重点领域和重大工程建设续建项目以及中小微企业融资需求，但老产品的整体规模应当控制在《指导意见》发布前存量产品的整体规模内，且所投资新资产的到期日不得晚于 2020 年底。

两类基金细则在资管新规实施细则的基础上对老产品针对两类基金的出资问题进行了明确：在资管新规出台前，金融机构与两类基金签订的认缴协议继续有效，在过渡期内可以发行老产品出资且对于两类基金没有到期日（期限）要求；资管新规出台后新签订认缴协议的两类基金，除另有规定外，金融机构不得发行老产品对其出资。前述规定对过渡期内的存量老产品的出资问题进行了妥善安排。

（6）两类基金细则的优惠政策及局限

由于两类基金细则对于两类基金的定义进行了严格限制，该优惠政策并无法适用于所有创业投资基金及政府出资产业投资基金。此外，由于两类基金细则为发改委牵头起草，除两类基金外，其对于一般的私募基金并无监管权限，无法解决实践中普遍存在的政府出资产业引导基金投资于母基金，母基金再投资于子基金时所存在的多层嵌套问题。两类基金细则未实质上解决两类基金面临的募资困难问题。

2. 私募基金备案新规

（1）概述

中国证券投资基金业协会（以下简称“基金业协会”）于 2019 年 12 月 23 日就私募投资基金备案发布了更新版《私募投资基金备案须知》（以下简称“新版备案须知”）。相较于 2018 年 1 月发布的上一版备案须知（以下简称“2018 版备案须知”），新版备案的内容进行了大幅度扩充。新版备案须知结合私募投资基金领域的监管实践及问题，明确了私募基金备案总体性要求，并结合私募证券、股权、资产配置基金等的不同特点提出了具体要求。

（2）明确私募基金备案范围，应符合“投资”本质

新版备案须知延续了 2018 版备案须知关于私募基金范围的要求，私募基金不应是借贷活动，私募基金的经营活动应符合“投资”本质，不符合“投资”本质的经营活动不属于私募基金范围。在此基础上，新版备案须知第二条对于不符合“投资”本质的经营活动进行了进一步的细化：

a）变相从事金融机构信（存）贷业务的，或直接投向金融机构信贷资产；

b）从事经常性、经营性民间借贷活动，包括但不限于通过委托贷款、信托贷款等方式从事上述活动；

c）私募基金通过设置无条件刚性回购安排变相从事借（存）贷活动，基金收益不与投资标的的经营业绩或收益挂钩；

d）投向保理资产、融资租赁资产、典当资产等《私募基金登记备案相关问题解答（七）》所提及的与私募基金相冲突业务的资产、股权或其收（受）益权；

e）通过投资合伙企业、公司、资产管理产品（含私募投资基金，下同）等方式间接或变相从事上述活动。

对比 2018 版备案须知，新版备案须知增加了直接投资信贷资产（即“变相从事金融机构信（存）贷业务的，或直接投向金融机构信贷资产”）与明股实债（即“私募投资基金通过设置无条件刚性回购安排变相从事借（存）贷活动，基金收益不与投资标的的经营业绩或收益挂钩”）两种情形。由于私募股权投资中常见的对赌条款通常约定在无法满足一定经营业绩等商业条件的情况下进行回购，有别于无条件刚性回购的安排，故基金与被投企业所签订的与被投企业经营业绩相挂钩的对赌条款并非本条所禁止的范围。

（3）“双基金管理人”模式被明文禁止

新版登记须知第三条规定，“私募投资基金的管理人不得超过一家”。监管实践中，基金业协会自 2018 年 8 月起关闭了资产管理业务综合报送平台（“AMBERS 系统”）中为基金添加多名管理人的通道，暂停了双管理人基金的备案。新版登记须知首次将该等监管实践以文件的形式加以明确。

（4）明确通过特殊目的载体投资底层资产的托管要求

此前私募监管规则中对于私募投资基金托管并未做一般性强制要求，而是允许在基金合同中进行约定。考虑到契约型基金确权困难等因素，基金业协会要求契约型基金应由托管人托管，但对采取合伙 / 公司型私募基金则一直并无强制托管的要求，新版登记须知第四条针对不同组织形式的私募基金托管提出了明确要求：

a）契约型基金原则上应当托管，但基金合同约定设置能够切实履行安全保管基金财产职责的制度安排的除外；

b）私募资产配置基金应当由依法设立并取得基金托管资格的托管人托管；

c）私募投资基金通过公司、合伙企业等特殊目的载体间接投资底层资产的，应当进行托管。

私募基金在对外投资过程中存在设立公司、合伙企业等特殊目的载体对外投资的架构安排较为常见。根据基金业协会意见，如存在此类架构安排，则相应的私募投资基金必须托管。

（5）明确合格投资者定义

资管新规所规定的合格投资者标准与先前发布的《私募投资基金监督管理暂行办法》（以下简称“《暂行办法》”）的规定存在差异，引起市场上对于私募基金这类特殊的资管产品的合格投资者标准的疑惑。新版备案须知第五条对此进行了澄清，仍延续适用《暂行办法》所规定的合格投资者标准。

（6）核查投资者资金来源

新版备案须知第七条规定，投资者应当确保投资资金来源合法，不得汇集他人资金购买私募基金。募集机构应当核实投资者对基金的出资金额与其出资能力是否相匹配及是否存在代持。除重申投资者资金来源合法、不得汇集他人资金购买私募投资基金以外，本条进一步规定了募集机构应当核实投资者的出资金额与出资能力相匹配，且为投资者自己购买私募基金，不存在代持。该条规则旨在对基金封闭运作规则进行完善，避免部分投资人先行认购较高的基金份额，并在基金募集完成后转让给其他投资人。根据基金业协会指导意见，基金业协会可能会考虑在基金备案时、基金运作过程中对募集机构是否履行了前述核实义务进行检查并要求募集机构上传相应证明文件，如机构投资者的审计报告或个人投资者的银行流水，并要求机构通过适当方式核查投资者资金来源合法性及不存在代持情况。前述规定对募集机构的核查义务提出了更高的要求。

（7）明确“募集完毕”概念，明确投资者首次实缴金额

根据《暂行办法》规定，各类私募基金募集完毕，私募基金管理人应当根据基金业协会的规定，办理基金备案手续。但对于何为私募基金“募集完毕”，此前并无法律法规进行明确定义。实践中，由于市场对于“募集完毕”的理解各异，各家私募机构申请私募基金备案的时点也并不统一，特别是存在部分私募机构为满足部分投资者入伙前私募基金已完成备案的要求或为自身“增信”等考虑，采用“先备后募”方式先行备案规模较小的基金产品。新版备案须知第十条区分私募基金的不同组织形式对私募基金“募集完毕”进行了明确界定，（1）已认购契约型私募投资基金的投资者均签署基金合同，且相应认购款已进入基金托管账户（基金财产账户）；（2）已认缴公司型或合伙型私募投资基金的投资者均签署公司章程或合伙协议并进行工商确权登记，均已完成不低于100万元的首轮实缴出资且实缴资金已进入基金财产账户；管理人及其员工、社会保障基金、政府引导基金、企业年金等养老基金、慈善基金等社会公益基金的首轮实缴出资要求可从其公司章程或合伙协议约定。

新版备案须知第十条就基金备案的时间限制进行了规定，要求管理人应当在募集完毕后的20个工作日内通过AMBERS系统申请私募投资基金备案，并签署备案承诺函承诺已完成募集，承诺已知晓以私募投资基金名义从事非法集资所应承担的刑事、行政和自律后果。

此外，新版备案须知第十条规定投资于单只公司型或合伙型私募基金的投资者首轮实缴金额不得低于100万元（管理人及其员工、社会保障基金、政府引导基金、企业年金等养老基金、慈善基金等社会公益基金的首轮实缴出资要求可从其公司章程或合伙协议约定）

（8）明确私募股权基金及资产配置基金的封闭运作要求

根据新版备案须知第十一条规定，私募股权投资基金（含创业投资基金，下同）和私募资产配置基金应当封闭运作，备案完成后不得开放认 / 申购（认缴）和赎回（退出），基金封闭运作期间的分红、退出投资项目减资、对违约投资者除名或替换以及基金份额转让不在此列。已备案通过的私募股权投资基金或私募资产配置基金，若同时满足以下条件，可以新增投资者或增加既存投资者的认缴出资，但增加的认缴出资额不得超过备案时认缴出资额的 3 倍：

a）基金的组织形式为公司型或合伙型；

b）基金由依法设立并取得基金托管资格的托管人托管；

c）基金处在合同约定的投资期内；

d）基金进行组合投资，投资于单一标的的资金不超过基金最终认缴出资总额的 50%；

e）经全体投资者一致同意或经全体投资者认可的决策机制决策通过。

上述封闭运作要求体现了与资管新规监管规则“投资于未上市公司股权的产品应当为封闭式产品”的衔接。考虑到在私募股权基金领域，后续募集安排被广泛适用，我们理解，新版备案须知禁止了契约型基金的后续募集并为公司和合伙型基金的后续募集设立了严格条件，将对实践中的募资安排造成一定影响。

（9）私募基金备案前可进行临时投资

根据新版备案须知第十二条规定，私募基金在备案完成前，可以以现金管理为目的，投资于银行活期存款、国债、中央银行票据、货币市场基金等中国证监会认可的现金管理工具。在此之前，基金业协会对于契约型私募基金之外的其他私募基金能否在完成备案前进行投资没有明确规定，根据新版备案须知的解读并结合基金业协会的指导意见，本条应理解为，在私募基金完成备案前，除进行以现金管理为目的的临时投资，不应开展其他投资活动。

（10）禁止通过设置投资单元规避备案义务

新版备案须知第十五条对拆分基金份额和投资标的的情况进行了明确限制，明确管理人不得在私募基金内部设立由不同投资者参与并投向不同资产的投资单元 / 子份额，规避备案义务，不公平对待投资者。根据基金业协会的意见，需禁止的投资单元包括纵向混同（同一基金的若干期之间混同）和横向混同（同一基金不同投资于投资于不同的项目）。根据基金业协会的指导意见，基金合同中普遍存在的投资排除条款并不属于该条所禁止的范围之内。

（11）明确单一投资集中度

新版备案须知第十六条鼓励私募基金进行组合投资，建议基金合同中明确约定私募基金投资于单一资产管理产品或项目所占基金认缴出资总额的比例。同时，对单一投资集中度提出了明确要求，规定私募资产配置基金投资于单一资产管理产品或项目的比例不得超过该基金认缴出资总额的 20%。

（12）明确私募基金存续期要求

根据新版备案须知第十七条规定，私募投资基金应当约定明确的存续期。私募股权投资基金和私募资产配置基金约定的存续期不得少于 5 年，鼓励管理人设立存续期在 7

年及以上的私募股权投资基金。这是基金业协会首次针对私募基金存续期进行明文规定。该等条款立意于鼓励中长期股权投资行为。

（13）明确私募基金杠杆倍数要求

新版备案须知第十八条对私募基金的杠杆倍数进行了明确规定，私募基金杠杆倍数不得超过监管部门规定的杠杆倍数要求，开放式私募基金不得进行份额分级。

（14）规范关联交易、防范利益冲突

新版备案须知第十九条首次对关联交易进行了明确规定。根据新版备案须知规定，关联交易是指私募基金与管理人、投资者、管理人管理的私募基金、同一实际控制人下的其他管理人管理的私募基金、或者与上述主体有其他重大利害关系的关联方发生的交易行为。管理人不得隐瞒关联关系或者将关联交易非关联化，不得以私募基金的财产与关联方进行利益输送、内幕交易和操纵市场等违法违规活动。私募基金进行关联交易的，应当在基金合同中明确约定涉及关联交易的事前、事中信息披露安排以及针对关联交易的特殊决策机制和回避安排等。管理人应当在私募基金备案时提交证明底层资产估值公允的材料（如有）、有效实施的关联交易风险控制机制、不损害投资者合法权益的承诺函等相关文件。

前述对于关联交易的定义主要聚焦在“投资端”的交易行为，将投资者的关联性问题也纳入关联交易范围。此外，新版备案须知对关联交易披露要求进行了细化，新增了关于《基金合同》中应当对此约定特殊决策机制和回避安排的要求。

此外，新版备案须知第三十六条规定，在已设立的私募股权投资基金尚未完成认缴规模 70% 的投资（包括为支付基金税费的合理预留）之前，除经全体投资者一致同意或经全体投资者认可的决策机制决策通过之外，管理人不得设立与前述基金的投资策略、投资范围、投资阶段均实质相同的新基金。前述规定常作为一项特殊的商务安排在基金合同中出现，此次在新版备案须知中作为规则予以明确。

（15）前置工商登记和投资者确权

根据新版备案须知第二十条规定，公司型或合伙型私募基金设立或发生登记事项变更的，应当按照《公司法》或《合伙企业法》规定的程序和期限要求，向工商登记机关申请办理登记或变更登记。此项规则将实践中的操作在规定层面予以明确。

（16）强化信息公示与披露要求，细化重大事项报送机制

新版备案须知第二十六条、二十七条对于私募基金备案及持续信息披露及报送义务进行了细化规定，对于重大事项报送机制进行了细化，明确规定发生第二十六条规定的重大事项的，管理人应当在 5 个工作日内向基金业协会报送相关事项并向投资者披露。同时强调管理人应当及时履行基金的信息报送义务，明确协会有权暂停违规管理人的产品备案申请。对于存在违规经营、诚信不良记录以及特殊提示事项的私募基金管理人，协会会在该私募基金管理人的“私募基金管理人公示信息”页签进行“机构诚信信息警

示”。对于基金存续规模较小、实缴比例较低以及首轮存在认缴未实缴的私募基金，协会并不禁止其备案，但对其增设了备案后持续风险提示公示的机制。

（17）暂停私募基金备案的情形

新版备案须知第二十九条新增了紧急情况暂停备案的规定，基金业协会在办理私募基金备案过程中，若发现管理人具有特定情形的，在特定情形消除前可以暂停备案。在规则层面规定了私募基金管理人持续合规性与产品备案的关系。

（18）过渡期安排

就过渡期安排而言，新版备案须知明确按照“新老划断”原则，基金业协会于2020年4月1日起，不再办理不符合新版备案须知要求的新增和在审备案申请，按照前述规定，对于在2020年4月1日前无法完成备案的私募基金，应当适用新版备案须知的规定申请私募基金备案。另外需要注意的是，按照新版备案须知的规定，对于2020年4月1日之前已完成备案的私募基金，如从事新版备案须知第（二）条中不符合“基金”本质活动，该私募基金在2020年9月1日之后不得新增募集规模、不得新增投资，到期后应进行清算，原则上不得展期。

3. 私募基金信息披露新规

（1）概述

2019年12月2日，基金业协会发布《关于私募基金信息披露备份系统定向披露功能上线相关事项的通知》（“定向披露通知”），私募基金信息披露备份系统（以下简称“信披备份系统”）将于2020年2月14日正式上线定向披露功能模块。

（2）此前信息披露的局限

在定向披露功能上线之前，基金投资者只能依据基金合同中所约定的临时披露及定期披露的范围和频率获得有关基金相关信息，或依据基金业协会网站信息公示板块对基金信息进行查询。虽然《私募投资基金信息披露管理办法》（以下简称“信息披露办法”）第五条、第六条规定了私募基金管理人向信披备份系统报送信息的义务及投资者有权在信披备份系统进行信息查询，但实践中基金业协会并未为投资者开通在信披备份系统中进行查询的权限，投资者无法对基金向投资者及基金业协会报送信息是否一致进行核实。

（3）定向披露通知的内容及意义

根据定向披露通知，私募基金管理人需在信披备份系统维护投资者（指AMBERS系统中备案的正在运作的自主发行类私募基金的一级投资者）的查询账号，投资者登录信披备份系统后可查看已购买的私募基金管理人管理的私募基金信息披露报告，包括基金产品概况、基金运行情况、主要财务指标、基金费用及利润分配情况、投资者变动情况等内容。此外，投资者可针对私募基金信息披露报告内容与私募基金管理人通过其他方式或渠道披露给投资者信息的一致性进行评价，并可向基金业协会进行反馈、投诉。上述措施有助于提高私募投资基金信息披露程度，保障投资者对基金资产运作的知情权。

4. 私募基金管理人信用信息报告新规

（1）概述

2019年11月11日，基金业协会发布《私募股权、创业投资基金管理人会员信用信息报告工作规则（试行）》（“信用信息报告规则”）。自 2020 年 2 月上旬起，基金业协会将通过 AMBERS 系统按季度为私募股权、创业投资基金管理人会员提供自行查阅其 2019 年第三季度及之后的信用信息报告相关服务。

（2）信用信息报告规则的内容

信用信息报告规则实施后，私募股权、创业投资基金管理人会员可查阅或打印自己的信用信息报告，并可将信用信息报告一对一地提供给相关合作机构。经私募股权、创业投资基金管理人会员授权同意，协会可面向相关合作机构提供该会员的信用信息报告查询服务。

信用信息报告包括管理人的合规性、稳定度、专业度、透明度及管理人投资风格等内容。其中，合规性考量会员的合规运作水平，从受到的自律处分到行政监管措施、行政处罚等方面的情况进行展示；稳定度考量会员稳定经营、长期存续情况，从管理人治理结构及团队变化、展业年限、规模情况等方面进行展示；专业度考量会员的投资运作能力，主要是基于行业情况及现实数据基础，选取能侧面代表专业度的指标，包括团队专业度、专业机构投资者情况、投资进度安排、在被投标的中发挥的作用等方面；透明度考量会员信息披露的有效性和及时性，从对投资者履行信息披露义务及保障机制设计情况等方面进行展示；投资风格呈现会员的投资特点，可据此获悉管理人是否按照合同履约、过往投资分布，主要包括投资行业、阶段、标的选择上的不同策略，以及基金清算、杠杆运用等方面的不同情况。

信用信息报告每季度更新一次。私募股权、创业投资基金管理人会员可在协会“资产管理业务综合报送平台”的“会员信用信息报告”模块，查阅或打印本会员各期的信用信息报告。

（3）信用信息报告的意义

根据基金业协会说明，信用信息报告制度将通过制定统一的考察维度及指标体系，引导会员主动管理好自身信用信息，通过合作方对信用信息的使用促使会员重视并维护好自身信用信息，实现信用信息的自我约束。

对于投资者而言，其在投资于已成为基金业协会会员的私募基金管理人所管理的基金时，可要求管理人提供其信用信息报告，作为重要的尽职调查参考资料。

二、2019 年君合参与的主要资本市场项目

（一）境内股票上市项目（A 股 /B 股）

1. 宁波柯力传感科技股份有限公司首次公开发行股票并上市项目

2019 年 8 月 6 日，宁波柯力传感科技股份有限公司（股票简称：柯力传感，股票代码：603662；下称“公司”）在上海证券交易所主板挂牌上市。柯力传感本次公开发行 29,850,114 股普通股，发行价格为人民币 19.83 元 / 股，募集资金净额为人民币 5.4 亿元。

柯力传感是目前全球称重领域物联网研发与推广应用的主要引领者之一，也是中国重要的称重元件制造及销售企业之一。公司主要研制和生产各类物理量传感器、称重仪表、电子称重系统、工业物联网系统成套设备、公磅一体机，提供不停车检测系统、建

筑机械物联网、港机及海洋工程装备物联网、起重机械物联网等工业物联网系统、项目、产品及解决方案。

君合作为公司的法律顾问，自2011年初起至今全程为柯力传感IPO提供持续、深入的全套法律服务，协助柯力传感先后完成了改制设立股份公司、引进私募投资机构、整合收购同行业公司、辅导验收和申报上市等一系列工作。公司递交上市申请以来，君合与公司聘请的其他中介机构密切配合，就证监会审核关注的重点问题进行了认真核查并针对证监会的反馈意见进行了详实的回复和富有成效的沟通解释工作，协助公司顺利通过发审委审核。君合团队扎实的工作态度和专业的服务能力赢得了客户和其他中介机构的高度肯定和信任。

本项目的其他主要中介机构还包括国信证券股份有限公司、立信会计师事务所（特殊普通合伙）。

2. 晶晨股份首次公开发行股票并上市项目

2019年8月8日，君合担任发行人律师的科创板首家受理企业晶晨半导体（上海）股份有限公司（“晶晨股份”、“公司”或“发行人”）在上海证券交易所科创板挂牌上市，股票代码：688099。

晶晨股份是一家起源于美国硅谷的主营多媒体智能终端SoC芯片研发、设计及销售的公司，芯片产品主要应用于智能机顶盒、智能电视和AI音视频系统终端等科技前沿领域，业务覆盖中国大陆、香港、美国、欧洲等全球主要经济区域，拥有Google、Amazon、小米、阿里巴巴、百度、海尔、TCL、创维、中兴通讯等世界知名的国内外客户群。凭借在音视频芯片领域研发经验和关键核心技术的多年积累，公司采用行业内最先进的12纳米技术制造工艺，形成面向超高清视频的SoC核心芯片、全格式音视频处理及编解码芯片等产品，科技创新能力突出，产品的技术先进性、市场覆盖率和性能稳定性位居行业前列，是全球布局、国内领先的集成电路设计商。

晶晨股份本次发行4,112万股A股新股，采用向战略投资者定向配售、网下向符合条件的投资者询价配售、网上向社会公众投资者定价发行相结合的方式进行，发行价格为38.50元人民币/股，募集资金总额为15.83亿元人民币。

君合作为本项目的发行人律师，自2015年起为公司提供法律服务，全程参与公司的重组、融资、规范、上市等阶段，协助发行人完成了境内外股权架构调整、境内外业务重组、境外投资人平移、境外主体核查及历史沿革梳理、股份制改造、员工股权激励计划、国有股东标识等重大法律事项。君合团队以一贯的高效、严谨、稳健的工作风格，细致、专业的服务态度获得了公司及其他中介机构的一致肯定。

本项目主要的重点和难点在于：（1）本项目为科创板设立以来第一家获得受理的申报企业。在科创板相关规则颁布施行、尚无市场先例情况下，君合团队与公司及其他各方中介机构高效沟通、通力合作，根据公司的科创属性、科创板的上市条件等，迅速制定发行方案、完成发行上市申报文件等一系列法律文件，快速、高质量地完成了本项目的申报并成为科创板的首家受理企业；（2）境内外重组复杂。不同于一般小红筹，发行人系自美国硅谷发展至全球业务布局的企业，境外实际经营主体较多、注册于境外不同区域且历史沿革较复杂，除此之外，本项目还涉及境外投资人平移、境内外员工持股计划调整等事项，君合团队协调了13家境外律师事务所高效地完成了上述工作。

本项目的其他主要中介机构还包括：国泰君安证券股份有限公司、安永华明会计师事务所（特殊普通合伙）和上海申威资产评估有限公司。

3. 科博达技术股份有限公司于上交所主板上市项目

2019年10月15日，科博达技术股份有限公司（股票简称：科博达，股票代码：603786）在上海证券交易所主板挂牌上市。科博达本次公开发行4,010万股普通股，发行价格为人民币26.89元/股，募集资金净额约为人民币10.2亿元。

科博达是一家汽车智能、节能电子部件的系统方案提供商，主要从事主光源控制器、辅助光源控制器、氛围灯控制器、中小型电机控制系统等多类产品的研发、生产和销售。科博达总部位于上海，并在浙江、重庆、山东、吉林、北京、德国和美国等地设立并运营控股子公司。科博达的主要终端用户包括大众集团（包括其下属子公司奥迪公司、保时捷汽车、宾利汽车和兰博基尼汽车）、戴姆勒、捷豹路虎、一汽集团及上汽大众等数十家全球知名整车厂商，在全球汽车电子尤其是汽车照明电子领域中享有较高的知名度。

作为发行人科博达的法律顾问，君合的主要项目工作包括：（1）协助科博达完成境内外架构重组、改制设立股份公司、引进私募投资机构和跨境投资；（2）出具法律意见书和律师工作报告；（3）起草、审阅和修改与本次科博达A股IPO相关的其他申请和发行文件；（4）协助科博达完成上市辅导验收、上市申报、中国证监会现场检查以及回复中国证监会的反馈意见。君合以专业、高效和务实的团队工作获得了科博达、保荐机构及其他中介机构的高度评价和一致认可，最终助力科博达获得中国证监会的核准并在上海证券交易所主板成功上市。

本项目的其他主要中介机构包括保荐人中国国际金融股份有限公司、审计师众华会计师事务所（特殊普通合伙）和保荐人法律顾问上海市锦天城律师事务所。

4. 普元信息技术股份有限公司于A股科创板上市

2019年12月4日，君合担任发行人律师的普元信息技术股份有限公司（下称“普元信息”或“公司”）在上海证券交易所科创板挂牌上市，公司股票代码为688118。普元信息本次A股IPO发行2,385万股新股，发行价格为26.90元人民币/股，募集资金总额为6.4亿元人民币。

普元信息是国内专业的软件基础平台提供商，面向金融、政务、能源、电信、制造业等行业大中型用户，提供自主可控、安全可靠的软件基础平台及应用软件开发服务。公司自成立以来持续深耕软件基础平台领域，经过十余年技术和经验的沉淀，建立了标准产品平台定制应用开发的业务模式，具体业务包括软件基础平台标准软件产品的销售与维护服务、平台定制以及应用开发服务。

君合作为本项目的发行人律师，自2009年起为公司提供IPO专项法律服务，全程协助公司完成了上市前重组、股权架构调整、员工持股、股份制改造、引入战略投资者等一系列重大法律事项。君合协助公司先后于2011年1月和2015年5月两次冲刺创业板，申报未果后倾力协助公司制定和落实切实有效的整改措施。2019年科创板推出后，君合与各中介机构通力合作，根据普元信息的科创属性、科创板的上市条件并结合公司自身实际情况，迅速制定科创板发行上市方案、起草全套申报文件，在短时间内高效完

成了本项目科创板的申报及交易所问询答复等工作，并于2019年10月通过科创板上市委审核并取得证监会同意注册批复。君合团队以一贯的高效、严谨、稳健的工作风格，细致、专业的服务态度获得了公司及其他中介机构的一致肯定。

本项目的其他主要中介机构还包括：作为本项目保荐机构的民生证券股份有限公司、作为本项目审计机构的众华会计师事务所（特殊普通合伙）和作为本项目资产评估机构的上海申威资产评估有限公司。

5. 上海城投旗下上市公司上海环境公开发行可转换公司债券项目

上海环境集团股份有限公司（股票代码601200，以下简称“上海环境”）近日收到中国证监会出具的《关于核准上海环境集团股份有限公司公开发行可转换公司债券的批复》（证监许可〔2019〕929号），经核准，公司公开发行了2,170万张可转换公司债券，每张面值100元，发行总额21.70亿元（以下简称“本次发行”）。本次发行募集资金扣除发行费用后将投资于垃圾资源化处理工程项目、生活垃圾焚烧发电项目以及环保发电厂项目。

上海环境的控股股东为上海城投（集团）有限公司（以下简称“上海城投”），实际控制人为上海市国资委。上海城投旗下拥有多家专业集团公司，是专业从事城市基础设施投资、建设、运营管理的国有特大型企业集团。上海环境作为国内固废行业起步最早的专业环保企业之一，始终致力于在城市固体废弃物和城市污水处理领域，提供高效率、高标准、高技术的一站式服务和一揽子解决方案（包括咨询、投资、建设和运营等）。

本项目是上海环境作为发行人首次通过可转换公司债券的方式在资本市场进行融资。君合作为联席主承销商摩根士丹利华鑫证券有限责任公司的法律顾问，全程参与本项目，对上海环境及其众多附属子公司进行了法律尽职调查，参与起草或修订募集说明书等申报文件，协助答复中国证监会的反馈意见，出具法律意见，参与项目重大问题的政府部门访谈，为本项目提供了全程法律服务。君合团队与各方中介机构高效沟通、通力合作，有力推动了本项目顺利获得中国证监会审批，获得了客户和其他参与各方的一致认可和高度评价。

本项目的其他中介机构包括：摩根士丹利华鑫证券有限责任公司、国泰君安证券股份有限公司、北京观韬中茂（上海）律师事务所、安永华明会计师事务所（特殊普通合伙）、普华永道中天会计师事务所（特殊普通合伙）以及上海新世纪资信评估投资服务有限公司。

6. 广东第一股光峰科技A股科创板上市

2019年7月22日，科创板正式开闸，包括由君合担任发行人律师的深圳光峰科技股份有限公司（“光峰科技”、“公司”或“发行人”）在内的首批25家企业在上海证券交易所科创板挂牌上市，光峰科技作为广东第一股正式登陆科创板，股票代码：688007。

光峰科技是一家拥有原创技术、核心专利、核心器件研发制造能力的全球领先激光显示科技企业，其发展遵循了高科技企业的特点，以原创技术及核心专利驱动，打破巨头垄断，走出了一条创新技术、产品及商业模式的“光峰模式”，其主要产品包括激光电影放映机光源、激光电影放映机、激光光源电影放映解决方案、激光电视光机、激光电视及激光商教投影机等。2019年2月，光峰科技连续在央视春晚与故宫元宵夜两大热点活动上进行了激光投影展示，用光改变人类认知视界，充分展示了其在激光显示技术上的深厚实力。

光峰科技本次发行 6,800 万股 A 股新股，采用向战略投资者定向配售、网下向符合条件的网下投资者询价配售、网上向持有上海市场非限售 A 股股份和非限售存托凭证市值的社会公众投资者定价发行相结合的方式进行，发行价格为 17.50 元人民币 / 股，募集资金总额为 11.9 亿元人民币。

君合作为本项目发行人律师，全程参与本项目，协助发行人完成了境外架构拆除、业务重组、员工股权激励、股份改制、高级管理人员与核心员工设立专项资产管理计划参与战略配售等重大法律事项，并与其他各方中介机构多方高效沟通、通力合作，在科创板相关规则颁布施行时间极短、部分事项尚无市场先例的情况下，根据光峰科技的科创属性、科创板的上市要求等，在短时间内迅速调整发行方案、上市申报文件、公司相关内部管理制度等一系列法律文件，有力地推动了本项目的顺利进行。君合细致、专业、高效、富有经验的法律服务，赢得了公司及其他中介机构的高度认可。

本项目的其他主要中介机构还包括：华泰联合证券有限责任公司（保荐机构及主承销商）、天健会计师事务所（特殊普通合伙）和广东中广信资产评估有限公司（评估机构）。

7. 科创板首家受理企业晶晨股份首次公开发行股票并上市

2019 年 8 月 8 日，君合担任发行人律师的科创板首家受理企业晶晨半导体（上海）股份有限公司（“晶晨股份”、“公司”或“发行人”）在上海证券交易所科创板挂牌上市，股票代码：688099。

晶晨股份是一家起源于美国硅谷的主营多媒体智能终端 SoC 芯片研发、设计及销售的公司，芯片产品主要应用于智能机顶盒、智能电视和 AI 音视频系统终端等科技前沿领域，业务覆盖中国大陆、香港、美国、欧洲等全球主要经济区域，拥有 Google、Amazon、小米、阿里巴巴、百度、海尔、TCL、创维、中兴通讯等世界知名的国内外客户群。凭借在音视频芯片领域研发经验和关键核心技术的多年积累，公司采用行业内最先进的 12 纳米技术制造工艺，形成面向超高清视频的 SoC 核心芯片、全格式音视频处理及编解码芯片等产品，科技创新能力突出，产品的技术先进性、市场覆盖率和性能稳定性位居行业前列，是全球布局、国内领先的集成电路设计商。

晶晨股份本次发行 4,112 万股 A 股新股，采用向战略投资者定向配售、网下向符合条件的投资者询价配售、网上向社会公众投资者定价发行相结合的方式进行，发行价格为 38.50 元人民币 / 股，募集资金总额为 15.83 亿元人民币。

君合作为本项目的发行人律师，自 2015 年起为公司提供法律服务，全程参与公司的重组、融资、规范、上市等阶段，协助发行人完成了境内外股权架构调整、境内外业务重组、境外投资人平移、境外主体核查及历史沿革梳理、股份制改造、员工股权激励计划、国有股东标识等重大法律事项。君合团队以一贯的高效、严谨、稳健的工作风格，细致、专业的服务态度获得了公司及其他中介机构的一致肯定。

本项目主要的重点和难点在于：（1）本项目为科创板设立以来第一家获得受理的申报企业。在科创板相关规则颁布施行、尚无市场先例情况下，君合团队与公司及其他各

方中介机构高效沟通、通力合作，根据公司的科创属性、科创板的上市条件等，迅速制定发行方案、完成发行上市申报文件等一系列法律文件，快速、高质量地完成了本项目的申报并成为科创板的首家受理企业；（2）境内外重组复杂。不同于一般小红筹，发行人系自美国硅谷发展至全球业务布局的企业，境外实际经营主体较多、注册于境外不同区域且历史沿革较复杂，除此之外，本项目还涉及境外投资人平移、境内外员工持股计划调整等事项，君合团队协调了13家境外律师事务所高效地完成了上述工作。

本项目的其他主要中介机构还包括：国泰君安证券股份有限公司、安永华明会计师事务所（特殊普通合伙）和上海申威资产评估有限公司。

8. 香江集团非公开发行可交换公司债券

香江集团有限公司（以下简称“香江集团”、“发行人”）以其持有的广发证券（000776.SZ）股票为发行标的，在深圳证券交易所非公开发行面值不超过人民币11亿元的可交换公司债券（以下简称“本项目”）。

君合作为发行人香江集团的法律顾问全程参与本项目，对发行人及其境内重要子公司进行了法律尽职调查，协助发行人准备内部决议文件，审阅并修改交易文件，出具债券发行法律意见，为本项目提供了全程法律服务。

本项目的其他主要中介机构还包括：广发证券股份有限公司、天健会计师事务所（特殊普通合伙）。

（二）境外股票上市/融资项目（包括H股/红筹股/权益上市）

1. 微盟集团于香港联交所主板上市项目

2019年1月15日，“新经济SaaS第一股”微盟集团（股票代码：2013.HK）成功登陆香港联合证券交易所有限公司（以下简称“香港联交所”）主板并挂牌上市，发行价为每股港币2.80元，募集资金净额约7.56亿港币。

微盟集团（Weimob Inc.），是中国领军的中小企业云端商业及营销解决方案提供商，同时也是中国领军的腾讯社交网络服务平台中小企业精准营销服务提供商。按2017年收益及付费商户数量计，微盟集团是微信平台上最大的中小企业第三方服务提供商。公司现有员工超2000人，全球渠道合作伙伴超过1500家，注册商户突破270万家，通过去中心化的智慧商业解决方案赋能中小企业实现数字化转型，通过商业云、营销云、销售云打造云端生态体系，提供综合智慧商业服务。

微盟集团于2018年初启动红筹架构搭建、部分老股东退出、Pre-IPO轮人民币融资、Pre-IPO轮美元融资（其中部分采用了美元可转债形式的融资工具）的上市前重组工作。由于微盟集团的股东及新老投资人数量众多，既包括具有国资背景的投资机构，也包括以腾讯为代表的战略投资人，还包括以新加坡政府投资公司为代表的境外大型投资机构，重组方案因需平衡各方利益而异常复杂。此外，由于项目整体时间表较为紧张，红筹架构的搭建须与Pre-IPO境内外双币种融资同步进行，更为重组增添了难度。本项目团队作为微盟集团的公司律师，为整个重组过程提供了全程、全方位的法律服务，包括整体重组方案设计、起草境内外各类融资文件与重组文件、与大量知名境内外投资机构谈判、推进项目的快速签约及交割、协调办理自然人股东的外汇37号文登记与机构股东的 ODI 备案手续。此外，本项目团队在上市申报以及反馈环节提供了一系列优质、严谨和高效的法律服务，包括完成了境内实体的法律尽职调查并协助公司针对性采取整改和合规措施、出具中国法律意见书、针对香港联交所关注的境内法律重点问题进行详实的解释与回复，以及其他与赴港上市相关的中国境内法律工作，最终顺利帮助微盟集团取得了香港联交所的批准和同意。君合团队扎实的工作态度和专业的服务能力赢得了客户、股东及其他中介机构的高度肯定和信任。经过本项目亲密无间的协作配合，君合已成为微盟集团最信赖的战略合作伙伴之一。

参加本项目的其他中介机构主要包括：（1）联席保荐人德意志證券亞洲有限公司（Deutsche Securities Asia Limited）及海通國際資本有限公司（Haitong International Capital Limited）；（2）微盟集团香港法律顾问：高伟绅律师事务所（Clifford Chance）；（3）联席保荐人香港法律顾问：普衡律师事务所（Paul Hastings）；（4）联系保荐人中国法律顾问：竞天公诚律师事务所；（5）审计机构：普华永道会计师事务所（PricewaterhouseCoopers）；（6）行业顾问：弗若斯特沙利文咨询公司（Frost & Sullivan）。

2. 银城国际于香港联交所主板上市项目

2019 年 3 月 6 日，银城国际控股有限公司（“银城国际”，股票代码：1902.HK）成功登陆香港联合证券交易所有限公司（以下简称“香港联交所”）主板并挂牌上市，发行价格 2.38 港元 / 股，募集资金约为 8.43 亿港元。

银城国际是一家专注于在长三角地区为全龄客户开发优质住宅物业的中国发展成熟的房地产开发商，主要从事以中高收入家庭为对象的住宅物业的开发和销售。银城国际于 2018 年在中国房地产百强企业中排名第 93，并于同年被评为江苏省十大房地产开发商之一。自 2002 年起，银城国际连续 16 年被江苏省房地产协会评为江苏省房地产开发行业综合实力 50 强企业之一，并于 2017 年在该榜排名第二。

本项目团队作为独家保荐人的中国法律顾问，为整个项目提供了全程、全方位的法律服务，包括重组方案讨论、境内实体法律尽职调查及走访、协助公司针对性采取整改和合规措施，以及针对香港联交所关注的中国法律重点问题进行详实回复等。银城国际上市体系内公司和在建物业楼盘数量众多，项目整体时间表较为紧张，为项目增添了难度，但君合以一贯的严谨的工作风格、专业的服务态度获得了银城国际、独家保荐人及其他中介机构的一致肯定。

参加本项目的其他中介机构主要包括：（1）独家保荐人：工银国际融资有限公司（ICBC International Capital Limited）；（2）银城国际香港法律顾问：Reynolds Porter Chamberlain；（3）独家保荐人香港法律顾问：的近律师事务所（Deacons）；（4）银城国际中国法律顾问：中伦律师事务所；（5）审计机构：安永会计师事务所（Ernst&Young）；（6）行业顾问：仲量联行企业评估及咨询有限公司（JLL）；（7）物业评估师：仲量联行企业评估及咨询有限公司（JLL）；（8）开曼群岛法律顾问：Appleby.。

3. 维亚生物香港联交所主板上市项目

由君合担任发行人中国境内法律顾问的维亚生物科技控股集团（“维亚生物”或“公司”，1873.HK）于 2019 年 5 月 9 日成功在香港联交所主板上市。

维亚生物科技是国内领先的药物发现外包服务（CRO）公司，为客户提供基于结

构的药物发现服务，具有多项全球领先的技术以及具有拓展性的业务模式。其服务涵盖客户对早期药物发现的全方位需求，包括靶标蛋白质的表达与结构研究、药物筛选、先导化合物优化直到确定临床候选化合物。一般医药研发外包主要采用传统的服务换现金（CFS）模式，而维亚生物成果开发一种拓展性的业务模式，将传统的服务换现金（CFS）模式与独有的服务换股权（EFS）的模式相结合。同时，该项目在交割阶段恰逢中美贸易争端的紧张情势再度升级的不利局面，为项目的顺利交割增添了难度，但君合与其他中介机构在交割最后阶段通力合作并顺利完成交割。君合以一贯的严谨的工作风格、专业的服务态度获得了客户及其他中介机构的一致肯定。

君合在2017年初即开始为客户提供法律服务，并为维亚生物就其在境内、境外上市的可行性问题提供富有建设性的方案，设计并论证上市方案、交易架构等。2018年，在公司确定在香港上市的方案后，君合快速并高质量地完成了公司境内权益的尽职调查，并协助公司针对性地完成合规性整改以及与政府部门的持续性沟通。2018年7月向香港联交所递交上市申请；2018年12月通过香港联交所上市审核聆讯；2019年5月9日在香港联交所挂牌上市。

参加本项目的其他中介机构主要包括：保荐人中国国际金融股份有限公司；审计师德勤会计师事务所；发行人境外律师美迈斯律师事务所；保荐人境外律师盛德律师事务所；保荐人境内律师 中伦律师事务所；行业顾问若斯特沙利文咨询公司。

4. 浦江国际于香港联交所主板上市项目

2019年5月28日，浦江国际集团有限公司（“浦江国际”，股票代码：2060.HK）成功登陆香港联合证券交易所有限公司（以下简称“香港联交所”）主板并挂牌上市，发行价为每股港币2.68元，募集资金净额约4.96亿港币。

浦江国际主要设有两个业务板块，即缆索业务及预应力材料业务，分别为中国建造特大桥所用桥梁缆索的最大供应商以及预应力材料第三大制造商。自1991年至2017年，公司为中国建造的35.1%的特大桥供应缆索；按2017年桥梁缆索的销售收益计，公司排名第二；而按2017年预应力材料销售收益计，公司排名第三。公司业务紧密贴合国家“十三五规划”与“一带一路”政策，本次发行也成功吸引了一批优质基石投资人（包括太平洋资管、上海汽车、上海实业、上海建工、上海普陀科技投资，为近几年民营企业香港上市最华丽的基石投资人名单之一）。

本项目团队作为独家保荐人的中国法律顾问，自2017年初项目启动以来，为整个项目提供了全程、全方位的法律服务，包括协助完成集团架构重组、境内实体法律尽职调查及走访、协助公司针对性采取整改和合规措施，以及针对香港联交所关注的中国法律重点问题进行详实回复等。本项目的重组方案需同时将已于纳斯达克挂牌上市的预应力材料业务板块（NASDAQ:OSN）纳入上市体系以及通过红筹结构将缆索业务纳入上市体系，且于执行过程因外部因素方案数次发生变化，因此颇具难度与挑战性。但君合以一贯的严谨的工作风格、专业的服务态度获得了浦江国际、独家保荐人及其他中介机构的一致肯定。

参加本项目的其他中介机构主要包括：（1）独家保荐人：海通国际资本有限公司（Haitong International Capital Limited）；（2）浦江国际香港法律顾问：高盖茨律师事务所

（K&L Gates）；（3）浦江国际中国法律顾问：国浩律师（上海）事务所；（4）独家保荐人香港法律顾问：诺顿罗氏律师事务所（Norton Rose Fulbright）；（5）审计机构：立信会计师事务所（BDO）；（6）行业顾问：弗若斯特沙利文咨询公司（Frost & Sullivan）。

5. 信义能源于香港联交所主板上市项目

2019 年 5 月 28 日，信义能源控股有限公司（“信义能源”，股票代码：3868.HK）成功登陆香港联合证券交易所有限公司（以下简称“香港联交所”）主板并挂牌上市，发行价为每股港币 1.94 元，募集资金净额约 35.26 亿港币，为香港资本市场近年最具影响力的分拆上市项目之一。

信义能源，是一家中国领先的非国营太阳能发电场拥有人及营运商，它成立并由信义光能（0968.HK）分拆之后，拥有并经营位于中国的大型地面集中式太阳能发电场项目。目前，信义能源拥有的首批太阳能发电场组合的核准发电容量为 954 兆瓦，并将于上市后从母公司信义光能收购 540 兆瓦的太阳能发电场组合。

本项目团队作为独家保荐人的中国法律顾问，自 2016 年项目启动以来提供了全程、全方位的法律服务，包括协助申请香港联交所批准分拆上市（PN15）、境内实体法律尽职调查及走访、协助公司针对性采取整改和合规措施，以及针对香港联交所关注的中国法律重点问题进行详实回复等。在项目执行过程中，中国光伏行业履出新规，为项目增添了难度，且于第一次递交的 A1 有效期内恰逢资本市场寒冬期，公司选择了暂缓发行，最终于 2019 年第二次递交 A1 申请后成功发行并取得满意的发行成果。君合以一贯的严谨的工作风格、专业的服务态度获得了信义能源、独家保荐人及其他中介机构的一致肯定。

参加本项目的其他中介机构主要包括：（1）独家保荐人：法国巴黎证券（亚洲）有限公司（BNP Paribas Securities（Asia）Limited）；（2）信义能源香港法律顾问：美国翰宇国际律师事务所（Squire Patton Boggs）；（3）信义能源中国法律顾问：国浩律师（上海）事务所；（4）独家保荐人香港法律顾问：的近律师事务所（Deacons）；（5）审计机构：普华永道会计师事务所（PricewaterhouseCoopers）；（6）行业顾问：K2 Management A/S。

6. 中国东方教育于香港联交所主板上市项目

2019 年 6 月 12 日，中国东方教育控股有限公司（“中国东方教育”；股票代码：667.HK）于香港联交所主板上市。中国东方教育全球发行 4.358 亿股股份，发行价为每股 11.25 港元，募集资金 49.02 亿港元，为迄今为止融资规模最大的教育培训类港股 IPO 项目。

根据公开招股文件，按截至 2017 年年底的年度平均培训人次及收入计算，中国东方教育为中国最大的职业技能教育提供商。发行人在全国 29 个省和香港运营 145 家职业技能培训学校，拥有“新东方烹饪教育”、“新华电脑教育”和“万通汽车教育”等国内知名学校品牌，在烹饪技术、信息技术及互联网技术、汽车服务等三大职业技能教育细分市场，均处于国内领先地位。

君合在本项目中担任独家保荐人的中国法律顾问。君合协助完成上市集团境内外架构重组，对发行人的境内子公司和下设学校开展法律尽职调查，参与项目重大问题的政府部门访谈，起草、审阅和修改与本次上市相关的申请和发行文件，出具中国法律意见

书，协助回复香港证监会和香港联交所对本项目上市申请的反馈问题。中国东方教育的下设学校遍布全国绝大多数省份，且数量众多，尽职调查工作量较大。项目执行正值中国民办教育行业的改革过渡阶段，《民办教育促进法》及配套法规在各省市的落地和实践存在差异，亦增加了项目执行难度。君合以一贯的专业、高效和务实的团队服务获得了中国东方教育、独家保荐人及其他专业机构的一致认可，最终助力中国东方教育在香港联交所主板成功上市。

参加本项目的其他专业机构主要包括：（1）独家保荐人：法国巴黎银行（BNP Paribas）；（2）公司香港和美国法律顾问：摩根路易斯（Morgan, Lewis & Bockius）；（3）公司中国法律顾问：海问；（4）独家保荐人香港和美国法律顾问：苏利文克伦威尔（Sullivan &Cromwell）；（5）审计师：德勤（Deloitte）；（6）行业顾问：弗若斯特沙利文（Frost & Sullivan）。

7. 鹰普精密工业有限公司于香港联交所主板上市项目

2019 年 6 月 28 日，鹰普精密工业有限公司（股份代码：1286.HK，下称“鹰普精密”）成功在香港联合交易所有限公司（下称“联交所”）主板挂牌上市。鹰普精密本次发行股数为 3.33 亿股，发行价为每股 3.0 港元，总发行规模为 10 亿港元。

鹰普精密是全球十大高精密度、高复杂度及性能关键的铸件和机加工零部件制造商之一，其产品应用于不同终端市场。鹰普精密是全球第七大独立熔模铸造制造商及中国最大的熔模铸造制造商（按 2018 年总收益计算）。同时，鹰普精密亦为汽车、航空及液压终端市场方面的全球第四大精密机加工公司，亦是少数能够提供从最初的研发、模具设计及制造、铸造、热处理、二次机加工直至表面处理服务的一站式解决方案供货商。

君合自 2008 年起为作为本项目的中国法律顾问，先后为承销商及公司提供专业法律服务，全程参与了本项目的工作，主要工作为开展境内法律尽职调查、参与对招股书的审阅和修订、向发行人出具中国法律意见书、为发行人解决涉及票据融资、安全事故、环保合规、及重大诉讼等多个法律问题。就本项目所涉及的中国法律问题，君合及其他中介机构共同协助发行人，及时完成了全部反馈问题的回复，为公司成功上市奠定了基础。

参加本项目的其他中介机构主要包括：（1）联席保荐人：摩根士丹利亚洲有限公司、中银国际亚洲有限公司；（2）发行人香港法律顾问：翰宇国际律师事务所；（3）保荐人香港法律顾问：盛信律师事务所；（4）保荐人中国法律顾问：天元律师事务所；（5）审计机构：毕马威会计师事务所。

8. 中汇集团于香港联交所主板上市项目

2019 年 7 月 16 日，中汇集团控股有限公司（“中汇集团”；股票代码：382.HK）于香港联交所主板上市。中汇集团全球发行 2.5 亿股股份，发行价为每股 3.22 港元，募集资金 6.29 亿港元。

中汇集团于中国广州运营广东财经大学华商学院和广州华商职业学院两所民办高校，并于澳大利亚墨尔本运营民办职业教育机构澳洲国际商学院（Global Business College of Australia）。根据公开招股文件，按 2017/2018 学年商务专业总入学人数计，中汇集团是大湾区最大的民办商科高等教育集团；就 2017/2018 学年所有专业的在校人数而言，中汇集团是大湾区第二大民办高等教育集团。

君合在本项目中担任独家保荐人及承销商的中国法律顾问。君合协助完成上市集团境内外架构重组的方案论证和实施，对发行人的境内子公司和下设学校开展法律尽职调查，参与项目重大问题的政府部门访谈，起草、审阅和修改与本次上市相关的申请和发行文件，出具中国法律意见书，协助回复香港证监会和香港联交所对本项目上市申请的反馈问题。中汇集团是国内少数未采纳 VIE 架构而实现境外上市的教育类企业，交易结构相对复杂，论证工作难度较大。君合以一贯的专业、高效和务实的团队服务获得了独家保荐人、中汇集团及其他专业机构的一致认可，最终助力中汇集团在香港联交所主板成功上市。

参加本项目的其他主要专业机构包括：（1）独家保荐人：法国巴黎银行（BNP Paribas）；（2）发行人香港法律顾问：世达（Skadden, Arps, Slate Meagher & Flom）；（3）发行人中国法律顾问：通商；（4）独家保荐人及承销商香港法律顾问：诺顿罗氏（Norton Rose Fulbright）；（5）审计师：德勤（Deloitte）；（6）行业顾问：弗若斯特沙利文（Frost & Sullivan）。

9. 国内长租公寓第一单青客网纳斯达克上市项目

北京时间 2019 年 11 月 5 日，Q&K International Group Limited（下称“青客网”）成功登陆纳斯达克，股票交易代码为“QK”。青客网以每股 17 美元价格发行 2,700,000 股美国存托股票（下称“ADS”，每股 ADS 相当于公司 30 股 A 类普通股），在承销商不行使超额配售权的情况下，总计募集资金大约为 4590 万美元。

作为国内领先的、以技术驱动的品牌长租公寓平台，青客网始终致力于向城市中兴起的年轻人群提供便捷的品牌长租公寓服务和优质的相关增值服务。目前青客网的租赁总金额和可租赁单元数在长三角地区中排名第一，并在全国范围内名列前三。

君合自 2015 年起受聘担任青客网的中国律师，协助公司完成了从搭建海外红筹架构及 AB 股设置、A 至 C+ 轮美元融资直至纳斯达克上市的中国法律工作，在境内外市场环境急剧变化、国内监管法规和政策不断更新的背景下，为公司准确分析监管趋势并就涉及的中国法律问题提出了切实可行的解决方案，为公司最终走向资本市场做出了自己的贡献。

本项目的承销商为摩根士丹利有限责任公司（Morgan Stanley & Co. LLC）、中国国际金融香港证券有限公司（China International Capital Corporation Hong Kong Securities Limited）、Prime Number Capital, LLC、光大证券香港、Tiger Brokers、中信建投国际等。参与本项目的其他中介机构主要包括：发行人美国法律顾问 Cleary Gottlieb Steen & Hamilton LLP，承销商美国法律顾问 Simpson Thacher & Bartlett LLP，承销商中国法律顾问中伦律师事务所，审计机构德勤会计师事务所。君合项目团队以专业和出色的法律服务获得了青客网、承销商和其他项目中介机构的一致肯定。

10. 华立大学于香港联交所主板上市项目

2019 年 11 月 25 日，华立大学集团有限公司（“华立大学”；股票代码：1756. HK）于香港联交所主板上市。华立大学全球发行 3 亿股股份，发行价为每股 3.26 港元，募集资金 9.78 亿港元。本项目是君合在 2019 年继中国东方教育、思考乐、中汇集团、网易

有道之后完成的第 5 个教育行业 IPO。

华立大学于中国广州运营广东工业大学华立学院、广州华立科技职业学院和广东省华立技师学院三所民办学校。根据公开招股文件，华立大学是华南领先的大型民办高等教育及职业教育集团，提供以应用科学为重点、实践为导向的课程。截至 2018 年底，按就读学生人数计算，华立大学在华南地区民办职业教育集团中排名第二，并在华南地区民办高等教育集团中排名第四。

君合在本项目中担任独家保荐人中信建投（国际）融资有限公司和承销商的中国法律顾问。在项目过程中，君合协助完成发行人境内外架构重组，对发行人的境内子公司和下设学校开展法律尽职调查，参与项目重大问题的讨论和政府部门访谈，起草、审阅和修改与本次上市相关的申请和发行文件，出具中国法律意见书，协助回复香港证监会和香港联交所对本项目上市申请的反馈问题。君合以其一贯的专业、高效和务实的团队服务风格，最终助力华立大学在香港联交所主板成功上市，获得了本项目独家保荐人、发行人及其他专业机构的一致认可。

参加本项目的其他主要专业机构包括：（1）独家保荐人：中信建投（国际）融资有限公司（China Securities（International）Corporate Finance Company Limited）；（2）发行人中国法律顾问：竞天公诚律师事务所；（3）发行人香港法律顾问：金杜律师事务所（King & Wood Mallesons）；（4）独家保荐人香港法律顾问：礼德齐伯礼律师行（Reed Smith Richards Butler）；（5）审计师：罗兵咸永道会计师事务所（PwC）；（6）行业顾问：弗若斯特沙利文（Frost & Sullivan）。

11. 康龙化成（北京）新药技术股份有限公司于香港联交所主板上市项目

2019 年 11 月 28 日，康龙化成（北京）新药技术股份有限公司（“康龙化成”；股票代码：03759.HK）于香港联交所主板上市。康龙化成全球发行 116,536,100 股，发行价为每股 39.50 港元，募集资金 46.03 亿港元，远期市盈率 40 倍，全球发售预计净额为 43.44 亿港元。其中香港发售超额认购超 114.23 倍，市场投资者认购积极。继 2019 年 1 月 28 日康龙化成 A 股于深交所上市后，公司在港交所再次敲钟，此次 H 股发行上市，意味着康龙化成在 2019 年年内顺利实现 A+H 双资本市场平台落地，成为第二家“A+H”股权架构的 CRO 企业，项目周期仅半年时间。

康龙化成成立于 2004 年，目前是中国第二大医药研发服务平台及全球三大药物发现服务供应商之一。目前，康龙化成的客户覆盖全球排名前二十的跨国制药企业，其中，包括有阿斯利康、默沙东、强生、拜耳等。

康龙化成原为红筹架构，业务资产不仅涉及中国境内，还包括香港、美国及英国，在全球设有十多个研发服务基地。君合团队与其他中介机构通力协作在复杂变幻的市场环境下，高效出色地完成工作。本项目为中国证监会审核反馈问题最少的项目之一和递交材料后最快获得“大路条”项目之一，同时，君合在项目过程中配合公司及各中介机构顺利在有力地配合公司抓住了良好的时间窗口，赢得了客户的信任。

君合在本项目中担任联席保荐人高盛（亚洲）有限责任公司、中信里昂证券资本市场有限公司及东方融资（香港）有限公司的中国法律顾问。

12. Alphamab Oncology（康宁杰瑞生物制药）于香港联交所主板上市项目

2019 年 12 月 12 日，Alphamab Oncology（康宁杰瑞生物制药，以下简称“康宁杰瑞”或“公司”）于香港联合交易所有限公司主板上市，股票代码 9966。康宁杰瑞本次全球股票发行 179,403,000 股普通股（视乎是否行使超额配售权），发行价每股 10.2 港币，向投资者募集资金约为 18.3 亿港币（约 2.3 亿美元）。

康宁杰瑞是一家领先的临床阶段生物制药公司，在双特异性及蛋白质工程方面拥有全面整合的专有生物制剂平台，公司拥有高度差异化的八种肿瘤候选药物，其中四种处于临床阶段，包括 KN046——一种 BsAb 免疫检查点抑制剂，同时靶向两个临床验证的免疫检查点 PD–L1 及 CTLA–4，为潜在突破性的新一代肿瘤免疫特效药；KN026——新一代抗 HER2 BsAb，可以同时结合两种不同的经临床验证的 HER2 表位；KN019——一种基于 CTLA–4 的免疫抑制剂融合蛋白，在自身免疫性疾病及肿瘤治疗引起的免疫失调中具有广泛应用；KN035——可能是全球第一种可皮下注射的 PD–L1 抑制剂。

君合作为联席保荐人的中国法律顾问，以优质、严谨和高效的法律服务，协助联席保荐人解决公司及股东在上市前重组及上市过程中涉及的各项法律问题，审阅并修改各项交易文件，针对香港联交所及香港证监会关注的境内法律相关重点问题进行详实的解释与回复，公司最终顺利取得了香港联交所对于上市申请的批准和同意。为证明公司符合联交所关于未盈利生物科技企业核心产品和专利方面要求，君合知识产权团队还为联席保荐人就公司复杂的专利情况提供了专业的专利尽职调查服务，包括对多个核心产品进行 FTO 调查，分析公司对多个核心产品拥有的自主知识产权，以及审阅和梳理公司的一系列知识产权转让和许可协议。君合团队扎实的工作态度和专业的服务能力赢得了公司及其他中介机构的肯定和信任。

本项目的其他主要中介机构还包括：联席保荐人摩根士丹利亚洲有限公司、中信里昂证券资本市场有限公司及富瑞金融集团香港有限公司、盛德律师事务所、通商律师事务所、瑞生国际律师事务所、德勤 • 关黄陈方会计师行和灼识企业管理咨询有限公司。

13. 宝龙商业管理控股有限公司于香港联交所主板上市项目

2019 年 12 月 30 日，Powerlong Commercial Management Holdings Limited（宝龙商业管理控股有限公司，以下简称“宝龙商业”或“公司”）于香港联合交易所有限公司主板上市，股票代码 9909，成为首家在港上市的商业管理运营服务提供商。宝龙商业本次全球股票发行 150,000,000 股普通股（视乎是否行使超额配售权），在公开发售阶段获 53.24 倍认购，最终发行价每股 9.5 港币，向投资者募集资金约为 13.36 亿港币。

宝龙商业为香港上市公司宝龙地产（股票代码 1238）旗下专业从事商业物业管理的子公司，本次通过分拆在联交所主板独立上市。宝龙集团于 2007 年开始向零售商业物业的开发商、租户及业主提供商业运营服务，拥有超过 20 年的商办资产管理运营经验，是为数不多拥有管理多元化的零售商业物业能力的中国商业运营服务提供商之一，2018 年在中国运营服务市场排名第四。截至 2019 年 6 月 30 日，宝龙商业下属公司已签约的零售商业物业共 59 处，总合约建筑面积为约 750 万平方米。在物业管理服务方面，宝龙商业为住宅物业、服务式公寓及办公大楼提供住宅物业管理服务。截至 2019 年 6 月 30 日，已在 7 个省份的 37 个城市以及 3 个直辖市的 44 处物业提供物业管理服务，总在管建筑

面积约1,060万平方米。

本项目为首个在香港上市的商业地产企业分拆其商业管理子公司独立上市，由于其业务模式的新颖性，香港联交所及香港证监会对本项目高度关注，前后提出多轮反馈问题。君合作为保荐人的中国法律顾问，以优质、严谨和高效的法律服务，协助保荐人解决公司及股东在上市前重组及上市过程中涉及的各项法律问题，审阅并修改各项交易文件，针对香港联交所及香港证监会关注的境内法律相关重点问题进行详实的解释与回复。君合团队扎实的工作态度和专业的服务能力赢得了公司及其他中介机构的肯定和信任。

本项目的其他主要中介机构还包括：独家保荐人及全球协调人农银国际融资有限公司、盛德律师事务所、国浩律师（上海）事务所、罗陈律师事务所有限法律责任合伙与竞天公诚律师事务所联营、普华永道中天会计师事务所（特殊普通合伙）等。

14. 滔搏国际控股有限公司香港联交所主板上市

2019年10月10日，滔搏国际控股有限公司（股份代码：6110.HK，下称“滔搏国际控股”）成功在香港联合交易所有限公司主板挂牌上市。滔搏国际控股全球发行约9.301亿股股份，发行价为每股8.5港元，募集资金净额约76.221亿港元。

滔搏国际控股是在中国经营以消费者为核心的运动零售及服务平台，多年来一直是主要国际运动鞋服品牌在中国市场的战略合作伙伴，建立了包括耐克、阿迪达斯、彪马、匡威、威富集团的品牌（即范斯、The North Face及添柏岚）、锐步、阿瑟士、鬼冢虎及斯凯奇在内的多元化品牌组合。根据公开招股文件，滔搏国际控股目前系耐克全球第二大零售合作伙伴及客户、阿迪达斯全球最大零售合作伙伴及客户，拥有超过8000家直营门店、行业领先的全国性零售网络；以2018年零售额计，滔搏国际控股系中国最大的运动鞋服零售商。

君合在本项目中担任滔搏国际控股的中国法律顾问。君合协助完成滔搏国际控股境内法律尽职调查，起草、审阅和修改与本次上市相关的申请和发行文件，出具中国法律意见，协助回复香港证监会和香港联交所对本项目上市申请的反馈问题。君合一直以来贯彻的严谨、高效的工作风格获得了滔搏国际控股、保荐人和其他专业机构的肯定，最终助力滔搏国际控股在香港联交所主板成功上市。

参加本项目的其他主要专业机构主要包括：（1）联席保荐人：Merrill Lynch Far East Limited、摩根士丹利亚洲有限公司（Morgan Stanley Asia Limited）；（2）发行人香港和开曼法律顾问：佳利（香港）律师事务所（Cleary Gottlieb Steen & Hamilton（Hong Kong））、迈普达律师事务所（香港）有限法律责任合伙（Maples and Calder（Hong Kong）LLP）；（3）保荐人香港法律顾问：富而德律师事务所（Freshfields Bruckhaus Deringer）；（4）保荐人中国法律顾问：海问律师事务所；（5）审计机构：罗兵咸永道会计师事务所（PricewaterhouseCoopers）；（6）行业顾问：弗若斯特沙利文（Frost & Sullivan）。

15. 嘉艺控股有限公司香港联交所主板上市

嘉艺控股有限公司（以下简称“嘉艺控股”，股份代号：1025）于2019年2月28日在香港联合交易所主板上市。嘉艺控股本次共发行1.3亿股，每股发行价为0.98港元。

本项目中，君合担任发行人嘉艺控股的中国法律顾问，自2016年开始即为发行人提供法律服务，完成了业务流程梳理、法律尽职调查、政府部门访谈、出具中国法律意见书、招股书及项目文件的审阅和修订等工作，就香港联交所关注的中国法律问题进行了核查并针对其反馈意见进行了详实的回复和解释。

参加本项目的其他中介机构主要包括：保荐人创升融资有限公司；承销商创升证券有限公司、太平基业证券有限公司、骏升证券有限公司、国泰君安证券（香港）有限公司、中州国际融资有限公司、潮商证券有限公司、果树证券有限公司、万德资本有限公司、山证国际证券有限公司；保荐人及承销商香港法律顾问盛德律师事务所、中国法律顾问竞天公诚律师事务所；嘉艺控股香港法律顾问罗拔臣律师事务所、开曼群岛法律顾问康德明律师事务所；审计机构德勤·关黄陈方会计师行。

16. 越秀地产境外发行可交换债券

2019 年 4 月 8 日，广州越秀集团有限公司（以下简称“越秀集团”）控股的香港上市公司越秀地产股份有限公司（以下简称“越秀地产”）（00123.HK）间接持有的全资特殊目的公司成功发行总额 11 亿港元的可交换债券。该债券以越秀地产所持香港上市的越秀房地产投资信托基金（以下简称“越秀房托”）（00405.HK）的基金单位为换股目标，票面利息为 1.875%，债券交换价为 5.72 港币，是发行当日越秀房产基金收市股价 5.58 港币溢价 2.5%。

君合作为发行人本次发行可交换债券的中国法律顾问，为本项目的国有资产管理审批阶段以及发行阶段提供了专业的法律服务，包括但不限于进行相应的法律尽职调查，就本次发行涉及的境内相关法律法规和行政程序的适用、已签订的融资类合同、担保类合同对本次发行的影响等进行论证并出具各项法律意见。

参加本项目的其他中介机构主要包括：联席主承销商星展银行有限公司、香港上海汇丰银行有限公司、野村国际（香港）有限公司；承销商香港法律顾问高伟绅律师行；发行人香港法律顾问年利达律师事务所；承销商中国法律顾问北京德恒（广州）律师事务所；审计机构为罗兵咸永道会计师事务所。

17. 中汇集团于香港联交所主板上市

2019 年 7 月 16 日，中汇集团控股有限公司（“中汇集团”；股票代码：382.HK）于香港联交所主板上市。中汇集团全球发行 2.5 亿股股份，发行价为每股 3.22 港元，募集资金 6.29 亿港元。

君合在本项目中担任独家保荐人及承销商的中国法律顾问。君合协助完成上市集团境内外架构重组的方案论证和实施，对发行人的境内子公司和下设学校开展法律尽职调查，参与项目重大问题的政府部门访谈，起草、审阅和修改与本次上市相关的申请和发行文件，出具中国法律意见书，协助回复香港证监会和香港联交所对本项目上市申请的反馈问题。

参加本项目的其他主要专业机构包括：独家保荐人发过巴黎证券（亚洲）有限公司；发行人香港法律顾问世达国际律师事务所；发行人中国法律顾问北京市通商律师事务所；独家保荐人及承销商香港法律顾问 Norton Rose Fulbright Hong Kong（诺顿罗氏）；审计师德勤·关黄陈方会计师行；行业顾问弗若斯特沙利文国际有限公司。

18. Bright Scholar Education Holdings Limited（博实乐教育控股有限公司）发行境外美元债券

Bright Scholar Education Holdings Limited（以下简称“博实乐”，股票代码：BEDU）

于2019年7月成功发行3亿美元债券。

在本项目中，君合担任发行人的境内法律顾问，进行了法律尽职调查，为本项目出具了中国法律意见书，审阅并修改交易文件，就本项目所涉及到的中国法律问题提供了全程法律服务。

参加本项目的其他中介机构主要包括：独家全球协调人及独家簿记人摩根大通；发行人境外律师安理律师事务所；发行人开曼群岛律师康德明律师事务所；全球协调人/簿记人境内律师金杜律师事务所，境外律师达维律师事务所；审计机构德勤会计师事务所；受信机构纽约梅隆银行；受托机构国际法律顾问高伟绅律师事务所。

19. 四川蓝光嘉宝服务集团股份有限公司上市

2019年10月18日，四川蓝光嘉宝集团服务股份有限公司（股份代码：2606.HK，下称“蓝光嘉宝服务”）成功在香港联合交易所有限公司主板挂牌上市。蓝光嘉宝服务全球发行约42,916,200股股份，发行价为每股37港元，募集资金净额约14.795亿港元。

君合在本项目中担任蓝光嘉宝服务的中国法律顾问。君合协助完成蓝光嘉宝服务境内法律尽职调查，起草、审阅和修改与本次上市相关的申请和发行文件，出具中国法律意见，协助回复中国证监会、香港证监会和香港联交所对本项目上市申请的反馈问题。

参加本项目的其他中介机构主要包括：联席保荐人华泰金融控股（香港）有限公司、农银国际融资有限公司；发行人境外律师盛德国际律师事务所；联席保荐人境内律师金杜律师事务所（成都办公室），境外律师金杜律师事务所（香港办公室）；审计机构罗兵咸永道会计师事务所。

20. 世纪联合控股有限公司上市

2019年10月18日，世纪联合控股有限公司（股份代码：1959.HK，下称“世纪联合控股”）成功在香港联合交易所有限公司主板挂牌上市。世纪联合控股全球发行约125,000,000股股份，发行价为每股1.08港元，募集资金净额约102.5百万港元。

君合在本项目中担任世纪联合控股的中国法律顾问。君合协助完成世纪联合控股复杂境内重组、搭建红筹架构、境内法律尽职调查，起草、审阅和修改与本次上市相关的申请和发行文件，出具中国法律意见，协助回复香港证监会和香港联交所对本项目上市申请的反馈问题。

参加本项目的其他主要专业机构主要包括：独家保荐人富强金融资本有限公司（Fortune Financial Capital Limited）；发行人香港法律顾问何韦律师行；发行人开曼法律顾问康德明律师事务所；保荐人香港法律顾问乐博律师事务所（香港）有限法律责任合伙；保荐人中国法律顾问竞天公诚律师事务所；审计机构安永会计师事务所；行业顾问北京华通人商用信息有限公司。

21. 华立大学于香港联交所主板上市

2019年11月25日，华立大学集团有限公司（“华立大学”；股票代码：1756. HK）于香港联交所主板上市。华立大学全球发行3亿股股份，发行价为每股3.26港元，募集资金9.78亿港元。

君合在本项目中担任独家保荐人中信建投（国际）融资有限公司和承销商的中国法律顾问。在项目过程中，君合协助完成发行人境内外架构重组，对发行人的境内子公司和下设学校开展法律尽职调查，参与项目重大问题的讨论和政府部门访谈，起草、审阅和修改与本次上市相关的申请和发行文件，出具中国法律意见书，协助回复香港证监会和香港联交所对本项目上市申请的反馈问题。

参加本项目的其他主要专业机构包括：独家保荐人中信建投（国际）融资有限公司；发行人中国法律顾问竞天公诚律师事务所；发行人香港法律顾问金杜律师事务所；独家保荐人香港法律顾问礼德齐伯礼律师行；审计师罗兵咸永道会计师事务所；行业顾问弗若斯特沙利文。

（三）债券及其他证券品种项目

1. 中国宇华教育集团有限公司发行境外港元可转换债券项目

中国宇华教育集团有限公司（以下简称“宇华教育”）于 2019 年 1 月 17 日发行 9.4 亿港元可转换债券，债券为 363 天，票面利息为 3%。

宇华教育成立于 2016 年，在其正式成立前，宇华教育实际控制人已经通过多个境内实体自 2001 年开始涉足民办教育领域。目前宇华教育已成为中国最大的幼儿园至大学教育的民办教育供应商，并于 2017 年 2 月 28 日在香港联交所主板上市。宇华教育集高等教育、基础教育、学前教育于一体，现有从幼儿园到大学共 29 所知名学校，校区遍布河南、湖南两省 10 个城市，在校师生总数 9 万多人。

君合团队担任本项目承销商中国律师，对宇华教育境内的主要学校进行了基础法律尽职调查，为本项目出具了中国法律意见书，就本项目所涉及到的中国法律问题提供了全程法律服务。2018 年 8 月，司法部公布《中华人民共和国民办教育促进法实施条例（修订草案）送审稿》，2018 年 11 月，中共中央、国务院发布《关于学前教育深化改革规范发展的若干意见》，在此背景下，民办教育行业持续受到关注，相关上市的民办教育企业股价大幅下挫。本项目时间短，尽调任务重，且被尽调学校的性质均为民办非企业单位，其土地和房屋存在较多历史遗留问题，对于信息披露的全面性与法律意见发表的准确性均有较高要求。项目组与本项目其他中介机构密切合作，出色并高效地完成了对前述条例及意见的分析工作以及对相关学校的尽调工作，准确发表法律意见，赢得了客户及其他中介机构的高度肯定。

参与本项目的其他主要中介机构包括：美银美林（亚太）有限公司（承销商）、世达国际律师事务所（发行人境外律师）、天元律师事务所（发行人中国律师）、年利达律师事务所（承销商境外律师）等。

2. 瑞声科技首次成功发行 3.88 亿美元高级债券项目

全球精密制造龙头企业 AAC Technologies Holdings Inc.（以下简称“瑞声科技”，股票代码：2018.HK）于 2019 年 11 月首次成功发行 3.88 亿美元高级债券。

在本项目中，君合担任承销商中金公司及星展银行的中国境内法律顾问，进行了法律尽职调查，为本项目出具了中国法律意见书，审阅并修改招债书、交易文件，就本项目所涉及到的中国法律问题提供了全程法律服务。瑞声科技拥有多个生产基地及数量繁多的知识产权，项目团队在很短的时间内完成了相关资产梳理工作，协助本项目在完美契合时间表的情况下顺利完成。

瑞声科技是全球领先的智能设备解决方案提供商，全球员工超过5万人，其中研发工程师1,500人。在全球，瑞声拥有28个办公点，9大制造基地（分别位于中国、越南、菲律宾），以及分别在中国、美国、芬兰、丹麦、韩国、日本和新加坡设立的15个研发中心。

参加本项目的其他中介机构主要包括：联席全球协调人中金公司（China International Capital Corporation）、星展银行（Development Bank of Singapore）；发行人境外律师金杜律师事务所（King & Wood Mallesons）；发行人境内律师君泽君律师事务所；发行人开曼群岛律师康德明律师事务所（Conyers Dill & Pearman）；承销商境外律师高伟绅律师事务所（Clifford Chance）；审计机构德勤会计师事务所（Deloitte Touche Tohmatsu Certified Public Accountants LLP）。

3. 高盛全额认购优先级资产支持票据

2019年11月14日，中国银行间市场交易商协会下发中市协注〔2019〕ABN114号《接受注册通知书》，接受狮桥融资租赁中国有限公司（以下简称“狮桥中国”）定向资产支持票据注册，注册金额为人民币7.11亿元。根据相关交易文件的约定，本期资产支持票据的优先级金额为6.4亿元人民币，由高盛国际（Goldman Sachs International）通过“债券通”全额认购。项目于11月26日交割。

狮桥中国是中国最大的三方商用车金融服务平台，拥有中国最大的整车物流车队、中国商用车领域车型种类最多信息最全的车型库以及中国首个二手商用车交易平台。高盛集团是全世界历史最悠久规模最大的投资银行之一。此次双方在资产证券化领域的强强合作，开创了由境外投资者全额认购资产证券化产品优先级的先河，是中国跨境资产证券化融资史上的重大突破。

君合作为高盛国际的中国法律顾问，全程参与本项目，主要参与了交易方案设计与论证、交易文件起草与修改、法律意见书审阅和尽职调查等工作。由于本期资产支持票据的唯一初始投资人高盛国际是世界一流的投资银行，本次交易需要符合欧美成熟市场的交易惯例，许多交易机制在中国资产证券化市场上系首次出现。在该等机制创新的可行性论证、法律风险分析和通过交易文件落实等方面，君合进行了大量细致的研究、沟通和起草工作，作为投资人律师实际上主导了交易文件的修改，并对交易文件提供了全文翻译，有力推动了交易进程。此外，君合也配合境外律师为客户在其他法域的后续商业安排提供建议与服务。君合团队与高盛国际、狮桥中国和其他各方中介机构多方高效沟通、通力合作，获得了客户和参与各方的一致认可和高度评价。

本项目的其他主要中介机构还包括：上海浦东发展银行天津分行（主承销商）、中信证券股份有限公司（联席主承销商）、英国高伟绅律师事务所（投资人境外法律顾问）、方达律师事务所（发行人法律顾问）、建信信托有限责任公司（发行载体管理人）、毕马威中国（会计师）和上海新世纪资信评估投资服务有限公司（信用评级机构）。

4. 招商局商业房地产信托基金（CMC REIT）设立并在香港联交所主板上市

2019年12月10日，招商局商业房地产信托基金（“CMC REIT”，股票代码：01503.HK）于香港联合交易所（“香港联交所”）主板上市（“本项目”）。本项目拟集资约3.3–3.8亿美元（绿鞋前），对应2020年投资收益的区间约在5.9%–6.9%，2021年投资收益6.4%–7.4%，2022年6.5%–7.6%。

CMC REIT作为继越秀房产信托基金、春泉产业信托、汇贤产业信托之后第4只赴香港联交所上市的内地REITs，是香港市场上近6年来首次公开发行的REITs，也是首单央企房地产信托基金。本次CMC REIT的成功挂牌上市，为不动产金融开启了一种全新的思路，REITs不仅可以盘活现有物业资产，通过创新途径解决资金来源，也可为房地产开发商提供稳定的外部资金融资管道，有利于资金的快速回笼；同时，对于投资者来说，REITs产品也具有投资门槛低、分红比例高、流动性强的显著优势。

君合在本项目中担任独家上市代理人花旗环球金融亚洲有限公司（Citigroup Global Markets Asia Limited）的中国法律顾问。君合协助完成了CMC REIT境内外架构搭建、境内权益的法律尽职调查，起草、审阅和修改与本次上市相关的申请文件、发行文件和交易文件，协助审阅和修改招商局蛇口工业区控股股份有限公司（“招商蛇口”，股票代码：001979.SZ）的披露文件和决议文件，出具中国法律意见，协助回复香港证券及期货事务监察委员会（“香港证监会”）和香港联交所对本项目上市申请的反馈问题。君合一直以来贯彻的严谨、高效的工作风格获得了房托基金管理人、上市代理人和其他专业机构的肯定，最终助力CMC REIT在香港联交所主板成功上市。

本项目工作的关键点和难点主要包括：（1）本项目的实质为A股上市公司招商蛇口对其五项境内底层资产的内部重组及房托上市，须兼顾A股、香港联交所（房托上市地）、开曼/BVI（房托管理人关联方的注册地）的相关规则，涉及与有关政府部门和境内外监管部门的沟通；（2）本项目涉及工作条线复杂，除需要取得香港证监会和香港联交所的相关批准，还涉及招商蛇口（001979.SZ）和招商局置地（00978.HK）两家上市公司的信息披露和内部决策程序联动；（3）本项目涉及交易文件众多，包括但不限于房托资产重组文件（包括资产和债务转让）、信托契约、买卖协议、贷款协议、优先购买权契约、物业管理协议、持续关联交易协议等等，君合协助客户与境内外上市公司、境内外律师持续沟通，推动交易文件的定稿。

参加本项目的其他主要中介机构包括：（1）独家上市代理人：花旗环球金融亚洲有限公司（Citigroup Global Markets Asia Limited）；（2）房托管理人香港法律顾问：贝克·麦坚时律师事务所（Baker & McKenzie）；（3）保荐人香港法律顾问：富而德律师事务所（Freshfields Bruckhaus Deringer）；（4）房托管理人中国法律顾问：中伦律师事务所；（5）受托人法律顾问：安理国际律师事务所（Allen & Overy LLP）；（6）审计机构：德勤·关黄陈方会计师事务所（Deloitte Touche Tohmatsu）；（7）独立物业估值师：戴德梁行有限公司（Cushman & Wakefield Limited）；（8）建筑测量师及市场顾问：莱坊测量师行有限公司（Knight Frank Petty Limited）。

5. 广州越秀集团有限公司股份制改造并以优先股方式实施市场化债转股

2019年12月，越秀集团百亿元债转优先股项目正式落地，成为全国首单获批的非上市非公众股份公司债转优先股项目。越秀集团本次债转优先股发行规模100亿元，工商银行旗下工银金融资产投资有限公司以自营资金，以及组织发起设立越秀集团债转优先股专项投资计划募集社会合格机构投资者（不超过200人）资金的方式，认购越秀集团优先股。这也是截至目前市场上单笔金额最大的市场化债转股项目。

君合作为越秀集团法律顾问，为越秀集团本次股份制改造并以优先股实施市场化债转股提供全方位的法律服务，包括但不限于：对股份制改造、以优先股实施债转股的方案进行法律论证，起草、审阅、修改上述环节所涉及的程序性文件、公司治理制度以及交易文件，协助越秀集团与工银基金进行多轮谈判，全程及时、高效地为公司股份制改造并以优先股实施债转股所涉及的公司治理规范运作、国有资产管理审批等方面提供法律意见，并出具多份专项法律意见书。

（四）PE 投资及其他重大收购项目

1. 石河子众邦股权投资管理合伙企业（有限合伙）等卖方向凯雷投资集团出售 A 股上市公司罗莱生活科技股份有限公司 10% 股权项目

2019 年 3 月 18 日，凯雷投资集团（The Carlyle Group）管理的 CA Fabric Investments（以下简称“CA”）与 A 股上市公司罗莱生活科技股份有限公司（股票代码：002293，以下简称“罗莱生活”）的股东石河子众邦股权投资管理合伙企业（有限合伙）（以下简称“石河子众邦”）及薛骏腾先生签署了《股份转让协议》，CA 拟受让罗莱生活的股份对罗莱生活进行战略投资。2019 年 4 月 19 日，本次股份转让的过户登记手续顺利完成。股份转让完成后，CA 持有罗莱生活股份 75,440,915 股，占罗莱生活已发行总股本的比例为 10%。君合在本项目中担任包括石河子众邦在内的卖方的法律顾问

罗莱生活成立于 1992 年 6 月，是国内较早涉足家用纺织品行业，集研发、设计、生产、销售于一体的企业。2009 年 9 月公司登陆 A 股市场。目前，罗莱生活拥有罗莱家纺、LOVO 等自有品牌及收购、代理品牌共约 20 个，终端销售网络近 3000 家，销售网络遍及全国近 32 个省市。

凯雷投资集团是一家全球性投资公司。截至 2018 年 12 月 31 日，凯雷投资集团 拥有约 343 个投资基金，资产管理规模约为 2,160 亿美元。凯雷于 1987 年在美国华 盛顿特区创立，目前已发展成为世界最大且最成功的投资公司之一，拥有 1,650 多位专业人员，在北美、南美、欧洲、中东、非洲、亚洲和澳大利亚设有 31 个办事处。

君合作为卖方的法律顾问，全程参与了本项目交易结构设计与论证、交易文件的谈判、上市公司公告文件的审阅、协助卖方与交易各方沟通，以及交割等工作。君合团队与交易各方高效沟通、通力合作，有力推动了本项目顺利交割，获得了客户和参与各方的一致认可和高度评价。

参与本项目的其他主要中介机构包括：瀚一律师事务所（收购方中国法律顾问）。

2. 开山酒业完成 A 轮及 A+ 轮融资项目

新派白酒品牌“开山”宣布在三个月内完成了 A 轮及 A+ 轮两轮数千万元人民币的融资。君合作为开山酒业的融资法律顾问及常年法律顾问，代表开山酒业就 A 轮及 A+ 轮融资项目提供全程法律服务。两轮融资中，A 轮融资投资方为高瓴资本；A+ 轮融资由源码资本领投，高瓴资本跟投。

开山酒业于 2018 年在上海成立，是一家以传统工艺拥抱国际酿造理念的新中式酒先锋厂牌。“开山”创立的初心是解决年轻一代对高端白酒饮用的痛点，找到真正能够接受在一个万亿容量的市场中打造具有长期价值和巨大商业空间的品牌。

君合作为开山酒业本次 A 轮及 A+ 轮的全程法律顾问，为开山酒业提供了从 A 轮融资前公司重组架构设计、两轮融资交易结构设计、全套交易文本审阅修订、代表客户与两轮融资投资方谈判、沟通及协商等全套法律服务。除此以外，还协助客户顺利进行了签约与交割。

本项目的复杂性体现在：1、公司在融资前进行了适当重组，本轮融资中需要同时兼顾新老投资方之间的股东权利并作出妥善处理和安排，同时最大限度维护和保障公司的利益；2、本次融资时间表紧凑，需要在短时间内与多方投资人及公司方完成交易架构及交易文件谈判、沟通、协调确认及签署工作。项目团队就交易安排及协议文本与各方进行了多次沟通、讨论和协调，最终凭借丰富的同类项目经验和专业严谨的法律服务协助公司顺利完成本项目。四范式（4Paradigm）C

3. 杰立公司完成战略级融资项目

全球领先的化妆笔类容器提供商杰立公司近期引入凯辉基金并完成数亿元新一轮融资，8 月 27 日，牟山杰立美妆产业园项目暨杰立与凯辉 &V 基金战略合作举行签约仪式，君合作为杰立公司独家法律顾问提供了全程法律服务。

成立于 1998 年的杰立公司是全球领先的化妆笔容器提供商，主要研发、制造和销售包括眉笔、眼线笔、唇线笔、遮瑕笔在内的各类彩妆产品，其化妆笔容器年产量约 2 亿支，占全球化妆笔市场的 8%–10%，位列全球化妆笔容器生产行业前三甲。经过 20 余年发展，杰立公司在产品研发创新、大批量快速供货及品质管控等方面已打造核心竞争力，并与欧莱雅、LVMH、雅诗兰黛、莹特丽、科丝美诗等国际主流化妆品品牌和填充工厂建立了长期稳定的战略合作。本次交易后，杰立公司与凯辉基金将展开深度合作，推动公司持续扩大行业优势，迎接新一轮增长。

君合作为杰立公司的独家法律顾问，全程主导参与了本次融资交易方案、公司内部重组方案以及整体交易税务结构的设计、论证和执行，本次公司内部重组以及本次融资交易文件的审阅、谈判和签署，以优质、严谨、高效的法律服务，协助杰立公司顺利实现本次融资的交割，得到了杰立公司的高度赞誉。

参与本项目的其他中介机构主要包括：杰立公司独家财务顾问普华永道（PwC）、凯辉基金法律顾问中伦律师事务所。

4. 城家集团完成超 3 亿美元 A 轮融资项目

君合作为公司方的法律顾问，代表城家集团完成总额近 3 亿美元的 A 轮融资。

城家集团成立于 2015 年，是华住集团在非标住宿领域的重要布局，目前已发展出公寓、酒店、服务三大产品线、八大品牌（包括“员宿”、“城家公寓”“城家高级公寓”、“城家精选公寓”、“馨乐庭公寓酒店”、“CitiGO HOUSE 欢阁公寓酒店”以及“城家奢华公寓”，酒店产品线有业内坪效最高且创造了有趣生活方式的 CitiGO 欢阁酒店），迄今已布局 100 多家物业，拥有房源数超过 20,000 间，当之无愧地成为领先的中国公寓住宿运营商。

本轮融资由博裕资本领投，由云锋基金、华住集团、雅诗阁有限公司（以下简称“雅诗阁”）、建银国际等海内外知名机构跟投。华兴资本担任本轮融资的独家财务顾问。城家集团的本轮融资亦刷新了国内集中式长租公寓单次融资金额的最高记录。

君合作为城家集团的法律顾问全程参与了本项目从架构重组、交易文件准备与签约、直至项目最终交割的全过程，以及时、高效的服务赢得了各方的高度评价。

5. 哈药集团实施混改并对旗下两家A股上市公司实施要约收购项目

药集团有限公司（下称“哈药集团”）实施混合所有制改革，引入重庆哈珀股权投资基金合伙企业（有限合伙）（下称“重庆哈珀”）和天津黑马祺航投资管理有限公司（下称“黑马祺航”）两名投资人（下称“本次增资”）。重庆哈珀、黑马祺航分别以现金人民币805,294,116.45元、402,647,059.15元作为对价认缴哈药集团新增注册资本435,294,117元、217,647,059元。本次增资完成后，哈药集团的实际控制人由哈尔滨市国资委变更为无实际控制人。

同时，为赋予哈药集团控股的两家A股上市公司哈药集团股份有限公司（下称“哈药股份”，股票代码600664）和哈药集团人民同泰医药股份有限公司（下称“人民同泰”，股票600829）的投资者充分选择权，哈药集团在哈药股份层面和人民同泰层面分别实施了要约收购。截至目前，前述哈药集团在哈药股份层面和人民同泰层面实施要约收购所取得的股份均已完成交割，哈药股份及人民同泰均保留上市公司地位。

哈药集团成立于1989年，拥有多家下属医药工业、商业流通企业及药物研究院，业务涵盖抗生素、非处方药及保健品、传统与现代中药、生物医药、动物疫苗及医药商业等六大业务板块。

君合作为哈药集团的法律顾问，为本项目提供了全流程、全方位的法律服务，该等工作主要包括：（1）在项目前期阶段，君合参与了混合所有制改革方案的设计；（2）在哈药集团进入哈尔滨产权交易中心（下称“产交所”）公开征集投资者阶段，君合参与起草了产交所所要求的包括法律意见书在内的各项文件；（3）在确定投资者后，君合协助哈药集团主导了增资协议、合资合同及其他相关交易文件的起草、审阅、谈判和修改工作，并准备了取得哈尔滨市国资委批准所需的各项材料；（4）在要约收购阶段，君合与其他中介机构紧密合作，参与了要约收购报告书及其摘要的起草、审阅和修改工作，出具相应的要约收购法律意见书，并与上海证券交易所进行沟通。君合以一贯的高效、严谨、稳健的工作风格，细致、专业的服务态度获得了哈药集团及其他项目参与方的一致肯定。

6. 绿地香港控股完成百亿级物业项目的出售

绿地集团旗下的香港上市公司——绿地香港控股有限公司（以下简称“绿地香港”，股票代码：00337.HK）于2019年11月27日宣布，其向博枫资产管理公司（以下简称“博枫”）出售五里桥项目公司股权的交易已成功交割。君合作为绿地香港的独家中国内地及香港法律顾问提供了全程法律服务。

绿地香港为绿地集团的香港上市子公司。博枫是一家全球领先的另类资产管理机构，总部位于加拿大多伦多市。在全球逾30个国家管理着超过2850亿美元的资产。博枫的明星投资包括：纽约的Brookfield Place（原世界金融中心）、伦敦的金丝雀码头、柏林的波茨坦广场等。

绿地香港此次系通过境外股权交易的方式向博枫出售位于上海市黄浦区五里桥街道的房地产开发项目。五里桥项目的土地使用权系绿地香港于2015年7月以出让方式获得，分为商业和住宅两个部分，其中，商业部分包括4栋写字楼及2栋相接裙楼、2栋独立商业大楼（含电影院）及2间独立零售商铺；住宅部分包括2栋独立的十七层住宅楼、1栋独立的商业地下室及1家会所。五里桥项目合计占地面积55,590平方米，标的物业建筑面积257,780.16平方米，物业估值超过105亿元人民币。

由于本次交易涉及的规模巨大、交易结构复杂（涉及在建工程的验收与结算、房地产开发项目贷款、项目融资及跨境资金支付等）、客户作为香港上市公司对于项目执行时间表有较高要求等，君合作为绿地香港的独家中国内地及香港法域的独家法律顾问在本项目中面临很多新的、前所未有的问题和挑战。面对这些问题和挑战，君合上海分所和香港分所通力合作，为本次交易提供了全程法律服务，为本项目的成功谈判签约、交割准备和交割做出了重要贡献，君合的专业经验和专业精神赢得了客户的高度评价。

本次交易的其他主要中介机构还包括：英国安理国际律师事务所（Allen & Overy，交易对方的香港法域法律顾问）、上海市方达律师事务所（交易对方的中国内地法域法律顾问）、毕马威会计师事务所（KPMG，交易对方的财务顾问）。

7. 兴港投资集团完成对上市公司合众思壮的控制权收购项目

北京合众思壮科技股份有限公司（股票代码：002383，下称“合众思壮”、“上市公司”）公告称，合众思壮的控股股东由自然人郭信平变更为郑州航空港区兴慧电子科技有限公司（下称“兴慧电子”），实际控制人变更为郑州航空港经济综合实验区管理委员会。君合代表收购方郑州航空港兴港投资集团有限公司（下称“兴港投资集团”），为其下属全资子公司兴慧电子收购合众思壮控制权交易（以下简称“本次交易”或者“本项目”）提供全程法律服务。

本次交易方案主要包括股份转让及表决权委托两部分，其中，郭信平将其持有的部分上市公司股份（占上市公司总股本的9.7048%）转让给兴慧电子；同时将其持有的部分上市公司股份（占上市公司总股本的10.2952%）对应的表决权委托给兴慧电子行使。本次交易完成后，兴慧电子直接持有上市公司11.6408%的股份，控制上市公司合计21.9360%的股份对应的表决权，成为合众思壮单一拥有表决权比例最大的股东。

本次交易的收购方兴慧电子是兴港投资集团的全资子企业。兴港投资集团成立于2012年10月9日，注册资本200亿元，是郑州航空港经济综合实验区（郑州新郑综合保税区）管理委员会下属的国有独资公司，下属全资、参控股企业及分公司一百二十多家，合并资产总额1700多亿，净资产500多亿。

本次交易的被收购方合众思壮于2010年在深交所中小板挂牌上市，以北斗高精度卫星定位导航与时空信息应用为主营业务方向，面向行业市场提供北斗高精度产品服务和“云+端”全方位行业解决方案，围绕北斗高精度业务、北斗移动互联业务、时空信息服务和通导一体化四个业务板块开展业务。

君合在本次交易中为收购方提供的全方位和全流程法律服务主要包括：（1）对上市公司及其重要子公司开展全面法律尽职调查；（2）全程参与收购方与合众思壮原控股股东郭信平的谈判，结合交易对方实际情况为收购方提供有针对性的交易方案建议；（3）主导《股份转让意向协议》《股份转让协议》《不可撤销的表决权委托协议》及其他交易文件的起草、修改和定稿工作；（4）协助收购方完成国资审批的申请，取得国资监管部

门的批复；（5）论证交易涉及的经营者集中问题，协助收购方完成经营者集中反垄断审查申报；（6）参与收购方与交易对方及其相关债权人就还款方案和偿债安排进行沟通和谈判，协助解决交易对方所持上市公司股份被质押、冻结等交割限制条件。

本次交易涉及的重点和难点问题主要包括：（1）交易对方持有上市公司股票存在高比例质押、司法冻结及限售等情况，除了交易对方外还涉及与多家债权人的沟通和谈判，为交易方案的设计、沟通和实施增加了诸多难度；（2）本次交易采取协议转让加表决权委托方式，交易方案的论证和最终确定历经与收购方、本次交易其他当事方及监管机构的多轮次和多渠道沟通；（3）本次交易涉及的经营者集中反垄断申报各阶段时点与股份转让及整体交易时间段的匹配；（4）本次交易标的合众思壮业务遍及全国各地，就上市公司本部和重要子公司尽调走访涉及北京、上海、深圳三地办公室的通力协作，就本项目涉及的经营者集中申报亦涉及反垄断业务团队的大力支持，充分体现了君合作为真正一体化运作事务所的优质高效的服务质量。君合以一贯的高效、严谨、稳健的工作风格，细致、专业的服务态度获得了公司及其他项目参与方和中介机构的一致肯定。

8. 亿腾药业完成红筹架构调整及C轮融资

泰州亿腾景昂药业有限公司（以下简称“亿腾药业”或“公司”）完成近人民币5亿元的C轮融资，本轮融资资金主要将用于快速推进现有管线产品的临床开发。本轮融资由泰格医药及其关联基金泰福资本、盈科资本等联合领投，翰颐资本、朗玛峰创投等跟投。君合作为亿腾药业的法律顾问。

亿腾药业是一家专注于抗肿瘤新药研发，尤其是乳腺癌和胃癌领域产品的公司。在自主开发针对新靶点的产品同时，也积极从海外引入临床阶段肿瘤产品，并且拥有自己的小分子肿瘤药物生产基地。亿腾药业现正在建设成为一面向中国市场的，集开发、生产和推广的一体化平台，以求将潜在的“同类首款”（first-in-class）与“同类最佳”（best-in-class）的新药带给中国病患。

亿腾药业有多款产品处于临床阶段：EOC103作为1型HDAC选择性抑制剂，已与合作伙伴在国内外同步开展III期乳腺癌临床实验，并被美国FDA授予突破性疗法资格（Breakthrough Therapy Designation）；EOC315是一种高选择性VEGFR抑制剂，公司拥有其全球权益，临床定位是联合奥沙利铂和卡培他滨用于晚期胃癌一线治疗；EOC202是一种LAG3重组蛋白生物制剂，用于联合化疗治疗乳腺癌。LAG3被誉为继PD-1/L1之后的新一代肿瘤免疫疗法；EOC317是一种高活性FGFR抑制剂，可用于针对FGFR突变或基因增生的胃癌，尿路上皮癌等多种肿瘤。

君合作为亿腾药业的法律顾问全程参与了本项目从红筹架构重组、交易文件准备与签约、直至项目最终交割的全过程，以及时、高效的服务赢得了各方的高度评价。

本项目的复杂性体现在：1、本次融资前进行红筹架构调整，涉及股东平移、债转股、股权回购等；2、本轮融资中需要同时兼顾新老投资方之间的股东权利并作出妥善处理和安排，同时最大限度维护和保障公司的利益；3、本次融资时间表紧凑，需要在短时间内与多方投资人及公司方完成交易架构及交易文件谈判、沟通、协调确认及签署工作。项目团队就交易安排及协议文本与各方进行了多次沟通、讨论和协调，最终凭借丰富的同类项目经验和专业严谨的法律服务协助公司顺利完成本项目。

参与本项目的其他中介机构主要包括：国泰君安证券、生命资本、嘉源、金杜、立信、毕马威。

9. 万科物业与戴德梁行合资

2019 年 12 月 12 日，万科物业与戴德梁行签署战略协议并成立合资公司，实现强强联合，拟打造成为大中华区内首屈一指的商业物业及设施管理龙头服务商。

合资公司将聚焦在商业物业与设施管理领域，主要业务包括：商业物业及资产管理（Property and Asset Management）、综合设施管理（Integrated Facility Management）。

万科物业连续 10 年蝉联中国物业行业百强第一；戴德梁行是享誉全球的房地产服务和咨询顾问公司，遍布全球 70 多个国家。

君合在本项目中代表万科物业，提供了交易结构设计、法律尽职调查、境内交易文件的起草、境外交易文件的审阅、法律谈判、经营者集中申报等法律服务。

参加本项目的其他中介机构主要包括：项目的财务顾问 Moelis & Company，万科物业的境外律师达维，戴德梁行的境内外律师凯易及中伦。

10. 平安资产向港通发展增资

2019 年 12 月 27 日，招商局集团与中国平安举行投资签约仪式。中国平安旗下平安资产管理有限责任公司（简称“平安资产”）向招商局集团全资子公司招商局港通发展（深圳）有限公司（简称“港通发展”）增资 100 亿元人民币。增资完成后，平安资产持港通发展 25.9% 股权（简称“本项目”）。

招商局集团是中央直接管理的国有重要骨干企业。截至 2018 年底，招商局集团总资产 8 万亿元，利润总额、净利润和总资产在国务院国资委管理的央企中均排名第一。在 2019 年发布的《财富》世界 500 强榜单中，招商局集团和旗下招商银行再次入围，是拥有两个世界 500 强公司的企业。

中国平安是中国最大的保险机构之一，旗下平安资产是原中国保监会批准设立的首批专业资产管理公司之一。截至 2019 年 6 月 30 日，平安资产的公司资产管理规模超过 3 万亿元，是中国最具规模和影响力的机构投资者之一。

港通发展作为本次招商局和中国平安强强联合的战略平台，亦是招商局集团港口资产的重要资本运作平台之一。截至 2018 年底，港通发展的总资产规模逾 2000 亿元。

本项目是招商局集团为落实中央国有企业混合所有制改革做出的又一重要战略决策，根据国资监管的相关规定，本项目通过上海联合产权交易所公开征集意向受让方，并采用竞争性谈判确认最终受让方。君合律师作为招商局集团的法律顾问全程主导参与了本项目，包括在方案论证阶段参与交易方案的设计，包括从外商投资、国资监管、保险资金运用、境内外上市规则、经营者集中、税收筹划等多法律维度进行分析论证，协助港通发展完成内部重组为后续引入战略投资人奠定基础、就交易方案的落地与政府相关部门进行沟通咨询；起草及修改了一系列投资交易文件，协助客户与多家意向投资人进行了多轮谈判，项目最终于 2019 年 12 月顺利签约。在整个交易过程中，君合基于对项目的深入理解、谈判各方的核心诉求和商业焦灼点的准确把握，协助各方进行有效沟通，有利地推动了谈判和项目进展，受到客户和投资人的高度赞扬和认可。

11. 卓志跨境供应链多轮融资

君合作为广州市卓志商贸发展有限公司（现已更名为广东卓志供应链科技有限公司，下称“卓志跨境供应链”）的法律顾问，代表卓志跨境供应链为其A轮、A+轮以及B轮融资提供法律服务。A轮融资金额2亿元人民币，由普洛斯（GLP）旗下的普洛斯金融参与A轮融资；A+轮融资金额为9,375万元人民币，由钟鼎领投、普洛斯金融跟投；B轮融资金额约1.52亿元人民币，由京东物流领投、普洛斯金融跟投。

卓志跨境供应链是一家跨境产业供应链服务提供商，成立于1997年，总部在广州，业务覆盖跨境电商、跨境供应链、国际贸易、信息服务、码头仓配和供应链金融六大领域。至2019年，全球共有81家分子公司，近6000个合作伙伴，为138个国家、221个国际港口和机场提供服务。

君合在三轮融资中均代表卓志跨境供应链，提供了包括全套交易文件审阅修订、协助公司和创始人与不同轮次的投资方进行沟通谈判、准备交割文件和协助公司和创始人进行交割等全套法律服务。

12. 交通运输部牵头的琼州海峡北岸航运资源整合项目顺利完成

琼州海峡是国家的重要战略通道，是“一带一路”和南海开发建设的前沿地带。琼州海峡客滚运输是海南省与大陆最主要的运输方式，也是国家对南海开发和南海主权维护、加强泛珠三角区域合作、促进北部湾地区发展、加快推动中国—东盟自由贸易区海上丝绸之路建设的重要保障。根据交通运输部关于《贯彻落实〈中共中央国务院关于支持海南全面深化改革开放的指导意见〉实施方案》、《广东省政府关于加快推进琼州海峡港航一体化发展的会议纪要》、《广东省人民政府办公厅、海南省人民政府办公厅印发推进琼州海峡港航一体化发展联席会议第一次会议纪要的通知》等文件精神，在交通运输部、广东省委省政府、湛江市委市政府、广东省交通厅、广东省国资委等主管部门的支持下，广东省国资委下属的广东省航运集团有限公司（以下简称“航运集团”）于2019年11月完成琼州海峡北岸航运资源整合工作（以下简称“本次整合”）。本次整合能够让琼州海峡运输大通道更畅顺，对推进琼州海峡港航一体化发展具有十分重要意义。

君合作为本次整合收购方的专项法律顾问，全程参与了本次整合，包括对22家企业和各方拟出资的29艘船舶进行全面法律尽调，起草本次整合涉及的全套法律文件，参与本次整合的商业谈判和交割等。

参与本次整合的其他主要中介机构包括：致同会计师事务所（特殊普通合伙）、中通诚资产评估有限公司、普华永道咨询公司。

13. 雅居乐教育集团并购合肥财经职业学院

雅居乐教育集团是国内领先的大型民办教育集团，从2005年起进军教育产业，已构建起从学前教育、中小学教育、国际教育、高等教育到培训教育的全学龄教育平台，在全国20多个省、直辖市，55个重点城市，开办运营各类办学园（校）近200所。雅居乐教育集团自2016年便开始在全国范围施展布局，积极引进各层次优质民办教育资源。

合肥财经职业学院（以下简称“目标学校”）是雅居乐教育集团收购的第二所大学，同时也是他们收购的第一所高职院校，对集团的发展具有战略性意义。

本项目标的金额较大，涉及多项典型民办教育法律以及公司法问题，面临民办教育法规政策巨变风险，需要君合在短时间内设计一揽子交易安排并高效执行，以保障客户权益。本项目中，雅居乐教育集团希望通过收购举办者股权的方式间接取得目标学校的权益，但举办者除经营目标学校之外还从事其他业务，因此需经办律师就举办者的分立、资产剥离、补缴税费、关联交易合理性等问题进行法律分析并提出解决方案。除此之外，作为一所综合性的民办职业学院，目标学校提供包括中等职业教育、高等职业教育、成人教育、中外合作办学、网络教育、考试服务中心在内的多项办学服务，经办律师就目标学校存在的多种办学服务的资质、办学条件、招生及收费、办学规模、专业设置等方面的合规性进行核查并发表法律意见。本项目不仅要求经办律师对法律法规进行准确而及时的解读和适用，同时需要梳理大量的地方性规范性文件及实践操作，从而对交易架构设计最佳方案。

君合在本项目中代表雅居乐教育集团提供了尽职调查，交易结构设计，合同起草及修改，谈判的法律服务。

（五）新三板、定增项目

1. 拓斯达 A 股创业板公开增发

2019 年 11 月 27 日，广东拓斯达科技股份有限公司（以下简称“拓斯达”，股票代码：SZ.300607）披露《公开增发股份变动及新增股票上市公告书》，意味着拓斯达本次公开增发圆满完成。值得注意的是，拓斯达本次公开增发是首例 A 股创业板公开增发，也是近五年来 A 股市场首例公开增发。

拓斯达是一家登陆创业板的广东省机器人骨干企业，专注于以工业机器人为代表的智能装备的研发、制造、销售，并致力于成为“系统集成 + 本体制造 + 软件开发 + 工业互联网四位一体”的智能制造综合服务商。秉承“让工业制造更美好”的品牌主张，拓斯达的核心产品包括以工业机器人为代表的智能装备、控制系统及 MES 为代表的工业物联网软件，其为客户提供基于工业机器人的智能生产环境整体解决方案，致力于打造健康的智能制造生态圈。截至目前为止，拓斯达已为全球 5000 余家企业提供服务，其中包括比亚迪、长城汽车、伯恩光学等知名企业。

拓斯达本次发行 16,065,249 股 A 股新股，采用向原股东优先配售和网上、网下定价发行相结合的方式进行。发行价格为 40.46 元 / 股，不低于公告日前 20 个交易日公司 A 股股票均价，募集资金总额为 649,999,974.54 元。本次公开增发募集资金用于拓斯达在智能制造行业的扩产，有助于其进一步落实发展战略和提升品牌竞争力。

君合作为本项目发行人律师，全程参与本项目，与其他各方中介机构高效沟通、通力合作，在 A 股创业板尚未有公开增发先例，且 A 股市场近五年来无公开增发案例的情况下，根据拓斯达的企业情况、创业板的上市要求等，确定了本次公开增发的发行方案、完善了本次公开增发的申报文件、并完成了包括法律意见书等一系列法律文件，有力地推动了本项目的顺利进行。君合细致、专业、高效、富有经验的法律服务，赢得了公司及其他中介机构的高度认可。

本项目的其他主要中介机构还包括：招商证券股份有限公司（保荐机构及主承销商）、立信会计师事务所（特殊普通合伙）（审计机构）。

（六）上市公司并购与重大资产重组

1. 福建青松股份有限公司重大资产重组

福建青松股份有限公司（股票代码 300132，以下简称“青松股份”）以发行股份和支付现金相结合的方式购买诺斯贝尔化妆品股份有限公司（以下简称“诺斯贝尔”）90% 股份并募集配套资金项目（以下简称“本次重大资产重组”），于 2019 年 4 月 8 日取得中国证监会核准。

君合作为青松股份本次重大资产重组的专项法律顾问，全程参与了本项目，包括参与交易方案的论证、法律尽职调查、与交易对方的谈判、全套交易文件的起草和定稿、出具法律意见书、回复中国证监会反馈意见及中国证监会上市公司并购重组审核委员会审核会议的询问等。

参与本项目的其他主要中介机构包括：民生证券股份有限公司、广东正中珠江会计师事务所（特殊普通合伙）、广东中广信资产评估有限公司、福建华兴会计师事务所（特殊普通合伙）。

（七）其他

1. 博实乐教育集团与武汉三牛中美中学战略合作

博实乐教育集团是中国最大的 K12 学校运营集团，致力于为中国乃至全球学生提供最优质的教育。其于 2017 年 5 月 18 日成功登陆美国纽交所，成为中国教育集团赴美上市最大的 IPO。截至 2018 年 12 月 31 日，博实乐教育集团在全国 9 个省份拥有 K12 国际化学校 6 所，双语学校 15 所，幼儿园 47 所，共计在校生 41000 多名，教职工 8500 多名。同时，博实乐教育集团现拥有北师大、哥伦比亚大学、美国大学理事会、伦敦大学学院、剑桥国际考试委员会等国内外顶尖合作伙伴。此外，其辅助教育业务还涉及课外培训、游学营地、升学指导、教育科技等领域。

武汉三牛中美中学由美国哈佛大学海归团队在 2015 年创办，系华中地区第一所美式私立寄宿中学。学校开设初中 7 至 9 年级和高中 10 至 12 年级的完全中学学历教育，同时采用全套美式教育模式和课程体系。

通过与武汉三牛中美中学达成战略合作，博实乐教育集团进一步完善其在华中地区国际学校的布局。博实乐与三牛中美中学的强强联合，将充分发挥各自领域强项，实现资源共享、优势互补和合作共赢，以培养具有中国背景的世界领袖为宗旨，打造最具影响力的国际教育发展平台，新益求新、锐意进取、聚焦全球、合力发展。

本项目标的金额较大，涉及多项典型民办教育法律以及公司法问题，面临民办教育法规政策巨变风险。目标学校作为一所现有民办学校，涉及义务教育以及非义务教育，因此需处理民办学校分立及资产分割、资产过户、分类选择限制、补缴税费等关于现有民办学校分类登记政策问题，为进一步明晰法律政策风险预期，君合就有关问题与政策制定部门湖北省教育厅进行了了解与交流，为客户提供了重要决策依据。同时，为优化学校财务情况，君合在详细调查的基础上，与三牛中美中学的有关投资方、债权人进行协商谈判，确保各方就三牛中美中学的财务优化方案达成一致意见。除此以外，为避免后续合作问题，君合还对武汉三牛中美中学的合规情况进行排查，并就办学场地、劳动人事、日常办学等事项提出了针对性解决方案。

君合在本项目中代表博实乐教育集团提供了尽职调查，交易结构设计，合同起草及修改，谈判的法律服务。

参加本项目的其他中介机构主要包括：立信会计师事务所（特殊普通合伙）广州分所、北京天达共和（武汉）律师事务所。

2. 香港科技大学建设香港科技大学（广州）

香港科技大学携手广州市政府、广州大学，在广州市南沙区合作举办香港科技大学（广州）。为使学校设立及运营合法合规，香港科技大学聘请了君合作为专项法律顾问。

在本项目中，君合为香港科技大学（广州）的建设及运营提供全方位的法律支持。本项目不仅要求承办律师熟悉教育法、房地产法、建筑法、网络安全法、劳动法、公司法、知识产权法、行政法、刑法等中国法律法规，具备同时处理诉讼及非诉案件的能力，同时，鉴于香港科技大学（广州）作为一所中外合作办学机构在法人治理、教学管理等诸多方面存在特殊性，君合提出的方案还需符合香港的相关实践。

3. 香港理工大学在粤港澳大湾区建设内地分校

香港理工大学是香港历史最悠久的大学之一，其致力于应用与基础研究、专业教育和国际协作，并矢志为香港、国家和世界作出贡献。

该校著名的学科包括酒店管理和康复治疗。与以往香港高校在内地开办分校不同，此次香港理工大学除在内地设立教学与科研机构以外，作为其大湾区战略布局的重要规划之一，香港理工大学还将考虑在内地开办融教学与实践于一体的教学酒店和康复医院。

君合在教育、劳动、房地产、对外投资、医疗、酒店和餐饮服务等多个相关领域丰富、广泛的专业服务经验给香港理工大学留下了深刻印象，使得君合成功当选香港理工大学开办内地分校的专项法律顾问。

本项目不仅要求承办律师熟悉教育法、房地产法、建筑法、劳动法、公司法、知识产权法、行政法、刑法、民事诉讼法等中国法律法规，还需特别注意结合医疗、酒店和餐饮服务业的行业特点，为香港理工大学提供切合实际的法律分析和意见。

4. 中国东方资产管理股份有限公司北京市分公司公开竞争性处置不良资产包项目

中国东方资产管理股份有限公司（简称“东方”）是由财政部、全国社保基金理事会共同发起设立的国有大型非银行金融机构。公司前身为中国东方资产管理公司，成立于1999年10月，是我国四大资产管理公司之一。2019年9月23日，东方北京市分公司通过要约邀请公开竞价方式对北京天圆祥泰置业有限公司等36户不良资产包进行公开处置（简称“本次交易”）圆满完成。本次交易处置不良资产包最终以人民币60多亿元的转让价款成功出售。君合作为东方北京市分公司本次交易的独家法律顾问，提供了全程法律服务。

君合作为东方北京市分公司本次交易的独家法律顾问，全程参与了本次标的资产公开竞价交易过程，服务范围包括协助发布处置公告，起草全部竞价文件和协议，协助审查投资者资质，主持竞价评审会并协助竞价评审工作，指导后续签署及资产交割。经办律师就投资者开放尽职调查程序、注册投资者资格、整体交易流程等方面的合规性进行

核查并出具法律意见。君合在本次交易中，协助东方厘清各个环节中的程序和规则，以确保标的资产的处置过程严格遵照《金融资产管理公司资产处置管理办法》所规定的处置程序和处置原则与规则。

5. 广州南实投资有限公司与香港上海汇丰银行有限公司顺利签订定制开发协议

2019年11月26日，香港上海汇丰银行有限公司（“汇丰”）与广州南实投资有限公司（“南实”）正式签署汇丰全权培训基地项目合作开发协议及其相关20个附件，这标志着汇丰首家全球培训基地正式落户中国。

汇丰委托高伟绅律师事务所香港、新加坡及英国团队和金杜律师事务所北京总部及广州分所的律师作为本项目法律顾问。南实选聘了君合律师事务所作为其法律顾问。汇丰和南实在2017年至2018年期间曾多次进行前期接触洽谈，于2019年3月正式进入实质性密集谈判，双方经过八个多月的共同努力终于达成了协议。

君合于2019年3月作为南实的中国法律顾问进入本项目，为本项目提供了全流程、全方位的法律服务。君合全程参与了80多场会议谈判（包括50多场的合同谈判会议、22场的金融犯罪合规问题谈判会议、以及10多场双方律师会议），会议语言为中文、英文及粤语，最终双方达成将近700页的交易文件。

三、主要业务领域市场实践及主要法律问题简析

（一）私募基金管理人登记、备案

1. 私募基金募资规模大幅下降

据Wind数据库显示，截至2019年11月，2019年中国创业投资机构的新募基金仅有388支，募资总额只有1,798亿元，相较于2018年的2,182支新募基金及11,513.84亿元的募资总额而言，募资规模大幅下降。

根据我们的观察，一方面，由于今年国内经济增长放缓，外部环境严峻，整体市场受挫较为明显，私募基金在一二级市场的表现不如预期，在一定程度上打击了投资者的信心，而投资者要求的调高及投资业绩压力的增加，也对私募机构的募资构成严峻挑战；另一方面，大资管背景下的监管政策及手段愈发趋严，也直接或间接影响了私募基金的募资渠道，显著增加了机构的募资成本。

根据《关于规范金融机构资产管理业务的指导意见》（“资管新规”）、《关于进一步明确规范金融机构资产管理业务指导意见有关事项的通知》及《商业银行理财业务监督管理办法》等相关规定，除过渡期内通过发行老产品对接存量理财产品所投资的未到期资产等特殊情形外，商业银行新发行的理财产品不得直接或间接投资于私募基金；此外，银行理财资金通过“绕道”信托计划、资产管理计划并结合收益权转让等方式投资私募基金的安排，在资管新规禁止多层嵌套、期限错配等监管要求下，也面临极大挑战。除债转股资金外，该等规定的逐步落实导致银行这一私募基金主要募资渠道严重受阻。

随着资管新规及定增新规等政策的不断推进落实，加上去杠杆的力度不断加大，社会融资规模大幅下降，再融资实施难度也不断增加。更为严重的是，自2018年初以来，上市公司大股东质押平仓频发，这使得实体企业端资金压力巨大，私募基金在实体企业

端的募资同样困难重重。

另外，部分劣币管理人的违规运营及不合理扩张，不仅造成 P2P 暴雷、高管跑路等乱象，影响了私募行业整体形象，也使监管机构不得不采取更为严格的措施控制行业风险外溢，从而间接导致行业整体合规成本及募资难度的增加。

2. 管理人数量趋于稳定

根据中国证券投资基金业协会（“基金业协会”）于 2020 年 1 月 8 日发布的《2019 年私募基金登记备案综述》，截至 2019 年底，基金业协会存续登记私募基金管理人 24,471 家，较 2018 年末存量机构仅增加 23 家，同比增长 0.09%。管理人数量的日趋稳定直接反映了基金业协会提高管理人登记准入门槛的情况及其对行业监管的整体规划。

基金业协会相关负责人已多次公开表示，相比于发达国家私募机构的少而精，我国私募基金管理人数量的冗余及专业化差异已成为行业及监管的沉重负担，这一方面源于行业监管的历史问题，另一方面也根植于我国私募行业所处的阶段。为促进行业健康发展，基金业协会计划将管理人整体数量逐步控制在一定范围上下，并通过准入与退出机制的联动达到动态平衡：

（1）管理人登记的难度增加

自《关于进一步规范私募基金管理人登记若干事项的公告》颁布至今，基金业协会已确立以“资产管理业务综合报送平台”为平台，以“7+2”体系的自律规则等为规范依据的监管模式，推动私募行业逐步向合规化、专业化方向发展。2018 年末发布的最新版本《私募基金管理人登记须知》，进一步提高了管理人登记的审核标准。

根据我们的实操经验，2019 年在私募基金管理人登记主要有以下值得关注的监管要点：

a）更加重视高管履职能力

根据最近的反馈意见，基金业协会根据申请管理人类型的不同提出了不同的核查要求。典型的反馈意见如下：（1）对于拟申请证券类管理人的高管，“提供最近 3 年内连续 6 个月以上可追溯的、具有一定规模的投资业绩证明材料（包括但不限于管理证券类产品的证明材料或股票、期货等交易记录，不含模拟盘）或个人证券投资交易流水（规模上千万），且该等证明应反映资金规模、投资期限、投资业绩、组合投资及获益情况，并请律师对其真实性发表结论性意见”；（2）对于拟申请股权类管理人的高管，“提供股权（含创投）项目成功退出证明（包括但不限于管理产品的证明材料、退出材料等）”。

我们理解，在私募行业专业门槛不断提高的大背景下，基金业协会将愈发关注私募机构高管的履职能力。基于此，我们建议，在管理人登记的尽职调查中，应针对拟申请管理人类型的不同进行分别核查，同时结合高管的履历要求其提供对应的证明材料，并结合高管访谈综合确认。

b）多次就股东出资能力证明文件进行反馈

私募基金管理人申请机构出资人、实际控制人的出资能力，尤其针对自然人担任出资人及实际控制人的情形，已成为实践中的常规审核要点。典型的反馈意见例如：“请提供出资人的出资能力证明及实缴出资资金来源。出资能力证明应包括资产所有权证明及

该资产的合法来源证明。自然人股东出资能力证明包括但不限于薪资收入证明、房屋产权证、车辆驾驶证、理财收入证明、配偶收入等。如为银行账户存款或理财金额，可上传半年银行流水及金融资产证明；如涉及家族资产，请说明所处行业及营收状况。非自然人股东的出资能力证明如为经营性收入，请结合成立时间、实际业务情况、营收情况等论述收入来源合法性，并提供审计报告等证明材料。”

除了出资能力的证明文件，基金业协会对已出资部分的资金来源也开始关注。基金业协会力图通过该等方式排查实践中部分机构或个人的股权代持情况，同时判断申请机构的出资人或实际控制人是否有能力参与私募基金管理业务。

根据我们的实操经验，就已实缴出资的资金来源及未实缴部分的后续出资能力证明，建议自然人出资人及实际控制人尽量提供以下材料：对于已实缴部分出资来源的核查，（1）如为工资性收入，需提供至少半年的工资流水；（2）如为投资收益，需提供投资时的凭证以及变现时的凭证；（3）如为房产投资收益，需提供买房和卖房合同及相关流水；（4）如为他人赠与财产，需提供赠予人的财产来源说明及赠与的原因说明；（5）如为家族企业财产，需提供家族企业的名称及经营情况，可能还需要提供家族企业的财报；（6）家庭共有财产及相关证明。对于待实缴部分后续出资能力的核查，可提供房产、车、商铺、股票、基金份额、所持股权、理财产品等证明材料（包括对应账单、协议、合同、流水等）。

c）集团化经营的核查

根据《私募基金管理人登记须知（2018年）》（“《登记须知》”）的规定：同一实际控制人下新设申请机构的，应当说明设置多个私募基金管理人的目的与合理性、业务方向区别、如何避免同业化竞争等问题。该实际控制人及其控制的已登记关联私募基金管理人需书面承诺，在新申请机构展业中出现违法违规情形时，应当承担相应的合规连带责任和自律处分后果。同一实际控制人项下新设申请机构的，申请机构的第一大股东及实际控制人应当书面承诺在完成私募基金管理人登记后，继续持有申请机构股权或实际控制不少于三年。

上述规定并未禁止同一实际控制人下设立多个同类型私募基金管理人，但实践中，新设申请机构需充分说明集团内设置多个私募机构的合理性并详述其区别，包括从各私募机构的设立目的、所管理基金的投资方向、投资阶段、人员配置、场所财产独立性等多个角度进行论述，并由新申请机构与其他关联私募机构共同签署不存在利益输送的承诺函，该等要求在实操中可能对部分项目特别是国企集团下设多家私募基金管理人造成一定阻碍。根据基金业协会的解释，由于诸多集团化企业为内部激励等目的下设多家控股型私募机构，导致出现管理层级过多、同质化经营及管控力量分散等问题，反而限制了大机构募资及投资的优势，因此基金业协会拟通过上述集团化经营的限制性规定，控制集团化企业不合理的新增下属私募机构。

此外，《登记须知》还要求申请机构既有的关联私募机构均实际展业并完成首只私募基金备案后，再提交申请机构的私募基金管理人登记申请。实践中对于同一集团下属多家新设私募机构同时申请管理人登记的，基金业协会将仅审核其中一家机构的申请，并仅在该机构完成登记并备案首只私募基金后方同意审核其他新设机构的登记申请。据此我们建议集团化企业及时了解并结合内部已登记管理人的展业情况，有序安排新设私募基金管理人的登记。

（2）管理人注销数量的大幅增加

现阶段注销私募基金管理人资格的主要方式包括：

a）主动注销

主动注销指放弃开展私募基金业务，主动申请注销私募基金管理人登记，并声明自注销申请通过之日起 6 个月内不再重新申请登记的机构。

b）依公告注销

依公告注销指依据《关于进一步规范私募基金管理人登记若干事项的公告》，在办结登记手续之日起 6 个月内仍未备案首只私募基金产品被注销的机构。依公告注销机构若因真实业务需要，可按要求重新申请私募基金管理人登记。

c）协会注销

协会注销包括因纪律处分、异常经营及失联等情形被基金业协会注销的机构。

依据《私募基金管理人在异常经营情形下提交专项法律意见书的公告》，基金业协会认定私募基金管理人存在异常经营情形[1]而要求限期提交专项法律意见书，私募基金管理人三个月内未提交专项意见书或经基金业协会审核仍不满足登记条件的，基金业协会将按照《关于进一步规范私募基金管理人登记若干事项的公告》的有关规定对私募基金管理人予以注销，注销后不得重新登记。

依据《关于建立“失联（异常）”私募机构公示制度的通知》，被列入失联机构名单的私募基金管理人，满三个月且未主动联系基金业协会并提供有效证明材料的，基金业协会将注销其私募基金管理人登记。

根据《2019 年私募基金登记备案综述》的数据统计，截至 2019 年底，2,742 家管理人主动申请注销；12,199 家管理人依据《关于进一步规范私募基金管理人登记若干事项的公告》被注销；692 家管理人因违反协会自律规则被基金业协会注销。

3. 自查成为基金业协会监管的主要方式之一

如前所述，为促进行业健康发展，基金业协会计划将管理人整体数量逐步控制在一定范围上下，并通过准入与退出机制的联动达到动态平衡。

基金业协会的自查专项核查作为对机构进行摸底的最直接方式之一，在衔接退出机制方面起着至关重要的作用。自 2018 年下半年以来，基金业协会依据地方监管报送、投资者投诉及舆情检索等渠道，筛查出可能存在异常违规经营、涉及风险隐患及失联、停

---

1 （一）被公安、检察、监察机关立案调查的；

（二）被行政机关列为严重失信人，以及被人民法院列为失信被执行人的；

（三）被证券监管部门给予行政处罚或被交易所等自律组织给予自律处分，情节严重的；

（四）拒绝、阻碍监管人员或者自律管理人员依法行使监督检查、调查职权或者自律检查权的；

（五）因严重违法违规行为，证券监管部门向协会建议采取自律管理措施的；

（六）多次受到投资者实名投诉，涉嫌违反法律法规、自律规则，侵害投资者合法权益，未能向协会和投资者合理解释被投诉事项的；

（七）经营过程中出现《私募基金登记备案问答十四》规定的不予登记情形的；

（八）其他严重违反法律法规和《私募基金管理人内部控制指引》等自律规则的相关规定，经营管理失控，出现重大风险，损害投资者利益的。

止展业的私募机构（以下简称“管理人”或“自查机构”），并向该等管理人发送了《关于限期提交自查报告的通知》（以下简称“《通知》”）。《通知》要求该等管理人在指定期限内、根据《通知》所列要求向基金业协会提交机构自查报告。截至2019年底，基金业协会已组织七次自查并向相关自查机构发送了《通知》，《通知》的发出引起了市场的高度关注，同时也对日常缺乏持续合规控制及停止展业的“僵尸机构”起到了警示作用。

根据基金业协会发布的《通知》，我们理解自查主要涉及的问题如下：

（1）信息披露问题，包括实际控制人、股东、分支机构、子公司及关联方以及所管理私募基金在资产管理业务综合报送平台填报情况及更新情况；定期的信息披露及重大事项变更情况等。

（2）专业化经营问题，包括建立内控制度的情况；兼营冲突业务及非相关业务情况；在管基金的基金类型与资产管理业务综合报送平台所选业务类型的一致性情况等。

（3）持续合规问题，包括诚信信息；是否存在违规宣传及不特定募集情况；从业人员数量、取得基金从业资格情况、岗位职责划分及人员配置、外部兼职情况；关联交易的履行程序及风险揭示书的相关描述；在管基金是否存在《私募投资基金备案须知》中提到的不属于私募基金范围相关情况；是否存在未备案基金情况，年度审计情况等。

（4）退出情况，包括在管基金在资产管理业务综合报送平台填报基金到期日的情况；在管基金已经逾期且无法正常清算情况；在管基金后续到期日分布情况等。

基金业协会通过自查的形式对问题机构进行初步摸底并促使其进行整改，对于可能存在违规经营、停止展业、失联或严重缺乏持续合规控制的机构，采取机构高管面谈、转由地方证监局专项核查、纳入异常经营机构核查程序等手段，进一步落实对问题机构的核查，并依据《私募投资基金监督管理暂行办法》、《关于建立“失联（异常）”私募机构公示制度的通知》、《关于私募基金管理人在异常经营情形下提交专项法律意见书的公告》等规定的程序采取公示信息、注销管理人登记等措施。

从已进行的自查活动来看，自查已成为基金业协会重要的自律管理手段，借由此方式，基金业协会可以更加深入、专业的了解行业现状，为其制订后续监管政策打下良好的实践基础。从自查报告递交时间的日益缩短、自查内容的日益细化来看，基金业协会监管的频率及力度也在不断增强，一方面管理人必须提前做好自查准备，按照最新自查要求梳理材料，应对未来可能遇到的自查要求；另一方面，基金业协会通过引入“良币”、驱逐“劣币”，持续对管理人施加压力，有利于管理人始终保持合规、专业运营。

（二）其他

1. 信托及资产管理

（1）信托业务

a. 总体情况

根据中国信托业协会的数据统计，截至2018年3季度末，行业管理信托资产余额23.14万亿元，较2季度末下降了1.13万亿元，与2季度相比，规模下降幅度有所收窄。

从信托资产规模的季度增速变化来看，3 季度同比增速 –5.19%，自 2010 年季度统计数据以来首次跌入负值区间；季度环比增速 –4.65%，较 2 季度跌幅缩小 0.6%，总体呈现平稳回落趋势。

b. 监管政策的变化

2019 年以来，信托行业持续向回归本源、服务实体经济、强化三动管理能力的方向转变，“严监管”成为信托行业 2019 年度的监管的关键词，在降杠杆、去通道的大背景下，彻底打破刚性兑付、禁止产品嵌套、限制地产企业违规融资等规定让信托业加快转型步伐。相关监管政策的主要变化如下：

2019 年 4 月，《中国银保监会办公厅关于进一步加强信托公司房地产信托业务监管的通知》（银保监办便函〔2019〕957 号），要求各地监管部门按月监测房地产信托业务变化情况，及时采取监管约谈、现场检查，暂停部分或全部业务、撤销高管任职资格等多种措施，坚决遏制房地产信托过快增长、风险过度积累的势头。

2019 年 5 月 8 日，中国银保监会下发《关于开展“巩固治乱象成果，促进合规建设”工作的通知》（银保监发〔2019〕23 号），从公司治理、资产质量、非标资金池业务、同业业务、经营管理等方面明确了对 2019 年信托领域的工作要点，并明确禁止向“四证”不全、开发商或其控股股东资质不达标、资本金未足额到位的房地产开发项目直接提供融资，或通过股权投资 股东借款、股权投资 债权认购劣后、应收账款、特定资产收益权等方式变相提供融资；直接或变相为房地产企业缴交土地出让价款提供融资，直接或变相为房地产企业发放流动资金贷款；违法违规向地方政府提供融资；违规要求或接受地方政府及其所属部门提供各种形式的担保；违规将表内外资金直接或间接投向“两高一剩”等限制或禁止领域等。

2019 年 6 月，中国银保监会下发《中国银保监会办公厅关于保险资金投资集合资金信托有关事项的通知》（银保监办发〔2019〕144 号），进一步加强保险机构投资集合资金信托业务管理，提升保险资金服务实体经济质效，针对保险资金投资集合信托进一步细化，对信保合作的信托机构资质要求略有宽松，但对投资集合信托提出了集中度、增信等要求。

2019 年 7 月，中国信托登记有限责任公司正式发布《信托受益权账户管理细则》。该细则按照《信托登记管理办法》的要求，健全和完善了信托受益权账户的管理规则，实现信托行业规范化账户体系零的突破，是行业基础设施的重要创新。

2019 年 8 月，中国银保监会向各银保监局信托监管处室（辽宁、广西、海南、宁夏除外）下发《中国银保监会信托部关于进一步做好下半年信托监管工作的通知》（信托函〔2019〕64 号），从“去通道、控地产、优化结构”三个方面明确了下半年信托监管工作防线，要求各银保监局信托监管处室根据“有保有压、有升有降、有进有出”原则，督促辖内信托机构立足信托本源加快转型，优化信托业务结构，坚决遏制信托规模无序扩张。

2019 年 11 月，《全国法院民商事审判工作会议纪要》（以下简称“《九民纪要》”）经最高人民法院审判委员会民事行政专业委员会第 319 次会议原则通过。《九民纪要》共 130 条，覆盖 12 大方面的重点内容，其中专章讨论了关于营业信托纠纷案件的审理

事宜，对营业性纠纷的认定、资产或资产收益权转让及回购的理解、劣后级受益人的责任承担、增新文件的性质、保底或刚兑条款的效力、通道业务的效力、受托人的举证责任、信托财产的诉讼保全、信托公司固有财产的诉讼保全等内容都明确了裁判思路。

2019年11月，中国银保监会发布《信托公司股权管理暂行办法（征求意见稿）》，向社会公开征求意见。《信托公司股权管理暂行办法（征求意见稿）》包括总则、信托公司股东责任、信托公司职责、监督管理、法律责任、附则六章，共七十八条；从市场准入、股权信息动态管理、股东行为分类管控等方面进一步加强信托公司股东特别是主要股东管理；从关联交易管理原则、关联方名单制管理、关联交易内控机制安排等方面进一步加强信托公司关联交易管理；从将公司治理职责落实到信托公司股东、信托公司层面，明确不同主体在股权变更、股权持有阶段职责等方面进一步强化信托公司的公司治理结构建设。《信托公司股权管理暂行办法（征求意见稿）》借鉴并沿用了《商业银行股权管理暂行办法》中关于股东穿透监管、股东分类管理等制度实践，对明确信托公司股东、信托公司、监管部门三方主体从股权进入到退出各个阶段的股权管理职责有着积极的作用。

（2）类信托业务

a. 总体情况

根据中国证券投资基金业协会的统计数据，截至2019年三季度末，基金管理公司及其子公司、证券公司、期货公司、私募基金管理机构资产管理业务总规模约51.19万亿元，其中，公募基金规模13.79万亿元，证券公司及其子公司私募资产管理业务规模11.51万亿元，基金管理公司及其子公司私募资产管理业务规模8.74万亿元，基金公司管理的养老金规模2.15万亿元[3]，期货公司及其子公司私募资产管理业务规模约1342亿元，私募基金规模13.63万亿元，资产支持专项计划规模1.46万亿元。

b. 监管政策的变化

2019年6月，中国证监会发布修订后的《期货公司监督管理办法》(中国证券监督管理委员会令（第155号）)，新增或细化了提高期货公司主要股东（尤其是控股股东、第一大股东）资格条件，明确持续盈利等相关要求；加强期货公司股权管理，强化股东义务，完善股东、实际控制人等重大事项报告规则；完善期货公司境内外子公司管理，加强合规风控体系；完善期货公司对客户开户及其交易行为管理要求；明确期货期货公司信息系统合规运行的制度要求等五大方面的规定。

2019年7月，中国证监会发布修订后的《公开募集证券投资基金信息披露管理办法》(中国证券监督管理委员会令（第158号）) 及相关配套规则。本次修订主要涉及以下内容：一是优化指定信息披露媒体制度，简化报刊披露内容。二是强调简明性与易得性，引入基金产品资料概要，提高投资者服务水平。三是强化风险揭示等关键信息的披露，提升投资者保护水平。四是加强事中事后监管，引导机构落实合规主体责任。

2019年10月，人民银行会同银保监会、证监会、外汇局等部门起草了《标准化债权类资产认定规则（征求意见稿）》，就标准化债权类资产的认定规则公开征求意见。该规则是对《关于规范金融机构资产管理业务的指导意见》(银发〔2018〕106号）相关条款的细化和解释，明确了标准化债权类资产的范围、应符合的条件，同时阐明之前部分属性较为模糊的业界所谓的“非非标”亦属非标，此外还做出了过渡期安排，以保证政策的平稳推行。

2019 年 10 月，中国证监会基金机构监管部下发《关于做好公开募集证券投资基金投资顾问业务试点工作的通知》（机构部函〔2019〕2515 号），公募基金投资顾问业务试点正式开闸。

2019 年 11 月，“九民纪要”经最高人民法院审判委员会民事行政专业委员会第 319 次会议原则通过。除上文提及的信托业务领域的内容以外，“九民纪要”还直面民商事审判中的前沿疑难争议问题，密切关注正在制定修改过程中的民法典、公司法、证券法、破产法等法律的最新动态，密切跟踪金融领域最新监管政策、民商法学最前沿理论研究成果，对公司纠纷、合同纠纷、担保纠纷、金融纠纷、破产纠纷、案外人救济等案件审理中存在的争议问题统一裁判思路。“九民纪要”内容涉及公司、合同、担保、金融（包括金融消费者保护、证券、信托、保险、票据）、破产等民商事审判的绝大部分领域，针对民商事审判中的前沿疑难争议问题进行了集中回应，也将会对未来的商事诉讼市场带来深远影响。

2019 年 11 月，中国证券投资基金业协会发布《私募股权、创业投资基金管理人会员信用信息报告工作规则（试行）》，该规则共十三条内容，包括信用信息报告的制定依据、适用对象、构成要素、工作目标、工作机制、决策机制、结果展示、结果运用、异议申请等。

2019 年 12 月，中国证监会发布《证券期货经营机构管理人中管理人（MOM）产品指引（试行）》（中国证券监督管理委员会公告（〔2019〕26 号）），对 MOM 产品定义、运作模式、参与主体主要职责及资质要求、投资运作、内部控制及风险管理、法律责任等进行了规范。

2019 年 12 月，中国人民银行、中国银行保险监督管理委员会、中国证券监督管理委员会、国家外汇管理局联合下发《关于进一步规范金融营销宣传行为的通知》（银发〔2019〕316 号）。

（3）资产证券化

a. 总体情况

2019 年 11 月 22 日，中国证券投资基金业协会公布了《资产支持专项计划备案监测简报（2019 年三季度）》，披露自 2014 年 12 月备案制开始实行至 2019 年 9 月 30 日，累计共有 134 家机构备案确认 2465 只资产支持专项计划，总备案规模达 32575.56 亿元。其中，终止清算产品 1042 只，清算规模合计 13620.92 亿元；已兑付本金规模 17995.33 亿元，兑付比例 55.24%；存续产品 1423 只，存续规模 14580.23 亿元，存续规模长期以来保持稳定。

b. 监管政策的变化

2019 年 2 月，上海证券交易所发布《资产证券化业务问答（三）——资产支持证券分期发行》，解答了资产证券化项目“一次申报、分期发行”需满足的条件、申请文件要求和发行前备案程序的履行 3 个问题。

2019 年 4 月，中国证监会发布《资产证券化监管问答（三）》，对现金流来源、特定原始权益人的持续经营能力、专项计划期限以及现金流归集和收益分配 4 个方面对未来经营收入类 ABS 产品进行了规定。

2019 年 6 月，中国证券投资基金业协会发布《企业应收账款资产证券化业务尽职调查工作细则》《融资租赁债权资产证券化业务尽职调查工作细则》和《政府和社会资本合作（PPP）项目资产证券化业务尽职调查工作细则》，明确了 3 类资产证券化尽职调查工作的最低要求。

2019 年 6 月，中国银保监会下发《关于资产支持计划注册有关事项的通知》（银保监办发〔2019〕143 号），简化了资产支持计划审批制度，明确了保险资产管理机构首单资产支持计划之后发行的支持计划实行注册制管理。

2019 年 10–11 月，深圳证券交易所和上海证券交易所交所陆续发布了《资产支持证券临时报告信息披露指引》（深证上〔2019〕685 号、上证发〔2019〕105 号），明确了资产支持证券信息披露主体责任和时限要求，细化和丰富重大事件信息披露要求，明确证券持有人会议等重大事项的程序要求，借鉴信用债监管经验，编制临时报告格式范本，提升信息披露的规范性和标准性。

2. 互联网金融

（1）总体情况

据媒体报道，中国互联网金融协会于 2019 年 12 月 17 日发布了《中国互联网金融年报 2019》，披露随着互联网金融风险专项整治工作持续深入推进，互联网金融总体风险水平进一步下降，包括互联网支付、P2P 网络借贷等方面的存量风险得到化解，增量风险可管可控，总体风险大幅下降，目前互联网借贷面临的问题主要在大量机构面临退出或转型；机构服务普惠金融能力有待加强；出借人风险教育和适当性管理不足；行业恶意逃废债行为较为严重等。

（2）网贷平台（P2P）业务

2019 年以来，网贷行业专项整治进入深水区，退出和转型成为主旋律，P2P 网袋行业监管力度明显加大，清退速度明显加快。截至 2019 年 11 月底，P2P 网贷行业正常运营平台数量下降至 456 家，与 2015 年 12 月最高峰时相比，下降幅度高达 87.24%。2018 年 12 月底，互联网金融风险专项整治工作领导小组办公室、P2P 网贷风险专项整治工作领导小组办公室联合发布的《关于做好网贷机构分类处置和风险防范工作的意见》，首提以机构退出为主要工作方向，为 2019 年整个网络贷款行业清退转型奠定了主基调。进入 2019 年，网贷行业的主要监管政策变化包括：

2019 年 1 月，互联网金融风险专项整治工作领导小组办公室、P2P 网贷风险专项整治工作领导小组办公室向各省市互金整治小组办公室等联合下发了《关于进一步做实 P2P 网络借贷合规检查及后续工作的通知》，规定完成行政核查的 P2P 平台，需逐步完成实时数据接入；其中，统计监测数据应报送至“国家互联网金融风险分析技术平台网贷机构统计报送系统”，信息披露数据应披露在“全国互联网金融登记披露服务平台”。对于那些不配合的 P2P 平台，将逐步予以清退。

2019 年 9 月，互联网金融风险专项整治工作领导小组、网络借贷风险专项整治工作领导小组联合下发《关于加强 P2P 网贷领域征信体系建设的通知》，支持在营 P2P 网贷机构接入征信系统、持续开展对已退出经营的 P2P 网贷机构相关恶意逃废债行为的打击，加大对网贷领域失信人的惩戒力度。

2019 年 10 月，最高人民法院、最高人民检察院、公安部、司法部联合下发《关于办理非法放贷刑事案件适用法律若干问题的意见》，从司法层面明确了非法放贷的入刑标准。

2019 年 11 月，互联网金融风险专项整治工作领导小组办公室、P2P 网贷风险专项整治工作领导小组办公室联合发布《关于网络借贷信息中介机构转型为小额贷款公司试点的指导意见》（整治办函〔2019〕83 号），引导网贷机构向小额贷款公司转型，并对转型的条件、工作步骤、出借人和借款人的资金处理、转型后的监管措施、配套政策、转型工作安排等内容作了明确规定。

四、2020 年资本市场预测

（一）新《证券法》即将实施，资本市场迈入注册制时代

2019 年 12 月 28 日，第十三届全国人民代表大会常务委员会第十五次会议通过了新修订的《中华人民共和国〈证券法〉》（以下简称“**新《证券法》**”），新《证券法》将于 2020 年 3 月 1 日正式生效实施。

自 1998 年诞生以来，《证券法》已于 2004 年、2005 年、2013 年、2014 年经历了 4 次修订（或小幅修改）。本次修订起始于 2015 年 4 月（一审稿送审），落定于 2019 年 12 月（审议通过），整个修订过程深受市场各方瞩目，在法律界更被视为是一次全方位的“脱胎换骨”。很显然，新《证券法》的实施对证券发行、上市公司、监管机构、其他市场参与者等各方都将产生颇为深远的影响。

1. 重置顶层设计，在立法层面确立“注册制”

“注册制”理念在中国资本市场已经历了 4 年的“准备期”。2015 年 12 月 27 日，第十二届全国人民代表大会常务委员会第十八次会议审议通过的《关于授权国务院在实施股票发行注册制改革中调整适用〈中华人民共和国证券法〉有关规定的决定》，授权国务院可根据股票发行“注册制”改革的要求，调整适用证券法关于股票核准制的规定，对“注册制”改革的具体制度作出专门安排。该决定自 2016 年 3 月 1 日起施行，于 2018 年 2 月延期一次，并将于 2020 年 2 月 29 日到期终止。在此期间，“注册制”监管理念于 2019 年 3 月在上交所科创板进行了试点，并顺利运行至今。本次新《证券法》定于 2020 年 3 月 1 日生效，是对“准备期”工作的无缝衔接，将“准备期”局面全面转正。

新《证券法》下，“注册制”的监管理念将在以下几个方面得以体现：

序号	体现方面	具体内容
1	“公开发行证券”均应经过“注册”，而非“审核”。	公开发行证券，必须符合法律、行政法规规定的条件，并依法报经国务院证券监督管理机构或者国务院授权的部门**注册**。未经依法**注册**，任何单位和个人不得公开发行证券。

续表

序号	体现方面	具体内容
2	取消发审委	新《证券法》取消了发审委，由国务院授权的部门依照法定条件负责证券发行申请。
3	员工持股计划不再纳入穿透计算“200人规则”	向特定对象发行证券累计超过二百人的，属于公开发行证券，但依法实施员工持股计划的员工人数不计算在内。
4	不再强调企业“盈利能力”	在IPO条件中，将“持续盈利能力”改为“持续经营能力”。注册制下，发行人是否具备盈利能力不再是监管部门关注的内容。
5	不再对企业财务状况作主观审核。	在IPO条件中，将“财务状况良好；最近三年财务会计文件无虚假记载”改为“最近三年财务会计报告被出具无保留意见审计报告”。注册制下，监管部门将判断发行人的财务状况的责任压在中介机构的工作上，另一方面也将监管从主观判断调整为客观标准。
6	明确监管部门职责范围	新《证券法》第21条规定，按照国务院的规定，证券交易所等可以审核公开发行证券申请，判断发行人是否符合发行条件、信息披露要求，督促发行人完善信息披露内容。

2. 由“节”升“章”，信息披露要求得到进一步加强

信息披露是新《证券法》的又一亮点。信息披露从原《证券法》的一节内容升级为新《证券法》的专章（第五章）阐述，系统性地归纳了“注册制”理念下信息披露制度的要求，以凸显监管部门对此的重视程度，也彰显新《证券法》下市场监管理念由事前审批转向事后监督/市场评判的转变。可以预见的是，这一立法变化意味着行政监管的性质将发生改变，政府监管机构和发行人或上市公司以及投资者的关系也会发生一定变化，中国证券监管逻辑向市场化靠近的趋势越来越明显。

新《证券法》下，信息披露制度新增内容有以下几个亮点：

序号	体现方面	具体内容
1	内幕信息中的“重大事件”范围的扩大	新《证券法》第80条，明确了购买、处置资产的具体比例，增加了提供重大担保或者从事关联交易的行为和公司分配股利、增资的计划，公司股权结构的重要变化等事项。
2	明确及充实了上市公司董监高信息披露责任及权利	新《证券法》第82条，要求发行人的董事、监事、高级管理人员要对证券发行文件和定期报告均要签署书面确认意见，但同时也赋予了董事、监事和高级管理人员对信息披露内容有异议的情况下，可以明确提出书面“保留”意见，以及直接申请披露的权利。
3	控股股东、实际控制人信息披露责任进一步加重	明确“举证倒置”原则，控股股东、实际控制人应当与发行人承担连带赔偿责任，能够证明自己没有过错的除外
4	明确境内外同时披露原则	新《证券法》新增证券同时在境内境外公开发行、交易的，其信息披露义务人在境外披露的信息，应当在境内同时披露。

3. 完善处罚机制，大幅提高证券违法行为的成本

本次新《证券法》的出台，显著增加了证券违法行为的成本，并大篇幅地阐述、罗

列及归纳各种违法行为的标准及处罚机制。例如：对在限制转让期内转让证券、禁止交易股票的人员违规买卖股票、证券从业人员违规买卖股票，除没收违法所得外，罚款金额可达买卖证券之等值金额；对内幕交易违法，罚款金额由此前的“违法所得一倍以上五倍以下”提升至“违法所得一倍以上十倍以下”；对发行人在公告的证券发行文件中隐瞒重大事实或编造重大虚假内容，尚未发行证券的，罚款金额可达2,000万元，已经发行证券的，罚款金额可达所募资金等值金额。而对于会计师事务所、律师事务所等证券服务机构存在未勤勉尽责，所制作 / 出具的文件有虚假记载、误导性陈述或重大遗漏的，最高可处以“业务收入一倍以上十倍以下的罚款”。

新《证券法》展现了监管部门对于长期存在的证券违法行为的整治决心，大幅度抬高了市场参与者的违法成本，试图达到从根源震慑违法者的作用。鉴于此，上市公司应当严格按照法律法规的规定，健全并加强完善公司治理结构，优化治理能力，加强内幕信息交易管理、信息披露管理方面的合规工作，做好内控工作。

（二）证监局及基金业协会对私募机构的检查将成为常态

伴随着私募基金行业的快速发展，行业风险也在不断积聚，特别是阜兴系类似事件的出现，暴露出私募基金行业存在的重大风险问题。如基金业协会洪磊会长在2019年全球私募峰会上所指出的，私募基金行业最大的挑战是缺乏成熟的市场化信用体系，部分私募机构从事不符合基金的一般规律和信义义务要求的行为，将基金财产置于过高的利益冲突风险之中，严重侵蚀机构自身和整个行业的信用基础。为有效排查风险、提高私募机构规范化运作水平，除相关证监局要求辖区内私募机构积极开展自查工作外，证监局、基金业协会针对私募机构的专项检查力度也在逐步增强，私募基金行业已步入强监管时代。

近三年来，证监会以问题和风险为导向，结合随机抽查原则，组织各证监局对1200余家私募机构进行了现场检查。证监会发布的相关执法情况通报显示，近三年受到专项检查的私募机构数量分别为328家、453家、497家，呈现逐年递增的趋势。在检查方法方面，证监会组织开展的私募基金专项检查以属地监管为原则，辅以联合检查[1]和跨辖区检查，强化资源协调和跨辖区协作；在检查内容方面，结合当年度的监管重点以及不同私募机构和产品类型特点，实施差异化检查安排，以2019年专项检查为例，检查重点包括交易合规性、流动性风险、非法集资风险，跨区域经营私募机构的业务和资金往来、产品嵌套情况，业务隔离、风险隔离等制度的有效性，自融自担和利益冲突等情况；在检查结果处置方面，证监会依法对相关机构采取行政监管措施、立案稽查，或将相关涉嫌违法犯罪线索移送公安部门或地方政府，并将相关违法违规问题及采取的监管措施记入资本市场诚信档案。

基金业协会对私募机构的自律检查可以采用非现场检查形式，也可采用现场检查形式；基金业协会可以根据自律管理需要以及收到的投诉、举报等情况，确定检查对象和选择适当的检查方式。根据基金业协会官方披露的数据，2019年上半年，基金业协会已

1　例如，2018年底至2019年初，由国家市场监管总局信用监管司和中国证监会私募基金监管部针对北京辖区私募基金管理公司进行的联合抽查。

立案自律检查的会员机构56家，其中，已完成自律检查6家，进入自律检查程序的25家；对6家机构纳入持续督导，对34家机构和人员启动纪律处分程序，涉及10家私募机构、3家持牌资管机构、21名相关从业人员，处分数量较去年同期大幅增长。

私募基金行业监管力度的不断加码，有利于私募机构提高合规及风险意识，提升规范化运作水平，也有利于防范、化解私募基金行业风险，推动私募基金行业健康发展。证监会阎庆民副主席在2019年12月举办的某论坛发言中表示，下一步对私募基金行业的六大重点监管工作之一，即为“加强监管执法，严厉查处私募基金违法违规行为，打击非法集资等犯罪活动”，可以预见未来一段时间内，私募基金行业仍将保持强监管态势，证监局、基金业协会对私募机构的检查也将成为常态。

（三）国内S基金将迎来发展契机

S基金（Secondary Fund）是一类专门收购基金的投资人所持有的基金份额或者基金直接持有的一家或多家项目公司股权的基金产品。基金的存续期限通常长达数年，且在投资人出资设立基金时无法确定基金未来的投资标的，基金的整体回报率往往难以预测；S基金一般在基金投资期之后较为成熟的阶段进入，可以缩短资金回报周期，并且在S基金投资时，基金已持有相对确定的投资标的，S基金通过对基金底层资产开展充分尽调可以更为准确地进行估值定价，以降低基金整体回报率的不确定性。

根据母基金研究中心统计的相关数据，国内第一只S基金成立于2013年，至今刚迈入第七个年头，S基金在国内尚处于早期起步阶段；截至2019年底，国内S基金已投资和未投资的到账资金规模约310亿元人民币，与之形成鲜明对比的是，国内母基金2019年上半年管理总规模已达23,498亿元人民币；投资人通过S基金退出的比例不超过1%，与IPO、并购等方式退出的比例相差巨大。

目前国内的S基金交易仍以个人投资者的流动性需求以及违约性基金份额交易为主，国内S基金发展受限的原因来源于多个方面，包括但不限于：（1）买卖双方信息不对称，S基金投资需要基金执行事务合伙人及基金已投项目公司的配合，且需要足够的时间进行尽职调查和评估，若相关主体不配合或者项目时间有限，S基金作为买方的充分尽调需求无法得到满足；（2）缺乏统一的估值标准和定价机制，不同的定价思路导致相关方在S基金投资定价方面难以达成共识；（3）S基金投资通常涉及基金及其投资标的两个层面，交易结构及投资条款相较一般的直投项目更为复杂；（4）缺乏专业的中介服务机构，不利于提高交易效率。

尽管国内S基金的发展仍存在上述诸多问题，但我们也注意到，私募基金行业在早期快速发展阶段募集了大量资金，如今部分基金的投资期已近届满，越来越多的基金开始进入退出期，亟需寻求有利的退出路径；随着国内经济进入下行周期及金融监管力度的加强，投资人对流动性的需求上升，加之IPO等退出渠道不畅，投资人转让变现投资权益的需求异常迫切；母基金、大型投资机构等开始通过参与设立S基金，与原有的子基金投资、项目直投模式相结合以提升收益、降低风险，极大地增强了买方力量。此外，部分地方政府也出台了推动私募基金二级市场发展的相关政策，如上海市人民政府于2014年9月发布的《关于本市进一步促进资本市场健康发展实施意见》[1]提出“逐步健

1 该实施意见自2014年10月1日起施行，有效期至2019年9月30日。

全私募投资基金二级市场，培育合格机构投资者参与非公开市场交易”；深圳市人民政府于 2018 年 12 月发布的《深圳市促进创业投资行业发展若干措施》提出“鼓励创业投资机构的被投企业通过上市、挂牌、并购及协议转让等方式拓宽退出渠道，探索设立私募股权二级市场基金。支持有条件的区域股权交易中心、金融机构、创业投资机构等依法依规打造创投项目转让交易平台”等。基于上述分析，国内 S 基金 / 私募基金二级市场可能将会迎来难得的发展契机。

（四）ESG 投资在国内的发展趋势

ESG 投资是在传统财务指标基础上，将环境、社会、公司治理（ESG）三要素融入投资决策流程的一种投资方法，通过 ESG 分析和评估来衡量公司资源利用效率、环境绩效、人力资本和创新管理水平、治理机构和水平等，以反映和评价公司竞争力和长期可持续经营的能力。ESG 投资还是规避风险、获取长期超额收益的有效工具，国际经验表明，ESG 投资具有较强的风险防控能力和稳定的长期回报，在新兴市场也有良好的实践效果。

在 ESG 因素整合应用方面，不同国家、不同行业甚至不同的投资机构都有各自的关注点。基于不同经济体的文化差异、经济结构和资本市场发展特点，国际 ESG 评价体系可能无法直接适配国内的发展现状，结合国内资本市场的实际情况（如中小投资者权益保护不够、投资人利益在公司治理层面无法得到充分保证、投资运作缺少长期核心价值等），ESG 因素的具体内涵和衡量指标应进行差异性地调整，以构建符合中国市场特质的 ESG 评价体系。此外，每个行业都有不同的 ESG 考量，例如二级市场证券投资和一级市场股权投资在实践 ESG 投资时就有很大的不同。相对于一级市场，二级市场能够获得的信息更为丰富和透明，更容易建立 ESG 评价和投资体系。二级市场主要通过对拟投标的的筛选排查、ESG 整合定量策略等方式纳入 ESG 考量，而一级市场主要通过将 ESG 整合到投资全过程（包括寻找投资标的阶段的尽职调查、投后管理阶段的考核和评估、投资退出阶段的 ESG 尽职调查等）来参与实践 ESG 投资。

与国际 ESG 评价体系主要由投资需求推动、国际组织主导不同，国内的 ESG 评价体系主要由政府和监管部门为主导，自上而下地推动 ESG 在中国的落地发展。例如：2016 年，中国人民银行等七部委联合印发了《关于构建绿色金融体系的指导意见》，提出建立和完善上市公司和发债企业强制性环境信息披露制度，为通过金融市场和资本市场支持中国可持续发展的战略提供了首个基本政策框架；2018 年，证监会对《上市公司治理准则》进行修订，要求“上市公司应当贯彻落实创新、协调、绿色、开放、共享的发展理念，弘扬优秀企业家精神，积极履行社会责任，形成良好公司治理实践”，同时，设单章明确“利益相关者、环境保护和社会责任”要求，确立了 ESG 基本框架；2018 年，基金业协会发布《绿色投资指引（试行）》和《中国上市公司 ESG 评价体系研究报告》，引导机构投资者开展绿色投资、践行 ESG 原则。

国内的 ESG 投资仍处于早期发展阶段。根据负责任投资原则组织（PRI）、联合国环境署金融倡议组织（UNEP FI）于 2019 年 6 月联合发布的研究报告《中国的 ESG 数据披露：关键 ESG 指标建议》，目前中外公司的 ESG 数据披露实践趋向于利用相似的 ESG

指标体系进行报告，但中国市场目前缺乏投资者可用、可信且可比较的ESG数据，需要监管机构结合国内实际情况制定标准化的关键ESG数据指标，通过规范化的信息披露标准获取信息源并将其作为推进ESG信息披露及数据整合的基础。但从长远来看，ESG投资在中国具有广阔的发展前景。国内方面，政府和监管部门已采取了不少措施推动ESG发展，各行业可持续发展意识不断增强，ESG投资不仅契合我国经济发展的内在需求，也是“绿色”发展理念在资本市场领域落地的具体体现；国际方面，随着MSCI增加中国A股在新兴市场指数的权重，推动ESG投资也是吸引国际投资、融入国际市场的客观需要，国内上市公司及资管机构践行ESG投资的动力也在不断增强。特别是近年来加入负责任投资原则组织（PRI）的中国签署方数量激增，国内市场主体对ESG投资的关注度不断提高，可以预见ESG投资未来在国内将会迎来巨大的发展空间。

（五）关于开曼私募管理人和基金监管的市场预测

过去的两年，对于在开曼群岛设立的基金及管理人而言，无疑是转型和变革之年，开曼群岛进行了一系列的立法修改和法规修订，从加强反洗钱、恐怖主义的合规框架到引入《数据保护法》，无不体现了开曼群岛加强与提供国际金融服务有关国际法律和监管框架的标准接轨的趋势。

2020年初始，开曼群岛进一步颁布了《私募基金法案》（Private Funds Bill, 2020，简称“**《私募基金法案》**”）和《共同基金（修订）法案》（Mutual Funds（Amendment）Bill, 2020）的草案。这些草案的主要目的是通过将以前几乎不受管制的封闭式基金的私募基金管理人及基金纳入开曼群岛金融管理局（Cayman Islands Monetary Authority，“CIMA”）管理范畴，并对其进行更有力的监督和管理。

目前看来，新的《私募基金法案》虽然在许多执行细节上尚不甚明确，但其树立了CIMA在私募封闭式基金上的监督和管理权限、，并主要在如下几个方面加强了监管：

（1）登记和授权

从草案可以看出，符合其相关定义的集合投资基金将纳入CIMA的注册管理范畴内（当然，传统的一些非基金安排，例如合资企业、单一家族办公室、单独管理的账户、特殊目的公司以及单一投资者的基金等，仍属于例外情况，并不会受到《私募基金法案》的约束）。

封闭式基金的登记分为初始登记和变更备案。就初始登记而言，新规要求私募基金在接受投资者认缴出资后21日内完成CIMA的初始登记。特别地，在管理人完成CIMA登记前，投资者不得向基金实缴出资。除了初始登记，《私募基金法案》要求基金在注册地址或主要办公场所发生变化，以及任何提交给CIMA的信息发生实质变更后，应当在发生变更或知晓发生变更之日起21日内向CIMA进行变更备案。

（2）审计和基金估值确定

《私募基金法案》要求封闭式基金至少每一年底应经CIMA认可的会计师审计，其中会计准则应适用国际会计准则或者不具有高风险地区的通用会计准则（目前《私募基金法案》中并未明确是否包括中国企业会计准则）。此外，就基金估值而言，《私募基金法案》要求封闭式基金应当采用适当的估值原则对基金财产至少每年进行一次估值。虽然《私募基金法案》并未强制要求评估由独立的第三方评估机构进行，但如评估并非由独立第三方进行，CIMA 有权要求其评估结果经审计机构或其他独立第三方验证。

（3）现金监管和托管要求

《私募基金法案》基于对基金财产安全保护的需求，提出了资金保管和现金监督的规定。根据《私募基金法案》，私募基金聘请托管机构对基金托管财产履行保管职责应是常态，但考虑到部分私募基金的特定性质及其所持有资产的种类若聘请托管机构并不合适或并不现实，在和 CIMA 沟通后，也可以不聘请托管机构，但仍需基金管理人（Fund Administration）、其他独立第三方、基金管理人（Fund Manager）或运营者履行财产的验证及记录职责。同时，基金管理人还需任命转让监督和记录基金的现金收支。

新的《私募基金法案》中对私募基金管理人管理的基金通过一系列的募集、运作的监管，赋予 CIMA 一系列监管职权和视情况而定的调整权利，并强化外部第三方独立机构的服务等方式提高私募基金的合规标准。同时，对于私募基金运作的违规行为和清洁，《私募基金法案》规定了明确且较为严格的处罚责任。开曼群岛作为离岸最受欢迎的私募基金设立地，伴随着近年来已经颁发的法规以及《私募基金法案》的出台和落地，也彰显其进入了更为国际化、现代化的监管模式。同一时间，中国境内证监局及基金业协会对私募机构的核查和自律监管也是日趋严格。这预示着境内外私募基金运作君步入了强监管时代。强监管时代，可以预见私募基金管理人将有更多的“问题管理人”曝光，而机构化、合规运作成为私募基金运作的应有之义。

致　谢

资本市场业务年报参写人员如下：

第一部分：2019 年新规

李若晨、叶军莉、李智、万晶、陈贵阳、郭昕、鲁晓南、赵坤、王曼、汤洁、于金龙、崔嘉鲲、卜祯、孙筱、马锐、熊锦桂、刘云龙、段泽裕、孙凤敏、董士嘉、林雨楠、尹雯、郭超辰

第二部分：业绩汇总

赵吉奎、滕晓燕、薛天天、冯诚、袁嘉妮、魏伟、万晶、姚继伟、张焕彦、叶宇嵘、徐琳、沈健、石芸、邵鹤云、安明、叶坚鑫、叶宇嵘、徐琳

第三部分：问题分析

刘鑫、李若晨、李智、孙小佳、陈贵阳、滕晓燕、鲁晓南、赵坤、王曼、汤洁、安明、崔健、郭正卿、莫军凯、宋勇鹏、潘赛楠、雷天啸、孙凤敏、林雨楠、尹雯、郭超辰、于金龙、崔嘉鲲、蔡其颖

第四部分：2020 年市场预测

蒋文俊、尚世鸣、陈燕、汤洁、郭昕

年报统稿：孙小佳、于金龙

在此，对参与写作的所有律师表示衷心的感谢。

2019 年
君合业务研究报告

银行金融业务
年度报告

君合律师事务所公司组

一、新法规则要

（一）金融业外资开放重要立法则要

1. 关于进一步扩大金融业对外开放的有关举措

国务院金融稳定发展委员会办公室（以下简称“**国务院金融委办公室**”）于2019年7月20日发布《关于进一步扩大金融业对外开放的有关举措》（以下简称“**《举措》**”），并于发布之日起施行，推出11条金融业对外开放措施，以落实2018年4月11日中国人民银行行长易纲在博鳌亚洲论坛上宣布的金融开放原则、措施和具体时间表。

该11条举措主要针对以下三方面：债券业务对外开放，保险行业对外开放，以及便利境外机构投资者投资银行间债券市场。

（1）债券业务对外开放

对债券业务的开放主要体现在扩大外资机构债券评级种类、允许外资机构获得A类主承销牌照，更有利于吸引外商投资，促进外资在华发展。

具体而言，《举措》明确允许外资机构在华开展信用评级业务时，可以对银行间债券市场和交易所债券市场的所有种类债券评级；在交易商协会放开外资行申请B类主承销商资格申请的前提下，放开了外资机构申请银行间债券市场A类主承销牌照的申请，扩大了外资机构的业务范围。

（2）保险行业对外开放

对保险业的开放主要体现于在人身险公司外资股比例、保险资产管理公司持股比例和外资保险公司准入条件三方面逐步取消外资准入限制，打破了外资企业的投资瓶颈，有助于外资企业进入保险行业和发展。

具体而言，《举措》将博鳌论坛要求落实的“人身险公司的外资持股比例上限放宽至51%，三年后不再设限”金融开放措施，由原定的2021年提前到2020年；取消了有关“申请设立外资保险经纪公司的申请人应当具备在世贸组织成员国有超过30年经营历史”的旧规；取消有关“境内保险公司合计持有保险资产管理公司的股份不得低于75%”的限制。

（3）便利境外机构投资者投资银行间债券市场

《举措》明确指出要“进一步便利境外机构投资者投资银行间债券市场”，并在相关配套文件中对该事项作出了具体规定。

（4）配套文件

中国人民银行（以下简称“**央行**”或“**人民银行**”）、国家外汇管理局（以下简称“**外管局**”）于2019年9月30日发布《关于进一步便利境外机构投资者投资银行间债券市场有关事项的通知》（以下简称“**《通知》**”），于同年11月15日起施行。《通知》允许同一境外机构投资者可根据自身投资管理需要，将其合格境外机构投资者（QFII/RQFII）项下债券账户和银行间债券市场直接投资项下的债券账户中所持有的银行间市场债券进行双向非交易过户。

《通知》主要内容包括：（i）同一境外机构投资者可以将其在合格境外机构投资者（QFII）或人民币合格境外机构投资者（RQFII）项下债券账户和银行间债券市场直接投资项下的债券账户中所持有的银行间市场债券进行双向非交易过户；（ii）同一境外机构投资者QFII/RQFII托管账户内资金与直接投资资金账户内资金可以在境内直接双向划转；（iii）同一境外机构投资者分别通过QFII/RQFII和直接投资渠道投资境内银行间债券市场的，只需通过QFII/RQFII境内托管行或者直接投资结算代理人向人民银行上海总部备案一次；以及（iv）同一境外机构投资者如以所管理产品名义开立账户的，应当为同一非法人类产品等。

外管局相关负责人表示，《通知》规定的改革措施进一步提高了境外机构投资者入市投资的便利性，与国务院推出的11条金融业对外开放措施相衔接，有助于提升我国金融市场开放的广度和深度，推动人民币国际化。

2.《外资保险公司管理条例》

国务院于2019年9月30日发布修订后的《外资保险公司管理条例》（以下简称“**条例**”），自发布之日起实施。本次修订为该条例自2001年公布之后的第三次修订。党中央、国务院高度重视对外开放工作，明确将“开放”列为五大发展理念之一，强调改善投资和市场环境、加快对外开放步伐，积极稳妥推动金融业对外开放。在此背景之下，为了加快保险行业开放进程，扩大外资企业和金融机构在华业务范围，为保险业对外开放顺利实施提供法治保障，国务院对《条例》作出相应修改。

司法部、中国银行保险监督管理委员会（以下简称“**银保监会**”）负责人指出，本次修订牢牢把握三项原则：一是扩大开放与自主灵活实施并立，结合国内改革发展目标和国家战略需要进行开放，实现互利共赢；二是扩大开放与维护金融安全并重，通过有效措施保障金融安全，落实开放举措；三是扩大开放与有序推进并行，注重对外开放与我国实际相结合，走一条符合中国国情的银行业、保险业对外开放道路。

（1）放宽设立外资保险公司条件

《条例》经过修改后，放宽了外资保险公司准入限制，对申请设立外资保险公司的外国保险公司，取消“经营保险业务30年以上”以及“在中国境内已经设立代表机构2年以上”的条件。

司法部、银保监会相关负责人表示，放宽保险行业外资准入条件是为了鼓励更多有专长、有经营特色的保险机构进入中国市场。

（2）允许外国保险集团公司在中国境内投资设立外资保险公司，允许境外金融机构入股外资保险公司

同时，修改后的《条例》允许外国保险集团公司在中国境内投资设立外资保险公司，

允许境外金融机构入股外资保险公司，并授权国务院保险监督管理机构制定具体管理办法，进一步丰富外资保险公司的股东类型，激发市场活力，促进保险业高质量发展。

该举措将丰富外资保险公司的股东类型，对于增强外资保险公司的资本实力、投资和管理能力都有较大的帮助。

（3）配套文件

银保监会于2019年11月29日发布修订后的《外资保险公司管理条例实施细则》（以下简称“**《实施细则》**”），该《实施细则》于发布之日起施行。

银保监会有关部门负责人就《实施细则》的修订回答记者提问时指出，修改后的《中华人民共和国外资保险公司管理条例》，放宽了外资保险公司准入条件，作为配套规定的《实施细则》需进行相应修改，为保险业对外开放提供更好的法治保障。

此次对《实施细则》的修订，主要落实两方面的对外开放举措。一是放宽外资人身险公司外方股比限制，《实施细则》第三条相关规定修改为“外国保险公司与中国的公司、企业合资在中国境内设立经营人身保险业务的合资保险公司，其中外资比例不得超过公司总股本的51%”，并增加“中国银行保险监督管理委员会另有规定的，适用其规定”，为2020年适时全面取消外方股比限制预留制度空间。二是放宽外资保险公司准入条件，包括“在全国范围内取消外资保险机构设立前需开设2年代表处的要求”，以及对申请设立外资保险公司的外国保险公司“取消30年经营年限要求”。

3.《外资银行管理条例》

国务院于2019年9月30日发布修订后的《外资银行管理条例》，自发布之日起实施。本次修订为该条例自2006年公布之后的第三次修订。此次《外资银行管理条例》的修改，意味着我国的金融业对外开放又进入了新的加速时代，银行业投资和营商环境也得到进一步的优化，对于激发银行业发展的活力、丰富金融服务和产品体系、提升金融服务实体经济的质效具有重要意义。

按照中国加入WTO所作出的承诺，2019年12月11日，我国将取消外资银行在中国经营人民币业务的地域限制和客户限制。本次《外资银行管理条例》的修订正是对该承诺的回应与落实，充分体现了我国坚持对外开放的基本国策和认真履行承诺的负责任态度。

此次对《条例》的修改主要体现于以下四个方面：一是放宽外资银行准入门槛；二是放宽对外国银行在中国境内同时设立法人银行和外国银行分行的限制；三是进一步放宽对外资银行业务的限制：四是调整对外国银行分行营运资金的监管要求。

（1）放宽外资银行准入门槛

修改后的《外资银行管理条例》取消申请人总资产等准入要求，包括取消拟设外商独资银行唯一或者控股股东、拟设中外合资银行外方唯一或者主要股东提出设立申请前1年年末总资产不少于100亿美元的条件；取消拟设分行的外国银行提出设立申请前1年年末总资产不少于200亿美元的条件。

（2）放宽对外国银行在中国境内同时设立法人银行和外国银行分行的限制

修改后的《外资银行管理条例》放宽对外国银行在中国境内同时设立法人银行和外国银行分行的限制，允许外国银行在中华人民共和国境内同时设立外商独资银行和外国

银行分行，或者同时设立中外合资银行和外国银行分行，以更好满足外国银行拓展在华业务的实际需要。

（3）进一步放宽对外资银行业务的限制

经修改后，《外资银行管理条例》允许外商独资银行、中外合资银行、外国银行分行从事代理发行、代理兑付、承销政府债券以及代理收付款项业务，进一步提升在华外资银行服务能力；降低外国银行分行吸收人民币存款的业务门槛，将外国银行分行可以吸收中国境内公民定期存款的数额下限由每笔不少于100万元人民币改为每笔不少于50万元人民币；取消外资银行开办人民币业务的审批，进一步优化在华外资银行的营商环境，使条件成熟、准备充分的外资银行一开业即拥有全面的本外币服务能力，在为实体经济更好提供服务的同时，增加盈利来源。

（4）调整对外国银行分行营运资金的监管要求

修改后的《外资银行管理条例》放宽外国银行分行持有一定比例生息资产的要求，将原来规定的"外国银行分行营运资金的30%应当以国务院银行业监督管理机构指定的生息资产形式存在"，修改为"外国银行分行应当按照国务院银行业监督管理机构的规定，持有一定比例的生息资产"；同时对资本充足率持续符合有关规定的外国银行在中国境内的分行，放宽其人民币资金份额与其人民币风险资产的比例限制。

（5）配套文件

a）《外资银行管理条例实施细则》

银保监会于2019年12月18日发布《外资银行管理条例实施细则》（以下简称"《外资银行实施细则》"），该实施细则于发布之日起施行，为《外资银行管理条例》的配套文件。

本次《外资银行实施细则》修订遵循平等互利原则，积极稳妥推动银行业对外开放，完善外资银行监督管理制度。银保监会负责人指出，随着银行业对外开放不断深化和相关法律法规的不断完善，将来还会对《外资银行实施细则》做进一步修订。

《外资银行实施细则》对照《外资银行管理条例》修改的内容作出以下五方面的细化规定：

一是在《外资银行管理条例》允许外国银行可在我国境内同时设立子行与分行的基础上，规定同时设立子行和分行应当具备的条件，并增加相应监管要求。

二是根据《外资银行管理条例》修改情况，相应取消人民币业务审批及来华设立机构的外国银行总资产要求的内容，并对《外资银行管理条例》中经营人民币业务应符合的审慎性要求予以明确。

三是考虑到《外资银行管理条例》将外国银行分行吸收中国境内公民人民币定期存款由每笔不少于100万元修改为每笔不少于50万元，而外国银行分行存款通常不投保我国的存款保险，因此增加规定，外国银行分行在开办存款业务时应向客户充分披露存款保险信息。

四是根据《外资银行管理条例》授权，修改外国银行分行生息资产指标具体要求，规定：外国银行分行应按不低于公众负债额的5%持有银保监会指定的生息资产。当外国银行分行持有银保监会指定的生息资产余额达到营运资金的30%时可以不再增持。

五是对外国银行境内分行实施合并考核。对原《外资银行实施细则》相关条款进行相应调整，将生息资产比例、人民币营运资金充足率、流动性比例的考核方式从单家考核调整为境内分行合并考核。同时要求管理行履行合并报告职责，管理行所在地银保监会派出机构履行合并考核职责。

b）《外资银行行政许可事项实施办法》

银保监会于 2019 年 12 月 26 日发布《外资银行行政许可事项实施办法》（以下简称"《行政许可办法》"），于发布之日起实施。该办法旨在为规范银保监会及其派出机构实施外资银行行政许可行为，明确行政许可事项、条件、程序和期限，保护申请人合法权益，落实并细化《外资银行管理条例》的有关规定。

《行政许可办法》主要对以下三方面作出了规定：

一是推进简政放权、放管结合、优化营商环境，将外资银行部分任职资格核准和分行开业审批的层级进一步下放或调整，缩短审批时限，减少部分许可事项的申报材料要求。

二是强化对外资银行的监督管理，增加反洗钱与反恐怖融资审查要求。

三是与《外资银行管理条例》相衔接，推进银行业对外开放。例如，就外国银行可以在中国境内同时设立分行和外资法人银行事项，取消中外合资银行中方唯一或主要股东必须是金融机构等规定，取消外国银行来华设立营业性机构需满足的总资产要求。

（二）利率管理重要立法则要

1.《改革完善贷款市场报价利率（LPR）形成机制的公告》

央行于 2019 年 8 月 16 日发布《改革完善贷款市场报价利率（LPR）形成机制的公告》（以下简称"《LPR 公告》"），为本年度第 15 号公告，自发布之日起实施。央行货币政策委员会相关委员指出，原来银行的贷款利率主要是基于基准贷款利率，而基准贷款利率又是长期不变的，因此利率传导不顺畅，《LPR 公告》旨在解决利率传导的顺畅性问题，通过改革明确要求银行的贷款利率以后要跟 LPR 挂钩，从而建立比较顺畅的传导机制，有助于降低企业的融资成本。

《LPR 公告》对于新 LPR 的形成机制作出了规定：新的 LPR 由各报价行于每月 20 日（遇节假日顺延）9 时前，以 0.05 个百分点为步长，向全国银行间同业拆借中心提交报价，全国银行间同业拆借中心按去掉最高和最低报价后算术平均，向 0.05% 的整数倍就近取整计算得出 LPR，于当日 9 时 30 分公布。通过改革完善 LPR 形成机制，可以起到运用市场化改革办法推动降低贷款实际利率的效果。

与原有的 LPR 形成机制相比，新的 LPR 主要有以下几点变化：改变报价方式、增加期限品种、扩大报价行范围以及变更报价频率等。这些变化体现出更加明显的市场化、灵活性特征。

（1）改变报价方式

原有的 LPR 多参考贷款基准利率进行报价，市场化程度不高，未能及时反映市场利率变动情况。新的 LPR 的报价方式改为按照公开市场操作利率加点形成，更加市场化，也更体现出灵活性。

央行有关负责人在答记者问时指出，公开市场操作利率主要指中期借贷便利利率，

中期借贷便利期限以1年期为主，反映了银行平均的边际资金成本，加点幅度则主要取决于各行自身资金成本、市场供求、风险溢价等因素。

（2）增加期限品种

新的LPR在原有的1年期的期限品种基础上，增加了5年期以上的期限品种，便于未来存量长期浮动利率贷款合同定价基准向LPR转换的平稳过渡。同时，新增期限品种也有助于为银行发放住房抵押贷款等长期贷款的利率定价提供参考。

（3）扩大报价行范围

新的LPR的报价行在原有的10家全国性银行基础上增加城市商业银行、农村商业银行、外资银行和民营银行各2家，扩大到18家。央行有关负责人指出，这些新增加的报价行都是在同类型银行中贷款市场影响力较大、贷款定价能力较强、服务小微企业效果较好的中小银行，能够有效增强LPR的代表性。

（4）变更报价频率

新的LPR报价频率由原来的每日报价改为每月报价一次，即新的LPR由各报价行于每月20日（遇节假日顺延）9时前上报，有助于提高报价行的重视程度，提升报价质量。

（5）通过改革完善LPR形成机制，可以运用市场化改革办法推动降低贷款实际利率

通过改革完善LPR形成机制，可以起到运用市场化改革办法推动降低贷款实际利率的效果。央行负责人指出，改革机制推动降低贷款实际利率的效果主要体现在四个方面。

首先，前期市场利率整体下行幅度较大，LPR形成机制完善后，将对市场利率的下降予以更多反映。

其次，《LPR公告》明确要求各银行在新发放的贷款中主要参考LPR定价，并在浮动利率贷款合同中采用LPR作为定价基准，同时，为确保平稳过渡，存量贷款仍按原合同约定执行。

再者，新的LPR市场化程度更高，银行难以再协同设定贷款利率的隐性下限，打破隐性下限可促使贷款利率下行。监管部门和市场利率定价自律机制将对银行进行监督，企业可以举报银行协同设定贷款利率隐性下限的行为。

最后，央行将把银行的LPR应用情况及贷款利率竞争行为纳入宏观审慎评估（MPA），督促各银行运用LPR定价。

2. 新发放商业性个人住房贷款利率公告

央行于2019年8月25日发布《关于新发放商业性个人住房贷款利率调整的公告》（以下简称“**《住房贷款利率调整公告》**”），自发布之日起施行，为央行发布的本年度第16号公告。《住房贷款利率调整公告》明确了个人住房贷款利率调整相关事项，旨在落实好“房子是用来住的，不是用来炒的”定位和房地产市场长效管理机制，确保定价基准平稳有序转换，保持个人住房贷款利率水平基本稳定，维护借贷双方合法权益，与《LPR公告》相衔接，使个人住房贷款定价基准从贷款基准利率转换为LPR，以更好地发挥市场作用。

（1）新发放商业性个人住房贷款利率以最近一个月相应期限的LPR为定价基准加点形成

改革后，新发放商业性个人住房贷款利率以最近一个月相应期限的LPR为定价基准

加点形成。其中，LPR 由贷款市场报价利率报价行报价计算形成。每笔贷款具体的加点数值由贷款银行按照全国和当地住房信贷政策要求，综合贷款风险状况，在发放贷款时与借款人协商约定。加点数值一旦确定，整个合同期限内都固定不变。

（2）利率重定价

利率重定价是指，贷款银行按合同约定的计算方式，根据定价基准的变化确定形成新的贷款利率水平。《住房贷款利率调整公告》明确规定，借款人申请商业性个人住房贷款时，可与银行业金融机构协商约定利率重定价周期。重定价周期最短为 1 年，最长为合同期限。借款人和贷款银行可根据自身利率风险承担和管理能力进行选择。每次利率重新定价时，定价基准调整为最近一个月相应期限的 LPR。

（3）主要适用于新发放个人住房贷款利率

《住房贷款利率调整公告》主要针对新发放个人住房贷款利率，存量个人住房贷款利率仍按原合同执行。定价基准转换后，全国范围内新发放首套个人住房贷款利率不得低于相应期限 LPR（按 8 月 20 日 5 年期以上 LPR 为 4.85%）；二套个人住房贷款利率不得低于相应期限 LPR 加 60 个基点（按 8 月 20 日 5 年期以上 LPR 计算为 5.45%），与当前我国个人住房贷款实际最低利率水平基本相当。

同时，人民银行分支机构将指导各省级市场利率定价自律机制及时确定当地 LPR 加点下限。与改革前相比，居民家庭申请个人住房贷款，利息支出基本不受影响。

3.《关于存量浮动利率贷款的定价基准转换为 LPR 的公告》

央行于 2019 年 12 月 28 日发布《关于存量浮动利率贷款的定价基准转换为 LPR 的公告》(以下简称“**30 号公告**”)，自发布之日起施行，为央行本年度发布的第 30 号公告。央行有关负责人指出，2019 年 8 月至 12 月，接近 90% 的新发放贷款已经参考 LPR 定价，但存量浮动利率贷款仍基于贷款基准利率定价，不能及时反映市场利率变化，不利于保护借贷双方的权益，在此背景之下，为进一步深化 LPR 改革，央行发布该公告，旨在推进存量浮动利率贷款定价基准平稳转换。

（1）借款人可与银行协商确定将定价基准转换为 LPR 或转换为固定利率

根据 30 号公告的规定，借款人可与银行协商确定将定价基准转换为 LPR，或转换为固定利率，借款人只有一次选择权，转换之后不能再次转换。已处于最后一个重定价周期的存量浮动利率贷款可不转换。

如存量浮动利率贷款转换为固定利率，转换后的利率水平由借贷双方协商确定。其中，为贯彻落实房地产市场调控要求，存量商业性个人住房贷款在转换时点的利率水平应保持不变。

（2）存量商业性个人住房浮动利率贷款定价基准转换为 LPR

自 30 号公告发布之日起，银行应尽快制定存量商业性个人住房浮动利率贷款定价基准转换工作计划，在双方协商一致的前提下，尽可能以简便易行的方式变更原合同条款。定价基准转换为 LPR 的，LPR 的期限品种依据原合同的借款期限确定，确定后在合同剩余期限内不再调整；加点数值为原合同最近的执行利率与 2019 年 12 月 LPR 的差值（可为负值），在合同剩余期限内固定不变；转换时点利率水平保持不变；借贷双方可重新约定重定价周期和重定价日，重定价周期最短为一年。

同一笔商业性个人住房浮动利率贷款，在2020年3–8月之间任意时点转换，均根据2019年12月LPR和原执行的利率水平确定加点数值，加点数值不受转换时点的影响，银行和客户可合理分散办理。

（3）除商业性个人住房贷款的其他存量浮动利率贷款定价基准转换为LPR

根据30号公告的明确规定，除商业性个人住房贷款的其他存量浮动利率贷款，包括但不限于企业贷款、个人消费贷款等，可由借贷双方按市场化原则协商确定具体转换条款，包括参考LPR的期限品种、加点数值、重定价周期、重定价日等。

（三）外债监管重要立法则要

1.《国家发展和改革委员会办公厅关于对地方国有企业发行外债申请备案登记有关要求的通知》

国家发展和改革委员会（以下简称“**国家发改委**”）办公厅于2019年6月6日发布了《国家发展和改革委员会办公厅关于对地方国有企业发行外债申请备案登记有关要求的通知》（以下简称“**《外债备案通知》**”），旨在配合做好地方政府债务管理工作，防范中长期外债风险和地方政府隐性债务风险。

（1）个人失信行为计入信用记录

《外债备案通知》第二条规定，所有企业（含地方国有企业）发行外债申请备案登记应提交申请材料的真实性承诺函，并由企业主要决策人员签字确认。对于虚假承诺的企业，国家发改委将把企业及主要决策人员违规行为记入信用记录，并纳入全国信用信息共享平台。

该规定不仅涉及将企业自身列入失信名单，还涉及企业主要决策人员信用记录，强化了企业主要决策人员在企业外债发行中的相关责任。

（2）发行外债的地方国有企业经营期限不得少于三年

《外债备案通知》第三条规定，地方国有企业发行外债申请备案登记需持续经营不少于三年。该规定体现了从严进行外债监管的趋势。

（3）限制特定企业外债募集资金用途

《外债备案通知》第五条明确“承担地方政府融资职能的地方国有企业发行外债所募集的资金用途仅能用来偿还未来一年内到期的中长期外债”，对承担地方政府融资职能的地方国有企业的外债募集资金用途作出了限制。

2.《关于对房地产企业发行外债申请备案登记有关要求的通知》

国家发改委办公厅于2019年7月9日发布《关于对房地产企业发行外债申请备案登记有关要求的通知》（以下简称“**《房地产企业外债登记通知》**”），于发布之日起施行。该通知旨在完善房地产企业发行外债备案登记管理，强化市场约束机制，防范房地产企业发行外债可能存在的风险，促进房地产市场平稳健康发展。

国家发改委相关负责人员指出，近年来，房地产企业境外发债规模增幅较大，部分房企境外过度发债，募集外债资金用于偿还内债等，增加了外债风险。在此背景下，《房地产企业外债登记通知》对房地产企业发行中长期外债备案登记申请流程、募集资金用途、风险防范等方面明确了具体要求。

（1）房地产企业发行外债只能用于置换未来一年内到期的中长期境外债务

《房地产企业外债登记通知》中强调，房地产企业发行外债只能用于置换未来一年内到期的中长期境外债务。该规定体现出对房地产企业的从严监管趋势，目的在于防范房地产企业发行外债可能存在的风险。

（2）房地产企业的信息列明与披露义务

《房地产企业外债登记通知》明确要求房地产企业在外债备案登记申请材料中要列明拟置换境外债务的详细信息，包括债务规模、期限情况、经发改委备案登记情况等，并提交《企业发行外债真实性承诺函》。

同时，《房地产企业外债登记通知》还要求房地产企业发行外债时加强信息披露，在募集说明书等文件中需明确资金用途等情况。

（3）有效防控外债风险

《房地产企业外债登记通知》中强调，为了有效防控外债风险，房地产企业应当制定发行外债总体计划，统筹考虑汇率、利率、币种及企业资产负债结构等因素，稳妥选择融资工具，灵活运用货币互换、利率互换、远期外汇买卖、期权、掉期等金融产品，合理持有外汇头寸，保持境内母公司外债与境外分支机构外债、人民币外债与外币外债、短期外债与中长期外债、内债与外债合理比例。

（四）资产管理重要立法则要

1.《关于加强地方资产管理公司监督管理工作的通知》

银保监会办公厅于 2019 年 7 月 5 日发布《关于加强地方资产管理公司监督管理工作的通知》，以落实党中央、国务院关于“完善金融服务、防范和化解金融风险、深化金融供给侧结构性改革”的决策部署，促进地方资产管理公司稳健经营和健康发展。该通知主要内容为：

首先，要求各省（区、市）人民政府地方金融监管部门把好市场入口和市场出口两道关，对地方资产管理公司的设立、变更、终止等诸多事项进行监管，着重关注可能引发金融风险的违法经营行为。

其次，强调地方资产管理公司应专注主业，坚持依法合规、稳健经营，以市场化方式、法治化原则、专业化手段开展不良资产收购处置业务，以防范和化解区域金融风险、维护经济金融秩序、支持实体经济发展为主要经营目标。

再次，对各省（区、市）人民政府地方金融监管部门和地方资产管理公司提出了具体要求，指出地方金融监管部门应坚持问题导向，通过采取现场检查和非现场监管等多种方式，落实监管责任。另外，地方资产管理公司应当坚持严守风险的底线思维，通过建立、完善各项管理、披露制度，充分抵御风险。

最后，鼓励地方政府及相关部门研究出台税收、资产处置、信贷支持、产业发展、司法和人才引进等方面的扶持政策，支持地方资产管理公司健康发展。

（五）金融科技重要立法则要

1. 金融科技（FinTech）发展规划（2019-2021年）

人民银行于2019年8月22日发布了《金融科技（FinTech）发展规划（2019—2021年）》（以下简称“**《规划》**”），明确提出未来三年金融科技工作的发展形势、总体要求、重点任务和保障措施，特别是要求到2021年，建立健全我国金融科技发展的“四梁八柱”，确定了未来三年六方面的重点任务。

《规划》对金融科技所下定义为：“金融科技是技术驱动的金融创新（该定义由金融稳定理事会（FSB）于2016年提出，目前已成为全球共识），旨在运用现代科技成果改造或创新金融产品、经营模式、业务流程等，推动金融发展提质增效。”

《规划》确定的金融科技发展的重点任务包含六个方面，分别是加强金融科技战略部署、强化金融科技合理应用、赋能金融服务提质增效、增强金融风险科技防范能力、加大金融审慎监管力度和夯实金融科技基础支撑，其中又包含了二十七项具体要求，例如，规范了大数据、云计算、人工智能、网络身份认证等核心技术及相对应的场景化应用；同时，明确了金融科技的定位，以及其在提高金融服务效率、风控水平及监管效能等方面的价值。另外《规划》还提出了包括加强组织统筹、加大政策支持、完善配套服务、强化国际交流以及做好宣传贯彻在内的五点保障措施。

《规划》是我国首次将金融科技提到战略部署高度，实现了该领域自上而下的顶层设计和总体规划。同时，《规划》肯定了科技的引领和驱动作用，给金融机构的科技转型指明了方向，是金融科技发展进程中的里程碑。

（六）外汇管理重要立法则要

1.《支付机构外汇业务管理办法》

外管局于2019年4月29日发布了《支付机构外汇业务管理办法》（以下简称“**《办法》**”），以便利跨境电子商务结算，促进支付机构外汇业务健康发展，防范外汇支付风险。

外管局于2013年在北京等5个地区启动支付机构跨境外汇支付试点，并于2015年将试点扩大至全国。从试点情况看，较好地满足了企业、个人在跨境电子商务交易中快捷支付的需求。为更好服务实体经济、服务贸易新业态发展，外管局总结试点经验，在保持政策框架整体稳定不变的基础上，结合市场需求和跨境电子商务特点，出台《办法》，完善支付机构外汇业务管理。

《办法》的主要内容包括：一是支付机构可以凭交易电子信息，通过银行为市场主体跨境交易提供小额、快捷、便民的经常项下电子支付服务，进一步便利跨境电子商务支付结算。二是明确支付机构可为境内个人办理跨境购物、留学、旅游等项下外汇业务，进一步满足境内个人合法用汇需求。三是支付机构应建立有效风控制度和系统，健全主体管理，加强交易真实性、合规性审核；银行应对合作支付机构的相关外汇业务加强审核监督；四是银行在满足交易电子信息采集、真实性审核等条件下，可参照申请凭交易电子信息为市场主体提供结售汇及相关资金收付服务，进一步拓宽跨境电商交易支付结算渠道。

此外，《办法》将进一步便利个人“海淘”。个人在跨境电商平台或网站购买商品或服务时，通过支付机构可以便利地实现购汇并对外支付。《办法》还允许银行为个人“海淘”提供电子支付服务，拓宽个人“海淘”支付结算渠道。

2.《跨国公司跨境资金集中运营管理规定》

外管局于2019年3月15日发布了《跨国公司跨境资金集中运营管理规定》(以下简称“**《规定》**”)，以满足近几年外汇管理改革力度加大的背景之下，跨国公司跨境投融资和贸易经营等各方面的需求。《规定》在总结以往经验和现存问题的基础上，按照服务实体经济、统筹资金使用、有效防范风险的原则，结合近年来外汇管理深化改革的成果而制定出台，目的在于进一步实现支持企业跨境资金集中和运营。

《规定》主要进行了五方面的改革：

(1)完善准入退出机制，实现全流程科学化管理

《规定》明确了准入环节的负面清单，禁止房地产企业和政府融资平台等敏感行业的企业参与，原则上也不允许非银行金融机构参与(财务公司代境内成员企业借用外债除外)。同时，《规定》建立了退出机制，对已取得备案资质后不开展业务的企业及出现违法违规等行为的企业，实行退出管理，做到有进有出，落实“奖优惩劣”。

(2)简化登记管理，取消手工报表

为切实便利跨国公司资金集中运营业务，《规定》将这一业务所涉及的外汇登记和数据报送等环节进行了大幅简化。一方面，对跨境资金集中运营项下的外债和境外放款实行“一次性登记”，在跨国公司获得业务备案的同时，外汇局为其登记所集中的外债(境外放款)额度，不再分币种、分债权(务)人逐笔办理外债(境外放款)登记。另一方面，《规定》取消了银行和企业需报送3张手工报表的相关要求，所有数据都通过相关信息系统自动采集。

(3)优化账户管理，拉平本外币政策

顺应外汇账户管理改革的大趋势，《规定》对以往“双账户”模式进行改革，取消了国际外汇资金主账户，以国内资金主账户为主办理跨境资金集中运营的各相关业务，且币种不设限制。跨国公司如需集中运营管理跨境人民币资金的，也可开立国内资金主账户并按照《规定》的相关要求办理业务。此外，《规定》不再限制合作银行的家数，不要求企业在备案前明确外债、境外放款集中额度在各家开户银行的具体分配，允许企业在已备案的合作银行之间灵活调配额度。

(4)扩充政策红利，实施资本项目结汇支付便利化试点

《规定》将前期在个别自贸区试点实施的资本项目结汇支付便利化政策扩充至跨国公司项下，允许经备案的跨国公司直接开展该项政策试点，即跨国公司主办企业的国内主账户的资本项目收入结汇境内使用时，无须事前向银行逐笔提供真实性证明材料，合作银行应按照展业原则进行真实合规性审核。

(5)实施宏观审慎管理，加强事中事后监管

在对外债实行比例自律管理的基础上，结合现行外债和境外放款的外汇管理政策，《规定》按照宏观审慎的思路对于跨国公司跨境资金集中运营业务进行管理，统一规范资

金流入（外债）、流出（境外放款）规模。同时，外管局完善了相关信息系统功能，在简化登记管理、便利操作的基础上，实现全方位监管，通过风险评估、非现场监测与现场核查等防范跨境资金流动风险。

（七）银行业监管重要立法则要

1.《应收账款质押登记办法》

人民银行于 2019 年 11 月 22 日发布了《应收账款质押登记办法》，在适用范围、登记协议、登记期限、责任义务等方面作出五点修订，以求适应近年来动产融资业务的发展，更好地提供动产担保登记公示服务。该法已自 2020 年 1 月 1 日起施行。

本次主要修订内容包括：一是在附则中增加其他动产和权利担保交易登记的参照条款，满足市场主体自发开展动产担保交易登记的需求，加强对各类登记行为的正面引导；二是取消登记协议上传要求，提高登记效率；三是将初始登记期限、展期期限下调为最短 1 个月，使登记期限的选择更加灵活便利；四是增加融资各方法律纠纷责任义务条款，明确由登记方承担保证信息真实性的责任；五是修订或新增债权人与质权人名称、注销登记时限、撤销登记、解释权限等其他条款，使表述更加规范、明确。

《应收账款质押登记办法》修订的一大目的是适应动产融资业务的发展，所谓动产融资，即以动产作为担保物获得资金支持。由于中小微企业不动产资产普遍不足，动产仍为主要资产形态，因此动产融资的发展对于缓解中小微企业融资难、融资贵的问题意义重大。

2.《银行业金融机构反洗钱和反恐怖融资管理办法》

银保监会于 2019 年 2 月 21 日发布了《银行业金融机构反洗钱和反恐怖融资管理办法》(以下简称“**《反洗钱办法》**”)，对银行业金融机构提出了开展新业务、应用新技术前进行洗钱和恐怖融资风险评估的要求。

《反洗钱办法》从完善银行业金融机构内控制度、健全监管机制、明确市场准入标准等方面，建立了银行业反洗钱工作的基本框架。具体地，对于银行业金融机构反洗钱和反恐怖融资义务，《反洗钱办法》主要从内部控制角度，对银行业金融机构提出了风险管理、组织架构、内部审计、信息系统、培训宣传等各方面要求。《反洗钱办法》还系统梳理了银保监会对银行业反洗钱和反恐怖融资的监管职责。值得关注的是，在市场准入方面，《反洗钱办法》从机构、业务、人员的角度，系统梳理总结了银行业反洗钱市场准入工作要求，要求加强对机构的投资入股资金、股东背景等的审查，防止不法分子通过设立金融机构进行洗钱活动。

《反洗钱办法》为银保监会做好银行业反洗钱监管工作奠定了制度基础，构建了整体框架。银保监会将逐步在银行业监管规则中嵌入反洗钱和反恐怖融资监管要求，加强日常合规监管，督促和指导银行业金融机构建立健全反洗钱和反恐怖融资内控合规制度。

3.《商业银行股权托管办法》

银保监会于 2019 年 7 月 12 日发布了《商业银行股权托管办法》(以下简称“**《股权托管办法》**”)，以落实《商业银行股权管理暂行办法》对商业银行建立股权托管制度的要求，加强商业银行股权管理，提升商业银行股权信息透明度，做好商业银行股权穿透式监管工作。

《股权托管办法》对商业银行的股权托管提出了具体要求。一是明确股权托管方式。《股权托管办法》规定上市、在新三板挂牌的商业银行股权托管应按照现有法律法规进行，非上市商业银行可以按照市场化原则，自行选择符合条件的股权托管机构。二是规定股权托管基本业务框架。商业银行应向托管机构完整、及时、准确地提供股东名册及有关股权信息资料。托管机构应严格遵照双方签订的服务协议，勤勉尽责地对股东名册进行管理，保障商业银行股权活动安全、高效、合规进行。三是强化监管部门职责。《股权托管办法》设立专章明确监管部门职责，除了对违反《股权托管办法》规定的商业银行进行处罚外，监管部门还将建立股权托管机构黑名单，并通过全国信用信息共享平台与相关部门或政府机构共享黑名单信息。

4.《关于推动银行业和保险业高质量发展的指导意见》

银保监会于 2019 年 12 月 30 日发布《关于推动银行业和保险业高质量发展的指导意见》(以下简称“**《意见》**”)，目的在于贯彻落实党中央的决策部署，推动银行业和保险业高质量发展，更好地服务于现代化经济体系建设。《意见》主要包含以下内容：

（1）推动形成多层次、广覆盖、有差异的银行保险机构体系

《意见》指出，要推动形成多层次、广覆盖、有差异的银行保险机构体系。除了优化大中型银行功能定位、增强地方中小银行金融服务能力之外，还要强化保险机构风险保障功能、积极推动外资银行保险机构发展，并同时培育非银行金融机构特色优势。

（2）完善服务实体经济和人民群众生活需要的金融产品体系

《意见》强调，完善服务实体经济和人民群众生活需要的金融产品体系，首先要积极开发支持战略性新兴产业、先进制造业和科技创新的金融产品，此外还要加大民营企业和小微企业金融产品创新、优化“三农”金融产品供给。与此同时，要确保金融产品的发展关注到环保需求以及民生领域，并与科技紧密结合。

（3）精准有效防范化解银行保险体系各类风险

精准有效防范化解银行保险体系各类风险包含积极稳妥推进问题金融机构处置、有序化解影子银行风险、加强重点领域风险防控、大力整治违法违规金融活动、增强抵御风险能力等。在问题金融机构处置这一备受关注的方面，《意见》提到，要多措并举深化高风险中小机构改革和风险化解，具体采取不良资产处置、直接注资重组、同业收购合并、设立处置基金、设立过桥银行、引进新投资者以及市场退出等多种方式。

（4）建立健全中国特色现代金融企业制度

在建立健全中国特色现代金融企业制度方面，《意见》要求，在全面加强党的领导的基础上，严格规范股权管理、加强“三会一层”建设、优化员工激励约束机制，同时强化对金融消费者合法权益的保护。

（5）实现更高水平的对外开放

在实现更高水平的对外开放方面，要求深化银行业和保险业对外开放、引进先进国际专业机构、支持银行保险机构“走出去”。《意见》指出，要吸引财富管理、不良资产处置、专业保理、消费金融、养老保险、健康保险等领域的外资金融机构进入境内市场。

（6）加强金融监管和廉洁金融建设

此外，《意见》还对加强金融监管和廉洁金融建设作出具体安排，指出必须严格依法依规监管、全面推进廉洁金融建设。

（八）《九民纪要》涉及金融领域的部分

最高人民法院于2019年11月8日发布了《全国法院民商事审判工作会议纪要》（简称“**《九民纪要》**”）。《九民纪要》共计12部分130个问题，内容涉及公司、合同、担保、金融、破产等民商事审判的绝大部分领域，直面民商事审判中的前沿疑难争议问题。《九民纪要》中涉及金融领域的部分主要包括金融消费者权益保护、证券、营业信托、财产保险、票据纠纷案件审理五个方面的内容，对实践中存在的争议问题作出明确规定。

1. 对于金融消费者权益保护，《九民纪要》改变了以往“买者风险自担”的思路，转而强调对投资者倾斜保护，要求金融机构承担实质性的适当性义务，确保其推荐的金融产品符合投资者的风险承受能力，并将金融消费者是否充分了解相关金融产品、投资活动的性质及风险并在此基础上作出自主决定作为应当查明的案件基本事实。同时，在案件审理中，对于举证责任的分配，也强调了对金融消费者的优先保护。

2.《九民纪要》有关证券纠纷的内容分为证券虚假称述和场外配资。对于虚假陈述案件的审理，《九民纪要》在立案登记、程序决定、审理方式等方面进行了规定，还对“重大性”要件的认定这类实务热点问题作出了回应，以求在维护投资者合法权益的同时，通过民事责任追究实现震慑违法行为的功能。在场外配资问题上，《九民纪要》指出融资融券作为证券市场的主要信用交易方式和证券经营机构的核心业务之一，依法属于国家特许经营的金融业务，未经依法批准，任何单位和个人不得非法从事配资业务。由此否认了无资质单位或个人所签订的场外配资合同的效力，并对合同无效的责任承担作出了规定。

3. 在营业信托纠纷方面，《九民纪要》首先对于该类纠纷性质进行了认定，并指出营业信托纠纷主要表现为事务管理信托纠纷和主动管理信托纠纷。在事务管理信托纠纷中，《九民纪要》认为对信托公司开展和参与的多层嵌套、通道业务、回购承诺等融资活动，要以其实际构成的法律关系确定其效力，并在此基础上依法确定各方的权利义务。在主动管理信托纠纷中，则应当重点审查受托人在财产管理过程中，是否恪尽职守，履行了谨慎、有效管理等法定或者约定义务。

4.《九民纪要》在财产保险合同纠纷方面，主要对未依约支付保险费的合同效力、仲裁协议对保险人的效力以及直接索赔的诉讼时效进行了规定，旨在妥善审理财产保险合同纠纷案件，充分发挥保险的风险管理和保障功能，依法保护各方当事人合法权益，实现保险业持续健康发展和服务实体经济。

5.《九民纪要》对于票据纠纷案件，主要关注了贴现、转贴现、票据清单交易、封包交易这几个方面的问题。其强调，在案件审理中应注意区分票据的种类和功能，正确理解票据行为无因性的立法目的，在维护票据流通性功能的同时，依法认定票据行为的效力，防范和化解票据融资市场风险，维护票据市场的交易安全。

除此之外，《九民纪要》在合同纠纷案件的“借款合同”部分指出，法院在审理借款合同纠纷案件过程中，要区别对待金融借贷与民间借贷，并适用不同规则与利率标准。要依法否定高利转贷行为、职业放贷行为的效力，促进金融服务实体经济。由于自2019年8月20日起，人民银行已经授权全国银行间同业拆借中心于每月20日（遇节假日顺延）9时30分公布贷款市场报价利率（LPR），人民银行贷款基准利率这一标准已经取消。因此，自此之后人民法院裁判贷款利息的基本标准应改为全国银行间同业拆借中心公布的贷款市场报价利率。

二、热点业务问题

（一）进一步放开外资进入金融行业

1. 2019年放开外资的趋势回顾

2019年7月20日，国务院金融稳定发展委员会办公室发布《关于进一步扩大金融业对外开放的有关举措》，为贯彻落实党中央、国务院关于进一步扩大对外开放的决策部署，推出了11条有关金融业的对外开放措施。

2019年9月27日，国务院金融稳定发展委员会召开第八次会议，鼓励境外金融机构和资金进入境内金融市场，提升我国金融体系的活力和竞争力。

2019年11月7日，国务院发布《关于进一步做好利用外资工作的意见》（国发〔2019〕23号），强调要加快金融业开放进程，由人民银行、银保监会、证监会等按照各自的职责分工负责出台相关细则逐步取消金融业外资进入的相关限制。

自《关于进一步扩大金融业对外开放的有关举措》发布后，国务院、外管局、银保监会、证监会、交易商协会等已陆续出台多项规定及通知，并不断推进缩减各项行政审批流程，加快实现了金融业对外开放措施的落地。

2. 放开外资进入金融行业的主要措施

以《关于进一步扩大金融业对外开放的有关举措》中列明的11项开放措施为核心，结合2019年下半年以来各个金融行业领域的最新动态，在此总结一些对外开放主要措施的推动目的以及落实成果：

（1）全面取消外资在华金融业务范围的限制

以丰富市场供给、增强市场活力为出发点，外资进入和经营金融业务的范围限制不断被放开，境外机构和境外资本被允许参与多种类型境内金融机构的设立、入股并参与更多类型的境内金融业务，具体包括：允许外资机构在华开展信用评级业务时，可以对银行间债券市场和交易所债券市场的所有种类债券评级；鼓励境外金融机构参与设立、投资入股商业银行理财子公司；允许境外资产管理机构与中资银行或保险公司的子公司合资设立由外方控股的理财公司；允许境外金融机构投资设立、参段养老金管理公司；支持外资全资设立或参股货币经纪公司等。

（2）持续推动银行业对外开放

加快构建商业银行资本补充长效机制，丰富银行补充资本的资金来源渠道，进一步疏通金融体系流动性向实体经济的传导渠道，是加大银行业对外开放的核心目的。引入境外投资者和境外资本，尤其可以重点支持对境内中小银行的资本补充，将会极大提升

境内银行在国际金融市场中的竞争力。

为持续推进银行业对外开放，2019年10月15日，国务院发布关于修改《外资银行管理条例》的决定（国务院令第720号），推进简政放权，放开外资进入银行业的限制条件，具体举措包括：取消银行外资持股比例限制，允许外国银行在境内同时设立分行和子行；减少外国投资者投资设立银行业机构和开展相关业务的数量型准入条件；取消外国银行来华设立外资法人银行、分行的总资产要求；扩大投资入股外资银行的股东范围，取消中外合资银行中方唯一或主要股东必须是金融机构的要求。其后，银保监会向社会公开征求意见并充分吸收各项科学合理的建议后，于2020年1月3日发布修订后的《中国银保监会外资银行行政许可事项实施办法》，修订内容与《外资银行管理条例》衔接，对放开外资的条件更加细化，主要包括：允许外国银行在境内同时设立分行和外资法人银行、取消外国银行来华设立营业性机构需满足的总资产要求、放宽中外合资银行中方主要股东选择范围；将外资银行部分董事、高管人员任职资格核准和分行开业审批权限进一步下放或调整、取消管理型支行行长任职资格核准审批；缩短审批时限、简化外资银行赴境外发债的部分申请材料要求；增加股权管理及反洗钱和反恐怖融资审查的要求。

（3）打开保险业开放新格局

按照内外资一致原则，积极贯彻国内外参与者获得一致对待的原则，逐步撤销或放宽外国机构参与保险行业的门槛及限制，促使其与中国企业有平等的地位，扩大外国投资者进入中国保险业的渠道。

2019年10月15日，国务院发布关于修改《中华人民共和国外资保险公司管理条例》的决定（国务院令第720号），放宽外资保险公司准入条件，具体包括：允许外国保险集团公司在中国境内投资设立外资保险公司，允许境外金融机构入股外资保险公司；取消在中国境内投资的外资保险公司需有三十年经营年限的要求，且不再要求其在中国境内已经设立代表机构2年以上；放开外资保险经纪公司经营的范围，与中资机构一致。该条例颁布后，多家外资保险公司及外资机构开启了筹建计划。2019年11月，银保监会批准了首家外资独资保险公司安联（中国）保险控股有限公司的开业申请，打开了保险业对外开放的新格局。

为积极落实配套细则从而为保险业对外开放提供更好的法治保障，2019年11月29日，银保监会颁布《外资保险公司管理条例实施细则》：该细则一方面进一步细化和规范了外资保险公司的股权管理要求，强调外资保险公司至少有1家经营正常的保险公司作为主要股东，主要股东应当承诺自取得股权之日起五年内不转让所持有的股权，保障外资保险公司持续稳健运行，如外资保险公司主要股东拟减持股权或者退出中国市场的，应履行股东义务保证保险公司偿付能力符合监管要求；另一方面落实了关于放宽外资人身险公司外方股比限制的开放举措，对合资寿险公司的外资比例限制打开了敞口（先放宽到51%）。紧随其后，银保监会办公厅于2019年12月6日发布《关于明确取消合资寿险公司外资股比限制时点的通知》（银保监办发〔2019〕230号），宣布自2020年1月1日起，正式取消合资寿险公司的外资比例限制，合资寿险公司的外资比例可达100%。此通知的紧急出台，是为推动国务院金融稳定发展委员会将“人身险外资股比限制从51%提高至100%的过渡期提前至2020年”这一项对外开放举措的尽快落地，预计《外资保险公司管理条例实施细则》将会在近期启动新的一轮修订。

（4）开放外资进入银行间债券市场

自2017年新增外资银行类主承销商以来，获得银行间债券市场承销业务资格的外资银行仅为6家，最高资格为B类主承销商资格，且人民银行还对获得B类主承销资格的业务范围进行了限制，即外资银行主承销业务范围仅为境外非金融企业债务融资工具。2019年对外开放新政策下的一大措施就是开始允许外资机构获得银行间债券市场A类主承销牌照，旨在通过外资银行类主承销商的发力，可以持续为中国市场引入境外投资者深度参与中国境内金融市场的建设。2019年9月2日，中国银行间交易商协会发布公告，德意志银行（中国）有限公司、法国巴黎银行（中国）有限公司成为首批外资银行A类主承销商，可开展非金融企业债务融资工具A类主承销业务。而后仅过3个月时间，2019年12月9日，法国巴黎银行（中国）有限公司以联席主承销商身份参与了承销由中国环球租赁有限公司发行的5亿元超短期融资券，首单外资银行A类主承销业务宣告落地。

而有关境外资本进入银行间债券市场，根据现有法律法规，境外机构投资者可以通过合格境外机构投资者（QFII）、人民币合格境外机构投资者（RQFII）、直接入市/通过结算代理、债券通等多种渠道投资我国银行间债券市场。在对外开放的新格局下，为体现高水平开放要求，提出了进一步便利境外机构投资者投资银行间债券市场的新决策。2019年9月30日，人民银行、外管局发布《关于进一步便利境外机构投资者投资银行间债券市场有关事项的通知》（银发〔2019〕240号），并在2019年10月16日和2020年1月3日陆续发布相关常见问题解答，在已取消RQFII试点国家和地区以及取消QFII/RQFII额度限制的大政策背景下，对境外投资者在银行间债券市场中的投资流程进行简化，具体措施包括允许同一境外主体QFII/RQFII和直接入市渠道下的债券进行非交易过户，资金账户之间可以直接划转，同时同一境外主体通过上述渠道入市只需备案一次。

3. 金融行业对外开放蓝图

境外资本作为激发境内市场活力的助力器，在我国金融市场的未来发展上是不可或缺的力量。除以上有关银行业、保险业、银行间债券市场的重大对外开放举措外，其他金融领域也正在或将开启新的变革。如证券公司、基金管理公司和期货公司等的外资股比限制要在2020年被取消，外资进入证券市场更加便利和自由；外国投资者在汽车金融、消费金融领域的投资范围将进一步扩大，未来对于外资设立和经营消费金融公司、汽车金融公司的条件限制也或逐步放宽；互联网金融领域不断为境外资本打开大门，目前境内的第三方支付机构已被允许引进外资。此外，伴随着中国市场与国际市场更加紧密的接轨，跨境资金的使用成本将不断降低，未来将存在着更多的跨境投资需求。

在我国金融行业全球化发展的新蓝图下，简政放权是趋势，放管结合是控制方式。对外开放逐步加强，审慎监管将会被不断强化，法律和合规领域也将面临新的挑战。为促进境外资本参与推动境内社会经济的高质量发展，法律创新势在必行。境外投资者所属不同法域下法律与中国法适用方面的差别、跨境投资中有关反洗钱、网络安全、金融数据和个人信息保护等法律和合规方面的要求等，都是银行金融法律领域下面临的新一

轮的思考。

（二）LPR 的实行及后续影响

2019 年 8 月 16 日、2019 年 8 月 25 日及 2019 年 12 月 28 日央行相继发布了《中国人民银行公告〔2019〕第 15 号—改革完善贷款市场报价利率（LPR）形成机制的公告》（中国人民银行公告〔2019〕第 15 号，下称“**15 号文**”），《中国人民银行公告〔2019〕第 16 号—新发放商业性个人住房贷款利率公告》（中国人民银行公告〔2019〕第 16 号，下称“**16 号文**”），《中国人民银行公告〔2019〕第 30 号——关于存量浮动利率贷款的定价基准转换为 LPR 的公告》（中国人民银行公告〔2019〕第 30 号，下称“**30 号文**”）。前述规定均系关于改革完善贷款市场报价利率（即 Loan Prime Rate，LPR）形成机制。

1. LPR 的定义

根据 15 号文的相关规定，贷款市场报价利率（LPR）系指全国银行间同业拆借中心于每月 20 日（遇节假日顺延）9 时 30 分公布的贷款市场报价利率。贷款市场利率报价行按公开市场操作利率（主要指中期借贷便利利率）加点（可为负数）形成的方式，向全国银行间同业拆借中心报价。全国银行间同业拆借中心按去掉最高和最低报价后算术平均的方式计算得出贷款市场报价利率。

目前 LPR 机制主要为 1 年期和 5 年期以上两个期限品种。银行的 1 年期和 5 年期以上贷款参照相应期限的贷款市场报价利率定价，1 年期以内、1 年至 5 年期贷款利率由银行自主选择参考的期限品种定价。

2. LPR 的出台背景及历史

（1）出台背景

目前我国经济导向为市场化经济，因此在政策上鼓励及支持利率的市场化，并相继实施及出台相关政策，包括但不限于开放银行间同业拆借利率、开放债券市场利率、放宽存贷款基准利率上下限直至取消等，均为利率市场化的进程推波助澜。然而，与此同时，目前市场上的浮动贷款利率的设定主要与央行的贷款基准利率挂钩，进行上下幅度的调整。这从本质上妨碍了贷款利率真正迈向市场化，影响了市场利率向实体经济的有效传导，从而降低了实体经济的活跃度和敏感度。

为了尽快实现贷款利率真正的市场化，央行决定要求银行在发放浮动利率的贷款时，有节奏地摈弃与央行贷款基准利率挂钩的贷款利率定价机制，逐渐过渡为采用 LPR 机制。

（2）历史变化

2013 年 10 月，央行曾推行过 LPR 机制，但未能取得良好的成效。关于此前实施的 LPR 与目前实行的 LPR 机制最大的不同，央行在与 15 号文相关的答记者问中作出了回复。主要不同有如下几点：

a）采用的基准的不同

此前的 LPR 机制主要采用的基础利率为“本行贷款基础利率”。然而，本行贷款基础利率实质往往与央行基准利率挂钩，导致贷款利率市场化传导功能性不强。目前的 LPR 机制采用的基础利率主要为中期借贷便利利率。中期借贷便利（即 Medium-term Lending Facility，下称“MLF”）指中央银行提供中期基础货币的货币政策工具，系为了保持银行体系流动性总体平稳适度，支持货币信贷合理增长，央行根据流动性需求的期限、主体和用途给予交易对手银行的不断丰富和完善的工具组合，以进一步提高调控的灵活性、针对性和有效性。MLF 期限以 1 年期为主，反映了银行平均的边际资金成本。目前 LPR 机制以 MLF 为基础并加点形成，加点幅度则主要取决于各报价行自身资金成本、市场供求、风险溢价等因素。

b）增加报价银行

此前的 LPR 报价行为 10 家具有代表性的全国性商业性银行。目前的 LPR 报价行在原先的基础上另外增加了 8 家银行。新增的银行覆盖了城市商业银行、农村商业银行、外资银行及民营银行。此举系考虑了借贷实体的各个层次及范围，增加报价的多样性及广泛性。同时，考虑到报价行的规模及业务差异较大，在采纳报价时会除去最高及最低报价，以算术平均值的方式进行计算，以增加报价的科学性。

c）增加期限品种

此前的 LPR 机制中，仅针对 1 年期贷款产品进行报价。目前的 LPR 机制中，采用了 1 年期及 5 年期以上的两个期限品种。由于目前 LPR 全面实行，考虑到较多的长期贷款及个人住房商业贷款的贷款期限，增加 5 年期以上的品种，无疑能够更好地贴合该等贷款的实际市场贷款水平。同时，针对 1 至 5 年期的中长期贷款产品，也有较高的灵活性可以自主选择适用的 LPR 期限。

d）不得设定隐形下限

在本次发布的 15 号文中，央行进一步在规定中强调了报价行不得协商隐形下限，人为地影响 LPR 市场化的实现。对于发现前述情况的，可以进行举报，相关银行会受到央行的严肃处理。

3. LPR 的影响

（1）对新增贷款的影响

根据 15 号文的规定，各银行应在新发放的贷款中主要参考贷款市场报价利率（LPR）定价，并在浮动利率贷款合同中采用 LPR 作为定价基准。该规定明确了两点。其一，LPR 对于新增贷款是全面覆盖的，这种全面覆盖并非指全面适用，而是除相关必须适用 LPR 的贷款外，其他任何贷款均必须参考适用 LPR。其二，新增的浮动利率贷款产品必须采用 LPR。故，在 15 号文出台后，只要新增的贷款合同采用的是浮动利率，该利率基础必须为 LPR。

（2）对于存量贷款的影响

关于 LPR 对于存量贷款的影响，从 15 号文到 30 号文，央行的实行思路是有变化的。在 15 号文中规定了，存量贷款的利率仍按原合同约定执行。而在 30 号文中规定了，2020 年 3 月 1 日起，金融机构应与存量浮动利率贷款客户就定价基准转换条款进行协商，将原合同约定的利率定价方式转换为以 LPR 为定价基准加点形成（加点可为负值），加点数值在合同剩余期限内固定不变；也可转换为固定利率。定价基准只能转换一次，转换之后不能再次转换。已处于最后一个重定价周期的存量浮动利率贷款可不转换。存量浮动利率贷款定价基准转换原则上应于 2020 年 8 月 31 日前完成。

a）根据 30 号文，未提及存量固定利率贷款产品，故笔者结合 15 号文理解，针对存

量的固定利率贷款产品，仍然维持固定利率不变。

b）针对存量的浮动利率贷款产品，30号文明确了该等产品自2020年3月1日开始需要转换，过渡期自2020年8月31日截止。整体而言，存量浮动利率贷款产品需要调整。可有两个方向的调整路径，其一为继续保持适用浮动贷款利率，而此时适用的基准为LPR。其二为改为固定利率。定价基准只能转换一次，确定后不能再次转变。针对以下两个类别，LPR的具体适用规则为：

i 针对非商业性个人住房贷款

针对非商业性个人住房的存量浮动利率贷款，银行可以同借款人协商是否改为固定利率，具体利率可由各方协商。如继续采用浮动利率，则必须采用LPR机制，银行可以同借款人协商具体的加减点数，以确定贷款利率。同时，各方可协商重定价周期及重定价日，在相关周期中适用重定价日确定的贷款利率。

ii 针对商业性个人住房贷款

针对商业性个人住房的存量浮动利率贷款，银行亦可以同借款人协商是否改为固定利率，具体利率直接适用原合同最近的执行利率水平。如继续采用浮动利率，则必须采用LPR机制。同时，为了一定程度地确保该类贷款的稳定性，商业性个人住房贷款的加点数值应等于原合同最近的执行利率水平与2019年12月发布的相应期限LPR的差值。从转换时点至此后的第一个重定价日（不含），执行的利率水平应等于原合同最近的执行利率水平，即2019年12月相应期限LPR与该加点数值之和。之后，自第一个重定价日起，在每个利率重定价日，利率水平由最近一个月相应期限LPR与该加点数值重新计算确定。重定价周期最短为一年。

4. 贷款合同的调整及实践情况

（1）合同调整

考虑到LPR的实行，无论是增量及存量贷款合同中涉及贷款利率的条款如需要与LPR挂钩，则均须作出调整。目前贷款合同中涉及LPR的条款主要包括了LPR定义，利差，利率确定日，付息日，利息期，市场紊乱等条款。其中，LPR及利差的加成确定了贷款利率的数值；利率确定日、付息日、利息期确定了具体适用的LPR数值，适用LPR相关利率的周期，利息结算及支付的日期；市场紊乱条款则考虑到因政策或市场变化等原因，将来LPR不存在时，贷款利率如何适用的问题。在存量的合同中，前述条款通常与央行的贷款基准利率挂钩，故需要整体作出调整。

（2）银行实践情况

根据笔者从事的银行融资的法律相关工作，在现阶段接触到的贷款项目中，银行对于目前央行发布的与LPR相关的规定已经开始积极响应并调整。但整体上，由于对于LPR及经济整体走向的预期不同，具体如何调整浮动贷款利率，银行持观望状态，处理态度亦不尽相同。部分银行要求在原有的浮动贷款利率基础上转化为与其一致的固定利率。部分银行考虑继续维持浮动利率并采用LPR加点的利率，采取加点的数额会根据最近适用原央行贷款基准利率加点的数额的基础上扣除最近一期的LPR数额进行计算。考虑到目前LPR机制实行不久，故银行会结合LPR政策导向，整体经济预期，自身风险控制等各种维度，综合形成适用自身的浮动贷款利率确定机制。值得一提的是，目前

LPR 应用情况及贷款利率竞争行为已纳入宏观审慎评估中。

5. 总结与展望

根据近期已公布的 LPR 利率水平，其大致维持在 4.25% 到 4.30% 的水平，已较央行贷款基准利率有所下调。从目前的状态可见，完善 LPR 机制的改革是在平稳有序中推进，其对实体经济的调整作用将在未来一段时间内逐渐体现。

（三）外债新规及实践中的新问题

1. 2019 年关于外债监管的全国性新规分析

（1）外管局新规

2019 年 3 月外管局出台了《跨国公司跨境资金集中运营管理规定》（汇发〔2019〕7 号）（简称“**7 号文**”），7 号文是对外管局 2015 年出台的《跨国公司外汇资金集中运营管理规定》（汇发〔2015〕36 号）（简称“**36 号文**”）的修订，旨在进一步服务跨国公司，为其贸易投资提供便利。其中对于外债的监管，对比 36 号文，7 号文进行了进一步简化。

在可借用外债额度的计算方面，7 号文保留了跨国公司境内成员企业外债额度可集中计算的原则，具体计算公式为“跨国公司外债集中额度≤ Σ 主办企业及参与集中的境内成员企业上年末经审计的所有者权益 * 跨境融资杠杆率 * 宏观审慎调节参数”。外管局在其后的政策问答中进一步明确，如果参与的某成员企业所有者权益为负数，在集中计算外债额度时其贡献额度为“零”而非实际负数。

在登记要求方面，7 号文对 36 号文相关要求进行突破，不再区分币种、债权人无须逐笔办理外债登记，而采用为主办企业办理一次性外债登记的方式集中办理。主办企业完成集中外债登记后，集团内各企业在实际发生外债签约时无须再到所在地外管局逐笔办理外债签约登记。此举大大降低了跨国集团公司在境外融资过程中的程序性成本。

（2）国家发改委新规

国家发改委继 2015 年 9 月出台《关于推进企业发行外债备案登记制管理改革的通知》（发改外资〔2015〕2044 号）（简称“**2044 号文**”）、2018 年发布《国家发展改革委、财政部关于完善市场约束机制严格防范外债风险和地方债务风险的通知》（发改外资〔2018〕706 号）（简称“**706 号文**”）后，在 2019 年又陆续出台了《国家发展改革委办公厅关于对地方国有企业发行外债申请备案登记有关要求的通知》（发改办外资〔2019〕666 号）（简称“**666 号文**”）和《国家发展改革委办公厅关于对房地产企业发行外债申请备案登记有关要求的通知》（发改办外资〔2019〕778 号）（简称“**778 号文**”），针对地方国有企业和房地产企业发行外债作出了进一步细化规定。我们在此重点从举借中长期国际商业贷款的角度对 666 号文及 778 号文的主要内容以及对相关企业可能带来的影响进行如下梳理。

2044 号文明确要求企业发行外债需事先向国家发改委办理备案，并将“外债”定义限定为“境内企业及其控制的境外企业或分支机构向境外举借的、以本币或外币计价、按约定还本付息的 1 年期以上债务工具，包括境外发行债券、中长期国际商业贷款等”。666 号文对于备案主体进行了进一步明确。针对境内主体控制的境外企业或分支机构发行外债的情形，根据 666 号文，则境内企业需履行向国家发改委备案的义务。由于 666

号文的表述为“所有企业（含地方国有企业）及其控制的境外企业或分支机构发行外债，需由境内企业向国家发展改革委申请备案登记”，这可能会产生歧义解读，即根据2044号文规定发行一年期以内的债务工具无需向国家发改委备案，而666号文规定的备案要求由于使用了“所有企业”的限定，是否也包括一年期以内的债务工具？对此，我们的理解是666号文在备案范围上并未对2044号文进行突破，备案要求仍然在2044号文确定的范围内进行，从条文体例来看2044号文是666号文的依据，666号文是对2044号文的明确和细化。对此，我们与国家发改委进行了沟通，得到了确定的回复。

666号文对地方国有企业进行了重点规制，会产生直接影响的两点包括：地方国有企业发行外债需持续经营不少于三年；以及承担地方政府融资职能的地方国有企业发行外债的用途受到了限制，仅限用于偿还未来一年内到期的中长期外债。666号文此举意在控制地方债规模，预防可能会产生的地方债务危机。这两点限制对于境外发行债券的影响较大，对于举借中长期国际商业贷款而言，如果境内借款人或境外借款人的境内控制公司是地方国有企业则贷款人需关注其持续经营时间，如未承担地方政府融资职能的地方国有企业则需要严格关注贷款用途仅限用于偿还未来一年内到期的中长期外债。同时，我们理解三年存续期仅为对境内企业的限制，对于借款人是境内企业控制的境外企业或分支机构的情形并不适用。而“承担地方政府融资职能的地方国有企业”我们理解包括但不限于“地方政府融资平台公司”，具体的认定标准建议个案中与当地发改部门具体咨询确认。

与666号文的监管思路相似，778号文同样是在2044号文和706号文的框架下对外债监管进行了细化。778号文的监管对象是房地产企业，其中一项重要的监管措施是“房地产企业发行外债只能用于置换未来一年内到期的中长期境外债务”。这一要求严格限制了房地产企业发行外债的用途。由于房地产企业发行外债不适用全口径宏观审慎管理，因此实践中房地产企业采用跨境直接借用外债的情形较少，而多采用通过境内房地产企业控制的境外子公司借用外债，再将资金调回境内以满足境内融资需求的模式。鉴于778号文的规定，房地产企业无法通过这一模式将境外借用的资金调回境内市场使用，对房地产企业的融资产生较大限制。对境外银行而言，也应充分对778号文对于贷款用途的限制给予充分关注。

2. 2019 年关于外债监管的自贸区新规分析

2019年7月，各自贸区外管局先后出台新规，为区内企业提供进一步便利，扩大区内企业自由度，其中与外债监管相关内容各自贸区新规核心内容基本一致。我们此处以中国（广东）自由贸易试验区深圳前海蛇口片区新规为例进行分析。

外管局深圳市分局于2019年7月发布《深入推进中国（广东）自由贸易试验区深圳前海蛇口片区外汇管理改革试点实施细则》（简称“**《蛇口片区实施细则》**”），在多个方面为区内企业提供便利，扩大了区内企业自由度。其中外债监管方面主要包括下述内容：（1）外债借用额度方面，区内已选择“投注差”模式借用外债的企业可调整为跨境融资宏观审慎模式借用外债；（2）跨境融资币种方面，不再要求签约币种与提款、还款币种保持一致，允许签约币种与提款、还款币种有差异，但仍要求提款与还款币种保持一致；（3）外债注销登记业务方面，深圳市外汇局辖内任何一家银行都可为区内企业办理外债注销登记业务。

根据《中国人民银行关于全口径跨境融资宏观审慎管理有关事宜的通知》(银发〔2017〕9号)(简称"**2017[9]号文**"),企业开展跨境融资按风险加权计算余额,外商投资企业、外资金融机构有一年过渡期,过渡期内该两类主体可以在"投注差"和宏观审慎风险加权模式中任选一种模式适用,过渡期结束外商投资企业跨境融资管理模式另行确定。自2017年[9]号文出台,一年过渡期已经结束,但各地外管局对于外商投资企业计算跨境融资额度计算并不一致。《蛇口片区实施细则》对于广东自贸区深圳前海蛇口片区的区内企业就这一点进行了明确,即仍延续"投注差"计算跨境融资额度的外商投资企业有权选择变更为宏观审慎模式,这使得区内企业可以根据自身融资需求灵活调整,但需要注意的是仅允许调整一次,即变更为宏观审慎模式后不可再行变更。

在签约、提款、还款币种一致性的问题上《蛇口片区实施细则》对2017年[9]号文进行了突破。根据2017年[9]号文的规定,签约、提款、还款币种必须保持一致,《蛇口片区实施细则》允许签约与提款、还款币种可以存在差异。实践中,签约与实际发生提款之间往往存在一段间隔期,如果提款期较长则有可能在签约后较长时间后才发生实际提款。根据《蛇口片区实施细则》的规定,区内企业可以根据提款时的市场条件灵活选择提款币种,以满足其商业需求。此外,在实践操作层面,《蛇口片区实施细则》允许深圳市外汇局辖内任何一家银行均可为区内企业办理外债注销业务,而不限于办理外债登记的外管局对应办理外债注销,为企业境外融资提供了实际便利。不过就这点而言,相关银行仍需注意,仅在区内企业偿还最后一笔本金及利息且企业关闭外债账户后才可为其办理外债注销,否则会受到当地外管局的惩戒。

2019年7月间,包含上述与外债监管相关的新规在多个自贸区出台,包括上海自贸区、海南自贸区、河南自贸区、重庆自贸区、福建自贸区、四川自贸区、浙江自贸区、陕西自贸区、湖北自贸区、广东自贸区(南沙新区、珠海横琴新区片区)等。

其后,外管局于2019年12月澳门回归20周年之际出台了《国家外汇管理局进一步便利横琴澳门投资企业跨境投融资》,将前述《蛇口片区实施细则》中与跨境融资相关的便利惠及横琴澳门投资企业,同时明确规定横琴澳资企业可按净资产2倍到所在地外汇局办理外债登记,并直接在银行办理资金汇出入和结购汇等手续。

3. 2019年业务中常见的外债备案相关问题

(1)国家发改委统一办理外债登记

实践中办理2044号文备案,向企业所在地地方发改委备案还是向国家发改委直接备案在过去的实践中各地存在较大差异,这导致企业在办理2044号文备案时遇到推诿、拖延等障碍。在2019年的实践中这一问题已被解决。国家发改委于2019年2月18日发布《关于企业申请外债备案登记证明的指引》,明确中央管理企业和金融机构由集团总部向国家发改委提出备案登记申请,地方企业直接向国家发改委提出备案登记申请。实践中,我们处理的地方企业举借外债向国家发改委直接进行备案登记,国家发改委也会及时接收处理。流程上不再存在模糊障碍。

(2)集团公司共享外债额度

集团整体外债规模管理试点始于2016年,2016年国家发改委列出21家试点企业并

规定“21家试点企业在年度外债规模内，可自主选择发行窗口，分期分批发行，不再进行事前登记，待发行完成后及时报送发行信息”。适用集团整体发债规模的试点企业名单自2016年起每年度调整一次。虽然近两年我们无法从公开渠道了解到试点企业名单，但根据我们与国家发改委的沟通，集团整体外债规模试点仍在实行。实践中，对于借款人以其属于集团整体发债规模试点企业为由拒绝就某笔外债进行单独的发改委备案，我们会要求其提供其集团母公司的外债备案证明，并在审查中重点关注其母公司的外债备案证明是否可以覆盖该子公司，以保证外债交易的合规性。

（四）银行转让不良资产的法律问题

1. 受让人的主体资格

银行不良资产规模庞大，而由于处置时限短、人员配备少等因素的限制，往往需要短时间内大批量处置不良资产，而转让不良资产作为一种收效快、成本低的处置方式，常常被银行采用。但是，法律法规对于受让银行不良资产的主体有严格的规定。

（1）受让方为四大金融资产管理公司、地方资产管理公司

银行将不良资产转让给金融资产管理公司、地方资产管理公司在政策和法律上均不存在障碍。四大金融资产管理公司成立时，国务院颁布的《金融资产管理公司条例》指出金融资产管理公司的设立是为了收购、管理和处置国有银行的不良贷款。最高人民法院以及财政部自2001年就开始以通知、答复、司法解释等方式对银行不良资产转让的问题作出了规定。2012年1月18日财政部、原银监会印发《金融企业不良资产批量转让管理办法》（财金2012）6号）又明确金融企业批量转让不良资产必须转让给四大金融资产管理公司和省级资产管理公司，更加确立了四大资产管理公司在不良资产一级市场上的地位。

原银监会2013年11月28日发布《关于地方资产管理公司开展金融企业不良资产批量收购处置业务资质 认可条件等有关问题的通知》（银监发（2013）45号）对《金融企业不良资产批量转让管理办法》了进行补充，允许各省设立或授权一家地方资产管理公司，参与本省范围内金融企业不良资产收购和处置业务，并鼓励民间资本投资入股地方资产管理公司。这是法律上首次规范地方资产管理公司，拉开了地方资产管理公司成立的序幕。2014年7月底，原银监会正式公布了全国首批地方资产管理公司名单，包括江苏、上海、浙江、安徽、广东等五个地方，此后，原银监会又陆续批复其他省市的地方资产管理公司。2016年10月14日，为拓宽金融企业不良资产处置渠道，促进市场竞争，支持地方资产管理公司发展，维护经济金融秩序，原银监会发布《中国银行业监督管理委员会办公厅关于适当调整地方资产管理公司有关政策的函》（银监办便函〔2016〕1738号），放宽了地方资产管理公司的相关限制，允许每省最多可设立两家地方资产管理公司，并取消了地方资产管理公司收购不良资产后不得对外转让的限制，允许以债务重组、对外转让等方式处置不良资产，且对外转让的受让主体不受地域限制。在区域性金融风险加剧的背景下，各地政府推动不良资产处置的意愿较为强烈，地方资产管理公司迎来设立高峰。

（2）受让人为社会投资者

社会投资者是指金融机构以外的自然人、法人或者其他组织。银行将不良资产转让给社会投资者，在理论上分歧较大且争论时间较长。根据《贷款通则》的规定，在我国从事贷款业务，必须是经人民银行批准经营贷款业务、持有人民银行颁发的"金融机构法人许可证"或"金融机构营业许可证"并经原工商行政管理部门核准登记的金融机构。因此有观点认为由贷款而形成的债权及其他权利只能在具有贷款业务资格的金融机构之间持有或转让，未经许可银行不得将其债权转让给非金融企业。2001 年 7 月 30 日《中国人民银行关于商业银行借款合同项下债权转让有关问题的批复》（银办函〔2001〕648 号）即持有上述观点，未经许可，商业银行不得将其债权转让给非金融企业。自此，银行业向社会投资者转让不良债权几乎完全处于停滞状态。直至 2009 年 2 月 5 日《中国银行业监督管理委员会办公厅关于商业银行向社会投资者转让贷款债权法律效力有关问题的批复》（银监办发〔2009〕24 号）的规定明确了商业银行转让给社会投资者的合法性，该批复指出转让具体贷款债权的行为属于债权人将合同的权利转让给第三人，并非向社会不特定对象发放贷款的经营性活动，不涉及从事贷款业务的资格问题，受让主体无须具备从事贷款业务的资格。但该批文仅仅是原银监会办公厅出具的批复，法律层级相对较低。

2012 年 1 月 18 日财政部、原银监会印发《金融企业不良资产批量转让管理办法》规定金融企业批量（10 户 / 项以上）转让不良资产只能定向转让给资产管理公司，言外之意，非批量（10 户 / 项以下）转让可不采取定向转让，可以转让给社会投资者。在实务中，银行均按照该办法操作，即批量（10 户 / 项以上）转让采取定向，非批量（10 户 / 项以下）也面向社会投资者。2017 年 4 月 25 原银监会办公厅《关于公布云南省、海南省、湖北省、福建省、山东省、广西壮族自治区、天津市地方资产管理公司名单的通知》（银监办便函〔2017〕702 号）将不良资产批量转让组包门槛由之前的 10 户 / 项降低至 3 户 / 项，由此进一步增加了社会投资者参与不良资产一级市场的难度，拿到"一手资产包"的可能性再次降低了。

而且并非所有的社会投资者都可以受让银行的不良资产，《金融企业不良资产批量转让管理办法》、最高人民法院印发的《关于审理涉及金融不良债权转让案件工作座谈会纪要的通知》（【法发（2009）19 号】）都规定了金融资产管理公司在转让债权时，受让人的限制条件，虽然没有法律法规规定银行转让不良资产时受让人的限制条件，但实务中，银行也参照对金融资产管理公司的规定执行，即以下人员不能受让银行转让的不良资产：受让人为国家公务员、金融监管机构工作人员、政法干警、金融资产管理公司工作人员、国有企业债务人管理人员、参与资产处置工作的律师、会计师、评估师等中介机构（统称"**关联人**"），或者上述关联人参与的非金融机构法人。

2. 银行转让不良资产的范围

根据《金融企业不良资产批量转让管理办法》的规定，存在某些不能批量转让的债权。首先，涉及国家安全及国家公共政策的债权被列入禁止转让项目，属于《合同法》规定的因为合同性质决定而不能被转让的。

其次，对于债务人或担保人为国家机关的不良债权是否禁止转让存在争议：国家机关是指从事国家管理和行使国家权力的机关，包括国家元首、权力机关、行政机关、审

判机关、检察机关和军事机关。按照《担保法》第八条规定，国家机关除国务院批准为使用外国政府或国际经济组织贷款进行转贷时提供担保外，其他情况下不得进行担保，理论上国家机关是不具备保证人资格的，国家机关既然不能担任保证人，当然就更不能担任借款人、抵押人，因为无论是借款、保证还是抵押，都是国家机关从事非职能性的活动，这与国家机关的职责是相悖的。之所以国家机关成为债务主体或担保主体有其历史背景，在我国还处于计划经济时期，国家机关作为地方基建项目的投资主体往往为了筹集建设资金直接向商业银行借取贷款，或指定借款主体以其信用作为担保。国家机关成为债务主体或担保主体是历史遗留问题，如果不禁止此类债权的转让，将会增加政府负担，造成社会的不稳定。

再次，上述规定中个人贷款不能批量转让，即对于个人贷款只能通过单户或在 10 户 / 项（之后变更为 3 户 / 项）以内非批量方式转让。2005 年 11 月 10 日财政部、人民银行、原银监会《关于国有商业银行股改过程中个人不良贷款处置有关问题的通知》（财金〔2005〕14 号）第二条也对此有相似规定：银行和金融资产管理公司应依法对个人贷款进行全额追偿，不得采取打包出售、打折减免等方式处置。由于个人贷款金额相对较小，户数又多，在短时间期难以处置，如果不能通过批量转让，银行只能继续持有，一方面增加银行的管理难度，另一方面无法缓解和降低银行的不良资产率，也影响银行的信贷质量和利润指标。在实务中，有的银行铤而走险，采用非批量转让的方式，虽然表面上不违背《金融企业不良资产批量转让管理办法》，但实务中已经有银行和金融资产管理公司为此受到了银监部门的处罚。此外，有的银行采用置换的方式，即通过发放小企业贷款置换“个人经营性贷款”，改变贷款的性质，然后再进行批量转让，这种方式虽然不违背《金融企业不良资产批量转让管理办法》，但实务操作中难度较大。

3. 银行转让不良资产的方式

（1）协议转让

根据《不良金融资产处置尽职指引》《金融企业不良资产批量转让管理办法》的规定，银行转让不良资产时可选择的转让方式有两类：一类为协议转让：一类为招标、竞价、拍卖等公开转让方式。对于协议转让，上述两个法规规定了可适用的两种情形：（i）当采用拍卖、竞标、竞价等公开处置方式在经济上不可行，或不具备采用拍卖、竞标、竞价等公开处置方式的条件时，可采用协议转让方式处置。经济上不可行是指公开处置的费用过高，背离了“成本——收益”的经济原则；不具备公开处置的条件常见的情况是资产中涉及债务人或担保人为国家机关的项目、涉及国家安全和敏感信息的项目等。（ii）通过公开转让方式只产生一个符合条件的意向受让方时，可采取协议转让方式。根据《金融企业不良资产批量转让管理办法》的规定，银行在批量转让不良资产时，要优先选择招标、竞价、拍卖等公开转让方式，只有在只出现一个符合条件的意向受让人时，才能采用协议转让。协议转让的适用条件是较为苛刻的，实务中，银行为避免监管上的问责，极少采用协议转让的方式。

（2）公开转让

对于公开转让方式，上述规定列明了拍卖、招标、竞价三种方式，拍卖和招标作为一种公开处置方式，有悠久的历史。竞价方式在形式上与拍卖、招标存在较多相似之处，但竞价既不同于拍卖，也不同于招标，是一种独立的交易方式，实务中的表现形式主要有要约邀请公开竞价、动态报价方式、网络平台竞价方式等。

a）拍卖

拍卖是指银行通过拍卖行等中介机构，以现场叫价或电子叫价的形式，将债权转让给最高竞价者。根据《不良金融资产处置尽职指引》的规定，银行采取拍卖方式处置资产时，应选择有资质的拍卖中介机构，即必须将资产委托给拍卖行进行拍卖，不得自行组织拍卖。拍卖是一种较为成熟的交易方式，没有很多争议的法律问题，但拍卖中“一人竞买”问题，自我国颁布《拍卖法》以来一直存在并引起过较大争议。所谓“一人竞买”问题是指在一次拍卖过程中，如果只有一个竞买人参加拍卖会，拍卖会是否应当中止。中国拍卖行业协会法律咨询与理论研究专业委员会曾就此问题召开过专门研讨会，并就同一个问题做出过多次咨询复函，明确表示在仅有一个竞买人的情况下，应当中止拍卖。

司法网上拍卖是随着互联网发展而出现的，是指人民法院依法通过联网拍平台，以网络竞价方式公开处置财产的行为。根据2016年8月2日《最高人民法院关于人民法院网络司法拍卖若干问题的规定》（法释〔2016〕18号）第十一条：网络司法拍卖不限制竞买人数量，出价不低于起拍价的，拍卖成交。即最高人民法院承认了一人竞拍的合法性和有效性，为什么在传统拍卖中，“一人竞买”时要中止拍卖程序，而司法网络拍卖却可以明确“一人竞买”的有效性呢？这是因为网络司法拍卖呈现出不同于传统拍卖的特点，一人竞拍有效性是基于这些特点为前提的，网络司法拍卖具有全程、全面、全网络公开的特征，从拍卖公告的发布到竞价结束均在网络上进行，竞买意向人随时可以关注、参与拍卖过程，网络化使得拍卖过程中信息不对称导致不公平竞价的可能性已经降到最低，出现传统拍卖中的拍卖企业招商不利或与竞买人恶意串通等问题的可能性极低。因此上述（2016）18号文明确即使参与竞买人仅为一人，只要出价不低于起拍价的即有效且可成交。必须明确的是最高人民法院（2016）18号文仅适用于司法拍卖，因此尽管网络司法拍卖承认了“一人竞买”的有效性，但银行如果采用网上拍卖方式转让不良资产，因为并非司法拍卖，因此在没有相关法律法规承认其有效性时，出现“一人竞买”的情况，应当中止拍卖。因此，银行无论是采用传统拍卖还是网上拍卖，出现“一人竞买”的情形，均应当中止拍卖。银行可以与意向受让方进行协议转让，完成交易。

b）招标

招标是指银行作为招标人，邀请特定或不特定的投标人参加投标，并按照约定程序和既定标准从中选择交易对象的行为，可以分为公开招标和邀请招标，公开招标即以公告的方式邀请不特定的法人、自然人或其他经济组织参加投标；邀请招标即通过邀请函的方式邀请特定的法人、自然人或其他经济组织参加投标。在批量转让不良资产时，由于只能定向转让给金融资产管理公司和地方资产管理公司，因此不管是公开招标或是邀请招标，投标的只能是金融资产管理公司和地方资产管理公司，这一点银行应该在公告或邀请函中加以明确。招标方式由于报价一次，最高价得，竞价次数少，竞争性小，很难产生令转让方满意的价格。因此，目前银行在转让不良资产时较少采用招标的方式。

c）要约邀请公开竞价

要约邀请公开竞价，是银行在总结不良资产公开处置经验的基础上探索出来的一种

新的资产处置方式，结合了拍卖、招标公开转让方式的优点，并回避了二者的某些不足之处，在实践中具有较好的适应性。与拍卖不同的是，要约邀请公开竞价是由银行自行组织，为了体现公正性，有时银行会聘请律师或公证机构全程见证，因为自行组织，银行无须支付高昂的拍卖佣金。与招标不同的是，要约邀请公开竞价可以采取与拍卖相同的最高竞价模式，也可以采取与招标相同的一次报价模式，具有很大的灵活性，能够确保公司利益最大化。要约邀请公开竞价是银行转让不良资产采用较多的公开转让方式。

d）动态报价方式

动态报价方式是指银行将资产委托给产权交易所，产权交易所利用互联网组织意向受让方通过指定的报价系统进行网络报价，实现产权转让的一种资产交易方式。动态报价是《不良金融资产处置尽职指引》《金融企业不良资产批量转让管理办法》中没有提到过的一种公开竞价方式，是一种公开竞争性出售不良资产的方式，是产权交易所在新的时代背景下，将拍卖、招标等交易方式的优点融入互联网中，利用信息技术探索出来的一种线上资产交易方式。产权交易所作为第三方，提供了一个买卖双方的交易平台，一方面是动态报价的组织方，为动态报价活动提供技术服务和平台服务，维护动态报价活动的正常秩序，另一方面通过自有资源，为标的物广泛招商，最大程度促使交易达成。在实务中，动态报价组织和实施比较完善的交易所是北京产权交易所（银行业不良资产业务主要由北京金融资产交易所有限公司负责）。北京产权交易所采用的是金马甲动态报价系统，经北京产权交易所确认具有资格的投资人在金马甲进行注册，在注册账户有效期内随时登陆报价大厅，参与组织方组织标的的网络报价。网络报价期分为自由报价期和限时报价期，若自由报价期结束，不管有无有效报价，均进入限时报价期；限时报价期内有人应价，则以此为新的限时报价起点，往后等待新的报价；限时报价期无应价，则标的流标。投资者按照“价格优先，时间优先”原则，报价结束后最高有效报价者成为受让方。

（五）第三方支付行业新变化

第三方支付行业作为服务实体转型的重要组成部分，在2019年也经历了众多的变化和发展。人民银行这一支付行业的主要监管机关表现出不断收紧政策的趋势。2019年，首家支付公司登陆A股、新一轮支付牌照续展、“刷脸”支付等大事记不断，外资正式进入中国支付服务市场的第一个案例也于2019年落地，这进一步印证了中国向外资开放金融服务业的态度，也加快了中国金融科技发展的步伐，并以更加充分的市场竞争带动支付行业的创新与发展。本文旨在根据2019年度央行新出台的监管法规和政策并结合实践案例和经验对外资准入支付行业的路径和取得《支付业务许可证》（简称“**支付牌照**”）的后续监管要点进行简要剖析。

1. 外资准入第三方支付行业的路径

根据2010年出台的《非金融机构支付服务管理办法》，外商投资支付机构的业务范围、境外出资人的资格条件和出资比例等，由人民银行另行规定，报国务院批准。之后，直至2018年3月，央行经国务院批准，对外发布了《中国人民银行公告〔2018〕第7号——关于外商投资支付机构有关事宜公告的公告》（简称“**《〔2018〕第7号公告》**”），才明确了外商投资支付机构的准入和监管政策，也意味着外商投资支付机构准入限制正式放开。

《〔2018〕第7号公告》规定，“境外机构拟为中华人民共和国境内主体的境内交易和跨境交易提供电子支付服务的，应当在中华人民共和国境内设立外商投资企业，根据《非金融机构支付服务管理办法》规定的条件和程序取得支付业务许可证。”即所谓的“商业存在”原则。但是《〔2018〕第7号公告》的篇幅很短，内容也仅提出几条原则性要求，具体到实务操作仍有大量细节尚未明确。从市场上的公开案例来看，在《〔2018〕第7号公告》发布以后，境外机构依托境内的外商投资企业获取支付牌照的路径主要体现为两种：第一，通过新设或旗下既有的外商投资企业向央行提出新获牌照的申请；第二，收购一家已经持有支付牌照的第三方支付机构。

第一种路径的典型案例是某知名跨境支付公司以其境内已有的外商投资企业作为申请主体，于2018年5月向央行提交了《〔2018〕第7号公告》后第一单支付牌照许可申请。2018年7月，央行上海总部官网公示了该外商投资企业的支付业务许可申请信息。但是，该申请于2019年1月被其撤回，理由为“出于商业考虑”，央行也删除了之前公示的申请信息。据媒体报道，为了申请支付牌照，该外商投资企业的注册资本从之前的50万增加到1亿元，更新修正了公司章程，并拿到了“互联网支付”和“移动电话支付”技术认证的证书。

有不少实践文章表示，由于新发牌照可能面临各种各样的限制，更加便捷和外国投资者更为关注的方式是上述第二种路径，即并购或投资入股现存的支付机构。《〔2018〕第7号公告》出台以来的首个外资准入的成功案例则是采用了这种路径：某知名国际互联网支付公司以其境内外商投资企业收购了持有某支付机构70%股权的公司的全部股权，以间接实现了对该支付机构的控制。值得一提的是，虽然目前《非金融机构支付服务管理办法》仅明文规定对支付机构的主要出资人变更（即达到特定持股比例的第一层股东变更）进行审查核准，但是实践中，为了防止规避主要出资人的资质条件而采用间接股权转让的方式（即转让主要出资人的股权）实现支付机构控制权转移的做法，央行对于间接股权转让导致的控制权转移事实上也会开展实质性审查。该知名国际互联网支付公司对境内支付机构开展上述间接收购时，就向央行提交了一系列申请材料，申请变更该支付机构的实际控制人，并于2019年9月获得了央行准许该股权变更的批复。

由此看来，在外资准入支付市场的实践操作中，央行基本遵循了既有的监管框架，主要以新发牌照或核准股权变更的形式控制外资支付机构的准入条件，且依据《〔2018〕第7号公告》配套发布的《中国人民银行有关负责人就外商投资支付机构准入和监管政策有关问题答记者问》（简称“**答记者问**”），外资和内资支付机构需实现统一的准入标准，可见央行并不会对外资支付机构的牌照获取和控制权变更等在相关资质或办理手续方面提出高于内资支付机构的标准。当然，鉴于外资支付机构的案例尚且只有一例，在个案材料审查过程中央行是否会对外资股东提出其他特殊要求则还需要一事一议地与央行进行具体沟通。

2. 取得支付牌照后的央行监管重点

根据《〔2018〕第7号公告》和答记者问，央行本着鼓励公平竞争、促进市场开放

的原则，使外资支付机构享受“国民待遇”：外资和内资支付机构不仅有统一的准入标准，还适用统一的监管要求，外商投资支付机构在公司治理、日常运营、风险管理、资金处理、备付金交存等方面均应当持续符合央行对一般支付机构的监管要求。

（1）备付金

备付金一直是央行对支付机构监管的重中之重。客户备付金是支付机构收到的预收代付货币资金，不属于支付机构的自有财产，但早前备付金均存放于各商业银行，实践中支付机构挪用、占用客户备付金，甚至用于投资等，乱象较多，风险较大。

为遏制支付机构挪用、占用客户资金等问题，央行从2017年就开始探索建立支付机构备付金集中存管制度，并于2018年6发布并实施了《中国人民银行办公厅关于支付机构客户备付金全部集中交存有关事宜的通知》（银办发〔2018〕114号），自2018年7月9日起按月逐步提高备付金集中交存比例。根据该文，支付机构需向央行分支机构营业部门申请开立“备付金集中存管账户”，并委托备付金存管银行将备付金交存专户内的资金全额转入新开立的备付金集中存管账户，再完成备付金交存专户销户。此后，支付机构备付金集中存管账户的资金划转应当通过中国银联股份有限公司或网联清算有限公司办理，且可通过中国银联股份有限公司或网联清算有限公司实时查询备付金集中存管账户余额等信息。截至2019年1月14日，支付机构客户备付金应已实现100%集中交存至央行。

备付金集中存管之后，央行不对支付机构客户备付金存款支付利息，能够推动部分依靠备付金“吃利差”盈利的支付机构回归主业，专注于小额、快捷、便民小微支付服务。

（2）反洗钱

反洗钱也是央行关注的重点。2018年9月29日，央行参与印发了《法人金融机构洗钱和恐怖融资风险管理指引（试行）》（简称“**《指引》**”）和《互联网金融从业机构反洗钱和反恐怖融资管理办法（试行）》，均于2019年1月1日开始实施，对支付机构反洗钱和反恐怖融资义务提出了更加细化的要求。

其中，《指引》明确参照适用于支付机构，但考虑到支付机构反洗钱工作起步较晚，适当给予其一定时限的制度执行过渡期，不应晚于2019年7月1日前执行。相较于之前的反洗钱监管框架，《指引》提出了以下新要求：

第一，详细规定了董事会、监事会、高级管理层、业务部门、反洗钱管理部门、内部审计部门、人力资源部门、信息科技部门、分支机构和附属机构在洗钱风险管理中的职责分工。其中，提出了反洗钱管理部门牵头开展洗钱风险管理工作，并应有一名高级管理人员牵头负责，且对其资历和任职要求做了详细规定，从而避免了以往由业务部门负责人兼职反洗钱工作的情况。

第二，新增机构风险评估及数据治理要求，首次明确可以在充分论证可行性的基础上，利用社会专业资源，委托独立第三方开展风险评估工作。并首次明确要求了数据治理和数据质量控制工作机制。同时，外资支付机构还应特别注意，应当建立跨境信息保密保障措施，对于在开展跨境业务、应对跨境监管等过程中所涉的客户、账户和交易信息、可疑交易报告等信息，应当严格控制跨境信息知悉范围和程度，建立完善的内部跨境信息传递体系、风险控制流程和授权审批机制。

第三，完善针对反洗钱的内部检查、审计、绩效考核和奖惩机制，明确要求外部审计必须确保审计范围和方法科学合理，审计人员具有必要的专业知识和经验，并应当满足反洗钱保密要求。并要求建立反洗钱奖惩机制，对于发现重大可疑交易线索或防范、遏止相关犯罪行为的员工给予适当的奖励或表扬。

《互联网金融从业机构反洗钱和反恐怖融资管理办法（试行）》则针对反洗钱线上监管，设立了互联网金融反洗钱和反恐怖融资网络监测平台，支付机构可以根据反洗钱工作需要接入该平台，参与基于该平台的工作信息交流、技术设施共享、风险评估等工作。

（3）其他要点

从央行在2019年在支付行业开出的几张典型罚单来看，也可以侧面反映央行在开展现场检查和日常监管过程中关注的其他重点。

央行银川中心支行对北京海科融通支付服务股份有限公司宁夏分公司和央行长沙中心支行对深圳瑞银信信息技术有限公司作出的行政处罚均是针对支付机构未按规定履行客户身份识别义务或特约商户资质审核的违法行为，即商户的准入和管理方面。

央行西宁中心支行对北京钱袋宝支付技术有限公司西宁分公司和央行石家庄中心支行对付临门支付有限公司河北分公司作出的行政处罚则是针对支付机构违反银行卡收单业务相关制度规定。

其他罚单的处罚内容还主要涉及了清算管理、支付结算等方面的违法行为。由此可见，2019年央行对于支付机构的监管并未放松，且兼顾到反洗钱、清结算等各个方面。另外，央行金融稳定局局长王景武还呼吁加快制定出台《非银行支付机构监督管理条例》，解决现有以《非金融机构支付服务管理办法》为基础的第三方支付监管体系的法律效力层级较低、威慑力不足以及处罚过轻、违法成本过低等问题，足可见央行在未来将进一步加强对第三方支付行业监管力度，以促进支付服务市场健康发展。

（六）互联网金融的进一步整治

1. 金融科技发展规划

2019年8月，人民银行印发了《金融科技（FinTech）发展规划（2019–2021年）》（《规划》），总结了金融科技迄今为止的发展形势，就金融科技的发展任务在多方面提出了要求。

（1）金融科技的发展目标

《规划》总体上提出了到2021年金融科技要建立健全“四梁八柱”，进一步增强金融业科技应用能力，实现金融与科技深度融合、协调发展，明显增强人民群众对数字化、网络化、智能化金融产品和服务的满意度。实现金融科技应用先进可控，金融与行业数据规范融合应用水平大幅提升；金融服务能力稳步增强，金融服务覆盖面逐步扩大；金融风控水平明显提高，金融安全管理制度基本形成；金融监管效能持续提升，金融科技监管基本规则体系逐步完善；金融科技支撑不断完善，金融科技法律和标准体系日益健全；金融科技产业繁荣发展，培育一批具有国际知名度和影响力的金融科技市场主体。

（2）《规划》的几大侧重点

贯穿《规划》全文，可以发现在几个侧重点上人民银行其实回应了市场对于监管风

向的猜测，决定了一段时期内的政策口径，对金融科技给予了不同维度的支持。

其一，强力推动金融机构进一步利用金融科技。《规划》开篇即点明“金融科技成为推动金融转型升级的新引擎”，并指出了金融科技有利于金融机构降低服务门槛和成本，在多方面都极具应用的价值。比如，利用人工智能、大数据、云计算、物联网等科技手段可以帮助金融机构在盈利模式、业务形态、资产负债、信贷关系、渠道拓展等方面持续优化。而《规划》除了对金融机构利用金融科技进行鼓励，事实上也就此提出了要求。《规划》提出金融机构要在年报及其他正式渠道中真实、准确、完整地披露用于创新性研究与应用的经费，对于金融科技的投入情况和科技人员的数量与占比也都要披露。

其二，保障金融科技巨头的发展，但要打破场景垄断。央行前行长周小川曾在一次讲话中表示“由于网络效应的存在，‘赢者通吃’会导致竞争的方式发生巨大变化，监管部门要防范和应对‘赢者通吃’的负面影响…如果用倾销和补贴的办法来抢占市场份额，先实现自己成为‘赢者’，然后再把其他的竞争者打掉或兼并掉，这种做法会导致不公平竞争…如果发生在金融界，这个损失恐怕会到难以承受的地步，甚至可能引发金融危机”。对此，市场上曾一度有猜测认为央行会加强对于金融科技巨头的监管，缩小其与中小型金融科技公司的差距。但《规划》明确表示“培育一批具有国际知名度和影响力的金融科技市场主体”是金融科技发展的目标之一，也是金融科技产业繁荣发展的重要的内容。这在一定程度上说明了央行不仅不会阻止金融巨头的发展，反而会对其进行保障。但《规划》第十四条指出“要加大科技赋能支付服务力度，推动条码支付互联互通……打通条码支付服务壁垒，实现不同App和商户条码标识互认互扫”。长期以来，中小支付机构深受场景垄断的困扰，缺乏足够的发展空间。在实现互联互通，打破支付壁垒后，中小支付机构有机会对金融科技巨头进行挑战。

其三，金融科技助力中小企业融资。优化企业信贷融资服务是《规划》的重点任务之一。长期以来，传统的金融机构都不偏好为中小企业提供融资服务。这既有风险控制方面的考虑，也是由于企业信用的调查成本和融资的管理成本偏高共同导致的。《规划》指出“金融科技应加快完善小微企业、民营企业、科创企业等重点领域的信贷流程和信用评价模型，引导企业征信机构利用替代数据评估企业信用状况，降低运营管理成本，提高贷款发放效率和服务便利度”。由此可以推断，对于面向中小型企业的金融科技公司未来可能会有一定监管和政策上的扶持。

2. 助贷与联合贷款的监管风向

（1）助贷与联合贷款的监管背景

在监管部门2017年年末颁布《关于规范整顿“现金贷”业务的通知》（下称“141号文”）后，包括助贷与联合贷款在内的所有各类互联网信贷业务的从业机构都被纳入141号文的监管范围内。141号文规定：“以信贷资产转让、资产证券化等名义融入的资金应与表内融资合并计算，合并后的融资总额与资本净额的比例暂按当地现行比例规定执行，各地不得进一步放宽或变相放宽小额贷款公司融入资金的比例规定”。在141号文发布以前，信贷资产转让和资产证券化是小贷公司重要的资金来源，也是重要的金融杠杆。在信贷资产转让和资产证券化被要求合并计算后，此种加杠杆的方式基本被堵死。在此背景下，进行助贷与联合贷款来获取资金来源成为替代的主流操作方式。

（2）监管的最近风向

现在市场上所谓的助贷主要是采取保证金结构、融资担保结构、信托结构来完成借款人和助贷平台之间的撮合，然后再由外部的第三方以保证金或者融资担保的方式来保证。而联合贷款则主要是由小贷公司进行信贷审核，然后再联合外部资金方来联合放款。但在现阶段，尚无国家层面的法律法规明确界定助贷与联合贷款，这也使得对于助贷与联合贷款的监管在很大程度上都处于灰色，乃至空白的状态。

目前，只有银保监会浙江监管局发文直接对助贷和联合贷款进行了界定和监管。根据《关于加强互联网助贷和联合贷款风险防控监管提示的函》（浙银保监便函〔2019〕9号，下称“**提示函**”），“核心风控环节不得外包……不得将授信审查、风险控制等核心环节外包，不能异化为单纯的放贷资金提供方……不得以任何形式为无放贷资质的机构提供放贷资金，不得与无放贷业务资质的机构共同出资发放贷款。……不具备互联网贷款的核心风控能力和条件的银行，不得开展联合贷款业务。”依照这个口径，助贷和联合贷款都将受到严厉的打击。从实质上讲，保证金结构、融资担保结构和信托结构都是资金提供方将授信审查外包给第三方公司，由第三方公司来提供保证金或者连带责任担保。按照提示函的规定，放贷公司在助贷的结构下都成为单纯的资金提供方，这显然是不被提示函所允许的。而对于联合贷款，虽然小贷公司自己来进行征信的查询和报送，并没有外包授信审查的业务，但是提示函直接禁止了不具有互联网贷款的核心风控能力和条件的银行开展联合贷款。这将使得联合贷款结构项下合适的外部资金提供方大大减少，进而使得市场上联合贷款的交易量受到较大影响。

虽然在国家层面尚未有发布类似提示函的文件，但是在2019年12月1日，银保监会国际咨询委员会委员、工商银行原行长杨凯生在第一财经金融科技峰会上呼吁规范发展助贷，抓紧建章立制，及时出台必要的行政规章和监管制度。可以预见未来可能会对助贷和联合贷款进行更多的监管。

3．网贷的清退进程（以P2P为例）

2018年12月下旬，监管部门下发了《关于做好网贷机构分类处置和风险防范工作的意见》，意见要求以机构退出为主要工作方向，除部分严格合规的在营机构外，其余机构能退尽退，应关尽关，加大整治工作的力度和速度。自此，网贷的清退进程正式开启，各地相继发布地方法规清退P2P网贷。山西省发布了《关于取缔P2P网贷机构网络借贷业务的公告》，湖南省地方金融监督管理局发布了《湖南省P2P网络借贷风险专项整治整改验收工作方案》。截至目前，全国已有至少22地（含省、市）相继对外公示了辖区内网贷机构清退名单，合计涉及1025家平台。2019年7月，互联网金融整治领导小组和网贷整治领导小组召开网络借贷风险专项整治工作座谈会，将原定于2019年年中完成的P2P网贷清理整顿延长至2020年年中。由此可以推断，网贷的清退不仅不会停止，还会更进一步。清退的最终目标必然是让绝大多数的网贷机构退出市场。

4．央行数字货币的最新动向

中国央行数字货币将采用双层运营体系，即央行先把数字货币兑换给商业银行或其他运营机构，再由这些机构兑换给公众。商业机构需向央行100%缴纳准备金，央行数字货币目标是替代一部分现金M0，这就意味着公众所持有的数字货币依然是中央银行

负债，由中央银行信用担保，具有无限法偿性。

中共中央、国务院《关于支持深圳建设中国特色社会主义先行示范区的意见》提到，“打造数字经济创新发展试验区，支持在深圳开展数字货币研究与移动支付等创新应用”。央行在2019年下半年工作电视会议中也提出，要因势利导发展金融科技，加快推进我国法定数字货币（DC/EP）研发步伐，跟踪研究国内外虚拟货币发展趋势。从2014年到现在，央行数字货币（DC/EP）已经研究了5年。去年开始，数字货币研究所的相关人员已经在进行相关系统开发，预计央行数字货币将由人民银行牵头，工商银行、农业银行、中国银行、建设银行，以及中国移动、中国电信、中国联通共同参与，试点验证工作首先将在深圳、苏州等地区开展。

三、2019年君合银行金融组重大项目

（一）浦发银行为贝恩资本收购秦淮数据项目提供并购融资

本次收购交易是美国著名的私募基金贝恩资本首次通过境内收购主体收购境内上市公司下属全资子公司股权的交易，在项目结构上有诸多创新之处。其中，为配合出让方网宿科技作为上市公司进行重大资产重组交易的一系列监管要求，以及贝恩资本采用境内收购主体参与交易的外汇管理、商委备案等监管要求，贝恩资本及浦发银行在交易结构的合规性，交易资金的确定性，及交易交割安排的前后衔接上都做了充分的论证和设计，为交易双方满足监管要求及顺利完成股权交割提供了充分的支持。

君合作为浦发银行的法律顾问，参与了本项目全过程。在签署股权转让协议阶段，君合为浦发银行起草、修改了浦发银行向借款主体出具的融资承诺函和融资条款书，并就浦发银行出具该融资承诺函出具法律意见书，确保借款主体在得到浦发银行并购贷款承诺的前提下完成了股权转让协议的顺利签署。在股权转让交割阶段，君合为浦发银行起草、修改了贷款协议及全套融资文件，并为浦发银行提供本次并购贷款出具法律意见书，协助浦发银行完成并购贷款先决条件的确认及提款，确保股权转让交割在得到并购贷款资金的支持下顺利完成。

（二）高瓴资本收购珠海格力电器股份有限公司15%股份并购融资交易

2019年12月2日，珠海格力电器股份有限公司控股股东格力集团与珠海明骏投资合伙企业（有限合伙）（简称“**珠海明骏**”）签署《股份转让协议》，约定珠海明骏受让格力集团持有的格力电器902,359,632股股份（占格力电器总股本的15%）。珠海明骏是高瓴资本和其他投资方参与本次收购交易的境内投资实体。君合作为高瓴资本及珠海明骏的律师，为珠海明骏和境内7家银行组成的银团进行的并购贷款交易提供了全程法律服务。

为完成本次收购交易，珠海明骏作为借款人从境内7家银行组成的银团获得了逾200亿元人民币的并购贷款融资。君合代表珠海明骏为完成本次并购贷款交易提供了全程法律服务。从项目初期珠海明骏参与本次收购竞标时，君合团队配合借款人设计交易

结构，并协助借款人起草、谈判和定稿了相关银行向借款人出具的贷款承诺函和融资条款书文本，为借款人获得银行贷款承诺函的支持，并成功竞标获得本次交易的收购资格提供了大力支持。

在本次交易的股权转让协议签约及项目交割阶段，君合团队配合借款人设计融资交易结构，并起草、谈判和定稿了本次并购贷款银团融资文件。尤其是在各家银行授信审批和提款阶段，根据不同银行的要求，君合团队同时多线作战，密切配合借款人协调落实了各家银行的授信审批条件和提款条件。通过在项目中作出的高效、严谨、准确的反馈，以及展现出的良好大局观和细节把控能力，君合成功协调各方完成了贷款融资文件的顺利签约及贷款的顺利发放，为本次收购项目的顺利交割提供了大力支持，得到了借款人及交易各方的一致好评。

（三）君合助力全球支付领域领先企业收购境内支付机构控股权

君合代表某全球支付领域领先企业，通过其全资子公司间接收购某境内支付公司的控股权。该交易已获得人民银行批准，并完成交割。

收购方是总部位于美国的全球知名第三方支付企业，在全球拥有 2.8 亿用户，支持 100 多种货币交易，业务覆盖了全球 200 多个国家和地区。君合作为收购方的中国法律顾问，对目标公司进行了全面的法律尽职调查，参与了本项目交易结构的设计、全套交易文件的审阅、修改及谈判，就收购方关注的重大疑难问题提供法律建议，并就各项政府审批 / 备案、资金支付安排、后续运营等各方面提供全面法律服务。

本项目的完成标志着国际支付巨头正式进入中国支付服务市场，这是自人民银行〔2018〕第 7 号公告放开外商投资支付机构准入限制以来，第一家外资支付机构进入中国境内市场的成功案例。君合项目组专业、高效、富有经验的法律服务工作获得了客户的高度认可和好评。

（四）君合代表境内外银团为由啟城投资、颢腾投资等组成的投资财团收购北京中关村鼎好电子大厦之融资项目提供法律服务

2019 年 3 月 28 日，啟城投资（Ascent Real Estate Investors）与颢腾投资（Sigma Delta Partners Investment）两家机构共同联合著名境外机构投资者斥资 13.4 亿美元，完成对位于北京市中关村核心区的地标性建筑鼎好电子大厦项目的收购。此次收购是迄今为止北京最大体量的商业地产外资收购项目之一。

啟城投资是由凯雷亚洲房地产基金团队创设的平台，专注于投资中国商办物业、物流房地产等；颢腾投资是一家综合型房地产投资管理公司，专注于收购、开发、运营中国房地产项目。

就此次收购，境内外银团合计提供了数十亿元人民币的融资。君合在本项目中担任境内银团和境外银团的中国法律顾问，就本次并购融资项目提过了包括文本起草、谈判、交割在内的全方面法律服务。

（五）特斯拉上海超级工厂人民币 35 亿元（或等值美元）前期项目银团融资

本次交易是由建设银行、农业银行、工商银行和浦发银行作为牵头安排行组成之银团向特斯拉（上海）有限公司以前期项目融资的方式提供总金额为人民币 35 亿元（或等值美元）的银团贷款。君合在本次交易中接受牵头安排行的委托，作为银团律师提供相关法律服务，仅在一周内代表银团完成了贷款协议的谈判工作、助力银团成功圆满完成对特斯拉上海超级工厂的前期项目融资。

特斯拉上海超级工厂项目是上海市政府大力支持和推进的项目，此次融资也是为了配合该超级工厂前期投资建设所需而提供的过桥性质的前期项目贷款，用于特斯拉超级工厂一期的建设。本次交易是典型的银团贷款项目，但难点在于：作为上海市政府大力推进的新能源汽车项目，特斯拉受到来自上海市政府的大力支持，因此，特斯拉在此次银团融资过程中占有非常强势的主导地位，其中就包括银团与特斯拉之间所签署的贷款条件书。该贷款条件书的条款是在君合未参与的情况下由银团和特斯拉签署的，其中相关条款与一般银团市场惯例存在非常大的出入。同时，该项目时间表十分紧急，法律文本必须在一周之内定稿并由美国特斯拉总部审核批准。有鉴于此，银团方在最后法律文本制作阶段特地聘请君合作为其法律顾问，希望君合能够代表银团在最后银团合同文本中尽力帮银团争取更有利的贷款条件。在这种极端条件下，君合团队在一个星期的有限时间内，通宵达旦地与特斯拉展开了激烈但充分的融资谈判，并最终为银团争取了到了比原先贷款条件书更为优惠的多项贷款条件，得到了银团的一致认可和高度赞赏。

（六）华域汽车人民币 50 亿元银团贷款融资

本次交易是由上海汽车集团财务有限责任公司、工商银行、交通银行和中信银行组成的银团向华域汽车系统股份有限公司及其下属企业提供综合用途银团贷款授信的融资交易。本次银团贷款授信额度为人民币 50 亿元，其中华域汽车系统股份有限公司享有人民币 35 亿元的信贷额度、共计五家下属企业作为首批子借款人共享 15 亿元的信贷额度。

本项目是国内较少见的母子银团结构贷款。母子银团结构中，由母公司本身获取高额授信，而公司下属企业在符合特定条件下则以子借款人的身份通过签署子银团协议的形式加入整个银团，以分享和使用母公司获取的授信额度，在下属企业无须该等额度时再向母公司归还该等额度并退出银团，可以实现整个集团公司合理化利用银行授信的目的。而且该结构具有资金管理模式便利，集团整体作为借入方与银行的议价能力强等优点。因汽车市场和行业发展变化较快，本项目的进程也需要随之加快，因此，项目发展节奏快、文本工作进度紧、现场谈判要求高，君合在本项目中代表银团，全程参与并主导了从交易结构设计、文本结构搭建、与借款人多轮谈判、协助签约等过程，为交易中的重点和难点提供了具有建设性的律师建议，深受银团方和借款人方的好评。

（七）上汽通用人民币 200 亿元开放式银团贷款融资

本次交易是由上海汽车集团财务有限责任公司作为牵头行、工商银行、中国银行、建设银行和交通银行作为联合牵头行组成之银团向上汽通用汽车有限公司提供人民币

200 亿元开放式银团贷款的备用银团融资。君合在本次交易中接受牵头行的委托，作为银团律师提供相关法律服务，具体包括：（1）起草、修订、定稿银团贷款文件；（2）确认首次提款先决条件；（3）出具法律意见书。

本次交易延续了以往上汽通用银团的待增安排，在 200 亿人民币银团额度之外设定了 50 亿元的待增额度，以满足上汽通用将来或有的融资需求。此外，在 LPR 机制完善改革的背景下，银团以及借款人最初审批的贷款利率是以央行基准利率为锚，突然转变为 LPR 为锚后各方均对如何以 LPR 定价以及 LPR 是否能反映实际成本表示了担忧和不确定性。君合团队创新的在融资文本中加入了价格调整机制并基于 LPR 机制完善了有关市场干扰事件等条款，为项目的推行提供了可行性方案，获得了客户的高度赞赏和认可。

（八）华联 Reits 境内外融资

本次交易是由星展银行新加坡分行和星展银行北京分行分别安排的境内外联动贷款，向 BHG REIT（作为境外借款人）及相关境内公司（作为境内借款人）分别发放新币 240,000,000 和人民币 302,000,000 的再融资贷款。

本次交易中的担保结构及对律师的协调管理工作都非常具有挑战性。首先，由于担保物涉及六个担保人在五个城市的多个物业，而各个城市的抵押登记要求均有所不同，所有文件都需单独准备，致使文件编制工作繁杂；其次，由于提款时间表紧急，各地担保登记工作都是最高优先级，致使多线条的协调工作必须同步开展；再者，由于本次交易属于再融资，为避免对银行权益产生空窗期，需要完成先设立二顺位抵押权再解除一顺位抵押权的特殊担保安排，而各地抵押以及两项登记的办理时长仍存在着巨大不确定性，导致工作节奏十分紧张。君合团队在本交易中通过专业的法律技能和丰富的实践经验，不时向境内外提供可行的多项法律建议，并通过突出的协调能力始终确保交易进程按照原定时间表稳步进行。在交易过程中，君合团队精心组织了境内外银行、境内外公司等各方就融资协议项下的法律问题尤其是有关抵押登记和文件处理方面进行了高效快捷的沟通，促成融资圆满完成，获得了各方的高度认可。

（九）秦淮数据银团融资

本次交易由星展银行和汇丰银行共同作为安排行，向秦淮数据集团位于山西省的子公司提供了人民币 564,000,000 元融资。本交易目的主要是为了秦淮数据集团位于山西省灵丘县的数据中心的建设与运营。君合作为银团中国法律师，就本次项目贷款提供了相关的法律服务，具体包括（1）参与融资结构的确定；（2）进行法律尽职调查并出具尽职调查报告；（3）审阅境外融资文件，起草、谈判并定稿中国法管辖的融资文件；（4）出具中国法律意见书；以及（5）就项目所涉及中国法监管问题提供支持。

本交易中担保结构较为复杂，其中就如何将数据中心运营主体从终端客户收取的服务费转移至借款人账户并受到贷款人的监管，君合提出了可行的担保结构，既满足数据中心运营的商业要求同时满足贷款人对于担保的要求。数据中心项目的建设、运营受到多方监管，本交易尽调阶段包含了对项目所涉多方面法律问题的研究和论证，君合以审慎的态度为客户顺利推进交易提供了全面细致的分析和意见，受到客户高度赞誉。同时，

由于本次交易的复杂性及行业影响，君合在数据中心融资领域进一步积累丰富经验，在这一领域融资方面进一步形成成熟的法律服务模式。

四、2019 年银行金融保险业务新法律法规清单

名称	发布时间	施行时间	发布单位
进一步放开外资进入金融行业			
中华人民共和国外商投资法	2019/3/15	2020/1/1	全国人大
中华人民共和国外商投资法实施条例	2019/12/26	2020/1/1	国务院
最高人民法院关于适用《中华人民共和国外商投资法》若干问题的解释	2019/12/26	2020/1/1	最高人民法院
台湾同胞投资保护法	2019/12/28	2020/1/1	全国人大常委会
中华人民共和国外资保险公司管理条例（2019 修正）	2019/9/30	2019/9/30	国务院
中华人民共和国外资保险公司管理条例实施细则（2019 修订）	2019/11/29	2019/11/29	中国银行保险监督管理委员会
中华人民共和国外资银行管理条例（2019 修正）	2019/9/30	2019/9/30	国务院
中华人民共和国外资银行管理条例实施细则（2019 修订）	2019/12/18	2019/12/18	中国银行保险监督管理委员会
关于进一步便利境外机构投资者投资银行间债券市场有关事项的通知	2019/9/30	2019/11/15	中国人民银行、国家外汇管理局
关于进一步扩大金融业对外开放的有关举措	2019/7/20	2019/7/20	国务院金融稳定发展委员会办公室
LPR 的实行及后续影响			
中国人民银行公告〔2019〕第 15 号—改革完善贷款市场报价利率（LPR）形成机制的公告	2019/8/16	2019/8/16	中国人民银行
中国人民银行公告〔2019〕第 16 号—新发放商业性个人住房贷款利率公告	2019/8/25	2019/8/25	中国人民银行
中国人民银行公告〔2019〕第 30 号——关于存量浮动利率贷款的定价基准转换为 LPR 的公告	2019/12/28	2019/12/28	中国人民银行
最高人民法院关于印发《全国法院民商事审判工作会议纪要》的通知（三）关于借款合同	2019/11/8	2019/11/8	最高人民法院
各地（尤其自贸区）外债政策			
国家发展改革委办公厅关于对地方国有企业发行外债申请备案登记有关要求的通知	2019/6/6	2019/6/6	国家发展和改革委员会
国家发展改革委办公厅关于对房地产企业发行外债申请备案登记有关要求的通知	2019/7/9	2019/7/9	国家发展和改革委员会

续表

名称	发布时间	施行时间	发布单位
国务院关于印发 6 个新设自由贸易试验区总体方案的通知	2019/8/2	2019/8/2	国务院
福建省台资企业资本项目管理便利化试点实施细则	2019/9/4	2019/9/4	国家外汇管理局福建省分局
推进中国（海南）自由贸易试验区外汇管理改革试点实施细则	2019/7/25	2019/7/25	国家外管局海南省分局
国家外汇管理局河南省分局关于进一步在中国（河南）自由贸易试验区试点开展外汇创新业务的通知	2019/7/19	2019/7/19	国家外管局河南省分局
国家外汇管理局重庆外汇管理部关于在中国（重庆）自由贸易试验区开展外汇创新业务的通知	2019/7/15	2019/7/15	国家外汇管理局重庆外汇管理部
进一步推进中国（福建）自由贸易试验区厦门片区外汇管理改革试点实施细则	2019/7/15	2019/7/15	国家外汇管理局厦门市分局
国家外汇管理局四川省分局关于在中国（四川）自由贸易试验区开展外汇创新业务的通知	2019/7/12	2019/7/12	国家外汇管理四川省分局
进一步推进中国（上海）自由贸易试验区外汇管理改革试点实施细则（4.0 版）	2019/7/10	2019/7/10	国家外管局上海市分局
进一步推进中国（天津）自由贸易试验区外汇管理改革试点实施细则	2019/7/10	2019/7/10	国家外管局天津市分局
国家外汇管理局浙江省分局关于在中国（浙江）自由贸易试验区内开展相关外汇创新业务的通知	2019/7/8	2019/7/8	国家外汇管理局浙江省分局
国家外汇管理局陕西省分局关于在中国（陕西）自由贸易试验区开展外汇业务创新的通知	2019/7/3	2019/7/3	国家外汇管理局陕西省分局
深入推进中国（福建）自由贸易试验区外汇管理改革试点实施细则	2019/7/2	2019/7/2	国家外汇管理局福建省分局
国家外汇管理局湖北省分局关于在中国（湖北）自由贸易试验区开展外汇创新业务的通知	2019/7/2	2019/7/2	国家外管局湖北省分局
中国（广东）自由贸易试验区广州南沙新区、珠海横琴新区片区外汇管理改革试点实施细则	2019/7/1	2019/7/1	国家外管局广东省分局
跨境信贷资产、不良资产转让			
中国银保监会关于推动银行业和保险业高质量发展的指导意见	2019/12/30	2019/12/30	中国银行保险监督管理委员会
国家外汇管理局关于进一步促进跨境贸易投资便利化的通知	2019/10/23	2019/10/23	国家外汇管理局
中国银保监会办公厅关于加强地方资产管理公司监督管理工作的通知	2019/7/5	2019/7/5	中国银行保险监督管理委员会

续表

名称	发布时间	施行时间	发布单位
第三方支付行业（以外资进入第三方支付行业为例）			
支付机构外汇业务管理办法	2019/4/29	2019/4/29	国家外汇管理局
互联网金融进一步整治（以 P2P 为例）			
关于加强 P2P 网贷领域征信体系建设的通知	2019/9/4	2019/9/4	互联网金融风险专项整治工作领导小组、网贷风险专项整治工作领导小组
关于进一步加强网络借贷资金存管工作的通知	2019/9/25	2019/9/25	中国互联网金融协会、P2P 网络借贷风险专项整治工作领导小组办公室
关于做好网贷机构分类处置和风险防范工作的意见	2018/12/19	2018/12/19	互联网金融风险专项整治工作领导小组办公室、P2P 网贷风险专项整治工作领导小组办公室
最高人民法院关于印发《全国法院民商事审判工作会议纪要》的通知（86. 场外配资合同的效力）	2019/11/8	2019/11/8	最高人民法院
其他金融领域			
互联网金融			
区块链信息服务管理规定	2019/1/11	2019/2/15	国家互联网信息办公室
互联网金融从业机构反洗钱和反恐怖融资管理办法（试行）	2018/9/29	2019/1/1	中国人民银行、银保监会、中国证券监督管理委员会
中国互联网金融协会关于互联网金融从业机构接入互联网金融反洗钱和反恐怖融资网络监测平台的公告	2019/1/11	2019/1/11	中国互联网金融协会
资本市场监管			
中华人民共和国证券法	2019/12/28	2020/3/1	全国人大常委会
证券公司股权管理规定	2019/7/5	2019/7/5	中国证券监督管理委员会
关于实施《证券公司股权管理规定》有关问题的规定	2019/7/5	2019/7/5	中国证券监督管理委员会
最高人民法院、最高人民检察院关于办理操纵证券、期货市场刑事案件适用法律若干问题的解释	2019/6/27	2019/7/1	最高人民法院、最高人民检察院
关于开展到期违约债券转让业务的公告	2019/12/30	2020/2/1	中国人民银行

续表

名称	发布时间	施行时间	发布单位
境外证券期货交易所驻华代表机构管理办法	2019/7/25	2019/7/25	中国证券监督管理委员会
期货公司监督管理办法	2019/6/4	2019/6/4	中国证券监督管理委员会
科创板首次公开发行股票注册管理办法（试行）	2019/3/1	2019/3/1	中国证券监督管理委员会
科创板上市公司证券发行注册管理办法（试行）（征求意见稿）	2019/11/8	未施行	中国证券监督管理委员会
科创板上市公司持续监管办法（试行）	2019/3/1	2019/3/1	中国证券监督管理委员会
合格境外机构投资者及人民币合格境外机构投资者境内证券期货投资管理办法（征求意见稿）	2019/1/31	未施行	中国证券监督管理委员会
合格境外机构投资者及人民币合格境外机构投资者境内证券投资登记结算业务实施细则（征求意见稿）	2019/9/6	未施行	中国证券登记结算有限责任公司
期货交易所管理办法（征求意见稿）	2020/11/15	未施行	中国证券监督管理委员会
公开募集证券投资基金信息披露管理办法	2019/7/26	2019/9/1	中国证券监督管理委员会
金融科技			
金融科技（FinTech）发展规划（2019-2021 年）	2019/8/22	2019/8/22	中国人民银行
融资担保			
关于印发《融资担保公司监督管理补充规定》的通知	2019/10/9	2019/10/9	中国银保监会、发展改革委、工业和信息化部等
中央结算公司担保品违约处置业务指引（试行）	2019/6/16	2019/6/16	中央国债登记结算有限责任公司
全国银行间同业拆借中心、中央国债登记结算有限责任公司、银行间市场清算所股份有限公司关于延长境外机构投资者债券交易结算周期的联合通知	2019/8/23	2019/8/23	全国银行间同业拆借中心、中央国债登记结算有限责任公司、银行间市场清算所股份有限公司
境外非金融企业债务融资工具业务指引（试行）	2019/1/17	2019/1/17	中国银行间市场交易商协会
外汇管理			
最高人民法院、最高人民检察院关于办理非法从事资金支付结算业务、非法买卖外汇刑事案件适用法律若干问题的解释	2019/1/31	2019/2/1	最高人民法院、最高人民检察院

续表

名称	发布时间	施行时间	发布单位
境外机构投资者境内证券投资资金管理规定（征求意见稿）	2019/12/13	未施行	中国人民银行、国家外汇管理局
跨国公司跨境资金集中运营管理规定	2019/3/15	2019/3/15	国家外汇管理局
金融服务			
关于2019年进一步提升小微企业金融服务质效的通知	2019/3/4	2019/3/4	中国银保监会办公厅
银行业与保险业			
关于进一步规范商业银行结构性存款业务的通知	2019/10/18	2019/10/18	中国银行保险监督管理委员会
中国银保监会有关部门负责人就《关于进一步规范商业银行结构性存款业务的通知》答记者问	2019/10/18	2019/10/18	中国银行保险监督管理委员会
中国人民银行令〔2019〕第1号（中国人民银行关于取消企业银行账户许可有关事宜的决定）	2019/4/8	2019/4/8	中国人民银行
中国人民银行令〔2019〕第4号（应收账款质押登记办法）	2019/11/29	2019/11/29	中国人民银行
中国人民银行、国家发展和改革委员会、财政部、中国证券监督管理委员会令〔2019〕第5号（信用评级业管理暂行办法）	2019/11/29	2019/11/29	中国人民银行
银行保险机构公司治理监管评估办法（试行）	2019/11/25	2019/11/25	中国银行保险监督管理委员会
中国银保监会外资银行行政许可事项实施办法	2019/12/26	2019/12/26	中国银行保险监督管理委员会
银行业金融机构反洗钱和反恐怖融资管理办法	2019/2/21	2019/2/21	中国银行保险监督管理委员会
关于进一步做好银行业保险业反洗钱和反恐怖融资工作的通知	2019/12/30	2019/12/30	中国银行保险监督管理委员会
健康保险管理办法	2019/10/31	2019/12/1	中国银行保险监督管理委员会
中国银保监会办公厅关于落实《健康保险管理办法》做好产品过渡有关问题的通知	2019/12/3	2019/12/3	中国银行保险监督管理委员会
商业银行理财子公司净资本管理办法（试行）	2019/11/29	2020/3/1	中国银行保险监督管理委员会
商业银行股权托管办法	2019/7/12	2019/7/12	中国银行保险监督管理委员会

续表

名称	发布时间	施行时间	发布单位
消费者保护			
中国人民银行金融消费者权益保护实施办法（征求意见稿）	2019/12/27	未施行	中国人民银行
个人金融信息（数据）保护试行办法（初稿）	未发布	未施行	中国人民银行
关于进一步规范金融营销宣传行为的通知	2019/12/20	2019/12/20	中国人民银行，中国银行保险监督管理委员会，中国证券监督管理委员会，国家外汇管理局
司法解释与审判指南			
最高人民法院关于印发《全国法院民商事审判工作会议纪要》的通知	2019/11/8	2019/11/8	最高人民法院
最高人民法院、最高人民检察院关于办理非法从事资金支付结算业务、非法买卖外汇刑事案件适用法律若干问题的解释	2019/1/31	2019/2/1	最高人民法院、最高人民检察院
最高人民法院、最高人民检察院关于办理操纵证券、期货市场刑事案件适用法律若干问题的解释	2019/6/27	2019/7/1	最高人民法院、最高人民检察院
最高人民法院、最高人民检察院关于办理利用未公开信息交易件适用法律若干问题的解释	2019/6/27	2019/7/1	最高人民法院、最高人民检察院
最高人民法院关于适用《中华人民共和国外商投资法》若干问题的解释	2019/12/16	2020/1/1	最高人民法院
最高人民法院、最高人民检察院、公安部、司法部关于办理非法放贷刑事案件若干问题的意见	2019/7/23	2019/7/23	最高人民法院、最高人民检察院、公安部、司法部
最高人民法院、最高人民检察院、公安部、司法部关于办理“套路贷”刑事案件若干问题的意见	2019/4/9	2019/4/9	最高人民法院、最高人民检察院、公安部、司法部
最高人民法院、最高人民检察院、公安部关于办理非法集资刑事案件若干问题的意见	2019/1/30	2019/1/30	最高人民法院、最高人民检察院、公安部
关于发挥商会调解优势 推进民营经济领域纠纷多元化解机制建设的意见	2019/1/14	2019/1/14	最高人民法院、全国工商联

致　谢

本年度研究报告由君合上海办公室金融组合伙人周辉律师、陆居轶律师牵头，由袁屹峰律师负责统筹协调并组织撰写，以及马耀蕾、卜颖文、赵羚、罗滨彬、赵懿、谭羿操参与编写，在此一并致谢。

2019 年
君合业务研究报告

保险业务
年度报告

君合律师事务所公司组

一、新法规则要

（一）外资准入重要立法则要

1.《中华人民共和国外资保险公司管理条例》

为进一步扩大金融业对外开放，国务院于2019年9月30日发布了《国务院关于修改〈中华人民共和国外资保险公司管理条例〉和〈中华人民共和国外资银行管理条例〉的决定》，自发布之日起生效。

（1）修法背景

2018年4月11日，中国人民银行行长易纲在博鳌亚洲论坛表示，即将在保险行业采取若干对外开放措施，其中包括了：人身险公司的外资持股比例上限放宽至51%，3年后不再设限；全面取消外资保险公司设立前需开设两年代表处要求。

2018年4月27日，银保监会发布《银保监会加快落实银行业和保险业对外开放举措》，明确将推动外资投资便利化，将外资人身险公司外方股比放宽至51%，3年后不再设限。

2019年5月1日，银保监会主席郭树清表示，就银行业保险业扩大对外开放，近期拟推出12条对外开放新措施，其中包括：允许境外金融机构入股在华外资保险公司；取消外国保险经纪公司在华经营保险经纪业务需满足30年经营年限、总资产不少于2亿美元的要求；允许外国保险集团公司投资设立保险类机构；允许境内外资保险集团公司参照中资保险集团公司资质要求发起设立保险类机构。

2019年7月20日，国务院金融稳定发展委员会办公室发布《关于进一步扩大金融业对外开放的有关举措》，推出了11条金融业对外开放措施，其中包括：人身险外资股比限制从51%提高至100%的过渡期，由原定2021年提前到2020年；取消境内保险公司合计持有保险资产管理公司的股份不得低于75%的规定，允许境外投资者持有股份超过25%；放宽外资保险公司准入条件，取消30年经营年限要求。

（2）主要修改内容

《中华人民共和国外资保险公司管理条例》的修改主要包括"一放宽一取消两允许"，详言之：（i）放宽了外资保险公司准入条件；（ii）对申请设立外资保险公司的外国保险公司，取消了"经营保险业务30年以上"和"在中国境内已经设立代表机构2年以上"的条件；（iii）允许外国保险集团公司在中国境内设立外资保险公司，具体管理办法由国务院保险监督管理机构依照本条例的原则制定；（iv）允许境外金融机构入股外资保险公

司，具体管理办法由国务院保险监督管理机构制定。

本次修改降低了外资进入中国保险业市场的限制门槛，鼓励更多有经营特色和专长的保险机构进入中国市场，进一步丰富外资保险公司的股东类型，为促进中国保险业市场深度对外开放、促进中国保险业融入全球市场奠定基础。

2.《中华人民共和国外资保险公司管理条例实施细则》

为贯彻党中央、国务院关于保险业进一步扩大开放的决策部署，落实新修改的《中华人民共和国外资保险公司管理条例》，银保监会于 2019 年 11 月 29 日修订发布了《中华人民共和国外资保险公司管理条例实施细则》（以下简称“**《实施细则》**”），自颁布之日起生效。修订后的《实施细则》主要落实了《中华人民共和国外资保险公司管理条例》的对外开放举措、进一步规范了外资保险公司的股权管理，并进一步统一了中外保险公司的监管规则：

（1）落实对外开放举措

其一，落实关于放宽外资人身险公司外方股比限制的开放举措。《实施细则》第三条相关规定修改为“外国保险公司与中国的公司、企业合资在中国境内设立经营人身保险业务的合资保险公司，其中外资比例不得超过公司总股本的 51%”并增加“中国银行保险监督管理委员会另有规定的，适用其规定”，为 2020 年适时全面取消外方股比限制预留制度空间。

其二，落实关于放宽外资保险公司准入条件的开放举措，包括在全国范围内取消外资保险机构设立前需开设 2 年代表处的要求以及取消 30 年经营年限要求，不再对“经营年限 30 年”“代表机构”等相关事项作出规定。

（2）进一步规范外资保险公司的股权管理

为进一步规范外资保险公司股权管理，《实施细则》要求外资保险公司至少有 1 家经营正常的保险公司作为主要股东。《实施细则》规定主要股东应当承诺自取得股权之日起五年内不转让所持有的股权，并在外资保险公司章程中载明。外资保险公司主要股东拟减持股权或者退出中国市场的，应履行股东义务，保证保险公司偿付能力符合监管要求。上述制度安排有利于进一步完善外资保险公司股权管理方面的监管制度，优化外资保险公司治理机构，保障外资保险公司持续稳健运行。

（3）进一步统一中外保险公司的监管规则

一是在分支机构管理方面，《实施细则》删除了关于外资保险公司分支机构管理的部分原有条款。外资保险公司分支机构的设立和管理方面与中资保险公司均适用《保险公司分支机构市场准入管理办法》等相关规定，确保在统一规则下开展合作与竞争。

二是在中国申请人的资格管理方面，明确设立合资保险公司的中国申请人的条件和管理统一适用《保险公司股权管理办法》，确保相关监管规定的协调统一。

3.《中国银保监会办公厅关于明确取消合资寿险公司外资股比限制时点的通知》

《关于进一步扩大金融业对外开放的有关举措》将人身险外资股比限制从 51% 提高至 100% 的过渡期提前至 2020 年。《实施细则》虽仍规定经营人身保险业务的合资保险公司中外资比例不得超过公司总股本的 51%，但同时也留下敞口，规定银保监会另有规定的，适用其规定。

2019年12月6日，银保监会发布《中国银保监会办公厅关于明确取消合资寿险公司外资股比限制时点的通知》，自2020年1月1日生效。通知指出，自2020年1月1日起，正式取消经营人身保险业务的合资保险公司的外资比例限制，合资寿险公司的外资比例可达100%。

4．中美经贸协议下中国关于保险业对外开放的承诺

2020年1月15日，中美双方在美国华盛顿签署《中华人民共和国政府和美利坚合众国政府经济贸易协议》，中国在保险服务方面作出如下承诺：

（1）中国不迟于2020年4月1日，应取消寿险、养老保险和健康保险领域的外资股比限制，并且允许美国独资保险公司进入上述领域。中国确认不对在中国境内设立的美资保险公司在华全资拥有保险资产管理公司设置限制。

（2）中国不迟于2020年4月1日，应取消对所有保险领域（包括保险中介）的经营范围限制、歧视性监管流程和要求，以及过于繁重的许可和经营要求，并应及时审核和批准美国金融服务提供者提交的任何保险服务牌照申请。根据上述承诺，中国确认已取消关于新设立外资保险公司30年保险业务经营资历的要求。

（二）保险资金运用监管重要立法则要

1．银保监会办公厅关于保险资金投资集合资金信托有关事项的通知

中国银行保险监督管理委员会（简称“**银保监会**”）办公厅于2019年6月19日发布《中国银保监会办公厅关于保险资金投资集合资金信托有关事项的通知》（银保监办发〔2019〕144号，以下简称“**144号文**”），自发布之日起实施，原《中国保险监督管理委员会关于保险资金投资集合资金信托计划有关事项的通知》（保监发〔2014〕38号，以下简称“**38号文**”）同时废止。

144号文对保险资金投资集合资金信托业务中信托公司资格、基础资产、外部评级、信用增信、禁止通道、嵌套结构、集中度限制等相关合规要求进行了统一规范及更新，以进一步规范保险资金投资行为，切实防范资金运用风险，在《中国保险监督管理委员会关于保险资金投资有关金融产品的通知》（保监发〔2012〕91号，以下简称“**91号文**”）和38号文的基础上，对保险资金投资集合资金信托计划进行进一步规范。同时，144号文规定，为维护市场稳定，保险机构投资集合资金信托实行“新老划断”，确保平稳过渡；保险机构投资分期发行产品的，可以继续投资予以衔接，但新增投资的集合资金信托应按照144号文执行。

相较于91号文和38号文，144号文针对保险资金投资集合资金信托计划的主要监管变化如下：

（1）放宽信托公司资格要求

144号文第三条放宽了对信托公司的资格要求，将38号文要求的“近三年公司及高级管理人员未发生重大刑事案件且未受监管机构行政处罚”放宽为“近一年公司及高级管理人员未发生重大刑事案件，未受监管机构重大行政处罚”，其中包含两重变化：一为年限由“三年”缩短为“一年”，二为行政处罚的标准由“行政处罚”降低为“重大行政处罚”。

（2）调整基础资产范围

144号文第四条将基础资产范围从38号文规定的“融资类资产和风险可控的非上市权益类资产”调整为“非标准化债权资产、非上市权益类资产以及银保监会认可的其他资产”。

（3）增加融资主体对资金用途的承诺义务

144号文第四条明确要求融资主体须承诺资金不用于国家及监管部门明令禁止的行业或产业，因此，如果信托计划资金涉及保险资金的，信托公司应要求融资主体在交易文件或其他法律文件中就此作出明确书面承诺。

（4）信托计划外部信用评级等级要求提高

144号文第五条对集合资金信托计划外部信用评级等级的要求由38号文及91号文的“A级或者相当于A级的信用级别”提高为“AA级或者相当于AA级的信用级别”。

（5）调整信用增级安排要求并增加免增信条件

91号文第八条规定保险资金投资的金融产品（包括集合资金信托计划）应“信用增级安排确凿”，但38号文无明文要求信用增加安排，在144号文发布之前存在保险资金已成功投资的信托计划产品不设置信用增级安排的情况，且已完成报告/备案手续。但144号文此次借鉴了债权投资计划对信用增级安排的要求，在第六条就保险资金投资的信托计划的信用增级安排要求进行了明确：原则上要求有效的信用增级安排并分别就保证担保、抵押/质押担保等设置了相应的条件，同时明确在符合一定条件下可免增信，即融资主体信用等级为AAA级且符合下列条件之一的，可免于信用增级：（i）上年末净资产不低于150亿元；（ii）最近三年连续盈利；（iii）融资主体募投项目为经国务院或国务院投资主管部门核准的重大工程。

（6）强化信托公司主动管理职责

144号文第八条进一步强调了保险资金投资集合资金信托计划的，禁止将资金信托作为通道，资金信托应当由信托公司自主管理，明确信托公司应承担产品设计、项目筛选、尽职调查、投资决策、实施及后续管理等主动管理责任；明确信托公司管理资金信托聘请第三方提供投资顾问服务的，应当遵守银保监会的有关规定，不得将主动管理责任让渡给投资顾问等第三方机构，不得为保险资金提供通道服务。

（7）禁止保险资金投资结构化集合资金信托计划的劣后级受益权

38号文规定保险机构投资结构化集合资金信托计划的劣后级受益权的，应当于投资后15个工作日内向中国保监会报告，但此次144号文第九条已明确禁止保险资金投资结构化集合资金信托的劣后级受益权。

（8）调整集中度比例限制

关于保险资金投资集合资金信托计划的集中度比例限制，91号文的规定为“保险公司投资集合资金信托计划的账面余额，不高于该产品发行规模的20%，保险集团（控股）公司及其保险子公司，投资单一有关金融产品的账面余额，合计不高于该产品发行规模的60%，保险公司及其投资控股的保险机构比照执行。”而144号文第十条则规定为“除信用等级为AAA级的集合资金信托外，保险集团（控股）公司或保险公司投资同一集合资金信托的投资金额，不得高于该产品实收信托规模的50%，保险集团（控股）公司、保险公司及其关联方投资同一集合资金信托的投资金额，合计不得高于该产品实收信托规模的 80%。”

（9）新增信托公司关于加强投资者适当性管理的要求

144 号文第十三条新增信托公司关于加强投资者适当性管理的要求，规定“集合资金信托有个人投资者参与的，信托公司应加强投资者适当性管理，确保其符合合格投资者标准，坚持产品风险等级与投资者风险承受能力相匹配的原则，严禁误导投资者购买风险等级高于其风险承受能力等级的资金信托”。

（10）将信托公司列为信息报送主体

相较于 38 号文仅将保险机构作为信息报送主体，144 号文第十四条明确保险机构和信托公司均为信息报送主体，并确定对于未及时、准确、完整报送信息的，将责令限期改正，逾期不改正的依法予以行政处罚。

2. 关于资产支持计划注册有关事项的通知

银保监会于 2019 年 6 月 17 日发布《关于资产支持计划注册有关事项的通知》(以下简称“**《注册通知》**”)，自发布之日起实施。该通知为进一步落实国务院“放管服”工作部署，推动资产支持计划业务发展，提高监管效率和透明程度，对资产支持计划注册流程进行了调整。与 2015 年 8 月 25 日的《资产支持计划业务管理暂行办法》(保监发〔2015〕85 号)（以下简称“**《暂行办法》**”）第四章相比，该办法对资产支持计划注册流程的调整主要体现在：

（1）后续产品发行流程

根据《暂行办法》，初次申报的资产支持计划需进行合规性、程序性审核，同类产品事后报告。根据《注册通知》，初次申报的资产支持计划需进行合规性、程序性审核，后续产品实行注册。对于《暂行办法》施行后已设立支持计划的保险资产管理机构，视为已履行初次申报核准程序，后续发行的支持计划可直接申请注册。

（2）权力下放

对于后续产品的发行，审查主体由原先的银保监会下放至中保保险资产登记交易系统有限公司。

（3）配套规定：中保保险资产登记交易系统有限公司资产支持计划注册办法（试行）

中保保险资产登记交易系统有限公司（以下简称“**中保登**”）于 2019 年 7 月发布了《资产支持计划注册办法》(以下简称“**《注册办法》**”)，作为对《关于资产支持计划注册有关事项的通知》的回应，对资产支持计划的注册要求、注册流程、注册申请材料等进行了细化。

第一，对注册申报文件进行了详细规定。根据《注册办法》，保险资产管理机构通过中保登系统提交电子材料，并于提交后 1 个工作日内报送书面注册材料。注册材料包括申请报告、基本信息表、保险资产管理机构内部决策文件、承诺书、交易文件、尽职调查报告、中介机构出具的法律意见书、原始权益人相关的章程、内部决策文件、审计报告等。

第二，为了控制资产支持计划的资金风险，《注册办法》对各项注册材料中的内容进行了细致的要求，并要求保险资产管理机构在申报前进行自查，以满足资产支持计划的

合规要求。保险资产管理机构需对合规情况进行自查并填写《合规填报表》，其内容包括基础资产、交易结构、发行安排、存续期管理安排、风险控制、信息披露等。其中，存续期管理安排（如持续管理安排、清算安排）、风险控制（如再投资管理、循环购买、禁止利益冲突）等是《暂行办法》下银保监会未明确表示关注的内容，但在中保登注册时收到了重视。

第三，明确了中保登的审核时限和审核流程。包括：中保登应于收到书面注册材料后2个工作日内决定是否受理，查验工作中实行双人负责制，需要补充材料的于10个工作日内向保险资产管理机构说明并于5个工作日内反馈意见。对于符合要求的资产支持计划，中保登于收到注册材料之日起15个工作日内完成注册。

第四，明确资产支持计划存续期内的信息披露要求。包括，按照交易文件约定定期通过中保登系统披露管理报告、发生重大事件的自知道或应当知道之日起3个工作日内通过中保登系统披露相关信息。

3.《关于发布〈债权投资计划注册系列问题与解答〉的通知》

中国保险资产管理业协会创新发展部于2019年3月13日发布了《关于发布〈债权投资计划注册系列问题与解答〉的通知》(以下简称"**《保债问题解答通知》**")，该通知的主要内容为对涉及基础设施/不动产债权投资计划注册中的项目总投资金额的认定、B类增信的计算标准、资金监管协议、重大工程的认定、财务情况信息披露等问题进行了解释和说明。

《保债问题解答通知》明确其是根据债权投资计划注册中普遍存在的问题整理，并将在债权投资计划注册系统中定期发布更新；并且该通知规定其是对债权投资计划注册中存在问题的归纳与总结，不代表对各项监管规定的解释，各项监管规定的解释和修订权由银保监会所有。

《保债问题解答通知》是基础设施/不动产债权投资计划注册的重要参考文件，需予以关注。

（三）保险中介监管重要立法则要

1. 关于印发2019年保险中介市场乱象整治工作方案的通知

银保监会于2019年4月2日发布《中国银保监会办公厅关于印发2019年保险中介市场乱象整治工作方案的通知》，自发布之日起实施。为进一步遏制保险中介市场违法违规行为，该通知制定的乱象整治工作方案主要包含三项重点任务：一是压实保险公司对各类中介渠道的管控责任；二是认真排查保险中介机构业务合规性；三是强化整治与保险机构合作的第三方网络平台的保险业务。整治对象覆盖保险公司、保险专业中介机构、保险兼业代理机构及与保险机构合作的第三方网络平台。

（1）保险公司的中介渠道管控责任

该通知要求保险公司落实管控中介渠道，尤其应关注是否存在以虚构中介费用、虚假列支等方式套取费用的现象，以及是否通过虚构保险合同、保险事故等方式进行虚假理赔。该通知同时强调，保险公司需关注其自身是否销售未经批准的非保险金融产品或委托未取得合法资格的机构或未进行执业登记的个人进行保险销售活动。

此外，该通知要求保险公司自查是否唆使其中介渠道对投保人、被保险人或受益人进行误导，是否利用中介渠道业务为其他机构或个人谋取不正当利益，是否通过中介渠道给予投保人、被保险人或受益人保险合同之外的利益，以及是否利用中介渠道截留、侵占保费。

（2）保险中介机构的内控管理

该通知要求保险中介机构加强内控管理，并整治虚构中介业务协助保险公司套取费用、销售未经批准的非保险金融产品、给予投保人、被保险人或受益人保险合同约定以外的利益、未按规定对执业人员进行登记、误导投保人保险合同收益或向保险公司索要额外利益等乱象。

（3）规范与第三方网络平台的业务合作

该通知要求保险公司和保险中介机构遵守2015年7月22日颁布的《互联网保险业务监管暂行办法》，规范与第三方网络平台的合作，严禁不具有保险资质的第三方网络平台从事或变相从事任何保险业务。尤其，该通知明确第三方网络平台提供的服务仅能局限于保险产品展示和网络链接跳转，不得从事任何相关于销售、承保、理赔、退保等环节的业务。

此外，该通知要求保险机构清查与理财、P2P、融资租赁等互联网金融第三方平台的合作；履行对第三方平台的监管主体责任；第三方平台的客户投保页面应为保险机构所有并承担责任，不得代收保费和转支付；第三方平台应在显著位置披露合作保险机构的信息并提示保险业务由保险机构提供；第三方平台不得限制保险机构如实、完整、及时地取得用户信息。

2. 关于加强保险公司中介渠道业务管理的通知

银保监会于2019年2月26日发布《中国银保监会办公厅关于加强保险公司中介渠道业务管理的通知》，自发布之日起实施。该通知核心原则在于明确保险公司中介渠道管理必须做到管理责任到人、管理制度到位、信息系统健全，建立内部合规审计监督，强化保险公司对中介渠道合作主体的业务合规管理责任。对保险公司而言，该通知对其中介渠道业务管理制度提出更高和明确的要求。具体而言，该通知从下述四方面提出要求：

（1）保险公司应建立权责明晰的中介渠道业务管理制度体系

通知要求保险公司加强中介渠道业务管理，设立专门的管理条线和专岗，建立完善的中介渠道管理制度和审计制度，并应具备信息化的管理手段，完整、准确地覆盖中介渠道业务全流程。

（2）保险公司应加强对合作中介渠道主体的管理

通知要求保险公司与合作中介渠道主体在委托合同中约定相关责任，落实对中介渠道业务合规性的管控责任，及时要求中介渠道业务主体纠正违法违规行为，为中介渠道业务主体建立管理档案。同时，保险公司应加强中介渠道的保单管理和客户真实信息管理，进行资质审核。委托保险公估机构开展业务的，应当完善查勘理赔流程和档案管理；与第三方网络平台开展合作的，应由总公司统一管理第三方平台接入和签约。如果保险公司发现合作中介渠道存在严重违规行为的，应当及时向银保监机构报告。

（3）保险公司不得利用中介渠道主体开展违法违规活动

通知明确保险公司不得利用中介渠道进行违法活动，包括唆使中介误导投保人、被保险人和受益人，利用中介虚挂保费或进行各种虚假列支，利用中介渠道为其他机构或个人牟取不正当利益，通过中介渠道给予投保人、被保险人或受益人保险合同之外的利益，串通中介渠道侵吞、截留保费、进行虚假理赔，以及委托不符合资质的机构或个人从事保险销售活动，或编造虚假的中介渠道业务等。

（4）保险公司应完善中介渠道业务合规监督

通知进一步要求保险公司完善对中介渠道业务的合规监督。保险公司总部需在每季度结束后15日内向银保监会报送中介渠道业务报告及数据表格电子版；每年3月1日前向银保监会报送上一年度中介渠道业务合规情况内部审计报告，报告应包括保险中介渠道业务情况、风险评估情况、合规审计情况、违法违规问题处罚与整改情况以及公司认为其他应该报告的事项。保险公司省级分公司也应相应向当地银保监局报送合规情况内部审计报告。

（四）保险业务及合规管理重要立法则要

1.《中国银保监会关于印发保险公司关联交易管理办法的通知》

银保监会于2019年8月25日发布了《中国银保监会关于印发保险公司关联交易管理理办法的通知》(银保监发〔2019〕35号）(以下简称“**35号文**”)。

（1）关于关联交易的现行有效规定

自35号文施行之日起,《保险公司关联交易管理暂行办法》(保监发〔2007〕24号)、《关于执行〈保险公司关联交易管理暂行办法〉有关问题的通知》(保监发〔2008〕88号)、《中国保监会关于进一步规范保险公司关联交易有关问题的通知》(保监发〔2015〕36号)、《中国保监会关于进一步加强保险公司关联交易信息披露工作有关问题的通知》(保监发〔2016〕52号)、《关于进一步加强保险公司关联交易管理有关事项的通知》(保监发〔2017〕52号）同时废止。目前与关联交易有关的现行有效规定包括：35号文、原中国保险监督管理委员会关于印发《保险公司资金运用信息披露准则第1号：关联交易》的通知（保监发〔2014〕44号）以及《中国保监会关于加强保险公司再保险关联交易信息披露工作的通知》(保监发〔2015〕44号)。

（2）修订背景

根据银保监会答记者问，近年来，通过违规关联交易进行利益输送问题已成为行业乱象之一，个别保险公司通过设立非金融子公司或者层层嵌套的金融产品，向关联方输送利益，把保险公司当成“提款机”，引发重大风险，引起社会高度关注。十余年前制定的《保险公司关联交易管理暂行办法》已经不能适应防风险和强监管的需要。一是监管制度不完善，存在监管空白。例如，原有规定未明确保险公司对子公司的关联交易管理职责，导致部分实际控制人以保险公司子公司作为“资金中转站”，绕道获取保险资金，规避关联交易审查。二是关联交易形式多样，原有规定缺乏穿透监管内容和手段，存在监管盲区，难以满足关联交易认定的需要。三是制度较为零散，未形成统一全面的制度体系，不利于操作执行。为加强关联交易监管，银保监会制定并发布了35号文。

（3）主要修订内容

a）完善关联方管理

要求董事会关联交易控制委员会负责关联方的识别和维护，定期更新关联方信息档案，董事、监事和高级管理人员以及其他关联方要及时向保险公司报告其关联方情况，同时要求保险公司根据实质重于形式的原则，对可能导致利益倾斜的关联方进行认定。

b）加强关联交易内控体系

在管理机制方面，要求保险公司在董事会和经营层建立关联交易控制委员会和办公室，分别负责关联交易的全面管理和日常管理。增加保险机构的主动管理责任，要求保险公司进一步优化管理流程，明确责任归属，实现管控流程全程可追溯。明确内部问责的发起和审批流程，规定保险公司的相关主体可以对违规关联交易提出问责建议，监管部门也可以责令保险公司对相关责任人予以问责。

c）强化关联交易外部监督

完善监管审查措施，监管部门可视情况求保险公司及其关联方补充提供有关材料，或对其提出公开质询。35 号文同时加强了社会监督，提高关联交易信息披露标准，要求保险公司在年报中不仅按照会计准则披露关联交易情况，还应当按照监管标准披露当年关联交易的总体情况。

d）加强关联交易穿透监管

要求保险公司建立以资金流向为线索的全程监控制度，有效防止风险的跨公司、跨行业和跨领域传递。制定穿透认定规则，根据实质重于形式的原则，对实际控制人、一致行动人、金融产品的最终受益人等进行认定。

e）强化监管职责

35 号文设立专门章节明确管理和监管职责，要求保险公司股东、董事、监事、高级管理人员等关联方如实披露关联关系有关信息，不得隐瞒或提供虚假陈述。银保监会可以依法对违规行为和相关责任人采取监管措施，加大了对责任主体的监管力度。

2.《健康保险管理办法》

银保监会于 2019 年 10 月 31 日发布《健康保险管理办法》（以下简称“**《管理办法》**”），自 2019 年 12 月 1 日起施行，原《健康保险管理办法》（保监会令 2006 年第 8 号）同时废止。

（1）修订背景

根据银保监会有关部门负责人答记者问，《管理办法》的修订主要源于近年来我国健康保险发展的外部环境和内部环境两方面发生的深刻变化。从外部环境看，我国经济社会有了长足发展，医药卫生体制改革全面深化，全民医保体系基本建成，医疗技术和服务不断改进；从行业内部看，城乡居民大病保险实现全覆盖、个人税收优惠型健康保险全面推开，健康保险市场快速发展。2019 年前三季度，健康保险保费收入 5677 亿元，同比增长 31%，占人身保险市场的 22%，健康保险产品结构、服务内涵、保障人群都发生了巨大变化。从发挥功能和作用方面看，健康保险已成为国家多层次医疗保障体系的重要组成部分，也是保险业服务民生的重要领域。前述这些发展和变化对健康保险制度建设和市场监管提出了许多新的问题和挑战。为进一步强化监管，有效满足人民群众对

健康保障的需求，银保监会对原管理办法进行了必要的修订。

（2）主要修订内容

《管理办法》共设置了九个章节，分别为总则、经营管理、产品管理、销售管理、准备金评估、健康管理服务与合作、对再保险管理、法律责任及附则。与修订前的管理办法相比，重点新增和修订如下：

a）首次将医疗意外险纳入健康保险范畴

《管理办法》对健康保险重新进行了定义，确认健康保险是指由保险公司对被保险人因健康原因或者医疗行为的发生给付保险金的保险，主要包括医疗保险、疾病保险、失能收入损失保险、护理保险以及医疗意外保险。《管理办法》首次将医疗意外险纳入健康保险范畴。其中医疗意外保险，是指按照保险合同约定发生不能归责于医疗机构、医护人员责任的医疗损害，为被保险人提供保障的保险。

b）经营健康保险业务的保险公司应当成立专门健康保险事业部

《管理办法》明确要求除健康保险公司外，保险公司经营健康保险业务应当成立专门健康保险事业部，且健康保险业务部应具备《管理办法》规定的相应条件。

c）产品设计

产品设计方面，明确长期健康保险产品费率可进行调整，且延长了长期健康保险产品犹豫期。《管理办法》明确保险公司可以在保险产品中约定对长期健康保险产品进行费率调整，并明确注明费率调整的触发条件。同时，《管理办法》将长期健康保险产品的犹豫期由原不得少于10天延长为不得少于15天。

d）产品销售

明确保险公司销售健康保险产品，不得非法搜集、获取被保险人除家族遗传病史之外的遗传信息、基因检测资料；也不得要求投保人、被保险人或者受益人提供上述信息。保险公司不得以被保险人家族遗传病史之外的遗传信息、基因检测资料作为核保条件。此外，《管理办法》还明确规定保险公司销售健康保险产品，不得强制搭配其他产品销售。

e）增加健康管理服务有关内容并提高健康管理服务分摊成本上限

随着社会经济及健康保险的发展，健康管理服务逐渐成为健康险经营中不可或缺的一项，《管理办法》此次增加健康管理服务有关内容，将“健康管理服务与合作”单列为一章，对保险公司提供健康管理服务进行了规范，鼓励保险公司将健康保险产品与健康管理服务相结合。此外，《管理办法》还明确健康保险产品提供健康管理服务分摊的成本不得超过净保险费的20%，即将上限由原来的12%提升为20%。

二、2019年保险重大项目

（一）法国安盛集团全资控股安盛天平财产保险有限公司

法国安盛集团（AXA）为安盛天平财产保险股份有限公司（以下简称“**安盛天平**”）的外方股东，本次交易中收购中方股东所持有的安盛天平50%股份。本次交易已获得银保监会批准并完成交割，安盛天平在本次交易后已成为法国安盛集团在华全资控股的财产保险公司，且成为中国最大的外资独资财险公司。

法国安盛集团是全球最大的保险集团和顶级的资产管理机构，员工人数超过16万名，于约60个国家服务逾亿名客户。安盛天平也是中国市场上最大的外资财产保险公司，2014年由法国安盛集团入股天平汽车保险股份有限公司而成。本次交易在谈判时，是中国2018年进一步采取金融对外开放政策后，外资对中国保险市场的最大一笔股权投资，因而备受瞩目。法国安盛集团完成收购安盛天平股权后，其在中国的保险布局也将进一步完善。

君合作为本次收购中法国安盛集团的中国法律顾问，就本项目提供了全方位法律服务，包括但不限于：设计交易结构并进行法律论证、尽职调查、交易文件谈判、起草、翻译、修改直至定稿、准备监管报批事项及文件、提供内部合规事项建议、准备交割文件及协助完成交割等。

本次项目交易金额高，规模庞大，结构复杂，谈判难度大，交易进程快，特别是主要交易文件以及交割文件的准备，时间非常紧张，同时涉及多家中介机构，包括：高盛（Goldman Sachs）、安永（EY）、诺顿罗氏律师事务所（Norton Rose Fulbright (Asia) LLP）等，项目亦涉及进一步开放金融市场管制背景下的外资保险公司准入细节，也是原银监会和原保监会合并为银保监会后的先行批准案例。君合团队凭借多年来在保险领域的丰富经验和认真负责的工作态度，为客户提供细致全面的分析和意见，高效制作双语交易文件，并在项目进展中与监管部门保持密切沟通，最终促成项目完成，收到客户和各方中介的高度赞扬和认可。

（二）中国人寿增资青海黄河上游水电开发有限责任公司项目

2019年12月16日，国家电力投资集团有限公司（以下简称“**国家电投**”）旗下核心清洁能源投资平台—青海黄河上游水电开发有限责任公司（以下简称“**青海黄河水电**”）混改暨引进战略投资者项目正式落槌，中国人寿保险股份有限公司作为领投本次交易的基石投资人投资90亿元，成为青海黄河水电的第二大股东，本次投资由中国人寿资产管理有限公司受托实施。本次协议的签署标志着2019年度最大中央企业混合所有制改革项目的圆满完成。

本项目的复杂性和特殊性主要表现在以下三个方面：（1）本项目的投资人为保险公司，属于保险公司保险资金运用中的股权投资，需要重点关注和审查标的公司是否符合保险资金投资股权的法律法规和监管规定；（2）标的公司体量巨大，纳入尽职调查范围的标的公司子公司、分公司有一百余家，涉及一百余个水电、光伏、风电项目；（3）由于本次增资需要进场交易，参与竞标的投资人众多，增资协议的谈判难度大。

君合作为本项目的法律顾问，就本项目提供了全方位法律服务，包括但不限于：设计交易结构并进行法律论证、尽职调查、交易文件谈判、准备监管报批事项及文件、提供内部合规事项建议等等。

（三）海力士火灾共同保险人代位求偿案

2013年8月，现代财产保险（中国）有限公司等五家保险公司（合称“**共保人**”）

向海力士半导体（中国）与SK海力士半导体（无锡）（合称“**SK海力士**”）承保财产一切险和营业中断险，总保险金额为81.01亿美元，五家共保公司又分别进行了相应的再保险安排。同年9月初，SK海力士无锡新区工厂发生重大火灾，估损金额约9亿美元，共保人保险理赔合计8.6亿美元。其后，共保人向江苏省高级人民法院（以下简称“**江苏省高院**”）对施工方成道建设（中国）有限公司（以下简称“**成道公司**”）提起代位求偿诉讼，要求被告就理赔款项承担赔偿责任。SK海力士作为被保险人因与案件存在利害关系，被追加为第三人参加诉讼。江苏省高院一审判决部分支持了共保人对成道公司的诉讼请求。其后，该案在最高人民法院进行了二审审理。

2019年10月22日，最高人民法院对该案作出了终审判决，认为共保人在向被保险人理赔后依法享有代位追偿权，成道公司与SK海力士对案涉事故损害的发生均具有过错，应根据各自过错、损失原因来确定损失的责任份额。共保人通过再保险的安排所获得的赔偿不能成为成道公司责任减免的理由，据此判决被告人成道公司向共保人承担相应的赔偿责任。

本案是迄今为止国内最高金额的保险代位求偿案件，共保人实际赔偿被保险人的金额达8.6亿美元，代位求偿诉讼请求金额超过3亿元人民币。本案涉及复杂侵权责任的司法认定，以及专业施工领域的工艺和技术问题。君合作为第三人SK海力士的法律顾问，为客户提供了高效、优质、严谨的法律服务，代理完成了全部诉讼程序，以多角度、可视化的举证和充分翔实的法律论证，有力维护了客户的合法权益。

（四）太平和QLM有关亿保网再保险合同争议案

2014年起，太平财产保险有限公司（以下简称“**太平**”）通过与亿保网（以下简称“**平台**”）合作开展驾意险和团意险，后太平于2015年停止与平台的合作，同时通知了经纪人关于停止前端合作的情况。太平的前述驾意险和团意险项目均通过海外经纪人QLM大比例分出境外再保人，并按照季度申报及结算。从2015年3季度起，因季度已决赔案已经大于应付保费，自此出现保费和摊赔的争议。

2019年，太平代表在君合律师的陪同下前往多哈与QLM进行了面对面和谈，双方在律师的协助下当场敲定了和解方案及和解协议主要条款，确定以QLM一次性向太平支付和解款的方式解决双方所有相关争议。2019年9月，太平收到QLM支付的全额和解款，争议终获得妥善解决。

君合作为本项目的法律顾问，基于在保险、诉讼等领域丰富、扎实的法律知识和实践经验，在争议解决方案设计、和解方案制订及谈判等方面给予了客户有力支持，同时，也为客户下一阶段的法律行动提出了切实有效的法律建议。

致　谢

本年度研究报告由邓梁、陈歆、张一诺、刘洋（争议解决）、黄妍、卢岚、张梦娜、朱梦羽、颜佳莉、程若曦、崔永泽参与编写，在此一并致谢。

2019 年
君合业务研究报告

税务法业务
年度报告

君合律师事务所公司组

一、2019年税法领域重要立法动态

为落实税收法定原则，2019年我国税收立法全面提速。我国首部《资源税法》正式通过并将于2020年9月1日实施。财政部先后公布了土地增值税法、增值税法、消费税法征求意见稿。契税法和城市建设税法的草案也将提交全国人大常委会审议。

（一）《资源税法》正式颁布

2019年8月26日，十三届全国人大常委会第十二次会议表决通过《中华人民共和国资源税法》(简称“**《资源税法》**”)，该法将于2020年9月1日正式实施[1]。现行有效的《中华人民共和国资源税暂行条例》由国务院于1993年12月25日发布，并于2011年修订。

新通过的《资源税法》对税目进行了统一规范，将目前所有的应税资源产品都在税法中一一列明，所列的税目有164个，涵盖了所有已经发现的矿种和盐。《资源税法》继续采用固定税率和幅度税率两类税率，实行幅度税率的资源，按照落实税收法定原则的要求，明确其具体的适用税率由省级人民政府提出，报同级人大常委会决定。

（二）土地增值税法征求意见稿发布

2019年7月16日，财政部、国家税务总局联合发布了《中华人民共和国土地增值税法（征求意见稿）》[2]，向社会公开征求意见。现行有效的《中华人民共和国土地增值税暂行条例》由国务院于1993年12月13日发布，并于2011年修订。

根据与该征求意见稿配套发布的“关于《中华人民共和国土地增值税法（征求意见稿）》的说明”，相关国家机关认为“从实际执行情况来看，现行土地增值税税制要素基本合理，征管制度比较健全，宜保持现行税制框架和税负水平总体不变，将《条例》上升为法律。同时，对不适应经济社会发展和改革要求的个别内容，进行适当调整”。因此，对比现行法规，该征求意见稿未对现行土地增值税政策进行重大修改。具体变化内容包括：扩大征税范围，将转让集体土地使用权和地上建筑物纳入土地增值税征税范围；明确土地增值税纳税义务发生时间；改变并扩大纳税人减、免征土地增值税的情形；明确区分房地产企业和非房地产企业纳税申报的期限和税款缴纳方法等。

1 中国人大网

2 国家税务总局，

（三）增值税法征求意见稿发布

2019 年 11 月 27 日，财政部、国家税务总局公布了《中华人民共和国增值税法（征求意见稿）》（简称 **“《增值税法征求意见稿》”**）[1]，向社会公开征求意见。现行有效的《中华人民共和国增值税暂行条例》由国务院于 1993 年 12 月 13 日发布，后分别于 2008 年、2016 年、2017 年多次修订。

增值税是我国第一大税种，其立法进程备受关注。统计显示，2018 年国内增值税 61529 亿元，占税收收入超过 39%。《增值税法征求意见稿》的发布为落实“税收法定原则”的重大举措，对于建立健全我国现代税收法治体系意义非凡。笔者将《增值税征求意见稿》的主要变化内容梳理如下，供读者参考：

1. 修改起征点规定

《增值税法征求意见稿》第五条规定，“在境内发生应税交易且销售额达到增值税起征点的单位和个人，以及进口货物的收货人，为增值税的纳税人。增值税起征点为季销售额三十万元。销售额未达到增值税起征点的单位和个人，不是本法规定的纳税人”。该规定明确了增值税纳税义务人的范围，即如果其销售额未达到规定的起征点，不属于增值税纳税义务人。这一改变对现行的增值税一般纳税人和小规模纳税人的认定及管理模式产生巨大影响。

2. 完善扣缴义务人规定

《增值税法征求意见稿》第七条规定，“中华人民共和国境外（以下称境外）单位和个人在境内发生应税交易，以购买方为扣缴义务人。国务院另有规定的，从其规定”。根据现行规定，境外的单位或者个人在境内销售劳务，在境内未设有经营机构的，以其境内代理人为扣缴义务人；在境内没有代理人的，以购买方为扣缴义务人。上述变化消除了实践中购买方是否属于增值税扣缴义务人的不确定性，即只要与境外单位或者个人在境内发生应税交易的，购买方即为扣缴义务人，而无须评估境外单位或个人是否在境内设有经营机构。

3. 梳理应税范围

《增值税法征求意见稿》对现有应税范围进行了梳理，其规定应税交易是指销售货物、服务、无形资产、不动产和金融商品。其中，销售货物、不动产、金融商品是指有偿转让货物、不动产、金融商品的所有权；销售服务是指有偿提供服务；销售无形资产是指有偿转让无形资产的所有权或者使用权。与现行规定相比，其将“加工、修理修配劳务”并入了“服务”；同时，将“销售金融商品”在“销售服务”中单列。

4. 调整视同销售范围

综合考量各方面因素并结合税务实践的发展，《增值税法征求意见稿》对现行“视同销售”的范围进行了删减，即删除了与代销、机构间移送、投资、对股东或投资者进行分配、无偿提供服务相关的内容；主要保留了用于集体福利或者个人消费、无偿赠送货物等情形。

1 国家税务总局，

5. 提出合理商业目的概念

《增值税法征求意见稿》第十八条规定，“纳税人销售额明显偏低或者偏高且不具有合理商业目的的，税务机关有权按照合理的方法核定其销售额”。根据现行规定，纳税人发生应税销售行为的价格明显偏低并无正当理由的，由主管税务机关核定其销售额。相关规定将“正当理由”修改为“合理商业目的”，与《企业所得税法》《个人所得税法》在立法层面保持一致。

6. 建立留底退税制度

《增值税法征求意见稿》第二十一条规定，“……当期进项税额大于当期销项税额的，差额部分可以结转下期继续抵扣；或者予以退还，具体办法由国务院财政、税务主管部门制定”。我国于 2018 年首次提出留底税额退税政策，并于 2019 年对相关政策进行了更新。此次，增值税立法将该政策在法律中予以明确，充分保证了纳税人的合法权益，有助于切实改善纳税人的现金流，促进纳税人的生产经营。

7. 修改计税期限

《增值税法征求意见稿》第三十五条规定，“增值税的计税期间分别为十日、十五日、一个月、一个季度或者半年。纳税人的具体计税期间，由主管税务机关根据纳税人应纳税额的大小分别核定。以半年为计税期间的规定不适用于按照一般计税方法计税的纳税人”。其取消了“1 日、3 日和 5 日”三个计税期间，新增“半年”计税期间，进一步减少了纳税人办税频次，减轻纳税人申报负担。

8. 明确信息共享机制

《增值税法征求意见稿》第四十四条规定，“国家有关部门应当依照法律、行政法规和各自职责，配合税务机关的增值税管理活动。税务机关和银行、海关、外汇管理、市场监管等部门应当建立增值税信息共享和工作配合机制，加强增值税征收管理”。该规定明确将多部门信息共享和工作配合机制引入增值税的管理与征收，为进一步强化增值税征管提供了保障。

（四）《消费税法征求意见稿》发布

2019 年 12 月 3 日，财政部、国家税务总局发布了《中华人民共和国消费税法（征求意见稿）》（简称“**《消费税法征求意见稿》**”）[1]，向社会公开征求意见。现行有效的《中华人民共和国消费税暂行条例》由国务院于 1993 年 12 月 13 日发布，并于 2008 年修订。

鉴于现行消费税税制基本成熟、要素合理并运行平稳，《消费税法征求意见稿》对于消费税的相关规定基本采取了平移处理，保证了消费税政策的延续性，并将已实施的消费税改革和政策调整内容上升为法律。

值得注意的是，2019 年 10 月 9 日，国务院发布了《实施更大规模减税降费后调整中央与地方收入划分改革推进方案》。该方案提出，“后移消费税征收环节并稳步下划地方。按照健全地方税体系改革要求，在征管可控的前提下，将部分在生产（进口）环节征收的现行消费税品目逐步后移至批发或零售环节征收，拓展地方收入来源，引导地方改善消费环境。具体调整品目经充分论证，逐项报批后稳步实施。先对高档手表、贵重

1 国家税务总局

首饰和珠宝玉石等条件成熟的品目实施改革，再结合消费税立法对其他具备条件的品目实施改革试点。改革调整的存量部分核定基数，由地方上解中央，增量部分原则上将归属地方，确保中央与地方既有财力格局稳定。具体办法由财政部会同税务总局等部门研究制定。”由于本次的《消费税法征求意见稿》并未反应上述改革内容，而是预留了衔接性条款（《消费税法征求意见稿》第二十条规定：“国务院可以实施消费税改革试点，调整消费税的税目、税率和征收环节，试点方案报全国人民代表大会常务委员会备案”），后续政策更新值得进一步关注。

（五）城市维护建设税法草案发布

2019年11月20日召开的国务院常务会议通过《中华人民共和国城市维护建设税法（草案）》，并决定将草案提请全国人大常委会审议。

2019年12月28日，中国人大网发布信息[1]，第十三届全国人大常委会第十五次会议对《中华人民共和国城市维护建设税法（草案）》进行了审议，草案在中国人大网公布，征求社会公众意见。

草案保持现行城市维护建设税暂行条例的税制框架和税负水平不变。该草案若获得通过，有助于完善税收法律制度，并与营改增改革取消营业税相衔接。

（六）契税法草案发布

2019年12月28日，中国人大网发布信息[2]，第十三届全国人大常委会第十五次会议对《中华人民共和国契税法（草案）》进行了审议，草案在中国人大网公布，征求社会公众意见。

草案保持现行契税暂行条例的税制框架和税负水平总体不变，并根据实际情况进行了部分调整，制度更加完善，体现了税制平移基础上的优化。

二、2019年税法领域热点问题

（一）增值税税率下调

2019年3月20日，财政部、国家税务总局、海关总署联合发布了《财政部 税务总局 海关总署关于深化增值税改革有关政策的公告》（财政部 税务总局 海关总署公告2019年第39号）。根据该公告规定，增值税一般纳税人发生增值税应税销售行为或者进口货物，原适用16%税率的，税率调整为13%；原适用10%税率的，税率调整为9%。纳税人购进农产品，原适用10%扣除率的，扣除率调整为9%。纳税人购进用于生产或者委托加工13%税率货物的农产品，按照10%扣除率计算进项税额。原适用16%税率且出口退税率为16%的出口货物劳务，出口退税率调整为13%；原适用10%税率且出口退税率为10%的出口货物、跨境应税行为，出口退税率调整为9%。该公告自2019年4月1日起执行。

---

1 中国人大网

2 中国人大网

（二）无住所个人个税政策明确

2019 年 3 月 16 日和 3 月 17 日，财政部、国家税务总局相继发布了《关于在中国境内无住所的个人居住时间判定标准的公告》（财政部 税务总局公告 2019 年 34 号）和《关于非居民个人和无住所居民个人有关个人所得税政策的公告》（财政部 税务总局公告 2019 年 35 号）。上述两个公告对新个税法下无住所个人相关个税政策进行了明确，包括在华居住天数、在华工作天数以及应纳税所得额的计算等事项。

无住所个人的个人所得税政策是个人所得税领域的重点与难点，其不仅关系无住所个人的涉税义务和税务责任，而且关系相关企业的税务合规性和生产经营成本。若未能正确履行相关涉税义务，作为纳税人的无住所个人以及作为扣缴义务人的企业将产生额外的税务成本，甚至引发相应的税务责任。两个公告的出台，对散落在众多法规文件中的无住所个人税收政策进行了系统化梳理整合，从国内法和税收协定适用两个层面，明确了新个税法下无住所个人的个税处理，有利于个人及企业准确履行法定义务和管控税务风险。

（三）个人所得税法修订后的首次综合所得汇算清缴拉开帷幕

2019 年 12 月 14 日，国家税务总局发布了《国家税务总局关于办理 2019 年度个人所得税汇算清缴事项的公告（征求意见稿）》，就个人所得税 2019 年度综合所得汇算清缴的办理流程公开征求意见。

同一天，财政部、国家税务总局发布了《关于个人所得税综合所得汇算清缴及有关政策的公告》（财政部 税务总局公告〔2019〕94 号），明确了适用于 2019 年度和 2020 年度综合所得的汇算清缴义务免除情形，是对进一步减轻纳税人特别是中低收入群体负担要求的落实。

2019 年为首次居民个人所得税适用综合所得汇算清缴的年份，在全新的纳税申报要求下，如何正确认定及申报全年应税综合所得、合规享受税收扣除及税收优惠以及明确纳税期间、申报要求和申报方式等，对征纳双方均提出了新的挑战。

（四）非居民纳税人协定待遇实行备查制

2019 年 10 月 14 日，国家税务总局发布了《非居民纳税人享受协定待遇管理办法》（国家税务总局公告〔2019〕35 号，以下简称“**35 号公告**”）。根据 35 号公告规定，非居民协定待遇实行“备查制”以替代现行的“备案制”。即非居民纳税人享受税收协定待遇将采取“自行判断、申报享受、相关资料留存备查”的方式办理，在履行与享受协定待遇相关的资料报送程序要求时，不再需要提供大量的如相关合同及协议、股东会决议、境外税收居民身份证明等资料文件，而仅需就基本信息进行报送，并同时将相关材料留存备查。35 号公告是深化“放管服”改革的措施之一，大大减轻了非居民纳税人的程序负担，提高了其享受协定待遇的便捷性，但对非居民纳税人准确判断其涉税义务提出了更高的要求，其需要对税收协定及纳税申报有所了解，并与税务机关保持充分沟通，以降低后续的税务风险。

（五）各项减税降费政策陆续推出

2019年国家层面继续推出各项减税降费措施，我们将其中有代表性的政策汇总梳理如下，供读者参考。

1. 惠及小微企业的税收政策

2019年1月17日至2019年1月19日期间，财政部、国家税务总局陆续发布了《财政部 税务总局关于实施小微企业普惠性税收减免政策的通知》（财税〔2019〕13号）、《国家税务总局关于实施小型微利企业普惠性所得税减免政策有关问题的公告》（国家税务总局公告2019年第2号）和《国家税务总局关于小规模纳税人免征增值税政策有关征管问题的公告》（国家税务总局公告2019年第4号）。

根据上述政策，对月销售额10万元以下（含本数）的增值税小规模纳税人，免征增值税。对小型微利企业年应纳税所得额不超过100万元的部分，减按25%计入应纳税所得额，按20%的税率缴纳企业所得税；对年应纳税所得额超过100万元但不超过300万元的部分，减按50%计入应纳税所得额，按20%的税率缴纳企业所得税。另外，由省、自治区、直辖市人民政府根据本地区实际情况，以及宏观调控需要确定，对增值税小规模纳税人可以在50%的税额幅度内减征资源税、城市维护建设税、房产税、城镇土地使用税、印花税（不含证券交易印花税）、耕地占用税和教育费附加、地方教育附加。

2. 粤港澳大湾区个人所得税优惠政策

2019年3月14日，财政部、国家税务总局发布《财政部 税务总局关于粤港澳大湾区个人所得税优惠政策的通知》（财税〔2019〕31号）。根据该公告规定，广东省、深圳市按内地与香港个人所得税税负差额，对在大湾区工作的境外（含港澳台）高端人才和紧缺人才给予补贴，该补贴免征个人所得税。该政策的适用范围包括广东省广州市、深圳市、珠海市、佛山市、惠州市、东莞市、中山市、江门市和肇庆市等大湾区珠三角九市。该政策适用期间为2019年1月1日起至2023年12月31日止。

3. 增值税留抵退税政策进一步扩围

2019年3月20日，财政部、国家税务总局、海关总署联合发布《财政部 税务总局 海关总署关于深化增值税改革有关政策的公告》（财政部 税务总局 海关总署公告2019年第39号，以下简称“**39号公告**”）。根据39号公告规定，自2019年4月1日起试行增值税期末留抵税额退税制度，符合相关条件的纳税人，可以向主管税务机关申请退还增量留抵税额。39号公告扩大了2018年提出的增值税留抵退税政策适用范围，将其扩大为所有行业。

2019年8月31日，财政部、国家税务总局联合发布《财政部 税务总局关于明确部分先进制造业增值税期末留抵退税政策的公告》（财政部 税务总局公告2019年第84号）。根据公告规定，自2019年6月1日起，对于符合相关条件的部分先进制造业纳税人，可以自2019年7月及以后纳税申报期向主管税务机关申请退还增量留抵税额。申请条件进一步放宽，不再受制于连续六个月增量留底税额的金额标准限制，同时也取消了60%的退还比例。

4. 增值税进项税加计抵减政策

根据上述39号公告规定，自2019年4月1日至2021年12月31日，允许生产、生活性服务业纳税人按照当期可抵扣进项税额加计10%，抵减应纳税额。生产、生活性服务业纳税人，是指提供邮政服务、电信服务、现代服务、生活服务取得的销售额占全部销售额的比重超过50%的纳税人。

2019年9月30日，财政部、国家税务总局联合发布《财政部 税务总局关于明确生活性服务业增值税加计抵减政策的公告》（财政部 税务总局公告2019年第87号）。根据公告规定，2019年10月1日至2021年12月31日，允许生活性服务业纳税人按照当期可抵扣进项税额加计15%，抵减应纳税额。

（六）中港税收安排第五议定书签署

2019年7月19日，内地与香港签署了《内地和香港特别行政区关于对所得避免双重征税和防止偷漏税的安排》第五议定书（以下简称“**内地与香港税收安排第五议定书**”）。该议定书纳入了经济合作与发展组织（OECD）有关税基侵蚀与利润转移（BEPS）行动计划的相关成果，修改了序言、居民、常设机构、财产收益等条款，新增了“享受安排优惠的资格判定”“教师和研究人员”条款，给予一方教师和研究人员在另一方工作取得符合条件的所得免税待遇，同时支持内地和香港两地间的教师和研究人员流动。内地与香港税收安排第五议定书对反避税要求更趋严格，在两地开展跨境业务的企业和个人须顺应国际税收规则的新变化，以增强税收合规性，更好地应对跨境税收风险。

（七）海外经济实质法案及细则陆续发布施行

2018年11月，经济合作与发展组织（OECD）发布《恢复对不征税或仅名义征税的国家应用实质性活动因素》报告。该报告要求“不征税或仅名义征税的国家”引入“实质性活动要求”的规定，否则该类国家的税收制度可能被视为“有害税收实践”。为了响应上述报告的要求，很多低税率国家于2019年期间完成了OECD实质性活动要求的国内立法，如开曼群岛、英属维尔京群岛、百慕大等。

以英属维尔京群岛为例，其已先后制定并颁布了《ECONOMIC SUBSTANCE (COMPANIES AND LIMITED PARTNERSHIPS) ACT》《BENEFICIAL OWNERSHIP SECURE SEARCH SYSTEM ACT》 和《RULES ON ECONOMIC SUBSTANCE IN THE VIRGIN ISLANDS》（以下合称“**BVI经济实质法**”）。BVI经济实质法主要从以下角度对适用实体在BVI进行经济活动的经济实质要求做出规定：适用实体的范围、BVI以外地区税收居民相关、相关活动的定义、控股公司、融资和租赁业务、知识产权业务、经济实质一般性要求、申报要求、罚则和信息交换等。

虽然相关法域所制定的法律架构具有高度相似性，但其具体细节以及执法实践仍存在较大差异，企业需要针对不同国家/地区的规定，并结合自身情况分析其对企业架构和运营的影响。

三、2019 年君合税法领域部分业绩

1. 代表某德国知名企业，就其拟推行的新业务模式提供税务法律咨询

某德国知名企业拟在中国境内推行新的涉及汽车残值处理的业务模式，涉及相应的中国税法对该业务模式的影响。君合对客户业务经营模式的实质以及相应的涉税处理进行了分析，并提供了相应的税法意见。

2. 代表某境内基金，就其与资产管理人的涉税争议提供税务法律咨询

某境内基金管理人负责管理的基金在进行利润分配时，双方对投资协议中的涉税条款存在不同理解，且资产管理人已将相关税款代扣代缴。君合协助客户对投资协议进行分析以明确相关的税款承担责任，并协助客户与资产管理人及其主管税务机关进行沟通。

3. 代表某境内知名投资管理公司，就其重组项目提供税务法律咨询

某境内知名投资管理公司投资了中国境内某知名医药制造类企业。该投资公司拟通过集团重组，引入新的投资者。集团重组将产生相应的中国税影响。君合协助客户分析交易涉及的纳税义务人及相应的税负，并对其是否可以适用特殊性税务重组出具税法意见。

4. 代表某瑞典知名电信企业，就其跨境资产转让事宜提供税务法律咨询

某瑞典知名电信企业拟进行业务线收购，包括相应的人员、设备以及知识产权。君合协助客户审阅了相关协议的涉税条款，与交易对方进行谈判，并根据最终确定的交易条款向客户提供了中国税法律分析意见。

5. 代表某意大利知名金融机构，就其在中国境内发行熊猫债问题提供税务法律咨询

某意大利知名金融机构拟在华发行熊猫债。在发行及后续的利息支付过程中，涉及潜在的中国税影响，关系投资者和发行者的利益。君合根据客户要求，对相关涉税问题进行了法律研究，并出具税法意见。

6. 代表中国香港某知名集团，就其间接转让境内应税财产问题提供税务法律咨询

中国香港某知名集团早在 2008 年进行了集团内部重组，涉及间接转让中国应税财产。对于上述交易是否应税问题，其与主管税务机关持有不同观点。君合根据客户要求，对该重组交易进行税法分析，并出具税法意见。

7. 代表某德国知名企业，就其在华提供劳务的涉税事宜提供税务法律咨询

某德国知名企业派遣其员工来华提供服务，由于构成双边税收协定中的常设机构，因此产生了相应的中国税申报及纳税义务。君合协助客户对中国税纳税义务及税负成本进行分析，准备和审阅了相关的申报资料，并协助其与主管税务机关进行沟通。

8. 代表某境外投资者，就其股权处置涉及的中国税申报义务提供税务法律咨询

某境外投资者处置了其在境外持有的股权，由于涉及间接转让中国公司股权，根据合同约定以及中国相关法律法规，触发了相应的中国税申报义务。君合协助客户，基于其提供的信息，分析了该笔交易的中国税影响，准备了相关的申报资料以及解释文件，并协助其与主管税务机关进行沟通。

9. 代表某境外知名企业，就其境内合资公司涉税合规问题提供税务法律咨询

某境外知名企业对其境内合资公司内审时识别出潜在的涉税风险，包括中国企业所得税和个人所得税事项。君合应客户要求，根据客户所提供的信息，对涉税风险合规事项进行法律分析并进行风险税款敞口匡算，出具了税法意见。

10. 代表某境内民营企业，就其发票事项提供税务检查应对协助

某境内民营企业主要从事进出口业务，主管税务机关在日常税务检查中，认定其取得的增值税专用发票为失控发票，继而暂扣其出口退税。君合协助客户梳理案件事实、测算涉税风险金额、分析税法责任，并协助其与主管税务机关进行沟通。

11. 代表某日本知名企业，就其发票争议事宜提供稽查应对协助

某日本知名企业被主管税务机关立案检查，税务机关认为其在交易过程中取得虚开增值税发票。君合协助客户梳理案件事实、分析税法责任，并协助其与主管税务机关进行沟通。

12. 代表某新加坡私营公司及实际控制人，就其境内涉税争议事宜提供稽查应对协助

某新加坡私营企业被主管税务机关立案检查，税务机关认为其存在偷税行为。君合协助客户梳理案件事实、分析税法责任，并协助其与主管税务机关进行沟通。

四、2020 年税法工作重点展望

（一）大力支持疫情防控

2020 年伊始，一场突如其来的新型冠状病毒肺炎（以下称“**新冠病毒疫情**”）突然从武汉蔓延至全国。截至 2020 年 2 月 4 日，全国已经累计确认病例逾两万例[1]。由于病毒的严重性与传染性，全国多个城市停产停工，使得本已因中美贸易等原因受到冲击的中国经济更加雪上加霜。2020 年鼠年的第一个交易日，A 股三大股指集体大幅低开，其中，沪指在开盘大跌 8.73%，创下近 23 年来最大开市跌幅[2]。

应对疫情，中国各级政府部门迅速响应，出台了多项政策以控制疫情、支持经济。财政部、海关总署、国家税务总局相继出台多部规定，从财税角度积极支持大众战“疫”，具体包括：《财政部 海关总署 税务总局关于防控新型冠状病毒感染的肺炎疫情进口物资免税政策的公告》（财政部公告 2020 年第 6 号）；《财政部 税务总局关于支持新型冠状病毒感染的肺炎疫情防控有关税收政策的公告》（财政部 税务总局公告 2020 年第 8 号）；《财政部 税务总局关于支持新型冠状病毒感染的肺炎疫情防控有关捐赠税收政策的公告》（财政部 税务总局公告 2020 年第 9 号）；《财政部 税务总局关于支持新型冠状病毒感染的肺炎疫情防控有关个人所得税政策的公告》（财政部 税务总局公告 2020 年第 10 号）；《国家税务总局关于优化纳税缴费服务配合做好新型冠状病毒感染肺炎疫情防控工作的通知》（税总函〔2020〕19 号）。

上述政策涉及疫情期的捐赠扣除、进口物资免税、疫情防控重点保障物资生产企业税收优惠、个税减免以及办税缴费等事项，着重助力防疫用品生产企业、相关运输物流企业、医疗企业等进一步降低生产运营成本，推动防疫物资和医药产品加大供给，为坚决打赢疫情防控阻击战提供更好支撑。

新冠病毒疫情防控形势还异常严峻，其对全国企业尤其中小企业造成了极大影响，

1 百度疫情实时大数据报告

2 新浪财经

我们预计财税部门会继续出台相关政策和措施，一方面为打赢疫情防控阻击战贡献税务力量；另一方面从税收角度扶持特殊时期中小企业的发展。

（二）税收立法将再提速

为贯彻税收法定原则，我国税收立法正在紧锣密鼓推进，2019 年进度明显加快，2020 年预计会进一步提速攻坚。我们预计，契税法、城建税法有望通过，印花税法、土地增值税法、增值税法、消费税法等有望提交全国人大审议。

特别值得关注的是增值税法和消费税法。增值税由于涉及面广且是最主要的税种，其立法工作对于我国建立现代税制意义重大；而消费税改革也广受关注，其重点在于对收入分配机制的影响。

税收立法对我国税制改革有着深远而积极的影响，立法的推进能够更好地引领和规范税制改革、保障税制改革成果同时也为未来的改革留下空间。

致 谢

本报告由君合税务业务团队共同努力、集结团队经验及业绩而形成。在此，特向参与本年报写作人员赵婷婷律师、张擎律师致以诚挚的谢意。

2019年
君合业务研究报告

基础设施和项目融资业务年度报告

君合律师事务所公司组

前　言

本研究报告基于君合基础设施团队丰富的项目经验起草，旨在对 2019 年度君合法律业务涉及的基础设施及能源领域的行业政策、立法动态、业务实践和业务展望等方面的情况进行介绍和总结。报告内容包含核电、光伏发电、风电、氢能、天然气热电联产、增量电网、碳排放权交易、碳资产管理和石化相关行业的内容，并就建设工程、招投标的相关内容进行了专题梳理。

参与本报告编写的合伙人及律师有：程远、陈艳梅、丁兴镇、陈剑、孙丕伟、刘璇、王佳莹、李蕴晗、王树柠、罗策、杨天博伦、刘辙、汪派派。报告由程远、李蕴晗、王树柠统稿。合伙人袁家楠、周显峰、连晶、覃宇、丛青对本报告内容亦有很大贡献。在此一并致谢。

一、中国建设工程争议解决年度观察（2020）[1]

（一）概述

1. 建筑业集中迎来一批重量级法律规范性文件发布和施行

2019 年，我国建筑业“放管服”改革持续深化，集中体现为对工程建设资金的“放管结合”。首先，全国人民代表大会常务委员会（下称“**全国人大常委会**”）通过修订《中华人民共和国建筑法》（下称“**《建筑法》**”）正式确立建筑工程施工许可实行“建设资金已经落实承诺制”。其次，国务院先后发布《政府投资条例》《保障农民工工资支付条例》两部行政法规，明确规定在政府投资项目中，不得由施工单位垫资建设，并对工程变更和投资概算进行严格监管；为强力解决拖欠农民工工资问题，强制实行“建设单位工程款支付担保”“施工总承包单位无条件先行清偿”等管理制度。

作为建筑业两大基本法之一的《中华人民共和国招标投标法》（下称“**《招标投标法》**”）也进入全面修订阶段，国家发展和改革委员会（下称“国家发展改革委”）在 2019 年 11 月发布了修订草案公开征求意见稿。

在工程总承包领域，《房屋建筑和市政基础设施项目工程总承包管理办法》在历经两年征求意见后，于 2019 年底由住房和城乡建设部（下称“**住建部**”）与国家发展改革委联合发布，可谓“千呼万唤始出来”。该办法确立的工程总承包单位“双资质”制度备受瞩目。

2. 建设工程争议解决领域出现一系列突破性典型案例

2019 年，我国建设工程争议解决领域的实践向纵深方向发展，出现了一系列具有一定创新性、突破性、关键性的最高人民法院（下称“**最高院**”）典型案例和裁判意见。例如，承包人向项目融资银行放弃优先受偿权的承诺是否有效，应否以项目贷款是否实际用于工程款支付作为附加条件；又如，当裁判机构认定建设工程合同无效并向当事人释明，而当事人坚持基于合同有效提出请求的，裁判机构可否将其驳回；再如，对于工业工程，是否应当将占主要权重的设备采购和安装工程认定为“主体工程”，对建筑工程的分包并不必然构成“主体结构违法分包”。以上最高院典型案例的分析细节详见下文“典

1 本文是作者（周显峰、罗策、汪派派律师）执笔的《中国建设工程年度观察（2020）》的部分研究成果，全部研究成果收录于北京仲裁委员会主编的《中国商事争议解决年度观察（2020）》，该年度观察将于近期在中国法制出版社正式出版，欢迎关注。

型案例”部分。

3. 对外承包工程业务持续发展

在2019年，我国对外承包工程业务扭转了2018年完成营业额和新签合同额双双下降的不利局势，再创历史新高。其中，对外承包工程业务完成营业额11927.5亿元人民币，同比增长6.6%（折合1729亿美元，同比增长2.3%）；新签合同额17953.3亿元人民币，同比增长12.2%（折合2602.5亿美元，同比增长7.6%）。[1] 此外，我国企业在“一带一路”沿线的62个国家新签对外承包工程项目合同6944份，新签合同额1548.9亿美元，占同期我国对外承包工程新签合同额的59.5%，同比增长23.1%；完成营业额979.8亿美元，占同期总额的56.7%，同比增长9.7%。[2]

尽管完成营业额、新签合同额均创历史新高，但是值得注意的是，我国对外承包工程业务份额向排名前列的央企承包商集中的趋势日益加速，而大批中小对外承包商的海外经营日益窘迫，濒临倒闭甚至破产的情形日益增多。在这种背景下，境外工程发生争议的频率日益提升，各类跨境、跨法域的疑难问题日益增加。

在本文“典型案例”部分中，我们选取了一个经最高院终审的独立保函欺诈纠纷案例。该案例系因利比亚内战引起，并关联破产债权确认纠纷，非常具有代表性。

4. PPP争议解决

2019年底，最高院发布《关于审理行政协议案件若干问题的规定》。该司法解释对行政协议的定义以及对行政协议可仲裁性的否定，将对各类政府与社会资本合作协议（下称“PPP协议”）在争议解决机制方面产生重大影响。

（二）新出台的法律法规或其他规范性文件

1. 常规建设工程领域

（1）全国人大常委会修改《建筑法》

2019年4月23日，全国人大常委会审议通过了《关于修改〈中华人民共和国建筑法〉等八部法律的决定》，其中《建筑法》的修改条款自决定公布之日起施行。本次修改仅针对第八条“申请施工许可证”，除了限定规划许可证种类、取消兜底条件以及缩短审批期限之外，一个核心变化是将原许可条件中“建设资金已经落实”修改为“有满足施工需要的资金安排”，即建设单位申请领取施工许可证时，不再需要提交“银行出具的到位资金证明或保函”以及“截至申请之日无拖欠工程款情形的承诺书或其他证明材料”，而是提供“建设资金已经落实承诺书”即可[3]。

建筑施工许可实行“建设资金已经落实承诺制”，是推进工程建设项目审批制度改革的措施之一，有利于降低建设单位资金成本。但是，如果发证机关对建设单位履行承诺的监督和追责不到位，那么也可能增加建设单位拖欠工程款的风险。

---

1 2020年1月22日中华人民共和国商务部对外投资和合作司“2019我国对外承包工程业务简明统计”，访问时间：2020年2月8日。

2 2020年1月22日中华人民共和国商务部对外投资和合作司“2019年我国对‘一带一路’沿线国家投资合作情况”，访问时间：2020年2月8日。

3 详见2018年9月30日住建部《住房城乡建设部关于修改和废止有关文件的决定》（建法〔2018〕98号）、2014年9月4日住建部办公厅《关于进一步加强建筑工程施工许可管理工作的通知》（建办市〔2014〕34号）。

（2）国务院《政府投资条例》

2019年4月14日，国务院发布《政府投资条例》（国务院令第712号），该条例于2019年7月1日正式施行。该条例专门规范政府投资行为，是继《企业投资项目核准和备案管理条例》（国务院令第673号）之后投资领域又一部重要的行政法规，解决了我国政府投资管理缺乏上位法，现有规章、规范性文件权威性不足、指导性不够、约束性不强的问题。

《政府投资条例》共七章、三十九条，分别从政府投资的决策、计划、实施、监管、法律责任等方面对政府投资行为进行规范。该条例与工程建设领域有关的新规则主要体现在以下几方面：

a）政府投资项目不得由施工单位垫资建设

《政府投资条例》第22条规定："政府投资项目所需资金应当按照国家有关规定确保落实到位。政府投资项目不得由施工单位垫资建设"。此规定意味着自该条例施行之后，政府投资项目由施工单位垫资建设的行为将构成违反行政法规"强制性规定"的情形。但是，最高院《关于审理建设工程施工合同纠纷案件适用法律问题的解释》（下称"**《施工合同司法解释（一）》**"）第6条曾规定垫资及垫资利息（不超出人民银行同期贷款利率）受到法律保护[1]，因此，该条例关于禁止施工单位垫资建设的规定是否属于"效力性强制性规定"，进而是否可能影响建设工程合同效力，目前还缺乏权威解释。

同时，针对"要求施工单位对政府投资项目垫资建设"这一违法行为，该条例第34条规定项目单位的相应法律责任为"责令改正，根据具体情况，暂停、停止拨付资金或者收回已拨付的资金，暂停或者停止建设活动"。这些法律责任虽然由项目单位承担，但显然会直接影响建设工程合同的履行，特别是如果出现停止拨付资金或者停缓建，那么将可能导致承包单位产生额外费用损失。但是，对于此类损失，承包单位如何有效获得索赔权利保护，是否可能因明知垫资建设违法而应当承担部分损失等问题，仍有待探索和实践。

b）对工程总承包项目发包阶段的影响

《政府投资条例》第9条规定，政府投资项目的项目单位应当编制项目建议书、可行性研究报告、初步设计，按照政府投资管理权限和规定的程序，报投资主管部门或者其他有关部门审批。项目单位应当加强政府投资项目的前期工作，保证前期工作的深度达到规定的要求，并对项目建议书、可行性研究报告、初步设计以及依法应当出具的其他文件的真实性负责。

该规定明确了项目单位在报送审批之前应当完成的前期工作，其中包括设计文件。这意味着项目单位只有在完成初步设计之后，才能进行工程总承包项目的发包。

该规定还要求项目单位对初步设计等前期文件的真实性负责，这对工程总承包合同当事人在设计责任上的风险分配，将可能产生深远影响。但是，此处项目单位的设计责任仅限于"真实性"，并未要求"准确性""完整性"。对"真实性"内涵和外延的理解，可能成为潜在争议焦点。

1 最高院《施工合同司法解释（一）》第6条："当事人对垫资和垫资利息有约定，承包人请求按照约定返还垫资及其利息的，应予支持，但是约定的利息计算标准高于中国人民银行发布的同期同类贷款利率的部分除外。当事人对垫资没有约定的，按照工程欠款处理。当事人对垫资利息没有约定，承包人请求支付利息的，不予支持。"

c）对工程变更的严格监管

《政府投资条例》第21条规定：“政府投资项目应当按照投资主管部门或者其他有关部门批准的建设地点、建设规模和建设内容实施；拟变更建设地点或者拟对建设规模、建设内容等作较大变更的，应当按照规定的程序报原审批部门审批。”

项目单位如果存在“未经批准变更政府投资项目的建设地点或者对建设规模、建设内容等作较大变更”情形，那么根据该条例第34条，将承担的法律责任包括：责令改正，暂停、停止拨付资金或者收回已拨付的资金，暂停或者停止建设活动，对负有责任的领导人员和直接责任人员依法给予处分。

以上规定对从源头上制约政府投资项目因违规工程变更导致投资失控，进而引发建设工程合同疑难纠纷等现象，具有积极意义。

d）对投资概算的严格监管

《政府投资条例》第23条规定政府投资项目建设投资原则上不得超过经核定的投资概算。因国家政策调整、价格上涨、地质条件发生重大变化等原因确需增加投资概算的，项目单位应当提出调整方案及资金来源，按照规定的程序报原初步设计审批部门或者投资概算核定部门核定；涉及预算调整或者调剂的，依照有关预算的法律、行政法规和国家有关规定办理。

在实践中，如果政府投资项目的工程价款超过投资概算，那么将可能实质性阻碍建设工程合同的履行和权利救济，特别是在合同约定“价款结算以行政审计结论为准”的情形下，工程承包单位将可能更加难以主张正当权益。

鉴此，在建设工程合同订立及履行过程中，对于不属于“因国家政策调整、价格上涨、地质条件发生重大变化等原因确需增加投资概算”的情形，特别是可能导致超出投资概算的较大工程变更，各方当事人均需要高度重视并严格控制履约风险。

（3）国务院《保障农民工工资支付条例》

2019年12月30日，国务院正式发布《保障农民工工资支付条例》（国务院令第724号）（下称“**《支付条例》**”），该条例自2020年5月1日起施行。

在境内外工程建设领域，不仅农民工数量高度集中，而且牵涉的法律关系也更加多样化，导致拖欠农民工工资问题更加突出，相关争议解决也愈加复杂。鉴于此，《支付条例》第四章专门针对工程建设领域进行了一系列特别规定，其中包括工程款支付担保、人工费最长拨付周期、人工费与工程款分账、工资专用账户、实名制管理、施工总承包单位先行清偿及代发工资、工资保证金等制度，这些制度对包括建设单位、施工总承包单位、分包单位、农民工在内的工程建设领域各相关主体之间的权利义务关系，均将产生结构性影响。其中，对各方权利义务交互影响较大，甚至可能突破合同相对性原则的几项制度包括：

a）建设单位工程款支付担保制度

《支付条例》第24条第1款规定：“建设单位应当向施工单位提供工程款支付担保。”这意味着，工程款支付担保已经由当事人约定事项转化为行政法规的强制性规定。同时，根据该条例第49条、57条规定，如果建设单位未提供工程款支付担保导致拖欠农民工工资的，将会影响其参与新建项目和信用记录；逾期不改正的，也可能导致在建项目停工，并承担 5 万 –10 万元的罚款。

以上关于工程款支付担保制度的强制性规定，对从源头解决包括农民工工资在内的工程款拖欠纠纷具有积极意义。但是，考虑到建设工程市场发、承包当事人的客观交易地位，工程款支付担保制度能否真正落实，如何避免类似于“阴阳合同”的“阴阳担保”问题，还有待实践检验。

b）建设单位因违法行为导致拖欠农民工工资的清偿责任

根据《支付条例》第 36 条、37 条规定，建设单位如果存在如下违法行为，导致拖欠农民工工资的，将直接承担清偿责任：

第一，将建设工程发包给个人或者不具备合法经营资格的单位；

第二，工程建设项目违反国土空间规划、工程建设等法律法规。

c）施工总承包单位对农民工工资的先行清偿责任

根据《支付条例》第 30 条、36 条的规定，施工总承包单位在以下情形中，将对农民工工资承担先行清偿责任：

第一，分包单位拖欠农民工工资的，由施工总承包单位先行清偿，再依法进行追偿——需要特别注意的是，该情形并未设置任何前提条件，只要发生分包单位拖欠农民工工资的情形，施工总承包单位就有义务先行清偿；

第二，工程建设项目转包，拖欠农民工工资的，由施工总承包单位先行清偿，再依法进行追偿；

第三，施工总承包单位违法分包的，或者出借资质的，导致拖欠农民工工资的，由施工总承包单位清偿。

以上规定意味着，在农民工工资支付问题上，无论是合法分包，还是转包、违法分包、挂靠，施工总承包单位一律不能再以“合同相对性”进行抗辩。

d）农民工工资委托施工总承包单位代发制度

根据《支付条例》第 31 条规定，工程建设领域推行分包单位农民工工资委托施工总承包单位代发制度。基本程序为：分包单位应当按月考核农民工工作量并编制工资支付表，经农民工本人签字确认后，与当月工程进度等情况一并交施工总承包单位；施工总承包单位根据工资支付表，通过农民工工资专用账户直接将工资支付到农民工本人的银行账户，并向分包单位提供代发工资凭证。

与上述“农民工工资代发制度”相配套，《支付条例》第 28 条还规定施工总承包单位应当在工程项目部配备劳资专管员，对分包单位劳动用工实施监督管理，掌握施工现场用工、考勤、工资支付等情况，审核分包单位编制的农民工工资支付表，分包单位应当予以配合。

以上无论是农民工工资由施工总承包单位代发制度，还是要求项目部配备劳资专管员并对分包单位用工实施全方位监督，都将在很大程度上影响和改变总承包单位和分包单位之间长期形成的管理模式和交易习惯。

综上所述，《支付条例》以保障农民工工资支付为出发点，在较大程度上突破合同相对性，通过打通总分包合同上下游的支付链条，重构了建设单位、施工总承包单位、分包单位、农民工之间的权利义务关系。这对各相关主体无论在合同管理、资金管理、用

工管理，还是法律风险管理等方面，均提出了巨大挑战。

（4）国家发展改革委《招标投标法》（修订草案公开征求意见稿）

2019年12月3日，国家发展改革委发布了《招标投标法（修订草案公开征求意见稿）》（以下简称"**《征求意见稿》**"）。

《招标投标法》于1999年8月30日颁布，2000年1月1日正式实施，直至2017年方才进行第一次修订。但是，此次修订仅涉及第十三条、第十四条及第五十条共三个条款，主要涉及招标代理机构。

为深化招投标领域"放管服"改革、优化营商环境、解决招投标市场存在的突出问题、促进经济高质量发展，本次《征求意见稿》对现行《招标投标法》修改58条，增加28条，删除2条，维持8条不变，是一次全面修订。修订内容主要涉及以下八个方面：

a）**推进招投标领域简政放权。**进一步清晰界定了必须进行招标的项目范围，大幅放宽对民间投资项目的采购方式要求，激发民间投资活力。取消企业投资项目招标方案核准、自行招标备案等多项事前核准、备案事项，更多采用事中事后监管，降低制度性交易成本。

b）**提高招投标公开透明度和规范化水平。**大幅增加招标公告、招标文件、中标公示等应当载明的事项范围。充分保障潜在投标人和投标人对资格预审、评标、定标结果的知情权。借鉴国际惯例首次对招标计划公开作出规定。大力推广使用标准招标文件。

c）**落实招标人自主权。**进一步明确招标人在选择代理机构、编制招标文件、选择资格审查方式、委派代表进入评标委员会、根据评标结果确定中标人等方面的自主权，同时强调招标人对招标过程和招标结果的主体责任，提高招投标质量。

d）**提高招投标效率。**根据实践需要，有条件地缩短了招标时限要求，兼顾效率和公平。明确两次招标失败、中标人不符合中标条件、中标人不履行合同等情形下的解决方式，避免反复重新招标。

e）**解决低质低价中标问题。**严格限定经评审的最低投标价法的适用范围。在评标环节引入异常低价投标处理程序，有效管控合同履行风险。鼓励在价格评审因素中引入全生命周期成本理念。

f）**充分发挥招投标促进高质量发展的政策功能。**鼓励招标人合理设置科技创新、节约能源资源、生态环保等要求和条件，倡导绿色采购。禁止招标文件套用特定生产供应者的条件设定招标项目技术标准，为高质量、创新型产品进入市场营造良好环境。

g）**为招投标实践发展提供法治保障。**明确总承包招标、集中招标、两阶段招标等招标组织形式的法律地位。积极促进电子招投标推广应用。明确政府和社会资本合作项目遴选社会资本方有关招标要求。扩大了允许自然人投标的项目范围。

h）**加强和创新招投标监管。**加强招投标领域信用体系建设。强化标后合同履行情况监管，解决招投标与合同履行脱节问题。加强对招标代理行为和评标专家行为的监管。加大对围标、串标等违法行为惩戒力度。推动行政监督部门建立抽查检查机制。引入仲裁、调解等多元化纠纷解决方式。

同时，对现行《招标投标法》未规定的招标终止、异议与投诉处理程序、招标档案管理、投标担保和履约担保等基本制度作了补充规定，对法律实施过程中有关方面理解和执行上存在疑问的规定作了进一步明确。

《招标投标法》的全面修订，必将对建设工程合同的订立、履行及相关争议解决产生重大而深远的影响。

2. 工程总承包领域——住建部和国家发展改革委《房屋建筑和市政基础设施项目工程总承包管理办法》

2019 年 12 月 23 日，住建部与国家发展改革委联合发布《房屋建筑和市政基础设施项目工程总承包管理办法》(建市规〔2019〕12 号，以下简称"**《工程总承包管理办法》**")。该办法自 2020 年 3 月 1 日起施行。

从 2003 年《建设部关于培育发展工程总承包和工程项目管理企业的指导意见》(建市〔2003〕30 号)提出培育工程总承包企业，到 2016 年《住房城乡建设部关于进一步推进工程总承包发展的若干意见》(建市〔2016〕93 号)，直至 2019 年《工程总承包管理办法》出台，我国房屋建筑和市政基础设施工程总承包市场终于拥有了第一个部门规章级别的立法。由住建部与国家发展改革委联合制定和发布，也有助于提高该办法在市场（特别是政府投资项目）中的地位。

《工程总承包管理办法》既吸收了以往实践中的良好做法，也在一些核心问题上进行了重大调整，这将对工程总承包市场的交易规则产生深远影响。

需要特别说明的是，受限于我国工程建设领域"条块分割"的行政管理体制，《工程总承包管理办法》的适用范围为房屋建筑与市政基础设施项目。该办法对其他行业的影响程度，特别是工业工程领域，目前还存在较大不确定性。为免歧义，下文中的"工程总承包"除特别说明外，限于房屋建筑和市政基础设施项目。

《工程总承包管理办法》明确了工程总承包项目的发包阶段、必须招标的条件、招标文件应当具备的主要内容和推荐合同示范文本、工程总承包单位的资质条件、前期咨询单位的利益冲突和例外情形、建设单位承担的主要风险种类、工程总承包项目经理应当具备的条件、分包方式、建设单位和工程总承包单位各自的质量和安全责任等。其中，该办法第 10 条关于工程总承包单位应当同时具有设计和施工的"双资质"的新规定，将对现有工程总承包市场准入要求和合同责任分担机制产生重大影响。

从工程总承包合同的订立、履行和争议解决角度，《工程总承包管理办法》在如下几个方面的规定也值得注意：

第一，关于工程总承包项目应当在什么阶段发包，《工程总承包管理办法》第 7 条明确规定，企业投资项目应当在核准或者备案后进行工程总承包项目发包；但是，政府投资项目原则上应当在初步设计审批完成后进行工程总承包项目发包，这与《政府投资条例》第 9 条的规定是衔接的。

第二，关于前期咨询单位能否成为工程总承包单位这一关键问题，《工程总承包管理办法》第 11 条明确规定，代建单位、项目管理单位、监理单位、造价咨询单位、招标代理单位不得作为工程总承包单位；在政府投资项目中，在已完成项目建议书、可行性研究报告、初步设计文件公开的条件下，其编制及评估单位有资格成为工程总承包单位。这里值得注意的是，上述第 11 条并未明确在企业投资项目中，项目建议书、可行性研究报告、初步设计文件的编制和评估单位在何种条件下可以作为工程总承包单位——从文

字逻辑上理解，似乎是不设置限制条件，但我们认为更谨慎的做法是参照政府投资项目的条件，也需公开前期咨询设计成果。

第三，关于工程总承包合同风险分配机制，《工程总承包管理办法》第15条规定建设单位承担的主要风险包括“（一）主要工程材料、设备、人工价格与招标时基期价相比，波动幅度超过合同约定幅度的部分；（二）因国家法律法规政策变化引起的合同价格的变化；（三）不可预见的地质条件造成的工程费用和工期的变化；（四）因建设单位原因产生的工程费用和工期的变化；（五）不可抗力造成的工程费用和工期的变化。”上述风险分配机制尽管更公平合理，但考虑到该办法为效力等级较低的部门规章，如果政府部门强制推行，那么反而可能诱发新的“黑白合同”问题。

3. PPP领域——最高院《关于审理行政协议案件若干问题的规定》

2019年11月27日，最高院发布《关于审理行政协议案件若干问题的规定》（以下简称“**《行政协议司法解释》**”），自2020年1月1日起施行。

《行政协议司法解释》全文共29条。主要内容包括，明确行政协议的定义和范围，明确行政协议诉讼主体资格，坚持行政协议诉讼的全面管辖原则，坚持对行政机关行使优益权行为的合法性审查，依法确认行政协议的效力，坚持行政协议充分赔偿原则，规范行政协议案件的强制执行等。

该司法解释着眼于加强政府诚信建设，确保行政机关按照行政协议约定，严格兑现向社会及行政相对人依法作出的政策承诺，确保行政机关认真履行在招商引资、政府与社会资本合作等活动中，与投资主体依法签订的各类合同；确保以政府换届、领导人员更替等理由违约毁约侵犯合法权益的，要承担法律和经济责任；确保因国家利益、公共利益或者其他法定事由需要改变政府承诺和合同约定的，对企业和投资人因此而受到的财产损失，依法予以补偿，推动责任政府、诚信政府建设落到实处。

从民商事争议解决角度，《行政协议司法解释》第26条关于行政协议约定仲裁条款无效这一规定产生了较大争议，特别是对于在工程建设领域大量存在的各类PPP协议而言，其是否均属于行政协议，是否仍具有可仲裁性成为热点问题。

（三）典型案例

1. 常规建设工程领域典型案例

（1）【案例1】承包人向项目融资机构放弃优先受偿权承诺的效力认定[1]

a）【基本案情】

2013年4月19日，中国工商银行股份有限公司枣庄薛城支行（下称“**项目融资银行**”）与山东浙商联合实业股份有限公司（下称“**发包人**”）签订《房地产借款合同》，向其提供住房开发贷款1.38亿元，并办理了在建工程和国有土地使用权抵押登记手续。同日，案涉工程施工单位江苏南通二建集团有限公司（下称“**承包人**”）向项目融资银行出具《承诺函》：“我单位已知山东浙商联合实业股份有限公司‘嘉豪国际公寓’项目建设资金来源已全部落实，我单位自愿放弃本项目工程款优先受偿权”。

---

1 江苏南通二建集团有限公司、中国工商银行股份有限公司枣庄薛城支行第三人撤销之诉（2019）最高法民终978号（2019年10月31日）

贷款到期后，发包人未按期归还借款，项目融资银行向人民法院提起诉讼，法院判决项目融资银行对上述抵押财产享有优先受偿权。该判决生效后，项目融资银行于2017年9月13日向法院申请强制执行。

然而，2015年3月30日，承包人与发包人因建设工程施工合同纠纷提起诉讼，山东省高级人民法院于2015年6月25日作出《调解书》，确认双方当事人在开庭审理前自愿达成《和解协议》，《和解协议》第2.5条约定承包人对案涉工程享有优先受偿权。该《调解书》已经发生法律效力。

项目融资银行认为《调解书》建立在承包人向法院隐瞒了放弃工程价款优先受偿权基础上，《调解书》第2.5条关于承包人享有工程价款优先受偿权的内容损害其合法权益，向法院提起第三人撤销之诉。

b）【争议焦点】

第一，承包人放弃工程款优先受偿权的《承诺函》是否为附条件生效；

第二，《调解书》第2.5条关于承包人享有工程款优先受偿权的内容，是否错误，是否损害项目融资银行合法权益。

c）【裁判观点】

i 关于工程款优先受偿权是否为附条件放弃

法院认为，从《承诺函》的内容看，承包人放弃该项目工程款优先受偿权是因已知项目建设资金来源已全部落实。结合2013年4月18日发包人致承包人的承诺函，其中发包人明确承诺保证本次贷款只用于承包人承建案涉工程的进度款和结算款；再结合项目融资银行与发包人就案涉项目签订的《房地产借款合同》中借款发放和账户管理的相关内容，承包人主张其向项目融资银行出具《承诺函》放弃其对案涉工程价款优先于项目融资银行抵押权的受偿顺位，是一种附条件的放弃，理由成立。

在案涉《建设工程施工合同》《房地产借款合同》实际履行过程中，2013年5月22日，项目融资银行根据发包人的提款申请和支付委托将1.38亿元贷款进行了一次性发放，其中仅向承包人发放500万元。据此，承包人认为并未实现本次贷款全部用于承包人承建案涉工程建设资金的条件，故主张其向项目融资银行出具《承诺函》，放弃其对案涉工程价款优先于项目融资银行抵押权的受偿顺位的所附条件未成就，该主张具有一定合理性。

ii 关于《调解书》第2.5条内容

首先，关于《调解书》确认承包人享有优先受偿权是否错误，法院认为，承包人出具的《承诺函》，仅是针对特定抵押权人，即向项目融资银行所作出的对工程价款优先于抵押权受偿顺位的放弃，并未针对发包人承诺放弃优先受偿权，故承包人与发包人在建设工程施工合同纠纷诉讼中达成和解，确认其享有工程款优先受偿权具有正当性。因此，项目融资银行主张《调解书》第2.5条内容错误的依据不足。

其次，关于《调解书》第2.5条是否损害项目融资银行合法权益，法院认为：

第一，项目融资银行在从事贷款业务过程中有检查、监督贷款使用情况的责任，其在与发包人签订的《房地产借款合同》中也约定有相关条款。承包人基于对项目融资银行的信赖，在发包人未按承诺将案涉贷款全部用于支付其承建工程的工程款情况下，有

理由认为《承诺函》所附生效条件未成就，因此在其与发包人达成的和解协议中未涉及《承诺函》相关内容并不具有主观过错，项目融资银行主张承包人故意隐瞒已放弃工程价款优先受偿权的事实，依据不足。

第二，项目融资银行与承包人所争优先权实质，是执行程序中执行款项的分配顺位。在执行结果未明确情况之下，项目融资银行的民事权益是否实际受到损害亦不明确。综上，项目融资银行请求撤销《调解书》第2.5条内容，理据不足。

d)【纠纷观察】

关于承包人放弃工程款优先受偿权的效力，最高院《关于审理建设工程施工合同纠纷案件适用法律问题的解释（二）》（下称“**《施工合同司法解释（二）》**”）第23条规定“发包人与承包人约定放弃或者限制建设工程价款优先受偿权，损害建筑工人利益，发包人根据该约定主张承包人不享有建设工程价款优先受偿权的，人民法院不予支持”。工程款优先受偿权制度主要是为了保护第三人（建筑工人）利益而设立的制度，最高院确立承包人的弃权以不应损害建筑工人的利益为要件。

本案值得高度关注的是最高院对承包人放弃工程款优先受偿权意思表示的解释方式。根据《承诺函》内容，一方面，最高院认定承包人放弃工程价款优先受偿权的承诺，仅是针对项目融资银行，并非针对发包人；另一方面，也是本案的关键之处，最高院将项目贷款实际用于支付案涉工程价款，认定为承包人放弃工程价款优先受偿权承诺生效的附加条件——毫无疑问，最高院这一裁判规则将对项目融资机构、发包人、承包人等各利益相关方围绕工程价款优先受偿权的“博弈”，注入新的变量。

（2）【案例2】当事人主张建设工程合同效力与裁判机构认定不一致的处理[1]

a)【基本案情】

2012年9月23日，重庆尚信置业有限公司（下称“**发包人**”）与北京城建集团有限责任公司（下称“**承包人**”）签订《施工合同》。2012年10月12日，双方签订《协议书》约定以《施工合同》作为双方真实履约依据，此后签订的备案合同不作为双方履约依据。

2012年9月17日，重庆市德感建筑安装工程有限公司（下称“**第三人**”）向承包人出具《承诺书》，载明第三人以发包人指定分包单位的名义参与《施工合同》的订立过程，知悉该合同内容及全部风险，自愿承担承包人在该合同项下的全部责任和施工风险。

2012年10月31日，承包人与第三人签订《合作协议》约定：（i）双方就本工程的前期洽谈，投标及中标后的承建，进场前产生的所有费用均由第三人自行全部承担；（ii）本项目的投标及总承包事宜均以承包人名义办理（第三人为发包人指定分包单位）；（iii）承包人以其技术优势向本项目提供技术支持和监督管理，第三人负责项目资金的筹备及实际施工；（iv）有关本工程施工所产生的一切法律纠纷并导致承包人承担责任的最终均由第三人独立承担法律责任，即使承包人被确定因本项目向发包人及任何第三方承担法律责任，承包人亦有权向第三人全部追偿，第三人就本项目实际承担承包人的全部法律责任。该合作协议还约定第三人向承包人缴纳实际结算总价款7%的总包管理费，

1 北京城建集团有限责任公司、重庆尚信置业有限公司建设工程施工合同纠纷（2019）最高法民终876号（2019年7月9日）

本工程之税费及各种规费和财务费用均由第三人全部承担。第三人向承包人付清管理费后，就项目的一切事宜自负盈亏，承包人不分享项目利润，亦不承担风险损失。

在《施工合同》履行过程中，因发包人欠付工程款，案涉工程停工。此后，承包人向发包人提起诉讼，诉讼请求包括发包人支付工程款及利息、停工损失费、垫付费用损失及利息、工程款优先受偿权等。

b)【争议焦点】

第一，案涉《施工合同》是否无效；

第二，承包人坚持以《施工合同》有效为前提主张的诉讼请求如何处理。

c)【裁判观点】

i 关于案涉《施工合同》效力

法院认为，案涉工程系由发包人指定第三人承建，第三人不具有案涉工程所需特级资质，第三人借用承包人的资质与发包人签订《施工合同》。承包人虽然组建了名义上的项目部，但并未对项目进行实际投入。由于以上行为违反我国法律关于禁止挂靠的强制性规定，因此法院认定案涉《施工合同》无效。

ii 承包人坚持以《施工合同》有效为前提主张的诉讼请求如何处理

根据最高院《关于民事诉讼证据的若干规定》第 35 条之规定，诉讼过程中，当事人主张的法律关系的性质或者民事行为的效力与人民法院根据案件事实作出的认定不一致的，人民法院应当告知当事人可以变更诉讼请求。

在本案中，承包人的诉讼请求均以《施工合同》有效，发包人存在违约行为为前提提出。尽管一、二审法院均认定《施工合同》无效，并向承包人作出释明，要求其以《施工合同》无效为基础提出备用诉讼请求，但出于《施工合同》继续履行、解除后违约责任承担等后续问题的考虑，承包人仍坚持以《施工合同》有效为基础，并未提出备用诉讼请求。

对此，法院认为，由于判断建设工程施工合同是否有效，对当事人的实体权利将带来不同的裁判结果。如果不顾承包人的主张以合同无效为基础做出裁判，势必影响到承包人的权利，不利于纠纷合理解决。据此，基于承包人坚持以案涉《工程施工合同》有效为前提主张权利，法院对其诉讼请求予以驳回。但是，承包人可基于《施工合同》无效为基础另行提起诉讼。

d)【纠纷观察】

近年来，随着建筑业“放管服”改革的深入，可能导致建设工程施工合同无效的强制性规定日益弱化。同时，在建设工程施工合同争议解决实践中，合同无效时仍可参照合同约定进行工程价款结算和确定损失。尽管如此，本案例的重要指导意义在于，以合同效力作为请求权的基础，需要高度重视和谨慎考虑。

我们注意到，在本案中，除了法院依据承包人向第三人出借资质（挂靠）事实认定案涉《施工合同》无效外，基于案涉《施工合同》实为“黑合同”的事实，该合同还存在因违反《招标投标法》第 46 条第 1 款而无效的情形。

值得特别注意的是，最高院在终审判决中指出，在本案中对承包人的诉讼请求予以驳回，并非仅仅基于对《关于民事诉讼证据的若干规定》第 35 条规定的理解与适用。上

述司法解释条文规定的释明权，其立法宗旨在于一次性解决当事人之间纠纷，强调人民法院应当注重对诉讼活动的指挥和指导当事人正确行使权利，体现的是人民法院与诉讼当事人之间协同主义的诉讼价值。具体到某一案件的审理中，即使出现了当事人主张的法律关系的性质或者民事行为的效力与人民法院根据案件事实作出的认定不一致，人民法院在行使释明权后当事人仍然坚持原来诉讼请求的，也不宜简单地予以驳回。人民法院应当从请求权规范基础的裁判思维出发，在依法认定案件基本事实的基础上，对当事人提出的诉讼请求作出必要的扩张解释以确定是否存在能够适用的实体法规范基础。但是，最高院进一步指出，对当事人诉讼请求的扩张解释，应以不违背当事人的本意为限，不能限制或损害当事人在实体法及诉讼法上的权利。而判断建设工程施工合同是否有效，对当事人的实体权利将带来不同的裁判结果。

我们理解，针对建设工程施工合同纠纷处理，尽管根据最高院相关司法解释，施工合同无效后仍可参照合同约定进行价款结算和损失确定，同时也不影响承包人工程款优先受偿权，但是判断合同是否有效，对发、承包双方的实体权利将带来不同的裁判结果，特别是合同是否可继续履行，是否可主张解除合同的权利救济等。在本案中，在法院已经认定《施工合同》无效并释明的情形下，承包人出于特定考虑，仍坚持基于合同有效提出诉讼请求，并拒绝基于合同无效提出备用诉讼请求，最终导致法院不得不驳回其诉讼请求的结果，值得我们深入思考和借鉴。

2. 工程总承包领域典型案例

（1）【案例3】工业工程总承包模式下再分包、主体结构违法分包的认定[1]

a）【基本案情】

2010年9月30日，新疆中泰矿冶有限公司（下称“**建设单位**”）与中国电力工程顾问集团中南电力设计院有限公司（下称“**工程总承包单位**”）签订《100万吨/年电石项目动力站EPC总承包合同》(下称“**《EPC合同》**”)。

2011年1月24日，建设单位、工程总承包单位经过招投标程序，作为共同发包人与中国能源建设集团江苏省电力建设第三工程有限公司（下称“**施工单位**”）签订《施工合同》，约定由施工单位承建EPC项目中的建筑和安装施工。

2011年3月，施工单位与中国江苏国际经济技术合作集团有限公司（下称“**分包单位**”）签订《分包合同》，约定由分包单位承建建筑工程。

2012年6月22日，建设单位和工程总承包单位要求施工单位安排分包单位退场，分包单位亦同意退场。随后施工单位完成了分包单位遗留工程的施工，并完成竣工验收。

此后，因《分包合同》项下价款结算纠纷，分包单位向法院起诉，诉讼请求包括判令《分包合同》无效、施工单位提供代付工资及材料款凭证、施工单位支付欠付工程款、建设单位和工程总承包单位在欠付工程款范围内承担连带清偿责任等。

b）【争议焦点】

第一，《分包合同》是否无效。

1 中国江苏国际经济技术合作集团有限公司、中国能源建设集团江苏省电力建设第三工程有限公司、中国电力工程顾问集团中南电力设计院有限公司、新疆中泰矿冶有限公司建设工程分包合同纠纷（2019）最高法民终346号（2019年5月30日）

第二，建设单位和工程总承包单位是否应当承担连带清偿责任。

c)【裁判观点】

i 关于《分包合同》合同效力

在本案中，分包单位主张由于施工单位构成一系列违法分包行为，因此《分包合同》应当无效。对此，法院根据《建设工程质量管理条例》第78条，对施工单位在本案中是否构成违法分包行为一一作出如下认定。

第一，关于施工单位是否进行建设工程再分包。在本案中，由于《EPC合同》的承包模式为EPC总承包，工程总承包单位仅具有设计资质，其仅负责工程设计而不进行施工，案涉工程系由建设单位和工程总承包单位通过招标共同确定施工单位，并且作为共同发包单位与其签订《施工合同》。据此，施工单位事实上从建设单位直接获得案涉工程承包权利，应为施工总承包单位，而非分包单位。据此，施工单位将其中标工程进行分包，并未违反我国法律关于工程再分包的禁止性规定。

第二，关于施工单位是否将建设工程主体结构施工进行分包。法院认为，就整个电石项目动力站工程而言，机组设备运转是电力工程施工的核心及《施工合同》的主要目的，设备机组的采购和安装在工程造价中所占比重亦高于建筑工程，故施工单位负责实施的设备机组采购和安装是案涉工程施工的核心和主体工程，而分包单位所承建的建筑工程处于从属地位。因此，施工单位并未违反我国法律关于禁止将建设工程主体结构施工进行分包的强制性规定。

第三，由于分包单位具有相应资质条件，且已经建设单位、工程总承包单位同意，因此，施工单位也不构成将建设工程分包给不具备相应资质条件的单位、未经建设单位进行分包的违法分包行为。

综上，法院认定施工单位并未违法分包，《分包合同》系双方当事人的真实意思表示，不违反法律、行政法规的强制性规定，应认定有效。

ii 关于建设单位和工程总承包单位是否应当承担连带清偿责任

在本案中，法院认定由于施工单位在《分包合同》项下已经超付工程款，分包单位主张建设单位、工程总承包单位在应付款范围内承担连带责任并无事实依据，未支持该项诉讼请求。

d)【纠纷观察】

在本案中，分包单位主张施工单位构成违法分包的目的之一，是主张其构成“实际施工人”，进而依据最高院《建设工程施工合同司法解释》(一)第26条规定，请求上游合同即《施工合同》的发包人，在欠付工程款范围内承担支付责任。对此，法院基于对工业工程总承包模式特点的准确把握，就施工单位是否构成违法分包行为分别进行了严密分析和准确判断。

案涉电石项目电力站工程属于一种工业工程。在本案中，与房屋建筑施工总承包模式相比，工业工程总承包模式的差异性集中体现为两方面，一是总分包法律关系不同；二是对“主体工程”的界定不同。

关于总分包法律关系的差异性，主要是由于工业项目的工程总承包单位多为设计单位，而设计单位大多数并不兼具施工资质，因此只能通过分包或联合体方式将施工部分

交由有资质的施工单位完成。如果采用分包的方式，那么施工单位的法律地位将是分包单位，这样其再进行专业工程分包，将很可能构成法律上禁止的工程再分包。本案的特别之处在于，建设单位与工程总承包单位对施工单位进行联合招标并共同签订合同，实际采取的是类似于 EPCM 的总承包项目管理模式，这样有效解决了施工单位的法律地位风险，使其可以进行合法分包。不过，在这种项目管理模式下，设计单位的工程总承包责任相对弱化，这对建设单位的项目管理能力提出更高要求。

关于"主体工程"界定的差异性，这可以说是本案审理的一大亮点。《建筑法》《建设工程质量管理条例》的立法以房屋建筑工程的管理体制为主要基础，其中关于禁止建筑 / 建设工程"主体结构"分包的表述，也在较大程度上体现了房屋建筑工程的特征。但是，在以机电设备为主的工业工程项目当中，建筑工程大多数处于附属地位，而机电设备的采购和安装工程才是主体部分。这样，简单将建筑工程认定为工业工程的"主体结构"并禁止分包，显然是不合理的。现有案例统计显示，本案应是最高院首次在判决中，将法律规定的"主体结构"扩大解释为"主体工程"，并将工业工程中的机电设备采购和安装部分认定为"主体工程"。这对解决实践中如何准确认定工业工程的"主体结构"，进而正确处理"主体结构违法分包"问题具有重大意义。

（2）【案例 4】EPC 合同解除权的行使及结算价款权利的主张[1]

a）【基本案情】

2013 年 2 月 4 日，中国庆华能源集团有限公司（下称"**发包人**"）与中国机械工业建设集团有限公司（下称"**承包人**"）签订《5000t/d 熟料新型干法综合利用废渣生产水泥项目 EPC 工程合同》（下称"**《EPC 合同》**"），采用固定总价。

《EPC 合同》约定，发包人在接到承包人提交竣工结算报告和完整竣工结算资料 30 日内未能提出修改意见，也未予答复的，视为发包人认可了该竣工结算资料作为最终竣工结算资料；同时，专用条款还约定适用《建设工程价款结算暂行办法》。此外，还约定了承包人可解除合同的事由、通知程序及后果。

此后，由于发包人未履行约定的工程款支付、开立设备款信用证及修改支付保函义务，承包人按合同约定的一系列通知和时限要求，在 2015 年 6 月 15 日书面通知发包人解除《EPC 合同》。

2015 年 10 月 30 日，承包人向发包人提交案涉工程《分包执行情况说明》《工程设计执行情况表》《设备材料供货执行情况表》《专项工程执行情况表》及《结算报告》。《结算报告》包括已完成工程、变更增加、三次停工损失三大类。《结算报告》包括的《合同内完成情况汇总表》记载了设计费、设备费的完成比例，以及经监理单位、发包人签认的已完建安工程量。随后，承包人通过邮件向发包人提供了现场清点资料并进行公

1 中国机械工业建设集团有限公司、中国庆华能源集团有限公司、新疆庆华环保建材有限公司EPC合同纠纷（2017）新民初 8 号（2019 年 10 月 15 日），该判决已经生效。

证。2016年2月26日，承包人向发包人发函主张享有工程优先受偿权。在起诉前，承包人还对案涉工程现场进行了证据保全。

b)【争议焦点】

第一，承包人主张《EPC合同》解除是否成立；

第二，EPC合同解除后价款结算，能否适用“逾期不答复视为认可竣工结算”的合同约定；

第三，承包人对案涉工程优先受偿权的起算日期。

c)【裁判观点】

i 承包人主张《EPC合同》解除是否成立

在本案中，法院认定发包人存在违约行为，承包人有权依据合同相关约定行使合同解除权。同时，承包人已经履行了通知合同解除的义务。发包人在收到解除合同的通知后，虽然不同意解除合同，但并未对违约行为采取补救措施，也未依法提出诉讼。因此，法院支持了承包人主张的合同已经依法解除的请求。

ii EPC合同解除后的价款结算能否适用“逾期不答复视为认可竣工结算”的合同约定

在本案中，法院认定《EPC合同》中关于发包人逾期不答复视为认可竣工结算条款约定明确，具有法律约束力。《施工合同司法解释（一）》第20条规定：“当事人约定，发包人收到竣工结算文件后，在约定期限内不予答复，视为认可竣工结算文件的，按照约定处理。承包人请求按照竣工结算文件结算工程价款的，应予支持。”

法院认为，在本案中，虽然案涉工程因《EPC合同》解除未竣工，但可参照上述规定进行价款结算。由于发包人既未在《EPC合同》通用条款约定30天内也未在《建设工程价款结算暂行办法》规定60天内就结算报告提出任何意见，因此视为发包人认可了承包人的结算报告。同时，由于案涉工程未竣工，并不具备制作竣工结算资料的条件，因此对发包人提出因承包人未提交竣工结算资料而不具备支付条件的答辩理由，法院未予支持。

iii 承包人对案涉工程优先受偿权的起算日期。

《施工合同司法解释（二）》第22条规定：“承包人行使建设工程价款优先受偿权的期限为六个月，自发包人应当给付建设工程价款之日起算。”

在本案中，经综合考虑《EPC合同》关于支付期限的约定，以及合同解除后的移交及结算情况，法院认定应付工程价款的时间为起诉之日，并将此日期认定为承包人工程款优先受偿权的起算日期，优先受偿权范围包括全部欠付的已完工程价款和变更工程价款。

d)【纠纷观察】

工业工程的EPC合同通常包括设计、设备采购、土建安装施工、试运行等特征各异的组成部分，这些组成部分之间不仅计价规则显著不同，而且在合同履行过程中的状态也更加多样化，特别是非标准设备采购，往往需要经过工厂制造、在途运输、现场存储、安装过程、安装完成等多个阶段。这些特点导致工业EPC合同在解除后的结算和纠纷处理，比常规建设工程施工合同更加复杂。

在本案中，值得充分肯定的是法院并未习惯性地依赖工程造价鉴定机构来处理EPC合同解除后的价款结算工作，而是在充分查明事实的基础上，将案涉EPC合同中发包人逾期不答复视为认可竣工结算的相关约定，参照适用于合同解除后的价款结算。这不仅有效率地解决了复杂结算纠纷，还为《施工合同司法解释（一）》第20条的更广泛适用提供了宝贵的司法实践。

3. 境外工程领域重大案例

（1）【案例5】独立保函欺诈例外认定与不可抗力[1]

a）【基本案情】

2009年7月29日，长江岩土工程总公司（武汉）（下称**"总承包商"**）与中博建设工程集团有限公司（下称**"分包商"**）签订《承包合同书》，承包工程位于利比亚境内两地，暂定合同价款分别约为22亿元、37亿元人民币。根据《承包合同书》约定，分包商向中国建设银行股份有限公司温岭支行（下称**"保函开立行"**）申请开立5份预付款保函和2份履约保函，保函受益人均为总承包商。

2011年1月24日，总承包商与分包商共同向驻利比亚参赞处申请开具证明文件。2011年1月27日，驻利比亚参赞处出具两份意见，载明2010年案涉两个工程完成工程量合计约为26.7亿元人民币。

2011年2月，利比亚发生内战，我国公民全部撤出，案涉工程停工。此后，保函开立行以停工系不可抗力导致，分包商不存在违约为由，对总承包商索兑保函的要求予以拒绝。

2015年，总承包商以保函开立行为被告，分包商为第三人，向浙江省高级人民法院提起诉讼，要求保函开立行兑付5份预付款保函金额合计约为5.88亿元以及2份履约保函项下金额合计约为1.18亿元。

2016年3月7日，温岭法院裁定受理分包商的重整申请。2016年11月22日，总承包商以分包商为被告、保函开立行为第三人，提起普通破产债权确认之诉，请求确认对分包商享有到期破产债权及利息。法院终审判决解除《承包合同书》，驳回总承包商的其他诉讼请求。终审判决为（2018）浙10民终1355号（下称1355号判决）[2]。

b）【争议焦点】

第一，总承包商索赔履约保函是否构成欺诈；

第二，总承包商索兑预付款保函是否构成欺诈。

c）【裁判观点】

i 关于总承包商索赔履约保函是否构成欺诈

案涉《承包合同书》第34条明确约定，如果因为不可抗力或发包人原因造成工程延期或其他责任，总包人和承包人双方免责，并共同采取措施减少损失。

法院认为，1355号判决已查明分包商和总承包商撤离涉案工程是由于利比亚内战，分包商系因不可抗力不能履行合同，并未违约；总承包商对其不享有涉案保函索赔权是

1 长江岩土工程总公司、中国建设银行股份有限公司温岭支行信用证纠纷（2019）最高法民终302号民事判决书（2019年6月28日）

2 2019年1月4日，浙江省高级人民法院通过（2018）浙民申4399号民事裁定书，裁定驳回总承包商的再审申请。

明知且清晰的。在此情形下，总承包商仍然坚持以分包商违约为由，要求保函开立行兑付履约保函，缺乏诚实信用，属于滥用索赔权，构成最高院《关于审理独立保函纠纷案件若干问题的规定》（下称“**《独立保函司法解释》**”）第12条第5款“受益人明知其没有付款请求权仍滥用该权利的其他情形”。

ii 关于总承包商索兑预付款保函是否构成欺诈

法院认为，1355号判决认定能够查明的涉案工程量不低于26.695亿元，高于总承包商给付的工程预付款金额，说明工程预付款已用于工程，分包商并没有不当占有该工程款项，即分包商对总承包商没有交还预付款的义务。

涉案工程量的认定系已经生效判决认定的主要事实，已生效的法院判决认定分包商作为基础交易的债务人没有付款责任，即构成《独立保函司法解释》第12条第3款“法院判决或仲裁裁决认定基础交易债务人没有付款或赔偿责任的”情形。

d）【纠纷观察】

本案除涉及独立保函欺诈例外情形的适用之外，还涉及战争与不可抗力的认定及后果处理、建设工程合同纠纷、保函欺诈纠纷及破产债权确认纠纷等法律程序之间的关联，以及境外证据的证明力等一系列跨境法律问题。该案例对“一带一路”背景下建设工程疑难争议解决十分具有借鉴价值。

4. PPP领域重大案例

（1）【案例6】名为BOT实为BT模式的PPP项目协议效力认定[1]

a）【基本案情】

2016年8月5日，安徽省阜南县人民政府（下称“**政府方**”）发起外环路网建设工程PPP项目。同年9月30日，中国二十二冶集团有限公司（下称“**社会资本方**”）通过竞争性磋商中标。2017年3月17日，政府方与社会资本方签订了《阜南县内外环路网建设工程PPP项目协议书》（以下简称“**PPP项目协议**”）。

公示信息和协议书显示，该项目的实施方式为“建设–运营–移交”即BOT。但是，社会资本方认为本项目实为非经营性项目，没有经营内容和使用者付费，项目回报为政府付费，实质只有建设和移交，是典型的BT模式，属于《关于规范政府和社会资本合作（PPP）综合信息平台项目库管理的通知》（财办金〔2017〕92号）列为政府违规举债、不能作为PPP项目的被清除范围。

鉴此，社会资本方提起行政诉讼，请求确认PPP项目协议无效。社会资本方主张涉案PPP项目协议无效的主要理由是认为该协议内容存在违反法律、行政法规强制性规定的“合同无效”法定情形。

b）【争议焦点】

第一，财办金〔2017〕92号文能否作为确认PPP项目协议无效的依据；

第二，“未列入预算不得支出”是否影响PPP项目协议效力；

第三，名为BOT模式实为BT模式是否为法律、行政法规所禁止。

c）【裁判观点】

1 中国二十二冶集团有限公司、安徽省阜南县人民政府行政协议纠纷（2019）皖行终1092号（2019年9月26日）

i 关于财办金〔2017〕92号文能否作为PPP项目协议无效的依据

法院认为，PPP项目库仅是财政部设立的政府和社会资本合作的一种综合信息管理平台，是行政机关行使行政管理的一种方式，并不属于法律、行政法规的强制性规定。涉案PPP项目协议约定的PPP项目即使属于应清退出项目库的情形，亦不属于因违反法律、行政法规的强制性规定导致合同无效的情形。

ii 关于“未列入预算不得支出”是否影响PPP项目协议效力

法院认为，地方人大已经通过决议同意政府方将案涉PPP项目资金列入财政预算议案的报告，并将特许经营期内按年度向项目公司支付的运营维护费纳入政府中期财政预算，故社会资本方认为涉案PPP项目协议内容违反了《中华人民共和国预算法》中有关“先预算后支出”“未列入预算的不得支出”的强制性规定的主张与事实不符。同时，未列入预算不得支出是合同履行问题，并不影响合同的效力。

iii 关于名为BOT模式实为BT模式是否为法律、行政法规所禁止

法院认为，所谓BOT模式和BT模式仅是政府和社会资本合作的不同方式，现行的法律、行政法规并不禁止合作双方选择合作模式。即使涉案协议项目名为BOT模式实为BT模式，也没有违反法律、行政法规的强制性规定从而导致“合同无效”。此外，即使合同中部分条款无效，也不影响整个合同的效力。

d)【纠纷观察】

《行政协议司法解释》第12条第1款规定：“行政协议存在行政诉讼法第七十五条规定的重大且明显违法情形的，人民法院应当确认行政协议无效。人民法院可以适用民事法律规范确认行政协议无效。”

在本案中，法院正是主要根据《合同法》第52条规定对是否导致案涉PPP协议可能无效的情形分别进行了认定。但是，我们注意到，社会资本方在本案中还主张涉案PPP协议因违反《招标投标法》中关于禁止更改不可变实质性条件的强制性规定而应当认定无效，但法院在终审判决中对此答辩意见似乎并未有针对性的予以认定。

需要特别说明的是，本案例虽然是一起行政诉讼，但法院对案涉PPP协议的效力认定仍主要基于《合同法》，这对处理PPP协议在民商事争议解决中的类似纠纷，同样具有借鉴价值。

（2）【案例7】当事人以特许经营合同具有行政协议性质，不属于仲裁的受案范围为由要求撤销仲裁裁决[1]

a)【基本案情】

2005年5月，青岛经济技术开发区城市管理局（后变更为青岛市黄岛区城市管理

1 青岛市黄岛区城市管理局与青岛绿色动力再生能源有限公司申请撤销仲裁裁决（2018）京04民特488号（2019年1月15日）

局，下称“**政府方**”）与绿色动力国际控股（集团）有限公司（下称“**社会资本方**”）签订《青岛经济技术开发区城市生活垃圾综合处理项目特许经营授权合同书》(下称“**《合同书》**”)，并约定了中国国际经济贸易仲裁委员会（下称“**贸仲委**”）示范仲裁条款。

根据《合同书》约定，社会资本方注册成立项目公司即青岛绿色动力再生能源有限公司（下称“**项目公司**”）。经政府方确认，社会资本方将其在《合同书》项下的权利义务概括转让给项目公司。

2017 年 7 月，政府方作为申请人，以项目公司为被申请人，向贸仲委申请仲裁。2018 年 10 月 11 日，贸仲委作出仲裁裁决书，裁决被申请人继续履行与申请人签订的《合同书》及补充合同书。

此后，项目公司以案涉《合同书》属于政府特许经营协议，因政府方提供的土地不能重新取得环评批复导致合同不能履行而产生的争议属于行政争议，该争议应当属于行政诉讼受案范围而不属于仲裁受案范围等为由，向北京市第四中级人民法院申请撤销贸仲委裁决书。

b)【争议焦点】

案涉《合同书》作为一种行政协议，是否具有可仲裁性。

c)【裁判观点】

法院认为，2005 年 5 月涉案《合同书》签订时，《中华人民共和国行政诉讼法》(下称“**《行政诉讼法》**”）并未规定当事人可以针对行政机关不依法履行、未按照约定履行特许经营协议的行为提起行政诉讼。2015 年 5 月 1 日起施行的经修订的《行政诉讼法》虽将“认为行政机关不依法履行、未按照约定履行或者违法变更、解除政府特许经营协议”情形纳入行政诉讼受案范围，但并未明确规定 2015 年 4 月 30 日以前签订的特许经营协议中的仲裁条款自动失效，而最高院《关于适用〈中华人民共和国行政诉讼法〉若干问题的解释》(法释〔2015〕9 号）亦未作出此规定。实际上，直至贸仲委作出裁决时，法律和司法解释并未明确规定 2015 年 4 月 30 日以前签订的特许经营协议中的仲裁条款无效。

据此，法院认为项目公司要求撤销贸仲委仲裁裁决书的理由没有法律依据，未予支持。

d)【纠纷观察】

最高院在“香港斯托尔实业（集团）有限公司诉泰州市政府、海陵区政府、海陵工业园管委会招商引资协议纠纷（2017）最高法行再 99 号”一案中，认为“对形成于 2015 年 5 月 1 日之前的行政协议，如果协议双方未明确约定争议解决适用仲裁或者民事诉讼途径的，作为协议一方的公民、法人或者其他组织提起行政诉讼，人民法院依法应当立案受理。”据此，以修订《行政诉讼法》实施日期 2015 年 5 月 1 日为时间分界线，之前形成的特许经营协议，如果明确约定仲裁的，仍然具有可仲裁性。在本案中，法院实际也是按此规则认定案涉仲裁条款有效。

《行政协议司法解释》第 28 条规定：“2015 年 5 月 1 日后订立的行政协议发生纠纷的，适用行政诉讼法及本规定。2015 年 5 月 1 日前订立的行政协议发生纠纷的，适用当时的法律、行政法规及司法解释。”该规定并没有明确 2015 年 5 月 1 日前订立的行政协议是否仍具备可仲裁性——我们认为上述案例应可为解除此问题提供实践参考依据。

（四）热点问题观察

1. 工程总承包领域——工程总承包单位“双资质”要求

《工程总承包管理办法》第10条规定：“工程总承包单位应当同时具有与工程规模相适应的工程设计资质和施工资质，或者由具有相应资质的设计单位和施工单位组成联合体。”这意味着，今后工程总承包单位必须具备设计与施工“双资质”，否则只能采取联合体的形式。该规定从根本上改变了以往工程总承包单位仅需要具备设计或施工的“单资质”的市场准入要求，这将对工程总承包合同的核心风险特征和争议解决产生深远影响。

（1）与设计单位资质有关的问题

工程总承包单位资质问题，将直接影响工程总承包合同效力。最高院在“陕西达华电力工程有限责任公司与陇川鸿宇安新能源科技有限公司建设工程施工合同纠纷（2016）最高法民终695号”一案中，首次确认住建部颁布的《工程设计资质标准》可以作为认定工程总承包市场准入的法律依据。

我国自20世纪80年代开展工程总承包的探索和实践以来，与房屋建筑和市政、水利、交通基础设施等领域相比，我国在石油、化工、建材、电力、新能源等工业工程领域的工程总承包模式起步更早，发展也相对更成熟。工业工程总承包项目往往以设计为龙头，设计单位作为工程总承包商是主导模式——住建部以往发布的关于工程总承包的指导意见也充分体现了这一现状。

在工业工程领域，由于设计单位同时拥有设计、施工资质的情形总体占少数，因此，《工程总承包管理办法》关于设计和施工“双资质”要求，如果也强制或参照适用于工业工程领域的工程总承包实践，那么反而可能对该领域基于长期市场的内在驱动形成的现有平衡和良性发展构成不利影响。

对此，尽管《工程总承包管理办法》第12条为设计和施工单位申请双资质设计了“绿色通道”，即“已取得工程设计综合资质、行业甲级资质、建筑工程专业甲级资质的单位，可以直接申请相应类别施工总承包一级资质”“具有一级及以上施工总承包资质的单位可以直接申请相应类别的工程设计甲级资质”“完成的相应规模工程总承包业绩可以作为设计、施工业绩申报”，但这项制度在实践操作中的实际效率和效果如何，还有待观察和实践检验。

（2）关于联合体成员的连带责任

在不具备“双资质”的情形下，设计或施工单位只能通过组建联合体的方式承接工程总承包业务。但是，这种通过“资质”而非“资源”为纽带形成的设计和施工联合体，更容易因合作基础的不足甚至扭曲而引发疑难纠纷。以下对几类在实践中仍未有定论的问题进行简要剖析。

a）联合体成员对发包人的连带责任问题

《建筑法》第27条规定“共同承包的各方对承包合同的履行承担连带责任”。显然，联合体成员对于发包人承担连带责任在法律上无任何异议。

在以“施工为龙头”的工程总承包项目中，在以往“单资质”体制下，设计单位可以作为设计分包人，仅就其设计分包合同约定范围，与工程总承包人向发包人承担相对有限的连带责任。但是，在“双资质”体制下，单资质的施工单位将不得不要求设计单位与其组成联合体，共同向建设单位承担连带责任——在这种情形下，设计单位在联合体协议中的份额如果仅限于设计费，那么其有限的设计费利益与连带责任风险相比，将很可能出现严重失衡。

b）联合体成员对分供商的连带责任问题

在仅由联合体成员一方（通常为牵头人）签订分供合同的情形下，其他联合体成员是否也应当对该分供合同的履行承担连带责任？这个问题在司法实践中的认定相当复杂，以结果为导向可以概括为两大类：

第一类是认定应当承担连带责任，主要理由或是基于认为分供合同的履行系《建筑法》第 27 条中履行承包合同的行为，或是基于《民法通则》第 52 条关于合伙型联营体对外承担连带责任的规定，但均结合联合体协议内容认定牵头人代表联合体，联合体是分供合同的实际权利义务主体。典型案例如最高院“四川省冶金设计研究院、贵州省冶金建设公司、与唐勇、王善池、四川华硅冶金设备有限公司、德昌铁合金（集团）有限责任公司建设工程施工合同纠纷案（2018）最高法民申 2076 号”[1]、陕西省高级人民法院“神木市苏家壕煤矿与上海强盛投资管理有限责任公司，徐海良，徐炎红等建设工程施工合同纠纷案（2019）陕民终 850 号”、甘肃省高级人民法院“南京龙源环保有限公司、温州市张强标牌有限公司、中国石油天然气股份有限公司玉门油田分公司、南京利朗科技有限公司承揽合同纠纷（2017）甘民申 596 号”等。

第二类是认定不应当承担连带责任。主要理由是基于合同相对性原则，认定联合体其他成员并非分供合同当事人，同时认定联合体协议中关于联合体成员承担连带责任的约定不应及于联合体协议第三人。典型案例如“四川恒彩建筑装饰工程有限公司、四川俏世钢结构有限公司、四川乾亨建设工程有限公司建设工程施工合同纠纷案（2018）渝民申 1412 号”。

基于对以上各案例相关细节的分析、总结和批判，我们认为正确的处理此类纠纷的基本原则应当是：

首先，关于《建筑法》第 27 条“共同承包的各方对承包合同的履行承担连带责任”，其中“对承包合同的履行”承担连带责任的对象应是指向发包人，而不应扩大解释为任何与“承包合同的履行”有关的其他合同相对人。对此，《招标投标法》第 31 条已经明确规定联合体各方就中标项目“向招标人”承担连带责任。

其次，根据合同相对性原则，由于其他联合体成员并非分供合同的当事人，因此分供合同应仅对签订该合同的联合体成员和分供商具有约束力。

但是，需要特别注意的是，上述合同相对性原则的适用存在法定例外情形。根据《民法通则》第 52 条，其他联合体成员即使不是分供合同当事人，但在两种情形下仍应当向分供商承担连带责任：一是法律规定，二是联合体协议的约定。对于前者，基于前述对《建筑法》第 27 条的分析，可以认定我国目前应当没有关于联合体各方向分供商承担连带责任的法律规定。这样，联合体协议的约定将成为判断联合体协议各方是否应当对分供商承担连带责任的法律依据。如果联合体协议本身明确约定了联合体各方对分供商承担连带责任，那么其他联合体成员即使未参与分供合同的签订，也不能再以合同相

1 该案二审判决书为四川省高院（2015）川民终字第 664 号，2019 年在工程总承包业界引起热议。

对性原则为由，拒绝向分供商承担连带责任。

2. PPP协议与行政协议的关系及可仲裁性

《行政协议司法解释》第26条规定："行政协议约定仲裁条款的，人民法院应当确认该条款无效，但法律、行政法规或者我国缔结、参加的国际条约另有规定的除外。"

上述规定在PPP实务界和仲裁界引起震动，因为这将意味着，除特定情形外，PPP协议的仲裁条款的效力将取决于PPP协议是否属于行政协议。如果PPP协议不属于行政协议而是属于民事合同，那么其仲裁条款的效力将依据《中华人民共和国仲裁法》（以下简称"**《仲裁法》**"）来予以确定，PPP协议当事人可以根据有效仲裁条款，通过仲裁解决争议；反之，如果PPP协议属于行政协议，那么根据《行政协议司法解释》第26条规定，仲裁条款无效，相应PPP协议将不再具有可仲裁性。鉴此，判断PPP协议是否具有可仲裁性，首先将取决于PPP协议是否属于行政协议。

（1）《行政协议司法解释》并未将PPP协议一律认定为行政协议

《行政协议司法解释》第1条规定："行政机关为了实现行政管理或者公共服务目标，与公民、法人或者其他组织协商订立的具有行政法上权利义务内容的协议，属于行政诉讼法第十二条第一款第十一项规定的行政协议。"第2条则进一步列举了行政协议的六种类型，分别是："（一）政府特许经营协议；（二）土地、房屋等征收征用补偿协议；（三）矿业权等国有自然资源使用权出让协议；（四）政府投资的保障性住房的租赁、买卖等协议；（五）符合本规定第一条规定的政府与社会资本合作协议；（六）其他行政协议。"

其中，第（五）类PPP协议被限定为"符合本规定第一条规定"——这意味着并非所有的PPP协议均为行政协议，除第（一）类政府特许经营协议明确为行政协议外，对于其他类型的PPP协议，只有符合该司法解释第1条规定的PPP协议，才能按行政协议处理。

对此理解，最高人民法院行政庭副庭长梁凤云在《行政协议司法解释》新闻发布会上的发言可以作为支持依据："政府与社会资本合作协议一般情况下以合同群的方式存在，在很多情况下表现为是行政协议，但是在个别的情况下又体现为民事合同。所以在司法解释里明确规定，对于符合本司法解释规定的行政协议定义的政府与社会资本合作协议、PPP协议属于行政协议范围。"

（2）PPP"合同群"中不属于行政协议的合同

如前所述，PPP协议通常以"合同群"形式存在，其合同体系主要包括项目合同、股东合同、融资合同、工程承包合同、运营服务合同、原料供应合同、产品采购合同和保险合同等[1]。

首先，根据《行政协议司法解释》第1条的定义，在PPP合同群中，对于政府通常不作为当事人的合同，例如股东合同、融资合同、工程承包合同、运营服务合同、原料供应合同、产品采购合同和保险合同等，应当不属于行政协议而属于民事合同，具有可仲裁性。

接下来的核心问题是，对于政府作为当事人的合同，是否必然属于行政协议呢？这

1 见《政府和社会资本合作模式操作指南（试行）》（财金〔2014〕113号）第11条第5款。

需要根据《行政协议司法解释》第1条规定的行政协议的四要素来确定。根据最高院行政审判庭庭长黄永维在《行政协议司法解释》新闻发布会上的发言，行政协议四要素包括：一是主体要素，即必须一方当事人为行政机关；二是目的要素，即必须是为了实现行政管理或者公共服务目标；三是内容要素，协议内容必须具有行政法上的权利义务内容；四是意思要素，即协议双方当事人必须协商一致。其中，“主体要素”“目的要素”和“意思要素”并非行政协议所独有，因为民事合同在一定条件下也可以同时具备以上三元素，例如《中华人民共和国政府采购法》下的政府采购合同[1]。

鉴此，判别行政协议的真正关键在于“内容要素”[2]，即“必须具有行政法上的权利义务内容”。对此，最高院在“四川省大英县人民政府与大英县永佳公司不履行行政协议纠纷”一案中，有较全面阐述：“行政法上的权利义务可以从以下三方面进行判断：一为是否行使行政职权、履行行政职责；二为是否为实现公共利益或者行政管理目标；三为在协议里或者法律上是否规定了行政机关的优益权。其中，行使行政职权、履行行政职责及行政机关具有优益权构成了行政协议的标的及内容，而是否属于上述标的及内容无法判断时，还可以结合‘实现公共利益或者行政管理目标’这一目的要素进行判断。从所起的作用看，是否行使行政职权、履行行政职责为本质要素，只要符合该要素，所涉协议即为行政协议，而实现公共利益或者行政管理目标及行政机关的优益权这两个要素为判断是否行使行政职权的辅助要素。”据此，政府方与社会资本方订立的PPP合同如果仅是对民事权利义务、合同履行、变更、解除等进行约定，并不具有“行政法上权利义务内容”，那么也应当认定为民事合同。

（3）PPP协议是否只能属于行政协议

如果PPP协议符合行政协议的四要素，那么是否只能属于行政协议，而不能兼具民事合同属性呢？

事实上，PPP协议大多数呈现出“合同联立[3]”的现象，即将投资合作合同、股东合同、工程承包合同、运营服务合同、资产转让合同等数个合同内容集成在一份合同中，同时还会设置政府方对项目提供支持、进行行政管理和监督等内容。这些不同类型、不同领域的权利义务之间存在着一定的相互依存、相互传递的关系。因此，PPP协议的这种特性使得其涉及的法律领域十分广泛，涵盖《民法总则》《合同法》《预算法》《政府采购法》《公司法》《担保法》《保险法》《行政许可法》《行政处罚法》《行政诉讼法》《行政复议法》《民事诉讼法》《仲裁法》《会计法》《土地管理法》《建筑法》《环境保护法》等多个法律部门，呈现出明显的公法和私法混合的特征。

对于PPP协议中涉及政府特许经营协议的授予、收回，政府采购投诉，政府信息公开，项目规划许可，对项目公司的处罚，对项目公司征收补偿决定、收费标准的确定等，因涉及相关行政管理职能的履行，显然应当作为行政行为处理。例如，在公路PPP项目

1 《政府采购法》第43条第1款规定：“政府采购合同适用合同法。采购人和供应商之间的权利和义务，应当按照平等、自愿的原则以合同方式约定。”

2 方杨方：“深度解析最高法行政协议司法解释对PPP协议的定性”，2019年12月18日发表于“PPP知乎”微信公众号，访问时间：2020年2月2日。

3 “合同联立”是指数个合同不失其个性而相结合的法律事实。参见史尚宽：《债法总论》，中国政法大学出版社2000年1月版，第11页。

中，政府通常承诺在一定年限内不在项目附近一定区域内修建另一条具有竞争性的公路。这种承诺实质上构成对政府方依法行使行政许可职权的限制，这种限制显然只能以行政行为实现，并受限于行政优益权。

但是，对于PPP协议项下项目公司的投资和融资、土地使用权的取得、工程建设、项目产权的归属、项目收益的分配、项目担保、项目收益权抵押、项目回购、税费负担、违约责任等问题，这些内容虽然集合在一份PPP协议中，但实质上只是通常的企业投资、建设、采购、运营等行为的叠加，不影响其民事行为的本质。

此外，对于政府方付费项目和可行性缺口补助项目，政府方承担一定的金钱支付义务，这部分资金需要通过财政资金予以解决，但这仅仅是政府方获得社会资本代为提供公共服务的一个对价，与一般的民事服务合同并无本质差别，不能仅仅因为涉及财政资金或冠以"补助""补贴"的名义即曲解为属于行政行为。

同理，除金钱支付义务外的其他政府方义务，例如提供土地使用权用于项目建设、经营的行为或者外部条件保障的行为，亦是政府方获取服务而支付的对价，只不过给付标的是"实物"或"行为"而非"金钱"，因此也应识别为民事行为。

正如北京仲裁委员会秘书长林志炜先生所总结的，"PPP协议争议焦点主要是利益平衡，社会资本方很少真正挑战政府方的行政权。即使有，这种挑战也都能转化为利益的权衡"[1]。

综上，如果采用"一刀切"的方式，不做甄别地将PPP协议绝对地划为行政协议，那么将不利于准确把握PPP协议的"二元性"本质，不利于PPP纠纷的有效解决。

"法律的生命不在于逻辑而在于经验"。事实上，在《行政协议司法解释》发布前，最高院已经在一系列典型案例中基于PPP协议"二元性"来区分涉案争议性质，进而确定是适用行政还是民事法律规范。

在这里，我们首先以PPP项目终止及回购纠纷为例，进一步分析PPP协议"二元性"特征。在"北京北方电联电力工程有限责任公司与乌鲁木齐市交通运输局其他合同纠纷（2014）民二终字第40号"一案中[2]，最高院认为影响回购发生及方式的行政行为，与回购过程中就回购款依据产生的争议，分属不同的法律关系、相互独立。在各方当事人对终止前的行为并无异议，即并不涉及具体行政行为，而争议仅为回购款依据的情形

1 "我国PPP协议相关法律问题的探讨"，载《人民法院报》，2017年8月30日第5版。

2 该案中，最高院认为："案涉《BOT协议》《补充协议》履行过程中，交织着相关行政主体的具体行政行为，而两种性质不同的法律关系中，双方主体重叠，在民事合同关系中的双方当事人，是相关行政法律关系中的行政主体和行政相对人。但该协议与其履行过程中所涉及的行政审批、管理事项等行政行为，依据不同的法律规范，这些行政行为虽影响双方合作，但不能因此否认双方民事合同关系的存在及独立性……其次，交通局行政主体身份，不能当然决定本案争议为行政法律关系。争议法律关系的实际性质，不能仅凭一方主体的特定身份确定。本案需判断争议是否与行政主体行使行政职权相关，应结合争议的具体内容及所针对的行为性质认定。关于本案争议是否涉及具体行政行为问题。根据《中华人民共和国行政诉讼法》第十一条有关受案范围的规定，本案当事人间就回购款支付依据发生的争议，是否属行政诉讼范围，应以争议是否针对具体行政行为判断……一审裁定关于《BOT协议》《补充协议》具公益目的，作为一方当事人的行政机关在合同订立、解除等方面享有单方优越主导地位，合同履行与行政许可紧密关联，两协议不属平等主体间的民事合同，本案属行政诉讼的观点，混淆了上述协议履行过程中涉及的行政行为与协议终止后的回购款支付行为的性质，没有法律依据。"

下，各方当事人在回购款的支付问题上，处于平等的法律地位，不能排除民事法律规范的适用。

除上述案例之外，基于 PPP 协议“二元性”来区分涉案争议性质的最高院典型案例还包括“和田市人民政府与新疆兴源建设集团有限公司、和田天瑞燃气有限责任公司合同纠纷（2014）民二终字第 12 号[1]”“辉县市人民政府与河南新陵公路建设投资有限公司合同纠纷（2015）民一终字第 244 号[2]”“中节能资产经营有限公司、荆门京环环保科技有限公司股东出资纠纷（2016）最高法民再 234 号[3]”等。

在《行政协议司法解释》发布后，我们认为各级法院基于 PPP 协议“二元性”已经形成的良好实践，仍然有必要持续和深入发展。

（五）结语与展望

我国建筑业史无前例地在 2019 年前后集中迎来一系列效力等级较高、影响力重大的法律、行政法规、最高院司法解释和典型案例的颁布，内容涵盖了建筑施工许可条件、政府投资项目、农民工工资支付保障、工程总承包、PPP、境外工程等多个工程建设重要领域及核心问题，必将给建设工程市场格局、交易规则和各相关主体之间的权利义务关系，产生结构性的冲击和改变，必将对建设工程争议的解决甚至发展趋势产生重要影响。

另外，中国建设工程法律界同仁纷纷出品了一系列具有高品质、前瞻性、国际视野的研究成果，这在很大程度上丰富和发展了我国建设工程法律的规则体系和实践。

二、专题：《中华人民共和国招标投标法（修订草案公开征求意见稿）》简评

国家发展改革委 2019 年 12 月初公开发布了《中华人民共和国招标投标法（修订草案公开征求意见稿）》（以下称“**《征求意见稿》**”）和《起草说明》。《中华人民共和国招标投标法》（以下称“**《招标投标法》**”）是组成我国现行法律体系的一部重要法律，也是整个招标投标领域的基本法。自该法颁布实施以后，对规范招投标活动，推动建设健全公开、公平、竞争的市场环境发挥了重要作用，然而，在实施过程中也产生了一些问题。本次立法修订是近年来对《招标投标法》的一次重大修订，可以预期在其正式颁布后将会对未来招投标活动产生重大深远影响。基于此，现就《征求意见稿》中涉及有关修改重点内容予以介绍及简评如下。

---

1 在该案中，最高院认为，“案涉合同内容虽然存在对双方权利义务的约定，在一定程度上体现了双方协商一致的特点，但其中关于特许经营权的授予、经营内容、范围和期限的限定、价格收费标准的确定、设施权属与处置、政府对工程的监管等内容，均体现了政府在合同签订中的特殊地位，并据此认定涉案争议应通过行政诉讼解决。”

2 在该案中，最高院从特许经营协议的目的、职责、主体、行为、内容等方面综合认定合同具有明显的民商事法律关系性质，应当定性为民商事合同，具备可仲裁性。

3 在该案中，最高院认为：“二审判决认定《特许经营合同》属于行政合同并无不妥……行政合同中既含行政性要素，又含契约性要素，行政合同中关于民事权利义务内容的约定，可以适用民商事法律的规定……《特许经营合同》9.1.3 条款规定……条款内容涉及讼争合同履行过程中特定款项的权益归属，性质上应属于双方当事人间民事权利义务的约定。

（一）《征求意见稿》本次修订的主要特点

《招标投标法》于1999年8月30日颁布，2000年1月1日正式实施，直至2017年方才进行初次修订。初次修订仅涉及第十三条、第十四条及第五十条共三个条款，主要内容涉及招标代理机构有关条款[1]。

与2017年的初次修订相比，本次《征求意见稿》有以下特点：

一是涉及修改的条款多，范围广。《征求意见稿》对现行《招标投标法》修改58条，增加28条，删除2条，仅有8条维持不变，可谓是一次重大修订。

二是对现行《招标投标法》中的一些核心条款进行了重大修改，例如必须招标项目、异常低价投标的认定、定标程序等。

三是有关修订内容结合实际，坚持以问题导向，同时关注处理好政府与市场的关系，体现了与时俱进的精神。

（二）《征求意见稿》中修改的重点内容

1. 有关“必须招标”项目的调整

对于“必须招标”项目，现行《招标投标法》规定了三种情形即：“（一）大型基础设施、公用事业等关系社会公共利益、公众安全的项目；（二）全部或者部分使用国有资金投资或者国家融资的项目；（三）使用国际组织或者外国政府贷款、援助资金的项目”。《征求意见稿》删除了原条款中第（一）项内容，增加规定“采取政府和社会资本合作模式的工程建设项目，达到规定规模标准的，选择社会资本方必须进行招标”。

此外，对工程建设项目包括的内容在原有“项目的勘察、设计、施工、监理”的基础上，还增加了“造价”，并强调工程建设项目要“达到规定规模标准的”才属于“必须招标”项目。（《征求意见稿》第三条）

以上重大修改对后续认定“必须招标”项目的范围会产生直接影响。

2. 对“异常低价”投标的认定与处理

《征求意见稿》将现行《招标投标法》第三十三条规定的“投标人不得以低于成本的报价竞标”修改为“投标人不得以可能影响合同履行的异常低价竞标”。同时规定，“评标委员会发现投标人的报价为异常低价且可能影响合同履行的投标时，应当要求投标人澄清或说明；如投标人无法说明其报价合理性的，应当否决其投标”（《征求意见稿》第三十九条、第四十五条）。

该修改内容也是本次修订的一大亮点。如何避免低质低价中标一直是困扰招投标实务的一大难题。现行《招标投标法》确定了“低于成本”这一标准，但在实践中，由于

---

1 第十二届全国人民代表大会常务委员会第三十一次会议决定：

一、对《中华人民共和国招标投标法》作出修改

（一）删去第十三条第二款第三项 （删除条款内容为“招标代理机构应当具备下列条件：……（三）有符合本法第三十七条第三款规定条件、可以作为评标委员会成员人选的技术、经济等方面的专家库”。）

（二）删去第十四条第一款（删除条款内容为“从事工程建设项目招标代理业务的招标代理机构，其资格由国务院或者省、自治区、直辖市人民政府的建设行政主管部门认定。具体办法由国务院建设行政主管部门会同国务院有关部门制定。从事其他招标代理业务的招标代理机构，其资格认定的主管部门由国务院规定”。）

（三）将第五十条第一款中的“情节严重的，暂停直至取消招标代理资格”修改为“情节严重的，禁止其一年至二年内代理依法必须进行招标的项目并予以公告，直至由工商行政管理机关吊销营业执照”。

很多情况下市场上并不存在客观、统一的“成本”，因此，对于不同的投标人而言，其报价是否真正低于“成本”较为难以把握和认定。对此，《评标委员会和评标办法暂行规定》（2001年7月颁布，2013年4月修订，以下称“12号令”）第二十一条确定了一个解决机制，即投标人的报价明显低于其他投标报价或者在设有标底时明显低于标底，投标人需进行澄清或说明，不能合理说明或者不能提供相关证明材料的，由评标委员会认定该投标人以低于成本报价竞标，其投标应作废标处理。这种由评标委员会进行个案认定，同时在程序上赋予投标人陈述、说明的权利的方式，在实践中被认为是一种行之有效的解决方案，可以较为有效地遏制低价竞标。《征求意见稿》对“异常低价”投标的认定与处理，显然是参照并吸取了12号令中规定的有关做法与经验。

近年来，在对国际公共采购规则（如联合国《公共采购示范法》等）进行修订的过程中，也均对“异常低价投标”予以规范，由此可见，目前《征求意见稿》采用的表述方式与修订内容亦与有关国际趋势保持一致。

3. 对定标程序的修改

现行《招标投标法》第四十条规定，“评标委员会完成评标后，应当向招标人提出书面评标报告，并推荐合格的中标候选人。招标人根据评标委员会提出的书面评标报告和推荐的中标候选人确定中标人。招标人也可以授权评标委员会直接确定中标人。”可见，评标与定标两者密不可分，评标至为关键，在实际操作中，评标委员会提出的中标候选人通常会被招标人确定为中标人。从程序上看，招标人在定标环节的作用有限。

《征求意见稿》对此进行了修改，“评标委员会完成评标后，应当向招标人提出书面评标报告，并推荐不超过三个合格的中标候选人，除招标文件明确要求排序的外，推荐中标候选人不标明排序，招标人应当按照招标文件中的定标方法，结合对中标候选人合同履行能力和风险进行复核的情况，自收到评标报告之日起二十日内自主确定中标人。定标方法应当科学、规范、透明”。（《征求意见稿》第四十七条）。

修改后条款使评标与定标成为两个相对独立的阶段，评标圈定中标候选人的一定范围，但对最终结果并不产生决定性影响。最终定标的决定权由招标人掌握，招标人较之此前对于中标人的确定拥有更大的自主权及决定权。

相应的，《征求意见稿》其他一些条款也进一步突显了招标人对招投标程序的主体责任，包括直接明确招标人对招标过程和招标结果承担主体责任，赋予招标人对代理机构选择以及招标文件编制的自主性等（《征求意见稿》第十条、第十四条、第十六条、第二十一条等）。

4. 与一些特殊招标组织形式进行衔接

主要包括：

（1）电子招标：《征求意见稿》规定，除特殊情形外，依法必须招标的项目应当采用电子招标投标方式（《征求意见稿》第七条）。但对于何为“特殊情形”，并未详细规定。预计会在对2013年5月1日实施的《电子招标投标办法》进行相应修订时一并予以明确。

（2）集中招标：集中采购在《中华人民共和国政府采购法》中已有涉及，招投标本身亦是政府采购的主要方式之一，但现行《招标投标法》对集中招标并未提及。本次《征求意见稿》规定，招标人可以依法对一定时期内的重复性采购项目或者不同实施主体

的同类采购项目进行集中资格审查或集中招标（《征求意见稿》第二十四条）。该规定从招投标法律的角度确定了集中招标模式并实现与其他相关法律之间的对接，当然有关具体内容也仍待后续进一步规范。

（3）工程总承包招标：工程总承包是近年来国家倡导的一种模式，早在2012年2月1日实施的《中华人民共和国招标投标法实施条例》（以下称“《招标投标法实施条例》”）中已明确允许“工程以及与工程建设有关的货物、服务全部或者部分实行总承包招标”[1]。本次《征求意见稿》进一步明确，“招标人可以依法对工程建设项目的设计、施工以及货物采购全部或部分实行总承包招标”，这是首次在招标投标法层面与工程总承包制度进行衔接（《征求意见稿》第二十三条）。

（4）两阶段招标：两阶段招标制度自《招标投标法实施条例》出台以来就一直存在，在实践中亦广泛使用，本次《征求意见稿》第二十五条首次以法律形式予以确定。

5. 其他

除上述内容外，《征求意见稿》还对必须招标项目的招标文件的公示时间予以缩减[2]，进一步加强招投标过程中的信息公开（如对于必须招标项目，需对“招标计划”进行公开）[3]，在放宽了投标人提供担保形式的限制的同时也增加了招标人的对等义务（要求中标人提供履约担保的，需对合同价款支付提供履约担保），完善了特殊情况下如所有投标被否决以及重新招标后投标人少于三个或所有投标再次被否决时的处理方式，新增了评标方法的一些规定，对终止招标进行规范，对异议与投诉处理专设一章（第六章）予以规定，等等。

（三）《征求意见稿》中值得商榷的条款

1. 对“必须招标”项目范围的调整

依据修改后的条款，是否必须招标主要的衡量标准取决于资金的性质与来源，如果不涉及使用国有资金投资、国家融资、使用国际组织或外国政府贷款、援助资金，或虽然使用该等资金但未达到规定规模标准的，则不属于必须招标的项目。该修改是否妥当值得商榷。例如，对于一些城市基础设施和市政公用事业特许经营项目[4]，项目工程建设会关乎社会公共利益或公共安全，但可能因完全实现“使用者付费”，无须使用前述特定资金而被排除在必须招标的范围之外，在该情况下产生的采购过程中暗箱操作的风险应如何防范、涉及的公共安全与公共利益如何得以保障等问题不容忽视。

此外，与现行《招标投标法》相对应，2018年国家发展改革委刚刚颁布了《必须招

---

1 《中华人民共和国招标投标法实施条例》（2012）第二十九条　招标人可以依法对工程以及与工程建设有关的货物、服务全部或者部分实行总承包招标。

2 《征求意见稿》第二十八条，对依法必须进行招标的项目，自招标文件开始发出之日起至投标人提交投标文件截止之日止，最短不得少于十五日；其中，属于采购标准通用设备、材料的，或者施工技术方案简单、工期较短、季节性强的小型工程的，最短不得少于十日。

3 《征求意见稿》第十一条新增了“招标计划”制度，鼓励招标人发布未来一定时期内的拟招标项目信息，供潜在投标人知悉和进行招标准备；并且，要求对于“必须招标的项目（除应急、抢险等紧急用途外），应当编制招标计划，于首次招标公告发布至少十日前进行公告”。

4 《征求意见稿》虽对政府和社会资本合作模式中有关工程建设项目招标做了要求，但对该模式存在不同理解，例如是否包括特许经营就有很大争执，而目前从法律、行政法规层面尚未有明确定论。

标的工程项目规定》(国家发展改革委 2018 年第 16 号令)和《必须招标的基础设施和公用事业项目范围规定》(发改法规规〔2018〕843 号),后者正是专门针对本次《征求意见稿》删除的“大型基础设施、公用事业等关系社会公共利益、公众安全的项目”的细化规定。如采用本次《征求意见稿》的修改条款,此前的规定也面临上位法缺失问题。

对新增的“采取政府和社会资本合作模式的工程建设项目,达到规定规模标准的,选择社会资本方必须进行招标”这一要求,我们理解,选择投资人与选择工程建设施工方本身是两个不同层面的问题,将两者混为一谈,既缺乏明确立法依据也不尽合理,建议就此问题留待政府和社会资本合作模式具体立法中予以规定。

2. 定标程序修改后如何保持招投标程序的公平与公正

如前所述,《征求意见稿》将评标与定标加以区分,一定程度上有利于增强招标人的自主性,但在实际操作中,也可能会面临一些问题。例如,定标是由招标人决定,但具体应该是哪些人员?是否如同评标委员会一样,需要设立一个定标委员会?此外,具体有哪些定标方法?定标与评标是否存在不同的评价因素?招标人将如何进行定标,三选一时是否也要打分?《征求意见稿》对这些问题未做进一步规定,估计立法本意是留待招标人根据具体项目情况予以确定。但在本次《征求意见稿》对于定标方法仅有原则性的要求,缺乏必要规范和基本要求,同时实践中也缺乏可供参照的操作惯例的情况下,如何避免招标人凭借主观好恶,量身定制有关定标方法,随意确定中标人,会是个很大的问题,并且该问题关乎招投标程序旨在达到的公开、公平、公正和诚实信用的基本原则和价值取向如何得以实现。试想如果程序的公正无法实现或得到保障,实体的公正更无从谈起,在该情况下,很可能会导致招标完全流于形式,走过场。

3. 招标人提供履约担保对一些政府投资项目可能存在客观障碍

《征求意见稿》第十八条规定,招标人要求中标人缴纳履约担保的,需向中标人提供合同价款支付担保。这一要求可能会导致政府投资项目的招投标面临重大障碍。例如,对于政府采购工程项目,要求中标人提供履约担保本是一种惯常操作模式,但依据本次《征求意见稿》修订后的条款,在该情况下,政府方也需要对等提供付款担保,如采用现金方式,可能会导致财政资金被长期占用,进一步加剧资金压力,对那些原本资金就紧张的地方政府雪上加霜;而采取其他担保方式又受到担保法相关规定的限制[1]。这可能导致大量政府项目因无法提供支付担保而无法要求中标人提供履约担保,甚至影响公开招标。当然,目前一些政府项目在实际履约过程中,也的确出现了一些问题亟待解决,对此,需采取加强预算管理等多种方式予以实现,例如坚持先有预算、再有采购,避免政府违规举债,同时将项目中标后政府的支付义务纳入预算管理,为实际履约提供保障。因此,建议充分考虑有关客观情况对现有条款予以调整,例如针对不同的主体,做出不同的具体要求等。

---

1 《中华人民共和国担保法》第八条规定:“国家机关不得为保证人,但经国务院批准为使用外国政府或者国际经济组织贷款进行转贷的除外。”《最高人民法院关于适用〈中华人民共和国担保法〉若干问题的解释》(法释〔2000〕44 号)第三条规定:国家机关和以公益为目的的事业单位、社会团体违反法律规定提供担保的,担保合同无效。因此给债权人造成损失的,应当根据担保法第五条第二款的规定处理。

《财政部关于进一步规范和加强行政事业单位国有资产管理的指导意见》(财资〔2015〕90 号)规定,“除法律另有规定外,各级行政单位不得利用国有资产对外担保……”。

4. 有关条款的配套保障机制建立问题

《征求意见稿》第四十一条规定，“实行电子开标的，所有投标人应当在线参加”。但如果投标人实际未能在线参加，是否会影响开标，《征求意见稿》中并未明确。而如果缺乏对该条款的保障机制，将导致有关要求流于形式。另外，对于依法必须招标项目中评标委员会的专家来源，《征求意见稿》第四十三条修改为“从国务院有关部门或者省、自治区、直辖市人民政府组建或者确定的综合评标专家库或者行业评标专家库名单中确定”，删除了原条款中“招标代理机构的专家库”。修改的初衷或许是为提升评标质量，加强对专家的规范化管理，但在操作层面，该规定将导致可供选择专家范围的缩紧，故有必要对目前国家及省、自治区、直辖市政府有关专家库的人员数量、专业结构等能否满足全国各地招投标项目的要求做进一步评估。如不能满足需求，则应提前加强专家库的建设与管理或采取过渡模式，否则实务中可能会因存在有关人员瓶颈导致正常招投标程序难以正常推进。

《征求意见稿》一些条款，如第五十八条、第五十九条规定对于依法必须进行招标的项目，有关合同履行过程中项目重大变动、合同重大变更、合同中止和解除、违约行为处理结果、竣工验收等在内的合同履行情况信息都需要在国家规定的媒介公开，并且行政监督部门应建立合同履行情况评价机制等要求，如果缺乏配套机制或未提供必要保障，则可能难以完全实现和落实。

5. 有关投标人少于三个时的处理方式

现行《招标投标法》第二十八条未对这种情形是否发生于依法必须招标项目进行区分，而是一律规定为“投标人少于三个的，招标人应当依照本法重新招标。”《征求意见稿》第三十四条将其修改为“投标人少于三个的，对于依法必须进行招标的项目，不得开标，招标人应当分析招标失败的原因，采取对招标文件设定的投标人资格条件等进行修改或者其他合理、充分措施后，依照本法重新招标。重新招标后，投标人仍少于三个的，可以再次招标，也可以开标、评标，或者依法以其他方式从现有投标人中确定中标人，并向有关行政监督部门备案。”

修改后的条款并未明确对“不属于依法必须进行招标的项目”，在人数不足三个的情形下，究竟应当如何处理。并且该条款对于属于依法必须招标的项目，投标人仍不足三个的，重新招标次数并没有限制，理论上可以多次，由此可能导致时间的拖延。此外，该规定与《征求意见稿》第四十八条的规定也存在不一致，依据第四十八条，在重新招标后，投标人仍少于三个时，并未规定可以再次招标[1]。

（四）《招标投标法》修改的立法发展趋势

从本次《征求意见稿》的有关修订内容，我们体会到以下立法发展趋势：

一是有关法律条款的修改越来越务实。《招标投标法》是程序法，在本次修订中，对

1 《征求意见稿》第四十八条　依法必须进行招标的项目的所有投标被否决的，招标人应当分析招标失败的原因，必要时采取对招标文件设定的投标人资格条件等进行修改或者其他相应措施后，依照本法重新招标。重新招标后，投标人少于三个的，可以开标、评标，或者依法以其他方式从现有投标人中确定中标人，并向有关行政监督部门备案；所有投标再次被否决的，可以不再进行招标，并向有关行政监督部门备案。

此前一些在招投标法规、规章或规范性文件中规定且在实践中取得良好效果的做法，在《征求意见稿》中上升至法律层面明确予以规定。

二是宏观立法层面上，更为注重与其他现行相关法律的衔接。例如，与《招标投标法》相关的，还涉及政府采购，政府与社会资本合作等其他相关领域的法律法规。因此，有关修订拟在立法层面对有关内容予以呼应，并尽力保持整体的一致性，避免矛盾。

三是微观具体条款适用层面，更为注重区分不同项目，从而使招投标法在适用中具有更大的灵活性。《招标投标法》适用于“在中华人民共和国境内进行招标投标活动”，因此，即使对于并非依法必须招标的项目，如采用招投标方式，也仍需适用该法有关规定。现行《招标投标法》（共 64 条）中仅有十余个条款提及“依法必须招标项目”，并对其做出专门规定，且主要集中在第五章法律责任条款，由此可见，无论项目是必须招标项目还是并非必须招标项目，适用的条款内容基本保持一致，主要是在确定法律责任时，注意对两类项目加以区分。但《征求意见稿》（共 94 条）中共有约三十个条款中都提及“依法必须招投标项目”，且内容遍布各章节。这就意味着，在整个招投标程序的各个环节，都可以根据不同项目，适用不同的规定和要求，程序规定上更为合理。

我们理解，本次立法修订，既是希望对影响招投标活动正常开展的一些沉疴顽疾予以对症下药，另一方面也是立足于新形势，希望通过利用新技术，建立新制度，进一步提升招投标质量，在实现公平的同时，提高效率。目前《征求意见稿》中有关修订内容，总体而言，有助于实现前述目的，但也有部分条款尚待斟酌商榷，期待正式稿颁布时，一些不尽合理的条款都得以完善改进，对此，我们将拭目以待。

三、专题：增量配电项目的几个问题

增量配电业务改革是我国深化电力体制改革的重要步骤之一。2015 年电改 9 号文颁布后，增量配电项目在全国试点范围内开始推行。三年多来，国家发展改革委、国家能源局分三批推出 320 个试点项目，并于今年 6 月推出了第四批 84 个试点项目，试点项目总数已逾 400 个。试点项目激发了社会资本投资增量配电项目的积极性，促进了配电网的建设发展和配电网运营效率的提高，但不少项目也存在项目业主难以确定、开工建设迟缓、供电区划难确定等问题，实际建成投产的项目数量并不多。投资建设增量配电项目有哪些基本问题？本文进行初步梳理。

（一）谁是投资主体？——内外资均可投资增量配电项目

根据电改 9 号文稳步推进售电侧改革、有序向社会资本放开售电业务的政策，社会资本投资配电业务得到鼓励。电改 9 号文要求按照有利于促进配电网建设发展和提高配电运营效率的要求，探索社会资本投资配电业务的有效途径。逐步向符合条件的市场主体放开增量配电投资业务，鼓励以混合所有制方式发展配电业务。而《外商投资准入特别管理措施（负面清单）》2018 年版、2019 年版均取消了电网的建设、经营须由中方控股的限制。目前增量配电网投资、建设、运营不属于外商投资限制或禁止类项目。

根据我们的观察，已经确定投资主体的试点项目中，国有企业（包括各地政府平台公司）作为控股股东的情况并不少见。而境外投资主体参与增量配电项目仍在试水之中。

民间资本参与增量配电项目仍有较长的路要走。

（二）只有没建成的才是增量吗？——“存量”和“增量”的边界

配电网项目之存量和增量的边界并不仅以项目是否建成投产进行区分。对于哪些项目可以归为增量配电网项目，《国家发展改革委、国家能源局关于进一步推进增量配电业务改革的通知》（发改经体〔2019〕27号（以下简称“27号文”）中作出了进一步界定，主要内容包括：（1）已纳入省级相关电网规划、但尚未核准或备案的配电网项目和已获核准或备案、但在相关文件有效期内未开工建设的配电网项目均属于增量配电业务范围；（2）电网企业已获批并开工、但在核准或备案文件有效期内实际完成投资不足10%的项目，可纳入增量配电业务试点（而电网企业可通过对项目公司进行资产出资等方式参与增量配电网建设）；（3）历史原因造成的地方或用户无偿移交给电网企业运营的配电设施，资产权属依法明确为电网企业的，属于存量配电设施，资产权属依法明确为非电网企业的，属于增量配电设施；（4）而违规建设的配电网项目（如未批先建的）则明确不属于企业存量配电设施。

（三）如何选取增量配电项目的项目业主？

根据《有序放开配电网业务管理办法》（国家发展改革委、国家能源局2016年10月8日发布，简称“《管理办法》”）以及《国家发展改革委、国家能源局关于规范开展第二批增量配电业务改革试点的通知》（发改经体〔2017〕2010号），已投资、建设和运营的存量配电网，由项目投资者向地方能源管理部门申请作为配电网项目业主；拥有配电网存量资产绝对控股权的公司，包括高新产业园区、经济技术开发区、地方电网、趸售县等，未经营配电网业务的，可向地方政府能源管理部门申请并获准开展配电网业务，这意味着对于这一类项目，招投标程序不是选取投资人和项目业主的法定必经程序。而新增配电网项目，均应依照《招标投标法》及其实施条例的有关规定，通过招标等市场化方式公开、公平、公正优选确定项目业主，明确项目建设内容、工期、供电范围并签订协议。电网企业拟参与的试点项目，应采取与社会资本合作的方式参与投资、建设和运营。2019年颁布的27号文，则再一次强调了招投标程序对于投资人选择环节的必要性，并明确地方政府部门不得直接指定试点项目业主，任何企业不得强行要求获取试点项目控股权，不建议电网企业或当地政府投资平台控股试点项目。

鉴于前述政策规定的要求，公开招标、邀请招标、竞争性磋商是增量配电项目遴选业主的主要方式。而对于存量配售电项目，则经申请授予也可作为获得投资、建设、运营增量配电项目权利的途径。

（四）政府批什么？——项目立项等审批核准手续

对于纳入地方政府能源管理部门编制的配电网规划的增量配电网项目，在项目建设开始前需获得投资主管部门的项目核准。根据《国务院关于发布政府核准的投资项目目录（2016年本）的通知》（国发〔2016〕72号），目录包括电网工程：涉及跨境、跨省（区、市）输电的±500千伏及以上直流项目，涉及跨境、跨省（区、市）输电的500千伏、750 千伏、1000 千伏交流项目，由国务院投资主管部门核准，其中 ±800 千伏及以上直流项目和 1000 千伏交流项目报国务院备案；不涉及跨境、跨省（区、市）输电的 ±500 千伏及以上直流项目和 500 千伏、750 千伏、1000 千伏交流项目由省级政府按照国家制定的相关规划核准，其余项目由地方政府按照国家制定的相关规划核准。

部分省份在省级政府核准的投资项目目录中，将中央层面核准权限之外的电网工程项目的核准权限进一步下放，例如，《广西壮族自治区人民政府关于印发政府核准的投资项目目录（广西壮族自治区 2017 年本）的通知》规定，电网工程中不涉及跨境、跨省(区、市)输电的 ±500 千伏及以上直流项目和 500 千伏、750 千伏、1000 千伏交流项目由自治区人民政府投资主管部门按照国家制定的相关规划核准，跨设区市 220 千伏，110 千伏交流项目由自治区人民政府投资主管部门核准；其余项目由设区市人民政府投资主管部门按照自治区制定的相关规划核准。

因此，增量配电网项目投资主管部门的核准权限，须结合项目所在地的具体规定进行甄别。除投资主管部门的项目核准外，项目均须完成包括环保、规划、土地、施工建设、竣工验收等基本建设手续，这一点与其他基本建设项目类似。

在基本建设项目的常规审批许可手续之外，增量配电网项目在开工建设前一般还需完成与电力设施相关的手续，包括获得电网企业就增量配电网项目接入电网的审查意见等。

（五）有哪些配电网业务和服务？——增量配电项目的业务模式

根据《管理办法》，该办法所称的配电网业务是指满足电力配送需要和规划要求的增量配电网投资、建设、运营及以混合所有制方式投资配电网增容扩建。而此处的配电网，原则上指 110 千伏及以下电压等级电网和 220（330）千伏及以下电压等级工业园区（经济开发区）等局域电网。

增量配电网业务的项目业主拥有配电区域内与电网企业相同的权利，并应切实履行相同的责任和义务；不得超出其配电区域从事配电业务。符合售电公司准入条件的，履行售电公司准入程序后，项目业主还可开展售电业务。

配电网运营者提供的服务包括调度、运维、建设改造等供电服务（《管理办法》第十六条）、签署购售电合同、配电费用收取等配电网服务（《管理办法》第十八条）、以及向居民、农业、重要公用事业和公益性服务等电力用户，具备市场交易资格选择不参与市场交易的电力用户，售电公司终止经营、无法提供售电服务的电力用户，以及政府规定暂不参与市场交易的其他电力用户实行保底供电服务（《管理办法》第十九条）。此外，配电网经营者还可为各类用户提供用电规划、合理用能、智能综合能源服务等增值服务。

（六）增量配电项目的运营权是否可以外包？

配电网运营权可委托给电网企业或符合条件的售电公司，项目业主可与运营商自主签订运营委托协议。

（七）怎么定价算账？——增量配电网配电价格、调价和结算

《管理办法》就增量配电的价格作出了原则规定，即增量配电区域的配电价格由所

在省（区、市）价格主管部门依据国家输配电价改革有关规定制定，并报国家发展改革委备案。此后，国家发展改革委于2017年12月29日发布《关于制定地方电网和增量配电网配电价格的指导意见》。根据该意见配电网区域内电力用户的用电价格，由上网电价或市场交易电价、上一级电网输配电价、配电网配电价格、政府性基金及附加组成。

就上述用电价格各组成因子中的配电网配电价格，根据以上指导意见，省级价格主管部门应根据本省情况，充分征求有关企业和社会意见后，选择合适的配电价格定价方法。核定配电价格时，应充分考虑本地区上网电价、省级电网输配电价、趸售电价、销售电价等现行电价，并结合地区经济发展需求、交叉补贴等情况，合理选取定价参数。其中（1）对于招标方式确定投资主体的配电网项目，采用招标定价法确定配电价格。竞标主体应同时做出投资规模、配电容量、供电可靠性、服务质量、线损率等承诺。政府相关主管部门对合同约定的供电服务标准等进行监管和考核，没有达到约定标准的，相应核减配电价格。（2）对于非招标方式确定投资主体的配电网项目，可以选择准许收入法、最高限价法和标尺竞争法三种定价方法中的一种或几种方法确定配电价格。

配电价格确定前，电力用户与配电网结算的输配电价暂按其接入电压等级对应的现行省级电网输配电价执行。

政府制定配电价格的监管周期原则上为三年。招标确定配电价格的有效期限，以配电项目合同约定期限为准。

关于结算制度，为配电网运营方向最终电力用户收取电费并与上一级电网进行结算。配电网与省级电网之间的结算电价，按现行省级电网相应电压等级输配电价执行。配电网企业可根据实际情况，自主选择分类结算电价或综合结算电价与省级电网企业结算电费。

（八）协议模式？——增量配电网项目主体与政府签订的协议

根据《管理办法》，符合条件的市场主体应依据规划向地方政府能源管理部门申请作为增量配电网项目的业主。地方政府能源管理部门应当通过招标等市场化机制公开、公平、公正优选确定项目业主，明确项目建设内容、工期、供电范围并签订协议。

但现行规定均没有明确此类协议是否为特许经营协议、PPP协议或其他性质的协议。根据我们的经验，实践中的形式有签署特许经营协议、配电业务服务协议等。

（九）疑难问题

增量配电业务改革旨在打破配电业务的垄断，通过多元化投资主体投资配电网项目形成项目之间的对比，通过对比掌握成本等各种信息，以便在资金使用效率、供电业务服务等方面形成竞争，从而逐步推动“放开两头、管住中间”目的的实现。而这一改革，因为电力领域天然垄断和纷繁芜杂的利益关系，注定充满挑战。

根据我们的观察，增量配电项目的主要问题集中在以下几个方面：配电区域划分（实质是独家经营权的范围问题）、项目业主股权结构（电网企业/地方政府平台公司参股甚至控股项目公司)、增量配电区域内存量资产的处置(怎么解决历史遗留问题)、增量配电网是否真正拥有平等权益(与传统电网企业相比,增量配电网项目业主在配电区域内是否能真正拥有在互联互通、建设运营、电力市场参与、分布式电源和微电网并网、新能源消纳等方面同等的权利)、特许经营模式问题(特许经营模式是否应成为增量配电网项目的基本模式值得从立法和实践角度进一步探讨。而对于业界存在的“遴选增量配电项目的投资人实质属于政府采购”的观点,考虑到该类项目实质属于“招投资”特点,本文作者并不认同)。

以上各个问题,期待能随着更多试点项目的实践探索和落地开花,获得更清晰的答案。

四、能源及环保行业年度重要立法及政策摘要

(一)核电行业年度重要立法、政策摘要及行业动态

1. 核电行业立法 2019 年尚未迎来里程碑

司法部于 2018 年 9 月 20 日公布了《中华人民共和国原子能法(征求意见稿)》,但 2019 年原子能法并没有如约出台。因此,核电行业在 2019 年尚未迎来重要立法和政策出台。各方预计在 2020 年原子能法可能会正式颁布,相关配套政策也会陆续出台。

2. 2019 年核电审批重启

2019 年 3 月 18 日,生态环境部公示了《福建漳州核电厂 1、2 号机组环境影响报告书(建造阶段)》《中广核广东太平岭核电厂一期工程环境影响报告书(建造阶段)》。两份文件显示,漳州核电 1 号机组和太平岭核电 1 号机组计划于 2019 年 6 月开工,成为自 2015 年 12 月以来首次被官方信息确认的新核电项目。2019 年下半年以来,福建漳州和广东太平岭核电项目核准开工,华能昌江核电二期项目全面启动,大唐发电亦启动辽宁庄河核电项目。我国未来几年内核电建设或进一步提速。

3. 美国商务部将中广核及其关联公司列入实体清单

2019 年 8 月 14 日,美国商务部下属的工业与安全局(BIS)在《联邦纪事》(Federal Register)上发布通知,宣布将中广核集团及其关联公司共 4 家实体列入实体清单(Entity List)。BIS 声称这 4 家中国实体从事或促成努力获取美国先进核技术和核材料,以用于中国的军事用途。被列入实体清单的后果包括向前述实体出口、再出口或境内转移受美国《出口管制条例》(EAR)管制物项(Items subject to the EAR)的约束,需要取得许可证,而相关许可证的申请为推定拒绝。

相较于 2018 年美国能源部发布的《美国对中国民用核能合作政策框架》中对于中广核及其所属公司开展的 AP-1000 项目以及涉及从美国进口的涉核技术、设备、材料的限制,此次出口管制领域的执法进一步扩大了对中广核的制裁范围,从涉核领域的限制进一步扩展到所有受 EAR 管辖的物项。

(二)光伏发电行业年度重要立法及政策摘要

2018 年,国家发展改革委、财政部、国家能源局联合发布的《关于 2018 年光伏发

电有关事项的通知》(发改能源〔2018〕823号)为光伏行业带来挑战，促进了产业走向平价上网新时代。2019年，新的光伏政策不断出台，旨在完善市场竞争机制，推进补贴退坡，鼓励平价上网，实现光伏电价的平稳过渡，以推动光伏产业的健康可持续发展。

1.《关于积极推进风电、光伏发电无补贴平价上网有关工作的通知》(发改能源[2019]19号)

2019年1月7日，国家发展改革委、国家能源局发布《关于积极推进风电、光伏发电无补贴平价上网有关工作的通知》(发改能源〔2019〕19号)(以下简称"**19号文**")，提出推进风电、光伏发电无补贴平价上网的有关要求和相关支持政策措施，以促进可再生能源高质量发展，提高风电、光伏发电的市场竞争力。

19号文从多个方面促进包括光伏在内的可再生能源高质量发展，提高光伏发电的市场竞争力。一是明确提出在资源条件优良和市场消纳条件保障度高的地区，引导建设一批上网电价低于燃煤标杆上网电价的低价上网试点项目。在符合省级可再生能源建设规划、国家风电、光伏发电年度监测预警有关管理要求、电网企业落实接网和消纳条件的前提下，由省级政府能源主管部门组织实施本地区平价上网项目和低价上网项目，有关项目不受年度建设规模限制。二是多重措施保障平价上网项目收益，包括：(1)省级电网企业与光伏发电项目单位签订长期固定电价购售电合同(不少于20年)；(2)鼓励平价上网项目和低价上网项目通过绿证交易获得合理收益补偿；(3)地方政府部门对土地利用及相关收费予以支持，降低项目场址等相关非技术成本；(4)省级电网企业负责升压站之外的接网工程，做好接网等配套电网建设与项目建设进度衔接，使项目建成后能够及时并网运行。

2.《关于完善光伏发电上网电价机制有关问题的通知》(发改价格[2019]761号)

国家发展改革委于2019年4月30日印发《关于完善光伏发电上网电价机制有关问题的通知》(以下简称"**《通知》**")，这标志着持续多年的光伏电站标杆上网电价被取代，转变为市场化竞价制度下的指导价，标杆电价政策正式结束，竞价、降补贴、缩规模成为新政主题词。

《通知》提出，将集中式光伏电站标杆上网电价改为指导价。2019年I～III类资源区纳入财政补贴年度规模管理的新增集中式光伏发电项目指导价，分别确定为每千瓦时0.40元、0.45元、0.55元。新增集中式光伏电站上网电价原则上通过市场竞争方式确定，但不得超过所在资源区指导价。

《通知》明确，纳入2019年财政补贴规模、采用"自发自用、余量上网"模式的工商业分布式光伏全发电量补贴标准调整为每千瓦时0.10元；纳入2019年财政补贴规模、采用"全额上网"模式的工商业分布式光伏项目，按所在资源区集中式光伏电站指导价执行。能源主管部门统一实行市场竞争方式配置的新增工商业分布式光伏发电项目，价格不得超过所在资源区指导价，且补贴标准不得超过每千瓦时0.1元。

《通知》规定，纳入2019年财政补贴规模、采用"自发自用、余量上网"模式和"全额上网"模式的户用分布式光伏全发电量补贴标准调整为每千瓦时0.18元。同时，为助力完成脱贫攻坚任务，纳入中央财政补贴目录的I～III类资源区村级光伏扶贫电站上网电价保持不变，仍分别按照每千瓦时0.65元、0.75元、0.85元执行。

3. 国家能源局公布第一批风光平价上网示范项目名单和第一批光伏竞价项目名单

2019年5月20日，国家能源局、国家发展改革委下发《关于公布2019年第一批风电、光伏发电平价上网项目的通知》(发改办能源〔2019〕594号)，共有16个省(自治区、直辖市)能源主管部门向国家能源局报送了2019年第一批风电、光伏发电平价上网项目名单，其中光伏平价上网项目装机规模为1478万千瓦。

2019年5月，国家能源局发布了《关于2019年风电、光伏发电项目建设有关事项的通知》(国能发新能〔2019〕49号)(以下简称“**49号文**”)，启动了2019年光伏发电国家补贴竞价项目申报工作。7月11日，国家能源局正式公布了2019年光伏发电项目国家补贴竞价结果。2019年拟纳入国家竞价补贴范围的项目覆盖22个省份，共3921个项目，较申报减少了417个；总装机容量2278.8642万千瓦，较申报减少了177.0331万千瓦；测算年度补贴需求约17亿元。

4. 国家能源局正式印发《关于2019年风电、光伏发电建设管理有关事项的通知》(国能发新能〔2019〕49号)

根据49号文及其附件《2019年光伏发电项目建设工作方案》的规定，自2019年起，对需要国家补贴的新建光伏发电项目分以下五类：(1)光伏扶贫项目，包括已列入国家光伏扶贫目录和国家下达计划的光伏扶贫项目；(2)户用光伏：业主自建的户用自然人分布式光伏项目；(3)普通光伏电站：装机容量6兆瓦及以上的光伏电站；(4)工商业分布式光伏发电项目：就地开发、就近利用且单点并网装机容量小于6兆瓦的户用光伏以外的各类分布式光伏发电项目；(5)国家组织实施的专项工程或示范项目，包括国家明确建设规模的示范省、示范区、示范城市内的光伏发电项目，以及跨省跨区输电通道配套光伏发电项目等。

对上述光伏项目实施分类管理。根据国家确定的年度新增项目补贴总额，按照以下原则组织本年度新建光伏发电项目。其中，(1)光伏扶贫项目按国家相关政策执行；(2)户用光伏根据切块的补贴额度确定的年度装机总量和固定补贴标准进行单独管理；(3)除国家有明确政策规定外，普通光伏电站、工商业分布式光伏发电项目以及国家组织实施的专项工程、示范项目，原则上均由地方通过招标等竞争性配置方式组织项目，国家根据补贴额度通过排序确定补贴名单。

5. 国家能源局下发《关于征求对2020年光伏发电项目建设有关事项的通知(征求意见稿)意见的函》(2019年12月6日)

总体来看，2020年竞价项目配置工作总体思路、项目管理、竞争配置方法仍按2019年工作方案执行；平价项目可由各省级能源主管部门在落实接网、消纳等条件基础上自行实施。需要注意的是，本次征求意见稿中暂未明确2020年度补贴总额、户用补贴额度分配以及竞价指导价和户用补贴强度。

(三)风电行业年度重要立法及政策摘要

1. 风电上网电价进一步完善

自2018年5月18日国家能源局下发《关于2018年度风电建设管理有关要求的通知》(国能发新能〔2018〕47号)以及2019年1月7日国家发展改革委与国家能源局

共同下发《关于积极推进风电、光伏发电无补贴平价上网有关工作的通知》(发改能源〔2019〕19号),明确通过竞争方式配置和确定风电项目上网电价以及多举措鼓励支持开展平价上网项目和低价上网试点项目建设后,国家发展改革委又于2019年5月21日下发《国家发展改革委关于完善风电上网电价政策的通知》(发改价格〔2019〕882号)(以下简称"**882号文**"),进一步完善风电上网电价,推动风电项目竞争性配置工作的开展。

(1)标杆上网电价调整为指导价

2009年7月20日,国家发展改革委下发《关于完善风力发电上网电价政策的通知》(发改价格〔2009〕1906号),明确将分资源区制定陆上风电标杆上网电价。2014年6月5日,国家发展改革委下发《关于海上风电上网电价政策的通知》(发改价格〔2014〕1216号,现已失效),制定了海上风电标杆上网电价。此后,曾三次下调风电标杆电价。为尽快实现风电项目平价上网,882号文规定,陆上风电标杆上网电价以及海上风电标杆上网电价均改为指导价。新核准的集中式陆上风电项目和海上风电项目上网电价全部通过竞争方式确定,且不得高于项目所在资源区指导价。

(2)明确补贴时间节点

针对陆上风电项目,882号文明确,2018年底之前核准的陆上风电项目,2020年底前仍未完成并网的,国家不再补贴;2019年1月1日至2020年底前核准的陆上风电项目,2021年底前仍未完成并网的,国家不再补贴。自2021年1月1日开始,新核准的陆上风电项目全面实现平价上网,国家不再补贴。

针对海上风电项目,对2018年底前已核准的海上风电项目,如在2021年底前全部机组完成并网的,执行核准时的上网电价;2022年及以后全部机组完成并网的,执行并网年份的指导价。

为能享受国家补贴或执行核准时的上网电价,未来两年风电行业可能将迎来抢装潮。

(3)风电上网电价进一步下调

根据882号文的规定,2019年I–IV类资源区符合规划、纳入财政补贴年度规模管理的新核准陆上风电指导价分别为每千瓦时0.34元、0.39元、0.43元、0.52元(含税),与2016年国家发展改革委发布的《关于调整光伏发电陆上风电标杆上网电价的通知》(发改价格〔2016〕2729号)明确的2018年新建陆上风电标杆上网电价相比,I–III类资源区的风电指导价均下调了0.06元,第IV类资源区的电价下调了0.05元。2020风电指导价将进一步下调,即I–IV类资源区风电指导价统一下调0.05元,分别为每千瓦时0.29元、0.34元、0.38元和0.47元(含税)。

针对近海风电项目,2019年符合规划、纳入财政补贴年度规模管理的新核准近海风电指导价调整为每千瓦时0.8元,较此前的每千瓦时0.85元标杆电价下调了0.05元;2020年将进一步下调,调整后为每千瓦时0.75元。

针对新核准的潮间带风电项目,通过竞争方式确定上网电价,且不得高于所在资源区陆上风电指导价。而在此之前的潮间带风电项目上网电价为每千瓦时0.75元。

2. 全面推行风电项目竞争性配置

2019年5月28日国家能源局下发了《国家能源局关于2019年风电、光伏发电项目建设有关事项的通知》(国能发新能〔2019〕49号,以下简称"**49号文**")并同步印发了《2019年风电项目建设工作方案》(以下简称“《工作方案》”)。49号文对2019年度风电项目建设提出四项总体要求。一是积极推进平价上网项目建设，在组织开展工作的时间顺序上，先开展一批平价上网项目建设，再开展需国家补贴项目的竞争配置工作。二是严格规范补贴项目竞争配置，需要国家补贴的项目均必须经过严格规范的竞争配置方式选择，而且上网电价是重要竞争条件，优先建设补贴强度低、退坡力度大的项目。三是全面落实电力送出和消纳条件，新增建设项目必须以电网具备消纳能力为前提，避免出现新的“弃风弃光”问题，在同等条件下对平价上网项目优先保障电力送出和消纳条件。四是优化投资建设营商环境，要求省级能源主管部门对申请项目的土地使用等非技术成本降低的落实情况进行核实，并要求派出能源监管机构加强对有关事项的监督。

《工作方案》对各省级能源主管部门制定竞争配置工作方案（或竞争配置办法）提供了指导，同时也提出了一些基本要求。考虑各地区情况有所差别，不宜制定全国通用的竞争配置工作方案（或竞争配置办法)。各省级能源主管部门根据《工作方案》，结合本地区实际制定竞争配置工作方案（或竞争配置办法）更具有针对性，可操作性也更强。

按照《工作方案》的规定，风电项目竞争配置有两种方式：第一种方式为企业完成了项目前期工作，通过参加竞争配置进入国家补贴范围；第二种方式为地方政府部门完成了项目前期工作，通过竞争方式选择项目投资企业。《工作方案》对两种方式分别提出了竞争要素和参考评分标准，对最核心的竞争要素，即申报电价提出明确要求：如果采取综合评分法，电价权重不得低于40%；也可采取先技术评选、再电价比选的方式。另外，在企业能力的业绩项评分要求中，对本省（区、市）业绩分值也作了限制性规定，比例不应超过业绩分值的35%，该项规定主要是为了防止地方保护。

3. 建立健全可再生能源电力消纳保障机制

2019年5月10日国家发展改革委与国家能源局下发《关于建立健全可再生能源电力消纳保障机制的通知》(发改能源〔2019〕807号)，为通过明确责任主体、设定奖惩措施的方式为进一步有效解决风电消纳问题提供了实施方法及保障机制。其中主要包括：(1）对电力消费设定可再生能源电力消纳责任权重，即按省级行政区域对电力消费规定应达到的可再生能源消纳责任权重，以及各省级行政区域应达到的最低可再生能源电力消纳责任权重和激励性消纳责任权重；(2）各省级能源主管部门牵头承担消纳责任权重落实责任，制定本省级行政区域可再生能源电力消纳实施方案，并报省级人民政府批准后实施；(3）电网企业承担经营区消纳责任权重实施的组织责任。售电企业和电力用户协同承担消纳责任；(4）省级能源主管部门负责对承担消纳责任的市场主体进行考核，督促未履行消纳责任的市场主体限期整改，对未按期完成整改的市场主体依法依规予以处理。国务院能源主管部门对各省级行政区域消纳责任权重完成情况以及消纳责任权重组织实施和管理工作进行监测评价，按年度公布可再生能源电力消纳责任权重监测评价报告。

4. 风电项目林地使用政策趋严

2019年02月26日国家林业和草原局下发《国家林业和草原局关于规范风电场项目建设使用林地的通知》(林资发〔2019〕17号，以下简称“**17号文**”)，进一步规范风电场项目建设使用林地。其中，自然遗产地、国家公园、自然保护区、森林公园、湿地公园、地质公园、风景名胜区、鸟类主要迁徙通道和迁徙地等区域以及沿海基干林带和

消浪林带，为风电场项目禁止建设区域。风电场建设应当节约集约使用林地。风机基础、施工和检修道路、升压站、集电线路等，禁止占用天然乔木林（竹林）地、年降雨量400毫米以下区域的有林地、一级国家级公益林地和二级国家级公益林中的有林地。在17号文下发之前已经核准但未取得使用林地手续的风电场项目，要重新合理优化选址和建设方案，加强生态影响分析和评估，不得占用年降雨量400毫米以下区域的有林地和一级国家级公益林地，避让二级国家级公益林中有林地集中区域。17号文下发之后，林业主管部门可能将提前介入风电场项目开发建设运营过程并实施监管。

（四）氢能利用行业年度重要立法及政策摘要

1. 氢能源及氢能利用行业现状

氢能是指氢在物理与化学变化过程中释放的能量。氢气作为工业气体已有很长的使用历史，同时它也被视为21世纪比较具备发展潜力的清洁能源之一。氢能具有来源多样、清洁低碳、安全、灵活高效、应用场景丰富等特点。氢没有传统碳基能源所产生的污染物和高碳排放。氢的热值高，是同质量焦炭、汽油等化石燃料热值的三至四倍，通过燃料电池可实现综合转化效率90%以上。氢能的利用场景丰富，应用领域涵盖能源、交通运输、工业、建筑等领域，既可为炼化、钢铁、冶金等行业提供高效原料、还原剂和高品质热源，还可以通过燃料电站技术应用于汽车、轨道交通、船舶等交通运输领域，还可以用作分布式发电原料，为家庭住宅、商业建筑等供电供暖。燃料电池是氢能高效利用的重要途径，其原理是氢与氧结合生成水，同时释放电能和热能。燃料电池的具体应用包括燃料电池车、发电和供热站、便携式移动电源等等。氢能利用的链条中，加氢站是构建氢能产业链的重要环节。

全球主要国家高度重视氢能与燃料电池技术的发展，美国、日本、德国等发达国家已经将氢能上升到国家能源战略高度，不断加大对氢能及燃料电池的研发和产业化扶持力度。我国也高度重视氢能与燃料电池产业的发展，并不断从政策层面促进氢能产业的发展。

2. 我国支持氢能与燃料电池发展的政策

目前我国对氢能利用并未在法律或行政法规层面予以专门性立法。氢能作为新能源利用形式在我国发展的政策依据主要还以国家层面的产业规划政策和地方层面的试行规定为主。前者并非正式的法律依据，后者则层级较低且仅适用于相关地方，多以试点性质为主。我们总结梳理国家层面的指导性政策如下：

（1）产业规划

2016年11月29日，《“十三五”国家战略性新兴产业发展规划》（国发〔2016〕67号）提出，系统推进燃料电池汽车研发与产业化。加强燃料电池基础材料与过程机理研究，推动高性能低成本燃料电池材料和系统关键部件研发。加快提升燃料电池堆系统可靠性和工程化水平，完善相关技术标准。推动车载储氢系统以及氢制备、储运和加注技术发展，推进加氢站建设。到2020年，实现燃料电池汽车批量生产和规模化示范应用。

（2）氢燃料电池汽车发展路线

2016年10月，汽车工程年会发布的《节能与新能源汽车技术路线图》中指出，到2020年燃料电池汽车在公共服务领域的示范应用达到5000辆的规模；到2025年，实现氢燃料电池汽车的推广应用，规模达到5万辆；到2030年，实现氢燃料电池汽车的大规模推广应用，氢燃料电池汽车规模超过一百万辆。同时，各地方也对氢能与燃料电池汽车发展制定了行动规划，包括设立燃料电池汽车示范区域，形成区域内相对完善的加氢配套基础设施建设，优化产业链结构，积极推动燃料电池公交、物流等车辆试点等。

（3）补贴扶持

2016年12月30日财政部、科技部、工业和信息化部和国家发展改革委发布的《关于调整新能源汽车推广应用财政补贴政策的通知》（财建〔2016〕958号）中规定除燃料电池汽车外，各类车型2019–2020年中央及地方补贴标准和上限，在现行标准基础上退坡20%。2018年2月12日财政部等四部委发布《关于调整完善新能源汽车推广应用财政补贴政策的通知》（财建〔2018〕18号）规定，燃料电池汽车补贴基本保持不变。2019年3月26日财政部等四部委发布《关于进一步完善新能源汽车推广应用财政补贴政策的通知》（财建〔2019〕138号），规定2019年3月26日至2019年6月25日为过渡期，过渡期内燃料电池汽车补贴退坡20%，正式期补贴政策将另行公布，并明确加氢站建设和运营补贴支持。

（4）其他优惠政策

国家给予氢燃料电池汽车税收优惠，对燃料电池车型免征购置税及车船税。除了国家层面的政策支持以外，不少地方政府也推出明确的地区发展规划，支持当地氢燃料电池汽车及加氢站建设和发展。在国家补贴基础上，地方政府给予燃料电池汽车和加氢站建设地方补贴，鼓励加氢站建设，同时不断完善加氢站建设管理制度，完善加氢站设计、建设、运维保障和审批等监管制度，缩短加氢站投资回报周期。

3. 氢能利用的具体形式

从氢能产业链条划分，可以将氢能利用分为制氢、储存、运输和应用四个部分。从产业链的特点看，可以发现氢能产业链的中上游（即制造、储存和运输）与交通燃油、天然气的供应和管理模式高度相似。因此，单从行业准入角度，我们认为传统的石油天然气行业内的企业，会有氢能中上游部分的开发与管理的先天优势。根据市场公开资料，截至2018年底，在我国氢能产业中上游的典型领头企业为中国石油化工集团，其在2018年的氢产能为300万吨，占据行业总产能的15%，居全国首位。

将氢能产业的中上游再度细分，可以分为制氢厂（制氢）和液化储氢罐（储存和运输）两大部分。制氢从工艺上可划分为天然气制氢、电解水制氢、煤制氢、甲醇裂解制氢、工业副产品制氢等。我们注意到，目前国内对制氢厂项目的投资建设并无专项法规，应遵循一般工业建设项目投资建设的相关规定。我们理解，目前所有制氢工艺中相对发展前景较好的是电解水制氢，除工艺成熟稳定外，该种制氢方式需要大量电力，可以有效消纳风电、光伏发电等产生的过剩电力，将贯穿于氢能发展的全过程。未来需要进一步关注国家或地方对该等制氢项目是否会出台更具针对性的法规或政策。就氢的储存，目前常态是高压气态方式储存，但行业普遍认为未来液态储氢将成为工业氢气的主要储存形式。需要提起注意的是，储氢设备尤其是储罐，涉及特种设备登记管理和气体充装资质管理等方面的法规要求。

将氢能产业的下游再度细分，可以分为加氢站和氢能燃料电池两大部分。与制氢厂

项目的相关法规政策缺位不同，我们注意到目前先行试点的部分省份和城市，率先出台的试行法规均是针对加氢站的建设与管理进行规定，各地均将其作为氢能产业的重要配套基础设施，予以鼓励和规范。我们以武汉市于2018年4月出台的《武汉经济技术开发区加氢站审批及管理暂行办法》（简称"**《武汉办法》**"）为例，梳理一下加氢站审批及管理的法律要点。

《武汉办法》从项目选址、项目准入、项目供地、项目报建、项目验收、经营管理共六个方面对加氢站审批与建设进行规定。具体如下：

（1）项目选址。须符合武汉经济技术开发区加氢站布点规划，该规划由国土规划局编制。

（2）项目准入。区行政审批局组织各部门联合审查并出具准入意见，最后由区发展改革委办理项目备案。

（3）项目供地。以出让方式供地，签订土地出让合同后，申请取得《建设用地规划许可证》。

（4）项目报建。明确列举项目涉及以下各项建设审批手续：规划方案审批、消防审批、防雷设计核准、环评及能评审查、安全设施设计审查、施工报建、施工许可、特种设备监督检验。

（5）项目验收。由区城管局组织规划、建设、消防、市场监管、环保等部门进行综合验收。

（6）经营管理。主要涉及三类：特种设备使用登记、气体充装资质许可审批、经营许可（如有），其中经营许可是指区城管局参照《城镇燃气管理条例》核发经营许可。

（五）碳排放权交易和碳资产管理领域年度重要立法及政策摘要

1.《碳排放权交易管理暂行条例（征求意见稿）》发布

（1）我国碳排放权管理制度沿革

2011年10月29日，国家发展改革委办公厅发布《国家发展改革委办公厅关于开展碳排放权交易试点工作的通知》，同意七省市——北京市、天津市、上海市、重庆市、湖北省、广东省以及深圳市开展碳排放权交易试点工作。试点工作开展两年后，2013年11月召开的十八届三中全会进一步提出"推行全国碳排放权交易"。

2014年中央全面深化改革委员会办公室将"建立全国碳排放总量和分解落实机制，制定全国碳排放权交易管理办法，建立国家碳排放权交易登记注册系统"作为重点改革任务督办。同年出台《碳排放权交易管理暂行办法》（国家发展改革委第17号令）（以下简称"**《暂行办法》**"），对碳排放交易从配额管理、交易产品、交易主体、监督主体、交易地点、碳排放核查与配额清缴等方面做出了规定，奠定了我国碳排放交易市场管理的基本框架。

2016年1月11日，国家发展改革委发布《关于切实做好全国碳排放权交易市场启动重点工作的通知》，确定了"充分发挥市场机制在温室气体排放资源配置中的决定性作用，国家、地方、企业上下联动、协同推进全国碳排放权交易市场建设，确保2017年启动全国碳排放权交易，实施碳排放权交易制度"的工作目标。

2017 年 12 月 18 日，国家发展改革委发布了《全国碳排放权交易市场建设方案(发电行业)》，确定了有关碳排放权交易的三个重点制度，分别是“碳排放监测、报告与核查制度”“重点排放单位配额管理制度”和“市场交易相关制度”，标志着全国碳交易市场正式启动。

2018 年，国务院组建生态环境部，并将国家发展改革委的应对气候变化和减排职责划归生态环境部，这一调整有利于对碳排放权与其他各种排放物的联动管理，降低各部门之间协调的成本。

在此背景下，2019 年 4 月 3 日，生态环境部发布了关于《公开征求〈碳排放权交易管理暂行条例(征求意见稿)〉意见的通知》(以下简称“《条例》”)。《条例》是自 2018 年应对气候变化和减排职责划归生态环境部以来，针对碳排放权交易出台的首部规范性文件。与 2014 年出台的《暂行办法》的规定相比，《条例》的内容有所变化，其中最显著的变化为主管部门的调整，与国务院组成部门的调整相呼应，碳排放交易的主管部门由国家发展改革委变更为国务院生态环境部。

(2)《条例》内容的变化和发展

除上文已述的碳排放权交易管理主管部门从发展改革部门调整为生态环境部门外，《条例》与此前出台的其他规范性文件内容，尤其是体例较为完备的 2014 年出台的《暂行办法》相比，变化和发展主要体现在以下几点：

a)《条例》明确了碳排放权的资产属性和交易方式

将碳排放权纳入市场交易的前提是其属于民法规定中权利的一种，根据其权利性质的不同适用对应的交易规则和法律规定。此前出台的所有规范性文件均未明确碳排放权的法律性质以及具体交易方式。

本次《条例》的发布明确了碳排放权是一种资产，且以登记为生效要件。《条例》第十条规定，“碳排放权是所有权人的资产，其权属通过国家碳排放权注册登记系统登记确认，权属变更自登记时发生法律效力。”同时，《条例》第十三条对交易方式作出了具体的规定，确定碳排放权的交易方式包括购买、出售和抵押，这一规定确认了碳排放权的资产性和可交易性。

b)《条例》细化了各方法律责任及其罚则

对于违反碳排放交易相关规定的法律责任和罚则，此前规范性文件中的规定较笼统，未在数额等细节上具体明确，例如《暂行办法》中仅分别规定了重点排放单位、核查机构、交易机构及其工作人员和主管部门承担责任的情形以及处罚类型，但未具体细化处罚标准。

《条例》进一步细化了重点排放单位、核查单位、交易主体和主管部门的责任，并分别针对各类参与主体的违法违规行为制定了详细的惩罚措施及数额标准，增强了罚则的可操作性，也可看出生态环境部全面实施和切实落实碳排放权交易制度的决心。

2. 碳排放权交易市场现状

2011 年 10 月 29 日，国家发展改革委同意七个试点省市开展碳排放权交易试点后，试点省市先后开展了碳排放权交易工作，启动了当地范围内的碳排放权交易市场。2016 年，福建省成为我国第八个碳排放权交易试点省市。根据规定，各试点省市当地政府主

管部门可根据本地区情况制定交易相关规则，因此各地交易市场规则制定和管理实施的自治程度较高。

目前，各试点分别使用独立的碳排放权注册登记系统和交易系统，全国统一的碳排放权注册登记系统和交易系统仍在筹备中，预计很快将正式上线。国家自愿减排交易注册登记系统已于2015年1月14日开始上线运营。

3. 碳资产

未来碳资产将成为企业资产的构成之一。对于生产型企业来说，碳资产管理将是公司生产管理和环境效益管理的重要部分，对于其他类型的企业来说，注重碳资产的管理，可以积极参与碳市场，寻求新的业务及利润空间。目前国内碳排放权交易市场还处于发展初期，仅限于现货交易，国际市场上常见的期货交易还未正式在国内开展。但随着全国统一碳市场的建立，碳资产的生产、管理、交易及融资实践将会越来越普遍，相关的立法及配套制度也将会逐步完善。

（六）石化行业年度重要立法及政策摘要

1. 扩大成品油市场准入

2019年8月16日，国务院办公厅发布了《国务院办公厅关于加快发展流通促进商业消费的意见》（国办发〔2019〕42号）（以下简称“**42号文**”），扩大成品油市场准入。取消石油成品油批发仓储经营资格审批，将成品油零售经营资格审批下放至地市级人民政府，加强成品油流通事中事后监管，强化安全保障措施落实。乡镇以下具备条件的地区建设加油站、加气站、充电站等可使用存量集体建设用地，扩大成品油市场消费。

2019年12月3日，商务部发布了《商务部关于做好石油成品油流通管理“放管服”改革工作的通知》，以贯彻落实42号文相关政策，明确要求：做好批发仓储经营资格审批取消后政策衔接工作，各级商务（经信、能源）主管部门不再受理原油销售、仓储和成品油批发、仓储经营资格申请，不再受理上述经营资格证书的变更、换证和注销申请，现有证书在有效期满后自动失效，不再收回。市场主体从事石油成品油批发、仓储经营活动，应当符合企业登记注册、国土资源、规划建设、油品质量、安全、环保、消防、税务、交通、气象、计量等方面法律法规，达到相关标准，取得相关资质或通过相关验收，依法依规开展经营，无需向商务主管部门申请经营许可。并要求商务(经信、能源)主管部门要在各地政府统一部署安排下，有序将成品油零售经营资格审批及管理工作移交给地市级人民政府，由地市级人民政府确定具体执行部门，负责审批及行业管理工作。移交工作原则上应在2019年年底前后完成。各省商务(经信、能源)主管部门要根据相关法规和“三定”职能，尽快制定或完善加强本地区石油成品油流通管理的规范性文件，明确零售经营准入和退出机制、行业企业经营规范、监督管理等内容。商务部将加强对石油成品油流通管理工作的指导，出台相关指导意见，现有《成品油市场管理办法》和《原油市场管理办法》将适时废止。

2019年12月4日，中共中央、国务院发布了《中共中央、国务院关于营造更好发展环境支持民营企业改革发展的意见》，要求：进一步放开民营企业市场准入。深化“放管服”改革，进一步精简市场准入行政审批事项，不得额外对民营企业设置准入条件。

在电力、电信、铁路、石油、天然气等重点行业和领域，放开竞争性业务，进一步引入市场竞争机制。支持民营企业进入油气勘探开发、炼化和销售领域，建设原油、天然气、成品油储运和管道输送等基础设施。支持符合条件的企业参与原油进口、成品油出口。

2. 油气管网改革

2019 年 3 月 19 日，中央全面深化改革委员会第七次会议正式审议通过了《石油天然气管网运营机制改革实施意见》，指出要推动石油天然气管网运营机制改革，要坚持深化市场化改革、扩大高水平开放，组建国有资本控股、投资主体多元化的石油天然气管网公司，推动形成上游油气资源多主体多渠道供应、中间统一管网高效集输、下游销售市场充分竞争的油气市场体系，提高油气资源配置效率，保障油气安全稳定供应。

2019 年 5 月 24 日，国家发展改革委、国家能源局、住房城乡建设部、市场监管总局联合印发了《油气管网设施公平开放监管办法》(发改能源规〔2019〕916 号，以下简称**《办法》**)。《办法》自颁布之日起实施，有效期五年，原国家能源局《油气管网设施公平开放监管办法（试行）》(国能监管〔2014〕84 号）(下称"**《试行办法》**") 同时废止。《办法》分为八个章节，包括总则、公平开放基础条件、公平开放服务基本要求、信息公开、公平开放服务申请与受理、服务合同签订与履行、监管措施与法律责任，及附则，共 42 条。下文将结合《试行办法》的规定，对《办法》相对于《试行办法》的主要变化总结如下。

事项	2014 年《试行办法》	2019 年《办法》	备注
油气管网设施定义	第三条 本办法所指油气管网设施包括符合相应技术条件和规范，并按照国家及地方有关规定履行审批、核准或者备案手续的**原油、成品油、天然气管道干线和支线**（含省内承担运输功能的油气管网），**以及与管道配套的相关设施**（包括：**码头**、装卸设施、LNG 接收站、天然气液化设施和压缩设施、**储油与储气设施**等）；城镇燃气设施执行相关法律法规。	第一条 本办法所指油气管网设施指符合相应技术条件和规范，并按照国家及地方有关规定履行审批、核准或者备案手续**且已取得合法运营资质**的**原油、成品油、天然气管道，液化天然气接收站，地下储气库等及其附属基础设施，不包括**陆域及海域油气田生产专用集输管道、炼化企业生产作业区内的专用管道、输送非商品质量标准的油气管网设施、军工或涉密油气管网设施和**城镇燃气设施**。	《办法》在"油气管网设施"的定义中重点强调了油气管道、LNG 接收站和地下储气库三类设施，并明确排除了几类不属于公平开放范围的设施。其中，相比《征求意见稿》，《办法》进一步明确"城镇燃气设施"不属于开放范围。需注意，公平开放城镇燃气设施是打通"公平开放的最后一公里"，但目前城镇燃气设施普遍实施特许经营管理，开放的时机和条件有待进一步研究，这一部分内容可能也将主要由建设主管部门进行监管。
开放原则	第五条 在油气管网设施有**剩余能力**的情况下，应向第三方市场主体平等开放管网设施，提供输送、储存、气化、液化和压缩等服务。 第六条 油气管网设施运营企业应在**互惠互利、充分利用设施能力并保障现有用**	第十二条 油气管网设施运营企业应当无歧视地向符合开放条件的用户提供油气输送、储存、气化、装卸、转运等服务，无正当理由不得拖延、拒绝与符合开放条件的用户签订服务合同，不得提出不合理要求。	《办法》基本坚持了《试行办法》确定的无歧视开放原则。同时《办法》延续了《试行办法》确定的以保障现有用户现有服务为前提、按剩余能力进行开放的前提条件，但增加了"油气管网运营机制改革到位前"

续表

事项	2014年《试行办法》	2019年《办法》	备注
	户现有服务的前提下，**按签订合同的先后次序**向**新增用户公平、无歧视地**开放使用油气管网设施。	**油气管网运营机制改革到位前**，油气管网设施运营企业在**保障现有用户现有服务并具备剩余能力**的前提下，应当按照本办法要求向符合开放条件的用户开放管网设施。 第十一条 油气管网设施运营企业不得以统购统销等名义拒绝开放油气管网设施。	这一时间限制，具体"改革到位"的标志为何，《办法》并未明确，可能也难以现阶段进行明确。严格来讲，"改革到位"并非一个法律上的概念，而更多的是政策上的一个认定，需要以届时国家的通知或文件进一步认定。此外，《办法》还明确禁止油气管网设施运营企业以统购统销的名义拒绝开放。
互联互通	第十二条 鼓励油气管网设施互联互通，油气管网设施运营企业可根据实际需求及能力，平等协商相互开放相关事宜。	第九条 国家鼓励和支持油气管网设施互联互通和公平接入，逐步实现油气资源在不同管网设施间的灵活调配。油气管网设施运营企业不得阻碍符合规划的其他管网设施接入，并应当为接入提供相关便利。	相比《试行办法》仅做指导性规定，《办法》增加了油气管网设施运营企业对其他管网接入的强制义务，对符合规划的管网必须接入。
用户提出接入申请	第十条 上游用户向油气管网设施运营企业提出接入申请时……油气管网设施运营企业综合考虑输送（储存、气化、液化和压缩）能力、安全性以及上游用户接入技术条件、油气质量、供应稳定性等因素，30个工作日内作出是否同意接入的答复意见，**不同意接入的要说明理由并抄报国家能源局或其派出机构**。 第十一条 下游用户向油气管网设施运营企业提出接入申请时……油气管网设施运营企业综合考虑输送（储存）能力、安全性以及下游用户性质、需求等因素，30个工作日内作出是否同意接入的答复意见，**不同意接入的要说明理由并抄报国家能源局或其派出机构**。 第十三条 对**存在争议的**开放项目，上、下游用户可在收到答复意见之日起30个工作日内提请国家能源局或	第二十二条 油气管网设施运营企业可采用集中或分散方式受理用户申请。 采用**集中方式**受理时，油气管网设施运营企业应当公开发布开放服务公告，**受理结果应当向所有申请用户公开，并报送国家能源局或其派出机构**。 采用**分散方式**受理时，油气管网设施运营企业应当于收到用户申请之日起15个工作日内回复是否提供开放服务。 对不符合开放条件和要求，或存在信息造假、重大违约等行为的用户申请不予受理；已经受理的，可以终止。 第二十九条 油气管网设施运营企业应当及时**将不予受理的用户名单及相应情况报送国家能源局或其派出机构。** 油气管网设施运营企业应当按照监管要求**定期**向国家能源局或其派出机构报送	《办法》细化了申请开放的方式，考虑到实际开放过程中，有可能是单个用户提出开放申请，也有可能是多个用户联合提出开放申请，还有可能是油气管网设施运营企业通过招投标等方式主动向社会提出开放邀约，因此《办法》规定油气管网设施运营企业可根据实际情况采用集中或分散两种方式受理用户申请。但无论是何种受理方式，都必须要按照要求公开有关信息，相关受理结果都必须要报送监管机构接受监管。对于不予受理开放申请的情况，必须要报送能源监管部门，以便能源监管部门能够及时对油气管网设施运营企业执行《办法》开放义务的情况进行监督。

续表

事项	2014年《试行办法》	2019年《办法》	备注
	其派出机构进行协调，**国家能源局及其派出机构根据实际情况出具协调意见。**	油气管网设施相关情况，包括管网设施基本情况、运营情况、限（停）产检修计划及执行情况、输送（及储存、气化、装卸、转运）能力及开放情况、对申请用户出具答复意见情况、价格情况、存在严重违法违规或违约的用户情况等。	
信息公开要求	第二十条 油气管网设施运营企业应**每季度**通过网站或国家能源局指定的信息平台等途径**公开**油气管网设施的**接入标准、输送（储存、气化）价格、申请接入的条件、受理流程**等信息。 油气管网设施运营企业**应向提出申请的上、下游用户披露**相关设施运营情况、可接收或分输油气的地点、剩余的输送（储存、气化、液化和压缩）能力、限（停）产检修计划等信息。上、下游用户对以上信息依法履行保密责任和义务，并对因泄密产生的后果承担相应的经济赔偿和法律责任。 第二十一条 油气管网设施运营企业应**每半年向国家能源局或其派出机构报送**油气管网设施相关情况，包括建设情况、运营情况、限（停）产检修计划及执行情况、输送（储存、气化、液化和压缩）能力及开放情况等。 第二十二条 国家能源局及其派出机构根据履行监管职责的需要，可以要求油气管网设施运营企业报送与监管事项相关的信息和资料。	第十七条 油气管网设施运营企业**应当**通过国家能源局或其派出机构指定的信息平台和本企业门户网站等途径，**公开油气管网设施基础信息、剩余能力、服务条件、技术标准、价格标准、申请和受理流程、用户需提交的书面材料目录、保密要求**等。相关信息发生变化时，油气管网设施运营企业应当及时**更新**。 **用户合理要求的其他相关信息，**油气管网设施运营企业**应当向提出申请的用户披露。** **国家能源局另行制定油气管网设施开放信息公开相关规定。** 第十八条 油气管网设施运营企业应当在国家能源局或其派出机构指定的信息平台和本企业门户网站，**于每年12月5日前公布下一自然年度各月**油气管网设施剩余能力；**每月10日前更新本年度剩余各月度**的油气管网设施剩余能力。 **具备条件的，**油气管网设施运营企业应当**实时**公开油气管网设施剩余能力。 第十九条 油气管网设施运营企业应当**每季度**在国家能源局或其派出机构指定的信息平台和本企业门户网站公布上一季度**服务对象、**	相比《试行办法》,《办法》围绕油气管网设施基础信息、剩余能力信息等设计了更加完整的信息公开管理规则，强化了剩余能力信息公开的监管要求。特别是，对《试行办法》规定的“剩余能力信息依申请公开”有较大调整，《办法》则要求油气管网设施运营企业必须主动提前公开下一自然年度各月剩余能力，并要求实现年度内按月度滚动更新，以保证信息的准确和有效，便于用户提前预计和筹划上下游资源，为申请开放服务创造条件。此外，《办法》还新增了交易信息公开的要求，油气管网设施企业要按规定公布上一季度服务对象、服务设施、服务时段、服务总量等不涉及商业秘密的油气管网设施服务信息。通过公开油气管网设施基础能力信息、剩余能力信息和已用能力信息，设计了完整的信息公开闭环管理规则，更好地促进信息公开透明，并形成有效的社会监督机制。

续表

事项	2014年《试行办法》	2019年《办法》	备注
		服务设施、服务时段、服务总量等不涉及商业秘密的油气管网设施服务信息。 上款规定的信息公开内容包括对所有用户的服务信息。	
天然气能量计量要求	/	第十三条 原油、成品油管网设施运营企业在商品交接及计算运输费、储存费时，按照有关规定和标准进行计量。 天然气管网设施运营企业接收和代天然气生产、销售企业向用户交付天然气时，**应当对发热量、体积、质量等进行科学计量**，并接受政府计量行政主管部门的计量监督检查。 国家推行天然气能量计量计价，于本办法施行之日起24个月内建立天然气能量计量计价体系。	当前，我国天然气通常是按照体积计量。而国际上采用的能量计量更能体现不同天然气品质差别。《办法》新增规定按照发热量、体积、质量对天然气进行计量，有利于准确计量、体现公平，减少结算纠纷。同时考虑到国内的实际情况，设备改造需要一定时间，且相关部门还需制定出台配套技术标准和管理政策予以有效衔接，《办法》同时规定了24个月过渡期。
油气管网设施服务定价	第十七条 油气管网设施开放应当执行价格主管部门按有关管理规定确定的输送（储存、气化等）服务价格。	第十四条 油气管网设施服务价格实行政府定价或政府指导价的，油气管网设施运营企业应当按照规定的价格政策向用户收取服务费用；实行市场化定价的，收费标准由供需双方协商确定。	相比《试行办法》单一的政府定价方式，《办法》允许油气管网设施服务采取政府定价、政府指导价和市场化定价等多种定价方式确定服务价格。这可能是考虑单一政府定价会造成开放阻力过大，引入市场化定价以促进开放。

2019年10月23日，国家能源局综合司发布了《关于加强天然气管网设施公平开放相关信息公开工作的通知》（国能综通监管〔2019〕76号）和《关于加强天然气管网设施公平开放相关信息报送工作的通知》（国能综通监管〔2019〕77号），作为《办法》的配套实施文件，规范天然气管网设施开放行为。根据该两则通知，天然气管网设施运营企业应当在国家能源局指定的信息公开平台统一公开信息，同时在本企业门户网站首页设置信息公开专栏。天然气管网设施运营企业应当按照《天然气管网设施公平开放信息公开示范文本》规定的格式和内容公开相关制度文件、天然气管网设施运营企业基本情况、天然气管网设施基础信息、天然气管网设施剩余能力、服务条件、技术标准、价格标准、申请和受理流程、保密要求、天然气管网设施服务信息及用户合理要求的其他信息等。天然气管网设施运营企业集团公司应当公开下属全部企业相关信息，对于剩余能力公布、

潜在用户的信息公开申请答复、开放服务申请答复的时间也应遵守相应的具体规定。此外，天然气管网设施运营企业应当通过统一的“油气管网设施公平开放信息报送系统”向监管机构报送公平开放信息，按照《天然气管网设施公平开放信息报送示范文本》的内容和格式报送天然气管网设施基本情况，包括设施的所在地、长度、投产或拟投产时间、能力、数量、价格、月度运行情况、开放服务受理及合同执行情况、公平开放年度工作总结报告等信息。同时通知还划定了能源部门监管油气设施开放的具体辖区，如下表所示：

区域	派出机构	所辖省份（地区）
华北	华北能源监管局	北京、天津、河北、内蒙古
	山西能源监管办	山西
	山东能源监管办	山东
东北	东北能源监管局	辽宁、吉林、黑龙江
西北	西北能源监管局	陕西、青海、宁夏
	甘肃能源监管办	甘肃
	新疆能源监管办	新疆
华东	华东能源监管局	上海、安徽
	浙江能源监管办	浙江
	江苏能源监管办	江苏
	福建能源监管办	福建
华中	华中能源监管局	湖北、江西、重庆、西藏
	河南能源监管办	河南
	湖南能源监管办	湖南
	四川能源监管办	四川
南方	南方能源监管局	广东、广西、海南
	云南能源监管办	云南
	贵州能源监管办	贵州

2019 年 12 月 6 日，国务院国有资产监督管理委员会发布了《国资委关于组建国家石油天然气管网集团有限公司的公告》。根据该公告，经国务院批准，新组建的国家石油天然气管网集团有限公司由国务院国有资产监督管理委员会代表国务院履行出资人职责，列入国务院国有资产监督管理委员会履行出资人职责的企业名单。

3. 2020 年度原油非国营贸易进口配额申请条件和申请程序发布

2019 年 10 月 31 日，商务部发布了 2019 年第 48 号——《2020 年原油非国营贸易进口允许量总量、申请条件和申请程序》，其中 2020 年原油非国营贸易进口配额为 20200

万吨，与2019年原油非国营贸易进口配额一致。

2020年原油非国营贸易进口配额的申请条件和分配原则与2019年基本保持一致，仅有些微调整。申请条件包括：（1）近2年（2018年–2019年10月，下同）具有原油进口业绩或经国家产业主管部门核准可使用进口原油的资格；（2）拥有不低于5万吨的原油水运码头（或每年200万吨换装能力的铁路口岸）的使用权，以及库容不低于20万立方米原油储罐的使用权；（3）银行授信不低于2000万美元（或1.2亿人民币）的对外贸易经营者；（4）拥有从事石油国际贸易专业人员（至少2人）；（5）企业合法依规经营，符合安全生产、环保、税务、海关和外汇管理法律法规，无未整改违法违规行为。相较而言，2020年的申请条件第5点变更了2019年申请条件第5点关于“企业无走私、偷逃税、逃汇、套汇记录，近2年未因违法违规经营受到行政、刑事处罚”的要求，代之以表述上更为宽泛的合规要求。此外2020年申请条件删除了2019年申请条件第6点“其他需要考虑的因素”的规定。

2020年原油非国营贸易进口配额仍然实行“分批下达、追加调整、严格考核”的分配原则，根据企业2019年的实际执行情况和新增合法产能情况计算下达，根据企业实际进口情况、经营需求和新增符合条件的加工企业申请，适时追加和调整；近2年无进口业绩的企业不再安排配额，不能完成持有配额的企业，应在当年9月1日前，通过所在地商务主管部门或中央企业集团公司将当年无法完成的配额交还商务部。

4. 2020年度成品油（燃料油）非国营贸易进口配额发布

2019年12月31日，商务部发布了《2020年成品油（燃料油）非国营贸易进口允许量申领条件、分配原则和相关程序》，其中2020年燃料油非国营贸易进口配额为1620万吨，与2019年度燃料油非国营贸易进口配额一致。

2020年燃料油非国营贸易进口配额的申请条件和分配原则与2019年相比基本一致，仅有些微调整。申请条件包括：（1）获得进出口经营资格，具有独立的法人资格；（2）拥有不低于1万吨的成品油进口码头或铁路专用线（仅限边疆陆运企业）等接卸设施所有权或使用权；（3）拥有库容不低于5万立方米的成品油储罐或油库所有权或使用权；（4）银行授信额度不低于2000万美元或1.2亿元人民币；（5）近两年无违反国家法律法规的行为；（6）其他需要考虑的因素。

2020年燃料油进口配额实行“先来先领”的分配方式。符合非国营贸易进口资格条件的企业根据实际进口需求申领燃料油进口配额，其可申领的起始数量根据2019年燃料油进口配额完成情况、许可证核销率设定。在起始申领数量内企业可分次申领燃料油自动进口许可证。企业报关进口或将未使用完毕的自动进口许可证退回后，可在不超过起始数量的范围内再次申领自动进口许可证，直至燃料油进口配额总量申领完毕。

5. 油气勘查开采和燃气市场外资限制放开

2019年6月30日，国家发展改革委和商务部发布的《外商投资准入特别管理措施（负面清单）（2019年版）》规定，自2019年7月30日起，取消此前负面清单中关于“石油、天然气（含煤层气，油页岩、油砂、页岩气等除外）的勘探、开发限于合资、合作”，和“城市人口50万以上的城市燃气、热力和供排水管网的建设、经营须由中方控股”的限制。

2019年12月31日，自然资源部发布了《自然资源部关于推进矿产资源管理改革若干事项的意见（试行）》（自然资规〔2019〕7号），提出多项推进石油天然气体制改革的措施，包括：（1）全面推进矿业权竞争性出让。继续推进油气（包括石油、烃类天然气、页岩气、煤层气、天然气水合物，下同）探矿权竞争出让试点。在全国范围内探索以下表所列的出让收益市场基准价确定的价格等作为油气探矿权竞争出让起始价，开展油气探矿权竞争出让试点，探索积累实践经验，稳步推进油气勘查开采管理改革。（2）开放油气勘查开采市场。在中华人民共和国境内注册，净资产不低于3亿元人民币的内外资公司，均有资格按规定取得油气矿业权。从事油气勘查开采应符合安全、环保等资质要求和规定，并具有相应的油气勘查开采技术能力。（3）实行油气探采合一制度。根据油气不同于非油气矿产的勘查开采技术特点，针对多年存在的问题，油气矿业权实行探采合一制度。油气探矿权人发现可供开采的油气资源的，在报告有登记权限的自然资源主管部门后即可进行开采。进行开采的油气矿产资源探矿权人应当在5年内签订采矿权出让合同，依法办理采矿权登记。该意见将于2020年5月1日起正式实施。

油气矿业权出让收益市场基准价标准表如下：

WTI原油价格（美元/桶）	出让收益市场基准价（万元人民币/平方千米）	
	陆域	海域
低于40（含）	0.4	0.2
40–55（含）	0.5	0.3
55–65（含）	0.6	0.4
65–80（含）	0.7	0.5
80–100（含）	0.8	0.6
100以上	0.9	0.7

6. 进一步加强油气行业环境影响评价管理

2019年12月13日，生态环境部发布了《生态环境部办公厅关于进一步加强石油天然气行业环境影响评价管理的通知》（环办环评函〔2019〕910号），就进一步加强石油天然气行业环评管理工作明确了几点要求，主要包括：

（1）推进规划环评。该部分主要是从政府部门规划环评、企业的规划环境影响分析以及评价重点等方面，进行了规定。一是国务院有关部门、设区的市级以上地方人民政府及其有关部门应当依法开展规划环评。二是鼓励企业开展规划的环境影响分析。三是结合“三线一单”要求，提出要在规划环评和规划环境影响分析时抓住要点，落实空间管控要求。

（2）深化项目环评“放管服”改革。该部分主要从分类管理、分级审批要求、油基泥浆和钻屑的处理处置、高含硫天然气开采大气污染防治等方面进行了规定和要求。一是提出了以区块为对象全面评价，禁止以勘探井名义长期开展单井环评、“化整为零”的情形。同时，按照“一事一次许可”原则，避免重复评价和重复审批。对于勘探等特殊阶段，可以允许对单井或单项工作编制环评文件。二是尊重实际情况，给予企业一定自主决策权。文件未就区块大小等要素做出规定，企业根据生产需要按照油（气）藏分布情况，自行确定环评文件中区块范围和包括的工程内容。对于区块的属性，由企业结合实际情况判断是新区块还是老区块，其中老区块一般指此前已开展过区块环评、又需要滚动开发、加密打井维持产量的区块。由于油气开采“滚动开发”的特殊性，企业可以自行决定一个环评文件中钻井工程的实施时间（根据开发需要选取）。责任主体可以是石油公司的总公司（集团公司）、总公司下属的地区油田公司，也可以是某地区油田公司的某采油（气）厂。

（3）细化生态环境保护措施。该部分主要从地表废水排放、回注、油基泥浆和钻屑的处理处置、大气污染防治等方面进行了规定和要求。结合近年来油气长输管道项目、油气储存项目环评情况及风险防控管理，提出相应要求。

（4）加强事中事后监管。该部分明确了重大变动、日常监管、竣工环境保护验收、环境影响后评价、退役期管理相关规定和要求，为石油天然气开采业事中事后环境管理形成了闭环的全过程管理。

7.《资源税法》出台

2019年8月26日，《中华人民共和国资源税法》（简称“**《资源税法》**”）正式公布并将自2020年9月1日起施行。《资源税法》在《中华人民共和国资源税暂行条例》的基础上制定，部分涉及油气行业的条款主要如下：

《资源税法》第六条规定，开采原油以及在油田范围内运输原油过程中用于加热的原油、天然气的，免征资源税。从低丰度油气田开采的原油、天然气，减征百分之二十资源税；高含硫天然气、三次采油和从深水油气田开采的原油、天然气，减征百分之三十资源税；稠油、高凝油减征百分之四十资源税。

《资源税法》第十五条规定，中外合作开采陆上、海上石油资源的企业依法缴纳资源税。2011年11月1日前已依法订立中外合作开采陆上、海上石油资源合同的，在该合同有效期内，继续依照国家有关规定缴纳矿区使用费，不缴纳资源税；合同期满后，依法缴纳资源税。

《资源税法》附表《资源税税目税率表》规定，原油和天然气均实行固定税率，税率均为6%。与现行资源税制度相比，《资源税法》继续采用固定税率和幅度税率两类税率，对实行幅度税率的资源，按照落实税收法定原则的要求，明确其具体的适用税率由省级人民政府提出，报同级人大常委会决定。

（七）天然气热电联产行业年度重要立法及政策摘要

热电联产项目一直是我国能源利用的主要形式之一。热电联产通过“供热设备+发电机组”的方式，通过供热装置产生的热力作为发电来源，同时产生热力和电力，是较为高效的能源利用方式。按照服务对象和范围划分，热电联产分为城市热电联产和工业园区热电联产；按照热力用途划分，分为采暖型热电联产（如北方居民供暖）和工业热电联产（如工业园区内生产企业的用热用气）；按照供热与发电来源划分，分为煤炭、天然气、生物质或余气余压余热热电联产。出于污染治理等原因，目前我国已开始限制新建燃煤热电联产项目，最近两年，我们关注到天然气作为一种清洁能源，以它作为供热及发电来源的热电联产项目逐渐成为趋势，作为国家替代燃煤热电联产项目的主要选择。同时我们亦关注到，部分省份尤其是经济较为发达且生产型企业较为集中的东部沿海省份，已经通过地方性立法明确鼓励天然气热电联产项目，并对天然气热电联产从规划、建设到管理进行了较为系统性的规定。我们以江苏省为例予以说明。

江苏省于 2016 年 7 月出台了《江苏省热电联产项目管理暂行办法》（简称"**《江苏办法》**"），其中多处涉及对天然气热电联产项目的规定，结合我们在 2019 年度的天然气热电联产项目实际经验，总结梳理如下：

1. 鼓励以天然气作为初始能源的热电联产项目

《江苏办法》明确优先布局和发展以天然气、生物质、余气余压余热为初始能源的公用热电联产项目，限制布局和发展以煤炭为初始能源的公用热电联产项目，不布局不发展燃煤自备热电联产项目。此外，也明确各县市的热电联产规划，应当坚持以热定电、环保优先原则，对以天然气为初始能源的热电联产项目实行热电联产管理和考核。《江苏办法》还规定，就天然气热电联产项目，在其供热半径范围内不得再重复规划建设新的同类热源点，以避免重复建设带来的能源浪费；在其供热范围内，不得新建燃煤锅炉，既有燃煤锅炉和落后小热电机组应当严格依照规定限期关停或者实施清洁能源替代。

在我们今年参与的某江苏省天然气热电联产项目中，项目所在县级市也编制了该市的热电联产规划，其中明确该天然气热电联产项目作为辖区内唯一一个集中供热的热电联产项目，项目建成投运之日起，原辖区内的燃煤热电联产项目均须在同一时间段及时关停，原有的热需求用户全部由该新建天然气热电联产项目供应热力。

2. 上游气源的供应

在天然气热电联产项目中，最受投资人关切的关注点之一就是项目的上游天然气来源是否等到充足保障，其供应是否长期稳定，定价及调价机制是否科学合理并可在一定范围内预测。《江苏办法》仅原则性规定"天然气热电联产项目应当按照气电热平衡的要求，足额落实天然气资源，并相应关停供热范围内的燃煤锅炉"。实践中，由于天然气（燃气）供应往往属于城市特许经营范围，而特许权人一般包括两类：城市燃气供应企业和中石油、中石化等天然气供应巨头。

我们参与的某江苏省天然气热电联产项目中，该项目供热范围主要是某县级市的工业园区，蒸汽供热对象大多为生产性企业，因此不与城市燃气供应企业产生交集，后者一般负责城区内城镇居民用户的家庭供热。在本项目中，项目单位与某大型国有石化企业的区域分公司设立天然气供气合资公司，由合资公司投资建设天然气管道，连接该国有石化企业的天然气主线和热电联产厂区，为本项目供应天然气。事实上，国有石化企业的区域分公司是该县级市唯一一个有燃气管道特许经营权的主体，因此项目单位别无选择，只能与该区域分公司合作，由其供应天然气。

关于天然气价格，由于天然气热电联产的下游发电价格和供热价格大多实施所谓"气电联动、气热联动"的定价机制，因此上游天然气价格直接影响一个天然气热电联产项目的下游产品销售价格，因此格外被投资人关注。然而实际情况是，虽然项目在投运前获取了当地物价主管部门的电价批复和热价批复，但鉴于上游天然气门站价格是在法定范围内的市场定价（法律依据为国家发展改革委于2014年发布的《关于规范天然气发电上网电价管理有关问题的通知》），而天然气价格受国际原油价格波动而相应调整，因此热电联产项目单位无法完全锁定一个长期稳定的天然气供应价格，只能根据天然气市场价格定期调整。我们认为，了解项目所在地天然气门站价格政策尤其是调价机制，并通过合同安排尽最大努力增加天然气供应定价和调价的确定性，是投资人投资建设天然气热电联产项目时应当关注的重点问题之一。

五、2019年基础设施组年度若干重大项目

（一）光伏发电

（1）代表泰国某能源巨头收购中国境内地面集中式光伏电站项目，法律服务范围包括尽职调查、交易文件起草、谈判以及提供中国法律相关咨询等。

（2）代表泰国某能源巨头就其对中国境内渔光互补光伏电站项目的潜在收购提供法律服务，法律服务范围包括尽职调查和相关中国法律咨询等。

（3）代表中国某核电企业收购中国境内地面集中式光伏发电企业，法律服务范围包括提供尽职调查、交易文件起草等。

（4）代表中国某大型承包商企业就埃及阿斯旺某太阳能园区数个光伏电站项目争议解决案件提供法律服务，包括分析论证索赔主张、收集准备证据文件、协助客户与业主进行争议解决谈判、协助达成和解协议等。

（5）代表中国某电力承包商就其阿根廷、卡塔尔等国光伏电站EPC总承包项目提供法律服务。

（二）风电

（1）代表多个欧洲能源电力巨头就其中国境内大型海上风电项目的投资提供法律服务。法律服务内容包括对项目开展尽职调查、参与交易结构设计、起草交易文件，协助谈判，提供相关中国法律咨询服务等。

（2）代表中国某大型承包商企业就其巴基斯坦某风电项目索赔争议解决提供法律服务，包括对合同资料和证据文件进行全面梳理和准备、对合同双方索赔主张及其限制进行深入分析和论证、协助客户与风电设备供应商进行协商会谈以及与业主进行争议解决谈判、协助客户与项目业主达成和解协议、推动项目的最终关闭等。

（三）核电

（1）向中国核工业集团有限公司提供专项法律服务。

（2）为中广核铀业提供常年法律顾问服务。

（3）作为某核工业央企子公司法律顾问继续就中法合作核循环项目提供法律咨询服务。

（4）担任某核工业央企核废料处理、核电、核电运行管理子公司常年法律顾问。

（5）为中国原子能工业有限公司提供专项法律服务。

（6）为原子高科股份有限公司提供专项法律服务。

（7）为中国中原对外工程有限公司提供专项法律服务。

（8）代表中广核铀业继续为其在哈萨克斯坦设立铀燃料组件生产合资企业项目提供法律咨询服务。

（9）为美国某主要电气设备制造商和核子反应器生产公司及其中国境内子公司提供中国法律咨询服务。

（四）火电

（1）代表泰国某能源巨头就其中国境内燃气电站合资项目提供法律服务。

（2）代表欧亚发展基金为其投资巴基斯坦某燃煤电站项目提供法律服务。

（3）代表中国某电力集团就其印尼某火电站投资项目提供法律服务。

（五）水电

（1）代表中国某电力建设承包商就西非水电站投资项目提供法律服务。

（2）代表中国某电力集团就其印尼某水电站投资项目提供法律服务。

（六）环保

代表某国际环境基础设施巨头就其中国境内若干土壤治理类企业的并购提供法律服务。

（七）石化行业

（1）代表俄罗斯某领先的天然气生产企业为其在中国境内投资 LNG 接收站项目提供相关中国法律问题咨询等法律服务。

（2）代表某国际石油化工巨头为其在中国境内收购石油化工码头和仓储项目提供中国法律问题咨询、法律尽职调查等法律服务。

（3）代表某国际石油化工巨头为其在中国境内收购炼化项目提供交易结构设计、交易文件起草和谈判、相关中国法律问题咨询等法律服务。

（4）代表某国际石油化工巨头为其在中国境内投资化工综合体项目提供交易结构设计、交易文件起草和谈判、相关中国法律问题咨询等法律服务。

（5）代表中石油昆仑燃气有限公司为其收购境内若干燃气企业提供法律服务。

（6）代表中国航空油料集团有限公司为其与英国某石油公司共同于澳大利亚开展的合资项目提供法律服务。

（7）代表北方华锦化学工业集团有限公司为其于哈萨克斯坦开展的与当地国企合资设立化肥厂项目提供法律服务。

（八）交通

（1）代表中国大型能源和交通公司就其南亚高速公路 BOT 项目提供法律服务。

（2）代表中国某信用保险公司就其承保南美某国大型公路PPP项目提供法律服务。

（九）基础设施项目融资

（1）代表中国工商银行为成都勘察设计研究院于老挝的某水电站项目融资提供法律服务。

（2）代表工商银行为境内某新能源公司于德国新建的电池生产线项目融资提供法律服务。

（3）代表中国工商银行为中信建设于伊拉克建设的某燃煤电站项目融资提供法律服务。

（十）争议解决

（1）代表大唐国际发电股份有限公司为其与境内某工程公司的债务纠纷仲裁案件提供法律服务。

（2）代表昆仑信托有限责任公司为其与某信托贷款项目借款人的公证债权文书强制执行案件提供法律服务。

（3）代表大唐时代节能科技有限公司为其与内蒙古鄂尔多斯天可华节能发展有限公司等多家企业的债务纠纷提供法律咨询服务。

（4）代表江西大唐抚州国际发电有限责任公司为其与地方投资主体在铁路投资项目中的出资纠纷提供法律咨询服务。

（十一）其他

（1）代表某世界五百强企业就其实现RE100绿色用能相关承诺提供全程法律服务，包括交易结构设计、尽职调查、起草文件、谈判等。

（2）代表某国际领先能源企业就其对某境内供热项目的投资提供法律服务，包括对项目开展尽职调查、起草交易文件，协助谈判，提供相关中国法律咨询等。

（3）代表中非发展基金为其与境内某大型铬业企业共同投资于非洲某铬矿项目提供法律服务。

（4）代表某市政府就亚洲开发银行贷款的养老设施建设运营PPP项目提供法律服务。

（5）为中交基金多项基础设施投资项目涉及的法律问题提供法律咨询服务。

（6）代表国新国际投资有限公司为其与中国信达香港共同于境外开展的合资项目提供法律服务。

（7）代表中油资产管理有限公司为其场内收购某信托公司股权项目提供法律服务。

（8）代表中非基金为其于非洲某铜钴矿收购项目提供法律服务。

（9）代表昆仑信托有限责任公司为其多项信托计划的设立提供法律服务。

（10）代表中国某冶金工程公司就其印尼氧化铝厂EPC总承包项目提供法律服务。

六、主要业务领域市场实践及主要法律问题简析

（一）光伏发电行业

1.“农光互补”“渔光互补”等光伏复合项目用地政策有望松绑

2019 年 12 月 17 日，自然资源部、农业农村部联合出台《自然资源部、农业农村部关于设施农业用地管理有关问题的通知》（自然资规〔2019〕4 号）（以下简称“**《设施农业用地有关问题的通知》**”），《（原）国土资源部 农业部关于进一步支持设施农业健康发展的通知》（国土资发〔2014〕127 号）自动废止。业界普遍认为该《设施农业用地有关问题的通知》对于“农光互补”及“渔光互补”等类型的光伏发电项目来说应当属于用地方面的一项重大利好政策。《设施农业用地有关问题的通知》明确，设施农业用地包括农业生产中直接用于作物种植和畜禽水产养殖的设施用地。设施农业属于农业内部结构调整，可以使用一般耕地，不需落实占补平衡。种植设施不破坏耕地耕作层的，可以使用永久基本农田，不需补划；破坏耕地耕作层，但由于位置关系难以避让永久基本农田的，允许使用永久基本农田但必须补划。养殖设施原则上不得使用永久基本农田，涉及少量永久基本农田确实难以避让的，允许使用但必须补划。此外，《设施农业用地有关问题的通知》要求，各类设施农业用地规模由各省（区、市）自然资源主管部门会同农业农村主管部门根据生产规模和建设标准合理确定。其中，看护房执行“大棚房”问题专项清理整治整改标准，养殖设施允许建设多层建筑。

就光伏项目用地方面的政策来说，根据 2015 年 9 月 18 日原国土资源部及国家发展改革委等六部委发布《关于支持新产业新业态发展促进大众创业万众创新用地的意见》（国土资规〔2015〕5 号）（以下简称“**5 号文**”）的规定，光伏、风力发电等项目使用戈壁、荒漠、荒草地等未利用土地的，对不占压土地、不改变地表形态的用地部分，可按原地类认定，不改变土地用途，在年度土地变更调查时作出标注，用地允许以租赁等方式取得，双方签订好补偿协议，用地报当地县级国土资源部门备案；对项目永久性建筑用地部分，应依法按建设用地办理手续。对建设占用农用地的，所有用地部分均应按建设用地管理。根据 5 号文的上述规定，光伏项目永久性建设用地部分应依法按建设用地办理手续，通过出让取得国有土地使用权证。光伏方阵用地只有在占用未利用地时方可通过租赁方式取得使用权，如光伏方阵占用农用地的，所有用地均需办理建设用地手续，通过出让取得国有土地使用权证。

根据原国土资源部、国务院扶贫办及国家能源局于 2017 年 9 月 25 日联合发布的《关于支持光伏扶贫和规范光伏发电产业用地的意见》（国土资规〔2017〕8 号）（以下简称“**8 号文**”）规定，除按照 8 号文确定的光伏扶贫项目及利用农用地复合建设的光伏发电站项目（以下简称“**光伏复合项目**”）外，其他光伏发电站项目用地应严格执行 5 号文件规定，使用未利用地的，光伏方阵用地部分可按原地类认定，不改变土地用途，用地允许以租赁等方式取得，双方签订补偿协议，报当地县级国土资源主管部门备案，其他用地部分应当办理建设用地审批手续；使用农用地的，所有用地均应当办理建设用地审批手续。8 号文中并未明确光伏复合项目的认定标准以及认定程序，而是仅仅概括性地要求“对使用永久基本农田以外的农用地开展光伏复合项目建设的，省级能源、国土

资源主管部门商同级有关部门，在保障农用地可持续利用的前提下，研究提出本地区光伏复合项目建设要求（含光伏方阵架设高度）、认定标准，并明确监管措施，避免对农业生产造成影响。”上述8号文出台后，目前已有多个省、自治区和直辖市先后出台进一步的光伏项目用地规定，解释或明确了光伏复合项目的认定标准（例如天津、山东、浙江、宁夏及广西等）。根据各省、自治区和直辖市已经出台的规定，光伏复合项目一般是指“农光互补”“渔光互补”及“林光互补”类型的光伏发电项目。相关地方政策中一般会要求农光互补类型的光伏发电项目在光伏方阵下方需要同时种植农作物，且对光伏组件距离地面的高度、桩基之间的距离以及行间距设定了一定要求。

根据我们的实践经验，针对部分尚未依据8号文出台针对光伏复合项目具体的认定标准的省市来说，相关地方自然资源部门目前存在仍然按照5号文的最严口径进行用地管理的情形，即涉及农用地的情况下，所有光伏发电项目的光伏方阵用地和永久设施占地均应按照国有建设用地进行建设管理，简单来说，光伏项目的光伏方阵和永久设施用地均应报征、补偿、并最终转为国有建设用地。

2019年底出台的《设施农业用地有关问题的通知》在用地划分、使用永久基本农田范围、用地规模、用地取得等方面与原有政策相比均体现了一定的突破，虽然与上述5号文及8号文相比，《设施农业用地有关问题的通知》的文件内容中并未明确确认“农光互补”“渔光互补”等光伏复合项目可以直接占用符合条件的农用地，但从其立法趋势上可以看出国家层面已在为该等类型光伏发电项目使用农业用地的可行性上进行松绑。此外，需注意的是，《设施农业用地有关问题的通知》的有效期仅有5年，据此未来立法方向仍待观察。

（二）风电行业

1. 风电电价政策全面改革

价格机制是支持风电产业发展的核心政策之一。我国自2009年起开始实施固定区域标杆上网电价制度，并于过去十年中多次下调风电电价。固定标杆电价政策的出台、调整和实施，一方面保证了价格政策的稳定性，使行业投资者有合理明确的收益预期，另一方面，根据成本变化情况进行适时适度的电价退坡，有助于提升国家补贴资金的使用效率、引导产业技术水平不断提升，从而推动风电产业的规模化发展。总体而言，通过固定区域标杆上网电价政策，我国风电行业已形成较为完备的产业链和技术体系，实现了风电产业规模化发展，达到了电价政策制定的初衷。[1]

现阶段，我国风电行业已由以扩大规模为主的快速发展模式，逐步转向提质增效的精细化发展模式。[2] 为配合落实《能源发展行动计划（2014–2020）》、“十三五”可再生能源发展规划和风电发展规划中提出的关于实现风电平价上网的目标和要求，经多次征求意见，国家发展改革委于2019年5月24日印发《关于完善风电上网电价政策的通知》（发改价格〔2019〕882号）（882号文），至此，陆上风电和海上风电上网电价政策的改革正式落地。882号文从价格机制、价格水平、建设要求等多方面明确了我国现阶段风

1 风电上网电价政策改革推动产业平价上网进程：水电总院专家解读风电上网电价政策，能源发展网。

2 同上。

电价格政策，以期为实现2021年风电平价上网提供平稳过渡和政策支持。

自2019年起，我国风电项目全面采取竞价方式配置资源，申报上网电价是竞争性配置过程中重要的评价因素。在竞争性配置模式下，各项目将不再适用统一的电价标准，而是由企业申报的竞争性电价决定。在此背景下，原先的固定区域标杆上网电价已不再具有实际意义。因此，882号文将陆上风电标杆上网电价和海上风电标杆上网电价改为指导价，作为企业申报竞争上网电价的上限，为风电项目竞争性配置的开展提供依据。此外，根据882号文，对于分散式风电，如果不参与市场化交易，则不需通过竞争方式确定上网电价，可直接适用相应指导价。

（1）风电电价进一步下调，陆上风电平稳迈向平价上网

a）陆上风电

根据882号文提出的电价水平，陆上风电电价每年下调幅度为5到6分钱（具体见下表）。陆上风电电价的调整幅度较为均衡，有利于陆上风电稳步过渡到平价上网时代。

我国陆上风电上网电价

资源区	年份和指导电价（元/千瓦时）		
	2019	2020	2021
I类	0.34	0.29	平价上网（当地燃煤机组标杆上网电价）
II类	0.39	0.34	
III类	0.43	0.38	
IV类	0.52	0.47	

b）海上风电

本次是海上风电电价政策出台以来电价水平首次调整，价格调整幅度较陆上风电而言较小（具体见下表）。2019年近海风电指导价由之前的0.85元/千瓦时，降低到0.80元/千瓦时，2020年再降到0.75元/千瓦时，电价稳步降低。对于潮间带项目，适用陆上风电电价政策，因此也有较大幅度的下调。882号文对潮间带风电电价的调整符合未来我国海上风电的发展方向，即以发展近海风电为主，逐步走向深远海。

我国海上风电上网电价

资源区	年份和指导电价（元/千瓦时）		
	2019	2020	2021
近海	0.80	0.75	不高于并网年份的指导价
潮间带	不高于项目所在资源区陆上风电指导价		

（2）陆上风电补贴退坡时间表已定，项目建设期限进一步明确

为配套落实陆上风电的平价上网目标，882号文确定了陆上风电补贴完全退出时间表。对于2021年起新核准陆上风电项目，将全面实现平价上网，国家不再补贴。

对于已核准存量项目的补贴期限条件，882号文对陆上和海上已经核准项目如何继

续享受补贴电价予以了明确，提供了一定政策的稳定性和连续性。根据改革前的电价政策，项目核准和开工时间（核准后两年内开工）决定其适用的电价水平。与此前的电价政策不同，此次882号文对是否能享受补贴电价，除了核准日期之外，还规定了并网日期，调整后的电价政策更具合理性，且便于操作和实施。

具体而言，对于2018年底前核准、2020年底前完成并网的陆上风电项目，执行核准时的电价；2020年底前仍未完成并网的，将不再享受补贴。对于2019年1月1日至2020年底期间新核准的陆上风电项目，必须在2021年底前完工并网，否则将无法享受补贴。

对海上风电项目，2018年底前核准且在2021年底前全部机组并网的，执行核准时的标杆上网电价（考虑到海上风电建设难度大、周期长的实际情况，882号文保证了至少三年的建设期）；2022年及以后全部机组并网的，执行并网年份的指导价。

需要注意的是，尽管882号文对海上风电项目给予了三年建设周期，能够满足大部分海上风电项目的建设周期，但除本身施工条件外，海上风电项目时常还会涉及军事、海事、生态环保等多种不确定因素。因此，对于超过三年建设期的海上风电项目，882号文予以一定的缓冲，即允许其执行并网年份的指导价，这对于建设周期长、投资高的海上风电项目，一定程度降低了其投资风险。[1]但同时，882号文对于海上风电项目的并网要求也比陆上风电项目更加严格，要求项目核准文件中的容量包含的“全部机组”完成并网，才可执行核准时的标杆电价。在海上风电技术待进一步成熟的现阶段，为避免投资过热带来的风险，对其提出全部机组并网的要求，实际也是提醒投资企业要按照项目实际情况审慎投资，保障行业健康持续发展。[2]

由于项目建设进度将直接影响项目电价水平，在投资或收购建设期的风电项目时，投资者应当结合882号文提出的项目建设期限要求，重点关注并评估项目的建设进度和潜在完工风险，审慎、充分评估项目的成本和效益，避免由于工期延误导致错过并网窗口期，影响项目整体效益和投资回报。

（三）石化行业

1. 油气管网公平开发管理办法修订

近年来，我国油气行业快速发展，上、下游市场主体多元化正在形成，各方深化油气领域市场化改革的意愿日益强烈，对公平开放的诉求越来越多。与此同时，我国油气行业的改革工作也在步步深入。油气管网设施公平开放是管网运营机制改革的重要内容，政府部门出台专门的规章对油气管网设施的公平开放进行指导、调整和监管是保障油气行业健康发展、油气行业改革有序推进的重要手段。

国家能源局《油气管网设施公平开放监管办法（试行）》(国能监管〔2014〕84号)(《试行办法》)是我国关于油气管网设施公平开放和第三方接入的第一部系统性规定，颁布于2014年2月13日。《试行办法》有效期5年，于2019年2月13日期限届满。不过，受限于管网设施建设和互联互通不充分、油气管网运营机制不完善、信息公开缺少

1 《风电电价历程和作用、新政制度和导向进行分析》，国家发展改革委能源研究研究员时璟丽

2 同上。

统一平台、部分油气企业对公平开放重视不够、《试行办法》规定存在不明确之处（例如“剩余能力”定义未明确）等多种原因，《试行办法》关于油气管网设施公平开放的规定在过去五年的实际执行情况并不理想，我国油气管网设施开放数量仍然较少，开放层次相对较低。

2019 年 5 月 24 日，国家发展改革委、国家能源局、住房城乡建设部、市场监管总局联合印发了《油气管网设施公平开放监管办法》(发改能源规〔2019〕916 号（《办法》)，相对于《试行办法》做出了更为具体和具有可实施性的规定，我们针对一些具体规定评析如下。

（1）与城镇燃气设施衔接。《办法》进一步明确了“城镇燃气设施”不属于开发范围，目前城镇燃气设施普遍实施特许经营管理。这一部分的监管和市场运营如何跟油气管网设施结合起来，我们将持续研究该问题。

（2）剩余能力与现有服务。《办法》延续了《试行办法》确定的以保障现有用户现有服务为前提、按剩余能力进行开放的前提条件，但增加了“油气管网运营机制改革到位前”这一时间限制。严格来讲，“改革到位”并非一个法律上的概念，而更多的是政策上的一个认定，需要以届时国家的通知或文件进一步认定。我们认为，市场比较敏感的关于“剩余能力”“现有用户现有服务”的概念和范围可能仍然需要根据个案的具体情况具体研究。根据能源局市场监管司主要负责人 2019 年 6 月 4 日接受记者采访时的解释，油气管网设施运营企业应当公平无歧视地向所有符合条件的用户提供服务，这是油气管网运营机制改革的重要内容，也是《办法》规定的核心要求。但考虑到油气管网运营机制改革尚未到位前的现实情况，运销一体化的生产运营模式还将在一定时期、一定范围存在，《办法》同时做出了补充规定。《办法》第十二条明确了两款要求，一是考虑油气管网公司组建等管网运营机制改革情况，要求油气管网设施的所有能力公平无歧视地向所有用户开放；另一是兼顾油气企业现行生产运行模式，在油气管网运营机制改革到位前，油气管网设施可在保障现有用户现有服务的前提下，将其剩余能力向用户开放。

（3）天然气计量。当前，我国天然气通常是按照体积计量。而国际上采用的能量计量更能体现不同天然气品质差别。《办法》新增规定按照发热量、体积、质量对天然气进行计量，有利于准确计量、体现公平，减少结算纠纷。同时考虑到国内的实际情况，设备改造需要一定时间，且相关部门还需制定出台配套技术标准和管理政策予以有效衔接。

（4）服务合同的履行。《办法》相比于《试行办法》，新增要求合同必须在信用中国网站登记，并允许用户履行油气管网系统平衡运行义务以及履行“照付不议”等合同义务从约定。这样的明确规定为合同双方就具体合同义务和合同责任给予了比较宽松的协商环境，符合市场化和进一步开放的要求。

（5）服务设施定价。相比《试行办法》单一的政府定价方式，《办法》允许油气管网设施服务采取政府定价、政府指导价和市场化定价等多种定价方式确定服务价格。允许多种定价方式可能是考虑到单一政府定价会造成开放阻力过大，引入市场化定价才能增加激励、促进开放。但市场化定价即议价，非常考验服务合同双方的经验和对市场脉搏的把握能力，从而对合同的条款设置必然带来更多的复杂变化（比如调价机制以及违约

责任等等）。

《办法》的出台对于进一步深化油气改革机制、强化监管，更大力度地推动油气管网设施公平开放，逐步破解制约公平开放的关键问题和实际困难，不断提高油气管网设施利用效率具有深刻意义。

2. 成品油市场准入放开

2019年8月16日，国务院办公厅发布了《国务院办公厅关于加快发展流通促进商业消费的意见》（国办发〔2019〕42号），明确提出扩大成品油市场准入，取消石油成品油批发仓储经营资格审批，将成品油零售经营资格审批下放至地市级人民政府，并加强成品油流通事中事后监管，强化安全保障措施落实。这一准入门槛降低的举措将加剧成品油批发行业竞争，行业格局将迎来快速更迭。商务部后续发布了《商务部关于做好石油成品油流通管理"放管服"改革工作的通知》，以贯彻落实上述42号文相关政策，明确要求各级商务（经信、能源）主管部门不再受理原油销售、仓储和成品油批发、仓储经营资格申请，不再受理上述经营资格证书的变更、换证和注销申请，现有证书在有效期满后自动失效。市场主体从事石油成品油批发、仓储经营活动无需向商务主管部门申请经营许可。原则上各级商务（经信、能源）主管部门要在各地政府统一部署安排下，在2019年年底前后完成将成品油零售经营资格审批及管理工作移交给地市级人民政府的工作。

在此之前，市场主体想要经营石油成品油批发仓储业务，需要向省级商务（经信、能源）主管部门提出申请，获得相应的经营批准证书后才能进行相关经营活动。但随着上述文件的下发实施，取消石油成品油批发仓储经营资格审批，成品油零售资格的审批进一步下放到市级后，这一行业的准入门槛被大幅降低，市场竞争将可能加剧。石油成品油批发仓储业务资格取消对于行政监管的影响，可能会反映在前置的项目立项、建设等一系列手续中的审查力度加强。而成品油零售资格审批下放后，审批的程序、期限、条件等可能会在现行的《成品油市场管理办法》的基础上，形成各地自己的规定和实践，届时不同地区的市场主体需要更加关注当地的监管规则和实践情况，以开展业务经营活动。

（四）氢能利用领域

1. 氢能产业的中上游法规依据缺位

制氢厂的建设审批暂无行政法规、部门规章作为项目建设、管理的法律依据。地方上也未见先行试点的地方性法规。我们理解，目前如果进行制氢厂项目的投资建设，除依据《政府核准的投资项目目录（2016年本）》采取备案制管理外，就是参照一般建设项目审批手续予以审批管理，但就制氢厂本身涉及的特有技术特点，一般建设项目审批手续是否能全部涵盖，尚待进一步观察。

2. 氢能产业的下游法规尚待完善

与上游的制氢厂项目审批情况类似，加氢站项目同样暂无国家层面的行政法规或部门规章规范，虽然部分地方出台了小范围试点的暂行规定，但仔细研究相关规定，我们发现仍存在诸多实际操作层面的不确定之处。仍以上文所提及的《武汉办法》为例，其明确了在项目报建阶段涉及的各项建设审批手续，但除列举的审批手续外，其他一般建设项目涉及的建设手续是否需要根据相关规定予以办理？再如，项目运营阶段涉及三项经营类登记或许可，其中的“经营许可”是由区城管局参照《城镇燃气管理条例》核发，该等经营许可是燃气经营许可证吗？如果是，则无须“参照”适用，且核发部门应当是住建部门而非城管部门。此外，《城镇燃气管理条例》对“燃气”定义是“作为燃料适用并符合一定要求的气体燃料”，氢气是否属于“燃气”目前是没有法律依据上的定论的，因此加氢站是否必须取得燃气经营许可证，尚不明确。此外，除《武汉办法》明确要求须取得的三个证照外，加氢站的经营者是否还须取得危险化学品经营许可证？根据法律规定，氢气属于危险化学品名录中明确列举的危化品，我们理解加氢站的经营者应当取得危险化学品经营许可证。

3. 行业补贴政策尚待进一步明确

根据上文有关我国支持氢能与燃料电池发展的政策的内容，国家对氢能燃料电池汽车予以购置税补贴。但需注意的是，该等补贴适用对象是氢能燃料电池汽车的购买者，即消费者，而非氢能燃料电池的生产者。此外，对加氢站建设等环节目前也暂无国家层面的补贴政策。部分地方正在讨论于近期出台地方性补贴政策，但该等补贴政策的力度、适用范围及出台时间，均存在不确定性。

（五）可再生能源绿色电力证书制度简介

1. 背景

中国可再生能绿色电力证书（以下简称“**绿证**”）肇始于2017年1月由国家发展改革委、国家能源局与财政部联合下发的《关于试行可再生能源绿色电力证书核发及自愿认购交易制度的通知》（以下简称“《绿证通知》”），其出台背景是财政部对已进入七批可再生能源补贴目录的光伏与风电项目在短期内无法全额落实到位补贴资金，在财政资金不足的情况下，希望通过绿证核发及自愿认购制度让市场来分担补贴压力，使得光伏与风电发电企业多一种渠道解决补贴拖欠问题。而自2019年起，国家已经明确对风电行业取消电价补贴，而光伏行业内部也倾向于认为国家将于未来出台类似政策确认取消光伏电价补贴。在这一背景下，绿证制度可能成为光伏发电企业取得标杆电价之外额外发电收益的唯一途径。

然而，自绿证制度实施至今的两年时间，据不完全统计，绿证的认购率（绿证的认购数量与核发数量之比）仅有千分之二，绿证交易市场并不活跃，其原因要从现行绿证制度设计及未来绿证与可再生能源电力配额制度的衔接中探寻。

2. 绿证核发及自愿认购制度介绍

（1）性质

根据《绿证通知》，绿证是“国家对发电企业每兆瓦时非水可再生能源上网电量颁发的具有独特标识代码的电子证书，是非水可再生能源发电量的确认和属性证明以及消费绿色电力的唯一凭证”。结合中国绿色电力证书认购交易平台（以下简称“**绿证交易平台**”）中“绿证自愿认购政策解读”的内容，即绿证的购买方实际上获得的是宣称其自身使用了绿色能源的一种声明权，可以得知无论是通过核发或认购方式取得，绿证的持有

人一旦持有绿证，就获得了声明其已消费绿色电力的权利，可以对外公开宣称其生产经营活动使用了绿证所代表的可再生能源发电量。根据我们对绿证交易平台的咨询了解，即便绿证下的绿色电力实际上出售给电网公司并最终由终端用户实际消费，但不影响绿证持有人对消费绿色电力的声明权。

（2）适用范围

《绿证通知》明确绿证的试行范围仅包括陆上风电和光伏发电企业（不含分布式光伏发电）。这意味着海上风电、分布式光伏发电、其他类型的可再生能源发电项目（诸如生物质、垃圾焚烧发电等）均不能进入绿证交易平台申领或认购绿证。而根据国家可再生能源信息管理中心（以下简称“**信息中心**”）于2017年6月出台的《绿色电力证书自愿认购交易实施细则（试行）》，在绿证核发与自愿认购试行期间，可向信息中心申请绿证权属资格的仅为“国家可再生能源电价附加资金补助目录内的风电（陆上风电）和光伏发电项目（不含分布式光伏项目）”。据此，对绿证是否适用于某个具体项目，要从其发电类型和是否已进入补贴目录两个角度予以判断。

根据我们对绿证交易平台的咨询了解，未来国家有可能开放绿证的适用范围至分布式光伏发电项目以及风电和光伏项目中的平价上网项目（即未进入电价补贴目录的项目），但具体的开放时间，尚未可知。

（3）与电价补贴的关系

根据《绿证通知》，发电企业在出售绿证后，相应的电量不再享受国家可再生能源电价附加资金的补贴。绿证交易平台对该句话的解读清晰而全面：“卖方未申领绿证、申领绿证未挂牌出售或协议转让，以及挂牌出售未售时，卖方仍可继续享受国家可再生能源电价附加资金补贴。卖方出售绿证的行为，不影响卖方其他已经上网的电量和未来的上网电量继续享受国家可再生能源电价附加资金补贴的权利。”换言之，（1）发电企业申领并持有绿证或仅将绿证挂牌待售的状态下，绿证下的电量仍可享受电价补贴；及（2）发电企业将绿证售出后，其售出绿证下的电量不得再取得电价补贴，但其未申领绿证所对应的发电量，仍可继续享受并取得电价补贴。

（4）核发及认购

申请绿证核发的发电企业必须通过国家能源局可再生能源发电项目信息管理平台申请，提交所要求的材料，并按月填报项目结算电量信息，上传电费结算单、发票和电费结算银行转账证明扫描件等，由信息中心审核后按照一个证书对应1MWh结算电量标准核发相应证书并同步到交易平台。

绿证的认购方式分为公开挂牌与协议转让两种方式。公开挂牌就是发电企业将持有的绿证在绿证交易平台上公开挂牌待售绿证的品种、价格、数量及项目信息，认购人按照挂牌价格摘牌购买；协议转让是指发电企业与认购人在线下达成购买意向，签署认购协议，然后向绿证交易平台申请协议转让挂牌，挂牌信息除价格、数量等信息外，还应提供认购人的账户信息。

应注意的是，无论采用上述哪种方式认购绿证，其认购价格均不得高于绿证对应电量的可再生能源电价附加资金补贴金额。

七、2020 年业务展望

（一）新能源

光伏发电领域，由于我国能源格局正在面临政策推动转型，从高能耗、低环保转向清洁能源和新能源，光伏发电行业依然处于政策友好窗口期。并且，随着光伏投资成本的持续下降，补贴政策对于装机需求的扰动将趋于平缓，光伏发电行业的市场政策调整或将进入尾声。此外，针对光伏项目，特别是光伏复合项目的土地政策有待继续观望。

风电领域，2019 年，几经讨论和征求意见的两份重磅文件（《关于完善风电上网电价政策的通知》（发改价格〔2019〕882 号）及《关于 2019 年风电、光伏发电项目建设有关事项的通知》国能发新能〔2019〕49 号）正式下发，随着陆上风电项目补贴退坡时间的进一步明确，风电行业正式进入“抢装”周期，风电行业也正在沿着“政策扶持、产能扩张、弃风限电、补贴退坡、平价上网”的路径快速前进。在弃风限电持续缓解的利好下，我国北方地区的风电市场将重启，50 万至 100 万千瓦级别的大规模集中开发或成为未来陆上风电的重心。在我国南方地区，由于生态环保要求趋严，低风速细分市场进一步优化的趋势明显，分散式开发或成为未来南方市场的主要开发方式。

（二）石化

油气行业体制的改革在 2019 年有了明显的推进，“管住中间、放开两头”的改革思路在油气管网设施的公平开放、石油成品油市场资格审批的变化、油气勘查开采行业外资准入限制的取消等方面都有具体的体现：上游的油气资源勘查开采市场和下游的石油成品油零售、批发、仓储市场均放开了准入限制，中游管输领域则随着国家石油天然气管网集团有限公司（以下简称“**国家油气管网公司**”）的挂牌迈出了历史性的一步。但是，油气行业的改革仍然任重而道远，这尤其体现在中油管输领域的改革上。

2019 年 12 月 6 日，国务院国有资产监督管理委员会公告称将由国务院国有资产监督管理委员会代表国务院履行新组建的国家油气管网公司的出资人职责。但是根据 2020 年 1 月 13 日在国家企业信用信息公示系统的查询结果显示，截至该日，国家油气管网公司唯一的股东是国务院，注册资本为 200 亿人民币，认缴日期为 2020 年 12 月 31 日。由此来看，国家油气管网公司的挂牌更多地在于宣示性的意义，有关国家油气管网公司的股权比例、治理架构、资产规模、资产注入方式等情况尚有待各方进一步论证和协商。从认缴日期来看，很可能“三桶油”的资产注入暂计划于 2020 年底完成。在此之前，国家油气管网公司应不会（也无法）进入正式的运营阶段，因此短期内我国的油气管输业务很可能将维持现状不变，油气管输行业的变革对市场产生实质性影响还需要再等待一段时间。

据了解，国家油气管网公司的挂牌后，注入资产只是第一步，其后还涉及引入社会资本、实现独立上市等任务。据消息，目前国家油气管网公司的资产组成类型基本确认，涉及三大石油公司全资和控股的天然气干线管网、6.4 兆帕及以上的原油、成品油管道，储气库和液化天然气（LNG）接收站，及在省级管网公司所持股权。现有资产的评估、剥离、划转或收购难度大、周期长，特别是大部分管网企业已引入社会资本进行混合所

有制改革，资产涉及的主体多，进一步增加剥离难度。此外，三大石油公司均为上市公司，将管网从现有公司中剥离出来，还涉及与投资者关系的处理，可能面临境外投资者的质询。此外，有关省网公司参与的问题也面临不小的挑战。目前全国有21个省组建了省级天然气管网公司，由于各地情况不同，所组建的省管网公司的股权性质、业务也有很大的差别。因此，省网公司如何进入国家油气管网公司也将在法律层面成为一个难点。

另外，就国家油气管网公司的业务运营来看，虽然国家已经发布了《办法》以及配套的《关于加强天然气管网设施公平开放相关信息公开工作的通知》《关于加强天然气管网设施公平开放相关信息报送工作的通知》等文件为其开展业务经营进行事先铺路，且这些文件也是在《试行办法》及其配套文件实施5年多的基础上、根据实际遇到的问题进一步调整思路修订而成，但在将来国家油气管网公司实际运作中，如何与相关油气企业进行衔接、具体运营规则怎样制定（比如管输价格的形成机制问题，虽然目前已经有相当多的部门规章和地方性法规予以规范，但在全国一张网形成之后，管输价的定价机制仍将成为全产业链条各方关注的焦点）、能否真正实现公平公开对第三方开放、政府部门如何加强监管等问题都有待通过实际经营活动反映出来的问题进行进一步的思考和解决。

至于远期而言，引入社会资本和实现上市等任务，也将需要大量的法律工作才能最终实现。整个过程涉及股权和资产转移、国资监管（包括国企混改）、公司和股东与投资者关系、油气管网监管以及公司设立（国家油气管网公司属于有限责任公司，将来上市可能会需要搭建单独的实体）、公司上市等多个方面的法律问题，所涉主体自“三桶油”到省网公司再到社会资本，涵盖上游油气生产企业、中游管输企业以及下游销售企业和终端用户整个产业链条的各个市场参与者，应需要大量的法律工作作为支持才能够有效地完成这一系列工作。

（三）绿证

《绿证通知》明确将根据市场认购情况，自2018年起适时启动可再生能源电力配额考核和绿色电力证书强制约束交易制度。但是截至本研究报告完成之日，无论是配额考核制还是绿证强制交易制度均尚未落地。

截至目前，国家发展改革委和国家能源局已经就《可再生能源电力配额及考核办法》（以下简称“**《配额办法》**”）进行了三轮征求公开征求意见。《配额办法》的初衷在于将我国可再生能源电力强制纳入电力消费体系，从发电量、用电量、售电量等各个方面对绿色电力占社会整体电力消纳的比重予以考核。我们认为，配额制对绿证的意义在于，当可再生能源电力消纳配额义务主体不能完成当年度配额任务时，可以通过购买绿证来达到要求，因为绿证的属性是其持有人等于消费了相对应可再生能源电力。

因此，我们预计，未来配额制一旦落地，绿证交易将远比目前活跃，市场对绿证的实际需求将大大增加。此外，根据《配额办法》，绿证的交易价格也将进一步放开，由原来的不高于补贴后价格变为完全的市场定价，价格自由上下浮动，这也会进一步促进和激活绿证交易。

2019 年
君合业务研究报告

房地产业务
年度报告

君合律师事务所公司组

一、房地产领域年度重要新法律法规

（一）全国人大常委会修订《中华人民共和国建筑法》《中华人民共和国消防法》《中华人民共和国城乡规划法》等法律

2019年4月23日，全国人大常委会作出关于修改《中华人民共和国建筑法》（以下简称“**《建筑法》**”）等八部法律的决定，对《建筑法》、《中华人民共和国消防法》（以下简称“**《消防法》**”）、《中华人民共和国城乡规划法》（以下简称“**《城乡规划法》**”）等8部法律进行修订。

其中，《建筑法》的主要修订包括：

1. 修改了第八条第二款，将施工许可证审批时限由申请之日起十五日内调整为申请之日起七日内，大大缩短审批时间。

2. 删去了第八条第一款第八项“法律、行政法规规定的其他条件”的兜底条款，确保了地方不搞特殊化，全部统一执行，有效提升营商环境。

3. 删去了第八条第一款第七项“建设资金已经落实”的规定。由于此项删除不利于保证工程质量和防止拖欠建筑工人工资，所以将第八条第一款第五项修改为“有满足施工需要的资金安排、施工图纸及技术资料”，这项修改明确了建设资金不用在账上落实，只要有资金安排的能力即可，大大降低了成本，盘活建筑业资金。

4. 第八条第一款第二项由“在城市规划区的建筑工程”改为“依法应当办理建设工程规划许可证的”，与《城乡规划法》第四十条“在城市、镇规划区内进行建筑物、构筑物、道路、管线和其他工程建设的，建设单位或者个人应当向城市、县人民政府城乡规划主管部门或者省、自治区、直辖市人民政府确定的镇人民政府申请办理建设工程规划许可证”的规定相符。

其中，《消防法》中与房地产相关的主要修订内容包括：

1. 住建部门承担建设工程审验相关工作：审验哪些工程，具体的审验和备案等行政审批，备案抽查、监督管理等，均由住建部门负责；

2. 住建部门承担建设工程相关行政处罚工作：对在建筑工程审验、检查等过程中发现的违法行为，住建部门依照《消防法》进行罚款、三停、强制执行等行政处罚；

3. 住建部门承担部分信息报送工作：责令停产停业，对经济和社会生活影响较大的，由住建部门或者应急管理部门报请本级人民政府依法决定。

《城乡规划法》仅修订第三十八条第二款的表述，并无实质内容的变更。

（二）规范储备土地抵押融资加快批而未供土地处置有关问题

2019年1月9日，自然资源部办公厅发布《关于进一步规范储备土地抵押融资加快批而未供土地处置有关问题的通知》，明确如下规定：

1. 严禁以政府储备土地违规融资

《关于规范土地储备和资金管理等相关问题的通知》（财综〔2016〕4号，以下简称**“财综4号文”**）明确规定，自2016年1月1日起，各地不得再向银行业金融机构举借土地储备贷款。土地储备机构不得在预算之外违法违规举借债务，不得违法为任何单位和个人的债务以任何方式提供担保。不动产登记机构不得为储备土地办理抵押登记。但据《关于2018年上半年国家土地督察工作情况的报告》反映：“2016年1月1日后违规以储备土地抵押融资，涉及473宗，抵押土地面积4,786.07公顷（7.2万亩），融资金额716.18亿元。”为此，必须重申，各地要严格执行财综4号文的有关规定，坚决杜绝以政府储备土地违规抵押融资。

2. 严禁将储备土地作为资产注入国有企业

土地储备工作只能由纳入名录管理的土地储备机构承担，其他机构一律不得从事土地储备工作。未经依法供地，不得以政府会议纪要、公函等形式将政府收回、收购、征收的土地直接确定给政府平台公司或其他企事业单位，不得将土地储备机构名下的土地直接划转给政府平台公司、国有企业或其他企事业单位。不动产登记机构不得办理相应的首次登记或转移登记。

3. 妥善处理存量土地储备贷款，促进依法解押并合理供应土地

对于尚未偿还的存量土地储备贷款，包括土地储备机构的贷款和非储备机构以储备土地为担保的贷款，市、县自然资源主管部门要建立台账，逐一提出处置建议报同级政府，并积极配合财政、金融监管等部门加快处置和消化，避免储备土地因抵押而不能供应。确有必要的，可按照党中央、国务院关于防范化解地方政府隐性债务风险的精神和有关要求，商有关部门统筹偿还相关债务或依法置换抵押物。对于财综4号文出台前已抵押的储备土地，可在与有关部门、金融机构协商一致的情况下，先行组织土地供应，土地出让后统筹偿还贷款，切实化解债务风险，促进批而未供土地的处置和开发利用。

4. 加强土地储备信息报送

各地土地储备机构要严格按要求在自然资源部土地储备信息系统中填报相关信息，其中，储备土地抵押处置情况将作为2019年度机构名录更新的重要依据。自然资源部将进一步完善土地储备信息系统，加强与财政、金融监管等部门的数据共享与联动，逐步建立储备土地来源、入库、出库全流程监测监管机制，实现土地项目、入库土地统一编码，并与“农转用”批文、划拨决定书或有偿使用合同等关联。

（三）压缩不动产登记办理时间

2019年3月11日，国务院办公厅发布《关于压缩不动产登记办理时间的通知》，提出了三项主要任务，

一是推动信息共享集成。建立部门间信息共享集成机制，打破"信息孤岛"。有关部门和单位应当及时提供不动产登记相关信息，与不动产登记机构加强协同联动和信息集成，2019年底前实现互通共享。能够直接通过共享交换平台提取的材料或信息，不得要求申请人重复提交。夯实不动产登记信息基础，加快存量数据整合与质量提升，开展地籍测绘等补充调查工作，推进不动产登记信息平台与政府统一的数据共享交换平台有序衔接。推行"互联网+不动产登记"，建立不动产"网上（掌上）登记中心"，构建"外网申请、内网审核"模式，实现服务企业和群众零距离。

二是推动流程集成。通过信息化手段整合集成业务流程，在政务服务大厅或不动产登记大厅设立综合受理窗口，统一受理各相关办理事项，实现信息化技术支撑的"一窗受理、并行办理"。取消不必要环节、合并相近环节，将登簿和制证环节、缴费和领证环节合并，不动产继承登记（非公证）办理中，公示与审核环节并行开展。精简申请材料，优化测绘成果获取方式。能够直接提取利用测绘成果的，不得另行要求当事人开展测绘和权籍调查。

三是推动人员集成。不能马上实现信息共享集成和流程集成的，可通过集中办公实现便民快捷。在政务服务大厅设立综合受理窗口，统一受理各相关办理事项、一次性收取所需全部材料，人工分发各相关部门分别办理，同一个窗口发放办理结果。

（四）建筑工人实名制管理

为规范建筑市场秩序，加强建筑工人管理，维护建筑工人和建筑企业合法权益，保障工程质量和安全生产，培育专业型、技能型建筑产业工人队伍，促进建筑业持续健康发展，住房和城乡建设部、人力资源社会保障部制定了《建筑工人实名制管理办法（试行）》（简称"《办法》"），并于2019年3月1日正式生效实施。

《办法》要求全面实行建筑业农民工实名制管理制度，坚持建筑企业与农民工先签订劳动合同后进场施工。建筑企业应与招用的建筑工人依法签订劳动合同，对其进行基本安全培训，并在相关建筑工人实名制管理平台上登记，方可允许其进入施工现场从事与建筑作业相关的活动。

《办法》同时要求建设单位应与建筑企业约定实施建筑工人实名制管理的相关内容，督促建筑企业落实建筑工人实名制管理的各项措施，为建筑企业实行建筑工人实名制管理创造条件，按照工程进度将建筑工人工资按时足额付至建筑企业在银行开设的工资专用账户。

（五）取消分包合同备案，申办施工许可需提交危大工程清单

2019年3月13日，为深入推进工程建设项目审批制度改革，住房和城乡建设部决定修改下列部门规章：《房屋建筑和市政基础设施工程施工分包管理办法》《房屋建筑和市政基础设施工程施工招标投标管理办法》《危险性较大的分部分项工程安全管理规定》《城市建设档案管理规定》和《城市地下管线工程档案管理办法》。涉及的主要内容包括：取消分包合同备案；申请办理施工许可手续时，应当提交危大工程清单及其安全管理措施等资料。

（六）取消建设工程合同与工程方案设计招标备案

2019年3月18日，为推进工程建设项目审批制度改革，住房和城乡建设部决定修改下列部门规章：《建筑工程方案设计招标投标管理办法》《住房城乡建设部关于进一步加强建筑市场监管工作的意见》《住房城乡建设部关于印发〈房屋建筑和市政基础设施工程施工安全监督规定〉的通知》和《房屋建筑和市政基础设施工程施工安全监督工作规程》。涉及的主要内容包括：取消建设工程合同备案制度；取消建筑工程设计招标备案；删除部分文件中"办理施工安全监督手续"，将工程质量安全监督手续与施工许可证合并办理。

（七）优化房地产交易办税方式

2019年4月24日，国家税务总局发布《关于优化房地产交易办税方式的公告》，主要就三个方面对办税方式进行优化。

1. 拓宽办税渠道，推行网上预核

税务部门要充分发挥互联网优势，按照税务总局统一规范，基于电子税务局各类办税渠道，推行房地产交易税收网上预核，实现纳税人线上提交资料，税务部门预核并反馈信息，减少现场办税时间，缓解窗口压力。有条件的地区，可通过共享各部门信息，依托电子税务局实现网上计算税款、核实优惠、缴纳税款、开具凭证等功能，为纳税人提供全流程网上办税服务。

2. 推动部门合作，实行一窗受理

税务部门要积极会同自然资源、住房城乡建设等部门推行设立房地产交易、办税、登记综合窗口，一次性收取各部门业务事项所需全部资料。不具备设置综合窗口条件的地区，税务部门要主动配合相关部门整合各业务事项所需资料，推动由一个部门的窗口统一受理，通过内部流转，传递给其他部门，避免资料重复提交和纳税人多跑路。

3. 优化服务流程，推行业务联办

税务部门要联合自然资源、住房城乡建设等部门积极稳妥推行业务联办。可依托政府政务信息平台，推进信息共享，在此基础上，通过优化服务流程，联通业务办理系统，减少环节和手续，提升办事效率。有条件的地区，可与相关部门共同探索实施"网上业务联办"。

（八）深化农村土地制度改革，允许承包土地的经营权担保融资

2019年1月3日，国务院发布《关于坚持农业农村优先发展做好"三农"工作的若干意见》，涉及内容主要包括：

坚持农村土地集体所有、不搞私有化，坚持农地农用、防止非农化，坚持保障农民土地权益、不得以退出承包地和宅基地作为农民进城落户条件，进一步深化农村土地制度改革。在修改相关法律的基础上，完善配套制度，全面推开农村土地征收制度改革和农村集体经营性建设用地入市改革，加快建立城乡统一的建设用地市场。为继续做好确权工作，农业农村部的发力重点包括：探索确权成果应用，为土地经营权抵押贷款、承包地有偿退出、互换并地等提供支撑，充分释放确权红利。健全土地流转规范管理制度，

发展多种形式农业适度规模经营，允许承包土地的经营权担保融资。

（九）工程建设项目审批制度改革

2019 年 3 月 26 日，国务院办公厅印发《关于全面开展工程建设项目审批制度改革的实施意见》（以下简称“**《意见》**”）。消防和人防等技术审查将并入施工图设计文件审查，工程项目审批改革全面铺开。

《意见》提出，对工程建设项目审批制度实施全流程、全覆盖改革，改革覆盖工程建设项目审批全过程（包括从立项到竣工验收和公共设施接入服务），主要适用房屋建筑和城市基础设施等工程，不包括特殊工程和交通、水利、能源等领域的重大工程；覆盖行政许可等审批事项和技术审查、中介服务、市政公用服务以及备案等其他类型事项，推动流程优化和标准化。同时，统一审批流程，统一信息数据平台，统一审批管理体系，统一监管方式，实现工程建设项目审批“四统一”。

《意见》明确，在全国开展工程建设项目审批制度改革的主要任务目标是：2019 年上半年，全国工程建设项目审批时间压缩至 120 个工作日以内，省（自治区）和地级及以上城市初步建成工程建设项目审批制度框架和信息数据平台；到 2019 年底，工程建设项目审批管理系统与相关系统平台互联互通；试点地区继续深化改革，加大改革创新力度，提高审批效能。到 2020 年底，基本建成全国统一的工程建设项目审批和管理体系。

（十）租赁住房新规出台

2019 年，我国租赁住房市场依旧保持高速发展。中央政府从不同角度制定了多项政策，支持住房租赁市场建设，细化管理规范，严格市场监管，保障财政金融方面的支持，并鼓励多渠道增加供应。相关重点文件包括：

1. 2019 年 5 月 9 日，财政部发布《关于公共租赁住房税收优惠政策的公告》，税收减免方面贯穿了公租房的建设、交易、经营等环节，涉及城镇土地使用税、印花税、契税、房产税、增值税甚至个人所得税，对公租房的建设、经营激励效应明显。此外，该公告数次提到“在其他住房项目中配套建设公租房”，并明确了该类项目的优惠措施。若这类项目（如城区旧房被改建为公租房的项目）能广泛实施，公租房的便利程度及受欢迎程度或将大幅提高。

2. 2019 年 7 月 18 日，住房和城乡建设部公示了 2019 年中央财政支持住房租赁市场发展试点入围城市名单，共有 16 座城市入选：北京、长春、上海、南京、杭州、合肥、福州、厦门、济南、郑州、武汉、长沙、广州、深圳、重庆、成都。中央财政将对确定的示范城市给予奖补资金支持，试点示范期为三年。中央财政奖补资金标准按城市规模分档确定，直辖市每年 10 亿元，省会城市和计划单列市每年 8 亿元，地级城市每年 6 亿元。中央财政奖补资金可用于多渠道筹集租赁住房房源、建设住房租赁信息服务与监管平台以及与住房租赁市场发展相关的支出。示范城市可以自主确定资金使用方案。

3. 2019年12月13日，住房和城乡建设部、国家发展改革委、公安部、市场监管总局、银保监会、国家网信办等六部门印发《关于整顿规范住房租赁市场秩序的意见》，从严格登记备案管理、真实发布房源信息、落实网络平台责任、动态监管房源发布、规范住房租赁合同、规范租赁服务收费、保障租赁房屋安全、管控租赁金融业务、加强租赁企业监管、建设租赁服务平台、建立纠纷调处机制、加强部门协同联动、强化行业自律管理等14个方面规范住房租赁市场主体经营行为，保障住房租赁各方，特别是承租人的合法权益。

与此同时，各地亦纷纷出台政策响应国家号召。如广州出台了《关于规范新增租赁住房有关管理工作的通知》《广州市商业、商务办公等存量用房改造租赁住房工作指导意见》，深圳发布了《关于规范新增租赁住房有关管理工作的通知》，南京制订了《南京市市场化租赁住房建设管理办法》，北京已开始执行《关于规范互联网发布本市住房租赁信息的通知》，成都颁发了《关于进一步加强公共租赁住房租赁补贴工作的补充通知》等等。随着我国社会市场化进程的深入和住房租赁市场制度的不断完善，未来更多人口或将进入租房市场，相信新的机遇也将随之而来。

（十一）招投标制度进一步改革完善

国务院办公厅于2018年11月发布《关于聚焦企业关切进一步推动优化营商环境政策落实的通知》，要求严格落实《必须招标的工程项目规定》，坚决破除各种招投标领域的不合理门槛和限制，营造公平竞争市场环境。2019年，招投标制度的进一步完善仍然是深化“放管服”改革、优化营商环境的“重头戏”：

1. 8月12日，国务院办公厅印发《全国深化“放管服”改革优化营商环境电视电话会议重点任务分工方案》，部署开展招投标领域专项整治。

2. 8月20日，国家发展改革委、工业和信息化部、住房城乡建设部、交通运输部、水利部、商务部、铁路局、民航局八部门印发《工程项目招投标领域营商环境专项整治工作方案》，联合开展前述整治，重点清理、排查、纠正在招投标法规政策文件、招标公告、投标邀请书、资格预审公告、资格预审文件、招标文件以及招投标实践操作（包括招投标过程中的评标专家行为）中，对不同所有制企业设置的各类不合理限制和壁垒。

令人眼前一亮的是，该方案指出了不得滥用知识产权限制公平竞争。在工程项目招投标过程中不得限定或者指定特定的专利、商标、品牌、原产地、供应商或者检验检测认证机构（法律法规有明确要求的除外）。

3. 12月19日，住房和城乡建设部印发《关于进一步加强房屋建筑和市政基础设施工程招标投标监管的指导意见》，从夯实招标投标活动中各方主体责任、优化招标投标方法、加强招标投标过程监管、优化招标投标市场环境四个方面提出了具体措施，严厉打击招标投标环节违法违规问题，维护建筑市场秩序。

就在12月，国家发展改革委还正式发布了《中华人民共和国招标投标法（修订草案公开征求意见稿）》。该征求意见稿聚焦《招标投标法》实施以来招标人、投标人、招标代理机构以及行政监督部门反映强烈的突出问题，特别是排斥限制潜在投标人、围标串标、低质低价中标、评标质量不高、随意废标等，从提高公开透明度、加强信用体系建设、强化行政监督、加大违法行为惩处力度等方面提出了制度化解决方案。招投标改革的前景如何，让我们拭目以待。

二、房地产业务组重要业绩

（一）君合助力年度 A 股最大交易规模资产重组落地

2019 年 12 月 30 日晚，招商蛇口（001979）发布公告，招商蛇口 2019 年第四次临时股东大会审议通过《公司与深圳市前海开发投资控股有限公司共同增资深圳市前海蛇口自贸投资发展有限公司的方案》的议案，同意下属公司招商前海实业和前海开发投资控股有限公司（简称“前海投控”）共同增资深圳市前海蛇口自贸投资发展有限公司（简称“**合资公司**”），这标志着前海土地整备事宜在 2019 年上半年全面完成后，前海合资合作事宜亦顺利通过，至此，前海土地整备及合资合作项目圆满落地。

本项目属于具有标杆意义的重大无先例项目，开启了在城市转型升级的同时以政企战略合作为目的进行土地整备的先河，实现了土地整备后中央企业与地方政府战略合作的重大创新，并创新性一揽子解决前海用地性质变更和用地确权问题，为前海妈湾片区加速开发奠定重要基础。本项目创造了土地市场和资本市场的诸多历史性纪录。

1. 合资金额逾 1,468 亿元

本项目完成后，招商前海实业和前海投控对合资公司的投资金额逾 1,468 亿元。其中，本项目合资合作阶段涉及招商蛇口重大资产重组，交易金额逾 1,458 亿元，刷新 A 股 2019 年度重大资产重组交易金额，创年度交易规模之最。

2. 整备范围 2.9 平方公里

本次土地整备涉及的土地面积为 2.9 平方公里，规划用途涉及商业、办公、居住等，规划建筑面积以百万平方米计。整备用地地处大湾区的核心区域，区位价值极其突出。

3. 涉及境内外 3 家国有上市公司

土地整备阶段涉及两家 A 股上市公司招商蛇口（001979）、招商港口（001872）和一家香港上市公司招商局港口（HK.0144），境内外资本市场的监管规则存在一定差异，但信息披露均需同时符合境内外上市公司监管的相关规定；合资合作阶段涉及招商蛇口重大资产重组，君合协同客户及其他中介机构在不到 20 天的时间内完成重大资产重组的全部公告文件和交易所问询回复。

4. 项目前后历时 4 年

自前海土地整备及合资合作启动至圆满完成，前后历经约 4 年时间。本项目进程中，君合团队经手了数以百计的交易方案，起草、审阅、修订了数以千次计的交易文件，整体工作量之巨大、跨专业法律问题之复杂，阶段性时间表之紧张，在土地市场和资本市场中实属少见。

君合作为招商集团的法律顾问，自本项目启动以来，主导参与了本项目全程，协助客户完成了本项目所涉法律尽职调查，本次土地整备及合资合作方案的论证分析，与政府相关部门或监管部门和招商集团内部的沟通协调，交易结构的设计，相关交易文件的起草、审阅、谈判、修改及签署，合资公司和相关平台公司的成立，三家上市公司的信息披露，代表招商蛇口参与和深圳市政府的谈判，招商蛇口重大资产重组等工作。君合团队高水平的专业能力，严谨高效的工作风格，创新解决重大疑难问题的丰富经验，以及处理突发问题的灵活应变能力获得了招商方及其他中介机构的一致肯定和高度赞誉。

（二）君合助力万达商业集团发行资产支持证券项目

2019 年 7 月 31 日，大连万达商管集团作为原始权益人的“中信建投 – 万达广场长江经济带一期资产支持专项计划”在上交所成功发行。产品名称为万达广场 CMBS，发行金额为 27 亿元，评级为 AAA，期限为 3+3+3+3+3+3 年，认购倍数 1.83。该计划的底层资产为松江万达广场和宁波江北万达广场。此次资产支持证券的成功发行，不仅为万达集团盘活了存量商业资产、打通了新的融资渠道，也为将来万达集团谋求各类资产证券化产品奠定了良好的基础，对降低企业经营风险、探索转型城市运营和服务商具有积极的意义。

大连万达商管集团成立于 2002 年 9 月，是全球规模领先的商业物业持有及管理运营企业，也是万达集团旗下商业物业投资及运营的唯一业务平台。截至 2018 年，该公司已在全国开业北京 CBD、上海五角场、成都金牛、昆明西山等 280 座万达广场，持有及管理物业面积 4587 万平方米，年客流 38 亿人次。连续 13 年租金收缴率超过 99.5%，创造世界行业记录，公司连续举办了 11 届的万达商业年会是全球规模领先的线上线下融合的商业盛会。

君合作为发行人本次发行专项计划的法律顾问，全程参与了交易文件修改、申报文件准备、法律意见书出具、发行等各个环节，为本项目提供了全面的法律服务，确保了本项目如期推进并赢得发行的有利市场窗口，本次证券成功完成发行并受到工商银行、民生银行、浦发银行、广发银行、中信证券、中金公司、渤海证券、泓德基金等多家知名机构在内的投资者高度认可及追捧。

除君合外，参加本项目的其他中介机构还包括：计划管理人中信建投证券、信托机构西部信托、评级机构大公国际、会计师事务所大华会计师事务所、资产估价机构戴德梁行。

三、市场热点法律问题研究

根据前文对 2019 年重要新法律法规的简单梳理，以及我们对于 2019 年房地产业务组重要业绩的总结，有以下几个热点问题，值得我们进一步关注：

（一）类 REITs 简介

1. 类 REITs 的概念

REITs 全称 Real Estate Investment Trusts，即房地产投资信托基金，是主要投资于房地产类资产的信托产品。国外主流的 REITs 均是公开募集和发行，对投资者的资格和人数限制相对少。目前中国大陆尚未推出正式的公募 REITs。已经发行的投资于房地产项目的资产证券化产品基本是由证券公司或基金管理公司子公司发行的资产支持专项计划。虽然这类产品也是投资于房地产的证券类产品，但由于不是公开募集和发行，且对投资者的资格和人数有严格限制[1]，因此，通常称为类 REITs。

2. 类 REITs 项目的主要类型

（1）权益型类 REITs 与抵押型类 REITs

以是否转移底层物业所有权为标准，类 REITs 可进一步分为权益型类 REITs 和抵押型类 REITs 两类。权益型类 REITs 在搭建产品结构时，项目公司的股权将转移至 SPV2（通常为契约型私募基金）名下，从而使得投资者间接持有底层物业所有权。我们通常所说的 REITs 即为权益型。而抵押型类 REITs 在搭建产品结构时，项目公司的股权仍由项目公司原股东持有，SPV2（通常为单一资金信托计划）仅对项目公司享有（信托贷款）债权，亦即投资者无法间接持有底层物业所有权。实践中，抵押型类 REITs 往往会同 CMBS 搞混，前者基础资产的原始权益人一般为企业，后者的原始权益人一般为银行等金融机构。

基于底层物业权属的差异，进一步地，投资者从权益型类 REITs 与抵押型类 REITs 中获取的收入来源也相应地存在差异。在权益型类 REITs 中，由于 SPV2 直接持有项目公司股权，因此投资者可以通过两层 SPV 间接获取项目公司的利润分配，若 SPV2 同时对项目公司享有股东借款债权，则投资者亦可间接获取股东借款的利息分配。在抵押型类 RIETs 中，由于 SPV2 仅享有对项目公司的（信托贷款）债权，因此投资者仅可以通过两层 SPV 间接获取（信托贷款）固定的利息分配。

权益型类 REITs 典型案例包括“新派公寓权益型房托资产支持专项计划”“渤海汇金－中信资本悦方 ID Mall 资产支持专项计划”等；抵押型类 REITs 典型案例包括“北京银泰中心资产支持专项计划”等。

（2）储架发行类 REIT 与非储架发行类 REITs

类 REITs 产品按照发行方式的不同还可以分为储架发行类 REITs 和非储架发行类 REITs。储架发行是指“一次批准、多次发行”的发行模式。以权益型类 REITs 为例，储架发行的模式下，发行人在交易所首次申报时提交一整套框架性的申报材料，同时申请一个总的发行期数和规模，审批通过后会获得交易所出具的一份总的挂牌转让无异议函。在该无异议函约定的时间内进行分期发行时，无须再次申报审批，只需将每次的发行材料上报备案即可。这样的发行方式极大地缩短了发行审批时间，提高了发行的效率。

1　根据《证券公司及基金管理公司子公司资产证券化业务管理规定》，资产支持证券应当面向合格投资者发行，发行对象不得超过二百人，单笔认购不少于 100 万元人民币发行面值或等值份额。资产支持证券仅限于在合格投资者范围内转让。转让后，持有资产支持证券的合格投资者合计不得超过二百人。根据《私募投资基金监督管理暂行办法》，合格投资者是指具备相应风险识别能力和风险承担能力，投资于单只私募基金的金额不低于 100 万元且符合下列相关标准的单位和个人：

（一）净资产不低于 1000 万元的单位；

（二）金融资产不低于 300 万元或者最近三年个人年均收入不低于 50 万元的个人。

储架发行的模式在当前国内REITs均为私募类REITs的背景下，为类REITs扩大规模提供了渠道，进而间接实现了公募REITs的扩募职能。

典型的储架发行类REITs的案例包括“中联前海开源－保利地产租赁住房资产支持专项计划”“高和晨曦－中信证券－领昱系列资产支持专项计划”等。

3. 类REITs的交易结构

从核心交易结构来看，国内类REITs通常会采用“双SPV”的结构来搭建类REITs产品，即在投资者与底层资产持有主体（“项目公司”）之间搭建两层SPV将底层资产的运营收入层层传导至投资者。

就权益型类REITs而言，“双SPV”通常为资产支持专项计划和契约型私募基金，即通过资产支持专项计划（SPV1）持有契约型私募基金（SPV2）的份额、契约型私募基金持有项目公司股权（出于节税等方面考量，通常会辅以股东借款[1]）的方式，将底层资产的运营收入层层分配至资产支持专项计划投资人。下图展示了一个权益型类REITs的典型“双SPV”结构：

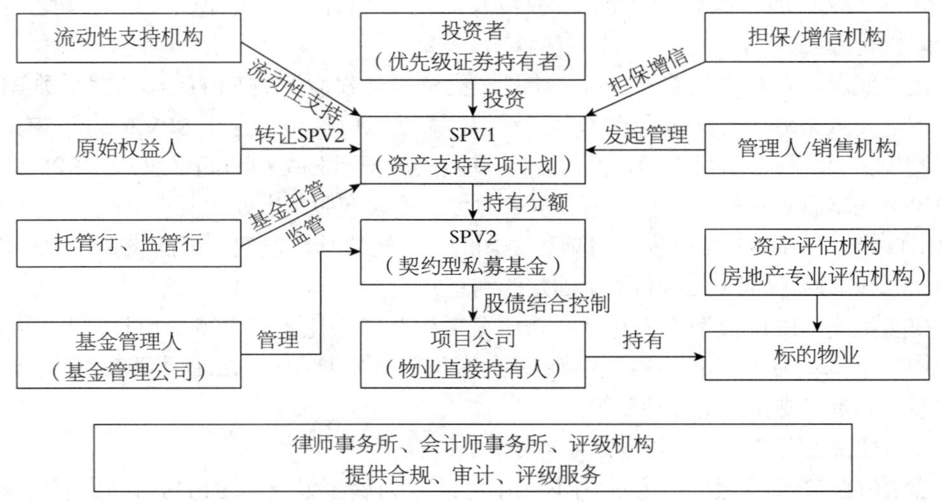

就抵押型类REITs而言，“双SPV”通常为资产支持专项计划和单一资金信托计划，即通过资产支持专项计划（SPV1）持有单一资金信托计划（SPV2）的份额、单一资金信托计划向项目公司提供信托贷款的方式，将底层资产的运营收入层层分配至资产支持专项计划投资人。下图展示了一个抵押型类REITs的典型“双SPV”结构：

---

1 在2018年《商业银行委托贷款管理办法》（“委贷新规”）颁布前，多数权益型类REITs亦会通过向项目公司发放委托贷款的形式降低税务成本，但由于委贷新规规定，商业银行不得接受“受托管理的他人资金”“具有特定用途的各类专项基金”等发放委托贷款，因此近期发行的权益型类REITs多为通过股东借款形式降低税务成本。

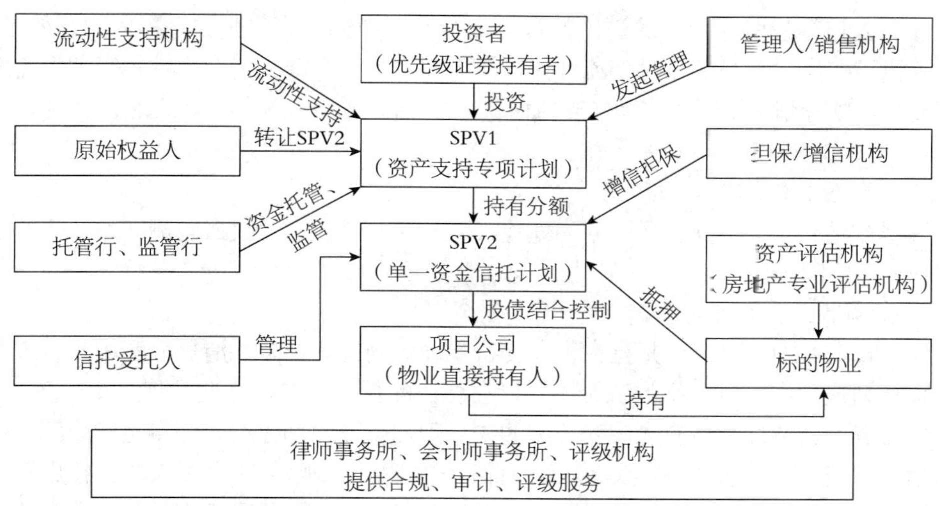

4. 类 REITs 的增信措施

由于上述双 SPV 的核心交易结构相对复杂，国内类 REITs 在发行时，原始权益人往往会（或通过其关联主体）根据项目的具体情况提供一项或多项增信措施，以提高收益的稳定性。增信措施主要包括物业运营收入超额覆盖、内部分级结构（优先级 / 次级）、物业抵押、流动性支持、差额补足以及应收账款质押等。

（1）物业运营收入超额覆盖

物业运营收入超额覆盖是指物业运营收入（主要是租金）对优先级资产支持证券每年的本息支出存在超额覆盖。超额覆盖的计算方式为，在假定物业运营收入符合依据市场评估以及历史表现所预测的现金流的正常情景中，根据专项计划的分配方案，项目公司租金收入扣除相关支出后，对优先级资产支持证券每年本息兑付金额的倍数。覆盖倍数通常至少在 1 倍以上。

（2）内部分级结构（优先级 / 次级）

为提高投资者收益的稳定性，在设计资产支持专项计划时，发行人通常会采用结构化分层的内部增信措施，即将资产支持专项计划内部分为优先级资产支持证券和次级或权益级资产支持证券，由次级或权益级资产支持证券为优先级资产支持证券的兑付提供一定程度的安全垫。优先级资产支持证券内部亦可再进一步地进行细分为优先级资产支持证券、次优先级资产支持证券等。次级资产支持证券在分配完该期应付的相关税费和优先级资产支持证券预期收益和本金后，分配剩余余额。

（3）物业抵押

为担保债权，通常债权人会与项目公司签署抵押合同，由项目公司将其名下的物业抵押给债权人为债权提供抵押担保。当发生违约事件时，对于处置抵押物的变现资产，专项计划享有优先受偿权。

（4）流动性支持

流动性支持是指在投资人未能根据交易文件在资产支持专项计划管理人的撮合下完成开放退出的情形下，由流动性支持机构（通常是原始权益人（或其关联主体））根据交

易文件买入该等投资人拟开放退出的资产支持专项证券，从而完成投资人的开放退出。通常来讲，在搭建交易结构时，流动性支持机构应当与资产支持专项计划管理人（代表资产支持专项计划）签署《流动性支持协议》，对流动性支持义务承担流程、条件进行具体约定。

（5）差额补足承诺

根据补足的对象不同，又可分为处置收入差额补足、运营收入差额补足、债务偿还差额补足等不同类型。

a）处置收入差额补足承诺

处置收入差额补足承诺是指在资产支持专项计划处分分配和清算分配中，若资产支持专项计划账户内可供分配的资金不足以在相应的兑付日支付专项计划费用，及 / 或全部优先级资产支持证券持有人应获分配的未分配本金及预期收益未获得足额分配（有时也包括次级资产支持证券本金未获得足额分配的情形），则由处置收入差额补足义务人（通常为原始权益人（或其关联主体））向资产支持专项计划补足相应差额。在搭建交易结构时，处置收入差额补足义务人通常会与资产支持专项计划管理人（代表资产支持专项计划）签署《处置收入差额补足协议》，对处置收入差额补足义务承担流程、条件、限额进行具体约定。

b）运营收入差额补足承诺

类 REITs 项目中，为确保底层物业运营收入的稳定性，物业运营主体（或其关联主体）通常会为底层物业运营收入提供差额补足承诺，即在相应的运营收入回收期内底层物业实际运营收入未达到约定标准的，由运营收入差额补足义务人向项目公司补足该等差额。通常来讲，在搭建交易结构时，运营收入差额补足义务人应当与项目公司、资产支持专项计划管理人（代表资产支持专项计划）、SPV2（基金管理人或信托受托人分别代表契约型私募基金或单一资金信托计划）签署《运营收入差额补足协议》，对运营收入差额补足义务承担流程、条件进行具体约定。

c）债务偿还差额补足承诺

债务偿还差额补足承诺是指为确保债务人（往往是项目公司）偿还债务，原始权益人（或其关联主体）向债权人（通常为信托公司或基金）承诺，若截至任何一个还款日，债务人未能按约定偿还债务本息，差额补足义务人对差额部分承担补足义务。在搭建交易结构时，债务偿还差额补足义务人通常会与项目公司、SPV2（基金管理人或信托受托人分别代表契约型私募基金或单一资金信托计划）签署《债务偿还差额补足协议》，对债务偿还差额补足义务承担流程、条件进行具体约定。

（6）应收账款质押

项目公司通常会同债权人签订质押合同，将租金等收入质押给债权人。当发生违约事件时，对于租金收入，专项计划享有优先受偿权。

（7）其他增信措施

类 REITs 项目中，常见的其他增信措施包括连带责任保证担保，例如在“恒泰浩睿—海航浦发大厦资产支持专项计划”中，担保人海航集团为流动性支持机构海航实业的流动性支持义务提供连带责任保证担保、为海航资产作为物业运营方承诺的底层物业运营收入低于必备金额提供连带责任保证担保等。除连带责任保证担保外，亦有类REITs产品中设计了由原始权益人通过提供保证金质押担保的形式为资产支持专项计划提供担保的安排。

专项计划说明书中通常会说明上述增资措施的触发顺序。

5. 国内类 REITs 发行的主要流程

以非储架发行的权益型类 REITs 为例，国内类 REITs 发行的主要流程如下：

（1）筛选基础资产，构建资产池——在该环节，发起人会同计划管理人、资产评估机构等中介共同筛选基础资产和底层物业，确定纳入 REITs 的资产。

（2）设计交易结构——在该环节，计划管理人、律师、税务师、会计师、资产评估师等共同讨论，协助发起人确定重组和发行的架构以及时间表。

（3）编制资产支持专项交易文件、各中介机构开展尽职调查——在该环节，资产支持专项计划管理人通过编制《资产支持专项计划说明书》《资产支持专项计划标准条款》等法律文件，确定资产支持专项计划发行后各项交易步骤及增信措施。同时，各中介机构如律师事务所、会计师事务所、评估机构等开始展开对基础资产的尽职调查。

（4）基金管理人成立契约型私募基金并由原始权益人认购基金份额——在该环节，原始权益人、基金管理人、基金托管人通过签署《基金合同》《基金份额认购协议》等文件，由基金管理人设立契约型私募基金并由原始权益人认购基金份额。该契约型私募基金应按照相关法律法规规定完成中国证券投资基金业协会备案手续。

（5）资产支持专项计划交易文件定稿并报送交易所——在该环节，资产支持专项计划相关交易文件定稿并报送交易所，交易所根据项目实际情况提出反馈问题，各方机构组织对反馈问题的答复，直至交易所出具无异议函。

（6）资产支持专项计划路演、募集成立。

（7）根据交易文件的约定，原始权益人将其持有的契约型私募基金份额转让予资产支持专项计划。

（8）资产支持专项计划以募集资金向契约型私募基金实缴出资。

（9）契约型私募基金收购项目公司100%股权，契约型私募基金向项目公司提供股东借款，并完成相应的工商变更、抵押登记。

6. 国内类 REITs 发行的典型案例

（1）权益型类 REITs：新派公寓权益型房托资产支持专项计划

新派公寓权益型房托资产支持专项计划（简称“**新派公寓项目**”）于 2017 年 11 月在深圳证券交易所完成发行，是国内首单长租公寓类 REITs 产品。新派公寓项目底层物业为位于北京国贸 CBD 区域的新派公寓。

新派公寓项目采用“双 SPV”结构，即资产专项计划通过私募基金间接持有项目公司股权。在此架构下，基础资产为私募基金份额所有权和委托贷款[1]收益权。新派公寓项目主要参与方包括左邻右舍（原始权益人）、渤海汇金（资管计划管理人）、青年乐（运营管理人、差额补足义务人）。新派公寓项目交易结构如下图所示：

1　新派公寓项目发行时委贷新规尚未出台，故该项目中仍采用当时常用的“股权+委托贷款”方式投资于项目公司。

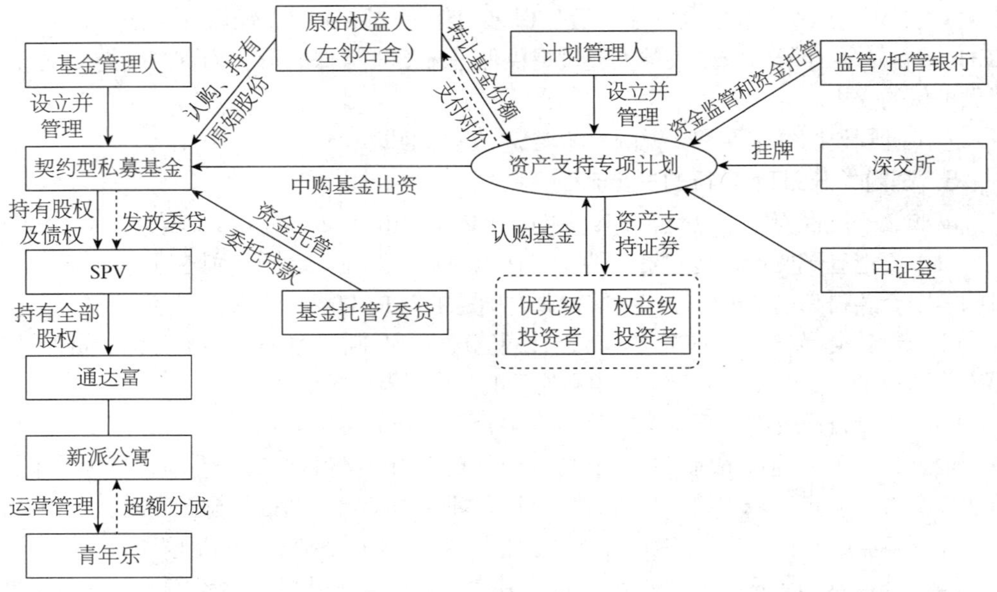

新派公寓项目的基本要素如下：

项目名称	新派公寓权益型房托资产支持专项计划
标的资产	新派公寓 CBD 公寓楼
基础资产	契约型私募基金份额、私募基金通过持有 SPV 的股权和债权而实现对标的资产的控制
产品规模	2.7 亿元人民币（优先级 1.3 亿元 + 权益级 1.4 亿元）
期限	3+2 年
目标评级	优先级 AAA 级
预期收益率及退出收益分配	优先级：每年支付固定利息，到期一次性偿还本金 权益级：期间不付息，退出获取 80% 物业增值收益
退出方式	转为公募 REITs、契约型基金份额出售、SPV/ 项目公司股权转让、标的资产出售
外部增信措施	履约保证金、运营收入差额补足

（2）抵押型类 REITs：北京银泰中心资产支持专项计划

北京银泰中心资产支持专项计划（简称“**银泰中心项目**”）于 2016 年 8 月完成发行，项目规模达 75 亿元，是国内首单抵押型类 REITs 项目。

银泰中心项目采用“双 SPV 架构”，即资产专项计划拥有信托计划受益权，信托计划拥有信托贷款债权、项目公司质押权和标的物业抵押权。在此架构下，基础资产为信托受益权和信托贷款债权。银泰中心项目主要参与方中国银泰（原始权益人，担保人）、恒泰证券（资管计划管理人）、银泰置业（浦发大厦所有人）、北京国俊（项目公司第二大股东，担保人）。银泰中心项目交易结构如下图所示：

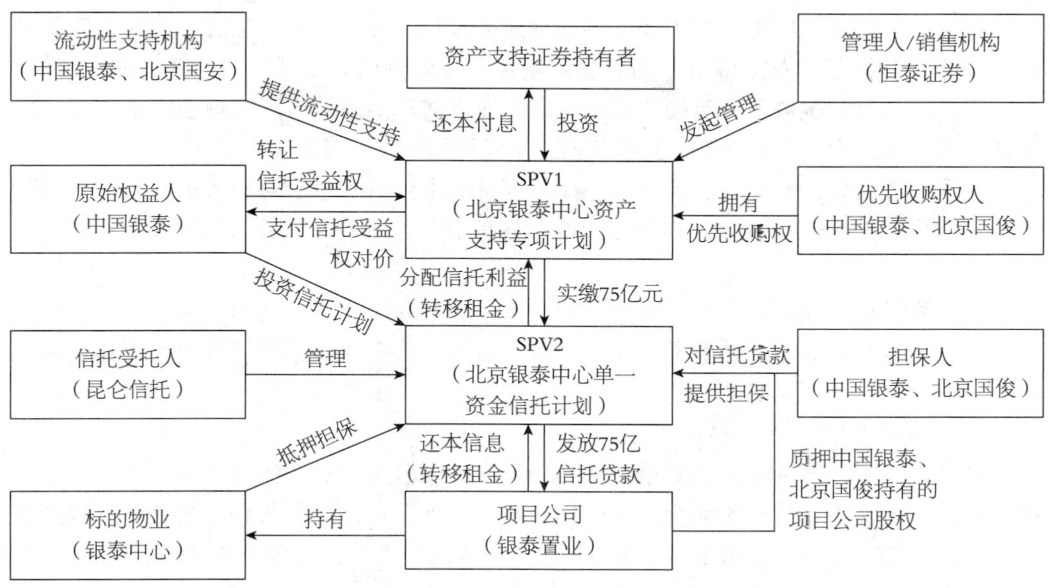

银泰中心项目的基本要素如下：

项目名称	北京银泰中心资产支持专项计划
标的资产	北京银泰中心写字楼、商业裙楼、酒店
基础资产	信托受益权，信托贷款债权
产品规模	75 亿元人民币（优先级 A 类 40 亿元 + 优先级 B 类 33 亿元 + 优先级 C 类 2 亿元）
期限	18 年（每 3 年末开放）
目标评级	优先级 A 类 AA+ 级，优先级 B 类 AA 级，优先级 C 类 AA 级
预期收益率及退出收益分配	优先级 A 类：4.5%–5.5%/ 年，每年还本付息 优先级 B 类：5%–6%/ 年，每年付息，到期还本 优先级 C 类：6%–7%/ 年，每年付息，到期还本
退出方式	投资人行使回售权、优先收购权人收购信托受益权
外部增信措施	中国银泰、北京国俊为回售安排提供流动性支持 中国银泰、北京国俊对银泰置业的信托贷款提供连带责任保证担保 中国银泰、北京国俊向信托计划质押所持银泰置业全部股权 银泰置业向信托计划抵押所持有标的资产

7. 类 REITs 项目所涉及的尽职调查

根据《证券公司及基金管理公司子公司资产证券化业务管理规定》，资产管理计划的管理人必须按照该规定及所附的《证券公司及基金管理公司子公司资产证券化业务尽职调查工作指引》对原始权益人、资产服务机构、托管人、信用增级机构以及对交易有重大影响的其他交易相关方（统称“业务参与人”）和基础资产进行全面的尽职调查。其

中，对业务参与人尽职调查的主要内容包括业务参与人的法律存续状态、业务资质及相关业务经营情况等。对基础资产的尽职调查包括基础资产的法律权属、转让的合法性、基础资产的运营情况或现金流历史记录，同时应当对基础资产未来的现金流情况进行合理预测和分析。管理人应当制作尽职调查工作底稿和尽职调查报告。

除了管理人外，会计师、评估师、律师等其他中介机构也会对业务参与人和基础资产等进行尽职调查，只是调查的内容和重点略有不同。其中，律师尽职调查的工作重点包括如下：

（1）尽调对象

尽职调查对象通常包括业务参与人、底层资产、持有底层资产的项目公司、增信机构等。

（2）尽调范围

尽调过程中，律师通常会着重关注公司基本情况、底层资产情况、项目开发建设手续、项目经营文件、公司重大合同、公司财务和担保、诉讼、仲裁和行政处罚、保险及其他情况。其中除一般公司尽调工作所需要关注的内容之外，结合类REITs项目的特点，还会重点关注以下与各参与方、底层资产相关的内容：

a）原始权益人、管理人、销售机构、托管人、增信机构等证券化服务机构的资质及权限；

b）特定原始权益人的资信情况。上海证券交易所要求律师应通过央行出具的《企业信用报告》、被执行人信息查询系统和最高人民法院的“全国法院失信被执行人名单信息公布与查询系统”查询特定原始权益人的资信情况，明确说明其是否为失信被执行人；通过生态环境部网站、“信用中国”网站、国家企业信用信息公示系统查询特定原始权益人是否存在环境保护领域失信记录；

c）物业基本情况。主要关注土地和房屋的权属（土地合同、土地出让金、契税缴纳证明、土地使用证、房屋所有权证、不动产权证书等），建设施工手续（项目立项及审批的相关资料、项目规划、建设用地规划许可证及其附件、附图、建设工程规划许可证及其附件、附图、测绘报告、专项审批、关于环境影响报告的批复、关于消防情况的批复、建筑工程施工许可证及附件、附图、关于规划、环保、消防等各单项验收的意见、竣工验收备案表等），缴税情况（包括房产税、土地增值税、城镇土地使用税、增值税等），以及是否存在闲置土地、炒地、捂盘惜售、哄抬房价等行为。

d）物业涉及的债务及权利限制情况。主要关注物业资产上是否存在查封、抵押等权利负担情况，项目公司是否存在经营性物业贷或其他银行、金融机构贷款。

e）物业运营管理情况。主要关注与物业服务公司签署的物业服务合同，租售收入、物业费、停车费等主要运营收入的收款账户是否进行了银行监管、共管或设置了第三方优先权、是否进行了应收账款质押或保证金质押，物业设备设施等是否进行了融资租赁，物业设施设备状况，停车场管理及收费情况。

f）租赁情况。主要关注物业空置率，租赁合同及租赁备案凭证，租户选择相关制度，租金收取和支付情况，承租人与公司的关联关系，承租人主体资格、信用情况以及营业范围是否包含高风险业务（例如P2P），租赁违约情形及诉讼仲裁。

g）项目经营文件。根据项目经营涉及的具体业务，可能需要关注项目公司是否取得如特种行业许可证、餐饮服务许可证、公众聚集场所投入使用、营业前消防安全检查合格证、食品经营许可证、卫生许可证等经营证照。

h）保险。项目公司为底层资产投保的保险的险种、保险金额以及是否与底层资产价值相当、保险期限、是否全部底层资产均已投保，承租人的投保情况。

8. 类 REITs 项目涉及的主要法律文件

国内类 REITs 项目通常通过持有私募基金份额或信托受益权的形式，通过“股 + 债”的方式间接持有项目公司的股权与债权，进而持有标的物业的权益。下文分类列举可能涉及的主要法律文件：

（1）资产支持专项计划

a）资产支持专项计划法律意见书。对管理人、销售机构、托管人等服务机构的资质及权限；计划说明书、资产转让协议、托管协议、认购协议等法律文件的合规性；基础资产的真实性、合法性、权利归属及其负担情况；基础资产转让行为的合法有效性；风险隔离的效果；循环购买（如有）安排的合法有效性；专项计划信用增级安排的合法有效性；对有可能影响资产支持证券投资者利益的其他重大事项等发表意见。

b）《资产支持专项计划标准条款》。主要约定专项计划资金的运用方式、资产支持证券品种及基本特征、资产支持证券持有人和管理人的权利和义务，专项计划分配的原则、顺序和流程，信息披露、资产支持证券持有人大会、专项计划费用等内容。

c）《资产支持专项计划认购协议与风险揭示书》。主要约定投资者认购专项计划资产支持证券的类别、份额和金额，存入认购资金的期限等内容。

d）《资产支持专项计划说明书》。由管理人拟定，主要包括投资者、管理人和托管银行的权利和义务，资产支持证券基本情况、信用增级方式，专项计划的交易结构，原始权益人、债务人、抵押人、出质人、差额支付承诺人、优先收购权人和相关机构简介，基础资产情况、现金流预测分析，专项计划现金流归集、投资及分配，专项计划费用、风险揭示与防范措施、专项计划销售、资产支持证券登记、信息披露安排、资产支持证券持有人大会安排、主要交易文件摘要、违约责任、专项计划文件的查阅等内容。

e）《资产支持专项计划基金份额 / 信托受益权转让合同》。主要约定转让标的、先决条件和程序、转让价格、转让价款的支付、违约责任等内容。

f）《资产支持专项计划托管协议》。主要约定管理人和托管银行的权利和义务、专项计划账户的开设和管理、专项计划文件的保管、专项计划资金的划付、专项计划资产的核算、专项计划清算、信息披露、违约责任等内容。

g）《资产支持专项计划资金监管协议》。主要约定监管账户的开设和管理、资金的划付，受托人、管理人、监管银行和债务人的权利和义务，违约责任等内容。

h）《资产支持专项计划差额补足承诺函 / 处置收入差额补足协议》。主要约定若债务人划入基金或信托账户的当期资金少于约定的应付款项，或截至任何一个专项计划账户核算日，专项计划账户中的资金余额无法足额支付该次分配所对应的优先级资产支持证券预期支付额的情况下，差额支付承诺人应履行其差额补足义务；以及计划管理人从登记托管机构获取的在开放交易期内已实际退出的相应类别的资产支持证券与在开放退出

申报期申报退出的相应类别的资产支持证券之间存在差额等情况下，差额支付承诺人应履行其以约定金额购买差额份额的义务等内容。

i）《资产支持专项计划优先收购权协议》。主要约定原始权益人作为优先收购权人享有《标准条款》与本协议的约定的在特定的情形下优先收购专项计划特定资产的权利。

j）《流动性支持协议》。主要约定在专项计划根据《标准条款》的约定延展运作成功的情况下，如果截至某一开放退出行权日前存在部分在对应的开放退出登记期内申请开放退出并经确认的优先级资产支持证券未能通过管理人的撮合完成开放退出的，流动性支持机构应于开放退出行权日买入该等优先级资产支持证券，于开放退出行权日前将流动性支持资金存放于证券收购价款监管账户，并于开放退出行权日在管理人的监督下完成买入全部该等优先级资产支持证券的交易。

（2）信托计划

a）《信托合同》。主要约定信托资金交付、信托期限，信托财产管理、运用和处分的具体方法，受托人管理、运用、处分信托财产的权限，委托人、受托人、受益人的权利和义务，信托费用的计算及支付、信托税费的承担、风险揭示和承担、信托终止、违约责任、法律适用与争议解决、《信托合同》生效等内容。

b）《财产权信托保管协议》。主要约定信托账户的开设和管理、资金的保管和划付，受托人与保管银行的权利和义务，违约责任等内容。

c）其他。包括信托贷款合同或债权转让协议、抵押合同、质押合同等。

（3）私募基金

a）《基金合同》。主要约定私募基金的基本情况、募集、成立与备案、申购、赎回与转让、当事人及权利义务、基金份额持有人大会、私募基金份额的登记、私募基金的投资、私募基金的财产、交易及清算交收安排、基金财产处分、私募基金的收益分配等重大事项。

b）《基金托管协议》。主要约定基金财产的保管、基金账户的开立与管理、划款指令的发送、确认和执行等重大事项。

c）其他。包括物业运营管理合同、项目公司股权转让 / 置换合同、股东借款合同、抵押合同、质押合同等。

9. 类 REITs 项目涉及的主要法律法规

适用于类 REITs 的法规除了法律、行政法规、部门规章外，还包括司法解释、规范性文件以及基金业协会、上海证券交易所、深圳证券交易所等发布的文件。其中，比较常用的主要包括《信托法》《证券法》《证券投资基金法》，证监会颁布的《证券期货经营机构私募资产管理业务管理办法》《证券公司及基金管理公司子公司资产证券化业务管理规定》《证券公司及基金管理公司子公司资产证券化业务信息披露指引》，证券投资基金业协会颁布的《资产支持专项计划备案管理办法》《资产证券化业务基础资产负面清单指引》，以及上海证券交易所颁布的《上海证券交易所资产证券化业务指引》和深圳证券交易所颁布的《深圳证券交易所资产支持证券挂牌条件确认业务指引》等文件。

10. 结语

由于融资途径收窄，利率增高，目前国内企业通过资产证券化筹集资金的热情愈演愈烈。类 REITs 具有的估值高、出表等优势使其受到越来越多的房地产企业青睐。随着公募 REITs 呼之欲出，我们相信 REITs 将成为房地产企业处置存量资产，募集资金的主要选项。

（二）新加坡 REITs 简介

作为亚洲回报率最高的 REITs 市场，新加坡 REITs 受到投资者的青睐。新加坡 REITs 因其税负低、融资成本低、投资者接受度高、流动性高等特点，越来越受到中国企业的关注。近年来几乎每年均有中国企业赴新加坡发行 REITs。本文旨在简要介绍新加坡 REITs 的典型架构、法律框架、标准要求、税收政策、典型案例等，以便使读者对新加坡 REITs 有个直观的了解。

1. 典型架构

通常情况下，中国企业（作为发起人）前往新加坡发行 REITs 会采取如下架构：由发起人或其在境外设立的实体在新加坡投资设立拟作为信托管理人[1]的主体，并由信托管理人与受托人签订信托契约以设立 REITs；REITs 设立或收购在新加坡或其他国家和地区的控股公司（SPV）100%股权[2]；SPV 持有中国项目公司的股权[3]，进而间接持有中国项目公司所拥有的底层物业资产；发起人以其在境外已设立的企业认购 REITs 份额。

典型架构可参见下图：

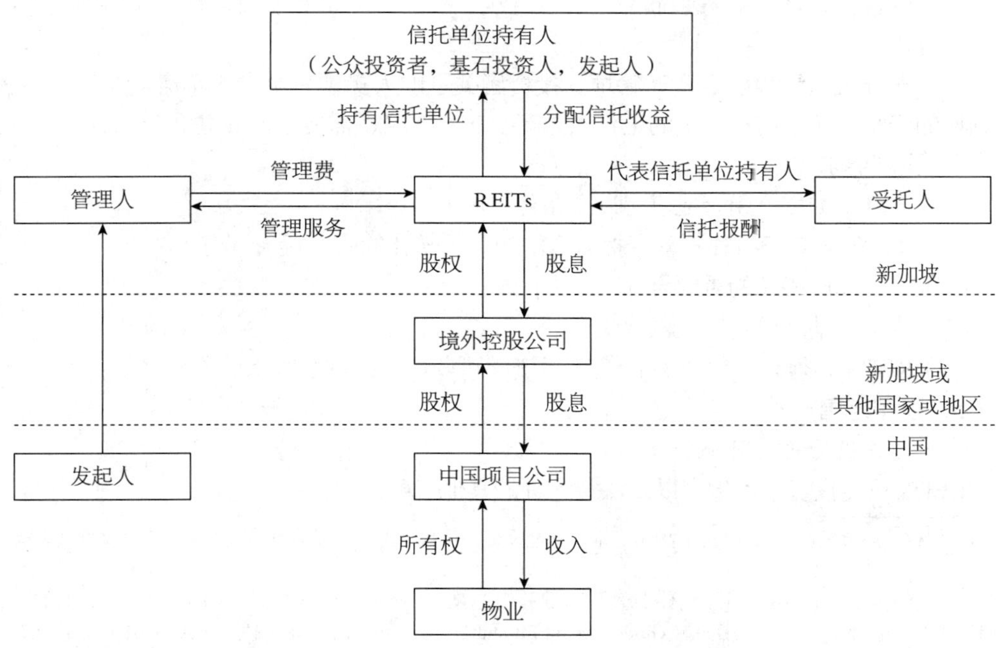

1　通常情况下，发起人以其在境外已设立的企业再投资设立信托管理人，发起人亦可直接在境外设立信托管理人。

2　SPV 可能是多个，通常其数量与境内项目公司的数量相同。

3　多数情况下，SPV 持有项目公司 100% 股权，个别情况下，SPV 仅持有项目公司部分股权，项目公司剩余股权由境内其他非关联第三方持有（如 BHG Retail REITs 中，SPV 仅持有北京项目公司 60% 股权，剩余 40% 股权由非关联第三方 Beijing Wanliu 持有）。

2. 治理结构

新加坡REITs不是一个实体，而是一个基于信托契约（Trust Deed）存在的契约型信托计划。新加坡REITs主要涉及管理人、受托人和信托单位持有人等三方主体。其中，管理人的职责为依照信托契约及相关法规管理REITs。通常投资决策由管理人做出。受托人的职责是依照信托契约及相关法规为信托单位持有人的利益持有房地产投资信托的财产。通常REITs签署的文件均以受托人的名义做出。信托单位持有人不直接参与信托的管理和运营，但可以通过信托持有人大会罢免和更换管理人[1]。

3. 管理人要求

REITs的管理人（Manager）应为在新加坡注册的法人，在新加坡设有实体办公室，且注册资本至少为100万新币。管理人必须独立于受托人（Trustee）。管理人应持有新加坡金管局颁发的管理房地产投资信托的资本市场服务牌照。管理人、管理人的CEO、董事及高管等应满足以下条件：

（1）需符合新加坡金管局关于适当人选（Fit and Proper）[2]的要求；

（2）管理人须有至少5年管理房地产基金的经验；

（3）管理人须有至少3名高管[3]，且CEO、CFO等高管需为新加坡金管局认可的持牌人士；

（4）CEO须有至少10年管理房地产基金的经验，且需要驻守新加坡[4]；

（5）管理人管理的业务须涵盖会计、合规、投资者关系等事项，且前述事项需在新加坡进行；

（6）管理人负责投资、资产管理、投资者关系的人员须有至少5年房地产投资、咨询领域的经验，从事前述事项的工作人员至少应有3名，需要全职并驻守新加坡。

4. 资产要求

注入REITs的资产组合应满足以下条件：

（1）REITs对其持有的不动产拥有合法的，可转让的所有权[5]；

（2）与不动产相关的重要合同[6]合法有效；

（3）相关不动产已购买足额保险[7]；

（4）REITs必须有至少75%的资产投资于可以产生经常性收入的不动产。

5. 投资范围

（1）允许投资的范围

REITs只能投资于房地产以及法律允许的其他资产，包括：

---

1 根据《集合投资计划守则》附件6房地产基金投资，半数以上的信托单位持有人做出的决议可以更换管理人。

2 根据《集合投资计划守则》附件6房地产基金投资，管理人、管理人的CEO、董事及高管应满足新加坡金管局发布的《适合及适当标准指南》(Guidelines on Fit and Proper Criteria，指南编号：FSG-G01）规定的适当标准要求，例如未受过任何刑事处罚等。

3 包括财务总监（CFO）、投资管理人（Investment Manager）、资产管理人（Asset Manager）等。

4 如管理人管理的物业大多数位于新加坡境外，则可向新加坡金管局申请管理人的CEO在物业所在地的国家居留。

5 REITs投资的不动产不局限于新加坡，可以是新加坡之外的不动产。

6 重要合同包括构成REITs5%以上收入的合同或非日常经营过程中签署的合同。租约属于重要合同。

7 主要规定于《集合投资计划守则》附件6房地产基金投资第3条。

a）通过直接持有、或通过持有未上市特殊目的公司股权的方式，持有位于新加坡境内或境外的、永久产权或租赁土地上的不动产；

b）房地产相关的资产；

c）新加坡境内或境外非房地产企业上市或发行的股票、上市或未上市的债券；

d）政府证券；

e）现金及现金等价物。

（2）限制投资的范围

REITs 不得从事以下投资行为：

a）除非打算开发完成后持有该房地产，否则无论是以独资方式、合资方式、或通过投资非上市房地产开发企业的方式，均不得从事房地产开发业务（房地产开发业务不包括对已建成物业翻新、翻修或重新装修）；

b）REITs 不得投资于空置土地和抵押贷款（抵押担保证券除外），但投资于在空置土地上已获得批准的待建房地产项目、或其他在建工程外；

c）投资于单一发行人证券或管理人基金的金额不得超过 REITs 总资产值的 5%（符合条件金融机构的存款、投资于优质货币市场产品和债券除外）；

d）从事房地产开发业务的合同总额以及对在建工程的投资合计原则上不得超过 REITs 总资产值的 10%。只有满足以下条件，才可以超过 10%，但最多不得超过 25%：

i 对现有不动产进行重建，且 REITs 已经持有该不动产至少 3 年，重建后，REITs 将继续持有该不动产至少 3 年；

ii 在信托单位持有人大会上获得信托单位持有人的特别批准。每次需要额外上浮 15% 时，均必须获得信托单位持有人的特别批准。管理人在申请批准时，应列举需要使用该 15% 额外指标的不动产。

6. 收入要求

REITs 收入必须来自于合格投资。除下列收入来源外，REITs 从其他来源获得的收入不应超过总收入的 10%：

（1）REITs 持有不动产的租金收入（包括因出租不动产而产生的相关收入，例如使用标识牌获得的收入以及承租人支付的广告收入）；或

（2）从特殊目的公司和其他获准进行的投资中所获取的利息、股息及其他类似收入。

7. 收益分配

REITs 应将其营业收入至少 90% 分配给信托单位持有人（Unitholder）。

8. 杠杆比例

REITs 的借款总额、延期付款总额（合称“总杠杆比例”）不得超过 REITs 总资产值的 45%，即总负债比例不得超过总资产值的 45%。只有在获得国际主要评级机构（惠誉、穆迪或标普公司）A 级或以上信用评级并且向公众披露的情况下，REITs 的杠杆比例方可超过其总资产值的 45%（但最高不超过 60%）。此外，只要 REITs 的杠杠比例超过总资产值的 45%，REITs 应继续维持并披露其信用评级。

9. 上市条件

根据新交所上市规则的规定，REITs 仅可以申请在主板上市，申请上市的 REITs 需

满足以下条件：

（1）资产规模不低于2,000万新币（如以外币结算，则资产规模不低于2,000万美金）；

（2）需至少500名公众投资者，且公众投资者持有的份额至少为25%（若总市值高于3亿新币，则公众投资者持有的份额可以为12%至20%）；

（3）最低发行价格为0.5新币；

（4）需满足以下财务指标之一：

a）已实现盈利的企业：在上一个财务年度税前盈利达到3,000万新币，且拥有至少3年的经营记录；或

b）已实现盈利的企业：在上一个财务年度盈利、拥有至少3年的经营记录，且根据发行价格计算的总市值不低于1.5亿新币；或

c）未实现盈利的企业：若在上一个财务年度仅有营业收入，则根据发行价格计算的总市值不低于3亿新币；

（5）需符合《集合投资计划守则》关于资产、投资、负债比例等要求；

（6）管理人、投资管理人员需符合《集合投资计划守则》、新交所《证券上市手册—主板规则》规定的资质要求[1]。

10. 信息披露

新加坡金管局对在新交所上市发行的REITs规定了详细的信息披露要求[2]，主要从年度报告（Annual report）和招股说明书（Prospectus）两个方面进行了规定：

（1）管理人需要披露于年度报告中的信息主要包括：

a）财务年度内所有房地产交易的详细资料，包括买卖双方的身份、购买或出售的价格及其评估信息；

b）REITs持有的房地产资产（简称“房地产资产”）的详细资料，包括各资产的位置、购买价格及其最新评估信息、租金及出租率、REITs所租赁物业的剩余租期（如适用）；

c）房地产资产的租户资料，包括租户总数、前十大租户及其每户的租金占租金总收入的比例、租户的商业领域汇总及主要商业领域占租金总收入的比例、租约到期情况及之后五年内每一个将到期租约的租金占租金总收入的比例、财务年度内新签订租约的加权平均租期[3]及该等租约的收益比例；

d）REITs持有的其他资产的详细资料，包括10个最重要的资产、以新加坡元和百分比表示的投资分布[4]；

e）REITs涉及金融衍生品的详细资料、REITs在其他房托基金的投资的详细资料、

---

1 根据《证券上市手册—主板规则》第四章第二部分，通常情况下管理公司（即REITs的管理人）开业时间至少5年（实践中，我们亦发现管理人成立时间不足5年的案例，例如×之船REITs2018年上市，但其管理人成立于2017年），且须具有良好信誉及投资管理业绩；投资管理人员须有至少5年投资管理业绩及良好信誉，且须对拟上市交易的特定品种基金具有良好的管理经验。

2 主要规定于《集合投资计划守则》附件6房地产基金投资。

3 加权平均租期应根据租赁开始之日计算。

4 以国家、资产类别（即股票、抵押贷款证券、债券等）及所有债券的信用等级（即AAA、AA等）分类。

REITs 的借款及延迟付款安排的详细资料；

f）REITs 的全部经营费用，包括支付给管理人及相关方（以绝对值计算，以及在财务年度结束时占 REITs 资产净值的比例）的全部费用和收费以及与房地产资产相关的税收；

g）财务年度内 REITs 宣布的分派股利、财务年度开始和结束时每一信托单位的资产净值、财务年度开始和结束时信托单位在证券交易所的挂牌价、财务年度内的最高价最低价以及交易量；

h）每一信托单位实际分配与每一信托单位预测分配的任何重大偏差以及偏差的详细说明等。

（2）招股说明书中应披露的信息主要包括：

a）投资 REITs 的特别风险，包括但不限于：多样化——REITs 往往不及一般证券基金的多样化；高负债——REITs 可能是高负债的；估值——资产估值是主观的，可能影响 REITs 的信托单位价格；资产流动性——REITs 中的相关资产经常是缺乏流动性的，资产可能不得不在市场条件变化时被出售用以分配，且 REITs 可能无法在需要时便捷地出售资产。

b）如果管理人意图收取或已经收取基于 REITs 对房地产资产的收购而发生的服务费，应在招股说明书中披露服务费的金额。如果做出了盈利预测，则应披露 REITs 的预期增长的收入以及增加的应付管理人的基础费和绩效费。

c）如果管理人意图收取或已经收取基于 REITs 对房地产资产的处置而发生的服务费，应在招股说明书中披露这些服务费，以及有关处置将如何符合信托单位持有人利益的说明。

d）若提供分配收益的预测，则应清楚显著地披露任何现有的或拟议的安排及与此类安排相关的风险以及对安排可能如何影响当前和未来收益的分析。

e）REITs 与管理人之间达成的管理协议。

招股说明书和年度报告是 REITs 在新加坡发行时和上市后的过程中重要的文件，因此新加坡金融管理局对招股说明书和年度报告中应披露的主要信息做出了上述较为详细的规定。

11. 税收政策

自 2001 年起，新加坡先后推出、更新了多项税收优惠政策，鼓励境外公司将境外房地产通过新加坡 REITs 的架构在新加坡上市，例如税务机关在 2001 年制订的税务透明待遇（Tax Transparency Treatment）。根据该规定，在 REITs 将至少 90% 的应税收入分配给 REITs 投资者，即信托单位持有人的情况下，可申请享受该特殊优惠待遇，即 REITs 层面在新加坡免征所得税，仅由 REITs 投资者作为最终纳税主体，缴纳相应税款，避免了重复征税问题。

除税务透明待遇外，新加坡 REITs 还享受如下税务优惠：

（1）所有个人投资者（无论新加坡境内或境外）均无须缴纳收益税；

（2）对于 2025 年 12 月 31 日前派发的收益，新加坡境外的机构投资者可享受预扣税减免，仅需缴纳 10% 的预扣税（税率从 20% 降至 10%）；

（3）新注入 REITs 的不动产免征印花税；

（4）在满足以下条件的基础上，所有 REITs 的境外收入免税：

a）REITs 将至少 90% 营业收入用于收益分配；

b）杠杆比例限于 REITs 总资产值的 45%。

12. 典型案例

作为亚洲第二大 REITs 公开发行市场，新加坡交易所拥有较为完善的法规体系。目前，在新加坡交易所上市的 REITs 的底层资产主要包括零售、工业、商业办公、酒店度假、健康护理等多种类型，这些资产主要位于新加坡、中国、马来西亚、印度尼西亚等多个国家。根据新加坡交易所网站公布的信息，截至 2018 年 11 月 30 日，共有 42 支 REITs 在新加坡交易所公开发行上市。

下文将简要介绍包括 × 德商用中国信托、× 通网城房地产投资信托在内的共 2 支已在新加坡交易所公开发行上市的 REITs，其中 × 德商用中国信托的底层物业资产主要为购物中心，× 通网城房地产投资信托的底层物业资产主要为电商物流资产。

（1）× 德商用中国信托（× RETAIL CHINA TRUST）

× 德商用中国信托于 2006 年 12 月 8 日在新加坡交易所上市，是首个在新加坡交易所上市的全部投资于中国购物中心的房地产投资信托基金，目前由 13 个收益型购物中心组成[1]，该等购物中心位于中国 9 个不同城市，分别为位于北京的西直门 × 德 Mall、望京 × 德 Mall、大峡谷 × 德 Mall 和双井 × 德 Mall；位于成都的新南 × 德 Mall；位于上海的七宝 × 德 Mall；位于武汉的 × 德新民众乐园；位于郑州的 × 德 Mall；位于呼和浩特的赛罕 × 德 Mall；位于广州的 × 峰广场；位于哈尔滨的学府 × 德 Mall、埃德蒙顿 × 德 Mall；位于长沙的雨花亭 × 德 Mall。

a）× 德商用中国信托的架构和重组

× 德商用中国信托通过其在新加坡、中国香港和巴巴多斯的子公司间接持有中国境内的多个项目公司，进而持有这些项目公司所拥有的底层物业资产。

为实现上述架构，× 德商用中国信托收购在中国境外设立的 SPV 公司，由 SPV 公司收购中国境内持有不同底层物业资产的项目公司，最终实现上市。

× 德商用中国信托的发起人为 × 德集团，管理人为 × 德集团间接持有的全资子公司。

× 德商用中国信托上市时的架构可参见下图[2]：

1 信息来源于 × 德商用中国信托的官方网站。

2 信息来源于 × 德商用中国信托 2018 年年报第 6 页。

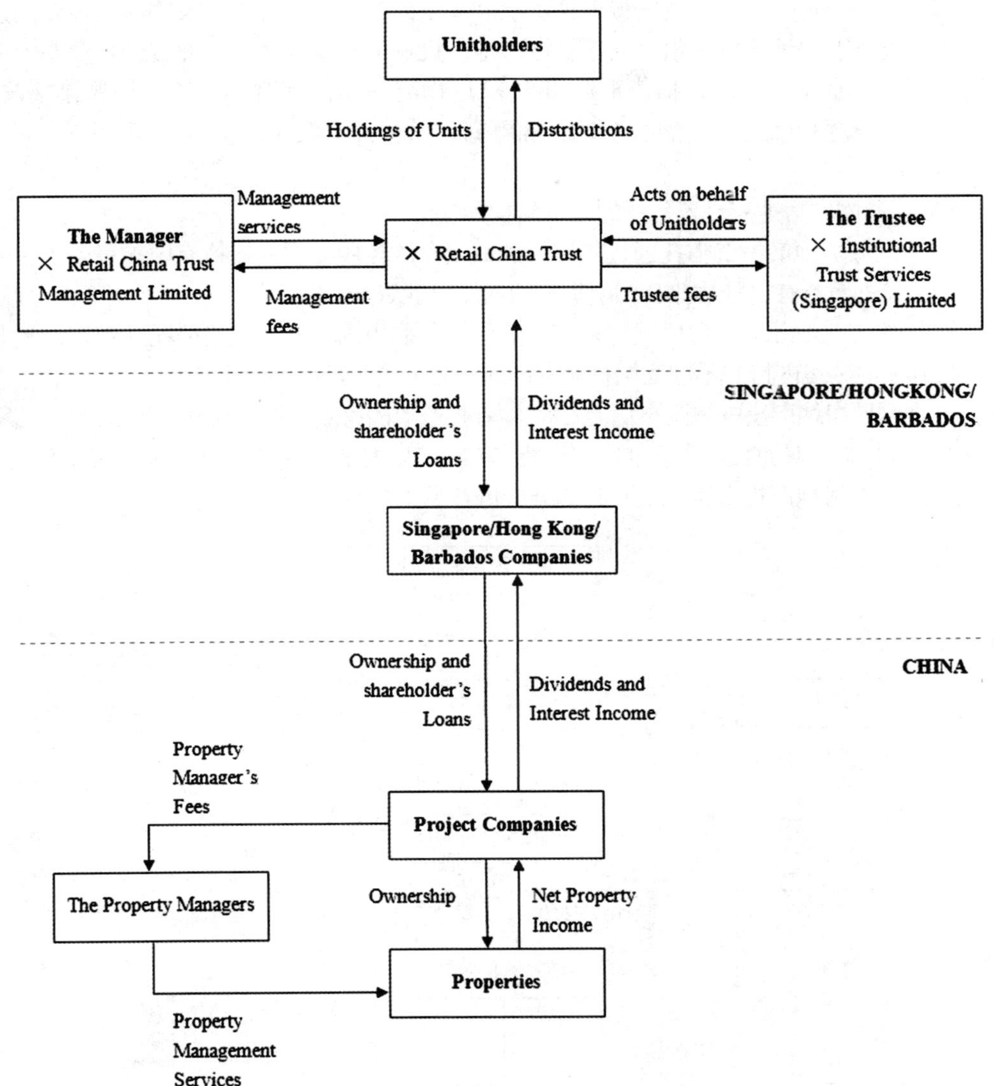

b）× 德商用中国信托的财务表现[1]

2018 年，× 德商用中国信托的总收入为 2.227 亿新元，房地产净收入为 1.474 亿新元；可派发收入达 0.997 亿新元，比 2017 财务年度高出 9.4%；增长归因于收购位于广州的 × 峰广场做出的财务贡献以及多租户商场的良好表现；每单位派息在年末扩大的单位基数上同比增长 1.2% 至 10.22 新分。

（2）× 通网城房地产投资信托（× WORLD REIT）

2016 年 7 月 28 日，× 春控股集团旗下电商物流品牌"× 通网城"在新加坡交易所主板成功上市，由此开创了中国电商物流资产在新加坡资本市场上市的先河。× 通网城

1　信息来源于 × 德商用中国信托 2018 年年报第 14 页。

房地产投资信托是一家直接或间接地投资于以电子商务、供应链管理及物流为主要用途的多样化收益型房地产投资组合的新加坡房地产投资信托，其底层物业资产主要集中在中国大陆，投资组合共有包括位于杭州的 × 港物流一期、× 贤港投资、× 贤港物流、× 卓实业、× 恒仓储、× 德物流和 × 洲电商，以及位于武汉的 × 洛特项目在内的 8 个电商物流资产[1]。

a）× 通网城房地产投资信托的架构结构和重组

× 通网城房地产投资信托通过其在新加坡设立的控股公司间接持有中国境内的多个物业公司，进而持有这些物业公司所拥有的底层物业资产。

为实现上述架构，× 通网城房地产投资信托收购中国境外的控股公司，由境外控股公司收购在中国境内持有不同底层物业资产的物业公司，最终实现上市。

× 通网城房地产投资信托的发起人为 × 春控股集团有限公司，同时发起人是 × 通网城房地产投资信托具有控制力的信托单位持有人；管理人是 × 春控股集团的全资子公司。

× 通网城房地产投资信托上市时的架构可参见下图[2]：

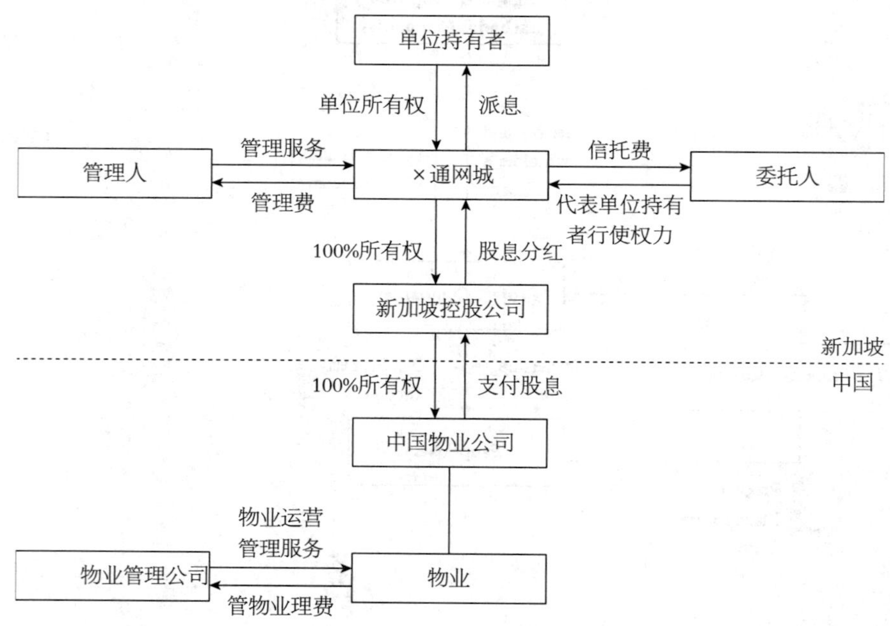

b）× 通网城房地产投资信托的财务表现[3]

2018 年，× 通网城房地产投资信托的资产组合表现继续稳健，每股派息增长 2.6%，达 6.179 新加坡分，年派息率高达 9.0%；× 通网城房地产投资信托实现总收入 9,620 万新元，物业净收入 8,730 万新元，同比分别增长 5.3% 和 5.6%；总收入增长主要受益于 2018 年 4 月对武汉 × 洛特项目的收购，以及租金的逐年增长和年内新租约租金的增长。

1　信息来源于 × 通网城房地产投资信托的官方网站。
2　信息来源于 × 通网城房地产投资信托的官方网站。
3　信息来源于 × 通网城房地产投资信托 2018 年年报第 8 页。

（三）CMBS 简介

1. CMBS 概念

CMBS（Commercial Mortgage-backed Securities）即商业房地产抵押贷款支持证券。该等资产支持证券产品通常以商业物业作为底层物业资产，以商业物业抵押贷款作为底层基础资产，以商业物业的抵押贷款债权（信托受益权）作为基础资产，通过结构化分层设计，以商业物业的租金及运营收入等作为偿还贷款本息/证券本息的资金来源。

在国际成熟市场中，从融资人的角度出发，与商业物业资产证券化相关的产品可以分为权益类证券化和债权证券化产品。权益类证券化产品以权益型 REITs 为主；债权证券化产品以 CMBS 为主，以 CMBS 衍生出的抵押型 REITs 为辅。权益型 REITs 和 CMBS 的主要区别在于物业的所有权是否发生转移；而 CMBS 和抵押型 REITs 的主要关系在于抵押型 REITs 可以以 CMBS 作为投资标的/基础资产，因此具有更好的分散性和流动性（国际成熟市场中，商业抵押贷款主要由商业银行、投资银行、基金等资金充足的机构提供，CMBS 的分散性可能因单一资产、单一借贷人、单个商业物业上较大贷款额度而较为有限；而抵押型类 REITs 可以进行丰富的投资组合，具有较好的分散性，可以通过发行股票和债券实现较好的流动性）。

在中国国内市场中，由于受到国内法律法规的限制，国内商业物业的资产证券化产品与国际成熟市场中的产品有所区别。以中国实践套用国际概念，在实践中产生了一些新的具有中国特色的概念，例如类 REITs、准 CMBS、私募 REITs、混合型 REITs 等，其定义并无统一标准，尤其是国内 CMBS 产品及抵押型类 REITs 产品在实践中往往难以明确区分。鉴于国际概念与国内实践之间的差异，本文并不试图在定义、概念方面厘清中国实践与国际概念之间的关系，仅为讨论之便利，以国内交易所挂牌的标准 CMBS（在我国现行法律法规体系下，CMBS 项目可以通过在证监会监管下发行企业资产支持专项管理计划或在银行间市场交易商协会监管下发行资产支持票据来实现，实践中企业主要采取前者作为实现方式）作为对象介绍国内 CMBS 产品的基本特征。

2. 特点

国内 CMBS 具有如下特点：

（1）基础资产为信托受益权或委托贷款债权；

（2）证券本息的主要来源为物业租金和运营收入等；

（3）为担保贷款偿还，以商业物业抵押；

（4）不发生物业产权转让、项目公司股权转让，因此准备周期较短、操作成本及税务成本较低，能够满足融资需求但无法实现资产出表；

（5）一般对借款人的母公司没有追索权；

（6）证券分层分级管理，可分为优先级、次级甚至更多层次；

（7）采用多种内外部增信措施，内部增信措施包括优先与次级分层、租金超额覆盖、超额利差、加速清偿机制等，外部增信措施包括物业抵押、应收账款质押、差额补足承诺、流动性支持承诺等。

3. 典型交易结构

国内市场上CMBS的交易结构主要分为两种：

（1）单SPV结构——贷款人直接向借款人发放贷款或通过银行向借款人发放委托贷款，然后将贷款债权转让给资产支持专项计划；

（2）双SPV结构——贷款人通过信托计划（SPV1）向借款人发放信托贷款，然后将信托受益权转让给资产支持专项计划（SPV2）。

国内证券交易所发行的CMBS产品广泛采用了双SPV结构，具体如下图所示：

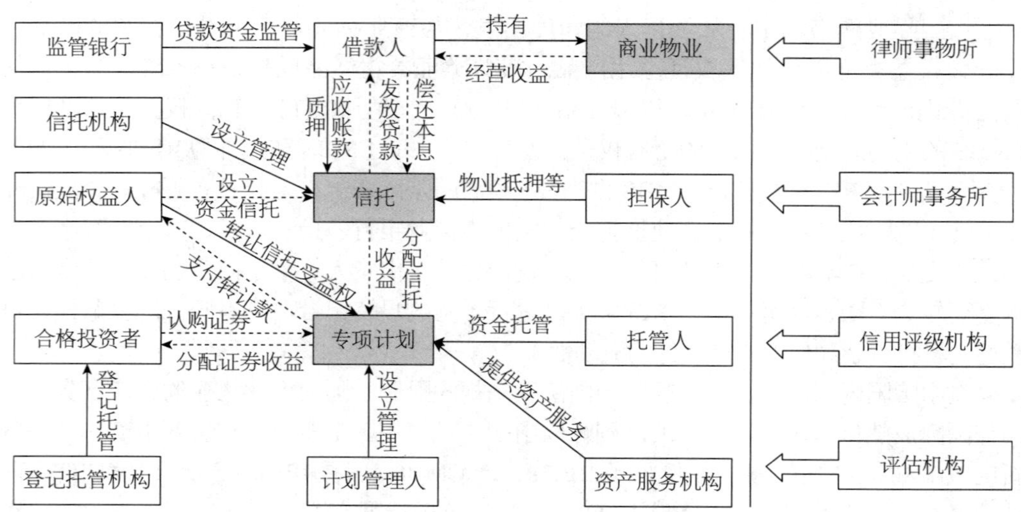

简述如下：

（1）设立信托计划：原始权益人以其对融资方（底层商业物业持有人）的贷款债权通过信托公司设立单一资金信托计划，原始权益人（委托人）为唯一受益人；

（1）增信措施：融资方及其关联方向信托计划提供增信（抵押、质押等）；

（2）设立专项计划：管理人设立并管理资产支持专项计划，合格投资者认购资金；

（3）购买基础资产：原始权益人向资产支持专项计划转让信托受益权作为基础资产，管理人以募集资金作为购买价款；

（4）还款与利息分配：底层商业物业的租金及运营收入作为偿还信托贷款本息的主要来源，信托计划向资产支持专项计划分配信托收益；

（5）在交易所发行资产支持专项计划。

2. 与权益型类REITs的区别

从投资人的角度而言，国内CMBS与国内权益型类REITs有如下主要区别：

类别	CMBS	权益型类REITs
性质	债权类	权益类
原始权益人	债权人	物业所有人

续表

持有底层物业	不持有	持有
基础资产	信托受益权或抵押贷款债权	私募基金份额
收益来源	租金及运营收益	租金及运营收益+资产增值
底层现金流的分配	偿付贷款本息	以股息或分红形式向SPV分配，也有可能偿还股东借款本息
税负	不涉及土地增值税和企业所得税	涉及土地增值税和企业所得税
融资用途	受限	不限

3. 准入标准及监管要求

国内CMBS通常须满足以下条件和要求：

（1）基础资产不属于基金业协会基础资产负面清单。根据中国证券投资基金业协会颁布的《资产证券化业务基础资产负面清单指引》（2014年12月），有下列情形之一的与不动产相关的基础资产属于负面清单，不符合资产证券化业务监管要求：

a）因空置等原因不能产生稳定现金流的不动产租金债权。

b）待开发或在建占比超过10%的基础设施、商业物业、居民住宅等不动产或相关不动产收益权。当地政府证明已列入国家保障房计划并已开工建设的项目除外。

c）不能直接产生现金流、仅依托处置资产才能产生现金流的基础资产。

d）最终投资标的为上述资产的信托计划收益权等基础资产。

（2）根据《资产证券化业务风险控制指引》（2015年2月），基础资产为不动产的，管理人可以为投资或者运营的目的向金融机构借款，金额不得超过其最近一次资产估价报告确定的基础资产总值的30%。

（3）底层现金流锁定。根据《资产证券化监管问答（一）》（2016年5月），以单一信托受益权为基础资产，基础资产除必须满足现金流独立、持续、稳定、可预测的要求之外，还应当依据穿透原则对应和锁定底层资产的现金流来源，同时现金流应当具备风险分散的特征。无底层现金流锁定作为还款来源的单笔或少笔信托受益权不得作为基础资产。

（4）交易所对基础资产也有具体的要求。例如，根据深交所《资产证券化业务问答》（2017年3月），基础资产为商业物业抵押贷款的证券化项目应关注以下方面：

a）底层物业应为借款人合法持有的成熟商业物业（写字楼、购物中心、酒店等），建议位于一线城市或二线城市的核心地段。

b）底层物业须权证齐备，由借款人合法持有，且不得附带抵押或者其他权利限制。如存在权利限制情况的，应设置合理安排在贷款放款后解除相关权利限制。管理人须就解除权利限制的流程、资金监控措施和风险处置安排等进行明确约定和披露。

c）借款人应具备持续运营能力。管理人应对专项计划存续期间借款人运营物业的相

关成本进行测算，并对成本覆盖做出安排（储备金账户、母公司补足、提取部分物业收入等）。

d）管理人应充分说明并披露证券化抵押率设置的合理性。对于以置换经营性物业贷款为目的的证券化项目，管理人应比较拟置换贷款和证券化项目的抵押率水平，并结合借款人主体、底层物业等情况综合说明抵押率设置的合理性。

e）管理人应对商业物业的可处置性进行说明。评级机构应在评级报告中对物业抵押担保的效力进行分析和确认，并对物业的处置价值进行压力测试。

f）为底层物业出具房产评估报告的评估机构应具备住建部核准的房地产估价机构一级资质。建议评估机构选用收益法作为最主要的估价方法，并根据《房地产投资信托基金物业评估指引（试行）》（中房学〔2015〕4号）的相关要求对底层物业进行评估。

（5）此外，市场上已成功发行的CMBS案例通常还有以下特点：

a）物业运营时间原则上超过2年，优质物业可放宽。

b）出租率方面，写字楼出租率通常达到90%，商场出租率通常达到80%，酒店入住率通常不低于60%。

c）抵押率方面，通常写字楼不高于70%，商业不高于60%，酒店不高于50%。

d）增信主体信用评级达到AA（国企）或AA+（民企）。

4．典型案例

（1）以下为采用双SPV结构、于2019年发行的“中×-×达广场长江经济带一期资产支持专项计划”基本情况：

专项计划名称	中×-×达广场长江经济带一期资产支持专项计划
原始权益人	×达商业管理集团股份有限公司
管理人	中×证券股份有限公司
托管人	×银行股份有限公司大连分行
时间	2019年5月
品种及规模	优先级资产支持证券的目标募集资金总规模为26亿元
评级	优先级资产支持证券为AAA
标的物业	松江×达和江北×达持有的商业、商办和停车场物业
基础资产	信托受益权，松江×达和江北×达出租其持有的标的物业产生的租金收入和停车费分成收入为重组债权的重要还款来源
底层资产	信托贷款
增信措施	优先级/次级安排；差额补足义务；不动产抵押；应收账款质押；租金现金流超额覆盖

交易结构详见下图：

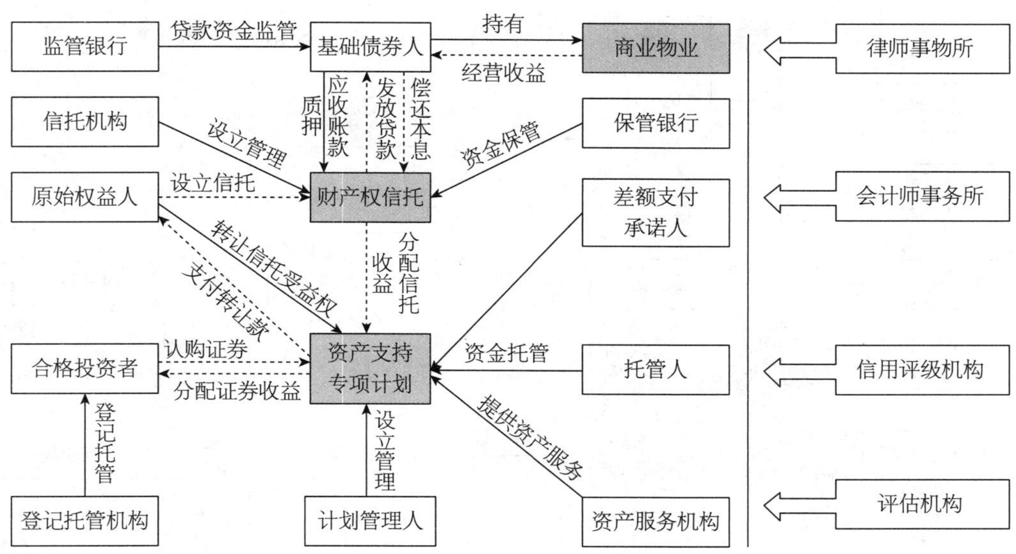

（2）以下为采用单 SPV 结构、于 2017 年发行的“深圳市 × 假日广场资产支持专项计划”的基本情况：

专项计划名称	深圳市 × 假日广场资产支持专项计划
原始权益人	深圳市 × 集团股份有限公司
借款人 / 物业持有人 / 差额支付承诺人	深圳市 × 假日广场有限公司
担保人	深圳市 × 集团股份有限公司及其董事长
委贷监管银行 / 资金监管银行	× 商业银行（中国）有限公司深圳分行
管理人	× 证券股份有限公司
托管人	中国 × 银行股份有限公司深圳分行
时间	2017 年 2 月
品种及规模	优先级资产支持证券的目标募集资金总规模为 50.36 亿元
评级	优先 A 级资产支持证券为 AA+，优先 B 级资产支持证券为 AA
标的物业	借款人持有的 × 假日广场商业、办公、停车场物业
基础资产	原始权益人对借款人享有的借款债权及其担保权利，现有的和未来的所有债权及其产生的本息、罚金、违约金、损害赔偿金等全部收益及相应担保或补救措施的权利。
底层资产	原始权益人通过委贷监管银行向借款人提供的 53.01 亿元委托贷款。
增信措施	优先级 / 次级安排；差额补足义务；不动产抵押；股权质押；保证担保。

交易结构详见下图：

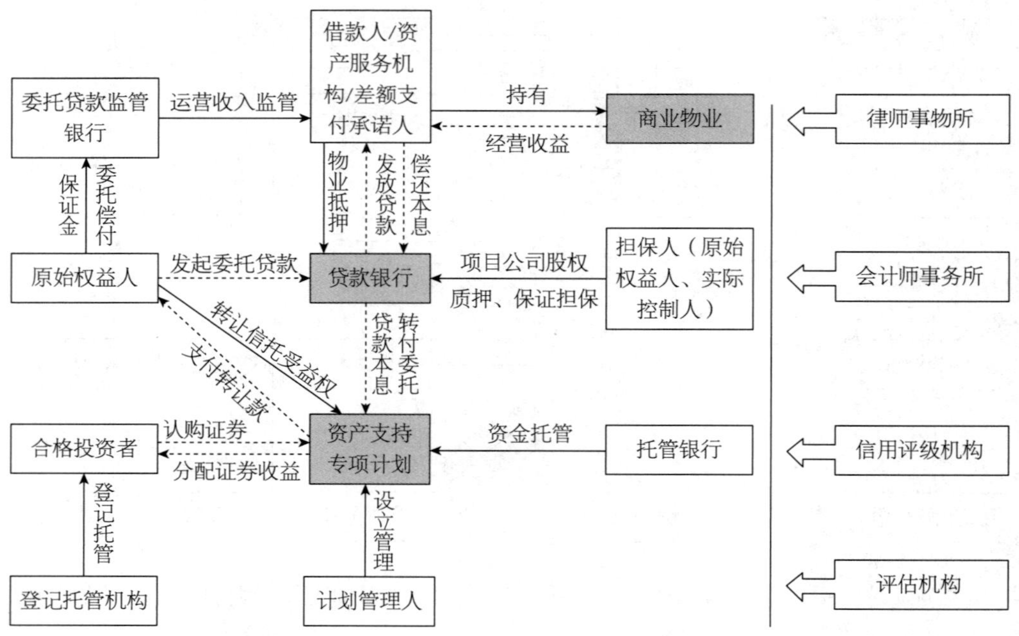

（四）新《土地管理法》下集体用地入市前融资相关政策与实践

1. 制度背景

随着全国人大常委会修改《土地管理法》的决定将于2020年1月1日起施行，原《土地管理法》规定下集体经营性建设用地入市交易的上位法障碍将破除，并将全国人大常委会批准的于2015年2月27日起实施的相关试点[1]正式推向全国。与此同时，各地也会面临修法后的实践考验：就非试点地区而言，因缺乏试点经验及试错机会，届时能否迅速且正确地理解与适用法律及细化法规，将会面临观念和经验上的较大挑战；而对于试点地区，一旦其先试先行而积累起来的试点政策和经验最终未被国家层面的规定（包括行政法规、部门规章等）所采纳，也将不可避免地面临类似考验。

集体经营性建设用地入市大体上可分成入市前的土地整治开发阶段、入市环节、入市后的开发建设及产业运营阶段。对应各阶段可能出现的融资需求来看：

（1）在入市后的开发建设、产业运营环节，由于已经拥有了依法取得的集体经营性建设用地土地使用权、甚至是运营环节已具备的房屋所有权，而且该阶段的土地使用权

---

1 根据《全国人民代表大会常务委员会关于授权国务院在北京市大兴区等三十三个试点县（市、区）行政区域暂时调整实施有关法律规定的决定》（2015年2月27日第十二届全国人民代表大会常务委员会第十三次会议通过），授权国务院在北京市大兴区等三十三个试点县（市、区）行政区域，暂时调整实施《中华人民共和国土地管理法》《中华人民共和国城市房地产管理法》关于农村土地征收、集体经营性建设用地入市、宅基地管理制度的有关规定。

根据《全国人民代表大会常务委员会关于延长授权国务院在北京市大兴区等三十三个试点县（市、区）行政区域暂时调整实施有关法律规定期限的决定》（2018年12月29日第十三届全国人民代表大会常务委员会第七次会议通过），将该试点的期限延长至2019年12月31日。

市场价值已经通过入市交易获得验证，加之“同地同权”“夯实集体土地权能”的政策加持，以此作为担保物而实施的融资，相应标的风险就相对可控，且相应融资模式也较为成形。

（2）在入市前的土地整治开发阶段，一方面为将土地开发达到满足入市交易条件还需继续投入资金，另一方面相应土地使用权最终能否顺利入市及相应收益情况还相对不确定，因此如何操作该环节的融资及担保安排对各利害相关方而言都较为复杂和关键。而且，实施并完成入市前的土地开发整治也是实现集体经营性建设用地使用权入市的必经阶段。

以下将主要结合现行试点政策及试点地区实践情况，对入市前的土地开发整治阶段的融资安排（即“前端融资”）进行讨论。

2. 前端融资的现行政策及路径

对于集体经营性建设用地使用权融资，目前更多地是从作为试点改革的配套政策的角度来加以规范。原银监会、原国土资源部于2016年5月13日出台实施了《农村集体经营性建设用地使用权抵押贷款管理暂行办法》[1]（简称“**《暂行办法》**”）。此外，参与实施抵押贷款实践的商业银行也配套制定了针对性的贷款操作细则，例如《北京农商银行支持集体经营性建设用地入市专项融资产品实施细则（试行）》、《中国农业银行集体经营性建设用地抵押管理办法（试行）》等。

《暂行办法》主要规范银行业金融机构[2]在试点地区[3]开展的抵押贷款业务。目前集体经营性建设用地入市改革试点已正式入法，《暂行办法》及其规定的政策内容在试点期满后能否还获得继续执行，也会对后续抵押贷款操作实践带来影响和变革。但《暂行办法》中关于前端融资（即入市前融资贷款）的约束性条件的规定，对于融资实践中的风险把控仍有很好的参考价值。《暂行办法》中有关前端融资的主要约束性条件如下：

（1）须满足“符合规划、用途管制、依法取得”的大前提

“符合规划”应至少是指具备完善的土地利用总体规划、城乡规划及控制性详细规划，且土地用途符合前述各项规划要求，例如相应土地不应属于农用地（非建设用地）或处于禁止建设区。另外，随着以国土空间规划等方式推行的‘多规合一”的实施，后续审查是否符合规划时，还应根据国土空间规划予以确认。

“用途管制”包括，土地用途应按照上述各项规划确定，且不得擅自改变规划用途。

“依法取得”作为一项原则，应包含两个层面的“依法取得”，就所有权主体而言，应为经依法登记的相应集体经营性建设用地的所有权主体；就使用权主体而言，即为按照法定程序取得了相应集体建设用地使用权的主体。针对本文所述前端融资而言，由于尚未入市，在使用权主体层面如何落实“依法取得”，我们理解应结合各试点地区的入市

1 根据《中国银保监会办公厅自然资源部办公厅关于延长农村集体经营性建设用地使用权抵押贷款工作试点期限的通知》(银保监办发〔2019〕27号)，该《暂行办法》的有效期延长至2019年12月31日。

2 《暂行办法》中未界定银行业金融机构的具体范畴。结合通常实践，“银行业金融机构”包括商业银行、农村信用合作社等吸收公众存款的金融机构、政策性银行以及国家开发银行。

3 《暂行办法》下的“试点地区”范围最初为15个试点县（市、区）。根据2016年11月28日发布实施的《中国银监会办公厅、国土资源部办公厅关于扩大农村集体经营性建设用地使用权抵押贷款工作试点范围的通知》，将试点范围扩大为33个试点县（市、区）。

流程和安排来分析确认。以北京市大兴区为例，在入市前即通过作价入股等方式将集体经营性建设用地使用权授予镇级土地联营公司，而镇级土地联营公司取得的集体经营性建设用地使用权在办理抵押贷款时应须符合“依法取得”的要求并经相应权属登记。

（2）应经集体经济组织履行民主决策程序，且经试点地区人民政府同意

在现行政策下，实施集体建设用地使用权抵押而需履行的集体经济组织民主决策事项应包括对形成（授予）土地使用权、同意将该土地使用权进行抵押的决策。

有关实施该等决策所需履行的决策程序、具备的投票权比例，《暂行办法》中并未给出明确规定。在实际操作时，除应遵照村民委员会组织法、村规民约等规定要求外，从可能出现的实现抵押权时的转让效果的角度，也应参照集体经营性建设用地使用权入市的相关民主决策要求予以把关。

需要特别说明的是，《暂行办法》中还要求由“试点县（市、区）政府同意抵押”。但报经地方政府同意的事项应不是针对可否抵押（是否抵押应由集体用地所有权主体自主决策），而是针对“同意抵押权实现时土地可以入市”。之所以设定该要求，应是为了与实现抵押权时将会造成的集体经营性建设用地使用权发生变动而将涉及入市流转的相关政府批准相衔接。

针对该项要求，还可进一步延伸讨论的是，根据最新《土地管理法》的修改，在入市前，集体经营性建设用地所有权主体对相应土地的权利范围有多大？本次修法是否给曾作为试点的《暂行办法》中所提“尚未入市”的集体经营性建设用地使用权抵押预留了政策空间？讨论该问题的实质将是集体所有权主体的自主权与建立城乡统一的土地市场、土地供应管理之间的博弈。根据修改后的《土地管理法》第八十二条规定，“违反本法规定，将集体经营性建设用地通过出让、出租等方式交由单位或者个人使用的，由县级以上人民政府自然资源主管部门责令限期改正，没收违法所得，并处罚款”。从该条规定来看，在相应土地经规划确定为集体经营性建设用地后，土地所有权人方可依法通过出让、出租等方式将土地交由单位或者个人使用，《土地管理法》对集体用地所有权主体的自主权设定有一定限制[1]。但是，对于以入市前的集体经营性建设用地使用权抵押并限定抵押权实现后仍需经入市方可实现流转的话，应并未被最新《土地管理法》修改所禁止。至于后续是否会继续沿用对于集体经营性建设用地的该项支持政策，有待后续相关立法细化法规、规章、政策进一步明确。

（3）其他条件

从增信角度，《暂行办法》也鼓励增加政府性融资担保公司的担保、政府建立的风险补偿机制（例如实践中部分地方政府推行设立的风险补偿基金）等作为增信方式。

在现行改革试点的政策原则下，中央层面也在引导并强化“依法合规开展农村集体经营性建设用地使用权抵押融资”“集体资产股权担保融资”“实现已入市集体土地在资本市场同地同权”等顶层制度原则[2]，但常规融资方式中的信托、理财资金、基金、保险等机构或资金，其参与集体经营性建设用地融资尚无明确政策支撑。而随着本次修法，

1 包括应履行民主决策程序、符合规划，且应与国有建设用地统筹安排，“土地利用年度计划应当对集体经营性建设用地作出合理安排”。

2 见2019年4月15日发布的《中共中央、国务院关于建立健全城乡融合发展体制机制和政策体系的意见》。

试点地区还能否继续放开步子与其他融资机构或资金方做对接、先试先行，也取决于后续立法及政策情况。

3. 前端融资面临的问题

《暂行办法》中的有关抵押融资的政策规定，在政策细节、法律主体的权利义务分配等方面，仍有值得深入探讨和论证之处。在本次修法后，若制定出台新的国家层面统一的配套政策，且依托此前试点经验并予以吸纳优化的话，应需要对如下相关事宜作出回应和细化。

（1）“具备入市条件”的集体经营性建设用地使用权是否达到了对抵押权人的“应保尽保”

在目前相关试点的入市操作路径中，集体经营性建设用地所有权主体可于入市前即授予形成土地使用权，这也为前端融资的抵押担保构造了可供操作的标的基础。根据各地在入市主体设置上的不同，其授予形成土地使用权的方式也存在差异。以北京为例，集体经营性建设用地使用权入市采取镇级统筹方式，在组建镇级土地联营公司时，由各集体所有权主体以相应集体经营性建设用地使用权作价入股，镇级土地联营公司因此取得集体经营性建设用地使用权。

尽管现行试点政策下对以入市前的集体经营性建设用地使用权抵押规定了诸如“具备入市条件”等约束性条件，但受限于其尚未通过入市实现“赋能”，故以此设置的抵押权将区别于以已入市的集体经营性建设用地设置的抵押权，主要体现在：

a）入市前形成的集体经营性建设用地使用权在其所承载的经济效能上有别于已入市的土地使用权。集体经营性建设用地使用权入市的最大作用在于可实现和平衡个人、集体、国家的利益，而且此前试点政策中也规定有应上缴国家的“增值收益调节金”的政策。因此，在实现抵押权时，相关收益如何在抵押权人、国家、集体及集体成员之间平衡及确定相关优先顺位，有必要予以立法明确。

b）抵押权实现时，若仍需沿用集体经营性建设用地使用权入市程序变现的，鉴于入市之路并非单一程序、单一主体就可决定并实施完成且会受限于土地客观条件[1]，因此仅凭事先要求政府出具的“同意抵押权实现时土地可以入市”的一纸同意函能否实现入市或变现，会存在较大不确定性。而且，就该情形下的集体经营性建设用地使用权变动是否会制定出台特别规定或规则[2]，则有赖后续立法及政策支持。

（2）在未形成土地使用权的情况下如何提供融资

在“具备入市条件”前，并非都可以轻而易举地由集体土地所有权主体授予形成土地使用权。受限于集体建设用地零散分布的现状及集中规划的需求等因素，在形成相应宗地及土地使用权时不可避免地会涉及对现有个人（企业）土地使用权的收回及调整。

目前试点地区中，有些地区通过自愿腾退、创新补偿方式（例如“房地分离补偿”）来降低入市前的资金投入量。但如果该等方式无法被现有使用权主体接受，或整体涉及

1 虽然《暂行办法》中要求“具备开发利用的基本条件”，但具体如何界定仍不明确。

2 《物权法》中也为集体建设用地使用权预留了立法空间（《物权法》第151条规定，集体所有的土地作为建设用地的，应当依照土地管理法等法律规定办理）。

的补偿资金量仍缺口较大的话，由于尚无法授予形成新的土地使用权，不具备上述试点政策项下“依法取得”的抵押贷款条件，将无法按照试点政策提供抵押贷款。

作为“试点中的试点”，部分地区商业银行也制定出了以集体经营性建设用地入市后未来收益作为质押的专项金融产品，为该阶段融资需求提供支持。但该项融资担保下担保品的质押操作、价值评估、收益实现的确定性等因素，既有赖于后续政策支持，也会受限于资金方自身对于该等担保方式的认可和接受程度。

（3）土地自主开发入市的有益探索

除地方政府主导下的集体经营性建设用地入市前整治开发外，各地也开始逐步探索自主开发入市模式，增加集体建设用地所有权主体或授权经营主体对于前期开发过程的自主性。从拓宽融资渠道的角度，参考国有土地储备开发经验，探索在前期开发环节引入社会资本参与，也可有效降低集体或当地政府自身对于前期整治开发的资金投入。但该等操作方案下对于社会资本参与前期开发的成本审核、土地入市收益分享、成本返还等都有赖于立法及政策上的支持和细化。

4. 结语

随着集体经营性建设用地使用权入市在《土地管理法》本次修改并实施后的全面铺开，在增加土地有效供给的同时，也给社会资本参与集体经营性建设用地项目提供了新的契机，但具体参与方式将有赖于国家及地方在制度政策上的有效供给。在“同地同权”的原则下，集体经营性建设用地的法律政策体系如何建构，相信在目前已经充分试点后会有科学合理的答案。

二、房地产业务展望

（一）集体土地入市

2019年8月26日，第十三届全国人大常委会第十二次会议表决通过了《土地管理法》修正案，新《土地管理法》打破了集体经营性建设用地进入市场的法律障碍，规定在符合土地总体规划、城乡规划、用途管制、依法登记的条件下，经村民代表大会或村民会议三分之二以上成员同意，集体经营性建设用地可以通过出租、出让等方式交单位或者个人直接使用，同时取得集体建设用地使用权的使用者还可以通过转让、互换、出资、赠与或者抵押的方式将集体建设用地使用权再次转让。新《土地管理法》实现了农村土地管理制度的重大突破，建立了城乡统一的建设用地市场，实现了集体经营性建设用地与国有建设用地同等入市、同权同价。

目前我国正在抓紧推进农村集体经营性建设用地入市的配套条例，如《集体经营性建设用地出让转让管理条例》的起草、修改工作。实践中有许多问题，如集体经营性建设用地入市具体如何操作，例如是否会沿用某试点地区的试点方式、还是会推出全新的操作方式；供地上是否会要求全部土地必须统一入库、统一供地，农村集体经济组织作为土地所有权人对于决定土地使用权的自主程度有多大；对于集体经营性建设用地入市配套条例出台前各地已经开展的集体建设用地流转是否会有衔接政策或配套措施，是否要求按照新出台的具体规定补办相关手续；集体经营性建设用地入市后如何再次转让、抵押权人如何享有抵押权益等等，都是房地产律师需要为相关客户筹划的问题。随着未来集体经营性建设用地入市相关具体法律法规的出台，城乡一体化发展将迎来新的契机。

此外，根据新《土地管理法》规定，并非所有的集体建设用地都可以直接入市，只有土地利用总体规划、城乡规划确定为工业、商业等经营性用途，并经依法登记的集体经营性建设用地，方可入市，且获得了集体经营性建设用地使用权之后的土地使用权人也应当按照原来规划的用途来使用土地，不得随意更改土地规划用途。具体而言，如集体建设用地按总体规划确定为工业、商业等用途，未来计划建设工厂、商铺、写字楼等商业形态，则村集体土地可以直接入市交易，如用途为住宅等，则不得入市交易。

但在新《土地管理法》出台前，为缓解城市土地资源紧张以及保障性住房投入资金缺口较大问题，我国已经在多个地区开展了“在集体土地上建租赁住房”的政策试点。2017 年 8 月 21 日，原国土资源部、住房和城乡建设部印发《利用集体建设用地建设租赁住房试点方案》，确定第一批在北京、上海、沈阳、南京、杭州等 13 个城市开展利用集体建设用地建设租赁住房试点。2017 年，北京共确定 39 个集体土地租赁住房项目，建设用地面积超过 200 公顷。2018 年 8 月 23 日，北京市首个集体土地租赁住房项目，丰台区南苑乡成寿寺村集体土地租赁住房项目取得建设规划许可证，正式动工建设，该项目总建筑规模约 4.7 万平方米，可提供 901 套租赁住房，同时配套建设约 4,400 平方米的商业设施。根据北京市发改委对该项目核准批复的要求，作为利用集体土地建设租赁住房项目，该项目只能用于租赁，不得对外销售、不得转租[1]。2019 年 6 月，上海市首个集体土地入市建设租赁住宅项目，华润置地有巢公寓泗泾站社区项目正式开工，该项目土地面积约 2.02 万平方米，计容建筑面积约 4.03 万平方米，预计将提供 825 套租赁住房。根据国家对深化农村土地制度改革和农村集体经营性建设用地入市改革、加快建立城乡统一的建设用地市场的要求，未来各试点城市将继续推出多幅集体经营性建设用地入市建设租赁住房项目，如何在缺乏完善的集体建设用地建设租赁住房法律法规、在当前各城市对于该类集体土地建立租赁住房项目的政府监管要求严于通常国有建设用地的情况下，合法合规的完成该类项目的开发建设、未来运营，满足国家及地方政策对于集体土地出让主体及开发主体的要求，也是房地产律师需要为相关客户考虑的重点问题。

除集体土地入市建设租赁住房外，作为 2015 年 2 月 27 日全国人大常委会审议通过的《关于授权国务院在北京市大兴区等三十三个试点县（市、区）行政区域暂时调整实施有关法律规定的决定》中授权决定的 33 个试点地区之一，北京市大兴区于 2019 年 8 月 1 日进行新试点，通过北京市规划和自然资源委员会挂牌三宗位于北京市大兴区瀛海镇的集体建设用地[2]，用于建设共有产权房，房屋销售均价不超过 2.9 万元 / 平方米（含全装修费用）。北京市大兴区这一出让三宗集体建设用地使用权用作可以入市交易的住宅地块，率先将集体土地免征入市建设共有产权房的试点，极大程度上压缩了土地成本，降低了房屋售价，符合国家控制房地产价格的调控原则，对于未来集体土地利用、土地制度改革探索，亦具有重要意义。

1　具体信息详见北京市人民政府网站

2　具体信息详见北京市规划和自然资源委员会网站。

（二）"建筑产业工人队伍培育试点"将在更大范围内开展

为加快培育新时期建筑产业工人队伍，住房和城乡建设部于2017年11月研究起草了《关于培育新时期建筑产业工人队伍的指导意见》(征求意见稿)（以下简称"**《指导意见》**"），并向各有关单位征求意见，以期尽快发布，更好推进新型城镇化建设和国民经济快速发展。

事实上，随着建筑业近年来的快速发展，现有"施工劳务资质"对行业发展的限制愈加明显，建筑用工性质单一，专业技术工人匮乏；违法分包、转包现象依然存在；农民工合法权益保障问题亟待解决。因此，改变现有劳务用工资质现状、加大建筑产业工人队伍培训试点工作，是我国近几年持续推进的政策方向。继河南、四川两省之后，江苏、浙江、广西三省/自治区（与河南、四川统称"**试点省份**"）经住房和城乡建设部复函同意，也将开展"建筑产业工人队伍培育试点"，试点工作均自2019年11月8日开始，为期3年。

1. 试点的主要方向

《指导意见》在"深化劳务用工制度改革"方面，强调要取消建筑施工劳务资质审批，设立专业作业企业资质，实行告知备案制；在"切实提高建筑工人技能素质"方面，要求各地编制施工现场人员配备标准，督促企业强化技能培训和开展技能鉴定；在"切实保障建筑工人合法权益"方面，明确要健全保障薪酬支付的长效机制；在"强化组织实施"方面，要求强化组织领导，营造良好舆论环境，发挥工会组织和社会组织积极作用。

从住房和城乡建设部对江苏、浙江、广西三省/自治区的复函中不难发现，鼓励引导现有劳务企业转型、发展专业作业企业、建设建筑产业工人基地、强化企业自有工人队伍培育、完善职业技能培训和鉴定体系、健全建筑产业工人保障机制，仍然是当前试点工作的主要方向。

《指导意见》同时明确了部分目标任务的时间表，包括：到2020年，实现全国建筑工人实名制全覆盖，基本实现劳动合同全覆盖，施工现场中级工以上建筑工人占比不少于10%；到2025年，实现建筑业工人培训全覆盖，建筑工人技能素质大幅提升，中级工以上建筑工人达到1000万，施工现场中级工以上建筑工人占比不少于30%。

2. 推进专业作业企业资质告知备案制

《指导意见》明确，"取消建筑施工劳务资质审批，设立专业作业企业资质，实行告知备案制。专业作业企业取得工商登记后，应到县级住房城乡建设主管部门备案其基本情况、联系人等信息，并明确所从事的主要工种；县级住房城乡建设部门根据备案信息核发专业作业企业资质证书，专业作业企业在资质证书许可范围内从事专业作业分包"。

从目前试点省份的实践情况来看，试点省份均结合当地实际情况推行其备案方案，例如：

（1）河南省不再向建筑专业作业企业核发施工劳务资质证书，且不再办理该等企业的安全生产许可证。建筑专业作业企业在工商登记后，需向工商注册地县级住房和城乡建设主管部门备案其基本情况、经培训合格或技能鉴定的工人信息，并明确其所从事的主要工种（可根据该企业建筑工人技能鉴定或技能培训的主要专业选择1–2个专业），其备案信息将载入“河南省建筑市场监管公共服务平台”，与施工总承包企业、专业承包企业信息一并供社会查询。

（2）四川省则实行信息报送制度，建筑专业作业企业在工商登记后，需通过“四川省建筑工人管理服务平台”填报营业执照、作业类别、技术工人职业技能证书、法人身份证明等相关信息，经由企业工商注册地县（市、区）住房和城乡建设主管部门对外公布后，可在该省建筑市场承接建筑劳务作业。

3. 劳务资质取消对建筑业的影响

对于现有建筑市场劳务企业，“取消劳务资质”无疑是一次重创。“要么转型，要么退出”，是摆在这些企业面前的艰难抉择。但从另一个角度而言，在“取消劳务资质”之后，转型为“专业作业企业”未尝不是一次难得的市场机遇。《指导意见》对于“引导劳务企业转型”提出了以下三点建议：

首先，转型专业企业，鼓励有一定组织、管理能力的劳务企业通过引进人才、设备等途径向总承包和专业企业转型。

其次，搭建用工平台，鼓励大中型劳务企业充分利用自身优势搭建劳务用工平台，为施工企业提供合格的建筑工人。

最后，专精作业转型，引导小微型劳务企业向专业作业企业转型发展，做专做精专业作业，成为建筑业用工主体。

“取消劳务资质”，看似斩断了劳务企业的发展之路，但从上述建议中不难发现，国家对于劳务企业的未来发展早已指明了方向。掌握着丰富的工人资源与建筑经验的劳务公司如何从粗放式经营转型为“专业作业企业”，是企业现阶段面临的重要课题。

4. 全面取消劳务资质仍然任重道远

截至2019年底，安徽、山东、江苏、黑龙江以及四川和河南的部分试点地区、西安等地已经发文取消了劳务资质。2020年，如果能够实现《指导意见》确立的部分目标任务，建立起全国建筑工人管理服务信息平台并实现全国建筑工人实名制，这对建筑产业工人以及长期活跃于建筑劳务市场的劳务企业，都将产生重要的影响，更多的劳务公司将被新的“专业作业企业”所取代。

然而，截至目前，正式、全面取消劳务资质的全国性文件尚未出台。究其原因，一方面，不同于物业资质、招标代理资质等只关系到企业主体，建筑劳务资质还关系到广大建筑工人群体，他们处于建筑行业链的底端，在建筑工人实名制全覆盖、相关配套政策落地之前，全面取消劳务资质的条件尚未成熟；另一方面，建筑市场和建筑劳务市场的发展在地区之间严重不平衡，发达地区已经形成了一定规模的以建筑工人为载体的专业企业，其他地区则仍然维持着传统的建筑劳务用工模式，这也是掣肘劳务资质全面取消的重要原因。尽管如此，取消劳务资质已然是势在必行的大趋势和大方向，无论从政府层面还是从市场层面出发，全面取消劳务资质都只是时间问题，“建筑产业工人队伍培育试点”在2020年将在更大范围内开展。

（三）推广和深化消防审批制度改革

为了深化“放管服”改革和优化营商环境，推动政府职能转向减审批、强监管、优服务，促进市场公平竞争，国务院于2018年开始决定在北京市、天津市、上海市、重庆市、沈阳市、大连市、南京市、厦门市、武汉市、广州市、深圳市、成都市、贵阳市、渭南市、延安市和浙江省开展工程建设项目审批制度改革试点，并由国务院办公厅于2018年5月18日正式发出了《关于开展工程建设项目审批制度改革试点的通知》(国办发〔2018〕33号)(以下简称"**《建设项目审批试点通知》**")，明确提出合并审批事项，将消防设计审核并入施工图设计文件审查，推行政府购买服务方式开展施工图设计文件审查，并且消防与规划、人防等部门和单位实行限时联合验收，统一出具验收意见。

我们注意到在《建设项目审批试点通知》发出的前后，上述试点地区已经陆续制定本地区的试点实施方案和办法，并实地开展相关的审批制度改革。

以上海为例，目前上海已经将消防设计审核和消防验收事项全部合并至上海市工程建设项目审批管理系统（建设工程联审共享平台）(简称"**联审平台**")进行统一管理，消防设计审核被并入施工图设计文件审查（多图联审）环节，消防验收被并入统一综合验收环节：

（1）其中，施工图设计文件审查（多图联审）又与建设工程施工许可合并为一口申请、同步审批、网上一次统一发证；若某一建设项目（包括装饰装修工程）按照要求需要进行施工图设计文件审查[1]，在建设单位向联审平台上传申请工程施工许可证所需材料及施工图设计文件后，受政府部门委托的经认定的同一施工图审查机构将对施工图设计文件以及其中的消防设计等事项进行统一审查，审查完成后出具《上海市建设工程施工图设计文件审查合格书》《上海市建设工程施工图设计文件联合审查合格书》或《上海市建设工程社会投资项目施工图设计文件联合审查合格书》；

（2）若某一建设项目按照要求需要进行消防验收[2]，在建设单位在联审平台上传所需的相关文件并提起竣工验收申请且建设管理等牵头部门受理验收申请后（政府部门应当对建设单位在线提交的文件进行预审，若逾期未反馈预审意见的视为受理），建设管理部门将组织其他验收部门进行现场综合验收（包括消防验收），通过验收的将被发给《上海市建设工程社会投资项目综合竣工验收合格通知书》或《上海市建筑工程竣工验收合格通知书（特殊类装修工程）》[3]。

在对消防设计审核和消防验收制度改革进行试点的同时，国家也开始对公众聚集场所投入使用、营业前消防安全检查制度进行改革试点。

2019年5月30日，中共中央办公厅、国务院办公厅印发了《关于深化消防执法改革的意见》的通知（厅字〔2019〕34号），提出简化公众聚集场所投入使用、营业前消防安全检查，实行告知承诺管理的意见，公众聚集场所在取得营业执照或依法具备投入

---

1 目前上海市以下项目免于施工图设计文件审查：(1) 3000平方米以下的社会投资小型工业项目；(2) 包含建筑承重结构变动、使用功能调整、防火设施变动、立面结构改动等的可能影响公民生命财产安全和公共利益的各种装修活动之外的一般类建筑装修装修工程。

2 目前上海市以下项目无须进行消防验收和备案，但建设单位需对消防事项进行承诺：(1) 社会投资的新建、改建、扩建的房屋建筑工程和市政基础设施非交通类工程，且满足总建筑面积不大于1万平方米、建筑高度不大于24米、功能单一、技术要求简单的低风险项目（住宅项目、配建公交基础设施项目、室内儿童活动场所、老年人照料设施、特种工程以及生产和存储易燃易爆危险物品的厂房、仓库等项目除外）；(2) 包含防火设施变动的装修活动之外的建筑装修装修工程。

3 若建筑装饰装修工程涉及防火设施变动的还会被发给《上海市建筑装饰装修工程消防验收意见》。

使用条件后，通过在线政务服务平台或当面提交申请，向消防部门作出其符合消防安全标准的承诺后即可投入使用、营业。

2019 年 10 月 26 日第十三届全国人民代表大会常务委员会第十四次会议通过《全国人民代表大会常务委员会关于授权国务院在自由贸易试验区暂时调整适用有关法律规定的决定》，授权国务院自 2019 年 12 月 1 日起的三年期限内，在自由贸易试验区内暂时调整适用《消防法》关于公众聚集场所投入使用、营业前消防安全检查的规定，实行告知承诺（当事人承诺符合消防安全标准并提供相关材料的，消防救援机构不再进行实质性审查，当场作出审批决定）。

2019 年 11 月 28 日，应急管理部正式向天津、河北、辽宁、黑龙江、上海、江苏、浙江、福建、山东、河南、湖北、广东、广西、海南、重庆、四川、云南、陕西等省（自治区、直辖市）应急管理厅（局）、消防救援总队印发《关于在自由贸易试验区试行公众聚集场所投入使用、营业消防安全告知承诺制的通知》，自 2019 年 12 月 1 日起，在自由贸易试验区试行公众聚集场所投入使用、营业消防安全告知承诺制度，将办事程序由先检查后发证调整为先发证后核查，由公众聚集场所的建设单位或使用单位，向场所所在地县级以上人民政府消防救援机构提出投入使用、营业消防安全许可申请，消防救援机构一次性告知其申请条件和需要提交的材料，当事人承诺符合消防安全标准并提供相关材料的，消防救援机构不再进行实质性审查，当场作出行政许可决定。办理行政许可后，消防救援机构对作出承诺的公众聚集场所进行核查，发现实际情况与承诺内容严重不符的，依法撤销行政许可并予以处罚。

尽管消防设计审核制度、消防验收制度改革以及公众聚集场所投入使用、营业前消防安全检查制度改革目前都仅在小范围的试点地区进行，但可以预见的是，为进一步深化“放管服”改革和优化营商环境，在试点地区取得成功经验以后，消防审批制度改革将会向更大的范围进行推广，而且相关改革也会进一步深化，我们将持续予以关注。

致 谢

本研究报告是在房产组合伙人和律师的共同努力下形成的研究成果，由李海浮、罗永强、李霞、杨俊茂、蔡恩泽、何安琪、李博雅、高阳、丁煜元、施宇杰、姚瑶、李天元、邱韵予等律师负责主要起草工作，李海浮律师负责修改和定稿，余雪萍律师、唐越律师、李立山律师、郑斐律师，实习生章晨曦等也有贡献，在此一并致谢。

2019年
君合业务研究报告

传媒娱乐业务年度报告

君合律师事务所公司组

一、2019 年度传媒与娱乐重要立法摘要

网络视听

（一）《网络短视频平台管理规范》及《网络短视频内容审核标准细则》发布

2019 年 1 月 9 日，中国网络视听节目服务协会的官网上发布了《网络短视频平台管理规范》（简称“《规范》”）和《网络短视频内容审核标准细则》（简称“《细则》”），进一步规范短视频传播秩序。《规范》及时吸收总结了短视频网站的经验，根据网络视听管理政策新要求，对平台应遵守的总体规范、账户管理规范、内容管理规范和技术管理规范提出了 20 条建设性要求。《细则》面向短视频平台一线审核人员，针对短视频领域的突出问题，提供了操作性审核标准 100 条。

其中，《规范》涵盖了 6 点内容：

1. 开展短视频服务的网络平台，应当持有《信息网络传播视听节目许可证》（AVSP）等法律法规规定的相关资质，并严格在许可证规定的业务范围内开展业务。

2. 网络短视频平台应当积极引入主流新闻媒体和党政军机关团体等机构开设账户，提高正面优质短视频内容供给。

3. 网络短视频平台应当建立总编辑内容管理负责制度。

4. 网络短视频平台实行节目内容先审后播制度。平台上播出的所有短视频均应经内容审核后方可播出，包括节目的标题、简介、弹幕、评论等内容。

5. 网络平台开展短视频服务，应当根据其业务规模，同步建立政治素质高、业务能力强的审核员队伍。审核员应当经过省级以上广电管理部门的培训，审核员数量与上传和播出的短视频条数应当相匹配。原则上，审核员人数应当在本平台每天新增播出短视频条数的千分之一以上。

6. 对不遵守本规范的，应当实行责任追究制度。

同时，网络短视频平台应当履行版权保护责任，不得未经授权自行剪切、改编电影、电视剧、网络电影、网络剧等各类广播电视视听作品；不得转发 UGC 上传的电影、电视剧、网络电影、网络剧等各类广播电视视听作品片段；在未得到 PGC 机构提供的版权

证明的情况下，也不得转发 PGC 机构上传的电影、电视剧、网络电影、网络剧等各类广播电视视听作品片段。

君合视角

2018 年以来短视频政策监管逐渐趋严，今日头条、火山小视频、快手等视频平台陆续被有关部门约谈；国家版权局、国家互联网信息办公室（简称“**国家网信办**”)、工业和信息化部（简称“**工信部**”)、公安部联合启动“剑网 2018”专项行动，其中重点之一是整治短视频平台。对于短视频平台来说，本次《规范》和《细则》的发布意味着内容审核的要求变高，需要花费大量的成本建设相关的审核团队，并且着重加强版权方面的审核。

（二）三部门关于印发《超高清视频产业发展行动计划（2019–2022年）》的通知

超高清视频是继视频数字化、高清化之后的新一轮重大技术革新，将带动视频采集、制作、传输、呈现、应用等产业链各环节发生深刻变革。加快发展超高清视频产业，对满足人民日益增长的美好生活需要、驱动以视频为核心的行业智能化转型、促进我国信息产业和文化产业整体实力提升具有重大意义。为推动产业链核心环节向中高端迈进，加快建设超高清视频产业集群，建立完善产业生态体系，工信部、国家广电总局和中央广电总台于 2019 年 2 月联合制定了《超高清视频产业发展行动计划（2019–2022 年）》（工信部联电子〔2019〕56 号）(简称“**《行动计划》**”)。

《行动计划》指出，要按照“4K 先行、兼顾 8K”的总体技术路线，大力推进超高清视频产业发展和相关领域的应用。我国超高清视频产业的发展目标是，到 2022 年，我国超高清视频产业总体规模超过 4 万亿元，4K 产业生态体系基本完善，8K 关键技术产品研发和产业化取得突破，形成一批具有国际竞争力的企业；超高清视频内容资源极大丰富，网络承载能力显著提高，制播、传输和监管系统建设协同推进，产业发展支撑体系基本健全，形成技术、产品、服务和应用协调发展的良好格局。

《行动计划》提出了突破核心关键器件、推动重点产品产业化、提升网络传输能力、丰富超高清电视节目供给、加快行业创新应用、加强支撑服务保障等六项重点任务。其中，在加快行业创新应用方面，《行动计划》列出了广播电视、文教娱乐、安防监控、医疗健康、智能交通、工业制造等六个重点领域。为突破超高清视频产业重点薄弱环节，《行动计划》提出通过设立产业投资基金等方式，撬动各方资源投入，支持产业创新发展；为加快超高清视频终端产品推广，《行动计划》提出支持行业协会联合彩电企业开展彩电“汰旧换优”工作，积极推广超高清电视产品，推动消费升级。

君合视角

《行动计划》提出了到 2022 年我国超高清视频产业的发展目标，在政策引导和各方资源积极投入下，产业总体规模有望超过 4 万亿元，超高清视频用户数达到 2 亿，4K 产业生态体系基本完善，8K 关键技术产品研发和产业化取得突破，形成技术、产品、服务和应用协调发展的良好格局。《行动计划》坚持问题导向、目标引领，从加强统筹协调、加大创新支持、建立反哺机制、加快人才培养、推动部省合作、深化国际合作等 6 大方面提出了推进措施和着力方向。

（三）国家广播电视总局第3号令：未成年人节目管理规定

2019年2月14日，国家广播电视总局发布了《未成年人节目管理规定》（国家广播电视总局第3号令），强调未成年人节目不得宣扬童星效应或者包装、炒作明星子女，不得渲染暴力、血腥、恐怖、教唆犯罪或者传授犯罪方法；不得肯定、赞许未成年人早恋等。该规定于2019年4月30日起施行。

君合视角

早在2016年4月，新闻出版广电总局下发的《关于进一步加强电视上星综合频道节目管理的通知》就提出要求：严格控制未成年人参与真人秀节目，不得借真人秀节目炒作包装明星，也不得在娱乐访谈、娱乐报道等节目中宣传炒作明星子女，防止包装造"星"、一夜成名。

2019年的《未成年人节目管理规定》政策进一步收紧，包括未成年人作为主要参与者或者以未成年人为主要接收对象的广播电视节目和网络视听节目，作为"未成年人节目"均受到该管理规定的要求，"未构成《规定》所称未成年人节目，但节目中含有未成年人形象、信息等内容，有关内容规范和法律责任参照本规定执行"。

规定要求，制作、传播未成年人参与的歌唱类选拔节目、真人秀节目、访谈脱口秀节目应当符合国务院广播电视主管部门的要求。另外，未成年人节目应当严格控制设置竞赛排名，不得设置过高物质奖励，不得诱导未成年人现场拉票或者询问未成年人失败退出的感受。在政策收紧的情况下，一些节目不再是明星带娃，转而变成带父母，比如《我家那闺女》。此外，新出台的规定影响到的还有选秀类节目，但相对亲子类节目，有很多可以主动规避。如2018年热播的《创造101》和《偶像练习生》不算未成年人节目，但它们都有未成年人参与，后者还包含多位"00后"高人气选手。但在2019年新播出的《青春有你》中，参赛选手都在18岁以上。

（四）国家广播电视总局《关于开展IPTV专项治理的通知》

在2019年3月27日国家加广电总局组织的全国IPTV建设管理工作会议上，聂辰席副部长提出接下来国家广电总局将深入贯彻中央精神，坚持统一导向，统一标准，统一尺度，强化对广播电视和IPTV的统筹管理，修订完善IPTV建设管理工作的相关制度法规和标准，依法履行业务指导和行业监管职能，组织查处重大违法违规行为。同时将自4月份起统一开展全国的IPTV专项治理工作。

2019年5月7日，国家广播电视总局下发了《关于开展IPTV专项治理的通知》（2019年45号），就关于开展IPTV专项治理工作进行了进一步的部署：

1. 深入落实意识形态工作责任制。各级广电行政部门、IPTV集成播控单位、传输服务单位要按照意识形态工作责任制要求，理清各自职责，建立清晰明确的内容安全责任分级和责任追究机制，层层传导压力，确保责任到岗、责任到人，切实把好IPTV业务监管、节目播出、信号传播关口。

2. 组织好IPTV内容的自查督查。各级广电行政部门要加强组织领导，指导IPTV

各运营主体进行全面自查，坚决清理工作重点中的问题。IPTV运营主体的自查清理工作应在2019年5月底前完成。在此基础上，各省（区、市）广电行政部门组织督导复查，确保IPTV播出内容符合管理要求。对整改不到位、拖延推诿、问题严重的单位，依法依规追究责任。相关工作与全国广电行业安全大检查相衔接。

3. 做好IPTV集成播控平台、传输系统与监管平台对接工作。IPTV集成播控总分平台、传输系统与监管平台的规范对接是IPTV投入运营的前提，是通过验收的必要条件。IPTV集成播控总分平台和传输服务机构要根据监管部门的要求与标准，提供节目信号接口和采集点，并将节目信号传送到总局监管部门指定要点和监管平台上，无偿提供准确、完整、真实、有效的信号并永久授权接收。与此同时，IPTV监管部门要依照“同步规划、同步建设、同步运行”的原则，加快IPTV监管技术体系建设；IPTV集成播控总分平台与传输机构要按照国务院三网融合政策和总局相关管理规定，尽快完成规范对接，进一步筑牢IPTV内容安全屏障。

君合视角

根据《关于开展IPTV专项治理的通知》，国家广播电视总局于2019年4月至9月对IPTV系统集中进行专项治理，重点治理六个方面：（1）违反IPTV内容审查、播出管理规定的问题。坚决清理IPTV中存在方向、导向、价值观问题的节目内容；不得播放未取得许可证的电影、电视剧、动画片，以及未按电视台标准制作审核播出的综艺节目、纪录片等。（2）违反境外电视节目管理规定、境外电视节目变相落地的问题。严禁播放未经广电行政部门批准引进的境外电视节目，特别是严禁境外电视整栏目和整频道在IPTV中落地。（3）违反电视频道管理规定的问题。IPTV中不得传播未经总局批准开设的电视频道。（4）未取得IPTV内容服务许可的机构违规推出独立APP或以该机构命名的品牌专区的问题。（5）IPTV违规链接公网信息源的问题。（6）其他不符合IPTV管理规定的问题。从上述工作重点看，IPTV的管理将基本等同于广播电视管理。

（五）关于建设广播电视和网络视听产业基地和项目库，国家广播电视总局发布两个《通知》

2019年6月26日，国家广播电视总局发布《关于推动国家广播电视和网络视听产业基地（园区）建设发展的通知》《关于建立广播电视和网络视听产业发展项目库的通知》。

上述两个通知规定，国家广播电视和网络视听产业基地（园区）由国家广播电视总局命名，主要体现在广播电视和网络视听内容制作、分发传播、用户服务、技术支撑、生态建设以及运营管理等领域。基地（园区）可以集中在广播电视和网络视听产业某一领域或某一方向，也可以涵盖产业多个环节多个领域，一般要在产业创新发展方面具备一定基础、规模和特色，以集聚特色产业高端要素为核心，能够对本地区和周边区域产业发展发挥示范引领和辐射带动作用。此外，通知还对申报基地（园区）主体的基本条件及主要材料作出了详细规定。

君合视角

上述两个通知分别明确了申报国家广播电视和网络视听产业基地（园区）主体的基

本条件和广播电视和网络视听产业发展项目库项目申报范围。此政策有利于推动广播电视和网络视听行业的发展。

信息保护

（六）2019—App 违法违规收集使用个人信息专项治理

2019 年 1 月 25 日，中央网信办、工信部、公安部和国家市场监管总局等四部门联合发布《关于开展 App 违法违规收集使用个人信息专项治理的公告》(简称“**《公告》**”)，决定自 2019 年 1 月至 12 月，在全国范围组织开展 App 违法违规收集使用个人信息专项治理。

根据四部门联合发布的《公告》，受中央网信办、工信部、公安部、市场监管总局委托，全国信息安全标准化技术委员会、中国消费者协会、中国互联网协会、中国网络空间安全协会成立 App 专项治理工作组。

自 2019 年以来，App 专项治理工作组根据公众举报情况，对各类违法违规收集使用个人信息问题进行归纳、梳理，重点参照《网络安全法》等相关法律法规要求和个人信息保护相关国家标准，制定、完善了一系列技术规范和标准文本，为相关监管部门界定违法违规收集使用个人信息行为以及 App 运营者整改提升提供重要参考，也为开展 App 收集使用个人信息评估工作和指导企业整改提供重要支撑：

1．2019 年 3 月，编制并发布《App 违法违规收集使用个人信息自评估指南》

App 运营者可参照指南对其收集使用个人信息的情况进行自查自纠，主动提升个人信息保护水平，这些评估项包括：（1）隐私政策的独立性、易读性；（2）是否清晰说明各项业务功能及所收集个人信息类型；（3）是否清晰说明个人信息处理规则及用户权益保障；（4）不应在隐私政策等文件中设置不合理条款；（5）收集个人信息应明示收集目的、方式、范围；（6）收集使用个人信息应经用户自主选择同意，不应存在强制捆绑授权行为；（7）收集个人信息应满足必要性要求；（8）支持用户注销账号、更正或删除个人信息；（9）及时反馈用户申诉。

2．2019 年 11 月 28 日，《App 违法违规收集使用个人信息行为认定方法》正式实施

该认定办法依据《网络安全法》等法律法规，参照国家标准《个人信息安全规范》，明确规定了 App 违法违规收集使用个人信息的七种情形，包括：没有公开收集使用规则；没有明示收集使用个人信息的目的、方式和范围；未经同意收集使用个人信息；违反必要性原则，收集与其提供的服务无关的个人信息；未经同意向他人提供个人信息；未按法律规定提供删除或更正个人信息功能及侵犯未成年人在网络空间合法权益。

中央网信办网络安全协调局巡视员兼副局长杨春艳表示，希望广大 App 运营商能够详细了解相关法规的内容，配合四部门正在进行的专项治理行动，做到主动作为。据悉，从 2018 年 12 月到 2019 年 4 月中旬，国家网信办会同有关部门关停下架违法违规 App 3.3 万款，拦截恶意网站链接 234 万余个，社交平台清理低俗不良信息 2474 万余条、封禁违规账号 364 万余个。

2019年10月，结合评估工作实践和各方征求意见，更新并公开GB/T 35273《信息安全技术个人信息安全规范（最新征求意见稿）》和《移动互联网应用程序(App)收集个人信息基本规范（最新草案）》

君合视角

2019年1月，中央网信办、工信部、公安部、市场监管总局四部门联合发布《公告》，并联合有关单位成立了App违法违规收集使用个人信息专项治理工作组，旨在打击App违法违规收集使用个人信息行为。《App违法违规收集使用个人信息行为认定方法》结合了App专项治理工作组发布的《App违法违规收集使用个人信息自评估指南》以及《个人信息安全规范》，体现了监管的重点，对相关企业有重要参考意义。其中，按照国家推荐标准《个人信息安全规范》的提示，对用户个人信息的收集应有明确的目的，不得超出产品功能相关目的收集额外信息。

（七）国家网信办发布《网络安全审查办法（征求意见稿）》

国家网信办于2019年5月24日发布《网络安全审查办法（征求意见稿）》，该征求意见稿称，对于申报网络安全审查的采购活动，运营者应通过采购文件、合同或其他有约束力的手段要求产品和服务提供者配合网络安全审查，并与产品和服务提供者约定网络安全审查通过后合同方可生效。

征求意见稿称，网络安全审查重点评估采购活动可能带来的国家安全风险，主要考虑的因素有：对关键信息基础设施持续安全稳定运行的影响，包括关键信息基础设施被控制、被干扰和业务连续性被损害的可能性；导致大量个人信息和重要数据泄露、丢失、毁损、出境等的可能性；产品和服务的可控性、透明性以及供应链安全，包括因为政治、外交、贸易等非技术因素导致产品和服务供应中断的可能性等，共七项考虑因素。

该征求意见稿是由国家网信办会同国家发展改革委、工信部、公安部、国家安全部等部门联合起草，共涉及12个部门。

君合视角

根据2017年生效的《网络安全法》第三十五条，关键信息基础设施的运营者采购网络产品和服务，可能影响国家安全的，应当通过国家网信管理部门会同国务院有关部门组织的国家安全审查。本次公布的《网络安全审查办法（征求意见稿）》即是依据《网络安全法》第三十五条制定，同时也是对其前身《网络产品和服务安全审查办法（试行）》的更新。征求意见稿对安全审查启动、安全审查所需要材料、安全审查程序及安全审查内容等方面做出了修改和完善。相较于旧办法，征求意见稿对整个安全审查流程，包括安全审查期限、各参与机构职责划分做出了更为具体的规定。

（八）国家网信办发布《数据安全管理办法（征求意见稿）》

2019年5月28日，为了维护国家安全、社会公共利益，保护公民、法人和其他组织在网络空间的合法权益，保障个人信息和重要数据安全，根据《网络安全法》等法律法规，国家网信办会同相关部门研究起草了《数据安全管理办法（征求意见稿）》，向社会公开征求意见。

根据征求意见稿，网络运营者应当按照有关法律、行政法规的规定，参照国家网络安全标准，履行数据安全保护义务，建立数据安全管理责任和评价考核制度，制定数据安全计划，实施数据安全技术防护，开展数据安全风险评估，制定网络安全事件应急预案，及时处置安全事件，组织数据安全教育、培训。

君合视角

与2019年5月公布的《网络安全审查办法（征求意见稿）》相似，《数据安全管理办法（征求意见稿）》也是基于《网络安全法》制定。该征求意见稿在个人信息保护、重要数据保护和数据使用方面做出了新的规定。该征求意见稿中，最值得注意是第23条。根据该条规定，网络运营者利用用户数据和算法推送新闻信息、商业广告等，应当以明显方式标明“定推”字样，为用户提供停止接收定向推送信息的功能；用户选择停止接收定向推送信息时，应当停止推送，并删除已经收集的设备识别码等用户数据和个人信息。该条对定向推送广告附加了额外的义务，将会对互联网广告行业产生重大实质性影响。

（九）八部委联合开展“网剑行动”，要求加大个人信息保护力度

2019年6月20日，国家市场监管总局、国家发展改革委、工信部、公安部、商务部、海关总署、国家网信办、国家邮政局等八部委联合印发《2019网络市场监管专项行动（网剑行动）方案》，决定于6月至11月联合开展2019网络市场监管专项行动，代号“网剑行动”。行动方案要求，全方位多渠道加大个人信息保护力度，规范涉及个人信息的合同格式条款；严肃查处未经同意收集、使用、过度收集或泄露、非法出售、非法向他人提供个人信息行为，依法查处不履行个人信息保护义务、为网络违法犯罪提供支持帮助的网络平台；严厉打击侵犯公民个人信息犯罪，切实防范大数据技术对个人信息的滥用。

行动将重点关注以下五点工作：一是规范网络经营主体资格，保障网络经营活动的可追溯性；二是严厉查处制售侵权假冒伪劣网络商品行为，探索建立生产、流通、消费全链条监管机制；三是整治互联网不正当竞争行为，维护公平竞争的市场秩序；四是坚持正确宣传导向，加大对网络虚假宣传、虚假违法广告打击力度；规范网络合同格式条款，严厉打击其他网络违法违规行为。

君合视角

网剑行动旨在贯彻落实《电子商务法》，落实电子商务经营者责任，重点关注健康安全隐患商品非法经营、不正当市场竞争以及个人信息非法收集使用。同时，行动方案还明确将会对跨境电商与海外代购进行更加严格的监管。

（十）工信部发布《网络安全漏洞管理规定（征求意见稿）》

2019年6月18日，工信部公布《网络安全漏洞管理规定（征求意见稿）》，并面向社会公开征求意见。《征求意见稿》共十二条，主要规定了网络安全漏洞管理的适用范围和对象，以及网络产品、服务提供者、网络运营商发现漏洞时的处理办法以及第三方组织或个人违反本规定向社会发布漏洞需要承担的责任。

君合视角

《网络安全漏洞管理规定》意在贯彻落实《网络安全法》，加强网络安全漏洞管理。这将有利于从法律层面预防利用漏洞危害网络安全的行为。

（十一）工信部印发《电信和互联网行业提升网络数据安全保护能力专项行动方案》

2019年7月，工信部印发《电信和互联网行业提升网络数据安全保护能力专项行动方案》（简称“**《方案》**”），将从即日起开展为期一年的行业提升网络数据安全保护能力专项行动，加快推动构建行业网络数据安全综合保障体系，为建设网络强国、助力数字经济发展提供有力保障和重要支撑。

近年来，大数据技术广泛应用带来的数据过度采集滥用、非法交易及用户数据泄露等数据安全问题日益凸显，做好电信和互联网行业网络数据安全管理尤为迫切。为积极应对新形势新情况新问题，做好中华人民共和国成立70周年网络数据安全保障工作，全面提升行业网络数据安全保护能力，工信部网络安全管理局研究起草了《方案》。

《方案》提出，专项行动第一阶段聚焦新中国成立70周年保障，通过集中开展数据安全合规性评估、专项治理和监督检查，督促基础电信企业和重点互联网企业强化网络数据安全全流程管理，及时整改消除重大数据泄露、滥用等安全隐患。在2019年10月底前，完成全部基础电信企业（含专业公司）、50家重点互联网企业以及200款主流App数据安全检查。

专项行动第二阶段聚焦行业网络数据安全保障能力长效建设，在2020年7月底前，进一步完善网络数据安全制度标准体系，形成行业网络数据保护目录，制定15项以上行业网络数据安全标准规范，贯标试点企业不少于20家；行业网络数据安全管理和技术支撑平台基本建成，遴选网络数据安全技术能力创新示范项目不少于30个；基础电信企业和重点互联网企业网络数据安全管理体系有效建立。

君合视角

随着信息技术的不断发展，网络数据的安全管理日益成为政府部门监管的一个重要方面。根据《方案》，本次专项行动将持续一年，分两个阶段实施。《方案》明确了包括加快完善网络数据安全制度标准、开展合规性评估和专项治理、强化行业网络数据安全管理、创新推动网络数据安全技术防护能力建设以及强化社会监督和宣传交流在内的5个重要方面，提出了14项重点任务。该《方案》的执行将有利于提高企业对于网络数据安全的意识，加强互联网行业对于相关法律政策的重视程度，从而避免网络数据泄露或滥用的安全隐患。

文化产业

（十二）《文化产业促进法（草案）》公开征求意见

2019年6月28日文化和旅游部发布“关于对《文化产业促进法（草案征求意见稿）》公开征求意见的公告”，面向社会公开征求意见。

2019年6月26日《国务院关于文化产业发展工作情况的报告》指出：2015年以来，在中宣部、全国人大教科文卫委员会精心指导下，文化和旅游部牵头开展文化产业促进法起草工作，已经形成了各方基本认可、比较成熟的草案。草案聚焦“促进什么”“怎么促进”两个核心问题，围绕促进文化产业发展的关键环节和核心要素，确定在创作生产、文化企业、文化市场3个环节发力，在人才、科技、金融财税等方面予以扶持保障，促进文化产业发展。

君合视角

《文化产业促进法》在2018年9月7日发布的《十三届全国人大常委会立法规划》中被列为第一类项目：条件比较成熟、任期内拟提请审议的法律草案。从结构看，《文化产业促进法（草案征求意见稿）》明确了文化产业的基本内涵与主管部门，围绕创作生产、文化企业、文化市场3个维度展开，明确提出在人才、科技、金融财税等方面予以政策扶持或保障，并规定了相关法律责任。

（十三）《文化和旅游部关于印发〈游戏游艺设备管理办法〉的通知（征求意见稿）》公开征求意见的公告

2019年7月5日，为了加强游戏游艺设备管理，规范娱乐市场秩序，促进行业健康发展，文化和旅游部起草了《文化和旅游部关于印发〈游戏游艺设备管理办法〉的通知（征求意见稿）》，向社会公开征求意见。

《游戏游艺设备管理办法》（简称“**《管理办法》**”）共五章，三十四条，包括总则、内容审核、监督管理、法律责任、附则，重点对以下几个方面做了新的规定：

一是实施游戏游艺设备分类管理。针对游艺娱乐场所接纳未成年人等问题，《管理办法》第三条将游戏游艺设备机型机种分为电子游戏设备（机）和游艺娱乐设备；第十八条规定，发放批准文件的同时，对电子游戏设备（机）和游艺娱乐设备分别发放自主生成的电子标识，从内容审核、企业生产到进入游艺娱乐场所使用等环节，形成分类管理的闭环。对存量问题，附则进行了相关说明。

二是建立健全内容审核标准。长期以来游艺娱乐场所赌博问题一直是市场监管中最为突出的问题之一。针对游戏游艺设备内容审核标准特别是对宣扬赌博内容认定标准不够具体等问题，《管理办法》第六条将“具有或者变相具有押分、退分、退币、退钢珠等功能的”“捕鱼机等以设置倍率形式以小博大的”“老虎机、转盘机、跑马机等由系统自动按照概率性分配方式决定结果的”等具有赌博机特征的设备认定为含有宣扬赌博内容，进一步明确市场准入和执法监管认定标准。

三是组建内容审核专家团队。为加强游戏游艺设备内容管理，《管理办法》第九条规定，省级以上文化和旅游行政部门应当组建游戏游艺设备审核专家团队，承担游戏游艺设备内容审核、机型机种分类等事务性工作。文化和旅游部组建游戏游艺设备审核专家团队，以更好地指导地方游戏游艺设备管理，特别是在内容审核指导等方面。

四是进口游戏游艺设备管理。《管理办法》提出对进口游戏游艺设备的准入和监管要求，其中，第十一条规定：进口单位从境外进口游戏游艺设备面向国内市场销售、展览展示或者提供给场所经营前，应当向进口口岸所在地省级文化和旅游行政部门提出内容

审核申请。

五是建立审批前公示和异议处理机制。《管理办法》规定建立审批前公示制度，提高审批的透明度，其中，第十四条规定，省级文化和旅游行政部门应当将通过初步审核的游戏游艺设备的基本信息以及审核机关联系方式等在其官方网站上向社会公示7日，并要求建立相应的异议处理机制。

六是加强新业态管理。针对娱乐市场新业态，《管理办法》坚持全领域内容监管的理念，将新业态纳入管理范畴，统称为其他经营场所，并采取备案、明示信息等方式，实施包容审慎监管。第二十条规定，在其他经营场所设置游戏游艺设备从事经营活动的，应当在游戏游艺设备显著位置标明经营者真实名称、有效联系方式等信息，并在经营前向场所所在地县级文化和旅游行政部门备案。第二十一条、第二十二条从保护消费者合法权益的角度出发，提出安全生产、奖品、概率等要求。

君合视角

该征求意见稿是在2013年的《娱乐场所管理办法》、2014年的《国务院关于推广中国（上海）自由贸易试验区可复制改革试点经验的通知》以及2016年的《娱乐场所管理条例》相关规则的基础上制定的，是对游戏游艺设备管制规则的进一步细化。本征求意见稿值得注意的是第六条中对赌博游艺设备的细化定义，规定三种具体的赌博设备，包括：（1）具有或变向具有押分、退币等功能；（2）捕鱼机等以设置赔率形式以小博大的；（3）老虎机等按照概率性分配方式决定结果的。如征求意见稿最终通过，该条款将对游戏游艺设备的运营商提出新的合规要求。

（十四）文化和旅游部拟出台新规，处罚"大数据杀熟"、不合理低价游

为保障旅游者合法权益，规范在线旅游市场秩序，促进在线旅游产业可持续发展，文化和旅游部于2019年10月8日发布关于《在线旅游经营服务管理暂行规定（征求意见稿）》（简称"**《暂行规定》**"）公开征求意见的通知。

《暂行规定》中不仅明确了适用范围、相关主体，也明确了平台相关责任和增加了旅游者自损规定，同时还回应了"虚假预定""不合理低价游""大数据杀熟"等社会热点问题的处理办法。

其中，《暂行规定》第十一条明确规定，在线旅游经营者为旅游者提供在线预订酒店、机票、火车票、船票、车票、场所门票等产品或服务时，应当建立透明、公开、可查询的预定渠道，不得误导旅游者，不得以任何方式进行虚假预定。

此外，《暂行规定》还对在线旅游经营者对平台内容审核、保障旅游者的正当评价权、保险、先行赔付、监督检查等方面做出了具体规定，违反规定将依照《中华人民共和国电子商务法》《中华人民共和国旅游法》《旅行社条例》等相关规定进行处罚。其中，违反"价格歧视"（大数据杀熟）规定情节严重的，将可能处最高五十万元的罚款。

君合视角

此前携程、滴滴被爆出大数据杀熟现象，在线旅游、票务网站、网约车平台更是成

为“大数据杀熟”重灾区，相关法律的出台有利于引导行业健康，保护消费者。

体 育

（十五）《关于印发〈进一步促进体育消费的行动计划（2019–2020 年）〉的通知》

2019 年 1 月 4 日，国家体育总局、国家发展改革委发布《进一步促进体育消费的行动计划（2019–2020 年）》（简称“**《计划》**”），目的是推进体育消费持续提质扩容，进一步发挥体育产业在扩大内需、推动经济结构转型升级、促进就业和培育经济发展新动能中的作用，满足人民日益增长的美好生活需要，推进体育强国和健康中国建设。

《计划》所定目标为，到 2020 年，全国体育消费总规模达到 1.5 万亿元，人均体育消费支出占消费总支出的比重显著上升，体育消费结构更为合理。为完成这一目标，《计划》提出了七大重点任务，包括丰富体育消费业态、培育体育消费观念、提升体育运动技能、拓展体育消费空间、优化体育消费发展环境、健全体育消费政策体系和加强体育消费权益保护。重点支持消费引领性强的健身休闲项目发展，推动水上运动、山地户外、航空运动、汽摩运动、马拉松、自行车、击剑等运动项目产业发展规划的细化落实。持续实施“冰雪运动南展西扩东进”战略，促进冰雪旅游、冰雪场馆建设、冰雪培训、冰雪器材装备等相关产业发展。加快足球、篮球等职业赛事改革进程，发挥其作为体育消费龙头的带动作用。

全民健身被确定为体育消费的重点内容。《计划》明确，要加强体育文化宣传、普及日常体育锻炼、加大体育消费品牌引领。如继续举办“全民健身日”“群众冬季运动推广普及”等活动，开展体育运动进机关、进企业、进校园、进社区活动，推动机关、企事业单位、社会团体等实行工间操制度。发挥体育明星和运动达人的示范作用，倡导每天健身一小时，创新健身活动形式，开展娱乐性、趣味性强的活动，引导消费者形成体育爱好和消费习惯。

君合视角

随着健康观念日益深入人心，体育消费逐渐成为民众消费新的增长点，体育产业在扩大内需、推动经济结构转型升级、促进就业和培育经济发展新动能中存在巨大潜力。面对体育消费的新气象和新问题，《计划》的出台有助于鼓励和扩大体育消费，使体育消费结构更为合理。此外，《计划》的一大亮点在于强调全民健身对于促进体育消费的重要性，其提出的七大重点任务无一例外涉及了健身领域，由此可见，健身有望成为未来体育产业发展的一大重要立足点。

（十六）国务院办公厅《关于促进全民健身和体育消费推动体育产业高质量发展的意见》

2019 年 9 月 4 日，国务院办公厅发布《关于促进全民健身和体育消费推动体育产业高质量发展的意见》（简称“**《意见》**”），旨在强化体育产业要素保障，激发市场活力和消费热情，推动体育产业成为国民经济支柱性产业，积极实施全民健身行动，让经常参加

体育锻炼成为一种生活方式。

《意见》重在解决制约体育产业发展的制度性和体制性问题，从深化“放管服”改革、完善产业政策、促进体育消费、建设场地设施、加强平台支持、改善产业结构、优化产业布局、促进融合发展、强化示范引领、夯实产业基础等10个方面，提出了35项具体措施，政策含金量较高，尤其体现在以下五个方面：

一是规范赛事活动安保。《意见》提出要开发体育赛事活动的安全许可预受理系统，为赛事活动承办方申请许可提供便利，改进商业性体育赛事活动的安全管理措施。二是推动公共资源开放。围绕水域、空域、森林、草原等自然资源，要分类制定允许开展的体育赛事活动目录，明确申请条件和程序，推动自行车、运动船艇、滑雪板等体育器材装备的公路、铁路、水运、民航便利化运输。三是加强体育知识产权保护。要建立体育无形资产评估标准和评估制度。这一举措将为体育无形资产的开发、保护提供扎实的基础。四是推动学校体育场馆开放。支持中小学对校园体育场地设施进行社会通道改造，在课余时间和节假日向社会开放。五是完善土地利用政策。鼓励利用集体建设用地、符合条件的“四荒”土地发展体育产业，鼓励社会资本利用工商业既有建筑参与投资建设体育设施并依法享受相应权益。

此外，《意见》在促消费、扩投资等方面也颇具亮点。如：以健身促消费，让人民成为“体育主角”；开展消费试点，确定一批国家体育消费试点城市；推动体医融合，鼓励医院培养和引进运动康复师；加强平台支持，要研究设立“国”字号体育基金，引导更多的社会力量投资体育产业；打造体育产业增长极，以京津冀、长三角、粤港澳大湾区、海南等区域为重点发展体育产业。

君合视角

2014年，国务院颁布《关于加快发展体育产业促进体育消费的若干意见》，中国体育产业也由此展开了一轮快速发展。该意见发布5周年以来，中国体育产业的变化的确颇为亮眼，在产业增加值保持高速增长，产业结构不断优化的同时，居民参与体育运动、进行体育消费的水平也在快速提高。但与此同时，诸如税费政策落地、体育用地规划、知识产权保护等问题也不断浮现，成为体育产业进一步发展的瓶颈。

此次国务院办公厅发布的《意见》，坚持目标导向和问题导向，重在解决制约体育产业发展的制度性和体制性痛点及难点，对于中国体育产业可谓是一场“及时雨”。除此之外，《意见》的另一大亮点是对“融合”概念的强调，在体医融合、体旅融合、体教融合等方面都提出了明确的行动方案，能有效破除以往在体育产业发展中各部门之间存在的政策壁垒。值得一提的是，《意见》还提到了体育产业对“一带一路”建设的助力，明确了体育带动“一带一路”国家的民心互通和文化交流的具体方式，体现了体育的外交功能和文化传播功能。

促进全民健身和体育消费不仅是体育产业发展的导向，其背后实则也是国民身体素质的提升，最终目标在于实现国民的身心健康与美好生活，反映出体育产业和民生的高度关联，这也正是体育产业内在的“支柱性”特征的体现。

其他

（十七）上海发布文件，轻微广告违法可免罚

2019 年 3 月，上海市司法局、上海市市场监督管理局、上海市应急管理局联合发布了《市场轻微违法违规经营行为免罚清单》，对于市场监管等领域的三十四项轻微违法行为，免予处罚。

在广告法领域，多项违法行为情节轻微，当事人及时纠正，没有造成危害后果的，可不予行政处罚。

这些轻微广告违法行为主要包括：

· 绝对化用语

· 广告中使用“国家级”“最高级”“最佳”等用语，但广告是在广告主自有经营场所或者互联网自媒体发布，且属于首次被发现的

· 未表明引证出处

· 广告引证内容合法有据，但未在广告中表明出处的

· 未标明专利号及种类

· 广告中涉及专利产品或者专利方法，未标明专利号和专利种类，但具备合法有效专利证明的

· 未标注“广告”

· 通过大众传播媒介发布的广告未标注“广告”字样，但能使消费者辨明为广告的

原上海市工商局于 2017 年发布有《上海市工商行政管理局关于违反〈广告法〉行政处罚裁量基准》，其中也有类似规定。这次的免罚规定更为细化全面，并对实务中最常见的企业使用“国家级”“最高级”“最佳”等广告用语的行为作出了免罚规定，是上海地区企业广告合规的重大利好。

君合视角

《免罚清单》体现出了依法性和包容性。对于轻微违法行为，虽然可能免予处罚，仍会对相关立案情况进行公示，如相关企业拒不改正，后续也会另做处罚。

（十八）外资准入新突破：取消电影院、演出经纪机构中方控股限制

2019 年 7 月，国家发展改革委、商务部分别发布了《外商投资准入特别管理措施（负面清单）（2019 年版）》和《自由贸易试验区外商投资准入特别管理措施（负面清单）（2019 年版）》，自 2019 年 7 月 30 日起施行。《外商投资准入特别管理措施（负面清单）（2018 年版）》和《自由贸易试验区外商投资准入特别管理措施（负面清单）（2018 年版）》同时废止。

清单于交通运输、增值电信、基础设施、文化等服务业领域，以及制造业、采矿业、

农业领域均推出了新的开放措施，允许外资控股或独资经营，放宽外商投资准入。于文化领域，清单取消了电影院、演出经纪机构须由中方控股的限制。

国家发展改革委负责人表示，随着对外开放不断深入以及负面清单管理制度逐步完善，2019 年修订外资准入负面清单主要把握三个原则：一是推动各领域全方位扩大对外开放，二是负面清单只减少、不新增限制，三是通过内外资统一监管能够防范风险的不列入负面清单。中国将坚持扩大对外开放的方向不动摇，持续推进放宽市场准入。

君合视角

国内对外资投资影院的限制可以追溯到 2004 年。当时《外商投资电影院暂行规定》规定，外商不得独立设立电影院。中外合资电影院，除试点城市外，外方投资比例不得高于 49%。北京、上海、广州等 7 个城市被列为试点城市，在这些城市，合资电影院，外方投资比例不得超过 75%。然而，2005 年颁布的《五部委就文化领域引进外资制定若干意见》取消了所有试点，除港澳外，外方投资比例全部调整为不得高于 49%。2019 年的负面清单取消了 49% 的外商投资限制。尽管控股限制已被取消，但这一变动可能不会对国内影院的运营造成太大影响，原因是：首先，国内影院在过去几年经历了迅猛地发展，银幕数已趋于饱和，因此市场接受进一步投资的空间比较有限；其次，由于之前对于控股的限制排除了港澳资本，许多有意进入大陆市场的外资早已通过注册港澳公司的方式绕开了限制，进入了中国市场。

（十九）教育部等六部门印发《关于规范校外线上培训的实施意见》

2019 年 7 月，为规范面向中小学生、利用互联网技术实施的学科类校外线上培训活动（以下简称“**校外线上培训**”），促进其持续健康有序发展，切实减轻中小学生过重课外负担，教育部等六部门印发了《关于规范校外线上培训的实施意见》（简称“**《实施意见》**”）。

《实施意见》指出，依法依规对校外线上培训进行监管，促进校外线上培训机构加强行业自律、有序开展培训业务；坚持协同治理，建立相关部门齐抓共管的工作机制，采取“互联网 + 监管”新模式，积极稳妥推进。

《实施意见》明确，2019 年 12 月底前完成对全国校外线上培训及机构的备案排查；2020 年 12 月底前基本建立全国统一、部门协同、上下联动的监管体系，基本形成政府科学监管、培训有序开展、学生自主选择的格局。

《实施意见》提出三方面的主要措施：一是实施备案审查制度。备案审查重点是培训机构、培训内容和培训人员。校外线上培训机构在取得 ICP 备案（涉及经营电信业务的，还应当申请电信业务经营许可）、网络安全等级保护定级备案的证明、等级测评报告后，向机构住所地的省级教育行政部门提交相关材料，申请备案。二是开展排查整改。省级教育行政部门会同网信、电信、公安、广电、“扫黄打非”等部门制订排查方案；排查监管的重点是内容健康、时长适宜、师资合格、信息安全、经营规范等方面情况，2019 年

12 月底前完成排查，并对发现的问题限期整改，于 2020 年 6 月底前完成整改。三是健全监管机制。强化综合治理，探索“互联网 + 监管”机制，改进监管技术手段，建设全国校外线上培训管理服务平台；明确教育、网信、电信、公安、广电、“扫黄打非”等部门职责分工；建立黑白名单，及时更新，实现动态监管；加强行业自律，提高培训质量，提升培训对象满意度。

《实施意见》强调，各地要统筹校外线下和线上培训规范治理工作，在当地党委和政府的领导下建立教育部门牵头、有关部门参与的工作机制，制订详细的工作方案和应急预案；加强公共服务，强化问责考核，确保各项目标落实到位。

君合视角

这是国家层面颁布的第一个专门针对校外线上培训活动的规范性文件，并且明确了具体的监管方案。

二、2019 年度传媒与娱乐监管执法动向

（一）教育部：禁止有害 App 进入中小学校园

2019 年 1 月，教育部办公厅印发了《关于严禁有害 App 进入中小学校园的通知》（“**《通知》**”），要求各地采取有效措施，坚决防止有害 App 进入中小学校园。

《通知》强调，要开展全面排查，凡发现包含色情暴力、网络游戏、商业广告及违背教育教学规律等内容的 App 要立即停止使用，要将涉嫌违法违规的 App、微信公众号报告当地网络信息管理和公安部门查处。

《通知》要求，各地要建立学习类 App 进校园备案审查制度，按照“凡进必审”“谁选用谁负责”“谁主管谁负责”的原则建立“双审查”责任制，学校首先要把好选用关，对 App 的内容、链接、应用功能、信息安全等进行严格审查，并报上级教育主管部门备案审查同意。

《通知》指出，各地教育行政部门和中小学校要建立健全日常监管制度，明确监管责任和办法，切实保障进入校园的 App 安全健康、科学适宜。今后凡未经备案审查的学习类 App 一律禁止在校园内使用，不得在课外统一组织或要求、推荐学生使用未经备案审查的学习类 App。

《通知》要求，各级教育行政部门要会同有关部门加强研究，进一步完善学习类 App 内容要求、审查标准和监管办法等，及时总结推广成功经验，逐步建立学习类 App 使用管理的长效机制，推进“互联网 + 教育”，发挥好现代信息技术促进基础教育教学改革的有益作用。

君合视角

随着互联网、App 的快速发展，App 已经成为日常生活的一部分。针对学生的学习，不少公司开发了学习教育类 App。学习 App 内出现的商业广告、有害信息将不利于青少年的成长。本次教育部下发的监管通知，确定了备案审查制度以及日常监管制度，要求学校、相关部门加强监管。

（二）因疑似过度收集用户信息，多款常用App被中国互联网协会点名

2019年1月，中国互联网协会在北京召开了专家评议会，讨论了手机App收集和使用用户个人信息的情况。评议结果显示，18款App疑似存在过度收集“短信”“通讯录”“位置”“录音”等用户敏感信息，9款App疑似存在未经用户同意就收集使用用户个人信息的情况。其中包括网易新闻、书旗小说、携程旅行、同程旅游、快手、手机天猫、虎牙直播、花椒直播、熊猫直播、网易有道词典、有道翻译官、万能看等。

君合视角

按照国家推荐标准《个人信息安全规范》的提示，对用户个人信息的收集应有明确的目的，不得超出产品功能相关目的收集额外信息。同时，根据《网络安全法》，各类网络运营者需要遵守关于网络信息安全的基本要求，严格遵循合法、正当、必要三原则，公开收集和使用规则，明示收集和使用信息的目的、方式和范围，并经被收集者同意。

（三）国家网信办启动开展网络生态治理行动，整治色情低俗等12类有害信息

2019年1月，针对网络生态问题频发、各类有害信息屡禁不止等突出问题，为积极回应民众关切，国家网信办启动网络生态治理专项行动。

据悉，此次专项行动于2019年1月正式启动，将持续开展6个月，对各类网站、移动客户端、论坛贴吧、即时通信工具、直播平台等重点环节中的淫秽色情、低俗庸俗、暴力血腥、恐怖惊悚、赌博诈骗、网络谣言、封建迷信、谩骂恶搞、威胁恐吓、标题党、仇恨煽动、传播不良生活方式和不良流行文化等12类负面有害信息进行整治。

据了解，此次专项行动分为启动部署、全面整治、督导检查、总结评估四个阶段，对各类网站、移动客户端、论坛贴吧、即时通信工具、直播平台等重点环节中的淫秽色情、低俗庸俗、暴力血腥、恐怖惊悚、赌博诈骗、网络谣言、封建迷信、谩骂恶搞、威胁恐吓、标题党、仇恨煽动、传播不良生活方式和不良流行文化等12类负面有害信息进行整治，集中解决网络生态重点环节突出问题，充分运用现有行政执法手段，严厉查处关闭一批违法违规网站和账号，有效遏制有害信息反弹、反复势头，促进网络生态空间更加清朗。

国家网信办有关负责人表示，此次专项行动要严格按照“谁主管谁负责，谁主办谁负责”原则，狠抓责任落实，各地网信部门要切实履行属地管理责任，各网站平台要坚决落实企业主体责任，全力推动网络生态专项治理工作取得实效。对纵容违法违规行为、社会影响恶劣的相关责任人，绝不姑息纵容，将依法依规予以严肃处理。

君合视角

2018年初，就有多款新闻类App因内容违规遭到下架处理，18年整年也陆续不断有平台下架、被约谈等情况发生。2019年国家网信办继续进行相关专项行动。因此，信息类平台在监管趋严的形势下应加强监管。

（四）国家广播电视总局通报处罚两频道广告播出严重违规

2019 年 1 月，国家广播电视总局抽查发现，延边卫视频道、宁夏广播电视台影视频道无视总局管理要求，仍然大量播出存在严重违法违规问题的广告。

延边卫视频道 2018 年 11 月 5 日、12 日、19 日、26 日和 12 月 3 日、10 日、25 日多次出现广告违规问题，集中表现在："动力健养生内裤""雅鹿超强蓄热裤"等购物短片广告夸张夸大宣传，超时超量播出，"绑古舒牌血竭喷""首康清脂保健贴""脂肪抑制酶品牌产品"等医药广告夸张夸大宣传，超时严重，同时还存在宣传治愈率有效率、以专家患者形象做疗效证明等问题。总局已多次责成吉林省局督促延边卫视就相关问题进行整改，但延边卫视广告违规问题不但未整改到位还屡次反弹、性质严重。

宁夏广播电视台影视频道无视总局《关于江西广播电视台公共·农业频道广告严重违规问题的通报》，2018 年 12 月 21 日 –26 日以养生节目形式，继续播出上述《通报》中明确禁播的"顺势衍宗丹"涉性广告，用语低俗，大肆宣传服用后提升性功能、性体验等内容。同时，该频道 12 月 12 日、13 日、17 日、20 日还多次违规播出"九九固精丹""帝皇强肾汤""八宝强肾汤"等多个涉性广告。该频道广告播放违规性质恶劣，严重损害广播电视媒体形象。

国家广播电视总局要求两频道立即停止违规播放广告行为，并责成属地广播电视局给予两频道暂停商业广告播出 30 日的行政处罚。由此可以看出，国家广播电视总局对于各级广播电视播出机构广告播放的严格要求。要求严格遵守广播电视广告播出的相关法律法规，坚决纠正各类广告违规问题，坚决杜绝违规问题反弹。

君合视角

2018 年 9 月，总局下发《关于开展广播电视广告专项整治工作的通知》，在全国范围内开展广播电视广告专项整治工作。期间，下发了不少整治相关通告、通知，如 12 月 19 日下发《关于江西广播电视台公共·农业频道广告严重违规问题的通报》。各级广播电视台应严格遵守广播电视广告播出的相关法律法规。

（五）国家广播电视总局突出"一条主线"、抓好五方面重点工作

2019 年 1 月 6 日至 8 日，2019 年全国广播电视工作会议在京召开。中宣部副部长、国家广播电视总局党组书记、局长聂辰席安排部署今年广播电视工作任务。聂辰席指出：做好今年工作，要突出"一条主线"、抓好五方面重点工作。突出一条主线，就是紧紧围绕庆祝新中国成立 70 周年，努力营造礼赞新中国、奋进新时代的浓厚氛围。抓好五方面重点工作，就是以实施"五项工程"（"舆论引导能力提升"工程、"新时代精品"工程、"智慧广电"建设工程、"视听中国"播映工程、"管理优化"工程）为抓手，带动全局工作提升水平，推动广播电视工作不断强起来，更好地服务党和国家事业全局。

君合视角

聂辰席的此次部署明确了今年的广播电视工作任务，其中的一大重点是提升广播电视内容。

（六）“两高”报告：加强知识产权保护显成效

2019年3月12日，十三届全国人大二次会议在人民大会堂举行第三次全体会议，分别听取了最高人民法院工作的报告和最高人民检察院工作的报告。“两高”报告数据显示，我国知识产权司法保护得到加强。

最高人民法院院长周强在报告中指出，2018年，人民法院依法服务创新型国家建设。审结一审知识产权案件28.8万件，同比上升41.8%，服务创新驱动发展。建立国家层面知识产权案件上诉审理机制，设立最高人民法院知识产权法庭，主要审理专利等技术性较强的知识产权上诉案件，统一裁判标准，进一步加强知识产权司法保护。加强北京、上海、广州知识产权法院和19个知识产权法庭建设，优化科技创新法治环境。

最高人民检察院检察长张军表示，2018年，全国检查系统加大知识产权司法保护力度，挂牌督办32起重大典型案件，起诉侵犯专利、商标、商业秘密等犯罪8325人，同比上升16.3%。2019年，全国检察工作将从严惩治侵犯知识产权、制售伪劣商品、非法集资、虚开发票骗税等严重破坏市场经济秩序犯罪，让法治成为最好的营商环境。

君合视角

从司法角度，“两高”也同样提出了将进一步加强知识产权保护，优化法治环境。

（七）国家广播电视总局办公厅发布关于建立国家广播电视总局媒体融合发展专家库的通知

2019年5月，国家广播电视总局办公厅发布《总局办公厅关于建立“国家广播电视总局媒体融合发展专家库”的通知》（“**《通知》**”），决定建立国家广播电视总局媒体融合发展专家库。

《通知》称，通过建立国家广播电视总局媒体融合发展专家库，凝聚最广泛力量，汇集全行业智慧，贯彻落实好中央“推动媒体融合发展、构建全媒体传播格局”重大战略部署，为总局推进媒体融合发展决策提供重要参考，提升总局广播电视行业治理体系和治理能力现代化水平。

《通知》指出，建设初期，专家库包括“优秀专家学者”和“优秀行业从业人员”两个子库。“优秀专家学者子库”主要面向全国广电系统、相关高等院校和科研机构以及其他社会组织中，从事广播电视、网络视听以及媒体融合发展等相关领域研究的专家学者；“优秀行业从业人员子库”主要面向全国广播电视和网络视听行业从业者，特别是致力于推动广播电视和新媒体融合发展的一线实践者。

入库专家采用推荐和邀请两种方式。本着“精益求精、宁缺毋滥”的原则，各地各单位每个子库推荐专家不超过3名。对于入选专家，总局将优先保障其参与总局组织的业务研讨、课题研究、人才培训、专家咨询、项目评审和案例评选等。同时，总局对入选专家实行动态管理，定期更新。

君合视角

《总局办公厅关于建立“国家广播电视总局媒体融合发展专家库”的通知》就指导思

想、主要任务、专家评选（评选范围、入选方式、推荐名额、专家条件、评选程序）、其他事宜做了详细阐释。

（八）国家广播电视总局办公厅发布《总局关于开展 2019 年度广播电视播出机构许可证和广播电视频道许可证换发工作的通知》

2019 年 4 月，国家广播电视总局办公厅发布《总局关于开展 2019 年度广播电视播出机构许可证和广播电视频道许可证换发工作的通知》（“**《通知》**”）。

《通知》提出，认真落实广播电视播出机构许可制度，对加强播出机构规范管理、维护正常播出秩序、保障广播电视健康有序发展，具有重要意义。各级广电行政部门和播出机构要深入贯彻习近平新时代中国特色社会主义思想和党的十九大精神，进一步强化政治意识、大局意识、核心意识和看齐意识，切实从思想上、行动上高度重视此次播出机构换证审核工作，确保及时传达、周密部署，推进该项工作扎实有效开展。各级广播电视播出机构要强化自律，认真对照总局有关规定以及此次换证审核条件，严格落实自查自纠要求，发现问题及时整改。逾期未能整改到位的，将按照《广播电视管理条例》和《广播电视播出机构违规处理办法》的有关规定予以严肃处理直至吊销许可证。各级广播电视行政部门要切实履行职责，加强监督检查，认真审核，严格把关，不搞“灯下黑”、不当“二传手”，及时发现并坚决查处播出机构各类违法违规行为。对换证中审核把关和督办整改工作不力的广电行政部门，总局将视情况对其开展诫勉谈话直至进行全国通报批评。

君合视角

《总局关于开展 2019 年度广播电视播出机构许可证和广播电视频道许可证换发工作的通知》就换证审核条件、换证审核程序、发证说明、换证工作要求做了具体部署。

（九）公安部通报打击春节档电影侵权盗版违法犯罪活动情况，“2.15”专案已成功侦破

2019 年 4 月，公安部通报了开展打击春节档电影侵权盗版违法犯罪活动情况。2019 年春节期间《流浪地球》《飞驰人生》《疯狂的外星人》等几部热播电影上映后，出现了大规模盗版。公安机关经过连续奋战成功侦破“2·15”系列专案，查明并打掉 8 部春节档高清盗版影片的线下制作源头、线上传播网络、境内外勾连团伙，打掉“麻花影视”App 等一批侵权问题突出、权利人反映强烈的盗版网站和 App。

中宣部版权管理局副局长段玉萍表示，国家版权局将把院线电影版权保护专项整治纳入“剑网 2019”专项行动，推动影视行业自律维权。“同时，针对目前大量盗版小网站将服务器设置在境外的情况，我们将加强与相关国家和地区跨境执法协作，共同打击网络侵权。”。

君合视角

此次盗版打击行动，体现出“剑网 2019”专项行动的落实。4 月 26 日，在 2019 中国网络版权保护与发展大会上，国家版权局、国家网信办、工信部、公安部四部门联合启动打击网络侵权盗版“剑网 2019”专项行动，这是全国持续开展的第 15 次打击网络

侵权盗版专项行动。

（十）中央网信办移动网络管理局副局长建议短视频行业明确方向，提升质量，优化管理

2019年4月18日，2019全国短视频创意峰会在河南郑州盛大开幕。会上，中央网信办移动网络管理局副局长苏仁先针对短视频行业的创新发展发表主题演讲，他点明了目前短视频领域面临的三大困惑，并针对性地对短视频行业提出了四点规范建议。第一，把握正确导向，明确内容主题。第二，拓展渠道、供给渠道，提升短视频的内容质量。第三，改进传播模式，强化价值引领。第四，规范运营管理，优化行业生态。

君合视角

2018年来短视频政策监管逐渐趋严，今日头条、火山小视频、快手等视频平台陆续被有关部门约谈；国家版权局、国家网信办、工信部、公安部联合启动“剑网2018”专项行动，其中重点之一是整治短视频平台。今年1月又发布了《网络短视频平台管理规范》《网络短视频内容审核标准细则》。此次苏仁先的发言也体现了对于短视频内容的提升以及管理规范化的建议。

（十一）中宣部版权管理局：将严厉打击网盘传播盗版影视作品行为

2019年4月26日，在2019中国网络版权保护与发展大会上，中共中央宣传部版权管理局负责人表示，已会同国家电影局、公安部等部门采取措施，在打击院线电影盗版工作方面取得了阶段性成效。截至目前，共破获了北京“范特西”视频App侵权案等25起盗版院线电影重大案件。

剑网2019专项行动的工作主线是为庆祝新中国成立70周年营造良好的网络环境，工作原则是依法严格保护网络版权，工作目标是坚持以人民为中心的工作导向，高度关注权利人和群众反映强烈的网络侵权问题。围绕这一工作目标，专项行动不断加大版权执法监管力度，着力规范相关行业版权秩序，积极应对5G、人工智能、区块链等新技术带来的挑战，不断提升版权管网治网能力。重点工作任务包括深化媒体融合发展版权专题保护，严格院线电影网络版权专项整治，加强流媒体软硬件版权重点监管，规范图片市场版权保护运营秩序，巩固网络重点领域版权治理成果。

为深入解决院线电影盗版问题，版权局在前一阶段工作成效的基础上，将严格院线电影网络版权专项整治纳入本次专项行动的重点整治任务。我们将采取以下四方面措施：一是加大对影院偷拍盗录行为的打击力度，深挖盗版源头，切断高清盗版传播的黑产链条；二是严厉打击通过网盘分享、聚合盗链、微博微信、论坛社区等渠道传播盗版影视作品的行为，严厉打击通过淘宝、闲鱼、转转等电商平台非法售卖侵权盗版影视资源链接、网盘账号密码的侵权盗版行为；三是着力规范点播影院、点播院线在放映、发行活动中的版权秩序；四是大力整治通过将服务器设在境外传播盗版影视作品的非法活动，集中关闭一批“三无”侵权网站。

君合视角

2005年起，国家版权局联合国家网信办、工信部、公安部持续开展打击网络侵权盗版"剑网行动"，先后开展了网络视频、网络音乐、网络文学、网络新闻转载、网络云存储空间、应用程序商店、网络广告联盟等领域的专项整治，集中强化对网络侵权盗版行为的打击力度。此次剑网 2019 明确，将严格院线电影网络版权专项整治纳入本次专项行动的重点整治任务。

（十二）深化影视改革！深改委第八次会议后，影视行业将迎哪些新变革？

中央全面深化改革委员会第八次会议（"**会议**"）于 2019 年 5 月召开，中共中央总书记、国家主席、中央军委主席、中央全面深化改革委员会主任习近平主持会议并发表重要讲话，针对影视行业改革提出部署要求，会议同时审议通过了《关于深化影视业综合改革促进我国影视业健康发展的意见》（"**《意见》**"）

会议和《意见》指出，推进影视行业改革，要从完善创作生产引导机制、规范影视企业经营行为、健全影视评价体系、发挥各类市场主体作用、加强行业管理执法、加强人才队伍建设等方面统筹推进改革。既抓住当前群众普遍关心、反映强烈的具体问题，又聚焦影视行业标准、从业人员诚信建设等配套性强、影响长远的要害问题，形成管用的长效机制。

君合视角

有业内人士认为，《意见》的出台，实质上为目前身处水深火热的影视行业打了一剂"强心剂"。《意见》提出创作生产引导机制，体现中央对于影视内容提升方面的重视；在市场规范层面，《意见》也强调务必规范经营。事实上，中国影视业的市场规范尚不成熟，电影票务、艺人片酬、制作规范等等都有待提升。中央层面对于影视行业创作内容及规范的重视，势必对影视行业的发展产生深远的影响。

（十三）国家广播电视总局部署国庆 70 周年电视剧排播 对卫视提要求

2019 年 6 月，国家广电总局电视剧司召开庆祝新中国成立 70 周年部分省级卫视播出调度会，部署省级卫视电视剧剧目播出工作，北京、湖南、上海东方等 13 家省级电视台负责人及相关人员参加了会议。

会议明确了统一部署、统一调度、统一编排的调控指导原则，通报了组织庆祝新中国成立 70 周年优秀电视剧百日展播活动及重点推荐剧目的创作进展情况，要求各台扎实做好推荐剧目的编排播出工作。其中包括：

1. 要高度重视播出政治导向问题，始终把正确的政治方向摆在第一位；
2. 要切实增强媒体阵地意识，全力做好编排播出；
3. 要创新思路，形成合力，努力实现播出效益最大化；
4. 要进行全时段宣传期播出调控，确保编排播出剧目与宣传期整体氛围相协调。既抓住当前群众普遍关心、反映强烈的具体问题，又聚焦影视行业标准、从业人员诚信建设等配套性强、影响长远的要害问题，形成管用的长效机制。

君合视角

随着新中国 70 周年的临近，中央政府对于电影电视行业的政治导向把控和意识形态

管理也日益收紧。在未来的三个月，体现主流意识形态的革命历史题材影片和弘扬主流价值观、历史观和政治观的影片会有更多的放映空间。

（十四）北京“晋江文学城”网站被扫黄打非办查处

2019年5月23日，按照北京市扫黄打非“净网2019”专项行动工作部署，根据群众举报，北京市“扫黄打非”办公室组织市文化市场行政执法总队、市公安局治安管理总队、市委网信办、市新闻出版局、市通信管理局等单位，对北京晋江原创网络科技有限公司运营的晋江文学城网站进行联合检查。经查，在该网站登载的网络作品中，《不知悔改的男人》《妖孽养成日记》等作品涉嫌传播淫秽色情内容，对公众特别是未成年人的身心健康有毒害。

鉴于北京晋江原创网络科技有限公司对相关网络出版物内容疏于监管，未尽合理审查义务，相关部门依法责令其立即进行整改，配合执法机关调查，全面清查网络出版物内容，完善审核编辑制度，对存在问题立行立改。对该网站涉嫌违法行为，执法机关将进一步依法作出严肃查处。

北京晋江原创网络科技有限公司负责人表示，将主动配合执法机关依法查处，诚恳接受处罚，同时，按照行业主管部门的要求，全面开展自查，认真进行整改。从即日起，立即关停所涉问题突出的古代纯爱频道下的东方架空栏目及衍生纯爱频道下的东方幻想栏目，停止更新原创分站15天，同时进一步完善相关制度，把好内容审核关口，确保运营合法合规。

君合视角

“净网2019”是由全国扫黄打非办公室组织的旨在持续净化社会文化环境的专项行动。根据“扫黄打非”办公室的要求，本次行动着重整治网络文学领域，加强对文学网站的监管，规范网站编辑和作者管理，严打利用微信公众号、微博、贴吧、论坛等渠道引流低俗内容的行为。该专项行动实施至今，已公布第一批典型案件，包括广东深圳“快妖精”短视频App传播淫秽物品牟利案、上海长宁“樱桃直播”App传播淫秽物品案、山东聊城“萌妹子”论坛传播儿童色情视频牟利案等。“净网2019”提醒广大互联网平台及创作者，创作内容务必避免色情非法内容，弘扬正确的价值观。

（十五）深圳在全国率先推出电影票退改签标准 开映前24小时以上免收手续费

深圳在全国率先推出了电影票退改签标准。2019年5月15日，深圳市消委会召开新闻发布会，通报深圳市《电影票退改签标准》落实情况，首批有20家影院加入，在这些影院退改签电影票，距离开影时间24小时以上免收手续费。标准采取“阶梯式”退费，也就是根据消费者退改签时距离开影的时间分为四个阶段，分别是：24小时以上免收退改签手续费、2–24小时收取不高于票价10%手续费、1–2小时收取不高于票价20%手续费、0.5–1小时收取不高于票价30%手续费，更灵活便于操作。

君合视角

针对电影票“不退不改”或“只改不退”的问题，中国电影发行放映协会曾于2018年9月发布过《电影票“退改签”规定的通知》，要求影院明确“退改签”规定，规定条款尽量细化，做到权责清楚。同时，影院应在大堂醒目位置公示购票“退改签”须知，以保证观众在进入影城柜台购票时，提前了解到影票“退改签”规定。本次深圳市《电影票退改签标准》即使响应了《电影票“退改签”规定的通知》，通过深圳市消委会制定并落实了深圳电影票退改签的政策。

（十六）国家广播电视总局要求优先选购选播优秀国产纪录片

2019年6月19日，国家广电总局发布《总局办公厅关于推荐2019年第一季度优秀国产纪录片的通知》。通知指出，经过国家广电总局组织的评审，从全国选送的243部纪录片中推选出了75部2019年第一季度优秀国产纪录片。通知要求，全国各级电视台，尤其是各卫视频道、各纪录片专业频道、各科学教育类专业频道、各级电视台纪录片栏目，要主动选购选播总局推荐的优秀国产纪录片。此外，相关栏目、机构播出推荐纪录片的情况，将作为重要指标纳入年度扶持项目评选考核体系。

君合视角

近年来国产纪录片的质量提升很快，出现了很多优秀的作品，国家政策的扶持对纪录片制作起到了积极的推动作用。

（十七）文化和旅游部：将对高片酬、阴阳合同等进行专项整治

2019年6月26日，第十三届全国人大常委会第十一次会议举行第二次全体会议，文化和旅游部部长雒树刚向全国人大常委会报告我国文化产业发展工作情况。报告显示，文化和旅游部未来将持续深化文化市场综合执法改革，推进文化、文物、出版、广播电视、电影、旅游领域市场执法队伍整合，对泛娱乐化、影视业高片酬、阴阳合同和偷逃税等突出问题开展专项整治。同时，还将积极开展网络空间治理，加强网络内容建设管理和新技术新应用安全评估，推动互联网企业履行主体责任，推动网络空间日渐清朗。

君合视角

此前中宣部等五部局曾发文，共治影视行业“阴阳合同”、偷逃税等乱象，其中作出了每部电影、电视剧、网络视听节目全部演员、嘉宾的总片酬不得超过制作总成本的40%，主要演员片酬不得超过总片酬的70%等要求。此次报告明确，未来将对泛娱乐化、影视业高片酬、阴阳合同和偷逃税等突出问题开展专项整治。

（十八）国家网信办集中开展网络音频专项整治，多个音频平台被处罚

2019年6月，国家网信办会同有关部门针对网络音频乱象启动专项整治行动，已依法依规对吱呀、Soul、语玩、一说FM等26款传播历史虚无主义、淫秽色情内容的违法违规音频平台，分别采取了约谈、下架、关停服务等阶梯处罚。对此，国家网信办相关负责人表示，针对违法违规音频平台开展集中整治，遏制行业乱象，督促企业落实主体责任，最终目的是促进行业健康有序发展。国家网信办将会同有关部门，坚持标本兼治、管建并举，在进行集中整治的同时，推动音频平台企业规范发展、创新发展，支持和鼓励主流媒体生产更多网民喜闻乐见的优秀音频内容，引导广大网民积极参与优质音频创作活动，社会各方共同努力，营造主旋律高昂、正能量充沛的网络音频空间。

君合视角

近年来，网络音频行业野蛮生长，行业乱象频出。短视频、直播平台出现违法违规内容的事件频频发生。通过加强监管，落实主体责任，将促进行业健康有序发展。

（十九）饿了么、小红书等18家企业被工信部点名：违规收集用户信息

2019年7月2日，工信部官方微信公众号通报2019年一季度电信服务质量情况。通报内容显示，2019年一季度用户个人信息保护检查发现，猎豹浏览器、饿了么、小红书、网易考拉、融360等多款App存在未经用户同意收集个人信息的问题，此外，上述App还存在误导用户同意收集使用个人信息的问题。

通报称，一季度，工信部组织对100家互联网企业106项互联网服务进行抽查，发现18家互联网企业存在未公示用户个人信息收集使用规则、未告知查询更正信息的渠道、未提供账号注销服务等问题，已责令相关企业整改。

此外，工信部组织对50家手机应用商店的应用软件进行技术检测，发现违规软件33款，涉及违规收集使用用户个人信息、强行捆绑推广其他应用软件等问题，已对违规软件进行下架处理，并责令企业整改。

君合视角

本次被工信部点名的不乏一些知名应用，包括了格瓦拉、猎豹浏览器、小红书、游族和科大讯飞。近年来，多部国内立法加大了对自然人个人信息的保护力度。如《民法总则》第111条规定，任何组织和个人不得非法收集、使用、加工、传输他人个人信息。《网络安全法》第44条和《消费者权益保护法》第29条也存在类似的规定。除了上述民事责任和行政责任外，非法收集个人信息还可能构成《刑法》第253条的侵犯公民个人信息罪。因此，企业为经营之目的收集用户信息一定要遵守合法、正当和必要的原则，尽量避免潜在的法律风险。

（二十）国家广电总局：百日展播期不得播娱乐性较强的古装剧偶像剧

2019年7月，国家广电总局电视剧司下发通知，部署庆祝中华人民共和国成立70周年电视剧展播工作。展播活动遴选86部剧目，供全国各级电视台尤其是各省级卫视自

8 月起选购播出。推荐剧目主题突出、题材丰富，聚焦中华民族站起来、富起来到强起来伟大奋斗历程的不同阶段，真情讴歌祖国、讴歌人民、讴歌英雄、讴歌时代，着重反映新时代中国人民追求美好生活的生动实践，唱响团结奋进的新时代主旋律。在为期百日的展播活动期间，各台将统一标注“庆祝中华人民共和国成立七十周年国家广播电视总局优秀剧目展播”字样。

通知要求全国各级电视台坚持讲政治、顾大局，切实增强媒体阵地意识，提早做好重点剧目的洽谈选购、编排定档，认真履行播前审查、重播重审职责，严把选剧关、内容关、播出关，展播期间不得播出娱乐性较强的古装剧、偶像剧，确保播出剧目与宣传期整体氛围相协调。

为确保展播活动取得预期效果，总局采取多项措施统筹协调、高位指挥。总局党组成员亲自参加重点剧目审看，电视剧司调整常规审看安排，开辟展播重点剧目审查“绿色通道”，对于拟在宣传期展播的重点作品，提前调审、优先审批、全面评估，帮助作品提升艺术质量，确保优秀作品尽早与观众见面。

君合视角

通知对各电视台接下来对电视剧的选购及编排提出了更高的要求，必须严把选剧关、内容关、播出关。娱乐性较强的古装剧、偶像剧等与宣传期气氛不协调的电视剧将不得在电视平台播出。对于拟在宣传期展播的重点作品，广电将开启“绿色通道”，提前调审、优先审批、全面评估，帮助作品提升艺术质量，确保优秀作品尽早与观众见面。

（二十一）上海市网信办依法对“每日英语听力”“环球老虎财经”做出行政处罚

2019 年 7 月，经巡查发现，上海倩言网络科技有限公司运营的“每日英语听力”App 擅自开设新闻综合版块，违规转载大量境外时政新闻；上海鸣应信息技术有限公司运营的“环球老虎财经”网站及自媒体号以爆料揭露内幕、翻炒旧闻、违规自采等方式，对企业进行所谓的舆论监督原创报道。以上两家互联网企业在未取得互联网新闻信息服务许可的情况下，违规开展互联网新闻信息服务活动，已严重扰乱网络信息传播秩序。

上海市网信办依据相关法律法规，分别约谈“每日英语听力”“环球老虎财经”负责人，责令立即停止违法违规行为，并开展全面深入整改。根据前期执法调查结果，上海市网信办依法对上海倩言网络科技有限公司、上海鸣应信息技术有限公司分别作出罚款的处罚决定。

此外，上海市网信办负责人强调，无论是网站还是自媒体，未取得互联网新闻资质许可，不得擅自开展互联网新闻信息服务。上海市网信办将加大监管执法力度，依法依规从重从严从快打击网上各类违法违规行为。

君合视角

根据《国务院对确需保留的行政审批项目设定行政许可的决定》（国务院令第 412 号）附件第 372 项、《互联网信息服务管理办法》（国务院令第 292 号）第五条等规定，

未取得互联网新闻资质许可，不得擅自开展互联网新闻信息服务。

（二十二）我国成立海外知识产权纠纷应对指导中心 将做企业海外维权服务

2019年7月10日，国家海外知识产权纠纷应对指导中心正式揭牌。国家知识产权局副局长甘绍宁指出，成立国家海外知识产权纠纷应对指导中心是因时之需、因需而立，是深化“放管服”改革、优化营商环境的重要体现，承载着我国广大国际化发展企业的殷切期望。

君合视角

海外知识产权纠纷应对指导中心的成立将提升企业海外知识产权风险防控能力，同时有利于保护企业知识产权在海外的权益。

（二十三）北京消协就“明星势力榜”投诉问题约谈新浪微博

2019年7月22日，北京消协联合海淀区消协就“明星势力榜”投诉问题紧急约谈新浪微博相关负责人，要求其重视消费者诉求，对相关投诉及时核实处理，并就采取措施和退款情况向市消协作出书面说明。7月14日，微博号@明星势力榜发布关于本周新星榜数据异常公告称，近日反垃圾系统监测到，新星榜上部分明星粉丝通过非法第三方渠道对榜单数据进行刷榜，造成榜单阅读人数、互动数、社会影响力数据异常。经调查确认，明星粉丝后援会公开承认利用非法渠道刷榜，而明星本人和经纪公司对于刷榜行为并不知情。鉴于此次刷榜行为的严重性，将暂停刷榜明星上榜资格一个月，本月为该明星购买鲜花的用户将于近日收到退款。

君合视角

2019年7月22日晚间，微博官方发布致歉声明，承认新星榜上部分明星粉丝通过非法第三方渠道对榜单数据进行刷榜，并称鉴于此次刷榜行为的严重性，暂停刷榜明星上榜资格。今年6月，“一亿人转发”事件被《人民日报》点名批评，“流量造假”“刷数据”也自此饱受争议。粉丝、明星、平台都应当以理性正确的眼光看待数据，平台也应该在数据与粉丝需求间进行平衡与监管。

（二十四）热播影视剧弄错中国地图被国家部委点名

影视剧《亲爱的，热爱的》在东方卫视及浙江卫视热播，剧集相关话题在网络上颇受关注。然而，就在该剧播出大结局后，有不少网友对当天剧中出现长达19秒的一幅中国地图提出了质疑。这幅地图上，标注为中国领土的区域中缺少了台湾岛、海南岛、藏南地区以及阿克赛钦地区。

2019年8月1日，自然资源部点名该剧，指出其该剧存在登载使用的地图未履行地图审核程序，同时指出该剧登载使用的地图存在诸多错误：我国藏南地区和阿克赛钦地区国界线、我国台湾岛和海南岛底色与大陆不一致、漏绘我国南海诸岛和南海诸岛归属范围线、克什米尔地区表示不符合国家有关规定等。

自然资源部已责成属地管理部门对涉嫌违法违规的行为依法进行处理。自然资源部表示，正确的国家版图是国家主权和领土完整的象征，体现了国家在主权方面的意志和在国际社会中的政治、外交立场。

据悉，自然资源部将于 8 月底开展全国测绘法宣传日暨国家版图意识宣传周活动，进一步强化国家版图意识的宣传教育，提升公民的国家版图意识，优化标准地图服务，更好地引导公众正确使用各类地图。

君合视角

影视剧制作方应当有政治敏锐性，除了地图外，对于地名、英文俚语的使用等都应当谨慎，完善与建立校对、编审等机制，防止重大问题的出现。

（二十五）针对国产电视剧超长问题，国家广播电视总局正研究相关应对措施

官方公布的数据显示，2019 年 7 月通过备案公示的国产剧，剧集集数平均在 40 集左右（《大桥》60 集、《青年警察》40 集、《花脸》50 集、《姐姐结婚吧》40 集、《长白山下》30 集……）。有媒体报道指出，针对目前国产剧“注水”严重的问题，国家广播电视总局正在研究相关应对措施并向行业征求意见，拟对剧集集数的上限做出规定，上限为 40 集。据报道，目前这一规定仍在征求意见中。

君合视角

近年来，有关国产电视剧篇幅冗长的吐槽声从未中断，而这些“注水”剧也正在不断地消耗观众的信任。国产剧“注水”的背后是利益驱动，目前电视剧一般是按照集数计费，一部超过 50 集的上星剧，轻松就可以卖出过亿的授权费。如果新规出台，将对电视剧制作方提出更高的要求，对其营收也可能会产生影响。我们会持续关注进展情况。

（二十六）国务院总理李克强：完善电商平台专利侵权判定通知、移除规则

2019 年 10 月 16 日，国务院总理李克强主持召开国务院常务会议，听取今年减税降费政策实施汇报，要求确保为企业减负担、为发展增动能；部署以更优营商环境进一步做好利用外资工作。会议指出，对外开放是我国基本国策。外资在我国经济发展中发挥了独特而重要的作用，推动高质量发展、推进现代化建设必须始终高度重视利用外资。会议确定，要持续深化“放管服”改革，打造更有吸引力的营商环境，进一步做好利用外资工作。其中强调：不得强制或变相强制外国投资者和外资企业转让技术，依法保护商业秘密，完善电商平台专利侵权判定通知、移除规则。政府采购不得限定供应商所有制形式、投资者国别、产品或服务品牌等。

君合视角

李克强总理的发言明确，会完善电商平台的侵权判定通知、移除规则，打造完善的营商环境。

（二十七）国家市场监督管理总局：严查网红带货

2019年10月17日，在最高人民检察院召开的“食品药品安全‘四个最严’要求专项行动”新闻发布会上，国家市场监督管理总局执法稽查局局长杨红灿表示，将对网红食品安全违法行为进行重拳出击，“刷单”“假评论”等违法行为将受到查处。网红，说到底是借助互联网快速传播的特性进行广告宣传，一些食品，餐饮品牌在网络推广中，借由口口相传、人人转发而获得迅速传播，很多不知名的商家和商品，往往能异军突起，收到意想不到的营销效果。“但是，一些商家揣着赚一笔是一笔的思想，把价格定得虚高，却不太重视商品质量。”杨红灿指出，一些网红食品，尤其是保健食品，非法添加西药成分事件偶有发生，群众反映强烈。

君合视角

国家市场监督管理总局此次发言针对的是网红食品的安全问题。“网红”“带货”存在虚假宣传、产品质量问题、数据造假、维权困难等问题，给消费者带来了极大的危害。此次发言表明未来有关部门将针对食品、药品等重点领域针对上述问题集中进行治理。

（二十八）国内53家主要网络直播和视频平台上线“青少年模式”

2019年10月，国家网信办继续深入推进青少年网络防沉迷工作，统筹指导六间房、花椒直播等24家网络直播平台，搜狐视频、百度视频等9家网络视频平台统一上线“青少年模式”。截至目前，国内共有53家平台上线“青少年模式”，网络防沉迷工作基本覆盖国内主要网络直播和视频平台。

国家网信办相关负责人介绍，最近一批上线“青少年模式”的网络平台更加注重功能限制和专属内容建设。今年8月，国家网信办对此前上线“青少年模式”的20家网络视频平台的防沉迷效果进行了评估，指导相关平台调整优化功能设置，全量清理青少年专属内容池。在总结推广前期经验基础上，这53家上线“青少年模式”的网络平台实现了统一运行模式、统一功能标准，在该模式下关闭站内搜索、弹幕评论、内容分享、私信聊天、拍摄发布、充值打赏等功能，仅推荐适合青少年观看的内容，确保“青少年模式”下的内容池更健康更有益。

国家网信办相关负责人表示，预防和干预青少年沉迷网络是全社会的共同责任。国家网信办积极推进网络平台上线“青少年模式”，旨在引导互联网企业积极履行社会责任，同时也需要学校、家庭承担起相应责任，教育引导青少年安全合理使用网络，推动全社会形成共同参与青少年网络保护的良好氛围。

君合视角

这不是国家网信办针对网络平台首次推动“青少年模式”。3月28日，国家网信办就指导组织“抖音”“快手”“火山小视频”等短视频平台试点上线青少年防沉迷系统。网络短视频在快速发展的同时，也引发青少年不同程度的沉迷问题，家长和社会各方对此多有诟病，有关部门也因此推动短视频平台的开发运行。

（二十九）三部门调整高频快开彩票游戏和竞猜彩票游戏规则，加强彩票市场监管

2019年1月28日，财政部、民政部、国家体育总局发布《关于调整高频快开彩票游戏和竞猜彩票游戏规则加强彩票市场监管的通知》(“**《通知》**”)，调整福利彩票快开游戏和体育彩票高频游戏、体育彩票全国联网单场竞猜游戏规则，加强彩票市场监管。

针对高频快开游戏，《通知》明确，自2月11日起，高频快开游戏每期销售时间短于20分钟的，一律调整为20分钟。取消提取1%的调节基金，相应提高其彩票公益金提取比例1个百分点。2月11日前已提取和转入的调节基金结余，不再用于派奖，可继续用于游戏规则规定的其他用途。同时禁止在实体店外对高频快开游戏开展任何形式的宣传。

针对单场竞猜游戏，《通知》明确，自2月11日起，将单场竞猜游戏返奖奖金比例由73%调整为71%，即取消提取1%的调节基金，并下调单场竞猜游戏当期返奖奖金比例1个百分点，相应将彩票公益金提取比例由18%提至20%。另规定实体店代销费用提取比例不得高于7%，切实引导竞猜游戏市场理性健康发展。

《通知》同时要求，自2月11日起，高频快开游戏和竞猜游戏单张彩票的投注倍数范围分别由2–99倍调整为2–20倍和2–50倍。彩票销售机构应当严格执行高频快开游戏限号管理规定，对每期全部投注号码的可投注数量严格落实限量销售。彩票发行机构应当每年定期对彩票销售机构执行限号情况开展核查。

此外，《通知》还强调加强销售终端管理，落实实体店销售终端数量管理和单台销售终端额度监管。同时，《通知》要求停止派奖和促销活动，彩票销售机构不得对高频快开游戏和单场竞猜游戏开展任何形式的派奖和促销活动。

君合视角

近年来，我国彩票事业总体上呈现持续健康发展的态势，然而彩票市场仍然存在擅自利用互联网销售彩票、大额投注等非理性购彩现象。此次《通知》的出台加强了对于福利彩票快开游戏、体育彩票高频游戏、体育彩票全国联网单场竞猜游戏等重点领域的市场监管。为了落实《通知》的要求，国家体彩中心还自行推出了一系列措施强化合规管理，如，投注倍数违规时体彩终端机将不接受投注并弹出警示信息、体彩代销者和销售员必须对高频或高额游戏者其进行劝阻等。这些表面以“禁令”为主的措施，实则都是为了绷紧“安全”这根弦，确保体彩事业发展更加健康、可持续、可信赖。

（三十）企鹅体育直播内容新版管理规定

2019年11月26日，腾讯旗下的企鹅体育直播平台公布《直播内容新版管理规定》(“**《规定》**”)，以更好地维护平台的基本秩序，营造健康和谐的网络空间。

《规定》明确规定，对于其罗列的严重违规行为，直播间及账号将永封，无法申诉解除，其中包括进行反党反政府或带有侮辱诋毁党和国家的行为、进行威胁生命健康或利用枪支、刀具表演等种种恶劣行径。除此之外的一般违规，将视情节轻重进行发送违规提醒、暂时封禁、暂时关闭直播间等处罚。《规定》还针对直播具体内容进行了

规范，对于宣传黄赌毒、涉及危险血腥暴力、泄露他人隐私等诸类行为予以禁止。并且《规定》强调，对于违规行为，企鹅体育有权向监督管理部门报告，并会积极配合国家行政机关、司法机关的检查工作。除此之外，《规定》还对主播着装、商务广告、赛事盗播、违法博彩等方面进行了专门的规定，体现出了对违法违规的直播行为零容忍的态度。

君合视角

直播作为当下的一大热门领域，在体育产业的发展中也存在很大的发挥空间。体育直播的便利性与趣味性使其在推广体育运动、促进体育消费、传播体育理念等方面发挥着重要作用。然而，直播平台的一大弊病就在于直播内容一旦监管不当，容易对其广大年轻受众带来负面引导，也不利于社会风气的良性发展。因此企鹅体育这次态度严正地发布其内容管理规定，有助于这一行业的正向发展，为行业的进一步规范起到了带头作用。

三、2019年度传媒与娱乐行业动向

（一）熊猫直播宣布将关停服务器

2019年3月8日，熊猫直播官方微博发文，称“主站流浪计划第一阶段开启，工程师请逐渐断开与母星连接，注意，请务必保持已连接的服务正常。”正式宣布关停服务器。早前，熊猫直播曾发布内部信称，在其“被迫选择结束”，决定遣散员工时，平台依然有每天几百万的日活，每月数千万的流水。熊猫直播表示，“从2017年5月最后的融资消息之后，在长达22个月的时间内我们没有任何外部的资金注入”。截至目前，iOS版熊猫直播App依旧可以下载。打开PC网页后，仍有部分主播在该平台进行直播，用户也能正常观看。

熊猫直播表示，“从2017年5月最后的融资消息之后，在长达22个月的时间内我们没有任何外部的资金注入”。

君合视角

熊猫直播指出，关停的直接原因在于缺乏资本注入。直播行业近年来竞争愈发激烈，平台争抢热门主播、主播跳槽等新闻屡见不鲜。根据业内人士的分析，熊猫直播的平台定位不清晰、缺乏头部主播都是其关停的原因。

（二）阿里影业正式成为阿里集团子公司

2019年3月5日，阿里影业发布公告称，阿里巴巴对阿里影业的股权增持计划已完成交割，阿里影业正式成为阿里巴巴集团的附属子公司。去年12月，阿里巴巴对外公布计划增持阿里影业，向其注资12.5亿港元，持股比例由49%提升至50.92%。交易完成后，阿里集团将对阿里影业实现实质控制，并在阿里影业董事会拥有一定的董事席位。公告亦披露了阿里影业董事局人事任命。自2019年3月5日起，俞永福及张蔚已分别辞任执行董事，邵晓峰和李连杰已分别辞任非执行董事；同时，阿里影业首席财务官孟钧已获委任为执行董事，阿里巴巴集团财务副总裁张彧及阿里巴巴集团人力资源副总裁常

扬已获委任为非执行董事。

樊路远曾表示，成为阿里巴巴集团子公司，可以利用集团在大数据技术及电商方面的优势，加强与优酷、大麦网、阿里文学等大文娱业务合作。有行业分析师表示，阿里大文娱特别重视且强调整体战略，努力打造用户群体数据。

君合视角

此前，阿里巴巴经过了新一轮组织架构调整后，樊路远出任大文娱新一任轮值总裁。此次阿里影业正式成为阿里集团子公司，也表明了阿里对于文娱行业的重视，对其整体战略的执行。

（三）迪士尼收购福克斯，好莱坞“六大”成为历史

2019 年 3 月 12 日晚间，迪士尼正式宣布与 21 世纪福克斯（以下简称“福克斯”）的收购案获得了最后的监管批准，交易的确切完结时间为“美国东部时间 3 月 20 日上午 12 点 02 分”。

根据披露，福克斯的部分资产作价 713 亿美元，这比迪士尼最初的出价高出 36%。而标的包括福克斯旗下的二十世纪福克斯影业、二十世纪福克斯电视公司、印度星空传媒集团、30%Hulu 股份等主要资产。

一位影视行业分析师接受《证券日报》记者采访时表示：“虽然波折不断，但迪士尼最终还是以高昂的代价拿下了福克斯的部分资产，包括旗下福克斯影业，这不仅意味着《X 战警》可以回归漫威宇宙，更重要的是两大电影巨头合并，‘好莱坞六大’成为历史，对于娱乐行业来说具有划时代的意义。”

君合视角

去年，美国法院批准 AT&T 收购时代华纳。今年，迪士尼与福克斯影业合并。这两起并购会对影视行业甚至互联网行业、电信行业产生长远的影响。对于迪士尼而言，将进一步布局电影、电视及网络流媒体，扩展原有的业务领域，同时也将大量 IP 收入囊中。

（四）欧盟将针对 Spotify 的投诉对苹果展开调查

根据《金融时报》报道，欧盟将会针对 Spotify 先前提出的投诉对苹果进行调查，若调查后发现指控属实，苹果可能会面临一笔不小的罚金。

Spotify 在 2019 年 3 月时曾向欧盟执行委员会（EC）投诉，苹果会利用 App Store 管理员的身份，故意让其他应用程序开发者处于不利地位。根据《金融时报》报道，欧盟执行委员会将针对 Spotify 所提出的内容对苹果展开调查。Spotify 执行长 Daniel Ek 表示，苹果会向开发者收取 30% 的应用程序内收入，且 Apple Music 对其他音乐软件也有不公平的地方。Spotify 是第一个说出这件事的公司，Ek 表示，其实很多开发者都这么想，只是不愿意说出来惹怒苹果。外媒《Tech Crunch》认为，一旦欧盟展开调查，就会改变沉默的现状。

欧盟现在被视为美国科技业者的“严苛对手”，除了有着 GDPR 条款，过去也对做出明显垄断行为的企业采取许多行动。谷歌在今年三月因为违反垄断法遭罚 14.9 亿欧元，另外，脸书现在也因为一连串的隐私疑虑受到欧盟调查。

根据《The Verge》报导，欧盟针对苹果的调查可能要花上几年才会有结果，如果发现苹果违反法律，欧盟可能会对苹果开出高达该公司全球收入10%的罚款。另外，苹果也有可能为了提早结束调查而改变其行为。

君合视角

欧盟20年的反垄断调查，美国不少科技巨头都被密切关注。前段时间，谷歌刚被欧盟处以第三笔巨额罚款。欧盟执法部门可以要求企业调整被认为不合法的商业行为，而罚款最高可以达到企业全球年营收的1/10。

（五）中国电影文学学会就《著作权法（送审稿）》提出诉求，主张维护编剧权利

2019年5月26日，中国电影文学学会代表编剧群体发声，就《中华人民共和国著作权法（修订草案送审稿）》提出几点诉求，主张维护编剧权利，摘要如下：

1. 送审稿第五条第一款关于文字作品的解释为：（一）文字作品，是指小说、诗词、散文、论文等以文字形式表现的作品。建议与时俱进，将“剧本”加入其中。

2. 送审稿第十九条第一款规定“制片者使用小说、音乐和戏剧等已有作品制作视听作品，应当取得著作权人的许可”。建议在本款上加入“剧本”。

3. 送审稿第十九条第二款规定“电影、电视剧等视听作品的作者包括导演、编剧以及专门为视听作品创作的音乐作品的作者等”。建议仍按现行法和行业惯例、生产流程逻辑表述为“电影、电视剧等视听作品的作者包括编剧、导演以及专门为视听作品创作的音乐作品的作者等”。

4. 送审稿第十九条第四款规定“视听作品中可以单独使用的剧本、音乐等作品，作者可以单独行使著作权，但不得妨碍视听作品的正常使用”中，“但不得妨碍视听作品的正常使用”相当于直接否定了作者单独使用自己作品的权利，建议删除。

5. 送审稿第十三条规定著作权中的人身权包括：（一）发表权（二）署名权（三）保护作品完整权，但取消了现行法中的“修改权”。建议恢复“修改权”。

6. 送审稿第十三条第三款第（八）项规定“改编权，即将作品改变成其他体裁和种类的新作品，或者将文字、音乐、戏剧等作品制作成视听作品，以及对计算机程序进行增补、删节，改变指令、语句顺序或者其他变动的权利”，其中的包含了“或者将文字、音乐、戏剧等作品制作成视听作品”相当于现行法中的“摄制权”内容。建议恢复“摄制权”。

君合视角

中国电影文学学会从维护编剧权利的角度对《著作权法》提出诸多修改建议，特别是，提出将剧本列举为作品类型之一，并提出恢复修改权及摄制权。剧本著作权争议在近年来的确呈现增加趋势，包括剧本所涉编剧署名权、编剧获酬权等等。任何一部影视作品最终呈现给观众的核心内容，都呈现了编剧的智力成果，对于编剧相关权利的保护的确应当引起重视，我们也期待著作权立法修改能够给予编剧更多的权利保障。

（六）腾讯牵头制定首个针对游戏未成年人守护的国际标准

2019年5月21日，IEEE网络游戏未成年人守护标准工作组第一次会议在深圳成功召开，启动《网络游戏未成年人守护指南》制定工作。来自腾讯公司、电子四院、广东游戏产业协会、深圳互文协会、华为、OPPO、小米、恒安嘉新、深圳电通、深识科技等企事业单位的30多名专家参加本次会议。

据了解，《网络游戏未成年人守护指南》是由腾讯公司牵头在IEEE发起，是国际上首个针对未成年人网络保护标准。数字时代未成年人网络保护是世界共同面对的课题，对于提供什么样的技术手段？怎样保护未成年人的隐私不受侵犯？在此之前，业界尚没有统一答案。

去年，腾讯、三星，华为，vivo，OPPO，小米等企业宣布共建“未成年人守护生态”，在内置入口、设备管控、数据打通等多个领域的合作。经过了两年的摸索和实践，总结出技术可以为未成年人健康上网提供帮助，但标准需要达成共识。

腾讯在网络游戏未成年守护方面已开展了多项举措，在行业内率先上线“游戏内系统级管控”的健康系统，规定13周岁以下的未成年人游戏超过1小时，会被强制下线，同时，晚9点到早8点，不得登录游戏；13岁及以上的未成年人，每天限玩2小时。2018年9月，健康系统的全面升级，接入公安权威数据平台，对用户的身份和年龄进行精准校验。同年11月，腾讯还在《王者荣耀》中率先启用为金融级的人脸识别技术。最新数据统计显示，相比启用公安实名校验前，《王者荣耀》未满13周岁的未成年用户平均游戏时长下降约59.8%，13周岁及以上未成年用户平均游戏时长下降40.3%。

成长守护平台是游戏外的“主动管理”，目前包含家庭守护、师生互动、自我管理三个模块。在帮助家长、老师了解孩子的游戏时长的同时，还鼓励未成年人进行自我管理，培养自驱力。截至目前，平台绑定父母和孩子的账户数超过2000万，微信公众号粉丝超过1500万，超过82%的绑定用户游戏时长呈现下降趋势。

君合视角

就移动端的网络游戏，原国家新闻出版广电总局曾于2016年5特出台过《关于移动游戏出版服务管理的通知》，要求特定类型的游戏按照《关于启动网络游戏防沉迷实名验证工作的通知》的规定，对移动端网游设置实名认证程序。腾讯目前牵头制定的《网络游戏未成年人守护指南》属于行业自律规则。该规则虽然不具有法律效力，但由于该规则是由行业内部人士制定，内容更符合行业现状，同时也更善于运用最新科技来创造性地解决行业内的问题。

（七）中国电影票房9年来首现负增长，观影人次同期减少约1亿

据猫眼专业版数据显示，2019年1月—5月中国电影分账票房（不含服务费）和观影人次的同比增速均为负，出现2011年来首次下降。2019年1–5月，中国电影分账票房（不含服务费）累计249.41亿元，同比下降6.35%。

在观影人次方面，2019年1月—5月观影人数仅为6.89亿人次，相比2018年同期减少了约1亿人次。

在2019年1月—5月上映的影片中，除了《流浪地球》《复仇者联盟4》等热门电影拿到不错的票房外，其他电影表现均低于预期。票房达10亿以上的电影只有6部：《流浪地球》(46.5亿)、《复仇者联盟4》(42.2亿)《疯狂的外星人》(22亿)、《飞驰人生》(17.2亿)、《大黄蜂》(11.5亿)、《惊奇队长》(10.3亿)。

与此同时，国外票房也不景气。根据Box Office Mojo数据，2019年第一季度，美国票房同比下降12.6%，连续两年下滑，中美票房差距正在缩小。据普华永道预测显示，中国将在明年成为全球最大电影市场，电影票房收入将达到122.8亿美元，超过美国的119.3亿美元。

君合视角

对于国内票房出现负增长的情况，有些电影行业的专业人士认为不是坏事，有评论认为，这个现象说明电影行业已经脱离野蛮生长的阶段，爆发式增长阶段已经过去。整体而言，在中国市场，片方的主要收入还是电影票房，票房不达预期意味着片方亏本；而在好莱坞，片方收入实际上早已呈多元化的状态，这使得电影票房收入不是唯一决定片方收入的因素。的确，电影票房收入整体下降未必是坏事，但是如果电影收入单一局面不能改变，票房收入危机无疑会导致中国片方面临收入减少的危机。

(八)《2019中国网络视听发展研究报告》在成都发布

中国网络视听节目服务协会于2019年5月27日在四川省成都市发布了《2019中国网络视听发展研究报告》(以下简称《报告》)。《报告》显示，截至2018年12月，中国短视频用户规模达6.48亿，短视频用户使用时长占总上网时长的11.4%，成为仅次于即时通信的第二大应用类型，短视频持续“领跑”中国网络视听市场。

截至2018年12月，中国网民规模达8.29亿，全年新增网民5653万，其中网络视频（含短视频）用户规模达7.25亿，占网民总数的87.5%。短视频用户、网络直播用户、网络音频用户规模分别为6.48亿、3.97亿、3.01亿。

近两年，短视频行业用户规模和使用市场呈现爆发式增长态势。2018年下半年，中国新增短视频用户5395万，用户规模增长率为8.3%。《报告》指出，随着短视频市场逐步成熟，内容生产的专业度和垂直度加深，同质化内容已无法立足，优秀内容成为各平台的核心竞争力。未来，短视频作为一种信息载体和信息传播方式，将与多领域交叉渗透、融合发展。

《报告》还指出，随着视频内容产业生态圈的形成，用户娱乐方式愈发多样化，活跃用户数量、用户使用市场以及用户ARPU（每用户平均收入）值均得到进一步提升。未来，整体视频内容行业规模仍将保持平稳增长，随着5G技术的发展，网络视听行业还将迎来历史性、突破性的发展机遇。

君合视角

《中国网络视听发展研究报告》每年都会根据行业发展更新。《报告》基于行业中的大数据，总结、整理和分析了行业一整年的行业发展态势。从今年的《报告》内容来看，短视频行业用户新增长呈现爆发态势。作为法律从业者，我们需要思考的是，短视频内容管理、发布规范以及短视频内容的版权相关法律问题。

（九）猫眼娱乐与腾讯宣布成立“腾猫联盟”

2019 年 6 月 17 日，猫眼娱乐与腾讯宣布成立“腾猫联盟”。双方将整合旗下生态中的产品、数据、资源等优势，以更强大的底层建设，共同建立覆盖泛文娱行业服务的战略合作。在产品层面，腾讯将基于微信生态、QQ、腾讯视频等腾讯系产品打通猫眼闭环购票，完善腾讯平台用户的购票体验。在资源协作层面，腾讯将整合内容分发、互动社交等多方面资源，并通过跨平台联动、社交营销等创新玩法，推动影视作品热度发酵。猫眼娱乐则将最大化的覆盖用户范围，为行业提供定制化宣发服务。在数据层面，双方将依托和整合各自的数据优势，为行业发展提供更为专业的决策引导，深入挖掘商业价值。

君合视角

腾讯和猫眼都具备数据优势，此次合作将打造全新的电影宣发体系，且双方将在剧集、现场娱乐、音乐、短视频等多个文娱产业链展开深度合作。

（十）人民网起草《游戏适龄提示草案》:18+ 游戏不得出现暴力、血腥元素

2019 年 6 月 26 日，人民网公布了《游戏适龄提示草案》，根据游戏产品的不同特点、以年龄范围为层次，做出了适龄划分范围分层的建议。

草案提出，适龄提示是建议游戏公司结合游戏产品的内容、类型、系统、付费模式等因素进行综合评价，对游戏所适宜的玩家年龄进行提醒。

在游戏内容判定方面，适龄提示草案建议采用“负面清单”的形式，即以排除不当要素的方式对游戏内容进行适龄划分。根据我国出版初版和未成年人相关法律规定，将游戏适龄提示以 18 岁为界进行划分。

对于 18 岁以下的三个级别（16+，12+ 和 6+），每一级别都包含上一级别不能存在的内容（即 16+ 和 12+ 级别中不应出现的问题，6+ 级别中也不应出现，同时 6+ 级别中还会有专门针对这一年龄层所列出的不应出现的问题）。

君合视角

近年来，业内、社会对于游戏分级、游戏审查规范的相关建议不断，《游戏适龄提示草案》或许会对游戏分级制度的出台起到积极的推动作用，也能作为游戏企业自查自审的参考标准。

（十一）美国 DC 漫画公司在印尼遭遇败诉

近期，在印尼发生的一起商标纠纷再次引起了人们的关注。这一次，美国 DC 漫画公司认为一家名为 Marxing Fam Makmur 的印尼食品企业出于恶意地将其漫画作品中的标志性人物“SUPERMAN（超人）”注册成了商标，并要求法院能够做出撤销掉该商标的决定。不过，印尼法院最终判定的是美国 DC 漫画公司败诉。

实际上，DC 漫画公司此前就想将“SUPERMAN”注册成自家一款食品的商标，但是由于 Marxing Fam Makmur 已经抢先注册了该商标，因此才以“恶意注册”为由要求撤掉这个商标。

对于这起案件，印尼法院的态度很明确。首先，Marxing Fam Makmur早在1993年就注册了这个商标，并且多年以来一直在与另一家名为Siantar Top的大型公共餐饮企业联手生产一款名为SUPERMAN的巧克力华夫棒。其次，也没有任何证据表明Marxing Fam Makmur是出于恶意进行注册的。因此，法院作出了有利于本土企业的判决。

当然，有一部分人对此结果表示了怀疑，他们认为印尼的法律制度比较偏袒本地的企业（实际上真实的数据完全不是这样的）以及该国法律制度中存在着某些缺陷。然而，事实却是，尽管印尼的法院偶尔也会作出令人意想不到的判决，但绝大多数涉及知识产权的案件都能在印尼得到公正合理的判决。只不过有一些涉及知名品牌（诸如皮尔卡丹、ASICS、宜家以及Monster Energy）的案件更能引起人们的争论而已。

君合视角

本案中法院认为Marxing Fam Makmur注册、使用在先，且没有注册恶意，故做出了有利于本土企业的判决。这也提醒企业，在IP布局中，商标布局是必不可少的一部分。为避免恶意抢注，应尽早完成各个国家的相关商标注册。

（十二）全国首个影视文化专业仲裁院在长沙成立

2019年7月6日，长沙仲裁委员会影视文化仲裁院成功揭牌，标志着全国首家影视文化领域专业仲裁院正式成立。

长沙影视文化仲裁院由长沙仲裁委员会联合中国电视剧制作产业协会、北京市影视娱乐法学会共同发起组建。旨在突出创新思维和法治思想相结合，致力于向影视文化行业提供专业、先进、高效的仲裁法律服务，公正、理性、友好地化解各类纠纷，防范泄密风险，为影视文化行业的健康发展保驾护航。

长沙仲裁委员会副主任兼秘书长邓鹏介绍了影视文化仲裁院的组建情况，他表示，仲裁院将充分发挥行业人才优势，凝聚各方力量，搭建高规格组织架构，将长沙影视文化仲裁院打造成影视文化领域法治保障平台，为实现文化强国梦做出应有的贡献。

下午，长沙影视文化仲裁院举办了成立之后的首场沙龙，本次沙龙采用“嘉宾主讲+专家点评”相结合的方式，来自不同行业的专家齐聚一堂，并在“影视作品的著作权保护”“全球电影市场现状及发展趋势”“演艺经纪合同解约纠纷案件裁决要点解析”等问题上进行了共同探讨。

君合视角

仲裁作为一种替代诉讼的争议解决方式，具有保密程度高、争议解决方式灵活、一裁终局等诸多优势，这些特点与娱乐影视文化行业对于争议解决的需求也是契合的。虽然如此，仲裁作为娱乐影视文化行业的争议解决方式，也存在一定的局限性。如侵权类型或反不正当竞争类型的案件，由于可仲裁性等问题，往往还是需要通过诉讼来解决。我们期待在未来诉讼和仲裁能够发挥各自优势，为影视娱乐行业中不同类型的案件提供互补的争议解决方式。

（十三）亚马逊旗下Twitch，花费2500万美元收购Bebo

2019年7月，有消息称，亚马逊旗下视频媒体平台Twitch，以2500万美元价格收购了早期社交媒体平台及电竞公司 Bebo，打败了另外两家竞购者——Discord 和 Facebook。据 TechCrunch 的一种并未证实的说法，Facebook 曾出价 2000 万美元。

有分析人士认为，此次收购有助于亚马逊提升其在游戏市场的地位。

Twitch 是目前世界大多数国家的游戏直播首选平台。Bebo 是 2005 年推出的一家独特社交网站，后来因为 Facebook 等社交媒体崛起，导致用户外流，最终于 2013 年关闭社交网站。现在，Bebo 转向拓展电竞业务，并且开始作为一家电竞联赛的主办单位，为游戏主播组织和运营比赛，盈利来源包括玩家收费和广告业务。

君合视角

近年来，电竞直播行业无论在国内还是国外都是日益展现出强大的商业潜力。此次亚马逊将 Bebo 纳入 Twitch 旗下，也是想要借助 Bebo 在组织电竞直播方面的丰富经验，为 Twitch 打造一个纵深更大、细分领域更多、关注度更高的游戏服务平台。随着网络技术的不断演进，一个有趣的行业现象是内容提供商（即游戏厂家）地位的下降，而同时服务提供商（如游戏直播方）地位上升，由此导致了内容提供商的资本逐渐向产业链靠近客户端转移。该现象可以为我国国内的游戏厂家提供行业布局方面的重要参考。

（十四）斗鱼上市：将成湖北最大互联网公司 现金储备达 12 亿美元

2019 年 7 月 17 日，斗鱼直播在美国纳斯达克上市，股票代码为“DOYU”，发行价为 11.5 美元，预计募集资金 7.75 亿美元。以发行价计算，市值约 37.3 亿美元（约 256 亿人民币）。若承销商行使超额配售部分，则斗鱼最高募集资金 8.91 亿美元，对应最高市值为 38.1 亿美元（约 262 亿人民币），在湖北上市企业中市值能排到前十。当前，湖北市值在斗鱼前列的分别是天风证券、三安光电、华新水泥、烽火科技、天茂集团、葛洲坝、湖北能源、长飞光纤、济川药业。不过，在湖北这 10 家上市企业当中，斗鱼是唯一的新经济代表，而且，斗鱼成立的时间只有 4、5 年，发展后劲很足，且在中国的知名度最高。

君合视角

斗鱼不是国内第一家上市的直播平台，随着近年来视频、直播行业的发展，早在斗鱼之前，虎牙、哔哩哔哩等视频平台纷纷上市。斗鱼的上市过程并不顺利，上市前出现了下架、裁员、主播被封等情况。顺利上市后，斗鱼在竞争激烈的直播市场仍面临巨大的挑战。

（十五）抖音再遭央视点名批评：流量造假，虚假与违禁产品泛滥成灾

2019 年 7 月 15 日，央视 2 套的《经济半小时》栏目对一些短视频平台进行揭秘，抖音商业变现中的“猫腻”以及其背后的“利益链条”也逐渐浮出水面。央视记者在暗访时，某网红新媒体的工作人员直言不讳地指出：抖音平台上很多网红的粉丝都不是真实的，网红不仅形象是包装出来的，粉丝、关注度，甚至推销产品的成交量都是被公司精心包装出来的，而各大互联网平台也会心照不宣的进行配合。

此次央视还曝光了抖音平台的“三无产品和违法违规产品混杂”的乱象，短视频平台上标榜的“爆款眼影正品”，消费者在购买之后却发现是充斥着刺鼻的类似甲醛气味的“三无产品”。

君合视角

2018年，字节跳动经历了史上最集中的监管风暴，因内容低俗和发布虚假广告，被监管部门约谈20余次。今年6月，市场监管总局等8部门联合印发通知，决定联合开展2019网络市场监管专项行动——“网剑行动”，严厉打击网络市场突出问题，保护消费者和经营者合法权益，提升网络商品和服务质量，促进电子商务持续健康发展。面对趋严的监管，包括抖音在内的网络平台都应当加强平台的监督管理。

（十六）抖音收购英国人工智能音乐创业公司Jukedeck

2019年7月24日，有消息称，抖音已收购英国AI初创公司Jukedeck，Jukedeck利用人工智能创作音乐并为视频自动配乐。目前Jukedeck已融资250万英镑，领投为剑桥创新资本。

Music Ally刊文称，Jukedeck创始人、CEO埃德•牛顿–里克斯（Ed Newton–Rex）自今年4月加盟抖音母公司字节跳动，并担任人工智能实验室主任。他与其数名同事修改了个人LinkedIn档案，均任职于字节跳动。

Jukedeck网站现已下线，主页文字显示为：我们不能披露更多信息，但我们将继续利用音乐人工智能技术激发用户的创意能力。

君合视角

最新数据显示，抖音国际版TikTok已经覆盖了全球超过150个国家和地区，在40多个国家应用商店排名第一，月活用户过亿，每日观看人次达10亿。抖音在海外的布局已经日渐成熟，并拥有了大量的海外用户。Jukedeck的加入或将推动全球短视频市场的进一步发展。

（十七）PP体育发布声明谴责赛事盗播：愈演愈烈甚至明目张胆

2019年8月12日，PP体育发布声明称，近日英超等欧洲赛事遭遇大量网站持续盗播，尤其在刚刚结束的2019赛季中超北京国安VS广州恒大的比赛中，行为愈演愈烈甚至明目张胆。

PP体育发布声明称，PP体育拥有的独家场媒体转播权利的赛事版权声明均已在PP体育移动端进行公示，明确告知PP体育享有本赛季中超、亚冠、英超、法甲、意甲、德甲、欧冠、欧联以及英足总杯等赛事独家新媒体转播、点播权，未经许可禁止任何主体进行盗播盗链，请各平台务必严格管控，及时对侵权内容予以下线处理。

君合视角

近年来体育赛事盗版行为频发，如2015年新浪网诉凤凰网侵权案、体奥动力针对版权问题发布的声明等。导致体育赛事维权困境的原因除了盗版行为的隐蔽性外，对于“体育赛事”的版权定性的分歧也导致维权困难。目前我国已作出的判决中，除北京市朝阳区人民法院认定体育赛事直播构成著作权法上的作品之外，其他的法院均认为体育赛事直播不构成作品。

（十八）英国知识产权局首次为多媒体商标进行注册

2019 年 6 月 26 日，英国知识产权局（UKIPO）为一件来自日本科技巨头东芝（Toshiba）公司的多媒体商标进行了注册。而东芝公司也因此成为全球第一家在 UKIPO 完成该类商标注册工作的企业。据悉，为了表现出日式折纸作品的特点，这个商标使用了多个不断渐变缩小直至消失的动态多边形元素，而且这些多边形的颜色也是完全不同的。

巧合的是，这件商标完成注册的时间（也就是 6 月 26 日）正好就是“英国知识产权日”。显然，UKIPO 同意为这件前所未有的商标进行注册是对‘英国知识产权日”最好的诠释。

与传统商标不同的是，多媒体商标会同时包含声音与图像两种元素。虽然以前人们只能为那些能够以图形形式表现出来的标志提交商标注册申请，但是根据现在的法律，实际上动画短片、简短的视频片段以及广告也是可以去注册商标的。

如上所述，根据欧盟在此前实施过的法律，只有那些能够以图形形式表现出来的标志才能提交商标注册申请。不过，随着新型商标的不断涌现，为了应对这一全新的局面，欧盟随后便在 2017 年 10 月 1 日出台了新的法律。

这部法律就是《第 2015/2436 号欧盟指令》，其对商标必须能够以图形形式表现出来的规定作出了修订，使得人们也可以为各种新形式的商标（诸如多媒体商标）提出注册申请。特别是，《第 2015/2436 号欧盟指令》第 3 条明确作出了如下规定：只要一件标志中所包含的文字、外观设计、字母、数字、颜色、商品形状和包装以及声音可以将相关的商品或服务与他人的商品或服务区分开来，并且能够让商标审查机构和公众非常清楚地确定出申请人所要保护的客体的话，那么这件标志就可以注册成商标。显然，从上述规定的内容来看，商标必须能够以图形形式表现出来已不再是提交注册申请的前置条件。目前，最重要的评判标准就是商标审查机构和公众是否能够清楚地确定该商标出所要保护的客体。

2018 年，在 UKIPO 发出了新的《商标指令》之后，英国的法律体系终于认可了多媒体商标的注册资格。

君合视角

根据这部《商标指令》，英国的申请人不再限于以图形的形式来提交商标申请，其可以使用不同的电子申请格式来申请商标，只要其中的内容能使商标审查机构和公众是否清楚地确定该商标出所要保护的客体。

（十九）网红电商第一股遭集体诉讼，如涵控股市值较上市时已缩水过半

2019 年 10 月 10 日美股市场，被国内称为“网红第一股”的如涵控股（Nasdaq：RUHN）股价再遇跌势，单日下行 9.11% 至 5.79 美元 / 股，总市值跌至 4.79 亿美元，较上市首日 10 亿美元的市值，已缩水过半。

据美通社报道，美国律师事务所Kaplan Fox&Kilsheimer LLP、Bernstein Liebhard LLP、Glancy Prongay&Murray LLP等发布声明透露，目前这些投资者权益律师事务所将代表购买如涵控股美国存托凭证的投资者发起集体诉讼，对如涵控股进行调查并寻求索赔。这些律师事务所还在声明中指出，如涵控股的招股说明书中，对于“在如涵控股进行首次公开募股时，这家公司的网店数量已下滑了近40%”“在进行首次公开募股时，如涵控股的全服务网红数量已减少了近44%”等情况并未明确详细说明，存在虚假、误导性声明或未披露的可能性。

2018年从新三板摘牌后，如涵控股在2019年3月7日向美国证券交易委员会（SEC）提交了IPO招股书，3月24日将IPO发行价区间定在11.50美元/ADS至13.50美元/ADS之间。4月3日如涵控股登陆纳斯达克交易所，确定的发行价是12.5美元/ADS，每ADS代表5股A类普通股，上市首日即大跌超过37%，收盘报7.85美元/ADS。王思聪将如涵上市破发归因于三点，一是业绩亏损，营销费畸高；二是对“张大奕品牌”依赖度过高；三是目前的经营方式没有验证成功，也没有造出新KOL。

君合视角

多家美国律师事务所指控如涵控股违反了1933年《证券法》，认为招股说明书中存在虚假、误导性描述，和/或未披露的信息。根据我们检索到的外媒报道，外媒认为，自IPO以来，由于如涵招股书中遗漏了重大不利事实，其股票价格已大大低于发行价，从而损害了股东的利益。

（二十）趣头条研发两款短视频对标抖音快手

趣头条米读小说项目负责人Spike（李静）和一位从抖音挖来的产品负责人，分别推进两款趣头条短视频创新产品业务。两款短视频是采取网赚模式的短视频聚合产品，对标抖音极速版和快手极速版，于2019年7月前后立项。一位前趣头条员工称，谁先跑出来就推哪个，也有可能后期会直接合并，产品前期会先快速在市场验证。

对此，趣头条方面回应称：“短视频确实是我们一直在探索的赛道，我们的预判是，随着未来科技通信技术不断升级，人们将会花更多时间在视频类产品上。我们的两款短视频业务还处于比较早期的阶段，并没有刻意对标某款产品，目前相关业务都在有序推进中。”

君合视角

由于短视频对于图文的冲击，用户的阅读习惯正在快速改变，短视频市场近年来愈发火热，MCN机构作为短视频内容生产的核心机构，趣头条此次入局具有一定优势。

（二十一）唐德影视公布：《赢天下》将重拍

2019年10月8日，唐德影视公布了《关于签署重大合同补充协议的公告》，宣布2019年9月30日与天猫技术签署了《电视剧〈赢天下〉信息网络传播权采购协议之补充协议二》，将于12月31日之前将《赢天下》原定主要演员在该剧中的镜头修改为由天猫技术另行确认的一线演员出演的镜头，花费将超6000万。

在公告中，唐德影视宣布2019年9月30日与天猫技术签署了《电视剧〈赢天下〉

信息网络传播权采购协议之补充协议二》，约定于 12 月 31 日之前用包括重新布景拍摄、技术手段、重新配音等手段将《赢天下》"原定主要演员在该剧中的镜头修改为由天猫技术另行确认的一线演员出演的镜头，并确保该剧整体的观赏度、完整度及艺术表达不受影响，由此新增的修改费用由公司承担，前述用于该剧修改所支出的费用应不低于 6,000 万元（且已含重新聘用演员所需费用）。"

另外，公告中还表明，唐德需要"确保该剧修改完毕后，在 2020 年 3 月 31 日前向天猫技术交付已获得国家广电主管部门审批通过并准予在中国大陆地区的电视台卫星频道、互联网进行播出的该剧修改后成片母带。如在 2020 年 3 月 31 日前，公司已促使该剧获得国家广电主管部门审批通过并准予播出，但因天猫技术原因未能安排该剧在 2021 年 4 月 1 日前在天猫技术指定媒体进行播出的，则 2021 年 4 月 1 日后公司不再承担播出保证义务，但公司应尽全力协助进行沟通、协调和报审（如需要）。"但是，如截至 2020 年 3 月 31 日唐德影视仍未能按本补充协议约定完成该剧修改并取得广电主管部门审批通过准予在卫视及互联网进行播出的"天猫技术有权解除原协议、补充协议一、本补充协议，公司应在天猫技术发出解除通知后 10 个工作日内返还天猫技术已支付的该剧全部费用并按该剧授权费用总额的 30% 向天猫技术承担违约责任。"

君合视角

2014 年 9 月 28 日，《国家新闻出版广播电视总局办公厅关于加强有关广播电视节目、影视剧和网络视听节目制作传播管理的通知》（业内简称"100 号文"）发布，规定广播电视、有线网络、院线影院、视频平台等一律暂停播出或传播有吸毒、嫖娼等违法犯罪行为者作为主创人员参与制作的电影、电视剧、网络剧、微电影和各类节目以及代言的广告节目。100 号的出台导致劣迹艺人出演的影视剧将难以播出。《赢天下》自开拍一来命运多舛，男女主纷纷出现舆论危机，导致该剧无法播出。今年上半年唐德影视更是对高云翔及北京艺璇文化经纪有限公司提起诉讼，法院也依法作出财产保全措施，对高云翔、艺璇公司名下价值 6382.4 万元的财产进行查封、扣押或冻结。

（二十二）腾讯、华为、深圳信通院联合发起实时手游新标准

2019 年 10 月，中国通信标准化协会（CCSA）显示，腾讯公司、华为公司、深圳信息通信研究院联合牵头发起《智能终端在无线局域网下支持实时游戏的技术指南和测试方法》标准的立项申请并成功通过，该标准为网络游戏中的卡顿、延时、闪退等问题提出新的技术要求和测试方案。

此项新标准从网络性能、移动终端实时游戏的帧率稳定性和游戏延时、游戏期间移动终端续航性能、应用切换等多维度进行评估，提出无线网络下实时游戏移动终端的技术要求与测试方法。

《智能终端在无线局域网下支持实时游戏的技术指南和测试方法》标准项目是第一个由游戏厂商在以运营商和终端厂商为主导的国内通信行业标准组织中（CCSA）主导立项的移动端游戏标准，通过制定此标准，将有机会集结整合上下游行业的力量，从用户体验出发，通过规范底层的技术指南和标准的测试方法，引导行业更加重视游戏场景，

加强针对性优化。联合产业合作对实时游戏的网络特点提出优化方案，推动改善和提高用户在实时游戏中的体验。

君合视角

《智能终端在无线局域网下支持实时游戏的技术指南和测试方法》的发起有利于改善用户的体验，促进手机游戏产业的发展。

（二十三）阅文携手迪士尼共创“星战”小说 网络文学如何讲好中国故事

2019年10月16日，阅文集团与迪士尼中国在上海联合宣布，双方在内容创作领域达成合作。其中，“星球大战”（以下简称“星战”）系列中文电子书首次亮相阅文集团旗下数字阅读平台。

据了解，这是迪士尼首次在中国开放“星战”小说的电子版权。接下来，阅文旗下网络作家“国王陛下”还将执笔，与阅文集团世界观架构组、迪士尼旗下卢卡斯影业故事组共同打造全球首部由中国作者创作的“星战”小说，该项目目前已进入初期准备阶段。

君合视角

“星球大战”一直是影响全球流行文化的现象级IP，从诞生起就具备“粉丝共创”的基因。此次合作是中国网络文学作者与全球知名IP深度交融的尝试，能否创造出新的现象级IP，我们拭目以待。

（二十四）罗辑思维：筹备科创板上市，知识付费第一股来了

2019年10月15日，北京证监局官网显示，北京思维造物信息科技股份有限公司（罗辑思维）正筹备科创板上市。

《罗辑思维》原为@罗振宇 的节目。2014年，罗振宇成立北京思维造物信息科技股份有限公司。2015年11月，罗振宇和罗辑思维团队推出了得到App，以为用户提供“省时间的高效知识服务”为标签，涉及领域涵盖商业、方法技能、互联网、创业、心理学、文化、职场等，最为人熟知的无疑是《李翔知识内参》《薛兆丰的知识学课》等内容，还包括万维钢、宁向东、吴军、武志红、熊逸等大咖课程。

君合视角

2016年被认为是知识付费元年，而《罗辑思维》和得到App均早于这一时间点出现，抢占了行业的先机。如果进展顺利，罗辑思维有望成知识付费第一股。

（二十五）电影家协会联合爱奇艺、腾讯视频、优酷发布“关于推动网络电影在新时代承担新责任的联合倡议”

2019年10月23日，中国电影家协会联合爱奇艺、腾讯视频、优酷发布“关于推动网络电影在新时代承担新责任的联合倡议”。其中包括倡议以“网络电影”作为统一称谓规范；网络电影从业者要坚守初心，牢记使命；持续加大对青年电影人才的扶持力度；推动网络电影精品化；网络视听平台要自觉承担时代责任等五点内容。

君合视角

2014 年，爱奇艺首次提出网络大电影的概念和标准，近几年网络电影迎来了爆发式的发展，也产生了一些格调低下、粗制滥造的作品。本次倡议也是在向昔日网络电影市场无序竞争、野蛮生长的局面告别，未来的网络电影内容将会更为精品化。

（二十六）IDG 体育与首钢打造首个冰雪行业孵化中心，已筹备 50 亿元专项体育基金

在北京石景山区新首钢高端产业综合服务区冬奥广场的最北部，由 IDG 体育与首钢集团共同打造的“IDG 首钢冰雪创业孵化中心”预计四月份正式启动。按照计划，未来将有 30 至 50 家初创企业进驻。

IDG 首钢冰雪创业孵化中心是国内第一个针对冰雪行业的创业孵化中心，旨在孵化国内外冰雪体育创新创业项目，为中小型冰雪行业创新机构提供新平台，目前已筹备 50 亿元专项体育基金，为全面挖掘和培养中国冰雪体育产业的独角兽，共同推动 2022 年冬奥会备战和国家体育产业示范区建设做准备。

孵化中心让“体育 + 产业”集聚冬奥广场，入驻企业将按照发展需求分布在国际型办公区域、高速成长型办公区域和体育休闲体验区域这三大功能区域。同时，IDG 冰雪创业孵化中心将为入驻企业提供包括设立投资者联盟、提供市场渠道、享受政府专项优惠政策在内的六大服务。

当今中国冰雪产业在奥运机遇下进入蓬勃发展期，据测算，2022 年冬奥会将直接带动 5000 万人次参加冰雪运动，参加冰雪运动和冰雪旅游的人数超过 3 亿人次，冰雪旅游产业规模将突破 1 万亿元。此次冰雪创业孵化中心着眼中国冰雪产业发展态势，探索适合中国冰雪产业的发展道路，助力冰雪运动强国打造。

君合视角

2022 年的北京冬奥会将成为中国冰雪产业发展的机遇，中共中央办公厅、国务院办公厅也于 2019 年 3 月 31 日发布了《关于以 2022 年北京冬奥会为契机大力发展冰雪运动的意见》，该意见指出，我国冰雪运动仍存在竞技水平不高、群众参与面不广、产业基础薄弱等问题。而“IDG 首钢冰雪创业孵化中心”的诞生，是创业孵化经验丰富的 IDG 体育与冬奥会官方合作伙伴首钢集团强强联合的结果，将助力众多冰雪行业创新机构在机遇下的顺利发展，对于中国冰雪体育产业的不断成长壮大意义非凡。

（二十七）乔丹体育上市申请通过初审，最迟 2020 年登陆 A 股

2019 年 8 月，乔丹体育品牌高级总监林佑勳在接受新闻采访时表态，乔丹将在未来走一条专业化正规化的品牌经营道路。在经历了与迈克尔・乔丹之间旷日持久的商标争议案后，转变态度的乔丹体育在 2019 年夏天引来了 IPO 进程的关键节点。

据中国证监会官网信息，2019 年 4 月 4 日，乔丹体育上市流程获实质进展，受理首发及发行存托凭证企业已过会 15 家，乔丹体育继 2011 年之后再次通过审查。目前乔丹体育处于正常的排队状态，若进展顺利，过会后约 6 个月即能拿到证监会批文，此后券商将启动发行流程。这意味着，乔丹体育有望在 2019 年底或 2020 年初登陆 A 股市场。

其实早在 2012 年，这家本土品牌就曾接近成为第一家登陆 A 股的中国体育用品企业，但上市前夕因迈克尔·乔丹的一纸诉状而遭到终止。虽然从最后的判决来看，乔丹体育是这场旷日持久诉讼的赢家，但是却因此错过了最佳的上市时机，使其在品牌、产品和渠道等改造上落后于安踏、李宁、特步等同行，也被贵人鸟夺走了 A 股体育品牌第一股的地位。

君合视角

虽然曾经一度因为商标纠纷被视为“山寨”，但乔丹体育此次重启上市进程，依旧让人看到其重新赶上同行大部队的希望。近两年体育产业表面看来有所降温，然而资本实则一直在寻找成规模、有良好盈利性的投资标的，而位于二级梯队的乔丹体育拥有一定的区域市场基础，盈利能力较佳，现金流也较稳定，仍然有望吸引资本关注，其登陆市场依旧有机会获得回报。

（二十八）蔡崇信拟收购篮网全部股份，23.5 亿美金创美体育史记录

2019 年 8 月 14 日，据《纽约邮报》报道，阿里巴巴联合创始人蔡崇信即将以创纪录的 23.5 亿美元收购布鲁克林篮网队。

去年，蔡崇信以 10 亿美元从篮网队的俄罗斯富豪老板普罗科洛夫的手里买下篮网队 49% 的股份。当时，蔡崇信的目标就是在 2021–22 赛季开始之前用另外 13.5 亿美元买下篮网队剩余 51% 的股份。

如今，他将再次从普罗科洛夫手中买下篮网队剩余 51% 的股份。据悉，23.5 亿美元的整体交易价也创下了体育球队的出售价格纪录，超过了对冲基金大佬大卫·泰珀（David TePPer）2018 年收购 NFL 球队卡罗来纳黑豹队所支付的 22 亿美元以及蒂尔曼·费尔蒂塔（Tilman Fertitta）2017 年收购 NBA 火箭队所花费的 22 亿美元。

君合视角

蔡崇信在收购篮网前，就已于 2017 年在圣地亚哥购买过一支曲棍球队进行试水。同时，他也不是第一个进入 NBA 的中国资本，早于 2016 年 6 月，双刃剑体育总裁蒋立章就购入了明尼苏达森林狼队 5% 的股份。由此可见，随着中国对体育领域重视程度的提高，这一产业也在吸引越来越多优质资本的注入，而美国发达的篮球产业也使得国内许多投资者蠢蠢欲动。与此同时，中资进入 NBA 也有望促进中美体育产业及体育文化的交流，一定程度也能带动国内篮球乃至整个体育产业的发展，加快其国际化的进程。

四、2019 年传媒与娱乐典型案例

（一）浏览器过滤视频广告构成不正当竞争，腾讯二审获赔 189 万

2018 年 12 月 28 日，北京知产法院终审认定“世界之窗浏览器”过滤广告功能违反了反不正当竞争法规定，判决世界星辉公司赔偿腾讯公司经济损失及合理支出 189 万余元。

腾讯公司一审诉称，“世界之窗浏览器”软件设置有广告过滤功能，用户使用该功能

后可以有效过滤“腾讯视频”网站在播放影片时的片头广告和暂停广告。作为世界之窗浏览器的开发运营商，世界星辉公司则认为，“免费视频 + 广告”的经营模式不属于法律所保护的利益。通过浏览器过滤广告也不必然导致视频网站商业利益减损，即使利益受损也属于正常商业竞争，过滤视频广告的行为不违反诚实信用原则及公认的商业道德。

腾讯视频的主张在一审中并未获得支持。2018 年年初，北京市朝阳区人民法院审理此案时认为，被诉行为不针对特定的视频经营者，广告过滤功能也属于行业惯例，网络用户对浏览器广告过滤功能的使用，虽造成广告被浏览次数的减少，但此种减少并不构成法律应予救济的“实际损害”，只损害竞争对手的部分利益、影响部分网络用户的选择，还达不到特定的、影响其生存的程度，不存在对市场的干扰、不构成对腾讯公司利益的根本损害。据此，认定被诉行为未违反反不正当竞争法第二条的规定，驳回了腾讯公司的全部诉讼请求。

北京知产法院经审理认为，广告过滤功能与公认的商业道德不符，且经分析，广告过滤功能有损于社会总福利。故被诉行为显然违反了反不正当竞争法第二条的规定。

君合视角

二审法院在判决时引用了原国家工商行政管理总局公布的一部规范——《互联网广告管理暂行办法》，其中包含了对广告采取拦截、过滤、覆盖、快进等限制措施的禁止性规定。关于互联网环境下的不正当竞争判断标准，根据“非公益必要不干扰原则”，即其他经营者在没有达到“公益必要优先”的情况下，不能施以任何干扰。法院认为，本案中的广告拦截属于对合理商业模式的破坏。

（二）因用户侵权播放《老九门》，今日头条被判赔偿爱奇艺 6 万元

2018 年 7 月 12 日，因涉嫌侵权播放爱奇艺独家影视剧《老九门》，今日头条被北京市海淀区人民法院判处赔偿爱奇艺 6 万元人民币。爱奇艺此前提出的 100 万元赔偿诉求则被驳回。判决书显示，因今日头条部分头条号上传该剧的部分剧集内容，并以“抢先看”等标题吸引流量，因而爱奇艺方面将今日头条运营方字节跳动告上法庭。“今日头条”则辩称自身系新闻平台，只提供存储服务。涉案剧由用户自行上传至其头条账户，被告未进行加工，不应承担侵权责任。

经审理，法院判定今日头条构成侵权，但由于爱奇艺方能提供的证据仅能证明该剧 48 集中的 4 集被上传至今日头条平台，故认定爱奇艺方的 100 万元赔偿诉求过高。

君合视角

根据侵权责任法，网络用户利用网络服务实施侵权行为的，被侵权人有权通知网络服务提供者采取删除、屏蔽、断开链接等必要措施。网络服务提供者接到通知后未及时采取必要措施的，对损害的扩大部分与该网络用户承担连带责任。网络服务提供者知道网络用户利用其网络服务侵害他人民事权益，未采取必要措施的，与该网络用户承担连带责任。是否以人工或者自动方式对侵权网络信息以推荐、排名、选择、编辑、整理、修改等方式作出处理，是否尽到必要的注意义务，采取合理手段防范、监管用户的侵权行为等都属于认定是否“知道”的考量依据。网络服务提供者仅主张其仅提供存储服务并不能必然免除其侵权责任。

（三）“酷玩实验室”侵犯百度名誉权，被判道歉并赔偿14万

2018年12月27日，自媒体“酷玩实验室”侵犯百度公司名誉权一案正式宣判，北京市海淀区人民法院判决认定，“酷玩实验室”及其运营主体北京趣智阿尔法科技有限公司的相关行为已经构成了对百度公司名誉权的侵犯，需向百度赔偿经济损失及合理支出共计14万元并在其微信公众号主文位置持续公开致歉。

据百度方面表示，此案源于2017年8月期间，自媒体“酷玩实验室”在其微信公众号上发布多篇针对百度的文章，其中含有大量未经调查、与事实严重不符且带有极大贬损性质的内容，百度因此将其告上法庭。

君合视角

这是继小米起诉“建华wei业”、人人车起诉“科技说说”等案件后，又一起自媒体被诉侵犯名誉权且败诉的案例。近年来，自媒体快速崛起，但也产生了诸多著作权侵权、名誉权侵权的案件，言论自由也有其边界，自媒体应当增强法律意识。并且，相关平台也应当起到合理的监管义务。

（四）唐德影视申请保全董璇、高云翔6382万元财产

2019年1月10日，搜狐财经“公司深读”在中国裁判文书网发现《浙江唐德影视股份有限公司与高云翔等申请与前财产保全民事裁定书》。

该裁定书于2019年1月4日发布，申请人为浙江唐德影视股份有限公司（唐德影视），被申请人为高云翔和北京艺璇文化经纪有限公司。法院披露的被申请人高云翔出生日期与演员高云翔微博披露的出生日期相同。

裁定书显示，唐德影视于2018年12月4日向法院请求对高云翔、北京艺璇名下价值共计6382.4万元的财产采取保全措施。经北京市第一中级人民法院审查，裁定查封、扣押或者冻结高云翔、北京艺璇名下价值6382.4万元的财产。

君合视角

高云翔出演了唐德影视投资的电视剧《巴清传》。2018年3月，高云翔在澳大利亚涉嫌性侵。可能受此影响，以及存在其他相关因素，高云翔、范冰冰参与主演的《巴清传》未能如期播出。唐德影视2018年半年报称，若《巴清传》对公司造成实质不利影响和损失，唐德影视将根据与相关演员签署的演员聘用协议要求其赔偿公司因此遭受的一切损失。必要时，公司将采取法律措施维护合法权益，保护投资者利益。唐德影视申请保全董璇、高云翔6382万元财产可能就是其举措之一。我们将持续关注本案。

（五）电影《后来的我们》被诉不正当竞争

根据武汉市中级人民法院的案件信息，电影《后来的我们》被状告“不正当竞争”，制片公司、导演刘若英均被列入被告名单。

根据原告“武汉光亚文化”及相关人员的说法：

1. 原告通过索尼公司购买了刘若英歌曲《后来》的电影改编权。结果刘若英创作了《后来的我们》，疑似构成侵权；

2. 原告曾将《后来》剧本和策划案通过刘若英经纪人叶茹婷发给刘若英，拟请刘若

英担任导演，结果策划案被照抄，主演都没换，而叶茹婷也是《后来的我们》的总策划、总制片人。

在此信息发布后，《后来的我们》片方发布声明，强调“《后来的我们》是根据短篇小说《过年回家》改编的故事，知识产权上从未侵害任何其他个人或公司权益。”

君合视角

《后来的我们》曾陷入“锁场退票”的争议，但本次被诉是由于涉嫌侵犯歌曲《后来》的电影改编权。根据此前的天下霸唱侵权案、徐峥《人再囧途之泰囧》和《人在囧途》不正当竞争案等，判断电影改编权相关的不正当侵权，主要需要考虑情节的类似性、广告宣传是否具有误导性、是否造成实质性损害等。

（六）十三月公司引用《我是歌手》视频片段一审判定构成合理使用

2019 年 1 月 7 日，中国裁判文书网公布了湖南快乐阳光互动娱乐传媒有限公司（“**快乐阳光**”）诉北京十三月文化传播有限公司（“**十三月**”）侵害作品信息网络传播权纠纷一案的一审民事判决书。北京市朝阳区人民法院对于此案的判决和解释，不失为一次关于自媒体引用视频内容是否属于合理使用的案例参考。

原告快乐阳光诉称，其享有综艺节目《我是歌手》第三季第七期视频在大陆地区的信息网络传播权。被告十三月未经许可，通过其经营的“新乐府”微信公众号，向公众提供该节目第三季第七期韩红演唱的——《回到拉萨》曲目的完整在线播放服务。即使被告提供的是链接服务，也因为被告提前选定了链接对象并有直接的广告收益，构成帮助侵权。因此，被告行为给原告造成经济损失，遂要求判令被告立即停止侵权，并赔偿原告经济损失 4 万元、律师费 8000 元及公证费 2000 元。

被告十三月答辩认为，涉案曲目存储在腾讯视频网站上，被告只是在经营的公众号上设置链接，该行为不属于信息网络传播行为；腾讯视频网站作为国内大型、正规视频平台，被告对涉案视频可能侵权主观上无明知或应知，也不构成共同侵权；被告在介绍乐器的文章中适当引用了涉案综艺节目的一小段视频，是为说明铜钦这一乐器在歌曲中发挥的作用，属于合理使用。

在审理过程中，因原告提交了作品登记证书、说明书、综艺节目视频署名截图作为证据，法院认定，原告在授权期限内，独占享有《我是歌手》第三季第七期综艺节目视频的信息网络传播权。涉案曲目系该综艺节目视频的组成部分，快乐阳光公司有权对该曲目主张权利。同时法院认定，涉案曲目确系被告链接自腾讯视频网站。被告主张在文章中插入涉案曲目是为说明铜钦这一乐器在歌曲中发挥的作用，构成合理使用。

君合视角

根据《著作权法》《著作权法实施条例》的相关规定，未经授权使用他人作品将构成著作权侵权，合理使用是一种例外情形。我国著作权法第 22 条列举了 12 种合理使用情形，其中包含“为介绍、评论某一作品或者说明某一问题，在作品中适当引用他人已经发表的作品”。在本案中，法院认为被告的引用目的是介绍、评论作品或者说明问题，即说明铜钦这一乐器在歌曲中发挥的作用，因此属于合理使用。

（七）快手诉百度等商标侵权，索赔百万

因认为对方未经授权许可擅自使用企业字号“快手”及“快影”商标，北京达佳互联信息技术有限公司、北京快手科技有限公司以侵害商标权及不正当竞争纠纷为由将深圳市麻帮网络有限公司、北京百度网讯科技有限公司、宇龙计算机通信科技（深圳）有限公司诉至法院，要求深圳麻帮公司停止侵权，百度及宇龙公司下架App“快手快影”，赔偿经济损失及维权费用共计100万。目前，海淀法院已受理此案。

原告达佳公司和快手公司诉称，达佳公司系“快影”文字商标和图形商标的权利人，是摄影类App“快影”的开发者和运营者，后将“快影”文字商标及图形商标授权给快手公司使用。自2017年起，达佳公司和快手公司上线运营摄影类App“快影”，为推广运营“快影”，二公司投入了大量的人力和财力。达佳公司和快手公司发现，在百度公司运营的“百度手机助手平台”及宇龙公司运营的“酷派应用市场”中推广了一款由深圳麻帮公司开发并运营的摄影类App“快手快影”，从图标上看，深圳麻帮公司的App与达佳公司和快手公司的App同为摄影类软件，二者图标完全一致。

原告达佳公司和快手公司认为，深圳麻帮公司的图标与其注册商标完全一致，达佳公司和快手公司摄影类App名称为“快影”，深圳麻帮公司的摄影类App名称为“快手快影”，完全包含了达佳公司和快手公司的企业字号“快手”及App名称“快影”。该行为系故意引起相关公众混淆，使相关公众认为“快手快影”App系达佳公司和快手公司运营的。深圳麻帮公司的这一行为系侵害达佳公司和快手公司注册商标专用权的行为，亦是恶劣的不正当竞争行为。深圳麻帮公司的主观恶意十分明显，严重损害了达佳公司和快手公司的合法权益，给达佳公司和快手公司造成了重大经济损失，应当承担相应的民事责任。百度公司和宇龙公司分别在其运营的手机应用平台中推出了“快手快影”App，故也应当承担相应的民事责任。

君合视角

企业应当重视商标的管理和运营，及时在其主营业务类别进行上报注册，并根据实际情况注册相应的防御商标，以尽可能避免出现商标淡化或其他企业的搭便车等不正当竞争行为。本次的商标纠纷，如能证明被告的标识引起了相关公众混淆，则被告应承担相应的民事责任。

（八）首例涉微信小程序著作权侵权案一审宣判——小程序不适用“通知—删除”规则

因认为长沙百赞网络科技有限公司（下称百赞公司）运营的小程序未经授权传播网红作家武志红的作品，涉嫌构成著作权侵权，杭州刀豆网络科技有限公司（下称刀豆公司）将其起诉至法院，并将腾讯公司列为被告二。2019年2月27日，杭州互联网法院对该案进行了一审公开宣判，判决百赞公司赔偿原告经济损失每案1.5万元，驳回原告对腾讯公司的所有诉讼请求。

杭州互联网法院经审理查明，百赞公司在微信上注册开发了微信小程序，其未经原告许可，在小程序中传播原告享有信息网络传播权的作品，构成著作权侵权，应承担相应的法律责任。而对于该案中小程序平台应承担何种法律责任，法院经审理后认为，提供网络自动接入或自动传输服务的网络服务提供者通常无法审查用户上传内容，对侵权内容的判断识别能力很弱，甚至无法准确地删除侵权内容或者切断与侵权内容有关的网络服务，其服务具有无差别技术性和被动性等属性。该案中，腾讯公司对小程序开发者提供的是架构与接入的网络服务，其性质类似《信息网络传播权保护条例》规定的自动接入、自动传输服务。根据《信息网络传播权保护条例》，纯粹意义的自动接入或自动传输服务提供者不承担侵权责任，也不适用“通知—删除”规则，“通知—删除”规则仅适用于能够判断特定内容是否侵权且可以及时有效遏制侵权行为的信息存储空间或者搜索、链接服务的网络服务提供者，而“删除”的对象为存储于网络平台的侵权内容和侵权内容链接，而不是具体的侵权用户或链接所指向的侵权网站。

此外，法院还认为，腾讯公司对小程序开发者提供架构与接入的网络服务，通过微信为小程序的运行提供底层技术支持服务。各个小程序开发者服务器数据不保存于腾讯公司，开发者通过小程序直接向用户提供数据和服务，腾讯公司无法精准删除侵权内容，而以部分侵权行为存在为由直接认定其负有整体删除开发者小程序义务，不利于小程序新业态的发展。此外，小程序一旦开发完成并上线运营，腾讯公司作为页面接入技术提供者无法再对网站施加任何影响。如一定要屏蔽侵权信息，腾讯公司技术上可采取的措施只有彻底关闭通信端口，切断用户与开发者之间的联系通道，即彻底删除小程序，但一律彻底删除小程序并非法律规定的“采取必要措施”所追求的“定位清除”效果。据此，法院驳回了原告对腾讯公司的诉讼请求。

君合视角

本案系腾讯公司作为微信小程序服务提供者被起诉的第一案，引发了广泛关注。本案的核心在于法院认定小程序不属于《信息网络传播权保护条例》中规定的提供存储空间、提供搜索或链接服务的网络服务提供者，提供的是自动接入、自动传输服务，不适用“通知删除”义务。同时，本案的判决也间接意味着小程序将不适用《电子商务法》。

（九）杨洋被法院列入被执行人名单 工作人员给出回应

有消息曝出演员杨洋 2019 年 3 月 4 日首次被上海市虹口区人民法院列入被执行人名单。据称，这是上海新文化国际交流有限公司起诉杨洋违约未出演电视剧《汉之云》并索赔 2000 万后，法院判决杨洋败诉而引发的。据悉，杨洋对外控股企业 5 家，担任法人 5 家，对外投资 6 家，在外任职 1 家企业。对此，杨洋方表示，这单官司已经通过律师提出执行异议。

随后，凯娱乐委托上海贝通律师事务所，就相关网络媒体传播的杨洋不实报道发布声明：一、报道中关注委托人与上海新文化国际交流有限公司合同纠纷一案中所谓的“判决败诉”为不实信息。本案由业内热心人士居中斡旋，双方达成和解方案后，于 2018 年 12 月 13 日前往上海市虹口区法院去的调解书予以结案。但委托人履行完毕和解义务后，对方却毁弃和解约定且拒绝履行乙方义务，反而利用调解书的执行效力直接去法院申请强制执行。现委托人已经过法律程序重新启动该案的再审，并就相关事实申请执行异议。二、该案已由法院依法受理。任何断章取义，传播不实消息的行为，均涉嫌严重侵犯他人隐私权和名誉权，事务所将代表委托人依法追责。三、关于案件的具体情

况进展，委托人会适时择机向公众公布案件细节真相，让社会公众全面客观了解案件始末原委。

君合视角

近来，艺人与制片公司之间因为合同纠纷而诉诸法院的案件越来越多。此前例如浙江唐德影视股份有限公司对高云翔等申请诉前财产保全，冻结高云翔等财产6382万元。上述纠纷的解决将在很大程度上取决于艺人与制片公司之间签署合同的具体约定。因此，制片公司应当重视与艺人的合同草拟，以最大程度降低风险，维护自身利益。

（十）科大讯飞起诉两家公关公司恶意诽谤

科大讯飞以侵犯名誉权为由，对两家公关策划公司发起诉讼，并已获合肥高新技术产业开发区人民法院正式受理。科大讯飞高级副总裁、董事会秘书江涛表示，2018年底至今年初，有公关公司在网上多个资讯平台发布扩散《科大讯飞：裁员进行时》《又一科技巨头跌落神坛！这次是安徽》等不实文章，这些文章通过对来自互联网的匿名信息进行聚合，并糅合科大讯飞公司股价下跌、“同传误读事件”、“观塘基地事件”等内容，通过“标题党”“二次洗稿”等方式对科大讯飞进行抹黑攻击，干扰了科大讯飞正常经营活动并形成了恶劣的社会影响，公司为维护自身合法权益，向侵权人提起诉讼。

君合视角

随着互联网的普及，微博、微信等互联网产品已经从单纯的社交工具发展成不可小觑的舆论平台和媒体力量。由于网络言论所特有的即时性、方便性、广泛性特点，侵犯企业名誉权的行为一旦发生，若不能在短时间内进行消除、弥补，则损害后果将有可能以几何速度迅速扩大和恶化。

毁损商誉行为，多发于存在竞争关系的企业之间。在此类情形下，若能证明侵权行为是竞争对手直接实施，则可以通过《反不正当竞争法》第十一条有关商业诋毁的规定要求对方承担相应的法律后果，维护自身的合法权益。若不能证明该竞争关系，仍可以适用一般民事侵权中关于名誉权的规定。

（十一）称《楚乔传》涉嫌侵权，播出平台拒付1.2亿许可费

2019年3月13日，北京知识产权法院公开开庭审理了《楚乔传》涉嫌侵权案。称电视剧《楚乔传》的片花台词、原著小说等涉嫌剽窃多部第三方作品，已经有部分作者提起侵权诉讼等，电视剧播出平台拒付1.2亿元授权许可费。电视剧《楚乔传》许可方上海蜜淘影业有限公司将播出平台飞狐信息技术（天津）有限公司诉状告至法院。

蜜淘公司诉称，其与飞狐公司及案外人北京奇艺世纪科技有限公司（简称奇艺公司）签订《信息网络传播权独占性专有使用权采购协议》及其《补充协议》（简称涉案合同），约定飞狐公司和奇艺公司在约定授权期限内以独占性专有方式使用电视剧《楚乔传》（简称涉案电视剧）的信息网络传播权和网络定时播放权、单独以自己的名义进行法律维权行动以及上述全部权利的转授权权利。授权许可费总额为34,800万元，其中飞狐公司、奇艺公司各承担50%，即17,400万元。

涉案合同还约定了许可费的支付进度。现涉案电视剧已上星完整播出，且蜜淘公

司已按涉案合同约定交付电视剧发行许可证、版权文件、播出介质等，飞狐公司和奇艺公司也将涉案电视剧在网络传播渠道广泛发行，但飞狐公司却未依约按时、足额向蜜淘公司支付授权许可费。据此，蜜淘公司请求法院判令飞狐公司向其支付所欠第三期、第四期授权许可费 1.2 亿元，按日万分之一标准支付迟延付款的违约金及律师费 10 万元。

蜜淘公司则主张其已依约履行全部合同义务，飞狐公司的抗辩理由不符合法律规定及合同约定，其应依约付款。

北京知识产权法院受理该案后，依法组成合议庭公开开庭进 行了审理。庭审中，双方当事人针对飞狐公司以涉案电视剧涉嫌侵权为由未支付授权许可费的行为是否构成合法抗辩进行了激烈地辩论。目前，该案正在进一步审理中。

君合视角

本案的争议焦点在于，飞狐公司是否有权以涉案电视剧涉嫌侵权为由不支付授权许可费。我们认为，影视剧或剧本等涉嫌侵权的情形并不少见，因此在相关合同的约定中，应注意此类条款的约定，以避免未来可能会导致的争议。

（十二）“快点阅读”陷侵权风波

2019 年 3 月 11 日，成立不到两年的移动阅读平台“快点阅读”因一条博文，又一次陷入抄袭风波之中。据某微博用户描述，自己的原创作品在未被授权的情况下，直接出现在了“快点阅读”的平台上，但作者署名却换成了另外一个人。北京商报记者调查发现，自 2017 年上线后，“快点阅读”曾多次遭到其他阅读平台、作者，乃至读者提出的抄袭控诉。仅今年 1 月以来，“快点阅读”上便已有 10 部作品被相关作者、读者公开指出，涉嫌抄袭话本小说、快看漫画、腾讯漫画等平台的作品。其中，《我不是教主》《我家大师兄脑子有坑》的作者凌宇沫在读者提示作品被抄袭的微博下回复称“是侵权”。

天桐互动方面表示，作为运营方由于无法对平台发布方发布到“快点阅读”平台的内容，或者用户同步到平台且选择公开的所有作品，进行充分的监测，所以制定了制造保护知识产权权利人合法权益的措施和步骤。即由权利人应事先向“快点阅读”发出权利通知，“快点阅读”将根据相关法律法规采取包括删除、取消发布方或用户资格等相应措施。

2018 年公开的《中国网络文学版权保护白皮书》数据显示，2015 年盗版给网络文学带来的损失达 79.7 亿元，其中移动端付费阅读收入损失达 43.6 亿元，2016 年，损失上升达到 79.8 亿元，其中移动端付费阅读收入损失达 50.2 亿元。

君合视角

网络文学侵权现象屡见不鲜，从平台方监督，应当负有监管责任。判断平台的连带侵权责任，需要同时考虑避风港原则和红旗规则。其中，平台仅根据避风港原则，履行通知删除义务并不能够完全免责；还需考虑红旗规则，平台应当尽到合理的审查义务。在判断平台是否尽到合理的审查义务时，法院通常会综合考虑平台服务类型与性质、作品知名度、平台的主观行为、采取的技术措施等。如果出现平台发布的大量内容均为侵

权、作品为知名作品、平台主动推荐等情形，即使平台履行了通知删除义务，法院也可能判定平台侵权，要求其承担责任。

（十三）法院按法定赔偿的最高限额进行判决，2分钟短视频因被侵犯著作权获赔50万元

因独自创作的2分钟短视频被擅用进行广告宣传，作者刘先生以侵害著作权为由，将“一条”运营商上海一条网络科技有限公司诉至法院。4月26日，北京市海淀法院判决一条公司赔礼道歉并赔偿经济损失及合理开支50万余元。

法院经审理认为，涉案视频由拍摄者使用专业摄像设备拍摄，并将多个拍摄素材剪辑组合而成。视频记载了驾驶某品牌新款汽车前往崇礼滑雪的系列画面，其中有对该款汽车整体外观、内部仪表盘、变速箱、后备厢感应启动等进行展示的特写画面，还有利用无人机拍摄驾驶该车行进的画面及崇礼雪景和滑雪画面等。视频的拍摄和剪辑体现了创作者的智力成果，涉案视频虽时长较短，但属于具有独创性的类电作品。

据悉，该案系全国首例广告使用短视频侵害著作权案，也是迄今为止单个短视频判赔金额最高的著作权维权案。法院在判赔时充分考虑了涉案视频的独创性和广告价值、一条公司的广告报价、侵权行为的持续时间、传播范围以及不及时停止侵权的主观恶意等因素，淡化了作品长度因素，强化了市场定价规则，最终按照法定赔偿的最高限额进行判赔。

君合视角

据报道，此案是全国首例短视频著作权案判决，短视频是否构成类电类作品，需要判断其独创性高低。本案中，法院认为，视频的拍摄和剪辑体现了创作者的智力成果，虽然时长较短，但不影响其构成具有独创性的类电类作品。同时，根据著作权法，在权利人的实际损失或者侵权人的违法所得不能确定的情况下，五十万元的赔偿是最高金额。

（十四）网络小说《锦绣未央》被判抄袭成立，需赔偿原作者13.65万元

2019年5月8日，备受关注的热播剧《锦绣未央》原著小说抄袭纠纷案终于落槌。北京朝阳法院对该案公开宣判，依法认定《锦绣未央》小说中116处语句及2处情节与原告沈文文《身历六帝宠不衰》构成相同或实质性相似，涉及字数近3万字，已构成对原告沈文文享有的复制权、发行权和信息网络传播权的侵害，判令被告周静立即停止对小说《锦绣未央》的复制、发行及网络传播，赔偿经济损失12万元及合理支出1.65万元；当当公司立即停止销售。

此案为《锦绣未央》侵权案首案，另有11案等待法院后续宣判，共同维权的作家中还包括著名武侠小说作家温瑞安。该系列纠纷于2017年1月立案，是由汪海林、余飞等几十位编剧资助的公益维权事件。

君合视角

就此类侵权案件，法院的裁判思路首先是先确定权利基础，即原告是否享有涉案原

作的著作权；其次，会运用思想与表达二分法和接触加实质性相似原则具体判断被告是否构成侵权。本案中，法院认为《锦绣未央》采用了《身历六宫宠不衰》中具有独创性的背景设置、出场安排、矛盾冲突和具体的情节设计，构成实质性相似，因此构成侵权。

（十五）虎牙直播国际仲裁胜诉，将获印尼网红赔偿2000余万元

2019年5月8日，香港国际仲裁中心就虎牙直播境外子公司提起的有关东南亚某知名主播违约的仲裁申请做出裁决，该裁决支持了虎牙直播的全部请求，确定该外籍主播构成违约，并应当向虎牙直播支付约合人民币2000余万元的巨额赔偿金。该案是继虎牙等直播公司在国内法院胜诉嗨氏（违约金4900万）、蛇哥（违约金2400余万）等知名国内大主播违约案件后，首次在境外国际仲裁中取得的类似胜利，具有里程碑的意义。

虎牙旗下面向海外用户的国际电竞直播平台Nimo TV于2018年初与网红玩家签订了为期3年的独家直播合作合同，并计划将其打造成东南亚核心主播。但是，就在Nimo TV做好各种准备工作将其正式推上线的前夕，该主播因受其他直播平台的诱惑，向Nimo TV表示将不再履行合同，并实际开始在相关直播平台进行线上直播。

在该主播以实际行动毁约之后，虎牙公司按照合同约定依法向香港国际仲裁中心申请仲裁。香港国际仲裁中心指定外籍仲裁员组成仲裁庭，依据香港法律和该仲裁中心的规则对该案进行了数月的审理之后做出上述裁决。

君合视角

随着网络主播行业的蓬勃发展，肆意违约等网络乱象逐渐凸显。对平台而言，只有不断吸引用户，才能支撑其不断融资、发展、盈利，因此很多直播平台都在合同中约定了相关的排他条款，并约定高额的违约责任。经过此前的嗨氏（违约金4900万）、蛇哥（违约金2400余万）等知名国内大主播违约案件，国内主播随意跳槽违约的现象已逐渐改善。

（十六）称视频中广告被恶意净化，搜狐公司起诉索赔200万

2019年5月，根据海淀法院网消息，因认为用户在安装“净化大师”App后，可以完全跳过“搜狐视频”App中的广告，此行为给其造成了巨大损失，北京搜狐互联网信息服务有限公司以不正当竞争纠纷为由将“净化大师”App运营商广州云讯信息科技有限公司及软件推介平台运营方大连市世纪鲲鹏科技有限公司诉至法院，请求判令二被告立即停止相关不正当竞争行为，赔偿经济损失200万元。目前，海淀法院已受理此案。

原告搜狐公司诉称，其是搜狐视频网及相应各版本搜狐视频客户端的所有者和运营者，因为“搜狐视频”致力于向用户提供大量免费的正版视频节目，为维持网站的正常运营以及支付高昂的正版视频节目版权费用，“搜狐视频”的经营收入来源模式主要有两种：一是在网站、App中以及播放视频节目之前向用户播放展现少量、短时间的广告，这部分广告时间相较视频时长一般均可忽略，并不会给用户带来不良影响，其据此来收取广告费用；二是用户付费观看无视频广告的视频节目，即用户支付费用开通会员，观

看无视频广告的视频节目，这是作为无法基于获取广告费用而做的一种补充。这两种收入来源模式，也是目前国内正版视频网站的惯常经营模式。

君合视角

近年来，互联网领域有关广告屏蔽的不正当竞争纠纷层出不穷，在“优酷诉金山”“爱奇艺诉极路由”“芒果TV诉暴风”等案件中，原告方均得以胜诉，法院均通过判决确认了屏蔽广告行为构成不正当竞争行为。同时，在今年1月判决的“世界之窗”案中，二审法院也认为“广告过滤功能与公认的商业道德不符，且经分析，广告过滤功能有损于社会总福利”。关于互联网环境下的不正当竞争判断标准，根据“非公益必要不干扰原则”，即其他经营者在没有达到“公益必要优先”的情况下，不能施以任何干扰。

（十七）爱奇艺称被非法刷量，诉触媒创想等公司索赔150万

根据海淀法院网消息，因认为对方利用技术手段对“爱奇艺”网站视频进行刷量，北京爱奇艺科技有限公司以不正当竞争纠纷为由将触媒创想(北京)科技有限公司、北京数字简史科技有限公司诉至法院，要求二被告停止不正当竞争行为，消除影响并赔偿经济损失150万元。目前，海淀法院已受理此案。

原告爱奇艺公司诉称，“爱奇艺”网站系由爱奇艺公司合法经营多年的全国知名网络视频播放平台。爱奇艺公司在经营“爱奇艺”网站过程中，会在合法范围内由其计算机系统实时统计、记录“爱奇艺”网站中各个视频的访问者IP地址、访问时间、访问量、终端类型、点赞量、评论等信息以及“爱奇艺号”用户上传的视频播放量、粉丝量等数据，并对前述统计数据进行分析，以此剖析各视频、各“爱奇艺号”用户的受欢迎程度、访问者所在地理区域、访问者喜好、访问时段等具有商业价值的信息。

原告爱奇艺公司认为，触媒创想公司和数字简史公司从事的非法行为，会导致爱奇艺公司服务器的负担在短时间内剧增，相关视频访问量急速提高，导致爱奇艺公司无法统计、分析、显示真实的视频访问量、粉丝、点赞及评论等各项重要数据，破坏了“爱奇艺”网站的正常运行，降低了爱奇艺公司合作方、用户、社会公众等对爱奇艺公司提供的统计、显示数据的信任度，也会给爱奇艺公司形象造成负面影响。触媒创想公司和数字简史公司行为不仅损害了爱奇艺公司的经济利益，损害了消费者利益，而且严重扰乱了整个视频行业的正常经营秩序，严重违背了基本商业道德。

君合视角

本案同样是关于互联网领域的不正当竞争案件。2018年8月就徐汇区法院就审理了国内首例因视频网站“刷量”而引发的不正当竞争案件，同样是爱奇艺就刷量行为提起的诉讼。在该案中，法院认为，“刷量”行为干扰了视频网站的正常功能，破坏了网络视频行业的市场公平秩序，违背了诚实信用的公认商业道德，违反了反不正当竞争法等法律规定。

（十八）称“宜搜小说”被侵权，爱奇艺、百度网讯被诉索赔100万

因认为在百度搜索“宜搜小说下载”结果却导向“爱奇艺阅读”App的下载页面，

北京爱奇艺科技有限公司及北京百度网讯科技有限公司的此行为侵害了其商标权并构成不正当竞争，"宜搜小说"运营商深圳宜搜天下科技股份有限公司遂将上述二公司诉至法院，要求停止侵权、赔礼道歉并赔偿经济损失100万元。目前，海淀法院已受理此案。

原告深圳宜搜天下公司诉称，其系"宜搜"和"宜搜小说"的商标注册人，开发与运营的"宜搜小说"App系国内知名的数字阅读平台，为广大用户提供移动数字阅读服务。2018年7月以来，深圳宜搜天下公司发现，在"百度搜索"搜索框中使用"宜搜小说下载"作为关键词进行搜索，第一个搜索结果为"【easou 宜搜小说】—免费下载—更有离线全本"（带有广告标识），点击该搜索结果直接进入"爱奇艺阅读App"的下载页面，点击下载则安装"爱奇艺阅读"App。

原告深圳宜搜天下公司认为，爱奇艺公司及百度公司的此行为侵害了其注册商标专用权，更窃取了大量本应属于其公司的用户，减少了其公司获取交易的机会及应获得的经济利益，构成不正当竞争。

君合视角

宜搜天下公司认为，爱奇艺公司及百度公司的此行为侵害了其注册商标专用权。此前，在中粮集团与寺库案中，寺库公司以"大悦城"为关键词向百度公司购买了"竞价排名"的推广服务，法院最终认定构成商标侵权及不正当竞争。另有，百度与讯飞案中，百度公司将"讯飞""讯飞输入法"关键词进行搜索排列，将百度输入法排至前列推广，法院认为，符合不正当竞争行为构成要件中不当利用他人的智力劳动成果推销自己的商品或服务，使用户或者消费者产生误解，扰乱市场秩序、损害同业竞争者的利益或者消费者利益的行为，构成不正当竞争。

（十九）全国首例人工智能生成内容著作权案宣判

北京互联网法院一审公开宣判北京菲林律师事务所（以下简称菲林律所）诉北京百度网讯科技有限公司（以下简称百度网讯公司）侵害署名权、保护作品完整权、信息网络传播权纠纷一案，判决认定计算机软件智能生成的内容不构成作品，但百度网讯公司未经许可使用涉案文章内容构成侵权，判令其向菲林律所赔偿经济损失及合理费用共计1560元。

法院指出，涉计算机软件智能生成内容凝结了软件研发者和软件使用者的投入，具备传播价值，应当赋予投入者一定的权益保护。软件研发者可通过收取软件使用费，使其投入获得回报，软件使用者可采用合理方式在涉计算机软件智能生成内容上表明其享有相关权益。本案中，百度网讯公司未经许可在其经营的相关平台上提供了被诉侵权文章内容，供公众在选定的时间、选定的地点获得，侵害了菲林律所享有的信息网络传播权，应承担相应的民事责任，故原告要求被告赔偿经济损失的主张，法院予以支持。

据此，法院综合案情后，判令百度网讯公司自判决生效之日起7日内连续48小时刊登道歉声明，为菲林律所消除影响，并向菲林律所赔偿经济损失1000元及合理费用560元，驳回菲林律所的其他诉讼请求。

君合视角

本案的争议焦点在于计算机软件智能生成的内容可否构成作品的问题。法院认为，软件的使用者仅在操作界面提交了关键词进行搜索，这种行为没有传递软件使用者思想、感情的独创性表达，就不宜认定为使用者创作完成。因此，人工智能生成的内容不构成作品。但是涉案文章以原告的视角进行的分析、评价，体现该律所对涉案文章的创作过程，具有独创性，构成作品。

（二十）盗播《三生三世十里桃花》58 集，一审共判赔 1160 万

优酷网络技术（北京）有限公司诉北京优朋普乐科技有限公司、中国电信股份有限公司安徽分公司侵害作品信息网络传播权纠纷一案由合肥市中级人民法院已审理终结，判定优朋普乐和中国电信股份有限公司安徽分公司赔偿经济损失每集 20 万共计 1160 万元。

涉案电视剧《三生三世十里桃花》于 2016 年制作完成，一经播出即获得了巨大成功，经调查发现，由中国电信股份有限公司安徽分公司开发运营的 IPTV 电视业务“安徽 iTV ”的超级影院专区中提供了涉案作品的在线点播服务。最终考虑到涉案电视剧的作品类型知名度、原告获得授权所支付的成本被告侵权行为的性质、情节、侵权规模、侵权范围、侵权方式、后果以及原告为制止侵权所支付的合理开支等因素，法院酌定两被告共同赔偿经济损失每集 20 万元，共计 1160 万元。

君合视角

2018 年，就优朋普乐盗播《锦绣未央》《大唐荣耀》案，优朋普乐被判赔 1800 万。此类案件中，法院一般会考虑到涉案作品的许可使用费数额、知名度、市场价值及预期的市场收益、广告费收入、版权分销收入等因素，以及侵权人实施侵权行为的主观目的、行为性质、持续时间和损害后果等因素而酌定赔偿金额。

（二十一）《斛珠夫人》诉《楚乔传》抄袭一审获胜，赔偿约五万元

新京报 2019 年 05 月 31 日讯，《九州 · 斛珠夫人》的作者萧如瑟在微博和网友们分享了关于“《11 处特工皇妃》抄袭《斛珠夫人》一案”的进展。根据萧如瑟提供的部分一审判决书，法院判定抄袭成立，《特工皇妃楚乔传》（原名《11 处特工皇妃》）作者潇湘冬儿应向萧如瑟赔礼道歉，并支付经济赔偿约五万元。萧如瑟表示，目前一审判决尚未生效，还需要等待进一步消息，但保证得到赔偿后十五个工作日会将款项全部捐出助学，并公开相关单据。

《特工皇妃楚乔传》由潇湘冬儿所著，曾于 2017 年改编成电视剧《楚乔传》，由赵丽颖、林更新等人主演，CSM52 城平均收视率 1.741。但该剧开播前，网友却曝光《特工皇妃楚乔传》涉嫌抄袭《九州》系列等多部小说。为此，《九州斛珠夫人》的作者萧如瑟和《九州缥缈录》的作者江南先后发微博维权谴责。据悉，2015 年《特工皇妃楚乔传》就曾被指抄袭《九州缥缈录》《限制级特工》《紫川》《帝王业》《甄嬛传》《斛珠夫人》《寻秦记》等多部小说。潇湘冬儿还曾公开发微博道歉，承认抄袭，并承诺删改图书抄袭段落，同时保证电视剧《特工皇妃楚乔传》的剧本是原创。但新版小说上市后，经书迷

再次比对，虽然涉嫌《九州缥缈录》的部分有所删改，但其他涉嫌抄袭内容仍然被保留了下来。

2018 年 4 月 23 日，萧如瑟诉《特工皇妃楚乔传》抄袭案在北京朝阳法院开庭审理。萧如瑟表示，《楚乔传》出版后，诸多作者发现在《楚乔传》中多次使用与九州系列小说相似作品内容，不仅抄袭了原告作品，也抄袭了九州其他作品中的内容。其中《楚乔传》与《九州·斛珠夫人》高度相似的内容多达 17 处。因此萧如瑟诉至法院，要求潇湘冬儿、凤凰出版社、亚马逊停止出版发行销售《楚乔传》，公开赔礼道歉及赔偿合理费用 41984 元，另外要求潇湘冬儿、凤凰出版社连带赔偿经济损失十万元。

君合视角

本案的判决公布之后，公众的普遍反映是五万元的赔偿相较于《楚乔传》当年的火爆程度而言过低，认为这个金额的侵权惩罚力度不痛不痒，不利于抑制侵权、鼓励创新。根据《著作权法》第 48 条的规定，著作权侵权的赔偿数额计算方式为：（1）以被侵权人的实际损失为依据；（2）实际损失难以计算的，按照侵权人的违法所得给予赔偿；（3）实际损失或违法所得不能确定的，由法院根据侵权行为的情节，给予 50 万元以下赔偿。实践中，被侵权人往往对其实际损失和侵权人的违法所得存在举证困难的情况，因而此类案件最终都是以金额较低的法定赔偿解决。李克强总理在今年的政府报告中提到“全面加强知识产权保护，健全知识产权惩罚性赔偿制度”。我们期待立法机关能够尽快将惩罚性赔偿制度引入著作权的保护规则中，提高侵权成本和维权收益。

（二十二）腾讯南山法院再诉头条系，连续 6 起诉讼要求删除用户游戏视频

凤凰网科技讯（作者 / 花子健）6 月 12 日消息，腾讯在南山法院对今日头条和抖音又新增 6 起诉讼，要求删除两个平台 6 个用户所发布的所有《王者荣耀》游戏视频，并赔偿经济损失合计 1076 万。

腾讯分别在 6 起案件中主张，今日头条未经授权传播用户“旬猫”“居哥哥解说”的《王者荣耀》游戏视频，抖音未经授权传播用户“栀夏”“居哥哥解说”“小信老师”“哇咔咔 boy 天坑貂蝉唱歌贼难听”的《王者荣耀》游戏视频，侵犯了腾讯对《王者荣耀》游戏享有的著作权。

由此，腾讯请求法院判令，要求今日头条和抖音立即删除上述用户发布的全部《王者荣耀》游戏视频。至此，腾讯在游戏方面对于头条系的诉讼已经累计达到了 15 起。

腾讯公司于深圳南山法院向一名游戏用户许某某提起诉讼，称其未经腾讯公司许可直播游戏，要求其立即停止在第三方平台直播，并赔偿经济损失 1 元。

腾讯公司提交的诉讼材料显示，被诉的游戏用户许某某，今年 25 岁，是《英雄联盟》玩家，游戏账号叫“XiguaAAA 贱贱”，并在西瓜视频 app 上开设账号“HT 贱贱”直播《英雄联盟》。

腾讯公司表示，根据《腾讯游戏许可及服务协议》第 4.2 条约定，被告作为《英雄联盟》玩家不得在使用腾讯游戏服务过程中，未经腾讯许可以任何方式录制、直播或向他人传播腾讯游戏内容，包括但不限于利用第三方软件进行网络直播、传播等。

腾讯公司认为，用户未经许可擅自在第三方平台直播游戏，并以此获利，严重违反上述协议条款，损害了腾讯合法权益，应当承担赔偿损失等违约责任。

君合视角

腾讯与今日头条之间的法律战持续已久。2018年，腾讯于北京市海淀区人民法院以不正当竞争和侵权为由起诉了头条系公司。之后，今日头条也以反不正当竞争和侵权为由起诉腾讯。双方的战火延烧至今。本次腾讯追加的6个诉讼主要是集中在游戏直播领域，认为今日头条在未取得著作权人同意的情况下传播了腾讯游戏的直播视频，侵犯了腾讯的著作权。本案再次引发了关于游戏直播著作权方面的讨论。该问题在理论和实践中尚无定论。我们将持续关注本案的进展。

（二十三）聚力诉暴风1.3亿案 开庭审理

上海聚力传媒技术有限公司（下称“聚力”）以盗播中超联赛为由，将暴风体育（北京）有限责任公司（下称“暴风体育”）、暴风集团股份有限公司（下称“暴风集团”）诉至北京市高级人民法院，索赔1.3亿元。5月29日，北京高院公开审理此案。该案的开庭审理也再次引发了人们对体育赛事著作权保护的关注。

媒体报道称，2017年3月3日，中超联赛媒体版权方——体奥动力正式公布了2017赛季的媒体转播阵营，苏宁体育揽下独家新媒体转播版权，旗下聚力转播全场次比赛。

此次庭审中，聚力诉称，暴风体育未经其允许，在暴风体育App及网页上播放中超联赛2017年赛季210场（总计240场，其中暴风体育购买了30场的版权）赛事视频。涉案视频内容既包括现场比赛画面，也包括演播室解说画面、前瞻分析、数据体系，其整体节目构成类电作品。导演对直播画面的选择与解读，以及后期的制作加工，均是其具独创性的表现。

暴风体育的上述行为侵犯了聚力对相关直播赛事享有的著作权。不仅如此，被控侵权行为还增加了暴风体育的网络流量，减少了聚力获取经济收益的机会，构成不正当竞争。

此外，聚力还认为，暴风集团是暴风体育的实际运营主体和权利人，依法应当就暴风体育网站及APP的侵权及不正当竞争行为承担法律责任。

基于上述理由，聚力请求法院判令暴风体育及暴风集团停止侵权，在暴风体育App上公开道歉3天，并赔偿经济损失1.3亿元。

对于赔偿金额计算方式，聚力表示，参考暴风体育以3500万元购买2017年中超联赛30场赛事版权的每场平均费用，并结合权利人损失、侵权人收益、法定赔偿等，得出1.3亿元赔偿金额。但暴风体育对此并不认可。另外，暴风集团认为，暴风体育与暴风集团是领个独立的主体，被诉侵权与暴风集团无关。

庭审中，双方主要围绕以下争议焦点展开辩论：一是，原告是否享有涉案体育赛事节目整体的著作权？ 二是，被告的行为是否侵犯了原告的著作权？侵犯的是哪些具体权项？三是，被告的行为是否违反了《反不正当竞争法》第二条相关规定？ 四是，原告主张的赔偿数额和计算方式是否合理？

君合视角

根据上述报道内容，庭审中双方争议的核心焦点在于，体育赛事节目到底是否构成著作权法保护的作品。对于上述问题，司法实践中的观点不一。近期的主流观点是将体育赛事作品作为录像制品予以保护。

（二十四）安居客诉贝壳找房不当竞争索赔 9000 万元！称楼盘图片水印遭批量更换

提供房地产信息服务的安居客以不正当竞争为由将贝壳找房网诉至法院，称自家的房源图片遭贝壳找房网盗用，并据此提出 9000 万元的索赔要求。5 月 23 日，北京知识产权法院官方公众号称，该案正在进一步审理中。

安居客中有一个新房板块，主要介绍城市正在销售以及准备开始销售阶段的新楼盘信息，其中楼盘相册是为了提升用户体验而开设的单独浏览页面，里面的图片均是由运营人员对相应楼盘进行拍照并处理后上传的。作为被告的贝壳找房网是链家旗下的房地产信息服务网站，与安居客之间存在同业竞争关系。

2018 年 7 月，原告方发现贝壳找房新房板块下楼盘信息大量盗用安居客网站图片，其中大部分图片被去掉安居客的水印并加上贝壳找房的水印。原告认为这种行为违背了诚实信用原则，严重损害了自身的商业利益，构成不正当竞争。

基于此，原告请求法院判令被告立即停止不正当竞争行为，即停止在贝壳找房网 PC 及移动端（含 App 及 WAP 端）扒取、使用安居客的图片，并赔偿原告经济损失 9000 万元。

君合视角

从 2011 年的大众点评诉爱帮网案到 2018 年的淘宝诉美景案，因网络数据抓取而引发的诉讼屡见不鲜。此类案件通常会以反不正当竞争法为由起诉。如被抓取的数据可以构成《著作权法》上的“作品”，此类诉讼也可能通过著作权侵权途径进行。网络数据本身具有复杂的法律属性，因而受到多重法律的规制。其所涉及的法益包括：市场竞争秩序、公民的个人信息、知识产权、计算机信息安全、消费者权益保护等。因此，在商业运营中抓取数据时应当慎之又慎。

（二十五）明星虚假流量引关切 微博配合警方侦破星援 App 流量造假案

在微博的配合下，北京警方成功侦破一起利用非法 App 恶意刷量、流量造假的刑事案件。涉案应用——星援 App 的制作人蔡某因涉嫌破坏计算机信息系统罪，已被北京警方刑事拘留。这是社交媒体行业第一起互联网黑产案，回应了目前社会公众对明星虚假流量事件的关切。更为重要的是，本案将对互联网行业后续的类似案例提供参考，具有风向标意义，对网络黑色产业也将产生长久的震慑力。

星援 App 是一款模拟微博客户端，通过破解微博加密算法实现批量转发微博内容的应用软件。该软件在收取用户费用之后，能够对特定用户和博文进行批量转发操作。这种转发刷量行为严重干扰微博正常的舆论生态，也对用户账号安全产生威胁。

2018年初，微博在日常监控工作中发现大量异常违规行为，经技术回溯和对比，确认批量转发行为是通过星援App操作。2018年11月，基于前期证据的搜集和整理，微博就星援App刷量一事向北京市公安局报案。2018年12月，北京市公安机关开展侦查取证工作。2019年3月初，专案抓捕组将星援App制作者抓获。

君合视角

对于虚假流量的加强监管始于今年年初央视对于流量造假的曝光。之后，著名相声艺术家巩汉林也在两会期间谏言中央政府设立演艺界的诚信记录，加强对于通过刷流量来吸引大众注意力并进而牟利行为的打击。从法律角度而言，流量造假除了会有上述新闻中提到的刑事责任，还可能存在行政责任。根据《反不正当竞争法》第八条，经营者不得通过组织虚假交易等方式，帮助其他经营者进行虚假或者引人误解的商业宣传。违反该条规定，监管部门可能会处以最高人民币两百万元的罚款，并吊销营业执照。明星的经纪公司及类似的商业运营机构应当合理区分为明星造势的法律边界，避免不必要的法律风险。

（二十六）国内首例云服务器提供商侵权案，二审改判阿里云不承担法律责任

2019年6月20日，国内首例云服务器知识产权侵权案件二审结束。北京知识产权法院判决撤销一审判决，驳回一审原告乐动卓越的所有诉讼请求，阿里云公司不承担法律责任。

北京知识产权法院认为，云服务器租赁不属于《信息网络传播权保护条例》规定的具体网络技术服务类型，并且要求云服务器提供商采取“关停服务器”或“强行删除服务器内全部数据”的措施，不符合审慎、合理的原则，因此驳回一审原告乐动卓越的所有诉讼请求，阿里云公司不承担法律责任。

据悉，原告乐动卓越因发现一款名叫《我叫MT畅爽版》的游戏，涉嫌非法复制其《我叫MT online》游戏的数据包，而《我叫MT畅爽版》所属公司租用的服务器正是阿里云提供。因此，原告认为阿里云的行为涉嫌构成共同侵权，将阿里云诉至法院，要求阿里云停止为《我叫MT畅爽版》游戏继续提供服务器租赁服务，并赔偿经济损失100万元。2017年6月，北京市石景山区人民法院做出一审判决，法院认定被告阿里云公司构成侵权，赔偿乐动卓越公司经济损失和合理费用约26万元。随后，阿里云向北京知识产权法院提起上诉。

君合视角

本案为国内首例涉及云服务器提供商责任认定问题案件。本案的核心焦点之一在于认定云服务商是否属于“网络服务提供者”。根据《侵权责任法》与《信息网络传播权保护条例》，网络服务提供者利用网络侵害他人民事权益的，应当承担侵权责任。一审和二审法院均认为，法律并没有明确于网络服务提供者的范围内排除提供云服务器租赁服务的服务提供者，阿里云公司属于网络服务提供者，应当履行“通知－删除”规则下的义务。就此规则的适用，二审法院认为：（1）卓越公司发出的通知不符合规定，属于无效通知；（2）要求云服务器提供商采取“关停服务器”或“强行删除服务器内全部数据”

的措施，不符合审慎、合理的原则。此案对“通知－删除”规则的判断具有很强指导意义。

（二十七）12 位作家诉《锦绣未央》系列抄袭案一审全部获胜

2019 年 6 月 20 日，北京市朝阳区人民法院依法对《锦绣未央》余下 11 案进行一审宣判，认定《锦绣未央》抄袭行为成立，判令被告周静（笔名秦简）于判决生效之日起立即停止对小说《锦绣未央》作品的复制、发行及网络传播，赔偿 11 位原告经济损失及合理开支共计 60.4 万元，并在《新京报》和“潇湘书院”网站首页上向原告公开赔礼道歉。此前，朝阳法院一审认定《锦绣未央》小说抄袭沈文文《身历六帝宠不衰》成立。至此，历时两年之久的诉讼维权一审全部结束，12 位作家诉《锦绣未央》系列抄袭案全部获得胜诉。

本次宣判 11 案涉及的作者和作品包括：温瑞安的作品《温柔一刀》《寂寞高手》《江山如画》《剑气长江》和《逆水寒》；裴云（笔名希行）的作品《重生之药香》；傅世瑾（笔名朵朵舞）的作品《一斛珠》等，《锦绣未央》网络版共 270 万字左右，涉及抄袭 16 部作品，侵权总字数约 114 千字，侵权语句共计 763 处，侵权情节共计 21 处。

从 2017 年至今《锦绣未央》抄袭案已经持续了两年。今年 5 月 8 日，作家沈文文诉小说《锦绣未央》原著作者周静及当当网侵害著作权纠纷首案在北京市朝阳区人民法院宣判，被告周静侵权成立，判决生效之日起 10 日之内赔偿原告沈文文经济损失 12 万元及维权开支 1.65 万元，共计 13.65 万元。

君合视角

对于涉嫌抄袭的小说作品的侵权判定，法院的裁判思路首先是先确定权利基础，即原告是否享有涉案原作的著作权；其次，会运用思想与表达二分法和接触加实质性相似原则具体判断被告是否构成侵权。本案中周静在《锦绣未央》一书中抄袭了上述作品中的大量语句和情节，这些抄袭的文字虽分散于《锦绣未央》一书的不同段落，但在语句表达、人物塑造、情节结构、故事核心等方面，跟原文都是一致的。因此，法院最终认定，《锦绣未央》中被指控的侵权语句和情节与权利作品存在相同或者实质性相似。考虑到《锦绣未央》一书还包含大量的情节侵权，原告代理人表示不能排除下一步将对电视剧方采取法律措施的可能性。电视剧的制作基础为电视剧剧本，剧本改编自小说，三者关系密切，但电视剧与小说的表达方式与内容存在区别。电视剧是否构成侵权，需要进行具体的侵权判断，对电视剧与争议作品进行对比与分析。若电视剧中的演绎内容（如情节）与争议作品也构成实质性相似，则构成侵权。

（二十八）今日头条被诉擅自上传通讯录侵犯个人隐私一案开庭审理

2019 年 6 月 20 日，今日头条被诉擅自上传通讯录侵犯个人隐私一案在北京市海淀区人民法院开庭审理。

原告诉称，“今日头条”App 在《用户协议及隐私条款》中未明确将收集用户个人信息，却擅自上传并保存其通讯录，严重侵犯了用户隐私权，违反了信息收集的“合理、

必要”原则，请求法院判令被告停止侵权、赔礼道歉并支付精神赔偿金 1 元。被告北京字节跳动科技有限公司则辩称，通讯录信息并不属于原告的个人隐私信息。同时，被告认为原告在使用今日头条的“添加通讯录好友”功能时，就应当知道今日头条 App 不仅会读取其通讯录信息，还可能会存储其通讯录信息。因此，被告在为原告提供服务的过程中读取、上传和存储原告的通讯录信息，事先已对原告进行过告知，且得到了原告的明示授权，并未侵害原告的隐私权。

君合视角

本案的争议焦点在于今日头条是否明确告知原告会获取其通讯录，以及通讯录是否属于个人隐私信息。目前数据安全和个人信息保护方面的法律法规多数处于征求意见阶段，企业应当提前进行规划与自查，避免合规问题。

（二十九）电影《芳华》被诉抄袭案再次开庭

北京市朝阳区人民法院再次开庭审理电影《芳华》被诉抄袭案。

此次庭审，法院主要围绕以下争议焦点进行审理：一是，原告是否为《蓝姆伽的救赎》剧本的著作权人；二是，被告方是否有接触到《蓝姆伽的救赎》剧本的可能性；三是，《芳华》电影剧本与《蓝姆伽的救赎》剧本内容是否存在实质性相似之处。

原告方表示，《蓝姆伽的救赎》剧本由肖宇飚本人独立创作完成，将剧本大纲进行著作权登记是为了防止剧本内容泄露。四被告则认为，原告方提交的证据不足以证明其为《蓝姆伽的救赎》的著作权人，原告的诉讼主体不适格。

对于四被告是否有接触《蓝姆伽的救赎》剧本的可能性，原告方申请胡某出庭作证。胡某在庭审中表示，其通过妻子的邮箱将《蓝姆伽的救赎》剧本发送至上文所述的案外人杨某，并委托杨某将剧本推荐给导演冯小刚。庭审中，原告方代理人还向被告方展示了胡某与杨某的电子邮件往来记录。

对于证人的陈述以及原告方提交的其他证据，四被告认为不足以证明导演冯小刚存在接触该剧本的可能性。此外，被告方辩称，《芳华》电影剧本的创作符合严歌苓的个人背景，由其本人独立创作。冯小刚作为电影的导演，剧本的创作带有导演的思想符合常理。

肖宇飚表示，剧本构架是整个剧本设计的基础，属于剧本的精髓与基础。剧本框架结构设计包括人物架构、故事架构、故事环境架构、叙事方式架构、开端与建置架构、中段架构、情节点架构、结尾架构。《芳华》电影剧本与《蓝姆伽的救赎》剧本相比较，在整体剧本框架结构设计上多处存在极度相似。

四被告则认为，原告方所称的两部作品相似的内容属于思想层面的近似，不受著作权法保护。对于文字作品是否存在“接触 + 实质性相似”判断应采取较为严格的判断规则。《芳华》电影剧本与《蓝姆伽的救赎》具有显著区别，不构成实质性相似。《芳华》电影出品方与严歌苓签订了相关协议，剧本创作具有合法来源。

庭审中，原告方表示，不排除对《芳华》小说提起侵权指控的可能，并申请追加编剧严歌苓作为该案共同被告。理由为，严歌苓作为《芳华》电影的编剧，了解剧本创作背景，追加其作为被告有助于查清案件事实。

君合视角

对于侵权判定，法院的裁判思路首先是先确定权利基础，即原告是否享有涉案原作的著作权；其次，会运用思想与表达二分法和接触加实质性相似原则具体判断被告是否构成侵权。与《锦绣未央》系列案件相反，本次诉讼为作者对经原著改编的影视作品剧本提起的诉讼，而非对原著提起诉讼。本案的争议焦点集中在接触加实质性相似的具体判断。我们将继续关注本案的进展情况。

（三十）《西虹市首富》涉侵权案开庭 原告质疑洗稿当庭质证细节

认为电影《西虹市首富》在人物关系和故事情节上与自己创作的剧本《财产继承者之“有钱了”》（以下简称“《继承者》”）构成相似和近似，编剧王倩起诉彭安宇、闫非、林炳宝、星空盛典影业（北京）有限公司、西虹市影视文化（天津）有限公司和北京开心麻花影业有限公司，请求判令六被告停止侵权行为，在电影《西虹市首富》片尾显著位置说明本片是根据原告的剧本《继承者》改编而来，请求判令六被告公开道歉并赔偿诉讼合理支出 2.6 万余元。被告当庭表示，《西虹市首富》改编自国外电影《布鲁斯特的百万横财》，要求驳回起诉。

经过两个多小时的审理，该案完成质证及辩论环节，未当庭宣判。

君合视角

根据我国著作权法的有关规定，著作权侵权主要从两个方面进行判定：一是是否构成实质性相似，即证明涉嫌侵权作品与受著作权法保护的作品构成实质相似；二是作品权利人有证据表明被告在此前具备了接触原作品的机会或者已实际接触了原作品。权利人在主张维权时，一方面要积极收集对方接触涉案作品的证据，另一方面要将自己原创作品与涉案作品仔细对比，找出哪些地方实质相似，同时证明自己的损失或者被告侵权所得。

（三十一）极限第一人吴永宁爬高楼坠亡案，家属起诉微博和快手被驳回

因认为新浪微博和快手平台对于用户发布的高度危险性视频，没有尽到合理的审查和监管义务，致其儿子吴永宁攀爬高楼坠亡，何某分别将二平台的运营方北京微梦创科网络技术有限公司和北京一笑科技发展有限公司诉至法院，要求赔偿各项损失 13 万余元和 9 万余元。2019 年 5 月 29 日，北京互联网法院一审对上述两案进行宣判，认为两公司已尽到其安全保障义务，不应对吴永宁的死亡承担侵权责任，驳回何某全部诉讼请求。

原告何某认为，被告微梦公司和一笑公司明知吴永宁发布的视频都是冒着生命危险拍摄的，其拍摄过程中很可能会发生意外，但被告为了提高其网络平台的知名度、美誉度、用户的参与度、活跃度等从而获取更大的盈利，未对吴永宁的行为予以告诫和制止，也未对其发布的危险视频采取删除、屏蔽、断开链接等必要措施。被告是公共网络空间管理人，其没有对吴永宁尽到安全提示、安全保障的义务，应承担侵权责任。

此外，何某还称，吴永宁坠亡时，正处于和快手的签约期内，吴永宁攀爬长沙华远

国际，也正是为了完成签约所规定的任务，因此一笑公司对吴永宁的坠亡存在直接的推动和因果关系。

君合视角

本案争议焦点之一是网络服务提供者是否需要对网络用户承担安全保障义务。法院认为，考虑到网络空间的虚拟性，网络服务提供者作为网络公共空间管理人所负有的安全保障义务应与传统实体空间中的安全保障义务在具体的义务内容和履行方式上有所区别。被告一笑公司确实对危险动作视频进行了相关的审核，且采取了必要的屏蔽措施，起到了阻碍相关危险动作视频向大众传播的作用，在某种程度上能对吴永宁的冒险活动起到一定的抑制作用，对相应风险的产生起到了一定的规避作用。因此法院认为，一笑公司已尽到了其安全保障义务，不应对吴永宁的死亡承担侵权责任。

（三十二）主播“陪伴式”盗播体育赛事节目 一审判赔 500 万元

央视国际网络有限公司认为新传在线（北京）信息技术有限公司、盛力世家（上海）体育文化发展有限公司采用主播“陪伴式”直播形式，未经许可擅自直播奥运赛事节目的行为损害其合法权益，向法院提起诉讼。2017 年 2 月 24 日，北京市东城区人民法院对此案一审宣判，认定二被告公司行为构成不正当竞争，判决赔偿原告经济损失等共 500 万元。据悉，二被告不服均已提出上诉。

法院：被告违反诚实信用原则，“搭便车”等行为构成不正当竞争。

法院经审理认为，二被告通过涉案网站向公众提供了互动式体育赛事节目直播服务，其与原告从事的经营行为在服务内容、形式及用户群体等方面存在重合，具有直接的竞争关系。二被告使用“正在全程视频直播奥运会”等作为宣传语，但并未如实标明相关情况，容易导致相关公众误认为其经营的网站与奥运赛事存在特定联系，从而对奥运直播服务的提供主体产生混淆，构成虚假宣传的不正当竞争行为。

本案中，当用户安装运行涉案浏览器后，虽然最终观看奥运赛事节目直播仍系在原告网站实现，但观看页面会被强行插入不受原告网站控制的主播、用户互动浮框，该浮框位于页面右侧的显著位置，且播放画面上方还显示有网友发送的弹幕内容，该种对原告网站进行干扰的行为使得原告无法按照自己的意愿在网站上展示直播内容，妨碍了其正常经营。该互动功能的增加，看似丰富了用户的观看体验，但未注明来源可能导致用户对提供服务的主体产生混淆，且长此以往，原告网站作为视频直播入口被选择的竞争力将不断降低，势必导致其网站的利益受损，最终使得用户也难以获得长期持续的利益。

综上，二被告在涉案网站设置奥运专题栏目，对赛事节目的链接进行排列、整理，全程、实时利用原告网站的奥运赛事节目直播内容，并借机牟利的行为显然已经超出了必要的限度，不仅构成了对原告提供该项服务的实质性替代，损害了原告的利益，而且破坏了网络直播体育赛事节目需获得授权许可这一行业惯例，扰乱了公平竞争的市场秩序，不利于用户的长远利益，该行为违反了诚实信用原则，属于《反不正当竞争法》第二条规定的不正当竞争行为。

据悉，新传在线、盛力世家两家被告公司均已提出上诉。

君合视角

本案中，被告实质是通过深度链接方式向公众提供涉案体育赛事节目，观众点击进入被告提供的链接后，跳转进入原告直播平台，被告并未向公众提供系争节目本身。司法实践中，深度链接行为并非均构成侵权。就本案而言，法院认定被告构成不正当竞争侵权的理由在于，被告的深度链接行为已构成对原告服务的实质性替代，导致原告利益受损，同时，被告使用具有误导性的宣传用语也造成混淆结果，也违反诚实信用原则。该案提醒提供链接服务的市场主体，提供链接服务也不应超过必要的限度，切忌过当宣传或造成观众对服务来源的误解。

（三十三）"知乎回答"文字被改编成短视频 法院判侵权拍摄方赔偿6万元

辛先生在"知乎"网站某网帖下发表了以自己的真实经历为内容创作的文字回答，后发现该文字被改编成短视频，遂将北京新片场传媒股份有限公司、王先生等告上法庭。2019年7月3日记者获悉，海淀法院判决新片场公司停止侵权，与王先生共同赔偿辛先生经济损失5万元及合理开支13709元。

原告辛先生称，他于2016年11月24日在"知乎"网站标题为"有哪一瞬间让你觉得被撩到或者成功撩到别人？"的网帖下，发表了以自己真实经历为内容创作的文字回答，享有著作权。2017年，他发现新片场公司在新浪微博账号"小情书LOVOTE"所上传的播放量超过1400万次的《第一天的开始，一辈子的坚持》短视频在人物设置、台词、故事情节等都和自己发表的权利作品一致，该视频也在腾讯网、优酷网进行了上传。

他了解到，被诉视频是新片场公司委托王先生摄制的。辛先生认为，二者共同侵犯了其对权利作品享有的摄制权，还与新浪微博的运营方微梦公司共同侵犯了其对权利作品享有的信息网络传播权，遂起诉要求删除在优酷网上的被诉视频，三被告共同赔偿其经济损失50万元及合理开支13709元。

但被告新片场公司、王先生辩称，权利作品属惯常表达且篇幅较短，缺乏独创性，其不认可辛先生为该作品作者，另外索赔额过高。

另一被告微梦公司则称，新浪微博上仅存在被诉视频的链接，点击播放会跳转到第三方网站；被诉视频已及时删除，该公司不构成侵权。

法院认为，辛先生的文字回答在文字内容创作上体现了独创性，应被认定为著作权法列举的文字作品。从辛先生提交的证据，可认定其为权利作品作者。被诉视频与权利作品虽在作品形式上有所不同，但二者均包含"男生坚持每天削一个苹果送给女生"等情节，且各情节均包含了人物、场景、发展经过及结果等细节，属具体的独创性表达。被诉视频由画面、台词等动态影像表达组合而成，出现权利作品中不存在的情节，但不足以影响法院认定二者在上述情节表达上构成实质性相似。另外，权利作品发布时间较早，王先生有接触权利作品的可能。不过，法院认为微梦公司是信息存储空间服务提供商，已履行适当注意义务。故此，最终法院作出上述判决。

君合视角

本案的争议焦点之一在于"知乎回答"是否构成著作权意义上的"作品"。我国《著

作权法》规定只有在符合“独创性”要求的情况下才能构成“作品”。该“独创性”一方面要求作品是“独”力制作，源于本人；另一方要求作品具有智力“创”造性。“独”是对于创作方式的要求，而“创”是对创作质量的要求。网友在知乎上的回答，虽然简短，但在同时满足“独”和“创”的要求情形下，仍然可以构成著作权法上的“作品”。

（三十四）称被非法抓取5万条短视频“抖音”诉“刷宝”

因认为刷宝App采用技术手段或人工方式获取抖音App短视频及评论并向公众提供的行为构成不正当竞争，北京微播视界科技有限公司（以下简称微播公司）将北京创锐文化传媒有限公司（以下简称创锐公司）、成都力奥文化传播有限公司（以下简称力奥公司）诉至法院。

在该案审理过程中微播公司提出行为保全申请，要求创锐公司、力奥公司立即停止采用技术手段或人工方式获取来源于抖音App中的视频文件、评论内容并通过刷宝App向公众提供的行为。7月1日，北京青年报记者从北京海淀法院获悉，该院依法做出行为保全裁定，支持了微播公司的行为保全申请。

微播公司称，其为抖音App的开发者和运营者，通过投入高额的运营成本、提供优质的原创内容在同类产品中形成竞争优势，微播公司对抖音App中的短视频及评论享有合法权益。二被申请人作为同业竞争者，在其共同运营的刷宝App中向公众提供非法抓取自抖音App的短视频及用户评论，已取证的短视频数量达5万余条。二被申请人的上述行为违反了《反不正当竞争法》第二条的规定，构成不正当竞争。

力奥公司否认其实施涉案行为，并表示涉案视频、评论均为用户上传；在接到法院通知后，其已将大部分涉案视频删除，余下1220条未删除视频所占比例较低，且具有合法来源，不会造成难以弥补的损害。创锐公司则否认其为刷宝App的开发者及运营者。

海淀法院充分听取双方意见，仔细审查当事人提出的相关证据，认定创锐公司、力奥公司未提交足够证据证明5万余条涉案视频及相关评论内容为用户上传或具有合法授权，认定二被申请人系采用技术手段或人工方式获取来源于抖音App中的视频文件、评论内容并通过刷宝App向公众提供，该行为被认定为不正当竞争行为的可能性较大。

为有效控制涉案行为规模及损害后果的扩大，保护微播公司的合法权益，海淀法院依法做出行为保全裁定，责令创锐公司、力奥公司立即停止采用技术手段或人工方式获取来源于抖音App中的视频文件、评论内容并通过刷宝App向公众提供的行为。

海淀法院相关负责人告诉北青报记者，诉讼禁令作为高效、快捷的民事权利救济途径之一，对遏制侵权行为和保护权益方面发挥了积极作用。该案禁令既及时维护了申请人的合法权益，也有效地规范了短视频市场的竞争秩序。

君合视角

本案又是一起因数据抓取而引发的纠纷。在大数据时代，网络用户在使用网络服务的过程中留下的个人信息和评论日益成为互联网企业所争夺的高价值资源。网络数据的不断增值催生出了新的盈利模式——网络运营主体通过特定技术手段从不同的网站上抓取数据再提供给自己的用户使用。如何在法律允许的范围内获取和利用数据是互联网企业需要审慎对待的一个新课题。我们会持续关注本案。

（三十五）涉嫌侵权“小黄人”多个山寨“名品”遭诉中禁令

2019 年 7 月 4 日，美国环球影城公司（简称“环球公司”）收到江苏省苏州市中级人民法院下发的诉中禁令裁定。禁令裁定六被告沧州千尺雪食品有限公司、旺仔饮料（广州）集团有限公司、广东泰牛维他命饮料有限公司等立即停止生产及销售侵犯环球公司“小黄人”卡通形象著作权的乳制品，立即停止使用“小黄人”卡通形象进行宣传。

据悉，环球公司在华子公司针对六被告侵害其所拥有的“小黄人”卡通形象著作权一案，向苏州市中级人民法院提起了著作权侵权诉讼，环球公司立案同时向法院申请了诉中行为保全。苏州知识产权法庭受理案件后对环球公司提起的禁令申请进行审查，在安排双方听证后做出如上全覆盖禁令。

此禁令是法院根据相关法律及 2019 年 1 月 1 日正式实施的《最高院关于审查知识产权纠纷行为保全案件适用法律若干问题的规定》作出，系该规定颁布后外资企业在华赢得的第一个诉中禁令裁定，也是外资企业在华赢得的第一个卡通形象及衍生品许可领域的禁令裁定。“诉中禁令裁定的颁发亦彰显了中国法院在平等保护中外知识产权权利人的态度，中国法院已经成为当事人信赖的国际知识产权争端解决的优选地。”相关行业专家在接受采访时表示。

君合视角

行为保全最早是在国内知识产权立法中出现的一种临时措施。《民事诉讼法》于 2012 年正式确立了我国的行为保全制度，将行为保全制度从知识产权领域扩展至普遍适用。今年年初颁布的《最高人民法院关于审查知识产权纠纷行为保全案件适用法律若干问题的规定》为知识产权案件申请行为保全提供了更为明确的指引，从而使境内外当事人能够更加及时制止侵权者的侵权行为、更有效地保护自己的合法利益。

（三十六）papi 酱公司短视频配乐被诉侵权

因认为短视频品牌 papitube 旗下的自媒体账号“Bigger 研究所”上传的视频配乐侵犯其信息网络传播权，北京音未文化传媒有限责任公司（以下简称音未公司）将 papitube 的经营方诉至北京互联网法院，要求判令其停止通过一切平台传播该短视频，并连带赔偿经济损失及维权合理开支共计 25 万余元。

音未公司诉称，其是国内专业的音乐版权授权与音乐版权定制服务公司。2019 年 3 月 19 日，经日本唱片公司 Lullatone，lnc。合法授权，音未公司取得音乐《Walking On the Sidewalk》版权独家专有使用权以及维权权利。而北京春雨听雷网络科技有限公司（以下简称春雨听雷公司）和徐州自由自在网络科技有限公司（以下简称自由自在公司）是短视频制作品牌“papitube”的经营管理者。其中春雨听雷公司是自由自在公司的全资子公司。而姜逸磊持自由自在公司 30% 股份。音未公司发现，papitube 未经许可使用音乐《Walking On the Sidewalk》作为背景音乐制作名为“20180804 期 2018 最强国产手机大测评”的商业广告推广短视频，并将该视频上专至“酷燃视频”通过

自媒体账号"Bigger研究所第一季"传播，该视频播放近600万次。音未公司认为，papitube是原创短视频制作和商业运营的专业机构，但仍在不经授权、不支付授权费的情况下肆意使用音乐《Walking On the Sidewalk》制作侵权短视频并传播，获得巨大的经济收益。

此案未当庭宣判。

君合视角

本案为短视频使用素材侵权。法院的裁判思路首先是确定权利基础，即原告是否享有涉案原作的著作权；其次，会查明被告是否存在侵权行为；再次，则会酌定赔偿数额。根据新闻公布的庭审信息，被告认为主要现有证据无法证明音未公司享有音乐《Walking On the Sidewalk》的相关著作权，主张的合理支出也过高。

（三十七）"微信红包"和"微信表情"案一审判决，法院认定被告构成著作权侵权与不正当竞争

因认为"吹牛"软件使用了与微信相似的红包界面和聊天表情，腾讯科技（深圳）有限公司（简称腾讯科技公司）和深圳市腾讯计算机系统有限公司（简称腾讯计算机公司）将"吹牛"软件的开发运营方北京青曙网络科技有限公司（简称青曙公司）告上法庭。7月19日，北京互联网法院分别对"微信红包"和"微信表情"两案进行一审宣判。

"微信红包"案一审认定涉案"微信红包聊天气泡和开启页"具有独创性，构成美术作品；"微信红包"相关页面构成有一定影响的装潢。认定被告侵害了二原告的信息网络传播权，判令停止侵权并赔偿原告经济损失10万元；认定被告实施了不正当竞争行为，判令停止不正当竞争行为并赔偿腾讯计算机公司经济损失40万元；此外，被告还被判决赔偿原告合理开支9万余元。

"微信表情"案一审认定涉案微信表情生动、形象、富有趣味，体现出一定的个性化选择和独创性表达，具有审美意义，构成美术作品，腾讯科技公司对其享有著作权，腾讯计算机公司依据相应授权，对涉案"微信表情"亦享有著作权。

君合视角

法院认为被告使用与微信相似的红包界面和聊天表情构成著作权侵权与不正当竞争。就著作权侵权而言，法院认为"微信红包聊天气泡和开启页"具有独创性，构成美术作品，被告的使用构成实质性相似，侵犯了腾讯公司的信息网络传播权。就不正当竞争而言，法院认为被控侵权页面与"微信红包"相关页面整体视觉效果上构成近似，容易造成公众的混淆和误认，损害了正常的市场竞争秩序，构成不正当竞争。

（三十八）"九层妖塔"案二审改判，法院认定原审被告侵害保护作品完整权

2019年8月8日，北京知识产权法院审结了上诉人（原审原告）张牧野（笔名：天下霸唱）与被上诉人（原审被告）中国电影股份有限公司、梦想者电影（北京）有限公司、乐视影业（北京）有限公司等诉讼当事人之侵害保护作品完整权案，并对本案进行

了二审改判，引起了不小的反响。

电影《九层妖塔》(“涉案电影”）系根据作者张牧野小说《鬼吹灯之精绝古城》(“涉案小说”）授权改编而成，但原告张牧野认为电影的故事情节、人物设置、故事背景均与小说相差甚远，远远超出了法律允许的必要改动的范围，对小说存在严重的歪曲、篡改，侵害了张牧野的保护作品完整权，且涉案电影未给张牧野署名，侵害了其署名权。原告要求被告停止传播涉案电影，公开赔礼道歉、消除影响，并赔偿精神损害抚慰金100万元。

一审法院认为，判断他人的合法改编行为是否侵害原著作权人的保护作品完整权应重点考虑改编后的作品是否损害了原作品作者的声誉。原告提供的证据不足以电影的改编使其社会评价降低、声誉受到损害。因此，一审法院未支持原告关于侵害保护作品完整权的主张，仅支持了关于侵害其署名权的主张，并在此基础上判令中影公司、梦想者公司、乐视公司及环球公司在传播涉案电影时为张牧野署名并向张牧野公开赔礼道歉，消除影响。

二审法院认为，在获得对原作品改编权的情况下，改编作品所作改动亦应当符合必要限度，如果改动的结果导致作者在原作品中要表达的思想情感被曲解，则这种改动就构成对原作品的歪曲、篡改。涉案电影在涉案小说的主要人物设定、故事背景等核心表达要素进行了大幅度改动，对作者在原作品表达的观点和情感做了本质的改变，因而构成对原作品的歪曲、篡改。

因此，北京知识产权法院最终认定，被上诉人侵害了上诉人对涉案小说的保护作品完整权，判令其停止传播涉案电影，向张牧野公开赔礼道歉、消除影响，并赔偿张牧野精神损害抚慰金5万元。

君合视角

本案的争议焦点在于被告进行的作品改编，是否符合必要限度，是否构成对原作品的歪曲、篡改。二审法院认为，被告对作者在原作品表达的观点和情感做了本质的改变，因而构成对原作品的歪曲、篡改。本案二审法院的核心观点是我国现行《著作权法》规定的保护作品完整权并无“有损作者声誉”的限制，故应当认为对该权利的侵害不以“有损作者声誉”为前提，此意见对后续类似案件具有指导意义。

此案也提醒影视公司在获得作品改编权进行改编时，应当注意改编界限，避免侵犯作者的保护作品完整权，关注：（1）改编作品与原作品创作意图、题材的一致性；（2）做出的改变是否属于必要；（3）社会公众对作品改动的整体评价。

为规避此类风险，我们建议，一是在与原著作者签署的改编权授权协议中做出更为宽松的改编约定；二是对于其中有侵权风险的改动获得原作者的书面许可，也可考虑聘请原著作者作为剧本顾问或编剧之一。

（三十九）迪士尼告谷阿莫侵权，最高或判刑3年

2019年7月31日，“X分钟带你看完电影”视频作者谷阿莫因遭迪士尼等5家公司控告侵权再度到台北地方法院出庭调解会。谷阿莫称目前不便对案件发表任何意见，希望对方提供具体赔偿方案才有讨论空间。并透露下一次调解会将会在15日举行。目前，

谷阿莫并未与迪士尼亚洲负责人取得联系，其余4家中有2家表示不愿和解。

两年前，迪士尼等5家影视公司状告谷阿莫侵权，称其《X分钟看完XX电影》系列短片擅自取用电影片段违反《著作权法》。虽然谷阿莫辩称自己创作的《4分半看完5集暮光之城》《5分钟看完魔戒三部曲》等影评短片属于二次创作并未侵权，但检方对比原片认为其视频只是利用他人视频配上自己的旁白，非单纯“引用”，而是“改作”。且其凭借这些短片获得了可观的利润，有营利之嫌，因此已触犯《著作权法》擅自改作、公开传输方法侵害他人著作财产权罪。最高可判刑3年，并处16.8万元罚金。

在今天的调解会中，谷阿莫坚称自己不是为了钱，制作这些视频只是为了教育那些看不懂电影的人。

公开资料显示，谷阿莫本名仲惟鼎。2016年，其开始在网络上创作《X分钟看完XX电影》系列短片，并凭借这些影评短片在YouTube收获粉丝98万人，总点击量破3亿人次。2013年他正式创立资本额500万元的“知识糖果数位社群媒体公司”并担任董事长。

对于迪士尼等公司的维权，不少网友表示力挺。相较于谷阿莫赚的钱，这个赔偿金额已经算很低了。自媒体的版权空间和界限一直都是敏感的话题。很多自媒体一开始做视频都打着非盈利的旗号，但版权保护真的很重要。

君合视角

2019年3月，国家广电总局下发的《关于进一步规范网络视听节目传播秩序的通知》，要求创作人员不得擅自对经典文艺作品、广播影视节目、网络原创试听节目做重新剪辑、重新配音、重配字幕，不得截取若干节目片段拼接成新节目播出。

未经作者授权，自媒体擅自剪辑、配音等行为构成侵犯著作权的可能性较高。自媒体制作视频时应当加强版权保护意识，遵守著作权法以及国家发布的政策固定，平台也应当尽到审查义务。

（四十）冯提莫直播侵权案宣判：斗鱼赔偿音作协2000元

由于主播冯提莫在直播时播放未经授权的歌曲，直播平台斗鱼被诉至法院。2018年12月27日，北京互联网法院公开宣判，斗鱼公司赔偿中国音乐著作权协会经济损失2000元及因诉讼支出的合理费用3200元。

2018年2月14日，网络主播冯提莫在斗鱼直播平台进行在线直播，其间播放了歌曲《恋人心》，时长约1分10秒（歌曲全部时长为3分28秒）。歌曲播放过程中，主播不时与观看直播的用户进行解说互动。直播结束后，此次直播视频被主播制作并保存在斗鱼直播平台上，观众可以通过登录斗鱼直播平台随时随地进行播放观看和分享。

歌曲《恋人心》的词曲作者张超与中国音乐著作权协会签订有《音乐著作权合同》，中国音乐著作权协会可对歌曲《恋人心》行使著作权。中国音乐著作权协会认为，斗鱼公司直接侵害了其对歌曲享有的信息网络传播权，起诉要求斗鱼公司赔偿著作权使用费及律师费、公证费等合理开支。

北京互联网法院认为，虽然主播是视频的制作者和上传者，但因为主播并不享有对这些视频的知识产权和所有权，所以根据权利义务相一致的原则，其不应对视频中存在的侵权内容承担侵权责任。而相应的，既然斗鱼公司是这些成果的权利人，享有相关权益，其自然应对因该成果产生的法律后果承担相应责任。

斗鱼公司运营的斗鱼直播平台上载播的涉案直播回看视频中，存在着未经权利人许可播放其音乐作品的内容，构成对著作权人信息网络传播权的侵犯。尽管播放音乐作品是网络主播在直播过程中作出的行为，但基于主播与斗鱼公司之间约定了网络主播全部直播成果的知识产权、所有权及相关利益均归斗鱼公司所有，斗鱼公司则应当承担与其所享有的权利相匹配的义务，应当对涉诉侵权行为承担著作权侵权责任。

法院最终判决斗鱼公司赔偿中国音乐著作权协会经济损失 2000 元及因诉讼支出的合理费用 3200 元。

君合视角

本案中音著协作为著作权集体管理组织对斗鱼公司提起了著作权诉讼。在本案中，法院的主要观点是认为斗鱼该公司是成果的权利人，享有相关权益，并应对其承担法律后果，不仅仅是通常意义上的网络服务提供者。

（四十一）延时摄影视频是否构成类电作品？淘宝店家售卖视频一审被判侵权

因认为申屠某某在淘宝店铺上售卖包含《延时北京》（以下简称涉案视频）文件的行为侵犯其著作权，周某某将申屠某某诉至北京互联网法院，要求对方立即删除淘宝店铺和百度云盘上的侵权内容和链接，赔礼道歉并赔偿经济损失及维权合理开支共计 115270 元。

8 月 12 日，北京互联网法院对此案作出一审判决，判定涉案视频构成类电作品，被告在淘宝店铺出售包含涉案视频文件的行为侵犯了周某某的署名权和信息网络传播权。判决被告在其淘宝店铺主页连续三日刊登致歉声明，并赔偿原告经济损失及维权合理开支共计 8000 元。

法院认为，本案中，周某某以北京城市地标性建筑为背景，拍摄 5000 余张照片，之后利用照片素材通过电脑软件制作成涉案视频，在保留摄影作品高画质的同时，赋予静止的照片以动态，形成具有美感的连续画面，并且制作者在素材选取、主题内容的表达上具有独创性，故涉案视频属于我国著作权法第三条第（六）项规定的“以类似摄制电影的方法创作的作品”。

君合视角

本案的争议焦点在于延时摄影视频是否构成类电作品。根据著作权法实施条例第四条，电影作品和以类似摄制电影的方法创作的作品，是指摄制在一定介质上，由一系列有伴音或者无伴音的画面组成，并且借助适当装置放映或者以其他方式传播的作品。法院认为，涉案视频形成了具有美感的连续画面，且具有独创性，符合类电类作品的定义，被告的行为侵犯了原告对涉案视频享有的信息网络传播权。

（四十二）中青文诉百度版权侵权两案再审改判赔 275.9 万

历时 6 年，经历一审、二审与再审，备受关注的北京中青文文化传媒有限公司（下称中青文）诉北京百度网讯科技有限公司（下称百度）“百度文库案”“百度移动搜索与

手机助手案”终于尘埃落定。记者获悉，最高人民法院（下称最高法院）对两案作出再审判决，百度构成侵权，共计赔偿中青文经济损失 275.9 万元，而在一审判决中，这一数额为 50.3 万元，二审维持原判。

这两起案件案情并不复杂，但赔偿数额争议很大。从 2013 年起，中青文陆续就《高效能人士的七个习惯》《现在，发现你的优势》《考拉小巫的英语学习日记》3 部图书分别诉百度旗下百度文库、百度移动搜索与百度手机助手、百度网盟侵犯网络版权。从一审、二审，到再审，最大的争议焦点并不是是否构成侵权，而是赔偿额的认定：一方认为赔偿额低，另一方认为赔偿额高。中青文坚持以《最高人民法院关于审理著作权民事纠纷案件适用法律若干问题的解释》（下称司法解释）第二十四条规定的“被告侵权复制品数量 × 原告单品利润”计算方式主张赔偿额，在一审及二审中，法院并未支持这一要求，而是由法官酌定赔偿额；在再审中，最高法院适用司法解释支持了中青文的主张，中青文最终获赔 275.9 万元。

君合视角

侵权成本低、维权成本高，一直是版权领域热议的话题。最高法院在中青文两案中，根据著作权法第四十九条、司法解释第二十四条，在百度没有提供相反证据的情况下，支持了中青文按照各个侵权作品的阅读人数以及下载数量来确定侵权复制品的数量的主张。关于涉案作品复制品的单位利润，最高院认为，对于电子书而言，权利人有权确定书籍的市场价格，在没有相反证据的情况下，可以依据权利人销售电子书的市场价格等因素，合理确定权利人发行该复制品的单位利润，并作为认定侵权损害赔偿的依据。最高法院严格执行司法解释第二十四条的计算方式，为著作权司法保护赔偿计算提供了指引。对于出版社而言，是一重大利好。

（四十三）“营销奇葩说”构成侵权，北京知产法院二审维持原判

2019 年 7 月 14 日，北京知识产权法院审结上诉人北京雪领网络科技有限公司与被上诉人北京爱奇艺科技有限公司侵害商标权纠纷二审案件。

本案中，雪领公司对“营销奇葩说”字样的使用或系在商业宣传中使用、或系在网络媒体中使用、或系在视听节目中使用，且均指向《营销奇葩说》视听节目或文章等，与雪领公司所提供的相关服务具有紧密联系，客观上都起到了指示服务来源的作用，相关公众易将其作为商标识别，系商标意义上的使用。

本案中，爱奇艺公司主张雪领公司的被诉侵权行为所涉服务与“奇葩说”商标核定使用的“培训、提供在线录像（非下载）、提供在线电子出版物（非下载）”服务构成相同服务，与“电视文娱节目、娱乐”服务构成类似服务。法院经过逐一比对，认定雪领公司的被诉侵权行为所涉服务与“培训、提供在线录像（非下载）”服务构成相同服务，与“电视文娱节目”服务构成类似服务。

北京知产法院认为，雪领公司将“营销奇葩说”使用在与涉案“奇葩说”商标核定使用服务同一种或类似的服务上，容易导致相关公众混淆、误认，构成侵权，故判决驳回上诉，维持原判。

据悉，爱奇艺公司在第 41 类的培训、提供在线电子出版物（非下载）、提供在线录

像（非下载）、电视文娱节目、娱乐等服务上享有“奇葩说”商标的注册商标专用权。其发现，北京雪领网络科技有限公司在其视频节目名称、网站栏目名称、微信公众号名称、微信公众号栏目名称中使用了“营销奇葩说”“奇葩说”字样，将其诉至法庭，要求其赔偿经济损失 200 万元。

君合视角

在此类商标侵权案件中，法院一般会判断被告的使用是否构成商标性使用，然后再判断双方的使用是否属于同一种或类似的服务上，以及是否容易导致公众混淆。本案中，法院认定雪领公司的被诉侵权行为所涉服务与“培训、提供在线录像（非下载）”服务构成相同服务，与“电视文娱节目”服务构成类似服务，并据此认为“营销奇葩说”使用在与涉案“奇葩说”商标核定使用服务同一种或类似的服务上，容易导致相关公众混淆、误认。

（四十四）称碧维视公司等擅播影片《西游记之孙悟空三打白骨精》，爱奇艺起诉侵权索赔 30 万

10 月 11 日，因认为对方未经授权许可擅自播放《西游记之孙悟空三打白骨精》，北京爱奇艺科技有限公司以侵害作品信息网络传播权纠纷为由将深圳市碧维视科技有限公司、曲靖市麒麟区联森商务酒店诉至法院，要求二被告立即停止侵权，赔偿经济损失及合理费用共计 30 万元。海淀法院受理此案。

原告爱奇艺公司诉称，《西游记之孙悟空三打白骨精》各联合出品方将该作品的独家信息网络传播权及其转授权授予出品方星皓影业有限公司。2016 年，星皓影业有限公司授权北京奇艺世纪科技有限公司享有上述权利，北京奇艺世纪科技有限公司随后又将上述权利授予爱奇艺公司，爱奇艺公司依法获得《西游记之孙悟空三打白骨精》在中国地区（中国香港、中国澳门、中国台湾除外）的独占性信息网络传播权，授权期限为自授权平台上线播出之日起十年。2018 年 3 月 9 日，深圳碧维视公司和曲靖联森商务酒店在运营的“曲靖联森商务酒店”电视端口，通过信息网络向公众提供未经爱奇艺公司授权的《西游记之孙悟空三打白骨精》的在线播放服务．爱奇艺公司通过公证的方式已固定证据。

原告爱奇艺公司认为，《西游记之孙悟空三打白骨精》为由郑保瑞执导，郭富城、巩俐、冯绍峰、小沈阳等主演的国产 3D 特效科幻大片。《西游记之孙悟空三打白骨精》是花费大量人力、物力和财力制作的影视作品，深圳碧维视公司和曲靖联森商务酒店的行为已严重侵害了爱奇艺公司的合法权益，给爱奇艺公司造成巨大的损失，应承担侵权责任。

目前，本案正在进一步审理中。

君合视角

播放平台作为影片的独占性被授权人，有权以独立诉讼主体身份向法院提起维权诉讼。信息网络传播权，即以有线或者无线方式向公众提供作品，使公众可以在其个人选定的时间和地点获得作品的权利。如果法院认定被告未经许可，通过信息网络向公众提供案涉作品，使公众能够在个人选定的时间和地点以下载方式获得案涉作品，则被告构

成对案涉作品信息网络传播权的侵犯。

（四十五）广州知识产权法院终审：720浏览器屏蔽视频广告的行为构成对芒果TV的不正当竞争

2019年9月18日，广州知识产权法院就湖南快乐阳光互动娱乐传媒有限公司（下称快乐阳光公司）起诉广州唯思软件股份有限公司（下称唯思公司）不正当竞争案作出终审判决，认定唯思公司在其“720浏览器”中使用相关插件拦截屏蔽芒果TV网站视频广告的行为，侵犯了快乐阳光公司对于其网站内合法经营的广告播放内容的处分权，被诉行为从长期来看，有可能令网络用户无法实现继续观看免费视频的需求，这将对消费者的长远利益将产生负面的、消极的影响。

故法院判决唯思公司以技术中立进行抗辩不成立，相关行为构成不正当竞争，赔偿快乐阳光公司经济损失及合理费用合计80万元，撤销了一审法院此前的判决。

君合视角

近年来，互联网领域有关广告屏蔽的不正当竞争纠纷层出不穷，在“优酷诉金山”“爱奇艺诉极路由”“芒果TV诉暴风”等案件中，原告方均得以胜诉，法院均通过判决确认了屏蔽广告行为构成不正当竞争行为。同时，在今年1月判决的“世界之窗”案中，二审法院也认为“广告过滤功能与公认的商业道德不符，且经分析，广告过滤功能有损于社会总福利”。关于互联网环境下的不正当竞争判断标准，根据“非公益必要不干扰原则”，即其他经营者在没有达到“公益必要优先”的情况下，不能施以任何干扰。本案中，法院也认为被告的行为违反了互联网领域公认的商业道德，构成不正当竞争行为。

（四十六）称私人影院擅播电影，“优酷网”维权一审获赔3.5万

因认为私人影院未经其许可擅播电影《黄金时代》，优酷网络技术（北京）有限公司以侵害作品信息网络传播权为由，将北京金运玖慕文化传媒有限公司、北京云乐迪视听技术有限公司、北京网尚数字电影院线有限公司诉至法院。目前，海淀法院已审结此案。法院认定金运公司侵害了优酷公司就涉案影片享有的信息网络传播权，判决金运公司赔偿优酷公司经济损失及合理开支3.5万元。

市场中，私人影院播放电影的方式一般有两种，一种是通过放映机、幻灯机、幕布等技术设备播放影片，这种方式相对传统；另一种则是类似于本案中的提供方式，借助于影院的局域网供消费者进行点播，不同的提供影片方式也分别受到不同权项的控制。本案中，金运公司主张其播放涉案影片的行为应受到放映权的控制，但是没有对其放映影片的技术设备和放映方式进行举证，且自认是通过内部局域网的方式，将统一存储在总服务器中的影片进行分别投放，即使用向公众开放的局域网络提供影片，属于信息网络传播行为，应受信息网络传播权控制。

君合视角

本案的争议焦点在于金运公司播放涉案影片的行为是受信息网络传播权控制的行为，还是受放映权控制的行为。法院认为，金运公司通过内部局域网向不特定公众提供涉

案影片的行为是信息网络传播行为，应受信息网络传播权控制，并非受放映权控制的行为。

（四十七）“小岳岳”的《五环之歌》被诉侵权，终审判决来了

2019年8月20日，天津市第三中级人民法院就北京众得文化传播有限公司与万达彩视传媒有限公司、新丽传媒集团有限公司、天津金狐文化传播有限公司、岳龙刚（艺名岳云鹏），关于音乐作品《五环之歌》侵犯《牡丹之歌》改编权一案作出终审判决，驳回原告众得公司的诉讼请求。

法院经审理认为，《牡丹之歌》是词、曲作者共同创作的合作作品，其著作权归属词作者乔羽及曲作者吕远、唐诃共同享有，上诉人不能单独行使著作权。据悉，该案原告方仅为《牡丹之歌》词作者乔羽授权的公司。通过比较可以看出，《五环之歌》的歌词构成了一个全新的作品，没有利用、参考《牡丹之歌》歌词的主题、独创性表达等基本内容，故没有侵犯《牡丹之歌》歌词的改编权。

君合视角

本案的特殊之处在于原告仅享有词作者的授权，并不享有由作者的授权。法院认为原作品为合作作品，词曲作者应当共同行使权利，每个合作作者不能单独行使著作权。根据我国著作权法，合作作品可以分割使用的，作者对各自创作的部分可以单独享有著作权。就该作品的词单独而言，《五环之歌》歌词构成了全新的作品，并未使用《牡丹之歌》歌词的主题、独创性表达，因此不构成对《牡丹之歌》歌词的侵权。

（四十八）一张手机壁纸何以引发2000万元版权官司?

因一张手机壁纸被索赔2000万元，刚刚登陆科创板的深圳传音控股股份有限公司与华为技术有限公司之间的版权官司备受业界关注。传音控股发布公告称，其于9月29日收到深圳市中级人民法院送达的关于华为技术有限公司起诉该公司及子公司深圳传音制造有限公司等的民事起诉状等相关材料。原告称其是“珍珠极光Pearl主题壁纸”美术作品的著作权所有权人，而被告将原告“珍珠极光Pearl主题壁纸”美术作品仅简单调整色彩纯度后持续用在被告开发的HiOS4.1和HiOS5.0系统预置壁纸中，并在发布会、网页展示、广告等宣传中使用该壁纸的行为，侵犯了原告的署名权、修改权等人身权利。原告要求判令6被告立即停止侵权，在其官方网站向原告公开致歉，并赔偿经济损失及为制止侵权支出的合理费用2000万元。对此，传音控股方面表示相信法院会有公正的判决。一张手机壁纸何以能引发一场高达2000万元的版权官司？该案引发法律界热议。

君合视角

美术作品或摄影作品版权损害赔偿的数额在我国司法实践中通常较低，大多数在数千至数万元不等。这主要由于版权侵权行为对于权利人造成的实际损失或涉案图片所导致的侵权获利本身通常并不高，在许可实践中也通常难以存在较高的许可使用费。在大多数版权侵权案件中，法院会根据作品的知名度、创作难度、商业价值、侵权人的使用情况以及市场影响程度等酌定一个赔偿额。即使侵权人具有恶意侵权的情形，法院也只

能在考虑侵权故意的主观状态后根据判赔基数酌情提高赔偿额。本案的天价索赔金额是否能让法院突破著作权法50万元法定赔偿额的限制，将取决于原告提供的损失证据或被告的获利证据。我们将持续关注本案进展。

（四十九）“新平衡”还是“纽百伦”？

江西新百伦领跑鞋业有限公司认为美国New Balance（中国注册商标名为**“新平衡”**）鞋业商标无效因为提起商标权无效宣告请求。原审诉讼中，新百伦公司向原审法院补充提交了新平衡公司注册的另外两枚商标和5份法院判决书，用以证明诉争商标不具有识别商品来源的作用，“N”不应被注册为商标被新平衡公司垄断。

北京知识产权法院认为：新百伦公司提交的现有证据不足以证明诉争商标的注册对我国的社会公共利益或公共秩序产生消极、负面的影响。新平衡公司提交的证据可以证明诉争商标在核定使用的运动鞋商品上经过长期宣传和反复使用，已与新平衡公司形成对应关系，足以使相关公众将其与新平衡公司的运动鞋商品形成特定联系，使诉争商标因持续使用而获得了区别商品来源的显著性特征。因此，诉争商标的申请注册未违反2013年商标法第十条第一款第八项和第十一条第一款第三项的规定。

君合视角

在二审中，法院重审商标使用与否标准在于其是否会对我国的社会公共利益或公共秩序产生消极、负面的影响。且新平衡公司提交的360百科介绍、对新平衡公司及其品牌的报道、新平衡公司在中国注册的商标列表及所获荣誉等证据足以证明诉争商标在核定使用的运动鞋商品上被广泛投入使用，相关公众会将其作为区分商品来源的商标进行识别，能够发挥标识商品来源的功能。近年来，中外品牌商标之争从乔丹案起连年不下，双方也是各有胜负。正所谓打铁还需自身硬，企业除了在商标权属上捍卫自己权利的同时，更应该不断提高自身的品牌质量。

（五十）江苏国星体育器材有限公司与马琳名誉权纠纷案

国星体育公司在销售乒乓球器械过程中，其球拍包装袋上印制有第三人马琳的照片，且其淘宝网站上刊登有马琳图片，销售过程中采用了“马琳手写Logo”的描述。国星公司承认对马琳的肖像权造成侵害，但其辩称自己的侵害行为情节较轻、在侵权行为中获得利益较少因而请求减少赔偿额；但马琳方认为，国星公司属于恶意侵权且属于重复侵权、规模化侵权，应当加大赔偿力度。法院认为生效判决已确认国星公司明显存在引导相关公众误认马琳与国星公司或其销售的产品存在一定关联的故意，且国星公司侵权行为持续时间较长、侵权性质较为严重，且具有一定恶意，国星公司应对其恶意注册行为给马琳造成的损失进行赔偿。

君合视角

体育品牌盗用体育明星肖像进行产品宣传近年来屡见不鲜。利用明星效应使自己在同类产品中处于竞争优势这一商业做法本无可厚非，但在未取得肖像权人同意的前提下擅自使用相关人士的肖像、名字、签名等明显存在引导相关公众误认该明星与本企业之间存在一定的关联，此不正当竞争行为可能会影响市场竞争秩序。

（五十一）孙杨公开听证会

孙杨仲裁听证会起因于2018年9月4日针对孙杨的一次赛外兴奋剂检查，由于对检查人员出示的资质证明存疑，此次检查最终未完成执行。2019年1月，国际泳联裁决此次检查无效，孙杨不存在违反《世界反兴奋剂条例》的行为。两个月后，世界反兴奋剂机构因不满裁决结果，向国际体育仲裁法庭提出上诉。

国际体育仲裁法庭于11月15日在瑞士蒙特勒举行公开听证会，并应孙杨方面要求以对公众公开的形式举行。当天，除约200名媒体代表和公众在现场旁听外，听证会还通过网络向全球进行了直播。但听证会结果因翻译不准确推迟宣判，听证会裁决推迟至2020年1月中旬之后。

君合视角

庭审过程中，双方已经对检测人员资质并不完全符合《采样人员指引》达成了一致意见，世界反兴奋剂机构也承认了孙杨的行为不构成“暴力”抗法，但是这样世界反兴奋剂机构的退让并不足以说明孙杨已经取得了本次仲裁的胜利。庭审过程中，世界反兴奋剂机构提出了一个新的论点：《指引》并不具有法律约束力，人员资质完全符合世界反兴奋剂机构作出的《条例》，因此采样人员的资质问题仅仅是轻微的程序性瑕疵。如果仲裁庭裁决世界反兴奋剂机构在本次事件中违法，那么无疑是告诉全世界运动员可以通过指出任何微小程序瑕疵而拒绝取样，显然不利于公共利益的维护。但孙杨方并未就这一新论点进行质证，“公共利益”这一论点的出现也为裁决的结果提供了更大的不确定性。我们将持续关注这一事件的最新进展。

五、传媒与娱乐专题研究

（一）2018年报已收录是剽窃原作还是艺术“挪用”？——简评画作“剽窃门”事件[1]

近日，某中国画家（下称“**该画家**”）深陷“剽窃门”。起因是一位比利时画家通过比利时电视台声讨该画家，指责他自20世纪90年代某个时间起，持续剽窃比利时画家的原画作。根据相关媒体报道，在上述新闻公开前，这些被指责为“剽窃”的画作，其市场售价远远高于原画作，甚至是原画作的几十倍至一百倍。上述报道内容公开后，在中国行业内引发轩然大波，除大多数对该画家予以批评、要求其道歉的言论外，也有部分支持者认为该画家的行为是向原作者致敬，也有人称这是“后现代的艺术中的挪用”，而不能简单认定为剽窃。

面对“剽窃门”事件，作为法律从业者，我们需要思考的是，剽窃原作与挪用的界限在哪里？如果构成剽窃，境外原作者有哪些救济渠道？不明就里购得画作的收藏家们是否有可以维权的途径？本文将主要围绕以上三个问题进行简要讨论。

1. 挪用与剽窃的界限

（1）何为“挪用”

影视、艺术领域中，无论是美术作品还是影视作品，使用相似表现手法呈现创作内

1 本专题研究由黄荣楠律师、刘佳迪律师、龚稣尼律师和马钦奕共同完成。

容，以向前人“致敬”或“挪用”的例子屡见不鲜。从最狭隘的意义上讲，如果艺术家有意识地复制和拷贝他人的艺术作品，作为创作上的一种策略性的观念，艺术领域就会将其称之为“挪用”。在业内，合理的“挪用”手法，不仅不会被诟病为剽窃，反而承载着艺术创作中的一些激进而有趣的观念，从而让观赏者和原作者都乐于接受。

例如，史蒂文•斯皮尔伯格执导的电影《头号玩家》（英文名：Ready Player One）中有一个画面，是典型的向米开朗基罗•博那罗蒂的《创世纪》“致敬”，欣赏过《创世纪》的观众肯定都能够轻易识别这样的“小心机”。

可以肯定的是，被业内人士认可的“挪用”方式，往往不是完全照搬原作品的内容，而是通过模仿的方式而注入了新的内容。“挪用”的内容因而产生了“基因突变”，已经不再是原来的主题和内容。并且，“挪用”的另一个特点是毫不避讳原作者的存在，它或者是显而易见的，或者是被授权的，或者是借助于原作者的存在而激起“挑衅”引起艺术理念上的争论。

但是，即使是后现代艺术中的“挪用”十分普遍，它还是在法律的框架下进行。如果超出法律允许的范围，侵犯了原作者的利益，那么法律的介入将撕下抄袭者“挪用”的画皮，还其“剽窃者”的真面目。

（2）何为剽窃

剽窃，也即抄袭。《中华人民共和国著作权法》（下称“**《著作权法》**”）第四十七条第（五）款规定，“剽窃他人作品”应承担民事责任，但对于何为剽窃，目前并无明确的法律界定。《现代汉语词典》第六版对于剽窃的解释是：抄袭窃取（别人的著作或其他成果）。从艺术领域的认知来看，剽窃更为强调主观恶意。但从法律角度而言，剽窃与抄袭其实并无差别，因为著作权侵权并不考察侵权者的主观状态，未经作者许可或未经法定许可且不构成合理使用的复制行为都是剽窃。

实际上，剽窃行为侵害的客体，是原作者人身权（署名权、修改权、保护作品完整权）以及复制权。然而，正如美国联邦法官理查德•波斯纳在其《论剽窃》一书中指出，并非所有的复制行为都是剽窃，也并非所有不合法的复制行为都是剽窃；并非所有的剽窃都侵犯了版权，也并非所有的侵犯版权的行为都是剽窃。原因在于，版权只能存续于有限的时间，一旦其进入公共领域，任何人都可以复制；版权并不禁止复制思想，仅有表达的形式才会受到法律的保护；并且，复制构成侵权的前提，必然是原作品构成著作权法所保护的作品。

剽窃或抄袭的认定是世界性的难题。剽窃的标准在历史上也在不断发生变化。大规模照搬原作品的剽窃行为其实很好辨别，如果普通公众都能轻易辨识出实质性相似，那么无疑构成剽窃。而实践中争议比较大的，是经过加工的模仿和挪用，在重新加工的基础上形成新的作品，一般称之为“创造性模仿”。然而，人们对于“创造性模仿”的接受度一直是有争议的。从法律角度而言，基于原作品内容的“创造性模仿”，更有可能被认定为落入原作者改编权的范围，需要取得原作者的同意并支付报酬。

（3）“挪用”与剽窃的界限

合理的“挪用”之所以不构成侵权，其法理基础在于对原作品的合理使用，而剽窃则超出合理使用的范畴。《保护文学和艺术作品伯尔尼公约》（下称“**《伯尔尼公约》**”）确立的合理使用规则是“复制不损害作品的正常使用也不致无故侵害作者的合法权益”；此外，《与贸易有关的知识产权协议》及《世界知识产权组织版权条约》均明确合理使用应不与作品的正常使用相抵触、不会不合理地损害权利持有人的合法利益。尽管上述国际公约均规定具体的合理使用规则由公约缔约方通过国内法制定，然而上述公约共同确立了两个基本原则：第一，不影响原作品；第二，不侵害原作者合法利益。

基于上述原则，我们认为以下因素在区分剽窃与“挪用”时均应予以考虑：

a）简单复制还是加工模仿

如果使用方式是简单复制，且复制的内容是仍在著作权保护期限内的作品，那么该等简单复制行为构成剽窃的可能性较高。例如将尚在版权保护期内其他画作的独创性表达直接在新的画作中呈现。

如果使用方式仅仅是挪用，例如借鉴相似的布局和构图，但呈现的表达内容完全不同，并在此基础上增加新作品特有的独创性的表达，则构成剽窃的风险较低。例如上述《头号玩家》画面对于《创世纪》的模仿。

b）复制或模仿的公开性及可辨识性

通常而言，“挪用”的内容往往非常容易辨识，或是作者通过某种方式主动告知公众其是在“挪用”，例如在新作品明确注明“向XX致敬”或明确表明是对某人作品的模仿；也可以是在法定范围内对于特定对象予以模仿，例如中国《著作权法》第二十二条允许“对设置或者陈列在室外公共场所的艺术作品进行临摹、绘画、摄影、录像”；又或者是对经典作品或进入公开领域作品中经典内容的模仿，公众一眼即可辨识其内容为模仿某经典作品。

然而，对于并未广泛流传的作品，如果在后的创作者“悄无声息”地复制或模仿并予以商业化销售，不仅是对原作者的不尊重，一旦将来公众有机会发现这两部作品的相似度，很可能会对原作品的独创性也产生怀疑，同时也实质性损害了原作者的可能获取的商业利益。

挪用艺术的最突出的例子就是伊莲·斯图尔特文（Elaine Sturtevant），这位靠复制别人作品成为大师的人物，和艺术剽窃者最大不同的是，她的模仿方式是显而易见的，并且与普通的艺术模仿者试图以假乱真不同的是，她不仅在每件作品名字上都明确标记了原作者及其复制的作品名，而且还征得了原作者的同意和支持。

c）新作品中原作品的占比

“挪用”的内容应当适度，如果“挪用”的内容成为新作品的独创性核心内容，就可能超越了合理范围。无论是知识产权国际公约还是中国《著作权法》，对于“作品”判断的首要原则都是独创性。如果新作品除了复制或模仿的内容并无其他独创性内容，或者其新作品的独创性内容占比极低，那么新作品的独创性显然值得怀疑。

以最后的晚餐为例。下图中，图一为达·芬奇《最后的晚餐》，图二和图三均采用了相似的构图。

图二与图一相比，只是画面色彩更艳丽，但人物神情及色彩对比与原图的相似度极高，对其复制的对象并没有创造新的语境和观念。因此图二的复制行为显然构成抄袭。但由于图二的抄袭对象是人所皆知的著名画作，作者并无意要将原作者取而代之的意图，

因此这种抄袭并不构成著作权法意义下的剽窃。但是，如果《最后的晚餐》并非知名画作且未进入公共领域，图二作者未经许可而形成图二画作，那么其被认定为剽窃的可能性较高。

而图三与图一相比，仅仅是构图相似，但是人物形象完全不同，图三作品中的人物形象获得了一个全新的语境和故事，这才是其作品的核心内容。因此，不管《最后的晚餐》是否进入公有领域的著名作品，图三也并不构成抄袭或剽窃，而只是一次艺术性的挪用。

2. 被抄袭作者的法律救济途径

两部作品是否构成实质性相似是事实认定问题，应由法院通过对两部画作的仔细对比进行审查。在中国的司法实践中，法院通常会委托著作权鉴定机构对此进行认定，故就此我们不予讨论。本段中，我们仅讨论以下三个问题：法律适用、诉讼禁令及侵权责任。

（1）法律适用

就本案而言，由于比利时画家与该画家国籍不同，如比利时画家向该画家提出侵权主张，首先需要考虑法律适用的问题。

根据中国《著作权法》，外国人、无国籍人的作品根据其作者所属国或者经常居住地国同中国签订的协议或者共同参加的国际条约享有著作权的，同样也受到中国《著作权法》的保护。根据《伯尔尼公约》，缔约方对于其他缔约方成员公民的著作权保护应给予国民待遇原则并适用自动保护原则。此外，根据《中华人民共和国涉外民事关系法律适用法》，在当事人无事后约定的情形下，知识产权的归属和内容、知识产权的侵权责任均适用被请求保护地法律。

因此，如比利时画家在中国境内提出诉讼，应适用中国法，且其享有国民待遇。当然，比利时画家也可以在比利时对该画家提出权利主张，但由于境外司法文书在中国境内的送达及执行存在一定的复杂性，故在中国境内直接对该画家提出权利主张不失为一种快速有效的手段。

（2）诉讼禁令

根据中国法，知识产权侵权适用诉讼禁令制度。近些年，中国法院对诉讼禁令的适用有逐渐放宽的趋势。然而，该等诉讼禁令制度的适用仍有一定的限制。我们理解，就本案而言，比利时画家更为迫切的需求是要求相关出售、拍卖该画家作品的机构停止相应的出售、拍卖行为。然而，如果比利时画家主张权利的对象仅为该画家，而非出售、拍卖作品的机构，那么通过诉讼禁令要求相关出售、拍卖机构停止相应的销售行为较难实现。可以选择的替代方案，是要求该画家停止就其画作的出版、展出、销售、拍卖等行为。

（3）侵权责任

a）停止侵权

原作者有权要求法院判令剽窃者停止侵权行为。这里的停止侵权，应当包括停止剽窃行为、停止以任何方式向第三方提供委托作品，包括停止就其画作的出版、展出、销售、拍卖等行为，甚至包括销毁剽窃作品，以禁止剽窃作品一切市场流通途径。

b）赔礼道歉、消除影响

由于剽窃行为不仅仅构成对原作者财产性权利的侵害，更是对原作者人身权利的侵害，包括署名权、保护作品完整权及修改权。根据中国司法实践，在作者人身权利受到侵害的情形下，法院可能会判令剽窃者向原作者公开赔礼道歉。

c）损害赔偿

根据中国《著作权法》第四十九条规定，损害赔偿数额应当按照实际损失、违法所得、法定赔偿依次确定。此外，赔偿数额还应当包括权利人为制止侵权行为所支付的合理开支。在大多数版权侵权案件中，由于原告一方对于实际损失及被告违法所得都较难予以证明，因此损害赔偿金额往往由法院酌情确定。然而，法院实际支持的损害赔偿金额并不会太高。

但是，就本案而言，违法所得的认定似乎相对容易。根据目前的公开报道，争议的相关画作此前通过相关拍卖机构成功拍卖，且该画家取得较高的经济收益。由于拍卖结果及信息具有公开性，因此，在充分调查的情况下，比利时画家向法庭证实该画家实际“违法所得”似乎具有可行性。根据目前我们通过“雅昌拍卖”网站检索到的公开信息，相关争议画作拍卖价格在人民币 30 万至人民币 112 万之间。

3. 画作收藏者的救济途径

如果该画家的模仿行为被认定为构成侵权，那么不仅仅原画作者的权益会受到损害，对于此前通过拍卖方式购得争议画作的收藏者，其权益显然也会受到损害。根据相关公开报道，上海藏家、龙美术馆创办者刘益谦表示，自己收藏 5 件该画家的作品，其中两件价值合计就达一千万元人民币。如果该画家的剽窃行为被证实，那么其画作收藏价值显然将会大幅缩水。画作收藏者的维权途径可以从以下几个方面来考虑：

（1）通过拍卖行主张权利

对于画作收藏者而言，其愿意参加画作拍卖并出价，显然是基于当时对于画作市场价值的预判。然而，画作收藏者在拍卖当时并不知晓剽窃情形，也无法预见该等画作在将来会因剽窃行为曝光而导致市场价值发生重大变化，因而画作收藏者对于价格本身具有重大误解。

根据《中华人民共和国拍卖法》（下称“**《拍卖法》**”）第六十九条第一款规定，委托人应当说明拍卖标的瑕疵，如果因委托人未说明拍卖标的的瑕疵，给买受人造成损害的，买受人有权向拍卖人要求赔偿。属于委托人责任的，拍卖人有权向委托人追偿。因此，如画作收藏者因拍卖物品质瑕疵而遭受损失，可以向拍卖人主张损失。

然而，值得注意的是，根据《拍卖法》第六十九条第二款规定，拍卖人、委托人在拍卖前声明不能保证拍卖标的的真伪或者品质的，不承担瑕疵担保责任。实践中，绝大多数拍卖行都会和买家签订类似的免责条款。如画作收藏者与相关拍卖机构签署的合同中包含类似条款，则画作收藏者向相关拍卖机构主张赔偿权利将极为困难。

同时，根据《拍卖法》第六十一条规定，“因拍卖标的存在瑕疵未声明的，请求赔偿的诉讼时效期间为一年，自当事人知道或者应当知道权利受到损害之日起计算。”就目前而言，该画家的行为是否构成剽窃尚无法律上的定论，相关新闻报道的公开不宜作为“知道或应当知道”的日期。如果将来该画家的行为被法院认定为构成剽窃，或者该画家

向公众承认其行为构成剽窃，那么相应的判决生效之日或该画家承认剽窃之日将会被认定为“知道或应当知道”的日期。因此，如相关画作收藏者需要向拍卖行主张权利，应当注意诉讼时效的时间节点，以免错过诉讼时效。

（2）向该画家主张权利

如果收藏者不是通过拍卖行，而是直接向剽窃者购买画作，那么收藏者可以考虑以下路径：

a）以构成重大误解为由要求撤销合同或要求承担违约责任

根据《中华人民共和国合同法》第五十四条规定，在当事人一方构成欺诈或重大误解的情形下，当事人可以请求司法机关撤销合同。如果该画家的确剽窃他人画作而予以隐瞒，并且如果收藏者知晓该等画作是剽窃作品就不会购买或者不会以当时的价格购买的情况下，相应的欺诈或重大误解有可能成立。但是，值得注意的是，行使撤销权必须在“当事人自知道或者应当知道撤销事由之日起一年内”行使。如果合同被撤销，那么该画家应当向收藏者返还合同价款，并向收藏者赔偿实际损失。

b）以构成欺诈为由要求按照“消法”退一赔二

收藏者是否可以构成“欺诈”为由，依据《消费者权益保护法》向剽窃者主张相应的赔偿权利，值得探讨。根据《消费者权益保护法》第五十五条规定，经营者提供商品或者服务有欺诈行为的，应承担“退一赔二”责任。如果该画家的确模仿他人画作而未在画作销售过程中予以披露，从而可能影响收藏者签订合同的意愿，不排除其行为可能被认定为构成欺诈。

然而，个人出售者能否构成《消费者权益保护法》项下的经营者，也值得考虑。就出售自己作品的画家而言，我们倾向于认为其可能构成《消费者权益保护法》的经营者。原因是，用于出售的画作构成商品，画家通过销售自己的画作而实现商品的流通和经营，是事实上的经营者。司法实践中，法院也并不排斥将出售商品的个人认定为《消费者权益保护法》项下的经营者，通常情况，只要相关主体从事了商品经营或营利性服务，法院就可能认定为其构成《消费者权益保护法》项下的经营者。因此，我们倾向于认为，相关收藏者有合法依据通过《消费者权益保护法》提出权利主张。

4. 结语

艺术上的挪用无可非议，但仍然被限定在合理的范围内，且要方法得当，让业内人士和受众群一目了然、主动分辨出是“挪用”而非剽窃。剽窃行为不仅导致他人权益受损，更是会使剽窃者自我蒙羞，由此造成的后果，不仅仅是此后的声名狼藉，更会导致之前的努力成果受到负面影响。所以，作品“挪用”需谨慎。对于权利受到损害的作者和相关作品收藏者，我们建议及时咨询律师并及时提出权利主张，以维护自身合法权利。

（二）《文化产业促进法》（草案）简评

2019年6月28日文化和旅游部发布《关于对〈文化产业促进法（草案征求意见稿）〉公开征求意见的公告》，面向社会公开征求意见。《文化产业促进法》在2018年9月7日发布的《十三届全国人大常委会立法规划》中被列为第一类项目：条件比较成熟、任期内拟提请审议的法律草案。《文化产业促进法（草案征求意见稿）》（下称“**《草案》**”）

明确了文化产业的基本内涵与主管部门，围绕创作生产、文化企业、文化市场3个维度展开，明确提出在人才、科技、金融财税等方面予以政策扶持或保障，并规定了相关法律责任。

1.《草案》的基本架构

（1）性质

《草案》与2016年颁布的《公共文化服务保障法》均属于文化领域的“主干法”，从国家促进和扶持文化产业发展的基本方针、政策及主要措施方面，对文化产业的整体发展予以指导。《草案》主要规制文化企业的市场经营活动，与《公共文化服务保障法》规定的公共文化服务的“公益性”相区分。而对于细分文化产业领域，则由《电影产业促进法》等具体领域的法律法规予以规制。因此，《文化产业促进法》正式颁布后，将进一步完善我国的文化领域法律体系。

（2）体例

《草案》分为九章，第一章“总则”主要规定本法的“立法目的”“调整范围”及“部门职责”等；第二章“创作内容”，主要规定创作环节的要求与支持；第三章“文化企业”，主要规定从事文化产业活动的主体以及要求；第四章“文化市场”，主要规定文化市场的秩序以及监管；第五章至第七章，分别为“人才保障”“科技支撑”“金融财税扶持”，规定了国家从人才、科技、金融财税等方面的扶持或保障；第八章“法律责任”，主要规定违法行为的法律责任等；第九章“附则”，规定了外资准入以及本法施行的时间。

2.《草案》的主要内容

（1）“文化产业”的含义

《草案》第二条规定，“本法所称文化产业，是指以文化为核心内容而进行的创作、生产、传播、展示文化产品和提供文化服务的经营性活动，以及为实现上述经营性活动所需的文化辅助生产和中介服务、文化装备生产和文化消费终端生产等活动的集合。前款所称经营性活动的类别包含内容创作生产、创意设计、资讯信息服务、文化传播渠道、文化投资运营、文化娱乐休闲等。”

《草案》基本沿用了《文化及相关产业分类（2018）》关于文化及相关产业的定义，采用定义加列举的方式，并对《文化及相关产业分类（2018）》的定义做了进一步的扩展。例如，不再将文化产业限定为“为直接满足人们的精神需要”的活动，并在列举类别时纳入资讯信息服务等。但《文化及相关产业分类（2018）》明确规定文化装备生产和文化消费终端生产包括制造和销售等，在《草案》中未明确规定“销售”行为。

（2）创作生产

如上所述，《草案》规定文化产业活动包含“创作、生产、传播、展示文化产品和提供文化服务”等活动。其中，创作生产是上述一系列经营活动的起点与核心。

根据《草案》，国家鼓励创作符合社会主义核心价值观、传承中华优秀传统文化、继承革命文化、发展社会主义先进文化、促进未成年人健康成长等符合国家政策的优秀作品，并将实施精品战略，鼓励创作“精品佳作”。具体而言，国家将以教育为基础，发挥国民教育在文化传承创新中的基础性作用，建设中华特色文化学术体系，推进网络文化、

服务业、传统工艺、旅游业等领域的创作、融合与发展，开展境外推广。

（3）文化企业与文化市场

把社会效益放在首位，实现社会效益和经济效益相统一，是我国文化行业重要特征。《草案》强调了构建现代文化市场体系，发挥市场在文化资源配置中的作用。并且，明确了进入市场、进行文化经营活动以及文化经营相关活动的主体是文化企业；而文化企业在进入文化市场平等竞争的同时，还兼具传播优秀文化、维护国家文化安全的责任。因此，《草案》特别强调了文化企业的社会责任，需要维护国家文化安全和社会公共利益，并考虑对未成年人的教育和保护，承担社会责任。同时还对"国企国资"以及"参与公共服务"的活动做出了特别的规定。

需要关注的是，对于文化企业与文化市场这两个部分，《草案》主要都是原则性的规定，比如从事文化产业活动应当遵循诚信原则、有关部门应当加强市场监管与知识产权保护等。这应该是考虑到《文化产业促进法》涉及的行业、领域众多，作为一部"主干性"的法律不适宜进行具体规定。因此，很多具体的内容，如行政许可等并未具体展开，仅做了原则性规定。

同时，《草案》特别强调，公民、法人和非法人组织不得从事虚假交易、虚报瞒报销售收入、虚构市场评价信息，不得在提供文化产品和服务过程中欺骗消费者或过度炒作，扰乱文化市场秩序，并在法律责任章节规定了相应的法律责任。该条规定对于现实中存在的收视率、票房造假，水军炒作等将起到相应的遏制作用。

（4）扶持与保障

《草案》的立法目的，是促进我国文化产业的健康发展，因此从用地、服务、人才、科技、金融财税等方面规定了文化产业的扶持或保障政策。

a）从用地方面，县级以上人民政府应当根据文化产业发展需要，将文化产业用地纳入国土空间规划，有效保障文化产业设施、项目用地需求。

b）从服务方面，鼓励企业科学规划建设文化产业基础设施和公共服务平台，为文化企业提供生产经营场地和培训辅导、信息咨询、金融、知识产权等服务。

c）从人才保障方面，国家教育主管部门和人力资源社会保障主管部门将积极推动文化产业及相关学科的建设，鼓励社会力量的参与，并建立健全人才机制与人才管理体系。

d）从科技支撑方面，国家科技主管部门将支持文化产业支撑技术的研究与开发，国务院标准化主管部门及有关主管部门应当推进文化产业标准化建设。同时国家将推动文化资源数字化、发展数字创意、智慧广电、网络视听、数字出版、动漫游戏、绿色印刷等新兴文化产业发展，鼓励传统产业的科技化创新与转型。

e）从金融财税扶持方面，国家鼓励金融机构、融资担保机构、保险机构为从事文化产业活动的公民、法人和非法人组织提供融资、担保和保险服务；各地政府可以统筹安排财政资金对文化产业的支持，国务院和省级人民政府直接组建文化资本投资运营公司，以支持文化产业的发展；国家依据税法规定实行促进文化产业发展的税收优惠政策。

以上的规定，较为全面地反映出了文化产业的发展需求，并将各地、各部门目前出台的零散的产业扶植政策，上升到了法律的层面，这将有利于从全局和整体性的角度促进文化产业的发展。

（5）法律责任

《草案》第八章规定了政府部门失职、渎职的责任；非法传播、从事文化产业活动、欺骗消费者、侵犯知识产权等市场主体责任；失信惩戒；传播限制等。

需要特别关注的是，就传播限制条款，《草案》第七十二条规定了主创人员受到刑事处罚，造成恶劣社会影响的，有关部门可以限制相关文化产品和服务在一定期限内进入传播。这条规定，实际上是反映了目前行业监管中的客观情况。国家广电总局曾针对劣迹艺人发出过“封杀令”通知，要求由“劣迹艺人”出演过和参与过的影视剧全面下架，也发出过其他若干禁止相关内容进行传播的通知。但上述“禁令”或以公告、通知的形式发出，或未对外出具书面文件。《草案》的“传播限制”条款如被通过，将是一条通过法律层面限制违法主创人员作品传播的明文规定。

3. 简评

中国文化产业的发展有目共睹，一方面是由于我国经济的发展有力推动了文化产业的发展，另一方面也是人民日益增长的文化需求的体现。长久以来，文化产业发展缺乏有力的制度保障以及政策扶持，文化部门虽出台过一系列政策法规，但是从法律体系的完整性考虑，设立一部法律层级较高的文化产业法律仍是不可或缺的。因此此次《文化产业促进法》公开征求意见，有着十分重要的意义。

但《文化产业促进法》在建立起文化产业基本法律框架后，仍需要配套措施来落地，因此需要制定一些硬约束增强针对性和操作性。参照我国《电影产业促进法》的立法思路，可以考虑针对重点文化产业制定产业促进的特别法。对涉及的鼓励扶持政策，应将原则性规定与落地举措结合起来，明确授权国务院或者有关部门制定具体实施办法。

同时就本次《草案》公开征求意见，我们有如下建议：

（1）《文化及相关产业分类（2018）》明确规定文化装备生产和文化消费终端生产包括制造和销售等，建议在《草案》中也应明确规定“销售”行为。

（2）《草案》针对市场主体的不同违法规定了统一的法律责任，且未对违法但无违法所得的情形做出处罚规定。我们认为该内容规定得过粗，建议参照《电影产业促进法》，根据违法行为的轻重程度进行划分，分别规定不同的法律责任。同时，对于违法但无违法所得的情形也进一步明确处罚措施；

（3）就传播限制条款，建议进一步扩大处罚范围，除刑事处罚情形外，如主创人员受到行政处罚，造成恶劣社会影响的，有关部门也可以限制相关文化产品和服务在一定期限内进入传播。

期待《文化产业促进法》在征求意见并进一步完善之后尽快出台，并能有力促进我国文化产业的发展！

（三）黑洞背后的图片维权[1]

2019 年 4 月 10 日，人类首张“黑洞”照片（下称“**黑洞照片**”）问世。然而，中国某图片版权公司（下称“**该图片版权公司**”）声称其已经取得上述黑洞照片的版权，并注

1 本专题研究由黄荣楠律师、刘佳迪律师、黄敏达律师和龚稣尼律师共同完成。

明“此图仅限于编辑用途，如用于商业用途，致电或咨询客户代表”。该图片版权公司的声明引发网络热议，与此同时，该图片公司还被发现在网站中将中国国旗及国徽的图片作为其版权内容并明码标价。此后，该图片版权公司发布声明称其并未获得黑洞照片独家授权也未获得该图片商业使用的权利，并发布道歉声明称国旗、国徽图片系供稿人提供，其未尽严格审核责任，并关闭网站开展自查。

然而，该图片版权公司的权利主张真的有法有据吗？该图片版权公司声称享有的黑洞照片权利的确真实合法吗？该图片版权公司有权就第三方使用黑洞照片的行为进行收费吗？本文将进行简要的探讨。

1. 黑洞照片是否构成作品

（1）黑洞照片是怎么“拍”出来的？

根据公开信息显示，黑洞照片虽然名为照片，但却不是用相机直接拍摄而成。黑洞照片的“拍摄器材”是遍布世界各地的八座射电望远镜。这八座天文台在“事件视界望远镜”计划下（Event Horizon Telescope，下称“EHT”），共同进行合作观测。天文学家通过射电望远镜，接收了黑洞的射电辐射，并将收到的信号加工、转化为可处理的数据，最终将数据按照特定的要求显示出来。

因此，黑洞照片不是天文学家拿相机直接“拍”出来的，而是将收到的数据处理之后，用可视化的方式表达出来的效果图。

（2）黑洞照片是否有独创性

无论根据知识产权国际公约，还是中国著作权法，受到著作权保护的作品，必须具有独创性，且能以有形形式复制。黑洞照片可以复制自无疑义，但黑洞照片是否具有独创性，则可能成为一个争议性的问题。

一种主张认为，人类目前描绘黑洞的形态的方式极为有限，如果要“拍摄”黑洞照片，只能用EHT使用的方法进行。因此，黑洞照片属于思想和表达的混同，应当被视为“思想”而非“表达”，从而不受到著作权法的保护。

我们认为，天文学家收集天体的射电辐射数据的方式或许是有限的，但将收集到的射电辐射的数据，最终转化为普通大众能看得懂的图片，必然包含了天文学家的研究和努力。EHT自己也说，这一转换过程使用了EHT开发的独特的计算工具，而且他们为这个工作煞费苦心（painstakingly）。

在中国的司法实践中，对于作品的独创性的要求通常相对较低，只要作者在创作过程中融入了自己有别于其他作品的构思，即可能被认定为具有独创性[1]。

（3）黑洞照片构成何等作品

在黑洞照片构成作品的前提下，下一个问题就是黑洞照片究竟属于哪一类的作品。

有评论从“拍摄”“照片”等词语出发，认为黑洞照片属于摄影作品。但我们认为，从形成过程来看，黑洞照片和法律定义的摄影作品相差甚远。按照中国著作权法的定义，摄影作品，是指借助器械在感光材料或者其他介质上记录客观物体形象的艺术作品。

然而，黑洞照片却是科学家通过观测的数据，推测、计算，并利用形象化的技术手

---

1 例如最高人民法院指导性案例第80号，洪福远、邓春香诉贵州五福坊食品有限公司、贵州今彩民族文化研发有限公司著作权侵权纠纷案。

段绘制出的效果图。事实上，天文学家所获取的黑洞的数据并非可见光波段的数据，而是天文学家利用特定的公式，计算出了黑洞照片应表现出的颜色。因此，黑洞照片应当不属于中国著作权法项下的摄影作品。

我们认为，黑洞照片可能更类似于中国著作权法项下的图形作品或美术作品：图形作品的定义包括反映地理现象、说明事物原理或者结构的地图、示意图等作品；而美术作品的定义是绘画、书法、雕塑等以线条、色彩或者其他方式构成的有审美意义的平面或者立体的造型艺术作品。

要分析黑洞照片究竟是图形作品，还是美术作品，则需要考察在黑洞照片是否形成具有审美意义的艺术作品。天文学家在制作黑洞照片时，所采取的技术细节都可能影响最终的判断。但对于此“创作过程”，由于我们获得的事实细节有限，故暂无法判断。

2. 黑洞照片是否构成“时事新闻”而不应予以版权保护

时事新闻不受著作权法保护是各国及世界知识产权立法公认的规则。通常认为，为了保护社会公众知悉新闻的权利，对于客观事实的报道不受著作权法的保护。那么，黑洞照片算是时事新闻吗?

在我国司法实践中，对于图片新闻是否构成中国著作权法定义的时事新闻存在不同的判断。例如，在重庆市高级人民法院审理的乔天富与重庆华龙网新闻传媒有限公司侵害著作权纠纷案（（2013）渝高法民终字第00261号）中，一审法院认为，案涉的图片新闻是单纯的事实报道，属于时事新闻，不受到著作权法的保护；而二审法院认为，由单纯事实构成的时事新闻虽然不排除图片新闻，但确实应该以文字新闻为主，因为除非新闻图片的画面为唯一性表达，否则任何图片都可以体现摄影记者独立的构思。

而对于黑洞照片，如本文所分析，我们认为黑洞照片的形成过程应体现了EHT的天文学家的独特的构思，也并非对收集到的黑洞射电辐射数据的唯一的可视化的表达，因此不属于时事新闻，应当得到版权保护。

3. 黑洞照片的著作权归属

不论黑洞照片是哪一类作品，结合黑洞照片的形成过程，都应当是由多个机构/个人参与制作而成的合作作品。

中国著作权法第十三条规定：两人以上合作创作的作品，著作权由合作作者共同享有。在世界其他国家的立法例中，许多也有类似的规定。因此，如果没有特别的约定，黑洞照片的著作权应根据适用的法律规定，由制作黑洞照片的各机构/个人共同所有。

但在黑洞照片的实际制作过程中，各参与机构/个人可能就黑洞照片的著作权归属及利用问题进行了专门的合同约定，并可能授权EHT代表各机构/个人行使著作权。根据公开信息显示，有其他律师向EHT的成员单位欧洲南方天文台（European Southern Observatory，简称“ESO”）发函询问黑洞照片的著作权问题。ESO回复称，黑洞照片的权利属于EHT，而ESO是EHT的一名成员（The credit of the image belongs to the EHT collaboration，of which ESO is a member）。

因此，基于目前的公开信息，黑洞照片的著作权可能是依据 EHT 成员机构 / 个人的协议，由 EHT 代表行使。但具体情况究竟如何，还需要进一步调查 EHT 内部的协议才能下结论。

4. 该图片版权公司是否有权就黑洞照片向第三方收费

根据 ESO“事件视界望远镜”项目官网上的版权说明显示，该网站内容遵守知识共享署名 4.0 国际许可协议（Creative Commons Attribution 4.0 International License）（下称“**CC 4.0 协议**”），只要有明确署名即可免费使用。此外，根据 CC 4.0 协议，使用者的使用方式包含分享（复制及以任何其他大小或格式发布）及改编（包括基于任何目的，甚至商业目的，进行重新合成、转换、制作）。因此，如果按照 ESO 的这一说法，黑洞照片的原始图片是开放给全世界所有用户以任何形式免费使用的。

如果 ESO 的上述说法成立，那么该图片版权公司将黑洞照片上传至其官方网站，作为其自行取得版权的内容，而向第三方作出授权，显然没有相应的依据。

首先，黑洞照片既然是向全世界用户免费开放，那么显然不存在另行进行独占许可或排他许可授权的情况，该图片版权公司显然无权将图片另行授权给第三方，或向第三方收取任何费用。

其次，如果该图片版权公司使用的图片，是经过其上游授权主体改编后形成的新的作品，那么，对于改编后新作品的使用，该图片版权公司也要在上游授权范围内使用。并且，根据中国著作权法的规定，对于改编作品的使用，仍然需要取得原始版权人的同意。然而，根据 ESO 的回应，该图片版权公司显然并未就该等图片的使用与 ESO 联系，显然也未获得 ESO 的同意。

最后，该图片版权公司并未获得转授权权利，更无权要求第三方支付费用。根据该图片版权公司后续的公开解释，其称其“通过合作伙伴获得编辑类使用授权。该图片授权并非独家，其他媒体和图片机构也获得了授权”。如果该图片版权方的上述说法真实，那么其也仅仅获得“编辑类使用授权”且为非独家授权，那么，该等授权应该不包含转授权的权利，其就第三方的使用收取费用显然更没有依据。

5. 图片版权公司的维权套路

近些年，不少公司或自媒体（下称“**图片使用方**”）都收到过图片版权公司发送的维权通知，一般会列上他们使用图片的清单，并附上图片版权公司网站中对应图片链接，以证明图片使用方存在未经授权使用的情况，并据此提出要求图片使用方向其支付授权费，或就历史使用及将来的使用打包签署一份授权协议。

遇到这种情况，我们通常会建议图片使用方要求图片版权公司提供能够证明其享有版权的证据，例如能够证明图片版权来源的证据、图片版权公司获得上述图片的授权链等，但图片版权公司常常不予理会。一旦图片版权公司提起诉讼，他们还可能会向法庭提供一份从境外版权公司整体获得相关图片的授权公证文件，而不会提供图片原始权利人授权给境外版权公司的授权书。

从现有的司法实践来看，除了个别法院以图片版权公司无法举证原始权利来源为由判决原告败诉，绝大多数的判决都支持了图片版权公司的诉请，根据照片精度、知名度、独创性不同，可能判赔支付每张数百元至数千元不等的费用。

最为知名的一个案例是“最高人民法院公布2010年中国法院知识产权司法保护50件典型案例之十二：华盖创意（北京）图像技术有限公司诉中国外运重庆有限公司侵犯著作权纠纷再审案”。该案中，当事人对于原告方提交的证据能否证明该案中原告的上游授权方美国Getty公司享有系争图片的著作权存在争议。最高人民法院再审审理后认为“getty公司、华盖公司拥有数量巨大的图片，基本采取在官方网站上登载图片并可直接网上购买的方式经营。其网站上登载图片，虽然不同于传统意义上的在公开出版物上发表，但同样是‘公之于众’的一种方式。故网站上的‘署名’，包括本案中的权利声明和水印，构成证明著作权权属的初步证据，在没有相反证据的情况下，可以作为享有著作权的证明”。最高院在该案判决中也表明“如果对初步证据要求过高，比如对每一张图片都要求取得摄影师的授权证明，或者每一张图片去做著作权登记的话，对权利人而言无疑是巨大的负担。而且相关费用如属于为制止侵权而支出的必要费用，归根结底要由侵权人来承担。故本案中，华盖公司一审时以确认授权书、网站权利声明以及图片上的水印共同主张权利，应认为已经尽到了初步的举证责任”。

上述法院的判决思路是，根据中国著作权法的规定，除非有相反的证据，在作品上署名的就是作者或授权人。因此只要图片版权公司在照片上盖了水印或进行版权登记，且图片使用人无法举证系争照片还有其他合法来源，法院大多数情况下都会支持图片版权公司的诉请，而对于图片使用人要求原告提供图片原始权利人的要求不予理会。

从司法实践角度，上述审判思路当然有其合法基础，也极大降低了审理案件的工作量。但是，从社会效果角度，由于图片使用方大多数不是图片专业公司，无法查找每张图片的来源，且每张照片的索赔金额并不高，似乎不值得为这小事请律师。因此，大多数图片使用人可能会因“怕麻烦”而选择与图片版权公司妥协，支付一笔授权费了解纠纷。但一些不良图片版权公司从中尝到了甜头，就在一些并非自己拥有权利的图片上随意加盖水印，试图将图片据为己有，并向使用方索要不菲的“版权费”。

结语：黑洞事件给予我们的启示

黑洞照片事件，已经引起政府部门的广泛重视。天津网信办甚至连夜约谈该图片版权公司，责令该网站立即停止违法违规行为，全面彻底整改。国家版权局也将图片版权保护纳入“剑网2019”专项行动，将进一步规范图片市场版权秩序。人民日报也发文，提示对版权池予以净化、避免版权保护陷入“黑洞”。

黑洞照片事件给公众提了个醒，对于图片版权公司的权利主张及所谓的权利来源证据和解释，不可轻信。我们建议收到相关版权投诉的公司，在与图片版权公司进行沟通和解之前，一定要仔细审核图片版权公司提出权利主张的证据文件，并对自身使用情况进行及时梳理及调查，在充分确认图片版权公司的版权证明及授权链条完整性及自身使用授权之前，不要轻易被图片版权公司的权利警告“吓倒”。更重要的是，对于一些明显存在问题的图片，我们建议司法机关严格审查要求原始的授权链，防止图片版权公司“不劳而获”的情形发生。

诚然，对著作权的尊重，是每一个企业应当尽的法定义务，未经许可的使用不可尝试。但是，对于一些图片版权公司滥用权利的行为，司法机关也应清查授权链，避免假

维权、真要钱的公司利用司法途径获取不正当利益。

（四）“变脸”软件的三条法律红线[1]

近日，一款“换脸”App（下称“换脸 App”）使整个朋友圈都“ZAO”了起来。一时间，朋友圈集体沦陷，好友们纷纷依靠 AI“换脸”技术轻松实现明星梦，上传一张清晰的个人正面照，并完成人脸认证后，即可摇身成为热门影视剧的男女主角。

朋友圈陷入换脸狂欢的同时，换脸 App 用户协议中的“霸王条款”也被公众热议，该软件的运营安全性、用户个人信息保护及版权授权问题纷纷受到挑战。然而，万般刁难，仍有勇夫。根据相关报道显示[2]，截至 8 月 31 日早上 8 点半，换脸 App 在 iOS 应用商店排到免费榜下载量第 9 位，娱乐榜第 2 位。不过，笔者注意到，对于公众广泛诟病的相关用户协议条款，换脸 App 的团队在本文发出前已经相应修改了用户协议，发表了致歉声明，承诺会保护用户个人信息安全。

变脸 App 引发的纷争随着该 App 的改进已告一段落。作为法律从业人员，我们思考的是，类似 App 的运营，应有以下几条法律红线不能逾越：（1）个人信息保护；（2）著作权保护；以及（3）《合同法》公平原则的约束。本文中，笔者将着重围绕以上三条法律红线，结合换脸 App 运营实例予以浅议。

1. 红线之一：个人信息保护

（1）人脸－个人生物识别信息

从广义的范围来理解，精确的人脸画像、人脸照片由于包含人脸面部特征，属于个人生物识别信息。做此项归类的法律意义在于：个人生物识别信息广泛用于身份认证、交易及支付环节，该等信息一旦泄露，势必给用户带来难以消除的影响，其对个人生活及交易安全的重大影响决定了该等信息必须被法律严格保护。任何主体对于他人个人生物识别信息的收集及使用，均应当遵循法定规则，而不得自行随意创设规则。

个人面部肖像应作为个人生物识别信息予以严格保护，早已成为业内共识：

a）2017 年 6 月 1 日施行的《中华人民共和国网络安全法》（下称“《网络安全法》”）将个人生物识别信息纳入个人信息范畴，予以保护。但《网络安全法》并未对个人生物识别信息的外延予以明确；

b）2018 年 5 月 1 日起施行的推荐性国家标准《信息安全技术个人信息安全规范》（GB/T 35273-2017，下称“《个人信息规范》”）附录的“个人信息示例”部分将“个人生物识别信息”界定为“个人基因、指纹、声纹、掌纹、耳廓、虹膜、面部特征等”，明确将个人面部特征纳入个人生物识别信息的范畴。尽管该等国家标准为推荐性国家标准，但其对于个人生物识别信息外延的界定，符合行业共识；

c）2018 年 5 月 25 日正式生效的欧盟《通用数据保护条例》（下称“GDPR”）第四条也明确将个人面部图像（facial images）纳入生物数据（biometric data）的范畴。

事实上，关于换脸 App 运营合法性的讨论中，公众讨论的焦点也集中于 AI 换脸技术是否会对使用刷脸技术进行支付的支付方式带来安全隐患。尽管支付宝平台已经公开

1 本专题研究由黄荣楠律师、刘佳迪律师和马钦奕共同完成。

2 21 世纪经济报道 8 月 31 日文章

发布声明表示该等AI换脸技术并不会对支付安全产生威胁，然而，公众仍然广泛缺乏安全感。毕竟，技术操作已经脱离了公众能够控制的范畴而全部交由App运营者控制，一旦App运营者超越法律及道德的边界，或者网络安全本身出现问题，都可能造成不可逆转的负面后果。

（2）采集及使用规则

人工智能的时代，数据是核心基础，正所谓“无数据不AI”，个人信息数据也已然成为AI行业运营主体争夺的对象。例如，2017年6月顺丰菜鸟关于数据的争议[1]，以及2017年8月的华为腾讯数据纷争[2]。

数据采集及使用规则如未被重视，倒霉的永远是用户。中国目前尚未爆发互联网运营者大规模侵犯用户隐私的新闻，但是，在世界范围内已经发生不少案例。例如，2018年1月，Facebook因面部识别系统涉嫌侵犯用户隐私而在美国伊利诺伊州被提起集体诉讼[3]；此外，Facebook还因涉嫌数据收集违规而遭受英国[4]、法国[5]、西班牙[6]、意大利[7]监管部门罚款/调查。除Facebook外，Google的数据收集也遭受投诉及调查[8]。以上案例说明，个人信息保护面临的挑战任重道远。

中国的《网络安全法》对于个人信息保护提出一些法定规则。例如，第四十一条规定的严格保密要求，合法、正当、必要原则，同意规则，目的限定原则，不得泄露、篡改、毁损要求，不得向他人提供要求。《个人信息规范》进一步明确了“七大原则”：权责一致原则、目的明确原则、选择同意原则、最少够用原则、公开透明原则、确保安全原则、主体参与原则。

相较于欧盟的GDPR，《个人信息规范》与其在基本原则上相似，但GDPR在上述原则之外还提出准确、必要、及时的数据处理要求[9]。此外，GDPR对于个人生物识别信息还提出更为严格的要求。GDPR明确，个人生物识别信息属于特殊信息，不同于一般的个人信息，使用个人生物识别信息原则上都是被禁止的[10]，仅有在特殊情形下例外，例如用户明示同意例外、公共利益例外等。[11]

《网络安全法》《个人信息规范》及GDPR规定的相关使用原则/规则中，以下几个原则/规则应尤为得到重视，我们相应整理如下：

1 新浪财经2017年6月2日报道
2 新浪科技2017年8月10日报道
3 腾讯科技2018年4月7日报道
4 新浪科技2018年7月11日报道
5 新浪科技2017年5月16日报道
6 新浪科技2017年9月12日报道
7 新浪科技2018年12月8日报道
8 新浪财经2019年5月23日报道
9 GDPR第5条第1款(d)项。
10 GDPR第9条第1款。
11 GDPR第9条第2款，共计规定10项例外。

序号	使用原则	含义	《网络安全》	GDPR
1	同意原则	网络运营者收集、使用个人信息必须得到被收集者同意	第四十一条第一款	第9条第2款（a）项，要求对于“特定目的”使用予以“明示同意”
2	特定目的原则	网络运营者不能收集与其提供服务无关的信息	第四十一条第二款	第5款（b）款
3	匿名化要求	指将个人数据移除可识别个人信息的部分，确保数据主体不会再被识别	第四十二条	已匿名化的数据（anonymous infomation）不属于个人数据，不受GDPR约束

对于互联网运营者而言，应当对于《网络安全法》《个人信息规范》及GDPR确定的上述保护原则予以重视。尽管GDPR为欧盟法规，但鉴于其“长臂管辖”[1]，所有收集欧盟公民信息的企业，无论是否为欧盟企业，均会受到GDPR的约束，违反GDPR相关规定将面临巨额罚款。我们建议相关互联网企业对于个人信息收集及使用予以高度重视，特别是对于个人生物识别信息的收集及使用，均应当以用户同意为前提，以特定目的使用为边界，以不挪作他用为约束标尺。

（3）保护客体－肖像权及隐私权

换脸技术其实已经不是什么新鲜事。早在2017年12月，美国社交网站“Reditt”上一个名为“DeepFake”的用户发布了一个视频，其将成人电影中一位演员的脸更换为某个明星的脸，可以达到以假乱真的效果。DeepFake实际上是一种人工智能集成的人物图像合成技术（俗称，人脸交换技术），即将图像或视频中的脸替换为另一张人脸。上述视频发布后，公众对于该等技术可能产生的负面影响纷纷表示担忧，原因是，基于DeepFake的功能，其很有可能被用来制作虚假的名人色情视频或报复色情内容、假新闻或恶意恶作剧。此后，Reddit迫于压力封杀了“DeepFake”的账号，结果却导致“DeepFake”用户直接开源了DeepFake的代码。DeepFake技术甚至还有相应的中文站点（https://deepfakes.com.cn/）。

DeepFake被逼下架，是公众对于换脸技术担忧的结果，用户的担忧，实则是对于个人肖像及隐私保护的担忧。在用户生产内容（UGC）的时代，大量的信息及数据是用户自行上传，例如用户在微博等社交网站上传自己的肖像照片，该等上传内容属于用户自发上传内容，严格来讲，并非《网络安全法》规制的网络运营者向用户收集的信息范畴。当前的网络环境下，对于个人生物识别信息的保护，我们认为应当区分为用户主动上传及被动上传两个层面来考虑：

a）对于用户主动上传并自行选择公开的个人肖像内容，应当属于肖像权的保护范畴。中国法律对于肖像权保护的判断标准是：是否发生以营利目的的使用，非营利目的使用且未对肖像予以丑化毁损的使用，一般情况下不构成肖像权侵权。而对于用户自行上传的信息，由于已经由用户主动公开，可能已经不再属于隐私权的范畴，因此可能无法再给予隐私权的保护，但仍然能够得到肖像权的保护；

1 GDPR第三条的规定，GDPR适用于设立在欧盟之外，但依据国际公法欧盟成员国法律可适用地的控制者对个人数据的处理。

b）对于被动上传的个人生物识别信息，应当给予肖像权（如适用）及隐私权的双重保护。用户被动上传的信息，即用户基于网络运营者的要求而提供的相关信息，属于《网络安全法》规范的网络运营者向用户收集的信息。根据民法理论，个人肖像同样属于隐私权的范畴，未经许可不得擅自向第三方提供。因此，对于网络运营者向客户收集的信息中的个人面部信息内容，网络运营者应当同时给予肖像权及隐私权保护。在未经用户同意情形下，不得以任何方式（匿名化除外）对外提供或使用，而仅能在网络运营者提供服务的限定目的范围内使用。相比而言，《网络安全法》下对于用户个人肖像的保护，要比肖像权制度的保护更为严格，即并不区分是否以营利为目的使用，未经用户同意或超越限定目的而对外提供或使用都是被禁止的。

事实上，《网络安全法》并未明确其对于用户个人信息，特别是个人生物识别信息给予的保护是何等权益的保护。我们倾向于认为，个人生物识别信息的核心内容是个人隐私，总体而言应给予隐私权的保护；对于个人肖像、画像等体现用户整体面部特征的内容则属于用户肖像权的范畴，应给予肖像权的保护。因此，对于个人生物识别信息的保护应当区分情形，适当情形下应给予肖像权及隐私权的双重保护。

2. 红线之二：著作权法边界

（1）视频变脸－修改权还是改编权

在探讨影视片段合理使用边界的问题之前，我们希望对于换脸 App 运营方式涉及的著作权权利进行探讨。目前网络上大量文章的主流观点是，换脸视频是对原视频的改编。其理由在于，如换脸的内容产生喜剧 / 恶搞效果，则可能形成新的作品而构成改编作品。

对此，我们持有不同观点：

a）改编权，是指改变作品、创作出具有独创性的新作品的权利。然而，换脸视频中，除了角色的脸换了，其他内容并未发生改编，新的内容并不存在独创性可言。即使产生所谓的喜剧 / 恶搞效果，也无法与影视作品对于独创性要求的高度等同；

b）相反，我们倾向于认为，通过后续技术对于视频中人脸进行更换，实际上是对作品的修改，属于修改权的范畴。当然，除修改权外，还涉及保护作品完整权。根据《著作权法》的规定，著作权人享有保护作品不受歪曲、篡改的权利。因此，如果相应的歪曲、修改并未得到著作权人的同意，则用户及变脸 App 运营者均面临很高的侵权风险。

退一步而言，无论是修改还是改编，对于原作品的使用，以及对于修改 / 改编完成内容的使用，显然都应当得到原作品著作权人的同意。因此，未经授权而对视频进行“变脸”，其合法性值得商榷。

（2）非商业使用不完全等于合理使用

实践中，影视行业内的同仁对于合理使用存在一定程度的误解，误以为非商业目的使用就等同于合理使用。例如，换脸 App 现有版权说明中仍然表述为，换脸 App 利用技术对于换脸 App 上的短视频进行修改编辑后形成的短视频和动图，仅可在法律法规允许的范围内“以社交为目的进行非商业性的信息网络传播”。

似乎通过“非商业性使用”的声明就可以摆脱侵权风险，实则不然。《著作权法》禁止一切未经许可的使用，而并不考察涉嫌侵权主体的主观状态。因此，被诉侵权后一切

装无辜卖萌的行为、表明所谓不知构成侵权、没有利用著作权内容盈利等抗辩，在《著作权法》面前都是苍白无力的。

至于合理使用，《著作权法》仅规定了8种情形，其中被公众广为引用的条款为第一款，即“为个人学习、研究或欣赏，使用他人已经发表的作品”。那么问题来了，为个人娱乐所用，是否属于合理使用的范围？以变脸App为例，公众使用换脸App变脸并上传的心态，显然是处于猎奇心理，觉得有趣、好玩儿，而并非单纯的学习、研究或欣赏目的；视频上传到App后，激发公众的好奇心，用户逐一利用相同视频变脸，显然并不具有学习、研究、欣赏价值，而仅具有娱乐价值。并且，将换脸视频公开，显然也突破了“为个人”欣赏的范围。

并且，换脸App所声称的非商业性目的使用，显然也是值得商榷的。在换脸App运营初期阶段，似乎暂无可见的商业利益。然而，随着换脸App业务开展，换脸App中将来很可能取得广告等的商业收入，很难不会改写换脸App的商业运营目的，由此也可能导致“非商业性目的”使用缺少说服力。

从谨慎的角度来看，较好的做法，是由换脸App与热门视频的著作权权利主体达成合作，获得相应的授权后供用户使用，否则，无论是换脸App的运营者，还是其用户，均很难摆脱侵权风险。

3. 红线之三：《合同法》的公平原则

（1）民事活动均应遵守公平原则

换脸App原有用户协议[1]中有一条内容，其要求用户同意：换脸App在用户上传“变脸视频”后即视为同意换脸App运营者及其关联方享有“全球范围内免费、不可撤销、永久、可转授权和再许可的权利，包括但不限于：人脸照片、图片、视频资料等肖像资料中所含的您或肖像权利人的肖像权，以及利用技术对您（用户）或肖像权利人的肖像进行形式改动。”如果用户同意上述条款，则意味着，不仅用户上传的个人肖像可以为换脸App运营者随意使用且改动，而且同一视频内容中用户上传的其他角色的肖像也可以为换脸App运营者随意使用。

如此霸道的授权条款，着实让公众吓了一跳。根据《合同法》规定，民事活动应当遵守公平原则，当事人均应当遵循公平原则确定各方的权利和义务，当事人之间的权利义务应当具有对等性。上述用户协议条款，显然有些过分，用户凭什么要同意他人对自己的肖像随意改动呢？

（2）违反公平原则的格式条款无效

基于公平原则，《合同法》第三十九条要求提供格式条款的一方应当遵循公平原则确定当事人之间的权利和义务。同时，《合同法》第四十条规定，提供格式条款一方免除其责任、加重对方责任、排除对方主要权利的，相应的格式条款无效。

换脸App的用户协议，属于典型的格式条款，其中对于换脸App运营主体责任的排除，对于用户责任的加重，很可能被认定为无效。换脸App的运营者在广受公众诟病后，也意识到格式条款中存在的问题，从而相应调整了用户协议中的许多不当表述。换

---

1 原用户协议中该等表述已经为换脸APP运营者于2019年9月1日及9月2日相继修改。

脸 App 在 9 月 1 日后连续两次紧急修改了用户协议，现有的用户协议内容，将换脸 App 对用户信息的使用方式限定为仅为通过后期技术将您（用户）提交的照片叠加到您选定的短视频中……生成新的短视频并实现“换脸效果”，同时增加“将根据《隐私政策》仅最大努力在合理、必要且明示的范围内使用您授予的内容”。

换脸 App 原有长篇大论将自己责任全部摘除的用户协议和版权声明，显然是“吃力不讨好”。修改后的用户协议，似乎符合《网络安全法》的要求，但后续执行效果如何，只能拭目以待了。换脸 App 引发的用户协议争议，提醒广大网络运营者，起草用户协议等格式条款时，千万不能“赶尽杀绝”，否则很可能面临相同的困窘局面。

4. 结语

人工智能领跑的时代，无论是用户个人、互联网运营者还是监管机关，均应对于个人信息保护问题予以重视。我们认为，类似 App 的运营，应当具备充分的法律支撑，不能突破个人信息保护、著作权保护及合同法《公平原则》的约束，严格遵守以上三条红线设定的边界，才能合法、合规、合理运营，才可能得到用户的支持及监管部门的认可。

我们建议，相关互联网运营主体在确定运营方式、考量个人信息的收集及使用方案、设置用户协议及隐私条款时，充分征询律师的意见，确保运营合法合规性。

（五）从直播“翻车”现象看“带货主播”的风险与责任[1]

一年一度的“双 11”盛会近期落下帷幕，几大电商平台的累计成交金额均再创新高。今年的一大特色是，线上直播方式火爆，“主播带货”成为热门营销方式，淘宝天猫还为主播带货开通专门的“淘宝直播”平台。美妆、服饰、食品、消费电子、母婴等行业都纷纷拿起“直播工具”，连汽车都开进了直播间。根据公开信息显示，今年有超过 10 万商家在淘宝平台开通直播，开播 8 小时 55 分，淘宝直播引导成交已破 100 亿[2]；11 月 11 日全天淘宝直播带动成交近 200 亿元[3]，占双 11 全部交易额 2684 亿元的近 10%。主播带货浪潮中，网络主播们各显神通，也塑造了众多的知名网络红人和消费者心中的“带货”名人。

然而，主播带货火爆现象，也引发监管部门的关注。“双 11”启动前，国家广播电视总局办公厅已于 2019 年 10 月 29 日发布《关于加强“双 11”期间网络视听电子商务直播节目和广告节目管理的通知》，特别对直播购物、购物短视频等新颖购物方式提出合规要求，明确“节目内容既要遵守广告管理法律法规，也要符合网络视听节目管理相关规定”。

本文将关注和分析“主播带货”中的法律问题，探讨带货主播的法律风险和法律责任，希望能够为“带货主播”合法合规运营提供参考建议。需要说明的是，为了简化法律关系，本文所讨论的内容主要是针对个人主播的情形。实践中，部分个人主播还可能受到经纪公司的管理，或者通过设立公司进行直播等营销活动，这些行为所导致的法律

1 本专题研究由黄荣楠律师、刘佳迪律师、沈程律师、刘晨昕和马钦奕共同完成。

2 来源：亿邦动力网文章《【双 11 大结局了】2684 亿！》

3 来源：亿邦动力网文章《双 11 淘宝直播巅峰榜出炉 当天带动成交 200 亿》

关系及责任承担主体的差异，我们暂不在本文中讨论。

1."主播带货"之广告属性

对于"主播带货"这一新兴的电商营销模式，目前的法律法规并未直接明确其属于广告活动。但是，基于法律法规的概括性规定和执法实践，不难判断"主播带货"也难逃广告法规的监管。

根据《中华人民共和国广告法》(下称"**《广告法》**")第二条，商品经营者或者服务提供者通过一定媒介和形式直接或者间接地介绍自己所推销的商品或者服务的商业广告活动将受到该法的规制。同时，《互联网广告管理暂行办法》第三条明确规定，推销商品或者服务的含有链接的文字、图片或者视频等形式的广告属于"互联网广告"的一种类型。

在"主播带货"模式中，主播受品牌方委托进行直播，即以视频、音频、图文等形式向公众持续发布实时信息，并通过语言、展示、试用等方式向消费者推销商品或服务，且在视频下方提供购买链接，已经满足互联网广告的构成要件。

我们认为，"主播带货"应当受到我国《广告法》、《中华人民共和国反不正当竞争法》、《中华人民共和国消费者权益保护法》(下称"**《消保法》**")、《中华人民共和国电子商务法》(下称"**《电子商务法》**")等相关法律规定的约束，并应接受市场监督管理等部门的监管。

2."带货主播"之多重法律身份

乍一看，带货主播仿佛承担了"广告代言"的职能，但其身份并非仅有广告代言人这么简单。根据"带货主播"带货的方式不同，其法律身份也有差异，让我们抽丝剥茧，一探他们的"真面目"。

(1)《广告法》项下，"带货主播"可能有多重身份

a)"带货"至自营网店，可能构成广告主

根据《广告法》第二条，"广告主"是指为推销商品或者服务，自行或者委托他人设计、制作、发布广告的自然人、法人或者其他组织。我们注意到，除为相关品牌方推销商品或服务之外，部分主播也拥有自营网店，网店名称往往也与该主播姓名或昵称相关联，也存在主播在直播中引导消费者与自营网店进行交易的情况。在此情况下，主播即很有可能直接构成"广告主"。

b)自行设计口播内容、通过直播形式对外发布，可能构成广告经营者和/或广告发布者

根据《广告法》第二条，"广告经营者"指接受委托提供广告设计、制作、代理服务的自然人、法人或者其他组织；"广告发布者"指为广告主或者广告主委托的广告经营者发布广告的自然人、法人或者其他组织。

在品牌方委托"主播带货"的模式下，品牌方为广告主，主播对直播活动设计、制作相关道具以及话术，可能被认定为广告经营者；同时，主播接受品牌方委托，通过直播活动向消费者推销商品或服务，亦很可能被认定为广告发布行为。

c)以自己名义推荐、证明，可能构成广告代言人

根据《广告法》第二条，广告代言人是指广告主以外的，在广告中以自己的名义或

者形象对商品、服务做推荐、证明的自然人、法人或者其他组织。《广告法》并未要求广告主与代言主体之间具有委托关系。执法实践中，如果为商品或服务进行广告宣传的个人或团体具有一定知名度，尤其是以展示自身试用效果等作为推销手段，即使企业并未对外宣称其为品牌的“广告代言人”，该等主体仍可能被三管部门认定为“广告代言人”。

在“主播带货”模式中，主播通常会在直播间以亲身试用、介绍效果的方式推销商品，因此不排除主播构成该商品或服务的“广告代言人”。执法实践中，已有监管部门对于直播活动中推销产品的相关人员作出“广告代言人”的认定[1]。该案中，上海市徐汇区市场监督管理局认为，该案中广告主通过直播活动对处方药进行宣传，不仅违反《广告法》第十五条第十二款的处方药药品广告发布要求，同时也构成《广告法》第十六条第一款第（四）项禁止的“利用广告代言人作推荐、证明”的违法行为。

诚然，上述对于主播法律地位的分析是建立在相对常见的情形和假设前提下。实践中，受到合同安排、直播账号持有人、网店经营者等因素的影响，带货主播的法律地位可能还有不同，直播过程涉及的多方主体在《广告法》项下均可能具有一定法律地位，并承担相应的法律责任。

（2）《电子商务法》项下，“带货主播”可能构成“平台内经营者”

2019年1月1日，《电子商务法》正式实施，该法被认为首次将微商、主播等新兴商业主体纳入监管范围。根据《电子商务法》第九条，电子商务经营者，是指通过互联网等信息网络从事销售商品或者提供服务的经营活动的自然人、法人和非法人组织，包括电子商务平台经营者、平台内经营者以及通过自建网站、其他网络服务销售商品或者提供服务的电子商务经营者。

网络主播，特别是“带货主播”可能属于“通过互联网等信息网络从事销售商品或者提供服务”的主体，因而可能构成平台内经营者。同时，对于“带货主播”实际与消费者发生交易关系的带货模式，不论通过电子商务平台（如“某商城”）还是其他直播平台进行商品与服务的推销，主播均有可能构成《电子商务法》项下的除电子商务平台经营者、平台内经营者以外的“电子商务经营者”。

（3）《消保法》项下，可能构成经营者

根据《消保法》第三条，经营者为消费者提供其生产、销售的商品或者提供服务，应当遵守该法。

相应地，如主播带货至自营网店，通过自营网站实际与消费者发生交易关系，其很有可能属于《消保法》项下的经营者（也即销售者），此时，带货主播应对其提供的商品或服务承担较高的法律义务。如带货主播仅向消费者提供品牌方的产品链接，相应的买卖交易直接在消费者与品牌方之间建立，则带货主播可能无法构成《消保法》项下的经营者。据我们观察，目前采取上述第二种方式的带货模式较为常见。

3.“带货主播”之常见违法“雷区”及其法律义务

（1）“带货主播”之常见违法“雷区”

据我们观察，“带货主播”最容易落入的违法“雷区”显然是虚假宣传、虚假广

---

1 沪监管徐处字（2018）第042018002392号《行政处罚决定书》。

告等。

“双11”活动中，热门主播往往任务繁重。以某知名主播为例，仅在今年11月10日晚上持续6小时的直播中就“带货”多达55种；[1]内容涵盖化妆品、护肤品，甚至乳胶床垫、豆浆机、保温杯等。法律要求广告活动应当依据客观事实，不得做引人误解甚至虚假的陈述，但“带货主播”在“双11”促销期间任务重、直播时间长，加之激烈的行业竞争，他们真的能做到逐个“以身犯险”、保证实事求是吗？

事实上，一不留神，“带货主播”就可能违反广告相关法规，例如：

a）推介过程中对不同商品进行片面比较（例如，将主打不同功效的面膜放在一起来对比保湿效果等）

b）夸大商品功效（例如，宣传护肤品能够“去除皱纹、不再衰老”、减肥冲剂“吃一个月瘦4–15斤”）

c）误导、混淆产品来源（例如，将普通商品宣传为知名产区的商品）

d）采用有损公序良俗的方式推广商品（例如，采用恶俗的营销方式）

e）未经批准宣传和推广法律严格禁止或者严格监管广告内容的商品（例如，保健食品、药品、医疗器械等）

随着连续20个夜晚的“双11”直播大战落幕，不断创出新高的交易额背后也出现了诸多争议，更有不少消费者在收到“战利品”时产生了疑惑与落差。这难免让人感慨，“带货主播”难道对于产品与描述不符的结果不应承担法律责任吗？

（2）“带货主播”应当遵守的法律义务

我们认为，根据《广告法》《消保法》等法律法规，主播们在“带货”时至少应当承担以下几大类法律义务：

a）就承接的广告宣传建立档案（整理和记录包括但不限于广告主、广告商品和服务的相关信息等）；

b）就“带货”事项依法签订书面合同，明确费用和责任承担；

c）直播时遵守直播、电子商务、广告、消费者权益保护等相关法律法规的监管要求，重点包括：

i. 对于推销的产品或服务务必先实际使用、实际体验，基于实际使用/体验效果进行推荐；

ii. 核实广告内容的真实性（价格、产地等），查验有关证明文件，不做夸大、虚假的表述（功效等）；

iii. 全面、真实、准确、及时地披露商品或者服务信息；

iv. 遵守竞争秩序，不对其他商品和服务进行诋毁；

v. 直播时遵照公序良俗的一般要求，禁止低俗和恶俗营销；

vi. 尊重他人商品和服务的知识产权；等。

4. 带货“翻车”之法律责任

若“带货主播”未遵守法律义务，例如发生推销的产品描述与实际不符的带货“翻

1 来源：AI财经社腾讯企鹅号发布文章

车”事件，则其难逃相应的法律责任。实践中，依据“带货主播”法律地位的不同、责任类型的不同，其所承担的具体责任范围也不尽相同。

（1）民事责任

如果“带货主播”的身份是商品/服务经营者和广告主，其显然应对其提供的商品或服务承担较高的法律义务，并在发生违法事件时承担主要和直接的法律责任。

但是，如果主播仅仅是广告经营者和/或广告发布者，或广告代言人，其是否也需要“背锅”？

事实上，广告经营者和发布者与广告主承担连带责任的案例并不少见。例如，在王泉诉东方肾脏病医院邮购药品赔偿纠纷案[1]中，商家在报纸上刊登了虚假广告（包含表示功效的断言或者保证），消费者因此遭受损失。法院审理后认为，作为广告主的医院应当承担赔偿责任，同时，广告经营者和发布者也应承担连带责任。

在一些情形下，广告代言人也可能难辞其咎。2015年修订的《广告法》完善了广告代言制度，将广告代言人纳入了责任承担主体的范围内。司法实践中，广告代言人被认定承担责任的案例也不少见，例如，在谭次洪、谭侃与湖北世匠装饰设计工程有限公司、湖北广播电视台等侵权责任纠纷案中[2]，法院审理后认为，被告作为代言人实际并未接受过广告主提供的装修服务，违反了《广告法》第三十八条的禁止性规定，即“不得为其未使用过的商品或者未接受过的服务做推荐、证明”，因此应与广告主承担连带责任。

总体而言，结合《广告法》《消保法》《侵权责任法》的相关规定，基于“带货主播”的不同法律身份，以发生虚假广告的“翻车”事件为例，其可能面临的民事责任包括：

a）广告经营者和/或广告发布者首先有向消费者提供广告主信息的义务，拒绝提供情形下，消费者可以先行向其主张赔偿；（《广告法》第五十六条第一款）

b）在明知或应知推销产品/服务有质量问题、涉嫌虚假广告，而仍作为广告经营者、广告发布者或广告代言人，造成消费者损害情形下，应当与广告主承担连带责任；（《广告法》第五十六条第三款）

c）如果是关乎消费者生命健康的产品，则无论其是否知晓构成虚假广告，无论是广告经营者、广告发布者还是广告代言人，都应与广告主承担连带责任；（《广告法》第五十六条第二款、《消保法》第四十五条）

d）如构成经营者/销售者，则可能构成消费欺诈，除承担退货、赔偿损失等民事责任外，还可能承担惩罚性赔偿责任。（《消保法》第五十五条）

（2）行政责任

无论“带货主播”构成广告主、广告经营者、广告发布者还是广告代言人，涉及虚假广告情形下，均将面临相应的行政处罚。

根据《广告法》第五十五条规定，广告主发布虚假广告，除被处以罚款外，情节严重情形下还可能被吊销营业执照；广告经营者或广告发布者明知或应知情形下发布虚假

1 （2006）泸民终字第783号案件。

2 （2018）鄂0111民初5693号案件。

广告，除被没收广告费用外，情节严重情形下也可能被吊销营业执照、广告发布登记证件；而对于广告代言人，可能面临被没收违法所得并被处以一至两倍罚款的处罚。

（3）刑事责任

如果“带货主播”的行为涉及故意销售假冒产品，还可能被追究刑事责任。例如，去年深圳警方就公布了跨国打假追逃第一案、售假网红“美 pi 猫娘”回国自首案件。该网红因推广销售冒牌韩国眼镜而被批准逮捕。

5. 我们的建议

对不同主体，如何规范好“主播带货”的这一交易模式，我们的建议如下：

（1）主播

a）规范自身经营、维护消费者利益。主播应当在“带货”前进行充分的商家信息调研，对消费者负责、维护消费者的利益。同时，我们建议主播应接受必要的合规培训，规范口播话术、避免违法表述。

b）体验产品或服务，并保留相关证据。根据《广告法》，广告代言人有实际使用/体验产品/服务的责任。根据我们的经验，主播与广告主签署的相关协议也通常会有此类约定，要求主播发布真实使用感受。因此，主播应当根据法律的规定以及相关协议的具体约定，在直播前实际体验产品或服务，并保留相关的证据。如实际使用情况与广告主描述的产品或服务效果存在差异，则相应调整口播话术或在有必要时取消该项“带货”任务。

c）与广告主保持联络，并保留相关沟通记录。为降低“背锅”或被诉违约的风险，主播可以在履行合同的过程与广告主保持沟通，并留存必要的书面记录。对于推销内容中使用的对产品本身的描述内容，应先行与广告主沟通确认。

（2）广告主/经营者

a）与主播签订的合同中，应当明确约束主播的言行。尤其是针对《广告法》项下广告主需为虚假广告承担责任的风险，更应当在合同中明确约定主播的权利义务以及各方责任承担。同时，在后续合同履行过程中，广告主应当密切监督主播直播行为，对于直播中可能发生的意外，如口误、虚假陈述、不当言行等，进行及时的澄清，必要时可以追究合同相对方（主播）的法律责任。

b）审慎核实主播的身份信息。在与主播开展合作之前，最好对主播进行必要的背景调查（例如，该主播此前是否有违法违规记录、负面新闻等）。

c）妥善保存与主播的沟通记录以及主播的直播内容，以备需要时对相关内容进行核实。

（3）平台

审慎、尽职地监管责任。平台方应当根据相关法律法规的规定，对电子商务经营者、经营行为、主播、直播内容等尽到一定的监管义务。

6. 结语

电商时代，带货直播模式获得了广告主和消费者的追捧。主播们屡创带货奇迹、刷新了一次又一次销量纪录，也丰富了消费者的购物体验。与此同时，如何避免“带货翻车”、确保“带货”内容遵守法律、法规、规范、保护消费者的合法权益，是每个主播、商品和服务经营者乃至相关平台都需要严肃考虑的法律问题。当然，消费者也不应该盲目陷入主播们的“甜言蜜语”中，而应擦亮眼睛，理性消费。

（六）明星解约代言合同风波引发的思考[1]

导读

2019 年 8 月 11 日凌晨，演员杨幂提出解约范思哲，原因是范思哲被曝光其服装包含涉嫌损害我国国家主权和领土完整的信息。随后，蔻驰、纪梵希、亚瑟士等一系列品牌也被爆料存在“辱华”嫌疑，紧随其后，模特刘雯解约蔻驰，演员易烊千玺解约纪梵希，演员江流影解约施华洛世奇……一时间明星们解约代言合同成为一股风潮。

艺人积极维护国家主权的做法，国内的舆论一边倒地表示了支持。但除了上述直接宣布解约的艺人，亦有艺人表示将自查合作品牌，一经发现侵犯“一个中国”原则的品牌就会严正告诫并且要求对方改正并道歉，否则将解除代言合约。本次事件也引发了法律界的思考：品牌方涉嫌“辱华”是否构成解约的理由？如果是品牌方的关联方“辱华”，艺人是否也可解约？单方解除代言合同会引发怎样的后果？

1. 代言合同中对于品牌方言行的约束条款

实践中，在代言合同中约束品牌方言行的条款并不常见，毕竟品牌方是代言服务的购买方，所以通常在代言合同中对艺人约定“道德条款”的情况较为普遍。

从我们接触过的项目看，某些一线明星及其经纪公司也有对于品牌方的不当行为提出约束的要求，主要有三种情形：

（1）直接明确品牌方如存在违反中华人民共和国法律或损害中华人民共和国形象或利益的行为或言论，艺人有权解约；

（2）宽泛地约定了品牌方应维护艺人正面、健康形象等，否则艺人有权解约；

（3）约定如果代言产品本身损害了艺人的权益，艺人有权解约。

在本次解约风波发生之前，代言合同中较为常见的是第二和第三种条款约定。而上述第一种情形出现在今年初某品牌公然“辱华”事件给众多艺人带来负面影响之后，部分艺人受此启发，在合约中要求加入此类条款。而此次的明星解约风波，应该会给艺人方进一步敲响警钟。可以预见，越来越多的艺人会在与品牌方谈判中要求加入此类条款。

正如过去几年黄海波、柯震东等“艺人劣迹”事件后，艺人“道德条款”变为行业惯例一般，未来针对品牌方的约束条款也可能成为代言合同的惯常条款。

2. 如果品牌方的关联方存在不当言行，艺人是否可以解约

即使代言合同中存在品牌方如出现“辱华”行为，艺人方可以解约的约定，但从法律角度而言，如果是品牌方的关联方实施了“辱华”行为，艺人是否有权解除代言合同呢？

这次的事件中，我们看到的不当言论 / 标注有些并不是由签约的品牌方直接发布的，而是涉及品牌方的境外公司。单纯从法律角度考虑，如果实施不当行为的主体并非签约的品牌方，而是具有独立法人资格的境外关联方，在代言合同没有特别约定的情况下，代言合同对于该境外关联方并无约束力，签约的品牌方亦无须对其境外关联公司的行为

1　本专题研究由黄荣楠律师、祁筠律师和马钦奕共同完成。

承担法律责任。

但不容回避的问题是，即使是品牌境外关联方发表的不当言论，在这个媒体高度发达的现代社会，依然会在中国民众中引发强烈议论。这将可能导致明星如果与该品牌继续合作，非但达不到代言合作的目的，还会导致明星自身声誉的下降。根据《合同法》第九十四条之约定，当事人一方迟延履行债务或者有其他违约行为致使不能实现合同目的，另一方有权解除合同。那么，艺人方是否可以主张品牌方的此类行为违约，导致“合同目的无法实现”，艺人无法继续履行代言义务，进而要求解除合同？

首先，关于“合同目的”，我们认为应当基于代言产品的定位进行考虑。我们曾处理过一个特殊案例，某品牌方聘请了一对模范明星夫妻共同代言产品，并分别与夫、妻单独签署了代言协议。其后，男方出现了“出轨”事件。对于“出轨方”，品牌方当然可以主张解约并要求其承担违约责任。问题是，对于无过错甚至是“受害者”的女方而言，品牌方能否主张解约？我们认为，基于品牌产品的定位，需要对外营造“家庭美满、幸福”的品牌形象，在出现男方出轨事件后，夫妻双方的对外形象不再满足代言产品的形象要求，品牌方可以基于合同目的不能实现，向夫、妻双方都提出解约。

其次，如何判断合同目的“无法实现”？目前，我们并没有检索到相关案例。但我们认为，应该根据品牌方的具体言论、导致的后果（如国家行政部门是否对此作出处罚）、以及社会舆论是否对艺人继续代言该品牌造成了不可逆转的负面影响等综合因素来判断。前段时间，某国际品牌在被发现存在不当言行后拒绝道歉并拒绝改正，则艺人如继续代言该品牌肯定会对其自身的声誉造成严重负面影响，这时我们认为艺人可以使用“合同目的无法实现”来单方解除合同。但如果是品牌方及时道歉并改正了，艺人再主张单方解除代言合同，似乎又难以有恰当的法律依据了。

3. 解约后果及后续处理

在品牌方的关联方实施了不当行为，但代言合同未约定艺人有权解约的情况下，如果艺人单方解约则有可能需要承担单方违约责任；即使品牌方的关联方实施了不当行为被认为是品牌方的违约行为，大多数代言合同都会约定，针对违约行为应给予催告并给予一定期限的更正期，因此，如果艺人单方不经通知立即解除合同，亦可能构成违约。

即使合同约定双方互不承担责任，或者互不追究违约责任，双方仍须考虑代言费用的结算与退还等问题。另外，对于品牌方而言，要求其一夜间立即撤除全部物料并不现实。因而，双方还需要探讨品牌方在合同解除后的物料清理期问题。

因此，即使艺人单方发出解约通知，也并非诸事完成，艺人与品牌方还需要注意后续相关事宜的协商与处理。

4. 对代言合同的思考

品牌方和艺人都应当充分考虑对方的不当言行可能对己方形象或代言合同履行造成的负面影响，我们对品牌方和艺人的建议如下：

（1）签署代言合同前，进行尽职调查

在与对方签约前，一方应充分对对方进行背景调查，比如过往的负面新闻、涉诉信息、处罚信息等。对于背景调查结果不理想的艺人或品牌，应谨慎与其签署代言合同。

（2）言行约束条款应该如何设置？

如上所述，合同约定在此类争议解决中至关重要，那么言行约束条款应当如何进行约定？

a）对不当行为进行充分定义。

对不当行为的定义可采取“列举 + 概括”式界定。列举应尽可能涵盖所有可能出现的情形，包括但不限于违反法律法规或公序良俗的情形、反动或分裂中国言论等；概括条款则可采取类似于“所有其他可能导致损害艺人和 / 或品牌形象，导致艺人 / 品牌方认为其不适合继续代言的情形”的表述。

不当行为的定义条款应当根据现实中出现的案例不断修正和补充。比如在某艺人在澳洲性侵被批捕事件后，我们将定义中“受到刑事处罚”的范围扩大为“受到刑事处罚或接受刑事调查”。

b）考虑言行约束条款的适用期限。

考虑到可能存在签约前已经发生，但签约后发现，从而导致相关不良影响发生在签约后的情形，我们建议在设置言行约束条款时，根据实际需求，尽可能扩大适用期限。

c）考虑违约行为和责任所涉当事人范围。

由于一方违约导致的损害并非仅及于签约方，比如就品牌方而言，艺人的不当行为可能还会给品牌方的经销商、分销商、关联公司也带来负面影响，因此受偿当事人的范围也需要相应扩大。同样，合同义务约束的范围也需要根据双方的具体情况进行调整，比如就艺人而言，约束范围可能还包含近亲属、演艺组合其他成员；就品牌方而言，则可能需要包含境外关联方。

d）考虑代言合同特别目的做出特别约定

正如前面所述的明星夫妻代言共同案例，如果品牌方对形象、定位等有特殊要求，也可以具体明确约定，并细化解约条款。

e）细化违约责任

可以针对违约情形的严重程度，区分根本违约行为和一般违约行为，并约定不同的违约责任和解除条款。另外，违约责任的形式也可以不限于金钱赔偿，还可以约定“赔礼道歉、消除影响”等。

f）设置物料清理期

如前文所述，要求品牌方在合同解除后立即撤除全部物料并不合理，可以约定合理的物料清理期，如 3 个月。

g）签署承诺函

针对艺人不是合同签署方的情况，品牌方可要求艺人出具承诺函，承诺与经纪公司承担连带责任。

5. 负面事件发生后的应对方案

新媒体时代，一旦发生危机，负面社会舆论将会迅速扩散和发酵，涉及敏感内容的负面信息尤其如此。因此，在应对解约问题时，品牌方和艺人都应充分考虑社会舆论环境，把握正确舆论导向，做出适当的决定。

（1）品牌方

如果品牌方被媒体披露存在不当言论/标注的，品牌方应当立即进行自查。经核查确认属实的，品牌方应当在舆论发酵前向公众诚恳道歉，并表明品牌的正确态度。如此时艺人尚未单方提出解约，品牌方可积极与艺人沟通，进一步了解艺人的后续意向，尽可能说服艺人继续履约，以尽量减小影响。

（2）艺人方

艺人方应当在负面事件发生后，及时与品牌方进行核实与协商。如果并不存在此类情形，或负面事件发生后品牌方及时道歉并予以改正的，那么艺人方贸然发出解约声明可能也存在违约风险。当然，如果品牌方发表超越底线的错误言论，那么艺人方强硬表明解约立场，也是义不容辞的。

6. 小结

政治错误、婚外情、吸毒、道德败坏等都是刺激公众神经的敏感点，而易引发社会舆论。呈现在公众面前的艺人与品牌方，在获得较高知名度、利益回报的同时，也需要被社会舆论监督。无论是艺人还是品牌方，都希望通过代言合作的方式来提升彼此的影响力与商业价值。因此，双方应该在签署代言合同前充分协商，完备的合同条款不仅可以降低双方的风险，也可以增加彼此的信任度，有利于未来的良性持续合作。

（七）直播播放歌曲究竟侵犯什么权利？——冯提莫直播侵权案引发的思考[1]

随着网络科技的不断发展，直播平台和网络主播在大众生活中占据越来越重要的地位，具有引发全民热议的能力。近日，被网友称为“斗鱼一姐”的冯提莫在直播中播放歌曲侵犯著作权的案件（下称“冯提莫案”）迎来二审判决。

斗鱼直播平台的主播冯提莫在直播中播放歌曲《恋人心》，歌曲播放过程中，冯提莫与用户进行解说互动。直播结束后，视频被主播制作并保存在斗鱼直播平台上。中国音乐著作权协会（下称“音著协”）认为，斗鱼直播平台的经营者武汉斗鱼网络科技有限公司（下称“斗鱼公司”）在未征得词曲作者及音著协许可和支付相关著作权费用的情况下，使用《恋人心》歌曲，侵犯了其对歌曲享有的信息网络传播权。在冯提莫案中，音著协代表词曲作者提起了诉讼。北京知识产权法院作出二审判决，驳回斗鱼公司上诉，维持原判，斗鱼公司赔偿音著协经济损失2000元及合理支出3200元。

该判决引发了网友的热议，不少网友吐槽：“放个歌都不行？”网友觉得主播在直播中播放背景音乐调节气氛再正常不过，况且冯提莫并非直接使用了《恋人心》的词曲，例如在直播中演唱该歌曲，而是在直播中播放了由歌手演唱并制作成录音制品的版本，怎么就侵权了呢？

那么，冯提莫案中冯提莫、斗鱼公司侵犯的是何种权利？除词曲作者（音著协）外，录音制作者是否也可就此类案件提起诉讼？网络直播中使用歌曲侵犯的究竟是何种权利？本文将进行简要的探讨。

1 本专题研究由黄荣楠律师、祁筠律师和马钦奕共同完成。

1. 冯提莫案法院意见概要

法院认为，冯提莫在斗鱼直播平台上未经权利人许可存储视频、播放《恋人心》歌曲的内容，使得公众能够在个人选定的时间和地点通过登录斗鱼直播平台进行浏览、观看、分享，属于未经许可对涉案歌曲实施的信息网络传播权行为，侵害了权利人对歌曲享有的信息网络传播权。

另外，法院认为，斗鱼公司与主播之间虽然并无劳动或劳务关系，但主播是为斗鱼公司创作涉案视频，斗鱼公司作为涉案视频的权利人也应对涉案视频产生的法律后果承担相应的责任。因此，法院认为斗鱼公司直接提供了包含涉案歌曲《恋人心》的涉案视频，侵害了音著协享有的信息网络传播权。

2. 录音制作者的权利

事实上，除了词曲作者享有对音乐作品的权利外，录音制作者作为音乐作品传播的另一大"功臣"，也享有著作权法赋予的权利——邻接权。本案中，录音录像制作者也可以作为邻接权人提起诉讼。

（1）录音制作者拥有哪些权利?

邻接权，顾名思义，指的是与著作权邻近的权利。邻接权的主体是指作品的传播者，包括出版者、表演者、录音录像制作者、广播电视节目播放者等。

根据我国著作权法第四十二条，录音录像制作者对其制作的录音录像制品，享有许可他人复制、发行、出租、通过信息网络向公众传播并获得报酬的权利。

从上述条款看，录音制作者享有的权利包括复制权、发行权、出租权和通过信息网络向公众传播的权利。与著作权人的权利相比，未包含表演权、广播权等各项权利。

虽然我国著作权法对于录音制作者享有的各项邻接权未做界定，但由于邻接权和著作权中所使用的词汇相同，我们理解，录音制作者邻接权中的复制权、发行权、出租权可以参考著作权人享有的相关权利的定义，只需要将"作品"变更为"录音制品"。

根据我国著作权法，复制权是指以印刷、复印、拓印、录音、录像、翻录、翻拍等方式将作品制作一份或者多份的权利；发行权是指以出售或者赠与方式向公众提供作品的原件或者复制件的权利；出租权是指有偿许可他人临时使用电影作品和以类似摄制电影的方法创作的作品、计算机软件的权利，计算机软件不是出租的主要标的的除外。

但是，邻接权中"通过信息网络向公众传播"的权利是否与著作权人享有的"信息网络传播权"含义一致?由于二者所使用的词汇并不完全相同，"通过信息网络向公众传播"的权利是否除了信息网络传播权（即以有线或者无线方式向公众提供作品，使公众可以在其个人选定的时间和地点获得作品的权利）外，还包含通过信息网络进行录音制品定时播放的权利?则需要进一步探讨。

我国《信息网络传播权保护条例》规定了录音录像制作者的信息网络传播权，并未提及定时播放的情形。而我国著作权法修订草案（2014 年 6 月 6 日）则明确规定录音制作者有权"许可他人以无线或者有线方式向公众提供其录音制品，使公众可以在其个人选定的时间和地点获得该录音制品"，从而将"通过信息网络向公众传播"的权利做了等同于信息网络传播权的处理。该草案还增加了录音制作者对他人以表演和播放的方式使

用其录音制品的获酬权。

我们进一步做了相关案例检索，并未发现录音制作者起诉侵权人通过网络定时播放歌曲（录音制品版本）的案例。我们也进一步检索了在影视作品、营业场所使用歌曲（录音制品版本）的案例，发现此类侵权案件的原告均为音著协或者词曲作者。

因此，我们理解，在我国现有法律体系下，录音制作者拥有的“通过信息网络向公众传播”的权利应是指“许可他人以无线或者有线方式向公众提供其录音制品，使公众可以在其个人选定的时间和地点获得该录音制品”。

（2）何种情形下，录音制作者可以提起诉讼？

如前所述，在冯提莫案中，法院认为直播视频点播是对音乐作品的信息网络传播，构成对音乐作品的信息网络传播权侵权。由于我国著作权法赋予录音录像制作者禁止他方未经授权通过信息网络向公众传播其录音录像制品的权利，因此，此类案件中，录音录像制作者也可以作为邻接权人提起诉讼。

但是，假设主播仅在直播过程中未经授权播放了歌曲，并未对直播进行录制和提供点播和回看服务，录音制作者是否还有权提起诉讼呢？根据上述分析，录音制作者享有的权利包括复制权、发行权、出租权和通过信息网络向公众传播的权利。主播在直播中使用歌曲不属于复制、发行和出租的范畴。如果通过信息网络向公众传播的权利等同于信息网络传播权，则主播在直播中使用歌曲并不是使公众可以在其个人选定的时间和地点获得该录音制品，因此也不构成侵犯信息网络传播权。在此种情形下，录音制作者可能并非适格原告，无权提起邻接权侵权之诉。

3. 网络直播中使用歌曲侵犯的是何种权利？

如前所述，在网络直播中使用歌曲，录音制作者可能并不具备起诉的权利，但词曲作者作为著作权人，有权禁止他人未经授权使用其词曲作品。在此情形下，主播侵犯的是词曲作者的何种著作权权项？是表演权、信息网络传播权还是其他权利呢？

根据我国著作权法，表演权是指公开表演作品，以及用各种手段公开播送作品的表演的权利。表演一般包含现场表演和机械表演。在一系列音著协诉歌厅等营业场所未经授权播放音乐作品的案件中，法院均认为营业场所经营方侵犯了词曲作者的表演权。但在网络直播案中，由于通过信息网络进行传播，法院一般不将此列入表演的范畴。

而网络直播的定时播出特征也不符合信息网络传播权在其个人选定的时间和地点获得录音制品的特征，在相关电视频道节目被网络转播的案件中，大多数法院采取著作权法的兜底条款，认为构成对著作权人“其他权利”的侵犯。在网络直播歌曲的相关案件中，法院也可能采取同一观点，即认为网络主播在直播中未经授权使用歌曲构成侵犯著作权人的“其他权利”。

4. 小结

互联网行业发展到今天已经日渐成熟，而成熟的同时则意味着规范，各式各样的版权问题已经成为整个行业的敏感点。除了音乐作品，未经授权使用图片、演唱歌曲、朗诵小说诗歌等，都有可能构成对原作者的著作权侵权。本次冯提莫案为网络主播和直播平台都敲响了警钟，应当提高版权意识。

那么，有哪些方式可以避免侵犯他人的版权呢？我们的建议是：（1）尽量使用已经进入公有领域的作品；（2）根据业务类型事先与相关著作权集体管理组织签署协议，获得相应作品库的授权；（3）在采用新的业务模式或认为可能存在侵权风险时，可尽早咨询专业法律人士，以尽可能降低侵权风险。

六、2019 年君合传媒与娱乐业务组部分业绩

（一）君合成功举办上海国际电影节法律论坛

2019 年上海国际电影节于 6 月 15 日正式启幕。君合作为上海电视节、上海国际电影节的唯一法律服务提供方，已为两节提供了逾十年的法律服务。今年，君合再次受两节组委会的邀请，于 6 月 17 日上午在历史悠久的上海展览馆主办了一场影视法律沙龙。

在本次电影节论坛中，赵征律师主讲的《霍尔果斯泡沫的幻灭》，介绍了霍尔果斯泡沫的崛起与幻灭，剖析了泡沫后的公司责任；赵婷婷律师主讲的《浅议明星工作室补税风暴》，关注影视行业的补税问题，提出了税务风险识别与风险防控建议；徐初萌律师主讲了《看商标如何从影视节目法律保护中“C 位出道”》，讲解了影视节目的经典商标案例，聚焦影视节目的商标保护与规划；黄荣楠律师主讲了《电影改编“有点烦”》，从四大烦点出发，评析了电影改编的热点案例，启发了影视剧改编中的法律风险。作为协办单位，美国乐博律师事务所的两位合伙人也进行了话题分享，合伙人 Scott Edel 主讲了《OTT 互联网影视业务在美国发展现状及前景》，合伙人 Debra A White 主讲了《美国影视作品中的音乐授权的探讨》。这些话题都是近年影视圈中的热点，引起了在场听众的强烈兴趣。

本次论坛有幸邀请到了华东政法大学知识产权学院的著名专家黄武双教授，分享了电影知识产权与竞争法难点问题。黄教授结合热点案例分析了影视作品的署名、授权期、使用他人作品等问题，给了在场嘉宾很多有益的建议。此次两节组委会又再次荣幸地邀请到上海闵行区人民法院李国泉副院长参加本次论坛，他深入分析、评价了近年来的热点案例，并就电影作品司法保护情况与听众互动交流。

（二）君合助力网易有道纽交所上市项目

北京时间 2019 年 10 月 25 日，网易有道成功登陆纽约证券交易所，股票交易代码为“DAO”，发行价为每股美国存托股（ADS）17 美元，预计总计募集资金超过 2 亿美金。

网易有道原为网易集团的下属业务部分，后从网易集团拆分独立，成为国内领先的在线教育公司，旗下运营“有道精品课”“网易公开课”“有道词典”等具有较高市场知名度的产品。

君合担任本项目的承销商境内法律顾问。本项目自 2019 年 4 月启动，仅耗时 6 个月即完成，期间还涉及有道集团与网易集团的业务拆分重组等工作，工作量较大，但君合项目组团队积极与公司及其他项目中介配合，严格执行时间表，如期保质保量完成各项工作以促成公司的成功上市。此外，自 2019 年 7 月起，监管部门就在线教育领域陆续出

台新规，对于在线教育机构不断提出新的合规要求。在监管政策不断调整的情况下，君合团队及时研究各项新政，凭借对在线教育行业的持续观察，为承销商准确分析监管趋势，并判断政策风险；为网易有道业务提出切实可行的合规建议，成功协助网易有道登陆境外资本市场。

君合专业和出色的法律服务获得了承销商、有道集团和其他项目中介机构的一致肯定。参加本项目的其他中介机构主要包括：承销商 Morgan Stanley，Citigroup Global Inc.，Credit Suisse Securities (USA) LLC，中国国际金融股份有限公司，Tiger Brokers 和 HSBC，承销商美国法律顾问 Skadden，Arps，Slate，Meagher & Flom LLP，有道集团美国法律顾问 Davis Polk & Wardwell LLP，有道集团境内法律顾问天元律师事务所，审计机构普华永道中天会计师事务所（特殊普通合伙）。

（三）君合代理国际传媒集团股权转让、对赌纠纷案在贸仲获得全面胜诉 仲裁庭认定构成欺诈并撤销《股权转让协议》

一家国际顶尖的传媒集团在中国大陆的外商独资企业（以下简称“新股东”）于 2013 年 4 月斥资人民币 2 亿元，收购国内网络游戏广告行业排名第一的广告公司（以下简称“目标公司”）的 100% 股权，如果对赌成功，新股东后续还需继续支付收购款至人民币 8 亿元。但在收购不到一年时间里，目标公司被多个客户起诉、很快资不抵债、停止经营、原股东停止履职。不得不接管目标公司后，新股东发现目标公司原股东（“原股东”）在股权转让过程中存在虚增应收账款、伪造财务数据和业绩预测、隐瞒关联方交易等行为。

新股东首先委托了其他律师事务所拟定仲裁方案，其他律所提出了追究原股东违约责任的代理思路。因不满其仲裁方案和推进进程，新股东重新委托了君合代理本案。

君合快速响应客户的需求，在审阅了客户提供的初步材料之后，认为原股东伪造财务数据和业绩预测的行为直接导致新股东陷入错误认识，并基于原股东粉饰过的公司财务状况作出了收购决定、向原股东支付了人民币 1.8 亿元，向目标公司增资 2000 万；君合认为如果仅仅追究原股东的违约责任对原股东的行为定性不准，亦不足以弥补新股东的巨大经济损失。因此，君合拟定了请求确认原股东构成欺诈、撤销《股权转让协议》、退还股权转让价款的仲裁方案。

在代理本案之初，由于新股东不参与目标公司的经营，对目标公司及原股东的财务、业务、人员、对外合作等各项信息均不知晓，尽管我们提出了欺诈撤销的代理思路，但距离从法律上认定原股东构成欺诈的证据要求相差甚远。

君合代理本案的亮点在于：

1. 欺诈的认定难度大。欺诈的构成要件包括：一方有欺诈的故意、欺诈方实施了欺诈行为、被欺诈方因受欺诈陷于错误判断、被欺诈方基于错误判断而为意思表示。在四个要件中最难的是欺诈故意和陷入错误认识的认定。根据我们对司法实践的了解，认定欺诈撤销合同与认定无效合同一样，主张一方需要承担巨大的举证责任，且成功率极低。君合为了最大限度地维护客户利益，实际上为自己选择了一条最艰难的代理思路。

2. 搜集证据难度大。由于举证责任重，君合在公证机关的配合下迅速接管了目标公司，并与客户聘请的法证调查团队充分合作，在短时间内完成了数量庞大的财务资料、业务合同等关键邮件、系统文件的审阅工作，并对收购前三年的全部媒体合同、客户合同、广告投放进行纵向和横向数据比较，证明大部分客户合同系伪造、应收账款虚增。经过大量的证据准备工作，君合梳理出了 400 份总计近 3000 页的证据，证明了原股东的欺诈行为。

3. 应对原股东的刁钻反扑难度大。仲裁案件审理中，原股东为了逃脱法律责任，提出了要求追究新股东的违约责任，并要求新股东继续支付对赌款项的仲裁请求；甚至为达到中止乃至终结仲裁审理的目的，原股东还提起确认仲裁协议无效之诉、恶意拒收仲裁文件、针对仲裁员提出异议、在人民法院启动对新股东及目标公司的诉讼，包括股东损害公司利益纠纷、广告合同纠纷、名誉权纠纷在内的各类诉讼，并以此为由申请中止仲裁程序；原股东还申请对新股东证据中的笔迹、录音、声纹进行鉴定，还在北京市朝阳区人民法院申请目标公司破产清算，以达到新股东退还公司股权的请求客观上不可能实现的目的。

原股东共计提出各类中止、延期申请 9 次，仲裁庭先后十二次延长裁决作出期限。针对原股东的各类诉讼、申请，君合代表新股东共计发表几十封书面反驳意见，并全面组织律师团队积极应对，从三个方面对原股东进行围堵：一是，在仲裁案件中，深挖证据、对欺诈进行深入研究，力争在法律上满足“欺诈”构成要件的认定要求；二是，针对破产案件，积极研究目标公司破产并不会对撤销合同后返还公司股权的影响，并促使清算组追究原股东的法律责任；三是，针对其他类的无理诉讼，全面代理目标公司及新股东进行应对，同时向仲裁庭说明相关案件并不构成对中止仲裁的理由。

经过君合律师团队制定精准的代理方案、搜集大量关键性证据和全面应对原股东反扑的策略，最终，仲裁庭于 2019 年 7 月 19 日作出裁决，全面支持了新股东的仲裁请求，认定原股东存在欺诈行为，原股东退还全部股权对价款 1.8 亿元，赔偿 2000 万增资款和 900 多万的维权损失费用。而原股东提出的包括近人民币 2 亿元索赔主张在内的反请求被全部驳回。

仲裁案件历时 57 个月，君合为代理仲裁程序、诉讼程序用时超过 11，000 小时，参与工作的合伙人、律师超过 40 名，涉及办公室包括北京、上海、广州。君合争议解决团队扎实的法律功底、认真负责的工作态度、高质量高效率的法律服务，以及君合各地分所之间跨地区的高效协同合作，赢得了客户的高度肯定和积极评价。

（四）为腾讯公司提供大型综艺项目《创造营 2019》项目法律支持

《创造营 2019》项目投入了巨额的制作成本，为腾讯公司的 s+ 级别项目，引起了广泛的社会热度。同时，上述综艺项目都具有复杂的法律关系，包括客户与制作公司间的委托制作关系、客户与嘉宾间的各种形式的聘用关系等等。该项目涉及共享演艺经纪权的一个创新模式。在选秀节目中，多家经纪公司在合同安排下共同管理一位艺人，分享演艺收入。君合文化娱乐传媒团队在此项目中给予客户的法律建议以及在合同条款上的创新性制定，对于今后类似的项目有很大的借鉴作用。

（五）为腾讯公司提供大型综艺项目《即刻电音》项目法律支持

《即刻电音》项目投入了巨额的制作成本，为腾讯公司的重点项目，引起了广泛的社会热度。本项目的难点在于艺人在参加选秀节目前，其可能已签约某经纪公司，也可能其所创作的音乐作品已授权给了某个音乐平台。而客户希望取得在选秀演出过程中新创作的作品的著作权。因此如何审核艺人的经纪合约以及梳理音乐作品的授权来源，成为本项目中最大的难点。君合文化娱乐传媒团队介入本项目的签约过程，配合客户处理与各家中外经纪公司以及各类音乐平台之间的豁免或授权关系。也为类似选秀节目今后的举办，提供了众多实践经验。

（六）为腾讯公司提供大型综艺项目《演员请就位》项目法律支持

《演员请就位》项目投入了巨额的制作成本，为腾讯公司的s+级别项目，引起了广泛的社会热度。该项目涉及导演、参演艺人选手、飞行嘉宾等多类综艺嘉宾角色。同时，导演作为节目嘉宾的同时，还担任了节目中的视频片段的导演，并且还有一些节目外的承诺。君合文化娱乐传媒团队在此项目中制定了整套合同模板，并审阅了大量往返协议。

（七）出任中国网球公开赛赛事法律顾问

君合律师事务所自2006年起连续出任中国网球公开赛赛事法律顾问，为赛事提供全方位的法律服务支持，包括但不限于知识产权、合规、合同管理，为赛事的国际影响力提升和权益保护做出了重要贡献，也得到了客户的充分认可。

特别篇——君合法商创新研讨会侧影[1]

（一）文学/二次元的IP全媒体管理

2019年12月10日，君合律师事务所传媒娱乐组联合亮马商学院共同举办了“文学/二次元的IP全媒体管理”培训和专题研讨会。此次活动由君合律师事务所传媒娱乐组北京办公室令狐铭律师和上海办公室祁筠律师及前中汇影视总编辑、上游影业CEO卢金珠做主题分享，来自快看阅读、艺鼎传媒、随玩互娱、欢瑞世纪、鲲池影业等文化传媒领域高管及部分文化影视行业投资人参与了此次研讨。

IP挖掘与法律保护

令狐铭律师分享了中国文化产业发展至今IP管理的核心要件，以及正在经历的市场挑战。令狐铭律师从作品出发，围绕着与作品相关的主体之间的权益生态，以及各方主体在全媒体领域推广和开发作品IP过程中受到的法律规制和产生的法律问题，解析了当前文学（一次元）、卡通动漫（二次元）、COSPLAY（二点五次元）、虚拟社区领域的IP架构思维。

---

1 2019年年度君合律师事务所传媒娱乐组举办了三场文化产业研讨会，我们将这三场研讨会的总结一并纳入娱乐、体育、传媒（ESM）产业年度研究报告，列为特别篇以供参考。研讨会总结均为参会分享和点评嘉宾个人观点的记录，不应被视为专家所在机构的正式意见或商业意思表示。

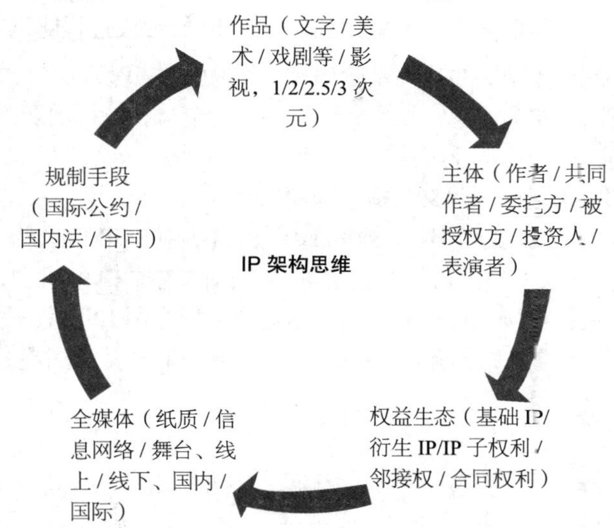

令狐铭律师特别强调具有全媒体管理能力的 IP 架构师是市场上极其需要形成的专业群体；相应地，在 IP 架构师驱动下的文学和二次元为基础的 IP 养成将可能在全媒体管理的场景中，特别是内容电商和内容消费空间的升级迭代中产生重要的潜在价值。结合以往的行业经验，令狐律师也分享了体系化、流程化，逐步深入的 IP 运作加上有效的法律工具保护，是挖掘 IP 长尾价值的核心手段。

IP 全媒体管理及运作模式

中汇影业前总编辑、上游影业 CEO 卢金珠基于其多年从业经验，从实操案例角度分析了 IP 发现、培育与打造的全流程。

1. 盛大文学的 IP 运作模式——从全媒体、全版权到全产业链

卢总介绍，盛大文学在较早期即创立了中国网络文学的盈利模式。盛大文学依托旗下原创类文学网站大量优质的内容资源，捕获了不少忠实受众，拥有着十分庞大的读者市场，且作品的粉丝黏性好，作品推广市场价值高，因此较早地实现了从线上到线下，从网络文学到纸质媒体乃至后期版权再运作的全媒体版权运营模式。

随着盛大文学在版权市场不断吸收和积累经验，对 IP 运作模式的理解也不断深入，盛大文学逐渐建立了网络文学从 web 阅读到无线阅读、纸媒出版、影视改编、游戏改编等一系列“全版权服务”模式，并且初步完成了从全媒体版权运营到网络文学全版权的布局。

近年来，盛大文学进一步探索网络文学的全产业链发展，实现从线上付费阅读、移动互联付费阅读，到包括影视游戏改编、作品繁简体出版、漫画动画改编、有声读物改编以及编剧业务的全方位版权衍生品开发和覆盖。

卢总认为，一个成功的 IP 开发，可以从多个角度产生巨大的经济效益。从互联网阅

读，到线下互动，再到其他多媒体形式发掘，今日IP的形成过程比以前更快，也更容易创造价值。但如果操作不慎，也有可能会毁掉一个优秀的IP，或者没能够更好地挖掘IP价值。因此，如何以内容为源起，吸引、聚集不同的群体，依托内容产生其他商业价值，形成相关的产业链，是今日从业者需要进一步探讨的话题。

2. 当前中国IP市场——网文居多，国漫兴起[1]

根据卢总的观察，“网文居多，国漫兴起”是当前中国IP市场的一大特点。中国拥有丰富的IP宝藏，可以说中国市场存在着非常巨大的挖掘IP的机会，但如果不规范运作，不尊重知识产权，市场运行浮躁，不正当竞争蔓延，则IP宝藏不能顺利开发。作为行业知名“IP捕手”，卢总与参会各位一起分享了近年来网文和国漫的IP开发方面的几个成功示例：

（1）全职高手

《全职高手》是蝴蝶蓝自2011年开始在起点中文网连载的一部网游小说，书名取自主角叶修是荣耀网游全职业精通的“全职高手”。在网文连载时期，《全职高手》在起点中文网的粉丝数、点击率、收藏数、打赏量等就一直位跻同时期同类网文前列，是起点中文网的第一部千盟书。并且，作为起点中文网的现象级作品，《全职高手》虽然是在起点男频连载，却受到大量女性读者的关注和喜爱，有大批站外读者前往起点中文网阅读和追更这部小说，小说乃至主角叶修的粉丝黏度和活跃性一直较好，甚至出现过“20万网友为虚拟人物叶修庆生”的现象级新闻报道。

依托《全职高手》网络小说IP，盛大文学后续逐渐开发了《全职高手》传统纸质书、图书典藏版，以及一系列《全职高手》衍生品，包括系列贴纸、手工皂、笔记本、T恤等。2016–2019年期间，《全职高手》IP从网文向漫画、游戏、影视领域进军，先后授权开发了《全职高手》漫画单行本及礼品盒、广播剧、动画、手游、网络剧、动画大电影。围绕着《全职高手》和“叶修”IP，也出现了一系列与线下实体店的合作，如叶修“代言”麦当劳、美年达、清扬、伊利、酷狗、李宁产品，苏宁小店推出的“叶修系列产品”等。

（2）快把我哥带走

《快把我哥带走》原作是漫画家幽·灵姐妹创作，独家连载于快看漫画的爆笑漫画，故事围绕日常坑妹的哥哥和暴走妹妹展开，讲述了一对日常互怼的兄妹时分和时秒的故事。截至目前，作品在快看漫画平台点击量超32亿。

2017年3月，日本动画公司Imagineer、Fanworks共同制作了动画版《快把我哥带走》，以腾讯视频作为全球首发平台，并于2017年4月登录TOKYO MX。2018年，Imagineer与江通动画进而联合打造了《快把我哥带走》动画第二季，该动画在中国由企鹅影视、中汇影视联合出品，2018年7月在腾讯视频独播。除了动画，2018年，由壹家传媒承制，企鹅影视与中汇影视还联合出品了真人剧版《快把我哥带走》，万达影视传媒有限公司也出品了真人大电影喜剧片，由张子枫、彭昱畅主演。

与《全职高手》一样，基于《快把我哥带走》的高人气，围绕漫画IP，《快把我哥带走》也开发了一系列线下衍生品，肯德基和海澜之家也以《快把我哥带走》为主体推

1 本部分插图取自卢金珠总分享课件，插图仅为讲座目的选自网络公开图片。

出主题套餐和进行联合宣传。

（3）头条都是他

《头条都是他》也是由超人气原创漫画家幽•灵姐妹创作的国内顶级条漫 IP，于 2015 年 7 月 27 日微博首发，讲述了当下最热的偶像男团 LUF 公司推出的超人气组合 FLY、新人组合 4seasons 以及 LSF 公司推出的超人气组合 BlackHeart 的招黑日常。作品连载以来收获 61 亿阅读，47 万评论，395 万人关注的优异成绩，并且版权已经出海输出到韩国、日本，掀起无数好评。

基于国漫 IP《头条都是他》，优酷和领誉传媒联手打造了《以团之名》（该项目曾以《头条都是他》名称有过短暂亮相，引发现场的轰动和各界的关注）网络综艺节目。综艺《以团之名》将是《头条都是他》超级 IP 孵化的第一个内容产品，从《以团之名》中成功突围的少年，将在进行音乐到演技全方位的艺能培训后，参演由《头条都是他》漫画改编的超级剧集，并以原著中的偶像组合的形式，录制由中外顶尖音乐人打造的音乐专辑，进行全国演唱会巡演。

作为自带“偶像养成”“粉丝经济”属性，又可以横跨多次元、多领域、多种玩法的 IP，《头条都是他》也是首部贯通整个文娱产业的重量级作品。在阿里大文娱的体系下，该项目实现了文娱产业链的第一次全面打通：二次元的漫画、动画、图书、虚拟偶像、游戏，三次元的综艺、剧集、电影、偶像养成，并延伸至线下演唱会、音乐、专辑、衍生品，打造“2.5 次元偶像”。优酷以《头条都是他》贯穿，将实现一次横跨多次元、多领域的全产业链路联动。

（4）梦见狮子

《梦见狮子》是小狐濡尾的网文作品，描述了倔强京剧女伶与沉默古风圈导演的故事。这部作品的亮点在于将国粹经典与二次元相融合。随着次元壁逐渐消融，二次元文化越发成为年轻人的主流文化，复合式艺人将逐渐代替传统艺人，成为行业的 KOL。宅舞、Cosplay、古风等二次元文化同样成为影视蓝海。此前晋江文学和哔哩哔哩就《梦见狮子》全面激发晋江小粉红 +B 站二次元核心群体的兴趣、创造性、传播价值提出过联合开发的思路。结合 Cosplay 和京剧艺术开发同名 Cosplay 舞台剧，以及开发独家定制人物造型手办都将是这一 IP 的衍生开发途径。

（5）少年的你，如此美丽

《少年的你，如此美丽》是玖月晞编著的小说，连载于晋江文学网，并由百花洲文艺出版社出版发行。这部小说以校园暴力为题材创作初始就受到了广泛关注。源自网文 IP，由周冬雨和易烊千玺主演的电影《少年的你》，自筹拍以来虽几经波折，终于 2019 年上映。上映以来不仅主演的演技受到认可，校园暴力这一影片关注点也得到了热议，该片的票房更是高达了 14 亿。根据国家广电总局 2019 年 10 月的电视剧备案来看，《少年的你》还将进一步被改拍成电视剧《如此美丽》，继续以校园暴力为题材，来引发更多人的关注，更好地保护这个弱势群体。目前，北京中视礴广文化传媒有限公司正在出品筹拍电视剧版《如此美丽》，预计明年年初完成拍摄。

（6）嫌疑人 X 的献身

中文版电影《嫌疑人 X 的献身》改编自日本知名推理小说作家东野圭吾的同名小说

的电影，由苏有朋二次操刀导演、光线传媒主控，2017年在中国大陆上映。

东野圭吾的小说，具备鲜明的个人特色，在完美的悬疑故事中揉入复杂的主题，让他的小说别具魅力。东野圭吾的多部小说都曾被改编成日韩的影视作品，早在2014年作家富豪榜之外国作家榜上，东野圭吾的版税收入就达到了720万元，到了2015年，东野圭吾的版税收入已经飙升至2025万元。近两年东野圭吾的小说在中国也炙手可热，从2017年开始，不少中国影视公司也已经提前布局东野圭吾的作品，并拿下改编权。例如，东野圭吾少见的一部暖心作品《解忧杂货铺》的版权被英皇和万达买下，优酷拿下了《秘密》的改编权，《绑架游戏》将拍成网剧。而贾樟柯的“暖流文化”主要做商业片，其成立之初就表示要拍的第一部电影就是东野圭吾的《悖论13》。

3. IP市场观察

卢总提出，理想的情况下，最好每一个IP都有对应的管理团队，专门服务于IP的各类后续孵化和衍生开发。但现实中会遇到，往往越是优质的IP，越难拿到完整的IP授权，通常在谈IP授权时，热门IP已有部分开发权限已经授权给了第三方，因此如何协调某一IP下面各板块的开发权限和团队联动是IP管理团队需要面对的显示问题。另外，IP的管理团队由谁牵头，是由作者、作者的经纪公司还是专门的IP管理公司来组建团队，也是需要进一步探讨的话题。

说说改编那些事儿

最近几年，网络IP大火，围绕网络IP发生的纠纷也日益增多。这些争议很多都是源自最初授权合同中约定不明确的条款。从“鬼吹灯”这个大IP产生的一系列纠纷看，可以说，这就是“一个合同条款引发的惨案”。从这些案例中，我们可以积累经验，不断完善相关合同条款，以尽可能减少争议的发生。

（1）案例一：《鬼吹灯》和《摸金校尉》著作权权属和侵权纠纷案

基本案情：A公司与作者就小说《鬼吹灯I》及《鬼吹灯Ⅱ》分别签署《协议书》，作者将上述小说著作权中的财产权全部转让给A公司。协议第4.1.3条约定，A公司有权按照己方的安排、市场的需要对该作品进行再创作、开发外围产品等。协议第4.2.5条约定，在该协议有效期内及协议履行完毕后，作者不得使用其本名、笔名或其中任何一个以与本作品名相同或相似的创作作品或作为作品中主要章节的标题。此后，作者出版了《摸金校尉》一书。该书封页顶端载明：天下霸唱著，出版发行：群言出版社。小说以电影《寻龙诀》的海报作为图书封面和封底的背景；封面顶端标有“人点烛，鬼吹灯•摸金符，寻龙诀”字样（“鬼吹灯”和“摸金符”为白色字体，且采用较大的字号，其余文字为金色字体），底端标有与电影《寻龙诀》预告片台词近似的文字“寻龙摸金看缠山，一重缠是一重关，关门如有八重险，不出阴阳八卦形”。封面左下角加贴了“电影《鬼吹灯之寻龙诀》12月18日全国公映，敬请期待”字样的圆形黄色标签。基于此，A公司认为作者出版和宣传《摸金校尉》构成著作权侵权与不正当竞争。

这个案件于2017年5月作出一审判决。我们重点关注一下具体合同条款。法院认为，尽管第4.2.5条的约定存在不明确之处，且存在语病，但可以明确的是，该约定并未排除作者使用原作品中的人物等相关要素继续创作作品的权利，只是对其后续创作的作品名称、章节标题及署名方式作出限制。第4.1.3条中虽然约定A公司有权对该作品进行再创作等，但并不意味着作者就此放弃了自己再创作的权利。作者利用自己创造的这些要素创作出不同于权利作品表达的新作品的行为并无不当。

从合同条款起草角度而言，著作权法有一条非常重要的规定，许可使用合同和转让合同中著作权人未明确许可、转让的权利，未经著作权人同意，另一方当事人不得行使。因此，授权必须明确。否则发生争议后，法院一般会选择对合同条款做狭义的解释。在起草合同时，一定要明确授权标的是什么？授予的权利是什么？授权的性质是什么，独占性许可、排他许可还是普通许可？

以“信息网络传播权”为例，“信息网络传播权”是一个法律定义的术语，指“以有线或者无线方式向公众提供作品，使公众可以在其个人选定的时间和地点获得作品的权利”，这就排除了直播、定时播出等形式的新媒体播出形式。这个定义与大家通常期望的新媒体权利（包含直播、点播、轮播等各种方式）产生了相应的差距。最近杭州互联网法院刚判决了一个案件，将一定范围内的IPTV回看权视为了广播权的延伸，这也与信息网络传播权的划分产生了权利交叉。因此，在约定授予的权利时，一定要明确，建议采用定义+列举+兜底条款的方式制定条款。

（2）案例二：《牧野诡事》不正当竞争案

基本案情：天下霸唱作为《牧野诡事》小说作品的作者，在授权相关公司将《牧野诡事》文字作品改编成涉案影视剧的过程中，在《牧野诡事》作品前冠之以“鬼吹灯”标识。A公司（《鬼吹灯》小说著作财产权人）认为，被告的上述行为涉嫌侵犯了A公司对“鬼吹灯”享有的知名商品特有名称权益。

这个案件也是从前面的授权合同第4.2.5条而起。即作者是否有权使用“鬼吹灯”的名称。在这个案件中，法院的判决思路与第一个案件一脉相承。法院认为，双方签订的相关协议系当事人真实意思表示，合法有效，相关条款并未限制天下霸唱使用其本名、笔名创作同类型悬疑盗墓题材的作品以及其他题材作品，只是限制其不得使用“鬼吹灯”作为作品名称或者主要章节标题，故相关约定不违背著作权法鼓励创作的立法宗旨。作者未经许可擅自授权他人使用“鬼吹灯之牧野诡事”作为涉案网剧名称，容易使相关公众误认为网剧由《鬼吹灯》系列小说改编而来，侵犯了A公司对《鬼吹灯》系列小说特有名称的相关权益，构成不正当竞争。

从合同角度而言，我们较少看到作者将书的名称一并授予被授权方，并且放弃使用该书名进行后续创作的权利。合同的签署是双方博弈的结果，一般而言，对于作品内容之外的衍生授权（包括但不限于作品名称、人物角色及改编作品的二次改编等）需要特别谨慎，我们处理过不少改编作品二次开发与原著作品改编权之间剪不断、理还乱的纠纷。

（3）案例三：《精绝古城》与《九层妖塔》案

基本案情：作者创作了小说《精绝古城》，将上述小说著作权中的财产权全部转让给A公司。A公司授权B公司使用该小说改编摄制电影。B公司据此摄制了电影《九层妖塔》。作者认为电影《九层妖塔》侵犯其署名权和保护作品完整权。

一审法院和二审法院在是否侵犯保护作品完成权的问题上存在不同意见。一审法院采用主观标准，即是否损害作者声誉；二审法院采用客观标准，即是否“歪曲、篡改”

原作品。这两种标准在国际上都有相关国家的立法支持。英美法系国家一般采用主观标准，大陆法系国家一般采用客观标准。

根据我国著作权法，保护作品完整权属于著作人身权，改编权属于著作财产权。著作人身权与著作财产权密切相关，然而又可以相互独立。著作财产权转让后，作者仍享有著作人身权；受转让的著作权人一般只有财产权而无人身权。但是，被转让人取得著作财产权后，将会产生与著作人身权如何协调的问题。因此，作者与使用者之间关于著作财产权的转让是否有约定以及如何约定，将直接影响到保护作品完整权的行使边界。

二审法院判决的一个重要依据是现行《著作权法》规定的保护作品完整权并没有"有损作者声誉"的限制，从而认为我国著作权法采用的是客观标准。根据约定高于法定的原则，在不违反法律法规的强制性规定的前提下，权利人可以自由处分其权利。因此，如果双方在改编权授权合同中对于改编的界限做出相应的约定，法院则可能适用合同的相关条款。我们来看看本案相关合同条款的约定。根据作者授权合同，"经甲乙双方协商，乙方（作者）同意在本协议生效之日将《鬼吹灯（盗墓者的经历）》除中国法律规定专属于乙方的权利外的著作权全部转让给甲方。"根据A公司与B公司的授权合同，"同意就授权作品在全世界地域内的电影、电视剧制作及有关的发展权及使用权，包括以下的权利和权益（简称"电影电视权"）全球独家转让给甲方：（a）在本协议有效期内，以授权作品为蓝本创作一部或多部电影、电视剧，包括处理以及编写剧本、做出一切甲方认为适当的修改和编辑等的权利；（b）……"

上述合同条款主要有两方面可以探讨：第一是如果获得作者授权的A公司从作者处取得的授权没有对改编权的界限做出约定，A公司授权B公司行使小说改编权时，能否对于改编权的界限做出约定？第二，合同约定对于改编权的界限是否可以更加明确？

对于第一个问题，我们认为，如果A公司无相关权利，则A公司无权对B公司做出相关授权。但是，如果合同存在相关约定，B公司可以根据与A公司的合同追究A公司违约责任。

就第二个问题，考虑到法院对于"歪曲、篡改原作品"设立的相关标准，可以对相关合同做出进一步明确，例如被授权方有权对题材、情节、背景设定、人物关系、性格、形象等作出改变，授权方不会主张保护作品完整权。当然，合同的最终文本是双方博弈的结果，能够签到何种程度，将取决于双方的谈判地位。在实践中，为了减少改编存在的风险，有很多制片方会聘请原著作者作为剧本顾问，将剧本提供给原著作者审阅，并约定双方意见分歧，以制片方意见为准等。

IP授权合同起草要点提示：

在签署相关授权协议时，需要对授权链进行审查，以确保授权链的完整和无争议。在起草授权合同时，应当关注授权的边界与限制，授权应当明确（建议采用定义＋列举＋兜底方式起草合同条款），授权期限应当明确（例如，改编权授权期限内完成剧本改编，是否可以在授权期限届满后继续完成影视剧的拍摄等），并根据影视行业的特点摄制保证与承诺，及期满后可享有的权利、违约责任与合同终止条款。

（二）5G 环境下的文创产业应用前沿

2019 年 12 月 18 日，君合律师事务所传媒娱乐组联合凤凰卫视和朝亚投资控股共同举办了“5G 环境下的文创产业应用前沿”培训和专题研讨会。此次活动由君合律师事务所合伙人张红斌律师、凤凰卫视 CTO 王宏波先生与朝亚投资控股中国执行董事曹新伟先生分别做专题分享，君合律师事务所传媒娱乐组负责人令狐铭律师对嘉宾发言进行互动点评，来自国家电网等机构的相关人员参与了此次研讨。

本次研讨中，凤凰卫视 CTO 王宏波先生作为传媒领域发展变化最直接的观察者，从 5G 环境下的技术视角和产业环境视角进行分享；朝亚投资控股中国执行董事曹新伟先生从 5G 环境下数字地产的投资角度进行分享；君合律师事务所合伙人张红斌律师将从 5G 业务市场准入以及应用中的法律问题角度进行分享。

5G 环境下的文创产业应用场景

1. 5G 技术现状和发展趋势

现今许多国家都在大力推动 5G 技术发展，如韩国、瑞士、日本等。其中中国的 5G 发展，包括基站建设水平、市场规模和发展速度都处于世界领先水平，相关产业建设的投入也在稳步进行。5G 的核心是高速度、低时延、广连接，围绕这三个特征可以衍生许多产业；而 5G 标准的实施将促进相关行业和商业环境的巨大转变，例如高清视频、无人驾驶、智慧城市等；但 5G 到底会在未来带动产生怎样的产业样态和发展模式还有待观察。

2. 5G 基础设施和增值服务解决方案现状

王宏波先生通过一系列数据介绍了中国 5G 产业的市场规模，阐释了 5G 对经济拉动的巨大作用。5G 的高速度特点将带动高清视频、VR 的迅速发展，促进物联网和智能家居等行业的发展；低时延特点将使边缘计算成为可能，带动自动驾驶、远程手术以及智能制造等行业发展。5G 技术下，用户会从个人逐渐向企业、政府扩展，5G 运营商将迎来更广阔的发展空间。而对于设备商和供应商来讲，5G 对于新设备的需求为相关设备的制造生产又创造了巨大空间。对于中下游产业链，万物互联也将创造更多的经济机会。对于 5G 芯片产业，王宏波先生介绍了中国的优势与不足之处，提出面对未来 5G 对于芯片的巨量需求，中国企业于此大有可为。

3. 文创产业构成和核心应用场景

近年来文创产业营收不断扩大，呈现出巨大的市场需求。5G 出现、带宽提升之后，文创将首先受益。在趋势上，传统文化通过科技将以新方式呈现，文化空间的打造愈发重要。在具体领域上，超高清视频的发展值得关注。现在已经出现了许多 4K 应用，如新闻 4K 直播、国庆阅兵于电影院的 4K 直播，未来或许还会有电影院的 4K 直播、游戏的 4K 直播等。在内容制作领域，效率将大幅提升，纯手工方式将被取代，例如云渲染技术将快速发展，大量优秀的作品将不断涌现。此外，5G 将极大解决 VR 体验问题，可能在明年就会出现大量新产品，VR 将成为愈发重要的生态系统。另一个值得注意的领域是演唱会的沉浸体验，如何提升现场体验，如何使得非现场观众有更好体验，都值得探索。而如果将 5G 技术应用到电影院，分众观影或许将成为可能，极大改变产业模式。

最后，王宏波先生介绍了自己负责的业务，如凤凰云祥科技、凤凰飞鱼文化、飞鱼

快传、VR 空间、虚拟手语主持以及正在进行的大盛敦煌艺术大展等，均充分体现了科技和文创的结合。

5G 时代的数字地产合作共赢探讨

1. 数字地产的特点

在无 5G 情况下，信息都是从数据中心调用并进行传输。数据中心的产业形态都表现为大规模，因为必须要满足海量信息的存储要求，这也叫传统业态的数字地产。这种数据中心具备的另一个特点是较大现金流，按需开发，并且进入门槛较低，行业竞争激烈。

而 5G 行业下，数据存储形态发生变化，微云、微基站、边缘计算等概念兴起。传统数据中心业务的代表形态为数据的发送与调动，如发送一则微信消息，将先传送到数据中心，在从数据中心发送数据。这种模式毫无疑问需要较多时间，显然是不能运用于远程医疗、无人驾驶等行业的。边缘计算等类似概念的提出就是为了解决这个问题，通过数据在局部的快速收集和反馈从而使得无人驾驶这类产业成为可能，而这将成为未来数据发展的一个趋势。

2. 项目经验分享

曹新伟先生分享了近期负责的投资产业便是与 5G 以及边缘计算相关的数字地产项目。通过在某大城市拿到小型停车场地块，以便利以后微型基站和数据中心的建设。在未来，这些停车场会被建设为新能源汽车停车场，并于此建立微数据储存中心。曹新伟先生认为，中国的储能装置技术达到世界领先水平，微数据建设水平中国公司也具备竞争力，这极大降低了自己作为投资商的投资成本。而这些小型地块所采取的两路电接入和单一业主模式也极大增加了其价值。

而如何将文创与数字地产通过 5G 进行结合？曹新伟先生认为，可以通过数字地产建设推动文创产业。如利用分布式数据中心、大型和中型数据中心为文创产业提供技术支持，而且通过 5G 提升传统地产的价值也可以助力文创产业发展。不过，如何通过 5G 技术改造传统地产行业或为其提供新的附加内容，国家电网已有实践尝试，但更具体的内容还值得探索。

5G 的市场准入和应用中的法律问题初探

1. 5G 产生的背景

张红斌律师首先介绍了关于 5G 产生的背景。5G 为第五代移动通信技术，是在 4G 技术已经成熟并且无法满足实践需求（如超清视频和直播、物联网的发展等）的背景下，应运而生的。5G 具有高速率、低时延、大容量等特点，将真正实现万物互联。5G 与文创行业（如直播行业、游戏行业、自动驾驶行业、VR 行业等）联系紧密，5G 的应用与发展将极大地促进上述行业的发展。

2. 5G 相关业务的准入与资质要求

5G 业务首先是电信业务，经营 5G 电信业务必须获得电信业务经营许可证。而且，对 5G 基础电信业务的企业具有准入条件要求，如国有持股比例、企业具备相关能力等。迄今为止，已有四家公司——中国移动、中国联通、中国电信和中国广电获得 5G 商用牌照。而就文创产业而言，例如游戏产业和直播行业，除了增值电信业务经营许可以外，根据不同情况可能需要获得其他特定资质。这些资质许可，并非因为5G而特设，但5G或许会促成新的商业形态，从而在未来引发特别的资质要求。

3. 5G下的合规要求

在5G环境下，就网络经营者合规方面，网络运营者以及作为使用5G网络的文创产业从业者可能都需要遵守网络安全义务和个人信息以及数据保护等义务。该等义务其实并非针对5G情况，但是5G技术的应用和发展将会进一步强化上述义务内容和相关的合规要求，并且可能会在未来促成新的义务的产生。

4. 5G背景下文创产业知识产权保护

就文创产业的知识产权保护，文创产品更多涉及《著作权法》，相关作品受到《著作权法》的保护。其中可以特别关注的是游戏、直播和短视频的版权保护问题。现在司法实践中对游戏的版权类型存有争议，但一般倾向于将游戏作为类电影作品进行保护。而就短视频而言，时间长度不是判断是否构成作品的关键因素，不能因为时间短而否认权利人对其的权利。

互动点评

三位主讲嘉宾发言之后，令狐铭律师对三位主讲嘉宾的讨论的内容进行综合点评：

首先，从合规和市场准入角度，在5G基础电信运营牌照已经发放的情况下，我们将对未来5G电信产业的准入和相关牌照体系保持关注，希望国家政策对此采支持态度，不会因为设置不必要的牌照和行业准入约束而对5G发展带来阻碍。

其次，考虑到5G电信产业、网络安全管理和隐私管理等等因素，5G的技术优势对于文创产业应用场景有便捷且直接的可实现性。结合曹新伟先生正在欧洲推动建设中的停车场、分布式能源储存中心和5G边缘计算技术实现场景，可能想象的文创产业空间包括但不限于IP主题性质的汽车旅馆、汽车电影院、赛车场以及光影主题的文化演出等。此外，进一步针对这些最有空间流量价值的文创应用场景，相应的文创产业企业孵化基地也是符合5G环境下优先拓展文创应用场景之需要的。

最后，从知识产权体系发展角度，在5G环境下可能会针对法定知识产权基于合同约定而产生新设子权利和细分市场，例如对于5G所支持的4K或者8K高清原始文件视频，如果制作清晰度压缩后的小容量存储文件，针对这些文件权利人所享有的信息网络传播权；以及传统的二维、三维甚至是胶片时代的作品，通过渲染等手法增加视觉体验后在5G环境下专属的信息网络传播权。

（三）亚洲文化产业的融合创新

2020年1月15日，君合律师事务所传媒娱乐组举办了“亚洲文化产业创新融合”的培训和专题研讨会。此次活动由金影科技创始人、前盛大文学CEO侯小强，资深媒体人、真实影像创始人邱嘉秋，巅峰影业何巍，北京千程投资管理有限公司CEO张元林做主题分享，君合律师事务所传媒娱乐组令狐铭律师、张红斌律师，以及知识产权诉讼领域的资深律师殷悦律师对嘉宾发言进行点评，“赞赏”出版链创始人、《麻省理工科技评论》中国及Coindesk中文联合创始人陈序也参与了互动。

本次研讨中，金影科技创始人侯小强先生分享了他在IP领域将影视和文学相融合的

经验；真实影像创始人邱嘉秋先生分享了他在如何通过挖掘真实故事将影像的长尾延伸到其他领域；巅峰影业何巍先生则从中印影视合作的角度出发探寻了中国电影走向亚洲的方法；最后，北京千程投资管理有限公司CEO张元林先生从区块链技术和文化产业的结合为我们提供了新的思考方向。

1. 侯小强——打造“诸神联盟”IP世界

被誉为“中国IP第一人”的侯小强先生开篇即向大家强调自己一直在从事同属文化产业的两个领域——“影视”和“文学”的创新融合。侯小强先生认为自己公司具有两大特点，一是坚持自己持有并管理IP而不同于其他文化公司只做中间代理商的工作，二是在IP合作出口方面坚持和头部力量构建连接共同做大、做强项目。同时，在项目选定的过程中，侯小强坚持扁平化决策方式以缩短作出投资决定的时间，坚持执行“降落伞”式决策（即同时保证结果的良好和过程的风险性）。对于亚洲文化产业的融合与创新，侯小强先生举了小说《死亡万花筒》的例子，作为一个唯一靠付费收入进入前十名的女性向网络小说，《死亡万花筒》在国内影视化困难的情况下完全可以考虑借助Netflix公司的制作技术和全球范围内强大的网络效应率先打入泰国、日本等亚洲市场随后再转入国内。且在分享的最后，侯小强先生也提出了一个十分具有创设性的设想——打造“诸神联盟”世界，聚集全中国最好的IP。

令狐铭律师点评：

既然侯小强先生已经形成了强大的IP管理能力，有后续的头部定位和运作，那么这种管理能力也应该能够有效提升那些距离超级IP还有一段距离的中等IP作品。有鉴于中国市场目前的产业寒冬期，部分IP资产在不良化并且行业的运营成本有不合理偏高的情况，侯小强先生的头部IP管理能力也可以提升到亚洲甚至更广泛的国际市场发挥整合作用，包括国内的头部IP文学作品第一时间能够被翻译成日文版或者英文版的，将可以直接把影视项目的组盘设定在亚洲影视人、国际影视人合作的高度，吸引国际影视资本，覆盖亚洲和国际发行市场。优秀的IP管理者应该在影视项目策划阶段从世界观层面发挥融合创新的能力，可以从中国的文化内核出发，借助亚洲如日本、印度、泰国等区域的影视国际化开发力量，形成更国际化的影视产品。

卢金珠先生对于金影科技在文化产业国际化的内容上进行了相应补充：

虽然金影科技主要还是着重于中国的网络小说的影视改编，但是也在国际化产业上有相应的成果。如《嫌疑人X的献身》版权购于2014年，电影上映于2017年创中国悬疑片纪录；又如作家羊行中的《异域密码》系列，包括《泰国异闻录》《日本异闻录》《印度异闻录》《韩国异闻录》等，探究不同亚洲国家的历史文化、民俗风情、奇闻异志等等。因为中国文化深刻影响其他亚洲国家的文化发展，一些与其他东亚国家文化相关联的人物形象，如同三国文化，能够在不同的亚洲国家引起共同的文化共鸣。

令狐铭律师的点评：

侯小强先生从整体的角度出发，阐述了文化产业内子领域的创新融合，卢金珠则从特定的案例出发为我们展现了国际化产业融合的图景。针对侯小强先生在分享最后提出的“诸神联盟”设想，令狐律师认为文学作品的影视转化必然涉及版权转售，在这一过程中侯小强先生不妨让所有的IP交易保存一个长尾——即在版权出售合同中为自己保留一个建立文化产业新生态的权利，如建立一个围绕 IP 开展的主题公园，如此整体的“诸神联盟”的商业逻辑才能落到实处。

2. 邱嘉秋——从真实故事的文化商业价值展开

邱嘉秋先生先向大家简要介绍了自己的“新闻 IP”，即把真实的新闻和影视相结合，也是真实电影的商业化探索。新闻和影视的结合最能够刺激大众神经因而获得最大的市场关注度，也因此能够成为一个“impact film”——通过社会议题深入化的形式，让纪录片成为一种行动，以行动吸引更强的资源。举例来说，与菲律宾亚典耀孔子学院和五洲传播中心等机构共同推动的《苏禄与中国》系列纪实 IP，其纪录片产品，最开始只是一个文化历史题材，但是其地区和跨国特性使其具备了极强的现实主题价值，项目见证了中菲关系破冰，学术版纪录片也最终演变成中菲之间的从探索历史友好渊源、到当下身份认同思考的记录，进而在外交领域为促进中菲友好起到了重要作用，通过欧洲电影节上参展获奖而取得国际关注度，继续拓展欧美精细化发行，并面向国内市场形成中国观众思维角度的剧集版本二次扩大影响。在得到菲方总统府、电影局等关注和肯定同时，吸引了该国著名导演参与故事片开发，并助力引入菲律宾国家电视台等资源参与一带一路国家内容联网的版权机制、计划推动跨国电影节等，该纪录片摄制过程中其获得了来自不同领域的各式资源。但同时，曾推动两部电影故事短片走进戛纳主竞赛单元的邱嘉秋先生，也在思考真实深度报道 IP 规模化改编故事长片电影和网剧的版权自我保护机制上，除了公开的法律版权保护外，他们往往运用结构前期的封闭生产化平台模式等方式保护自己的劳动成果和智慧结晶。往往公众也有这样的疑惑，一个报道生产出来，版权到底是谁的，凭什么要有人为认识的东西付费。在这样的疑惑下，大量“真实 IP”如何走到影视作品的顶端而衍生出大体量的电影、网剧等。

殷悦律师点评：

从法律角度来讲，著作权法保护著作权人，许多 IP 作品的版权通过各方约定来实现，独立制作的纪录片，最好的还是通过协商将双方的权利义务规定清楚。融入了导演、解说的纪录片而不是单纯的客观事实阐述，肯定是电影或者类似电影的方法拍摄的作品故受著作权保护。此外，署名表明了著作权的归属，一般来讲制作方或出品方是影视作品的著作权人，没有其他证据即推定署名人为作者。与著作权有关的人身权利、经济价值多达十四种，对外许可合同中一定要明确许可的是著作权法中的哪一项权利。我国作为《伯尔尼公约》缔约国，假设一本书在中国未出版而有相关证据证明其已经在日本出版的情况下，这本书仍然受到中国著作权法的保护。但是各国的具体规则仍有差别，在海外购买剧本一定要做尽职调查以避免不必要的损失。虽然说，各国对于著作权的保护具有一定的被动性，但是可以通过对于相关案例的研究积累经验，做好对现有司法环境的一个尽调，摸清法官的一个思路对我们大有益处。与此同时，我们也需要及时把握行业政策风向，内容合规性管理环境，才能更好地驾驭 IP 产业将来的发展动向。

张红斌律师点评：

无论是侯小强先生选定和购买 IP，还是邱总通过自主创作取得的 IP，这两种 IP 的获取模式在实践中都挺常见。但是从法律的角度来说，IP最核心的就是著作权/版权保护。不同于商标和专利的权利形成机制，著作权在创作的时刻就直接产生且并不需要通过特别授权程序。所以在版权受让的时候应该明确受让的是哪一部分的权利，签合同之前尽调必须确认适格主体，如员工创作的作品是职务作品还是个人作品、如果作品是委托创作则著作权的归属又另有差异。同样是自主创作，著作权在权利归属上面都会有不同的结果。影视作品（电影作品以及类似电影作品）的投资和创作实践中"联合摄制""联合出品"的名目很多，但是结合到著作权的身份权利和财产权利，需要有非常完整的权利链和支持文件安排。

令狐律师点评：

邱总这种"新闻+影视"的创作模式如果被认定为是新闻，受法律保护的程度就很弱；同时，新闻创作过程中是否存在职务行为或者共同创作行为也会影响最终著作权的归属。从新闻调查的素材积累和基础IP积累发展出影视文创产业的长尾，其关键点在于新闻调查成果是否具有独立的创造性，以及持续的再创作价值，这一点是好的新闻调查记者和IP管理人都要深度思考和进一步实践的。

3. 何巍——中国电影经由中印合作的国际化之路

何巍先生主要做的是印度电影版权的引入，现在也在积极通过电影版权的反向输出来多样化经营模式，这也是响应国家"一带一路"政策的重要举措。何巍先生曾经尝试中法、中美电影合拍，因为中西方文化差异巨大致使电影合拍结果并不理想，所以现在多寻求亚洲国家之间的电影合作，比如印度、伊朗等。何巍先生一直在整合资源、加强中印国际合拍，打造优质影视IP、推动产业创新融合方面做出不懈努力。比如充分利用资金、人才、内容、技术、市场等国际资源，取长补短；利用储备的优势资源和优质作品，进行实景开发，如打造mini印度，将地产与电影元素、音乐、娱乐以及影视后期等相结合，为产业注入新动能，以开辟新的增长点。在未来的规划展望中，何巍先生打算通过已经国际化的印度市场，在印度建立独立的工作室，通过印度的成熟的海外销售渠道将中国电影推向世界，用来帮助中国电影的海外开发。

4. 张元林——区块链在文娱产业的应用

区块链并非一个突破性的技术，而是原有技术的累积，包括点对点通讯、非对称加密技术、分布式数据库等等。区块链在文化产业的运用主要体现在两个层面：一是发挥确权存证功能对资产（包括无形资产）的产权归属进行登记记录，二是通过通证的激励约束功能重组生产要素。但是版权问题多不在取证的环节，版权环境的改善在于侵权发生时能快速解决纠纷。现在区块链只能解决问题的前端而在之后的争议解决环节作用有限，但是如果将来能将智能合约运用到版权管理领域，那么版权的许可和取用会变得非常方便。区块链对于文化产业的助益主要在以下四个方面：透明化以减少文化从业人员违规失信的现象、去中心化以减少利益分配的中间环节、生产消费方式的多元化、投资渠道增加让更多IP走进大众视野。区块链在文化产业领域应用实例已经有不少，如版权保护，但受限于通证发行上的法律障碍，区块链在文化产业的应用还远远没有展开。除此而外，区块链在文化产业的应用仍然面临以下问题：产业生态的严重缺失、较高的市场教育成本和导入时间、未经验证的模式风险等。

陈序先的点评：

对于中国文化产业，区块链技术带来了两个变革和一个机会。两个变革均来自文化产业的“货币”——版权。

首先，在区块链技术兴起之前，互联网信息革命给文化产业带来的变化，主要集中在版权的消费环节，而对版权的确权、交易环节的改变还很小。区块链技术会重置确权、交易环节，彻底改变文化产业利益格局。其次，传统的版权体系在应对其他新技术革命时，力有不逮。比如，人工智能机器创作已经在中国深圳首次主张版权并获成功，面对巨头公司控制的机器作者，传统作者的农业生产方式与商业模式均有覆巢之忧。

当然，这两个被动的变革也催生了一个主动的机会，用区块链技术的组织方式，代替传统合约模式，重新组织产业上下游，会给中国文化产业带来反超西方的难得机会。而把握这个机会的第一步，即采取顶层设计的方式，创立由文化产业传统节点参与的智库平台，与技术底层、国际趋势对接，学习、研究转型区块链。这方面，我听说元林正在筹备“文化区块链 40 人论坛”，就是一个很好的实验。

令狐律师点评：

首先，区块链和人工智能是一个世界性的话题，也就是说全世界的人无论是发达国家还是发展中国家都愿意讨论它；其次，在技术方面没有人处于绝对的技术领先层面，且大家的共同愿望都是盘活区块链这个技术从而从中获得经济利益。除开区块链技术和文娱产业的结合之外，其本身也是一个独立的行业，要想真正了解这个行业仍然应该回到其源头——中本聪。比特币和区块链技术本身都是强调我们现在都在面对一个虚拟世界或者说是虚拟社区（virtual community），这就是我们为什么使用 Block 这个词。Block 其本身是美国文化中一个社区的概念，而 virtual community 的入口及生态建设是一个更世界性的话语体系。Blockchain 本身是技术链条上的一个轻量化的、分布式的，相对来讲去主权化、去中心化的技术，当然与历史上的 P2P（peer to peer）等分布式存储、传输、加密都是有相关性的、并不是从石头缝里直接蹦出来的东西；但是在传统的主流技术生态和产业应用环境中，它确实是属于一个比较小众的东西。而比特币又是什么呢？挖矿又是什么？它是借助了美国西部世界真实事件，通过挖矿创造财富从而颠覆已有的世界经济体系，按照一种写剧本的思维展示在人们眼前。从其诞生之初，首先活跃于金融领域，是具有颠覆和重塑全球金融运行机制的野心的。但是，基于挖矿这样一种非真实需求建设的高度闭环的新经济生态是存在较高风险的，因为它和实体经济的连接点还很弱，操作比特币的人从虚拟“挖矿”出发获得收益，这一活动本身并没有创造真实的消费价值。

回到法律世界中回答虚拟货币、Token、区块链和法律和合规体系的关系有以下几个层次：第一，技术层面上，它的合法性合规性在包括中国大陆的全世界范围内都不是问题；第二，它是不是某种形式的募资甚至是证券发行行为，证券的特性是“向不特定对象的募资行为”的权益凭证，如果募资行为是为了某种股权或者债权，那么更属于传统法律和合规强监管和风险高的领域；第三，货币主权层面，中国要做的是走出去、坚持中国的国家主权，而不是像一些小国家，其货币主权和向不特定对象募资是可以很大程度放开的。未来，对于 onshore（在岸）部分实施较为严格的监管；对于 offshore（离岸）

部分，有更大的创新和监管环境变革的机会。对于在岸部分，发挥区块链的真实技术价值辅助于产业转型升级，是从合规和经济可行性上都比较清晰的。

回到文化产业领域，我们从其财富（数字资产——digital asset）而不是权属的角度出发，文化产品实际上是一种世界属性很强的财产。《伯尔尼公约》就是为版权这一类数字资产的保护提供国际性的协作机制。数字资产的权属价值和投资机制都具有世界性，这一背景使得区块链在文化产业领域的应用前景远远好于原有的虚拟挖矿体系。在具体的场景应用中，我们看好国际化的数字出版、发行，国际影视项目、国际游戏项目等的投资和IP全链条的价值实现等领域。这些领域形成的任何数字资产从确权、权益交易、权益审计等都可以与区块链技术相结合。区块链技术在面对海量、碎片化、无中心的数据处理方面有其相对的优越性，只要产业本身有需求，区块链就能够与之相结合。

具体在国际影视领域，面对来自不同国家的项目投资人，从项目策划、开发、承制完片到宣发回收以及其他IP管理回收，整个产业链在不断形成和蓄积数字资产，而且项目的运作过程可以是非常国际性的。除了中国大陆之外，传统货币资本和区块链支持的虚拟货币和STO等募资和支付机制都可能参与到国际影视项目投资中。更有趣的是，区块链技术和产业发展积累了十多年的virtual community影响力还可能对于国际影视作品的宣传和发行带来额外的产业价值。君合律师事务所的传媒娱乐业务组，从国际影视项目的lead firm定位出发，也具备联动和协调新加坡、美国等STO已具备实操环境的本地律所的能力。希望大家通力合作，在这一过程中推动区块链和文化产业在亚洲和国际市场上的融合创新。

何巍点评：

在当今的流量和互联网时代，参与电影市场的每一方都没有得到预期的成绩。发行方、影院、片方等等在互联网时代能获得的收入仅仅只占据一小部分，占据大部分收益的确是不了解观影群体、内容、电影本身的中间票务平台。但是这些票务平台自身也因为某一些电影资源没有头部IP或者知名演员等错过了十分优质的电影，比如《无名之辈》，票务平台在电影市场中也没有获得自己最理想的收益。那么，在文化产业融合的背景下、甚至是区块链技术的背景下，应该如何改变行业、为其引导一个新的多赢局面的发展趋势仍需不断思考。

针对何巍先生提出的疑惑，令狐律师认为：

电影运作中，定位为独立制片公司的中小型机构要对发行端的市场前景有深刻理解，因为在发行端存在大机构激烈竞争，不断洗牌的格局。对于中间票务平台来说，他们保有流量的能力是最弱的，如果存在一种数字发行牌照，不能排除这些票务平台利用共识机制再精准化的可能性直接垄断了整个产业链条。同时，在全球组盘可能性下，在类型片和细分领域需要做选择测试，如果测试的结果某一故事题材类型片具有世界性价值，那么再在这个方向测试影视和区块链技术的结合。

针对何巍先生提出的疑惑，张元林先生认为：

令狐律师描述的是路径和产业融合的可操作性。如果我们事先把资源整合后再放在一个平台上，利用区块链技术颠覆现有的模式，如果在摄制影片之前产业上下游都认同这个项目那么可以直接用token整合所有资源、直接在源头进行重组；而不是在成片后再找发行商、分销商。如此，一开始就把各种资源掌握在自己手中，这就是区块链技术通过新方式整合生产要素的意义。

致 谢

诚挚地感谢参与本报告撰写工作的合伙人及律师，他们分别是：令狐铭、黄荣楠、祁筠、张红斌、武宁、余利均

2019年
君合业务研究报告

专利法业务
年度报告

君合律师事务所公司组

一、2019 年中国专利法领域新动态

（一）国家知识产权局两次修改《专利审查指南》

2019 年，国家知识产权局对《专利审查指南》（以下简称“**《审查指南》**”）做出了两次修改。

第一次是在 2019 年 9 月 24 日，国家知识产权局发布了“关于修改《专利审查指南》的决定”（国家知识产权局第 328 号公告）（以下简称“**2019 修改稿一**”），对《审查指南》作出修改，自 2019 年 11 月 1 日起施行。

第二次是在 2019 年 12 月 31 日，国家知识产权局发布了“关于修改《专利审查指南》的决定”（国家知识产权局第 343 号公告）（以下简称“**2019 修改稿二**”），对《审查指南》第二部分第九章作出修改，自 2020 年 2 月 1 日起施行。

2019 修改稿一

2019 修改稿一响应国家知识产权局提出的专利审查提质增效的要求，对现行《审查指南》中涉及专利申请事项的不清楚、不合理之处进行澄清和改进，其主要涉及以下几个要点：

1. 明确了分案申请的递交条件

对基于分案申请再次提出分案申请的情形（以下简称“**再次分案申请**”），现行《审查指南》并未明确规定再次分案申请的提出时机，导致实践中对此问题产生了不同的理解。为此，2019 修改稿一明确：再次分案申请的递交时间应当以存在单一性缺陷的分案申请为基础审核，否则不得以该分案申请为基础提交新的分案申请。

这项修改填补了现行《审查指南》中可能出现的“无限分案”的漏洞，即，只要一个专利申请的任一分案申请（基础分案）收到过指明单一性缺陷的审查意见通知书或者分案通知书（以下简称“**单一性缺陷通知**”），就可能在该基础分案或其任一子代分案结案前继续提交分案申请。而在 2019 修改稿一生效之后，申请人只有在收到单一性缺陷通知的某一分案申请结案前才能就该案提交再次分案申请。在实践中，对于一些专利申请（例如涉及新药产品的专利申请），其申请人可能希望对其重要专利家族尽可能长时间地保留提交新分案申请的机会。在 2019 修改稿一生效之后，要长时间地保留提交新分案申请的机会将更困难。申请人可以尝试通过提交存在潜在单一性问题的至少一个分案申请，以获得单一性缺陷通知，并在拿到单一性缺陷通知的分案申请结案前采用相同的策略提

交更多的带有潜在单一性缺陷的子代分案申请来达到上述目的。

此外，2019修改还明确了分案申请的申请人和发明人与所基于的申请应当具有对应关系。具体地，分案申请或再次分案申请的申请人，应当与提出该分案申请或再次分案申请时其所基于的申请的申请人相同，否则该分案申请或再次分案申请将不被接受。而分案申请或再次分案申请的发明人，则应当是提出该分案申请或再次分案申请时其所基于的申请的发明人或其中的部分成员。

针对该修改，建议在提交分案申请时注意核查申请人和发明人的一致性，并且在分案申请和/或其所基于的申请会进行申请人变更或者申请人不同的情况下，应根据具体情况选择提交分案的合适时机，以避免多次提交申请人变更请求。

2. 引入延迟审查制度，优化优先审查制度

相对于现行《审查指南》，2019修改稿一的一个亮点是引入了延迟审查制度，为申请人制定其专利保护策略提供了更多的选择。具体地，2019修改稿一关于延迟审查的规定要点如下：

（1）可延迟审查的专利类型：发明专利和外观设计专利。

（2）提出请求的时间：在发明专利提交实质审查请求，或提交外观设计申请的同时提出。

（3）延迟期限：自延迟审查请求批准生效之日起1年、2年或3年。

（4）期限届满后的处理：相关申请将按顺序待审。

（5）例外情况：必要时，专利局也可以在延迟期限未届满时终止延迟审查，启动审查程序。

延迟审查制度的引入将给予申请人请求推迟审查的机会，申请人将有更多的时间来考虑其申请的保护范围、是否继续维持该专利申请以及是否提交更多的分案申请等。在实践中，申请人可以将请求延迟审查与分案策略相结合，以达到在尽可能长的时间范围内保留提出新分案申请的机会以及尝试不同的争辩策略的目的。

在提供延迟审查选项的同时，2019修改稿一还根据现行《专利优先审查管理办法》进一步调整了现行《审查指南》中关于专利优先审查的规定，明确可以提出优先审查请求的专利类型包括发明、实用新型和外观设计，并且规定在同一申请人同日对同样的发明创造既申请实用新型专利又申请发明专利的，对于其中的发明专利申请一般不予优先审查，以节省审查资源。

3. 完善了涉及图形用户界面的产品外观设计的申请要求

2019修改稿一对现有《审查指南》中涉及图形用户界面（GUI）的产品外观设计的相关规定进行了梳理，将与GUI的外观设计相关的内容合并到新增加的第一部分第三章第4.4节，并增加了一些关于GUI外观设计的具体申请要求，主要涉及以下三个方面：

（1）产品名称：要求产品名称应当表明相关GUI的主要用途和其所应用的产品，而不应笼统以“图形用户界面”名称作为产品名称。

（2）图片要求：除了满足现行《审查指南》第一部分第三章第4.2节关于外观设计申请图片的要求之外，涉及GUI的产品外观设计的图片还应满足以下要求：对于设计要点仅在于GUI的，应当至少提交一幅包含该GUI的显示屏幕面板的正投影视图；若需要清楚显示 GUI 在最终产品中的大小、位置和比例关系，需要提交 GUI 所涉及面的一副正投影最终产品视图；GUI 为动态图案的，应至少提交一个状态的 GUI 所涉面的正投影视图作为主视图，其余状态可仅提交 GUI 关键帧的视图作为变化状态图；对于操作投影设备的 GUI，除 GUI 的视图之外，还应提交至少一幅清楚显示投影设备的视图。

（3）简要说明：应清楚说明 GUI 的用途，并与产品名称中体现的用途相对应。若仅提交包含 GUI 的显示屏幕面板的正投影视图，应当穷举该 GUI 显示屏幕面板所应用的最终产品。必要时说明 GUI 在产品中的区域、人机交互以及变化过程等。

上述修改明确了对涉及 GUI 的外观设计专利的申请要求，进一步简化了需要提交的视图要求，并允许申请人通过在简要说明中穷举 GUI 显示屏幕面板所应用的最终产品而扩展 GUI 的保护范围。

4. 明确了与审查员举行会晤的条件并放宽了对电话讨论的限制

为了提高审查员与申请人的沟通效率，2019 修改稿一明确了举行会晤的条件，并放宽了现行《审查指南》对电话讨论的限制。

在举行会晤方面，2019 修改稿一删除了现行《审查指南》中关于启动会晤的两个条件，即不再要求申请人必须在第一次审查意见通知发出后，并且在答复审查意见的同时或之后提出会晤要求。在该修改生效以后，审查员和申请人可以在实质审查的任何阶段发起会晤约请或要求。另外，还明确了举行会晤的原则，即“有利于澄清问题、消除分歧、促进理解”，但同时列举了审查员可拒绝会晤的情形：“通过书面方式、电话讨论等，双方意见已经表达充分、相关事实认定清楚的”。

对于技术方案非常复杂的专利申请来说，与审查员会晤为申请人提供了现场演示或解释其发明技术方案的机会。这一方面有利于审查员准确理解发明，将其与现有技术进行对比；另一方面也有利于申请人理解审查员对相关事实和法律问题的认定。此类申请的申请人可以考虑在实质审查的早期阶段提出会晤请求，以加速审查进程。

在电话讨论方面，2019 修改稿一将电话讨论与会晤并列，放宽了讨论的内容，也不再仅限于“解决次要的且不会引起误解的形式方面的缺陷所涉及的问题”，而“可以就发明和现有技术的理解、申请文件中存在的问题等”进行电话讨论，这将有效提高审查的效率。2019 修改稿一还新增了视频会议、电子邮件等其他的沟通方式，为申请人与审查员提供了更多的沟通渠道。

但需要注意的是，对于在与审查员的会晤或者电话讨论中同意的修改，申请人仍需要提交正式的书面文件，除非该修改属审查员可依职权修改的范围。

5. 不再以不符合专利法第 25 条为由绝对排斥涉及人类胚胎干细胞技术的申请

2019 修改稿一不再将利用人类胚胎获取干细胞的相关发明创造排除在可授权客体范围之外，明确对“利用未经过体内发育的受精 14 天以内的人类胚胎分离或者获取干细胞”的相关发明创造，不能以“违反社会公德”为理由拒绝授予专利权。这意味着，在 2019 修改稿一生效之后，与人类胚胎干细胞技术有关的专利申请将有可能获得授权，这对于保护生物医药企业的干细胞技术具有重要意义。

6. 明确在创造性评述中，技术效果应当是本发明中所能达到的，引用的公知常识通常需要证据证明的情形

2019修改稿一明确，在评述创造性时，在根据发明与对比文件的区别特征所能达到的技术效果确定发明实际解决的技术问题时，该技术效果是“在要求保护的发明中”所能达到的技术效果，而不是该区别特征所能达到的任何其他技术效果。另外，修改稿还强调“对于功能上彼此相互支持、存在相互作用关系的技术特征，应整体上考虑所述技术特征和它们之间的关系在要求保护的发明中所达到的技术效果”。实际上，上述原则已经在实务中得到应用。该修改将使审查员对该原则的适用更为统一。

此外，2019修改稿一还明确，审查意见中公知常识的认定通常需要证据予以证明，若申请人对审查员引用的公知常识提出异议，审查员应当首先能够提供相应的证据予以证明或说明理由；而当审查员将权利要求中对技术问题的解决做出贡献的技术特征认定为公知常识时，通常应当提供证据予以证明。该修改规范了在审查过程对公证常识的引用。

7. 要求无效请求人指明多个证据组合中最主要的结合方式

2019修改稿一明确，在无效请求中引用多篇证据结合对比的情况下，应当首先将最主要的结合方式进行比较，以便突出重点。在该修改生效以后，请求人仍可提出多组证据结合方式，但是需要将最主要的结合方式放在前面。在实务中，专利复审和无效审理部已经普遍在口审中要求请求人明确多组结合方式中最主要的结合方式并予以详述。因此，该修改对将来专利无效实务的影响有限。但在今后的无效案件中，请求人需要在撰写无效请求前仔细斟酌各种可能的证据结合方式，将成功率最高的结合方式放在最前面详细阐述。

除了以上介绍的可能影响专利申请实务的几点修改之外，2019修改稿一还对审查员检索的程序进行了详细的规定，并且还增加了申请转让程序中对转让文件或主体资格文件的要求。

2019修改稿二

2019修改稿二主要涉及人工智能等新业态领域中专利申请审查规则的明确和调整，该修改稿在《审查指南》第二部分第九章专门增加第6节，结合具体案例，对涉及人工智能等新技术、新领域和新业态的发明专利申请的授权客体、新颖性和创造性、权利要求书和说明书的撰写要求进行了明确。主要修改内容如下所述：

1. 强调专利审查中不应简单割裂技术特征与算法特征、商业规则和方法特征

在6.1节“审查基准”部分确立了各个审查条款的总原则，强调在审查中“应将权利要求记载的所有内容作为一个整体，对其中涉及的技术手段、解决的技术问题和产生的技术效果进行分析。”

1. 明确了专利法第二十五条在此类申请审查中的适用规则

2019修改稿二明确规定，“如果权利要求中除了算法特征或商业规则和方法特征，还包含技术特征，该权利要求就整体而言并不是一种智力活动的规则和方法，则不应当依据专利法第二十五条第一款第（二）项排除其获得专利权的可能性。”

2. 明确了专利法第二条的审查标准

在《审查指南》通用章节规定的技术问题、技术手段、技术效果“三要素”的判断方法基础上，进一步细化了在判断包含算法特征或商业规则和方法特征的权利要求是否符合专利法第二条规定的标准，即只要涉及算法的各个步骤体现出与所要解决的技术问题密切相关，并获得了技术效果，则通常可以通过专利法第二条的审查。

3. 明确在新颖性和创造性审查中应考虑算法特征及商业规则和方法特征

2019 修改稿二强调，在新颖性审查时应当考虑包括算法特征或商业规则和方法特征在内的所有特征。

2019 修改稿二对在对既包含技术特征又包含算法特征或商业规则和方法的发明专利申请进行创造性审查时，如何将与技术特征功能上相互支持、存在相互作用关系的算法特征或商业规则和方法特征与所述技术特征作为一个整体考虑进行了进一步的解释。

4. 从正反两方面增加了 10 个关于授权客体和创造性的审查示例

2019 修改稿二列举了 10 个关于授权客体和创造性的审查示例，每个示例中列举了相关申请的内容概述、权利要求，并基于申请内容和权利要求的特征分析了申请的解决方案是否属于专利保护客体、判断申请的方案相对于对比文件的创造性时所应考虑的要点等，有利于申请人理解国家知识产权局对此类申请的审查思路。

5. 细化说明书及权利要求书的撰写要求

2019 修改稿二进一步细化了说明书的撰写要求，例如将算法特征与具体的技术领域结合、将参数的定义与具体数据对应关联起来、写明用户体验效果等。强调权利要求应当记载技术特征和与技术特征在功能上彼此相互支持、存在相互作用关系的算法或商业规则和方法。

（二）国家知识产权局发布《专利申请集中审查管理办法（试行）》

2019 年 8 月 30 日，国家知识产权局印发了《专利申请集中审查管理办法（试行）》（国知发法字〔2019〕47 号）（以下简称“**《集中审查管理办法》**”），该办法自公布之日起施行。《集中审查管理办法》针对发明专利的实质审查，主要包括以下几方面的内容。

1. 可请求集中审查的主体

专利申请的申请人或省级知识产权管理部门可以提出集中审查请求；当专利申请有多个申请人时，应经全体申请人同意。

2. 请求集中审查的专利申请应该满足的条件

（1）实质审查请求已生效且未开始审查的发明专利申请。但对于同一申请人同日对同样的发明创造既申请实用新型专利又申请发明专利的，该发明专利申请暂不纳入集中审查范围。

（2）请求集中审查的专利申请应涉及国家重点优势产业，或对国家利益、公共利益具有重大意义。

（3）同一批次内的申请数量不低于 50 件，且实质审查请求生效时间跨度不超过一年。

（4）未享受优先审查等其他审查政策。

3. 集中审查工作的程序

请求人需向国家知识产权局专利局审查业务管理部（下称“**审查业务管理部**”）提交集中审查请求材料，材料中应详细说明请求集中审查的具体理由，专利申请清单以及每一件专利申请与专利申请组合的对应关系。

审查业务管理部负责集中审查工作的统筹与协调，主要包括：（i）对集中审查请求进行受理、审核；（ii）综合考虑申请人需求、案源审序和所属技术领域的审查能力等因素，集中审查的启动时间一般在实审生效已满3个月后，并在案源系统中对集中审查案件进行标记；（iii）组织相关审查部门单位实施集中审查等。

审查部门单位负责案件的集中审查，主要包括：（i）成立集中审查工作管理小组，组织协调本部门单位的集中审查工作；（ii）组织审查质量高、经验丰富、责任心强的优秀审查员承担集中审查工作；（iii）根据需要组织开展技术说明会、会晤、调研、巡回审查等。

4. 进入集中审查程序后，申请人应履行的义务

（1）根据审查部门单位的要求，提供相关技术资料；

（2）积极配合审查部门单位提出的关于技术说明会、会晤、调研、巡回审查等的要求；

（3）及时对集中审查开展过程中的问题、经验、效果和价值等情况进行反馈；

（4）其他需要配合的工作。

5. 终止集中审查程序的情况

（1）申请人提交虚假材料；

（2）申请人不履行配合集中审查实施的义务；

（3）在审查过程中发现存在非正常申请；

（4）申请人主动提出终止集中审查；或者

（5）其他应当终止集中审查程序的情形。

集中审查是国家知识产权局继优先审查、巡回审查等一系列措施之后推出的又一创新审查模式，《集中审查管理办法》的施行有望加强对专利申请组合整体技术的理解，提高审查质量和效率。

（三）中美贸易摩擦背景下与知识产权相关的法律变化

2019年3月15日，习近平主席签署第26号主席令，通过了《中华人民共和国外商投资法》（以下简称“**《外商投资法》**”），自2020年1月1日起施行。《中华人民共和国中外合资经营企业法》《中华人民共和国外资企业法》《中华人民共和国中外合作经营企业法》同时废止。与之配套，国务院在2019年12月26日发布《中华人民共和国外商投资法实施条例》（以下简称“**《外商投资法条例》**”），该条例自2020年1月1日起实施。以下简要介绍《外商投资法》和《外商投资法条例》中与知识产权相关的条款。

1. 强调平等保护外国投资者和外商投资企业的知识产权

《外商投资法》第二十二条第一款强调“国家保护外国投资者和外商投资企业的知识产权，保护知识产权权利人和相关权利人的合法权益；对知识产权侵权行为，严格依法追究法律责任”。《外商投资法条例》第二十三条第一款规定：“国家加大对知识产权侵权行为的惩处力度，持续强化知识产权执法，推动建立知识产权快速协同保护机制，健全知识产权纠纷多元化解决机制，平等保护外国投资者和外商投资企业的知识产权”。

2. 强调鼓励外商投资过程中基于自愿原则和商业规则开展技术合作，禁止利用行政手段强制转让技术

《外商投资法》第二十二条第二款明确“国家鼓励在外商投资过程中基于自愿原则和

商业规则开展技术合作。技术合作的条件由投资各方遵循公平原则平等协商确定。行政机关及其工作人员不得利用行政手段强制转让技术”。《外商投资法条例》第二十四条规定“行政机关（包括法律、法规授权的具有管理公共事务职能的组织，下同）及其工作人员不得利用实施行政许可、行政检查、行政处罚、行政强制以及其他行政手段，强制或者变相强制外国投资者、外商投资企业转让技术”。

3. 强调行政机关及其工作人员应对外国投资者、外商投资企业的商业秘密予以保密

《外商投资法》第二十三条规定“行政机关及其工作人员对于履行职责过程中知悉的外国投资者、外商投资企业的商业秘密，应当依法予以保密，不得泄露或者非法向他人提供”。《外商投资法条例》第二十五条规定“行政机关依法履行职责，确需外国投资者、外商投资企业提供涉及商业秘密的材料、信息的，应当限定在履行职责所必需的范围内，并严格控制知悉范围，与履行职责无关的人员不得接触有关材料、信息。行政机关应当建立健全内部管理制度，采取有效措施保护履行职责过程中知悉的外国投资者、外商投资企业的商业秘密；依法需要与其他行政机关共享信息的，应当对信息中含有的商业秘密进行保密处理，防止泄露”。

另外，为了适应《外商投资法》的实施，2019 年 3 月 2 日，国务院发布《国务院关于修改部分行政法规的决定》（国务院令第 709 号），对 49 部行政法规的部分条款予以修改，其中包括删除《中华人民共和国技术进出口管理条例》（以下简称“**《技术进出口条例》**”）第二十四条第三款、第二十七条、第二十九条。即，删除了原《技术进出口条例》中要求技术进口合同的让与人承担被转让技术的侵权责任的规定（第二十四条第三款）；删除了要求在技术进口合同有效期内改进技术的成果归改进方的规定（第二十七条）；和删除了关于禁止的技术进口合同的限制性条款的规定（第二十九条）。

这些规定有利于打消外国投资者对强制技术转让的顾虑，有利于鼓励外国投资者来华投资设立高科技企业，促进我国产业结构的升级。

（四）国家知识产权局加强专利侵权行政执法的力度

2019 年 4 月 25 日，国家知识产权局印发《2019 年知识产权执法“铁拳”行动方案》的通知，在全国范围内开展知识产权执法“铁拳”行动，要求各级知识产权管理部门加强知识产权执法工作，严厉打击侵犯知识产权违法行为。

2019 年 11 月 14 日，国家知识产权局发布《国家知识产权局办公室关于开展专利侵权纠纷行政裁决示范建设工作的通知》，强调专利侵权行政裁决对处理专利侵权纠纷的重要意义，提出加强专利侵权行政裁决工作的相应措施，即：鼓励、支持地方立法；公开专利侵权行政裁决工作的依据、法定职责和案件受理范围，公开案件办理程序和流程，保持受理渠道的畅通；推进专利工作方式的创新；做好衔接工作；健全工作机制；加强能力建设。

为了进一步指导和规范各级知识产权行政管理部门处理专利侵权纠纷行政裁决工作，提高处理专利侵权纠纷行政裁决工作的效率和水平，2019 年 12 月 26 日，国务院印发了《专利侵权纠纷行政裁决办案指南》（以下简称“**《办案指南》**”）。《办案指南》主要涉及以下几个方面：

（1）专利侵权纠纷行政裁决的管辖、回避、代理和文书送达；

（2）专利侵权纠纷裁决的办案程序；

（3）专利侵权行为认定；

（4）证据的审核认定；

（5）专利侵权判定。

该《办案指南》有望促进各级知识产权行政管理部门提高执法效率和水平，促使专利侵权行政裁决在处理专利侵权纠纷中发挥更大的作用。

（五）国家知识产权局推进专利代理行业整治，加强对专利严重失信行为的惩戒力度

2019年5月，国家知识产权局决定在全国范围内组织开展专利代理行业“蓝天”专项整治行动，为期两年的对专利代理行业的违法违规行为进行集中整治。

2019年10月16日，国家知识产权局又印发《专利领域严重失信联合惩戒对象名单管理办法（试行）》的通知，对于专利领域的严重失信行为，例如重复专利侵权行为、不依法执行行为、专利代理严重违法行为、专利代理师资格证书挂靠行为、非正常申请专利行为、提供虚假文件行为，列入联合惩戒对象名单，并通过“信用中国”网站、国家企业信用信息公示系统、国家知识产权局政府网站、国家知识产权局“互联网＋监管”系统等向社会公示。对于列入联合惩戒对象名单的个人和单位，国家知识产权局将联合发改委、中国人民银行等签署《关于对知识产权（专利）领域严重失信主体开展联合惩戒的合作备忘录》的相关部门，依法对严重失信主体采取一种或多种惩戒措施，对于严重失信人员造成震慑力。

二、2019年专利组重大项目

（一）代表某国外传媒企业在北京知识产权法院赢得专利侵权诉讼一审和无效行政诉讼一审的胜诉

受某国外大型传媒企业的委托，君合团队代理其提起针对中国某传媒企业的专利侵权诉讼。经过缜密的调查和取证、以及复杂的技术勘验和多次庭审审理，最终北京知识产权法院支持了原告的诉讼请求，判令被告停止侵权并赔偿损失。此外，针对对方提出的无效宣告请求，北京知识产权法院也维持了国家知识产权局认定涉案专利有效的行政决定。君合团队深厚的技术实力和专业的法律功底得到了客户和国外合作事务所工作团队的高度认可和赞扬。

（二）代表一家全球领先的过滤系统及零部件供应商处理专利侵权纠纷和专利无效事宜

君合律师事务所受一家全球领先的过滤系统及零部件供应商委托，为该公司处理涉及其在中国大陆地区的专利侵权诉讼及专利无效宣告事宜。

作为此案被告的两家中国公司系关联公司，两者分工协作，一家负责侵权产品的销

售，另外一家负责侵权产品的生产，并且涉案产品上没有生产厂商的标识。君合团队经过全面深入的调查，帮助客户收集了关于生产厂商涉及侵权的关键证据，从而将生产厂商与销售厂商列为共同被告。在被告发起的针对涉案专利的无效宣告程序中，君合团队代表客户在无效宣告程序中积极应对，最终国家知识产权局维持专利全部有效。在上海知识产权法院受理的专利侵权诉讼中，君合团队以充分的证据和细致的技术特征比对向法庭证明了两被告的侵权行为，迫使被告同意赔偿原告损失并在原告监督下销毁侵权产品和相关模具，使此案调解结案。目前被告已经履行了调解书中承诺的赔偿义务和销毁义务，此案顺利结案。

（三）代表一家美国跨国催化剂材料公司及其在华子公司在多个专利侵权和无效案件中全获胜诉

君合律师事务所代表美国一家跨国催化剂材料公司应对一家法国公司和一家日本公司联合提起的五起专利侵权诉讼，原告的总索赔额达 1 亿元人民币。经过历时 4 年的漫长抗辩，经过最高人民法院的有利于客户公司的管辖权裁定，以及经历了复杂而曲折的专利无效程序，君合团队取得了全面的抗辩胜诉：1、原告起诉使用的三件涉诉专利被宣告无效，而原告的另外一件没有起诉的相关高风险专利也被君合团队主动提起无效申请并被国家知识产权局宣告全部无效；2、一件涉诉专利在被判定被告不侵权后，法院驳回了原告的侵权诉讼，原告接收判决结果并未提起上诉；3、另外一件涉诉专利经过无效程序以及技术检测和司法鉴定后，君合团队成功证明涉诉专利权利要求中的一个关键技术特征与被告产品中的相关特征不同，最终迫使原告撤回了此件专利侵权诉讼。

最终，此系列专利侵权诉讼以君合团队大获全胜而告一段落。君合团队深厚的法律专业能力、得当的诉讼策略以及高超的无效程序诉讼技巧得到了客户的高度赞扬。

（四）代表某美国汽车公司及其中国子公司赢得专利权属纠纷的胜诉

客户公司是一家布局全球的汽车全领域研发和制造企业。客户公司的某个产品的供应商被另外一家竞争对手在上海知识产权法院提起专利侵权诉讼。尽管客户公司不是此侵权诉讼案件的直接被告，但是诉讼的结果可能对客户公司的业务发展带来直接的不利影响。受客户公司委托，君合团队在分析了相关的证据材料以及各种技术文件后，提出了以专利权属纠纷主张解决侵权纠纷的诉讼策略。经过曲折的二审审理，权属纠纷诉讼主张最终在河南高院得到了支持，客户公司的子公司获得了对涉案专利的相应权利，此权属纠纷案件的胜诉成功化解了客户公司产品供应商在上海知识产权法院的专利侵权诉讼纠纷以及潜在的商业风险。君合团队高超的诉讼策略以及锲而不舍的专业精神得到了客户的高度评价。

（五）代表一家全球领先的过滤系统及其零部件供应商的中国子公司处理专利侵权和无效事宜

君合律师事务所受一家全球领先的过滤系统及其零部件供应商的中国子公司委托，为该公司处理涉及其应对专利侵权诉讼及专利无效纠纷的事宜。

君合团队代理被告参加了由一家竞争对手公司发起的专利侵权纠纷案件的一审程序，并且代表客户在中国提交了针对目标专利的无效申请。目前，专利侵权纠纷案件和无效程序均还在进行中。

本案专业性很强，并且涉及在先使用公开证据的收集和使用，对证据要求很高。如果在先使用证据被法院采纳，将对后续类似案件提供重大借鉴。

（六）代表一家知名的医药公司处理专利侵权和无效事宜

君合律师事务所受一家知名医药公司委托，代表原告为该公司代理其在大陆的专利侵权诉讼事宜。

原告系涉案专利的专利权人。原告利用涉案专利要求保护的活性成分研发生产了某种药物，并自2011年开始在中国销售。被告未经原告许可，擅自实施涉案专利，已经取得药品注册批件，且进行相关市场宣传、注册商标、招聘医药代表，随时可以生产销售被控侵权产品。原告于2019年向南京市中级人民法院提起诉讼，法院已经开庭审理，目前尚未作出一审判决。

本案涉及被告已获得中国药品注册管理部门批准销售仿制药的许可，但尚未开始销售该药品的不寻常侵权情形。我们正在寻求确认专利侵权的确认判决和停止销售侵权药品的禁令。

（七）代表一家全球知名的连锁餐饮公司处理专利侵权诉讼事宜

君合律师事务所受一家全球知名的连锁餐饮公司委托，代理被告处理其在大陆的专利侵权诉讼事宜。

君合团队用专业的法律素养成功地为客户赢得不侵权的判决，并在专利权人提起的上诉程序中，成功地说服二审法院维持原判。

（八）为国内某大型汽车发动机核心部件制造企业提供专利侵权抗辩服务

君合律师事务所受一家国内大型汽车发动机核心部件制造企业的委托，协助该公司处理其在最高人民法院知识产权法庭的专利侵权二审抗辩。原告为一家大型的日本企业，在业内具有很强的实力，其市场占有率达到80%。尽管在一审中，原告的诉讼主张没有得到一审法院的支持，但是因为一审法院对关键证据的认定对于客户非常不利，而且客户未针对该不利认定提起上诉，因此核心隐患并未消除。如果在二审程序中采取常规的诉讼策略，则可能对客户非常不利。因此客户转而寻求君合团队的帮助。经过认真分析诉讼材料和专利技术、实地考察客户的产品生产工艺以及进行细致的法律研究，君合团队设计了全新的诉讼策略，大胆地提出了新的权利要求的解释方案，从不侵权抗辩的角度重新设计诉讼策略，从而从根本上改变了双方的举证责任和对技术特征的解释义务。此案已在最高院开庭审理，目前仍在等待二审判决。君合团队认真细致的准备工作、专业的分析研究能力以及出色的诉讼策略得到了客户的高度认可。

（九）作为一家独立的专业机构，在一家初创医药公司的上市申请中提供专利尽职调查的法律服务

君合律师事务所作为独立的专业机构，在一家初创医药公司的上市申请中提供了知识产权尽职调查和知识产权法律顾问的服务。

该项目涉及4个产品的几十个专利/专利申请，而且多个核心产品都有对外技术合作或技术转让许可的合同，涉及众多相关方以及复杂的知识产权的权利划分。而且4个目标产品中既有创新药也有生物仿制药，对自由实施分析的检索工作带来巨大挑战。为了配合上市时间表，以及香港联交所针对招股书的各种问题，君合团队高效勤勉，与目标公司和保荐人团队通力配合，尽最大能力保证向交易所公开的信息披露是准确和恰当的，体现出了高度的专业水平和业务能力，得到各方的高度评价。

（十）受一家创新药物公司委托为其关于申请中国科技创新委员会上市相关的知识产权问题提供咨询

君合律师事务所受一家中国创新药物公司的委托，为其就申请科创板上市相关的知识产权问题提供法律咨询，并为该公司的三个产品进行在中国的自由实施进行尽职调查。

该医药公司的三个产品所涉及的结构、形式和用途多样，君合专利团队与目标公司进行了有效的沟通，深入了解产品所涉及的技术领域，并在此基础上制定了专利检索策略，并进行了细致的专利检索。针对大量的检索结果，君合专利团队进行了高效的筛选和甄别，对筛选出的关键专利和相关的复杂法律问题进行了深入的研究和分析，在项目进行过程中与目标公司开展多次讨论和沟通，为准确理解目标产品的方案和出具法律意见提供了保证。君合团队最后高效地完成了本次专利自由实施调查，并以专业的工作得到了客户的高度肯定。

（十一）受一家创新生物制药公司委托，为其对另一家知名药厂拥有的知识产权进行尽职调查并完成目标产品的许可交易

君合律师事务所受一家创新生物制药公司委托，代表该公司与另一家知名药厂的许可交易提供了全面的知识产权服务。

上述知识产权服务非常复杂，涉及不同的服务内容（例如，被许可专利的可专利性、产品的自由实施分析以及许可协议的谈判与修改等）。君合团队与客户密切配合，精准理解目标技术以及客户的商业需求，最终成功促成了许可交易。君合团队在整个交易过程中，以优质、严谨、高效的专业法律服务为该许可项目保驾护航，获得了客户的高度评价。

（十二）受一家投资公司委托，对一家创新生物制药公司进行知识产权尽职调查

君合律师事务所受一家投资公司委托，对一家申请科创板上市的创新生物制药公司进行知识产权尽职调查。

本次项目涉及了对该生物制药公司六个核心产品的自由实施调查。在六个目标产品

中，四个产品为生物仿制药，两个产品为创新药，分别属于改进多肽和抗体偶联药物。君合团队基于丰富的尽职调查经验，完成了对分属于不同类别的药品的尽职调查工作。

此外，本次项目还涉及中国、美国和欧洲多个法域，复杂程度高，并且时间紧张。君合团队优质高效地完成了尽职调查工作，为该生物制药公司在科创板顺利上市打下了坚实的基础。

（十三）受一家创新生物制药公司委托，就其与一家专注于抗肿瘤药开发和商业化的生物制药企业之间的合作提供知识产权法律服务

君合律师事务所受一家创新生物制药公司委托，负责代表客户公司与另一家专注于抗肿瘤药开发和商业化的生物制药企业进行原研药许可协议的修改以及谈判。

该许可项目涉及中国和加拿大之间的跨境交易，君合团队基于丰富的跨境许可经验以及对客户商业需求的准确理解，协助客户公司与境外公司进行了充分的沟通，最终促成了交易的实现。在整个项目进行过程中，君合团队以优质、严谨、高效的专业法律服务为本项目保驾护航，获得了客户的高度评价。

（十四）受一家投资公司委托，对一家医疗器械公司人工智能药物筛选系统进行专利自由实施分析

君合律师事务所受一家投资公司委托，针对一家医疗器械公司人工智能药物筛选系统进行自由实施分析。

本项目主要涉及对公司核心技术——利用深度神经网络来筛选药物和治疗靶点的人工智能系统——进行专利自由实施分析。该项目的目标技术相对复杂，并且融合了医疗、化工和人工智能技术等多个学科的专业技术，十分复杂。君合团队组织多个技术领域的专业人员有效沟通、充分合作，为客户鉴别和分析相关的法律风险，体现出了高度的专业水平和业务能力。

（十五）受一家中资投资公司委托，对其拟投资的多家中国或美国高科技生物或医药公司进行知识产权尽职调查和自由实施分析

君合律师事务所受一家中资投资公司的委托，在客户拟投资的多个项目中分别对多个目标公司进行知识产权尽职调查。

作为该中资投资公司的长期合作伙伴，君合团队深受客户的信任，代表客户对多个目标公司进行了知识产权尽职调查，涉及医疗领域中包括基因编辑平台技术、治疗癌症的全新化合物、体内植入医疗器械、细胞免疫检测仪、微创手术器械、超声治疗设备等在内的多个前沿技术。

在为客户进行的每个知识产权自由实施分析项目中，君合团队均深入了解相关技术领域，并与目标公司进行有效的沟通，充分理解了目标技术的特征，并在此基础上制定准确和全面的专利检索策略。针对检索到的大量专利，君合团队深入浅出地进行了分析，在短时间内甄别出关键专利，出具知识产权尽调报告和自由实施分析报告，为客户的投资决策提供了重要的参考。在对目标公司的知识产权协议的审阅中，君合团队总能高效

地抓住重点，精准识别可能存在的法律风险，与客户进行有效的沟通，帮助客户作出最符合其商业利益的决策。君合团队一贯的高效和专业的工作得到客户的高度肯定。

（十六）受一家中资投资公司委托，对其拟投资的多家中国生物医药公司进行知识产权尽职调查

君合律师事务所受一家中资投资公司的委托，在客户拟投资的多个生物医药项目中分别对多个目标公司进行知识产权尽职调查。

在该中资投资公司的多个投资项目中，君合团队代表客户对多种生物医药产品和技术进行了知识产权尽职调查，例如，药物缓释平台技术、新的治疗癌症的化合物、新的治疗分子平台技术等。在每个医药产品的自由实施项目中，君合团队细致地检索和分析了产品和与其适应证相关的专利侵权风险，同时也将检索过程中发现的联用或其他用途专利一并进行了梳理，为客户提供了全面和有价值的信息，帮助客户更好地做出投资决策。君合团队一贯的高效和专业的工作得到客户的高度肯定，给客户留下深刻印象，进一步巩固了与客户的长期合作关系。

（十七）受保荐人委托，对拟在中国香港上市的一家中国医药研发公司进行知识产权尽职调查

君合律师事务所受三家联席保荐人委托，对拟于中国香港证券交易所上市的**一家中国医药研发**公司进行知识产权尽职调查。

为证明公司符合联交所关于未盈利生物科技企业核心产品和专利方面要求，君合团队为联席保荐人就目标公司复杂的专利情况提供了专业的专利尽职调查服务，包括对多个核心产品进行自由实施调查，分析公司对多个核心产品拥有的自主知识产权，以及审阅和梳理目标公司的一系列知识产权转让和许可协议。君合团队扎实的工作态度和专业的服务能力赢得了客户及其他中介机构的高度肯定和信任。

（十八）受一家大型私募基金委托，对其拟投资的一家内资生物制药公司进行知识产权尽职调查

该项目涉及对一家内资生物制药有限公司的多个生物药产品的自由实施调查。由于涉及的不同产品都具有比较复杂的结构，而相关领域的专利布局也错综复杂，既有产品本身的专利，又有治疗用途的专利，还有制剂方面的专利，而且这些专利大多都具有相应的中国专利申请。君合专利团队在有限的时间内审阅和分析了大量的中国专利文件，对每个产品逐一排查潜在的侵权风险。君合专利团队还与本项目的美国专利律师团队通力合作，就美国律师提供的涉及侵权诉讼的美国专利在中国的诉讼风险进行了检索和分析，帮助客户全面评估可能存在的知识产权风险。君合专利团队的高效和专业的工作质量得到客户的高度认可。

（十九）为一家日本著名汽车公司提供自由实施分析服务

受一家日本著名汽车公司的委托，君合团队对其欲在中国实施的某项技术提供专利

风险评估和分析（自由实施分析），针对检索出的几十余篇目标专利，君合团队从技术和法律的角度，对目标技术和目标专利进行了深入、细致的研究和分析，经过与客户的深入交流和讨论，提供了翔实的分析意见，提出规避建议和意见，有效地帮助客户在实施目标技术时避免侵权风险，从而保障客户在中国境内商业目标的实现。

（二十）为一家欧洲著名汽车公司提供专利尽职调查和分析服务

君合律师事务所为一家欧洲著名汽车公司收购国内某公司提供全面的专利尽职调查服务，对目标公司的专利进行专利性分析，以及对其产品进行自由实施分析。君合团队对于目标公司的相关专利和采用的专利技术方案进行了充分全面的分析和评估，为客户提供了全面详尽的法律分析意见，帮助客户全面深入了解目标公司的专利布局和技术实力，为客户做出合理决策和收购条件提供了充分的依据。

（二十一）为一家跨国高科技公司提供有关中国计算机软件知识产权立法咨询意见

受一家跨国高科技公司的委托，君合团队对有关中国计算机软件知识产权保护的现状以及立法情况提供了全面而系统的研究和分析，向客户提出了详尽的分析意见，并向有关部门提出了具体而有建设性的立法建议。君合团队细致认真的工作精神以及高效的工作效率得到了客户的高度评价。

到目前为止，君合律师事务所代表国内外客户处理在中国、美国、欧洲、日本等国家的专利申请的数量增长到约5122件。

三、专利法领域实践及相关问题分析

（一）最高人民法院知识产权法庭开展2019年集中宣判周

为进一步统一技术类知识产权案件裁判标准、提高审判质效、提升司法公信力和国际影响力、加强对国家创新驱动发展战略和知识产权战略实施的司法保障，充分发挥典型案例的示范引领作用，最高人民法院知识产权法庭于2019年12月9日–13日开展集中宣判周活动，对部分有标杆意义的案件进行集中公开宣判。从案由来看，既有专利侵权和确权案件，又有植物新品种侵权案件；从所涉及的技术领域来看，既有基因工程等前沿科技领域案件，又有医疗器械等民生领域案件；而且这些案例的判决，既涉及裁判规则的创新，又涉及诉讼程序的创新。以下对这些案件做一简单介绍。

1.（2019）最高法知行终142号及（2019）最高法知民终366号案件——专利行政、民事案件合并审理第一案

这是最高人民法院知识产权法庭就针对同一专利的民事和行政两案同合议庭、同步审理的新尝试。两案涉及名称为“一种过温保护电路的结构”、专利号为ZL201220203855.0的实用新型专利，厦门实正电子科技有限公司为涉案专利的权利人，乐金电子（天津）电器有限公司为被诉侵权产品的制造商和涉案专利无效程序的无效宣告请求人。

最高人民法院知识产权法庭组成相同合议庭，指派相同的技术调查官参与审理两案。为了推动行政与民事程序的协调、衔接，合议庭成员结合案件情况以及行政与民事诉讼程序的特征，采取了两案合并召开庭前会议的方式进行，并采取前置的权利要求解释听证程序，这样在给予两案当事人充分交流、发表意见的机会的同时还有效避免了当事人在两案中对于涉案专利保护范围表述不一致的情况，避免当事人在专利侵权程序和确权程序中“两头获利”。

为了兼顾两类案件的程序规则、位置安排，并体现专利行政确权案件、侵权纠纷案件中实质对抗双方的情况，两案合议庭采取了“圆桌庭前会议’的形式，让居中作出无效宣告请求审查决定的国家知识产权局位于当事人的中间位置，而真正形成对抗的双方当事人则分居两侧。

在两案判决书中的“案件审理经过部分”“事实查明部分”“裁判要点部分”部分均增加了对关联案件相关情况的介绍，并且分别在两案各自的判决书中就涉案专利权利要求的解释进行了基本一致的论述，通过阅读两案判决书就可以全面了解涉案专利及被诉侵权产品的技术方案以及民、行交叉程序的全过程。

2.（2019）最高法知民终 147 号案件——明确了网络通信领域中多主体实施的方法专利的侵权判定标准，即“不可替代的实质性作用”标准

此案涉及网络通信领域，涉案专利为深圳敦骏科技有限公司（以下简称“**敦骏公司**”）拥有的 ZL02123502.3 号发明专利，发明名称为“一种简易访问网络运营商门户网站的方法”。涉案专利涉及 Web 认证上网技术，提出了一种基于 Web 虚拟服务器的强制登录认证网页（强制 Portal）的方法，主要应用于路由器。深圳吉祥腾达科技有限公司（以下简称“**腾达公司**”）是国内一家规模较大的网络通信设备及方案供应商，其主要生产商用路由器产品。

山东省济南市中级人民法院于 2019 年 5 月 6 日作出一审判决：腾达公司立即停止制造、许诺销售、销售涉案的路由器产品；济南历下弘康电子产品经营部、济南历下昊威电子产品经营部立即停止销售涉案的路由器产品；腾达公司赔偿敦公司经济损失及合理费用共计 500 万元。腾达公司不服上述判决，向最高人民法院提起上诉，请求撤销一审判决，改判驳回敦骏公司的全部诉讼请求。最高人民法院二审判决驳回上诉，维持原判。

本案涉及网络通信领域中的多主体实施的方法专利的侵权判定问题。在此案中，最高人民法院确立了以下几条侵权判定规则：

（1）如果被诉侵权行为人以生产经营为目的，将专利方法的实质内容固化在被诉侵权产品中，该行为或者行为结果对专利权利要求的技术特征被全面覆盖起到了不可替代的实质性作用，也即终端用户在正常使用该被诉侵权产品时就能自然再现该专利方法过程的，则应认定被诉侵权行为人实施了该专利方法，侵害了专利权人的权利，即确立了“不可替代的实质性作用”标准。

（2）专利权人主张以侵权获利确定赔偿额的，侵权规模即为损害赔偿计算的基础事实。专利权人应对此项基础事实承担初步举证责任。如果专利权人已经完成初步举证，被诉侵权人无正当理由拒不提供有关侵权规模基础事实的相应证据材料，导致用于计算侵权获利的基础事实无法精准确定，对其提出的应考虑涉案专利对其侵权获利的贡献度

等抗辩理由可不予考虑。

根据二审判决所确立的"不可替代的实质性作用"标准，对于满足此标准的硬件设备制造商，其制造、销售具备可直接实施专利方法功能的硬件设备的行为本身就构成对方法专利的侵害。故"不可替代的实质性作用"标准是专利直接侵权而非专利间接侵权的判定标准。

本案所确定的"不可替代的实质性作用"标准，既解决了长期存在的网络通信领域中依赖于多主体实施的方法专利难以获得实质性保护的问题，又因为设置有"不可替代"和"实质性"的要件，并不会增加通用通信设备制造商遭受专利侵权指控的风险，因此属于对网络通信领域方法专利权保护范围的合理界定，是产业创新和专利实质化保护的内在需要。

此外，在"不可替代的实质性作用"标准的引导下，网络通信领域的创新主体不必扭曲发明技术方案的客观形态，将原本属于通信方法的发明刻意地撰写成产品专利，这有利于权利要求保护的对象与专利申请人实际想要保护的技术方案保持一致，既能使专利权要求保护的技术方案清晰化，有利于维权，又能引导网络通信产业的创新主体不玩文字游戏、将精力集中于研发创新。

同时，进一步强化举证责任分配规则在侵权损害赔偿计算中的适用，突出侵权规模基础事实在损害赔偿计算中的首要地位，引导和促进诉讼双方就侵权赔偿计算形成实质性抗辩。本案裁判对于统一网络通信领域方法专利侵权裁判标准、公平合理拓展专利权保护空间具有重要指导意义。

我们预见，该"不可替代的实质性作用"标准将对通信领域可自由实施分析带来挑战。即，在进行该领域的自由实施分析时不仅需要考虑目标产品是否包含了产品权利要求的所有特征，还需要考虑产品的制造过程是否对方法权利要求的方案的实施起到"不可替代的实质性作用"。

3.（2019）最高法知民终14号案件——最高人民法院知识产权法庭受理的第一起植物新品种权纠纷案件

本案为侵犯植物新品种权的案件，其中权利人蔡新光起诉广州市润平商业有限公司销售三红蜜柚果实的行为构成侵害植物新品种权。原审广州知识产权法院没有支持蔡新光的诉讼请求，蔡新光提起上诉。二审判决认定蔡新光关于被诉侵权蜜柚果实为三红蜜柚植物新品种的繁殖材料，润平公司销售行为构成侵权的上诉主张不能成立，判决驳回上诉，维持原判。蔡新光虽然在此案件中没有胜诉，但二审判决明确的裁判规则对植物新品种权人，尤其是蔡新光的后续维权进行了很好的指引。该案系最高人民法院知识产权法庭受理的第一起植物新品种权纠纷案件，其主要争议焦点是被诉侵权果实是否为品种权的繁殖材料。

由于我国目前植物新品种权法律制度保护的是品种权的繁殖材料，对于既是繁殖材料也是收获材料的被诉侵权植物体，被诉侵权方往往试图通过抗辩其行为所涉植物体是收获材料来逃避侵权指控。实践中通常以行为人在交易中的外在表示进行判断，而不会去审查分析交易的真实意图。对于未经过品种权人许可种植授权品种繁殖材料的行为，侵权方往往以其属于使用行为而非生产行为由提出不侵权抗辩。在实践中，对于如何认定被诉侵权行为的性质，进而确认被诉侵权行为是否侵犯品种权，长期存在不同认识，裁判标准并未统一。

本案二审判决明确，对于在植物新品种侵权纠纷中所涉植物体既是繁殖材料也是收获材料的，应当审查销售者销售该植物体的真实意图，即其意图是将该植物体作为繁殖材料销售还是作为收获材料销售；若使用者抗辩其属于使用行为而非生产行为的，应当审查使用者的实际使用行为，是将植物体直接用于消费还是将其用于繁殖授权品种。

对于未经植物新品种权人许可种植该授权品种繁殖材料的行为如何定性，最高人民法院明确了裁判规则：除法律、行政法规另有规定外，对于未经品种权人许可种植授权品种的繁殖材料的行为，应当认定是侵害该植物新品种权的生产行为。

4.（2019）最高法知民终21号案件——明确了举证责任分配的问题

本案涉及专利号为ZL00805083.X号、名称为“使用切变波的成像方法和装置”的发明专利（以下简称“**涉案专利**”）。弹性测量体系弹性推动公司（以下简称“**弹性测量公司**”）是涉案专利的专利权人，其向北京知识产权法院起诉称，由无锡海斯凯尔医学技术有限公司（以下简称“**海斯凯尔公司**”）制造和销售、中日友好医院使用的“Fibrotouch无创肝纤维化诊断仪”产品，以及海斯凯尔公司的多款产品技术方案均落入涉案专利权利要求1、16的保护范围。

在原审程序中，弹性测量公司申请证据保全被诉侵权产品，但后续经原审勘验发现该产品无法正常运行，弹性测量公司认为海斯凯尔公司存在毁损、隐匿证据等妨碍诉讼的行为，故应由海斯凯尔公司承担举证不能的责任。

最高人民法院在查明事实的基础上，认为本案应由弹性测量公司举证证明被诉侵权技术方案落入涉案专利权的保护范围，如其不能举证，则应承担举证不能的后果。根据已查明的技术事实，最高人民法院认定，根据海斯凯尔公司能够证明的被诉侵权技术方案中的技术特征内容，再结合高度盖然性，对海斯凯尔公司主张予以支持。

最高人民法院二审判决认为，涉案专利采用的是“同时观察＋全部接收”的技术方案，“在切变波发出的同时通过接收到的超声回波对其进行观察”，同时，“对于发出的每一束超声波，都要接收该每一束回波”，其技术效果在于完整地观察并记录切变波在粘弹性介质中多点的传播。而被诉侵权技术方案采用“延后观察＋部分接收”的技术方案，其作用机理在于“确保采集到的超声波数据的参考点是静止的，进行计算时可以无须进行超声探头运动补偿”，该方案的技术效果在于可以减少计算时间并降低系统复杂性和成本。因此，被诉侵权技术方案“延后观察＋部分接收”的技术特征与涉案专利权利要求1“同时观察＋全部接收”的技术特征既不相同也不等同，与涉案专利权利要求1、16记载的全部技术特征相比，至少缺少一个技术特征，故未落入涉案专利权保护范围。

在该案中，最高人民法院再次强调如下裁判规则：在专利侵权纠纷案件中，人民法院判断被告的行为是否侵害原告的专利权时，对被诉侵权技术方案及涉案专利的具体权利要求进行技术特征比对是审理此类案件的核心和关键；技术特征比对的结果也是判断被告行为是否构成专利侵权的依据，人民法院应当以技术特征比对结果作为裁判的基础。承担举证责任的当事人如果不能举出证据，或者其所提交的证据不能达到证明待证事实存在的效果，那么就意味着当事人的该项主张没有得到证明，从而不能认定当事人所主

张的待证事实成立。

5.（2019）最高法知行终127号案件——首例生物基因技术药物专利申请复审行政案件

本案为最高人民法院知识产权法庭审理的首例生物基因技术药物专利申请复审行政案件。本案所涉及的发明专利申请名称为“结合分子”，涉及单克隆抗体基因技术领域。

在涉案发明专利申请的实质审查过程中，国家知识产权局实质审查部门认为该专利不具有创造性，因而决定不予授权。申请人不服，向国家知识产权局提出复审申请。经过复审，国家知识产权局复审与无效审理部仍然认为本专利申请不符合授权条件。国家知识产权局驳回涉案专利的主要理由包括：

第一，现有技术中已经有利用非人哺乳动物骆驼化的V基因片段进行异源表达生产抗体的技术方案。在抗体小型化和低免疫原性已是本领域普通技术人员努力研究探索的方向的情况下，本领域普通技术人员容易想到用“源自人的天然存在的V基因片段”替代“非人哺乳动物骆驼化的V基因片段”生产抗体。

第二，在确定发明所解决的技术问题时，要以本申请文件中已验证的技术效果为基础。涉案申请说明书没有公开使用人的天然存在的V基因片段来生产小型化抗体的实验数据，其技术效果并未得到验证，在确定发明解决的技术问题时不予考虑，因此专利所实际解决的技术问题是“提供一种表达包含其他异源基因片段的异源重链基因座的仅重链抗体的方法”。

申请人不服，向北京知识产权法院起诉，北京知识产权法院判决撤销国家知识产权局不予授权的复审决定，并要求其重新审查并作出决定。国家知识产权局不服，向最高人民法院提起上诉。

最高人民法院总结的争议焦点为“涉案申请是否具有创造性”，具体包括两个问题：（一）涉案申请相对于对比文件1所要解决的技术问题；（二）对比文件1是否给出了“使用人的天然V基因片段生产仅有重链的抗体”的技术启示。

最高人民法院判决认为，国家知识产权局在评估本案专利申请创造性时对上述两个问题的处理均值得商榷。

第一，关于发明所要解决的技术问题。国家知识产权局以说明书未公开和验证制备人源可溶仅有重链的抗体的数据为由，实质上不认可本案专利申请与现有技术的区别，所概括的技术问题拉近了本案专利申请与现有技术的距离，在客观上混淆了创造性判断与说明书充分公开、权利要求应该得到说明书支持等不同法律标准，甚至有将说明书充分公开问题纳入创造性判断的倾向。本案旨在矫正这一偏向。在本案中，国家知识产权局的主张中关于本申请是否公开了制备人源可溶仅有重链的抗体及是否有数据支持和验证等问题，更适合在说明书是否充分公开这一法律问题下予以审查，不宜一概纳入创造性判断中予以考虑。

在本案中，国家知识产权局认为用于确定技术问题的技术效果应当是申请文件中已验证的技术效果。最高人民法院认为技术效果是否被验证是说明书是否充分公开的问题，不是创造性判断的问题，用于确定技术问题的技术效果是应考虑本领域普通技术人员在阅读说明书所记载的内容后能够得出的技术效果，但不需要该技术效果已被验证。

第二，关于创造性判断中避免"后见之明"的问题。"事后诸葛亮"是常见的认知误区：在一种新事物被发明出来以前，一般人很难想到它，但是一旦它被发明出来，事后看到它可能会感觉发明它非常容易。我们与发明似乎仅有一层"窗户纸"的距离，一旦那层"窗户纸"被捅破了，即便难度再大的发明我们也会认为比较容易。在判断专利申请创造性时，同样可能犯"事后诸葛亮"的错误。本案判决认为，国家知识产权局在判断本案专利申请是否具有创造性时，受到了"后见之明"的影响。判决对于创造性判断中如何避免"事后诸葛亮"给出了明确指引，对于保护、激发生物医药领域的科技创新具有重要意义。

最高人民法院的判决意在厘清创造性判断法律标准、避免"事后诸葛亮"的思维误区、充分尊重专利申请的实质贡献。这一判决可能会影响生物医药领域发明专利的申请实践。

（二）国家知识产权局两次修改《专利审查指南》

在《专利法》第四次修改稿通过之前，国家知识产权局在2019年通过对《专利审查指南》的局部修改，对专利审查规则进行了调整，增加了延迟审查制度，明确并调整了涉及用户图形界面的外观设计专利的审查办法，增加了对涉及算法特征和商业规则特征的专利的审查规则，并且对现有专利审查中的程序问题和规则进行了进一步的明确。这些举措能够在《专利法》现有规定的框架下，更好地适应经济技术发展的需要和优化专利审查程序，保证审查尺度的统一和可预见性。

四、2020年专利法律市场展望

2019年全国人大常委会和国务院公布或实施的法律法规，以及国务院部委发布的与知识产权相关的通知和意见等规范性文件，可能会对未来中国知识产权各方面产生重大的影响。我们重点关注如下几点：

（一）知识产权保护将进一步增强

随着法治建设的不断完善，我国的知识产权保护环境已经有了很大的改善。在国家政策主导鼓励创新的大背景下，我们预期，在未来的几年内，我国会继续从立法、司法和执法三个方面继续加强对知识产权的保护。

1. 中美双方就第一阶段经贸协议的文本达成一致

经过中美两国经贸谈判代表团的共同努力，双方在平等和相互尊重原则的基础上，于2019年12月就第一阶段经贸协议文本达成了一致。知识产权被放在第一阶段经贸协议文本的第一条，彰显了知识产权在中美贸易关系中的重要性。

在国务院新闻办公室2019年12月13日晚举行新闻发布会中，商务部副部长兼国际贸易谈判副代表王受文就第一阶段贸易协议文本中的知识产权问题作出如下回答：

"中美双方就加强知识产权保护进行了深入讨论，并在几个方面达成共识，包括商业秘密保护、与药品相关的知识产权问题、专利有效期延长、地理标志、打击电子商务平台上存在的盗版和假冒、打击盗版和假冒产品的生产和出口、打击商标恶意注册，以及加强知识产权司法执行和程序。

我想强调的是，双方相向而行所达成的上述共识，符合中方关于加强知识产权保护的改革方向，有利于保护创新，有利于国外知识产权更多地进入中国，符合推动经济高质量发展的需要。实际上，长期以来，中国政府一直高度重视知识产权保护，我们的知识产权保护水平也在不断提高，这是我们改革的需要，也是中国经济自身发展的需要。”

我们预期，随着第一阶段贸易协议文本中保护知识产权相关措施的落实，中国将会继续稳步改革和完善知识产权保护体系，不断强化知识产权执法力度与提高知识产权保护水平。

2. 专利法修正草案有望在2020年通过

根据全国人大公布的《中华人民共和国专利法修正案（草案）征求意见稿》以及后续对进一步修改的报道，《专利法》修改将法定赔偿数额提高到10万到500万元，明确对故意侵权可适用一到五倍的惩罚性赔偿，显著增加侵权成本，震慑违法行为。该草案还明确了侵权人配合提供相关资料的举证责任，调整了专利侵权诉讼案件中举证责任的分配；提出网络服务提供者未及时阻止侵权行为须承担连带责任，以有利于制止网络侵权行为。另外，草案还设定了创新药品的专利保护期延长制度等。

根据2019年12月20日全国人大常委会法制工作委员会举行的第三次记者会，2020年将继续审议《专利法》(修改)。如果该草案在2020年得以通过并予以实施，将进一步改善专利的保护体系和提高专利保护水平。

3. 国务院发文进一步加强知识产权保护

2019年12月22日，中国政府网发布了《中共中央国务院关于营造更好发展环境支持民营企业改革发展的意见》。该意见明确，要建立知识产权侵权惩罚性赔偿制度，加大对知识产权的保护力度。要完善知识产权侵权诉讼证据规则、证据披露以及证据妨碍排除规则。同时推动建立知识产权快速协同保护机制，健全知识产权纠纷多元化解决机制和知识产权维权援助机制。

综上所述，无论是基于中美贸易战的需要还是国内自身科技和经济发展的要求，无论是从立法层面还是行政机关层面，中国正在逐步加强知识产权的保护，我们预计会有更多配套的法律、法规和办法在2020年出台。

（二）专利申请从追求数量逐渐向追求质量转变，并且专利申请审查也将更加规范

随着中国专利申请案件量的大幅增加，目前的政策导向是从追求专利申请的数量逐步向追求质量转变。

各地收紧了以数量为导向的专利申请补贴和补助政策，而且国家知识产权局针对代理领域的不规范行为（例如，挂证以及撰写低质量申请等）启动了“蓝天”行动加以整治和清理。

为了明确审理标准、改善审查流程和质量，国家知识产权局于2019年9月24日发布了“关于修改《专利审查指南》的决定”，明确了申请流程相关的问题，(例如，明确了分案申请的递交条件、分案申请人和母案申请人的一致性、引入延迟审查制度以及优化优先审查制度等)，并且完善了审查标准和尺度（例如，完善了涉及图形用户界面的产

品外观设计的申请要求、明确了与审查员举行会晤的条件、放宽了对电话讨论的限制、将部分涉及人类胚胎干细胞技术的申请纳入专利保护的范围、明确在创造性评述中技术效果应当是本发明中所能达到的、审查员引用的公知常识通常需要证据证明以及要求无效请求人指明多个证据组合中最主要的结合方式等）。2019 年 12 月 31 日，国家知识产权局又发布了“关于修改《专利审查指南》的决定”明确了涉及人工智能等新业态领域专利申请审查规则。

随着专利申请的需求从数量向质量的转变，以及专利审查的逐步规范，专利行业对从业者的要求也逐步提高。行业内对擅长专利布局以及熟悉从撰写到诉讼多种专利业务的复合型人才的需求会显著增多。

（三）医药领域与知识产权相关的交易会继续增加

在 2019 年，君合团队参与了大量医药领域的与知识产权相关的交易，见证了过去一年内医药领域交易的繁盛，我们预计在 2020 年医药领域的这类交易仍将继续这一快速发展态势。

1. 法律和政策的改变促进了医药产业的发展

从药品审批角度，临床试验的默示许可、等效性实验的备案制、审评时效的缩短、创新药在中国开展临床要求的降低、国外临床数据的认可以及上市许可持有人制度等等，都促进着医药产业（特别是创新医药产业）的蓬勃发展。

从对创新药的保护角度，中国整体知识产权保护的增强，以及针对药品领域准备建立的药品专利期限补偿制度、药品专利链接制度、药品实验数据保护制度等一系列利好消息，都增强着产业和资本对投资创新药的信心。

从鼓励技术进出口和外商投资角度，中国在逐步放宽对外资准入行业的限制，并且修改了涉及技术进出口的相关法规，删除了其中对改进知识产权的归属、侵犯第三方知识产权的责任以及禁止性条款等强制性规定，进一步增强了外资对中国市场的信心。

2. 资本市场的偏好促进了创新药产业的发展

随着药品集中采购制度和医保药品招标谈判的逐步推行和范围扩大，会逐步压缩仿制药的利润空间，资本市场将更加偏爱创新药。相应地，这些变化也有望激发国内医药企业自主研发创新药或从国外引进临床阶段的创新药的热情，以及基金投资创新药研发初创企业的热情。

3. 在与知识产权相关的交易中，需要重点关注知识产权风险

要维持创新药的利润，就必须建立坚固的知识产权壁垒，以抵挡仿制药过早上市，这对专利布局设计和专利申请撰写的质量提出了更高的要求。此外，对于创新药而言，将创新药在国外市场的权利对外许可，也是创新药厂重要的利润来源，所以对创新药的知识产权（特别是专利权）在多个国家的布局和审查过程的统一控制也提出了更高的要求。我们认为，在知识产权相关交易蓬勃发展的大背景下，更需要关注与创新药相关的知识产权的保护力度。

此外，在医药领域的新药开发、投资和并购中，通常的关注点在于关键技术或产品。如果这些关键技术或产品受制于第三方的专利，则将面临可能无法按照预定时间表进行

生产销售的风险，这可能对公司的估值产生重大影响，甚至可能直接决定开发、投资或并购是否还有意义。因此要重点关注关键技术和产品的自由实施尽职调查。由于知识产权自由实施调查的复杂性，一般会关注以下两个维度：地域（拟上市的国家或主要目标市场）以及目标产品的各个方面（例如，活性成分、活性成分的盐及晶型、适应证、制剂、联用、制备方法、活性成分的前药或代谢产物、具体治疗用途等）。我们预计，医药领域未来会有更多的知识产权自由实施调查需求。

致　谢

诚挚地感谢参与本报告工作的律师和合伙人，他们分别是：王朝晖、吴龙瑛、张晓都、王昭林、赵昊、余翔、李文晴、汪烨君。

2019 年
君合业务研究报告

商标法业务
年度报告

君合律师事务所公司组

一、2019年商标法领域新动态

（一）《中华人民共和国商标法》的修改[1]

为贯彻落实党中央、国务院决策部署，适应经济社会发展形势，加强知识产权保护，进一步优化营商环境，解决实践中出现的突出问题，更有效地遏制商标恶意注册，加大商标专用权保护力度，第十三届全国人大常委会第十次会议于2019年4月23日决定对《中华人民共和国商标法》（简称“**《商标法》**”）进行修改，自2019年11月1日起施行。

本次修改涉及的条文共6条，核心在于加强对于恶意商标注册行为的规制，尤其是不以使用为目的恶意申请、囤积商标的行为，主要涉及以下三个方面：（1）增强商标使用义务，增加“不以使用为目的的恶意商标注册申请，应当予以驳回”的规定，首先在审查阶段予以适用，实现打击恶意商标注册的关口前移，并将其作为提出异议和请求宣告无效的事由，直接适用于异议程序和无效宣告程序中；（2）规范商标代理行为，规定商标代理机构知道或者应当知道委托人存在恶意商标注册行为的不得接受委托，一经发现，依法追究责任；（3）对申请人、商标代理机构的恶意申请商标注册、恶意诉讼行为规定了处罚措施。从而将规制恶意商标注册行为贯穿于整个商标申请注册和保护程序，在责任主体方面既包括申请人和权利人也包括中介服务机构。

同时，本次对《商标法》的修改，还将恶意侵犯商标专用权的侵权赔偿数额计算倍数由一倍以上三倍以下提高到一倍以上五倍以下，并将商标侵权法定赔偿数额上限从三百万元提高到五百万元，加大了对侵权人的惩罚力度，提高侵权行为的成本。

（二）中共中央办公厅 国务院办公厅印发《关于强化知识产权保护的意见》

2019年11月，中共中央办公厅、国务院办公厅印发了《关于强化知识产权保护的意见》（以下简称“**《意见》**”），并发出通知，要求各地区各部门结合实际认真贯彻落实。

《意见》强调，各地区部门要以习近平新时代中国特色社会主义思想为指导，全面贯彻党的十九大和十九届二中、三中、四中全会精神，紧紧围绕统筹推进“五位一体”总体布局和协调推进“四个全面”战略布局，牢固树立保护知识产权就是保护创新的理念，

1 参考《商标法修改相关问题解读》，中华人民共和国中央人民政府网站，最后一次访问时间2020年1月15日。

坚持严格保护、统筹协调、重点突破、同等保护，不断改革完善知识产权保护体系，综合运用法律、行政、经济、技术、社会治理手段强化保护，促进保护能力和水平整体提升。

《意见》明确，力争到2022年，侵权易发多发现象得到有效遏制，权利人维权“举证难、周期长、成本高、赔偿低”的局面明显改观。到2025年，知识产权保护社会满意度达到并保持较高水平，保护能力有效提升，保护体系更加完善，尊重知识价值的营商环境更加优化，知识产权制度激励创新的基本保障作用得到更加有效发挥。

《意见》指出，要强化制度约束，确立知识产权严格保护政策导向，加大对侵权假冒行为的惩戒力度，严格规范证据标准，强化案件执行措施，完善新业态、新领域保护制度。要加强社会监督共治，构建知识产权大保护工作格局，加大执法监督力度，建立健全社会共治模式，加强专业技术支撑。要优化协作衔接机制，突破知识产权快保护关键环节，优化授权、确权、维权衔接程序，加强跨部门跨区域办案协作，推动简易案件和纠纷快速处理，加强知识产权快保护机构建设。

《意见》要求，要健全涉外沟通机制，塑造知识产权同保护优越环境，更大力度加强国际合作，健全与国内外权利人沟通渠道，加强海外维权援助服务，健全协调和信息获取机制。要加强基础条件建设，有力支撑知识产权保护工作，加强基础平台建设，加强专业人才队伍建设，加大资源投入和支持力度。

（三）《规范商标申请注册行为若干规定》颁布[1]

为了对新修订的《商标法》进行操作层面的细化，明确恶意申请和囤积注册的具体行为类型及其他处理措施，国家市场监督管理总局于2019年10月11日公布了《规范商标申请注册行为若干规定》(以下简称“**《规定》**”)，自2019年12月1日起施行。

《规定》对《商标法》规定的、实践中常见的违背诚实信用原则的行为类型进行集中列举，明确了申请商标注册的要求，为审查和执法提供更为明确的依据。就商标注册的恶意申请的认定，《规定》要求审查员需要综合多项考虑因素和个案证据进行分析判断，并列举了一些审查员在进行分析判断前可以查明的事实。《规定》还明确了商标代理机构的义务，将对恶意申请和囤积注册行为的打击关口前移并实现全流程覆盖。

（四）北京市高级人民法院制定《商标授权确权行政案件审理指南》[2]

北京市高级人民法院于2019年4月24日正式对外公布了《商标授权确权行政案件审理指南》(简称“**《审理指南》**”)。该《审理指南》大多数条款是结合北京法院的司法实践，以现行法律、司法解释、指导案例、参阅案例为基础，对裁判规则进行的总结、提炼。

该《审理指南》主要从以下四个方面做出规定：（1）通过在行政程序启动主体的资格审查、审查理由确定以及区分“程序瑕疵”与“程序违法”等三个方面做出具体规定，进一步规范行政行为，提高授权确权审查效率；（2）结合《商标法》相关法律条款内容，

1 参考《〈规范商标申请注册行为若干规定〉一问一答》，国家知识产权局网站，最后一次访问时间2020年1月15日。

2 参考《北京法院制定〈商标授权确权行政案件审理指南〉》，北京法院网，最后一次访问时间2020年1月15日。

探索完善相关规则，促进商标使用；（3）秉持加大保护的审理思路，根据不同权利（利益）特点，对于保护规则和范围进行了合理确定，特别是加大了对驰名商标和在先著作权的保护力度；（4）针对囤积商标待价而沽、恶意抢注商标索要高价等恶意注册商标的行为加大打击力度，鼓励市场主体诚信经营，依法保障健康、有序的市场竞争环境。

（五）2019 年全年新增 58 个商标业务受理窗口

2019 年全年，国家知识产权局新增北京密云、内蒙古乌兰察布、上海黄浦、上海杨浦、湖北省襄阳自贸区、湖北宜昌自贸区、陕西西咸新区、陕西杨凌示范区、甘肃嘉峪关商标受理窗口、甘肃金昌、甘肃武威、甘肃临夏、天津知识产权局、天津自贸区、大连金普新区、大连高新区、福州自贸区、湖北知识产权局、广州南沙、四川成都青白江自贸区、贵州黔南、辽宁沈抚新区、江苏知识产权局、江苏南通、杭州高新区（滨江）、浙江绍兴、浙江嘉兴、浙江丽水、浙江舟山、福建福州平潭综合实验区、湖北神农架、广东中山、广西梧州、广西北海、广西玉林、广西来宾、四川知识产权服务促进中心、新疆、北京顺义、北京平谷、北京延庆、天津滨海新区、天津和平、天津南开、天津北辰、天津宝坻、天津静海、上海知识产权局、湖北十堰、湖北鄂州、湖北咸宁、湖北随州、湖北恩施、湖北天门、湖北潜江商标受理窗口、海南海口、海南琼海、云南临沧共计 58 个商标受理窗口。

（六）继续调低商标注册收费标准，调整商标缴费流程

根据《国家发展改革委、财政部关于降低部分行政事业性收费标准的通知》（发改价格〔2019〕914 号）规定，自 2019 年 7 月 1 日起，降低商标续展注册费，变更收费标准，并对其他多项商标业务降低收费 10%。调整后的收费标准为：

收费项目	纸质申请收费标准（按类别）	接受电子发文的网上申请收费标准（按类别）
受理商标注册费	300 元（限定本类 10 个商品。10 个以上商品，每超过 1 个商品，每个商品加收 30 元）	270 元（限定本类 10 个商品。10 个以上商品，每超过 1 个商品，每个商品加收 27 元）
补发商标注册证费	500 元	450 元
受理转让注册商标费	500 元	450 元
受理商标续展注册费	500 元	450 元
受理续展注册迟延费	250 元	225 元
受理商标评审费	750 元	675 元（待开通）
变更费	150 元	0 元
出具商标证明费	50 元	45 元
受理集体商标注册费	1500 元	1350 元

续表

收费项目	纸质申请收费标准（按类别）	接受电子发文的网上申请收费标准（按类别）
受理证明商标注册费	1500元	1350元
商标异议费	500元	450元（待开通）
撤销商标费	500元	450元（待开通）
商标使用许可合同备案费	150元	135元

此外，为了进一步简化商标业务缴费流程，推进财政票据电子化改革，统一各类商标业务缴费方式，国家知识产权局设置缴费通知环节：自2019年12月30日之后提交的商标申请，在申请业务受理和后续业务核准之前增加缴费通知环节，实现先通知后缴费。商标当事人和代理机构应在收到缴费通知书之日起15日内缴纳商标费用。2019年12月30日之前提交的商标申请，适用原缴费规则。2020年2月29日之后，适用原缴费规则的商标申请仍未完成缴费的，国家知识产权局将统一发放缴费通知书，当事人和代理机构需按照新的流程进行缴费。

（七）商标业务电子申请全面启动

2019年，全国商标受理窗口同步完成纸质件申请向网上申请的转换，全面采用网上申请系统受理商标业务。为此，国家知识产权局制定了《关于商标电子申请的规定》，自2019年9月1日起施行。

商标业务申请人既可以通过国家知识产权局官网的商标网上服务系统直接提交各项商标业务的办理申请，也可以前往商标受理窗口进行办理，地方商标受理窗口可为申请人提供电脑并指导申请人进行自助填报。申请人通过商标网上服务系统提交的申请产生的商标文件，商标局将通过商标网上服务系统送达：商标局将商标文件上传至商标网上服务系统，申请人登录商标网上服务系统查看和下载商标文件，除商标注册证外，商标局不再以纸质方式送达上述文件。

申请人在窗口办理网上申请，除提供相应申请文件材料外，还应提供：

（1）经签字或盖章的网上申请确认书；

（2）邮箱及手机号，接收商标电子文书送达提示信息；

（3）办理商标转让的，还应提交同意转让证明，需转、受让双方法定代表人（负责人）签字并加盖公章。

此外，国家知识产权局还于2019年12月19日起向公众开放集体商标、证明商标网上申请功能。商标代理机构及国内申请人可以通过商标网上服务系统在线提交集体商标、证明商标申请，接受相关文件。

（八）国家知识产权局开展巡回评审

2019年9月19日，国家知识产权局商标评审庭首次在上海商标审查协作中心开庭，评审上海理工大学对沪江教育科技（上海）股份有限公司注册的“沪江”“沪江网校”“沪江英语”三件商标无效宣告案。这种巡回评审的审理方式，是继口头审理改革后，商标局商标评审审理方式的最新探索。

巡回评审的开展大大节省当事人的维权成本，增强社会公众的知识产权法律意识和知识产权创造、运用、保护的能力，是商标评审审理方式日臻完善的新起点，是国家知识产权局商标评审部门进一步发挥便民利民职能作用的新标志，也是加强知识产权保护、营造一流营商环境的新举措。国家知识产权局将探索这一审理模式向常态化机制发展。

（九）其他商标注册便利化改革措施

2019 年，国家知识产权局商标局进一步提高商标注册审查效率。截至 2019 年底，商标注册审查平均周期已大幅缩短至 4.5 个月，达到国际较快水平，商标公共服务更加高效便捷。2019 年上半年，商标转让审查周期缩短至 4 个月以内，商标驳回复审平均审理周期稳定在 7 个月以内，商标变更、续展审查周期及商标注册受理通知书发放时间稳定在 1 个月以内，撤销连续三年不使用注册商标案件审查（平均）周期 8 个月 19 天。

2019 年，国家知识产权局上线了我国自主研发的马德里商标国际注册后续业务电子发文系统。该系统上线后，国外企业通过马德里商标国际注册体系在中国办理商标转让、删减、部分注销等后续业务的国际通知时间缩短 1 个月以上，转让审查周期缩短至 3 个月，变更、续展审查周期缩短至 1 个月。

2019 年，国家知识产权局还上线了商标图形智能检索功能。该功能实现了商标审查工作由纯人工检索向“以图搜图”智能检索的转变，有效避免了人工判断可能存在的标准不一的问题。通过大幅压缩商标近似比对数量，解放了审查生产力，查看数量从原来的数万件商标图样减少到约五千件。

2019 年，国家知识产权局进一步推进机构改革，不再使用原国家工商行政管理总局商标局、商标评审委员会、商标审查协作中心机构名称，并统一启用新的业务印章。新业务印章由“国家知识产权局”加具体业务类型组成。机构调整后商标审查工作中涉及的请求类表格 / 书式和发出类通知书 / 书式中统一使用国家知识产权局代替原商标局、原专利复审委员会、原商标评审委员会及原商标审查协作中心。负责商标注册审查的新机构、负责商标争议事宜的新机办公地址不变，均为北京市西城区茶马南街 1 号国家知识产权局商标局。

此外，2020 年 1 月 13 日起，原商标评审业务咨询电话停用，商标评审业务咨询电话明确为：010–63218500–8。

二、2019 年商标保护情况和发展趋势

（一）商标申请、注册、授权、应用的统计数据及分析

商标申请与注册方面，根据国家知识产权局统计，2019 年全国第一季度的申请量为

1，494，972件，注册量为1，746，052件[1]，第二季度申请量为3，310，619件，注册量为3，384，319件[2]，第三季度的申请量为5，506，396件，注册量为4，929，737件[3]。2019年全年，我国商标注册申请量为783.7万件，商标注册量为640.6万件。其中，国内商标注册617.8万件。截至2019年底，有效商标注册量达2，521.9万件，同比增长28.9%。平均每4.9个市场主体拥有1件注册商标。

国外商标在华申请与注册方面，商标申请量达到25.5万件，较上年增长4.7%。全球共有186个国家（地区）的市场主体在中国申请专利商标，较上年增长12个。美国、日本和英国位居在华商标申请前3位，申请量依次为5.4万件、3.1万件和2.4万件，同比增长分别为5.3%、21.2%和42.4%。

地理标志方面，2019年，国家知识产权局发布了统一的地理标志专用标志，批准保护地理标志产品5个，注册地理标志商标462件，核准使用地理标志产品专用标志企业301家。截至2019年底，累计批准地理标志产品2，385个，注册地理标志商标5，324件，核准专用标志使用企业8，484家。

商标国际注册方面，2019年上半年国内公司申请马德里国际注册商标数量为2，849件，位列马德里联盟成员第三，仅次于欧盟和美国。世界知识产权组织总干事弗朗西斯·高锐先生表示，2018年世界商标52%的申请量来自中国。我国有效商标注册量占世界商标总量的40%。我国是知识产权申请全球增长的主要推动力，已加入全球知识产权引领者行列。2019年全年，收到中国申请人提交马德里商标国际注册申请6，491件。截至2019年底，我国申请人马德里商标国际注册有效量为3.8万件。

商标申请的行业分布情况：2019年上半年，我国服务类别商标注册申请量达118.9万件，占总申请量的34.6%，比2018年同期提高近2个百分点。申请量较多的5个类别依次为第35类（广告，商业经营，商业管理等）、30类（咖啡，茶，面粉和谷类制品，糕点和甜食等）、9类（科学装置及仪器，计算设备等）、25类（服装，鞋，帽）和43类（提供餐饮，住宿服务等）。商业服务已经取代服装等传统行业成为我国商标申请最为集中的领域。服务类商标申请量的不断提高，反映了我国产业结构的不断优化，也与世界产业发展趋势大致吻合。

商标申请的地域分布情况：2019年上半年，在商标申请量前十个省市中，有八个省市同时处于2019年一季度GDP排名前十，说明商标申请需求从一个侧面反映了地方经济的发展状况。从申请量增速看，2019年上半年，海南省以22.6%的同比增长位列全国各省市第一，国家大力支持发展的新疆、甘肃、云南、陕西等西部五省市占据申请量增速靠前位置，与西部地区经济不断提速的态势吻合。此外，地理标志注册商标也成为脱贫攻坚的有力抓手，2019年上半年，新增地理标志注册商标231件，其中，中西部省份新增126件，占54.55%。

知识产权（商标）应用情况：2019年全年专利、商标质押融资总额达到1，515亿元，知识产权进出口总额突破2，000亿元，其中出口额保持快速增长势头。2019年前

1 第一季度申请件数、注册件数指2018年12月16日至2019年3月15日的商标统计情况。

2 第二季度申请件数、注册件数指2018年12月16日至2019年6月15日的商标统计情况。

3 第二季度申请件数、注册件数指2018年12月16日至2019年9月15日的商标统计情况。

11 个月，知识产权使用费进出口总额达到 371.9 亿美元，其中出口额 60.1 亿美元，同比增长 19.2%，知识产权质量效益持续快速提升。

（二）商标评审委员会和法院诉讼案件数字统计

1. 关于商标评审委员会的案件审理情况和数量统计

2020 年 1 月 14 日，国家知识产权局召开的新闻发布会涉及了 2019 年全年商标评审案件的审理情况：2019 年，国家知识产权局共审结商标注册申请 825.3 万件，商标注册平均审查周期缩短至 4.5 个月，受理商标异议申请 14.4 万件，完成异议案件审查 9.0 万件。共收到各类商标评审案件申请 36.1 万件，结案 33.7 万件。从 2019 年 4 月开始，国家知识产权局按季度统计非正常商标申请趋势。4–9 月，仅在审查阶段就驳回非正常商标申请 3.2 万余件。此外，评审部门还在官网发布了简要的案件审理情况月报，以下数字摘录自其 2019 年 1 月至 12 月的月报：

（1）商标评审案件受理工作情况

2018 年 12 月 16 日至 2019 年 1 月 15 日，新收到各类评审案件申请 41，129 件，同比增长 73.13%，环比增长 9.62%。其中收到驳回复审申请 36，519 件，同比增长 75.91%，环比增长 8.65%；收到涉及双方当事人的复杂案件申请 4，610 件，同比增长 53.87%，环比增长 17.99%。

2019 年 1 月 16 日至 2019 年 2 月 15 日，新收到各类评审案件申请 30，539 件，同比增长 54.60%，环比减少 23.48%。其中收到驳回复审申请 27，023 件，同比增长 68.24%，环比减少 23.50%；收到涉及双方当事人的复杂案件申请 3，516 件，同比减少 4.74%，环比减少 23.38%。

2019 年 2 月 16 日至 2019 年 3 月 15 日，新收到各类评审案件申请 23，391 件，同比增长 183.97%，环比减少 23.23%。其中收到驳回复审申请 20，239 件，同比增长 209.32%，环比减少 24.92%；收到涉及双方当事人的复杂案件申请 3，152 件，同比增长 86.07%，环比减少 10.23%。

2019 年 3 月 16 日至 4 月 15 日，共受理各类评审案件申请 31，784 件，同比增长 38.72%，环比增长 30.01%。2019 年 1–4 月累计受理各类评审案件申请 129，171 件，同比增长 70.95%。其中受理驳回复审申请 112，790 件，同比增长 76.89%；受理涉及双方当事人的复杂案件申请 16，381 件，同比增长 38.86%。按换算工作量计算，同比增长 54.19%。

2019 年 4 月 16 日至 5 月 15 日，共受理各类评审案件申请 35，931 件，同比增长 59.65%，环比增长 13.05%。2019 年 1–5 月累计受理各类评审案件申请 165，101 件，同比增长 68.36%。其中受理驳回复审申请 144，204 件，同比增长 74.29%；受理涉及双方当事人的复杂案件申请 20897 件，同比增长 36.32%。按换算工作量计算，同比增长 51.62%。

2019 年 5 月 16 日至 6 月 15 日，共受理各类评审案件申请 33，121 件，同比增长 12.16%，环比减少 7.82%。2019 年 1–6 月累计受理各类评审案件申请 198，219 件，同比增长 55.35%。其中受理驳回复审申请 172，521 件，同比增长 59.10%；受理涉及双方

当事人的复杂案件申请25，698件，同比增长34.10%。按换算工作量计算，同比增长44.46%。

2019年6月16日至7月15日，共受理各类评审案件申请30，978件，同比增长21.11%，环比减少6.44%。2019年1–7月累计受理各类评审案件申请229，202件，同比增长49.63%。其中受理驳回复审申请198，645件，同比增长51.73%；受理涉及双方当事人的复杂案件申请30，557件，同比增长37.32%。按换算工作量计算，同比增长43.42%。

2019年7月16日至8月15日，共受理各类评审案件申请28，052件，同比减少4.47%，环比减少9.42%。2019年1–8月累计受理各类评审案件申请257，251件，同比增长40.93%。其中受理驳回复审申请220，990件，同比增长41.23%；受理涉及双方当事人的复杂案件申请36，261件，同比增长39.09%。按换算工作量计算，同比增长40.01%。

2019年8月16日至9月15日，共受理各类评审案件申请23，696件，同比减少20.70%，环比减少15.60%。2019年1–9月累计受理各类评审案件申请280，973件，同比增长32.27%。其中受理驳回复审申请239，357件，同比增长31.06%；受理涉及双方当事人的复杂案件申请41，616件，同比增长39.72%。按换算工作量计算，同比增长35.96%。

2019年9月16日至10月15日，各类评审案件申请共收文25，654件，同比减少13.17%，环比增长8.28%。2019年1–10月累计各类评审案件申请收文306，628件，同比增长26.72%。其中驳回复审申请收文259，548件，同比增长24.17%；涉及双方当事人的复杂案件申请收文47，080件，同比增长42.94%。按换算工作量计算，同比增长34.64%。

2019年10月16日至11月15日，各类评审案件申请共收文24，934件，同比减少26.54%，环比减少2.83%。2019年1–11月累计各类评审案件申请收文331，564件，同比增长20.17%。其中驳回复审申请收文278，434件，同比增长16.56%；涉及双方当事人的复杂案件申请收文53，130件，同比增长43.46%。按换算工作量计算，同比增长31.45%。

2019年11月16日至12月15日，各类评审案件申请共收文29，433件，同比减少21.56%，环比增长18.02%。2019年1–12月累计各类评审案件申请收文360，996件，同比增长15.17%。其中驳回复审申请收文302，096件，同比增长10.86%；涉及双方当事人的复杂案件申请收文58，900件，同比增长43.86%。按换算工作量计算，同比增长28.88%。

（2）商标评审案件审理工作情况

2018年12月16日至2019年1月15日，审理签发各类评审案件32，614件，同比增长81.98%，环比增长40.51%。其中驳回复审案件28，387件，同比增长81.60%，环比增长42.60%；涉及双方当事人的复杂案件4，227件，同比增长84.59%，环比增长27.94%。

2019年1月16日至2019年2月15日，审理签发各类评审案件19，846件，同比减少 1.56%，环比减少 39.13%。其中驳回复审案件 16，763 件，同比减少 2.17%，环比减少 40.92%；涉及双方当事人的复杂案件 3，078 件，同比增长 2.26%，环比减少 27.10%。

2019 年 2 月 16 日至 2019 年 3 月 15 日，审理签发各类评审案件 22，742 件，同比增长 61.31%，环比增长 14.68%。其中驳回复审案件 18，290 件，同比增长 49.44%，环比增长 9.21%；涉及双方当事人的复杂案件 4，452 件，同比增长 139.48%，环比增长 44.45%。

2019 年 3 月 16 日至 4 月 15 日，审理签发各类评审案件 23，335 件，同比增长 8.65%，环比减少 1.30%。按换算工作量计算，环比减少 2.46%。2019 年 1–4 月累计审理签发各类评审案件 100，246 件，同比增长 33.25%。按换算工作量计算，同比增长 49.89%。

2019 年 4 月 16 日至 5 月 15 日，审理签发各类评审案件 29，352 件，同比增长 32.87%，其中签发驳回复审案件 25，987 件，同比增长 34.04%，签发复杂案件 3，354 件，同比增长 26.47%，按换算工作量计算，同比增长 30.09%。2019 年 1–5 月累计审理签发各类评审案件 129，574 件，同比增长 33.20%。按换算工作量计算，同比增长 44.98%。

2019 年 5 月 16 日至 6 月 15 日，审理签发各类评审案件 29，005 件，同比增长 35.04%，其中签发驳回复审案件 25，473 件，同比增长 33.34%，签发复杂案件 3，535 件，同比增长 51.59%，按换算工作量计算，同比增长 42.35%。2019 年 1–6 月累计审理签发各类评审案件 158，548 件，同比增长 33.57%。按换算工作量计算，同比增长 44.59%。

2019 年 6 月 16 日至 7 月 15 日，审理签发各类评审案件 29，607 件，同比增长 35.11%，其中签发驳回复审案件 25，598 件，同比增长 31.35%，签发复杂案件 4，009 件，同比增长 65.39%，按换算工作量计算，同比增长 48.32%。2019 年 1–7 月累计审理签发各类评审案件 187，907 件，同比增长 33.89%。按换算工作量计算，同比增长 45.52%。

2019 年 7 月 16 日至 8 月 15 日，审理签发各类评审案件 31，324 件，同比增长 47.07%，其中签发驳回复审案件 27，570 件，同比增长 44.59%，签发复杂案件 3，754 件，同比增长 66.18%，按换算工作量计算，同比增长 55.09%。2019 年 1–8 月累计审理签发各类评审案件 220，043 件，同比增长 35.39%。按换算工作量计算，同比增长 44.33%。

2019 年 8 月 16 日至 9 月 15 日，审理签发各类评审案件 28，507 件，同比增长 35.07%，其中签发驳回复审案件 25，218 件，同比增长 33.45%，签发复杂案件 3，289 件，同比增长 48.89%，按换算工作量计算，同比增长 40.91%。2019 年 1–9 月累计审理签发各类评审案件 248，263 件，同比增长 35.49%。按换算工作量计算，同比增长 46.22%。

2019 年 9 月 16 日至 10 月 15 日，审理签发各类评审案件 25，017 件，同比增长 27.81%，其中签发驳回复审案件 21，568 件，同比增长 21.70%，签发复杂案件 3，449

件，同比增长 86.33%，按换算工作量计算，同比增长 51.12%。2019 年 1–10 月累计审理签发各类评审案件 273，438 件，同比增长 34.65%。按换算工作量计算，同比增长 46.24%。

2019 年 10 月 16 日至 11 月 15 日，审理签发各类评审案件 32，101 件，同比增长 17.02%，其中签发驳回复审案件 27，939 件，同比增长 12.88%，签发复杂案件 4162 件，同比增长 55.24%，按换算工作量计算，同比增长 32.54%。2019 年 1–11 月累计审理签发各类评审案件 305，410 件，同比增长 31.55%。按换算工作量计算，同比增长 43.44%。

2019 年 11 月 16 日至 12 月 15 日，审理签发各类评审案件 32，023 件，同比增长 36.05%，其中签发驳回复审案件 27，640 件，同比增长 35.49%，签发复杂案件 4，383 件，同比增长 39.72%，按换算工作量计算，同比增长 37.82%。2019 年 1–12 月累计审理签发各类评审案件 337，154 件，同比增长 32.82%。按换算工作量计算，同比增长 44.11%。

（3）商标评审案件行政复议工作情况

国家知识产权局评审部门自 2019 年下半年起开始通报商标评审案件行政复议情况：

2019 年 6 月 16 日至 7 月 15 日，共受理行政复议申请 64 件，同比增长 36.2%，共审结行政复议案件 91 件，同比增长 89.5%。2019 年 1–7 月，共受理行政复议申请 528 件，同比增长 31.3%，共审结行政复议案件 483 件，同比增长 21.00%。

2019 年 7 月 16 日至 8 月 15 日，共受理行政复议申请 47 件，同比减少 80.85%，共审结行政复议案件 103 件，同比增长 75.73%。2019 年 1–8 月，共受理行政复议申请 575 件，同比增长 15.30%，共审结行政复议案件 596 件，同比增长 28.52%。

2019 年 8 月 16 日至 9 月 15 日，共受理行政复议申请 110 件，较去年同期增加 292.90%，共审结行政复议案件 68 件，较去年同期增加 70.0%。2019 年 1–9 月，共受理行政复议申请 685 件，较去年同期增加 33.0%，共审结行政复议案件 664 件，较去年同期增加 42.5%。

2019 年 9 月 16 日至 10 月 15 日，共受理行政复议申请 105 件，较去年同期增加 156.1%，共审结行政复议案件 70 件，较去年同期减少 16.7%。2019 年 1–10 月，共受理行政复议申请 790 件，较去年同期增加 32.1%，共审结行政复议案件 695 件，较去年同期增加 33.5%。

2019 年 10 月 16 日至 11 月 15 日，共受理行政复议申请 76 件，较去年同期增长 35.7%，共审结行政复议案件 97 件，较去年同期增长 203.1%。2019 年 1–11 月，共受理行政复议申请 866 件，较去年同期增长 41.5%，共审结行政复议案件 831 件，较去年同期增长 42.8%。

2019 年 11 月 16 日至 12 月 15 日，共受理行政复议申请 152 件，较去年同期增长 87.65%，共审结行政复议案件 105 件，较去年同期增长 218.18%。2019 年 1–12 月，共受理行政复议申请 1018 件，较去年同期增长 46.90%，共审结行政复议案件 936 件，较去年同期增长 52.20%。

（4）商标评审案件行政诉讼工作情况

国家知识产权局评审部门自 2019 年下半年起开始通报商标评审案件行政诉讼情况：

2019 年 6 月 16 日至 7 月 15 日，行政诉讼共出庭 468 次，收到一审被诉案件 594 件，二审被诉案件 245 件；收到法院判决书 1，060 件，经统计，败诉判决 263 件，占比 24.86%，其中，情势变更 180 件，占比 68.44%；非情势变更 21 件，占比 7.98%；上诉案件 62 件，占比 23.58%。2019 年 1–7 月，行政诉讼共出庭 3，186 次，收到一审被诉案件 4，337 件，二审被诉案件 958 件；收到法院判决书 5，183 件，经统计，败诉判决 1，082 件，占比 20.86%，其中，情势变更 783 件，占比 72.37%；非情势变更 66 件，占比 6.10%；上诉案件 233 件，占比 21.53%。

2019 年 7 月 16 日至 8 月 15 日，行政诉讼共出庭 567 次，收到一审被诉案件 892 件，二审被诉案件 365 件；收到法院判决书 525 件，经统计，败诉判决 184 件，占比 35.05%，其中，情势变更 151 件，占比 82.06%；非情势变更 2 件，占比 1.09%；上诉案件 31 件，占比 16.85%。2019 年 1–8 月，行政诉讼共出庭 3，753 次，收到一审被诉案件 5，229 件，二审被诉案件 1，323 件；收到法院判决书 5，713 件，经统计，败诉判决 1，266 件，占比 22.16%，其中，情势变更 934 件，占比 73.78%；非情势变更 68 件，占比 5.37%；上诉案件 264 件，占比 20.85%。

2019 年 8 月 16 日至 9 月 15 日，行政诉讼共收到一审被诉案件 1，148 件，同比减少 10.24%，环比减少 18.23%；收到二审被诉案件 329 件，同比减少 15.21%，环比减少 42.28%；收到再审被诉案件 3 件。2019 年 1–9 月，行政诉讼共收到一审被诉案件 10，662 件，同比增长 24.11%；二审被诉案件 4，232 件，同比增长 41.97%；收到再审被诉案件 410 件，同比增长 44.88%。

2019 年 9 月 16 日至 10 月 15 日，行政诉讼共收到一审被诉案件 1，063 件，同比增长 62.29%，环比减少 7.40%；收到二审被诉案件 484 件，同比增长 43.20%，环比增长 47.11%；收到再审被诉案件 9 件，同比增长 200%，环比减少 84.21%。2019 年 1–10 月，行政诉讼共收到一审被诉案件 11，725 件，同比增长 26.81%；二审被诉案件 4，716 件，同比增长 42.09%；收到再审被诉案件 419 件，同比增长 23.24%。

2019 年 10 月 16 日至 11 月 15 日，行政诉讼共收到一审被诉案件 1，334 件，同比增长 23.86%，环比增长 25.49%；收到二审被诉案件 497 件，同比增长 61.89%，环比增长 2.69%；收到再审被诉案件 21 件，同比减少 58.82%，环比增长 133.33%。2019 年 1–11 月，行政诉讼共收到一审被诉案件 13，059 件，同比增长 26.50%；二审被诉案件 5，213 件，同比增长 43.77%；收到再审被诉案件 440 件，同比增长 12.53%。

2019 年 11 月 16 日至 12 月 15 日，行政诉讼共收到一审被诉案件 1，233 件，同比增长 29.93%，环比减少 7.57%；收到二审被诉案件 430 件，同比减少 8.70%，环比减少 13.48%；收到再审被诉案件 135 件，同比增长 440.00%，环比增长 542.86%。2019 年 1–12 月，行政诉讼共收到一审被诉案件 14，292 件，同比增长 26.79%；二审被诉案件 5，643 件，同比增长 37.73%；收到再审被诉案件 575 件，同比增长 38.22%。

2. 关于法院诉讼案件的统计

2020 年 1 月 11 日，由《中国知识产权》杂志主办的“第十届中国知识产权新年论坛暨 2020 中国知识产权经理人年会”在北京举行。在该次会议上，最高人民法院民三庭副庭长林广海、北京市高级人民法院民三庭庭长杨柏勇对分别对全国法院系统、北京市

法院系统2019年知识产权案件的审理情况进行了初步介绍，以下数字源于其介绍内容。北京知识产权法院还于2019年11月6日召开了五年审判工作新闻发布会，就该院五年来审结的近6万件知识产权案件进行了总结。

（1）2019年全国、北京市法院审理知识产权（商标）案件情况

2019年全国法院共新收一审知识产权案件420，808件，其中民事案件占94.82%，达到399，031件，比2018年的民事案件数量上升40.79%。民事案件中涉及著作权的293，066件，商标权的65，224件，专利权的22，223件，其他类型的18，518件。此外，新收行政案件16，134件，刑事案件5，242件。同期，北京、上海、广州知识产权法院共受理一、二审案件38，542件，共结案39，835件，比2018年分别上升24.74%和54.78%。

北京市三级人民法院2019年审理知识产权案件的具体情况如下（刑事案件除外）：

2019年，北京市三级法院共受理各类知识产权案件80，165件，同比增长35.7%，其中知识产权民事案件共57，124件，占比71.3%；知识产权行政案件共23，041件，占比28.7%；共审结各类知识产权案件79，769件，同比增长42.6%，其中审结知识产权民事案件55，803件、知识产权行政案件23，966件。

2019年，北京市三级法院共受理一审知识产权案件68，870件，同比增长31.3%，其中，民事案件52，945件、行政案件15，925件；2019年审结一审知识产权案件70，617件，同比增长42.4%，其中民事案件52，444件、行政案件18，173件，全年一审案件的收结案比为102.5%。

2019年，北京知识产权法院和北京市高级人民法院知识产权庭共受理二审知识产权案件11，128件，其中民事案件4，041件、行政案件7087件；审结二审案件9，023件，其中民事案件3，251件、行政案件5，772件；受理申诉案件150件，其中民事案件125件、行政案件25件；审结申诉案件112件，其中民事案件94件、行政案件18件；受理再审案件17件，其中民事案件13件、行政案件4件；审结再审案件17件，其中民事案件14件、行政案件3件。

2019年，北京市高级人民法院知识产权庭新收各类知识产权案件7，331件，共审结各类知识产权案件6，012件，同比增长35.9%；北京知产法院受理专利行政案件1，672件，同比增加10.22%；结案1，376件，同比增加36.64%；受理商标行政案件14，335件，同比增加19.72%，结案16，880件，同比增加67.34%。

（2）北京知识产权法院成立五年的案件审理情况统计

案件受理比重：自2014年11月6日建院以来至2019年9月底，北京知识产权法院共受理各类知识产权案件70，924件，收案年平均增幅为26%。一审案件占总收案量的80%。从案由看，行政案件（主要是授权确权行政案件）占70%，民事案件占30%。从领域看，商标案件占58%，著作权案件占25%，专利案件占13%，其他案件包括不正当竞争、特许经营、技术合同等案件占4%。

具体受理数据：自建院至2019年10月底，北京知识产权法院共受理商标、竞争及垄断类案件44，728件，审结37，546件；共受理著作权纠纷案件15，297件，结案13，054件；共受理专利案件9，279件。其中，受理的知识产权授权确权案件为44，

924 件，商标案件占其中的 87%，专利案件占 13%。

涉外案件情况：五年来，北京知识产权法院受理涉外案件（不含涉港澳台案件）14，945 件，占总收案量的 21%，涉及 90 个国家和地区，其中 1/3 是涉美案件，涉德和涉日案件都占 1/10 左右；涉一带一路相关国家案件占 15%。涉外案件中，涉及知名商标商号的案件多，超过 1/10 的涉外案件涉及世界 500 强企业。五年来，该院在涉外案件中依法判决支持的赔偿额度平均约为 136 万元，支持率为 49.1%。

三、2019 年度商标热点案例

（一）“HONDA”商标涉外定牌加工侵害商标权纠纷案（案号：（2019）最高法民再 138 号）

本田技研工业株式会社（以下简称“**本田公司**”）在第 12 类上注册有第 314940 号“HONGDA”商标、第 1198975 号“H”商标、第 503699 号“HONGDA 及图”商标。重庆恒胜鑫泰贸易有限公司（以下简称“**恒胜鑫泰公司**”）、重庆恒胜集团有限公司（以下简称“**恒胜集团公司**”）在接受缅甸美华公司委托加工的 220 套摩托车散件产品上，使用了美华公司授权“HONDAKIT”文字及图形，但是在使用中突出增大了“HONDA”的文字部分，缩小了“KIT”的文字部分。该批产品在出口时为海关扣押并通知了本田公司有关事实。本田公司遂提起诉讼，要求恒胜鑫泰公司、恒胜集团公司停止侵权，赔偿本田公司经济损失人民币 300 万元。

一审法院认为，恒胜鑫泰公司、恒胜集团公司提交的证据无法确认其行为构成定牌加工行为，且其使用的标识与美华公司授权图样不符。该等使用行为明显在突出和强调涉案商品中的“HONDA”文字及图形的使用和视觉效果，构成在相同商标和类似商品上使用与他人注册商标相同或近似的商标，侵犯了本田公司的商标专用权，并酌定经济损失为人民币 30 万元。二审法院认为，恒胜鑫泰公司、恒胜集团公司的行为构成涉外定牌加工行为，其生产的 220 套摩托车散件全部出口至缅甸，不在中国境内流通，在中国境内不起到识别商品服务来源的作用。所以恒胜鑫泰公司、恒胜集团公司使用涉案图标的行为不构成《商标法》意义上的商标使用行为，也不会造成相关公众混淆，不构成商标侵权。

最高人民法院再审认可恒胜鑫泰公司、恒胜集团公司的行为构成涉外定牌加工，但是否定了二审法院涉案行为不构成《商标法》意义上商标使用行为的判断。最高人民法院认为，商标使用行为是一种客观行为，通常包括许多环节，如物理贴附、市场流通等等，是否构成“商标的使用”应当依据《商标法》作出整体一致解释，不应该割裂一个行为而只看某个环节。在生产制造或加工的产品上以标注方式或其他方式使用了商标，只要具备了区别商品来源的可能性，就应当认定该使用状态属于《商标法》意义上的“商标的使用”。最高人民法院还指出，《商标法》所称的相关公众，还包括与被诉商品的营销密切相关的经营者，本案中被诉侵权商标运输环节的经营者即存在接触可能性。同时中国消费者出国旅游和消费人数众多，对“贴牌商品”也存在接触和混淆的可能性。知识产权具有地域性，对于没有在中国注册的商标，即使在外国获得注册，中国境内的

民事主体所获得的所谓“商标使用授权”也不能作为侵权抗辩事由。因此，恒胜鑫泰公司、恒胜集团公司使用涉案图标的行为构成在相同或类似商品上使用近似商标，且存在造成相关公众混淆的可能性，构成对本田公司商标权的侵权。最高人民法院遂判决撤销二审判决，维持一审恒胜鑫泰公司、恒胜集团公司停止侵权并赔偿本田公司经济损失30万元的判决。

（二）“江小白”商标无效宣告请求行政纠纷案（案号：（2019）最高法行再224号）

第1032554号“江小白”商标（以下简称“**诉争商标**”），由成都格尚广告有限责任公司注册在第33类商品上。后该商标先后被转让给四川新蓝图商贸有限公司（以下简称“**新蓝图公司**”）、重庆江小白酒业有限公司（以下简称“**江小白公司**”）。重庆市江津酒厂（集团）有限公司（以下简称“**江津酒厂**”）于2016年5月30日就诉争商标向原国家工商总局商标评审委员会提出无效宣告请求，主要理由是：江小白公司是江津酒厂“江小白”酒的经销代理商，抢注江津酒厂在先使用并具有一定知名度的“江小白”商标，是以欺骗或其他不正当手段取得诉争商标，会对社会造成不良影响，且诉争商标与江津酒厂享有著作权的文字作品“江小白”构成实质性近似，违反了2014年《商标法》第10条第1款第8项、第15条、第30条、第32条、第44条。商标评审委员会经审理认定，江小白公司是江津酒厂的经销商，江小白公司的法定代表人陶石泉对江津酒厂的“江小白”理应知晓，新蓝图公司申请注册诉争商标具有明显恶意，违反了2001年《商标法》第15条，裁定对诉争商标予以无效宣告。

一审法院认为，本案程序问题应适用2014年《商标法》，实体问题应适用2001年《商标法》。江津酒厂提交的证据不能真实、有效地证明其在诉争商标申请日前对“江小白”商标享有在先权利，且江津酒厂与新蓝图公司签订的定制产品销售合同明确约定江津酒厂授权销售的产品为“几江”牌系列酒，而合同约定产品概念等用于江津酒厂或其他客户销售的产品须经新蓝图公司授权，说明江津酒厂对除“几江”外的内容不享有知识产权，亦说明新蓝图公司申请注册诉争商标未损害江津酒厂的权利。一审法院于是判决撤销商标评审委员会裁定。

二审法院认为，新蓝图公司的法定代表人陶石泉曾与江津酒厂存在关于“江小白”品牌设计稿的邮件往来，其对江津酒厂“江小白”商标理应知晓。定制产品销售合同并未约定知识产权的归属，且江津酒厂提交的销售合同、产品出货单、货物运输协议等证据表明在诉争商标申请日前，江津酒厂已经为实际使用“江小白”做准备并已经实际在先使用“江小白”品牌。诉争商标的注册构成2001年《商标法》第15条的情形。二审法院因此判决驳回江小白公司诉讼请求。

最高人民法院再审认为，江津酒厂提供的证据不足以证明其在先使用诉争商标，且江津酒厂与新蓝图公司之间虽然存在经销关系，但是双方已在产品销售合同中约定定制产品的产品概念、广告语等权利归新蓝图公司所有。江津酒厂对新蓝图公司定制产品上除“几江”外的产品概念、广告用语等不享有知识产权，新蓝图公司申请注册诉争商标未损害江津酒厂的权利。此外，江津酒厂并未提供证据证明诉争商标申请日之间与江小白公司存在酒产品的经销关系，且“江小白”的名称及相关产品设计由时任新蓝图公司的法定代表人陶石泉在先提出，来往邮件不足以证明新蓝图公司是为江津酒厂设计商标。综上，最高人民法院认为“江小白”商标并非江津酒厂的商标，诉争商标的申请注册并未侵害江津酒厂的合法权益，判决撤销二审判决，维持一审判决。

（三）“金龟子”商标无效宣告请求行政纠纷案（案号：（2019）京行终7285号）

第13029596号“金龟子”商标（以下简称“**诉争商标**”），由自然人李二娜申请注册在第41类“教育、培训、组织教育或娱乐竞赛、组织舞会、组织表演（演出）、游乐园、娱乐、提供娱乐设施、图书出版等服务上”。自然人刘纯燕（中央电视台知名少儿节目主持人，艺名“金龟子”）向国家知识产权局申请宣告诉争商标无效。国家知识产权局经审理认为，诉争商标的注册和使用损害了刘纯燕享有的在先姓名权，违反了2013年《商标法》第32条的规定，宣告诉争商标无效。

一审法院认为，姓名权作为一项法定权利，属于《商标法》第32条保护的在先权利。在商标确权行政案件中，在先姓名权保护的客体还包括其笔名、艺名等特定名称，只要该笔名、艺名在相关领域具有一定的知名度，与该自然人建立了稳定的对应关系，相关公众以其指代该自然人。刘纯燕提交的证据证明其自主决定并认可“金龟子”作为其艺名，相关公众亦以“金龟子”指代刘纯燕，“金龟子”在少儿节目领域具有较高知名度，与刘纯燕建立了稳定的对应关系。一审法院还认为，刘纯燕主持的少儿节目多为寓教于乐性质的节目，与诉争商标核定使用“教育、培训”等服务存在较大重合和关联性，进而认定诉争商标的注册损害刘纯燕对“金龟子”享有的在先姓名权，违反了2013年《商标法》第32条的规定。

二审法院认为，商标法所述的“在先权利”，不仅涵盖了“姓名”所承载的自然人的人格权，也涉及反不正当竞争法层面上通过规制行为人明知他人姓名而采取盗用、冒用等手段造成相关公众混淆的不正当竞争行为而产生的“姓名权益”。在先姓名权益的保护应综合考量姓名、艺名与特定自然人是否存在对应关系、相关公众是否容易认为标有诉争商标的商品或服务与该自然人存在特定联系、诉争商标申请人的主观恶意。二审法院认为相关公众已将“金龟子”与刘纯燕建立起对应关系，诉争商标在实际使用中已导致部分相关公众混淆，鉴于“金龟子”和刘纯燕具有较高的知名度以及诉争商标核定使用的服务与“金龟子”知名的领域重合度较高，二审法院推定申请人具有主观恶意，进而维持一审判决。

（四）“無印良品”商标侵害商标权纠纷案（案号：（2019）京民终172号）

北京棉田纺织品有限公司（以下简称“**棉田公司**”）拥有注册在第24类“棉织品、毛巾、毛巾被、浴巾、枕巾、地巾、床单、枕套、被子、被罩、盖垫、坐垫罩”商品上的第1561046号“无印良品”商标（以下简称“**涉案商标**”），并许可北京无印良品投资有限公司（以下简称“**北京无印良品公司**”）使用涉案商标。株式会社良品计画、无印良

品（上海）商业有限公司（以下简称“**无印良品上海公司**”）在其 MUJI 無印良品店销售带有“無印良品”字样的浴巾、面巾、脚垫、被套、枕套、毛圈毯等商品。棉田公司、北京无印良品公司起诉要求株式会社良品计画、无印良品上海公司停止侵权、消除影响、赔偿经济损失加合理支出共计人民币 260 万元。

株式会社良品计画、无印良品上海公司抗辩称其拥有第 4471263 号“無印良品”商标，核定使用在第 27 类“地板覆盖物、小地毯、垫席、地毯、汽车用垫毯、浴室防滑垫、门前擦鞋垫、非纺织品制墙帷、人工草皮、墙纸”商品上。一审法院认为，被控侵权的浴巾、面巾、被套、枕套、毛圈毯、浴室用脚垫等商品与涉案商标核定使用的商品属于同一种或类似商品。虽然株式会社良品计画、无印良品上海公司拥有第 27 类“浴室防滑垫”上的商标，且地巾亦有浴室防滑的作用，但在《类似商品和服务区分表》(以下简称“**《区分表》**”）中，地巾和浴室防滑垫属于不同群组，应理解为系不同种类的商品，特别是地巾上的“无印良品”商标和“浴室防滑垫”上的“無印良品”商标分别由棉田公司和株式会社良品计划持有的情况下，双方更应严格按照《区分表》中的商品分类进行使用，避免进入他人注册商标专用权的范围。故一审法院认定株式会社良品计画、无印良品上海公司的行为构成对棉田公司的商标侵权，判令二被告停止侵权、消除影响、赔偿经济损失和合理支出共计人民币 626，476 元。

二审法院认为，株式会社良品计画、无印良品上海公司主张享有商标权利的第 4471263 号“無印良品”商标核定使用的“浴室防滑垫”在《区分表》中属于 2703 类似群组即“垫及其他铺地板用品”而涉案商标核定使用的地巾属于 2405 类似群组即“毛巾、毛巾被、浴巾、枕巾、手帕”。两被告生产、销售的浴室用脚垫商品成分为 100% 棉，与涉案商标核定使用的“地巾”商品构成类似商品，而不与“浴室防滑垫”商品构成相同或类似商品。其他标有“無印良品”的浴巾、面巾等商品和标有“MUJI/ 无印良品”“无印良品 MUJI”的产品也与涉案商标核定使用的商品构成相同或类似商品。“無印良品”“MUJI/ 无印良品”“无印良品 MUJI”与涉案商标使用在相同或类似商品上容易导致消费者误认。本案原被告作为分别拥有“无印良品”“無印良品”商标的不同市场主体，应当尊重业已形成的市场秩序。对于超出己方商标专用权边界，侵犯对方商标专用权的行为均应予以制止并承担相应的法律责任。基于上述考虑，二审法院判决驳回株式会社良品计画、无印良品上海公司的上诉。

（五）“MK”商标反向混淆侵害商标权纠纷案（(2018) 浙民终 157 号）

汕头市澄海区建发手袋工艺厂（以下简称“**建发厂**”）在第 18 类“旅行袋，旅行箱，帆布背包，手提包，运动用手提包，包装用皮袋（包，小袋），购物袋，公文包，钱包，书包”上注册了第 1244366 号“mk”商标。迈克尔高司商贸（上海）有限公司（以下简称“**迈克尔高司上海公司**”)、迈可寇斯（瑞士）国际股份有限公司（MICHAEL KORS(SWITZERLAND) INTERNATIONAL GMBH，以下简称“**迈可寇斯（瑞士）公司**”）等在其生产、销售的女士手提包等产品上使用了“mk”、“MK”、“MK”、“MK”、“MK”商标（以下简称“**被诉标识**”)。建发厂起诉请求判令迈克尔高司上海公司、迈可寇斯（瑞士）公司停止侵权、赔偿经济损失及合理费用 9，500 万元并消除影响。

一审法院认为，迈克尔高司上海公司、迈可寇斯（瑞士）公司使用被诉标识的行为属于商标使用行为，构成在第 18 类箱包商品上的使用。关于被诉标识与建发厂的商标是否近似，一审法院认为从“mk”、“MK”、“MK”、“MK”、“MK”与建发厂“mk”商标的近似程度逐步减弱，但是建发厂的 MK 品牌包系用于出口，在长达十多年的时间里，建发厂并未在我国境内持续、广泛、大量的宣传和销售使用“mk”商标的箱包商品，没有充分证据证明“mk”商标通过实际使用已经获得了较强的显著性和公众认知度。相反，被诉侵权商品价格属于中等偏高，且对应消费者群体更关注包的品牌，在购买时会施加价高的注意力且具有一定的辩识能力。此外，迈克尔高司上海公司、迈可寇斯（瑞士）公司主要使用“MICHAEL KORS”商标，对被诉侵权标识的使用行为较为谨慎、谦抑，无意与“mk”商标造成混淆、误认，或掠夺、淹没该商标已经形成的商业成果和商誉，不存在混淆误认。关于反向混淆，一审法院认为，由于建发厂是一家致力于对外贸易的企业，且没有提供证据显示其在国内有大量销售使用“mk”商标的箱包的商品。所以，在被告入驻中国时，“mk”商标并未通过建发厂持续大量的使用，获得更强的对字母相同商标的排斥力和更大的市场空间。同时建发厂并没有努力为“mk”商标创造独立的市场价值和地位，而是更乐于追求与被诉标识所指示的商品来源混淆的结果，对于这种行为不应予以鼓励。被诉标识中凝聚了迈克尔高司上海公司、迈可寇斯（瑞士）公司的商业成果和竞争优势，应当获得认可和保护。综上，一审法院驳回建发厂的诉讼请求。

二审法院认为，被诉标识与建发厂注册商标核定使用的商品属于同种商标，迈克尔高司上海公司、迈可寇斯（瑞士）公司使用被诉标识的行为构成商标性使用。二审法院指出，在认定是否构成反向混淆时，仍应秉承和正向混淆基本相同的裁量标准，适用基本相同的评判规则，除了考虑诉争标识使用的强度外，对于商标权的保护强度仍应与涉案商标的显著性、知名度成正比。对于尚未作实际使用，或显著性弱、知名度低的商标，则应当将其禁用权限定于较小的范围，给予其与知名程度相匹配的保护强度。本案中“mk”商标固有显著性弱，被诉标识与该商标有较为明显区别的设计风格，且建发厂自身在后期也放弃了提高涉案商标显著性的努力，刻意接近被诉标识，主动寻求市场混淆的后果，同时迈克尔高司上海公司、迈可寇斯（瑞士）公司主观上并无利用建发厂商誉，造成相关消费者混淆误认的故意，又对“mk”商标做了一定程度的避让，二者在消费者群体上也不同，目前客观上不会造成相关公众的正向混淆或反向混淆。但是，二审法院同时指出，被诉“mk”“MK”标识虽然仅在官网、微信客服短信、会员计划书中少量使用，但毕竟与“mk”商标字母相同且无字体设计，被告在今后不应再使用，并在使用其他标识时应当附加“MICHAEL KORS”等区别标识。综上，二审法院维持一审判决，但是要求迈克尔高司上海公司、迈可寇斯（瑞士）公司承担部分诉讼费用。

四、2019年君合代理典型商标案例

（一）宝马股份公司诉上海创佳、德马集团及周乐琴商标侵权和不正当竞争案一审胜诉

本案是君合商标团队所代理的重要驰名商标保护案件，案件曾被评为2016年上海法院十大案例、优质品牌保护委员会年度十佳案例。该案被最高人民法院选登刊载于《最高人民法院公报》2019年第9期。该案判决生效三年后入选《最高人民法院公报》，说明案件的典型性和审判结果获得国家最高审判机关的认可，并对全国法院在后审理同类型的商标案件起到指引和参考作用。

最高人民法院在该公告案例的裁判摘要中总结："当被控侵权商标标识中存在多个相近的侵权商标标识，且其中某个被控侵权商标标识系权利商标驰名前已经注册的，此时应根据被控侵权人是否具有明显的侵权主观恶意；之后注册的被控侵权商标标识的实际使用情况是否存在对之前注册的商标标识的商誉传承；之后注册的被控侵权标识是否与权利商标相同或近似，足以误导公众并可能致使权利人的利益受到损害等因素，判断在权利商标驰名后注册的商标是否属于对驰名商标的复制、模仿，应否停止使用。"

该案是中国驰名商标司法保护历史上的里程碑案件，具有重大法律意义：

（1）本案是中国法院再次对原告宝马公司全部核心商标"宝马""BMW"和"BMW图形"的驰名状态予以认定的案例，确认了原告商标至少从2007年起开始的多年连续驰名状态，确立了对驰名商标权利人给予全方位保护的基础。

（2）法院基于对原告驰名商标的认定、被告侵权性质的分析与认定，判定被告使用注册商标的行为即构成商标侵权，意即被诉侵权商标即使在按照注册形式原样使用且未经行政程序无效的情况下仍然构成商标侵权，在驰名商标司法保护实践中具有开创意义。

（3）法院认定了自然人周乐琴与其他侵权人在从事侵权行为上的意思联络，认定其对承担共同侵权责任，意即周乐琴就三百万元赔偿承担连带赔偿义务，从而通过追究自然人的侵权行为更有效地打击了"傍名牌"侵权活动。

（4）法院全额支持了原告的赔偿请求，判决三被告赔偿《商标法》（2014年版）规定的法定赔偿的上限金额三百万元，是适用法定赔偿的商标侵权案件最高额度。

（二）英皇集团针对"英皇蚂蚁"等服装商品上近似注册商标的无效宣告申请及其核心品牌"英皇"和"英皇钟表珠宝及皇冠图形"驰名商标跨类保护案

英皇集团公司是香港知名的综合企业集团，始源于钟表零售业务，其后不断扩展，至今业务经营多元化，涵盖金融、地产、钟表珠宝、娱乐、酒店、传媒、家具及室内布置、电子竞技以及共享工作空间等业务。集团旗下业务— 英皇钟表珠宝—主要销售享誉国际之钟表及旗下自家设计的高级珠宝首饰，为零售商之翘楚。英皇钟表珠宝于1942年成立，是起源于香港，面向国际的历史品牌，是英皇集团的基石业务。早期专注发展钟表业务，代理欧洲精品名表品牌；自60年代起发展多元化业务，兼营珠宝零售，其后设计及生产自家品牌之时尚华丽的珠宝首饰，包括名贵钻石、翡翠珠玉、足金饰品等。

2019 年 11 月，在三起服装商品上跨类侵害驰名商标的商标无效宣告案件中，国家知识产权局经审理认定——在争议商标申请日前，英皇钟表珠宝集团注册商标（“英皇”文字商标（第 924354 号）、“英皇钟表珠宝”等图文组合商标（第 1160070 号））在第 14 类“钟、表、珠宝、宝石”等商品上在中国内地已为相关公众所熟知。在 25 类“服装”等商品上已注册的争议商标“英皇蚂蚁及图”“英皇尚品及图”“英皇丽衣及图”构成对英皇钟表珠宝集团在先注册商标的摹仿，争议商标的注册易导致消费者对商品来源产生误认，进而导致申请人的商标权益可能受到损害。三案均适用了《商标法》第十三条第三款关于驰名商标保护的规定，裁定各争议商标予以宣告无效。

英皇	英皇鐘錶珠寶

* 以上为受保护驰名商标图样

君合为本次无效宣告暨请求驰名商标保护案件提供了全程法律服务，本案于 2018 年 4 月 27 日提交申请，准备和筛选基础材料超过 5 万页，提交申请书和证据材料 2.6 万页，电子资料超过 2.6G。项目历时一年半，最终取得了英皇驰名商标受到保护且三争议商标无效的预期有利结果。

（三）上海游奇网络有限公司诉原商标评审委员会“葵花宝典”商标无效宣告行政诉讼二审案

君合受上海游奇网络公司委托，就其“葵花宝典”商标（以下简称“**争议商标**”）与原商标评审委员会、完美世界控股集团有限公司商标无效行政纠纷案件提供二审代理法律服务，案件取得了胜诉的结果。

2017 年，原商标评审委员会做出裁定，认定争议商标损害了金庸先生基于小说创作中武学秘籍的特有名称的商品化权益，违反了《商标法》第三十二条的规定，对争议商标予以无效宣告。上海游奇公司不服裁定委托君合商标团队提起行政诉讼。2018 年，北京知识产权法院经一审审理，认为“葵花宝典”的知名度尚未达到金庸先生《笑傲江湖》的应受法律保护的作品名称和角色名称的知名度，且“葵花宝典”词语已经与金庸先生的作品产生了阻断，如对其保护则损害了社会公众对法律的合理预期并限制了公众的表达自由，相应撤销了原商标评审委员会对“葵花宝典”的商标无效裁定。

原商标评审委员会及完美世界公司不服一审判决，向北京市高级人民法院提出上诉。2019 年，北京市高级人民法院经开庭审理，做出二审判决，维持了一审法院撤销商标评审委员会无效裁定的判决。二审法院认为，我国现有民法体系并未承认“商品化权”，其内涵和边界均无法确认，争议商标并未违反他人的现有在先权益。案件的创新之处在于二审判决虽然在结论上维持了一审判决，但二审法院对“商品化权益”本质进行了审慎地剖析，否定了“商品化权”的有名化，并在“商品化权”能否作为在先权利予以保护这一关键问题上，做出了与一审法院及其相关判例完全不同的认定，为今后此类纠纷的处理提供了全新的解决思路。

本案在一审判决后曾被评为2017年国内十大研究价值案例，因涉及作品名称或角色的商品化权的保护范围而备受业界瞩目。君合协助上海游奇公司成功维持了其重要商标“葵花宝典”在游戏服务上的注册。

（四）腾讯公司“王者荣耀”商标无效宣告案

2018年，腾讯科技（深圳）有限公司（简称“**腾讯公司**”）委托君合团队向原商标评审委员会提出申请，请求对王博在19类“金属地板砖”等商品上注册的“王者荣耀”商标（以下简称“**争议商标**”）予以无效宣告。本案中，腾讯公司旗下腾讯游戏天美工作室在2015年11月26日将“王者荣耀”游戏在安卓、IOS等平台进行公测，推出之后该游戏迅速取得市场成功并在游戏领域享有知名度。在腾讯公司推出该游戏很短时间之内，即遭遇不同主体在若干类别予以抢注商标。本案属于疑难案件，无论从驰名商标、还是从已在先使用并有一定影响的商标、抑或从欺骗或不正当竞争手段等角度出发都具有一定的难点。在无效宣告申请中，君合团队从《商标法》中对在先民事权利的保护角度出发，充分论证了“王者荣耀”已在争议商标申请人之前即成为申请人有较高知名度的网络游戏作品，作为作品名称应受“在先权利”保护。

国家知识产权局经审理认定：（1）申请人提交的在案证据可以证明“王者荣耀”作为网络游戏的名称，在争议商标申请日前已经在中国大陆地区进行了广泛的宣传，已为相关公众所了解，具有较高知名度。而且，该知名度的取得是申请人创造性劳动的结晶，其所带来的商业价值和商业机会也是申请人投入大量劳动和资本所获得，理应受到保护；（2）争议商标显著识别文字“王者荣耀”与申请人具有较高知名度的网络游戏名称“王者荣耀”在文字构成、呼叫等方面相同，被申请人对此未做出合理解释。在此情况下，争议商标在指定商品上注册使用，易使相关公众认为商品来源于申请人或与申请人有密切关联性，从而利用申请人“王者荣耀”网络游戏的知名度获取更多交易机会和商业利益，损害申请人享有的在先权益。故争议商标的注册已构成《商标法》第三十二条“申请商标注册不得损害他人现有的在先权利”之情形。据此，国家知识产权局裁定：争议商标予以无效宣告。

本案无效宣告具有较高的典型意义：首先，争议商标仅在“王者荣耀”游戏推出之后不久提出申请，需要认定该游戏在较短时间内取得的知名度达到《商标法》三十二条规定的其他在先权利对“知名度”的要求。本案中君合团队充分提交证据并充分证明了该款游戏短时间内取得的高知名度；其次，最高人民法院司法解释中补充明确了应受保护的其他在先民事权益的规定包括两种，即知名的作品名称和角色名称，学者称之为“商品化权”。网络游戏是否属于著作权法意义上的作品具有一定的争议性。国家知识产权局开拓地认定了“王者荣耀”之类的游戏名称属于最高人民法院司法解释对《商标法》三十二条之在先民事权利扩充解释后的作品名称，对在后案件起到了良好的指引；最后，本案属于跨类保护案件，表明该类在先权利具有跨类防止侵害的作用，即一种类似驰名商标跨类保护的强保护，可以有效地阻抑此类恶意商标申请和注册行为。

（五）摩腾有限公司诉广东亿动体育用品有限公司等公司立体商标侵权案

2019年8月19日，针对摩腾有限公司诉广东亿动体育用品有限公司、长沙市雨花区威威文体商行商标侵权和不正当竞争一案，湖南省长沙市中级人民法院经审理做出一审判决，认定二被告构成商标侵权并赔偿。判决要旨包括三点：1、认定二被告生产、销售的体育用品侵犯了原告的“MOLTEN”文字商标专用权；2、认定二被告生产的侵权产品中的篮球产品同时侵犯了原告对两条黄色色带十字交叉于红色球体表面的外观样式所享有的立体商标专用权；3、全额支持了原告对被告一的索赔请求，判决被告一赔偿原告人民币三百万元，被告二对其中的二十万元承担连带赔偿责任。君合在本案担任原告方代理人。

本案是中国立体商标司法保护史上判决权利人胜诉的典型案件，具有重大法律意义：（1）本案是国内较少的立体商标民事侵权案。在本案中，法院没有采取认定不正当竞争来对将篮球外观作为包装装潢保护的通常做法，而是充分考虑到原告拥有该立体商标的注册商标专用权，明确指出要结合立体商标的显著性、知名度以及使用过程中与原告商品的关联程度等事实，直接认定被告构成立体商标侵权；（2）在商标申请阶段，权利人可以采取同时附加文字标识的方式以确保通过审查并注册，但法院需要考虑是否形状本身在长期使用的过程中已获得并增强显著性且可在商标中的显著文字之外单独受到保护；（3）法院全额支持了原告的赔偿请求，判决被告赔偿《商标法》（2014版）法定赔偿的上限金额三百万元，是适用法定赔偿的商标侵权案件最高额度；（4）本案判决做出之时，正值篮球世界杯在国内举办期间，公众的焦点都聚焦在篮球运动之上，摩腾篮球作为世界杯指定用球吸引了广大公众的注意。本案的胜诉有力地提升了公众对于摩腾篮球特定设计的认知，保护了知名商品立体商标的商誉，在球类产品上开创了立体商标保护的先河，同时也体现了中国法院对于中外商标权人平等保护的宗旨。

君合团队在诉讼中结合客户文字商标和立体商标的知名度情况以及被告侵权行为的情况，进行了充分的法律论证和证据收集准备，充分利用网络公开的信息、资源，系统的检索取得了大量证明客户商标知名度的证据，包括前国家领导人视察北京奥运会场馆时使用摩腾篮球投篮的报道等，有力地证明了摩腾篮球立体商标的知名度。君合律师在起诉、庭审和庭后代理词中对于立体商标保护的要旨、立体商标保护与反不正当竞争法下的知名商品包装装潢保护的关系等法律问题进行了深入的阐述说理，大部分法律观点为一审判决所认可并最终取得了一审胜诉的良好结果，实现了立体商标认定和保护的诉讼目标。

附：摩腾篮球图样

（六）广东长隆集团有限公司"长隆 CHIMELONG"商标认定驰名商标案

君合受广东长隆集团有限公司（以下简称"**长隆集团**"）委托，针对第10620813号"长隆 CHLONC"商标（指定使用在第11类"抽水马桶；坐便器；小便池"等商品上）、第12397376号"长隆"（指定使用在第29类"食用果冻；鱼制食品"等商品上）、第13938051号"长隆 CHLONC"（指定使用在第29类"抽水马桶；沐浴用设备"等商品上）、第14253278号"长隆百年 CHANGLONGBAINIAN"（指定使用在第43类"烹饪设备出租"服务上）（以下统称"**争议商标**"）提起无效宣告申请。本系列案件涉及的争议焦点是争议商标是否违反《商标法》第十三条三款的规定，即，争议商标是否构成对"长隆"驰名商标的恶意摹仿，争议商标的注册和使用是否会损害长隆集团作为驰名商标所有人的权益。原商标评审委员会经审查，作出四件无效宣告裁定书，认定"广东长隆集团有限责任公司提交的审计报告、纳税证明、广告合同、发票等证据可以证明申请人早在2001年就已开始使用'长隆'商标，并通过报刊、网络、电视等多种方式在提供娱乐设施、饭店服务上进行广泛宣传，可以证明在争议商标申请日之前引证商标一在提供娱乐设施、引证商标二在饭店服务上已为相关公众所熟知。争议商标完全包含引证商标一、二，构成对上述引证商标一、二的摹仿。争议商标构成《商标法》第十三条第三款所指不予注册的情况"，并裁定四件争议商标应予以宣告无效。

《商标法》第十三条规定，"为相关公众所熟知的商标，持有人认为其权利受到侵害时，可以依照本法规定请求驰名商标保护"。驰名商标的保护范围不仅局限于相同或类似的商品或服务，已注册的驰名商标还可获得在不相同或者不相类似的商品或服务上的跨类保护。因此，被认定为"驰名商标"，不仅是对商标本身知名度和美誉度的肯定与标榜，也将成为商标权利人维系其品牌与商誉，制止他人侵权和不正当竞争行为的有力武器。但是，正因为驰名商标能够获得上述较为宽泛的保护，实践中，商标审查机关及人民法院对于商标是否构成驰名的认定，往往采取极为审慎的态度。要获得驰名认定，商标权利人需要提交大量有效的证据材料，以证明公众对该商标的知晓程度、该商标使用的持续情况和宣传程度等，从而在《商标法》框架下获得与其驰名度相适应的扩大保护。

君合商标团队受长隆集团委托，在无效宣告申请案件中，通过对"长隆 CHIMELONG"系列商标保护情况进行全面梳理，结合案件情况提出了全面详细的证据搜集建议，针对"长隆 CHIMELONG"商标在"提供娱乐设施"和"饭店"服务等不同行业的使用证据和知名度证据进行了分别的深入梳理和充分阐述，同时分析并强调了我国目前关于驰名商标认定和反淡化保护的论点和司法判例，最终获得了无效宣告案件的全面胜利，成功使"长隆 CHIMELONG"商标获准认定为第41类"提供娱乐设施"以及第43类"饭店"等服务上的驰名商标，并获得11类、29类、43类非类似商品/服务上的扩大保护。在当前驰名认定标准逐渐收紧、难度加大的案件审理趋势下，赢得胜诉裁定不仅仅证明了君合商标团队办理案件的细致精准，对证据、论点和案件整体的把控能力，更积累了为客户通过推进商标驰名认定获得有效品牌保护的宝贵经验，有利于保护和推广优质中国品牌，增强中国企业的世界品牌竞争力。

"长隆"商标无效宣告案是中国商标保护机关在提供游乐设施服务和饭店酒店行业同时给予驰名商标保护屈指可数的案例，而在一个案件中同时获得两个类别的服务作为驰名商标保护的先例，更是罕见，被中华商标协会评为2019年商标评审典型案例。

（七）张薇、辽宁东祥金店珠宝有限公司不服最高人民法院商标争议/异议复审行政诉讼三案再审裁定而向最高人民检察院提起抗诉案

张薇、辽宁东祥金店有限公司（以下简称"**辽宁东祥公司**"）针对哈尔滨东祥金店有限公司（以下简称"**哈东祥公司**"）申请注册的第6914779号"哈东祥"商标、第6914778号"哈东祥"商标以及第4376182号"哈东祥"商标分别提起争议和异议。因不服北京市高级人民法院做出的争议和异议复审行政诉讼判决结果，君合代表哈东祥公司向最高人民法院提起再审申请，并赢得再审胜诉判决，维持/予以核准三件"哈东祥"商标注册。而后，张薇、辽宁东祥公司因不服最高人民法院关于第6914779号商标争议行政诉讼、第6914778号商标争议行政诉讼以及第4376182号商标异议复审行政诉讼三起案件的再审裁定向最高人民检察院提起抗诉。君合代表哈东祥公司对该三件抗诉申请进行了答辩。2019年底，最高人民检察院经审查做出不予抗诉决定。

该案是关于中华人民共和国成立前老字号企业商标共存的问题的重大疑难案件，引起了社会和商标法律业界的广泛关注。双方当事人哈东祥公司和辽宁东祥公司均是产值数亿的大型珠宝企业，本案涉及因历史沿革的原因，一方当事人在原共有商标已经为一方当事人先行注册的情况下，进行合理避让重新设计商标，双方商标能否合理共存的法律问题。君合代理最高人民法院再审案和最高人民检察院抗诉案时，除了分析标识本身的近似度、强调哈东祥公司长期连续使用和宣传行为等因素，着重从以下几个关键因素阐述了"哈东祥"与"东祥"共存的原因。

（1）在"东祥"字号共有共用的情况下，沈阳东祥（历史上的另一主体）和辽宁东祥公司申请注册"东祥"商标本身是缺乏正当性的，而哈东祥公司增加地域名称作为区分性标识，是可以考虑给予商标注册的情形。

（2）即使注册商标具有老字号的渊源，当受让人（辽宁东祥公司）不能证明在先注册商标的有效使用，即在先注册商标的使用存在中断的情况下，不能主张其继承了在先注册商标积累的商誉。

（3）在2004年最早的"哈东祥"商标申请日之前，哈东祥公司已经通过持续、成功的经营为自己的品牌和商号积累了大量的商誉价值，形成了稳定的消费群体，反观沈阳东祥则陷入经营不善甚至要被迫转让包括商标在内的资产。

（4）哈东祥公司申请使用"哈东祥"商标，是为了与辽宁东祥公司相互区分，根据当时哈东祥公司的经营规模、已经形成的消费群体以及"东祥"商标的知名度情况，足以得出哈东祥公司在主观上并无利用引证商标的品牌声誉，造成消费者混淆误认的故意。

（5）稳定的市场格局和消费群体关键看商标的在先使用宣传程度，不要求销售地域必须遍及全国大部分地域。

最终，最高人民法院认定"哈东祥公司和辽宁东祥公司，应当在尊重历史、分享成

果、诚实信用、公平竞争的前提下使用各自的商标，尽可能彼此区分，共同发展”，即是考虑到对商誉公平分配的问题，让哈东祥公司拥有属于自己的正当、合理的商业发展空间，也是综合考虑标识情况、历史因素、主观善意以及现有市场格局等多方面因素，对在先注册商标给予适度保护，兼顾公平原则的结果。此外，从社会效果来看，准予“哈东祥”商标注册，起到了真正定纷止争，稳定市场秩序的作用和效果。明确哈东祥公司和辽宁东祥公司各自拥有能够相互区分的商标，并划定各自商标权利的边界，能够避免各方不必要的争斗，使得各方把精力转向发展壮大自己的企业，向消费者提供更优质的商品和服务品质，更好地将“东祥”字号发扬光大。

该三件再审案件挽回了我方当事人每年数亿销售额的市场损失，并为中国商标法律业界关于此重大疑难类案件，创立了典型案例。对于张薇、辽宁东祥公司向最高人民检察院提起抗诉，我方亦积极进行答辩，最终张薇、辽宁东祥公司未获支持。抗诉裁定书是对“哈东祥”商标知名度以及维护“哈东祥”民族品牌和老字号的市场格局进一步确认。

（八）捷尔杰工业公司诉国家知识产权局有关第 19118878 号颜色组合商标的驳回复审行政诉讼一审案

原告，捷尔杰工业公司是一家知名的高空作业设备生产商。其高空作业车、伸缩臂叉装机和伸缩臂挖掘机技术和销量一直稳居世界行业领导地位。产品包括高空作业平台（个人直立式、剪刀式、直臂式、曲臂式），以及伸缩臂叉装机、拖车式升降作业平台等。原告公司总部设在美国宾夕法尼亚州麦克康奈尔斯堡市，在美国宾夕法尼亚州、俄亥俄州、欧洲的比利时及中国的天津都有制造厂，世界各国有分支机构，负责本地区的销售和技术服务。目前的客户遍及全世界，产品广泛用于楼房、桥梁及公路建设、电力、航空航天、船舶、汽车制造，以及石油化工等多种行业。

原告在第 7 类“高空工作升降台；升降设备；升降装置；起重机；装卸设备”上申请注册颜色组合商标“ ”，被国家知识产权局以商标使用在指定商品上，缺乏显著特征，不得作为商标注册为由予以驳回。因不服该驳回决定，原告向国家知识产权局依法提出复审申请。国家知识产权局经审理后认定，申请商标指定使用在高空工作升降台等商品上，不具备识别商品来源的作用，缺乏商标应有的显著特征，构成《商标法》第十一条第一款第（三）项所规定的情形，并驳回了原告的复审申请。原告因不服驳回复审裁定向北京知识产权法院提起诉讼。

根据以往的实践，国家知识产权局、人民法院均认为颜色组合商标本身不具有商标本身应该具有的固有显著性，不得作为商标注册。但是，根据《商标法》第十一条第二款规定：“前款所列标志经过使用取得显著特征，并便于识别的，可以作为商标注册”。因此，本案的争议难点在于，原告需要提供大量的证据材料，以证明其使用颜色组合商标的产品经过长期的宣传和使用，已经与原告之间建立起了唯一对应关系，该颜色组合商标使用在其指定的商品上，能够起到识别商品来源的商标作用。但是，出于对商业秘密的保护，原告提供的其在中国进行大量商业活动的直接证据，如合同、发票等证据材料较少。

本案中，君合商标团队撰写了翔实的理由，并通过进行国图检索，收集了大量的公开出版物报道，对原告及其使用颜色组合商标的产品在中国的知名度和使用情况提供了有力的证明。君合团队在近千页的证据材料中，从原告基本情况、原告在国内的经营活动情况、原告在全球乃至中国市场上的生产/销售额、生产/销售量、原告参加多届国内外工程机械领域展会情况、原告产品获得荣誉奖项的情况等多个角度筛选出大量的公开出版物节选，并整合了这些出版物中对于原告带有颜色组合商标的产品的图片，向法院全面展示了原告及其颜色组合商标长期、持续、大量的宣传和使用，以及原告及其颜色组合商标产品的极高知名度。

北京知识产权法院在审理后，全面认可了原告提交的理由及各项证据，认定本案中，原告提交的相关证据可以证明原告产品在中国占有极高的市场份额，诉争商标作为颜色组合商标经过原告长期、广泛的宣传与使用，已经为相关公众所熟知，具有一定知名度，与原告之间形成相互指代的稳定对应关系，能够起到区分商品来源的作用。因此诉争商标在使用过程中获得了显著性。因此，诉争商标不构成《商标法》第十一条第一款第（三）项所规定的情形，依法应当予以注册。该案为为数不多的颜色组合商标驳回复审案件提供了重要参考，本案诉争商标被北京知识产权法院判决应予以注册也为原告在中国的品牌保护提供了保障。

（九）唐纳森公司诉国家知识产权局、唐纳森润滑科技江苏有限公司有关第8904333号“唐纳森”商标无效宣告行政诉讼一审案

原告，唐纳森公司（DONALDSON COMPANY，INC.）是全球过滤系统及其配件行业的知名公司，其主要产品为润滑油滤清器（机油滤芯）及除尘器及其他汽车用机械设备。原告在中国有第173524号“**donaldson**”、第173526号“**donaldson**”、第796469号“DONALDSON 唐纳森”商标、第794721号“DONALDSON 唐纳森”商标、第798516号“DONALDSON 唐纳森”商标、第179598号“DONALDSON”商标、第919861号“DONALDSON”商标等，并在先注册。

唐纳森润滑科技江苏有限公司在第4类“润滑油；润滑脂；润滑剂；导热油；燃料油；气体燃料；石油气；矿物燃料；工业用蜡；除尘制剂”商品上申请注册了第8904333号“唐纳森”商标（简称“**诉争商标**”），并在实际使用中使用混淆性的广告宣传，使相关公众误认为其是原告或与原告存在关联关系，对诉争商标的商品来源产生混淆，严重损害了原告及其母公司的商誉和合法权益。

原告依法针对该诉争商标提起无效宣告申请，但国家知识产权局认为原告无效宣告理由不成立，下发裁定对该诉争商标予以维持。原告不服，依法向北京知识产权法院提起诉讼。

君合团队在诉讼阶段围绕两个主要法律问题，撰写了翔实的理由，提交了有力的证据以及在先生效裁定和判决，针对争议要点进行了充分的阐述。具体而言，君合团队从以下两个方面证明争议商标违反了《商标法》的相关规定：

（1）原告中文商标、商号“唐纳森”和英文“DONALDSON”之间通过原告长期、广泛宣传和使用已经建立了一一对应的联系。

诉争商标“唐纳森”与原告在第7、11、12、37类在先注册的第796469号“DONALDSON 唐纳森”、第794721号“DONALDSON 唐纳森”、第798516号“DONALDSON 唐纳森”商标中文构成文字、呼叫、含义方面完全相同，与第173524号“donaldson”、第173526号“donaldson”、第179598号“DONALDSON”、第919861号“DONALDSON”、第915911号“DONALDSON”商标构成混淆性近似商标，并且指定使用在与原告在先注册、享有高知名度的“润滑油滤清器（机油滤芯）及除尘器及其他汽车用机械设备及服务”等密切相关联的“润滑油”等商品上。诉争商标与原告在先注册商标构成使用在类似或密切相关的商品上，违反2001年《商标法》第二十八条的规定，依法应予宣告无效；

（2）诉争商标与原告及其在华子公司唐纳森（无锡）过滤器有限公司的中文商号“唐纳森”文字完全相同，构成原告英文商号“DONALDSON”的直接翻译，且指定使用在与原告享有盛誉的汽车领域密切的相关的产品上。诉争商标侵犯了原告的在先商号权，违反了2001年《商标法》第三十一条的规定，依法应予宣告无效。

北京知识产权法院经审查，充分考虑了原告提交的理由和各项证据，认定：

（1）诉争商标指定商品与引证商标指定商品、服务在使用中存在搭配关系或其他紧密关联，构成类似商品、服务。诉争商标与中文引证商标完全相同，与英文引证商标构成中英文互译。因此，诉争商标构成引证商标在类似商品、服务上的近似商标，双方商标共存容易造成相关消费者的混淆误认，诉争商标已经构成2001年《商标法》第二十八条所指情形；

（2）原告提交的证据足以证明在诉争商标申请注册日之前，其主要经营的滤清器、工业除尘器等核心产品广泛且持续运用于汽车、工程机械等市场领域，销售范围遍及中国大陆地区的江苏、广州、上海等多个省市及直辖市，客户量较大，且在商业活动中，唐纳森（无锡）过滤器公司通常将“唐纳森”与”Donaldson”的中英文商号结合使用，在形成稳定市场并积累起良好的商誉和较高的知名度后，“唐纳森”商号和”Donaldson”已建立起对应关系。诉争商标在实际使用过程中易导致相关公众产生混淆误认，即误认为诉争商标所标识下的商品来自商号所有人，或者与商号所有人之间有特定联系，从而损害唐纳森（无锡）过滤器公司的在先商号权益。因此，诉争商标的注册构成2001年《商标法》第三十一条所指“损害他人现有的在先权利”的情形。据此，北京知识产权法院依法判决撤销国家知识产权局作出的无效宣告裁定，重新作出裁定。

本案中，北京知识产权法院充分考虑了原告及其“唐纳森”“Donaldson”商标的在先知名度以及诉争商标指定商品与原告引证商标指定商品、服务在实际使用中较强的关联关系，突破了《类似商品和服务区分表》对类似商品、服务的划分，认定分属于不同类似群组的诉争商标指定商品与原告引证商标指定的商品、服务构成类似。此外，北京知识产权法院也充分考虑了原告提交的原告及其子公司对“唐纳森”“Donaldson”商标结合宣传、使用的证据，认定原告该等中英文引证商标已建立起对应关系。该判决不仅增加了原告的知名度，为原告增加了又一道知名度认定的司法防线，更认定了原告中英文商标“唐纳森”“Donaldson”之间的对应关系，对原告针对其他恶意摹仿的商标在商标争议以及维权过程中提供了更有力的基础，对原告在中国的品牌保护具有重要的意义。

（十）维纳康佳阿拖拉公司干露商标权无效宣告行政纠纷案

2018 年 7 月，君合受维纳康佳阿拖拉公司委托，代理其针对国家知识产权局做出的关于第 11440553 号“干露”商标（下称“**诉争商标**”）无效宣告请求裁定书提起行政诉讼。

本案涉及的争议焦点是指定使用第 35 类服务上的诉争商标与原告第 33 类上在先已注册的干露系列商标是否构成指定使用在类似 / 密切关联的商品 / 服务上的近似商标。本案的难点在于原告在诉争商标指定使用的第 35 类服务上并没有在先的注册和申请，也无法主张驰名商标保护，只能依据原告在第 33 类上在先注册，突破《类似商品和服务区分表》主张跨类商品及服务构成类似，案件证据搜集和理论论述整体难度较大。

2019 年 11 月，北京知识产权法院经审理认定，诉争商标“干露”与原告引证商标的主要识别文字干露完全相同，且“干露”非固有词汇，显著性较强，因此诉争商标与原告引证商标构成近似商标。就商标指定的商品和服务而言，根据原告提交的国图检索报告显示，在诉争商标申请日 2012 年 9 月 3 日之前，国内多家三流媒体多次对干露及干露酒厂、干露酒庄葡萄酒进行了报道，由此可见，原告“干露”及“干露酒厂”在诉争商标申请日之前可为相关公众所知悉，具有一定知名度。其次，诉争商标申请人在其微信公众号中大量使用“干露酒庄”，并称其“从事进口葡萄酒、法国巴黎水、进口啤酒等产品的推广与运营”。诉争商标申请人作为经营酒类商品的同行业经营者，理应知晓原告干露酒厂的存在。而诉争商标核定的“替他人推销、替他人采购（替其他企业购买商品或服务）、市场营销、进出口代理”服务与原告引证商标核定的“酒（饮料）、葡萄酒”存在较大关联，易使相关公众认为其所标示的产品来自原告或与原告存在某种关联。北京知识产权法院认定诉争商标违反了《商标法》第三十、三十一条的规定，并做出了有利于原告的一审判决。

在案件代理过程中，君合首先通过提交国图检索报告及大量的商业使用证据对原告在先注册的第 33 类干露系列商标的知名度进行了证明。同时，君合通过提交诉争商标申请人微信公众号、微店相关下载页面和在关联的撤销复审案件证据交换环节取得的诉争商标申请人相关使用证据等充分证明诉争商标申请人申请诉争商标时存在明显主观恶意这一事实。此外，君合针对第 33 类商品和第 35 类服务构成类似 / 密切关联商品 / 服务进行了详尽的在先司法案例检索和研究，并充分论证在跨境电子商务 / 贸易的当下，诉争商标的注册和使用将不可避免的引起中国相关公众的混淆和误认，进而损害中国消费者的利益。最终，君合在该等商标权无效宣告行政纠纷一审程序中，为客户争取到了 33 类、35 类跨商品和服务类别认定近似的有利判决。

在目前商标行政授权确权司法实践中，针对未曾获得驰名商标认定的商标，国家知识产权局及各级法院相对而言鲜少突破《类似商品和服务区分表》给予跨类保护。本案中，北京知识产权法院综合考虑了原告第 33 类引证商标的知名度、诉争商标申请人实际涉及的商业领域、申请诉争商标时的主观状态及尽可能避免混淆误认等多方面因素，最终给予了跨类保护。本案不仅为君合客户争取到了更为充分的商标保护，也为以后类似案件提供了新的证据搜集及诉讼思路。

（十一）意大利费列罗有限公司针对唐冬梅申请的第21980028号和第21980360号“费列罗”商标提起异议申请并认定驰名案

2018年1月，君合代表费列罗有限公司针对自然人唐冬梅申请注册的第21980028号“费列罗”商标（11类指定使用在“照明器械及装置，消毒设备，水净化设备和机器，电暖器”等商品上）和第21980360号“费列罗”商标（18类指定使用在“动物皮，旅行箱，背包，钱包（钱夹），手提包，皮肩带，帆布箱”等商品上）向原国家知识产权局商标局提起异议申请。本系列案件涉及的争议焦点是被异议商标是否违反《商标法》第十三条三款的规定，即，被异议商标是否构成对“费列罗”驰名商标的恶意摹仿，被异议商标的注册和使用是否会损害费列罗有限公司作为驰名商标所有人的权益。

君合在异议理由中主张：异议人费列罗有限公司是世界知名的巧克力制造商，在世界范围内（包括中国）均具有极高的知名度和声誉，自1984年进入中国市场以来，经过长期、大量、广泛的销售、宣传和推广活动，其产品早已家喻户晓，每年拥有数亿元人民币的销售额，每年投入的广告宣传费用数千万元人民币。费列罗有限公司标有“费列罗”“FERRERO”商标产品作为费列罗在中国最著名和最受欢迎的产品，在消费者中具有极高的知名度和声誉，已与异议人及其产品建立起一一对应的联系。异议人的“费列罗”、“FERRERO”商标多次得到商标行政机关、司法机关和执法机关的认定和保护，早在被异议商标申请日前即已成为“巧克力；糖果”等第30类商品上的驰名商标。

异议人尤其强调了如被异议商标成功注册并投入使用，必将对异议人驰名商标“费列罗”“FERRERO”造成严重损害：（1）严重减弱驰名商标“费列罗”“FERRERO作为高端巧克力品牌的显著性和声誉，并人为割裂上述商标与费列罗有限公司及费列罗产品之间的唯一对应关系；（2）严重贬损异议人品牌声誉，当高端巧克力品牌“费列罗”被使用在“消毒设备，抽油烟机”等商品上时，不仅不能给消费者带来积极的认知和享受，还会使消费者对异议人的巧克力品牌产生“不清洁”“不卫生”等负面的联想。如被异议商标获得注册并使用，消费者极有可能将“费列罗”商标与“消毒设备，抽油烟机”等产品相联系，甚至认为费列罗既生产食品又生产厨卫用品，从而对标有“费列罗”商标的食品产生排斥感，费列罗的显著性和美誉度将会极大的、不可逆转的降低，“费列罗”“FERRERO”品牌自创立半个多世纪以来凝聚的品牌价值和声誉也会毁之殆尽。

君合同时检索查明并向原商标局证明了被异议人唐冬梅名下申请了400余件商标，其中不但包含多件抄袭异议人在先知名“费列罗”系列商标，亦不乏对其他世界知名品牌的直接抄袭和摹仿，涉及的行业领域宽泛。被异议人熟知异议人商标及世界知名品牌，具有抄袭、复制和摹仿知名商标的一贯恶意。

2019年1月，原商标局作出两件异议决定书，认定“‘费列罗’商标为无含义的文字组合，具有较强的独创性，且经长期使用与广泛宣传已为相关公众所熟知并曾获得驰名商标扩大保护。被异议商标与异议人该驰名商标文字相同，鉴于异议人商标的知名度和独创性，被异议人申请注册被异议商标已构成对异议人驰名商标的复制和摹仿，如予核准被异议商标注册并使用在其指定商品上，易误导公众，致使异议人的利益可能受到损害”，从而认定了费列罗有限公司“费列罗”商标在“糖果、巧克力”商品上的驰名状态，并给予了在第 11 类和第 18 类商品上的跨类保护。

君合为费列罗有限公司提供知识产权服务多年，多次将其商标认定为驰名商标，在多个不同的类别获得驰名保护（4 类润滑油、8 类手工具、11 类消毒设备、18 类包具、24 类纺织品、36 类金融服务等等），为维护费列罗品牌的纯净度和市场的规范统一做出贡献，对于费列罗有限公司具有重要的积极意义。一方面，费列罗有限公司通过驰名商标认定，可以更加广泛、全面地进行品牌保护以及维权，亦成为将来行政机关、人民法院在相关案件中认定“费列罗”商标驰名状态的有力证据和重要参考。另一方面，对于费列罗有限公司进一步规范市场上恶意摹仿、抄袭“费列罗”商标的乱象提供有力支持，对于防止其他山寨品牌“搭便车”、淡化驰名商标提供了重要保障，保护了外国知名企业在华的知识产权。

（十二）哈斯科技术有限责任公司商标权撤销复审行政纠纷案件

2018 年 7 月，君合受哈斯科技术有限责任公司委托，代理其针对国家知识产权局作出的关于国际注册第 1016598 号“HARSCO”商标撤销复审决定提起行政诉讼。

2019 年 6 月，北京知识产权法院经审理认定，原告哈斯科技术有限责任公司提交的在案证据能够相互佐证并形成有效的证据链，进而证明原告在指定期间内对国际注册第 1016598 号“HARSCO”商标在其指定使用商品上进行了真实、合法和有效的商业使用，同时还认定 HARSCO 商标在中国及美国市场中具有一定的知名度，进而支持了原告的诉讼请求，并做出了有利一审判决。君合成功协助哈斯科技术有限责任公司在商标权撤销复审行政诉讼一审程序中维持了其国际注册第 1016598 号“HARSCO”商标在全部指定商品上的注册。

本案中，哈斯科技术有限责任公司是世界知名钢轨打磨车及铁路、铁轨养护机械及设备生产商，并与中国多个城市轨道及铁路市政建设政府机构及单位存在商业合作，涉案的复审商标“HARCSO”对该公司具有极高的品牌及商业价值。

本案的难点在于在商标评审阶段，哈斯科技术有限责任公司能够提供的商业使用证据极其有限，君合需要在短时间内协助客户重新整理、搜集并向法院提交指定期间内的商业使用证据。同时，在本案中君合另行通过补充提交互联网中公开可查的 HARSCO 机械及其配件招投标信息和经公证保全的期刊学术论文等证据，进一步向法院证明了 HARSCO 商标在中国及美国具有一定的知名度，进一步对其他在案证据进行补强，为以后类似案件提供了新的证据搜集思路。

（十三）“BLATCHFORD”和“布莱奇福特”商标权撤销复审行政纠纷

2017 年 10 月 30 日，君合代表某世界知名假肢及辅助行走医疗器械生产商针对第 10 类上“BLATCHFORD ”和“布莱奇福特”商标提起注册商标连续三年不使用撤销申请。争议商标申请人随后向国家知识产权局提交了相应证据，国家知识产权局据此做出不利

撤三决定及部分有利的撤销复审决定书。

不服该等决定，君合代表该客户依法向北京知识产权法院提起了商标权撤销复审行政诉讼。2019年9月，北京知识产权法院经审理认定，争议商标申请人提交的在案证据“既不足以证明第三人对诉争商标具有真实的使用意图，也不足以使诉争商标在相应商品上与相关公众建立了客观的联系，而属于以维持注册为目的的象征性使用行为，在无其他证据佐证的情况下，在案证据无法形成完整的证据链证明诉争商标于指定期间内在‘假肢；外科移植用眼球晶体(眼内假眼球)’商品上进行了真实、合法、有效的商业使用”，进而认定国家知识产权局被诉撤销复审决定认定事实有误，支持了我方客户的诉讼请求，并作出有利于我方的一审判决。

本案的难点在于争议商标申请人在评审和一审诉讼阶段均提供了相匹配的真实商业交易文件及票据，因此该案中争议商标申请人提交的证据均无重大瑕疵，我方难以提出相反的证据对该等证据的真实性和关联性进行质疑。

但是，具体分析争议商标申请人提交的在案商业文件所反映的商业交易本质可知，该等证据所反映的商品品类及交易数量明显不符合一般商业交易习惯，且无进一步证据证明争议商标申请人对争议商标在指定商品上进行了持续使用，该等交易不能使得争议商标在相应商品上与相关公众建立了客观的联系，是属于维持商标注册的象征性使用，从而不应当被认定为有效地商标法意义上的商业使用。本案是商标权撤销复审案件中较为特殊的“象征性使用”案例，为以后类似案件提供了新的质证及诉讼思路。

致　谢

本研究报告是在商标组合伙人和律师的共同努力下形成的研究成果，由卢亮律师、徐皓月律师、张传磊律师、唐安琪律师、肖丹律师、崔蔓玥、张伟泓实习律师负责案例起草，马强律师、孙涛律师、徐初萌律师、赵华峰律师负责审核，马强律师负责组稿和最终审定，在此一并致谢。

2019 年
君合业务研究报告

劳动法业务
年度报告

君合律师事务所公司组

免责声明

本报告中的全部信息和内容仅供一般性参考，不应被视为君合就某一特定事项给出任何法律或者专业意见。在未向具有相关资格的专业人士寻求法律意见之前，读者不应将本报告中的信息和内容视作其作为或不作为的行为依据。读者如需要取得任何法律或者专业意见，应向其法律顾问进行咨询。

一、2019年劳动法领域立法动态及政策变化

（一）促进及保障就业

1. 2019年2月，财政部、税务总局、人力资源社会保障部、国务院扶贫办联合发布《关于进一步支持和促进重点群体创业就业有关税收政策的通知》

该文件规定，在2019年1月1日至2021年12月31日期间，企业招用建档立卡贫困人口，以及在人力资源社会保障部门公共就业服务机构登记失业半年以上且持《就业创业证》或《就业失业登记证》（需注明“企业吸纳税收政策”）的人员，与其签订1年以上期限劳动合同并依法缴纳社会保险费的，自签订劳动合同并缴纳社会保险当月起，在3年内按实际招用人数予以定额依次扣减增值税、城市维护建设税、教育费附加、地方教育附加和企业所得税优惠。

2. 2019年6月，人力资源社会保障部、国家发改委、工业和信息化部等八部门发布《关于切实做好化解过剩产能中职工安置工作的通知》

该文件规定，2019年职工安置工作重点对象为2019年有关地区去产能任务涉及的分流职工、前期结转的未分流职工、前期分流安置后仍处于失业状态的人员；对有去产能任务和存在结转未分流职工的地区，要坚持企业主体、地方组织、依法依规、强化部门协调，指导督促企业依法制定并落实职工安置方案，妥善做好劳动关系处理和社会保险关系接续，进一步加大对企业内部分流职工的支持力度，畅通分流渠道；从失业保险待遇、最低生活保障、临时救助、工会帮扶救助、灵活就业社保补贴、公益性岗位优先安置等方面强化兜底保障力度。

3. 2019年6月，国税总局发布《“大众创业万众创新”税收优惠政策指引》

该文件归集了截至2019年6月我国针对创新创业主要环节和关键领域陆续推出的89项税收优惠政策措施，覆盖企业从初创到发展的整个生命周期。在鼓励科技创新方面，为进一步促进创新人才集聚，对职务科技成果转化现金奖励减征个人所得税。

4. 2019年10月，中共中央发布《中共中央关于坚持和完善中国特色社会主义制度、推进国家治理体系和治理能力现代化若干重大问题的决定》

该文件规定，健全有利于更充分更高质量就业的促进机制；坚持就业是民生之本，实施就业优先政策，创造更多就业岗位；健全公共就业服务和终身职业技能培训制度，完善重点群体就业支持体系；建立促进创业带动就业、多渠道灵活就业机制，对就业困

难人员实行托底帮扶；坚决防止和纠正就业歧视，营造公平就业制度环境。

5. 2019 年 12 月，国务院公布了《国务院关于进一步做好稳就业工作的意见》

该文件提出坚持把稳就业摆在更加突出位置，做实就业优先政策，健全有利于更充分更高质量就业的促进机制，坚持创造更多就业岗位和稳定现有就业岗位并重，全力防范化解规模性失业风险，全力确保就业形势总体稳定。该文件就稳定就业工作提出了如下重点举措：

（1）支持企业稳定岗位。将阶段性降低失业保险和工伤保险费率、失业保险稳岗返还及职工在岗培训补贴政策延续实施 1 年。规范企业裁员行为，支持企业与职工集体协商，采取协商薪酬、调整工时、轮岗轮休、在岗培训等措施，保留劳动关系；对拟进行经济性裁员的企业，指导其依法依规制定和实施职工安置方案，提前 30 日向工会或全体职工说明相关情况，依法依规支付经济补偿，偿还拖欠的职工工资，补缴欠缴的社会保险费；

（2）开发更多就业岗位。支持社区生活、家政、旅游、托育、养老等吸纳就业能力强的服务业发展。培育国内服务外包市场，支持行政事业单位、国有企业采购专业服务；

（3）促进劳动者多渠道就业创业。支持劳动者通过临时性、非全日制、季节性、弹性工作等灵活多样形式实现就业；研究完善支持灵活就业的政策措施，明确灵活就业、新就业形态人员劳动用工、就业服务、权益保障办法，启动新就业形态人员职业伤害保障试点，抓紧清理取消不合理限制灵活就业的规定。扩大就业见习规模，适当提高补贴标准，支持企业开发更多见习岗位。

（4）大规模开展职业技能培训。全面开展企业职工技能提升培训或转岗转业培训，实施高校毕业生等重点群体专项培训计划；启动国家产教融合建设试点，加强公共实训基地和产教融合实训基地建设；支持各类企业和职业院校（含技工院校）合作建设职工培训中心、企业大学和继续教育基地，鼓励设备设施、教学师资、课程教材等培训资源共建共享。

（5）做实就业创业服务。对涉及企业关停并转的，主管部门要及时将企业信息提供给当地人力资源社会保障部门；对可能造成规模性失业的，要同步制定应对措施。建立登记失业人员定期联系和分级分类服务制度，每月至少进行 1 次跟踪调查，定期提供职业介绍、职业指导、创业服务，推介就业创业政策和职业培训项目，对其中的就业困难人员提供就业援助。加强重点企业跟踪服务，提供用工指导、政策咨询、劳动关系协调等服务和指导。

（6）做好基本生活保障。及时兑现失业保险待遇，对领取失业保险金期满仍未就业且距离法定退休年龄不足 1 年的人员，可继续发放失业保险金直至法定退休年龄。对生活困难的失业人员，按规定及时纳入临时生活补助、最低生活保障和临时救助等范围；

（7）加强组织保障。持续抓好就业常规统计，提升数据质量和时效性，多维度开展重点区域、重点群体、重点行业、重点企业就业监测。完善突发事件处置机制，要第一时间处置因规模性失业引发的群体性突发事件，防止矛盾激化和事态扩大；处置过程中，当地政府可根据需要与可能、统筹不同群体就业需求，依法依规制定临时性应对措施。

6. 2019 年 12 月，中共中央办公厅、国务院办公厅联合印发的《关于促进劳动力和人才社会性流动体制机制改革的意见》

该文件规定，坚持把稳定和扩大就业作为经济社会发展的优先目标，将就业优先政策置于宏观政策层面，加强政策协调配合，确保经济运行在合理区间，统筹发展资本密集型、技术密集型、知识密集型和劳动密集型产业，创造更充分的流动机会。

（二）平等就业权

人力资源社会保障部、教育部等九部委联合发布《关于进一步规范招聘行为促进妇女就业的通知》（2019 年 2 月 18 日实施）该文件的主旨是为了解决招聘环节中的就业性别歧视问题。为此，该文件明确做出六项禁止性规定，即各类用人单位、人力资源服务机构在拟定招聘计划、发布招聘信息、招用人员过程中：

（1）不得限定性别（国家规定的女职工禁忌劳动范围等情况除外）或性别优先；

（2）不得以性别为由限制妇女求职就业、拒绝录用妇女；

（3）不得询问妇女婚育情况；

（4）不得将妊娠测试作为入职体检项目；

（5）不得将限制生育作为录用条件；

（6）不得差别化地提高对妇女的录用标准。

涉嫌就业性别歧视的用人单位，将面临被责令改正，支付 1 万元至 5 万元的罚款，被媒体向社会曝光，被添加不良社会信用记录等行政处罚。同时，还可能面临平等就业权纠纷诉讼。

（三）促进青年就业

1. 2019 年 1 月，国务院发布《国家职业教育改革实施方案》

该文件指出，应借鉴“双元制”等模式，总结现代学徒制和企业新型学徒制试点经验，校企共同研究制定人才培养方案，强化学生实习实训。

2. 2019 年 4 月，人力资源社会保障部、共青团中央联合发布《关于实施青年就业启航计划的通知》

该文件规定，结合青年特点探索开展职业训练营、就业训练工场等多种形式培训，鼓励企业积极招收失业青年成为新型学徒，符合条件的提供培训补贴和生活费补贴。

3. 2019 年 6 月，教育部办公厅发布《关于全面推进现代学徒制工作的通知》

该文件规定，深化产教融合、校企合作，健全德技并修、工学结合的育人机制和多方参与的质量评价机制，在国家重大战略和区域支柱产业等相关专业，全面推广政府引导、行业参与、社会支持、企业和职业学校双主体育人的中国特色现代学徒制，并明确招生招工一体化、双导师团队建设、培养模式改革等 6 项重点任务，明确学徒的企业员工和职业学校学生双重身份，保障学徒的合法权益。

4. 2019 年 7 月，教育部发布《关于加强和规范普通本科高校实习管理工作的意见》

该文件规定，各类实习原则上由学校统一组织、开展集中实习，高校应与实习单位签订合作协议，否则不得安排学生实习。根据专业特点，毕业实习、顶岗实习可以允许

学生自行选择单位分散实习，但应严格学校、实习单位、学生三方实习协议的签订，严格遵守工作时间和休息休假的规定，顶岗实习学生的权益原则上不低于相同岗位试用期工资标准的80%，不得安排未满16周岁的学生顶岗实习。该文件同时严禁委托中介机构或者个人代为组织和管理学生实习工作。

（四）薪酬福利

1. 2019年10月，中共中央发布《中共中央关于坚持和完善中国特色社会主义制度、推进国家治理体系和治理能力现代化若干重大问题的决定》

该文件规定，要坚持按劳分配为主体、多种分配方式并存。坚持多劳多得，着重保护劳动所得，增加劳动者特别是一线劳动者劳动报酬，提高劳动报酬在初次分配中的比重。

2. 国有资产监督管理委员会发布《中央企业工资总额管理办法》（2019年1月1日实施）

该文件规定，按中央企业功能定位对工资总额实行分类管理，对中央企业工资总额实行分级管理，进一步完善中央企业工资总额与经济效益挂钩决定机制，进一步强调深化企业内部分配制度改革，进一步强调工资总额管理的监督检查，明确界定企业的违规责任。

3. 2019年1月，中国人民银行、国家外汇管理局联合发布《境内上市公司外籍员工参与股权激励资金管理办法》

该文件规定了境内上市公司外籍员工参与股权激励所涉资金的管理原则。一是实行登记管理，境内上市公司应当到所在地外汇局统一办理外籍员工参与股权激励登记，境内上市公司及其外籍员工可凭业务登记凭证办理相关跨境收支、资金划转及汇兑业务。二是可由外籍员工自主选择参与资金来源，境内上市公司外籍员工参与股权激励所需资金，可以来源于其在境内的合法收入或从境外汇入的资金。

4. 2019年11月，国有资产监督管理委员会发布《关于进一步做好中央企业控股上市公司股权激励工作有关事项的通知》

该通知规定，股权激励方式应当按照股票上市交易地监管规定，根据所在行业经营规律、企业改革发展实际等因素科学确定，一般为股票期权、股票增值权、限制性股票等方式，也可以结合股票交易市场其他公司实施股权激励的进展情况，探索试行法律、行政法规允许的其他激励方式；鼓励上市公司根据企业发展规划，采取分期授予方式实施股权激励，充分体现激励的长期效应；上市公司应当按照股票上市交易地监管规定和上市规则，确定权益授予的公平市场价格。此外，该通知规定，科技创新型上市公司首次实施股权激励计划授予的权益数量占总股本的比重最高可以由1%上浮至3%；上市公司两个完整年度内累计授予的权益数量一般在公司总股本的3%以内，公司重大战略转型等特殊需要的可以适当放宽至总股本的5%以内。在提高权益授予价值方面，该通知明确，董事、高级管理人员的权益授予价值，境内外上市公司统一按照不高于授予时薪酬总水平（含权益授予价值）的40%确定；股权激励对象实际获得的收益属于投资性收益，不再设置调控上限。

（五）社会保险

1. 2019年4月，国务院办公厅发布《降低社会保险费率综合方案》

该方案对企业主要影响为以下四个方面：

（1）自2019年5月1日起，城镇职工基本养老保险单位缴费比例高于20%的，全部降至16%；单位缴费比例低于16%的浙江、广东两省及个别城市将逐渐调整单位费率至国家标准。

（2）继续阶段性降低失业保险、工伤保险费率；此前的阶段性降费率政策延长至2020年4月30日。

（3）调整社会保险缴费基数。以本省城镇非私营单位和私营单位就业人员平均工资加权计算的全口径平均工资，核定社保个人缴费基数上下限。个体、灵活就业人员可在本省全口径工资的60%至300%之间自愿选择缴费基数。

（4）企业职工基本养老保险和企业职工其他险种缴费，原则上暂按现行征收体制继续征收，稳定缴费方式。在征收体制改革过程中不得自行对企业历史欠费进行集中清缴，不得采取任何增加小微企业实际缴费负担的做法。

2. 2019年12月，《中共中央、国务院关于营造更好发展环境支持民营企业改革发展的意见》

该文件再次强调要切实落实更大规模减税降费，实施好降低社保费率等政策，实质性降低企业负担。

3. 2019年10月，人力资源社会保障部发布《社会保险领域严重失信人名单管理暂行办法》

该文件规定，用人单位、社会保险服务机构及其有关人员、参保及待遇领取人员等，不依法办理社会保险登记、经行政处罚后仍不改正，以欺诈、伪造证明材料或者其他手段违规参加社会保险、违规办理社会保险业务超过2人次或从中牟利超过2万元的，骗取社会保险待遇或社会保险基金支出、数额超过1万元等情形的，将被列入社会保险严重失信人名单。

对于有社会保险严重失信情形的，人力资源社会保障部门应当自作出列入决定之日起7个工作日内，在人力资源社会保障门户网站、“信用中国”等相关媒介上公示社会保险严重失信人名单信息，并上传社会保险严重失信人名单信息至人力资源社会保障信用信息平台和全国信用信息共享平台，由相关部门依据《关于对社会保险领域严重失信企业及其有关人员实施联合惩戒的合作备忘录》（发改财经〔2018〕1704号）规定实施联合惩戒，包括将失信企业列为重点监督检查对象、增加社会保险监督检查和稽核的频次、依法限制失信企业作为供应商参加政府采购活动等。

4. 人力资源社会保障部、国家医疗保障局联合发布《香港澳门台湾居民在内地（大陆）参加社会保险暂行办法》（2020年1月1日实施）

根据该规定，在内地（大陆）就业的港澳台居民应当参加五项基本社会保险，在内地（大陆）居住未就业港澳台居民可以在居住地按规定参加城乡居民基本养老保险和医疗保险。港澳台居民办理社会保险的各项业务流程与内地（大陆）居民一致，参加社会保险的港澳台居民依法享受社会保险待遇。为避免双重缴费，已在香港、澳门、台湾参

加当地相关社会保险并继续保留社会保险关系的港澳台居民，可持相关授权机构出具的证明，不在内地（大陆）参加养老保险和失业保险。

5. 中日、中法签订社会保障协定

《中华人民共和国政府和日本国政府社会保障协定》及《关于实施中华人民共和国政府和日本国政府社会保障协定的行政协议》于2019年9月1日正式生效。

2019年9月16日，中法签署《关于实施中华人民共和国政府和法兰西共和国政府社会保障协定的行政协议》，并将在各自完成所必需的国内程序后生效。

（六）其他值得关注的法律及司法解释

1. 2019年4月，全国人民代表大会常务委员会通过关于修改《中华人民共和国反不正当竞争法》的决定

新法规定，经营者的工作人员进行贿赂的，应当认定为经营者的行为；但是，经营者有证据证明该工作人员的行为与为经营者谋取交易机会或者竞争优势无关的除外。此外，新法规定，在侵犯商业秘密的民事审判程序中，只要商业秘密权利人提供初步证据，合理表明商业秘密被侵犯，涉嫌侵权人应当证明其不存在侵害商业秘密的行为。

2. 2019年4月，最高人民法院发布《关于适用〈中华人民共和国公司法〉若干问题的规定（五）》

该文件就股东权益保护等纠纷案件适用法律问题作出规定。该文件第三条规定，董事任期届满前被股东会或者股东大会有效决议解除职务，其主张解除不发生法律效力的，人民法院不予支持。董事职务被解除后，因补偿与公司发生纠纷提起诉讼的，人民法院应当依据法律、行政法规、公司章程的规定或者合同的约定，综合考虑解除的原因、剩余任期、董事薪酬等因素，确定是否补偿以及补偿的合理数额。

3. 2019年9月，国务院发布《关于加强和规范事中事后监管的指导意见》

该文件规定，建立“吹哨人”、内部举报人等制度，对举报严重违法违规行为和重大风险隐患的有功人员予以重奖和严格保护。畅通群众监督渠道，整合优化政府投诉举报平台功能，力争做到“一号响应”。依法规范牟利性“打假”和索赔行为。强化舆论监督，持续曝光典型案件，震慑违法行为。

（七）工会

1. 2019年4月，中华全国总工会办公厅发布《推进百人以上企业建会专项行动工作方案》

该文件规定，以百人以上企业为重点，深入摸底排查，集中力量突破，力争到2019年底全国百人以上企业建会率显著提升，带动中小企业建会实现新的增长，工会组建工作稳中有进、持续发展。

该方案规定了如下促进建会的主要措施：

（1）坚持自上而下推动与自下而上组织相结合，启发职工入会意识，充分发挥职工在建会中的主体作用；

（2）重点抓好规模较大、开业或设立多年未建会、企业知名度高、企业经营者有政治安排、互联网行业、制造业的百人以上企业建会工作。积极推动集团总部建立工会，带动所属子（分）公司成立工会；

（3）对职工建会意愿较强、企业行政支持的，上级工会要及时派员指导帮助职工规范履行建会程序。对企业行政不理解、不支持的，要通过沟通会、见面会等形式，做好政策解释工作，达成建会共识。对个别抵制建会的，可以先组织该企业职工加入所在乡镇（街道）、村（社区）或相关区域（行业）工会，待发展会员达到一定人数后，依法倒逼企业支持建会。对阻挠职工建会的，可以通过媒体、政府信用信息平台等进行曝光，直至追究法律责任；

（4）大力推行网上申请入会方式，畅通职工入会渠道；

（5）推广建会“一函两书”（《工会组建意见函》《工会组建法律监督检查意见书》《工会组建法律监督检查建议书》）等制度，规范指导流程。推进“互联网+”工会普惠性服务，以有效服务吸引职工。推进基层工会组织和会员实名制管理，实现建会入会动态管理。

二、2019年部分地区审理劳动争议案件的裁审指导意见

2019年，部分地区法院和劳动仲裁部门陆续公布了关于审理劳动争议案件的裁审指导意见，包括吉林、山东、浙江、烟台、东莞等地。以下为其中值得关注的重要内容。

（一）关于关联企业混同用工的问题

《吉林省高级人民法院关于审理劳动争议案件法律适用问题的解答（二）》（下称“**吉林指导意见**”）认为，有关联关系的用人单位以交叉、轮换等方式使用劳动者，劳动者要求确认劳动关系的，参照下列原则处理：（1）订立书面劳动合同的，劳动者要求按书面劳动合同确认劳动关系，应予支持，订立书面劳动合同的用人单位提供证据证明劳动者在关联企业工作不是履行双方书面劳动合同的行为或劳动合同已经解除或终止的除外；（2）未订立书面劳动合同的，根据劳动者工作时间、工作内容、工资发放、社会保险缴纳等因素综合判断劳动关系，根据上述情况仍无法确定劳动关系的，可根据劳动者的主张确认劳动关系；（3）在工作内容交叉重叠的情况下，劳动者提出的具有给付内容的诉讼请求，可根据劳动者的主张，由一家用人单位承担责任，或由关联企业承担连带责任。

《山东省高级人民法院、山东省人力资源和社会保障厅关于审理劳动人事争议案件若干问题会议纪要》（下称“**山东指导意见**”）则认为，关联公司混同用工，劳动者与关联公司均符合劳动关系特征的情况下，劳动者对于劳动关系的确认享有选择权，但是劳动关系项下的劳动权益不能重复享受。

（二）关于第二次固定期限劳动合同到期后的问题

吉林指导意见认为，连续订立两次固定期限劳动合同，用人单位以劳动合同到期终止为由主张不与劳动者订立无固定期限劳动合同的，不予支持。

《浙江省高级人民法院民事审判第一庭、浙江省劳动人事争议仲裁院关于审理劳动争议案件若干问题的解答（五）》（下称“**浙江指导意见**”）认为，劳动者非因本人原因从原

用人单位被安排到新用人单位工作，劳动者在原用人单位的工作年限和订立劳动合同的次数合并计算为新用人单位的工作年限、订立劳动合同次数。因此，如劳动者符合《劳动合同法》第十四条规定，提出与新用人单位订立无固定期限劳动合同的，用人单位应当与其订立。

（三）关于用人单位与员工协商约定不缴纳社会保险的问题

吉林指导意见认为，与用人单位协商不缴纳社会保险后劳动者反悔，要求补缴社会保险的，不属于人民法院受理劳动争议案件范围，应告知当事人向社会保险征缴机构主张权利。

《山东省烟台市中级人民法院、烟台市人力资源和社会保障局关于劳动争议案件裁审衔接问题的处理意见》(下称“**烟台指导意见**”)认为，全日制用工的劳动者与用人单位协议约定社会保险费随工资发放而放弃缴纳社会保险费，该协议约定违反法律强制性规定，应属无效。劳动者以用人单位未依法缴纳社会保险费为由提出解除劳动合同并主张经济补偿，应予支持。

（四）关于经济补偿金基数计算的问题

《东莞市中级人民法院、东莞市劳动人事争议仲裁委员会劳动争议裁审衔接工作座谈会议纪要》(下称“**东莞指导意见**”)认为，在计算解除或终止劳动合同经济补偿金或赔偿金基数（即劳动者离职前 12 个月的月平均工资）时，对劳动者非正常出勤月份的工资一般予以剔除。正常出勤月份是指当月正常工作时间满勤，且对劳动者非正常出勤一般不区分原因。

然而，烟台指导意见认为，“前十二个月”不区分劳动者是否处于正常工作状态，不向前顺推。

尽管有上述差异，东莞指导意见和烟台指导意见均认为，年终奖、季度奖等应分摊计算至相应月份。

（五）关于特殊疾病医疗期的问题

山东指导意见和烟台指导意见均认为，《劳动部关于贯彻〈企业职工患病或非因工负伤医疗期规定〉的通知》(劳部发〔1995〕236 号）规定：“对某些患特殊疾病（如癌症、精神病、瘫痪等）的职工，在 24 个月内尚不能痊愈的，经企业和劳动主管部门批准，可以适当延长医疗期。”该规定指根据企业职工实际参加工作年限和在本单位工作年限确定享受 24 个月医疗期的，该医疗期满后尚不能痊愈的情况下，职工可以申请延长，并不意味着患有上述特殊疾病职工的医疗期当然为 24 个月。

（六）关于用人单位与员工约定劳动合同到期后自动续延的问题

吉林指导意见认为，固定期限劳动合同到期后，劳动者仍在原用人单位工作，用人单位未与劳动者续签书面劳动合同，劳动者要求支付二倍工资的，应当予以支持；但是双方约定劳动合同自动延续的除外。

山东指导意见则认为，用人单位与劳动者在劳动合同中约定“合同到期后劳动者继续在用人单位工作的，视为原劳动合同期限的延长”。在原劳动合同到期后，劳动者继续在用人单位工作，劳动者以用人单位未与其签订书面劳动合同为由要求支付二倍工资的，应予支持。

此外，烟台指导意见等裁审意见中还包括关于灵活用工的相关规定，详细内容请参见本报告第五章。

三、2019 年部分地方法院发布的审理劳动争议案件的指导案例

从 2012 年至 2018 年的公开数据查询可以发现，全国劳动争议案件的数量不断上升，2012 年只有 21，108 件，而 2018 年达到了 308，198 件。

2019 年上半年北京市劳动人事争议调解仲裁工作情况：全市仲裁机构上半年共受理案件数量 6 万余件，同比增长 33%，是 2010 年仲裁机构实体化初期案件量的两倍以上。

2019 年上半年天津市仲裁系统劳动人事争议案件情况：2019 年上半年天津市各仲裁机构共受理争议案件 14，129 件，同比增长 30.3%。从 2018 年开始，天津市劳动争议案件呈现持续增长态势，实际同比增长案件 28.1%。

2019 年上半年天津市法院劳动人事争议案件审理情况：2019 年上半年，天津市法院新收一审劳动人事争议案件 5，041 件，同比上升 19.5%。

2019 年，各地法院陆续发布劳动争议典型案例，对实践中频发或者存在争议的问题提供审判思路的参考。除 2019 年的最新案例外，部分地区发表的典型案例中也包括了 2018 年甚至跨度更久的案例。通过对这些过往案例的重申，可以明确法院就某一具体问题长期以来的审判思路和判定口径。2019 年发表的典型案例中，除劳动关系认定和劳动合同解除等常见争议外，竞业限制和女职工权益保护的问题也受到关注，本报告就相关问题进行了如下分类整理。

（一）关于竞业限制纠纷

1. 竞业限制协议的效力

北京一中院认为下列竞业限制条款对员工没有约束力：（1）仅在员工手册中规定了员工的竞业限制义务，但未在劳动合同中进行约定的；（2）对员工亲属约定竞业限制义务的；（3）约定超过两年的竞业限制期限的；及（4）仅约定保密义务而未明确约定竞业限制义务的。

2. 用人单位在员工离职后没有明示员工无须履行竞业限制义务的情形

北京一中院认为：（1）员工应在用人单位未支付 3 个月竞业限制补偿后才能起诉要求解除竞业限制义务；（2）用人单位没有明示员工无须履行竞业限制义务且员工实际履行了竞业限制义务的，用人单位应当给予竞业限制补偿；（3）没有约定竞业限制补偿金数额的，按照员工离职前十二月平均工资的 30% 确定；（4）员工要求解除竞业限制义务的，除补齐欠付的竞业限制补偿外，还应当额外支付 3 个月的补偿。

上海静安法院也认为，用人单位应当以明示的形式告知员工其无须履行竞业限制义务。

3. 员工的违约责任

北京一中院认为（1）员工加入经营范围重合的新用人单位，并不天然构成违约；（2）员工违约后，除支付违约金外，还需要继续履行竞业限制义务；（3）约定的违约金过高的，法院会酌定减少违约金数额。

上海高院认为，可以约定员工违约后返还股票利益。

（二）关于平等就业权

1. 三期女员工的保护问题

上海法院认为，用人单位安排哺乳期女员工待岗后，仅仅因女员工到有空调的地方休息而按照长期脱岗为由将其解除不合法。

广州法院认为，（1）员工在怀孕期间被违法解除的，用人单位应当承担解除之后产假以及哺乳期的工资；（2）员工劳动合同在哺乳期到期的，不能终止劳动合同；（3）员工在试用期怀孕的，用人单位不能因此认定其试用期不符合录用条件。

2. 生育保险待遇有关问题

广州法院认为，（1）未缴纳生育保险的，用人单位应当承担产假的工资，按照员工实际工资标准计算；（2）单位还需承担生育的医疗费用；（3）用人单位要求员工产假提前上班的，还应当补齐劳动报酬和生育津贴间的差额。

3. 女员工入职时无须提供怀孕信息

广州法院认为，员工的履职与怀孕无关的，在入职时可以不提供是否怀孕的个人信息。

（三）关于劳动关系

1. 关于新业态用工问题

上海高院认为，家政人员在平台自由选择雇主的，不构成与平台间的劳动关系。

2. 关于劳务派遣问题

江苏盐城法院认为，安排员工与劳务派遣公司签劳动合同再派遣回公司用工的，构成逆派遣。

（四）关于劳动合同解除

1. 关于违纪解除的争议

上海法院认为员工存在以下情形的，用人单位有权解除：（1）员工接受贿赂的；（2）外籍员工违反中国社会公序良俗的。用人单位的警告没有送达员工，以多次警告为由进行违纪解除，构成违法解除。

宿迁中院认为，员工不配合完成临时安排的工作，可以违纪解除。

无锡中院认为，未申报亲属在供应商任职情况的，可以违纪解除。

北京市劳动人事争议仲裁委认为，员工为下属营私舞弊伪造考勤的，可以违纪解除。

2. 关于客观情况重大变化解除的争议

北京市劳动人事争议仲裁委认为，用人单位因北京政策要求，需要将生产部门迁移至河北，与员工协商加薪10%并安排班车接送条件，但员工拒绝，用人单位有权以客观情况重大变化为由与员工解除劳动合同。

四、2019年工会和集体劳动关系相关重要法规和典型案例

（一）工会及集体协商相关重要法规和典型案例

1. 重要法规

（1）广州市修订《广州市实施〈中华人民共和国工会法〉办法》（2019年9月1日实施）

此次修订的主要内容包括：进一步明确企业应当建立职工代表大会或者其他形式的民主管理制度，并规定需要经过职代会讨论或全体职工讨论的内容；将不得担任本单位工会主席、副主席的范围由"单位及部门经营管理负责人"变更为"企业人力资源部门的负责人"；进一步明确集体协商的要求和罚则；明确单位裁减人员的，应当向工会或者全体职工说明理由。

（2）上海市总工会相继发布《上海市企事业单位职工代表大会工作规范》《上海市企业集体协商工作规范》《上海市区域性、行业性集体协商、职工代表大会工作规范》

2019年6月，上海市总工会相继发布上述文件，以便规范职工代表大会的职责职权、代表的产生流程和程序、代表大会的机构和工作机构；集体协商代表的要求和产生程序、集体协商的内容和过程以及争议处理等事宜。

（3）山东省总工会、山东省高级人民法院联合发布《关于开展劳动争议诉调对接工作的意见》的通知（2019年11月8日实施）

该文件规定，应充分发挥工会、法院在调处劳动争议纠纷中的职能作用，开展劳动争议诉调对接工作，进一步加大调解工作力度，包括：建立健全诉调对接制度；建立工会、法院沟通会议制度；法院为工会组织调处劳动争议纠纷提供业务指导。

2. 典型案例

（1）新兴行业工会成立

2019年3月15日，成都市锦江区三圣网约司机联合工会委员会成立，是首家网约司机联合工会，由成都车普利汽车租赁有限公司、四川美普利科技有限公司、四川省达驰汽车销售有限公司、眉山路行通汽车服务有限责任公司等企业工会联合成立，已经吸纳网约司机会员1200多人。

此前，上海成立全国首家网约送餐行业工会—上海市普陀区网约送餐行业工会联合会。

（2）北京首份快递业劳动保护集体合同签订

2019年2月24日，北京市快递行业工会联合会与市快递协会签订《北京市快递行业2019年度劳动保护专项集体合同》，对职工的劳动安全教育和培训、劳动保护、劳动条件改善等方面内容达成一致，双方共同遵守执行。据悉，这是北京市第一份快递行业劳动保护集体合同。

（二）裁员相关重要法规

2019年，国家和地方出台多部裁员相关的法律法规，主要包括以下内容。

1. 国家法规

（1）2019年12月13日，国务院颁布《国务院关于进一步做好稳就业工作的意见》

与裁员相关的内容包括：（i）坚持不裁员或少裁员的失业保险稳岗返还政策；（ii）规范企业裁员行为。支持企业与职工集体协商，采取协商薪酬、调整工时、轮岗轮休、在岗培训等措施，保留劳动关系。对拟进行经济性裁员的企业，指导其依法依规制定和实施职工安置方案，提前30日向工会或全体职工说明相关情况，依法依规支付经济补偿，偿还拖欠的职工工资，补缴欠缴的社会保险费。

2. 地方法规

（1）北京市人力资源和社会保障局、北京市总工会、北京企业联合会、北京市工商业联合会联合发布《构建新时代北京特色和谐劳动关系重点任务推进计划》（2019年8月12日实施）

该文件规定，建立劳动关系风险监测预警制度，重点关注新业态用工、规模性裁员等，探索建立劳动关系风险预警通知书制度，逐步形成企业裁员报告，乡镇（街道）、区、市逐级监测报告，合力防范劳动关系风险。

（2）西安市人民政府发布《企业规模性裁员风险响应工作方案》（2019年12月25日实施）

该文件主要内容包括，明确规模性裁员的范围，并进一步明确规模性裁员的相应措施：事先监测预警，准确掌握企业岗位变化情况，加强对就业失业形势的分析研判；支持企业稳定岗位，鼓励企业申领稳岗补贴，支持企业稳定岗位，力争不裁员或少裁员；指导企业裁员备案等。

（3）天津市人民政府发布《关于做好当前和今后一个时期促进就业工作实施办法》（2018年12月29日实施）

对不裁员或少裁员（低于本市城镇登记失业率）的参保企业，返还其上年度实际缴纳失业保险费的50%。2019年1月1日至12月31日，对生产经营符合国家和本市产业结构调整政策，面临暂时性生产经营困难且恢复有望、坚持不裁员或少裁员的参保企业，返还标准按6个月的企业及其职工应缴纳社会保险费的50%确定。

（4）《山西省人民政府关于做好当前和今后一个时期促进就业工作的实施意见》（2019年1月7日实施）

该文件鼓励企业不裁员或少裁员。对不裁员或少裁员的参保企业可返还其上年度实际缴纳失业保险费的50%。2019年1月1日至12月31日，对面临暂时性生产经营困难且恢复有望、坚持不裁员或少裁员的参保企业，返还标准可按6个月的当地月人均失业保险金和参保职工人数确定，或按6个月的企业及其职工应缴纳社会保险费50%的标准确定。

（5）《成都市人民政府办公厅关于做好当前和今后一个时期促进就业工作的实施意见》（2019年3月11日实施）

该文件规定，对未裁员或裁员率低于该市上年度城镇登记失业率的参保企业，返还其上年度实际缴纳失业保险费的 50%。

（6）重庆市政府发布《关于做好失业保险支持困难企业稳定岗位工作有关问题的通知》（2019 年 7 月 24 日实施）

该文件规定，对不裁员或少裁员的参保企业，可返还其上年度实际缴纳失业保险费的 50%。2019 年 1 月 1 日至 12 月 31 日，对面临暂时性生产经营困难且恢复有望、坚持不裁员或少裁员，并经有关部门认定的参保企业，失业保险费返还标准可按 6 个月的月人均失业保险金和参保职工人数确定，或按 6 个月的企业及其职工应缴纳社会保险费 50% 的标准确定。

（7）2019 年 7 月，重庆市人民政府发布《重庆市营商环境优化提升工作方案》

该文件中涉及裁员的举措包括：要求人力社保部门接到企业经济性裁员登记备案报告后，积极指导企业妥善做好裁减人员的相关工作，为企业提供各项劳动保障服务。严格执行经济性裁员成本规定，保障被裁职工合法权益，强化裁员纠纷调解。

（8）《内蒙古自治区人民政府关于做好当前和今后一个时期促进就业工作的实施意见》（2019 年 1 月 31 日实施）

该文件规定，对不裁员或少裁员的参保企业，可返还其上年度实际缴纳失业保险费的 50%。2019 年 1 月 1 日至 12 月 31 日，对面临暂时性生产经营困难且恢复有望、坚持不裁员或少裁员的参保企业，返还标准可按 6 个月的当地月人均失业保险金和参保职工人数确定，或按 6 个月的企业及其职工应缴纳社会保险费 50% 的标准确定。

（9）《宁夏回族自治区人民政府关于做好当前和今后一个时期促进就业工作的实施意见》（2019 年 1 月 1 日实施）

该文件规定，对依法参加失业保险并足额缴纳失业保险费，未裁员或裁员率低于上年度全区城镇登记失业率的企业，将返还其上年度缴纳失业保险费的 50%。

五、2019 年灵活就业劳动用工相关重要法规和典型案例

2019 年 8 月，《全国人民代表大会常务委员会执法检查组关于检查〈中华人民共和国就业促进法〉实施情况的报告》指出，随着以互联网为基础的各类新产业、新业态、新模式不断涌现，灵活就业、兼职等新就业模式日渐增多，新就业形态从业人员日益壮大。新业态在扩大就业的同时，也带来了新问题：一是就业稳定性不足，就业形态变化促使劳动者转岗频率加快、就业周期缩短、就业地点分散，就业稳定性不强。二是灵活用工政策滞后。通过直播、短视频、社交软件等进行商业活动人员、网约车司机等是否属于现行法律调整范围尚无明确界定，劳动者的权益保障问题日益突出，相应的就业管理服务、用工制度和社保政策等还有很大完善空间。

随着互联网用工等新业态就业模式的发展，互联网平台用工主体与从业人员之间是否建立劳动关系、从业人员职业伤害的处理及保障成为主要的法律问题。

（一）互联网平台与从业人员之间的法律关系

1. 背景及问题

原劳动部于 2005 年发布《关于确立劳动关系有关事项的通知》（下称“《2005 通

知》”)，对劳动关系的认定标准做出规定。但现行法律法规并未就互联网平台与从业人员之间的法律关系认定标准做出特别的规定。

如上海市静安区人民法院于2019年6月发布的《2018年度劳动争议审判白皮书》中指出的，新业态下劳动关系认定难是目前审理中的主要问题之一，司法实践中主要反映出以下三大问题：

（1）法律法规滞后性导致审理时无据可依，《2005通知》中确立的严苛的从属性标准不适用于新业态下灵活的用工模式；

（2）新业态用工从属关系弱化，是否具备人身从属性是劳动关系与其他民事法律关系最显著的区别，新业态下虽从业人员在一定程度上接受互联网平台的管理，但其工作安排、任务完成上有更多的自由度，致使缺乏标准劳动关系下紧密的人身依附性；

（3）排除劳动关系协议的效力难认定，劳动关系的成立与否应属于法定范畴、不能由双方自由意志决定，而双方的意思表示又是缔结劳动关系的必要元素。因此，对于实践中互联网平台为规避风险，在协议中约定的“双方不属于劳动关系”等条款的效力难以一概而论。

2. 司法实践中的主要观点

最高人民法院在2015年《全国民事审判工作会议纪要》指出，在劳动争议纠纷案件审理中，应当严格依法合理区分劳动关系和劳务关系，防止认定劳动关系泛化。实践中，部分法院也有出台类似的规定。例如，山东省烟台市中级人民法院与当地人力资源和社会保障局于2019年6月联合发布的《关于劳动争议案件裁审衔接问题的处理意见》规定，互联网平台与从业人员（涉及网约车司机、外卖配送员）劳动关系的认定应优先按双方约定执行，在双方已签订承包合同、经营或投资等协议的情形下，不认定双方存在劳动关系，但是实际履行情况与约定不一致的，仍应按照实际履行情况予以认定。

目前在审理平台与从业人员劳动关系争议时，各地裁审机构仍主要适用《2005通知》中确立的标准进行认定，即审查双方是否具备主体资格、是否存在用工管理（适用规章制度、支付劳动报酬）关系、劳动者提供的劳动是否为用人单位的业务组成部分，以上三个方面。其中，是否存在用工管理是审查是否存在劳动关系的重点，但是，在具体案例中的审判尺度却并不统一。

上海市高院和当地人力资源与社会保障局于2019年联合发布的《2016–2018年上海市劳动争议典型案例》中包含“施某诉某信息技术公司确认劳动关系纠纷案”。在该案例中，施某（网约家政人员）与互联网平台签订服务居间协议，委托平台介绍雇主并向雇主提供家政服务取得报酬。法院认定施某与互联网平台之间不存在劳动关系，原因为：（1）从双方签订的居间服务协议看，施某可以自主选择雇主、自主选择订单、自行设置可提供服务的时间、选择订单后有权取消订单和修改服务时间，故施某不接受该公司管理和监督；（2）从协议履行情况看，施某实际为雇主提供家政服务，互联网平台仅为其介绍雇主、向其收取信息服务费，故施某与互联网平台未形成具有经济和人身依附特征的劳动关系。

江苏省苏州市中级人民法院于2019年在配送公司与美团外卖骑手确认劳动关系的争议案（〔2019〕苏05民终212号）中，认定配送公司与美团外卖骑手构成劳动关系。

在该案中，配送公司与第三人——美团外卖签订合作协议，约定美团外卖授权配送公司在约定的配送区域内进行美团外卖订单配送的运营工作；劳动者通过美团外卖 APP 注册成为外卖骑手，在配送公司处从事餐饮配送服务；配送公司员工工资由美团通过银行直接代发。本案外卖骑手发生交通事故死亡后，其亲属申请劳动争议仲裁，主张外卖骑手与配送公司存在劳动关系。一审、二审法院均按照《2005 通知》规定的要点进行审查，并据此认定配送公司对外卖骑手进行劳动管理、双方构成劳动关系，理由为：（1）配送公司与美团外卖签订的《美团外卖配送服务协议》约定配送公司在约定的配送区域内进行美团外卖订单配送的运营工作，按照要求的标准及配套设施组建专门配送团队、对配送人员进行规范管理、保证配送人员按照协议约定标准完成配送服务等内容；美团外卖在经营中，对外卖骑手有着装要求，顾客对外卖骑手有评价机制；(2) 作为外卖骑手，其根据美团外卖 App 派发的订单进行外卖配送，劳动报酬由配送公司进行计件发放，按月结算，故外卖骑手从事的是配送公司安排的有报酬的劳动。

（二）关于从业人员的职业伤害保障制度

1. 问题

与标准劳动用工不同，灵活用工方式下大量用工主体与从业人员并不签订劳动合同、建立劳动关系，因而未主动将其纳入工伤保险的保障范围。但以快递（配送）员、外卖员、网约车司机等为代表的新业态从业人员属于职业伤害易发多发人群、对职业伤害保障有着迫切需求，职业伤害保障制度的缺失、保障标准过低的问题随之日益加剧，相关争议也逐渐增多。

从目前地方实践来看，新业态从业人员的职业伤害保障制度有两种运作模式：一种是山东潍坊采取的将灵活就业人员纳入工伤保险基金保障的模式；另一种是通过政府主导、商业保险公司运作的方式建立独立的职业伤害保障模式，江苏南通、吴江、太仓均采取这种模式。除上述地区外，其他地区还未建立针对新业态从业人员的职业伤害保障制度。

2. 国家及地方新政

2019 年，国家层面在继续积极地探索建立、完善新经济业态下从业人员的职业伤害保障措施，部分省市也就拓宽工伤保险覆盖范围、建立职业伤害保障制度出台政策。

（1）国家层面完善职业伤害保障制度、适时修订《工伤保险条例》

2019 年年初，人力资源和社会保障部政策研究司表示，将“探索完善新经济业态从业人员职业伤害保障办法”作为下一步工作安排之一。此后，人力资源和社会保障部亦表示将适时启动《工伤保险条例》的再次修订工作，尽快出台新业态从业人员职业伤害保障制度，把外卖员、网约车司机、快递员等新业态从业者纳入工伤保险制度保障中，并强调将以快递人员为切入点，把推进快递人员等新业态从业人员参加工伤保险作为工作重点，鼓励地方先行试点快递人员等新业态从业人员参加工伤保险工作，并适时扩大工伤保险参保范围。

在全国人大会议提出“建立独立运作的新业态工伤保险基金或单独的重大职业伤害保险制度”的建议后，人力资源和社会保障部工伤保险司在答复（人社建字〔2019〕223

号）中提到，将建立政府主导、社会参与、与现行工伤保险制度基本理念相似、运行模式有别的职业伤害保障制度，优先实现互联网平台类从业人员重大职业伤害保障制度全覆盖，将优先展开试点再逐步铺开。此外，在2019年12月4日召开的国务院常务会议中再次强调将"启动新就业形态人员职业伤害保障试点"。

（2）重要地方法规

浙江省人力资源和社会保障厅于2019年11月发布《关于优化新业态劳动用工服务的指导意见》，规定新业态从业人员可以按照规定参加工伤保险，互联网平台用工主体可以为新业态从业人员以全省上年度职工月平均工资为基数单险种参加工伤保险，互联网平台承担用人单位依法应承担的工伤保险责任；并规定，互联网平台可以通过购买商业保险的形式，把应承担的工伤保险责任转由商业保险承担。

四川省成都市在2019年7月出台的《关于促进新经济新业态从业人员参加社会保险的试行实施意见》也规定，到2022年将基本实现与新经济组织存在其他劳动关系、劳务关系或合作关系的从业人员社会保险参保全覆盖，但文件中并未就此类从业人员现阶段职业伤害保障做出明确规定。

此外，北京市人力资源与社会保障局等多部门也表示，将出台政策保障快递从业者的权益，具体措施还未正式出台。

六、2019年女职工保护及平等就业权相关重要法规及典型案例

（一）重要法规

1. 反职场性骚扰

（1）《最高人民法院关于增加民事案件案由的通知》（2019年1月1日实施）

该文件在第九部分"侵权责任纠纷"中增加一个案由，即"性骚扰损害责任纠纷"。

（2）全国人大常委会于2019年12月28日公布《中华人民共和国民法典（草案）》

该文件第四编（人格权）第二章（生命权、身体权和健康权）第一千零一十条规定，违背他人意愿，以言语、行为等方式对他人实施性骚扰的，受害人有权依法请求行为人承担民事责任。机关、企业、学校等单位应当采取合理的预防、受理投诉、调查处置等措施，防止和制止利用职权、从属关系等实施性骚扰。

2. 平等就业权

（1）《最高人民法院关于增加民事案件案由的通知》

该文件第一条规定，在第一部分"人格权纠纷"中增加一个案由，即"平等就业权纠纷"。

（2）人力资源社会保障部、教育部等九部门联合发布《关于进一步规范招聘行为促进妇女就业的通知》（2019年2月18日实施）

该文件的主旨是为了解决招聘环节中的就业性别歧视问题。为此，该文件明确做出六项禁止性规定，即各类用人单位、人力资源服务机构在拟定招聘计划、发布招聘信息、招用人员过程中不得限定性别（国家规定的女职工禁忌劳动范围等情况除外）或性别优

先、不得以性别为由限制妇女求职就业、拒绝录用妇女、不得询问妇女婚育情况、不得将妊娠测试作为入职体检项目、不得将限制生育作为录用条件、不得差别化地提高对妇女的录用标准。

3. 女职工劳动保护规定

（1）湖南省人民政府颁布《湖南省女职工劳动保护特别规定》（2020 年 3 月 8 日实施）

该文件的主要内容包括：用人单位不得在劳动合同、聘用合同或其他合同中与女职工约定限制或者变相限制其结婚、生育等合法权益的内容。用人单位应当对经期及孕期女职工给予特殊劳动保护。符合法定生育条件的女职工在 98 天产假基础上，依法享受奖励产假 60 天。鼓励、引导相关用人单位联合为怀孕、哺乳女职工提供休息、哺乳用房等设施，鼓励用人单位以单独或联合相关单位共同举办的方式，在工作场所为女职工提供福利性 1 至 3 岁婴幼儿照护服务。有关单位在处理对女职工的性骚扰事件时，应当依法保护女职工的个人隐私等。

（2）山东省人民政府颁布《山东省女职工劳动保护办法》（2019 年 3 月 1 日生效）

该文件的主要内容包括：用人单位不得限制或者变相限制女职工结婚、生育。符合法律、法规生育的女职工在 98 天产假基础上依法享受额外增加的 60 天产假，男性职工享受 7 天护理假。女职工经医疗机构诊断为围绝经期综合征不能适应原安排的劳动，申请调整工作岗位的，用人单位应当安排其能够适应的其他劳动。有关单位在处理对女职工的性骚扰事件时，应当依法保护女职工的个人隐私等。

（3）宁夏回族自治区人民代表大会常务委员会修订《宁夏回族自治区妇女权益保障条例》（2019 年 11 月 1 日实施）

该文件的主要内容包括：录用女职工应当依法签订劳动（聘用）合同，不得要求女职工提供与劳动（聘用）合同不直接相关的个人信息，不得在劳动（聘用）合同中约定限制或者以其他方式变相限制女职工结婚、生育权利的内容。鼓励和支持用人单位在工作场所为职工提供零至三周岁婴幼儿照护服务，缓解家庭育儿负担，帮助妇女平衡工作与家庭关系。鼓励用人单位对符合法律、法规规定生育子女的夫妻，在子女零至三周岁期间，每年给予夫妻双方各十天共同育儿假。用人单位应当采取有效措施，预防和制止工作人员或者其他人员利用职权、从属关系和其他便利条件对妇女实施性骚扰。

（二）典型案例

1. “女职工权益保护纠纷”－用人单位无权了解员工的婚姻状况

广州市中级人民法院于 2019 年 6 月 18 日召开新闻发布会，发布八个关于女职工权益保护的典型案例。其中一个案例表明，用人单位无权了解女职工的婚姻状况。

在该案例中，女员工林某在应聘时提交的登记表中的“婚姻状况”栏填写“未婚”，后于入职一个月后告知公司其怀孕。公司以其填写的入职信息与事实不符，严重违反相关法律法规及应聘表格中关于资料真实性的约定条款为由单方解除与其的劳动关系。一审判决认为，用人单位有权了解劳动者与劳动合同直接相关的基本情况，劳动者应当如实说明。与劳动合同直接相关的基本情况一般包括劳动者的健康状况、知识构成、文化

程度、工作技能、工作经历、职业资格等。劳动者不如实说明该等基本情况可能构成重大误解、欺诈等情形，一定程度上系对用人单位知情权的侵害。但劳动者对与工作无关，尤其是涉及个人隐私的问题，有权拒绝说明。即使劳动者提供的信息存在不实之处，用人单位也不能以此为由解除双方的劳动关系。本案中，公司未举证证实其在招聘时对林某的婚姻状况有明确要求，且林某应聘的岗位为人事行政，婚姻状况不是其完成工作任务的影响因素，网络公司也未提交规章制度等证明林某隐瞒已婚事实属于严重违反公司管理制度的情形。因此，公司以林某入职时"婚姻状况"所填写的内容与事实不符为由辞退林某，不符合法律规定，属于违法解除劳动合同，应向林某支付违法解除劳动合同赔偿金。二审法院维持了一审判决。

2."平等就业权纠纷"案由胜诉第一案——基于怀孕的歧视

樊女士就职于一家物业公司，任一所学校的监控员。她在医院检查后发现自己怀孕，医生建议其休息一天。樊女士向其领导告知怀孕并提出请假，当天下午被告知不用上班了，第二天其个人物品被放在门卫室，且公司拒绝其上班。樊女士遂以"平等就业权纠纷"为案由对公司提起诉讼，认为公司构成就业歧视。

本案争议焦点为:（1）是否需要仲裁前置。法院认为，根据《就业促进法》第六十二条，用人单位违反本法规定实施就业歧视的，劳动者可以向人民法院提起诉讼，本案劳动者主张平等就业权遭到侵害并依据该条规定起诉请求损害赔偿，与另案劳动争议仲裁请求并无重合，故不适用仲裁前置。（2）是否侵犯了平等就业权。法院认为，平等就业权的保护范围包括两个方面，一是招录过程中劳动者被平等录用的权利，二是劳动合同履行过程中劳动者被平等对待的权利。公司在履行劳动合同过程中因樊女士怀孕而将其辞退，使其失去原本已获得的工作，属于在履行劳动合同过程中的歧视性对待，构成对樊女士平等就业权的侵害。

2019年10月28日，珠海市香洲区人民法院判决员工胜诉，法院判令公司做出书面赔礼道歉，支付樊女士孕期工资损失，未休产假工资损失及精神损害抚慰金（10,000元）。

3."平等就业权纠纷"－基于地域的歧视

闫某向某度假村公司提供了法务及董事长助理两个岗位的应聘材料，后该公司向其发出不适合此岗位的通知，不适合原因为"河南人"。闫某认为以"河南人"为由拒绝招聘是就业上的地域歧视，侵犯了其合法权益，遂以"平等就业权纠纷"为案由提起诉讼，请求判令公司口头道歉，自判决生效起连续十五日在各大报纸上向原告登报道歉，并支付精神抚慰金60,000元。

2019年11月26日，杭州互联网法院对原告闫某诉被告浙江某公司平等就业权纠纷一案在线审理并当庭宣判。法院认为，闫某两次投递求职简历，均被公司以"河南人"不合适为由拒绝，显然公司在招聘过程中使用了主体来源的地域空间这一标准对人群进行了归类，并根据这一归类标准而给予闫某低于正常情况下应当给予其他人的待遇，即拒绝录用，可以认定浙江某公司因"河南人"这一地域事由要素对闫某进行了差别对待。而地域事由属于闫某乃至任何人都无法自主选择和控制的、与生俱来的"先赋因素"，在浙江某公司无法提供客观有效的证据，证明地域要素与闫某申请的工作岗位之间，存在必然的内在关联或存在其他的合法目的的情况下，浙江某公司的区分标准不具有合理性，构成法定禁止事由。因此，法院认定浙江某公司构成对闫某地域歧视，侵害其平等就业权，判令浙江某公司向闫某口头道歉、在国家级媒体刊登道歉声明，并赔偿闫某精神抚慰金及合理维权费用损失 10,000 元。

4.“平等就业权纠纷”– 基于性取向的歧视

2018 年 9 月，一位青岛幼儿园教师公开出柜后被园方开除。该教师随后提起劳动仲裁，要求恢复劳动关系，支付未签订书面劳动合同的工资差额。2018 年 11 月，仲裁委裁决园方支付约为 6 个月工资的差额，驳回其他仲裁请求。幼儿园不服裁决，向青岛市崂山区人民法院提起诉讼，法院于 2019 年 8 月 15 日判决园方支付未签订书面劳动合同的二倍工资差额。2019 年 1 月 15 日，该教师亦以 2018 年底新增的案由“平等就业权纠纷”向青岛市崂山区人民法院提起诉讼，并立案成功。目前，该案仍在等待开庭。

5.“平等就业权纠纷”– 基于跨性别的歧视

2018 年底，跨性别者马某完成性别重置手术并将身份证性别变更为女性。在其重返岗位后，公司经理以不知道安排马某做男生的岗位还是女生的岗位为由，劝其主动提交离职报告。马某拒绝辞职。2019 年春节后，公司以马某多次迟到早退为由解除劳动合同。

2019 年 8 月，马某提起平等就业权诉讼。该案为全国首例以“平等就业权纠纷”为案由立案的跨性别就业歧视案。2019 年 12 月 3 日，杭州市滨江区人民法院首次开庭审理该案。目前该案仍在审理过程中。

6.“性骚扰损害赔偿责任纠纷”– 职场性骚扰

2014 年，原告（女性）加入四川某知名社会工作服务中心，并在一年后受到其主管刘某的性骚扰。事后，原告试图联系中心秘书长告发此事，但没有得到合理解决。2018 年，受国内“米兔”运动的影响，原告和其他遭受刘某性骚扰甚至性侵的女性社工一同在网上曝光了刘某的性骚扰行为，并将刘某和该社会工作服务中心一同告上法庭，请求法院认定刘某对其实施了性骚扰，要求刘某支付精神损害赔偿金 5 万元，并请求判令二被告在公开媒体赔礼道歉。

2018 年 12 月，在最高人民法院新增“性骚扰损害责任纠纷”案由后，原告将该案案由从“一般人格权纠纷”变更为“性骚扰损害责任纠纷”。2019 年 6 月，四川省成都市武侯区人民法院做出判决，认为“性骚扰是指违背对方意志，实施带有性暗示的言语动作，给对方带来身体和精神上的伤害。”其中，认定标准和构成要件为（1）违背对方意志；（2）实施带有性暗示的言语动作；（3）给对方带来身体和精神上的伤害；（4）行为与其结果之间有因果关系。法院认定性骚扰事实成立，判令被告向原告当面赔礼道歉，驳回原告要求被告赔偿 5 万元精神损害赔偿金的诉求。同时，法院认为被告的“性骚扰行为是个人行为”，被告单位“并非该行为的共同侵权人”，因此驳回了原告要求被告单位承担连带责任的诉求。

七、2019年实习和见习相关重要法规和典型案例

（一）实习管理重要法规和典型案例

1. 重要法规

（1）《教育部关于加强和规范普通本科高校实习管理工作的意见》（2019年7月10日实施）

该文件的主要内容包括，（i）高校在确定实习单位前须进行实地考察评估，确定满足实习条件后，应与实习单位签订合作协议，明确双方的权利、义务以及管理责任。未按规定签订合作协议的，不得安排学生实习。（ii）根据专业特点，毕业实习、顶岗实习可以允许学生自行选择单位分散实习。对分散实习的学生，要严格实习基地条件、实习内容的审核，加强实习过程指导和管理，确保实习质量。（iii）高校应当在实习前为学生购买实习责任险或者人身伤害意外险。（iv）不得安排未满16周岁的学生顶岗实习。（v）除临床医学等相关专业及实习岗位有特殊要求外，每天工作时间不得超过8个小时、每周工作时间不得超过44小时，不得安排加班和夜班。

（2）《人力资源社会保障部工伤保险司关于转发浙江省人力资源和社会保障厅等3部门〈关于试行职工技工等学校学生在实习期间和已超过法定退休年龄人员在继续就业期间参加工伤保险工作的指导意见〉的通知》（2019年10月29日实施）

该文件规定，各地可结合自身工作实际，学习借鉴浙江省的《关于试行职工技工等学校学生在实习期间和已超过法定退休年龄人员在继续就业期间参加工伤保险工作的指导意见》，将满足条件的实习生纳入工伤保险的范围。

2. 典型案例

（1）北京法院认定在校实习生与实习单位之间不存在劳动关系

在北京某中心与惠某劳动争议案中，惠某提交了现代管理大学毕业证书显示其于2013年9月至2017年7月期间在现代管理大学全日制本科学习，于2017年7月1日毕业。惠某主张其于2016年11月1日至2017年7月1日期间在北京某中心全日制工作。北京市房山区人民法院（一审法院）和北京市第二中级人民法院（二审法院）均认为惠某前述关于全日制工作的主张与其提交的毕业证书相互矛盾，其也未提供证据证明其上述主张，故对北京某中心关于惠某某于2016年11月1日至2017年7月1日期间在其单位实习的主张，两审法院均予以采信，进而认定在此期间双方并不存在劳动关系。

（2）上海法院认定在校实习生与实习单位之间不存在劳动关系

在陆某与上海某公司劳务合同纠纷案中，上海市徐汇区人民法院认为，符合条件的劳动者方能与用人单位建立劳动关系。2018年7月前，陆某为在校学生，系利用学校实习时间至上海某公司实习，工资按日计算，并非与上海某有限公司形成人身依附关系，亦非劳动法意义上的劳动者，尽管双方签订有标题为“劳动合同”的书面协议，但该协议并非劳动法意义上的劳动合同，实为劳务合同，故陆某某主张双方建立劳动关系，于法无据，本院不予采信。

（二）见习管理

北京市人力资源和社会保障局和北京市财政局联合发布了《关于印发〈北京市就业见习工作管理办法〉的通知》（2019 年 1 月 1 日生效）该文件规定，见习人员须满足毕业 2 年内未就业的北京生源高校毕业生、中专毕业生及技工院校毕业生等条件，并与见习单位订立《北京市就业见习协议书》。见习人员参加见习期间，享受见习补贴。见习补贴由见习单位垫付，待见习人员见习期满后，由见习单位按程序进行申报。需要注意的是，见习不同于实习，适用对象为已毕业的学生。

八、2019 年与劳动人事相关的个人信息保护重要法规

至 2019 年底，欧盟《通用数据保护条例》（General Data Protection Regulation，简称“GDPR”）已正式实施约一年半，作出了近百件处罚案件，亦出台了相关执行细则。在 GDPR 的影响下，多国及地区在个人信息保护领域均积极立法。

我国 2019 年在个人信息保护领域的立法亦有进一步突破，出台了多部法律法规的征求意见稿及有关文件规定，包括《数据安全管理办法（征求意见稿）》《网络安全审查办法（征求意见稿）》《个人信息出境安全评估办法（征求意见稿）》《信息安全技术 个人信息安全规范》修订文件的征求意见稿等。

展望 2020 年，备受社会各界关注的《个人信息保护法》及《民法典人格权编》也在制定进程当中。该等法律的制定将为个人信息的保护和利用提供更明确的法律依据。

（一）重要法规

1. 国家互联网信息办公室于 2019 年 6 月公布《个人信息出境安全评估办法（征求意见稿）》

该文件规定，企业收集的个人信息出境应当全面申报、实行主管部门安全评估的事前监管制度。其主要内部包括，网络运营者向境外提供在中华人民共和国境内运营中收集的个人信息之前，应当向所在地省级网信部门申报个人信息出境安全评估；向不同的接收者提供个人信息应当分别申报安全评估，向同一接收者多次或连续提供个人信息无须多次评估；每 2 年或者个人信息出境目的、类型和境外保存时间发生变化时应当重新评估。经安全评估认定个人信息出境可能影响国家安全、损害公共利益，或者难以有效保障个人信息安全的，不得出境。

该文件规定所有网络运营者向境外提供个人信息之前均应向网信部门申报个人信息出境安全评估，要求网络运营者在安全评估申请提交与境外接收者之间签订的必备条款合同、个人信息出境安全风险及安全保障措施分析报告等材料，且对网络运营者与接收者之间的合同应当约定的相关个人信息主体的权利、网络运营者与接收者的义务责任提出明确要求。此外，该文件规定，网络运营者应当建立个人信息出境记录并且至少保存 5 年，并应于每年 12 月 31 日前将本年度个人信息出境情况、合同履行情况等报所在地省级网信部门。

如该文件通过并实施，其将对从中国向境外传输个人信息，包括对跨国企业的员工

个人信息的跨境传输产生重大影响。

2. 个人信息保护法立法动态

2019年初,《个人信息保护法》已纳入十三届全国人大常委会的立法规划。2019年12月20日，全国人大委员会法工委发言人再次表示将于2020年制定《个人信息保护法》。根据2017年版草案等目前公开渠道可查询的草案文本,《个人信息保护法》将对个人信息保护的基本原则和基本制度、个人信息主体的权利、个人信息处理者的义务以及相关法律责任等内容进行系统性建构。

3. 民法典（草案）人格权编中关于隐私权和个人信息保护的规定

全国人大常委会于2019年12月28日公布了《中华人民共和国民法典（草案)》。该文件第四编（人格权）第六章就隐私权和个人信息保护事宜做出了共八条规定（即第一千零三十二条至第一千零三十九条，具体内容请参见附件1)。该等条款的主要内容包括:（1）隐私的定义，自然人享有隐私权，任何个人和组织不得侵犯侵害他人的隐私权;（2）侵害隐私权的六种方式;（3）个人信息的定义，自然人的个人信息受到法律保护;（4）收集、处理个人信息应当遵循合法、正当、必要原则，并且应当满足四项要求;（5）自然人对信息控制者可以行使的权利范围;（6）收集和处理个人信息过程中的免责情形;（7）信息控制者和收集者的义务;（8）国家机关及其工作人员对于因工作原因而知悉的自然人的隐私和个人信息负有保密义务。

九、2019年社保和个税相关的重要法规

（一）社会保险相关重要法规

1. 社保入税

自2019年1月1日起，基本养老保险费、基本医疗保险费、失业保险费、工伤保险费、生育保险费等各项社会保险费交由税务部门统一征收，社保税务代征的职能划转正在稳步推进中。对于追缴问题，2018年9月21日人力资源社会保障部发文要求不追缴2019年1月1日前的社保欠费，严禁自行组织对企业历史欠费进行集中清缴。

2019年12月13日，国家税务总局新设社会保险费司（非税收入司)。社会保险费司是国家税务总局主管税务系统社会保险费和有关非税收入征管工作的职能部门，其主要职责是：负责基本养老保险费、失业保险费、工伤保险费、基本医疗保险费和生育保险费等社会保险费的征收管理各项工作，参与相关政策的制定和法律法规调整。

2. 国务院颁布降低社会保险费率综合方案

2019年4月1日，国务院办公厅正式发布《降低社会保险费率综合方案》(2019年5月1日实施)。该方案对企业主要影响为以下四个方面：

（1）自2019年5月1日起，城镇职工基本养老保险单位缴费比例高于20%的，全部降至16%；单位缴费比例低于16%的浙江、广东两省及个别城市将逐渐调整单位费率至国家标准。

（2）继续阶段性降低失业保险、工伤保险费率；此前的阶段性降费率政策延长至2020年4月30日。

（3）调整社会保险缴费基数。以本省城镇非私营单位和私营单位就业人员平均工资加权计算的全口径平均工资，核定社保个人缴费基数上下限。个体、灵活就业人员可在本省全口径工资的60%至300%之间自愿选择缴费基数。

（4）企业职工基本养老保险和企业职工其他险种缴费，原则上暂按现行征收体制继续征收，稳定缴费方式。在征收体制改革过程中不得自行对企业历史欠费进行集中清缴，不得采取任何增加小微企业实际缴费负担的做法。

3. 各省市相继出台降低社会保险费率方案

在2019年4月1日之后，各省市相继出台降低社会保险费率方案的相应政策。具体内容请参见附件2。

4. 划转国有资本充实社会保险

2019年7月10日，国务院常务会议决定，今年全面推开划转部分国有资本充实社保基金工作。9月10日，财政部、人力资源社会保障部、国资委、税务总局、证监会印发了《关于全面推开划转部分国有资本充实社保基金工作的通知》。划转对象为中央和地方国有及国有控股大中型企业、金融机构，划转比例统一为企业国有股权的10%，中央和地方划转部国有资本充实社保基金的工作于2019年全面展开，将于2020年底前基本完成划转工作。

5. 社会保险领域严重失信人名单管理暂行办法

2019年11月27日，人力资源社会保障部印发《社会保险领域严重失信人名单管理暂行办法》。对于用人单位、社会保险服务机构及其有关人员、参保及待遇领取人员等，有不依法办理社会保险登记，经行政处罚后仍不改正；以欺诈、伪造证明材料或者其他手段骗取社会保险待遇或社会保险基金支出，数额超过1万元等情形，将被列入社会保险严重失信人名单。

（二）个税重要法规

1. 财政部和税务总局联合发布《关于粤港澳大湾区个人所得税优惠政策的通知》（2019年1月1日实施）

该文件规定，广东省、深圳市按内地与香港个人所得税税负差额，对在大湾区工作的境外（含港澳台，下同）高端人才和紧缺人才给予补贴，该补贴免征个人所得税。

2.《财政部税务总局关于在中国境内无住所的个人居住时间判定标准的公告》（2019年1月1日实施）

该文件规定，无住所个人一个纳税年度在中国境内累计居住满183天的，如果此前六年在中国境内每年累计居住天数都满183天而且没有任何一年单次离境超过30天，该纳税年度来源于中国境内、境外所得应当缴纳个人所得税；如果此前六年的任一年在中国境内累计居住天数不满183天或者单次离境超过30天，该纳税年度来源于中国境外且由境外单位或者个人支付的所得，免予缴纳个人所得税。

3. 财政部、税务总局联合发布《关于非居民个人和无住所居民个人有关个人所得税政策的公告》（2019年1月1日实施）

该公告中规定了外派员工、双重雇佣人员的工资薪金个人所得税问题。公告基本遵

循了从国内法如何征税（来源地规则–收入额的确定–应纳税额的计算）到税收协定如何适用（如何限制征税）的逻辑，将无住所个人的个人所得税规则做了较为全面清晰的规定。原则上，工资薪金所得来源地以在境内工作期间取得的工资薪金为原则，但根据无住所个人的身份和在境内停留的时间长短不同，来源地规则会进行相应的限缩/扩大处理。由以前的“先税后分”变为“先分后税”，这一改变实质上降低了无住所个人的税负。

4.《国家税务总局办公厅关于印发〈降低社会保险费率缴费服务工作方案〉的通知》（2019年4月15日发布并生效）

该文要求，聚焦降低社会保险费率、调整社会平均工资口径等政策，按照“准实快优”的要求，精准宣传培训、落实服务措施、快速处理问题、优化服务质效，切实做到分工明确、措施有力、整体稳定、税费协同，确保税务机关负责征收的缴费单位特别是小微企业社会保险缴费负担有实质性下降，增强缴费人获得感。

5. 财政部、税务总局联合发布《关于个人取得有关收入适用个人所得税应税所得项目的公告》（2019年1月1日生效）

该文件规定，个人按照《财政部 税务总局 人力资源社会保障部 中国银行保险监督管理委员会 证监会关于开展个人税收递延型商业养老保险试点的通知》（财税〔2018〕22号）的规定，领取的税收递延型商业养老保险的养老金收入，其中25%部分予以免税，其余75%部分按照10%的比例税率计算缴纳个人所得税，税款计入“工资、薪金所得”项目，由保险机构代扣代缴后，在个人购买税延养老保险的机构所在地办理全员全额扣缴申报。

6.《国家税务总局关于办理2019年度个人所得税综合所得汇算清缴事项的公告》（2019年12月31日实施）

该文件规定，2019年度终了后，居民个人（以下称“**纳税人**”）需要汇总2019年1月1日至12月31日取得的工资薪金、劳务报酬、稿酬、特许权使用费等四项所得（以下称“**综合所得**”）的收入额，减得出本年度应退或应补税额，向税务机关申报并办理退税或补税。

纳税人向扣缴义务人提出代办要求的，扣缴义务人应当代为办理，或者培训、辅导纳税人通过网上税务局（包括手机个人所得税App）完成年度汇算申报和退（补）税。由扣缴义务人代为办理的，纳税人应在2020年4月30日前与扣缴义务人进行书面确认，补充提供其2019年度在本单位以外取得的综合所得收入、相关扣除、享受税收优惠等信息资料，并对所提交信息的真实性、准确性、完整性负责。

7.《财政部关于调整残疾人就业保障金征收政策的公告》（2020年1月1日实施）

自2020年1月1日起至2022年12月31日，在职职工人数在30人（含）以下的企业，暂免征收残疾人就业保障金。

十、2019 年外国人及港澳台人员就业相关重要法规

（一）台港澳人员就业

1. 国务院台办、国家发展改革委经商中央组织部等 20 个部门联合发布《关于进一步促进两岸经济文化交流合作的若干措施》（2019 年 11 月 4 日实施）

该文件旨在为台湾同胞提供与大陆居民同等待遇，从创业就业到生活居住提出 26 条具体措施。与 2018 年的 31 条措施相比，该文件规定的 26 条措施扩大了台企在大陆投资和创业的范围，扩大台湾居民在大陆证件办理、领取和使用的范围。

2. 教育部、中央台办、国务院港澳办联合发布《关于港澳台居民在内地（大陆）申请中小学教师资格有关问题的通知》（2019 年 1 月 7 日实施）

该文件规定，台港澳居民凭规定的有效证件（包括港澳台居民居住证、港澳居民来往内地通行证、五年有效期台湾居民来往大陆通行证），可在内地（大陆）申请参加中小学教师资格考试，在考试所在地认定中小学教师资格。

3. 广东省人民政府发布《关于加强港澳青年创新创业基地建设的实施方案》（2019 年 5 月 8 日实施）

该文件规定，为来粤创业的港澳青年提供创业、培训、租房等补贴和各项就业创业扶持优惠政策；打造港澳青年人才服务体系，推进粤港澳职业资格互认，建立港澳青年人才一站式服务窗口。

（二）外国人就业

（1）2019 年 8 月 1 日起，国家移民管理局在全国范围内推广复制促进服务自贸区建设 12 项移民与出入境便利政策。12 条便利措施在原有的政策基础上，（i）扩大了外国人才申请永久居留对象范围；（ii）放宽签发长期签证和居留许可的对象范围；（iii）拓宽外国人才引进对象范围。

（2）2019 年 8 月 27 日，中国人力资源和社会保障部办公厅发布了《关于实施中国－日本社会保障协定的通知》，以有效解决中国和日本两国在对方国工作的人员双重缴纳社会保险费问题。

（3）2019 年 9 月人力资源和社会保障部与法兰西共和国社会团结和卫生部国务在法国巴黎签署《关于实施中华人民共和国政府和法兰西共和国政府社会保障协定的行政协议》。双方商定，待完成各自所必需的国内程序后，协定和行政协议将同日生效。

（4）国家移民管理局于 2019 年 9 月制定《出入境证件身份认证管理办法（试行）》。该认证平台开通后，境外人员从 10 月起即可凭持用的出入境证件办理交通运输、金融、教育、通信、医疗、住宿等 35 项公共服务，年底前基本实现出入境证件便利化应用工作目标。

（5）2019 年 11 月中国（上海）自由贸易试验区临港新片区管委会发布《中国（上海）自由贸易试验区临港新片区支持人才发展若干措施》（共 48 条，在吸引外籍人才方面，有实施海外高层次人才个税税赋差额补贴、境外人才可参加职业资格考试、鼓励在读外籍留学生兼职创业、实施科研创新领军人才及团队办理工作许可“绿色通道”、

外国人工作许可和外国人才签证加分、建立境外人才工作和创业绿色通道等优惠政策。

（6）2019年12月上海市启用“外国人工作、居留单一窗口”，“单一窗口”启用后，符合A类工作许可证申请条件的外籍人才可在“单一窗口”同步提交工作许可和居留许可申请，在原来办理的基础上至少减少7个工作日。

（7）公安部于2019年7月举行新闻发布会，宣布海南引进外籍高管及外国投资人可享办签证永居便利：一是实施更加开放的免签入境政策，优化现有的免签政策；二是实施更具吸引力的引才引智政策，对在海南工作的外籍人员给予更优惠的签证政策。

附件1:《中华人民共和国民法典（草案）》第四编（人格权）第六章隐私权和个人信息保护

第一千零三十二条　自然人享有隐私权。任何组织或者个人不得以刺探、侵扰泄露、公开等方式侵害他人的隐私权。

隐私是自然人的私人生活安宁和不愿为他人知晓的私密空间、私密活动、私密信息。

第一千零三十三条　除权利人明确同意外，任何组织或者个人不得实施下列行为：

（一）以短信、电话、即时通信工具、电子邮件、传单等方式侵扰他人的私人生活安宁；

（二）进入、窥视、拍摄他人的住宅、宾馆房间等私密空间；

（三）拍摄、录制、公开、窥视、窃听他人的私密活动；

（四）拍摄、窥视他人身体的私密部位；

（五）收集、处理他人的私密信息；

（六）以其他方式侵害他人的隐私权。

第一千零三十四条　自然人的个人信息受法律保护。个人信息是以电子或者其他方式记录的能够单独或者与其他信息结合识别特定自然人的各种信息，包括自然人的姓名、出生日期、身份证件号码、生物识别信息、住址、电话号码、电子邮箱地址、行踪信息等。

个人信息中的私密信息，同时适用隐私权保护的有关规定。

第一千零三十五条　收集、处理自然人个人信息的，应当遵循合法、正当、必要原则，不得过度收集、处理，并符合下列条件：

（一）征得该自然人或者其监护人同意，但是法律、行政法规另有规定的除外；

（二）公开收集、处理信息的规则；

（三）明示收集、处理信息的目的、方式和范围；

（四）不违反法律、行政法规的规定和双方的约定。

个人信息的处理包括个人信息的使用、加工、传输、提供、公开等。

第一千零三十六条　自然人可以向信息控制者依法查阅、抄录或者复制其个人信息；发现信息有错误的，有权提出异议并请求及时采取更正等必要措施。

自然人发现信息控制者违反法律、行政法规的规定或者双方的约定收集、处理其个人信息的，有权请求信息控制者及时删除。

续表

第一千零三十七条　收集、处理自然人个人信息，有下列情形之一的，行为人不承担民事责任：

（一）在该自然人或者其监护人同意的范围内实施的行为；

（二）处理该自然人自行公开的或者其他已经合法公开的信息，但是该自然人明确拒绝或者处理该信息侵害其重大利益的除外；

（三）为维护公共利益或者该自然人合法权益，合理实施的其他行为。

第一千零三十八条　信息收集者、控制者不得泄露、篡改其收集、存储的个人信息；未经被收集者同意，不得向他人非法提供个人信息，但是经过加工无法识别特定个人且不能复原的除外。

信息收集者、控制者应当采取技术措施和其他必要措施，确保其收集、存储的个人信息安全，防止信息泄露、篡改、丢失；发生或者可能发生个人信息泄露、篡改、丢失的，应当及时采取补救措施，依照规定告知被收集者并向有关主管部门报告。

第一千零三十九条　国家机关及其工作人员对于履行职责过程中知悉的自然人的隐私和个人信息，应当予以保密，不得泄露或者向他人非法提供。

附件 2：全国主要省市关于降低社保费率的跟进政策

城市	发布日期	文件	内容
北京	2019.04.28	《关于降低本市社会保险费率的通知》	同国务院的方案一致
上海	2019.04.30	上海市人力资源和社会保障局《关于降低本市城镇职工社会保险费率的通知》	1. 养老保险单位缴费比例降至 16%； 2. 失业保险继续保持单位 0.5%，个人 0.5% 的比例至 2020 年 4 月 30 日； 3. 工伤保险费率在国家规定的行业标准费率基础上下调 20%
广东	2019.04.30	《广东省城镇职工基本养老保险单位缴费比例过渡方案》	1. 降低机关事业单位养老保险单位缴费比例至 16%； 2. 逐步提高企业职工养老保险单位缴费比例至国家标准（原先多为 13%）
深圳	2019.05.09	《深圳市降低社会保险费率实施方案》	1. 降低机关事业单位养老保险单位缴费比例至 16%； 2. 逐步提高企业职工养老保险单位缴费比例至 16%（原先为 13%）； 3. 失业保险继续维持单位 0.7%，个人 0.3%；工伤保险在原费率基础上下调 30%
浙江	2019.04.30	浙江省人力社保厅、省财政厅、浙江省税务局《关于降低社会保险费率有关问题的通知》	同国务院的方案一致

续表

城市	发布日期	文件	内容
江苏	2019.04.30	《江苏省降低社会保险费率实施方案》	国务院的方案一致。 另外，符合条件的单位可以阶段性降低职工基本医疗保险单位缴费比例0.5—1个百分点，执行期限至2019年11月30日
重庆	2019.04.29	《重庆市降低社会保险费率综合方案》	同国务院的方案一致
天津	2019.04.19	天津市人社局、天津市财政局、天津市税务局《关于降低社会保险费率的通知》	1. 养老保险单位缴费比例降至16%； 2. 失业保险继续保持单位0.5%，个人0.5%的比例至2020年7月31日

致 谢

本报告由君合劳动法律服务团队共同努力、集结团队经验及业绩而形成。在此，特向合伙人马建军、汪东澎、白洪娟、冯明浩、谌楠，律师卢珍、季蕴卓、宋苗、赵小砚、陈聪娜、胡红雨、何婧、何婷婷、朱奕、王洁、赵海帆等撰稿人员致以诚挚的谢意。报告全文由合伙人马建军、汪东澎、白洪娟、谌楠负责统稿。

2019 年
君合业务研究报告

反垄断业务
年度报告

君合律师事务所公司组

一、2019年中国反垄断动态

（一）最新制定的法规与政策

2019年1月3日，国家市场监督管理总局（以下简称“**市场监管总局**”或“**总局**”）发布《市场监管总局关于反垄断执法授权的通知》。根据该通知，市场监管总局授权各省、自治区、直辖市人民政府市场监督管理部门，负责本行政区域内有关反垄断执法工作。

2019年6月26日，市场监管总局发布《禁止垄断协议暂行规定》、《禁止滥用市场支配地位行为暂行规定》和《制止滥用行政权力排除、限制竞争行为暂行规定》。上述三项暂行规定整合了2018年机构改革之前原反垄断执法机构，即原工商总局反垄断与不正当竞争执法局与原国家发改委价格监督检查与反垄断局的若干规定，统一了具体的反垄断执法依据。

2019年9月29日，市场监管总局发布《关于规范经营者集中案件申报名称的指导意见》《关于经营者集中简易案件申报的指导意见》《关于经营者集中申报文件资料的指导意见》和《关于经营者集中申报的指导意见》。上述四项指导意见重新明确了2018年机构改革，即市场监管总局成立以来经营者集中申报的执法主体。

（二）地方针对行政垄断执法专项行动

2019年10月24日，江西省市场监管局开展滥用行政权力排除、限制竞争行为专项执法行动。专项执法行动的重点任务主要包括：（1）制止医药领域滥用行政权力行为；（2）查处建筑领域滥用行政权力做法；（3）规范交通领域滥用行政权力问题；（4）纠正招投标和政府采购领域滥用行政权力现象；（5）整治公章刻制领域滥用行政权力情况。

2019年10月24日，广东省市场监管局集中开展滥用行政权力排除、限制竞争行为专项执法行动。此次行动重点关注医药、建筑、招投标和政府采购、公章刻制等5个领域中，涉及排斥外地经营者参与本地市场竞争、阻碍商品自由流通、违规设置目录库、设置歧视性准入条件、指定商品或相关服务、对外地商品和服务实行歧视性待遇、强制经营者从事垄断行为、不依法发布信息、实施差别待遇、设置不合理限制和壁垒、干预招标（采购）方自主选择招标（采购）代理机构、过高收费、搭售和附加不合理交易条件等行为。

2019年10月24日，吉林省市场监管厅开展滥用行政权力排除、限制竞争行为执法行动。此次行动的任务主要包括五个方面：（1）制止医药领域滥用行政权力行为；（2）

查处建筑领域滥用行政权力做法；（3）规范交通领域滥用行政权力问题；（4）纠正招投标和政府采购领域滥用行政权力现象；（5）整治公章刻制领域滥用行政权力情况。

总局及地方市场监管部门有关垄断协议及滥用的调查和案件情况请见后文。

（三）市场监管总局与国外反垄断执法机构交流情况

2019年3月20日，市场监管总局反垄断局与欧盟竞争总司在京举办中欧竞争政策周研讨会。反垄断局徐乐夫副局长出席会议并致辞。来自欧盟竞争执法机构、反垄断局以及全国省级市场监管部门反垄断业务骨干共约50人参加会议。中欧双方围绕经营者集中审查中的控制概念、合营企业竞争分析、竞争法在标准必要专利许可中的作用、超高定价和限制转售价格案例比较等问题进行了研讨。

2019年3月21日，市场监管总局反垄断局负责人与来访的俄罗斯联邦反垄断局副局长茨冈诺夫、俄罗斯联邦反垄断局国际经济合作司司长达维多娃等举行工作会谈。俄方介绍了第六届金砖国家竞争大会的组织筹备情况，双方就建立中俄双边反垄断合作机制，推进金砖国家框架内竞争领域合作，做好第六届金砖国家竞争大会组织筹备工作，共同推动国际竞争规则制定等问题充分交换了意见。双方同意进一步提升中俄反垄断合作水平，加强执法合作，共同维护市场公平竞争秩序。

2019年5月8日，第八届中国竞争政策论坛期间，市场监管总局反垄断局吴振国局长在海口与参加论坛的新加坡竞争与消费者委员会首席执行官杜汉立举行工作会谈。双方介绍了各自机构改革和近期反垄断工作开展情况。双方同意加快双边备忘录商签工作，进一步提高中新双方以及中国与东盟反垄断领域合作水平。

2019年5月8日，第八届中国竞争政策论坛期间，市场监管总局反垄断局吴振国局长在海口与参加论坛的美国司法部副助理部长罗杰·奥尔福德举行工作会谈。吴振国局长介绍了中方近期反垄断工作和市场监管总局授权省级市场监管部门开展反垄断执法情况，美方介绍了其起草的竞争执法和调查多边框架协议相关情况。双方就举办中美反垄断高层对话以及在多边领域开展反垄断合作等问题交换了意见。双方同意进一步推进双边备忘录商签工作，加强执法合作，进一步提高双方反垄断领域合作水平。

2019年5月22日至31日，市场监管总局副局长甘霖率团访问韩国、日本和菲律宾，与三国反垄断执法机构开展竞争政策和反垄断执法高层交流，与韩国、日本签署双边反垄断合作备忘录，并与菲律宾竞争委员会就签署反垄断合作备忘录进行磋商。

2019年9月17日至24日，市场监管总局副局长甘霖率团参加俄罗斯主办的第六届金砖国家竞争大会并访问俄罗斯、白俄罗斯，与两国竞争执法机构开展竞争政策和反垄断执法交流。

二、2019年反垄断案件汇总

（一）经营者集中案件

1. 最新的统计数据

自2008年8月1日起至2019年12月31日止，相关执法机构共无条件批准了2858

件案件（包括简易案件在内），44 件附条件案件，2 件禁止集中案件。其中 2019 年全年，相关执法机构无条件批准案件 443 件（包括简易案件在内），附条件批准案件 5 件；具体分析见下文。

2. 市场监管总局公布的违法实施经营者集中的行政处罚决定

自 2019 年 1 月 1 日起至 2019 年 12 月 31 日止，市场监管总局共公布了 19 起违法实施经营者集中案件的处罚决定。处罚决定显示，被处罚交易均系符合《反垄断法》第二十条之规定，属于经营者集中情形的交易，且参与集中的经营者的营业额均达到了《国务院关于经营者集中申报标准的规定》第三条规定的申报标准，属于应当申报的情形。但因相关经营者未依法向市场监管总局进行经营者集中申报，违反了《反垄断法》第二十一条，构成未依法申报违法实施经营者集中。尽管在后续调查、评估中市场监管总局认定该 19 项经营者集中不会产生排除、限制竞争的影响，但相关经营者仍因其应报未报之行为遭受了市场监管总局的行政处罚。具体处罚如下：

2019 年市场监管总局公布的违法实施经营者集中案件的处罚决定

序号	时间	案件	处罚
1	2019 年 1 月	高济医药有限公司收购河南百家好一生医药连锁有限公司 100% 股权案	对高济医药处以 40 万元人民币罚款的行政处罚
2	2019 年 2 月	江苏德威新材料股份有限公司收购江苏和时利新材料股份有限公司股权案	对江苏德威处以 30 万元人民币罚款的行政处罚
3	2019 年 2 月	引力传媒股份有限公司收购上海致趣广告有限公司股权案	对引力传媒处以 20 万元人民币罚款的行政处罚
4	2019 年 2 月	海外香港投资有限公司收购潍坊森达美液化品码头有限公司案	对海外香港处以 30 万元人民币罚款的行政处罚
5	2019 年 4 月	普莱克斯（中国）投资有限公司与南京炼油厂有限责任公司设立合营企业案	对普莱克斯和南炼各处以 30 万元人民币罚款的行政处罚
6	2019 年 6 月	国巨股份有限公司收购君耀控股股份有限公司股权案	对国巨处以 30 万元人民币罚款的行政处罚
7	2019 年 8 月	天能电池集团股份有限公司收购安徽轰达电源有限公司股权案	对天能集团处以 30 万元人民币罚款的行政处罚
8	2019 年 9 月	哈尔滨电气股份有限公司与通用电气（中国）有限公司新设合营企业案	对哈电股份和通用电气中国各处以 30 万元人民币罚款的行政处罚
9	2019 年 9 月	高顺发展有限公司收购哈尔滨地利生鲜农产品企业管理有限公司 100% 股权案	对高顺处以 30 万元人民币的行政处罚
10	2019 年 9 月	中邮资本管理有限公司收购成都我来啦网格信息技术有限公司股权案	对中邮资本处以 40 万元人民币罚款的行政处罚
11	2019 年 9 月	广西柳州钢铁集团有限公司收购广西中金金属科技有限公司股权案	对柳钢集团处以 35 万元人民币罚款的行政处罚

续表

序号	时间	案件	处罚
12	2019 年 9 月	西藏德锦企业管理有限责任公司收购上海汇通能源股份有限公司股权案	对西藏德锦处以 30 万元人民币罚款的行政处罚
13	2019 年 9 月	苏州全亿健康药房连锁有限公司收购苏州健生源医药连锁有限公司股权案	对苏州全亿处以 30 万元人民币罚款的行政处罚
14	2019 年 9 月	北京汽车股份有限公司、现代金融株式会社和现代汽车（中国）投资有限公司设立合营企业案	分别对北汽、现代金融和现代中国处以 30 万元人民币罚款的行政处罚
15	2019 年 11 月	皮尔博格泵技术有限公司和上海幸福摩托车有限公司设立合营企业案	分别对皮尔博格和幸福摩托车处以 35 万元人民币罚款的行政处罚
16	2019 年 12 月	广州港收购中山港航股权案	对广州港处以 30 万元人民币罚款的行政处罚
17	2019 年 12 月	辽宁港口集团收购大连港集团和营口港务集团股权案	对辽宁港口集团处以 35 万元人民币罚款的行政处罚
18	2019 年 12 月	安博凯收购思妍丽股权案	对安博凯处以 35 万元人民币罚款的行政处罚
19	2019 年 12 月	新希望投资收购兴源环境股权案	对新希望投资处以 40 万元人民币罚款的行政处罚

3. 市场监管总局公布的违反经营者集中附加限制性条件的行政处罚决定

自 2019 年 1 月 1 日起至 2019 年 12 月 31 日止，市场监管总局未在其官网上公布任何违反经营者集中附加限制性条件的行政处罚决定。

4. 2019 年禁止和附条件批准的经营者集中案件

自 2019 年 1 月 1 日起至 2019 年 12 月 31 日止，相关执法机构共公布了 5 起附加限制性条件批准的经营者集中案件，此外，相关执法机构未做出禁止经营者集中的决定，具体如下：

（1）科天公司收购奥宝科技有限公司股权案

2018 年 4 月 28 日，市场监管总局收到本案经营者集中反垄断申报。经审核，市场监管总局认为该申报材料不完备，要求申报方予以补充。2018 年 6 月 26 日，市场监管总局确认经补充的申报材料符合《反垄断法》第二十三条规定，对此项经营者集中申报予以立案并开始初步审查。2018 年 7 月 25 日，市场监管总局决定对此项经营者集中实施进一步审查。2018 年 10 月 22 日，经申报方同意，市场监管总局决定延长进一步审查期限。2018 年 12 月 18 日，进一步审查延长阶段届满时，申报方申请撤回案件并得到市场监管总局同意。2018 年 12 月 20 日，市场监管总局对申报方的再次申报予以立案审查。

市场监管总局根据《反垄断法》第二十七条规定，从参与集中的经营者在相关市场的市场份额及其对市场的控制力、对消费者和其他有关经营者的影响等方面，深入分析了此项经营者集中对市场竞争的影响，认为此项集中对沉积、蚀刻设备市场，具有或可能具有排除、限制竞争效果。

在审查过程中，市场监管总局将本案具有或可能具有排除、限制竞争效果的审查意见及时告知申报方，并与申报方就如何减少此项经营者集中对竞争产生的不利影响等有关问题进行了多轮商谈。对申报方提交的限制性条件建议，市场监管总局按照《关于经营者集中附加限制性条件的规定（试行）》规定，重点从限制性条件的有效性、可行性和及时性方面进行了评估。经评估，市场监管总局认为，申报方 2019 年 2 月 1 日提交的限制性条件建议最终稿可以减少此项经营者集中对竞争造成的不利影响。

鉴于此项经营者集中在沉积、蚀刻设备市场具有或可能具有排除、限制竞争效果，根据申报方提交的限制性条件建议最终稿，市场监管总局决定附加限制性条件批准此项集中，要求科天、奥宝科技及集中后实体履行如下义务：

a）科天、奥宝科技及集中后实体应本着公平、合理、无歧视的原则，继续向中国市场上的沉积和 / 或蚀刻设备制造商稳定提供半导体工艺控制设备及有关服务。

b）对于向中国市场供应的半导体工艺控制设备与沉积和 / 或蚀刻设备，没有正当理由，科天、奥宝科技及集中后实体不得以任何方式进行搭售或捆绑销售，或者附加其他不合理的交易条件。

c）科天、奥宝科技及集中后实体应与中国市场上的沉积和 / 或蚀刻设备制造商及其客户配合，对中国市场上的沉积和 / 或蚀刻设备制造商的信息采取保护措施，确保奥宝科技不会获得该等信息。

d）限制性条件的监督执行除按公告办理外，科天与奥宝科技于 2019 年 2 月 1 日向市场监管总局提交的附加限制性条件建议方案对科天、奥宝科技及集中后实体具有法律约束力。

（2）卡哥特科集团收购德瑞斯集团部分业务案

2018 年 6 月 15 日，市场监管总局收到本案经营者集中反垄断申报。经审核，市场监管总局认为该申报材料不完备，要求申报方予以补充。2018 年 7 月 26 日，市场监管总局确认经补充的申报材料符合《反垄断法》第二十三条规定，对此项经营者集中申报予以立案并开始初步审查。2018 年 8 月 22 日，市场监管总局决定对此项经营者集中实施进一步审查。2018 年 11 月 19 日，经申报方同意，市场监管总局决定延长进一步审查期限。2019 年 1 月 11 日，进一步审查延长阶段届满时，申报方申请撤回案件并得到市场监管总局同意。2019 年 1 月 14 日，市场监管总局对申报方的再次申报予以立案审查。

审查过程中，市场监管总局将本案具有或者可能具有排除、限制竞争效果的审查意见及时告知申报方，并与申报方就如何减少此项经营者集中对竞争产生的不利影响等有关问题进行了多轮商谈。对申报方提交的限制性条件建议，市场监管总局按照《关于经营者集中附加限制性条件的规定（试行）》，重点从限制性条件的有效性、可行性和及时性方面进行了评估。经评估，市场监管总局认为，申报方 2019 年 6 月 16 日提交的限制性条件建议最终稿可以减少此项经营者集中对竞争造成的不利影响。

鉴于此项经营者集中在中国舱口盖、商船滚装设备和船货起重机市场具有或者可能具有排除、限制竞争效果，根据申报方提交的限制性条件建议最终稿，市场监管总局决定附加限制性条件批准此项集中，要求卡哥特科、德瑞斯及集中后实体履行如下义务：

a）自市场监管总局决定公告之日起2年内，卡哥特科和德瑞斯就中国市场舱口盖业务、商船滚装设备业务和商船起重机业务保持相互独立并继续开展市场竞争，包括管理独立、财务独立、人事独立、定价独立、研发设计和生产独立、销售独立及采购独立等。

b）自市场监管总局决定公告之日起2年内，为确保实现上述业务相互独立并保持竞争，卡哥特科和德瑞斯相互之间就中国舱口盖、商船滚装设备和船货起重机业务相关人员、竞争性敏感信息和办公场所等设置防火墙，制定详细的防火墙指南手册并开展培训，要求相关人员严格遵守公告承诺义务。

c）自市场监管总局决定公告之日起5年内，卡哥特科将公平参与市场竞争，不在中国市场对相关产品实施涨价，即对于相同类别下的相同产品，卡哥特科在中国销售的舱口盖、商船滚装设备及商船起重机产品价格不高于其有中国市场订单的最近3个日历年度的平均供货价格。

d）自市场监管总局决定公告之日起5年内，除非有正当理由，卡哥特科将不会拒绝或限制向中国客户提供舱口盖、商船滚装设备或商船起重机产品，也不得恶意拖延提供产品。

（3）高意股份有限公司收购菲尼萨股份有限公司股权案

2018年12月29日，市场监管总局收到本案经营者集中反垄断申报。经审核，市场监管总局认为该申报材料不完备，要求申报方予以补充。2019年2月20日，市场监管总局确认经补充的申报材料符合《反垄断法》第二十三条规定，对此项经营者集中申报予以立案并开始初步审查。2019年3月22日，市场监管总局决定对此项经营者集中实施进一步审查。2019年6月19日，经申报方同意，市场监管总局决定延长进一步审查期限。2019年8月14日，进一步审查延长阶段届满时，申报方申请撤回案件并得到市场监管总局同意。2019年8月20日，市场监管总局对申报方的再次申报予以立案审查。

根据《反垄断法》第二十七条规定，市场监管总局从参与集中的经营者在相关市场的市场份额及其对市场的控制力、相关市场的市场集中度、集中对下游用户企业和其他有关经营者的影响等方面，深入分析了此项经营者集中对市场竞争的影响，认为此项集中对波长选择开关市场可能具有排除、限制竞争效果。

审查过程中，市场监管总局将本案可能具有排除、限制竞争效果的审查意见及时告知申报方，并与申报方就如何减少此项经营者集中对竞争产生的不利影响等有关问题进行了多轮商谈。对申报方提交的限制性条件建议，市场监管总局按照《关于经营者集中附加限制性条件的规定（试行）》，重点从限制性条件的有效性、可行性和及时性方面进行了评估。经评估，市场监管总局认为，申报方2019年9月11日提交的限制性条件建议最终稿可以减少此项经营者集中对竞争造成的不利影响。

鉴于此项经营者集中在波长选择开关市场可能具有排除、限制竞争效果，根据申报方提交的限制性条件建议最终稿，市场监管总局决定附加限制性条件批准此项集中，要求集中后实体履行如下义务：

a）高意与菲尼萨保持波长选择开关业务相互独立并继续开展市场竞争，包括管理独立、财务独立、人事独立、研发独立、销售独立、定价独立、生产独立及采购独立。

b）为确保上述业务相互独立并保持竞争，高意和菲尼萨就相关人员、竞争性敏感信息、办公场所和办公信息系统等设置防火墙，制定详细的防火墙指南手册并开展培训，要求相关人员严格遵守公告承诺义务。

c）高意与菲尼萨继续以公平合理的条款供应波长选择开关。没有正当理由，不得在价格、交货期、售后服务等交易条件上对客户实行差别待遇。按照公平合理的价格供应产品。

（4）浙江花园生物高科股份有限公司与皇家帝斯曼有限公司新设合营企业案

2018年4月12日，市场监管总局收到本案经营者集中反垄断申报。经审核，市场监管总局认为该申报材料不完备，要求申报方予以补充。2018年5月2日，市场监管总局确认经补充的申报材料符合《反垄断法》第二十三条规定，对此项经营者集中申报予以立案并开始初步审查。2018年5月31日，市场监管总局决定对此项经营者集中实施进一步审查。2018年8月27日，经申报方同意，市场监管总局决定延长进一步审查期限。2018年10月24日，进一步审查延长阶段届满时，申报方申请撤回案件并得到市场监管总局同意。2018年12月21日，申报方再次申报。2019年4月30日，市场监管总局对申报方的再次申报予以立案审查。

根据《反垄断法》第二十七条规定，市场监管总局从参与集中的经营者在相关市场的市场份额及其对市场的控制力、相关市场的市场集中度、集中对下游用户企业和其他有关经营者的影响等方面，深入分析了此项经营者集中对市场竞争的影响，认为此项集中对全球和中国兽用维生素D3、人用维生素D3及NF级羊毛脂胆固醇市场，可能具有排除、限制竞争效果。

审查过程中，市场监管总局将本案可能具有排除、限制竞争效果的审查意见及时告知申报方，并与申报方就如何减少此项经营者集中对竞争产生的不利影响等有关问题进行了多轮商谈。对申报方提交的限制性条件建议，市场监管总局按照《关于经营者集中附加限制性条件的规定（试行）》，重点从限制性条件的有效性、可行性和及时性方面进行了评估。经评估，市场监管总局认为，申报方2019年10月11日提交的附加限制性条件建议方案可以减少此项经营者集中对竞争造成的不利影响。

鉴于此项经营者集中在全球和中国兽用维生素D3、人用维生素D3及NF级羊毛脂胆固醇市场可能具有排除、限制竞争效果，根据申报方提交的附加限制性条件建议方案，市场监管总局决定附加限制性条件批准此项集中，要求花园、帝斯曼和合营企业履行如下义务：

a）保持相关业务独立。

i 在拟议交易完成后，双方将各自保持除了合营企业从事的DHC生产业务外的维生素D3相关业务的完全相互独立，包括但不限于管理、财务、人事、定价、研发、生产、采购、营销、销售等方面的互相独立。

ii 花园、帝斯曼应当在全球、中国维生素D3市场上继续独立开展公平竞争。帝斯曼和花园不得利用合营企业交换竞争性敏感信息，不得利用合营企业达成或实施《反垄断法》所禁止的垄断协议。合营企业不得设立向市场出售维生素D3的联合推广/销售部门。

iii 保证各自委托合营企业生产DHC所需的胆固醇采购的独立性，不得委托合营企业代为采购胆固醇，或共同委托其他经营者采购胆固醇。帝斯曼（或其关联公司）和花

园应各自独立采购或生产胆固醇（帝斯曼（或其关联公司）可以向花园采购胆固醇），并各自独立向合营企业供应胆固醇。帝斯曼（或其关联公司）和花园各自独立委托合营企业代为加工、生产 DHC。帝斯曼和花园不得约定，帝斯曼生产 D3 所需胆固醇必须全部向花园采购。

iv 花园生产的胆固醇除自身使用外，应根据公平、合理、无歧视的原则，向包括帝斯曼在内的维生素 D3 厂商进行非排他性的销售。花园不得非合理地限制胆固醇的产量，而导致其他厂商采购不到生产维生素 D3 所需的胆固醇，或导致胆固醇价格不合理上涨。

b）合营企业独立运营。

i 合营企业应独立运营。合营企业的董事会成员、高级管理人员不得担任帝斯曼或花园的董事会成员或高级管理人员职务或在其维生素 D3 或胆固醇业务任职。合营企业的董事会成员和高级管理人员应独立进行合营企业的管理、运营活动，除在监督受托人监督下可以向其各自的委派方提供根据中国和国际会计准则编制的财务报告和法律法规要求的其他报告外，不得向帝斯曼、花园报告任何竞争性敏感信息。

ii 合营企业应分别签订并根据单独的供应协议向帝斯曼（或其关联公司）和花园供应 DHC。合营企业不得以任何形式向帝斯曼和花园任何一方透露另一方 DHC 采购的数量、价格及其他竞争性敏感信息。帝斯曼、花园可以分别安排第三方审计人对合营企业的财务账目进行审计，但第三方审计人不得向花园、帝斯曼报告任何竞争性敏感信息。

iii 合营企业的办公场所、办公信息系统、生产场地和设施应独立于帝斯曼和花园。但是，合营企业的安全、健康、环保服务和公用设施服务（包括但不限于水、蒸汽、电力、污水处理）由花园或者直接由浙江省金华经济技术开发区提供。帝斯曼和花园不得获得合营企业办公信息系统的用户权限，合营企业的雇员（包括高级管理人员）不得在帝斯曼、花园任职。

iv 合营企业的管理层（包括董事）或其他因日常工作接触 DHC 的成本、数量和价格及其他竞争性敏感信息的雇员，在结束同合营企业的雇佣合同后三年内或本承诺有效期内（两者中较短的一个期限内），如果受雇于帝斯曼或花园，不得从事维生素 D3 和胆固醇的生产或销售业务。合营企业的管理层（包括董事）和其他因日常工作接触 DHC 的成本、数量和价格及其他竞争性敏感信息的雇员，应同合营企业签订保密协议，保证在受雇期间和承诺有效期内不向第三方（包括花园和帝斯曼）透露合营企业的 DHC 的成本、数量和价格及其他竞争性敏感信息。

v 合营企业应建立相应的反垄断法合规制度，并制定防止帝斯曼、花园通过合营企业交换竞争性敏感信息的操作手册，并保证其董事、高级管理人员及雇员在承诺解除前，严格遵守该操作手册。合营企业应针对反垄断法合规和操作手册，每年对董事、高级管理人员及雇员进行培训，并确保其董事、高级管理人员及雇员签署遵守反垄断合规和操作手册的承诺。

c）合营企业的业务范围。

合营企业不得从事 DHC 生产业务以外的任何业务。

d）价格保密。

除以下三种情况外，帝斯曼、花园、合营企业不得向第三方公开胆固醇和维生素 D3

价格：（i）应客户需求提供报价，（ii）应政府部门要求；（iii）应适用法律要求。

（5）诺贝丽斯公司收购爱励公司股权案

2018年8月31日，市场监管总局收到本案经营者集中申报，申报方以简易案件进行申报，2018年9月30日立案，公示期内第三方提出异议，经审查，市场监管总局认为本案不符合简易案件适用标准，2018年10月26日撤销立案，并要求申报人按非简易案件重新申报。2018年11月1日，申报方以非简易案件重新申报。经审核，市场监管总局认为该申报材料不完备，要求申报方予以补充。2018年12月13日，市场监管总局确认经补充的申报材料符合《反垄断法》第二十三条的规定，对此项经营者集中申报予以立案并开始初步审查。2019年1月11日，市场监管总局决定对此项经营者集中实施进一步审查。2019年4月10日，经申报方同意，市场监管总局决定延长进一步审查期限。2019年6月6日，进一步审查延长期届满时，申报方申请撤回案件并得到市场监管总局同意。2019年6月12日，申报方再次申报。2019年6月14日，市场监管总局对申报方的再次申报予以立案审查。2019年12月6日，进一步审查延长期届满时，申报方再次申请撤回案件并得到市场监管总局同意，当日，申报方再次申报。2019年12月12日，市场监管总局对申报方的申报予以立案审查。市场监管总局认为，此项集中对中国汽车车身铝薄板内板市场和汽车车身铝薄板外板市场可能具有排除、限制竞争效果。

根据《反垄断法》第二十七条规定，市场监管总局从参与集中的经营者在相关市场的市场份额及其对市场的控制力、相关市场的市场集中度、集中对下游用户企业和其他有关经营者的影响等方面，深入分析了此项经营者集中对市场竞争的影响，认为此项集中对中国汽车车身铝薄板内板和汽车车身铝薄板外板市场可能具有排除、限制竞争效果。

审查过程中，市场监管总局将本案可能具有排除、限制竞争效果的审查意见及时告知申报方，并与申报方就如何减少此项经营者集中对竞争产生的不利影响等有关问题进行了多轮商谈。对申报方提交的限制性条件建议，市场监管总局按照《关于经营者集中附加限制性条件的规定（试行）》，重点从限制性条件的有效性、可行性和及时性方面进行了评估。经评估，市场监管总局认为，申报方2019年11月26日提交的限制性条件建议最终稿可以减少此项经营者集中对竞争造成的不利影响。

鉴于此项经营者集中在中国汽车车身铝薄板内板和汽车车身铝薄板外板市场可能具有排除、限制竞争效果，根据申报方提交的限制性条件建议最终稿，市场监管总局决定附加限制性条件批准此项集中，要求诺贝丽斯、爱励及集中后实体履行如下义务：

a）剥离爱励在欧洲经济区内全部的汽车车身铝薄板内板和外板业务，剥离内容包括相关设施、人员、知识产权和其他有形及无形资产。

b）在中国，集中后实体将不会向任何在汽车车身铝薄板市场开展业务的竞争者供应冷轧板。该限制性条件自生效日起的10年内有效，10年期间届满后将自动终止。在自生效日起的10年内，如果相关市场的竞争状况发生重大改变，或本次交易的交易双方情况发生重大变更，集中后实体可向市场监管总局申请解除该限制性条件。

（二）市场监管总局调查及代为公布的垄断协议和滥用市场支配地位案件

自2019年1月1日起至2019年12月31日止，市场监管总局合计公布了12件垄断协议案件（其中，中止调查1件，终止调查1件）；7件滥用市场支配地位案件（其中，中止调查2件，终止调查1件）；具体分析见下文。

2019年市场监管总局调查的垄断协议和滥用市场支配地位案件

序号	时间	案件	调查结果
1	2019年1月	湖北联兴民爆器材经营股份有限公司垄断经营案	终止调查
2	2019年1月	扑尔敏原料药垄断案	责令当事人立即停止违法行为对尔康医药没收违法所得239.47万元，处以2017年度销售额8%的罚款，计847.94万元；对九势制药处以2017年度销售额4%的罚款，计155.73万元。
3	2019年3月	精华制药集团南通有限公司垄断案	中止调查
4	2019年3月	盐城新奥燃气有限公司垄断案	中止调查
5	2019年4月	咸宁市3家机动车安全技术检测机构实施垄断协议案	责令当事人停止违法行为；对蓝盾没收违法所得513400.00元并处以2017年度销售额百分之五的罚款，计121012.50元；对鸿达没收违法所得121300.00元并处以2017年度销售额百分之五的罚款，计104082.40元；对顺通没收违法所得334400.00元。
6	2019年4月	伊士曼公司滥用市场支配地位案	责令当事人停止违法行为；对伊士曼处以2016年度销售额5%的罚款，合计24,378,711.35元。
7	2019年5月	海昌隐形眼镜有限公司上海分公司、上海海俪恩隐形眼镜光学有限公司垄断案	终止调查
8	2019年5月	衢州市8家混凝土企业实施垄断协议案	对衢州商品混凝土有限公司、衢州虎山混凝土有限公司、衢州金厦非凡建材有限公司、衢州鑫业建材有限公司、衢州山河建材有限公司、衢州天广建材有限公司、衢州园闰节能科技有限公司等7家公司均处以其2017年度销售额1%的罚款；由于衢州开隆建材有限公司2017年无营业额，故责令其停止违法行为
9	2019年6月	长安福特实施纵向垄断协议案	对长安福特处以上一年度重庆地区销售额4%的罚款，计1.628亿元

续表

序号	时间	案件	调查结果
10	2019 年 7 月	天津市自来水集团有限公司滥用市场支配地位案	责令当事人停止违法行为，并处以其 2016 年度销售额 3% 的罚款，计 7438622.77 元
11	2019 年 8 月	赤峰市巴林左旗餐饮行业垄断协议案	对巴林左旗餐饮行业商会处以罚款 20 万元；考虑到涉案违法所得无法计算，对赤峰京都商贸有限公司京都酒店、巴林左旗朱家餐厅（含朱家酒店）、巴林左旗乌兰餐饮服务有限公司、巴林左旗林东东城区老好吃饺子馆均处以其上一年度餐饮业务营业额 3% 的罚款，分别计 21 万元、15 万元、6 万元、3 万元
12	2019 年 8 月	重庆市烧结砖生产经营行业垄断协议	对云林建材公司没收违法所得 26.33 万元、处 2017 年度销售额 5% 的罚款，计 1.06 万元；对重庆市江美元建材有限公司处 2017 年度销售额 5% 的罚款，计 83.4 万元；对云阳县永旺建材有限公司处 2017 年度销售额 5% 的罚款，计 37.35 万元；对荣明页岩砖公司处 2017 年度销售额 5% 的罚款，计 28.45 万元；对双江镇杨何砖厂处 2017 年度销售额 5% 的罚款，计 24.49 万元；对盈升建材公司和桃花建材公司均处 2017 年度销售额 5% 的罚款，分别计 9.55 万元；对原云阳县富云页岩砖厂负责人王正田没收违法所得 76.8 万元；对原云阳县麻柳坪页岩砖厂负责人周国江没收违法所得 90 万元
13	2019 年 8 月	延安市混凝土企业垄断协议案	对 10 家涉案当事人处以 2017 年度销售额 1% 的罚款，合计 492.29 万元
14	2019 年 10 月	永济市混凝土企业垄断协议案	鉴于该垄断协议尚未实施，对 5 家混凝土企业分别处以 5 万元罚款
15	2019 年 11 月	菏泽市汽车行业协会组织本行业经营者达成垄断协议案	对菏泽市汽车行业协会处以 30 万元的罚款
16	2019 年 11 月	联想（北京）有限公司垄断案	中止调查
17	2019 年 11 月	江苏宿迁正源自来水有限公司滥用市场支配地位案	责令当事人停止违法行为；没收违法所得 1176414.23 元，处以 2016 年度销售额 4% 的罚款 877640 元，罚没款总计 2054054.23 元
18	2019 年 12 月	湖南省张家界市永定区瓶装液化气垄断协议案	责令当事人停止违法行为；鉴于张家界市新纪元石化有限公司第一个主动向执法机构报告达成垄断协议有关情况并提供重要证据，适用宽大，对其处以 2017 年度销售额 1% 的罚款；并对其他 6 家企业分别处以 2017 年度销售额 2% 的罚款
19	2019 年 12 月	丰田汽车（中国）投资有限公司垄断案	责令当事人停止违法行为，并决定对当事人处上一年度（2016 年度）销售额 2% 的罚款，即 87,613,059.48 元

1. 鄂市监终止字［2018］1 号 湖北联兴民爆器材经营股份有限公司垄断经营案

经原国家工商行政管理总局授权，湖北省工商行政管理局于 2013 年 3 月 4 日对湖北联兴民爆器材经营股份有限公司垄断经营行为进行立案调查。

经调查发现，湖北联兴民爆器材经营股份有限公司（以下简称“**联兴公司**”）通过与生产企业股东、销售企业股东签订销售合同，并要求各股东企业使用湖北民用爆炸物品综合管理系统的方式，形成省内所有企业只能将产品交由联兴公司销售，所有地市级销售企业股东只能通过联兴公司购进产品的省内民爆器材产品流通体系，导致用户无法自由选择与生产或销售企业直接交易。

调查过程中，联兴公司认识到其行为对竞争产生了不利影响，表示要及时整改、消除影响，承诺采取整改措施。2018 年 11 月 15 日，湖北省工商局对联兴公司下达了《中止调查决定书》。

2018 年 12 月 15 日，联兴公司向湖北省市场监管局（原湖北省工商局）提交了《关于履行消除涉嫌垄断承诺进展情况的汇报》。在此期间，湖北省工商局会同湖北省国防工业办公室对生产企业、市级经销商、县级经销商、爆破公司等四级单位进行实地调查和走访。调查结果表明当事人已全面履行其承诺。鉴于当事人采取的具体整改措施符合承诺的整改内容，湖北省市场监管局于 2018 年 12 月 29 日做出终止调查决定。

2. 国市监处［2018］21 号、22 号 扑尔敏原料药垄断案

市场监管总局于 2018 年 12 月 30 日对湖南尔康医药经营有限公司、河南九势制药股份有限公司滥用共同市场支配地位行为做出行政处罚决定。

经查，湖南尔康医药经营有限公司（以下简称“**尔康医药**”）、河南九势制药股份有限公司（以下简称“**九势制药**”）在中国扑尔敏原料药市场 2017 年所占市场份额合计为 96.38%，2018 年 1–7 月，所占市场份额合计为 88.55%，且双方市场份额均大于十分之一，因而推定二者具有市场支配地位。尔康医药和九势制药实施了以不公平高价销售商品、没有正当理由拒绝与交易相对人进行交易、没有正当理由搭售商品的行为。

市场监管总局认定，尔康医药、九势制药上述行为违反《中华人民共和国反垄断法》第十七条第一款第（一）、（三）、（五）项规定，构成滥用市场支配地位行为。

考虑到尔康医药违法行为性质严重、程度较深，并在实施违法行为中起主要作用，对尔康医药没收违法所得 239.47 万元，处以 2017 年度销售额 8% 的罚款，计 847.94 万元。考虑到九势制药违法行为性质严重、程度较深，同时考虑到违法行为持续时间较短，且在实施违法行为中起较次要作用，市场监管总局对九势制药处以 2017 年度销售额 4% 的罚款，计 155.73 万元。

3. 苏市监案中字［2019］1 号 精华制药集团南通有限公司垄断案

2016 年 7 月 15 日，依照原国家工商总局的授权，原江苏省工商局对精华制药集团南通有限公司（以下简称“**精华制药**”）涉嫌垄断行为开展调查。2019 年 2 月 20 日，江苏省市场监管局决定对该案中止调查。

经查，2013 年 7 月 31 日至 2015 年 12 月 31 日，精华制药生产的苯巴比妥原料药除了向商丘新先锋、河南万隆医药公司等零星药品生产、经销企业持续销售，及向山西两家药品生产企业各销售一笔外，未向国内的其他药品生产企业销售该原料药。在此

期间，精华制药的部分老客户及国内多家药品生产企业向其提出购买该原料药请求时，均被拒绝。精华制药拒绝交易的行为破坏了市场竞争规则，侵害了部分药品生产企业的利益。

精华制药承认上述事实，表示要及时整改，申请调查机关可以中止调查。最终，调查机关决定对本案中止调查，并对履行承诺的情况进行监督和检查。

4. 苏市监案中字［2019］2 号 盐城新奥燃气有限公司垄断案

原江苏省工商局于 2015 年 10 月起对盐城新奥燃气有限公司（以下简称“**新奥燃气**”）涉嫌垄断行为开展调查。2019 年 2 月 20 日，江苏省市场监管局决定对该案中止调查。

经查，新奥燃气在办理燃气工商团体用户开户业务的过程中，与用户签订《管道燃气设施配套建设合同》，该合同违反了《江苏省燃气管理条例》和《盐城市城市管道燃气特许经营协议》的相关规定。

考虑到新奥燃气在案件调查过程中能够配合调查，对涉嫌垄断行为及危害性认识比较深刻，其提出并积极予以落实的整改措施能够消除和挽回其行为所造成的影响，江苏省市场监管局于 2019 年 2 月 20 日做出了中止调查决定。

5. 鄂市监罚处字［2019］001 号、002 号、003 号 咸宁市 3 家机动车安全技术检测机构实施垄断协议案

湖北省市场监管局于 2018 年 8 月 7 日起，对咸宁市蓝盾机动车辆安全技术检测有限公司（以下简称“**蓝盾**”）、湖北鸿达车辆检测有限公司（以下简称“**鸿达**”）、咸宁市顺通机动车辆安全检测有限公司（以下简称“**顺通**”）3 家公司达成并实施价格垄断协议的行为进行了调查。2019 年 3 月 14 日，湖北省市场监管局对上述 3 家公司做出行政处罚决定。

经查，3 家机动车安全技术检测公司就机动车安全技术检验费事宜进行价格意思联络，在此基础上保持价格行为的基本一致，排除、限制经营者之间的竞争，违反了《中华人民共和国反垄断法》第十三条第一款第（一）项的规定，属于达成并实施“固定或者变更商品价格”垄断协议的行为。

考虑到当事人违法行为的性质、情节、程度、持续时间和社会影响等因素，执法机构除责令 3 家公司停止违法行为外，对蓝盾没收违法所得 513400.00 元并处以 2017 年度销售额百分之五的罚款，计 121012.50 元；对鸿达没收违法所得 121300.00 元并处以 2017 年度销售额百分之五的罚款，计 104082.40 元；对顺通没收违法所得 334400.00 元。

6. 沪市监案处字［2019］第 000201710047 号 伊士曼公司滥用市场支配地位案

经原国家工商行政管理总局授权，原上海市工商行政管理局于 2017 年 8 月 16 日对伊士曼（中国）投资管理有限公司（以下简称“**伊士曼**”）涉嫌滥用市场支配地位实施垄断行为立案调查。2019 年 4 月 16 日，上海市市场监管局对伊士曼做出行政处罚决定。

经查，2013—2015 年间，伊士曼利用其在中国大陆醇酯十二成膜助剂市场的支配地位，通过排他性协议锁定了相关市场内具有一定影响力客户的大部分需求，实施排除、限制竞争的限定交易行为，构成了《反垄断法》第十七条第一款第（四）项规定的滥用市场支配地位行为。

虽然伊士曼违法行为持续时间较长，但考虑到其能够主动改正违法行为，且在实施违法行为过程中，未严格追究客户照付不议违约责任，未对签约方造成明显经济损失。依据《反垄断法》第四十七条、第四十九条的规定，上海市市场监管局责令伊士曼停止违法行为，并对其处以其2016年度销售额5%的罚款，合计24，378，711.35元人民币。

7. 沪价检终止［2019］1号 海昌隐形眼镜有限公司上海分公司、上海海俪恩隐形眼镜光学有限公司垄断案

原上海市物价局于2017年11月2日对海昌隐形眼镜有限公司上海分公司、上海海俪恩隐形眼镜光学有限公司涉嫌垄断行为进行立案调查，于2018年3月16日做出中止调查决定，并对当事人履行整改承诺的情况进行监督。

经查，海昌隐形眼镜有限公司上海分公司、上海海俪恩隐形眼镜光学有限公司作为海昌、海俪恩品牌隐形眼镜及相关产品生产企业，要求互联网线上零售药房执行当事人提出的最低转售价格。

鉴于当事人在规定的时限内履行了整改承诺，未出现法律所规定的恢复调查情形。依据《中华人民共和国反垄断法》有关规定，上海市市场监管局于2019年4月24日对本案做出终止调查决定。

8. 浙市监案字［2019］1-8号 衢州市8家混凝土企业实施垄断协议案

2018年12月14日，经市场监管总局授权，浙江省市场监管局成立专案组对衢州市8家混凝土企业实施垄断协议行为进行调查，2019年5月8日做出行政处罚决定。

经查，衢州市8家混凝土生产企业为达到市场限制竞争为目的，以《行业自律公约》形式达成并实施了垄断协议，划分衢州市区预拌混凝土市场份额、限制预拌混凝土生产数量及销售数量，从而获取了对衢州市区预拌混凝土市场的绝对控制，排除和限制了正常的市场竞争。

考虑违法行为的性质、程度和持续的时间等因素，浙江省市场监管局对衢州商品混凝土有限公司、衢州虎山混凝土有限公司、衢州金厦非凡建材有限公司、衢州鑫业建材有限公司、衢州山河建材有限公司、衢州天广建材有限公司、衢州园闰节能科技有限公司等7家公司均处以其2017年度销售额1%的罚款；由于衢州开隆建材有限公司2017年无营业额，故责令其停止违法行为。

9. 长安福特实施纵向垄断协议案

2019年6月5日，市场监管总局官网发布新闻，对长安福特汽车有限公司（以下简称"**长安福特**"）实施纵向垄断协议依法作出处罚决定，对长安福特处以罚款1.628亿元。该案处罚决定全文至今尚未公布，官方新闻披露信息如下：

2013年以来，长安福特在重庆区域内通过制定《价格表》、签订《价格自律协议》以及限定下游经销商在车展期间最低价格和网络最低报价等方式，限定下游经销商整车最低转售价格，违反《反垄断法》关于禁止经营者与交易相对人达成限定向第三人转售商品最低价格的垄断协议的规定。调查过程中，长安福特没有提供证据证明相关行为符合《反垄断法》第十五条规定的豁免情形。长安福特上述行为剥夺了下游经销商的定价自主权，排除、限制了品牌内的竞争，并实际削弱了品牌间的竞争，损害了相关市场的公平竞争和消费者的合法利益。市场监管总局依据《反垄断法》对长安福特处以上一年度重庆地区销售额 4% 的罚款。

10．津市监稽罚字［2019］J1 号 天津市自来水集团有限公司滥用市场支配地位案

经原国家工商行政管理总局授权，原天津市市场和质量监督管理委员会于 2017 年 11 月对天津市自来水集团有限公司涉嫌滥用市场支配地位实施垄断行为立案调查。2019 年 5 月 23 日，天津市市场监督管理委员会做出行政处罚决定。

经查，天津市自来水集团有限公司作为天津市市南主城区区域内唯一的城市公共自来水供水企业，对申请新装自来水业务的房地产开发企业附加在二次供水设施建设中须使用当事人控股公司 – 天津市华澄供水工程技术有限公司的智能变频控制柜和远程监控子站的不合理条件。

上述行为违反了《反垄断法》第十七条第一款第（五）项“没有正当理由搭售商品，或者在交易时附加其他不合理的交易条件”的规定。考虑到当事人在案件调查过程中积极配合，主动提交相关证据材料，使案件查处工作进展顺利、效果明显等情节，认定予以从轻处罚。

依据《反垄断法》第四十七条，天津市市场监督管理委员会责令当事人立即停止违法行为，并处以其 2016 年度销售额 3% 的罚款，计 7438622.77 元。

11．内市监反垄断处字［2019］第 1 号至第 5 号 赤峰市巴林左旗餐饮行业垄断协议案

内蒙古自治区市场监管局于 2018 年 8 月 21 日对赤峰市巴林左旗餐饮行业涉嫌垄断协议行为进行立案调查。2019 年 7 月 31 日，对巴林左旗餐饮行业商会以及 4 家三商会会员单位做出行政处罚决定。

经查，巴林左旗餐饮行业商会在组织会员单位对主要原材料进行统一招标采购活动中实施“参与统一采购活动的会员单位不得从非中标单位以外的经营者中购买同类商品，中标单位不得以低于中标价格向非会员单位销售合同约定商品”的行为，4 家会员单位：赤峰京都商贸有限公司京都酒店、峰京都商贸有限公司京都酒店、巴林左旗朱家餐厅、巴林左旗乌兰餐饮服务有限公司、巴林左旗林东东城区老好吃饺子馆均参与了上述联合抵制行为。

巴林左旗餐饮行业商会及 4 家会员单位违反了《反垄断法》第十三条“禁止具有竞争关系的经营者达成下列垄断协议：第（五）项联合抵制交易；”的规定，巴林左旗餐饮行业商会的行为还构成了该法第十六条规定的“行业协会不得组织本行业的经营者从事本章禁止的垄断行为。”所禁止的违法行为。

依据《反垄断法》第四十六条，内蒙古自治区市场监管局决定对巴林左旗餐饮行业商会处以罚款 20 万元；考虑到涉案违法行为的持续时间较长，涉案违法所得无法计算，对赤峰京都商贸有限公司京都酒店、巴林左旗朱家餐厅（含朱家酒店）、巴林左旗乌兰餐饮服务有限公司、巴林左旗林东东城区老好吃饺子馆均处以其上一年度餐饮业务营业额 3% 的罚款，分别计 21 万元、15 万元、6 万元、3 万元。

12．渝市监经处字［2019］第 5 号至第 13 号 重庆市烧结砖生产经营行业垄断协议案

重庆市市场监管局于 2018 年 7 月对云阳县烧结砖生产经营行业涉嫌垄断协议行为进

行立案调查，于 2019 年 8 月 9 日对 9 家涉案当事人做出行政处罚决定。

经查，2014 年 3 月 8 日，重庆云阳县的 9 家烧结砖生产经营者召开协商会议，以稳定市场、统一和固定价格，避免产能过剩和恶性竞争为由，达成了联合经营口头协议。按照协议内容，“联营公司”主要销售区域是云阳县的建筑工地，将对各种类型的烧结砖实行统一定价，安排加入联营的各成员是否生产或停产，并对停产成员进行经济补偿。

重庆市市场监管局认定，9 家具有竞争关系的烧结砖经营者通过达成并实施口头联合经营协议的行为，属于《反垄断法》第十三条第一款第（一）项“固定或者变更商品价格”；第十三条第一款第（二）项“限制商品的生产数量或销售数量”所指的垄断协议行为。重庆市市场监管局对云林建材公司没收违法所得 26.33 万元、处以其 2017 年度销售额 5% 的罚款，计 1.06 万元；对重庆市江美元建材有限公司处 2017 年度销售额 5% 的罚款，计 83.4 万元；对云阳县永旺建材有限公司处 2017 年度销售额 5% 的罚款，计 37.35 万元；对荣明页岩砖公司处 2017 年度销售额 5% 的罚款，计 28.45 万元；对双江镇杨何砖厂处 2017 年度销售额 5% 的罚款，计 24.49 万元；对盈升建材公司和桃花建材公司均处 2017 年度销售额 5% 的罚款，分别计 9.55 万元；对原云阳县富云页岩砖厂负责人王正田没收违法所得 76.8 万元；对原云阳县麻柳坪页岩砖厂负责人周国江没收违法所得 90 万元。

13. 陕市监反垄断处字［2019］第 1 号至第 10 号 延安市混凝土企业垄断协议案

陕西省市场监管局于 2018 年 9 月对延安市部分混凝土企业涉嫌垄断协议行为立案调查，于 2019 年 8 月 9 日对 10 家涉案当事人做出行政处罚决定。

经查，10 家混凝土企业去年以砂石、水泥等原材料价格上涨为由，商议联合将不同标号的混凝土每立方米价格上调 60 元。

陕西省市场监管局认定，上述当事人的行为违反了《反垄断法》第十三条的规定，属于具有竞争关系的经营者达成并实施“固定或者变更商品价格”垄断协议。

陕西省市场监管局对延安昌辉混凝土有限公司、延安龙腾工贸有限公司、延安万帮工贸有限公司、延安昆仑山混凝土有限公司、延安联业工贸有限公司、延安众昌工贸有限公司、延安市万铸工贸有限公司、延安市昌威商品混凝土有限公司、延安市嘉诚混凝土有限公司、延安城投东昊实业股份有限公司 10 家涉案当事人分别处以其 2017 年度销售额 1% 的罚款，合计 492.29 万元。

14. 晋市监价监字〔2019〕7 号至 11 号 永济市混凝土企业垄断协议案

山西省市场监管局于 2019 年 6 月对永济市部分混凝土企业涉嫌达成垄断协议行为立案调查，于 2019 年 9 月 17 日对 5 家涉案当事人做出行政处罚决定。

经查，永济市鑫力混凝土有限公司、永济市宝宝混凝土有限公司、永济市毅达混凝土有限公司、永济市晋鑫混凝土有限公司、永济市三鑫混凝土有限公司等 5 家企业于 2018 年 10 月 31 日共同签订《商品混凝土调价告知单》，约定于 2018 年 11 月 1 日起执行统一约定的价格，5 家企业均加盖公章，达成了垄断协议。

山西省市场监管局认定，5 家混凝土企业属于经营同种业务的独立经营者，相互之间在永济市区域内具有明显的竞争关系。签订《告知单》，固定各企业的混凝土销售价格的行为，属于《反垄断法》第十三条第一款第（一）项禁止的“固定或者变更商品价格”

的垄断协议。

鉴于该垄断协议尚未实施，属于《中华人民共和国反垄断法》第四十六条第一款规定的“尚未实施所达成的垄断协议”行为。综合当事人在调查期间能够及时认识到垄断行为的危害性，积极配合、主动整改，且生产规模较小影响力有限等情节，山西省市场监管局对5家混凝土企业分别处以5万元罚款。

15. 鲁市监行处字［2019］第7号 菏泽市汽车行业协会组织本行业经营者达成垄断协议案

山东省市场监管局于2018年7月对菏泽市汽车行业协会组织本行业经营者涉嫌达成垄断协议行为立案调查，于2019年10月18日对菏泽市汽车行业协会做出行政处罚决定。

经查，菏泽市汽车行业协会成立于2007年，至调查时有会员单位96家，基本涵盖本地所有汽车销售企业。自2016年起，该协会通过发布通知、召集会员单位开会、组织会员单位签订承诺书等多种方式，要求会员单位不得参加其他车展，否则将不得参与协会活动、取消会员资格等。

山东省市场监管局认定，菏泽市汽车行业协会的行为违反了《反垄断法》第十六条“行业协会不得组织本行业的经营者从事本章禁止的垄断行为”和《工商行政管理机关禁止垄断协议行为的规定》第九条：“禁止行业协会以下列方式组织本行业的经营者从事本规定禁止的垄断协议行为：（一）制定、发布含有排除、限制竞争内容的行业协会章程、规则、决定、通知、标准等；（二）召集、组织或者推动本行业的经营者达成含有排除、限制竞争内容的协议、决议、纪要、备忘录等。”的规定，构成行业协会组织本行业经营者实施垄断协议的行为。

考虑到菏泽市汽车行业协会在案件调查期间不仅未主动消除或减轻违法行为，反而继续违法行为，山东省市场监管局对其处以罚款30万元。

16. 京市监价中止〔2019〕1号 联想（北京）有限公司垄断案

原北京市发展改革委于2018年7月对联想（北京）有限公司涉嫌垄断行为开展调查。

经查，联想（北京）公司作为该品牌电脑及相关产品的生产、销售和售后服务企业，自2016年至2017年10月期间，要求品牌授权服务站执行在一定时期内、部分配件选件及服务产品的最低转售价格。

案件调查期间，联想（北京）公司承认在售后维修环节管理过程中，要求品牌授权服务站执行其有关产品最低转售价格管控的事实，认识到相关行为对竞争产生了不当影响，立即采取废除控价文件、修订服务协议等整改措施，表示将进一步采取积极、有效措施消除其涉嫌垄断行为产生的后果和影响。

考虑到联想（北京）公司在案件调查过程中积极配合调查，对存在的问题认识较为深刻，提出并积极予以落实的整改措施能够消除和挽回其行为对竞争造成的不当影响，北京市市场监管局于2019年9月16日决定对该案中止调查。

17. 苏市监案［2019］00027号 江苏宿迁正源自来水有限公司滥用市场支配地位案

经原国家工商行政管理总局授权，原江苏省工商行政管理局于2017年5月对江苏

宿迁正源自来水有限公司涉嫌滥用市场支配地位实施垄断行为立案调查。2019年10月，江苏省市场监管局对江苏宿迁正源自来水有限公司做出行政处罚决定。

经查，宿迁正源自来水有限公司作为承担城市供水服务的公用企业，没有正当理由，限定房地产企业只能与其进行交易，其行为排挤了其他经营者的公平竞争，扰乱了公平竞争的市场秩序，构成滥用市场支配地位限定经营的垄断行为。该行为违反了《中华人民共和国反垄断法》第十七条第一款第（四）项“禁止具有市场支配地位的经营者从事下列滥用市场支配地位的行为：没有正当理由，限定交易相对人只能与其进行交易或者只能与其指定的经营者进行交易”之规定。

江苏省市场监管局对宿迁正源自来水有限公司没收违法所得1176414.23元，处以2016年度销售额4%的罚款877640元，罚没款总计2054054.23元。

18. 湘市监反垄断处字［2019］1至7号 湖南省张家界市永定区瓶装液化气垄断协议案

经市场监管总局授权，原湖南省工商行政管理局于2018年7月3日对湖南省张家界市永定区7家瓶装液化石油气经营者达成并实施垄断协议案进行立案调查。2019年11月22日，湖南省市场监管局对7家瓶装液化石油气经营者案做出行政处罚决定。

经查，2015年11月18日，7家经营者达成为期10年的《合作协议》,《合作协议》明确了7家经营者的营业收入核算比例，每月由7家经营者之一的张家界市新纪元石化有限公司营业收入汇总，计算出当月销售毛利，再按协议约定的比例分配给7家经营者；2016年2月1日湖南省放开瓶装液化石油气零售价格管控之后，7家经营者共同商定并执行在不同时间段统一的销售价格。

湖南省市场监管局认定，7家具有竞争关系的经营者之间达成并实施分割张家界市永定区瓶装液化石油气销售市场、统一固定和变更瓶装液化石油气销售价格协议的行为，违反了《反垄断法》第十三条第一款第（一）、（三）项关于“禁止具有竞争关系的经营者达成下列协议：（一）固定或者变更商品价格；……（三）分割销售市场或者原材料采购市场”的规定。

除责令当事人立即停止违法行为以外，鉴于张家界市新纪元石化有限公司第一个主动向执法机构报告达成垄断协议有关情况并提供重要证据，湖南省市场监管局对其处以2017年销售额1%的罚款；并对其他6家企业分别处以其年销售额2%的罚款。

19. 苏市监反垄断案［2019］1号 丰田汽车（中国）投资有限公司垄断案

经授权，原江苏省物价局于2017年12月对对丰田汽车（中国）投资有限公司（以下简称“**丰田汽车**”）涉嫌在雷克萨斯品牌汽车销售中存在价格垄断行为立案调查。2019年12月，江苏省市场监督管理局对丰田汽车做出行政处罚决定。

经查，丰田汽车与经销商达成并实施了限定经销商网络报价和部分车型整车转售价格的协议，具体表现为：丰田汽车限定江苏省内经销商整车销售网络报价，限定江苏省内经销商部分车型整车销售价格，通过多项管理措施实施价格控制；经销商执行了丰田汽车的价格要求。

江苏省物价局认定，丰田汽车统一经销商网络报价、限定经销商转售商品最低价格的行为，属于与交易相对人达成并实施“固定向第三人转售商品的价格”“限定向第三人转售商品的最低价格”的垄断协议，违反了《反垄断法》第十四条的规定。

江苏省物价局责令丰田汽车停止违法行为，并决定对其处上一年度（2016 年度）销售额 2% 的罚款，即 87,613,059.48 元。

（三）2019 年反垄断诉讼案件

1. 京东诉浙江天猫网络有限公司、浙江天猫技术有限公司滥用市场支配地位纠纷案、格兰仕诉天猫案

2015 年 11 月，京东商城（简称“**京东**”）在实名向原国家工商行政管理总局举报浙江天猫网络有限公司、浙江天猫技术有限公司（统称“**天猫**”）滥用市场支配地位后，将天猫诉至北京市高级人民法院；京东方面诉称，2013 年以来，天猫不断以各种手段实施包括但不限于要求在天猫商城开设店铺的服饰、家居等众多品牌商家不得在京东商城参加“6·18”“双十一”等促销活动，不得在京东商城开设店铺进行经营，甚至只能在天猫商城一个平台开设店铺进行经营等“二选一”行为，被告应为其上述滥用市场支配地位的侵权行为承担法律责任，同时要求停止上述侵权行为，并索赔 10 亿元人民币。

同年，北京市高级人民法院受理此案，天猫方面随即提出管辖权异议主张此案应由浙江省高级人民法院审理。2017 年，北京市高级人民法院一审驳回天猫法院管辖权异议，天猫不服提出上诉。2019 年 7 月 3 日，最高人民法院二审裁定北京市高级人民法院对此案有管辖权，驳回天猫上诉。

2019 年 9 月 12 日，京东方面向北京市高级人民法院提出申请，请求通知唯品会、拼多多作为第三人参加诉讼；同月 26 日，唯品会及拼多多在同一日向北京高院递交申请，请求以第三人身份加入诉讼。

2019 年 10 月 14 日，阿里巴巴集团市场公关委员会主席王帅回应“二选一”称，所谓“二选一”是正常市场行为，平台上述行为旨在通过规模效应，与优秀商家合作，给消费者提供最优的消费体验、最低的价格，同时平台向这些商家提供最好的流量资源，形成多方受益的格局。

2019 年 10 月 28 日，广东格兰仕生活电器商业有限公司基于与京东相似理由向广州知识产权法院就天猫涉嫌滥用市场支配地位等相关事宜提起诉讼，并于 11 月 4 日获得立案。

2019 年 11 月 5 日，国家市场监督管理总局在浙江省杭州市召开“规范网络经营活动行政指导座谈会”，召集京东、快手、美团、拼多多、苏宁、阿里巴巴、云集、唯品会等 20 多家平台企业参会。会上指出，互联网领域“二选一”“独家交易”行为是《电子商务法》明确规定禁止的行为，同时也涉嫌违反《反垄断法》《反不正当竞争法》等法律法规规定，既破坏了公平竞争秩序，又损害了消费者权益。

目前，该案尚在审理过程之中。

2. 山西昌林实业有限公司诉壳牌（中国）有限公司滥用市场支配地位案

山西昌林实业有限公司（以下简称“**昌林公司**”）是壳牌（中国）有限公司（以下简称“**壳牌公司**”）的经销商，其主要在山西省北部地区经销壳牌工业润滑油产品。昌林公

司向北京知识产权法院诉称壳牌公司在中国大陆地区的工业润滑油经销服务市场具有支配地位。壳牌公司滥用了其在中国润滑油经销服务市场的支配地位，实施了一系列滥用市场支配地位的行为，包括但不限于不公平高价、差别待遇、限定交易、附加不合理交易条件等，昌林公司认为壳牌公司应当对其滥用市场支配地位的侵权行为承担相应的法律责任。

法院在向被告壳牌公司送达起诉状后，壳牌公司在法定答辩期间内提出管辖权异议，主要理由是：考虑到案件存在重大影响，故该案应由北京市高级人民法院审理。故壳牌公司请求将案件移送北京市高级人民法院审理。

北京知识产权法院于2018年裁定认为，根据《最高人民法院关于知识产权法院案件管辖等有关问题的通知》中关于"知识产权法院管辖所在市辖区内的第一审垄断民事纠纷案件"的规定，一审法院对于在北京市辖区内的第一审垄断民事纠纷具有管辖权。本案案由为滥用市场支配地位纠纷，故一审法院对本案依法具有管辖权。因此，壳牌公司的该项管辖权异议理由没有事实及法律依据，法院不予支持。

壳牌公司不服一审裁定，向北京市高级人民法院提起上诉。其上诉理由称由于昌林公司与壳牌公司之间存在合法有效的仲裁约定，本案争议不属于人民法院受理范围，应裁定驳回昌林公司起诉。北京市高级人民法院于2019年裁定认为，仲裁条款是当事人订立的争议解决方式的条款，因此判断当事人关于仲裁事项的合意时，应当遵循合同解释的基本原则。本案中，昌林公司起诉要求确认壳牌公司实施了附加不合理交易条件等滥用市场支配地位的行为，并要求壳牌公司停止滥用行为，与《经销商协议》约定的特许销售权利义务密不可分，实质仍属于履行《经销商协议》而产生的争议。因此，昌林公司与壳牌公司因履行《经销商协议》而产生的争议，仍应适用该协议中约定的有效仲裁条款，故对于昌林公司的起诉，人民法院不应予以受理。最终，法院于2019年6月28日作出裁定，撤销一审裁定，驳回了昌林公司的起诉。

3. 呼和浩特市汇力物资有限责任公司诉壳牌公司横向垄断协议纠纷案

呼和浩特市汇力物资有限责任公司（以下简称"**汇力公司**"）为壳牌润滑油在内蒙古自治区的授权区域经销商。销售壳牌、胜牌等多种产品。汇力公司主张壳牌公司通过协调组织经销商投标实施垄断行为，涉嫌组织实施横向垄断协议。遂向呼和浩特市中级人民法院提起诉讼。

法院在向被告壳牌公司送达起诉状后，壳牌公司提出管辖权异议，壳牌公司认为，当事人之间存在仲裁约定，所涉争议不属于人民法院受理范围，故浩特市中级人民法院对本案不具有管辖权。

浩特市中级人民法院于2018年一审裁定认为，当事人之间的仲裁条款不能否定浩特市中级人民法院对本案具有管辖权。壳牌公司不服一审裁定，向最高人民法院上诉。

2019年8月21日，最高人民法院认为终审裁定认为，《反垄断法》的主要价值在于维护健康有序的市场竞争秩序，促进社会经济健康发展。对是否构成垄断行为的认定和处理，《反垄断法》明确规定了行政执法和民事诉讼两种方式，并未明确规定仲裁的方式。本案中，汇力公司提起的是垄断民事纠纷而非合同纠纷。虽然壳牌公司和汇力公司在《经销商协议》中约定了争议解决的仲裁条款，但《反垄断法》具有明显的公法性质，是否构成垄断的认定，超出了合同相对人之间的权利义务关系，并使本案争议不再限于“平等主体的公民、法人和其他组织之间发生的合同纠纷和其他财产权益纠纷”，不再属于仲裁法规定的可仲裁范围。故原审法院认定当事人之间的仲裁条款不能否定原审法院对本案具有管辖权并无不当。

2019 年 10 月 17 日，本案从呼和浩特市中级人民法院撤诉。

4. 瑞幸咖啡诉星巴克滥用市场支配地位案

2018 年 5 月 15 日，瑞幸咖啡发布公开信称，在实际业务发展的过程中遭到星巴克的垄断性竞争，影响企业的正常经营以及同业市场的公平竞争环境，并以涉嫌违反《反垄断法》第 14 条和第 17 条的有关规定为由，向国家反垄断行政执法机构进行投诉，并向有关城市人民法院正式提起诉讼。瑞幸指出，星巴克实施了要求物业商铺签订排他性条款、要求为星巴克供货的供应商站队“二选一”，停止向瑞幸供货等垄断行为。5 月 16 日，瑞幸咖啡起诉星巴克涉嫌垄断案件在深圳市中级人民法院正式立案，案件正式进入司法程序；同时，相关投诉材料也已经向国家反垄断执法机构提交并被受理。

双方于 2018 年 8 月至 11 月期间进行了三轮证据交换，并于 2018 年 11 月 6 日的第一次庭审中进行了举证质证。

2019 年 11 月 14 日，瑞幸咖啡单方面撤诉。

5. 扬子江药业集团诉三家原料药企业滥用市场支配地位案

2019 年 9 月 29 日，南京市中级人民法院对扬子江药业集团及其全资子公司广州海瑞药业有限公司起诉合肥医工医药股份有限公司、合肥恩瑞特药业有限公司和南京海辰药业股份有限公司滥用市场支配地位案进行开庭审理。

原告诉称，被告在原料药枸地氯雷他定市场具有 100% 市场支配地位，并对原告实施了限定交易、无正当理由搭售商品、以不公平高价销售商品、强制终止原告研发盐酸头孢他美项目等滥用市场支配地位的行为，给原告带来了巨额损失，要求被告停止侵权行为并赔偿损失。

对于原告的上述控诉，被告回应称，数据显示，从 2013 年到 2018 年，原告的枸地氯雷他定，市场份额、销售额、所得利润逐年增长，而销售价格在持续下降，所以既不存在损害原告的情况，也不存在损害社会公众利益的问题。就涨价的问题，被告称，由于原告通过制剂成药获得巨额利益，遂以补充协议的方式，体现被告的技术贡献价值，以支持被告继续研发更多的新药，不存在强制搭售的问题。而盐酸头孢他美的研发终止，在被告方面看来，是由于随着国家药品审评审批政策的变化，原告认为该药品无法获得审批通过，所以才以不正当理由终止了合作。因此，被告申请法庭驳回原告的全部诉讼请求。

当日庭审最后，原被告同意进行调解。目前，公开渠道尚无该案的最新进展信息。

6. 梦百合诉 5 家化工企业横向垄断协议案

2017 年 11 月，梦百合向国家发改委反垄断局和 12358 价格监管平台实名举报福化工贸等多家甲苯二异氰酸酯（TDI）生产企业达成并实施横向垄断协议。2018 年初，梦百合向宁波市中级人民法院提起反垄断民事诉讼，诉称被告福化工贸、沧州大化股份有限公司、烟台巨力精细化工股份公司、甘肃银光化学工业集团有限公司达成横向垄断协

议。梦百合认为，福化工贸等四家化工产品生产企业达成横向垄断协议进而实施价格协同行为，造成原告原材料采购价格较之前不正常地上升，使原告原料成本急升、利润锐减，给原告造成了经济损失。据此，梦百合要求福化工贸等4家被告单位停止横向垄断并共同赔偿梦百合经济损失4500万元。

2018年2月7日，该案于宁波市中级人民法院正式立案，后梦百合于5月4日撤诉后重新起诉。2018年12月，浙江省高级人民法院驳回原审被告所提起对管辖权异议裁定的上诉，认可宁波市中级人民法院的管辖权。2019年3月，该案进行了第一次庭审。

目前，该案尚在审理过程之中。

7. 宋鑫诉中国铁路总公司滥用市场支配地位纠纷案

湖南省长沙市中级人民法院于2016年8月19日受理宋鑫诉广州铁路（集团）公司、中国铁路信息技术中心及中国铁路总公司（以下简称“**中铁总公司**”）滥用市场支配地位纠纷一案，原告诉称被告取消T290次列车停靠道州站的行为，属于滥用市场支配地位，实施了拒绝交易和限定交易的行为。湖南省长沙市中级人民法院对本案进行了公开开庭审理。

2018年8月28日，法院做出一审判决，认为由于铁道交通因国有经济占行业控制地位，行业中没有充分市场竞争空间，因而该种经营行为可豁免于《反垄断法》的规制。且法院认定被告的行为不属于拒绝交易或限定交易，判决驳回了原告的诉讼请求。

一审宣判后，宋鑫向湖南省高级人民法院提起上诉，该院于2019年4月2日立案后依法开庭审理。

本案的争议焦点如下：（1）本案的相关市场如何界定；（2）中铁总公司是否具有市场支配地位；（3）中铁总公司是否滥用了市场支配地位。

湖南省高级人民法院认为，涉案相关市场应界定为从道县直接到长沙的公路、铁路旅客运输服务市场。中铁总公司调整列车运行图有法律依据，也系履行职责，且中铁总公司取消T290次列车停靠道州站的行为并非专门针对宋鑫个人实施。虽然这一限制可能对旅客出行造成不便，但是由于旅客运输市场有充分的替代选择，这种不便对消费者利益并无重大影响。且本案中并没有证据证明中铁总公司取消T290次列车停靠道州站的行为是为了排除潜在的竞争对手进入旅客运输服务市场。综上所述，宋鑫并没有证据证明中铁总公司在本案相关市场内具有市场支配地位。由于宋鑫所提供的证据不足以证明中铁总公司在本案相关市场内具有市场支配地位。因此，其关于中铁总公司存在滥用市场支配地位进行拒绝交易、限制交易的主张，没有事实和法律依据。

最终，湖南省高级人民法院认为宋鑫的诉讼请求不成立，原判决认定事实清楚，适用法律正确，依法应予维持。法院于2019年5月10日作出判决，驳回上诉，维持原判。

8. 台州市黄岩书胜西恩网络技术服务部与中国互联网络信息中心拒绝交易纠纷案

原告台州市黄岩书胜西恩网络技术服务部起诉被告中国互联网络信息中心滥用其市场支配地位，拒绝与其交易构成“具有市场支配地位的经营者拒绝和部分经营者交易，导致限制了部分经营者参与竞争，具有排除或限制竞争效果的情况”。2017年12月19日北京知识产权法院进行了公开开庭进行了审理。

2018年6月28日，法院做出一审判决，认定应由原告对被告在相关市场内具有支配地位和其滥用市场支配地位承担举证责任，但原告虽主张本案相关市场为“.cn”域名注册服务市场，其并未就“.cn”域名注册服务与其他域名注册服务之间的替代关系等以及地域市场范围等进行举证，故其应当承担举证不能的不利后果，无法认定“.cn”域名注册服务市场是本案的相关市场。原告亦未举证证明被告在其主张的相关市场中具有市场支配地位和拒绝原告注册涉案域名的行为对何种市场产生了何种排除或限制竞争的效果。因此，原告提交的证据不足以证明被告实施了被诉垄断行为。故一审驳回原告的诉讼请求。

原告不服北京知识产权法院判决，向北京市高级人民法院提起上诉。北京市高级人民法院于 2018 年 10 月 30 日受理本案后，依法组成合议庭进行了审理。

北京市高级法院认为，上诉人虽主张本案相关市场为“.cn”域名注册服务市场，但其并未就“.cn”域名注册服务与其他域名注册服务之间的替代关系等以及地域市场范围等进行举证，据此，仅依据现有证据无法认定“.cn”域名注册服务市场是本案的相关市场，上诉人亦未举证证明被上诉人在其主张的相关市场中具有市场支配地位。且上诉人作为域名注册人，并未举证证明该拒绝其注册涉案域名的行为对何种市场产生了何种排除或限制竞争的效果，故在案证据无法证明上诉人主张被上诉人的涉案行为属于滥用市场支配地位的行为。另外，深色未举证证明被上诉人与其具有竞争关系的经营者达成了垄断协议。

最终，北京市高级法院认为，原审判决认定事实清楚，适用法律正确，程序合法，应予维持。上诉人的上诉理由均不能成立，对其上诉请求不予支持。法院于 2019 年 1 月 28 日作出判决，驳回上诉，维持原判。

9. 天津市河西区速捷网络技术服务部与上海奇泰网络科技有限公司等多家公司滥用市场支配地位垄断纠纷案

原告天津市河西区速捷网络技术服务部以类似诉由分别向北京市知识产权法院提起三起诉讼，三案被告分别为中国互联网络信息中心、中华人民共和国工业和信息化部、厦门易名科技股份有限公司、上海奇泰网络科技有限公司；中国互联网络信息中心、中华人民共和国工业和信息化部、厦门三五互联科技股份有限公司、深圳市穗深君谊体育用品有限公司；中国互联网络信息中心、中华人民共和国工业和信息化部、北京新网数码信息技术有限公司、阿里云计算有限公司、西安马应龙肛肠医院有限公司。原告诉称在各案中，被告将正处在诉讼期间的涉案域名准予他人注册，拒绝原告注册涉案域名的行为构成了滥用市场支配地位，违反了“没有正当理由，拒绝与交易相对人进行交易”之规定。北京市知识产权法院受理后，依法组成合议庭，于 2018 年 5 月 16 日对三案公开开庭进行了审理。

法院对三案的判决基本相同。法院认为，原告虽主张本案相关市场为“.cn”域名注册服务市场，但其并未就“.cn”域名注册服务与其他域名注册服务之间的替代关系等以及地域市场范围等进行举证，据此，仅依据现有证据无法认定“.cn”域名注册服务市场是本案的相关市场。原告亦未举证证明被告在其主张的相关市场中具有市场支配地位。且原告作为域名注册人，并未举证证明该拒绝原告注册涉案域名的行为对何种市场产生了何种排除或限制竞争的效果，故在案证据无法证明原告主张被告的涉案行为属于滥用

市场支配地位的行为。

最终，法院在三案中做出相同判决，由于原告提交的在案证据不足以证明被告实施了被诉垄断行为，原告的诉讼请求和主张均缺乏事实与法律依据，驳回原告的诉讼请求。

10. 象山捷达网络技术服务部与浙江贰贰网络有限公司等多家公司横向垄断协议纠纷案

原告象山捷达网络技术服务部基于类似诉由，分别向杭州市中级人民法院、北京市知识产权法院提起了三起诉讼，称各被告间达成横向垄断协议，且被告存在滥用市场支配地位的行为。三案被告分别为中国互联网络信息中心、北京市国信公证处、中华人民共和国工业和信息化部、浙江贰贰网络有限公司、郁振威；中国互联网络信息中心、浙江贰贰网络有限公司、浙江名友金融信息服务有限公司；中国互联网络信息中心、浙江贰贰网络有限公司、北京新网数码信息技术有限公司、九江市六小龙实业发展有限公司。

法院一审对三案均做出了类似判决。法院认为，原告未能证明各被告间存在任何合同关系，故未能证明各被告间存在横向垄断协议。原告未能举证证明“.cn”域名注册服务市场为本案的相关市场，亦未举证证明被告在其主张的相关市场中具有市场支配地位，故未能证明被告存在任何滥用市场支配地位的行为，原告应当承担举证不能的不利后果。

随后，象山捷达网络技术服务部单独就与北京市国信公证处等多家公司垄断协议纠纷一案向浙江省高级人民法院提起上诉。浙江高院经审理认定一审判决无误，应予维持，故驳回上诉，维持原判。

11. 象山捷达网络技术服务部与中国互联网络信息中心等机构滥用市场支配地位垄断纠纷案

原告象山捷达网络技术服务部以相似诉由分别向北京市知识产权法院提起三起诉讼，三案被告分别为中国互联网络信息中心；中国互联网络信息中心；中国互联网络信息中心、白山市人民政府。原告诉称在各案中，被告拒绝原告注册涉案域名的相关行为构成了滥用市场支配地位。

法院一审对三案的判决基本相同。法院认为，原告并未举证证明“.cn”域名注册服务市场是本案的相关市场，亦未举证证明被告在其主张的相关市场中具有市场支配地位，故不能证明被告在其主张的相关市场上具有支配地位及其滥用市场支配地位。

原告在三案中均败诉后，不服一审判决，遂将三案上诉至北京市高级人民法院。北京市高级法院分别对三案进行了审理并最终对三案做出了相同判决。北京市高级法院判决认定，由于上诉人提交的在案证据不足以证明被上诉人实施了滥用市场支配地位的行为，上诉人的诉讼请求和主张均缺乏事实与法律依据，北京市知识产权法院的一审判决认定事实清楚，适用法律正确，应予维持。

12. 海南物价局与海南裕泰科技饲料有限公司行政诉讼案

海南裕泰科技饲料有限公司（以下简称“**裕泰公司**”）是一家位于我国海南省的中大型饲料企业，其主要从事饲料的生产、加工与销售业务；2015年8月25日，海南省物价局就裕泰公司与其经销商签订的《饲料产品销售合同》的相关事宜展开反垄断调查；2016年10月11日，海南省物价局依据其调查结果向裕泰公司出具《行政处罚事先告知书》，认定涉案协议的相关条款构成与交易相对人达成“固定向第三人转售商品价格”的纵向垄断协议，并责令其立即停止违法行为，并处罚金 30 万元；裕泰公司不服该行政处罚，遂就此事向海口市中级人民法院提起行政诉讼；

一审法院经开庭审理后认定涉案协议因不具备限制、排除竞争效果，因此不构成垄断协议，判令撤销行政处罚决定，案件受理费由海南省物价局承担；海南省物价局因不服一审判决，遂向海南省高院提起上诉；2017 年 12 月 11 日，海南省高院作出判决，认定限制纵向转售价格的协议是否构成垄断协议无须考虑该协议是否具有排除、限制竞争效果。涉案协议构成与交易相对人达成“固定向第三人转售商品价格”的纵向垄断协议，撤销一审判决，并驳回裕泰公司的诉讼请求。同时海南高院还指出，行政执法机关在认定纵向垄断协议是否违法时，可以采取与法院在民事诉讼案件口所采用的违法判定标准不同的标准。于是，裕泰公司向最高法院提出了再审申请。

最高人民法院于 2018 年 12 月 18 日作出裁定。裁定认为，首先，固定转售价格及限制最低转售价格行为并非本身违法，固定转售价格协议属于较为典型的纵向垄断协议，往往具有限制竞争和促进竞争的双面效应。因此，最高人民法院对转售价格维持的违法性判定采取大概率判断，即意味着本质上最高人民法院仍然认为固定转售价格协议应适用合理原则。其次，《反垄断法》第十三条第二款对垄断协议应是排除、限制竞争之限定原则也适用于该法第十四条，即认定判断纵向垄断协议的构成仍然以排除、限制竞争为要件。最后，基于当前的市场体制环境和反垄断执法实际，要求反垄断执法机构对纵向垄断协议全部进行全面调查和复杂的经济分析，以确定其对竞争秩序的影响，将极大增加执法成本，降低执法效率，不能满足当前我国反垄断执法工作的需要。因此，反垄断执法机构经过调查证实经营者存在转售价格限制或固定价格行为，即可认定为垄断协议，而无须对该协议是否符合“排除、限制竞争”这一构成要件承担举证责任。除非经营者通过提交证据进行抗辩予以推翻。

最终，最高人民法院驳回原告了的再审申请。

三、君合反垄断领域部分业绩

（一）代理星巴克应对和处理瑞幸对其提出的涉嫌滥用市场支配地位的公开举报和反垄断诉讼

2018 年 5 月，瑞幸咖啡发布公开信指责星巴克滥用市场支配地位，并称其向国家反垄断行政执法机构进行投诉，并向有关人民法院提起诉讼。由于是公开举报，媒体关注度一直较高。

君合代理星巴克应对和处理上述事宜，向客户提供了专业而全面的反垄断法律服务，最终瑞幸于 2019 年 10 月撤诉，取得了对客户极为有利的结果。

本案的复杂性主要体现在以下几个方面：（1）所涉及的相关产品市场和相关地域市场不够清晰，界定较为复杂，而这一点将对包括调查及诉讼在内的案件结果产生实质影响，君合在此过程中协助客户通过组织经济学分析、市场调研等多种反垄断分析手段，提出了于客户而言最为有利且科学合理的市场界定方式；（2）所涉及的反垄断法律问题较为全面和复杂，如市场支配地位认定和行为合理性和竞争影响的经济学分析等，而君

合通过分析现有证据并结合目前国家市场监督管理总局的执法实践，在对涉案行为的合规性进行准确判断的同时，向客户提供了专业而全面的反垄断法律服务，包括应对策略、法律意见、诉讼文书、以及作为代表星巴克出庭参与法院主持的证据交换和质证等诉讼程序等；（3）本案涉及司法诉讼和行政执法的有效策略配合，而在此过程中君合与客户、司法及执法机构保持着高效和充分的沟通，向客户提供了专业、全面、务实的法律服务。

（二）代理某知名半导体企业应对和处理市场监管总局对其涉嫌垄断的行为的调查

2018年5月，反垄断行政执法机构分别对若干半导体制造商进行了反垄断调查。在本案中，君合代表其中一家知名半导体制造商应对和处理市场监管总局的调查，包括准备应对策略和相关法律分析及文件。

此案所涉行业较为敏感，市场情况较为复杂。具体调查过程中涉及的诸多法律问题均非常复杂和具有挑战性。此外，本案还牵涉到与其他中介机构，包括多个经济学家团队的良好沟通和合作，需在对经济学和法学的一致性和关联性有所把握和理解的基础上对客户的众多商业顾虑进行专业评估外的平衡。

在应对反垄断调查中，君合立足于其专业和扎实的法律和实践功底，与客户及经济学团队保持着高效和全面的沟通，其专业能力和务实的态度受到了客户的高度认可。

（三）艾伯维公司收购艾尔建公司股权经营者集中申报案

2019年6月25日，艾伯维与艾尔建签署了交易协议。根据该协议，艾伯维以现金和股权交易的方式取得艾尔建的单独控制权。艾尔建股东每股可获得0.866股艾伯维的股份加上120.30美元的补偿，交易总价值高达630亿美元（约4，321.8亿人民币）。君合在该交易中代理收购方艾伯维，负责在中国的经营者集中申报。除中国外，该交易尚需在包括美国和欧盟等13个司法辖区进行经营者集中申报。

拟议交易的复杂性和亮点主要体现在以下几个方面：（1）交易各方均存在全球知名（包括中国）的医药产品，市场份额较高，在境外部分司法管辖区可能引发竞争关注，君合充分运用反垄断法专业知识，基于对医疗行业审查实践的准确把握以及对相关产品的深入理解，提出了恰当的市场界定方法，有效地解决了审查机构的竞争关注，使拟议交易在中国得以无条件获批；（2）交易方希望在2020年初完成拟议交易，交易时间非常紧迫。在审查过程中，君合始终保持与审查机构、交易各方以及其他外部律师的良好、高效、紧密的沟通，使得拟议交易在普通程序下用三个半月左右的时间便取得了审查机构的批准。

（四）巴斯夫股份公司收购索尔维聚酰胺业务案中代理双方进行经营者集中审查

2017年9月18日，巴斯夫与索尔维及其相关关联企业签署卖出期权协议。根据协议，巴斯夫将收购索尔维全球聚酰胺、中间体以及工程塑料业务。考虑到交易规模及两家公司的规模，该交易涉及多个国家和地区的并购控制审查，君合在该交易中代理交易双方，负责在中国司法辖区的经营者集中审查。

此案涉及聚酰胺价值链的多种化学产品，双方业务既包括横向重叠，也涉及纵向关系。因此，产品本身及其市场界定非常复杂。此外，由于在交易中所涉及的部分产品市场份额较高，市场集中度较高，市场监管总局反垄断局对此提出了竞争关注。

为解决反垄断局的竞争关注，在长达一年的交易时间跨度内，君合协助客户向反垄断局提交多轮补充问题答复。最终在欧盟地区被附加限制性条件批准的情况下，于2019年1月24日为客户获取了中国司法辖区的无条件批准。

（五）在法国航空－荷兰皇家航空公司收购维珍大西洋有限公司股权案中代理法国航空－荷兰皇家航空公司进行经营者集中审查

2018年5月15日，维珍投资有限公司与法国航空－荷兰皇家航空金融公司签订了一份股权出售与购买协议。根据该协议，法国航空－荷兰皇家航空金融公司拟收购维珍大西洋有限公司31%的股权。该交易涉及多个国家和地区的并购控制审查，君合在该交易中代理收购方，负责在中国司法辖区的经营者集中审查。

本次交易涉及定期航空客运服务、定期航空货运服务以及飞机维护、维修与大修服务等多个市场。特别是，就航空客运和航空货运而言，交易各方所涉及的重叠市场较多且部分航线上交易各方的市场份额较高，因此，申报过程相对复杂，整体具有较高难度。

在申报过程中，君合在交易时间跨度内，长期与客户和反垄断局保持积极沟通，充分运用专业知识，基于对审查实践的准确把握以及对相关产品的深入理解，提出了最为恰当的产品市场界定方法，并向反垄断局提交了充分的竞争分析，最终消除了总局的竞争关注，从而使得案件顺利获取反垄断局的无条件批准。

2019年，市场监管总局共无条件批准经营者集中申报案件443件。经统计，2019年，君合所代理的经营者集中案件共59件，占比13.31%，代理案件数量及整体占比与2018年基本持平。此外，君合还在多个正在进行的反垄断调查中代理各类大型跨国公司应对调查、申请宽大及进行投诉，涉及诸多行业。

四、2020年反垄断工作展望

自2008年8月1日《反垄断法》正式实施以来，我国反垄断的执法与司法实践进入了第十一年。在过去十年内，我国反垄断事业蓬勃发展，与美国、欧盟并列世界反垄断三大司法辖区之一。2019年作为第二个十年的开头，无论是在反垄断法律法规制定层面，还是在反垄断执法以及反垄断民事诉讼方面，均取得了丰硕成果。2020年，反垄断工作将继续平稳开展。

（一）反垄断执法机构改革实现平稳过渡，改革与监管将继续同步推进

自2018年4月10日市场监管总局正式挂牌，截至2018年11月，总局层面的反垄断执法机构改革已经完成，地方的反垄断执法机构的改革整合也在2018年12月份基本完成。过渡期内，市场监管总局平稳完成了人员划转和机构整合工作，总局机关高效有

序运转，实现了改革和监管“两不误、两促进”。

机构统一后，总局修订了多部过去由不同反垄断执法机构制定的配套法规规章，并以总局的名义发布了新的法律文件，很大程度上解决了过去因执法职责分散而产生的反垄断配套法规分散、重复的问题。在实践层面中，基于总局和地方反垄断执法机构在2019年间公布的执法案例和经营者集中案件来看，总局和地方反垄断执法机构的执法工作不仅没有因为机构改革而导致力度下降，反而进入了新一轮强化期。

总体而言，基于相关执法机构在2019年的执法情况以及在公开场合的发言与公布的工作重心，2020年，我们预计市场监管总局将继续关注、加强反垄断执法队伍建设、强化竞争政策的基础性地位、突出重点领域的反垄断执法工作、继续推进反垄断立法。

（二）反垄断法修订草案仍在进行中，多部指南即将出台，反垄断执法的可预期性将进一步加强

在《反垄断法》颁布的第十一年，反垄断执法机构改革的第二年，反垄断法相关法律法规的修订和立法也进入了重要节点。

据2018年11月国务院新闻办公室发布会消息，2018年间，国务院反垄断委员会已经将《反垄断法》修订工作列入工作计划，十三届全国人大常委会也已经将《反垄断法》修订列入立法计划，且正在进行中。自启动修订工作以来，根据公开消息，《反垄断法》的修订研究已经进行了至少三轮，广泛征求了成员单位、有关部门、专家学者、企业、律师代表的意见。2020年，《反垄断法》的修订工作将继续开展。

在配套法规、规章、指南层面，2019年9月1日，三部《反垄断法》的配套规章正式生效，即《禁止垄断协议暂行规定》、《禁止滥用市场支配地位行为暂行规定》、《制止滥用行政权力排除、限制竞争行为暂行规定》。这三部规章统一了此前多部门执法、中央与地方执法的反垄断执法尺度不一的问题。在经营者集中领域，市场监管总局也修订和发布了新的规范文件。

此外，2019年11月28日，市场监管总局公布了《经营者反垄断合规指南（公开征求意见稿）》，向社会公众征求意见。我们预计，2020年，市场监管总局将正式公布并实施该指南。值得注意的是，自2016年起，反垄断执法机构先后起草了多部指南，即《汽车业反垄断指南》《滥用知识产权反垄断指南》《横向垄断协议案件宽大制度适用指南》《垄断协议豁免的一般性条件和程序的指南》《认定违法所得和明确罚款的指南》《纵向价格垄断协议的执法指南》《反垄断案件经营者承诺指南》及《短缺药品和原料药经营者价格行为指南》等一系列与《反垄断法》实施相关的指南。其中除《短缺药品和原料药经营者价格行为指南》已于2017年11月16日发布并实施以外，其他指南尚未正式出台。反垄断执法机构改革完成后，相关指南将有望在近年内出台。相关指南的颁布将为执法活动及企业的合规工作提供更为精确的指引。

（三）经营者集中审查方面的动向

第一，案件数量总体上保持平稳。根据统计，截至2019年12月31日，市场监管总局2019年共批准经营者集中申报448件，其中包括443件无条件批准案件和5件附条件

批准案件。审结的案件数量与 2018 年持平。

第二，案件审查效率显著提高。2018 年，反垄断执法机构将原有的立案审查分阶段办案机制改为按案件行业审查一条龙作业模式、实施简易案件申报制度和全流程网上办案等措施，优化了执法资源分配。2019 年，经营者集中案件的审理时间进一步缩短，体现了较高的执法效率。

第三，对于未依法申报行为的处罚趋于严格。2019 年截至 12 月 31 日，市场监管总局共对 19 起未依法申报的经营者集中做出行政处罚，同比增长 26.7%。

我们预计，2020 年，在经营者集中审查领域，市场监管总局将继续保持便民、高效的执法特点，而对于未依法申报的违法行为将采取更为严格的态度。

致 谢

诚挚地感谢参与本报告编写工作的律师和合伙人 / 顾问，他们是：姚逍遥、承上、李翯、严骏捷、王秦丽、李湖婷、王圣宇、董哲、杨晨、白雪斐、巩明芳、陈晓华、魏瑛玲。

2019 年
君合业务研究报告

境外投资业务年度报告

君合律师事务所公司组

《2019 年度境外投资业务年度研究报告》由四部分组成，第一部分为 2019 年度中国境外投资领域相关法规的新发展，此部分对 2019 年度相关政府部门发布或生效实施的境外投资方面的法律法规进行了总结和评析；第二部分为 2019 年度重要业绩汇总，对君合律师事务所在 2018 年至 2019 年中参与的部分重要的境外投资项目进行回顾；第三部分为市场实践及主要问题研究，就我们在境外投资法律服务过程中碰到的一些法律问题进行了总结和分析；第四部分为对境外投资的预测和展望，结合我们的项目经验和研究，对 2020 年境外投资领域的发展进行展望和预测。

一、2019 年度中国境外投资领域相关法规的新发展

（一）《对外直接投资统计制度》修订

2019 年 1 月 8 日，商务部、国家统计局、国家外汇管理局联合下发《关于印发〈对外直接投资统计制度〉的通知》（商合函〔2019〕3 号，简称**《对外直接投资统计制度》**），自 2019 年 1 月 1 日起施行。《对外直接投资统计制度》是对 2016 年 12 月印发的原《对外直接投资统计制度》的修订和补充，主要调整的内容如下：

1. 新增“质量控制”相关内容

新增的“质量控制”部分的主要内容为：

（1）本制度涉及对外直接投资统计标准、原则遵循经济合作与发展组织（OECD）《关于外国直接投资基准定义》（第四版）有关规定，统计数据与全球大多数国家（地区）具有可比性。

（2）商务部定期对各省级商务主管部门和中央企业（单位）的对外直接投资统计工作开展情况进行通报，加强统计管理，不断提升统计数据质量。

（3）商务部制定《关于防范商务领域统计造假弄虚作假有关责任的规定》，落实统计责任，全面防范和严肃惩治商务统计造假，保障统计数据质量。

（4）为保证统计数据完整、准确，各省级商务主管部门、有关中央企业应做好辖区及下属单位的对外直接投资统计培训工作。

（5）境内投资主体是否按照统计制度要求报送对外直接投资统计资料，已列入商务部市场监管“双随机、一公开”执法事项。

2. 调整了“调查表式”要求

在“调查表式”部分，主要修订为：

（1）取消“对外直接投资收入情况”表（原FDIN5表）和“文化及相关产业对外投资基本情况”表（原FDIN8表），将有关内容简化合并至“境外企业基本情况”表（FDIN2表）及“对外直接投资流量、存量情况”表（FDIN3表）。

（2）在“境外企业基本情况”表（FDIN2表）中增加反映对外投资高质量发展的“净利润”指标。

（3）简化“成员企业间债务工具情况”表（FDIN4表），取消“境外成员企业对本企业的债务工具投资”相关指标。

（4）增加“通过境外企业再投资月报”表（FDIY6表），实现对境内投资者在对外投资最终目的地投资情况的动态追踪。

（5）增加“对外投资带动货物进出口月报”表（FDIY7表），将原制度中涉及对外投资带动出口指标由年度调整为月度。

（6）在“境外经贸合作区统计月报”表（FDIY5表）中增加“带动国内货物出口额”指标。

3. 对“主要指标解释及概念界定”进行了部分调整

增加了境外经贸合作区定义及合作区类型的统计界定标准，进一步明确关于国家（地区）界定的统计原则，对部分指标的解释进行了规范。

（二）《对外投资备案（核准）报告实施规程》发布

2019年5月16日，商务部办公厅发布了《对外投资备案（核准）报告实施规程》（以下简称“**《对外投资报告实施规程》**”），并于2019年7月1日起实施。《对外投资报告实施规程》系为了贯彻落实《对外投资备案（核准）报告暂行办法》（商合发〔2018〕24号，以下简称“**《对外投资报告暂行办法》**”）而制定，并对其进行了细化和补充。主要规定如下内容：

1. 强调了“凡备案（核准）必报告”原则

根据《对外投资报告实施规程》，投资主体按照“凡备案（核准）必报告”原则履行其对外投资报告义务，按规定报告对外投资事前、事中、事后关键环节信息。投资主体应登录“商务部业务系统统一平台”的对外投资合作信息服务，进入“备案（核准）报告”子模块（以下简称“**子模块**”），进行除对外直接投资月度情况外的报送[1]。

上述规定也是对《对外投资报告暂行办法》中提及的“凡备案（核准）必报”原则的进一步强调和重申。

2. 首次新增境外企业合规建设情况和投资障碍情况报送要求

根据《对外投资报告实施规程》，投资主体应于每半年后10个自然日内通过子模块完成上半年境外企业合规建设情况以及境外企业遇到投资障碍情况的报送。

我们理解，考虑到目前国际形势较为错综复杂，上述要求也是与此前多部门联合发布的《民营企业境外投资经营行为规范》（发改外资〔2017〕2050号）、《企业境外经营

1 根据《对外投资报告实施规程》，投资主体的境内出资部分，应在实际投资发生的次月，按照《对外直接投资统计制度》要求，报送对外直接投资月度情况（FDIY1、FDIY2、FDIY6表）。投资主体的境外出资部分，应在实际投向境外最终目的地企业的次月，按照《对外直接投资统计制度》要求，报送通过境外企业再投资月度情况（FDIY6表）。

合规管理指引》(发改外资〔2018〕1916号)等政策要求相呼应，实现协同监管。

3. 明确了中方投资额在1亿美元及以上且中方实际控制的境外企业的报送要求

根据《对外投资报告实施规程》，中方投资额在1亿美元及以上且中方实际控制的境外企业，投资主体应于每半年后30个自然日内通过子模块报送以下信息：

（1）境外企业资产、负债、所有者权益；

（2）境外企业销售收入（或营业收入）金额；

（3）境外企业净利润额；

（4）带动货物进出口额；

（5）境外企业从业人员数量（含中方、外方）；

（6）境外企业建设进展情况。

与此同时，《对外投资报告实施规程》还对于上述提及的“控制”进行了定义：“控制”是指投资主体持有境外企业50%及以上的表决权的；或投资主体虽单独持有的境外企业表决权不足50%，但通过与其他表决权持有人之间协议持有或行使50%及以上表决权的。

4. 强调了境外经贸合作区、境外并购、返程投资情形下的特殊报告要求

《对外投资报告实施规程》对于境外经贸合作区、境外并购、返程投资情形下报告要求进行了如下特殊规定：

（1）境外经贸合作区的特殊报告内容

通过商务部、财政部考核的境外经贸合作区，除按照《对外直接投资统计制度》要求报送信息外，实施企业作为投资主体每半年还需报送境外经贸合作区以下信息：（i）实施企业重组或股东变化；（ii）建设用地变化；（iii）园区规划变更；（iv）产业定位调整；（v）促进所在国经济社会发展、履行社会责任等情况；（vi）其他需报告的情况。

（2）境外并购事项前期情况报告

投资主体开展境外并购的，除涉及竞标、监管机构认可的免于披露或延迟披露的情形外，应在达成并购意向后5个自然日内登录子模块，报告境外并购事项前期情况。

（3）返程投资情形下仅需要报告境外第一层级企业的实际投资额

对外投资属于返程投资情形的，投资主体仅需报告每个月度投向境外第一层级企业的实际投资额，不需履行该规程规定的其他报告义务。前述返程投资，系指投资主体将本地资金通过各种渠道流到境外，再以直接投资的形式将这些资金返回到本地经济体。

5. 突发事件或重大不利事件24小时内报告制度

根据《对外投资报告实施规程》，投资主体投资的境外企业遇到以下突发事件或重大不利事件时，原则上应在24小时内通过子模块报告情况：（i）发生重大生产安全事故的；（ii）发生暴恐袭击、绑架事件的；（iii）发生社会治安、群体性事件的；（iv）出现重大卫生疾病事件的；（v）发生地震、洪水等自然灾害的；（vi）发生战争、政变、政府违约、外汇管制的；（vii）出现重大负面舆论报道；（viii）其他需要报告的情形。

6. 强调《企业境外投资证书》有效期为两年，逾期将失效

根据《对外投资报告实施规程》，取得《企业境外投资证书》两年内未实际开展对外投资的，证书自动失效。商务主管部门在系统中注销该企业，并将证书失效情况通报外汇管理部门。

上述要求其实亦与《境外投资管理办法》(商务部令 2014 年第 3 号）中的要求相一致，但《对外投资报告实施规程》特别新增了注销和通报外汇管理部门的要求，加强了政府部门对境外投资信息的全面了解和追踪。

7. 强调失信联合惩戒制度

根据《对外投资报告实施规程》，未报、漏报、误报、瞒报，以及不办理注销手续的，商务部可采取约谈、通知相关行业组织 / 金融机构、录入全国信用信息平台、暂停办理对外投资备案（核准）手续以及会同有关部门联合惩戒等一系列措施。

总而言之，《对外投资报告实施规程》在《对外投资报告暂行办法》的基础上，在操作层面对于投资主体履行商务部门的报告义务的各个环节进行了进一步的细化和完善，从而为投资主体具体履行报告义务提供了操作指引，也为科学研判和分析境外投资动态以及境外投资事中事后监管提供了支撑。

二、2019 年度境外投资重要业绩汇总

2019 年度君合律师参与的部分重要境外投资项目包括：

1. 2019 年，君合就中银香港控股有限公司、京东数字科技控股有限公司（以下简称“京东数科”）的全资子公司京东新程科技（香港）有限公司和怡和集团旗下的 JSH Virtual Ventures Holdings Limited 设立合资公司 Livi VB Limited 的项目为京东数科提供了协议谈判以及交易文件审阅和修改、境内法律咨询等法律服务。

2. 2019 年 2 月 13 日，哈药集团股份有限公司（以下简称“哈药股份”，600664）认购纽交所上市公司 GNC Holdings，Inc. 发行的可转换优先股项目完成全部对价支付与股份登记手续，顺利实现交割。君合作为哈药股份的独家中国法律顾问，全程参与本项目并提供了交易文件和公告文件的审阅、协助准备监管报批事项及文件、项目交割等法律服务。

3. 闻泰科技股份有限公司（以下简称“闻泰科技”，600745）收购 Nexperia Holding B.V. 控制权并募集配套资金项目，于 2019 年 6 月 5 日经中国证监会上市公司并购重组审核委员会审核通过，于近日取得中国证监会批文。君合作为闻泰科技本次交易的专项法律顾问，参与的工作包括前期准备投标文件、设计投标方案、设计并论证重组方案、参与境外审批及申报的沟通谈判、出具法律意见等。

4. 2019 年，君合作为中国能源建设集团规划设计有限公司（以下简称“规划设计公司”）的法律顾问，全程参与其收购西班牙 Ghesa 工程技术股份公司及 EAI 股份公司项目，提供了交易结构分析、尽职调查以及并购和融资交易文件审阅、修改和谈判等法律服务，并协助规划设计公司准备境外投资报备以及国资委审批报备事项以及申请文件。该项目已于 2020 年 1 月交割。

三、市场实践及主要问题研究

（一）2019 年中国企业境外并购规模较上年度稳中有进

根据商务部于 2019 年 11 月 19 日发布的数据，2019 年 1–10 月，我国境内投资者共

对全球 164 个国家和地区的 5365 家境外企业进行了非金融类直接投资，累计实现投资 6217.8 亿元人民币（折合 904.6 亿美元），同比增长 5.9%。10 月当月对外直接投资 669.5 亿元人民币（折合 94.7 亿美元），同比增长 28%。2019 年 1–10 月，对外承包工程完成营业额 7939.6 亿元人民币（折合 1155.1 亿美元），与去年同期基本持平，新签合同额 12144.1 亿元人民币（折合 1766.8 亿美元），同比增长 10.1%。

2019 年 1–10 月，我国对外投资合作稳中有进，主要有以下几个特点：一是对“一带一路”国家投资合作积极推进。1–10 月，我国企业对“一带一路”沿线的 56 个国家新增投资合计 114.6 亿美元，占同期对外投资总额的 12.7%。二是对外投资结构不断优化，非理性投资得到有效遏制。2019 年 1–10 月，六成对外投资流向租赁和商务服务业、制造业、批发和零售业，占比分别为 32.2%、17.7%、10.8%。其中流向制造业、批发和零售业的对外投资分别同比增长 5.3% 和 18.5%。房地产业、体育和娱乐业对外投资没有新增项目。三是对外承包工程大项目多，以基础设施建设为主，2019 年 1–10 月，对外承包工程新签合同额在 5000 万美元以上的项目达到 587 个，比去年同期增加 14 个，占新签合同总额的 84.6%。2019 年 1–10 月，相关主管部门办理新设和并购类对外投资企业 4321 家，中方协议投资额 848.8 亿美元；办理增资类对外投资企业 1092 家，中方协议投资额 236.8 亿美元。

此外，据安永发布的 2019 年前三季度中国海外投资概览显示，2019 年 1–9 月份，中国企业宣布海外并购总额 428.1 亿美元，比去年同期下降 44.6%；宣布的并购数量 424 宗，同比减少 31.2%，在全球经济疲软、世界地缘局势紧张的背景下，中企海外并购总体仍保持审慎。同时，随着中国产业结构调整的不断深化，支持结构调整和转型升级的领域逐渐成为中企海外并购的热点。2019 年前三季度，中企海外并购主要流向高附加值和高技术含量的行业，如消费品、TMT、金融服务业及先进制造和运输等。在中企海外并购的区域布局方面，2019 前三季度，亚洲和大洋洲在整体并购金额大幅下降的情况下，仍保持两位数增长，但中企对欧洲市场仍保持观望情绪，对北美洲并购持续受到地缘政治风险和政策阻力带来的影响，有近七成的下降。

（二）红筹重组交易中的 ODI 登记

在中国境内企业拟赴境外上市并搭建境外股权红筹架构或 VIE 架构时，需要解决现有境内机构股东（指注册登记地在中国大陆境内的主体）如何在境外拟上市主体中直接持有股权权益的问题。目前，部分境内机构股东通过其已有的境外投资平台以境外资金持有境外拟上市主体的股权权益，更多的境内机构股东经过在发改委、商委和银行办理境外直接投资备案 / 登记（以下简称“ODI 登记”）后直接持有境外拟上市主体中的股权权益。在《境外投资管理办法》（商务部令 2014 年第 3 号）、《对外投资报告暂行办法》、《企业境外投资管理办法》（国家发展和改革委员会令第 11 号）、《境外投资常见问题解答》（国家发改委 2018 年 6 月 5 日于其官方网站发布）、《国家外汇管理局关于进一步简化和改进直接投资外汇管理政策的通知》（汇发〔2015〕13 号，以下简称“**13 号文**”）和《资本项目外汇业务操作指引（2017 年版）》（以下简称“2017 **年操作指引**”）等相关配套境外投资备案、核准和登记的法律法规和规章颁布后，对红筹重组交易而言，最终

目的地企业一般位于开曼，不属于敏感地区，且对于拟上市的境外主体的主营业务而言，一般不属于敏感类行业，因此，境内机构投资者不需要经过发改部门或商务部门的核准程序，仅经境外直接投资的备案程序即可。

在红筹重组交易中，常见的情况是有多家境内机构股东均需要办理ODI登记，在此情况下，应当由在境内机构中持股比例相对较大[1]或投资额较大[2]的投资者在征得其他境内机构股东的书面同意后作为主申报人，在取得其他境内机构股东的申请资料后，共同向主申报人注册地的发改委或商务部门提出ODI备案申请（不涉及敏感行业、敏感国家或地区）。根据13号文，外汇管理局已取消了境外直接投资项下外汇登记核准行政审批事项，改由银行直接审核办理境外直接投资项下外汇登记。根据2017年操作指引，多个境内机构共同实施一项境外直接投资的，由约定的一个境内机构向其注册地银行申请办理境外直接投资外汇登记；申请登记的境内机构股东需向银行提交商务主管部门颁发的企业境外投资证书、境外投资资金来源证明、资金使用计划和董事会决议（或合伙人决议）、合同或其他真实性证明材料。根据实践操作经验，部分银行还可能要求境内机构股东提供发改委部门关于境外直接投资的备案文件。

另外，值得注意的是，境内机构股东完成ODI登记手续后，仍需继续关注并履行境外投资完成后的持续报告或登记义务，包括但不限于：

（1）商务部门的报告义务：境内投资主体应按照“凡备案（核准）必报”的原则，向商务部或其所在地的省级商务主管部门定期报送《对外投资报告实施规程》所要求报告的信息；

（2）发改部门的报告义务：属于备案管理范围的项目，投资主体应当在项目完成（即投资标的股权交割、中方投资额支付完毕等）之日起20个工作日内通过网络系统提交项目完成情况报告表；

（3）外汇管理局的报告义务：要求办理ODI手续的境内企业应当于每年6月30日前，报送上年末境外直接投资存量权益数据；

此外，如果ODI登记手续完成后境外投资事项发生变更的，境内投资主体也需按照相关规定履行变更登记或备案义务：

（i）就商务部门监管而言，根据《境外投资管理办法》第15条，如果企业境外投资证书载明的境外投资事项发生变更的，相关境内企业按照程序向原备案的商务部门办理变更手续；

（ii）就发改部门监管而言，依据《企业境外投资管理办法》第34条，如果出现投资主体增加或减少、投资地点发生重大变化、主要内容和规模发生重大变化、中方投资额变化幅度达到或超过原备案金额的20%，或中方投资额变化1亿美元及以上或其他需要对项目核准文件或备案通知书有关内容进行重大调整的其他情形时，境内企业应当在有关情形发生前向原核准或备案的发改委提出变更申请；

（iii）就外汇登记而言，根据《直接投资外汇业务操作指引》及《境外直接投资外汇登记业务申请表》要求填报的信息，境内机构已登记的境外企业发生名称、经营期限、

1 《境外投资管理办法》第14条。

2 《企业境外投资管理办法》第16条。

合资合作或合伙形式、外方股东投资信息等基本信息变更，或发生增资、减资、股权转让或置换、注销等情况，ODI 投资人应就上述变更情况及时向相关外汇银行办理境外直接投资外汇登记变更手续。

（三）欧盟发布《欧盟外商投资审查条例》

根据相关报道，欧盟关于筛选外国直接投资的新条例（REGULATION（EU）2019/452 OF THE EUROPEAN PARLIAMENT AND OF THE COUNCIL of 19 March 2019 establishing a framework for the screening of foreign direct investments into the Union，以下简称“**《欧盟外商投资审查条例》**”）于 2019 年 4 月 10 日正式生效。该条例是基于欧盟委员会 2017 年 9 月提出的提议制定，将有助于维护欧盟在外国直接投资方面的安全和公共秩序。欧盟委员会现任主席容克说：“这个新框架将帮助欧洲捍卫其战略利益。我们需要就针对欧洲战略资产的外国公司收购进行审查。我希望欧盟继续保持开放，但我已多次表示，我们不是天真的自由贸易者。在几乎创纪录的时间内通过并生效这项提议表明：我们是认真的，在捍卫欧洲利益方面，我们将始终言出必行”。

《欧盟外商投资审查条例》是一个欧盟层面的框架性规定。根据其规定，欧盟委员会有权审查（但无权否决）基于安全和公共秩序而“影响欧盟利益”的特定投资。欧盟委员会可向投资涉及的成员国出具无约束力的意见。但是，欧盟委员会的审查并不影响各成员国对外商直接投资的唯一管辖权，即如何对待一项外商直接投资的最终决定权，仍在外商直接投资所在地的成员国手中。并且，《欧盟外商投资审查条例》并不强制要求成员国建立审查外商直接投资的机制。目前欧盟有部分国家建立了外商投资审查机制，且有些国家的机制设立于该《欧盟外商投资审查条例》出台前。故各成员国将自行决定是否建立或更新审查外商直接投资的机制。

在众多规定中，值得注意的是该条例规定的关键技术、关键领域具体条款。《欧盟外商投资审查条例》第 4（1）条规定：“在确定外商直接投资是否可能会影响到安全或公共秩序时，欧盟各成员国和欧盟委员会可以考虑其潜在影响，尤其是以下领域：（a）关键基础设施，包括能源、运输、水资源、卫生、通信、媒体、数据处理或存储、航空航天、国防、选举或金融基础设施和敏感设施，以及对使用这种基础设施至关重要的土地和房地产；（b）关键技术和双重用途物项（军民两用，根据欧盟 EC 428/2009 法案第 2 条第 1 点定义，指可用于军用和民用的软件和技术，且应包括可用于非爆炸性使用及以任何方式协助核武器或其他核爆炸性装置生产的货物），包括人工智能、机器人、半导体、网络安全、航空航天、国防、能源储存、量子和核技术以及纳米技术和生物技术；（c）关键投入品，包括能源、原材料，以及粮食的供应安全；（d）访问敏感信息，包括个人数据或控制此类信息的能力；（e）媒体自由和多元化。”

因此，外国投资者在投资欧洲相关产业时，需尤其注意是否落入上述关键技术和关键领域范畴，并对可能面临的更严格的政府审查以及潜在风险予以关注和评估。但如前所述，《欧盟外商投资审查条例》仅是一个欧盟层面的框架性文件，各国如何设置审查标准及如何进行审查，仍取决于各成员国的国内立法，欧盟委员会的意见对各成员国并无约束力。因此，判断某一项目是否涉及影响外商投资准入的技术和领域，仍应以该欧盟

成员国国内法的相关规定作为主要参考依据。

（四）国家相关政府部门及中国企业愈发注重境外经营合规

自2013年9月习近平主席提出“一带一路”倡议以来，中国企业走出去的步伐日益加快，中国投资者也逐渐成为国际投资并购市场中不可忽视的力量。随着投资项目的增多以及合规意识的不断提高，中国政府及中国投资者也逐渐意识到境外经营合规的重要性，以及境外经营中面临的法律法规、条约协定、行为准则、当地实践、道德标准等方面的挑战。

合规是企业“走出去”行稳致远的前提，合规管理能力是企业国际竞争力的重要方面。自2013年起，除综合性的境外投资监督管理法规外，各政府部门还陆续发布了一系列境外投资及运营合规的规定、指引及标准，例如：

（1）2013年国务院国有资产监督管理委员会（以下简称“国务院国资委”）发布《关于加强中央企业国际化经营中法律风险防范的指导意见》（国资发法规〔2013〕237号）。

该指导意见涉及高度重视国际化经营中法律风险防范工作、切实加强国际化经营法律风险防范机制制度建设、深入做好境外投资并购的法律风险防范、努力防范国际贸易领域法律风险、妥善处理境外投资和贸易中的重点法律问题等五个方面的内容。

（2）2015年国务院国资委发布《关于全面推进法治央企建设的意见》（国资发法规〔2015〕166号）。

在着力强化依法合规经营的大方针下，该意见明确要求“健全依法决策机制”“依法参与市场竞争”“依法开展国际化经营”，并提出了一系列具体要求。

（3）2017年原中国银行业监督管理委员会发布《关于规范银行业服务企业走出去 加强风险防控的指导意见》（银监发〔2017〕1号）。

为规范银行业金融机构境外经营行为，提升支持企业走出去的服务能力，该意见提出了一系列要求，除总体要求外，还涉及加强信用风险管理、加强国别风险管理、加强合规风险管理、加强环境和社会风险管理、完善境外机构布局等多方面的具体要求。

（4）2017年财政部发布《国有企业境外投资财务管理办法》（财资〔2017〕24号）。

该办法对境外投资财务管理职责、境外投资决策财务管理、境外投资运营财务管理、境外投资财务监督、境外投资绩效评价等方面，对国有企业境外投资的财务管理和操作方面提出了一系列具体要求。

（5）2017年国家发改委、商务部、人民银行、外交部、全国工商联联合发布《民营企业境外投资经营行为规范》（发改外资〔2017〕2050号）。

该规范要求民营企业在境外投资经营活动中应遵守我国和东道国（地区）的法律法规，遵守有关条约规定和其他国际惯例，依法经营、合规发展，加强境外风险防控。该规范同时对完善经营管理体系、依法合规诚信经营、切实履行社会责任、注重资源环境保护、加强境外风险防控等方面提出了进一步的指引。

（6）2017年原国家质量监督检验检疫总局、中国国家标准化管理委员会印发《合规管理体系指南》（GB/T35770-2017）。

该指南提出了良好治理、比例原则、透明和可持续性原则等理念。基于该标准，未进行合规管理的组织可建立、实施、评价和提升合规管理体系，已建立合规管理体系的组织则可提升合规管理情况。

（7）2018 年国务院国资委发布《中央企业合规管理指引（试行）》（国资发法规〔2018〕106 号）。

根据指引，中央企业要强化海外投资经营行为的合规管理：深入研究投资所在国法律法规及相关国际规则，全面掌握禁止性规定，明确海外投资经营行为的红线、底线；健全海外合规经营的制度、体系、流程，重视开展项目的合规论证和尽职调查，依法加强对境外机构的管控，规范经营管理行为；定期排查梳理海外投资经营业务的风险状况，重点关注重大决策、重大合同、大额资金管控和境外子企业公司治理等方面存在的合规风险，妥善处理、及时报告，防止扩大蔓延。

（8）2018 年国家发改委、外交部、商务部、人民银行、国务院国资委、外汇局、全国工商联印发《企业境外经营合规管理指引》（发改外资〔2018〕1916 号）。

该指引参考前述的《合规管理体系指南》（GB/T35770–2017）及有关国际合规规则制定，设立了独立性原则、适用性原则、全面性原则的合规管理原则，并在合规管理要求、合规管理架构、合规管理协调、合规管理制度、合规管理运行机制、合规风险识别、评估与处置、合规评审与改进、合规文化建设等方面提出了具体要求。

目前，越来越多的中资境外投资企业开始加强其合规制度建设，并向法律及其他领域专业人士寻求专业意见。同时，国家有关部门也在逐渐强化相关政策文件对企业合规体系建设的指引。随着中国投资者在国际投资并购市场的持续发展，依据我国相关政策文件、当地法律法规以及当地实践制定的切实可行的合规管理体系，能切实有效地降低投资和运营风险、提升投资效益、增强中国企业及其境外经营企业的国际竞争力和良好形象，协助中国企业在国际市场实现更大的价值。

四、境外投资的预测和展望

综合 2019 年度以来的我国境外投资的发展变化、统计数据以及各方观点，我们对中国境外投资的未来做出如下预测和展望：

（一）对外投资力度稳步提升，行业侧重更加明显

根据商务部、国家统计局、国家外汇管理局于 2019 年 10 月 28 日联合发布的《2018 年度中国对外直接投资统计公报》（以下简称“《公报》”），我国对外直接投资流量和存量稳居全球前三，占比皆创新高。在全球对外投资流量 3 年下滑（2018 年度全球对外直接投资流出总额同比减少 29%）的大环境下，2018 年我国对外直接投资亦有所下降（同比减少 9.6%），但仍以 1430.4 亿美元（仅略低于日本的 1431.6 亿美元）的对外直接投资流量，成为全球第二大对外投资国，同时连续三年实现双向直接投资项下资本净输出。从全球占比来看，我国占全球份额的比例从 2017 年度的 11.1% 上升至 14.1%，创造了我国对外直接投资流量全球占比的历史最高值。截至 2018 年末，我国对外直接投资存量超过 1.98 万亿美元，是 2002 年末存量的 66.3 倍，在全球分国家地区的对外直接投资存量排名由第 25 位升至第 3 位，仅次于美国和荷兰。

展望2020，我们认为，国家将继续推动境内企业“走出去”的政策，尤其支持境内企业在创新领域、高新技术领域等站上世界舞台，促进我国完成投资大国向投资强国的转变。

（二）传统行业投资下降明显，前沿科技领域投资将继续快速增长

回顾2019，《对外投资报告暂行办法》及《境外投资敏感行业目录（2018年版）》的施行，加强了我国对企业对外投资的真实性、合规性的审查，一定程度上限制了我国企业对酒店、影城、娱乐业、体育俱乐部等行业的非理性对外投资，也进一步规范了我国企业在境外设立无具体实业项目的股权投资基金或投资平台等存在风险隐患的对外投资行为，对外投资结构持续优化。

根据《公报》，2018年度，我国对外直接投资行业分布广泛，门类齐全，涵盖了国民经济的18个行业大类。其中租赁和商务服务、金融、制造、批发零售等四大行业投资占比超七成，但前述行业投资流量变化却不尽相同：批发和零售业和制造业的直接对外投资流量分别同比下降53.3%和35.2%，降幅明显；租赁和服务业的直接对外投资流量虽略有下降（同比减少6.4%），但投资额仍高达507.8亿美元，占当年总量的35.5%；金融业的对外投资流量则实现了同比15.6%的增长，达到217.2亿美元。此外，2018年度，信息传输、科学研究和技术服务、电力生产、文化教育等领域的对外直接投资实现了快速增长，具体而言：文化/体育和娱乐业因2017年度的投资金额较低，2018年度以11.7亿美元的对外直接投资流量实现了高达341.1%的同比增长；电力生产和供应、科学研究和技术服务、信息传输/软件和信息技术服务三个行业的增长亦非常明显，分别为100.6%，59%和27.1%。而受限于全球经济环境、国内政策以及过往对外投资带来的资本过剩风险的影响，房地产业、建筑行业对外投资流量呈现断崖式下降，同比降幅均超过50%。

展望2020，我们认为，伴随国际大环境以及国内政策对创新领域、高新技术领域的持续关注，境内投资者在高科技、医药健康等项目的投资侧重将更为明显，未来几年，高科技领域仍将进一步引领我国对外直接投资的热潮。

（三）一带一路沿线投资稳步发展，对外投资双赢效果凸显

2020年，习近平主席提出的“一带一路”倡议已进入第七个年头，“一带一路”沿线对外投资正稳步增长，投资双赢效益也逐渐体现。

根据《公报》，2018年度，我国对“一带一路”沿线国家的直接投资流量为178.9亿美元，2013年至2018年末我国对“一带一路”沿线国家的累计直接投资已达到986.2亿美元。与此同时，根据商务部例行新闻发布会公布的数据，2019年1月–11月，我国企业“一带一路”沿线的61个国家新签对外承包工程项目合同6055份，新签合同额1276.7亿美元，占同期我国对外承包工程新签合同额的61.2%，同比增长41.2%；完成营业额746.1亿美元，占同期总额的55.3%，同比增长1.3%。面对日趋错综复杂的外部环境，我国对“一带一路”沿线国家的对外投资合作在保持平稳有序的健康发展同时，我国企业承建的高质量的基础设施工程改善了东道国基础设施条件，大量对外投资基建

项目也为东道国创造就业岗位超过77万个，对东道国的民生改善贡献显著。

2020年“一带一路”沿线对外投资将持续稳步迈进，投资主体与东道国的互利共赢效应亦将进一步凸显。

（四）投资主体及投资方式更加多元，进一步推动未来境外投资的开展

首先，从投资主体来看，地方对外投资逆势上扬，非公经济控股主体对外投资占比亦有所提升。根据《公报》，2018年度，地方企业非金融类对外直接投资流量达982.6亿美元，同比增长14%，占全国非金融类对外直接投资流量的81%，（其中，广东、上海、浙江位列2018年地方对外直接投资前三名），而中央企业和单位对外投资流量则为230.6亿美元，同比下降56.7%，降幅明显；此外，2018年度，非公经济控股境内主体2018年对外投资755.7亿美元，占对外直接投资总额的62.3%，同比增长11.2%，而公有经济控股对外投资457.5亿美元，占对外直接投资总额的37.7%，同比下降36.1%。

其次，从投资方式来看，伴随着我国企业对外直接投资的多元化产业投资配置策略，除绿地投资外，跨国并购亦稳步发展，并在我国对外投资中扮演了重要的角色。根据《公报》，2018年度，中国企业共实施对外投资并购433起（较2017年增加2起），涉及63个国家和地区（较2017年增加7个），实际交易总额742.3亿美元，其中直接投资[1]的并购项目310.9亿美元，占并购总额的41.9%，占2018年我国对外直接投资总额的21.7%；境外融资431.4亿美元，占并购总额的58.1%。

展望2020，我国对外直接投资的主体及方式将继续呈现多元化的趋势。民营企业将作为境外投资的重要力量继续推动整体投资规模、投资项目、投资方式的进一步发展；同时，各境内投资主体亦可通过引入多元化的股东、在投资目的地寻求合作伙伴成立合资公司、通过跨国并购吸收境外优秀企业等多种方式，提升我国未来境外投资广度、深度及强度，在新一轮的国际形势变化中，保持我国对外投资的健康有序蓬勃发展。

致　谢

在此向本报告的撰稿律师致以诚挚的谢意。

各章节的主要撰稿人如下：

2019年度中国境外投资领域相关法规的新发展：李然

2019年度境外投资重要业绩汇总：郭超

市场实践及主要问题研究：张安捷、南李

境外投资的预测和展望：魏珉籍、杨栋

报告全文由何芳、刘洋进行统稿。

1　指境内投资者或其境外企业收购项目的款项来源于境内投资者自由资金或境内贷款（不包括境内投资者担保的境外贷款）

2019 年
君合业务研究报告

国际贸易业务年度报告

君合律师事务所公司组

一、WTO 篇

（一）WTO 上诉机构停摆的根源与启示[1]

因美国滥用 WTO 上诉机构（Appellate Body）法官任命时采用的协商一致规则，阻拦新法官任命，导致 WTO 上诉机构法官人数低于其承担职责的最低要求，进而使上诉机构在 2019 年 12 月 10 日停摆，这是 WTO 的一个重大危机。

本文结合美国在 20 世纪 90 年代加入 WTO 时，美国国内有关乌拉圭回合协议对美国潜在影响的广泛讨论、美方在当时针对未来其在 WTO 中可能面临的极端情境而准备的一些预案，以及美国自加入 WTO 以来在该组织中地位的变化，讨论美方目前对 WTO 的态度、意图和策略。

总体而言，美方的举动更像是战术举动而非战略举动。其瘫痪上诉机构的举动，更像是要把各方逼到谈判桌前，并接受其主张，而不太像是要彻底让以 WTO 这个现行多边贸易体系枢纽彻底瘫痪，并另起炉灶。

美国对于 WTO 上诉机构的怨气由来已久。表面上看，这种冲突源于美国和其他国家（特别是欧盟）[2] 在上诉机构法官的角色、争端解决机构（Dispute Settlement Body，简称“DSB”）是否应遵循先例（stare decisis），以及 DSB 在解释法律中的作用等问题上的分歧。但其背后，则主要涉及美国在 WTO 中的角色转变，即从《关税及贸易总协定》（General Agreement on Tariffs and Trade，简称“GATT”）中的原告向 WTO 中的被告的角色转变，以及由此带来的利益视角上重大区别。

首先应该注意到的事实是，技术性地阻止上诉机构任命新法官，开始于奥巴马政权而非川普政权（Cathleen D. Cimino-Isaacs et al., 2019）。

表面上看，美国采取这一措施，是因为多年来 WTO 争端解决机构，特别是上诉机构不时做出美国所不乐见的裁定。特别是，美国认为，根据《关于争端解决规则与程序的谅解》（简称“DSU”）第 3 条第 2 款，WTO 的争端解决机构（DSB）的功能，是

1 本部分内容由对外经济贸易大学黄邵鹏博士（特约）和周智勇律师共同撰写。

2 参见 Economist, 2019, Dec 28。按照经济学家杂志的说法，美国与欧洲法律界对国际法的态度存在根本区别。美国人以（国家之间的）契约的角度看待国际法，认为只能执行含义明确的条款，他们认为欧洲人更愿意通过超越书面规定来解决条款的歧义。美方认为上诉机构“过于欧化”，因为即便条款含义不清，上诉机构的法官也急于作出裁定，美方认为这侵犯了美国主权。

适用（apply）WTO规则，对具体争议做出裁决，以保有（preserve）成员方的权利和义务。同时，DSB的权限仅是在必要时，“依照解释国际公法的惯例”，澄清（clarify）可适用协定中的有关规定，且其建议和裁决“不能增加或减少所涵盖协定中规定的权利和义务（add to or diminish the rights and obligations provided in the covered agreements）”。此外，美方还认为，根据《WTO协定》第9条第2款，对WTO辖下的诸协议进行解释（to adopt interpretations），是部长会议和总理事会（The Ministerial Conference and the General Council）的“专属权力”（exclusive authority），且该款还规定，“本款不得以损害第10条中有关修正的规定的方式使用（This paragraph shall not be used in a manner that would undermine the amendment provisions in Article X）”，即不得以释法代替修正法律条文。根据这些规定，美国主张（Cathleen D. Cimino-Isaacs，Rachel F. Fefer and Ian F. Fergusson，2019，USTR，2018），“专家组和上诉机构应以严格遵守WTO成员谈判并达成的协议文本的方式，来适用WTO诸协议的规则（panels and the Appellate Body are required to apply the rules of the WTO agreements in a manner that adheres strictly to the text of those agreements，as negotiated and agreed by its Members）”。美国还认为，多年以来，DSB，特别是上诉机构，日益“无视WTO成员所制定的规则（disregard for the rules as set by WTO Members）”，“不按照WTO协议文本的规定来适用协议，从而增加或减少了美国的权利（were adding to or diminishing U.S. rights or obligations by not applying the WTO Agreement as written）”。更具体地说，美方认为，WTO争端解决体系中，特别是上诉机构的法官，常具有激进主义（activist）倾向，这些法官在审理争端时，经常试图将自己的政策偏好强加给成员国，特别是超越WTO协议的文本，对相关WTO规则作过于宽泛的解释，试图创造有约束力的先例，并在实际上达到“制定法律”（make law）的效果。概言之，美方认为上诉机构经常超越自己在具体案件中适用和澄清WTO规则的权限，在事实上通过审理案件，试图创造有约束力的先例，达到解释法律乃至制定和修正法律效果，从而无依据地增加或者减少了成员方的权利和义务。

但美方的这些诉求，可能只是表面现象，更深刻的原因在于，在从GATT到WTO的历程中，美国在争端体系中的角色，已从原告方为主，日益转向被告方为主。美国对其所亲手设计的旨在强化执行力的争端解决机制，反而倍感受制和不便。

众所周知的是，GATT的争端解决机制存在执行乏力的重大瑕疵。突出表现为，GATT中的争端调解，包括专家组报告（panel report）亦即判决的采纳（adoption），采用的是协商一致（consensus）的决策程序，而在敏感案件中，承受不利判决的大国，往往利用该程序，拖延/否决/阻止（delay/veto/block）专家组报告的通过（Robert E. Hudec，1993），这也是彼时美欧都有动力采用诸如第301节这样的单边执行机制的现实背景（Sidney Golt，1988）。鉴于这种重大瑕疵，在乌拉圭回合谈判中，完善争端解决机制已是谈判各方的共同目的。

更具体而言，由于欧洲和美国在哲学、法律传统以及文化上的差异，在GATT运作的历史上，欧美对于争端解决机制的性质，特别地，对是否需要司法式（legalistic）的，有约束力的争端解决机制，就一直存在重大分歧（G. Richard Shell，1994）。美国偏好于强有力的统一的司法式的体制，且将GATT视为一个法律组织（“legal” organization）。而欧洲人则习惯于寻求通过谈判的，以实力（power-based）为基础的解决方案，因此，欧洲人倾向于把GATT视为一个外交机构（"diplomatic" institution）。此外，在GATT时代，美国在GATT体系中的各种讼案中，主要扮演原告的角色（Miquel Montana I Mora，1993），自然地，它要求强化GATT裁决的执行力，以敦促败诉的被告方服从裁决。而在那个时代，欧洲在降低贸易壁垒方面行动迟缓，因而多成为GATT中讼案的被告，尤其是在大量与农产品有关的案件中。相应地，在协商一致的决策规则下，欧洲不时利用该规则的瑕疵，拖延/阻止专家小组报告的通过。

作为原告的美国，在GATT的争端解决体系中备受挫折。在贸易逆差日益增长的背景下，出于撬开欧洲、日本等市场的迫切需要，自80年代起，美国日益倾向于依赖第301节这种"攻击性单边主义"措施，来执行自己在GATT中的权利，或者来纠正贸易伙伴所谓"不公平"的贸易措施（Jagdish Bhagwati and Hugh T. Patrick，1990）。而经常成为第301节目标的欧洲（Wolfgang W. Leirer，1994）和日本（Alan F. Holmer and Judith H. Bello，1989），则对这种单边主义措施非常厌恶反感 。出于对攻击性单边主义的普遍不满（Kenneth J. Ashman，1989），国际社会普遍希望在乌拉圭回合谈判中，谋求建立一种反应性更低（less reactionary）的多边贸易争端解决机制（Jared R. Silverman，1996）。

乌拉圭回合谈判启动后，第301节成为谈判的主要议题。美国国会的立场是，因GATT争端解决机制执行乏力，美国不可能更改第301节，除非对争端解决机制进行重大改革[1]（Robert E. Hudec，1990）。但到了谈判后期，各方立场出现戏剧性的变化，几种力量的共同作用，最终促成了WTO新的争端解决体制的建立（G. Richard Shell，1994）。

首先，也是最重要的一点是，美国之外的国家普遍希望逆转来自美国的攻击性单边主义的威胁，并代之以稳定的多边争端解决体系。而这一运动，恰与美国基于其是GATT中的主要原告方，希望建立更强大更有约束力的争端解决体系，以及其素来所持有偏好司法主义（legalism）立场暗合。

在1994年《乌拉圭回合协议法案》（URUGUAY ROUND AGREEMENTS ACT，简称"URAA"）提交议会批准阶段，当时的美国贸易代表Micheal Kantor在众议院筹款委员会的听证会上作证时坦言，"作为世界上最主要的出口国，历史上美国在GATT中扮演得更多的，是原告而非被告的角色，因此，一个有效和迅速的争端解决机制，美国所拥有的利益最大。"[2]在乌拉圭回合谈判时，"国会意识到了这个问题，并在1988年的《综合贸易法案》中要求我们改善该争端解决体系。该法案的第1101节（b）将目标设定为建立更有效，更迅速的争端解决体系，以更好执行美国的权利。我们在争端解决规则中获得的改进，可以实现这些目标，甚至更多"。"我们应对乌拉圭回合谈判的结果倍感欣喜，因为美国所建议的许多旨在提高争端解决程序有效性的条款，都已得到采纳。"（Michael

1 美国国会要求，作为修正第301节的对价，GATT在争端解决机制方面必须进行"大跃进式"（"great leap forward"）的改革。

2 这一观点，可说是当时的主流意见。在众议院于1994年11月29日审议《乌拉圭回合协议法案》（URUGUAY ROUND AGREEMENTS ACT，URAA）的讨论中，来自康涅狄格州的众议员Nancy Johnson，来自加州的众议员Bob Matsui和Anthony Beilenson，来自新墨西哥州众议员Bill Richardson以及来自伊利诺伊州众议员Dan Rostenkowski等，都表达了类似的观点。

Kantor，1994b）。其次，对于单边主义，美国也有所反思。在乌拉圭回合谈判阶段，以第 301 节为代表的攻击性单边主义贸易措施，就已引起世界其他国家一致反感，鉴于此，美方也意识到，无抑制的单边主义，缺乏正当性和合法性，易招致其他国家的抵触乃至报复，反而会降低美国实现其利益的能力，并增加其执行政策的成本。反之，若通过多边平台，将权力与他人的同意（consent from others）相结合，让权力（power）以权威（authority）的面目出现，则行使权力的成本或可降低（Jonathan Crystal，2008）。美国虽意识到，新的争端解决机制在许多情形下可能会限制美国通过第 301 节下的单边措施进行威胁，或者至少是有可能降低此类单边威胁的可信性从而是有效性，但美国仍认为其"应准备遵守（must be prepared to live with）"自己主导制定的争端解决规则（Judith H. Bello and Alan F. Holmer，1992，p. 802）。

来自康涅狄格州的众议员 Nancy Johnson，在众议院于 1994 年 11 月 29 日审议《乌拉圭回合协议法案》（URAA）的讨论中所表述的观点非常具有代表性。她说，"美国从强化的争端解决程序中受益最多（The United States stands to gain the most from strengthened dispute settlement procedures）"，但"公允地说，美国必须遵守同样的规则。因为我们不能期望其他国家遵守我们自己不遵守的制度。（To be fair，the United States will have to live by the same rules. But we simply cannot expect other countries to abide by a system that we do not ourselves）"。

其三，一些具有自由派倾向和法制 / 法治思维的知名贸易（法）学者和官员，如彼时 GATT 的总干事邓克尔（Arthur Dunkel），国际贸易法权威 John H. Jackson，以及担任乌拉圭回合争端解决机制谈判小组秘书（secretary for the Negotiating Group on Dispute Resolution）的欧洲学者 Ernst-Ulrich Petersmann [1]，他们提出的一系列修改建议，最终成为谈判的基准和重点，如反向一致的争端解决决策程序，又如设立上诉机构等。这些措施，大大强化了争端解决机制的约束力和司法化（R.E. Hudec，1993）。

第四，美国之外的 GATT 其他主要参与者，尤其是欧洲，也逐渐意识到他们可以利用更有约束力的争端解决机制，来遏制（rein in）美国的攻击性单边主义行动，促进自己的贸易利益，因此他们几乎是 180 度扭转自己原有的立场 [2]，加入支持司法式争端解决体制的阵营（Terence Stewart，1993）。具体而言，在 GATT 活动的末期，为回应美国和其他国家对 GATT 争端解决系统的积极使用，欧洲改变其在 GATT 中的诉讼策略，主动作为原告提起了一系列讼案，并因而对原告在 GATT 系统中的角色有了新的认识（Miquel Montana I. Mora，1993）。相应地，欧洲改变了其在争端解决谈判中的立场，转向大力支持有约束力的司法式的争端解决机制，但前提是要求美国必须克制其在贸易争端中使用第 301 节 [3]（Gardner Patterson and Eliza Patterson，1994）。欧洲准确预见到，美国传

---

1 Ernst-Ulrich Petersmann 是哈耶克的学生和信徒。

2 直到 1988 年，欧洲仍认为有约束力的裁决并不妥当，因为"未经当事方同意，不应将关于条约的解释适用于当事方"。应注意到，这一主张和现在美方关于争端解决机构应严格按照条文适用（apply）有关法律，不应通过澄清（clarify）法律的方法来解释（interpret）乃至修订（amend）法律，从而增加或减少当事方权利或义务（add to or diminish the rights and obligations under covered agreements）的主张非常类似。

3 欧洲对于 WTO 的支持，"是基于其相信 WTO 将彻底终结第 301 节"（"based on its belief that the WTO would do away with section 301"）（Patterson & Patterson 1994，p. 53）。

统的“司法主义”取向，将使其很难反对这些改革。而美国则发现，鉴于自己的传统立场，仅因为自己在GATT末期越来越多地成为被告而非原告，很难令人信服地从原有的司法主义立场中后退。美国能做的，就是主张改革GATT争端解决程序现有的封闭性质（Michael Kantor，1994a，b），并坚持要求禁止世贸组织争端解决体系通过判决增加或减少国的权利。

最后，长期以来一直谋求在GATT内与发达国家平起平坐的发展中国家，也转向了支持法制化，支持强化多边争端解决程序的立场。他们认为，更强有力的争端体系，将使它们在与发达国家就后者的保护主义法律进行谈判时，有更多的抓手，而那些法律限制了它们向发达国家出口的能力（David M Trubek，1992）。

概言之，WTO争端解决机制的形成，是乌拉圭回合谈判最后阶段几方力量合力的结果，其形成甚至可以说具有某种戏剧性和偶然性。当时美国支持强执行力的法制主义体制，是基于自己是执行乏力的GATT中最大的原告方这一事实，并且，美方预期自己在WTO中也将继续主要扮演原告方的角色[1]。

与美国预期不同的是，截止至2018年7月，美国在WTO争端解决体系中，共提起了122件讼案，而针对美国的讼案数目更多，达147件（Cathleen D. Cimino-Isaacs，2018）。也就是说，美国虽然仍是WTO争端解决体系中最大的原告，但与GATT时代不同的是，美国现在主要是讼案中的被告而非原告。鉴于其对国际法合则用不合则弃的一贯立场，美国杯葛其一手设计的，强调执行力的WTO争端解决体系，也就不难理解了。

还有一个重要事实需要澄清，无论是现任美国贸易代表Robert Lighthizer（The Wall Street Journal，Nov. 28，2019），还是川普本人（BBC，Aug 31，2018，Financial Times，Dec 11，2017），都曾经指责WTO尤其是其DSB，存在反美歧视（anti-American bias），他们所提供的最主要的论据，是美国在WTO中败诉率畸高，川普本人甚至称“我们输了官司，几乎在WTO的所有官司（We lose the lawsuits，almost all of the lawsuits in the WTO）.”（BBC，Aug 31，2018）。但这与事实显然不符。根据CATO研究所的Dan Ikenson在2017年的统计（Dan Ikenson，2017，March），自WTO成立至2017年3月，WTO争端解决体系中共发生了522起讼案，其中美国既是最大的原告，也是最大的被告。作为原告，美国共提起了114起诉讼，而与此同时，其也是129起讼案中的被告。在有判决的案件中[2]，美国作为原告的胜诉率是91%，略高于所有原告的平均胜诉率90%，而作为被告，其败诉率是89%，略低于所有被告的败诉率。布隆伯格（Bloomberg，2019，March 7）在2019年3月的统计，也得出了类似结论。显然，没有证据表明，在WTO内及其DSB中存在“反美歧视”。WTO争端解决体系内原告胜诉率高，是一个普遍现象，并非针对美国。且原告的高胜诉率，无非反映如下事实，即WTO的争端解决耗费时力，原告方通常只有相当确信其能够在漫长的争端解决程序中胜出，才会正式提起诉

1 美国贸易代表Micheal Kantor在上文提及的众议院筹款委员会的听证会上作证时还称“显然，当我们启动WTO争端解决行动时，美国将受益匪浅。这对我们尤其重要，因为我们提起的案件数量超过任何其他国家（It is clear that the United States will benefit greatly when we initiate a WTO dispute settlement action. This is particularly important for us，since we bring more cases than any other country）”。

2 在已结束的WTO讼案中，约只有1/2的案件有最终判决，其余的多是通过双方和解结案。

讼。这是一个自选择偏差（Self-selection bias）所导致的统计假象，并不能得出 WTO 争端解决程序偏向原告方的结论。而美国是最大的被告方这一事实，则表明，美国一直是贸易救济措施（trade remedy actions）的非常激进的使用者，且其常常动用明显违背既定规则的措施。尽管常自称是受害者，但美国政府并不总是遵守其在 WTO 协议下的义务，实际上，自 1995 年 WTO 成立后，美国的贸易救济制度，数十次被 WTO 断定为与美国在 WTO 下承担的义务不符（Dan Ikenson，2017，March，Terence P. Stewart and Elizabeth J. Drake，2017）。

美方在加入 WTO 之时，对将来在 WTO 内可能出现的某些对美国不利的极端情形，甚至包括何时考虑退出 WTO，就有一定预案。了解美方的这些预案，对我们从历史角度理解美方意图，或有帮助。

下文所介绍的这些美方在当时所设想的，关于未来 WTO 中可能出现的不利于美方的极端情形及其预案，主要来自美国国会下属的"总审计局"（General Accounting Office，简称"GAO"）[1] 于 1994 年向国会提交的，题为《乌拉圭回合诸协议总体上对美国经济有利》（"The General Agreement on Tariffs and Trade Uruguay Round Final Act Should Produce Overall U.S. Economic Gains"）的报告（U.S. General_Accounting_Office，1994），同时也结合了学者们对相关问题的一些见解（G. Richard Shell，1994，Jared R. Silverman，1996）。

美方所设想的第一个极端场景，是在上诉机构中，出现了不利于美方的重大判决，进而导致释法 / 修法的投票程序被启动。如：上诉机构判决，无论争议的基础事由是否属于 WTO 辖下协议的覆盖范围，通过第 301 节采取单边行动，都与美方在 WTO 下的义务不符。此时，美方将抗辩，这种判决增加或者减少了美方在所涉及的协议中的权利和义务，从而违背了 DSU 第 3 条第 2 款以及第 19 条第 2 款关于 DSB 的建议和裁决"不得增加或减少所涵盖协议中规定的权利和义务"（Jared R. Silverman，1996）。

因美方与相对方在这一重大问题上（即禁用第 301 节）不可调和（General Accounting Office，1994; Jared R. Silverman，1996），美方或者判决的相对方，有可能通过 WTO 中的立法机制（"legislative" mechanism）来释法 / 修法，以逆转 / 否定 WTO 的司法判决（judicial decision），或确认和支持上述判决（G. Richard Shell，1994）。

具体有两种方式：释法（Interpretation）和对条文进行修正（Amendment）。其中第一种方式更具可行性，从而被使用的可能性也更大。即，当事方根据《WTO 协定》第 9 条第 2 款，要求部长会议和总理事会（The Ministerial Conference and the General Council）对某一条款的确切含义进行解释。这种解释需得到所有成员方 3/4 多数支持，方能获得通过。一旦这种解释获得通过，若其与上诉机构之前的判决相抵触，即可据以推翻上诉机构判决。但应注意的是，《WTO 协定》第 9 条第 2 款也明确规定，释法程序"不得以损害第 10 条中有关修正的规定的方式使用"。换句话说，不得以释法代替修正法律。而若当事方采用第二种方式，即根据《WTO 协定》第 10 条，正式对有关条款提

1 2004 年之后，"总审计局"（General Accounting Office）改组为"政府问责局"（Government Accountability Office），简称仍是 GAO，该机构以中立精神开展工作，只对国会负责，被称为"国会的看家狗"，从前的主要职责是调查、监督联邦政府的规划和支出，即联邦政府如何花费纳税人的钱。改组之后，更关注联邦政府项目和政策的执行结果。

出修改（amendment）建议，则在多数情况下，特别是对于像争端调解规则等这样重大事项的修正（第10条第8款），需获得一致同意，方能够被通过（G. Richard Shell，1994）。

按照上述提及的“总审计局”的报告（General Accounting Office，1994），当时美方部分美国法律和贸易专家，对将来美方在WTO中面临这类重大（禁止使用第301节）释法投票，心存疑虑。他们认为，发展中国家在WTO成员中约占80%，作为WTO成员方中的集团（blocs of WTO members），它们有可能“凭据其在数目上的优势”（by virtue of their numbers），“通过投票程序来改变WTO的决策动力（to use the voting procedures to change the decision-making dynamic within the organization）”，作出“对美国不利”（in a manner contrary to U.S. interests）的决策。特别地，这部分专家认为，“鉴于发展中国家在限制美国使用第301节方面的共同利益，他们可能在其他国家的支持下，在投票中取得所需的3/4多数来支持他们的立场”（Given their shared interest in limiting U.S. use of Section 301，the developing countries，possibly with support of other countries，may be able to attain a three-fourths majority vote in support of the original proposition）（General Accounting Office，1994，pp. 38–39）。

当时的美国行政当局（简称“USTR”）则对此持乐观的看法。他们认为，上述情况（通过WTO立法机制中的表决程序，作出明显与美方利益相抵触的决策）发生的可能性很小，其原因在于，作为谈判主要参与者和法律文本主要起草者的美方，在WTO的法律条文中已设置了恰当保护机制，如，上述《WTO协定》第10条的目的，就是防止通过释法途径（interpretation process）对WTO属下协议进行实质性的修改（amend），或者“增加或减少成员方的权力和义务”。除了法律方面的考量，从政治和大国实力的角度看，USTR认为，鉴于可预见的各方利益的流动性（fluid nature），即便真出现上述释法投票的局面，美国也自信能够争取到足够的支持，来阻止（block）任何美国所反对的释法在投票程序中被采纳。USTR明确表示，他们认为，“其他WTO的成员方不愿使美国从该组织中疏远（other WTO members would be very reluctant to alienate the United States from the Organization）”。USTR还称，无论是在释法或者修正程序中，一旦出现WTO其他成员国“投票迫使”（vote to compel）美国接受其不支持的决策的情况，如投票通过某修正案（to adopt an amendment），且WTO与美国无法达成和解，则“WTO将面临失去美国作为其成员方的风险（WTO would risk losing it as a member）”。**换言之，美国实际上是在威胁，一旦在WTO的释法或者修正程序中，出现美国所不支持的重大投票结果，美国将退出WTO。**USTR官员认为，“**世贸组织成员将极不愿冒失去世界经济中最强大，市场最大的国家的风险**（WTO members would be very reluctant to risk losing the country with the world's strongest economy and largest market）”（General Accounting Office，1994，pp. 39）。

美国维护“主权”[1]**，拒绝在任何投票过程中被动接受不利于美国利益的结果的底线，**还可从1994年《乌拉圭回合协议法案》（URAA）提交议会批准阶段时，某些议员所陈述的观点得到佐证。当时的参议员Pete Domenici称（140 Congressional Record. S15275，（daily ed. Dec. 1，1994））：**“概言之，世界贸易组织不能改变美国法律。只有美国国会通过投票修改法律，美国法才能被更改。美国主权的最后保障是，如果美国在任何时候不满意，可以在提前6个月通知的情况下，退出WTO。那是一个相当不错的逃生舱。如果WTO变得武断或反复无常，我们就退出**（[s]imply put，the World Trade Organization cannot change U.S. law. A U.S. law can only be changed if the U.S. Congress votes to change the law. A final safeguard to U.S. sovereignty is that if at any time the United States becomes dissatisfied，it can withdraw from the [WTO] after giving 6 months' notice. That is a pretty good escape hatch. In the event the WTO becomes arbitrary or capricious，we get out.）”。

综合来自各方的信息，GAO的报告认为，即便WTO延续了GATT以共识为基础进行重大决策的传统，即便美国在WTO协定的条文中设置了防止表决程序被滥用的保护机制，但仍很难预测将来主导WTO的决策的动力。**特别地，拥有新权威的国家，仍可能利用表决程序，以损害美国利益的方式，来影响多边贸易体系，对这些问题，美国将持续关注，以保证美国利益得到满足。**

美方所设想的第二种极端情形，是因美方作为被告方，在重大案件中被判败诉，且不愿执行DSB的建议或裁决，也不准备提供补偿，因而不得不承受相对方经WTO授权的报复。

USTR曾反复强调（Michael Kantor，1994b），他们认为，类似第301节这样的攻击性单边主义措施，在美国加入WTO之后“仍然完全可用于处理WTO协议所未涵盖的不公平贸易做法”（Section 301 will also remain fully available to address unfair practices that are not covered by the WTO or GATT）。“WTO无法影响美国通过新法律，或者执行其现有法律的主权（The WTO does not affect the sovereignty of the U.S. to pass its own laws，to enforce existing laws……）”，除非经美国同意，并经国会行动，无论是WTO协议，DSB裁决都“无法改变美国的法律”（cannot change U.S. law）。

GAO报告复述了USTR的这些说法，但也提到，部分专家认为，加入WTO，限

1 关于WTO诸协议是否影响美国主权，或者更具体地说，WTO是否有权强令美国修改法律，是美国批准《乌拉圭回合协议法案》时，议会最关注，也是争论最激烈的问题。关于这一问题，美国官方的立场可简述如下。首先，在URAA中，有美国法优先条款，即，该条规定，WTO属下乌拉圭回合诸协议中的规定，若与美国法不一致（无论是美国加入WTO之前或之后的美国法），则美国法优先，而与之不符的乌拉圭回合诸协议中的规定一律无效。该条款实际上对WTO规则在美国的适用进行了实质性限制。其次，在与议案一并提交的“行政行动声明（Statement of Administrative Action）”中，美方还称“新的WTO争端解决体系并未给予争端解决专家组任何命令美国…..修改其法律的权力（the new WTO dispute settlement system does not give panels any power to order the United States ... to change [its] laws）”，DSB（包括争端解决专家组和上诉机构）的建议和裁决，在美国法之下并无约束力，如一裁决建议美国修改其联邦法律以使其与WTO规则相一致，则“依争端谅解备忘录，美国有自由裁量权，来自行决定，是否对联邦法或州法进行任何修改，以及以何种方式来执行这种修改——无论是通过立法，修改行政法规，还是通过司法行动或其他方式（[T]he Understanding leaves to the discretion of the United States any change in federal or state law and the manner in which any such change may be implemented – whether through the adoption of legislation，a change in regulation，judicial action，or otherwise）”

制了美国使用第 301 节这样的单边措施来应对非违法的（non-violation）不公平贸易问题的能力，或者至少是增加了使用这种措施的压力，或降低了通过其进行威胁的有效性；还有可能让外国有抓手 / 机会"干预美国的国内政策（intrude on U.S. domestic policy）"[1]。USTR 对此则回应称"美国政府打算按美国自己对乌拉圭回合诸协定的解释行事，并酌情使用第 301 节以采取单边措施。如果其他国家 / 地区通过使用 WTO 争端解决程序，使美国政府处理非违法的不公平贸易问题的努力受挫，则作为主权国家的美国，将保留采取与美国在 WTO 下的义务不符的行动的权利，只要这些行动，被认为符合美国的国家利益（U.S. government intends to proceed in accordance with the U.S. interpretation of the UR agreement and，where appropriate，use Section 301 to take unilateral measures. In the event that other countries are able to use WTO dispute settlement procedures to frustrate U.S. government efforts to address nonviolation trade issues，the United States，as a sovereign nation，would reserve the right to take action inconsistent with U.S. obligations under WTO whenever such action is deemed to be in the national interest.）"（General Accounting Office，1994，p. 45）。换言之，"按照 USTR 官员的说法，美国作为一个主权国家，可以选择无视世贸组织争端解决专家组和上诉机构的不利建议（According to USTR officials，the United States，as a sovereign nation，would be able to choose to ignore adverse recommendations of WTO dispute settlement panels and appellate tribunals.）"（General Accounting Office，1994，p. 48），以及"如有必要，美国将保留其作为主权国家，违反其在 WTO 中的义务的权利（when necessary，the United States would reserve its right as a sovereign nation to violate its WTO obligations）"（General Accounting Office，1994，p. 49）。

当然，若美国选择无视 DSB 的建议和裁决，即，既不准备遵守 DSB 的建议或裁决，也不打算提供相应的补偿，则美国将面临相对方经 WTO 授权的制裁（WTO-supported sanctions）。对这一极端局面，USTR 的预案是，（1）即便面临 WTO 授权的制裁，只要争端解决程序仍在进行（也包括 DSB 给予美方要求其撤除被判定为不符措施的合理时间），美方仍可坚持实施被判定为不符的（单边）措施；（2）美方自诩，"只要对方不愿通过对美国施加报复性制裁来危及其与美国的整体关系，或者对方太小[2]，以至于其对美国的报复措施不会对美国利益造成重大损害，那么美国仍可追求其目标（the United States may able to pursue its objectives if the other country is unwilling to jeopardize its overall relations with the United States by retaliating against U.S. sanctions or is so small that its

1 美方认为，WTO 争端解决专家组和上诉机构获得了开放性（open-ended）的授权，以根据所涉及协定中的有关规定，审查提交给它们的事项，并作出建议和裁决。该授权，不仅可以质疑某一成员方国内法的具体使用或者适用，也可以质疑该法律本身与世贸组织义务的相合性。有部分美国贸易法专家认为，对 DSB 的这种授权，可能会"扭转美国国内贸易法的适用（reverse the application of domestic trade laws）"，且更令这部分专家不安的是，"不可能在美国的法院系统内，针对 DSU 的决定提起上诉（such action is subject to no appeal to U.S. courts）"。

2 美方 USTR 官员还承认（General Accounting Office，1994，p. 45），在 GATT 时代，"美国政府可以不时采取与其在 GATT 中义务不符的行动，而并不忌惮被报复（the U.S. government could at times take action that was inconsistent with GATT obligations，often without fear of retaliation.）"。因为在 GATT 时代，除了欧盟，日本和加拿大，没有其他 GATT 成员方有经济实力来对美国实施制裁。

retaliation measures do not significantly harm U.S. interests.)"[1]（General Accounting Office，1994，p. 45）。（3）有专家建议，对于发展中国家，美国可以把撤销对方的普惠制（Generalized System of Preferences，GSP）待遇，作为对付发展中国家的抓手（leverage）[2]。

综合上述分析，可知合则用不合则弃是美国对待国际法的一贯态度，而单边主义也是美国贸易政策中的一贯倾向，这种倾向虽时有蛰伏，但却可能恶性爆发为攻击性单边主义。

其他国家不能触动美国的强权和实质性利益，是美国参与WTO活动的底线。更具体地说，美国不接受任何在WTO决策程序（特别是投票程序）中出现任何美国所不乐见的触犯其重大利益的决策。一旦这个底线被突破，美国就不惜退出WTO。

一旦触动了美方的实质性利益，即便美方明知自己的做法违背它在WTO下的义务，它也随时准备不遵守这些义务。只要符合美国利益，美国并无忌惮。

诚如有学者总结的那样，“尽管WTO建立一个法制（法治）主义的争端解决程序，但在终极意义上，争端解决在很大程度上仍依赖老式的讨价还价的实力政治。乌拉圭回合制定的法制主义的争端解决程序，并未改变这个世界，在这个世界中，如果强权愿意的话，它们仍可以威胁恫吓贸易伙伴，使其屈从”[3]（Jared R. Silverman，1996）。

美方瘫痪WTO上诉机构的举动，更像是战术动作而非战略动作，其意图更多的是把各方逼到谈判桌前，接受其主导下的改革。但为实现这个目的，美方又显示了足够的战略耐心。

但另一方面，有瑕疵的规则仍好于毫无规则（The law may be imperfect，but it is better than no law at all.）（J.E. Stiglitz，2007）。固然WTO存在很多瑕疵，但维护现存的世界贸易体制，目前已是除了美国之外的其他各方的共同目标。

缺少了美国的WTO，和缺少了中国的WTO一样，都很难称得上是“世界”贸易组织，其作为一个多边主义平台的效果，就将大打折扣。

诚如GATT第二任总干事Oliver Long说言，在贸易谈判中，“模糊化和折中往往是最终签订协定的必要条件，这是政治生活中的一个事实。”

参考文献（Reference）：

Ashman，Kenneth J. 1989. “The Omnibus Trade and Competitiveness Act of 1988-the Section 301 Amendments: Insignificant Changes from Prior Law Note.” Boston University International Law Journal，（1），115-54.

---

1 同一报告中另外一段类似的表述是，“**取决于对方的大小及其与美国的关系，原告国可能会选择不实施制裁，或者制裁不会对美国造成实质性损害，这样的话，美国仍可继续执行其被诉的措施**（However，depending on its size and overall relations with the United States，the plaintiff country may choose not to impose sanctions，or the sanctions may not materially harm the United States which，as a result，may continue the practice that gave rise to the complaint）。”（General Accounting Office，1994，p. 48）

2 美方认为，这一“制裁”既不违背美方在WTO中的义务，也不属WTO协议下可诉的（actionable）的行动。

3 Thus，despite the establishment and celebration of a legalist dispute settlement procedure，much of the ultimate dispute solution depends on good old-fashioned bargaining power politics. Although the Uruguay Round produced a dispute settlement procedure that channels disputes along certain legalist avenues，this procedure cannot change a world where economic powerhouses，if they so choose，can threaten and browbeat trading partners into submission.

BBC. Aug 31, 2018. "Trump Attack on Wto Sparks Backlash from Members,"

Bello, Judith H. and Alan F. Holmer. 1992. "U.S. Trade Law and Policy Series No. 21: Gatt Dispute Settlement Agreement: Internationalization or Elimination of Section 301?" The International Lawyer, 26 (3), 795–802.

Bhagwati, Jagdish and Hugh T. Patrick. 1990. Aggressive Unilateralism: America' s 301 Trade Policy and the World Trading System. University of Michigan Press.

Bloomberg. 2019, March 7. "U.S. Keeps Winning Wto Cases, Despite Claim of Anti–U. S. Bias," B. Baschuk,

Cimino–Isaacs, Cathleen D. 2018. "The World Trade Organization (Wto): U.S. Participation at Risk?," CRS INSIGHT.

Cimino–Isaacs, Cathleen D.; Rachel F. Fefer and Ian F. Fergusson. 2019. "World Trade Organization: Overview and Future Direction," CRS Report. Congressional Research Service,

Crystal, Jonathan. 2008. "Unilateralism," W. A. Darity, International Encyclopedia of the Social Sciences. Macmillan/Thomson Gale,

Economist. 2019, Dec 28. "Who Shot the Sheriff?It' s the End of the World Trade Organisation as We Know It," Economist.

General_Accounting_Office, U.S. 1994. "The General Agreement on Tariffs and Trade: Uruguay Round Final Act Should Produce Overall Us Economic Gains," Report to the Congress. Washington D.C.:

Golt, Sidney. 1988. Gatt Negotiations 1986 – 1990: Origins, Issues & Prospects. London: RITISH–NORTH AMERICAN COMMITTEE.

Holmer, Alan F. and Judith H. Bello. 1989. "The Promise and Peril of Unilateralism," Trade Law and Policy, Pli Com. L. & Practice Course Handbook Series No. 510. 187–95.

Hudec, R.E. 1993. Enforcing International Trade Law: The Evolution of the Modern Gatt Legal System. Butterworth Legal Publishers.

Hudec, Robert E. 1990. "Dispute Settlement," J. J. Schott, Completing the Uruguay Round. Peterson Institute for International Economics, 180–92.

Hudec, Robert E. . 1993. Enforcing International Trade Law: The Evolution of the Modern Gatt Legal System. . Salem, N.H.: Butterworth Legal Publishers.

Ikenson, Dan. 2017, March. "Us Trade Laws and the Sovereignty Canard," Forbes.

Journal, The Wall Street. Nov. 28, 2019. "Will the U.S. Bring Down the Wto?," J. M. Schlesinger, The Wall Street Journal.

Kantor, Michael. 1994a. "Testimony of U.S. Trade Rep. Michael Kantor, Hearings on General Agreement on Tariffs and Trade (Gatt) before the Senate Comm. On Commerce, Science and Transportation on June 16, 1994,"

____. 1994b. "The World Trade Organization and U.S. Sovereignty: Testimony to the House Ways and Means Committee by Ambassador Michael Kantor, United States Trade Representative on June 10, 1994,"

Leirer, Wolfgang W. 1994. “Retaliatory Action in United States and European Union Trade Law: A Comparison of Section 301 of the Trade Act of 1974 and Council Regulation 2641/84.” North Carolina Journal of International Law and Commercial Regulation,(1), 41–96.

Mora, Miquel Montana I. 1993. “A Gatt with Teeth: Law Wins over Politics in the Resolution of International Trade Disputes.” Colum. J. Transnat’1 L., 31, 103.

Mora, Miquel Montana I. 1993. “A Gatt with Teeth: Law Wins over Politics in the Resolution of International Trade Disputes.” Columbia Journal of Transnational Law,(1), 103–80.

Patterson, Gardner and Eliza Patterson. 1994. “The Road from Gatt to Mto.” Minn. J. Global Trade, 3, 35.

S15275, 140 Congressional Record.(daily ed. Dec. 1, 1994).

Shell, G. Richard. 1994. “Trade Legalism and International Relations Theory: An Analysis of the World Trade Organization.” Duke Law Journal,(5), 829–927.

Silverman, Jared R. 1996. “Multilateral Resolution over Unilateral Retaliation: Adjudicating the Use of Section 301 before the Wto.” University of Pennsylvania Journal of International Law, 17(1), 233–94.

Stewart, Terence. 1993. The Gatt Uruguay Round: A Negotiating History, 1986–1992. Kluwer Law and Taxation Publishers.

Stewart, Terence P. and Elizabeth J. Drake. 2017. “How the Wto Undermines U.S. Trade Remedy Enforcement,” WTO Report 4. Washington: Alliance for American Manufacturing,

Stiglitz, J.E. 2007. Making Globalization Work. W. W. Norton.

Times, Financial. Dec 11, 2017. “Trump Attack on Wto Sparks Backlash from Members,” S. Donnan and B. Mander Financial Times.

Trubek, David M. 1992. “Protectionism and Development: Time for a New Dialogue.” NYUJ Int’1 L. & Pol., 25, 345.

USTR. 2018. “The President’s 2018 Trade Policy Agenda,” Wahsington, DC.

二、贸易救济篇

(一)WTO就“美国对华反倾销措施案”做出报复水平仲裁裁决——35.79亿美元的阶段性胜利

1. 背景

2019年11月1日,WTO就“中国诉美国特定反倾销措施案(DS471)”(以下简称“**本案**”)做出仲裁裁决,裁定美国未纠正违反WTO规则的对华反倾销措施,对中国造成利益丧失和减损水平为每年35.79亿美元。据此,中国可向争端解决机构申请贸易报复授权,报复水平为每年不超过35.79亿美元,成为WTO历史上裁决金额第三高的案件。虽然,与中美贸易摩擦所涉及的数千亿美元相比,本案所涉及的35.79亿美元数额较小,但WTO这一裁决颇具有象征意义,体现了对国际贸易环境公平性和多边体制稳定性的维护,也进一步证明了美国多年来对贸易救济措施的滥用。

本案可以追溯到2013年，中国就美国对华产品采取反倾销措施，提出与美国在WTO争端解决机制下进行磋商，正式启动世贸争端解决程序。2014年，中国要求WTO的争端解决机构（DSB）设立专家组，针对美国对中国的反倾销调查中所应用的方法进行裁决。2016年10月和2017年5月，DSB分别公布了专家组报告和上诉机构报告，裁定美国对中国机械、电子、轻工业等多个行业出口的产品实施的反倾销措施违反WTO规则，要求美国在合理期限内根据专家组报告和上诉机构报告提出纠正其违规措施的方案。2017年10月，中国根据《关于争端解决规则与程序的谅解》（DSU）第21.3（c）条就DSB裁决的合理执行期限问题向DSB提出仲裁申请，仲裁裁定美国执行上述DSB裁决的合理期限为2018年8月22日之前。美国一直未遵守和执行WTO上述裁决。2018年9月，中国根据DSU第22.6条请求DSB授权中国采取报复措施，对美国价值70亿美元的商品中止减让或中止其他义务。经审查，DSB最终裁定中国可对35.79亿美元的美国商品加征报复性关税。

本案的争议焦点是美国对中国反倾销调查中所应用的方法，具体包括以下三个方面：一是美国商务部（简称"DOC"）在计算倾销幅度时对"加权平均对单笔交易比较法"（简称"WA-T"）的适用以及在该方法下归零的运用；二是"单一税率假设"（Single Rate Presumption）；三是对"可获得的不利事实"的运用。

2. WA-T以及"归零法"适用的违法性分析

（1）WA-T

WTO《关于实施1994年关税与贸易总协定第6条的协议》（Agreement on Implementation of Article VI of the General Agreement on Tariffs and Trade 1994, Anti-Dumping Agreement，又称"**《反倾销协定》**"）第2.4.2条规定了将正常价值和出口价格的进行比较的三种计算倾销幅度的方法。[1]

a）"加权平均对加权平均比较法"（weighted average-to-weighted average，简称"WA-WA"）：指使用调查期内加权平均正常价值与涉案产品的加权平均出口价格进行比较计算倾销幅度。一般情况应采用此方法。

b）"单笔交易对单笔交易比较法"（transaction-to-transaction，简称"T-T"）：指在单笔交易的基础上对正常价值与出口价格进行比较。此方法较少应用，通常用于涉案产品为定制大型商品的案件。在此类案件中，由于定制产品存在较大差异，采用WA-WA进行计算没有意义。

c）"加权平均对单笔交易比较法"（weighted average-to-transaction，WA-T）：指使用调查期内加权平均正常价值与涉案产品的单笔交易出口价格进行比较计算倾销幅度。

---

1 〈AGREEMENT ON IMPLEMENTATION OF ARTICLE VI OF THE GENERAL AGREEMENT ON TARIFFS AND TRADE 1994〉Art. 2.4.2: Subject to the provisions governing fair comparison in paragraph 4, the existence of margins of dumping during the investigation phase shall normally be established on the basis of a comparison of a weighted average normal value with a weighted average of prices of all comparable export transactions or by a comparison of normal value and export prices on a transaction-to-transaction basis. A normal value established on a weighted average basis may be compared to prices of individual export transactions if the authorities find a pattern of export prices which differ significantly among different purchasers, regions or time periods, and if an explanation is provided as to why such differences cannot be taken into account appropriately by the use of a weighted average-to-weighted average or transaction-to-transaction comparison.

此方法较少应用，通常用于存在目标倾销（targeted dumping）的案件，即出口商对美国不同的客户、区域或期间实行显著不同的定价措施。在此类案件中，采用 WA–WA 可能会掩盖出口商对某些特定客户或特定区域的倾销行为。

美国在对华多起案件中适用了 WA–T 进行倾销幅度计算，但仅依据部分出口进行分析，且未就 T–T 是否适用进行分析，不符合 WTO 相关规定。

（2）"归零法"

"归零法"是美国在反倾销调查中计算倾销幅度的一种方法。一般来说，倾销幅度为正常价值超过出口价格的差值。若正常价值高于出口价格，则差值为正数，存在正倾销。若正常价值低于出口价格，则差值为负数，存在负倾销。"归零法"是指在计算总倾销幅度时，只对正倾销数值进行累计相加，而将负倾销数值视为零。计算方法如下示例：

产品大类	数量 KG	出口净价 USD/KG	正常价值 USD/KG	销售总额 USD	不归零		归零	
					单位产品倾销幅度	倾销幅度合计	单位产品倾销幅度	倾销幅度合计
	A	B	C	D	E1=C–B	F1=A*E1	E2=Max（0，C–B）	F2=A*E2
1	15,000	1.90	3.15	28,500	1.25	18,750	1.25	18,750
2	15,000	1.95	3.15	29,250	1.20	18,000	1.20	18,000
3	20,000	2.40	1.09	48,000	–1.31	–26,200	0	0
总计				105,750		10,550		36,750

归零与不归零的加权平均倾销幅度分别为：

加权平均倾销幅度（不归零）= 10550/105750 = 9.98%

加权平均倾销幅度（归零）= 36750/105750 = 34.75%

可见，"归零法"的运用限制了对总倾销幅度的抵消，人为提高了加权平均倾销幅度，损害了被调查国及被调查企业的利益，也违背了 WTO《反倾销协定》的公平公正精神。

美国运用"归零法"一直是 WTO 争端解决机构中涉及最多的争议之一，包括加拿大针叶木材案（DS264）、欧盟归零法案（DS294）、墨西哥不锈钢案（DS344）等。实际上，"归零法"的违法性已经逐步得到了 WTO 专家组和上诉机构的认可。早在 1988 年印度诉欧共体床上用品反倾销措施（DS141）案中，WTO 专家组和上诉机构已裁定在反倾销原审调查中运用"归零法"不符合 WTO 相关规定，但未就复审调查做出裁定。2007 年，就日本诉美国"归零法"一案（DS322），WTO 明确裁定美国适用 WA–WA 和 T–T 时以及在复审调查（包括年度复审、新出口商复审以及日落复审）时运用"归零法"不符合 WTO 相关规定。根据 WTO 的相关裁定，美国调整了其"归零法"的运用规则，自 2007 年 2 月 22 日起，在原审调查中，适用 WA–WA 时不再运用"归零法"，但并未调整其在复审调查中以及适用 WA–T 或 T–T 时"归零法"的运用。

上述案件的推理思路和条约解释对本案的裁决起到了重要的指引。在本案中，WTO专家组提出，“倾销幅度”在《反倾销协定》中具有相同的含义，且WA-WA、T-T和WA-T这三种计算倾销幅度的方法的最终目的是一致的，要将所有被调查产品作为一个整体来计算倾销幅度[1]，而归零的做法将计算出来的负值忽略不计，不符合《反倾销协定》第2.4.2条的规定。明确了适用WA-T时运用“归零法”的违法性。

3.“单一税率假设”及“可获得的不利事实”的违法性分析

（1）“单一税率假设”

“单一税率假设”指的是在针对非市场经济国家（例如中国）的反倾销措施中，DOC假定所有中国出口商共同构成一个全国性的实体（a single PRC-wide entity），并适用全国统一税率，除非出口商能够符合单独税率测试（separate rate test）的标准，证明其出口活动没有受到政府在法律上和事实上的控制。全国统一税率通常较高，甚至可能达到单独税率的十倍以上，DOC利用这一歧视性规则保护其国内产业，同时也给中国的出口企业带来了沉重的负担。

在本案中，中方的具体主张如下：

a）根据《反倾销协定》第6.10条的规定，主管机关应当对每个涉案出口商或生产商确定各自的倾销幅度。对涉案出口商或生产商进行单独审查并适用各自的反倾销税率是一种一般性义务（general obligation），但DOC仅依据主观推定即对中国出口商适用全国统一税率，缺少法律依据。[2]

b）根据《反倾销协定》第9.2条，征收反倾销税时，应当在非歧视原则的基础上，对所有涉案产品来源以合适的数量征收反倾销税。将所有中国出口商视为一个整体征收全国统一税率带有明显的歧视性。[3]

c）根据《反倾销协定》第9.4条，主管机关应对没有被抽中但又在调查期间提供了必要信息的出口商或生产商适用单独反倾销税率。但DOC设置的“单独税率测试”使得这种当然权利变成了一种必须依申请进行审查才能获得的特别待遇。[4]

在本案中，WTO专家组引用了先前在欧盟紧固件反倾销案（DS397）中上诉机构的裁决，再次重申《反倾销协定》第6.10条中对出口企业给予单独税率的规定是一条强制适用条款，同时允许存在一种例外情况，即主管机关在面对数量庞大的出口商时可以采取抽样方法，进行有限范围的调查，而单独税率测试并不能成为成员方单独计算倾销幅度的例外。[5]其次，WTO专家组引用了欧盟紧固件反倾销案（DS397）的上诉机构对《反倾销协定》第9.2条的分析解读，认为不应将所有中国出口商视为一个整体，而应对每个涉案的出口商或生产商进行单独分析，确定其适用的税率并征收相应的反倾销税。

基于WTO专家组的上述分析，本案仲裁裁定DOC在没有确定性证据的前提下将多个出口商看作一个整体给予全国统一税率，不符合WTO相关规定。

---

1 United-States – Certain Methodologies and their Application to Anti-Dumping Proceedings Involving China, WT/DS471/R（19 October 2016）. Para. 7.203.

2 Ibid. Para 7.275.

3 Ibid. Para 7.280.

4 Ibid. Para 7.284.

5 Ibid. Para 7.342–7.343.

（2）“可获得的不利事实”

“可获得的不利事实”（adverse facts available，简称“AFA”）这一规则的适用基于美国1930年关税法第776条，指的是当相关利益方未能尽最大努力配合DOC调查时，DOC将就相关事实做出不利于当事人的推定（Adverse inferences），并给予其AFA的税率。[1]通常情况下，AFA税率极高，DOC借此实现适用AFA规则的目的。

在本案中，WTO仲裁员评估了AFA对于倾销幅度的影响。仲裁员表示，对于那些未通过单独税率测试而适用全国统一税率的企业，DOC将适用全国税率的中国出口商分为两类，分别是有证据但不配合和无证据不配合的企业，并且对于有证据不配合的企业继续适用全国统一税率。但是，《反倾销协定》第6.8条和附件二提到，在相关方拒绝提供必要信息时，调查机构应当依据最利可得事实做出认定。因此，出口商是否配合本身不是最终裁决结果的决定性因素，不能因此而给予其惩罚性的税率。[2]

综上，本次仲裁报告的发布再一次澄清了DOC在反倾销调查中对WA-T以及在该方法下“归零法”的运用、“单一税率假设”的运用及AFA的运用的违法性，并授权中国对不公平的贸易行为采取报复措施，救济了权利义务的失衡，在执行层面上推动了DSB专家组和上诉机构的裁决，对中国企业在未来应对美国反倾销调查具有一定的参考价值。

（二）出口买方信贷项目——中国企业有望摆脱10.54%困境

1. 背景

出口买方信贷项目（Export Buyer’s Credit Program，简称“EBCP”）多年以来一直是美国对华反补贴调查中最具争议的项目之一。

该项目主要政策依据是《中国进出口银行出口买方信贷管理办法》（以下简称“**《管理办法》**”）规定，“中国进出口银行办理的出口买方信贷，是向国外借款人发放的中长期信贷，用于进口商即期支付中国出口商货款，促进中国货物和技术服务的出口”。

由于该项目是用于“进口商即期支付中国出口商货款”，在出口企业声明未申请、参与申请或使用该项目的情况下，DOC仍以中国政府提交的资料和信息不足滥用AFA规则，对该项目裁定高额的反补贴税率，借此限制中国出口商对美出口。

2019年10月至12月期间，根据美国国际贸易法院（Court of International Trade，简称“CIT”）的裁决，DOC先后修改了对华新充气非公路用轮胎反补贴（C-570-913）2014年年度复审终裁和对华铝箔反补贴（C-570-054）原审调查终裁，对EBCP不再适用AFA，并依据强制应诉企业提供的美国客户的声明书，认定其未从该项目中获益。尽管DOC的裁定没有强制性先例效力，且其对法院的裁决表示抗议（under protest），但这两起案件为DOC首次调整其对EBCP的认定，体现了CIT的裁决对DOC不合理做法的制衡，也对中国企业在未来美国反补贴调查中证明其未从该项目获益有一定的借鉴意义。

2. 个案的“惯例”裁定

在美国对中国提起的大多数反补贴调查中，EBCP均被列入被调查的项目之一，仅在极少数案件中未对该项目发起调查，例如，2018年美国对华不锈钢啤酒桶反补贴调查

1 Tariff Act of 1930. Section 776（b）

2 United-States – Certain Methodologies and their Application to Anti-Dumping Proceedings Involving China，WT/DS471/ARB（1 November 2019）. Para. 5.40-5.41.

（C–570–094）。

（1）太阳能光伏组件反补贴（C–570–980）原审调查

在该案中，美国首次提出对 EBCP 的调查。DOC 以中国政府未按要求提供有关该项目的信息且在实地查证中拒绝该项目的核查为由适用 AFA，并选取了 2009 年美国对华铜版纸反补贴调查（C–570–959）原审调查中政策性贷款项目的补贴幅度 10.54%[1] 作为 EBCP 的补贴幅度。

（2）三氯异氰尿酸反补贴调查（C–570–991）原审调查

在该案中，应诉企业提供了调查期内所有美国客户的声明书，声明其未使用 EBCP。DOC 对应诉企业的美国客户进行了抽样实地核查，并根据实地核查结果最终裁定应诉企业未从该项目获益。

（3）太阳能光伏组件反补贴（C–570–980）2012 年年度行政复审调查

在该案中，应诉企业提供了部分美国客户的声明书，DOC 认为无法证明其全部客户未使用该项目，裁定应诉企业从该项目获益。

（4）太阳能光伏组件反补贴（C–570–980）2013 年年度行政复审调查

在该案中，强制应诉企业提交了其复审调查期内所有美国客户声明书，尽管 DOC 未对其美国客户进行抽样实地核查，但其沿用了三氯异氰尿酸反补贴原审调查的裁决依据，认定美国客户的声明书足以证明应诉企业未使用该项目。值得关注的是，尽管 DOC 在该案中支持了应诉企业的主张，但其在裁决中表示，虽然在本案中其未要求中国政府配合提供其他信息，但其仍然有权在以后的反补贴调查中要求中国政府配合提供信息并进行实地核查[2]。这也为后续在大多数反补贴调查中 DOC 以中国政府不配合为由适用 AFA 埋下了伏笔。

（5）太阳能光伏组件反补贴（C–570–980）2014 年年度行政复审调查

尽管应诉企业同样提交了其复审调查期内所有的美国客户声明书，DOC 仍以中国政府未完全配合调查为由适用 AFA 裁定应诉企业从该项目获益。根据该案裁定，中国政府未按 DOC 要求提供出口买方信贷的实施规则及中国进出口银行是否通过第三方银行实施 EBCP 等信息，DOC 认为，该实施规则对于其掌握外国客户和中国进出口银行之间的贷款流程非常重要，缺少上述信息将无法核实企业提交的声明书的准确性[3]。

自此，DOC 对 EBCP 的认定形成了“惯例”裁定，即以上述理由适用 AFA 并裁定中国应诉企业从该项目获益。这种“惯例”也成为 CIT 上诉案件中的争议焦点。

3. 10.54% 的困境

在适用 AFA 的情形下，DOC 通常按照下列顺序确定 EBCP 适用的补贴幅度：

---

1 *Certain Coated Paper Suitable for High-Quality Print Graphics Using Sheet-Fed Presses From the People's Republic of China: Final Affirmative Countervailing Duty Determination; 2009*, 75 FR 59212（September 27, 2010）and accompanying Issues and Decision Memorandum.

2 *Crystalline Silicon Photovoltaic Cells, Whether or Not Assembled Into Modules, From the People's Republic of China: Final Results of Countervailing Duty Administrative Review; 2013*, 81 FR 46904（July 19, 2016）and accompanying Issues and Decision Memorandum.

3 *Crystalline Silicon Photovoltaic Cells, Whether or Not Assembled Into Modules, From the People's Republic of China: Final Results of Countervailing Duty Administrative Review, and Partial Rescission of Countervailing Duty Administrative Review; 2014*, 82 FR 32678（July 17, 2017）and accompanying Issues and Decision Memorandum.

（1）在同一调查程序（包括原审调查、年度复审等）中，对配合调查的应诉企业相同项目适用的最高补贴幅度（可忽略不计的补贴幅度除外）；

（2）如同一调查程序没有相同项目，或相同项目适用的最高补贴幅度可忽略不计，则适用同一调查程序（包括原审调查、年度行政复审等）中类似项目的最高补贴幅度（可忽略不计的补贴幅度除外）；

（3）如同一调查程序没有类似项目，或类似项目适用的最高补贴幅度可忽略不计，则适用同一被调查国家在其他反补贴调查程序中的相同或类似项目的最高补贴幅度。

在首次对EBCP调查的案件（即太阳能光伏组件反补贴原审调查）中，由于在同一调查程序中没有相同项目或类似项目，DOC采用了对中国反补贴调查案件中类似项目（政策性贷款）的最高补贴幅度，即10.54%。

目前，DOC认定的类似项目基本为政策性贷款项目。由于多数企业未获得政策性贷款，仅这一项目即被适用10.54%的高额反补贴税，企业被迫退出美国市场。

4. CIT法官痛斥DOC屡次罔顾法院裁定

DOC上述不合法的认定不仅引发了中方的抗议，也同样引起了美国国内相关方的强烈不满。2019年12月10日，CIT法官Richard W. Goldberg公开斥责了DOC多次在反补贴调查中对EBCP适用AFA的做法。该法官指出，中方政府拒绝或无法提供信息不足以成为DOC适用AFA的依据。同时，该法官还提及CIT之前做出的10个类似的裁决，表明CIT的立场从始至终十分坚定，DOC不能仅因中国政府未充分提供相关信息而认定企业提交的证据无法核实，从而错误地适用AFA以惩罚配合调查的中国出口企业。[1]

事实上，CIT在EBCP的认定上对DOC"积怨已久"。在数起有关EBCP的上诉案件中，CIT均要求DOC重新进行裁定，但在多数案件中DOC仍维持其原裁定。

（1）太阳能光伏组件反补贴调查（C-570-980）

a）2013年年度行政复审

i 2016年7月，DOC发布了该案终裁，根据强制应诉企业提交的所有美国客户的声明书裁定强制应诉企业未从该项目获益。

ii 2017年8月，CIT作出裁决，支持DOC的认定[2]。CIT认为，尽管中国政府在调查中未充分配合调查，但是企业所提交的声明书应视为重要证据，DOC应当基于此避免对配合调查的企业适用AFA。此外，CIT还强调，DOC对于EBCP适用AFA不能成为一种"惯例"，在有其他证据的前提下，不得仅因中国政府未充分配合而适用AFA。

b）2014年年度行政复审

i 2017年7月，DOC发布了该案终裁，适用AFA并认定EBCP补贴幅度为5.46%。

ii 2018年11月，CIT作出裁决[3]，认为即使中国政府未充分配合，DOC仍应寻求其他相关信息进行认定，而非简单地重复以往"惯例"对该项目适用AFA。CIT要求DOC详细解释以下问题：

---

1 Yama Ribbons and Bows Co. Ltd. v. United States，CIT Slip Op. 19-173，Consol. Ct. No. 18-00054,（December 30，2019）.

2 Changzhou Trina Solar Energy Co. Ltd. v. United States，CIT Slip Op. 17-106，Consol. Ct. No. 12-00203，（August 18，2017）.

3 Changzhou Trina Solar Energy Co. v. United States，CIT Slip Op. 18-167，Consol. Ct. No. 17-00198，（November 30，2018）.

– 中国政府未提供哪些信息导致 AFA 的适用以及相关依据；

– 中国政府未充分配合调查与 DOC 无法核实美国客户声明书之间的关联关系。

DOC 尚未就此案作出重新裁定。

（2）新充气非公路用轮胎反补贴调查（C–570–913）

a）2014 年年度行政复审

i 2017 年 4 月，DOC 发布了该案终裁，裁定中国政府未配合提供中国进出口银行对于金额超过两百万美元的商业合同是否有限制、是否通过第三方银行实施 EBCP 等信息，DOC 认定上述信息的缺失导致其无法核实美国客户声明书的准确性。[1]

ii 2018 年 10 月，CIT 作出裁定，要求 DOC 对裁决进行重新裁定[2]。CIT 认为，适用 AFA 的前提必须是存在重大信息的缺失。在本案中，应诉企业已充分回答了 DOC 的问卷且提供了其美国客户的声明书，声明其未使用该项目，在有可用信息的情况下，DOC 不应适用 AFA。此外，在该案中，DOC 未遵循其惯例，在同一调查程序（包括原审调查、年度复审等）中存在类似项目的情形下，适用了同一被调查国家在其他反补贴调查程序中的相同或相似项目的最高补贴幅度。

iii 2019 年 3 月，DOC 基于 CIT 的裁决对本案作出重新裁定[3]，仍对 EBCP 适用 AFA，但将该项目补贴幅度由 10.54% 修改为 2.04%。同时，DOC 表示，中国政府未提供与该项目相关的实施规则修正案及相关信息，上述信息的缺失导致其无法核实美国客户声明书的准确性，从而适用 AFA。

iv 2019 年 5 月，应诉企业就该重新裁定向 CIT 提出上诉。

v 2019 年 8 月，CIT 作出裁定，认为 DOC 未能证明中国政府拒绝提供的信息与核实美国客户声明书的准确性有关，再次要求 DOC 进行重新裁定[4]。CIT 还指出，在三氯异氰尿酸反补贴原审调查中，DOC 接受了应诉企业提供的美国客户声明书，在本案中也应当沿用该做法。

vi 2019 年 10 月，DOC 首次根据 CIT 裁定修改了其对 EBCP 适用 AFA 的“惯例”，认定应诉企业未从该项目获益。[5]

至此，中国企业在反补贴调查中就 EBCP 项目取得了个案的突破性胜利。

b）2015 年年度行政复审

i 2018 年 4 月，DOC 发布了该案终裁，以中国政府未配合提供相关信息为由裁定对 EBCP 适用 AFA，补贴幅度为 2.04%。

---

1 *Certain New Pneumatic Off-the-Road Tires From the People's Republic of China: Amended Final Results of Countervailing Duty Administrative Review, 2014*, 82 FR 40554（August 25, 2017）and accompanying Issues and Decision Memorandum.

2 Guizhou Tyre Co., Ltd., et al., v. United States, CIT Slip Op. 18–140, Consol. Ct. No. 17–00101,（October 17, 2018）（First Remand Order）at 25–26.

3 Final Results of Redetermination Pursuant to Remand: Guizhou Tyre Co., Ltd., et al., v. United States, U.S. Court of International Trade, Consol Ct. No. 17–00101, Slip Op. 18–140.

4 Guizhou Tyre Co., Ltd., et at., v. United States, CIT Slip Op. 19–114, Consol Ct. No. 17–00101（August 21, 2019）（Remand Order）.

5 Guizhou Tyre Co., Ltd., et al., v. United States, Consol. Ct. No. 17–00101, Slip Op. 19–114（CIT August 21, 2019）, Draft Result of Redetermination pursuant to court remand.

ii 2018年9月，应诉企业就该裁决向CIT提出上诉。

iii 2019年5月，CIT裁定DOC适用对该项目适用AFA依据不足，要求DOC重新进行裁定。[1]

iv 2019年8月，DOC发布重新裁定，维持其原裁决认定。[2]

v 2019年12月，CIT再次要求DOC进行重新裁定。[3] CIT认为，DOC并未解释其无法核实美国客户声明书的理由，DOC应采取进一步核查等方式，而不是直接适用AFA。

DOC尚未就此案作出重新裁定。

（3）铝箔反补贴（C-570-054）原审调查

a）2018年2月，DOC发布该案终裁，对EBCP适用AFA。[4]

b）2019年9月，CIT发布裁定，要求DOC进行重新裁定。CIT在裁定中列举了诸多案例，认为在这些案件中DOC均未充分说明其适用AFA的依据。CIT还强调，在反补贴调查中，EBCP一直是调查的重点，CIT希望DOC可以寻求一个满足各方利益的解决办法，避免因相同理由反复上诉。[5]

c）2019年12月，DOC进行了重新裁定，认定强制应诉企业未从该项目获益，但仍表示其不认同法院的裁定。

（4）窄幅织带反补贴（C-570-953）2015年年度行政复审

a）2018年3月，DOC发布了该案终裁，对EBCP适用AFA。[6]

b）2019年12月，CIT作出了裁定，支持了应诉企业的上诉主张，要求DOC在60天内就该项目作出重新裁定。[7] CIT认为，DOC未向配合调查的应诉企业提供合理机会以证明其未使用该项目，不应忽略已有证据而适用AFA：

i 应诉企业在答卷中做出了未使用该项目的答复；

ii 中方政府提交了第一轮问卷的答卷及后续补卷，并非不配合调查；

iii 与该项目相关的实施细则是否修改与认定企业是否使用了该项目并无直接关系；

iv 即使DOC认为有第三方银行参与实施该项目，但其从未要求过中方政府提供与第三方银行相关的信息。

---

1 Guizhou Tyre Co., Ltd., et at., v. United States, CIT Slip Op. 19-59, Consol. Ct. No. 18-00100 (May 15, 2019).

2 Final Results of Redetermination Pursuant to Court Remand: Guizhou Tyre Co., Ltd., et al., v. United States, U.S. Court of International Trade, Consol Ct. No. 18-00100, Slip Op. 19-59.

3 Guizhou Tyre Co., Ltd., et at., v. United States, CIT Slip Op. 19-155, Consol. Ct. No. 18-00100 (December 10, 2019).

4 *Certain Aluminum Foil from the People's Republic of China: Final Affirmative Determination of Countervailing Duty Investigation*, 83 FR 9274 (March 5, 2018) and accompanying Issues and Decision Memorandum.

5 Jiangsu Zhongji Lamination Materials Co., Ltd. v. United States, Consol. Court No. 18-00089, Slip Op. 19-122 (CIT Sept. 18, 2019).

6 *Narrow Woven Ribbons with Woven Selvedge from the People's Republic of China: Final Results of Countervailing Duty Administrative Review, 2015*, 82 FR 40554 (March 8, 2018) and accompanying Issues and Decision Memorandum.

7 Yama Ribbons and Bows Co. v. United States, CIT Slip Op. 19-173, Consol. Ct. No. 18-00054 (December 30, 2019).

值得注意的是，CIT 认定 DOC 对 EBCP 适用 AFA 的“惯例”不合法，不以应诉企业是否提交了全部的美国客户声明书为前提条件。

5. 中国企业在后续调查中的应对策略

尽管 CIT 并不能直接裁定应诉企业未从 EBCP 获益，DOC 在个案中的裁定也并不具备强制性先例效力，但从 CIT 的一系列裁定以及 DOC 在个案中的妥协可以看出，CIT 的裁定对 DOC 有一定的威慑和督促作用。在中美贸易摩擦的大背景下，中国企业更应充分发挥主观能动性，积极应对调查。具体而言：

（1）尽全力配合 DOC 的反补贴调查，并确保将相关文件和记录作为在案记录提交；

（2）积极与中国政府沟通配合，寻求中国政府的支持；

针对不合理的裁定乃至“惯例”，充分利用司法手段维护自身合法权益。

（三）常见贸易规避，后果不再“传统”

反规避措施作为反倾销和反补贴措施的延伸，已成为一种新型的贸易救济工具，为许多国家所使用并创设了相应的反规避立法。美国作为对中国企业发起反规避调查最多的国家，其反规避立法制度和实践均已较为成熟。近年来，在中美贸易摩擦不断升级的背景下，贸易行为不仅仅会面临“传统”的行政调查，更有可能上升至刑事调查，使出口企业和个人面临巨额罚金及人身监禁。对此，本文将由贸易规避行为引发的行政调查入手，进一步介绍可能引发刑事调查的情况，并据此为企业提供贸易合规及调查应对的指导。

1. 对规避行为的行政调查——商务部与海关的双管齐下

针对出口商的规避行为，美国有两套行政调查程序：美国商务部（DOC）的反规避调查和美国海关的反逃避调查。下表对两个程序的异同进行了对比：

项目	反规避调查 （Anti-Circumvention）	反逃避调查 （Anti-Evasion）
主管机构	美国商务部（DOC）	美国海关及边境保护局（CBP）
法律依据	《1988 年综合贸易与竞争法》（Omnibus Trade and Competitiveness Act of 1988）中第 1321 节； 《1930 年关税法》（The Tariff Act of 1930）第 781 节	《2015 年贸易便利和贸易执行法案》（Trade Facilitation and Trade Enforcement Act of 2015，“TFTEA”）中第 421 节《2015 年执行和保护法案》（Enforce and Protect Act of 2015，“EAPA”）
规避行为	· 在美国完成或组装的产品 · 第三国完成或组装的产品 · 产品的轻微改变 · 后期开发的产品 · 其他规避行为	· 虚报原产地 · 虚报产品物理特性 · 产品虚假归类 · 其他虚报或重大遗漏
规避行为目的	规避反倾销 / 反补贴税	逃避反倾销 / 反补贴税
涉及中国案件的主要规避行为	· 以第三国完成、组装或简单加工	· 通过第三国转运虚报原产地

续表

项目	反规避调查 （Anti–Circumvention）	反逃避调查 （Anti–Evasion）
启动程序	·依据利害关系方申请 ·依职权自主启动	·依据利害关系方的申请 ·依据其他联邦机构的要求
处罚措施	·暂停或延期清关 ·缴纳相应的反倾销/反补贴税	·暂停或延期清关 ·缴纳相应的反倾销/反补贴税 ·罚款或者没收 ·要求进口商支付单笔交易保证金或年保证金 ·将记录全部或部分移交给美国移民和海关执法局进行民事或刑事调查
调查特点	·主管机关自由裁量权较大，缺乏具体量化标准，基于整体情况进行主观判断 ·即使产品符合第三国甚至美国海关的原产地规则，主管机关仍可认定其存在规避行为并扩展适用反倾销/反补贴税 ·税率通常为全国最高税 ·立案较快做出初裁（通常为一个月），并通知美国海关采取相应措施	·主管机关自由裁量权更大，依据“合理怀疑”即可采取临时措施 ·调查对象可追溯至收到指控前一年的进口货物； ·启动调查后不发布立案公告，即前期可进行非公开调查 ·惩罚措施更丰富、后果更严重 ·绝大多数案件针对中国出口产品

尽管两个调查程序相互独立，但在调查过程中，两个主管调查机构可能进行协调配合。例如海关启动调查后，若无法确定涉案产品是否属于反倾销/反补贴税令的产品范围，需要将该事项交由商务部先行裁定，待商务部作出裁定后，再由海关进一步调查。

（1）DOC反规避调查

对于中国企业而言，DOC的反规避调查较多关注在第三国完成、组装或加工等规避行为。例如，2016年3月21日，DOC应美国铝挤压材公平贸易委员会的申请，对原产于中国的铝挤压材进行反规避调查。申诉方称，涉案中国企业及其附属公司在将涉案产品进行热处理后出口至美国市场，规避相关反倾销和反补贴措施。裁决中，DOC认为，根据《1930年关税法》第781节（d）的规定，涉案产品是经热处理后的产品，属于后期开发的产品（Later–Developed Merchandise），是反规避调查的对象之一。并且，经热处理后的产品与原产品在一般物理特性、最终购买者、最终使用者、销售渠道和宣传方式等方面相同或相似，因此应当被纳入反倾销/反补贴税令项下的产品范围。

如果认定产品在第三国的加工是微小或不重要的，那么该行为也应被视为规避。主要考量的因素包括：在第三国的投资、工厂情况、研发活动、工序的特性、增值比例等。例如，2018年3月5日，DOC应美国铝挤压材公平贸易委员会的申请，对原产于中国的铝挤压材进行反规避调查。申诉方称，涉案中国企业及其附属企业在越南对涉案产品进行加工做轻微改变后出口至美国，从而规避相关反倾销和反补贴措施。美商务部认为，涉案产品在越南的加工工序是微小或不重要的，应当被纳入反倾销/反补贴税令项下的产品范围，主要考虑了以下理由：

a）涉案产品的物理性质与反倾销/反补贴税令项下的产品一致，且关税分类相同；

b）涉案中国企业在越南工厂的投资和研发规模远小于中国（越南工厂的主要生产活

动只有再熔化和再挤压）；

c）在越南的生产过程对最终产品的增值较小（约10%）；

d）涉案的中国企业与越南公司存在关联关系；

e）越南从中国进口的铝型材和越南出口到美国的铝型材数量在调查期间大幅增加；

f）涉案中国企业未积极配合提供信息，因此采取不利认定

需要注意的是，近期，DOC直接将第三国进一步加工的产品包括在涉案产品范围内，规定了兜底描述："涉案产品还包括在第三国进行进一步加工的…或任何其他即便在中国进行该等加工亦不会改变产品是否涉案的加工工序"，加大了企业的出口风险。

（2）美国海关反逃避调查

美国海关负责的反逃避调查主要针对错误或虚假的进口报关行为，该行为是为了逃避缴纳部分或全部反倾销/反补贴税收。常见的逃避行为主要包括：对货物原产地的虚假描述（第三国转运、虚假标记）、提交错误或虚假的报关文件、虚报商品的物理特性等。

例如，应铝型材公平贸易委员会的申请，美国海关于2018年2月对进口自中国的铝型材启动反逃避立案调查。美国海关最终认定涉案企业通过马来西亚转运，即将原产地虚报为马来西亚的方法逃避缴纳反倾销和反补贴税收。认定理由主要包括两方面：一是被调查企业未提供证据证明马来西亚供应商的生产能力，且美国海关无法与其取得联系；二是被调查企业未积极配合提供信息，只提供了一笔销售的报关文件，未提供客户订单和付款证明等，并且在海关宣布采取临时措施后也未作出回应。

2. 规避行为所引发的刑事指控

（1）调查机关

值得关注的是，针对以往的规避行为，通常由DOC或美国海关进行行政调查。但若涉及刑事犯罪，则可能由美国商务部工业安全局（简称"BIS"）、美国海关的国土安全调查机构（简称"HSI"）或美国财政部海外资产控制办公室（简称"OFAC"）参与调查。

HSI负责调查非法利用美国贸易、金融及移民体系的跨境犯罪活动。其中，洗钱罪和欺诈罪是其最主要的执法领域。HSI曾因进口产品涉及食品安全问题而对产自中国的蜂蜜展开了长达近十年的商业欺诈调查。调查涉及的主要规避行为是将原产地谎报为越南、拉脱维亚、泰国及印度等逃避缴纳反倾销税。HSI认为，出于对美国经济、健康和安全利益的考虑，需要在进口环节确保食品供应的安全，从而保护美国国内蜂蜜市场和消费者。此外，HSI在今年4月也对一起产自中国的糖精转运到中国台湾的规避行为进行了调查，并对进口商处以了高额罚金。

BIS作为DOC的下设机构，主要负责涉及国家安全和高科技领域的事项，包括敏感物项出口、执行出口管制法律、反联合抵制及公共安全相关法律等。

OFAC负责管理和执行所有基于美国国家安全和对外政策的经济和贸易制裁，主要管理一级制裁。若涉及刑事问题，通常会由其他执法机构（如美国司法部）牵头，OFAC与BIS共同参与联合调查。且刑事调查结果不影响OFAC采取行政处罚。

（2）可能引发刑事调查的原因

除了调查机关之外，哪些案件可能引发刑事调查也是需要重点关注的。我们认为，

涉案产品和贸易环境的特殊性可能是导致案件上升到刑事调查的原因：

a）涉案产品的特殊性

若涉案产品为大数量、高金额或为涉及美国经济、健康和安全利益等的特殊产品（如国防和关键基础设施材料，食品安全），则在进口到美国时更容易受到严苛的审查。

b）贸易战背景下的强硬手段

在中美贸易战逐步升级的大背景下，美国并不满足于仅利用行政手段来约束贸易规避行为，而采取更为强硬的刑事惩罚手段。这就导致正常的贸易行为也有可能落入规避行为的调查范围，甚至受到刑事指控。

（3）可能引发的刑事罪名

在以往的案例中，规避或逃避行为可能引发的刑事罪名主要包括：串谋或欺诈美国罪、电信诈骗罪、进口货物错误分类、进口货物虚假陈述、走私货物罪、跨境洗钱罪等罪名。

3. 中国企业贸易合规及应对措施建议

近年来，中美贸易摩擦不仅在报复性关税、出口管制与经济制裁等方面不断升级，在反倾销反补贴调查及反规避调查也出现了新的强化措施。因此，无论是被征收高额反倾销反补贴税的出口型企业，还是希望在海外投资并以出口美国为导向的工厂，如未能做好反规避风险的防范和应对，则可能面临巨大的损失。针对贸易规避调查的特点，我们认为中国企业应做好如下方面的合规及应对措施：

（1）企业需要重点关注的调查内容

根据以往的裁决，反规避行政调查较多地关注第三国完成或组装和第三国转运的行为，我们认为调查机关在调查中会重点考虑以下几个方面，提请中国企业注意：

a）企业在第三国的投资、研发情况及生产规模。若涉及第三国加工，则需考虑生产活动的性质和复杂程度，及加工价值占成品总价值的比例；若涉及第三国转运，则需考虑第三国工厂产能是否足以生产出口到美国的涉案产品数量，是否存在设备、人员、原材料的不足，或工厂不存在、被废弃或不生产涉案产品等情况；

b）产品生产商和出口商与在第三国企业是否有关联关系；

c）调查启动后，涉案产品从第三国进口到美国的数量是否有所增加；

d）进口商与第三国企业的销售文件或邮件往来中是否存在“从某国进口”或“某国制造”等敏感信息。

（2）申请海关预先裁定

根据美国海关的规定，利害关系方可以向美国海关申请有关进口产品的预先裁定，包括对税则分类、价值评估以及清关等的初步认定，该预先裁定对美国联邦各级海关均有约束力。企业可以通过申请海关预先裁定对产品加工、原产地或第三国转运等问题进行确认，避免在调查中被作出不利认定，也可在企业面临其他政府调查时用于证明主观善意，减轻责任。

（3）做好尽职调查与交易规划

企业在进行海外投资之前，应当梳理公司业务涉及的法律要求，谨慎规划产品的交易结构、企业股权结构、工厂及设备的使用及相关财务信息等。

a）若涉及产品的后期开发，对于产品原产地的确定要充分进行尽职调查，了解出口目标市场国家对反规避的规定，避免正常的贸易行为落入规避行为的范畴；

b）交易结构规划要注意商业合理性，充分考虑市场及商业需求。以上述案件为例，检方在认定欺诈行为时考虑到铝制托盘不存在使用价值，并且在反倾销反补贴税令实施后的几年大量出口，缺乏商业合理性。

c）对于贸易商，有可能因参与交易而被认定为串谋，也需要在交易过程中注意是否存在任何不合理的商业操作。

（4）加强和规范企业管理

调查机关可能会要求企业提供从原材料供应到产品销售各个环节的原始资料和数据，必要时也会进行实地核查。因此企业应加强文档管理和内部合规措施，这在其他贸易合规调查中（例如出口管制与经济制裁）也具有重要价值，相关执法指南中常常被认定为减轻情节。

a）制定合规方案。规范生产运营及财务管理，完善从原材料的采购、加工、销售等工序的详细记录；

b）建立风险评估机制。定期评估供应链的安全性及产品是否有被纳入反规避等调查的风险，提前采取应对措施。

（5）积极配合调查

对于被调查企业，应当积极配合调查并提供信息，否则会被调查机关采取不利认定。其次，应当在专业人士的指导下系统全面地整理企业经营信息，应对相关调查。

三、出口管制与制裁篇

2019年，美国政府针对中国企业的出口管制与经济制裁执法趋严，将众多中国企业列入不同类型的出口管制或者制裁“黑名单”，增加了企业的违法风险及合规成本。美国商务部（DOC）将国家安全审查集中到如ICT行业的特定领域，为中国企业的涉美交易带来更多的不确定因素。另一方面，美国司法部发布的《商业组织的出口管制和贸易制裁的执法政策》明确了企业主动披露违反出口管制或者贸易制裁的行为，并充分予以配合，则主动披露企业在不存在屡次违法、明知高管犯罪等加重情节的前提下，可以适用推定不起诉以及不罚款。通过回顾美国政府在出口管制与经济制裁领域的一系列政策变动与执法案例，我们认为新一年度出口管制及经济制裁仍是中国企业在贸易合规方面需要关注的重点。

（一）多家中国实体被美国商务部列入“未经核实名单”——被列入实体及其商业伙伴应如何应对

2019年4月11日，美国商务部工业与安全局（Bureau of Industry and Security，下称“BIS”）宣布将50家实体列入“未经核实名单”（Unverified List，下称“UVL”）。其中37家实体位于中国大陆，7家位于香港，被列入清单的实体多专注于精密光学、电子、机床或者航空领域，以及高校和研究机构。此次公布后，UVL清单上目前共有49个中国大陆实体。

1. 被列入 UVL 的影响

根据 BIS 的公告和相关法规，这些实体被列入 UVL 的原因并非直接违反了美国出口管制法，而是在 BIS 对相关美国受控物项的外国交易方进行许可前审查（Pre-license check，PLC）或者发货后跟进核查（Post-shipment Verification，PSV）的过程中，由于东道国政府、最终用户或收货人不予配合、配合不充分、无法取得联系等原因，导致 BIS 无法对这些实体进行最终用途核查（End-use check），从而无法核实这些境外实体是否善意（bona fides），但此问题仍不足以或者未发现违法证据足以将该实体列入更严厉的实体清单（Entity List）。善意，即受管控美国物项的最终用途和最终用户相关的合法性（Legitimacy）和可靠性（Reliability）[1]。

与 BIS 管理的另两种清单——"被拒绝清单（Denied Persons List）"和"实体清单（下称'Entity List'）"不同，被列入 UVL 并不意味全面的禁运，企业如果没有特别情况，一般只需要满足一些额外的并不复杂的程序性要求，还是有机会继续开展业务；而且申请被移出清单的程序和要求也相对容易满足和完成。

根据美国《出口管制条例》(简称"EAR")的规定，一旦特定实体被列入 UVL 之中，向该实体出口、再出口或者境内转移（in-country transfer）受到 EAR 管辖的物项、软件或者技术（统称"**受控美国物项**"）时需要额外的尽职调查或许可证要求。

要求主要有以下三点：

（1）之前适用许可证例外（license exception）的物项，例外暂时取消，出口商需要申请许可证。比如 ECCN 编码为 5A002 的密码产品出口中国适用许可证例外[2]，但如果是出口至 UVL 上的实体，则例外不适用，出口商需要向 BIS 申请出口许可证。对于 UVL 实体给予许可证仍存在一定的可能性，此时不同于对 Entity List 上的实体的限制措施，没有预设拒绝批准。

（2）在出口、再出口或境内转移受 EAR 管辖但不需要许可证的物项（如 EAR99 的货物）时，需要提交 UVL 实体的声明（UVL Statement）[3]。声明内容包括该物项的最终用途和最终用户，以及交易对方的联系方式及同意接受美国政府最终用途核查的承诺。需要特别注意的是，即使在中国境内转移 EAR99 物项，也同样需要向 BIS 提交 UVL 声明。

（3）美国出口商如向 UVL 上的实体出口有形商品，无论商品的最终目的地或者金额，都需要在自动出口系统（Automated Export System，AES）中事先进行电子出口信息（Electronic Export Information）的申报[4]，需要申报的信息包括交易对方名称地址、货物的描述、金额数量、出口许可证号等。

这些要求适用于跟 UVL 交易受控美国物项的任何人，无论国别和地点（包含在中国境内的涉及受控美国物项的转售交易）。

对于这些列入 UVL 的实体而言，虽然限制措施并非禁运，但额外的许可证手续和更高的合规要求，会使得商业合作伙伴（包括美国人、再出口美国产品的非美国人，以及转卖美国产品的中国企业）倾向于不与之进行交易，暂停或者取消原有的交易计划。

1 § 744.15 of EAR.

2 § 740.17 of EAR.

3 § 744.15（b）of EAR.

4 § 758.1（b）（8）of EAR.

2. 美国出口管制法下的“黑名单”制度梳理

在美国出口管制法律下，除了前述的未经核实清单（UVL），BIS 还负责管理另外两种不同的清单，即被拒绝清单（Denied Persons List）和实体清单（Entity List）。其限制的范围和列入清单的严重程度不尽相同。此外，企业还应同时注意满足美国经济制裁法律下的各类限制交易对象清单，对中国而言最主要的是美国财政部管理的特别指定国民名单（下称“SDN List”）；与 SDN List 上的实体进行交易可能同时有美国经济制裁的风险。下表简要对比这四类清单的列入原因及被列入后的管制措施，各方应根据不同清单的后果谨慎评估任何拟议中或现行交易的合规风险。

清单类别	被拒绝清单（Denied Persons List）	实体清单（Entity List）	未经核实清单（UVL）	特别指定国民名单（SDN List）
管理机构	BIS	BIS	BIS	OFAC
被列入原因	违反任何 EAR, IEEPA[1], ISA[2], AECA[3] 中的管制规定[4]	存在 BIS 认定的严重违反美国国家安全和 / 或外交政策利益的活动[5]	BIS 无法完成相应的最终用途审核以确认该类实体的善意使用	被列入 SDN List 可能有多种原因，包括但不限于支持恐怖活动、麻醉品贩卖等原因；以及因违反美国的制裁法律而被制裁
列入后果	不得以任何方式直接或间接，参与涉及从美国出口或将从美国出口受 EAR 约束的任何商品、软件或技术的任何交易或受 EAR 约束的任何其他活动（包括 ECCN 物项以及 EAR99 物项）等	对其设置特定的许可证要求，绝大多数为“推定拒绝”（Denial of presumption）	不再适用许可证例外；需要事先在 AES 申报；对不需要许可证的物项也需要事先获得所有交易方的最终用途和最终用户申明（UVL Statement）	包括一级制裁和次级制裁两种结果。一级制裁是美国由于直接具有管辖权而实施的制裁，直接限制或禁止美国人（定义广泛）与 SDN List 上实体的业务活动。次级制裁则是指非美国人与 SDN List 上的实体进行交易在特定情形下被美国政府实施制裁

3. 针对不同企业的建议

（1）对于被列入 BIS“黑名单”企业而言，可以积极采取行动以争取从清单中移出。

a）未经核实清单（UVL）上的企业：

i 企业可以联系 BIS 确认其被列入原因。根据 BIS 的说明，原因多样，例如：

· 在最终用途核查过程中，未能证明受控物项的去向（例如，不能现场出示实物，或者提供去向证明）

1 国际紧急经济授权法案 International Emergency Economic Powers Act（50 U.S.C. 1701–1706）.

2 内部安全法案 Internal Security Act of 1950.

3 武器出口管制法案 Arms Export Control Act.

4 EAR § 766.25 Administrative action denying export privileges.

5 EAR § 744.11（b）Entities for which there is reasonable cause to believe, based on specific and articulable facts, that the entity has been involved, is involved, or poses a significant risk of being or becoming involved in activities that are contrary to the national security or foreign policy interests of the United States and those acting on behalf of such entities may be added to the Entity List pursuant to this section.

· 各交易相关方、中间商、最终收货人、最终用户等被核查对象的存在或者真实性不能被证明

· 东道国政府、交易方、最终用户或收货人不予配合、配合不充分、不及时

· 无法取得联系（按出口文件提供的联系人、地址、电话或邮件等）

· 提供虚假或误导信息

ii 在针对被列入原因做好相应准备后，以书面形式向 BIS 申请。BIS 会通过实地核实或其他替代验证措施核实所列实体的真实情况，确认其确实为“善意”后将该企业移出 UVL 清单。BIS 一般会和中国商务部联系，共同进行实地核实。有些情况下，企业也可以要求采用替代验证措施，例如由出口商进行实地验证并提供证明资料给 BIS。

iii 虽然过程相对简单，我们仍强烈建议企业应在申请前做好充足的内部审查，确认不存在任何违反的情况，以免在 BIS 实地核实过程中被发现有违反情形。在 BIS 协调好进行实地核实之前，应充分准备好所有相关的证明文件，以证明全力配合；在实地核实过程中，应及时、有效和妥善地回应 BIS 的询问和提供证明要求。

iv 此外，BIS 早年也曾将那些和 UVL 上的企业有关联关系（股权、控制、管理或其他关系）的企业，一并列入 UVL。BIS 后来停止了该种做法。尽管如此，此类关联企业也应保持谨慎，在涉及美国受控物项的交易上充分合规。

b）实体清单（Entity List）上的企业：

企业可以向最终用户审查委员会（ERC）提交书面请求，要求从“实体清单”中移除。这类申请需要企业做好充分的准备，一方面证明已经就先前涉嫌违法采取了充分的补救措施，另一份还应证明已采取了足够的合规内控措施确保未来不会再违反。

c）被拒绝清单（Denied Persons List）上的企业：

针对不同的拒绝令（Denial Order），BIS 设定了不同的申诉条件，或者企业与美国政府以和解方式解决（例如中兴案）。和解条件通常十分严苛，往往附带有若干年考察期以及接受第三方监管。

（2）对于所有类别的企业，不论资本背景是美国或其他国家或者中国，不论交易标的所在地，只要交易标的涉及美国物项的，应在确认满足美国出口管制合规的基本要求后，方可进行交易。基本要求和内控审查步骤主要包括：

a）首先应当确认交易标的是否受到 EAR 的管辖（比如是否为美国产品、产品是否经过美国、产品的美国成分是否满足一定比例的要求）；

b）如果交易标的受 EAR 管辖，则进一步确认受控物项的 ECCN 代码，或者确认为 EAR99 类。请注意 EAR99 属于其他兜底类，覆盖范围非常广（例如美国产的鼠标），同样受 EAR 管辖，只是交易限制程度不同。

c）建立完善的交易对方筛选流程和 KYC（Know your customers）体系是必不可少的。企业应当及时关注出口管制“黑名单”的更新动态，在交易整个流程中及时进行筛查。根据产品受控程度不同，对最终用户和最终用途进行恰当的尽职调查（类似 BIS 的 Pre-license check），并且适时进行回访和核实（类似 BIS 的 Post-shipment verification）。确保所有筛查和尽职调查的记录完整和充分，留做证据以备 BIS 未来的核查。确保交易对方和最终用户是否有充分的合规内控制度，并有能力防止相关物项不会被用于禁止目的。确保交易对方和最终用户的声明和保证是可信赖的。

d）根据交易对象的筛查结果（是否在 BIS/OFAC 的限制交易黑名单上，或与之关联）和交易标的的受控程度（ECCN 或 EAR），确定该项交易的许可证要求。

e）在交易文件上（合同、发票）增加足够的保护条款，例如要求对方遵守美国出口管制法律的声明与保证、违约责任等等。应特别注意各类责任限制或排除条款（例如不可抗力条款）、适用法律条款、争议解决条款等等对此问题的冲突性规定。

再次提醒，一旦发现危险信号（red flags），应当进行彻底的尽职调查，鸵鸟政策并不能免责。同时，不应出于规避的目的设计替代方案，这将导致加重责任，并且被认为是刑法上的主观故意，引发刑事责任。

（3）对于在 UVL 上的实体：

a）由于向 BIS 申请移出 UVL 到最终移除将经过一段不短的时间（几个月到几年，视乎被列入原因和实地核实情况），在此期间，为了业务能继续开展，UVL 实体应积极寻求供应商的支持，主动邀请供应商进行尽职调查；涉及 ECCN 物项的，当促使供应商愿意配合申请出口许可证；涉及 EAR99 类别的物项，应积极准备 UVL Statement。

b）BIS 对 UVL Statement 有一些基本要求，主要包括：

i 声明由有充分授权的人签署，并提供姓名和职务；

ii 提供 UVL 实体的名称、地址（包括注册地址、实际营业地址、收货地址、最终收货人 / 用户地址）、电话、传真、电邮、网址等，足以充分证明实体真实存在而且可以被联系到；

iii 同意最终用途控制（不用于任何受控目的，例如大规模杀伤武器、恐怖活动等），同意不会违反 EAR 关于目的地、用途和用户的禁止性规定进行再出口或者境内转移；

iv 明确声明交易物项的最终用途、最终用户、最终地址；

v 同意配合 BIS 对过往五年内涉及受控美国产品的所有交易进行最终用途核查（包含发货后跟进核查 PSV），配合应当及时、并提供充分和准确的信息；

vi 同意提供相关的交易和证明文件；

vii 关于签署人有权签署该 UVL Statement 并对该实体产生约束力的声明。

c）应特别注意，UVL 实体在对外任何文件 / 声明中的关于遵守美国出口管制法律的声明与保证（Representation and Warranty），应注意真实和准确，否则未来会被直接认定为虚假陈述，甚至欺诈，引发合同责任、上市公司不实陈述、甚至刑事责任。

（4）对于和 UVL 上的实体进行交易的企业而言：

a）如果是中国企业：

应当首先确认交易产品是否受到 EAR 的管辖（比如是否为美国产品、产品是否经过美国、产品的美国成分是否满足一定比例的要求等）。如果确定该产品受 EAR 管辖，那么中国企业应确保获得相应的适用于境内转移的许可证，或者能够提供符合要求的 UVL Statement，并且应确保 UVL 实体同意进行尽职调查，以及具备足够的合规控制能力和措施。

b）如果是美国企业：

除了前述的基本要求外，作为交易卖方时，向 UVL 上的实体出口物项时，需要确保

已经获得相关的许可证（例如有 ECCN 的物项）或者 UVL Statement（对于 EAR99 类的物项），并且对该实体关于最终用户和最终用途的说明进行额外的尽职调查。当作为交易中的买方时，虽然法律上未有对从 UVL 上的实体采购的限制，但仍需要将和 UVL 上的实体的交易作为一个警惕信号看待。应当提前做好供应链安全准备，以及 UVL 上实体一旦被列入实体清单（Entity List）或者被拒绝清单（Denied Persons List）的风险评估和相应措施的准备，如其被列入这两个清单则亦不能从该企业采购货物。

（二）美加强 ICTS 行业安全审查：美商务部拟对涉及外国的贸易交易进行安全审查—对中国 ICT 企业影响重大

2019 年 11 月 26 日，美国商务部（DOC）发布了《〈确保信息通信技术与服务供应链安全〉审查规则草案》（简称“《ICTS 交易审查规则草案》”），以落实美国总统于 2019 年 5 月 15 日签发的第 13873 号行政令《确保信息通信技术与服务供应链安全》[1]（简称“总统令”），防止“外国对手（foreign adversaries）”利用信息和通信技术与服务（简称“ICTS”）从事间谍活动，维护美国国家经济安全。

该总统令及《ICTS 交易审查规则草案》赋予了美商务部部长极大的权利，可以全方位干涉甚至禁止在美国 ICTS 供应链中涉及外国的交易，成为美国在全球 ICTS 领域建立广泛监管制度的又一新手段。尽管此项规则没有指明“外国对手”，但业界普遍认为是针对中国和俄罗斯而推出的进一步遏制政策。由于中国是全球最大的信息和通信技术（简称“ICT”）产品供应商，产品广泛应用在美国 ICTS 行业，这一安全审查规则对中国企业的出口极为不利，中国企业应及时和妥善应对。

1. 美国 ICTS 行业新政频出

在全球 ICT 领域新技术迅速崛起的大背景下，美国对其 ICT 供应链的安全性与完整性表示出了巨大担忧。美国政府认为，ICT 供应链对其国家安全、经济地位以及国民隐私有着至关重要的作用。但是，来自外国对手（特别是中国）、黑客和恐怖组织窃取敏感信息和知识产权的不法行为给 ICT 行业和美国政府带来了重大威胁和风险。2000 年至今，美国政府先后出台多项政策法规以加强对 ICT 供应链安全的保护。特别是中美贸易战以来，美国进行了精密的政策布局，以限制中国企业对美国 ICT 行业的影响。

（1）聚焦美国 ICT 商业供应链中与中国采购相关的风险漏洞。

2018 年 4 月，美中经济与安全评估委员会发布了《美国联邦信息通信技术中来自中国的供应链漏洞》[2]研究报告。报告认为，美国联邦IT网络的95%以上的商业电子组件和 IT 系统都是商用产品或技术（Commercial Off-The-Shelf），中国组装了全球大部分的民用和商用电子设备，是全球最大的 IT 硬件进口商、出口商和主要制造地。过度依赖来自中国的采购，可能导致对 ICT 供应链的风险控制能力的降低，严重危害美国国家安全、经济竞争力和美国公民隐私。

（2）设立多个 ICT 供应链风险管理机构。

2018 年 11 月，将国土安全部（DHS）原下设的国家保护与计划局（NPPD）改建为

---

1 Executive Order on Securing the Information and Communications Technology and Services Supply Chain，

2 Supply Chain Vulnerabilities from China in U.S. Federal Information and Communications Technology

美国网络安全与基础设施安全局（简称“CISA”），将网络安全事务管理提高到了联邦管理层级；在 CISA 下的国家风险管理中心（NRMC）组建 ICT 供应链风险管理特别工作组，该工作组由 20 个联邦政府机构和 40 家 ICT 领域的大型企业共同组成，通过公私合作的方式加强对 ICT 供应链的管理；2018 年 12 月，设立联邦采购供应链安全理事会，负责制定供应链相关的采购和执行标准，为其他机构评估和管理供应链风险提供建议与计划。

（3）限制从中国企业的采购。

2018 年 8 月，美国总统签署了《2019 财年国防授权法案》，禁止美国政府部门使用或采购华为和中兴生产的电信设备，以及海能达、海康威视、大华等公司生产的用于公共安全、政府场所安全和基础设施物理安全的视频监控及电信设备。2019 年 11 月，美国联邦通讯委员会（FCC）通过投票，禁止美国电信供应商利用通信基础设施补贴从华为和中兴购买通信设备。

（4）限制外国在关键技术行业的投资。

2018 年 8 月美国总统签署《外国投资风险评估现代化法案》（简称“FIRMMA”）。随后美国财政部列出了 27 个关键技术（Critical Technologies）领域，要求对这些领域的外国投资进行安全审查，无论投资是否导致外国投资者获得对美国企业的控制权。美国外资投资委员会（简称“CFIUS”）倾向于以国家安全问题阻止相关的投资项目。这 27 个领域中包含了许多 ICT 行业，例如：计算机存储设备制造、光学仪器和镜头制造、电池制造、广播电视和无线通信设备制造、半导体及相关设备、电话设备等等。

（5）动用总统权力，将整个 ICTS 领域上升至“国家安全”问题。

2019 年 5 月 15 日，美国总统签发行政令，发布《确保信息通信技术与服务供应链安全》，以国家安全遭遇威胁为由，宣告国家进入紧急状态，意图限制外国企业对美国的 ICTS 领域的影响，将 ICTS 供应链安全管理作为其维护技术领先、实施贸易制裁和达到政治目的的重要手段之一。

2. 美国政府全面介入 ICTS 行业商业交易

此次的安全审查影响极为广泛，远远超过 CFIUS 的外国投资审查，覆盖了 ICTS 供应链的全流程，对几乎所有 ICTS 行业的交易进行全方位监管。具体而言：

（1）任何硬件、软件或其他产品或服务，其主要目的是通过包括传输、存储和显示在内的电子手段实现处理、存储、获取信息或数据或通信的功能或使上述功能可行（“any hardware，software，or other product or service primarily intended to fulfill or enable the function of information or data processing，storage，retrieval，or communication by electronic means，including through transmission，storage，or display”）；

（2）交易是指任何收购、进口、转让、安装、经营或使用 ICTS 的行为（“any acquisition，importation，transfer，installation，dealing in，or use of any information and communications technology or service”）

FIRRMA 下 CFIUS 仅对外国企业在美投资进行审查。但是，总统令及《ICTS 交易审查规则草案》涉及的安全审查，涵盖了 ICTS 行业的各个方面，即美商务部部长可对 ICT 任何交易环节进行审核和干预。甚至，即使未直接参与到 ICTS 核心技术的交易，亦

可能因为参与了供应链某一环节而受到审查。

3.《ICTS 交易审查规则草案》重点解读

根据总统令及《ICTS 交易审查规则草案》，美商务部部长有权对特定的 ICTS 交易进行评估，以判断其是否有可能对美国的国家安全、外交政策及 ICTS 行业造成威胁，进一步限制或禁止相关交易。

（1）受管辖交易范围广

满足以下三个条件的 ICTS 交易即受管辖：

a）该交易由受美国管辖的人（person subject to the jurisdiction of the United States）进行，或涉及受美国管辖的资产（property subject to the jurisdiction of the United States）；

总统令及《ICTS 交易审查规则草案》并未就“受美国管辖的人”以及“受美国管辖的资产”进行明确的定义。

参考美国财政部的法律规定[1]和出口管制法律中的定义，“受美国管辖的人”包括任何美国公民、非美籍的美国永久居民、根据美国法设立的任何组织形式的实体、美国实体在美国以外的分支机构和身处美国的任何个人、分支机构、代表处或办事处等。“受美国管辖的资产”包括美国国家、州或任何地区的资产，以及美国人或实体拥有的资产（无论该资产实际位于美国境内还是境外）。

如在正式规则中仍未明确上述定义，美商务部部长是否会扩大解释，例如，是否会对美国公司的子公司在中国或者其他第三国发生的交易进行审核，在美国发行股票 / 债券的中国企业是否会被纳入本规则下的“受美国管辖的人”等问题，均不明确，相关企业应提高警惕。

b）该交易涉及外国或外国国民的利益（包括通过合同提供技术或服务的利益）；

该条件涵盖的范围非常广泛，例如，中国公司（或其在美国的子公司）参与的任何交易都可被认定为符合此条件。

c）该交易于 2019 年 5 月 15 日之后启动、进行或已完成，无论适用于该交易的合同何时订立或签署以及相关许可或授权何时授予。

拟定规则具有可追溯效力，即使该交易涉及的 ICTS 在裁定前已经被安装或运营，仍然可对其进行评估和审查。需要特别提请注意的是，如果特定交易在上述日期后提供后续服务，例如软件升级、维修维护等，将被认定为在 2019 年 5 月 15 日之后完成，从而受《ICTS 交易审查规则草案》管辖。

（2）受影响企业类型众多

可能受影响的企业主要包括：

a）电信服务供应商：现有的本地交换运营商（LEC）、长途交换运营商（IXC）、竞争接入供应商（CAP）、运营服务提供商（OSP）、本地经销商、收费转销商、有线电信运营商、无线电信运营商（卫星除外）、公用载波寻呼、无线电话、卫星通信、其他所有电信服务提供商；

根据《ICTS 交易审查规则草案》，无论美国交易方的规模大小，是否为大型企业，亦无论非美国交易方是否为美国政府特别关注主体（例如实体清单企业等），美商务部部

1 31 CFR § 515.313、31 CFR § 515.329.

长均有可能对相关交易进行审核。在美国的地方及农村广大地区，主要依靠小型的独立运营商建设和维护网络信号，中美贸易战以来，尽管美国的大型电信服务供应商已经停止了从华为等中国企业采购电信设备，但小型的运营商仍在大量使用中国设备。

b）互联网和数字服务提供商：互联网服务提供商（宽带、非宽带）、云供应商、数据中心服务提供商、托管安全服务提供商、互联网应用运营商 / 开发商、软件提供商（平台服务、软件服务等）；

例如，提供硬件、软件或服务用于美国的 5G 服务或部署云基础设施服务等，均可能被审核。另外，外国内容服务商（例如短视频、交友平台服务）在美国的运营，也可能因此受审查。此前已有美国政府针对某些中国服务商的调查。

c）供应商和设备制造商：基础设施开发或“网络扩建”的供应商、电话设备制造商、广播电视广播和无线通信设备制造商、信息技术设备制造商、互联设备制造商（例如互联摄像机、健康监控设备）、其他通信设备制造商。

例如，目前，中国企业向美国供应大量此类设备，其在美交易均可能被审核。

（3）自由裁量权极大

美商务部可禁止或暂缓执行符合以下条件的交易：

a）涉及外国或外国国民的利益；

b）由外国对手（foreign adversary）拥有、控制、管辖或指派的人设计、开发、制造或提供的交易；

外国对手，是指长期从事严重危害总统令所规定的美国国家安全或国民安全行为的外国政府或非政府实体 / 个人（any foreign government or foreign non-government person determined by the Secretary to have engaged in a long-term pattern or serious instances of conduct significantly adverse to the national security of the United States or security and safety of United States persons）。美商务部部长可在与其他机构共同协商后自由裁量认定是否属于“外国对手”，主要考虑因素包括企业的股权结构、管理层信息、投票权、控制权及经营计划等，但《ICTS 交易审查规则草案》并未就每一个因素进行具化。

尽管总统令和美商务部的规则均没有指出具体国别，但业界普遍认为中国和俄罗斯极有可能被列为外国对手，或者至少是高度关注国家。在目前美国对华政策环境下，任何中资背景的企业，无论在哪个国家注册，均有可能因被中国政府“管辖”等被认定为外国对手。

c）对美国的 ICTS 行业、关键基础设施、数字经济结构、美国国家安全或国民安全构成不当风险。

总统令及《ICTS 交易审查规则草案》未规定如何认定“不当风险”，美商务部部长对此具有充分的自由裁量权。

（4）应对调查难度大

收到美商务部部长初步评估裁定后的 30 天内（时限很短），当事方可以提出书面意见并提交相关证明材料，收到意见后 30 天内，美商务部部长将作出最终裁定。《ICTS 交易审查规则草案》并未就评估启动程序的通知义务做出规定，即，在初步裁定发布前，当事方是否得知其正在被调查尚不明确。

此外,《ICTS交易审查规则草案》明确说明美商务部部长不会就某交易作出咨询意见或预裁定,即,当事方无法在交易前通过上述方式降低风险。

(5)后果严重

如上所述,对于符合特定条件的交易,美商务部部长可采取暂缓措施(《ICTS交易审查规则草案》未具体规定可采取的暂缓措施)、叫停甚至禁止交易,对于已完成的交易亦可要求停止使用相关硬件、软件及服务。

另,若交易相关方违反或试图违反禁止交易或采取暂缓措施的裁定,或做出任何虚假陈述、伪造或隐瞒任何重大事实,对其可处以最高302,584美元或者所涉交易金额两倍的罚款的行政处罚。相关行为亦可能因违反其他法律法规而被行政或刑事处罚。

(6)紧急行动条款

如遵循程序进行评估可能会导致发生公共损害或危害国家利益,美商务部部长可改变或免除《ICTS交易审查规则草案》所规定的任何或所有程序,并以符合国家安全利益的方式采取紧急行动。这一条款为美商务部部长不遵循交易评估程序提供了豁免理由,可作为美国以国家安全的名义肆意打压中国企业的工具。

4. 企业现阶段应对措施

2019年12月27日前,各方可就《ICTS交易审查规则草案》向DOC提出书面评论意见。现阶段的中国企业可根据企业涉及业务范围及产品,协同美国合作伙伴企业,有针对性向美商务部提出《ICTS交易审查规则草案》修改建议,降低交易风险。例如:

(1)可排除的交易类型;

(2)可排除的交易主体;

(3)可实施暂缓措施的交易类型、暂缓措施的实施方式、如何确保暂缓措施的实际执行以及情势变化对暂缓措施的执行和认定的影响等;

(4)如何界定与交易相关的收购、进口、转让、安装、经营或使用等行为;

(5)就启动程序作出具体程序规定,例如启动调查是否通知相关方;

(6)明确是否可延长当事方提交资料的期限并规定

可延期的具体情形;

(7)明确终裁后是否可申请复议或采取其他救济措施。

由于中国企业向美国供应了大量的ICT硬件,我们特别建议中国企业重点针对“可排除的交易类型”提出评论意见,说明企业供应的产品不可能对美国产生安全威胁。

(三)主动披露可免于刑事处罚——美国司法部最新修订《商业组织的出口管制和贸易制裁的执法政策》解读

保护国家敏感技术和受制裁主体的交易安全是我们司法部的首要目标,但我们需要企业和我们一同努力。主动披露制度就是向企业保证,当他们确实有效地向司法部进行了主动披露,将对企业产生重大而切实的益处。

——美国司法部助理部长John C. Demers

2019年12月13日,美国司法部(The Department of Justice,下称“DOJ”)发布了新修订的《商业组织的出口管制和贸易制裁的执法政策》(下称“**《执法新政策》**”),主要针对2016年首次建立的DOJ刑事调查阶段的主动披露制度进行了修改。此次的修订最大的亮点在于，DOJ明确主动披露的企业在不存在加重情节的时候可以适用推定不起诉以及不罚款。这一好处以前从来没有被确认过，以往在实践中企业对此多有顾虑。

1. 美国主动披露制度

主动披露制度（Voluntary Self-Disclosure）是美国的行政及司法机构通过减轻处罚鼓励主动披露行为的重要手段，指当企业或个人存在违反法律法规的行为时，通过向合适的政府机关主动披露潜在违规行为，获得减轻行政和刑事处罚的制度。

主动披露广泛存在于美国出口管制及经济制裁领域中。基于美国出口管制及经济制裁法律体系的庞杂，主要涉及的法律法规及负责处理主动披露的具体部门也各有不同，主要包括：

（1）行政处罚

a）出口管制范围内

i 美国商务部工业与安全局（BIS）负责处理有关违反《出口管制条例》（Export Administration Regulations）行为的主动披露；

ii 美国国务院国防贸易控制局（Directorate of Defense Trade Controls）负责处理有关违反《武器国际运输条例》（International Traffic in Arms Regulations）行为的主动披露；

b）经济制裁范围内

i 美国财政部外国资产管理办公室（OFAC）负责处理有关违反《国际紧急经济权力法案》（IEEPA）及其他行政命令行为的主动披露；

c）刑事处罚

i 美国司法部的国家安全局（National Security Division）下属的反情报和出口管制办公室（Counterintelligence and Export Control Section，下称“CES”）负责处理的主动披露范围则最广。包括出口管制及经济制裁的违规行为均能够主动披露至CES。

DOJ作为唯一具有刑事管辖权的机构，对于主动披露制度在刑事责任上的影响有着重要意义。历史以来DOJ一直鼓励企业/个人进行主动披露。2016年10月2日，DOJ在其《关于商业组织在出口管制及制裁调查中自愿披露合作及救济的指南》（以下简称“《2016主动披露指引》”）中就进一步明确了主动披露下的相关执法政策和指引。在DOJ执法处罚的自由裁量中，主动披露作为考虑因素之一有利于企业获得较轻的处罚。

《2016主动披露指引》中已经对主动披露中的一些概念做出了解释，明确了何为“主动披露”（Voluntary Self-Disclosure）、“充分配合”（Full Cooperation）、“补救措施”（Remediation）、“加重情节”（Aggravating Circumstance），但并未明确列举主动披露对于企业刑事责任的具体减轻程度，仅表明主动披露能使DOJ在综合考虑案件整体情况后作为企业的减轻情节之一。

此次发布的《执法新政策》虽然篇幅更短，但简洁明了，直接地阐述了在DOJ的管辖范围内，有效的主动披露可以给企业带来更为明确的较轻刑罚。

2.《执法新政策》的关注点

（1）主动披露对企业的益处

《执法新政策》首先明确了主动披露对于企业的好处。在满足以下三点的情况下：

a）主动向 CES 披露违反出口管制或者贸易制裁的行为；

b）充分地配合；

c）及时并准确地进行了补救措施，主动披露的企业在不存在加重情节的时候可以适用推定不起诉以及不罚款（presumption that the company will receive a non-prosecution agreement and will not pay a fine，absent aggravating factors）

《执法新政策》也对于以上三点给出了清晰全面的定义：

第一，何为主动披露

主动披露要求企业的披露包括以下三个要素：

· 企业在“违规行为公开或政府调查之前”向 CES 披露了该行为；

· 企业“在意识到违规行为后的合理时间内”向 CES 披露了该行为。关于“合理时间”的认定，DOJ 也特别提示了在公司并购的过程中，对于在前期尽职调查或在后期审计及合规制度整合的过程中发现的被兼并公司的违规行为，根据相关要求及时地进行主动披露，也将同样适用不起诉的推定。

· 企业应披露其在披露之时已知的所有相关事实，包括与所涉违规行为实质上相关或负有责任的任何个人。

特别需要注意的是，当企业发现潜在的违规行为时，如果选择向其他政府部门（商务部或财政部）而非向 DOJ 进行披露，则该主动披露并不能满足 DOJ《执法新政策》里的“主动披露”的要求。在之后 DOJ 的刑事调查过程中，也不能享受上述不起诉的好处。

第二，何为充分配合

充分配合要求企业：

· 及时披露所有与该违规行为相关的事实；

· 积极地配合，而不仅是被动地接受调查。即使没有特别要求，企业也必须及时披露与调查有关的所有事实。此外，如果企业知道相关证据不为企业所拥有，则必须向 DOJ 确认该证据。

· 及时保存、收集和披露有关文件以及有关其来源的信息，包括：a）披露海外文件、文件的位置以及找到文件的人；b）促使第三方提供文件；以及，c）在被要求和适当的情况下，提供相关文件的外语翻译；

· 在被要求的情况下，使掌握相关信息的企业高管和员工（在可能的情况下包括海外员工和前员工等）可以接受 DOJ 的访谈。有可能的情况下，也可以帮助 DOJ 获得第三方证言。

· 但 DOJ 同时强调了上述企业的配合义务与“律师 – 客户”间的保密特权以及“律师工作成果保护”（Work Product Protection）并不冲突。即当企业和律师之间的沟通信息以及工作成果均可以对抗 DOJ 配合调查的要求，在企业进行配合时，可以不予提供。

第三，何为及时准确的补救

及时准确的补救要求企业：

· 进行对行为原因的根本性分析，并在合适的情况下进行针对根本原因的补救措施；

· 实施有效的企业合规计划，根据企业的规模及资源制定计划并定期更新其标准；

· 对员工进行适当的纪律处分，包括企业中对违规行为直接负责的人员，以及在违规行为发生地区具有监督权的人；

· 适当保留业务记录，禁止不当销毁或删除业务记录，包括对有损企业保存文件的个人通讯使用和即时消息传递平台实施适当的指导和控制，以及遵守企业的文件保留政策或法律义务；

· 任何其他可以确认企业违规行为严重性的制度、对违规行为的追责并采取措施以减少此类违规行为重复发生的风险，包括确定未来风险的措施。

除了上述三大要素，此次DOJ同样对“加重情节”进行了定义，包括以下各类行为：[1]

· 向核扩散国家出口受核不扩散或导弹技术原因管制的物品；

· 出口已知被用于制造大规模毁灭性武器的物品；

· 屡次违法，包括过去类似的行政或刑事违法；

· 明知高级管理人员参与犯罪行为。

· 根据《执法新政策》的规定，当不存在任何“加重情节”的情况下，企业甚至可以免于罚金的处罚而直接推定适用不起诉协议。

（2）DOJ 不同部门主动披露的差异

DOJ 主管的不同部门在各类刑事调查中都会涉及主动披露制度，且规定中会有相似的定义和语句。根据 DOJ 的公告，DOJ 确认相关定义最大限度地和其他领域主动披露制度中的定义相一致，尤其是海外反腐败（FCPA）刑事调查的语境下。因此这些定义不仅对于出口管制内的主动披露制度有意义，对于司法部具有管辖权的其他刑事调查均有借鉴意义。但对于 FCPA 刑事调查和基于国家安全的调查，主动披露的好处存在着根本不同。FCPA 调查中的主动披露所带来的好处是经过 DOJ 自由裁量后的不予起诉（Declination），而基于国家安全调查下的好处则是不起诉协议的推定（Presumption of Non-Prosecution Agreement，下称“NPA”）。虽然从诉讼的角度而言，两者都包含“不起诉”的概念，但其主要区别在于，适用 NPA 的企业在未来数年中需要遵守与 DOJ 的合作协议并履行救济义务。当适用 NPA 的企业未有遵循其义务时，DOJ 保留重新对其提起诉讼的权利。之所以对涉及国家安全的主动披露适用 NPA，DOJ 认为，考虑到国家安全的重要性以及违反出口管制和贸易制裁法律后果的严重性，应当对企业给予更多合规和救济上的约束，从政策上引导企业完善自身合规建设并对违反后果采取补救措施。

（3）对个人违法者的影响

我们注意到，此次新政策首先是帮助 DOJ 进一步有效地威慑出口管制和贸易制裁领域的违法行为；鼓励企业自身首先避免和发现类似的违规、违法行为。借助《执法新政策》的主动披露制度，能够使 DOJ 起诉此前无法被发现或者缺少证据证明的个人违法行为更具有可能性和可操作性。

美国政府在多个场合表示要加强对个人违法者的追责。从 DOJ 的角度，主动披露制度为 DOJ 提供了更多的证据和信息来证明原先可能无法追责的个人违法行为。尽管如此，我们认为不应简单地理解为主动披露会增大企业高管面临个人刑事处罚的法律风险，而应该理解为，在企业利用主动披露制度获得减轻处罚的同时，从合规和保护企业高管两个角度看，企业高管个人、直接负责人以及直接涉案的个人也应当同时进行主动披露，

1 “加重情节”并非穷尽式的列举，本文只是举例说明。

以争取降低个人遭受刑事处罚的风险。

3. 对中国企业的启示

从此次的《执法新政策》中可以看出，当出口管制和贸易制裁的违规行为可能上升到刑事调查的严重程度时，如何评估、利用主动披露制度并且进行相应补救和信息保存行为等配套制度的重要性。同时，如本文第一部分所提到的，出口管制和贸易制裁领域内的主动披露还涉及其他具有管辖权的政府部门，企业首先需要了解不同政府部门对于主动披露的不同要求，以进一步结合自身的情况明确合规的要求。

（1）发现相关违法行为时，应首先判断是否存在刑事责任

当相关违法行为发生时，如果存在故意违反（Willful Violation）的事实则会引起潜在的刑事责任。因此对企业而言，首先判断是否存在"故意违反"是首要且至关重要的。《执法新政策》也强调了鼓励企业在发现潜在的故意违反出口管制和贸易制裁法律的行为时直接向DOJ国家安全局进行主动披露。《执法新政策》同时强调了在出口管制和贸易制裁的刑事调查范围内，国家安全局对于"故意"的认定沿用在Bryan v. United States, 524 U.S. 184（1998）案中确立的标准。"故意"的判断标准是"明知自己的行为违法"，但是政府在证明被告"故意"或"明知"的过程中并不需要证明被告知晓其行为违反了特定的法律法规。

根据我们的经验，企业可以从如下几个方面判断自身的行为是否可能构成刑事责任认定中的"故意"或"明知"：

a）有关出口合规的往来电子邮件；

b）企业所掌握的有关出口合规的文件；

c）过往与美国机构关于许可证要求的通信；

d）过往获取许可证的情况及违反出口合规的历史记录；

e）是否有篡改最终用户声明的情况；

f）先前与美国执法部门的联系情况，包括外联访问、出口合规培训、产品警告及交易文件等；

g）表明企业"明知"有关法律法规的执法声明。

（2）完善企业的合规体系，将"主动披露"的相关要求纳入企业的合规体系

a）明确企业内部发现违规行为时的汇报和披露流程

根据此次《执法新政策》，发现不合规行为时如何进行汇报和披露也至关重要。为避免因内部员工"不符合要求"的汇报和主动披露导致企业无法在接受DOJ调查时享受主动披露政策所带来的好处，企业应在合规体系建设时明确相应的"内部汇报制度"，同时对内部举报人（Whistleblower）制度也应明确相关的内部汇报流程。企业在准备"恰当"的主动披露的同时，也应避免相关信息被不恰当地披露给外界第三方和相关政府部门。

b）明确对是否需要做出主动披露的决策机制和流程

主动披露的要求是在公司管理层的授权和知悉下确认的，因此企业的合规体系需要明确体现该类授权和知悉。企业对主动披露决策和流程的清晰确认和规定有助于各类管理机构认定企业进行有效的主动披露，也更利于企业内部员工客观地做出就潜在违规行为处理的正确决策。

c）构建企业对外披露前的审查机制

当企业确定要进行主动披露时，对于何种信息可以进行披露、何种信息可能存在误导性陈述而不应提供、何种信息可能需要以“律师特权”进行保护等均需要进行事先内部审查，以避免调查环节的节外生枝。

（3）引入外部专业人士评估和协助“主动披露”

a）评估违规行为的违规性质以及向哪个具体管理机构进行披露

如果相关违法行为不会上升到刑事层面，那么向 BIS 或者 OFAC 等管理机构进行主动披露也可以获得行政层面上减轻处罚。但如 DOJ 强调的，如果向其他管理机构进行了披露可能导致在接受 DOJ 调查时无法享受到主动披露的好处。因此对于违法性质的判断就至关重要，企业需要引入外部专业人士首先判断违法行为的性质以及其可能引发的后果，再进行相应的选择，确定进行主动披露的机构。

b）如何尽快采取相应有效的补救措施

通过专业人士对违规行为背后的原因进行分析并找出企业合规制度的不足之处，并进行相关沟通的文件保存。引入第三方专业人士的行为可以充分体现企业进行补救的意愿和补救措施的有效性。

四、海关篇

2019 年是中国海关业务改革的重要年度，也是君合国际贸易—海关法业务蓬勃发展的一年。围绕“深化全国通关一体化改革”、“关检合并，建设中国特色社会主义新海关”“优化口岸营商环境”“全面打击洋垃圾进口”“进出口贸易管制”5 大主线，中国海关总署先后制定、修改和出台了一系列革新举措，传统的中国海关执法领域（包括货物监管、征税、统计、打击走私）也发生了新的重要变化，给国际贸易—海关法业务带来了新的机遇和挑战。

（一）2019 年度海关法律法规动态

2019 年，中国海关的立法动态及主要特征体现在海关总署围绕前述 5 大主线累计单独或联合发布的 223 份公告。具体如下：

1. 深化业务改革，优化口岸营商环境

据了解，2019 年、2020 年期间，中国海关将实施一套体系性的业务改革方案。根据我们的持续追踪，截至 2019 年底，中国海关已出台的改革举措包括：“两步申报”“分段监管”“舱单改革”“涉税违规行为主动披露处理”“进口商品预归类咨询服务”“优化特定海关区域和加工贸易海关监管制度”等。除此以外，在简化海关手续、推进无纸化通关等方面，以及在中国海关传统执法领域（特别是特许权使用费申报纳税手续、报关单填制规范、信用管理—认证企业配套标准等），海关总署也出台了一些新的举措，进一步明确了海关的监管要求。

我们认为中国海关 2019 年度在业务改革、健全制度等方面体现出推进贸易便利化，优化口岸营商环境的总体特征，对相关进出口企业是一项制度利好。对于其中的重点内

容，君合也进行了深入的研究（有关研究评论详见本《海关篇》第二、部分）。我们期待在2020年中国海关将继续出台相关利好企业的制度和改革举措。

2. 打击“洋垃圾走私”，持续加强进口固体废物监管

中国政府自2018年起全面禁止“洋垃圾”进口，中国海关也发起了集中打击“洋垃圾走私”的“蓝天2018”专项行动。2019年度，中国海关继续开展“蓝天2019”专项行动。据海关总署网站发布的消息[1]，截至目前，中国海关已先后开展了3轮专项行动（第3轮仍在进行中）。经开展2轮蓝天专项行动，中国固体废物进口同比下降37.45%。期间，中国海关查办洋垃圾走私案件354起，查证涉案废物76.32万吨，同比分别下降21%，48.64%；抓获犯罪嫌疑人376名，同比下降20.34%；共有56名走私废物违法犯罪人员主动投案自首。

“洋垃圾”主要表现为固体废物。在全面禁止进口的政策背景下，可以预见中国海关对固体废物的鉴别和进口监管的监管态度和执法尺度将持续收紧。在我们处理的一些项目中，我们甚至发现有些海关存在将正常货物纳入固体废物监管的严苛做法。我们建议，相关进口企业，尤其是涉及塑料类原料、金属冶炼类原料进口的相关企业高度重视中国固体废物鉴别、分类监管等方面的法律法规，避免给自身或商业伙伴造成不必要的损失。

3. “关检融合”，全面履行进出口商品检验检疫职责

2018年，原国家质检总局的出入境检验检疫局并入中国海关，中国政府和海关总署在当年也先后制定、修改了一系列相关法律法规。2019年度，海关总署全面承担和履行了原出入境检验检疫局的相关职能，围绕进出口商品合格评定（即商品质量检验、动植物产品检疫、食品安全监管）和国境卫生检疫等出台了大量公告（占全年发布公告数量的一半以上）。我们建议相关进出口企业，特别是涉及向中国出口或自境外进口食品类商品的境内外企业需重点关注相关监管动态，根据监管要求及时调整、安排自身进出口业务，避免海关监管法律风险。

4. 承担进出境监管职能，具体执行“贸易管制”措施

2019年是全球贸易发展动荡的一年。全球主要经济体之间的贸易合作和摩擦持续存在，中美贸易战给全球贸易，特别是与美国有业务往来的中国企业和在华的美国投资企业造成了深远影响。中国海关作为中国进出境监管机构，具体执行着中国的贸易合作和贸易管制措施，主要包括关税税率调整、进出口许可证监管两个方面。2019年度，围绕中外双边合作协定、国际条约的转化实施，以及中美贸易战及双边谈判的阶段性进展，中国海关先后出台了包括双边贸易协定下的原产地规则及联网监管规定、反倾销商品的申报要求、年度保障措施触发水平数量、部分输美产品检验要求提示等相关具体执行公告。我们建议涉及经营贸易管制的进出口企业，特别是在进口与美国有关的产品时，需重点关注货物的原产地状态，充分利用原产地预裁定等制度，避免因不了解中国原产地认定规则误报原产地发生漏缴税款等法律风险。

1 参见《打击洋垃圾走私再出重拳！海关总署打响“蓝天2019”专项第三轮集中行动》

（二）2019 年度热点海关问题研究

1. 通关模式重大改变——简评海关“两步申报”通关模式改革

2019 年 8 月 1 日，海关总署发布《关于开展“两步申报”改革试点的公告》(海关总署公告 2019 年第 127 号)，对现行进口货物的基本通关模式作了重大调整。本次通关模式改革提升了通关效率，推动解决前期压缩通关时间相关改革中的“关企矛盾”，值得相关企业重点关注。

（1）“两步申报”是什么

改革前，海关实行的基本通关模式为“一次申报”，即企业在备齐单证和预留税款等准备工作就绪的情况下，向海关申报并一次办结所有手续。

在“两步申报”通关模式下，第一步，企业先进行提货申报，即概要申报；第二步，进行补充申报，即在规定期限内进行完整申报。

“两步申报”与“一次申报”相比，减少了海关对货物过境流程的干预，进一步压缩了通关时间，同时给企业、海关分别预留了充分时间提交单证资料、审核单证资料以及完成全部通关手续，有利于化解前期海关单方面推行压缩通关时间相关改革在实践中给企业造成的不便影响。

（2）“两步申报”怎么报

“两步申报”的基本流程为：舱单提前传输—概要申报（提货申报）—准入检查 / 提取货物—完整申报—办理手续—放行 / 结关。

a）第一步概要申报

需申报的基本项目为 9+2，即境内收发货人、运输方式 / 运输工具名称及航次号、提运单号、监管方式、商品编号（6 位）、商品名称、数量及单位、总价、原产国（地区）9 个申报项目，加上毛重、集装箱号 2 个物流项目。

对需征税的货物，申报时须选择符合要求的担保备案编号。

对属于禁限管制的货物，需增加申报 2 个项目，即许可证号 / 随附证件代码及随附证件编号、集装箱商品项号关系。

对依法需检验或检疫的需增加申报 5 个项目，即产品资质（产品许可 / 审批 / 备案）、商品编号（10 位）+ 检验检疫名称、货物属性、用途、集装箱商品项号关系。

第一步申报应当注意：

一是申报企业信用等级需为一般信用及以上。

二是经由试点海关实际进境货物，且转关货物不适用。

三是涉及的监管证件已实现联网核查。

四是总价项目如无法确定实际成交商品总价格的则填报预估总价格。

五是填报相关许可证号实际上意味着企业应当事前取得相关许可证照。

六是对涉税货物需担保放行，实质上要求企业事先办理税款担保备案，即采用原先的税款担保放行模式。按照此前海关发布的相关公告、政策，可供选择的担保包括保证金、保函，以及 2018 年 10 月开始使用的关税保证保险。

七是加工贸易和海关特殊监管区域内企业以及保税监管场所的货物申报在使用金关二期系统开展“两步申报”时，第一步概要申报环节不使用保税核注清单，第二步完整

申报环节报关单按原有模式，由保税核注清单生成。这里需注意与此前《关于启用保税核注清单的公告》（海关总署公告2018年第23号）的规定略有差异，按照此前公告，企业应按照金关二期保税核注清单系统设定的格式和填制要求向海关报送保税核注清单数据信息，再根据实际业务需要办理报关手续。

b）第二步完整申报

需自运输工具申报进境之日起14日内完成完整申报，办理缴纳税款等其他通关手续。税款缴库后，企业担保额度自动恢复。如概要申报时选择不需要缴纳税款，完整申报时经确认为需要缴纳税款的，企业应当按照进出口货物报关单撤销的相关规定办理。

第二步申报需注意：

一是前期选择不需要缴税改为需缴税的按撤销报关单处理，实际上减轻了企业的申报责任和违规风险（例如此前可能按申报不实，甚至走私进行处理）。

二是14日内办理缴纳税款手续与税款专用缴款书规定的出具15日内缴纳税款存在时间差异，选择"两步申报"模式建议按公告要求14日内缴纳税款。

三是对于许可证管理，需注意海关可联网核查的许可证种类），对于尚未实现联网核查的，仍需交验许可证。以下为可联网核查的许可证：

序号	证件名称
1	中华人民共和国两用物项和技术进口许可证
2	中华人民共和国两用物项和技术出口许可证
3	中华人民共和国出口许可证
4	中华人民共和国进口许可证
5	中华人民共和国自动进口许可证
6	中华人民共和国技术出口许可证
7	中华人民共和国技术出口合同登记证
8	援外项目任务通知单
9	非《进出口野生动植物种商品目录》物种证明
10	《濒危野生动植物国际贸易公约》允许进出口证明书
11	中华人民共和国野生动植物允许进出口证明书
12	药品进口准许证
13	药品出口准许证
14	进口药品通关单
15	麻精药品进出口准许证（含精神药物进、出口准许证，麻醉药品进、出口准许证）
16	进口非特殊用途化妆品卫生许可批件
17	进口医疗器械注册证 进口医疗器械备案证

续表

序号	证件名称
18	进口特殊用途化妆品卫生许可批件
19	密码产品和含有密码技术的设备进口许可证
20	黄金及黄金制品进出口准许证
21	银行调运人民币现钞进出境证明文件
22	限制进口类可用作原料的固体废物进口许可证
23	有毒化学品进出口环境管理放行通知单
24	进口兽药通关单
25	农药进出口放行通知单
26	合法捕捞产品通关证明
27	农业转基因生物安全证书
28	国（境）外引进农业种苗检疫审批单
	引进种子、苗木检疫审批单
29	进口广播电影电视节目带（片）提取单
30	音像制品（成品）进口批准单
31	赴境外加工光盘进口备案证明
32	民用爆炸物品进口审批单
33	民用爆炸物品出口审批单
34	人类遗传资源材料出口、出境证明
35	古生物化石出境批件
36	特种设备制造许可证 型式试验证书
37	特殊医学用途配方食品注册证书
38	保健食品注册证书或保健食品备案凭证
39	婴幼儿配方乳粉产品配方注册证书
40	强制性产品认证证书或证明文件
41	新食品原料的许可证明文件（只针对新食品原料）
42	尚无食品安全国家标准的食品暂予适用的标准（只针对尚无食品安全国家标准的食品）

（3）“两步申报”的后续展望

我们理解“两步申报”目前还是一个比较粗略的框架，至少还需明确以下配套制度：

一是第一步申报后，企业提走了货物，此时货物尚未完税结关，理论上属于海关监管货物，此时企业能否对货物进行处置？

二是对于海关认证企业的监管措施包括可以降低查验率和风险保证金，高级认证企业可以申请减免，“两步申报”实际上对于该类企业不一定更加便利。目前公告预留了口子，即企业可选择是否使用“两步申报”模式。将来如海关全面推广实施后，“两步申报”与海关分类通关、企业信用管理制度如何协调？

三是“两步申报”虽然提升了通关效率，但与“一次申报”相比，海关的监管风险大大增加，后续海关将如何出台监管制度，既实现“通得快”，又能“管得住”，相关制度是否会对“两步申报”构成更多限制？例如，对于前期是否纳税申报错误可做撤销报关单处理。但是第一步申报只是概要申报，除是否纳税外，企业对其他申报项目很可能也会存在错误，此时该如何处理？

“两步申报”是对现有通关模式作出的一项重大变革，对于改革的后续进展，我们建议相关进口企业持续关注，君合也将及时跟进并发布相关信息。

2. 海关大幅扩大主动披露免于处罚的适用范围——简评《关于处理主动披露涉税违规行为有关事项的公告》

2019年10月17日，海关总署发布《关于处理主动披露涉税违规行为有关事项的公告》（海关总署公告2019年第161号），进一步明确影响税款征收的违反海关监管规定行为（以下简称“**涉税违规行为**”）在何种情形下可免于行政处罚，细化和完善了海关“主动披露”的这一政策的规则体系，政策优惠力度越来越大。

（1）哪些涉税违规行为主动披露可免予行政处罚

根据该公告，下列情形之一的涉税违规行为不予行政处罚：

a）在涉税违规行为发生之日起三个月内向海关主动披露，主动消除危害后果的；

b）在涉税违规行为发生之日起三个月后向海关主动披露，漏缴、少缴税款占应缴纳税款比例10%以下，或者漏缴、少缴税款在人民币50万元以下，且主动消除危害后果的。

该公告在适用上有以下几点需要注意的事项：

一是什么是涉税违规行为。按照《海关法》和《海关行政处罚实施条例》关于违法行为的划分，我们理解本次公告所指可免予处罚的涉税违规行为系未构成走私的违反海关监管规定的行为，例如申报不实影响税款征收（少缴、漏缴税款）、经营海关监管货物/保税货物无正当理由数量短缺、加工贸易单耗申报不实等，涉及国家禁止、限制性管理的进口货物不属于本次公告规定的涉税违规行为。

二是如何理解三个月的起算日期。对于单次违规行为的发生之日一般较为明确，例如申报之日。对于违法行为有连续或者继续状态的，是按最初申报行为发生日，还是从最后申报行为发生之日起计算并不明确，我们倾向于理解为最初违法行为发生之日，但在计算2年处罚时限时应按法律规定从行为终了之日起算。

三是注意三个月时间节点的差异。在三个月内主动披露，漏缴、少缴税款没有数额限制；三个月后主动披露，漏缴、少缴税款须占应缴纳税款比例10%以下，或者在人民币50万元以下的才可免予行政处罚。本次公告大幅扩大免予处罚的范围，原有标准要求同时符合相对比例10%以下，绝对税款额25万以下；此次不仅将税款额调高为50万，而且10%以下和50万以下符合一项即可。

四是如何理解主动消除危害后果。就涉税违规行为而言，危害后果即影响国家税款征收，免予处罚要求企业必须主动补缴漏缴、少缴税款，具体实务操作中，一般根据海关要求的期限、数额补缴。由于是否及如何补缴税款应由海关审查确定，我们认为完成补缴税款的期限不受3个月的限制。

五是公告以外的主动披露，仍可以从轻、减轻或者免除处罚。首先，根据海关执法实践和“举重以明轻”的原则，对于主动披露比本公告违法情节更为轻微的违规行为的，例如申报不实影响统计等程序性违规，更应予以免除处罚；其次，即使对免予处罚以外的主动披露行为，根据海关主动披露法规，也会给予减轻或者从轻处罚。关于走私犯罪的主动披露则构成主动投案（自首）。

（2）可向哪个海关进行主动披露

根据该公告，企业可向原税款征收地海关或企业所在地海关报告，进一步明确涉税违规行为主动披露的受理海关。

按原先规定，企业一般需向注册地海关稽查部门递交主动披露报告。本次公告将涉税违规行为的主动披露受理海关明确为两地海关均可，方便企业根据自身情况提交主动披露报告及时化解处罚风险（例如在注册地海关递交了主动披露报告，符合条件的，征税地海关也可对其免予行政处罚）。需注意的是，按海关总署《关于明确税款滞纳金减免相关事宜的公告》（海关总署公告2015年第27号），主动申报申请减免税款滞纳金的手续由征税地直属海关关税职能部门办理。注册地与征税地不一致的，企业向注册地海关主动披露时，具体办理补税的手续须根据受理海关的意见办理。

（3）利好企业信用，明确立案调查期间不调整企业信用级别

按原先的海关企业信用管理规定，企业主动披露且被海关处以警告或者50万元以下罚款的行为，不作为海关认定企业信用状况的记录。但AEO认证企业涉嫌走私被立案侦查或者调查的，海关应当暂停适用相应管理措施。AEO认证企业涉嫌违反海关监管规定被立案调查的，海关可以暂停适用相应管理措施。海关暂停适用相应管理措施的，按照一般信用企业实施管理。

本次公告修改为AEO认证企业主动披露涉税违规行为的，海关立案调查期间不暂停对该企业适用相应管理措施，进一步增强了主动披露在企业信用管理上的政策优惠力度。我们理解，涉税违规案件属于较重的违规类型。海关对于该类型的主动披露案件不暂停适用管理措施，已经基本意味着确立了“不暂停为原则，暂停为例外”尺度。

（4）结语

本次主动披露新规是海关全面深化业务模式改革的背景下推出的配套保障措施，旨在建立自报自缴的容错机制，对企业自行发现并主动提出修正涉税申报错误确属工作差错的不作为案件线索移交，对进出口企业而言是一项重大政策利好，引导企业进一步做好自查自报，主动纠正漏税行为。

我们注意到，本次公告仅适用于税收违规行为这种情形，个别内容有不完全明确的地方，且对其他违反海关监管规定的行为适用主动披露的细化标准也尚未出台，我们期待海关继续出台相关有力细化标准，并将持续跟进主动披露制度的后续发展。

3. 海关贸易便利新举措——进口商品样品预归类咨询服务

2019年11月6日，海关总署发布《关于开展进口商品样品预先归类咨询服务的公告》（海关总署公告2019年第172号）（以下简称“**公告**”），确定海关将为特定进口商品提供样品预归类咨询服务。公告将于2019年12月20日起正式实施。上述咨询服务是海关在2018年实施预裁定制度以来，根据相关进出口企业的实际需求而推出的一项贸易便利化政策，进一步提升了进口活动的可预期性。

（1）什么是进口商品样品预归类咨询服务

进口商品样品预归类咨询服务是海关对进口企业以事先提供特定商品样品的方式，对拟进口商品的归类提供的咨询答复服务。

本项咨询服务有公告作为依据，并明确规定了具体咨询程序和答复期限，属于海关必须履行的一项法定义务，对特定商品的进口企业而言可以避免在咨询归类过程中遇到海关不予答复或不明确答复等问题，具有积极意义。

（2）须符合哪些申请条件

根据该公告，进口货物收货人可对下列商品向拟进口地直属海关提出预先归类咨询服务申请：

a）通过装运前检验等方式完成安全质量预评估的进口商品，即持有装运前质量安全预评估证明的商品；

b）拟进口商品的样品，即企业批量进口货物之前，提前进口少量用于法定检验目的的相同商品。

本项咨询服务的适用条件与预裁定相比，有以下几点区别：

一是申请主体仅限于进口货物收货人，而预裁定则为进口货物收货人或出口货物发货人（其中价格预裁定仅限进口货物收货人）。

二是受理海关为商品拟进口地直属海关，而预裁定则为进出口货物收发货人注册地直属海关。

三是仅限需装运前检验等需进行装运前安全质量预评估和属于法定检验这两类进口商品，而预裁定则为全部进出口商品。

（3）申请的具体程序和方式

根据该公告：“申请人申请进口商品样品预先归类咨询服务，应当通过‘互联网+海关’或‘单一窗口’提交《进口商品样品预先归类咨询申请表》，同时提交满足商品样品归类的相关资料和符合本公告第二条要求的相关证明材料。海关自受理《进口商品样品预先归类咨询申请表》以及相关材料之日起20日内回复咨询结果。”

本项咨询服务的申请程序与预裁定相比，有以下几点区别：

一是关于是否提交样品，本项咨询服务根据公告以提交样品作为前提；而预裁定根据海关相关规定，属于海关要求的有关材料，具体须根据海关要求提交（如海关要求提交而未提交的，海关可终止预裁定）。

二是申请时间上，本项咨询服务为货物实际进口前，而预裁定是货物拟进出口3个月前。根据海关需自受理后20日内答复的规定，我们理解，申请样品预归类咨询服务至少应在货物拟进口20日以前向海关提交申请。

三是申请方式上，本项咨询服务为通过“互联网＋海关”或“单一窗口”提交申请，而预裁定则为通过电子口岸“海关事务联系系统”（QP系统）或“互联网＋海关”提交，二者略有差异。

四是在答复期限上，本项咨询服务为海关受理后20日内答复，预裁定则为自受理之日起60日内制发《预裁定决定书》。此外，根据相关规定，对于预裁定，海关自收到《预裁定申请书》以及相关材料之日起10日内作出是否受理的决定。因此，预裁定从申请到取得预裁定决定书很可能超过60日。

（4）海关咨询服务的法律效力 - 不具有预裁定的约束力

a）不具有预裁定的约束力

根据该公告“预先归类咨询服务结果仅供参考。如需预先确定具有法律效力的归类事项，请按《预裁定办法》办理。《中华人民共和国进出口税则》《进出口税则商品及品目注释》《中华人民共和国进出口税则本国子目注释》，商品归类决定或相关规定发生变化的，进口商品样品预先归类咨询结果同时失效，申请人可就该商品再次提交咨询申请。”

因此，我们理解本项咨询服务的主要意义在于明确海关必须提供相关咨询答复的义务，不具有决定意义，也没有普遍适用效力。通常而言，如后续进口的商品与预先提交的样品相同，则企业可以使用海关咨询答复的归类号。

b）如有错误，企业仍应担责；但可以降低被认定故意违法的风险

由于咨询结果不具有约束力，对于实际进口商品，企业仍具有审慎审查确定商品归类的义务，并不能仅依据海关的咨询答复来确定拟申报的商品归类号，即根据咨询答复报错税号时企业仍需承担相应申报法律责任。即便如此，由于该咨询有海关的书面答复，我们认为对企业仍有其积极意义。特别是当企业发生归类申报违法行为时，已事先向海关做过咨询的将有助于降低被海关认定构成故意违法的风险。

c）如果不认可咨询结果，应通过预裁定进一步明确

需说明的是，咨询答复未对企业的权利义务实际产生影响，不属于行政行为，不具可复议性和可诉性。这一点与作为行政行为的海关预裁定明显不同。对于海关咨询答复结果不服的，企业可以通过申请预裁定，或者进一步向海关解释、咨询等途径解决。

（5）结语

海关预裁定制度实施后，实践中有大量企业存在申请归类预裁定的迫切需求。但是由于预裁定程序严格，海关一方的责任和压力过大，导致海关在受理和作出归类预裁定决定时通常非常谨慎，较难满足企业的需求。本次公告通过设置了一个简易程序，推动解决该项矛盾，扩大了海关咨询裁定的效用，合理照顾了关、企两方面的诉求。

然而，实践中企业对于归类预裁定的需求远远超出了本次公告限定的两类进口商品（部分商品种类具体如何适用公告也需进一步明确）。我们期待海关后续进一步明确公告适用范围，并将企业需求突出的其他商品归类问题也纳入本项咨询服务程序，进一步为企业的进出口活动提供便利。

（三）2019年度若干典型项目、案例

1. 原产地

某进口化工品原产地认定项目

工序1

原料A（原产于a国/税号2843.90.0000）+原料B（原产于b国/税号2933.49.7000）+原料C（原产于c国/中国/税号2914.19.0000）—化学反应（美国）→初级产品（税号：2843.90.0000）—提纯（美国）→产品（税号：2843.90.0000）

工序2

原料A（原产于a国/税号2843.90.0000）+原料B（原产于b国/中国/税号2933.39.9100）—化学反应（美国）→中间体（二聚物）+原料C（原产于b国/中国/税号2933.39.9100）—化学反应（美国）→初级产品（税号：2843.90.0000）产品—提纯（美国）→产品（税号：2843.90.0000）

本项目中，客户就经上述（见上图）2种加工工序产生的含铱化合物向我们咨询根据中国法律，货物是否原产于美国，并适用加征关税。

参考评析：中国的原产地规则主要包括完全获得原则和经2个以上国家（地区）生产情形下的实质性改变原则。其中实质性改变包括归类（税号前四位）改变，以及归类改变不能反映实质性改变情况下适用的补充标准：从价百分比、制造或者加工工序。属于《关于非优惠原产地规则中实质性改变标准的规定》（本段中简称为"**《规定》**"）所列货物的，优先适用附表所列实质性改变标准。假设2个工序中所列税号为中国的税号，本项目中的原料A和最终产品的税号相同，我们理解A属于主料，实质性改变（归类改变）应根据主料确定。由于项目所涉制成品属于《规定》所列货物。因此，该制成品应优先适用《规定》所附实质性改变的判断标准：使用货物本身税目号以外的原料制成，或满足从价百分比标准。在主料与制成品税号相同的情形下，"使用货物本身税目号以外的原料制成"标准无法适用，只能根据从价百分比标准（即在某一国家（地区）对非该国（地区）原产材料进行制造、加工后的增值部分超过了所得货物价值的30%）确定是否发生实质性改变。因此，本项目中的货物在美国加工后的增值部分如超过了所得货物价值的30%的，则货物发生了实质性改变，原产地为美国，反之原产地为主料A的原产国。本项目的复杂之处在于其中一种原料和最终产品的税号相同，且较为全面地反映了非优惠原产地条件下，中国的原产地适用规则体系。对于相关企业，特别是在中美贸易战的环境下具有一定的参考价值。

2. 商品归类

某眼镜产品海关归类核查应对项目

据了解，中国海关在2019年度对CRT眼镜发起全行业的归类核查。本项目客户公司自2017年以来一直进口的某型号CRT眼镜（角膜塑形镜）产品，并于2019年11月收

续表

到海关总署税收征管局（上海）的验估指令。海关认为改款产品具有角膜压迫功能，应归入医疗器具—眼科用其他仪器及器具（90185000）。客户公司对海关的归类意见有异议，认为：同行业内，CRT眼镜产品长期以来均按透镜—隐形眼镜（税号9,013000）申报进口，且客户所进CRT眼镜产品一直被海关顺利放行；产品的主要功能虽然是角膜塑形，但本身具有光学透镜矫正视力功能；本产品不属于税则注释中90185000所列角膜镜。

参考评析：我们分析认为，本项目产品可以向海关主张属于归类不明确的情形：一是在归类规则中没有列举角膜塑形用接触镜，无法找出直接对应的税号；二是，产品也属于透镜，也有以透镜发挥矫正视力的功效（作为次要功效），且行业内普遍将该款产品称为隐形眼镜，且出口商的发票所列出口国的税号也为9013，将之归入“透镜（隐形眼镜）”的税号符合行业认知。本项目中，君合通过协助客户公司确定正确的商品税号，向海关说明产品归类申报原因及属于归类不明确的情形，有效应对海关归类核查，避免客户公司因归类申报问题被海关行政处罚。

3. 估价

（1）某涂料跨国公司对外支付特许权使用费方案设计项目

本项目中，客户公司为境外某知名涂料公司的中国子公司，同时使用进口国产原料及母公司的专利、专有技术从事涂料生产、销售。客户公司计划通过支付特许权使用费方式间接向母公司上缴利润，请君合协助评估海关可能采取使用的应税特许权分摊计算方法，估算需缴纳的进口税款，并协助审阅、修改拟与母公司签订的技术特许权协议。

参考评析：根据《中华人民共和国海关审定进出口货物完税价格办法》相关规定，特许权使用费应计入进口货物完税价格的条件为支付的特许权使用费与进口货物有关，且构成进口货物向境内销售的销售条件。其中，货物本身含有专利、专有技术，或者使用专利、专有技术方法制造，或者进口专门用于专利、专有技术的实施的，应认定支付的特许权使用费与进口货物有关。本项目中，君合协助客户对进口货物是否与授权专利有关进行分类分析、统计，确定与应税特许权使用费有关的进口货物范围和最可能被中国海关采用的应税特许权使用费分摊方法，并分别测算拟支付的特许权使用费需缴纳的进口关税。同时，协助客户修订特许权使用费相关条款，确保合同约定与客户公司拟采用的分摊方法相一致。

近年来，特许权使用费是海关价格核查的一个重点。2019年，海关总署海关专门发布了公告，明确特许权使用费的申报要求。其中的难点在于与应税特许权使用费有关的进口货物范围的确定，和应税特许权使用费分摊到相关批次进口货物的分摊方法，而且举证责任在于企业（而非海关）一方。我们提醒有对外支付特许权使用费的企业关注对特许权使用费的申报手续等规定，避免因不了解海关特许权申报和征税的相关规定导致海关监管风险。

（2）某跨国酒类生产销售企业转移定价及海关价格核查应对项目

本项目中，客户公司为某日本品牌酒类企业的中国子公司。客户所在集团公司指定了全球转移定价策略。境外关联公司生产酒类产品后，在中国市场由中国子公司负责产品经销。由于某批次进口酒类产品被海关监控到其进口价格低于境内销售价格，海关因

此发起价格核查。客户公司请君合协助审核转移定价策略及应对海关价格核查。

参考评析：中国海关通常以进口货物成交价格为基础审查进口货物的完税价格。但如存在特殊关系（例如关联公司、独家经销等），海关认为特殊关系影响了进口货物成交价格的，则将发起价格磋商程序，并可能采取估价方法审查确定货物完税价格。根据《中华人民共和国海关审定进出口货物完税价格办法》相关规定，特殊关系影响成交价格时，海关将依次采用相同、类似货物成交价格、倒扣价格、计算价格、合理方法进行估计。本项目中，由于存在价格倒挂的情形，我们分析认为被海关质疑特殊关系影响成交价格的可能性较大，并协助客户对各种方法的估计结果进行分析，选取其中一种较为有利的估计方式与海关进行沟通，有效应对海关价格核查。根据我们的评估，这两年转移定价将成为海关价格核查的一大重点，建议涉及转移定价的跨国企业对此应特别关注。

4. 应对海关行政处罚

某保税仓库历史账册料件不平衡海关处罚风险评估项目

本项目中，客户企业为美国某半导体企业的中国子公司。一直以来，客户公司境外关联方通过将半导体设备零备件寄放在境内某保税仓库，并根据境内半导体制造企业的需求分批出仓进口的方式从事半导体设备的销售和维修业务，由客户公司作为保税仓库外方进驻代表。保税仓库历史上使用的个别物流账册因被遗忘一直未办理注销手续。由于距最后一次使用已年隔久远，相关资料因远超出法定保管期限而严重缺失。客户公司发现后，经第三方审计机构对个别存有资料的年份进行审计，发现存在料件短少和出库货物低于入境成本价申报，存在价格低报的情形。客户公司委托君合协助评估因料件短少、价格低报可能存在的海关行政处罚风险。

参考评析：本项目涉及两类法律问题，一是保税仓库料件不平衡，二是进口价格低报问题。根据《中华人民共和国海关行政处罚实施条例》相关规定，保税仓库货物数量短少或者记录不真实，不能提供正当理由的，处货物价值 5% 以上 30% 以下罚款，有违法所得的，没收违法所得；价格申报不实，影响国家税款征收的，处漏缴税款 30% 以上 2 倍以下罚款。对于料件不平衡问题，理论上的法律责任主体为保税仓库经营方，但由于客户公司是货物所有人的代表，实践中海关有可能连带处罚保税仓库经营方和客户公司（以保税仓库经营方为主）。对于进口价格低报问题，由于进口方为客户公司，存在被海关处罚的可能性。但由于两类问题均已超出《中华人民共和国行政处罚法》规定的 2 年处罚时限，且价格低报问题不一定发生在进口环节（有可能是境外货物进入保税仓库环节），我们分析认为被海关处罚的可能性较低。本项目中，君合还协助客户对两类违法行为可能面临的处罚进行测算，并协助客户与海关进行沟通，化解行政处罚风险。需提醒企业注意的是，根据《中华人民共和国进出口货物报关单填制规范》，对于申报价格，如无实际成交价格的，应填报货值。因此，保税货物内销时，不能以低于原入境成本价的价格进行申报。

5. 进口固体废物监管

某公司进口合金海关固体废物鉴别及应对项目

本项目中，客户公司为境外某自然资源公司。客户公司向境内冶金企业销售的某合金，因存在少量可见但不影响原定用途的炉渣，被海关根据该合金的推荐性国家标准中

“不存在目视可见杂质”的要求质疑涉嫌固体废物，导致货物滞留在港口无法通关。货物经海关委托的鉴别机构作了首次鉴别，鉴别结论为送检炉渣属于固体废物，非炉渣送检样品属于某金属合金。客户公司委托君合协助分析，与海关沟通，以避免货物被误认为属于固体废物。本项目中，君合协助客户起草了多份说明，并多次与主管海关进行沟通。目前，进口方正根据主管海关的通知对进口合金申请进行复检鉴别。君合受客户委托将继续对复检鉴别程序提供相关协助。

参考评析：本项目折射出近两年，由于中国对进口固体废物监管力度的加大，部分海关在执法时存在过于严苛的现象，需引起相关企业高度关注。根据《固体废物进口管理办法》及《进口货物的固体废物属性鉴别程序》相关规定，海关怀疑货物属于固体废物的，可以委托相关鉴别机构进行鉴别，相关方可以继续申请复检鉴别，并直至提交至海关总署，由海关总署提交生态环境部组织专家委员会作出最终鉴别决定。我们建议相关企业积极了解固体废物鉴别及相关程序规定，在货物不合理地被海关纳入固体废物管理时，可根据法律规定程序有效进行应对。

6. 走私犯罪案件辩护

君合代理某跨国自然资源公司涉嫌走私废物罪案，成功说服检察院决定不予起诉

本案被指控的对象为某跨国自然资源公司的境内独资公司及业务负责人。海关缉私部门认定该公司及其前身向境内20多家冶金企业销售“固体废物某富矿渣”长达近20年，涉案固体废物共50多万吨。客户公司聘请了包括君合在内的七家国内外知名大所分别代表公司和个人参与刑事辩护。最终，君合提供的法律建议和方案被客户采纳，成功说服检察院对本案不予起诉，引起了业界的高度关注。

参考评析：据了解，本案是中华人民共和国成立以来涉案固废数量最大的案件，涉及的法律争议特别突出，涵盖固体废物鉴别、环境影响评估、海关商品归类、产品标准适用、报关责任界定、境内外主体责任甄别和我国冶金行业、固废认定等历史演变等诸多专业性强、争议性大的专业问题，在固体废物走私犯罪领域极其具有代表性，在推动、化解涉嫌进口固体废物法律风险方面也具有非常大的参考价值。

7. 中美贸易战影响案例

某医疗器械跨国公司原产地错报及漏缴加征关税进口法律风险应对项目

本项目的客户公司为某美国的医疗器械公司的中国子公司。项目所涉医疗器械在美国实际制造生产，相关原料、配件也在美国采购。A国母公司负责医疗器械的技术监督，相关知识产权也归属母公司所有。由于内部管理不善、认识错误等原因，相关医疗器械一直被境外关联公司视为A国产品，并在铭牌中标注生产地为A国。后续因自查发现医疗器械注册证的生产地址可能存在错误，且很可能属于中国对原产于美国的加征关税范围内的产品。因此，客户公司委托君合协助就进口环节存在的海关监管法律风险进行评估并提出应对建议。

参考评析：在加征关税前，A国和美国产品在中国的进口税率相同，原产地不属于一个重要问题。加征关税后，货物是否原产于美国则导致向中国出口时存在关税税差，错报原产地将面临少缴、漏缴，乃至逃税的法律风险。此外，本项目还存在医疗器械注册证上的生产地址标注有误，在进口环节也可能因商品检验不合格导致无法通关问题。

我们分析后认为，货物依据中国原产地规则，属于美国原产的货物。因此，其后君合协助客户从进口商品检验、原产地申报及征税等角度全面分析了进口环节可能存在的行政、刑事处罚法律风险，并结合实际向客户提出向海关主动披露建议，积极化解面临的严重不利局面。本项目是一起非常典型地受中美贸易战加征关税影响导致海关监管法律风险的实例。中美贸易战后，中国海关也加强了对原产于美国产品的审查力度。我们建议可能涉及美国产品的相关企业，及时排查所进口产品的原产地状态，以及是否属于加征关税商品范围，避免因认识错误或不了解情况产生相关法律风险。

（四）2020年度海关业务热点展望

2020年将是中国海关继续推进阶段性业务改革的收官之年，也是深化全国通关一体化改革的重要年份。我们可以预见，2020年将有一批新的海关法律法规出台，并深刻影响、改变目前进出口的业务模式。君合将及时跟进并组织研究。此外，我们评估认为“打击洋垃圾走私”，转移定价、特许权使用费的海关估价，以及中美贸易战等仍将是中国海关监管的重点事项，需引起相关企业的重视，君合也将根据客户需求及时提供相关协助。

五、跨境电商篇

2019年1月–11月，我国跨境电商零售进口850.8亿元，同比增长16.3%，保持了蓬勃的发展态势，进一步满足了国内消费需求、促进消费回流。这与2019年1月1日生效的《关于完善跨境电子商务零售进口监管有关工作的通知》（商财发〔2018〕486号）、《关于完善跨境电子商务零售进口税收政策的通知》（财关税〔2018〕49号）以及《关于调整跨境电子商务零售进口商品清单的公告（2018年第157号）》三个新规的实施密切相关。该系列政策对我国跨境电商零售进口的监管体系的规范、完善和产业促进产生了巨大作用。

下文将系统性解读这一系列有关跨境电商零售进口的海关监管与税收优惠政策。

（一）相关概念、参与主体及其法律责任

《关于完善跨境电子商务零售进口监管有关工作的通知》（以下简称“**486号文**”）首次对“跨境电子商务”进行了定义，即“中国境内消费者通过跨境电商第三方平台经营者自境外购买商品，并通过‘网购保税进口’（海关监管方式代码1210）或‘直购进口’（海关监管方式代码9610）运递进境的消费行为”。

该通知还对跨境电商零售进口的参与主体进行了明确，其中以下几个定义及结合其他文件总结的相应法律责任值得注意：

1. 跨境电商零售进口经营者

跨境电商零售进口经营者（简称“跨境电商企业”）：即自境外向境内消费者销售跨境电商零售进口商品的境外注册企业，为商品的货权所有人。

法律责任：

（1）承担商品质量安全的主体责任，并按规定履行相关义务。应委托一家在境内办理工商登记的企业，由其在海关办理注册登记，承担如实申报责任，依法接受相关部门

监管，并承担民事连带责任。

（2）承担消费者权益保障责任，包括但不限于商品信息披露、提供商品退换货服务、建立不合格或缺陷商品召回制度、对商品质量侵害消费者权益的赔付责任等。当发现相关商品存在质量安全风险或发生质量安全问题时，应立即停止销售，召回已销售商品并妥善处理，防止其再次流入市场，并及时将召回和处理情况向海关等监管部门报告。

（3）履行对消费者的提醒告知义务，会同跨境电商平台在商品订购网页或其他醒目位置向消费者提供风险告知书，消费者确认同意后方可下单购买。告知书应至少包含以下内容：

a）相关商品符合原产地有关质量、安全、卫生、环保、标识等标准或技术规范要求，但可能与我国标准存在差异。消费者自行承担相关风险。

b）相关商品直接购自境外，可能无中文标签，消费者可通过网站查看商品中文电子标签。

c）消费者购买的商品仅限个人自用，不得再次销售。

（4）建立商品质量安全风险防控机制，包括收发货质量管理、库内质量管控、供应商管理等。

（5）建立健全网购保税进口商品质量追溯体系，追溯信息应至少涵盖国外启运地至国内消费者的完整物流轨迹，鼓励向海外发货人、商品生产商等上游溯源。

（6）向海关实时传输施加电子签名的跨境电商零售进口交易电子数据，可自行或委托代理人向海关申报清单，并承担相应责任。

2. 跨境电商第三方平台经营者

跨境电商第三方平台经营者（简称“跨境电商平台”）：即在境内办理工商登记，为交易双方（消费者和跨境电商企业）提供网页空间、虚拟经营场所、交易规则、交易撮合、信息发布等服务，设立供交易双方独立开展交易活动的信息网络系统的经营者。

法律责任：

（1）平台运营主体应在境内办理工商登记，并按相关规定在海关办理注册登记，接受相关部门监管，配合开展后续管理和执法工作。

（2）向海关实时传输施加电子签名的跨境电商零售进口交易电子数据，并对交易真实性、消费者身份真实性进行审核，承担相应责任。

（3）建立平台内交易规则、交易安全保障、消费者权益保护、不良信息处理等管理制度。对申请入驻平台的跨境电商企业进行主体身份真实性审核，在网站公示主体身份信息和消费者评价、投诉信息，并向监管部门提供平台入驻商家等信息。与申请入驻平台的跨境电商企业签署协议，就商品质量安全主体责任、消费者权益保障以及本通知其他相关要求等方面明确双方责任、权利和义务。

（4）对平台入驻企业既有跨境电商企业，也有国内电商企业的，应建立相互独立的区块或频道为跨境电商企业和国内电商企业提供平台服务，或以明显标识对跨境电商零售进口商品和非跨境商品予以区分，避免误导消费者。

（5）建立消费纠纷处理和消费维权自律制度，消费者在平台内购买商品，其合法权益受到损害时，平台须积极协助消费者维护自身合法权益，并履行先行赔付责任。

（6）建立商品质量安全风险防控机制，在网站醒目位置及时发布商品风险监测信息、监管部门发布的预警信息等。督促跨境电商企业加强质量安全风险防控，当商品发生质量安全问题时，敦促跨境电商企业做好商品召回、处理，并做好报告工作。对不采取主动召回处理措施的跨境电商企业，可采取暂停其跨境电商业务的处罚措施。

（7）建立防止跨境电商零售进口商品虚假交易及二次销售的风险控制体系，加强对短时间内同一购买人、同一支付账户、同一收货地址、同一收件电话反复大量订购，以及盗用他人身份进行订购等非正常交易行为的监控，采取相应措施予以控制。

（8）根据监管部门要求，对平台内在售商品进行有效管理，及时关闭平台内禁止以跨境电商零售进口形式入境商品的展示及交易页面，并将有关情况报送相关部门。

3. 境内服务商

境内服务商：即在境内办理工商登记，接受跨境电商企业委托为其提供申报、支付、物流、仓储等服务，具有相应运营资质，直接向海关提供有关支付、物流和仓储信息，接受海关、市场监管等部门后续监管，承担相应责任的主体。

法律责任：

（1）在境内办理工商登记，向海关提交相关资质证书并办理注册登记。其中：提供支付服务的银行机构应具备银保监会或原银监会颁发的《金融许可证》，非银行支付机构应具备人民银行颁发的《支付业务许可证》，支付业务范围应包括“互联网支付”；物流企业应取得国家邮政局颁发的《快递业务经营许可证》。

（2）支付、物流企业应如实向监管部门实时传输施加电子签名的跨境电商零售进口支付、物流电子信息，并对数据真实性承担相应责任。

（3）报关企业接受跨境电商企业委托向海关申报清单，承担如实申报责任。

（4）物流企业应向海关开放物流实时跟踪信息共享接口，严格按照交易环节所制发的物流信息开展跨境电商零售进口商品的国内派送业务。对于发现国内实际派送与通关环节所申报物流信息（包括收件人和地址）不一致的，应终止相关派送业务，并及时向海关报告。

（二）适用前提

486号文中指出跨境电商零售进口商品将不再受到首次进口许可、注册或备案要求的限制，作为个人自用进境物品受到监管，前提是满足：

（1）属于《跨境电子商务零售进口商品清单》内、限于个人自用并满足跨境电商零售进口税收政策规定的条件。有关此方面的详细解读，请参阅下面的税收政策部分。

（2）通过与海关联网的电子商务交易平台交易，能够实现交易、支付、物流电子信息“三单”比对。（数据传输要求）

（3）未通过与海关联网的电子商务交易平台交易，但进出境快件运营人、邮政企业能够接受相关电商企业、支付企业的委托，承诺承担相应法律责任，向海关传输交易、支付等电子信息。

对上述适用前提的具体解读如下：

1.《跨境电子商务零售进口商品清单》

当前的优惠税收政策和海关监管优惠措施仅在将零售进口商品被包括在《跨境电商

零售进口商品清单》（简称“**清单**”）中时适用。该清单最初于2016年分两批发布，主要包括消费品，例如食物，衣服，鞋子，日用品和其他个人使用物品。

2020年1月1日起，2019年版《跨境电子商务零售进口商品清单》[1]正式实施，涵盖总共1413个海关税则号。与2018年版相比，新版清单增加了92类商品，纳入了部分近年来消费需求比较旺盛的商品，包括冻海鲜、酒类以及家用电器。清单商品的增加意味着经营范围的扩大，对企业而言是利好。

而医药类跨境电商也有新突破：北京“跨境医药电商试点”政策正式获得国家药监局批复，同意在京开展试点工作，这也是我国跨境电商政策在涉及医药产品方面的首次破冰。

在确认商品是否被包括在清单内时应注意：

（1）海关税则号与产品名称

在海关编码与产品名称之间，应以海关税则号为准。根据清单尾注2，表中货品名称仅为简称，具体范围以税则号列为准。需要注意的，是清单中的海关税则号来自《中华人民共和国海关进出口税则（2018）》。随着进出口税则的更新，海关税则号也可能会发生变化。

（2）条目的排除性注释

在确定列表中特定海关税则号的产品范围时，不可忽视条目的注释。在清单中的1321个条目中，有136个条目（海关税则号）带有排除性注释，可分为以下12种情况。

排除性注释	所涉及海关税则号数量（个）
列入《进出口野生动植物种商品目录》的商品除外	97
按照医疗器械管理的商品除外	10
列入《农药进出口管理目录》的商品除外	7
国家禁止、限制进口的旧机电产品除外	5
列入《密码产品和含有密码技术的设备进口管理目录》的产品除外	4
列入《中国严格限制的有毒化学品名录》的商品除外	6
列入《两用物项和技术进出口许可证管理目录》的商品除外	3
兽用消毒剂除外	1
麻醉药品和精神药品除外	1
罂粟、罂粟壳、大麻、古柯、恰特草除外	1
康复器械除外	1
卷轴、纡子、筒管、缝纫用线轴及类似品除外	1

1 请参阅《关于调整扩大跨境电子商务零售进口商品清单的公告（2019年第96号）》

（3）进出口检验检疫相关的例外情况

早在2016年版的《跨境电子商务零售进口商品清单》发布之前，原国家质量监督检验检疫总局（简称**"原国家质检总局"**）[1]已经在2015年制定了管理工作规范[2]，涉及跨境电子商务商品贸易的企业和产品的备案，要求外国经营主体和商品在检验检疫部门的备案由中国企业办理[3]。486号文要求跨境电商企业授权中国企业在中国海关注册。这两个通知目前都有效。对此尚无官方澄清，但考虑到国家质检总局出入境检验检疫部门现已成为海关总署的一部分，可以推断，海关总署将合并简化注册备案程序。

根据原国家质检总局的规定，以下8类商品禁止以跨境电子商务形式进境：

–《中华人民共和国进出境动植物检疫法》规定的禁止进境物；

– 未获得检验检疫准入的动植物产品及动植物源性食品[4]；

– 列入《危险化学品目录》、《危险货物品名表》、《〈联合国关于危险货物运输建议书规章范本〉附录三〈危险货物一览表〉》、《易制毒化学品的分类和品种名录》和《中国严格限制进出口的有毒化学品目录》的物品；

– 特殊物品[5]（取得进口药品注册证书的生物制品除外）；

– 含可能危及公共安全的核生化有害因子的产品；

– 废旧物品；

– 法律法规禁止进境的其他产品和国家质检总局公告禁止进境的产品；

–《中华人民共和国禁止携带、邮寄进境的动植物及其产品名录》中禁止以国际快递或邮寄方式进境的。

简言之，如果商品属于上述8种情况将被禁止以跨境电商零售进口的方式进境。

（4）物流方式限制

如前所述，中国海关将通过跨境电子商务的零售进口分为两种模式，即直购进口模式和网购保税进口模式。应该注意的是，新清单中的71个海关税则号下的商品仅适用于网购保税进口方式。这意味着，这些商品如果通过直购进口方式进口，则不应被视为跨境电商零售进口商品，因此在税收和海关监管措施方面不能享受相应的优惠政策。

（5）数量限制

根据条目备注，清单对13个海关税则号下的商品作为跨境电商零售进口实行数量限制。例如，对于海关税则号"11010000"项下的小麦或混合麦的细粉和"11022000"项下

---

1 2018年3月机构改革后，国家质量监督检验检疫总局的出入境检验检疫管理职责和队伍被划入海关总署，但相关法规政策依然有效。

2 请参阅国家质量监督检验检疫总局2015年第137号关于发布《跨境电子商务经营主体和商品备案管理工作规范》的公告。

3 目前实践中，外国产品的备案程序是由中国公司完成的。他们大多数是与中国大陆以外的电子商务平台关联的中国公司，或者是为跨境电商零售进口的外国卖方提供服务的中国物流公司。

4 《中华人民共和国进出境动植物检疫法实施条例》第十条规定，只有符合下列条件的，方可办理进境检疫审批手续：

（一）输出国家或者地区无重大动植物疫情；

（二）符合中国有关动植物检疫法律、法规、规章的规定；

（三）符合中国与输出国家或者地区签订的有关双边检疫协定（含检疫协议、备忘录等）。

5 根据《出入境特殊物品卫生检疫管理规定》，特殊物品包括入境、出境的微生物、人体组织、生物制品、血液及其制品等。

的玉米细粉，每位中国公民每年的进口总量不得超过 20 公斤。此外，如清单中明确指出的那样，对于那些受关税配额约束的商品，其数量限制仍适用于通过跨境电子商务进行的零售进口。

2. 海关联网与数据传输要求

只有满足“通过与海关联网的电商平台交易，能够实现交易、支付、物流电子信息‘三单’比对”要求的交易，才能适用跨境电商零售进口的相关规则。更准确地说，如果电商平台的网络与海关联网，并且该平台上的三种数据在相互匹配，则交易才能享受跨境电商零售进口优惠政策。

但是，通过不与海关联网的电商平台（包括外国平台，无论是自营还是第三方[1]）进口的商品仍可享受优惠措施的优惠，前提是，有在海关和市场监督管理局都已注册的快递企业或邮政企业，可以代其向海关统一提供有关交易、付款和物流的电子数据，并承诺承担有关数据准确性、完整性和真实性的相关法律责任。从法律角度来看，这种方法是允许的。但实践中，这是很少被企业选择的一条道路。因为一般而言，快递企业不愿意为不熟悉的普通电商企业承担责任，而电商企业则不愿透露付款明细。

在将数据传输到中国海关之前，跨境电商参与主体[2]应在中国海关注册，需要提供营业执照的副本、包括公司基本信息（例如公司名称）的注册表、公司地址、法定代表人的姓名和身份证号以及电子商务平台的网站地址等。

3. 适用城市（地区）

486 号文适用于北京、天津、上海、唐山、呼和浩特、沈阳、大连、长春、哈尔滨、南京、苏州、无锡、杭州、宁波、义乌、合肥、福州、厦门、南昌、青岛、威海、郑州、武汉、长沙、广州、深圳、珠海、东莞、南宁、海口、重庆、成都、贵阳、昆明、西安、兰州、平潭等 37 个城市（地区）的跨境电商零售进口业务。

2019 年 12 月 15 日，国务院批复同意在石家庄市、太原市、赤峰市、抚顺市、珲春市、绥芬河市、徐州市、南通市、温州市、绍兴市、芜湖市、福州市、泉州市、赣州市、济南市、烟台市、洛阳市、黄石市、岳阳市、汕头市、佛山市、泸州市、海东市、银川市等 24 个城市新增设立跨境电子商务综合试验区。我们理解，上述城市的跨境电商零售进口业务将同样享受现有相关监管与税收优惠政策。

不满足上述清单、数据传输、所在城市要求的零售进口则将被纳入一般贸易监管体系或邮递物品监管体系。

（三）跨境电商零售进口优惠政策

1. 三种海关监管代码及对应政策

便利化的海关监管措施将有利于高效率通关，进而促进跨境电子商务的发展。

许多政府部门都参与了跨境电商零售进口有关政策的制定，但是绝大部分监管措施都是由海关具体执行的。海关有一套包含 102 个代码的监管方式代码系统，目的在于方

1　虽然486号文中对跨境电商平台的定义是境内办理工商登记的第三方平台，但实践中外国平台只要能够满足数据传输要求仍被允许享受跨境电商零售进口的优惠政策。在大力发展跨境电商的背景之下，政府没有理由排除外国平台。

2　包括跨境电商企业、跨境电商平台和境内服务商。

便企业通关，规范海关管理，实现贸易统计。

举例而言，“0110”表示“一般贸易”；“0130”表示易货贸易。不同的监管方式代码意味着不同的监管政策。2014年至2016年之间，海关总署为跨境电子商务新增了三个海关监管方式代码，分别是“9610”，“1210”和“1239”。

下面将从海关监管方式代码的角度出发，分别介绍相应的跨境电商零售进口优惠政策。

（1）9610：直购进口模式

通过直购进口运抵进境并符合前述要求的消费行为在海关监管方式代码“9610”下受到监管[1]。

非试点城市直购进口业务也参照486号文执行，这意味着：此前原国家质检总局和原国家食品药品监督管理局在一般贸易监管体系下的化妆品，功能性食品（保健食品，特殊医疗用途的配方食品，婴儿配方奶粉）和一般贸易中使用的医疗器械的首次进口许可、注册或备案要求可以免除；检验要求免除；检疫程序以随机抽查的方式进行。

（2）1210：试点城市的保税进口模式

37个试点城市的保税零售进口在海关监管方式代码“1210”下受到监管。

原国家质检总局和原国家食品药品监督管理局在一般贸易监管体系下的化妆品，功能性食品（保健食品，特殊医疗用途的配方食品，婴儿配方奶粉）和一般贸易中使用的医疗器械的首次进口许可、注册或备案要求可以免除；由于作为个人自用进境物品监管，此类物品没有检验要求；但如果本身有检疫要求，在首次进入保税区物流中心时将正常进行检疫。

（3）1239：其他城市的保税进口模式

满足前述要求的所有其他城市的保税零售进口在海关监管方式代码“1210”下受到监管。

根据2018年版清单，监管代码1239项下的零售进口商品进入B型“保税物流中心”（即一线进区）时，它们将作为商品完成彻底的检验和检疫程序。而在离开保税物流中心并进入中国市场（即二线出区）时免于此类程序。此外，还必须满足一般贸易中首次进口化妆品，功能性食品（保健食品，特殊医疗目的配方食品，婴儿配方粉）和医疗器械的许可，注册或备案的要求。

关于保税进口值得注意的一点是，政策再次明确：已经购买的电商进口商品属于消费者个人使用的最终商品，不得进入国内市场再次销售。为避免实践操作中的漏洞，原则上不允许网购保税进口商品在海关特殊监管区域外开展“网购保税＋线下自提”模式。

2. 税收优惠政策

无论物流方式是直购进口还是保税进口，跨境电商零售进口商品均享受税收优惠政策。这意味着，按照代码9610、1210和1239监管的所有商品均可从优惠税收政策中受益。税务部门对零售进口商品按照实际交易价格征收综合税（进口关税、增值税和消费税）。纳税人应为购买商品的中国个人客户，但跨境电商平台、快递或邮政企业可以为个人客户代扣税款。

1 请参阅海关总署公告2014年第12号。

跨境电子商务零售进口商品的单次交易限值上调为人民币5000元，个人年度交易限值上调为人民币26000元[1]。对于单笔价值不超过5000元人民币的进口商品，进口关税为0%，增值税和消费税将按法定应纳税额的70%征收（即30%免税额），前提是该个人年度交易总价值不超过26，000人民币。超过单次限值、累加后超过个人年度限值的单次交易以及完税价格超过5000元限值的单个不可分割商品，均按照一般贸易方式全额征税。未来可能会根据跨境电商发展需要，继续上调单次与年度交易限值。

上述税费在报关时由中国海关征收。据海关总署称，具有较低逃税风险的商品可以在缴纳押金后先行放行，并且可以在清关后的31到45天内累计缴税。这样可以极大地改善报关效率，只需7天就可以将直购进口的欧盟包裹交付给中国客户。

（四）结语

监管政策的具体实施仍有诸多问题有待解决。例如，相关出口退税等政策还需要进一步完善；跨境电商企业、平台和支付、物流服务商等责任还需要加强落实；商品质量安全监测和风险防控也不可忽视，以便维护公平竞争市场秩序，保障消费者权益。

但从2019跨境电商零售进口新政的出台到2020年新版跨境电商零售进口商品清单的进一步扩大调整，可以看出政府在努力实现跨境电商监管规范化与措施便利化，并以优惠的税收政策鼓励这一外贸新业态的发展。相信这样的政策导向将为跨境电商带来更加稳定的发展环境和新的动力。

致　谢

本报告由君合国际贸易法律业务团队共同努力、集结团队经验及业绩而形成。在此，特向参与本年报写作人员周智勇律师、汤伟洋律师、蔡娟琦律师、王丝雨律师、陈克炳律师、陈锋律师、刘路雅惠律师，以及本报告特约作者——对外经济贸易大学**黄邵鹏博士**致以诚挚的谢意。

1　请参阅财关税〔2018〕49号《关于完善跨境电子商务零售进口税收政策的通知》和财关税〔2016〕18号《关于跨境电子商务零售进口税收政策的通知》。

2019 年
君合业务研究报告

破产重组业务
年度报告

君合律师事务所公司组

一、破产清算重整领域最新动态

（一）司法解释及政策文件

1．最高人民法院发布破产法司法解释三

2019 年 3 月 28 日上午，最高人民法院举行新闻发布会，发布《最高人民法院关于适用〈中华人民共和国企业破产法〉若干问题的规定（三）》（简称“**《破产法司法解释三》**”）有关情况。

最高人民法院审判委员会专职委员刘贵祥在新闻发布会上发言，表示建立法治化的营商环境，需要破除各类要素流动壁垒，促进正向激励和优胜劣汰。人民法院要通过加强破产审判，依法处置“僵尸企业”，进一步发挥破产在优化营商环境、深化供给侧结构性改革中的积极作用。

一是继续推动破产案件依法受理。随着执行案件移送破产审查工作的大力开展，破产审判机制不断健全，2018 年，全国法院新收强制清算与破产类案件 18823 件，同比增长 97.3%；审结 11669 件，同比增长 86.5%。积极推动通过重整程序实现市场资源的优化配置，服务经济转型升级和高质量发展。如北京市昌平区人民法院审理的北京华都肉鸡公司破产重整案，以破产企业股权整体出让方式通过互联网公开竞价招募投资人引进 9.6 亿元投资，职工债权获 100% 清偿，普通债权清偿率从模拟破产清偿率 11% 大幅提高到 83%。

二是继续规范破产案件审理。继 2018 年 3 月份出台《全国法院破产审判工作会议纪要》后，这次发布的《破产法司法解释三》，通过明确破产受理后借款的清偿顺序、单个债权人的知情权、债权人会议表决机制、管理人处分债务人重大财产的权限和程序等问题，进一步保障债权人等利害关系人在破产程序中的合法权利，鼓励对债务人企业继续经营的资金支持，促进债务人财产保值增值。

三是继续推进破产审判专业化建设，2019 年初，深圳、北京、上海三地先后设立破产法庭，破产审判专业化上了新高度，具有标志性意义。2019 年 2 月 28 日，最高人民法院下发《关于强制清算与破产案件单独绩效考核的通知》，为破产审判专业化提供审判管理保障。

四是继续推进破产审判的信息化应用。实现破产信息平台与执行查控系统的对接，便利破产案件中对债务人财产的查询，降低企业破产成本，提高债权人清偿率。

五是继续完善破产审判的工作机制。推动破产费用保障、管理人行业自律等破产审判配套机制的优化。河北、吉林、重庆、江西、浙江先后成立了省级破产管理人协会，全国已经成立市级管理人协会近40家。着力推进破产审判简易化，深化探索执行程序和破产程序的衔接、融合，实现破产案件的繁简分流、快慢分道，提高破产财产回收率，提升破产程序的整体效益，助力优化营商环境。

2. 最高人民法院发布《全国法院民商事审判工作会议纪要》

2019年9月11日，最高人民法院发布《全国法院民商事审判工作会议纪要》(下称“**《会议纪要》**”)。

《会议纪要》共计12部分130个问题，内容涉及公司、合同、担保、金融、破产等民商事审判的绝大部分领域，直面民商事审判中的前沿疑难争议问题，密切关注正在制定修改过程中的民法典、公司法、证券法、破产法等法律的最新动态，密切跟踪金融领域最新监管政策及民商法学最前沿理论研究成果。

《会议纪要》再次强调了破产审判工作总体思路和下一步工作重点，并就受理后债务人财产保全和执行程序的处理、重整中的债务人自行管理、重整中担保物权的恢复行使、重整计划执行期间的有关问题、无法清算案件的审理与责任承担等内容进行详细阐释和明确。

3. 国家发展和改革委员会、最高人民法院等13部门联合发布加快市场主体退出制度改革方案

2019年7月16日，国家发展和改革委员会（下称“**国家发改委**”）就宏观经济运行情况举行新闻发布会，国家发改委政策研究室副主任兼新闻发言人孟玮主持发布会。与此同时,《加快完善市场主体退出制度改革方案》(下称“**《方案》**”）在国家发改委的门户网站正式对外公布。《方案》由国家发改委、最高人民法院、工业和信息化部、民政部、司法部、财政部、人力资源社会保障部、人民银行、国资委、税务总局、市场监管总局、银保监会、证监会等13部门联合发布。

新闻发言人孟玮指出，市场主体退出是市场机制优胜劣汰的必然结果。当前，在我国市场退出实践的过程中，我们面临的突出问题主要是主体退出的渠道不通畅、激励约束的机制不健全、配套的措施不完善、退出的成本比较高，使得退出的主体比例是明显偏低的，从而影响了市场机制作用的发挥，也不利于实现资源的有效配置。《方案》明确了我国市场主体退出制度改革的指导思想、基本原则和总体目标，提出了完善各类退出方式的制度建设任务以及相关的权益保障机制和配套政策，对于促进市场主体优胜劣汰、推动经济高质量发展和建设现代化市场经济体系都具有十分重要的意义。

第一，有利于深化供给侧结构性改革。《方案》对有效破除低效无效市场主体退出难题、推动低效无效市场主体退出，作了全面制度性安排。《方案》将为推进优化存量、防范化解产能过剩、加快僵尸企业出清等供给侧结构性改革任务创造良好的制度环境，有力推动资源配置效率、生产率和潜在增长率的提升。

第二，有利于优化营商环境。近年来我国营商环境得到明显改善，但破产制度相对滞后，在世界银行营商环境评价中的排名明显低于总体排名，成为营商环境中的短板。

《方案》提出了进一步完善我国破产制度的具体举措，以及分步推进建立自然人破产制度等重大改革任务，将使我国破产制度更加适应经济发展和社会进步的需要，对完善营商环境发挥更大作用。

第三，有利于完善社会主义市场经济体制。与近年来我国在市场准入等领域取得的显著改革成效相比，市场主体退出方面的制度供给明显不足。《方案》明确了建立全面覆盖各类市场主体的退出制度体系的目标，提出了优化退出方式、完善退出程序、提高退出效率的一系列措施，将推动社会主义市场经济体制的完善，为市场机制在资源配置中发挥决定性作用，奠定更为坚实的基础。

4. 最高人民法院办公厅发布《关于强制清算与破产案件单独绩效考核的通知》

2019 年 2 月 28 日，最高人民法院办公厅发布《关于强制清算与破产案件单独绩效考核的通知》，内容包括绩效考核的案件范围、绩效考核的原则、绩效考核的办法、绩效考核的数据来源、加强破产审判专业化建设及强化监督检查等。

5. 最高人民法院发布人民法院第五个五年改革纲要

2019 年 2 月 27 日，最高人民法院发布《最高人民法院关于深化人民法院司法体制综合配套改革的意见暨人民法院第五个五年改革纲要（2019–2023）》，明确“研究推动建立个人破产制度”的内容。

（二）最高人民法院召开破产审判工作调研座谈会

2019 年 5 月 17 日，最高人民法院破产审判工作调研座谈会在威海荣成召开。最高人民法院民二庭副庭长关丽主持座谈会，最高人民法院审判委员会专职委员刘贵祥参加座谈会并讲话，最高人民法院民二庭部分工作人员和山东三级法院部分破产审判法官、管理人代表、企业家代表 20 余人参加座谈会。对下一步如何推进破产审判工作，刘贵祥要求：

一是要提升政治站位，统一思想，要切实认识到破产审判工作在服务保障党和国家大局工作中的重要作用，坚定不移地推进破产案件审理工作，通过行使审判职能，为国家产业结构调整和供给侧结构性改革提供服务和保障。

二是要练好本领，以加强破产审判队伍专业化、职业化、正规化建设为目标，强化专业骨干配备，通过完善破产轮训、设立破产法庭、案例汇编等长效机制，进一步提高审判能力。

三是要完善府院联动，立足破产审判中涉及的破产经费、维护稳定、政策扶持等方面争取政府部门更多支持，为顺利推进重整程序创造条件。

四是要加强破产管理人队伍建设，进一步找准法院、法官、管理人角色定位，强化破产管理人队伍培育与规范，推动建立一支更加专业的破产管理人队伍，通过完善院管联动机制，形成推进破产案件依法高效审理的合力。

五是要树立正确的破产审判理念，坚持在党委领导和政府支持下，立足经济社会发展大局，走市场化、法治化破产之路。

六是要加强顶层设计，上级法院要加强对下级法院的指导，统一解决共性法律适用

问题。

七是要加强沟通协调，有效解决吊销营业执照、财产处置难、解决担保链等共性实际问题。

（三）各地实践与探索

1. 深圳、北京和上海破产法庭成立

2019年1月14日，深圳破产法庭正式揭牌成立。2018年12月初，深圳市中级人民法院率先提出创新设立独立运作的破产法庭，为营造市场化国际化法治化营商环境，助力粤港澳大湾区建设提供强有力司法服务和保障，得到最高人民法院、广东省高级人民法院和深圳市委的高度重视、大力支持。2018年12月29日，最高人民法院批复，同意设立深圳破产法庭。2019年1月6日，深圳市委常委会议研究通过深圳破产法庭的编制方案。深圳破产法庭从正式报批到揭牌，仅用时一个月，是全国首家挂牌运行的破产法庭。

2019年1月30日，北京破产法庭正式成立。

2019年2月1日，上海破产法庭正式成立。

2. 深圳破产法庭发布企业重整案件工作指引

2019年4月1日，深圳破产法庭立足粤港澳大湾区发展需求，着眼优化营商环境，推动困境企业重整再生，经过深入调研论证，向社会公开发布了《深圳市中级人民法院审理企业重整案件的工作指引》。这是全国首个专门针对企业重整案件的工作规程。该指引以深圳法院20多年的破产审判实践为基础，以社会关切的热点问题为中心，以解决审判实务中的难点问题为关键，以破产重整前沿理论为指导，以创新方式方法为手段，对企业重整的全流程作出了较为全面、系统的制度规范，为法院审判、为管理人履职、为社会投资主体参与重整提供了基本遵循，对提高重整成功率将产生积极而深远的影响。

3. 云南省高级人民法院、山东省高级人民法院、广东省高级人民法院先后发布破产案件审判指引

2019年5月20日，云南省高级人民法院发布《破产案件审判指引（试行）》。该指引全文共10章168条，以破产案件的推进程序为主脉络，规定了破产立案审查及受理，管理人指定、监管及报酬，债权申报、审核及确认，重整，和解，破产清算，跨境破产，执行案件移送破产审查，破产衍生诉讼等内容。

2019年9月，山东省高级人民法院发布《企业破产案件审理规范指引（试行）》。该指引用222个条文保障破产案件审理，努力让有挽救可能的企业获得重生，让不能挽救的企业依法、有序退出市场。

2019年12月，广东省高级人民法院向全省法院发布《关于审理企业破产案件若干问题的指引》。该指引全文共一百二十五条，主要从“申请和受理”“管理人”“债务人财产”“破产债权”“重整程序”“清算程序”“破产程序与刑事程序的协调”“破产程序中的法律责任”等八个方面对审理企业破产案件的70多个前沿性司法疑难问题作出规范

性指引。

4. 内地首次通过网络拍卖处置跨境破产财产

2019 年 3 月 18 日，香港破产管理人在深圳破产管理人自治组织的协助下，适用深圳法院破产财产处置模式，在阿里拍卖上拍卖 5 个香港特殊车牌号的破产财产，这是内地首次通过网络拍卖的形式处置跨境破产资产。深圳破产法庭在保障粤港澳大湾区建设和优化营商环境方面进行了积极探索，推动内地首次通过网络拍卖形式处置香港的破产资产。

5. 浙江省台州市中级人民法院出台《执行程序转个人债务清理程序审理规程（暂行）》

2019 年 5 月，浙江省台州市中级人民法院（下称“**台州中院**”）对外发布了台州法院探索个人债务清理机制、创新执行退出路径的成果，制定出台了全国首个专门针对个人债务清理的工作规程——《执行程序转个人债务清理程序审理规程（暂行）》，通过建立强制执行程序与个人债务清理程序衔接机制，推进切实解决执行难。

6. 全国首例个人债务集中清理案

2019 年 10 月，浙江省温州市平阳县人民法院（下称“**平阳法院**”）办结蔡某个人债务集中清理一案。这是最高人民法院向全国人大常委会报告推动建立“个人破产制度”后首例具备个人破产实质功能和相当程序的个人债务清理案件，较为全面地体现了温州法院个人债务集中清理试点方案的多项特色功能，案件有如下特点：

一是从案件受理，到通过债务清理方案，向债务人作出行为限制令，各项机制和各环节流程都严格适用 2019 年 9 月浙江省温州市中级人民法院（下称“**温州中院**”）发布的《关于个人债务集中清理的实施意见（试行）》。

二是引入了管理人制度、债权人会议制度等基本破产制度。由管理人核查债务人财产、家庭状况，发布债权申报公告，引导完善个人债务集中清理方案，通过召开债权人会议，审查确认债权申报，审核债务人及其家庭的财产状况报告，现场质询债务人，并对清理方案进行表决。

三是首次探索自由财产、债务豁免、失权复权等个人破产中独有的制度理念。债权人同意为债务人保留必要的生活费和医疗费，是对个人破产中自由财产理念的充分体现；清理方案约定，若债务人自个人债务清理方案履行完毕之日起六年期限内严格按照方案偿还债务，则今后债权人自愿放弃对债务人剩余债务的追偿权，这是一种附条件的债务豁免；清理方案开始实施后，平阳法院即向债务人蔡某发出行为限制令，是对失权制度的尝试运用，同时，清理方案明确，蔡某自清理方案履行完毕之日起满 3 年后，恢复其个人信用，为其再次参与市场经济活动提供可能，这是对破产复权制度的积极适用。

四是充分体现了意思自治和人文关怀。从债务人自愿申请和债权人同意启动清理程序开始，到全体债权人表决通过清理方案免除部分债务，均为当事人自愿、真实、合法的意思表示。同时，本案债权人对债务人生活困难状况表示理解和同情，并为其保留必要的生活费和医疗费，体现了债权人的人文关怀和宽容精神。

五是本案严格财产调查，充分保障债权人知情权、质询权，严格落实监督机制，

将《关于个人债务集中清理的实施意见（试行）》中有关防范逃废债行为的制度安排落到实处。

二、市场热点法律问题研究

（一）实务分享文章 1—实质合并重整的法律要件研究

1. 关联企业合并破产的现实意义

为降低企业成本、优化资源配置，越来越多的企业选择通过集团化、规模化的方式来保持竞争力，关联企业作为新型的企业联合形态，正逐渐成为不可忽视的重要现象。但由于关联企业在法律上的独立性与经济上的关联性存在冲突，因此关联企业在进入重整程序后，是分别重整还是合并重整，合并重整是程序上的合并还是实质合并，都会产生与单体企业重整不同的新问题。

（1）关联企业分别重整无法避免重整欺诈行为。关联企业间的控制关系往往为不正当经营乃至集团内部违法利益输送提供便利，在此情况下，若关联企业各自进入破产重整程序，最终将会导致关联企业债权人的整体利益受损。

（2）关联企业分别重整可能影响重整程序的推进。鉴于关联企业间的资产、债权债务、人事管理等方面均高度混同，加之复杂的关联关系与不当交易，若其各自进入破产重整程序将使资产区分、债权确认、债权清偿等工作变得极为困难。

（3）关联企业分别重整可能贬损企业营运价值。由于各关联企业的生产经营相互交叉，已经形成整体性的经营实体，这使得关联企业的分别重整往往因经营体系不完整、企业单体经营效益低下而无法实现重整价值。

2. 关联企业合并破产的模式选择

理论上而言，关联企业的破产程序可以分为实质合并、程序合并以及协调审理三种模式。

（1）程序合并模式，是指当两个以上关联企业各自分别提出破产申请，法院受理后将多个案件的审理程序进行合并。合并审理时，每个债务人的财产是区分开来的，并且，不同债务人之间的债务并不消灭，合并审理案件的各债权人只能从各自的债务人财产中获得清偿。

（2）实质合并模式，是指将多个法人人格混同的关联企业视为一个单一企业，在统一财产分配与债务清偿的基础上合并进行破产程序，如多个企业的实质合并重整或清算，各企业的法人人格在破产程序中不再独立。

（3）协调审理模式，是指多个关联企业成员均存在破产原因但不符合实质合并条件的，法院可根据相关主体的申请对多个破产程序进行协调审理。协调审理不对关联企业成员的财产进行合并，各个程序亦保持独立。但各关联方之间不当利用关联关系形成的债权，应当劣后于普通债权。

实质合并模式的立法目的是打破关联企业破产时的形式公平，从而实现实质公平，保障对债权人的整体公平清偿。通过实质合并免却了区分不同企业资产、负债等事项的成本，提高破产重整程序的实际效率。

3. 实质合并重整的法律规定

在《企业破产法（试行）》实施的时代，最高人民法院出台的司法解释明确坚持“独立法人单独破产”原则，反对关联企业实质合并破产。例如，《关于审理企业破产案件若干问题的规定》第79条：“债务人开办的全资企业，以及由其参股、控股的企业不能清偿到期债务，需要进行破产还债的，应当另行提出破产申请。”

目前，我国对关联企业进行实质合并破产的司法实践已经不少见，但是现行《企业破产法》及司法解释仍未对实质合并破产进行规定，涉及实质合并破产的法律制度，仅有《公司法》第20条第3款：“公司股东滥用公司法人独立地位和股东有限责任，逃避债务，严重损害公司债权人利益的，应当对公司债务承担连带责任”。

2012年10月，最高法院民二庭召开《企业破产法》相关司法解释讨论会，就《关于适用实体合并规则审理关联企业破产清算案件的若干规定（征求意见稿）》（下称“**《征求意见稿》**”）等文件在司法解释小组内部进行讨论，该文件对关联企业间法人人格出现高度混同的认定列举了八种情形，主要体现在资产混同、债务混同、业务混同、管理混同、人员混同等方面。

2018年3月6日，最高法院发布《全国法院破产审判工作会议纪要》，其中有八个条文从审查标准、适用程序、管辖权以及利害关系人权利救济等方面就实质合并重整作出了相关规定。

4. 实质合并重整的适用要件

结合实质合并重整的司法实践，法院一般以公司法上的法人人格混同作为首要认定标准，同时结合破产法上的特殊考量，权衡破产费用成本、债权人收益、企业重整挽救成功等方面，即结合法人人格高度混同、是否出于欺诈目的、债权人整体受益、重整现实需要以及债权人信赖利益等因素进行综合判断。

（1）前提要件——关联企业整体资不抵债

我国现行《企业破产法》第2条规定，重整案件的受理前提是“不能清偿到期债务，并且资产不足以清偿全部债务，或者明显缺乏清偿能力，抑或有明显丧失清偿能力可能的”，即概括为“资不抵债”标准。

如果关联企业均已具备重整原因，则毫无争议适用合并重整规则。但若关联企业中仅有部分成员具备重整原因，未具备重整原因的关联企业成员形式上不存在资不抵债的情形，可以正常经营，但各关联方之间存在不合理的利益输送、不正当交易等情况，从保护全体债权人利益的角度，将不具备重整原因的关联企业纳入合并重整程序中有利于实现实质公平的价值追求。在该种情形下，并不要求实质合并的各关联方均已具备重整原因。

（2）决定性要件——法人人格高度混同或存在欺诈

尽管是否适用实质合并需要综合判断，但亦必须抓住关键要素。实务中，独立决定是否适用实质合并原则有两类要件：第一，关联企业之间法人人格高度混同，并导致各自财产难以区分或者区分将产生过高成本；第二，关联企业之间存在非个别的利益输送现象，严重损害外部债权人的利益，且法院认为通过破产撤销权等制度仍无法补救，只

能借助于实质合并以维护受侵害债权人的利益。

a）法人人格高度混同

在适用实质合并重整的各项要件中，法人人格混同是最普遍的适用标准，在司法实践中几乎无一例外地被法院适用为实质合并理由之一。法人人格高度混同是指关联企业之间在经营过程中出现了高度混同性，且该混同已致使法人人格界限模糊。

最高法院发布的《征求意见稿》中对关联企业间法人人格高度混同的认定列举了八种情形:（i）流动资金、货币资产、固定资产等主要经营性财产，在占有、使用、收益、处分等方面难以区分的；（ii）财务账簿、会计凭证难以区分，或者混合使用同一账户的；（iii）生产经营场所未予明确区分的；（iv）主要经营业务相同，交易行为、交易方式、交易价格等受控制企业支配的；（v）相互担保或交叉持股的；（vi）董事、监事或高级管理人员交叉兼职的；（vii）受同一实际控制人控制，关联企业成员对人事任免、经营管理等重大决策事项不履行必要程序的；（viii）其他可以认定关联企业严重丧失法人意志独立性的情形。

根据前述列举及司法实践，法人人格高度混同主要是指以下几个方面的混同：一是资产混同，关联企业之间的财产权属难以区分，例如 A 公司实际出资购买某物品，却为 B 公司名义所有；二是债务混同，关联企业之间通过共同对外交易，以债务连带等方式对同一债务承担责任；三是业务混同，关联公司常以企业集团形式对外经营，存在原材料共用，合同由某一公司统一签订，货物生产或服务提供方的随意变更，发货单及发票等凭证的随意开具等情形；四是管理混同，关联企业由同一个意思决策机构统一决定全体关联公司的经营事务，并且这种决定是以统一体为整体利益做出的；五是人员混同，关联企业内部人员在各关联方中经常相互任职，甚至存在部分关联企业职工的人事关系登记在其他关联企业名下的情况；六是场所混同，关联企业的实际办公场所、经营地址距离较近，甚至存在部分关联企业的经营地址完全相同的情形。

此外，法人人格高度混同的认定还在于“混同程度”，即是否构成高度混同。混同程度至少包含三层含义：其一，该混同具有全面性，主要体现在企业资产、债务、经营、管理等各方面均存在混同；其二，该混同具有严重性，主要体现在资产混同是全部或绝大部分、或重要资产混同。其三，该混同具有难以区分性，主要体现在很难将已发生混同企业的资产、债务、人员等予以区分，或是这种区分的代价极其高昂。因此，法人人格高度混同构成了关联企业独立人格丧失的基本表现形式，也是判断是否适用实质合并重整原则的基本标准。

b）出于欺诈目的

欺诈是另一项独立决定是否实质合并的标准。国外立法对此已有较为成熟的规定，例如，联合国《破产企业集团对待办法》中指出：“如果法院确信企业集团成员从事欺诈图谋或毫无正当商业目的的活动，其中包括以欺诈性手段抽走集团成员的资产或增加其负债，为取缔这种图谋或活动必须进行实质性合并。”这类欺诈的实例包括：债务人几乎将其所有资产转移至某个新设立的实体或其自身拥有的不同实体，目的是自己的利益而保全和保留这些资产；通过庞氏骗局和此类其他欺诈计划，对其债权人进行阻挠、拖延和欺诈。其次，《联合国立法指南》立法建议已将“法院确信企业集团成员从事欺诈图谋或毫无正当商业目的的活动”作为单独适用实体合并的理由。

在我国，正式实施的法律或司法解释中暂无相关规定。最高法院民二庭负责人曾指出：“人民法院在审理关联企业破产案件时，对于明显利用关联关系损害其他债权人利益的，可依法审慎适用关联企业实质合并破产等制度”。并且，《征求意见稿》中亦直接将出于欺诈目的而设立的关联企业认定为即便不符合《企业破产法》第2条之规定，也可以进行实体合并。

（3）辅助性要件

虽然法人人格高度混同是判断是否实质合并的充分条件，但亦非必要条件，法院可以通过衡量破产费用成本、债权人收益、重整需要等辅助性要件进行判断。但是，对辅助性要件独立决定实质合并仍应当谨慎适用，否则将容易造成法院刻意追求效率，而忽视公平，减损法人人格独立以及股东有限责任法理的稳定性。

a）债权人整体受益

债权人整体受益标准是指，对债务人资产、债务的分离将影响债权人利益，实质合并可以使债权人整体获得更大收益。债权人整体受益体现在实质合并产生的利益大于其造成的损害，即使对部分债权人而言，实质合并会带来损失，但其损失不会超过其他债权人获得的收益，即债权人整体上获得更大收益。

b）重整需要

重整需要标准，是指为了确保企业重整成功之目的而适用实质合并。实务中，重整需要标准的内涵具有多样性，最常表现为提升企业重整价值及引进战略投资人的需要。由于关联企业在高度一体化的市场环境中，各企业之间通常存在着较为明确的专业化分工，有的负责生产，有的负责采购，有的负责销售，有的负责研发，单体企业只负责完整经营链中的一环。如果关联企业分别重整，因经营体系的不完整，单体企业的重整价值相较于合并重整会大幅降低。因此，实质合并不仅可以提高企业的重整价值，亦有利于引进战略投资人，从而最终保障企业重整取得成功。

c）对关联企业同一体合理信赖

民法中的诚实信用原则，其实质是保护民事法律关系中相对人之间的合理信赖利益。一个法律主体愿意与另一法律主体发生法律关系往往是基于相互之间的合理信赖，如果更换为其他主体，则可能违背其本意。具体到关联企业中，当关联企业均以企业集团的名义对外宣传、对外交易甚至宣称对外统一负责，对于与其发生法律关系的相对方而言，其信赖的往往是该企业集团，而非关联企业中的某一企业。如果各关联公司被允许声称有能力偿还债权，而实际上并没有能力独立承担债务，在此情况下，交易对方对集团的信赖利益应得到法律保护。在破产程序中即体现为实现关联企业合并重整以其合并财产对外承担责任。

（4）结果要件——严重损害债权人利益

根据公司法第20条第3款规定：“公司股东滥用公司法人独立地位和股东有限责任，逃避债务，严重损害公司债权人利益的，应当对公司债务承担连带责任。”该条款明确了

当关联公司丧失独立人格以致对债权人造成损害时，其丧失独立承担责任的基础。因此关联企业适用实质合并原则还需满足“分别重整将严重损害债权人利益”的结果条件。

关联企业分别重整可能产生的后果一般表现为控制公司和成员公司财产的不当增加或不当减少，这一方面提高了重整成本，损及所有债权人的整体利益，另一方面亦致使各成员公司间债权人的受偿比例严重失衡，在债权人之间造成实质不公。并且，需要明确的是，“损害债权人利益”这一结果要满足穷尽破产撤销权、破产无效行为等现有制度救济后仍然无法避免。

典型案例及裁判要旨分析

序号	案名	案号	法院	裁判要点
1	西林钢铁等四十家企业合并重整案	（2018）黑07破1–1号	伊春中院	四十家企业存在密切的股权关系及高管人员的交叉任职情形；关联企业采用集团化管理模式，集团内部实施人员、采购、销售、价格审核、资金五统一管理，使得企业长期存在严重混同；各关联企业内部交易复杂、资金流量明显大于关联交易量，资产严重混同，账簿记载不清，区分各企业财产的成本过高；实质合并重整有利于重整工作的顺利推进，提升重整的可能性和效率
2	辉山乳业集团等七十八家企业合并重整案	（2018）辽01破申42–1号	沈阳中院	一、七十八家企业法人人格高度混同。辉山系公司采取的是特殊的“事业部”集权性管理模式，造成关联企业之间在资产、债务、经营决策、企业管理、人事任免等方面长期存在严重混同； 二、七十八家企业之间存在金额巨大且错综复杂的债务关系，管理人区分七十八家企业财产的成本过高。 三、对七十八家企业实施合并重整将最大程度维护公平清偿。如果不适用合并重整，将极大提高重整成本，造成重整工作效率低下
3	怡华系企业实质合并重整案	江苏法院通报企业破产审判十大案例之二	常熟中院	债权人同时申请多个关联企业破产重整，法院发现股东直接控制关联企业，造成关联企业成员之间法人人格高度混同，严重损害债权人利益，因此依法作出合并重整裁定
4	纵横集团“1＋5”公司合并重整案	（2009）浙绍商破字第1、2、3、4、5、6号	绍兴中院	六家公司实际由同一公司控制，各关联公司法人人格高度混同，主要表现为：财务混同；高管人员内部机构和经营场所混同；经营决策受制于集团公司；资产混同；关联公司资本显著不足；关联公司之间存在贷款担保关系，因此法院裁定实施合并重整
5	乐山沙湾国宏电冶有限公司等合并重整案	（2015）乐民破（预）字第6–1号	乐山中院	六家公司虽名义上为六个独立的法人，但实际控制人相同，资金和工作人员统一由实际控制人调配且存在相互提供担保，互负债权债务关系，鉴于六公司存在人员、管理、资金等混同情形，对申请人提出的公司进行合并破产重整的申请应予以准许

续表

序号	案名	案号	法院	裁判要点
6	江苏中达新材料集团股份有限公司破产重整案	（2013）锡法商清预字第2号	无锡中院	中达企业集团包括一家母公司及有四家子公司，四家子公司旗下再延伸出二十余家子公司。无锡中院决定选择程序内重整来带动关联企业的程序外重整，最终中达系关联企业顺利完成破产重整
7	中江系企业合并重整案	（2012）浙杭商破字 1–3 号	杭州中院	当关联公司的财产无法区分 丧失独立人格时，就丧失了独立承担责任的基础。中江系企业均为俞中江实际控制的关联公司，其在公司运营、人事、财务尤其是资金等方面具有高度混同情形，导致关联公司的各自财产无法明确区分、界限模糊，构成人格混同。因此法院认为在破产程序中应当视为一个法律主体，一并合并重整
8	中汉集团合并重整案	（2013）杭富商破字 1 — 1 号	富阳法院	中汉集团与医药公司等十三家公司在实际经营中，因资产和业务混同、人员和机构混同、财务混同，致使公司法人人格不独立，存在人格高度混同的情形，如对上述企业单独进行破产处置，不能客观真实地反映其资产负债情况，会直接影响资产清理工作的正常开展，故对该申请予以确认许可

（二）实务分享文章 2—重整程序中实际控制人保证责任免除的初步探究

1. 前言

企业在经营过程中向银行申请贷款的，银行通常都要求企业的实际控制人提供连带保证。当企业进入破产程序后，企业实际控制人（本标题下的讨论限于实际控制人为自然人）对银行等债权人的保证责任应如何处理，系司法实践中常见的一个问题。

实践中，如果银行等债权人依法向保证人追究保证责任，则实际控制人作为保证人立即会面临严重债务危机：一方面，因为企业已经进入破产程序，实际控制人所持股权的价值基本为零，没法再借助股权进一步融资；另一方面，债权人都向实际控制人集中主张债权，实际控制人亦无力回天，无法找到妥善解决困境的办法。并且，由于中国大陆目前还未出台个人破产制度的立法，因此当企业陷入困境时，即便解决了企业层面的问题，实际控制人等个人层面承担的保证责任仍需继续履行。然而企业破产后，实际控制人的个人资产也十分有限，这也是现实情况中不时出现实际控制人“跑路”和“跳楼”的主要原因之一。在目前阶段，我们是否有办法可以解开这个死结呢？答案是肯定的，破产司法实践中已经存在这样的案例和地方法院的相关规定。

实际上，重整程序中应否免除实际控制人保证责任的争议主要体现出担保制度与重

整制度的价值差异。担保制度的宗旨在于保障债权人权利的实现，而破产重整则把包括债务人、债权人、股东等各方主体的整体利益或各相关方的利益平衡置于首位。在解决保证之债（尤其是由实际控制人作为保证人的情况）遇上破产重整所引发的冲突时，不仅需要关注《物权法》《担保法》与《企业破产法》规则的交叉适用，更需要权衡两种制度的不同价值取向。

本文拟将围绕担保和重整两种制度的价值取向差异，归纳出现行立法与司法实践中实际控制人保证责任的适用现状，并论证重整程序中免除实际控制人保证责任对重整成功以及在我国目前缺乏有效的个人破产制度之下实现重整制度价值的重要意义。

2. 重整中保证人保证责任的适用现状

就重整程序中保证人保证责任的承担，结合相关法律法规以及相关的判例可以看出，现行立法及司法实践更多地站在实现担保制度功能的立场，倾向于尽可能保障债权人权利，并可能导致保证人承担更大的保证责任。

（1）债权人可以选择申报债权或直接向保证人追偿

根据《最高人民法院关于适用〈中华人民共和国担保法〉若干问题的解释》（下称“**《担保法解释》**”）第 44 条第 1 款规定：“保证期间，人民法院受理债务人破产案件的，债权人既可以向人民法院申报债权，也可以向保证人主张权利。”据此，债权人享有选择权，可以申报债权，也可直接向保证人追偿。实践中，债权人通常先向管理人申报债权，并同时集中主要力量向保证人追偿。

（2）主债务人进入破产程序后，一般保证人丧失先诉抗辩权

根据《担保法解释》第 17 条第 2 款规定，法院受理债务人破产案件，中止执行程序的，一般保证的保证人不得行使先诉抗辩权。因此，主债务人进入破产程序后，一般保证人丧失先诉抗辩权变成连带责任关系，债权人享有实现债权途径的选择权，这是连带债务担保功能中“多重保障原则”的体现。

（3）保证债权未受清偿部分的保证责任不能免除，且保证人履行保证责任后丧失追偿权

根据《担保法解释》第 44 条第 2 款规定：“债权人申报债权后在破产程序中未受清偿的部分，保证人仍应当承担保证责任。”据此，债务人进入破产程序后，无论是清算、重整还是和解，均包含债务免除的内容，即通过破产程序无法清偿的“余债”对于债务人而言是免除的，但这并不意味着“余债”的保证责任也相应免除，即债权人仍可以就破产程序尚未清偿的“余债”向保证人追偿。

但根据《企业破产法》第 51 条第 2 款规定：“债务人的保证人或者其他连带债务人尚未代替债务人清偿债务的，以其对债务人的将来求偿权申报债权。但是，债权人已经向管理人申报全部债权的除外。”在债权人已经向债务人全额申报的情况下，保证人就“余债”履行保证责任后却丧失追偿权，无法向债务人追偿。

（4）破产债权的止息规则效力不及于保证责任的承担

根据《企业破产法》第 46 条第 2 款规定：“附利息的债权自破产申请受理时起停止计息”（下称“**止息规则**”）。此时债权人通过申报债权所能获得清偿的债权数额会受到破

产法特殊规定的限制，这种安排是为了尽快固定破产企业的债权债务关系，以免无休无止的计息增加破产期间的负担。但《企业破产法》规定的“止息规则”是否同样适用于保证人承担保证责任时的责任范围呢？就此，司法实践中存在不同的观点：

有的观点从保证合同的从属性出发，认为保证责任的范围不应超过主债务人的责任范围，例如在宁夏富荣化工有限公司与中国长城资产管理公司兰州办事处保证合同纠纷案二审判决书中，最高人民法院认为保证人无需对破产程序中的利息承担保证责任。

但是主流的观点及判例认为“止息规则”是针对破产债权而设定的，保证人的保证责任应当依据保证合同确定，即在破产程序中保证责任的从属性应当受到限制，保证责任不随破产债权而减少。主要的法律依据是《企业破产法》第92条第3款：“债权人对债务人的保证人和其他连带债务人所享有的权利，不受重整计划的影响。”和第101条：“和解债权人对债务人的保证人和其他连带债务人所享有的权利，不受和解协议的影响。”以及相关判例的支持。例如，乐山电力股份有限公司与中国外贸金融租赁有限公司保证合同纠纷上诉案、山东省国际信托有限公司与山东银联担保有限公司、山东银联担保有限公司临沂分公司金融借款合同纠纷案。

（5）破产债权的止息规则限制保证人的求偿权

如前所述，对于有息保证债权，保证人在依据保证合同履行保证责任时，不受破产法关于破产债权停止计息特殊规定的保护，但当保证人以其求偿权或将来求偿权向债务人申报债权时反而要受到“止息规则”的限制，不能就其承担的保证责任完全申报，因此可能导致保证人在主债务人破产时所承担的责任范围大于主债务人的责任范围。有学者认为这正是担保制度中保证人应当承担的“保证风险”。

3. 重整程序中实际控制人保证责任免除的现实需要

担保制度的宗旨是保障债权的实现，但是当担保行为与重整程序出现交集或冲突时，对债权的保护仍然是最高目标吗？我们初步认为，在破产程序中各方矛盾集中，理解与适用重整规则与其他民商事实体规则之间的关系时应当避免片面，多从重整制度价值、社会效果和利益平衡的角度考虑，从而解决重整中的实际问题，使得系自然人的实际控制人也能和企业一样获得重生。

（1）实现重整制度价值的需要

重整（Reorganization），是指针对存在重大财务风险，具有法定破产事由，同时又具有再生希望的企业，由利害关系人申请而旨在挽救其生存，实现企业重生的一项积极程序。破产重整相较于破产清算有其特殊的制度价值，除了保证债权人之间公平清偿之外，还需要维护债务人的资产和经营，使其脱离困境获得重生。所以在重整程序中，需要通过不断协调债权人、股东及其他利益相关方的利益关系，才能使企业继续运营，并实现比破产清算更高的清偿率。通常而言，企业的实际控制人最了解企业，因此，要实现上述的重整制度价值，需要企业实际控制人的大力配合，尤其是在法院批准债务人继续自行营业的情形下。

（2）实现良好社会效果的需要

实际控制人为了企业的发展，通常同时为企业多笔贷款提供连带责任保证，以满足

企业的资金需求。就此，实际控制人为公司的发展做出了巨大贡献。而一旦企业因各种原因最终经营不善进入破产程序，由于债权清偿率不高，为实现债权的足额清偿或根据银行内部的相关规定，债权人定会向保证人主张保证责任。在此情形下，由于中国大陆目前还未出台个人破产制度的立法，实际控制人立即会陷入严重债务危机无法自拔，从而导致实际控制人"跑路"或"跳楼"。企业可以通过破产程序获得重生，而实际控制人个人却无法脱身，只能以死谢罪，这不是一个良性社会应该存在的现象。因此，为实现良好社会效果的需要，应在个人破产制度建立前允许免除重整程序中实际控制人的保证责任。

4. 重整程序中实际控制人保证责任免除的可行性和路径

在企业和实际控制人都陷入严重债务困境的情形下，为了在困境中实现各方利益最大化，需要各方基于现实情况进行妥协。在企业的重整程序中，各方通过自身筹码进行谈判和博弈，最终达到利益平衡，是一条可行的路径。

实践中，企业实际控制人在重整程序中通常仍享有一定的谈判筹码，可以据此与债权人等各方利益主体进行谈判和博弈，并尝试寻求免除其保证责任。具体体现在如下方面：

（1）实际控制人有权表决出资人权益调整方案

《企业破产法》第85条第2款规定："重整计划草案涉及出资人权益调整事项的，应当设出资人组，对该事项进行表决。"在重整项目中，为挽救企业，避免其破产清算，出资人和债权人需共同分担实现企业重生的成本。换言之，重整程序通常要求对出资人权益进行调整。但是，调整的内容、调整的范围以及调整的方式等，仍需要各方在博弈中达成一致。

在笔者所参与的上市公司和非上市公司重整项目中，基本都涉及对出资人权益进行调整。对于上市公司而言，在早期的上市公司重整案例中，往往涉及对大股东持有的上市公司股票进行让渡，用于直接以股抵债或者将股票处置所得用于清偿债务。在近期的上市公司重整案例中，往往采用资本公积金转增股份的方式，并且，转增的股份不再向原股东分配，而全部用于偿付上市公司的债务和补充上市公司生产经营所需资金。对于非上市公司而言，通常采取对原股东的全部权益调减为零或者保留小部分股权给原股东的方式进行调整。调减的股权通常无偿让渡给投资人或者投资人指定的第三方，或者通过债转股用于清偿债务。

就出资人组表决通过出资人权益调整方案的标准，根据《企业破产法》《公司法》的相关规定，需参会并同意的出资人所代表的表决权额占参会出资人表决权总额的三分之二以上。通常实际控制人对企业的持股比例相对较高，因此，如果希望出资人组能顺利通过出资人权益调整方案，债权人尤其是银行债权人需要与实际控制人进行良好沟通。在此情形下，实际控制人提出对其个人保证责任的免除，是完全可以商量的。

（2）实际控制人的配合可以提高重整效率

鉴于实际控制人对企业情况最为了解，要提高企业重整程序成功的概率和效率，最终使企业获得重生，企业实际控制人在重整程序中的大力支持非常重要和必要。就此，债权人尤其是银行债权人在与企业、实际控制人谈判时，实际控制人很可能提出对其个人保证责任的免除。为了激励实际控制人配合重整程序开展，或者作为其他内容的谈判筹码，银行等债权人可以考虑免除实际控制人的保证责任。

（3）实际控制人可以捐赠资产以提高清偿率

如果实际控制人对企业的多笔债权提供了保证担保，且实际控制人个人还有相当的个人资产的，在此情形下，实际控制人可以考虑将自己的资产部分捐赠给破产企业，以增加对其提供了保证责任的银行等债权人的清偿率，从而在一定程度上换取银行等债权人对其个人保证责任追偿的豁免。

（4）企业破产程序外的安排

5. 结语

综上所述，免除重整程序中实际控制人的保证责任是重整制度价值的体现。同时，免除实际控制人的保证责任亦具有重要的现实意义和可行性，从而在未有个人破产制度安排情形下达到个人破产的效果。当然，对实际控制人保证责任的免除并不是不受限制的，其具体落脚点在于重整计划制定与实施，需要重整各利益相关方在综合考虑实现自身利益以及保障重整整体利益的基础上协商确定。

（三）实务分享文章 3—债务人自行管理模式探究

债务人自行管理（Debtor–In–Possession，下称“DIP”）制度源自 1978 年美国《破产法》第十一章。所谓 DIP 制度，是指企业在重整期间，经债务人申请，人民法院批准，债务人可以在管理人的监督下自行管理财产和营业事务。我国现行《企业破产法》第七十三条和第八十条也规定了 DIP 制度。该条奠定了重整期间债务人自行管理的法律基础。但从我国目前的破产法立法体例上来看，我国仍坚持以管理人管理为原则，债务人自行管理为例外。现行的《企业破产法》只用了两条对 DIP 制度进行了简单的规定，而对 DIP 制度中管理人和债务人的角色定位、管理人监督范围、债务人和管理人各自的分工等 DIP 制度在司法实务中的具体问题缺乏相应的规定，笔者将从基础理论定位入手针对债务人自行管理实务中产生的一些问题进行简要的剖析。

1. 两种模式的理论基础

（1）管理人管理的理论基础

当企业资不抵债且不能清偿到期债务时，债务人、债权人或其他法律规定的适格主体可以依法申请企业破产。企业破产后，企业的全部财产将用于公平清偿企业债务。由于企业的财产状况实际上处于资不抵债的状态，因此从理论上来说股东暂时的权益为零，此时企业的财产本质上应全部用于清偿债务，因此，企业财产权益本质上归全体债权人所有。如果破产企业仍由企业股东进行经营或实际控制，由于从理论上来说股东此时的权益为零，股东缺乏了实现企业利润最大化的激励，转而产生了实现自身利益最大化的激励，在这种反向激励下无法有效地避免股东直接或间接转移、欺诈公司财产或者不尽勤勉义务的情况发生，可能损害债权人的合法权益。同时，传统理论认为企业破产在很多情况下是由于破产企业的经营管理者违背信义义务所导致的，继续由债务人管理可能造成破产企业的财产进一步流失。

《企业破产法》第一条就开宗明义地提出我国破产法的宗旨是公平清理债权债务，保护债权人和债务人的合法权益。因此，为了防止损害债权人权益的情况出现，在重整程序中，我国现阶段仍采取管理人管理为原则的立法体例。

（2）债务人自行管理的理论基础

如上所述，管理人管理模式下，假设的前提是由债务人继续管理很可能有损债权人的利益，这种假设是建立在债务人违反信义义务的基础上的，会极大挫伤债务人的积极性。而从目前的实际情况来看，部分企业破产并非由于股东、管理层违背信义义务所导致。股东作为企业最终剩余财产的权利人，在公司治理结构完善且正常运转的情况下，股东利益最大化和公司利益最大化是一致的，因此其没有违背信义义务的激励。同样随着经理人市场化趋势的不断加强以及股东的监督，管理层违背信义义务导致企业破产对其以后的职业生涯也会产生极大的不利影响，因此管理层也缺乏违背信义义务的激励。

同时，《企业破产法》第二条规定的破产原因不仅仅局限于资不抵债的情况，当企业不能清偿到期债务且明显缺乏清偿能力的情况下也可以申请破产，另外当企业明显丧失清偿能力可能的，可以进行重整。因此破产企业尤其是在重整期间的企业股东权益并不一定为零，重整制度是针对那些已经或可能有破产原因但有希望重生的债务人，通过继续经营、协商豁免部分债务等方式挽救危困企业。重整制度目的在于挽救危困企业，提升企业的价值从而使其重获新生。从其目的性来看，由于债务人对于企业自身的经营状况和财产状况更熟悉，且债务人企业的管理层具有相关行业的专业知识，因此在提升企业价值尤其是营运价值方面具有管理人无可比拟的优势。从这一方面来看，要实现挽救危困企业，增加企业价值这一重整目的，采取DIP制度对于提升企业的营运价值具有重要意义。

重整程序具有很强的时效性，在6+3个月内必须提交重整计划草案，在此情况下，债务人对企业有充分的了解，因此能够提高重整的效率。而长期以来，我国破产法突出强调公平清偿的理念但忽视了效率的作用。重整程序作为破产法中的一项重要程序，不仅要保障公平清偿，更重要的是提高重整效率，真正实现危困企业的起死回生。债务人自行管理作为提升企业营运效率、重整效率的重要手段写入破产法无疑是我国破产法理念上的重大进步，同时通过管理人监督，保障了破产法公平清偿目的的实现。

综上，管理人监督下的债务人自行管理模式具有正当性。

2. DIP模式的优势

（1）调动债务人的积极性，弥补管理人经营管理经验不足

通过重整程序，企业获得重生后，企业继续存续，企业股东还可能会保留一定的股权或者免除一定的保证责任等，管理层可以继续任职，因此，债务人、债务人股东和管理层有积极参与重整程序并推动重整程序成功的激励。

同时，目前管理人一般由中介机构（包括律师事务所、会计师事务所或清算事务所）单独或者中介机构和政府官员联合担任。从管理人目前的实际情况来看，管理人总体缺乏经营管理企业的相关领域的专业技能和管理技能。因此，如果采用DIP模式，可以弥

补目前管理人经营管理经验不足的问题。

（2）提升启动重整效率，最大化保障债权人利益

债务人自行管理制度除提升企业的日常经营管理效率外，还体现在推动重整启动效率上。目前我国的公司重整大多是公司面临严重的危机，迫不得已才进行重整。为何公司不及早的进行重整？一个很重要的方面是在我国破产法现有立法体例下，进入破产程序意味着管理人将接管企业，债务人的所有者和管理者将丧失控制权。为了保住控制权，企业不到迫不得已不会进行重整。DIP 制度可以有效地化解这一问题。因为 DIP 制度下依然是债务人主导的重整程序，其依然保留着对企业的控制权。债务人没有了丧失控制权的担心，在企业产生危机的早期可能会更多地采取重整程序，以挽救企业。通过控制权的保留提升企业进入破产重整程序的效率，防止债务人财产的进一步流失，可以最大化的保护债权人的利益。长远而言，也有利于重整制度在中国的良性发展。

（3）与管理人明确归责原则，发挥各自优势

如前所述，目前管理人整体对企业的经营管理能力较弱，因此，通过 DIP 模式，债务人和管理人可以在重整程序中互补，取长补短，充分发挥各自的优势。

管理人对于重整程序整个进程的把握、债权审查、债务催收、投资人引进、代表债务人参加诉讼 / 仲裁程序、取回权和撤销权等法定权利的行使、重整计划中的相关安排、涉及上市公司中相关信息的披露等方面非常专业。而债务人的优势恰巧体现在公司运营上，这是管理人正好所欠缺的。

因此，在 DIP 模式下，管理人和债务人确定职责分工后，可以充分发挥管理人和债务人各自的优势。

3. DIP 模式的现状

《企业破产法》对 DIP 制度仅有两条非常原则性的规定，因此司法实务中具体怎样操作目前尚无明确的法律依据。根据我们的经验，结合深圳市中级人民法院（下称“**深圳中院**”）2019 年印发《审理企业重整案件的工作指引（试行）》（下称“**指引**”）的相关规定，DIP 模式现状总结如下。

经统计，截至 2018 年底，在全部的 54 家上市公司重整中，有 13 家采取了债务人自行管理模式，41 家采取了管理人管理模式。对非上市公司重整案，也是以管理人管理为主，债务人自行管理为辅。

就司法实践中债务人申请自行管理的申请理由、法院裁判理由和债务人自行管理模式下管理人与债务人之间的职责分工说明如下：

（1）债务人申请和法院裁定批准债务人自行管理的条件

目前我国债务人自行管理模式采取的是债务人申请，法院批准的模式。根据我们的经验，对债务人申请自行管理并获得法院批准所需具备的相关条件主要为：

a）债务人具备自行管理财产和营业事务的能力

根据我们的经验，法院批准债务人自行管理，首要条件是债务人需具备自行管理财产和营业事务的能力。就该能力，法院一般会从如下几个方面判断：第一，公司具备完善的治理结构，从而可以保障债务人有序地进行企业的营运事务。治理结构不完善会导

致债务人道德风险的概率大大提高，从而法院在批准DIP的过程中也会有所顾忌。第二，债务人和债务人管理层不存在违反信义义务的行为。如果存在下列行为的，法院一般会认为存在违反信义义务：1）有《企业破产法》第三十一条至第三十三条规定的行为，情节严重的；2）债务人存在欺诈、恶意减少财产或者其他不利于债权人的行为；3）债务人的行为造成程序迟延或产生其他严重不利后果的。

在我们处理的案件中，有法院认为，债务人为自行管理财产和营业事务做了必要的前期准备工作，已成立了专门的破产重整工作组织机构，具备自行管理财产和营业事务的条件。

b）债务人相较于管理人更具有经营管理的优势

在企业营运方面，债务人相较于管理人更具优势：相比于管理人而言，债务人更熟悉企业的经营管理、更熟悉企业产品生产和销售、更了解企业的员工等。债务人自行管理需要说服法院相信债务人自行管理对于提升企业整体财产，保障债权人权益方面更具优势。

c）管理人审查同意

结合我们的经验和大量的案例，法院在批准债务人自行管理模式时，一般需要管理人也提交审查同意债务人自行管理的报告。

在我们处理的案件中，根据债务人的申请，管理人向法院提交了债务人继续营业的分析报告。在报告中，管理人经审查认为由债务人自行管理财产和营业事务，有利于公司财产的保值增值，并增加重整成功的可能性。据此，法院认定债务人请求在重整期间自行管理财产和营业事务的理由成立，予以批准。

d）债务人和管理人职责分工方案

目前我国现行立法对于债务人自行管理模式下管理人监督的手段、监督范围、监督重点没有明确规定，这就需要债务人在向法院申请自行管理的同时要和管理人就监督的相关问题进行约定，使法院确信在合理的监督体制下债务人自行管理的行为可以得到有效的监督。

根据深圳中院发布的指引，债务人自行管理的，管理人应当及时制定债务人与管理人职责分工方案。通过该方案，明确债务人和管理人在重整期间各自的职责分工，以免出现互相推诿的情况发生。

（2）债务人和管理人职责划分

如上所述，重整程序中，债务人自行管理模式下债务人和管理人的职责划分没有明确的法律规定。根据我们的经验和参照深圳中院指引的相关规定，债务人和管理人职务可做如下的划分：

a）债务人自行管理财产和营业事务

债务人自行管理模式下，债务人自行管理财产和营业事务。就此，管理人一般通过款项、费用批准的方式予以监督。也即债务人在日常经营管理中的支出，都由管理人审批后进行支付。当然，就审批的方式，实践中存在不同的操作方法。严格的操作方法是，债务人的每笔支出管理人都需要进行审批。另外一种效率比较高的方法是，管理人对债务人的支出进行月初预算的审批和月末支出的复查。如果期间有任何预算外的支出，再单独审批。

b）债务人制定重整计划草案及其说明文件

根据《企业破产法》的规定，债务人自行管理的，由债务人提交重整计划草案。由于重整计划涉及大量专业性很强的工作，由债务人自行完成重整计划草案具有很大难度。因此，司法实践中，即便在债务人自行管理模式下，管理人会帮助债务人一起制定重整计划，除非投资人提交可行的重整计划草案。根据我们的经验，也有债务人自行聘请专业的中介机构，协助其制定重整计划草案的案例。

债务人自行制作重整计划草案的，管理人除督促债务人按期制作并及时提交重整计划草案外，也协助债务人与各相关方沟通，从而使得各相关方力求取得最大公约数，以保障重整计划草案能顺利表决通过。

c）重整程序中重大事项的处理由管理人审核确定

根据《企业破产法》和破产法解释的相关规定，对于债务人在重整期间的借款，债务人继续履行合同以及实施涉及财产、经营和人员的重大处分行为、放弃权利的行为等，也即属于债权人会议的职权或者向债委会报告的事项，债务人不能自行处理。该些事项，债务人应当提请管理人审核，管理人审核后依法履行相应的报告职责，并在取得相关方同意或者无异议的情形下债务人方可实施。

d）管理人的法定职权由管理人行使

根据《企业破产法》和破产法司法解释的相关规定，结合我们的经验，参照深圳中院通知的相关规定，债务人自行管理模式下，管理人除行使监督权外，管理人应当履行下列职责：

i 调查债务人资产、负债状况；

ii 受理、审查债权申报；

iii 审查取回权、抵销权主张；

iv 根据破产法第三十一条至第三十三条规定追回财产；

v 组织召开债权人会议及出资人组会议；

vi 代表债务人参加诉讼、仲裁或者其他法律程序；

vii 督促债务人按期制作重整计划草案；

viii 接受法院监督，向法院汇报工作；

ix 接受债权人会议和债权人委员会的监督，向债权人会议和债权人委员会汇报工作；

x 相关法律规定的管理人其他职责。

e）债务人未依法履职情形下管理人申请终止债务人自行管理的职责

《企业破产法》并未规定在债务人自行管理期间如未依法适当履行其职责的后果。考虑到我国破产法仍坚持以管理人管理模式为默认的模式，因此在债务人未依法适当履行其职责时，管理人应当向法院申请终止债务人的自行管理。法院决定终止债务人自行管理的，管理人应及时实施接管，由管理人负责管理债务人财产和营业事务。

4. DIP 模式的展望

从我国目前破产法所采取的立法体例可以看出，我国现行《企业破产法》仍坚持管理人管理模式为默认模式，债务人自行管理为例外，这与美国破产重整制度以债务人自行管理模式为默认模式相反。随着债务人对破产重整制度和债务人自行管理制度认识的

加深、债务人和管理层对公司运营的专业化和合法化的发展、债权人对破产重整制度的理解、法律相关配套措施的完善，我们期待着更多的案件采用债务人自行管理模式，以最大化兼顾重整程序中的效率与公平。

（四）实务分享文章4—破产法司法解释三简析

2019年3月28日，最高人民法院正式发布了《破产法司法解释三》。《破产法司法解释三》自发布之日起实施。

本文将主要介绍《破产法司法解释三》的重点内容并进行分析，同时对其需进一步明确的问题提供相应建议。

1.《破产法司法解释三》重点内容简析

纵观《破产法司法解释三》全文，该规定从法院审理企业破产案件中有关债权人权利行使的角度出发，进一步明确了诸多破产实务相关问题的处理方式，主要包括针对新进债权人（即破产受理后成为债务人的债权人）的债权认定，涉及保证人的债权处理，债权登记、审核，债权异议期及债权确认之诉的当事人，债权人知情权的保护，债权人会议的表决、决议的撤销以及重大资产处置等内容。具体分析如下：

（1）新进债权人的债权认定

债务人在进入破产程序后，其财产的保值、增值即债务人财产的保护一直是管理人诸多工作中的重中之重，关系到债权人根本利益。而在司法实践中，无论破产清算还是重整，资产的保值、增值，盘活资产、继续经营均需要资金支持。而债务人已进入破产程序，其借款能力和实际偿付能力相较于一般正常企业往往较差。因此在未有法律明确规定借款债权的优先权之前，出借人（投资人、秃鹫基金）都不敢向债务人借款。

《破产法司法解释三》第二条对此进行了明确：管理人或债务人在债权人会议通过或人民法院许可的情况下，可以为债务人继续营业借款，该借款可以参照《企业破产法》第四十二条第四项的规定优先于普通破产债权清偿。由于该借款性质参照共益债务处理，而共益债务的增多可能会导致用于全体债权人最终清偿的财产价值总额减少，从而减低其他债权人债权的清偿率，故该行为应由债权人会议进行表决或经法院许可。为进一步向出借人提供增信措施，管理人或债务人可就该笔借款设定抵押担保。就抵押物的清偿，所有的抵押权人（包括新进债权人）应按《中华人民共和国物权法》第一百九十九条规定的顺序清偿。

（2）涉及保证人的债权处理

司法实务中存在保证人破产、债务人与保证人均破产的情形。在此情形下，债权人应如何申报债权之前并无明确法律规定。

《破产法司法解释三》第四条、第五条对此进行了明确。第四条规定，保证人破产情形下，债权人有权申报其对保证人的保证债权。第五条规定，债务人、保证人均破产的，债权人有权向债务人、保证人分别申报债权。

第四条进一步明确了在主债务未到期的情形下，保证债权在保证人破产申请受理时视为到期。同时，因主债务人偿付能力暂不确定，一般保证人应承担的保证责任亦暂不确定，故债权人在一般保证人破产程序中的分配额应提存，待一般保证人应承担的保证责任确定后再按破产清偿比例予以分配。第五条进一步明确，债权人对债务人和保证人均全额申报的，从一方获得清偿后，对另一方的债权额不做调整，但受偿额不得超过债权总额。且保证人履行保证责任后不再享有求偿权，即主债务人如在重整程序中已按重整计划安排向债权人进行一定比例清偿后，清偿义务即履行完毕，保证人不得再向主债务人主张求偿权。

（3）债权登记、审核

关于债权的登记、审核，《企业破产法》规定较为概括，实践中管理人操作不一，不利于债权人的权利保护。

《破产法司法解释三》第六条明确规定，管理人就申报的债权需形成债权申报登记册（简称“**债权表**”）。债权申报登记册应记载申报人姓名、单位、代理人、申报债权额、担保情况、证据、联系方式等事项。就债权审核，管理人应具体审核债权的性质、数额、担保财产、是否超过诉讼时效期间以及是否超过强制执行期间。

《破产法司法解释三》第七条明确规定，生效法律文书确定的债权应当确认，除非存在生效法律文书被撤销或不予执行需要重新确定债权的情形。

（4）债权异议期及债权确认之诉的当事人

破产程序中，就相关方对债权表记载的债权有异议的应在多长时间内提出债权确认之诉，以及提起债权确认之诉诉讼当事人应怎样确定，《企业破产法》等相关规定对此没有明确的规定，实践中管理人、法院操作不一。

《破产法司法解释三》第八条和第九条就此进行了明确。第八条规定异议人应当在债权人会议核查结束后十五日内提起。从而保障破产审判工作的顺利推动，避免破产工作进度拖延。第九条明确了各相关方对债权表记载的债权有异议情形下，原告被告应如何确定。

（5）债权人知情权的保护

破产案件推动过程中，如何切实保障广大债权人合法权益，尤其是债权人的知情权，一直是破产程序市场化、法制化所需重点解决的问题。《破产法司法解释三》的出台从制度层面为债权人参加破产程序，表达诉求提供了一定的制度保障。

司法实践中，债权人参加债权人会议行使表决权有必要事先就表决事项有关信息进行了解，尤其部分债权人如金融机构、国有企业等在表决前需报批。因此，《破产法司法解释三》第十条明确规定：

a）单个债权人有权查阅参与破产程序所必需的债务人财务信息和经营信息资料，管理人无正当理由不得拒绝。

b）如管理人无正当理由拒绝提供的，单个债权人可请求法院作出决定，法院应当在五日内作出决定，是否责令管理人提供。

（6）债权人会议的表决、决议的撤销

关于债权人会议的表决方式等和决议的撤销，之前相关法律没有明确的规定。

《破产法司法解释三》第十一条和第十二条就此进一步进行了明确。第十一条第一款

明确规定，债权人会议的决议除现场表决外，可以采取通信、网络投票等非现场方式表决。实践中，部分具有一定社会影响力的大型企业往往具有数千名债权人，现场召开债权人会议成本过于巨大，且存在一定维稳风险，因此通过非现场方式召开债权人会议能显著减少各方参会成本，同时一定程度减少维稳风险。对于采取非现场方式进行表决的，可以由管理人事先告知债权人相关决议事项，并应当在债权人会议召开后的三日内，以信函、电子邮件、公告等方式将表决结果告知参与表决的债权人。在一定程序上保证债权人具有充分的时间行使表决权，确保程序公正、透明。

第十一条第二款明确规定，就重整计划草案分组表决的，权益未受到调整或影响的债权人或股东不参加表决。实践中，一些重整计划草案的内容不会影响部分债权人或股东的权益，在不对其权益造成影响的情况下表决重整计划草案，其有可能因其他原因阻碍重整计划草案表决通过，反而可能侵犯权益受到重整计划影响的债权人的权利。

第十二条明确规定了可以申请法院撤销损害债权人利益的债权人会议决议的四种情形：会议召开违反法定程序、表决违反法定程序、决议内容违法、决议超出债权人会议的职权范围。同时，在《企业破产法》的基础上，就行使撤销权的程序进行了进一步明确。

（7）重大资产处置流程

债务人重大资产的处置直接影响债权人债权清偿率的高低，因此就重大资产的处置债权人应当具有充分的参与权和表决权。《企业破产法》第六十一条规定破产财产的管理和变价方案需债权人会议表决通过。第六十八条规定了债权人委员会对管理人财产管理和处分的监督权。第六十九条规定管理人在处置重大破产财产时需向债权人委员会报告。即便有这三条规定，实践中亦存在管理人提交的财产管理方案和变价方案比较原则的情况，而对于债权人委员会的监督职权和报告的方式没有具体的规定，导致实践中债权人对重大财产处分权很可能落空。

因此，《破产法司法解释三》第十五条明确规定管理人处分债务人重大财产的，应当事先制作财产管理或变价方案并提交债权人会议表决，债权人会议表决未通过的，管理人不得处分。

同时，第十五条第二款明确规定，管理人在实施处分前需提前十日书面报告债权人委员会或者法院。第三款规定，债权人委员会认为管理人实施的处分行为不符合债权人会议通过的方案的，有权要求管理人纠正，管理人不纠正的可请求法院作出决定。《破产法司法解释三》通过进一步细化重大资产处置程序来限制了管理人处置资产的权利，充分保障债权人的处分权的行使。

2.《破产法司法解释三》需进一步明确的问题和建议

（1）债权确认之诉提起时间对既往案件的影响

《破产法司法解释三》出台前，就债权人、债务人对债权表记载的债权有异议而起诉的期限除深圳中院2017年出台的《破产案件债权审核认定指引》和江西省高级人民法院2018年发布的《江西省高级人民法院企业破产案件审理规程（试行）》外并无明确规定。因此，实践中债权人往往就债权表记载的债权有异议后仍与管理人继续沟通，管理人确实不予调整的才准备启动诉讼，而从对审核的债权有异议到起诉往往时间跨度较大。同时也存在个别债权人恶意拖延起诉，导致债权无法及时确定，影响了破产程序有序推进。

《破产法司法解释三》明确了异议人应在债权人会议核查结束后十五日内起诉或者提起仲裁，意在要求债权人尽快行使权利，保障破产程序高效推进。但该规定未明确对于该规定实施之前案件的影响以及如果异议人超过十五日未提起诉讼或仲裁的后果。就此，我们建议可采取如下较为妥当的方式解决：

对于目前尚未审结的破产案件，在 2019 年 3 月 28 日之前债权人会议核查不予确认的债权，管理人应书面通知申报人，在通知中明确管理人不予确认其债权申报，如果对管理人的审核结果有异议的，则应在收到通知之日起十五日内向管辖法院起诉或者提起仲裁。

（2）债权人知情权与债务人商业秘密的平衡

《破产法司法解释三》第十条明确单个债权人有权查阅其参与破产程序所必需的债务人财务和经营信息资料，且就涉及商业秘密的，债权人应当承担保密义务或签署保密协议。但此条规定似乎就债务人的重大商业秘密的保护力度不足，尤其该商业秘密可能影响重整企业的重整成败时，单个债权人即有权查阅风险过高，其他债权人作为上下游企业及竞争对手完全可以指使个别债权人查阅，且管理人或法院均非行业专业人士，就商业问题进行判断的能力略显不足。

因此在司法实务中，就债权人查阅资料的申请，管理人应事先做申请正当性判断，了解其查阅理由。如不予提供应将理由及时向法院汇报。

（3）债务人破产，保证人代为清偿后的处理

在破产案件中，在破产债务人未向债权人清偿前，如保证人向债权人承担了部分或全部保证责任，在债权人已经申报债权的情形下，怎样处理？《破产法司法解释三》就此并未明确。

我们初步认为，对于债权人受偿的部分，债权人应依法向管理人调减债权申报，从而保证人可以向管理人申报债权。或者，管理人可将债权人清偿部分对应的分配款项，在向法院汇报后分配给保证人。就此问题，建议应予以进一步明确规定。

三、2019 年度君合破产重组典型案例

2019 年，君合在多起重大重组、破产重整、破产清算项目中担任管理人、债权人法律顾问、金融债委会法律顾问、投资人法律顾问、债务人法律顾问等。但由于很多项目尚未结束，出于严格保密的需要，在本报告中暂无法披露。我们从已经公告的案件中择取以下重点案件作简要介绍。

（一）厦门厦工机械股份有限公司破产重整案

1. 案例简介

厦门厦工机械股份有限公司（下称“**厦工股份**”或“**公司**”）是一家股票在上海证券交易所上市交易的公司，股票代码为 600815，股票简称厦工股份。厦工股份创建于 1951

年，是国家重点生产装载机、挖掘机、叉车、道路机械等产品的一类大型骨干企业，多次获得“全球工程机械制造商50强”“装备中国功勋企业”等荣誉称号，厦工股份装载机曾随中国科考队八赴南极，并在南极留下了“厦工大道”。公司的控股股东是厦门海翼集团有限公司，实际控制人是厦门市国资委。

2013年开始，受国家宏观经济形势和固定资产投资增速放缓等影响，工程机械行业产生严重过剩、竞争加剧，行业步入深度调整周期，厦工股份受宏观经济层面影响导致销售下降、大部分应收账款无法收回、坏账率上升，加之扩大生产大幅举债而背负了沉重的金融债务负担，同时由于长期资产、人员配置与销售规模不匹配，导致综合固定成本高居不下。自2013年开始，公司的扣非净利润连续亏损，净资产逐步亏空，技术更新、产品开发亦逐步滞后，核心竞争力下降。重大投资决策与行业周期错配，债权管控不到位，经营现金流入不敷出。

截至2018年末厦工股份流动负债高于流动资产7.57亿元，归属于母公司所有者权益–1.85亿元，资产负债率100.74%。2019年4月30日，因最近一个会计年度经审计的期末净资产为负值，厦工股份被实施退市风险警示。

2019年7月26日，福建省厦门市中级人民法院（下称“厦门中院”）裁定受理厦工股份重整一案，并于同日指定厦工股份清算组担任厦工股份管理人。君合作为厦工股份清算组成员全面负责开展各项重整工作。

厦工股份重整时间紧、任务重。厦工股份需实现2019年度净资产为正从而实现“保壳”，且要实质上达到通过重整提质增效的目的，这就要求本次重整需在2019年年内执行完毕，且自2020年开始恢复并提升盈利能力。对此，君合作为管理人分别通过处置闲置资产以减少亏损源，同时以现金清偿、留债展期以及资本公积转增股份等方式对各类债权进行清偿。

同时，2018年年底证监会监管新规的出台明确上市公司重整期间原则上不停牌，厦工股份重整是这一新规施行后第一例上交所上市公司重整案，因此为厦工股份的重整工作提出了更高的要求，对厦工股份管理人开展重整工作提出了新的考验。管理人在推进重整工作过程中，既要保证信息披露、重大决策方面的合规要求，还要结合企业所在行业实际情况出发，在尊重市场、兼顾中小股东利益基础上设计出经得起各方检验的方案，最终解决重整需求，实现价值平衡。

2019年11月1日，厦工股份第二次债权人会议高票表决通过管理人制作的重整计划草案，并于年末执行完毕重整计划。厦工股份通过此次重整实现了人员机构精简、业务优化、产品优化、基地整合、资产整合，公司经营能力得到实质性改善。同时，通过本次重整，公司资产负债情况得到改善，公司经营风险显著降低，公司盈利能力进一步提升。

2. 君合的服务内容

（1）梳理厦工股份的债权债务情况，通知厦工股份债权人申报债权，通知债务人偿还债务；

（2）审核债权，根据《企业破产法》等相关法律法规的规定对已申报债权进行审核，并根据债权性质进行分类分析；

（3）与厦门市政府、国资委、厦门中院沟通、汇报重整工作进度；

（4）处置公司闲置、亏损资产；

（5）代表债务人参加诉讼；

（6）制定重整计划草案。根据厦工股份的现实情况，论证、制定重整计划草案，并就其中关键安排与主要债权人进行沟通，如转增股份的定价、股价支撑论证等；

（7）组织、筹备、召开债权人会议。根据法律规定及厦工股分的实际情况，分别于2019年9月6日及2019年11月1日召开两次债权人会议；

（8）就重整期间各项工作及时、准确发布信息，确保信息披露合法、合规；

（9）监督重整计划的执行，就留债展期的债权督促债务人与债权人签署留债协议，并与上交所、中证登上海分公司沟通资本公积金转增股份事宜。

（二）上海兆年重工机械有限公司等三家公司实质合并破产清算案

1. 案例简介

上海兆年重工机械有限公司（下称“**兆年公司**”）始建于1982年，是一家集设计、制造、销售为一体的现代化大型装备制造业公司，有三大主导产品：港口重型机械和重型钢结构件，电缆工业电工专用设备和铜制线材以及矿山设备。兆年公司长期专注于机械制造行业，积累了丰富的操作经验和全面的生产设计技术，能够提供包括售前咨询、工艺配置、安装指导、人员培训等一系列专业服务。兆年公司总部位于上海市浦东新区金桥，生产基地位于上海市松江工业园区内，厂房面积3.5万平方米，总投资1亿元，注册资本3800万元。兆年公司员工约330人，技术团队40余人，设有4个生产车间和1个机加工车间，配备各类大型数控加工设备和先进的检测装置。

2018年5月4日，债权人范宜荣向上海市松江区人民法院（下称“**松江法院**”）申请对兆年公司进行破产清算。2018年5月18日，松江法院裁定受理对兆年公司的破产清算申请。同日，松江法院受理债权人对上海信达机械有限公司（下称“**信达公司**”）及上海多美铜材有限公司（下称“**多美公司**”）的破产申请。考虑到三家公司之间可能存在混同，经上海市高级人民法院随机摇号和竞争择优结合的“二轮竞聘”方式，松江法院于2018年7月30日指定君合律师事务所上海分所担任兆年公司、信达公司和多美公司管理人。

君合作为三家公司破产案件的唯一管理人，勤勉尽责，忠实地执行职务，严格按照《企业破产法》及其他相关法律法规履行各项义务。在破产清算期间，管理人依法接管三家公司及开展债权申报、债权审核、财产调查、解除财产保全、拍卖处置财产、申请实质合并、参与债务人诉讼等各项清算工作。除处理前述破产清算一般事务外，因兆年公司、信达公司财务资料被人恶意盗取，管理人还积极配合公安部门的相关刑事侦查工作。

经过管理人长期的债权审核工作，截至《破产财产分配方案》出具之日，三家公司经松江法院裁定确认的无争议债权共涉及135家债权人，债权金额合计人民币358,065,891.71元。其中：（1）有财产担保的债权人1家，担保债权金额人民币40,000,000元；（2）无财产担保的债权中，职工债权人13位，债权金额合计人民币384,152.74元；社保、税款债权人3家，债权金额合计人民币3,814,524.48元；普通债权118家，债权金额合计人民币313,867,214.49元。

此外，经过管理人积极推动，破产财产变价处置工作得以迅速开展并落实。2019年

1 月 23 日，兆年等三家公司的主要财产（松江工业区厂房）依法拍卖成交，成交价格为人民币 91,537,399.10 元。因此，经过管理人的推动及财产处置，三家公司可供清偿的破产财产金额合计人民币 93,540,042.05 元，其中有担保财产金额合计人民币 40,000,000 元，无担保财产金额合计人民币 53,540,042.05 元，无担保财产具体包括房地产变现收入、房屋租金收入、银行存款利息收入、执行回款等。

2019 年 10 月 8 日，本案以书面形式召开第二次债权人会议并审议通过管理人制定的破产财产分配方案。目前，管理人已按照破产财产分配方案完成了第一轮破产财产分配，有担保债权、职工债权和社保债权实现 100% 受偿，普通债权人首轮债权清偿比例为 9.21%。管理人将在车辆处置工作完毕后进行补充财产分配。

本案由债权人申请进入法院破产清算程序，君合团队在一年多的时间内圆满完成兆年等三家公司的实质合并破产清算程序，取得了良好社会效应。破产程序中，君合团队全程耐心、细致进行梳理，就具体法律问题及时向法院反馈，并与债权人积极沟通，为整个破产程序的顺利推动夯实基础。君合律师团队在本案中的工作表现获得了法院、相关政府部门和企业的高度赞誉。

2. 君合的服务内容

（1）对进入破产清算程序的兆年等三家公司进行接管；

（2）梳理兆年等三家公司内部及对外的债权债务情况，通知兆年等三家公司的债权人申报债权；

（3）聘请审计机构对兆年等三家公司的财务状况进行调查核实，并据此出具专项审计报告；

（4）审核债权，根据《企业破产法》等相关法律法规的规定予以审核债权；

（5）对兆年等三家公司的情况进行分析，向松江法院申请对兆年等三家公司实施实质合并破产清算；

（6）与松江区管委会、松江法院积极沟通，并汇报破产清算工作进度；

（7）根据兆年等三家公司的具体情况，制定债务人财产管理、变价方案；

（8）召开债权人会议。根据法律规定及兆年等三家公司的实际情况，分别召开两次债权人会议；

（9）处理大量与兆年等三家公司相关的诉讼争议；

（10）制定并执行破产财产分配方案。

四、2020 年破产重组业务趋势与展望

（一）个人破产制度进一步推动，各地试点逐步增多

2019 年是“个人破产”这一词汇频发的一年，包括中央及地方陆续多次提出推动个人破产，包括：

（1）2019 年 7 月 16 日，国家发改委等 13 个部门联合印发了《加快完善市场主体退出制度改革方案》，在方案当中明确要研究个人破产制度，重点解决企业破产产生的自然

人连带责任担保债务问题。方案明确自然人因担保等原因而承担与生产经营活动相关的负债可依法合理免责，逐步推进建立自然人符合条件的消费负债可依法合理免责，最终建立全面的个人破产制度。

（2）2019 年 4 月，台州中院出台了《执行程序转个人债务集中清理程序审理规程（暂行）》，规定当债务人出现不能清偿债务原因，且债务违约时间在 1 年以上并已进入执行程序，或经法院强制执行措施后，财产不足或无财产清偿全部债务的，可适用个人债务清理程序，债务人或者债权人都有权向法院提起申请。

（3）2019 年 9 月，温州中院出台了《关于个人债务集中清理的实施意见（试行）》，明确个人债务集中清理程序，是执行中的特别程序，即在现有法律框架内，按照执行和解和参与分配等执行制度和理论，参照个人破产的原则和精神，在进一步财产调查和清算基础上，通过附条件的执行和解或者金融机构一致行动，形成个人债务清偿方案，以达到执行程序有效退出、债务人信用修复的目的。

（4）2019 年 10 月 26 日，山东省人民政府办公厅发布《关于深化“放管服”改革优化营商环境重点任务的分工方案》，明确开展个人破产制度试点，探索推进个人债务清理程序，重点解决企业破产产生的自然人连带责任担保债务问题。完善个人破产配套机制建设，探索建立规范、严谨、具有惩罚性的公民信用体系及完善的财产登记制度。

综上所述，通过中央及地方的大力推动，个人破产制度的雏形已经显现。今后一段时间内，各地试点将进一步增多，通过对试点效果的研究与总结，可以逐步梳理和总结出个人破产制度实施的可行性及不足，并逐步日趋完善。

（二）破产制度对市场经济的调节作用进一步提升，庭外重组与破产重整衔接愈发频繁

在“供给侧结构性改革”与“去杠杆”的政策背景下，近年来通过破产制度进行市场经济调节愈发成熟，也逐渐被社会所接受，随之带来的便是宏观立法层面对破产及相关制度的不断完善，就实践具体问题推动统筹协调，以适应市场规律，将破产制度这一市场调节器改造、升级。

2019 年相继出台了多部破产相关政策法规，如《破产法司法解释三》《加快完善市场主体退出制度改革方案》《全国法院民商事审判工作会议纪要》等。在《破产法司法解释三》新闻发布会上，最高人民法院亦明确了将启动新破产法修订工作。

随着上述政策法规的出台，破产案件的审理日益公开、透明，各方权益维护得到了进一步保障。同时，为了使企业重组符合实际需要，各地也从立法与实操层面推动庭外重组、预重整与破产重整的有机结合。如深圳市中级人民法院《审理企业重整案件的工作指引》（试行）中即明确了预重整制度及与重整的衔接。各地法院也在尝试进行预重整工作的推动。

通过上述政策法规的出台及实践试点工作，可以展望在未来几年有关破产制度的完善与修订工作将更加普遍，法庭内外重组的规范与衔接将日趋成熟，破产制度的市场价值将进一步提升，破产案件工作的开展将对各参与方提出更加严格的要求，立法宗旨也

将逐步在每一起案件中得到体现。

（三）“府院联动”愈加深入，行政部门外部协调保障将日趋完善

破产制度，尤其其中的重整制度，在调整债权人与债务人债权债务关系的同时也普遍在调整债务人股东权益、债务人经营利益，这就要求破产案件审理过程中需要与具体行政部门妥善衔接与配合。

对此，2018年的《全国法院破产审判工作会议纪要》已经明确。各地也为推动破产案件采取了一定的“府院联动”举措，包括泉州成立企业兼并重组和破产处置领导小组，温州成立了企业破产风险处置领导小组，并出台了《企业破产处置工作联席会议纪要》。而在实操层面，针对重大、复杂破产企业，往往在法院受理破产申请前即由各行政部门与专业机构成立相应清算组、脱困小组等以适应实际需要。相反的，如没有妥善处理与协调“府院联动”就会导致破产工作效率低下、清算工作无法推动、重整计划无法执行等情况，不利于营商环境的维护及社会稳定。

因此，随着近年来社会各界对破产制度的了解与接受，以及破产工作开展的实际需要，“府院联动”将会进一步得到贯彻与落实，在各地相继出台类似政策法规之外，相信国家层面也会采取一定举措，包括设立国家层面的破产事务管理机构等。

（四）“预重整”制度逐渐被立法认可，操作日渐成熟、规范

随着社会对重整制度的逐渐了解与接受，越来越多的危困企业考虑采取重整制度实现债务脱困并转型升级，但由于重整制度本质属于司法程序，相较庭外意思自治较为烦琐，且具有法定期间、义务等束缚，具有较高的程序成本。因此，越来越多的危困企业，尤其是大型危困企业会在进入重整程序前先开展一定“预重整”工作，理清脉络，进行重整价值识别，确定初步重整方案，避免盲目进入重整程序，造成“硬着陆”。

此种方式一方面可以在不受司法程序束缚的情况下充分与各利益相关方沟通，确定重整方案思路，二来也可提前开展公司情况梳理，将可能的繁杂、敏感工作提前处理、解决，从而减轻各方在重整程序中的程序成本，直奔主线工作，迅速实现重整计划获得批准，开展重整计划执行程序。所以“预重整”逐渐被越来越多的债权人、债务人、政府及法院接受、认可，并在实践中普遍实施，由此各地也逐步通过立法对“预重整”或庭外重组制度进行了明确与规范。如《全国法院破产审判工作会议纪要》《深圳市中级人民法院审理企业重整案件的工作指引》《北京破产法庭破产重整案件办理规范（试行）》等。与此同时，全国各地破产业务研讨会、论坛等也开始就“预重整”制度进行探讨与研究。

随着我国破产制度、体系的逐步完善、优化，“预重整”作为以往的立法空白也开始逐步被认可，并加以规范，随着“预重整”制度的不断成熟、完善，其将与重整制度成为相辅相成的企业挽救工具，共同为具有挽救价值的危困企业保驾护航，实现各方共赢。

致　谢

本报告由君合破产法律服务团队共同努力、集结团队经验及业绩而形成。在此，特向撰稿人员赵敏律师、董明律师、刘啸森律师、徐念祖律师、胡天雄律师致以诚挚的谢意。

2019 年
君合业务研究报告

合规业务
年度报告

君合律师事务所公司组

一、信息保护和网络安全法律热点问题

（一）《网络安全审查办法（征求意见稿）》发布

2019 年 5 月 24 日，国家互联网信息办公室（以下简称“**网信办**”）发布关于《网络安全审查办法（征求意见稿）》（以下简称“**《征求意见稿》**”），公开征求意见 1 个月，该办法生效后将取代 2017 年 6 月 1 日实施的《网络产品与服务安全审查办法（试行）》（以下简称“**《试行办法》**”）。相比试行办法，《征求意见稿》对网络安全审查制度做出了更加全面与明确的规定，包括审查对象、审查原则、审查领导机制、审查启动、审查要点、审查流程等多个方面，具体要点整理如下：

1. 安全审查对象

《征求意见稿》第二条明确了网络安全审查的对象，即“关键信息基础设施运营者采购网络安全产品和服务，影响或可能影响国家安全的”。《征求意见稿》将实行网络安全审查的义务主体限定在关键信息基础设施运营者，并且，《征求意见稿》第十八条亦明确，本办法中关键信息基础设施运营者是指，经关键信息基础设施保护工作部门认定的运营者。相比《试行办法》中“关系国家安全的网络和信息系统采购的重要网络产品和服务”更为明确，在一定程度上可以减少关于安全审查过于广泛的担忧。但值得注意的是，对于网络安全审查的对象，《征求意见稿》第二条也规定，法律、行政法规另有规定的，依照其规定。网络安全审查对象亦可能在其他法律和行政法规之中规定，而不限于《征求意见稿》。

2. 安全审查领导机制

《征求意见稿》明确，中央网络安全和信息化委员会统一领导网络安全审查工作，网信办会同国家发展和改革委员会、工信部、公安部等多个部门共同建立国家网络安全审查工作机制，该工作机制的成员将成为具体审查过程中的审查主体之一。此外，网络安全审查办公室设在国家网信办，负责制定安全审查的相关制度、组织网络安全审查以及监督审查决定的实施。总体来看，《征求意见稿》明确构建了网络安全审查制度的领导机制，并确定了职能分工。

3. 安全审查的启动

《征求意见稿》规定了两种启动网络安全审查的方式，一是运营者在采购网络产品和服务时，经预判产品与服务上线运行后可能产生第六条规定之风险后，应主动向网络安

全审查办公室申报网络安全审查，二是网络安全审查工作机制成员单位认为采购活动影响或可能影响国家安全，由网络安全审查办公室按程序报中央网络安全和信息化委员会批准并进行审查。相比于《试行办法》中仅由主管部门主动启动网络安全审查的机制，《征求意见稿》新增了运营者主动申报网络安全审查的制度。此外，《征求意见稿》也相对应地增加了运营者主动申报前判定网络产品服务安全风险的参考标准。

4. 安全审查程序

《征求意见稿》对于网络安全审查的流程做出了明确的规定。第八条规定了运营者申报网络安全审查应提交的材料；第十一、十二条明确了整个网络安全审查的具体流程与时长，整体上形成了由网络安全审查办公室、网络安全审查工作机制成员单位、中央网络安全和信息化委员会构成的三级审查机制，即：

（1）网络安全审查办公室初步审查：30个工作日（可延长15个工作日）

（2）网络安全审查工作机制成员单位回复初审意见：15个工作日

（3）特别审查：原则上45个工作日（可延长）

5. 安全审查评估要素

《征求意见稿》第一条规定了整体目标和宗旨，即提高关键信息基础设施安全可控水平，维护国家安全。第十八条规定安全可控是指产品和服务提供者不得利用提供产品和服务的便利条件非法获取用户数据、非法控制和操纵用户设备，不得利用用户对产品和服务的依赖性牟取不正当利益或者迫使用户更新换代等。

第十条则进一步规定了网络安全审查中评估国家安全风险主要考虑的七大方面因素，包括：

（1）对关键信息基础设施持续安全稳定运行的影响；

（2）个人信息和重要数据的安全；

（3）产品和服务的可控性、透明性以及供应链安全；

（4）对国防军工、关键信息基础设施相关技术与产业的影响；

（5）产品和服务提供者遵守国家法律与行政法规情况；

（6）产品和服务提供者受外国政府资助、控制的情况等因素。

与《试行办法》相比，《征求意见稿》中的评估要素更加全面。

6. 我们的观察

对比《试行办法》，《征求意见稿》明确和限定了网络安全审查制度的适用范围，相对具体地规定了网络安全审查的程序和评估要求。未来实践中，该《征求意见稿》将如何具体适用，相关部门进行安全审查的具体标准如何以及相关的执法案例仍有待进一步观察。

（二）工信部网络关键设备安全检测管理办法

2019年6月5日，工业和信息化部（简称“**工信部**”）发布《网络关键设备安全检测实施办法（征求意见稿）》（以下简称“**《安全检测实施办法》**”），向社会公开征求意见一个月至2019年7月4日。

《网络安全法》第23条规定，网络关键设备和网络安全专用产品应当按照相关国家标准的强制性要求，由具备资格的机构安全认证合格或者安全检测符合要求后，方可销售或者提供。国家网信部门会同国务院有关部门制定、公布网络关键设备和网络安全专用产品目录，并推动安全认证和安全检测结果互认，避免重复认证、检测。

《安全检测实施办法》对于安全检测方式的程序和要求作出了具体规定。《安全检测实施办法》所针对的网络关键设备亦指列入《网络关键设备和网络安全专用产品目录》的网络关键设备，根据2017年发布的第一批公告，包括路由器、交换机、服务器（机架式）和可编程逻辑控制器。工信部负责组织实施网络关键设备安全检测工作（第五条）。

《安全检测实施办法》规定，网络关键设备的生产企业选择进行网络关键设备安全检测的，应向工信部提交申请材料（包括生产者和网络关键设备的基本信息、设备性能参数符合网络关键设备技术指标的声明、企业安全保证能力相关材料等）（第六条）；其次，生产者应选取样品，委托具有资格的机构进行安全检测，经安全检测符合要求后，由检测机构向工信部提交网络关键设备安全检测报告（第七条）。工信部将发布通过安全检测的网络关键设备名单，有效期为三年。

《安全检测实施办法》还提出纳入电信设备进网许可制度管理的网络关键设备，如在进网管理中由具备资格的机构按照网络关键设备安全检测依据的标准实施检测，且进网许可证仍在有效期内的，不再重复检测。有效期届满时间为设备进网许可到期时间。

《安全检测实施办法》也进一步对于网络关键设备的变更情况说明、生产企业和检测机构的责任和义务，及工信部监督管理等方面做出了规定。

我们将持续跟踪草案的立法进展。

（三）网络安全漏洞将何去何从——简析《网络安全漏洞管理规定（征求意见稿）》

2019年6月18日，工信部发布会同有关部门起草的《网络安全漏洞管理规定（征求意见稿）》（以下简称“**《管理规定》**”）征求意见至2019年7月18日。此前安全漏洞的处置流程是通过推荐性国家标准的形式进行规范。而《管理规定》则将以具有法律约束力的条款明确网络安全漏洞的监管对象、主管机构，并规范网络安全漏洞处置流程。

1. 监管对象、主管机构

《网络安全法》第22条规定，网络产品、服务的提供者……发现其网络产品、服务存在安全缺陷、漏洞等风险时，应当立即采取补救措施，按照规定及时告知用户并向有关主管部门报告。

《管理规定》明确的监管对象包括网络产品、服务提供者和网络运营者，以及开展漏洞检测、评估、收集、发布及相关竞赛等活动的组织（以下简称“第三方组织”）或个人（第2条），主管机构为工信部、公安部和有关行业主管部门（第4条）。

2. 网络安全漏洞处置流程

《管理规定》要求网络产品、服务提供者和网络运营者发现或获知其网络产品、服务、系统存在漏洞后，应当按照相应的时间采取漏洞修补或防范措施并向社会或用户发布（第3条）。

与原国家标准相比，《管理规定》并没有沿用其详细的漏洞管理生命周期流程，对于漏洞发现、接受等问题进行详细规范，调整了原标准规定的处理时间表，并且区别网络产品和网络服务、系统提供者漏洞修补或防范措施期限中规定的漏洞修补或防范措施期限。

《管理规定》所规定的具体流程如下：

流程	要求
验证	网络产品、服务提供者和网络运营者发现或获知其网络产品、服务、系统存在漏洞后立即对漏洞进行验证
漏洞修补或防范措施	相关网络产品应当在90日内采取漏洞修补或防范措施
	相关网络服务或系统应当在10日内采取漏洞修补或防范措施
通知	需要用户或相关技术合作方采取漏洞修补或防范措施的，应当在对相关网络产品、服务、系统采取漏洞修补或防范措施后5日内，将漏洞风险及用户或相关技术合作方需采取的修补或防范措施向社会发布或通过客服等方式告知所有可能受影响的用户和相关技术合作方，提供必要的技术支持，并向工信部网络安全威胁信息共享平台报送相关漏洞情况。

3. 第三方组织向社会发布漏洞信息

《网络安全法》第25条要求，向社会发布系统漏洞、计算机病毒、网络攻击、网络侵入等网络安全信息，应当遵守国家有关规定。

而《管理规定》明确，第三方组织或个人通过网站、媒体、会议等方式向社会发布漏洞信息应当遵循必要、真实、客观、有利于防范和应对网络安全风险的原则（第6条）。第三方组织应当加强内部管理，履行管理义务，防范漏洞信息泄露和内部人员违规发布漏洞信息（第7条）。

特别的，此前主要收集、发布漏洞信息的中国信息安全测评中心下设的国家信息安全漏洞库，或是国家计算机网络应急技术处理协调中心下设的国家信息安全漏洞共享平台也将会被视为第三方组织，需要遵守第三方组织发布漏洞的规定（第10条）。

4. 法律责任

《管理规定》第8条规定，网络产品、服务提供者和网络运营者未按规定采取漏洞修补或防范措施并向社会或用户发布的，由工信部、公安部等有关部门按职责依据《网络安全法》第56条、第59条、第60条等规定组织对其进行约谈或给予行政处罚。

另，第9条规定，第三方组织违反规定向社会发布漏洞信息，由工信部、公安部等有关部门组织对其进行约谈，或依据《网络安全法》第62条、第63条等规定给予行政处罚；构成犯罪的，依法追究刑事责任；给网络产品、服务提供者和网络运营者造成经济或名誉损害的，依法承担民事责任。

5. 我们的观察

《管理规定》作为规范性文件，在《网络安全法》的体系下，直接明确了网络产品、服务提供者和网络运营者和第三方组织对于网络安全漏洞的处理要求，明确了法律责任。对于企业将如何在实践中做到合规处理网络安全漏洞，我们将持续关注。

（四）《互联网个人信息安全保护指南》正式出台

继 2018 年 11 月 30 日发布征求意见后，2019 年 4 月 10 日，公安部网络安全保卫局联合北京网络行业协会、公安部第三研究所共同研究制定的《互联网个人信息安全保护指南》（以下简称“**《指南》**”）正式发布。除了对《网络安全审查办法（征求意见稿）》（《征求意见稿》）原有的内容做了变动以外，指南还参考《网络安全法》、GB/T35273-2017《信息技术安全个人信息安全规范》（以下简称“**《信安规范》**”）、GB/T22239《信息安全技术网络安全等级保护基本要求》（GB/T22239-2008《信息安全技术信息系统安全等级保护基本要求》的修订中版本，目前仍在征求意见）增添了新的内容与要求，总结如下：

1．适用范围

《指南》在第一节适用范围中明确“适用于通过互联网提供服务的企业，也适用于使用专网或非联网环境控制和处理个人信息的组织或个人”。上述表述说明除了传统意义上的互联网企业，其他领域的企业或个人，只要涉及对于个人信息的控制与处理，均属于《指南》的适用范围。

从法律效力上看，《指南》并不属于有法律强制约束力的部门规章，其引言部分也说明“供互联网服务单位在个人信息保护工作中参考借鉴”。但是，由于目前《个人信息保护法》仍在全国人大立项制定过程之中，《指南》必然作为公安机关在实践之中执行《网络安全法》中涉及个人信息保护相关要求的重要参考。

2．主要规定

《指南》从管理措施、人员设置、信息的收集使用、存储、共享、事件响应等多个方面全面的规定了企业对个人信息保护的实施要求，与《信安规范》等文件的内容有部分重合，也有突破、完善和更为严格之处。在此对其中的重要内容分析和总结如下：

（1）安全保护义务

《指南》第 5.1 节要求“个人信息处理系统其安全技术措施应满足 GB/T 22239 相应等级的要求，按照网络安全等级保护制度的要求，履行安全保护义务”。相较于《征求意见稿》中统一要求按照第三级等级保护的要求进行安全保护，《指南》并没有一刀切地要求个人信息持有者按照最高等级实行安全保护措施，而是基于企业自身的具体情况，按照所对应的等级开展安全保护。

（2）组织管理体系

《指南》对管理机构以及管理人员均提出了要求。

a）就管理机构而言，《指南》提出要授权专人负责个人信息的保护工作，并增设审计管理员的岗位；

b）就管理人员方面，《指南》除了要求加强对个人信息管理人员在录用、离岗、教育培训等方面的管理，首次提出要定期考核管理人员对相关工作的基础知识、安全责任以及惩戒措施、法律法规等的理解，并记录存档考核记录；

c）要求外部人员的访问，无论是通过物理或者网络渠道，均立先获得批准，并进行相应的限制和记录。

（3）管理制度

在管理制度方面，《指南》对管理制度的内容、制定发布、执行落实与评审改进四个

方面提出了要求。

a）就管理制度内容而言，应包含个人信息保护的总体方针和安全策略等相关规章制度与文件、工作人员日常管理个人信息的操作流程以及个人信息管理制度体系，除此之外，还应制定个人信息安全事件应急预案；

b）就制定发布而言，要明确专门的制度制定主体、制定程序、发布方式以及发布范围，对制定的制度进行论证和审定，并形成论证和评审记录；

c）就制度执行落实方面，要对制度执行情况进行审批登记，要保存记录文件并定期汇报总结管理制度执行情况；

d）就评审改进方面，要定期对安全管理制度进行评审并进行相应的修订，评审应形成记录，要及时更新管理制度的修订。

（4）技术措施

《指南》从通用要求与拓展要求两方面对技术措施提出了要求，其中值得注意的点如下：

a）就安全审计方面，《指南》提出安全审计要覆盖到每个用户、用户行为和安全事件；

b）就身份鉴别方面，提出鉴别信息要定期更换并具有一定的复杂性，当确定信息被泄露后，应提供提示全部用户强制修改密码的功能，再验证确认用户后修改密码；

c）就备份恢复方面，要求定期对备份数据进行恢复测试，保证数据可用性。

（5）信息收集限制

《指南》对于个人信息持有者收集个人信息提出了更高的要求。例如，《指南》规定，不应收集与其提供的服务无关的个人信息，不应通过捆绑产品或服务各项业务功能等方式强迫收集个人信息。

《指南》还规定，个人信息收集者“不应大规模收集或处理我国公民的种族、民族、政治观点、宗教信仰等敏感数据”。除此之外，《指南》中首次出现“个人生物识别信息应仅收集和使用摘要信息，避免收集其原始信息”的内容。例如信息持有者在收集脸部特征信息这种生物识别信息时，应仅收集脸部特征向量这种经过抽象化处理后得到的信息，而不能收集原始的脸部图像。

（6）信息存储和应用及分享

《指南》对个人信息的存储、应用以及共享与转让等方面也提供了标准。

a）就信息的保存方面，《指南》要求在存储的过程中要对信息通过安全加密等措施进行处理；应根据个人信息收集、使用的目的等作为依据对不用类型的个人信息设置不同的存储期限，并在超出时效后予以删除；除此之外，要对个人信息数据提供备份和恢复功能；

b）就信息的应用方面，《指南》特别明确应用个人信息不得超出与个人信息主体签署的相关协议和规定，但经过处理无法识别特定个人且不能复原的个人信息除外；个人信息主体应有访问、修改、删除、纠正个人信息的权利；除此之外，《指南》要求应对个人信息的接触者设置相应的访问控制措施；

c）就信息的共享与转让方面，《指南》提出个人信息原则上不得共享、转让。若要共享与转让个人信息，应进行个人信息安全影响评估。并对受让方的数据安全能力进行评估，确保受让方具备足够的数据安全能力。

d）对于信息的存储，《指南》明确要求“在境内运营中收集和产生的个人信息应在境内存储，如需出境应遵循国家相关规定”。针对云服务，《指南》还专门提出要确保个人信息在云计算平台中存储于中国境内，如需出境应遵循国家相关规定。

（7）用户画像

在第6.3c）一节中，《指南》对将个人信息用于用户画像的同意机制做出了规定：“完全依靠自动化处理的用户画像技术应用于精准营销、搜索结果排序、个性化推送新闻、定向投放广告等增值应用，可事先不经用户明确授权，但应确保用户有反对或者拒绝的权利；如应用于征信服务、行政司法决策等可能对用户带来法律后果的增值应用，或跨网络运营者使用，应经用户明确授权方可使用其数据。”这是第一次出现以是否可能为用户带来法律后果为标准划分用户画像的同意机制。

（8）应急处置

《指南》对于发生个人信息安全事件的应急处置提出了明确的要求，作为专章进行规定。从流程上来看，将应急处置划分为“应急机制与预案”“处置与响应”两个部分，涵盖安全事件预防与处置的各个步骤。其中值得注意的是，对比《征求意见稿》中发生安全事件要向“有关主管部门”上报，《指南》第一次明确发生安全事件时应及时向公安机关报告。此外，《指南》还首次提出“应按《国家网络安全事件应急预案》等相关规定及时上报安全事件，报告内容包括但不限于：涉及个人信息主体的类型、数量、内容、性质等总体情况，事件可能造成的影响，已采取或将要采取的处置措施，事件处置相关人员的联系方式”的要求。

3. 我们的观察

《指南》的出台为作为个人信息持有者的企业或个人提供了更为详细的个人信息保护的标准与规范，但同时要求也更高、更细节化，在实践之中将如何执行（例如数据本地化的规定），还有待于进一步观察。

（五）四部委加强App个人信息收集使用治理

2019年1月25日，中央网信办、工信部、公安部与市场监管总局四部门联合发布《关于开展App违法违规收集使用个人信息专项治理的公告》，拟针对目前App收集与使用个人信息的乱象，开展为期一年的专项治理。据此，全国信息安全标准化技术委员会、中国消费者协会、中国互联网协会、中国网络空间安全协会成立App违法违规收集使用个人信息专项治理工作组（以下简称“**工作组**”），工作组于2019年3月1日编制发布了《App违法违规收集使用个人信息自评估指南》（以下简称“**《自评估指南》**”）。

1. 评估重点

《自评估指南》主要用于App运营者对收集与使用个人信息进行自查自纠，分别从隐私政策文本、App收集使用个人信息行为、App运营者对用户权利的保障三个方面提出了9大评估事项共计32个评估点。《自评估指南》中的要求主要参照《网络安全法》《消费者权益保护法》《信安规范》，以及于今年1月30日发布征求意见的新修订的《信

息安全技术 个人信息安全规范（草案）》（以下简称“**新《信安规范》（草案）**”）。从整体来看，《自评估指南》提出的要求更加严格和细致，其中有多项要求系首次提出，其中重点梳理如下：

（1）隐私政策需清晰说明各项业务功能及其所收集个人信息类型

《自评估指南》最值得注意的要求在于强调、细化和明确了“必要性”原则，对 App 提供多项功能、多项功能分别要求用户提供不同类型的个人信息的情况，《自评估指南》明确提出隐私政策中应当将收集个人信息的业务功能逐项列举，每个业务功能在说明其所收集的个人信息类型时，应在隐私政策中逐项列举，不得使用“等、例如”等方式概括说明；并且，每个业务功能都应说明其对应的收集的个人信息类型，不应出现多个业务功能对应一类个人信息的情况。这种“穷尽式”的列举要求在实践中可能给 App 运营者带来很大的挑战和实操难度。

（2）App 使用系统权限应说明该权限将收集个人信息的目的

《自评估指南》要求当 App 打开系统权限时（不包括用户自行在系统设置中打开权限的情况），App 应当说明该权限将收集个人信息的目的。

《自评估指南》还要求 App 运营者不应通过捆绑多项业务功能的方式，要求用户一次性接受并授权同意多项业务功能收集个人信息的请求。

（3）隐私政策需明示用户画像与个性化展示的使用

《自评估指南》要求，如果 App 运营者将个人信息用于用户画像、个性化展示等，隐私政策中应说明其应用场景和可能对用户产生的影响。我们注意到，与之相关的，新《信安规范》（草案）对个性化展示的退出机制进行了规定：在向个人信息主体推送新闻或信息服务的过程中使用个性化展示的，应为个人信息主体提供简单直观的退出个性化展示模式的选项；在向个人信息主体提供业务功能的过程中使用个性化展示的，当个人信息主体选择退出个性化展示模式时，应向个人信息主体提供删除或匿名化定向推送活动所基于的个人信息的选项。

（4）隐私政策里个人敏感信息类型与个人数据出境情况需显著标识

《自评估指南》要求，隐私政策里涉及个人敏感信息及个人信息出境的情况均需显著标识，可采用字体加粗、标星号、下划线、斜体、颜色等方式，提醒用户高度关注。其中，在收集个人敏感信息时，App 应以弹窗提示等显著方式向用户明示收集、使用个人信息的目的、方式、范围。

（5）App 需提供用户注销账号的权利

《自评估指南》不仅要求 App 运营者在隐私政策里对用户注销账户的操作方法进行明确的说明，同时要求 App 应提供注销账号的途径（如在线功能界面、客服电话等），并在用户注销账号后，及时删除其个人信息或进行匿名化处理。

（6）嵌入第三方代码插件收集个人信息

《自评估指南》要求，如果通过嵌入第三方代码、插件等方式将个人信息传输至第三方服务器，应通过弹窗提示等方式明确告知用户。根据《信安规范》，个人信息控制者在提供产品或服务的过程中部署了收集个人信息的第三方插件，且该第三方并未单独向个人信息主体征得收集、使用个人信息的授权同意，则个人信息控制者与该第三方为共同个人信息控制者，并应履行向个人信息主体明确告知的义务。《自评估指南》该项要求也体现了上述规定的精神。

（7）被明确拒绝后不得继续索要权限、打扰用户

《自评估指南》提出，对用户明确拒绝使用、关闭或退出的特定业务功能，App不应再次询问用户是否打开该业务功能或相关系统权限。新《信安规范》（草案）规定，若个人信息主体不同意使用、关闭或退出特定业务功能，个人信息控制者不得频繁征求个人信息主体的同意。《自评估指南》明确提出了更高的要求，即“不应”再次询问用户是否打开相应权限。

除了上述要点之外，《自评估指南》还提出了隐私政策需单独成文并易于阅读、容易访问（从App主功能界面通过4次以内的点击应当能访问到隐私政策）、隐私政策应列明App运营者基本情况（包括名称、注册地址、负责人联系方式）、不得设不合理条款、App应提供查询、更正、删除个人信息的途径等要求。

2. 我们的观察

《自评估指南》细化了《网络安全法》《信安规范》的要求，并提出了一些相对法律法规的原则性要求更加细致和严格的评估标准，按照《自评估指南》的标准，目前很多App在实践之中可能并未能达到《自评估指南》的具体要求。

目前，工作组建议App运营者参照《自评估指南》对其收集使用个人信息的情况进行自查自纠，主动提升个人信息保护水平。但实践中尚未看到有明确的根据《自评估指南》的处罚案例。

（六）《儿童个人信息网络保护规定》征求意见

2019年5月31日，网信办公布了《儿童个人信息网络保护规定》（征求意见稿），征求意见至2019年6月30日。这是我国首次针对儿童的专门性个人信息保护相关的法规。与未成年人在网络空间的权益保护相关，2017年1月，原国务院法制办公室曾公布《未成年人网络保护条例》，但该条例尚未正式通过。

以下是《儿童个人信息网络保护规定》值得关注的重点内容：

1. 首次规定“儿童”的概念

《未成年人保护法》规定“未成年人是指未满十八周岁的公民”。《民法总则》结合年龄和辨认自己行为的能力两个标准区分十六周岁以上的未成年人，以自己的劳动收入为主要生活来源的，视为完全民事行为能力人；八周岁以上的未成年人为限制民事行为能力人，实施民事法律行为由其法定代理人代理或者经其法定代理人同意、追认，但是可以独立实施纯获利益的民事法律行为或者与其年龄、智力相适应的民事法律行为。

在网络环境之中，此前的相关标准与相关征求意见稿，如推荐性国家标准《个人信息保护规范》《App违法违规收集使用个人信息行为认定方法》（征求意见稿）及《数据安全管理办法》（征求意见稿），已开始使用十四周岁作为区分是否需要其监护人同意收集个人信息的标准。

《儿童个人信息网络保护规定》首次在网络环境下对“儿童”进行了法律定义，规定为“本规定所称儿童，是指不满十四周岁的未成年人”（第27条），并在其中对于“儿童

的个人信息”为保护客体做出了一系列规制。

2. 更具体的处理要求和原则

《儿童个人信息网络保护规定》遵循了《网络安全法》收集和处理个人信息的一般原则，要求“网络运营者收集、存储、使用、转移、披露儿童个人信息的，应当遵循正当必要、知情同意、目的明确、安全保障、依法利用的原则。”（第3条）

3. 专门协议、专人负责

在原则性要求基础上，《儿童个人信息网络保护规定》第5条首次提出，网络运营者应当设置专门的儿童个人信息保护规则和用户协议，并设立个人信息保护专员或者指定专人负责儿童个人信息保护。这一条对目前各企业的实践提出了全新的要求。

4. 知情同意的特别要求

针对儿童个人信息的收集和处理，《儿童个人信息网络保护规定》在《网络安全法》规定基础上提出更为细致、严格的要求，包括：

（1）网络运营者收集、使用儿童个人信息的，应当以显著、清晰的方式告知儿童监护人，并应当征得儿童监护人的明示同意；明示同意应当具体、清楚、明确，基于自愿（第7条）；征得同意时同时提供拒绝选项；明确告知儿童个人信息的存储地点和到期后的处理方式、安全保障措施等；告知事项发生实质性变化时，再次征得儿童监护人的明示同意（第8条）；

（2）如使用信息需超出约定目的和范围的，应当再次征得儿童监护人的明示同意（第11条）；

（3）和第三方共同使用、向第三方转移儿童个人信息的，应当征得儿童监护人的明示同意（第13、14条）；

（4）明示同意的例外情形包括：为维护国家安全或者公共利益、为消除儿童人身或者财产上的紧急危险及法律、行政法规规定的其他情形（第18条）。

5. 信息主体权利的进一步规定

《儿童个人信息网络保护规定》之中对于信息主体权利与《网络安全法》基本一致，但对于删除权特别规定下述适用之情形：

（1）超出目的范围或者必要期限收集、存储、使用、转移或者披露儿童个人信息的；

（2）儿童监护人撤回同意的；

（3）儿童或者其监护人通过注销等方式终止使用产品或者服务的。

6. 设立内部访问限制

《儿童个人信息网络保护规定》首次提出应对内部工作人员最小授权，严格设定访问权限，控制知悉范围。并要求工作人员经过个人信息保护专员或授权的管理人员审批后方可访问儿童个人信息。访问情况应被记录，并采取技术措施，避免违法复制、下载儿童个人信息（第12条）。

7. 委托处理的要求

委托处理儿童个人信息的，《儿童个人信息网络保护规定》要求对受委托方及委托行为等进行安全评估、签署委托协议。《儿童个人信息网络保护规定》还强制要求受委托方协助委托方回应儿童监护人提出的申请，采取措施保障信息安全，在发生儿童个人信息泄

漏安全事件时，及时向委托方反馈；委托关系解除时及时删除；不得转委托。（第 13 条）

8. 多方位的监管措施

《儿童个人信息网络保护规定》规定了多种可能的监管方式：

（1）检查

网络运营者应当对网信办和其他有关部门依法开展的监督检查予以配合（第 21 条）。

（2）举报

任何组织和个人发现有违反本规定行为的，可以向网信办和其他有关部门举报（第 23 条）。

（3）约谈

网络运营者落实儿童个人信息安全管理责任不到位，存在较大安全风险或者发生安全事件的，由网信办依法进行约谈，网络运营者应当按照约谈要求及时采取措施，进行整改，消除隐患（第 24 条）。

（4）行政处罚

违反规定可能被视为违反《网络安全法》第六十四条的规定，被处以相应处罚（第 25 条）。

（5）记入信用档案

违反本规定被追究法律责任的，依照有关法律、行政法规的规定记入信用档案，并予以公示（第 26 条）。

9. 我们的观察

我们认为，《儿童个人信息网络保护规定》在法规层面首次厘清了需要保护的信息主体的年龄即十四周岁的界限；对儿童个人信息保护提出了更为具体的要求，特别对于专人专管、专门政策和监护人的同意机制等新的要求，落地到现在的个人信息保护框架之中。但仍有一系列实践之中落实的问题，例如，监护人的同意应以何种方式获得；专门政策如何实现等，仍值得进一步研究和观察。

（七）《移动互联网应用基本业务功能必要信息规范》发布

2019 年 6 月 1 日，全国信息安全标准化技术委员会发布非强制性技术性文件《网络安全实践指南—移动互联网应用基本业务功能必要信息规范》（以下简称 **“《规范》”**）。《规范》主要依据《网络安全法》及国家标准《个人信息安全规范》中规定的个人信息收集、使用的最少够用（必要）原则，围绕地图导航、网络约车、即时通信、社区社交、网络支付、网上购物、餐饮外卖等 16 类移动互联网应用（以下简称“App”）的基本功能，梳理了保障其正常运行所需收集的个人信息的具体类型及使用要求。

2019 年 1 月 25 日，中央网信办、工信部、公安部、市场监管总局四部委联合发布了《关于开展 App 违法违规收集使用个人信息专项治理的公告》。3 月 1 日，App 专项治理工作组编制并发布了《App 违法违规收集使用个人信息自评估指南》。在对 App 加强监管的背景下，《规范》进一步丰富了在不同类型的互联网应用场景下的合规及执法参考体系。《规范》值得关注的重点内容介绍简要总结如下。

1. 最少够用原则要求

最少够用原则要求不收集与其提供的服务无关的个人信息，不申请打开可收集无关个人信息的权限。只收集满足业务功能所必需的最少类型和数量的个人信息，自动收集个人信息的频率不超过业务功能实际所需的频率。

2. App基本业务功能必要信息范围

必要信息主要包括基本业务功能相关必要信息和通用功能相关必要信息。《规范》梳理了16类App的基本业务功能，基本业务功能的必要信息，及相关使用要求。例如对于地图导航功能这一基本功能，App收集的必要信息为位置信息，包括精准定位信息及行踪轨迹信息。精准定位信息仅用于确定用户位置，进行地图搜索展示和导航服务。行踪轨迹仅用于在导航服务中判断实时路况及重新规划导航路线。

3. App通用功能相关必要信息

《规范》梳理了App因通用性业务功能需求或法律法规要求而收集的必要信息。（1）对于网络访问功能，仅可收集网络访问日志信息用于满足法律法规要求及网络安全保障要求；（2）安全风控功能，仅可收集设备信息用于保障业务安全风控，应对反作弊、反欺诈、违法不良信息管控等安全风险；（3）对于客户服务功能，仅可收集客服场景下的通话记录和内容用于客服处理用户纠纷。

4. 上网记录的收集及使用

收集个人上网记录需考虑的要求：

（1）收集“收藏、评论、发布、举报”等用户主动操作日志记录是否必要须结合这些用户操作的必要性进行判断；

（2）浏览、搜索、点击等操作记录通常为非必要信息，收集需告知并征得用户同意；

（3）保存和使用上网记录时需进行去标志化处理；

（4）用于用户画像进行个性化展示和推荐时应告知用户并提供退出定向推送模式选项。

5. 我们的观察

尽管从性质而言，《规范》仅属于技术性文件而不具有强制效力，但是《规范》可能在实践中被作为监管、执法、评估中落实最少够用原则的重要参考。相较《网络安全法》实施后发布的相关配套性法规及国家标准，《规范》提供的指引更为场景化、具体化。特别是，《规范》为识别相关App服务的基本业务功能及必要信息提供了共识基础。如果超出《规范》范围收集个人信息，App服务提供者可能需对其必要性提供合理解释，并尊重用户提供自由选择的权利。

（八）《数据安全管理办法》征求意见

2019年5月28日，网信办发布了《数据安全管理办法》（征求意见稿）（以下简称“《办法》”），向全社会征求意见至2019年6月28日。以下是《办法》的重点内容：

1. 适用范围

《办法》在第2条中明确规定，“在中华人民共和国境内利用网络开展数据收集、存储、传输、处理、使用等活动（以下简称“**数据活动**”），以及数据安全的保护和监督管理，适用本办法。纯粹家庭和个人事务除外”。

由于“网络”在《网络安全法》项下的定义宽泛，因此，我们理解，《办法》适用的场景非常广阔，中国境内的各类组织、个人都有可能是《办法》的适用对象，例如生产型企业自工控系统上收集生产相关数据、一般公司通过局域网或互联网收集相关信息，均受到《办法》管辖。

从《办法》全文来看，虽然第2条宽泛的规定了数据活动，但《办法》规制的重点依然为《网络安全法》项下强调的“个人信息”和“重要数据”。《办法》第38条将“重要数据”定义为“一旦泄露可能直接影响国家安全、经济安全、社会稳定、公共健康和安全的数据，如未公开的政府信息，大面积人口、基因健康、地理、矿产资源等。重要数据一般不包括企业生产经营和内部管理信息、个人信息等。”重要数据的定义依然很概括，但除外条款有利于企业判断重要数据的范围，可以确定自有生产经营和内部管理信息不再落入该范畴。

2. 个人信息和重要数据保护的严格规定

（1）说明责任人、提供撤销同意的方式

《办法》继此前出台的《个人信息安全规范》《互联网个人信息安全保护指南》《App违法违规收集使用个人信息自评估指南》等文件后，又一次重复、加强了个人信息保护的相关规定。例如，第8条明确要求在收集使用规则中明确突出“数据安全责任人的姓名及联系方式”“个人信息主体撤销同意的方法”。

（2）收集信息的目的限制

《办法》第11条规定，“网络运营者不得以改善服务质量、提升用户体验、定向推送信息、研发新产品等为由，以默认授权、功能捆绑等形式强迫、误导个人信息主体同意其收集个人信息”。如何理解“不得以默认授权、功能捆绑等形式强迫、误导个人信息主体同意”，将直接影响目前企业的隐私实践。

另外，《办法》也引用了个人信息安全规范之中关于核心与核心业务的区分要求，规定个人信息主体同意收集保证网络产品核心业务功能运行的个人信息后，网络运营者应当向个人信息主体提供核心业务功能服务，不得因个人信息主体拒绝或者撤销同意收集上述信息以外的其他信息，而拒绝提供核心业务功能服务。

（3）未成年人信息分界线

《办法》第12条明确规定，收集14周岁以下未成年人个人信息的，应当征得其监护人同意。

（4）网络安全责任人的聘任与职责

《办法》第17规定了网络运营者以经营为目的收集重要数据或个人敏感信息的，应当明确数据安全责任人。数据安全责任人由具有相关管理工作经历和数据安全专业知识的人员担任，参与有关数据活动的重要决策，直接向网络运营者的主要负责人报告工作并规定了其工作职责范围。

（5）重要数据、个人敏感信息收集备案

《办法》第15条首次提出，“网络运营者以经营为目的收集重要数据或个人敏感信息的，应向所在地网信部门备案。备案内容包括收集使用规则，收集使用的目的、规模、

方式、范围、类型、期限等，不包括数据内容本身。”由于目前“个人敏感信息”在《个人信息安全规范》中范围相当宽泛，手机号码、邮箱地址、系统账号、网页浏览记录、精准定位信息等均属于个人敏感信息，若采用该等定义则可能有广泛的备案要求。

（6）提供个人信息前评估及除外情形

《办法》第 27 条规定，向他人提供个人信息前，应当评估可能带来的安全风险，并征得个人信息主体同意。目前暂不明确如何进行相关评估。

（7）处理重要数据前评估及审批

《办法》第 28 条规定，“网络运营者发布、共享、交易或向境外提供重要数据前，应当评估可能带来的安全风险，并报经行业主管监管部门同意；行业主管监管部门不明确的，应经省级网信部门批准。”该安全评估要求高于原 2017 年网信办发布的《个人信息和重要数据出境安全评估管理办法》(征求意见稿）的规定，不仅要求对于“发布、共享、交易”重要数据也进行安全评估，而且直接要求评估后要报行业主管部门或网信部门审批。

（8）个人信息安全事件的通知义务

《办法》第 35 条首次明确要求发生个人信息泄露、毁损、丢失等数据安全事件，或风险明显加大时，网络运营者应以电话、短信、邮件或信函等方式告知个人信息主体。

3. 数据使用中的各项新规定

（1）定向推送标注

《办法》第 23 条首次提出，网络运营者利用用户数据和算法推送新闻信息、商业广告等（以下简称“**定向推送**”)，应当以明显方式标明“定推”字样，为用户提供停止接收定向推送信息的功能；用户选择停止接收定向推送信息时，应当停止推送，并删除已经收集的设备识别码等用户数据和个人信息。这条规定，对于现有的互联网广告行业实践有重大实质性的影响。

（2）合成标注

《办法》第 24 条首次提出，“网络运营者利用大数据、人工智能等技术自动合成新闻、博文、帖子、评论等信息，应以明显方式标明“合成”字样；不得以谋取利益或损害他人利益为目的自动合成信息”。如何理解“不得以谋取利益为目的自动合成信息”，有待于监管部门进一步解释。

4. 严苛的责任承担信息

（1）间接收集个人信息者的义务

《办法》第 14 条首次提出，“网络运营者从其他途径获得个人信息，与直接收集个人信息负有同等的保护责任和义务”。

（2）数据安全事件中的过错推定

《办法》第 30 条规定，“网络运营者对接入其平台的第三方应用，应明确数据安全要求和责任，督促监督第三方应用运营者加强数据安全管理。第三方应用发生数据安全事件对用户造成损失的，网络运营者应当承担部分或全部责任，除非网络运营者能够证明无过错。”这对拥有平台的网络运营者提出了极高的要求，其对接入的第三方应用造成的数据安全事件“应当承担部分或全部责任”，除非能够证明无过错。

（3）并购中的数据责任

《办法》第31条首次规定，“网络运营者兼并、重组、破产的，数据承接方应承接数据安全责任和义务。没有数据承接方的，应当对数据作删除处理。法律、行政法规另有规定的，从其规定”。因此，将来的并购、重组项目中，收购方如承接被收购方数据的，均应考虑相应的数据安全责任和义务的承担。

5. 我们的观察

如上所述，《办法》提出了很多新的要求、责任和义务，对于互联网企业、普通企业等网络运营者均有很大影响。现阶段《办法》仍在征求意见，我们将密切关注其立法动向。

（九）《个人信息出境安全评估办法（征求意见稿）》发布

2019年6月13日，网信办发布《个人信息出境安全评估办法（征求意见稿）》（以下简称“《新稿》”）公开征求意见。

2017年4月11日，网信办曾发布《个人信息和重要数据出境安全评估办法（征求意见稿）》（以下简称“《2017稿》”）向社会公开征求意见；此后《2017稿》也经几次变动。2019年5月28日，网信办发布《数据安全管理办法》征求意见稿，对个人信息和重要数据分别管理，其中对于重要数据的发布、共享和出境作出了原则性审批规定。《新稿》则将与《数据安全管理办法》一起，代替《2017稿》之中未区分个人信息和重要数据审批的模式，对个人信息出境专门进行规范。

与《2017稿》相似，《新稿》适用于所有网络运营者，但在评估程序、评估重点、合同内容、责任主体等多个方面有较大变化。

1. 安全评估对象

（1）《新稿》第二条和第三条明确了安全评估的对象，即网络运营者向境外提供在境内运营中收集的个人信息，网络运营者应当向所在地省级网信部门申报个人信息出境安全评估。《2017稿》下特定情形方需要向监管部门申报的监管模式变更为个人信息出境前均需要向网信部门申报安全评估。

（2）《新稿》第20条同时规定，当境外机构在经营中通过互联网等收集境内用户个人信息，应在境内通过法定代表人或者机构履行本办法中网络运营者的责任和义务。该等规定也将扩宽《2017稿》之中出境审查的适用范围。

2. 安全评估领导机制

《新稿》将省级网信部门作为个人信息出境审查的主要监管部门，其职能包括个人信息出境安全评估的申报材料接收、核查和安全评估、定期检查、举报受理和督促整改等。与《2017稿》之中由于涉及重要数据，而需要报行业主管部门不同，涉及个人信息的安全评估仅需要由网信部门进行。

3. 安全评估的程序

（1）安全评估的申报主体是网络运营者，而不是数据的接收者（第2条）。

（2）安全评估次数取决于个人信息的接收者数量，向不同的接收者提供个人信息应当分别申报安全评估，向同一接收者多次或连续提供个人信息无须多次评估（第3条）。

（3）安全评估的申报材料包括申报书、网络运营者与接收者签订的合同、个人信息

出境安全风险及安全保障措施分析报告以及其他要求的材料（第4条）。

（4）正常情况下网信部门的评估期限由60个工作日缩短为15个工作日（第5条）。

4. 安全评估的重点内容

《新稿》对重点评估内容做出了明确的规定。第8条列举了六项评估内容：

（1）是否符合国家有关法律法规和政策规定；

（2）合同条款是否能够充分保障个人信息主体合法权益；

（3）合同能否得到有效执行；

（4）网络运营者或接收者是否有损害个人信息主体合法权益的历史、是否发生过重大网络安全事件；

（5）网络运营者获得个人信息是否合法、正当；

（6）其他应当评估的内容。

由此可见，立法者更关注网络运营者的信息源、信息出境的合同条款以及网络运营者本身是否有违规历史。《新稿》未加入《2017稿》之中对于出境必要性和信息主体同意的出境审查要求。

5. 个人信息出境合同

《新稿》第13条至第16条要求网络运营者与个人信息接收者应当签订合同或其他有法律效力的文件，合同内容应包含以下三个方面：

（1）对个人信息出境本身的约定；

（2）网络运营者、信息接收者的责任和义务，以及

（3）向第三方传输个人信息的限制。

值得注意的是，当个人信息主体合法权益受到损害时，可选择向网络运营者或者接收者索赔，或者选择同时向双方索赔，网络运营者或者接收者应当予以赔偿，除非证明没有责任；同时网络运营者在一定情形下还负有先行赔付责任。

此外，当信息出境后法规发生变化，接收者有义务主动通知网络运营者，以应对境外法律变化后可能对个人信息安全带来的不利影响。

6. 个人信息出境安全风险及安全保障措施分析报告

与个人信息出境合同一样，个人信息出境安全风险及安全保障措施分析报告是安全评估的申报材料之一。《新稿》第17条列举了报告应当包括的内容：

（1）网络运营者和接收者的基本情况；

（2）个人信息出境计划；

（3）风险分析和保护措施。

7. 我们的观察

我们认为《新稿》删除了《2017稿》中评估考虑的一些要点，如对于出境必要性和信息主体同意审查的要求。但《新稿》要求所有个人信息出境均需审批、且增加了境外机构在境内收集信息也需履行相应义务的要求，监管范围较早先的讨论稿相比有大幅扩大。《新稿》也强调了通过协议方式保护个人信息的要求，并且将境外实体发生安全事件的情形作为审查的基本要素和可以停止传输的基本要素之一。对于《新稿》将具体如何通过和执行，我们将继续观察。

（十）《民法典人格权编》三审稿加强个人信息保护条款

2019 年 8 月 23 日，第十三届全国人大常委会第十二次会议对《民法典人格权编（草案）》进行审议，并于 8 月 27 日发布《民法典人格权编（草案）》第三次审议稿（以下简称“草案三审稿”），其中个人信息保护是《民法典人格权编（草案）》的一大亮点。相较于现行的《中华人民共和国民法总则》（以下简称“《民法总则》”），草案三审稿进一步确立了个人信息的民事保护体系，定义了个人信息的范围，细化了个人信息保护要求，明确了个人信息保护的责任与义务。

1. 个人信息的民事保护体系

《民法总则》第 111 条明确规定个人信息受法律保护。草案三审稿在《民法总则》第 111 条基础之上，对于个人信息保护与隐私权保护分别作出进一步规范。草案三审稿第 811 条明确“隐私是自然人不愿为他人知晓的私密空间、私密活动和私密信息等”，第 813 条规定个人信息是能够识别特定自然人的各种信息。

2. 个人信息的范围

《民法总则》中并未对个人信息的范围予以明确，个人信息的定义散落在《电信和互联网用户个人信息保护规定》《侵害消费者权益行为处罚办法》《中华人民共和国网络安全法》（以下简称“《网络安全法》”）等法律法规之中。

草案三审稿第 813 条沿袭了《网络安全法》之中对个人信息的定义，规定“个人信息是以电子或者其他方式记录的能够单独或者与其他信息结合识别特定自然人的各种信息，包括自然人的姓名、出生日期、身份证件号码、生物识别信息、住址、电话号码、电子邮箱地址、行踪信息等”。相较于 2019 年 4 月 26 日公布的《民法典人格权编（草案）》二次审议稿，草案三审稿扩大了个人信息的范围，增加了“电子邮箱地址、行踪信息”。在草案三审稿的审议过程中，委员们建议根据实践情况，继续扩大个人信息的保护范围，对可能影响人身财产安全的个人隐私敏感信息的内涵和范围适度扩大。

3. 个人信息保护要求

《民法总则》第 111 条仅概要性地要求“任何组织和个人需要获取他人个人信息的，应当依法取得并确保信息安全，不得非法收集、使用、加工、传输他人个人信息，不得非法买卖、提供或者公开他人个人信息”。个人信息保护的具体要求及个人信息主体的权利是通过《全国人民代表大会常务委员会关于加强网络信息保护的决定》《电信和互联网用户个人信息保护规定》《网络安全法》等法律法规进行规定。

而草案三审稿通过第 814 条至 815 条从收集使用个人信息的条件、自然人享有的权利进行了详细规范。

草案三审稿第 814 条规定了收集、处理个人信息的四个条件，即征得自然人或监护人同意，公开范围，符合法律法规规定和双方约定。

草案三审稿第 815 条明确，自然人有权查阅、抄录、复制其个人信息；信息有误的，可以进行更正；信息控制者违反法律法规规定或双方约定收集、处理个人信息的，自然人有权要求信息控制者及时删除其个人信息。

4. 个人信息保护的责任与义务

草案三审稿第 816 条首次明确规定了行为人收集、处理自然人个人信息不承担民事

责任的三种情形：

（1）在自然人或者其监护人同意范围内；

（2）信息已自行公开或者已合法公开，但是该自然人明确拒绝或者处理该信息侵害其重大利益的除外；

（3）为了维护公共利益或者该自然人合法权益，合理实施的其他行为。

对于第一种情形，在审议过程中，部分委员指出，目前很多 App 收集的个人信息范围过大且无必要，虽经过该自然人或监护人"一揽子"同意，但实际上严重违背了其意愿，不利于对其个人信息的全面保护。因此，建议修改为"在该自然人或者其监护人同意的范围内实施的行为，并且符合收集、处理个人信息的软件或载体的功能，以实现服务目的为限"。

草案三审稿第 817 条明确了信息收集者、控制者不得泄露、篡改个人信息，未经被收集者同意，不得向他人非法提供个人信息。国家机关及其工作人员不得泄露或者向他人非法提供自然人隐私和个人信息。在审议过程中，部分委员指出，草案三审稿仅规定了信息收集者、控制者和国家机关及其工作人员负有的义务，但是未明确规定相关法律责任。因此，建议增加关于信息收集者、控制者泄露、篡改、非法提供个人信息以及国家机关及其工作人员泄露或者向他人非法提供自然人隐私和个人信息的责任条款，以加强个人信息保护的力度。

5. 展望

在《民法典人格权编（草案）》之前，民法体系下，对于个人信息主要通过《民法总则》第 111 条、结合《中华人民共和国侵权责任法》中的相关条文进行保护，但司法实践中因举证困难等因素，民事诉讼对于个人信息保护的程度较为有限。《民法典人格权编（草案）》在民法体系下定义了个人信息的范围，明确了个人信息保护的要求，规定了个人信息保护的责任与义务，但其未来是否能够成为保护个人信息的有效手段、赋予权利人个人信息保护更多的救济可能，将是我们持续关注的问题。

二、其他合规热点问题

（一）合规无小事——"天价"广告行政处罚带来的启示

近日，一起关于"史上最大虚假广告罚单"的新闻引爆互联网和广告业：据官方媒体报道，涉案企业因产品外包装存在虚假广告情形，被某地行政机关处以 3000 余万元的罚款[1]。这篇新闻吸引了媒体、企业、经营者、和消费者的广泛关注，有人惊呼广告违法也能被处以如此大金额的处罚？

对于熟悉广告合规业务的业内人士而言，这一处罚虽然存在诸多值得探讨的法律问题，但对巨额处罚金额本身并不感到意外。事实上，早在 2018 年就已经发生了另一起处罚金额超过 1000 万元的广告处罚案例[2]。

那么，一个看上去小小的广告问题，为何会引发如此巨大金额的处罚？本案隐含的

---

1 参见《中国市场监管报》2019 年 6 月 21 日的报道《"快乐助非遗，红包抢不停"的背后是什么？》

2 参见京工商海处字〔2018〕第 2170 号行政处罚决定书

广告合规核心问题又有哪些？这需要从《广告法》的规定和实践说起。

1. 对虚假广告的处罚标准

（1）《广告法》第55条的规定

以虚假广告为例，《广告法》第55条规定了明确的处罚标准：

a）由市场监督管理部门责令停止发布广告，责令广告主在相应范围内消除影响，处广告费用三倍以上五倍以下的罚款，广告费用无法计算或者明显偏低的，处二十万元以上一百万元以下的罚款；

b）两年内有三次以上违法行为或者有其他严重情节的，处广告费用五倍以上十倍以下的罚款，广告费用无法计算或者明显偏低的，处一百万元以上二百万元以下的罚款，可以吊销营业执照，并由广告审查机关撤销广告审查批准文件、一年内不受理其广告审查申请。

由此可见，若存在严重情节，在广告费用无法计算或者明显偏低的情形下，罚款金额最高不超过人民币200万元。而在存在确定的广告费用且不明显偏低的情形下，罚款金额将可达到广告费用的十倍。

亦即，当广告费用较高的情形下，一旦相关广告被认定为虚假广告，罚款金额可能会“水涨船高”，出现“天价”罚款也并不为奇。

（2）广告费用的构成

那么，广告费用如何计算呢？实践中，对广告主而言，广告费用一般会按其承担的广告设计、制作、代理、发布等费用的总和进行计算。这一标准早在1995年原国家工商行政管理局（现已合并为国家市场监督管理总局，为了方便阅读以下仍然简称为“**工商总局**”）发布的《国家工商行政管理局关于在查处广告违法案件中如何确认广告费金额的通知》（现已失效）中即已明确，并在执法实践中被广泛采用。

特别需要注意的是，实践中，广告主也可能会和广告经营者及广告发布者签订“一揽子”广告服务框架合同，并约定一笔总价款。上述情况下，一旦启动违法广告调查，若无法明确单笔广告费的计算方式，则有可能导致认定、处罚金额的扩大。

2. 广告的形式多种多样

（1）广告不仅限于大众媒体广告

有的企业可能存在一个理解误区，认为只有在传统大众媒体（例如，电视、报纸、广播等）渠道上发布的才构成广告。但事实上，广告的形式多种多样，并不局限于前述传统媒体发布的内容。

一方面，通过网站、社交平台、互联网应用程序等互联网新兴媒介发布的宣传内容均可能属于广告，受到《广告法》《互联网广告管理暂行办法》等专门法规的监管；另一方面，企业发布的物料、礼品、活动手册等，凡涉及推销品牌、商品、服务甚至企业本身宣传介绍的内容，也可能受到《广告法》的规制及市场监督部门的监管。

针对产品包装而言，除了应当规范产品标签等内容外，在1996年工商总局发布的《国家工商行政管理局关于在产品包装物上宣传、介绍产品是否属于广告问题的答复》（现已失效）中，明确在包装物上直接或者间接宣传、介绍产品，属于广告的一种形式。2016年，工商总局发布的《工商总局关于商品包装含有违法广告内容销售者是否应当承

担法律责任问题的答复意见》再次印证了商品的外包装内容亦可能构成商业广告，并需接受行政部门的依法监管。

由此可见，在企业日常经营中，除了传统媒体上发布的广告之外，产品外包装、互联网媒体广告等各种形式的广告合规问题均不容忽视。

（2）自媒体广告的发展

另外，一些企业可能还存在一个误解，即只有付费的内容才构成广告。实际上，随着《广告法》在2015年9月的修改，广告的构成要件中已经取消了“支付费用”这一要求。

亦即，随着自媒体的发展，即便企业自行发布的、不支付任何设计、制作、代理和发布费用的内容也可能构成广告，需要受到《广告法》等法律法规的监管。实践中，已经出现诸多针对企业微信公众号、朋友圈广告的处罚案例。

3. 严格的监管措施和公示制度

（1）针对广告违法行为的24小时监管平台

针对广告形式与数量的不断变化发展，为了加强监管，原国家工商总局自2015年起在全国范围内实现了对4000多家传统媒体广告的抽查与监管。2017年9月1日，原国家工商总局又启用了全国互联网广告监测中心，实现了对全国31个省（自治区、直辖市）1004家主要网站的日常监测[1]，并逐渐完成对重要网站、搜索引擎、电商平台、手机App和微信公众号所载广告的全方位监管。

根据浙江省工商局（现已更名为浙江省市场监督管理局）的统计，截至2018年2月全国互联网广告监测中心即已采集发布广告信息10.6亿条次，发现违法广告23万条次[2]，展现出强大的监测能力，对企业广告合规提出了更高的要求。

（2）强制性公示制度

根据《互联网广告管理暂行办法》《工商行政管理行政处罚信息公示暂行规定》等相关法律法规的要求，广告行政处罚应当通过企业信用信息公示系统依法向社会公示。

2018年2月，《工商总局关于开展互联网广告专项整治工作的通知》再次强调，将推进互联网广告违法行为行政处罚信息100%公示。

因此，企业需要特别关注广告违法的行政处罚公示可能带来的商誉损失。

4. 关于执法管辖问题的思考

（1）2004年10月，原工商总局发布了《关于加强广告执法办案协调工作的指导意见（试行）》（下称“指导意见”），其中规定工商行政管理机关对在本辖区发现的在包装物上含有违法广告内容的案件，在立案前应当报省级工商行政管理机关备案。该省级工商行政管理机关应当将包装物上含有违法广告的情况通知广告主所在地省级工商行政管理机关对广告主进行处理，并报工商总局备案。

（2）上述指导意见对于包装物上存在违法广告的执法管辖作出了协调和规范，我们理解其主要目的是统一执法标准和尺度。当然，事实上对广告违法行为的执法管辖在不同

1 相关数据来源于工商总局法规司官方网站于2018年1月16日发布的《聚焦新〈广告法〉贯彻实施工作 切实加强广告行业法治建设》。

2 相关数据来源于中华人民共和国中央人民政府官方网站于2018年2月9日发布的《全国互联网广告监测中心震慑作用显现 违法率从监测前的7.1%降至1.98%》。

地区可能仍存在一些不同的实践，这值得广告主体的关注，我们对此亦会做进一步观察。

5. 我们的建议

（1）合规无小事，广告合规亦是如此。随着自媒体广告的快速发展，广告在形式和内容上正呈现个性化和多元化的特点。企业应当加强关注广告违法风险，加强前期合规要求（包括内部合规培训、广告前期审查等）。

（2）在面对行政调查时，企业应以审慎的态度做到妥善沟通和处理。必要时，应及时引入外部律师协助，从专业角度向调查机关积极争取有利结果。

（二）人类遗传资源医学应用的合规要求

1. 前言

人类遗传资源指含有人体基因组、基因及其产物的器官、组织、细胞、血液、制备物、重组脱氧核糖核酸（DNA）构建体等遗传材料及相关的信息资料。作为现代医学领域的重要资源，近年来人类遗传资源已逐步应用于科研、临床试验和诊疗活动中，同时其应用也面临着合规监管的要求。

本文从“合规应用”及“数据保护”的角度初步分析中国现行法律制度下人类遗传资源在采集、收集、保藏、使用和转移过程中的合规要求。

2. 人类遗传资源主要法规体系

目前国内尚未有统一规范人类遗传资源的法律，法律制度处于探索和实践阶段，目前主要以行政规定和部门规章（包括地方政府的行政规章）为主。

序号	法规名称	发文单位	生效时间	主要内容
1	中国人类遗传资源管理暂行办法	国务院	1998 年 6 月	我国首部全面管理人类遗传资源的规范性文件。明确规定凡涉及中国人类遗传资源的采集、收集、研发，尤其是国际合作、出境转移等活动，应当取得行政审批
2	人类遗传资源管理条例（送审稿）	国务院	2016 年 2 月发布（暂未生效）	沿袭《中国人类遗传资源管理暂行办法》的基本原则和主要框架，并在此基础上完善了管理体制和法律责任
3	人类遗传资源采集、收集、买卖、出口、出境审批行政许可事项服务指南	科技部	2015 年 7 月	对我国人类遗传资源采集、收集、出口出境等行为取得行政审批的具体要求、申请流程做出了明确规范和完善
4	人类遗传资源采集、收集、买卖、出口、出境审批常见问答	科技部	2016 年 2 月	科技部在官网分批次更新涉及人类遗传资源采集、收集、买卖、出口、出境行政审批的常见问题及解答
5	关于优化人类遗传资源行政审批流程的通知	科技部	2017 年 12 月	为获得相关药品和医疗器械在我国上市许可，而利用我国人类遗传资源开展国际合作临床试验的，在相关申请材料和流程上适用简化的审批程序

续表

序号	法规名称	发文单位	生效时间	主要内容
6	关于开展高通量基因测序技术临床应用试点单位申报工作的通知	原国家卫计委	2014年3月	开展高通量基因测序项目，应向省级卫计委申请试点，且明确申请试点的项目仅包括：（1）遗传病诊断；（2）产前筛查和产前诊断；（3）植入前胚胎遗传学诊断；（4）肿瘤诊断与治疗

3. 人类遗传资源应用的合规要求

人类遗传资源是研究生命规律，控制重大疾病，推动新药创新，提升人民健康水平的国家战略资源，因此在应用方面国家有特殊的要求，主要包括：

（1）科技部行政审批

根据《人类遗传资源管理暂行办法》（下称“《暂行办法》”）规定，凡涉及利用我国人类遗传资源开展国际合作和出境的活动均应当获得科技部的行政审批。据此，科技部于1999年开始开展“涉及人类遗传资源的国际合作项目”的行政审批工作。2015年3月，根据工作发展的需要，国务院批准将该项审批的行政许可名称和审批任务变更为“人类遗传资源采集、收集、买卖、出口、出境审批”。并且，科技部在《人类遗传资源采集、收集、买卖、出口、出境审批常见问题》（下称“《常见问题》”）中亦明确，本许可适用于对在中国境内从事的中国人类遗传资源采集、收集、买卖、出口、出境等事项的管理。因此，凡涉及我国人类遗传资源的采集、收集、研究、开发、买卖、出口、出境等活动，均应当取得科技部的行政审批。

实践中，除了出于临床诊疗、采供血（浆）服务、司法鉴定、侦查犯罪、兴奋剂检测和殡葬目的以外，从事涉及中国境内人类资源的上述任何活动都应当取得审批，而不仅限于国际合作项目，也无论相关资源是否出境。但是，根据我们的经验，对于完全属于中资背景的企业或项目，若仅仅以保藏为目的而收集中国人类遗传资源的，无须申请上述行政审批。

为进一步规范和完善审批工作，科技部于2015年7月颁布了《人类遗传资源采集、收集、买卖、出口、出境审批行政许可事项服务指南》（下称“《服务指南》”）。根据该指南，行政审批的程序主要包括申请、受理、技术评审、行政许可办公会会审、决定和签发审批书等环节。

2018年10月，科技部官网集中公布了6件人类遗传资源的行政处罚案件信息，这些案件无一例外都是涉及违规采集、收集、买卖、出口、出境人类遗传资源。其中包括了知名基因公司、医疗机构等未经许可与境外机构开展中国人类遗传资源国际合作研究，并未经许可将部分人类遗传资源信息从网上传递出境，引起社会广泛关注。根据该6个案件的处罚决定书，受到行政处罚的结果包括：（1）警告；（2）没收并销毁违规利用的人类遗传资源材料；（3）暂停涉案单位目前和后续进行的人类遗传资源项目；（4）暂停受理涉案单位有关我国人类遗传资源的项目许可申请；（5）撤销涉案单位有关我国人类遗传资源的行政许可等。

（2）资源信息及知识产权的归属

a）人类遗传资源信息的“专属持有权”

“专属持有权”是指对人类遗传资源信息专属的组织、协调、控制的相关权利。根据《暂行办法》第17条规定，我国境内的人类遗传资源信息，包括重要遗传家系和特定地区遗传资源及其数据、资料、样本等，我国研究开发机构享有专属持有权，未经许可，不得向其他单位转让。获得上述信息的外方合作单位和个人未经许可不得公开、发表、申请专利或以其他形式向他人披露。

前述规定的目的在于避免中国人类遗传资源的原始信息由外方合作单位控制。因此，凡涉及中外合作项目，监管部门要求人类遗传资源信息原则上须由中方专属控制、使用。实务中，如果中外双方在《合作开发合同》中约定由外方控制、使用人类遗传资源信息，则遗传办对合作项目可能不予批准。但是作为例外，如果另获遗传办的行政审批同意，双方可以约定由中方向外方转让，并由外方控制、使用我国人类遗传资源信息。

b）人类遗传资源知识产权的归属

根据《暂行办法》第19条规定，中外机构就我国人类遗传资源进行合作研究开发，其知识产权按下列原则处理：（一）合作研究开发成果属于专利保护范围的，应由双方共同申请专利，专利权归双方共有。（二）合作研究开发产生的其他科技成果，其使用权、转让权和利益分享办法由双方通过合作协议约定。因此，从法律规定角度来说，如果双方在《合作开发合同》中约定合作研究成果由外方专属享有（尤其是专利成果），则可能与法规要求不符，遗传办可能因此对相关合作项目不予批准。但是实践中，通常只要合作各方对研究成果的共享约定是合理且互惠的，各方能够享有合理预期的利益，那么即视为满足前述法律下的知识产权共有要求。

另外，需要说明的是，《暂行办法》第19条规定的“就我国人类遗传资源进行合作研究开发”指围绕人类遗传资源展开合作研究开发而得到的成果。如果双方只是利用人类遗传资源进行其他科研合作研究开发，其成果归属很可能不适用《暂行办法》第19条规定，例如药物研发的临床试验过程中使用人类遗传资源而得出的关于药物疗效的研究结果。

4. 人类遗传资源的数据保护

随着《网络安全法》和《信息安全技术 个人信息安全规范》（“下称**《安全规范》**”）的实施，人类遗传资源作为重要的个人信息得到更全面的保护和更严格的监管。在某些特殊情形下，相关资源甚至可能被认定为国家秘密，并受国家严格保密管理。医药研发、生产和经营企业应当强化人类遗传资源信息在采集、收集、保藏、使用和转移等应用环节的数据安全保护。

（1）作为国家秘密的人类遗传资源数据保护

根据《暂行办法》第5条，人类遗传资源及有关信息、资料，属于国家科学技术秘密的，必须遵守《科学技术保密规定》。同时，根据《保守国家秘密法》第9条，科学技术中的秘密事项如涉及国家安全和利益的，可能被确认为“国家秘密”。虽然，我国现行法律法规并未明确规定何种类型的人类遗传资源涉及国家安全和利益。但根据我们的经验，如果相关企业在项目过程中采集、收集或保藏了**数量较大，或者特定人群的人类遗

传资源，则相关数据被认定为国家秘密的可能性较大。实践中，某一事项是否属于国家秘密一般是由国家保密工作部门或省一级保密工作部门负责鉴定。

如果相关资源数据被认定为“科学技术秘密”或“国家秘密”，则有关企业或单位应当严格遵守保密管理措施，不得向第三方泄露或转移，如数据出境还应履行审批程序等。机关、单位违反相关规定，发生重大泄密案件的，由有关机关、单位依法对直接负责的主管人员和其他直接责任人员给予处分；不适用处分的人员，由保密行政管理部门督促其主管部门予以处理。如果情节严重的，甚至可能构成“非法获取国家秘密罪”“为境外窃取、刺探、收买、非法提供国家秘密、情报罪”等严重刑事责任。

（2）个人的遗传资源信息的保护

个人的人类遗传资源信息（下称“**个人信息**”）应属于《安全规范》所定义的“个人敏感信息”中的“个人生物识别信息”。根据相关法规对个人敏感信息收集、保存、使用的规定，对个人遗传资源信息的保护有如下要求：

a）信息收集。在收集个人信息前，应向个人信息主体明确告知收集的个人信息类型，以及收集、使用个人信息的规则（例如收集和使用个人信息的目的、使用范围、收集方式、存放地域、存储期限、自身的数据安全能力、对外共享、转让、公开披露的有关情况等），并获得个人信息主体的明示同意。

b）信息保存。网络运营者在中国境内运营中收集和产生的个人信息需要在境内存储。并且，在收集个人信息后，个人信息控制者宜立即进行去标识化处理，并将去标识化后的数据与可用于恢复识别个人的信息分开存储，并确保在后续信息处理中不重新识别个人。

c）信息使用。使用个人信息时，不得超出与收集个人信息时所声称的目的范围；若因业务需要确需超出上述范围进行使用，则应再次征得个人信息主体的明示同意。

d）信息转让。在收集个人信息后，未经被收集者同意，不得向他人提供个人信息。非因收购、兼并、重组原因转让个人信息时，个人信息控制者告知转让的目的、转让信息的类型、数据接收方的身份和数据安全能力，并事先征得个人信息主体的明示同意，且继受相关业务的企业应继续履行相同的信息安全责任。

e）信息委托处理。对于个人信息控制者（委托者）将个人信息委托他人进行数据分析、数据加工等活动时，委托者作出的委托不得超越已征得个人信息主体授权同意的范围，并且应当对委托行为进行个人信息安全影响评估。同时，受托者应严格按照委托者的要求处理个人信息，不得擅自转委托，并且应协助委托者响应个人信息主体有关个人信息访问、更正、删除等请求。

f）信息披露限制。根据《安全规范》第 8.4 条和《互联网个人信息安全保护指南》第 6.7 条规定，有关企业或单位不得公开披露个人生物识别信息和基因、疾病等个人生理信息，否则应承担因公开披露个人信息对个人信息主体合法权益造成损害的相应责任。

g）信息跨境。根据《个人信息和重要数据出境安全评估办法（征求意见稿）》规定，网络运营者、其他个人和组织在我国境内运营中收集和产生的个人信息向境外提供的，应在数据出境前，自行组织对数据出境进行安全评估，并对评估结果负责。同时，如涉及人口健康数据出境的，网络运营者应报请行业主管或监管部门组织安全评估，否则不得向境外转移。

h）信息删除。在保存个人信息时，个人信息保存期限应为实现目的所必需的最短时间。超出上述个人信息保存期限后，应对个人信息进行删除或匿名化处理。同时，个人信息主体注销账户的，应删除其个人信息或做匿名化处理。

5. 未来展望

近年来，伴随第二代基因测序技术（NGS）的普及，人类遗传资源在医学领域的应用不断深化，遗传资源应用行为大幅增多，亦带来了遗传资源经济的崛起。在此背景下，我国人类遗传资源领域的法律和监管体系正在逐步完善，企业将面临法规及伦理的多方位监管要求。为此，从事医药研发、生产和经营的相关企业，尤其是在中国开展临床药物研发的跨国企业，应当严格遵守人类遗传资源应用的合规要求以及法律法规的变化。

（三）医药零售新趋势—简析自动售药（械）机的合规应用

1. 前言

为了满足患者合法用药的便利需求，自动售药机的理念已于10年前应运而生，但由于当时患者习惯和市场不成熟，国家法规政策等监管要求，自动售药机自诞生以来即经历了漫长的静默期，直到近年来多地卫生医药部门发文鼓励设置自动售药机和自动售械机（以下合称“**自动售药机**”）。可以预见，在医药互联网时代，自动售药机在技术支撑以及政策鼓励下将呈现快速发展趋势，并且将从单纯的售药转变为集售药、诊疗、药事服务、大数据收集等一体化的医药零售新方式，有望成为促进药品零售转型升级的新趋势。本文旨在结合实践经验，就自动售药机设置的申请条件、经营范围、审核制度、设置地点、设置要求等合规性问题进行探讨。

2. 自动售药机的主要政策规定

2016年11月，国务院出台《关于推动实体零售创新转型的意见》，提出“推动实体零售由销售商品向引导生产和创新生活方式转变”，此后，福建、浙江、江苏、上海、四川、广西等地纷纷出台地方性规定支持发展自动售药机。本文就部分地区的政策要点汇总如下：

序号	地区	文件名称	颁布时间	经营范围	离店放置地点	管理要求	用药咨询要求	其他要求概述
1	福建	《药品零售连锁企业设置自动售药机的指导意见（试行）》	2016/08	乙类非处方药、计生用品以及常用一二类家庭自用型医疗器械	24小时便利店、宾馆、机场、车站等人员密集服务场所	备案登记制	无	由连锁企业总部向所在设区市药品监管部门提出备案申请，暂不允许跨设区市设置自动售药机
2	温州	《关于药品零售连锁企业设置自动售药机的指导意见（试行）》	2017/11	乙类非处方药（限品种）	24小时便利店、宾馆、机场、车站等人员密集服务场所或者山区、海岛等偏远区域	备案登记制	有	鼓励通过互联网技术，实现自动售药机与连锁企业执业药师远程视频对话

续表

序号	地区	文件名称	颁布时间	经营范围	离店放置地点	管理要求	用药咨询要求	其他要求概述
3	苏州	《自动售药机销售药品管理规定（试行）》	2018/01	非处方药	24 小时便利店或者宾馆、机场、车站（注册地址以外）等人员密集场所	备案登记制	有	县级市药品监管部门负责审核登记，并将自动售药机位置、数量及时告知设区市药品监管部门
4	宁波	《宁波市药品零售企业设置规定》	2018/06	非处方药	鼓励药品零售网点向缺医少药的农村、山区、海岛延伸	行政许可制	有	在企业的药品经营许可证上标注自动售药机的设置地址及经营范围，并在营业执照上增加经营范围“以自动售药机形式销售***”
5	西安	《关于促进企业融合发展、鼓励连锁经营的通知》	2018/10	乙类非处方药	不得离店设置无人售药机	无须备案	无	药品零售企业仅能在店内设置自动售药机，只需完善销售记录，无须办理备案手续
6	成都	《成都市自动售药机销售非处方药品管理规定（试行）》	2019/01	乙类非处方药品和部分二类医疗器械	24 小时便利店或宾馆、机场、车站、TOD 商业区（注册地址以外）等人员密集场所	备案登记制	有	连锁企业设置离店自动售药机的，设置地点应在连锁门店注册地所在区县辖区内
7	上海	《上海市药品零售企业许可验收实施细则》	2019/08	乙类非处方药和少量甲类非处方药	机场、码头、地铁、长途客运站、办公楼宇及宾馆等缺少药店的区域	备案登记制	有	药品进、销、存应与企业总部计算机联网管理，并对接本市药品零售企业远程动态监管平台和药品实时监控系统
8	广西	《自动售药机销售药品管理规定（征求意见稿）》	2019/09	乙类非处方药、一类医疗器械和部分二类医疗器械	24 小时便利店或者宾馆、机场、车站、社区、商场等人员密集场所	备案登记制	有	设置自动售药机的地点不应超出其依托实体门店注册地址所在的县级行政区域

3. 自动售药机设置的合规要求

自动售药机作为零售药店的补充，应首先符合药品流通管理法律的一般要求。同时，由于自动售药机的“自助购买”“无人销售”等特征，亦需符合关于自动售药机的特殊监管规定。目前，各地关于自动售药机的规定总体相仿，但在经营范围以及用药咨询和指导等方面存在一定差异。

（1）自动售药机的经营范围

根据《处方药与非处方药分类管理办法（试行）》的规定，处方药必须凭执业医师或执业助理医师处方才可调配、购买和使用；非处方药不需要凭执业医师或执业助理医师处方即可自行判断、购买和使用。自动售药机现场通常无药师指导，更无法审核处方，因此自动售药机只能销售非处方药，而不得销售处方药。同时，根据药品的安全性，非处方药可以分为甲、乙两类。目前多数地区出台的地方性规定中仅支持自动售药机销售安全性较高的乙类非处方药。但是，亦有上海、苏州、宁波等地允许自动售药机同时销售少量甲类非处方药以及乙类非处方药。

此外，除计生用品（部分产品为二类医疗器械）以外，多数地区暂未明确允许自动售药机销售医疗器械。例如，浙江、陕西和上海等多数地区虽然发文允许设立自动售药机，但相关规定中仅限于销售药品，而未涉及医疗器械。但是，亦有福建、成都等少数地区的地方规定中明确自动售药机可以销售医疗器械。并且，这些规定均同时要求“自动售药机仅限于销售第一、二类医疗器械”。实务中，由于第三类医疗器械的监管要求比较严格，监管部门仅允许符合条件的实体药店进行销售，不允许自动售药机销售第三类医疗器械。

（2）自动售药机的申请主体

自动售药机的销售行为本质上属于药品经营行为，因此，自动售药机的申请主体应符合药品经营法律的一般要求。实务中，自动售药机的申请主体应当是依法取得《药品经营许可证》（或《医疗器械经营许可证》）和《GSP 认证证书》的医药零售企业，既包括医药零售连锁企业，也包括医药零售单体药店。

实务中，医药零售连锁企业和单体药店均可以依托自身实体药店申请在注册地址内设置自动售药机，并由该实体药店直接负责管理。同时，具有物流配送能力的医药零售连锁企业还可以作为离店自动售药机的申请主体。

（3）自动售药机的审核程序

医药零售企业设置自动售药机需要向药品监督管理部门（下称“药监部门”）申请行政许可或备案登记。目前，多数地区的自动售药机设置采用备案登记制，即符合条件的医药零售企业向药监部门提交备案材料，经药监部门确认后即可设置自动售药机；而少数地区（例如宁波）则采用行政许可制，即由药监部门以行政许可方式确认设置自动售药机，并在企业的《药品经营许可证》上标注自动售药机的设置地址及经营范围。

a）备案登记制

目前，我国多数地区的自动售药机设置采用备案登记制，不作为行政许可事项。依法取得《营业执照》《药品经营许可证》（或《医疗器械经营许可证》），且符合《药品经营质量管理规范》（或《医疗器械经营质量管理规范》）要求的医药零售企业（含连锁门店和单体药店），可以申请设置自动售药机。符合条件的企业申请设置自动售药机应向其所在地药监部门提交相关备案材料。药监部门接收备案材料后，负责对申报材料进行审核，对企业拟经营的药品 / 医疗器械品种目录进行把关。符合设置条件和要求的，药监部门及时给予登记，并将零售企业设置的自动售药机纳入企业日常监管。

医药零售企业申请设置自动售药机，通常应向药监部门提交以下备案材料：（a）登记申请表；（b）申请企业《营业执照》《药品经营许可证》《GSP 认证证书》复印件；（c）拟设置自动售药机场所使用权证明；（d）自动售药机质量管理文件及设施、设备目录；

（e）自动售药机管理人员身份证、学历证明及职称证书复印件；（f）拟经营的药品品种目录。

b）行政许可制

2018年12月，宁波余姚市市场监管局为浙江同泰堂药品零售连锁门店颁发出国内首张以行政许可方式确认自动售药机经营项目的《药品经营许可证》。在行政许可模式中，医药零售企业可以向药监部门提出行政许可申请，并提交相关申请材料。经药监部门审核批准后，在实体药店的《药品经营许可证》上标注设置地址及经营范围，并将自动售药机纳入实体药店的日常监管。同时，以该方式从事经营活动的，医药零售企业还应当在实体药店或直营连锁门店的《营业执照》上增加经营范围“以自动售药机形式销售***”。

（4）自动售药机的设置地点

如前所述，鉴于单体药店和不设仓库的连锁企业没有配送车辆和各类专职管理人员，对自动售药机药品的配送和管理能力较弱，因此仅允许这类企业依托自身实体药店在注册地址内设置自动售药机，并由该实体药店直接负责管理。此外，除西安等极少数地区外，由于医药零售连锁企业通常有能力对离店自动售药机进行药品配送和管理，因此设有仓库并具备现代物流条件的医药零售连锁企业还可以申请在注册地址以外的地点设置离店自动售药机。就具体的设置地点，虽然多地出台的规范中列举出“24小时便利店、宾馆、机场、车站”等场所，但实务中企业通常还可以在前述提示性列举的地点以外的公共场所设置自动售药机。

需要特别注意，允许设置自动售药机的公共场所应不包括医院等特殊场所。由于医院属于具有医学专业背景的诊疗场所，在医院内设置的自动售药机将不可避免地使患者误以为医院同意为相关药品或医疗器械进行背书或推荐，因此企业在医院等特殊场所内设置自动售药机存在被认定为不正当竞争行为的法律风险。

（5）自动售药机的设置要求

a）放置场所的要求。自动售药机放置的场所，应符合GSP规范的相关要求。例如，放置场所应当避免阳光直射雨淋及保证陈列药品质量的相应条件和措施；放置场所还应当清洁卫生，外用、内服药相对分开，不得将自动售药机与有毒、有污染的物质设置在同一场所内。

b）机内环境的要求。自动售药机的机内环境应当符合GSP规范关于药品储存条件的要求，按照药品包装标示的温度要求储存药品，包装上没有标示具体温度的，按照药典规定的贮藏要求进行储存；储存药品相对湿度为35%～75%。

c）远程用药指导要求。自动售药机应当具备药师指导用药的功能，能够在药师指导下销售药品。特别是销售甲类非处方药或二类医疗器械的，应当能够由药师当面或通过视频连线等方式提供24小时用药指导服务。

d）购销记录的管理要求。自动售药机的药品应当由设置的医药零售企业统一采购配送，并满足GSP规范对药品可追溯的要求。药品或医疗器械的进、销、存应与企业总部计算机联网管理。自动售药机应当能够打印销售小票，小票内容涵盖设置自动售药机的药店名称、产品名称、购买日期、规格、批号、价格、厂家和数量，建立真实、完整、准确、可追溯的记录。

4. 未来展望

实际上，目前自动售药机这种医药零售新模式尚处于实践探索阶段，还存在不少监管模糊之处。但是，随着医药新零售时代的到来，技术的发展以及患者用药习惯的变化，自动售药机也开始向智能化发展，功能服务越发完善。同时，针对自动售药机的监管体系建设也不断加快，这将为自动售药机乃至新一代智能售药设备的发展奠定重要基础。

（四）《反不正当竞争法》反商业贿赂条款再观察——聚焦受贿主体

2017年11月4日，新《反不正当竞争法》(下称“《反法》”)经第十二届全国人民代表大会常务委员会第三十次会议修订通过，并于2018年1月1日正式实施。2019年4月23日，部分条文再经全国人大常委会修正、实施。相较于1993年版《反法》，2017年版《反法》对反商业贿赂条款作出了进一步修改。其实施近两年来，随着经济形式的多样化与执法实践的丰富，反商业贿赂条款之内涵亦得到愈加详尽的解读。

本文旨在结合实践经验，对《反法》语境下反商业贿赂条款之适用，尤其是受贿主体相关实务问题展开探讨。

1. 新《反法》与新反商业贿赂条款

早在2017年《反法》实施之前，1993年版《反法》第八条、第二十二条已对商业贿赂行为作出规制。然而，由于条文出台时间较早，市场经济形势在20余年间发生巨大变化，机械地理解1993年版《反法》下反商业贿赂条款已难以满足规范市场竞争秩序、促进市场公平发展的需求。基于这一背景，2017年版《反法》将反商业贿赂条款作为一项重点修订内容，对商业贿赂之范围、目的等进行了补充完善。

（1）受贿主体之明确

根据1993年版《反法》第八条，“经营者不得采用财物或者其他手段进行贿赂以销售或者购买商品。”，仅从法律条文本身出发，“交易相对方”并未被排除在受贿主体之外。实践中，因机械理解该第八条的条文字面含义，导致诸多经营者正常开展的促销活动被划入商业贿赂进而遭到行政处罚。针对这一情况，2017年版《反法》以列举形式详细规定了受贿主体。根据新《反法》第七条的规定，商业贿赂之受贿主体包括“（一）交易相对方的工作人员；（二）受交易相对方委托办理相关事务的单位或者个人；（三）利用职权或者影响力影响交易的单位或者个人。”该修订文义上将交易相对方排除在了行贿对象之外，系对《反法》下商业贿赂规制思路的重大调整，体现了新《反法》对于正常商业安排的尊重与保护。

同时，第七条第一款第（二）、（三）项之交易相对方之受托人、利用职权或者影响力影响交易的主体，亦被视为针对实际情况所作的明确规定，对之后的执法实践产生了显著的影响。

（2）明确商业贿赂的目的要件

1993年版《反法》将商业贿赂之目的规定为“销售或者购买商品”；但2017年版《反法》将这一主观要件调整为“谋取交易机会或者竞争优势”。相较于旧条款浮于形式且并不充分的阐述，这一修改进一步靠近商业贿赂的实质。然而，修改内容并未规定“交易机会或者竞争优势”应具“不正当性”。根据全国人大常委会法工委对该条文的解

释，即便经营者给付利益具有正当性，亦不影响商业贿赂主观要件的成就。如，“经营者的竞争力强于其竞争者，按照正当的市场规律必然本应取得交易机会”[1]的情况。然而，这一观点似模糊了《反法》遏制市场主体间“不正当”竞争的核心目的，亦在后来的执法实践与学术探讨中被广泛推敲。

（3）经营者员工行为的例外情形

根据2017年版《反法》第七条第三款，经营者员工进行贿赂的，推定为经营者的贿赂行为；但若经营者可证明员工贿赂行为与为经营者谋取交易机会或者竞争优势无关，则该等行为不属于经营者行为。此修订明确为经营者维护自身合法权益留存了余地，虽然实践中对于证明“与为经营者谋取交易机会或者竞争优势无关”的标准尚无统一标准，但这一修改已体现了立法者区分经营者行为和员工行为的态度，进一步明确了《反法》规制的情形。

2. 受贿主体相关实务探讨

如上文所述，2017年版《反法》对受贿主体的修改主要体现在，排除向交易相对方给付利益的情形，并以列举方式详细规定了三类主体。实践中，围绕三类主体认定产生的讨论屡见不鲜。

（1）受贿主体范围的重叠

2017年版《反法》虽明确列举了三类商业贿赂的对象，但该三类对象并非互斥的。某一主体既可以是交易相对方的员工，也可以是受交易相对方委托办理相关事务的个人或利用影响力影响交易的个人。执法实践中，主管部门亦认可某一主体在《反法》反商业贿赂条款中的多重身份，即第七条所列举的三类受贿主体并不互斥，在对某一具体行为是否构成商业贿赂时，应逐一分析在每一类受贿主体下是否构成商业贿赂。此外，主管部门对确定受贿主体的法律地位具有一定的自由裁量权。

（2）“利用职权或影响力影响交易的单位或者个人”的具体适用

相比于经营者将利益直接返送给交易相对方的工作人员或受托人，在实践中，更为常见并易引起探讨的安排经常发生于经营者将利益或便利给予非合同相对方的第三方。

在行政执法实践中，因向非合同相对方的第三方给付利益而被认定为构成商业贿赂进而被行政处罚案例层出不穷。例如，药品推广企业向相关自然人支付产品推广费用让其向上海地区的医院推广产品的，被认定构成向利用影响力影响交易的个人行贿[2]；家装公司向设计师支付返利以获得设计师客户的采购业务订单同样被认定为构成向利用影响力影响交易的个人行贿[3]等。

结合上述行政处罚案例，随之产生的问题是，在经营者开展经营活动中，将利益或便利给予非合同相对方的第三方，是否必然构成《反法》第七条第一款第（三）项所规制的商业贿赂行为？

（3）“穿透原则”适用性的思考

2017年11月，原国家工商总局反垄断与反不正当竞争执法局局长杨红灿曾接受采访称，反商业贿赂条款中的“交易相对方应当分析实际交易的双方”；例如学校受全体

1 王瑞贺主编：《中华人民共和国反不正当竞争法释义》，法律出版社，2018年版，第21页。

2 沪监管普处字（2019）第072019004799号《行政处罚决定书》

3 沪监管普处字（2018）第072018000355号《行政处罚决定书》

学生委托与校服供应商签订校服购买合同，此时交易的双方应当是供应商和学生，交易的法律后果实际由学生承担。如果供应商给予学校财物或者其他经济利益，则涉嫌构成商业贿赂。该观点被称为商业贿赂主体判断的“穿透原则”。

对于“穿透原则”的适用，应当注意的是，“穿透原则”本身并未以行政法规、部门规章的方式固定，在具体案件中，根据我们从多地主管部门得到的答复，“穿透原则”的思路虽有一定参考意义，但在实践中仍很难直接作为处理案件的依据。但我们发现，在实际执法中，似有主管部门适用与“穿透原则”类似的思路。如某医疗器械销售企业与医院签订《购销协议》，为其提供医疗器械产品，企业与医院签订《服务（消毒灭菌）合同》以向医院支付“消毒费用”的名义，获取交易机会，增加产品销量。主管部门认定医院属于利用影响力影响交易的单位，企业支付“消毒费用”的行为构成商业贿赂[1]。该案例的潜在逻辑实际突破了合同相对性，认定病人为医疗器械企业实际的“交易相对方”。

实践中，“穿透原则”的适用是否可以推而广之，作为潜在商业贿赂行政处罚的抗辩理由，值得商榷。

以我们不时遇到的贴牌加工合作安排为例。诸多企业（下称“**品牌方**”）主要以委托第三方（Original Equipment Manufacturer，下称“OEM 企业”）进行产品贴牌加工（下称“**OEM 模式**”）。在 OEM 模式下，品牌方对零部件供应商的选择通常具有主导地位，由品牌方负责对于零部件产品质量和供应商资质审核并确定采购数量，OEM 企业对于零部件产品和供应商选择并无决定权，但因出于物流成本、税务成本的考虑，常由 OEM 企业而非品牌方作为合同相对方与零部件供应商签订零部件采购合同。在部分行业内，品牌方甚至直接与供应商进行零部件交易的谈判、合同条款的拟定等。因此，实践中为了促进商业合作，普遍存在供应商根据 OEM 企业采购零部件的数量给予品牌方一定返利的情况（下称“**返利安排**”）。在该返利安排下，由于品牌方并非合同法意义上的交易相对方，却对零部件供应商的选择和采购数量往往具有决定权，实践中产生了该类返利安排是否构成商业贿赂的疑问。

在 OEM 模式中，虽然买卖合同双方为 OEM 企业与供应商，但 OEM 企业的交易行为实际受到品牌方的控制甚至由品牌方亲自落实供应商、采购数量、采购类型等合同实质性条款内容。

鉴于此，一种观点认为，对于 OEM 模式，可尝试突破合同相对性，要求根据实际的交易安排判断实际交易相对方。品牌方事实上实际控制交易安排：OEM 企业仅按照品牌方授权的范围与供应商签订采购合同，对于合同实质性条款并无任何自主修改的权利。参照《合同法》第 402 条的规定，在该情况下，OEM 企业具备受托人的特点，品牌方具备隐名委托人的特点。因此，品牌方应当被认定为实际的零部件采购合同交易相对方。根据 2017 年版《反法》第七条的条文规定，交易相对人不构成商业贿赂的受贿主体，在返利安排下，若品牌方将相关返利如实入账，则不应认定为商业贿赂的情形。

另一种观点认为，在该返利安排下，因品牌方对于 OEM 企业与供应商间的零部件交易具有较大影响，在个案具体分析的前提下，相关主管部门可能仍以书面合同签署的双方作为交易相对方，供应商给予品牌方返利的行为，则有可能被理解为谋取交易机会

1　沪监管金处字（2019）第 282018013620 号《行政处罚决定书》

或竞争优势，仍可能构成2017年版《反法》第一款下“利用职权或者影响力影响交易的单位”。因此，即便品牌方与供应商就返利安排签订合同并如实入账，主管部门仍可能倾向于认为返利安排可构成商业贿赂行为。该思路曾在类似案例中得到适用。如船运公司向客户指定堆场进行提还柜，堆场经营者根据提还柜客户箱型箱量向船运公司支付返利，主管部门认为，虽交易相对方为堆场与客户，但船运公司对于交易具有决定性影响，该返利系为谋取竞争优势与交易机会，构成商业贿赂[1]。

我们认为，“穿透原则”是否可作为有效的抗辩仍需要结合具体案件进行分析判断，除需考虑相关主管部门对于“穿透原则”效力的自由裁量外，关键在于对实际交易相对方的认定。在学校受学生委托与校服供应商签订校服购买合同的例子中，应考虑到这一委托人－受托人的关系已由《关于规范中小学服务性收费和代收费管理有关问题的通知》明确定性为“中小学代收费”，即学校为方便学生在校学习和生活，在学生或学生家长自愿的前提下，为提供服务的单位代收代付的费用，且中小学应遵守自愿和非营利性原则。对于OEM模式，品牌方可否被认定为实际交易相对方，仍需考虑品牌方与OEM企业之间所签订的相关协议是否明确排除了OEM企业受托人的身份、OEM企业的盈利模式等多个因素。

3. 我们的方向

《反法》修订两周年，有关反商业贿赂条款的认识持续更新。尤其是如何针对不同行业、不同交易模式的特点理解与适用条款，帮助企业解决合规难题，将是我们持续关注的议题。

三、企业合规管理建设框架指引

（一）合规管理发展简史

合规管理领域有个玩笑说，人类历史第一起“违规”是亚当吃“禁果”，这其实很形象地说明了合规管理涉及的一些关键要素，比如首先存在有约束力的“规”，未能遵守“规”可能产生不利后果。

就现代意义的企业合规管理而言，美国联邦政府的执法活动对企业合规管理发展起到了极大的刺激推动作用。1906年，美国食品药品监督管理局成立，主要目的是对涉及公共利益的食品药品加强监管，食品药品合规管理应运而生，但这仅仅是特定行业领域的特定业务合规管理。1977年，美国海外反腐败法通过，美国司法部和证监会开始针对美国企业以及在美国上市的海外企业进行海外反腐败执法，海外反腐败合规成为热潮，这是不分行业的特定职能管理领域合规的开始。1984年，美国国防部采购丑闻爆发，很多军需品的采购价格都是市场价格的十倍甚至几十倍，1986年32家军火商提出“军工企业合规倡议”，开始设立合规官，这个算是特定行业的全面合规管理。1991年，美国量刑委员会针对企业犯罪发布企业量刑指南，包括关于有效合规项目的建议性要素，从此所有行业的企业都进入全面合规管理阶段。

就中国企业的合规管理而言，除了极个别的头部民营企业，大部分合规管理先行者

1 沪工商检处字〔2018〕第320201710079号《行政处罚决定书》

是国务院国资委推动下的中央企业。国务院国资委在成立次年，即 2004 年，就开始提“依法治企”，从此开启了中央企业法制工作三个“三年目标”，核心考核指标之一是“三个法律审核”100%，即重大决策、规章制度、经济合同需全部经法律顾问审核；紧接着在 2015 年，又提出了“中央企业法制工作新五年规划”。在 2018 年，国务院国资委又制定发布了《中央企业合规管理指引（试行）》，同年国家发改委等七部门为指导企业更好开展境外经营，联合印发了《企业境外经营合规管理指引》。另外，由于近年来一些国家对中国企业频繁进行域外法律适用，具有相应涉外业务的企业开始进入全球范围、全业务领域、全职能领域的全面合规管理阶段。

（二）合规管理总体思路

1. 合规管理依据

合规管理依据即企业应当遵守的规则，对“强制性规范”要求的内容应当全部做到，对“禁止性规范”要求的内容应当坚决不做，通常情境下，企业的合理管理依据主要包括：

（1）适用的国际公约、法律、行政法规、部门规章、地方性法规、规范性文件；

（2）行业自律规定；

（3）企业章程、规章制度；

（4）其他有约束力的文件，可能包括具有道德约束的文件。

2. 合规管理目标

企业合规管理的终极目标是支持企业的可持续健康发展，但是年度管理目标和阶段性管理目标可能是个动态调整的过程，常见合规管理目标包括：

（1）不因违反合规管理依据而导致行政处罚、刑事处罚；

（2）不因违反合规管理依据而导致侵权事件发生经济赔偿；

（3）不因违反合规管理依据而导致声誉损失。

3. 合规管理体系

知道了合规管理依据、明确了合规管理目标，并不意味着目标会自动实现，业务需要建立一套运行有效的管理体系来进行过程控制，最终促成管理目标的实现。综合参考美国量刑委员会《针对机构实体量刑指南》、美国司法部《企业合规程序评估》、美国财政部《OFAC 合规承诺框架》、美国司法部、证监会《FCPA 指引》、美国商务部工业安全局《出口合规指引》、国务院国资委《中央企业合规管理指引（试行）》、国家发改委七部门《企业境外经营合规管理指引》等法规规定，合规管理体系的核心要素可以总结为：合规管理组织；合规管理岗位；合规制度体系；合规企业文化；合规监督体系；合规评价体系；以及合规考核体系。

本指引将着重介绍组织体系、岗位体系和制度体系。

（1）合规管理组织

按照现代公司的治理架构，公司的合规管理组织应当从董事会、监事会、高级管理层覆盖到合规归口管理部门，以及各个业务部门和职能部门。

a）公司董事会及主要职责

董事会的主要职责是对公司合规管理重大事项进行决策，职责包括但不限于：

i 决定是否将合规管理纳入公司管理要求；

ii 批准公司合规管理依据的范围；

iii 批准公司合规管理的目标；

iv 批准公司合规管理制度；

v 批准公司年度合规管理报告。

b）监事会及主要职责

监事会是公司合规管理的最高监督机构。

c）公司高级管理层合规领导机构及主要职责

公司高级管理层合规领导机构，通常由公司高级管理层一位成员作为负责人、若干其他高级管理层成员、各部门负责人组成，是公司合规管理的领导协调机构，职责包括但不限于：

i 审议公司合规管理依据的范围；

ii 审议公司合规管理的目标；

iii 审议公司合规管理制度；

iv 审议公司年度合规管理报告；

v 协调确定合规归口管理部门与职能部门、业务部门关于合规管理职责的分工；

vi 协调确定合规管理与风控、内控等其他管理工具之间界面关系；

vii 确定公司年度合规工作计划；

viii 审批合规评价报告；

ix 审批内部合规举报调查报告；

x 审批外部合规投诉调查报告；

xi 确定公司年度合规管理预算。

d）公司合规归口管理部门及主要职责

公司合规归口管理部门，顾名思义归口就是负责整个公司的合规管理工作，在绝大部分企业是由法律部门承担，在有些公司，这个部门的名称就叫法律合规部，职责包括但不限于：

i 拟定公司合规管理顶层制度；

ii 统筹合规管理依据的变化跟踪管理，对职能管理文件、业务管理文件修订提出修改建议，及时将最新的合规要求反映到前述管理文件；

iii 对职能管理制度文件、业务管理制度文件从合规角度进行审核，将届时有效的合规要求反映到职能管理文件、业务管理文件；

iv 回答职能部门、业务部门在执行合规管理过程中的合规咨询；

v 拟定公司年度合规管理计划；

vi 组织对重点业务领域的定期合规评价，撰写评价报告，负责跟踪评价；

vii 根据问题导向对特定职能领域、业务领域进行不定期评价，撰写评价报告，负责跟踪评价；

viii 撰写公司年度合规管理报告；

ix 对合规评价过程中发现的不合规事件进行调查，撰写调查报告、负责跟踪评价；

x 负责内部合规举报调查，撰写调查报告、负责跟踪评价；

xi 负责外部合规投诉调查，撰写调查报告、负责跟踪评价；

xii 负责外部合规调查[1]的配合工作；

xiii 与考核部门协调将合规评价结果纳入相关部门、相关人员的考核评价。

e）公司职能部门及主要职责

公司的职能部门主要指公司中下属单位和其他部门具有计划、组织、指挥权力的部门，比如人力资源、财务等，主要负责与本部门职能相关的合规管理执行，具体职责包括但不限于：

i 根据分工，负责特定合规管理依据的变化跟踪管理，及时启动职能管理文件的修订，将最新的合规要求反映到管理文件中；

ii 执行职能管理文件中涉及的合规要求；

iii 根据分工，在职能管理过程对常规合规问题进行实质判断；

iv 保存职能管理过程中形成的过程文件；

v 配合合规归口管理部门进行的涉及本部门的合规评价；

vi 配合合规归口管理部门进行的涉及本部门的合规举报调查；

vii 配合合规归口管理部门进行的涉及本部门的合规投诉调查。

f）公司业务部门及其职责

公司的业务部门主要指公司中对外沟通与交流的部门，对公司主营业务收入有着直接影响，比如生产部门、销售部门，主要负责与本部门业务相关的合规管理执行，具体职责包括但不限于：

i 根据分工，负责特定合规管理依据的变化跟踪管理，及时启动业务管理文件的修订，将最新的合规要求反映到管理文件中；

ii 执行业务管理文件中涉及的合规要求；

iii 根据分工，在业务开展过程对常规合规问题进行实质判断；

iv 保存业务开展过程中形成的过程文件；

v 配合合规归口管理部门进行的涉及本部门的合规评价；

vi 配合合规归口管理部门进行的涉及本部门的合规举报调查；

vii 配合合规归口管理部门进行的涉及本部门的合规投诉调查。

（2）合规岗位体系

有了完备的合规管理组织体系之后，相关组织的合规管理职责还需要相应的管理岗位去具体执行落实，包括首席合规官、合规归口管理部门负责人、各个部门的合规管理岗，这些岗位的工作人员有效协同工作，才能最终确保合规管理目标的实现。

a）首席合规官及主要岗位职责

首席合规官是公司高级管理层负责合规管理的最高岗位，岗位职责包括但不限于：

i 负责召集并主持高级管理层合规领导机构会议；

i 履行高级管理层合规领导机构的日常管理职责；

ii 领导合规归口管理部门开展合规管理工作。

1　行政监管机关的行政处罚调查、司法机关的刑事调查。

b）合规归口管理部门负责人及主要职责

合规归口管理部门负责人负责领导实施本部门涉及合规归口管理的职责。

c）合规归口管理部门相关内设岗位

对大部分企业而言，一般是在法律合规部设立一个合规管理组，所有的合规管理都纳入这个组并分配到相关岗位，但对于一些规模较大的企业或者涉及高风险合规领域的企业，可能会设立特定领域合规管理岗，比如出口合规岗、环境保护合规岗、数据隐私合规岗、金融合规岗等

i. 合规综合管理岗位及主要职责

合规综合管理岗位的岗位职责包括但不限于：

· 起草公司合规管理顶层制度，

· 起草公司年度合规管理计划；

· 起草公司年度合规管理报告；

· 统筹合规管理依据的变化跟踪管理；

· 就未设立专业合规管理组的合规领域，对相关职能管理制度文件、业务管理制度文件从合规角度进行审核，将届时有效的合规要求反映到管理文件；

· 就未设立专业合规管理组的合规领域，回答职能部门、业务部门的合规咨询；

· 就未设立专业合规管理组的合规领域，对合规评价中发现的不合规事件组织调查，起草调查报告，组织跟踪评价；

· 就未设立专业合规管理组的合规领域，组织合规评价，起草评价报告；

· 就未设立专业合规管理组的合规领域，组织内部合规举报调查，起草调查报告，组织跟踪评价；

· 就未设立专业合规管理组的合规领域，组织外部合规投诉调查，起草调查报告，组织跟踪评价。

ii. 特定领域合规管理岗位及主要职责

特定领域合规管理岗的岗位职责包括但不限于，

· 根据需要，起草特定领域年度合规管理计划；

· 根据需要，起草公司年度合规管理报告；

· 根据分工，负责特定领域合规管理依据的变化跟踪管理；

· 根据分工，对特定领域管理制度文件从合规角度进行审核，将届时有效的合规要求反映到管理文件；

· 根据分工，负责特定领域的合规咨询；

· 根据分工，对合规评价中发现的不合规事件进行调查，起草评价报告，组织跟踪评价；

· 根据分工，负责特定领域的合规评价，起草评价报告，组织跟踪评价；

· 根据分工，负责特定领域的内部合规举报调查，起草调查报告，组织跟踪评价；

· 根据分工，负责特定领域的外部合规投诉调查，起草调查报告，组织跟踪评价。

（3）职能部门相关岗位说明书的合规管理要素

职能部门合规管理岗位多为兼职岗位，或者是在原有岗位说明书中纳入合规管理要

素，增加的内容包括但不限于：

· 根据岗位在职能管理流程的节点，将该流程节点相关合规管理要求纳入岗位职责；

· 根据岗位职责中的合规管理要求，在岗位任职条件中明确与合规管理相关的能力。

（4）业务部门相关岗位说明书的合规管理要素

业务部门合规管理岗位同样多为兼职岗位，或者是在原有岗位说明书中纳入合规管理要素，增加的内容包括但不限于：

· 根据岗位在业务开展流程的节点，将该流程节点相关合规管理要求纳入岗位职责；

· 根据岗位职责中的合规管理要求，在岗位任职条件中明确与合规管理相关的能

（二）合规管理制度

公司的合规管理制度体系包括顶层的合规管理制度，以及职能领域和业务领域合规管理文件。

1. 公司顶层合规管理制度

公司顶层合规管理制度的主要目的在于明确公司合规管理体系的所有要素，确保合规管理工程成为重复性管理措施。

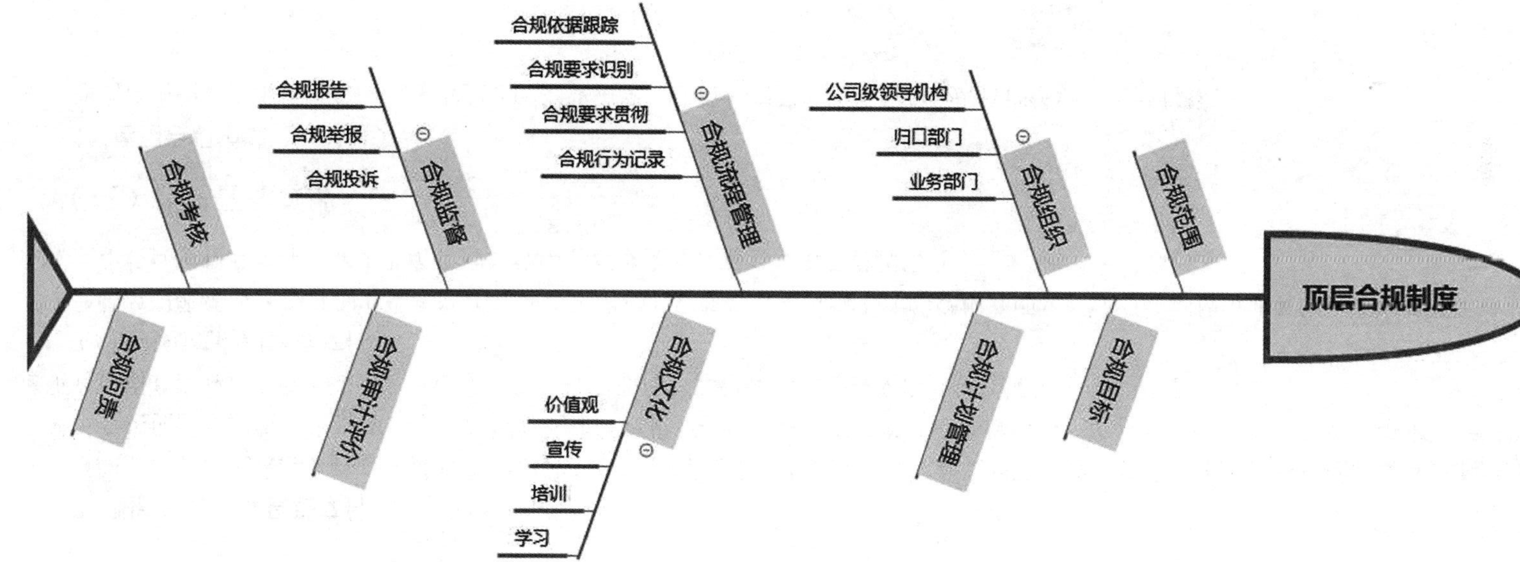

2. 职能领域合规管理文件

就职能领域合规管理文件，不建议制定单独的合规管理文件，比如出口合规管理制度、劳动和社会保障合规管理制度等，制度太多而又没有实现很好的信息化支撑，不会产生好的执行效果；因此不建议制定特定职能领域专门的合规管理文件，而应将特定职能管理领域所有适用的合规要求嵌入职能管理制度文件，完善职能管理过程中的表单文件，对合规管理过程留痕。

3. 业务领域合规管理文件

与制定职能领域合规管理文件的方法同理，不建议制定特定业务领域专门的合规管理文件，而应将特定业务领域所有适用的合规要求嵌入业务管理制度文件，完善业务管理过程中的表单文件，对合规管理过程留痕。

（三）合规管理领域

1. 通用合规领域

通用合规领域指不用区分公司主营业务的行业领域，任何公司都可能涉及的合规管理领域，主要包括：

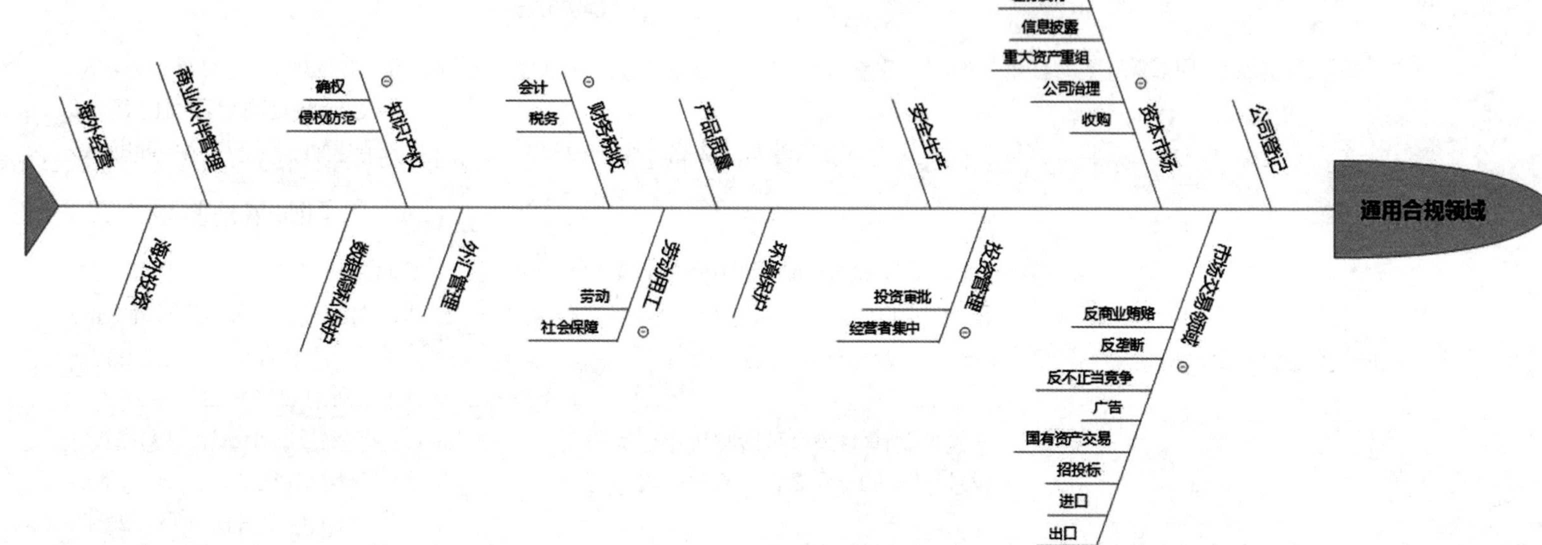

2. 业务合规领域

企业的业务合规领域需要根据其所从事主营业务确定，比如一个企业的主营业务是化学药的研发，那医药监管合规就是该公司的业务合规领域；再比如一个企业的主营业务是互联网信息服务，那电信互联网监管合规就是该公司的业务合规领域。

（四）结语

虽然企业合规管理在世界范围内已经经过一百多年的发展历程，逐渐产生了一系列的理论、经验、教训，但对大部分中国企业而言，仍然是个相对新鲜的企业管理维度。在实施过程中，建议企业聘请具有长期理论研究和实战经验的外部律师事务所提供咨询服务，全面准确地识别企业的合规管理领域以及适用的合规管理依据，协助企业建立一套运行有效的合规管理体系，最终实现企业的合规管理目标，为企业的稳健持续发展保驾护航。

致 谢

感谢研究部关于撰写年度报告的建议以及对相关工作的付出和大力支持。同时也感谢合规组的各位合伙人和律师2019年在原有的基础上添砖加瓦，努力开拓，表现突出，业绩卓越，使得本报告得以成型。

最后，诚挚地感谢参与本报告工作的合伙人和律师，他们分别是：严荣荣、董潇、武雷、赵敏、何凌云、闫振峰、祁达、尹箫、袁琼、郭静荷、冯毅捷、刘青宇、董俊杰、朱彤、贾子豫、郑玉、沈程、左皓、陈懿、徐念祖、肖娴、刘晨圻、杨彤、叶阳天、岳原州（实习生）、王子豪（实习生）。

2019 年
君合业务研究报告

诉讼仲裁业务年度报告

君合律师事务所公司组

一、2019 年度诉讼仲裁领域重要新规

2019 年度，许多新规密集出台，我国法律规范体系日益完善，同时为了持续优化营商环境，我国于 2019 年颁布的新规多集中于民商法领域，这些新规将为经济的持续、稳定发展提供充分的司法保障。笔者梳理总结了 2019 年诉讼仲裁领域重要新规，具体如下：

（一）法律 / 全国人大及其常委会决定

1. 民法典（草案）（2019.12.28 发布）

第十三届全国人大常委会第十五次会议审议了《中华人民共和国民法典（草案）》，2019 年 12 月 28 日草案在中国人大网公布并征求社会公众意见，征求意见截至 2020 年 1 月 26 日，根据立法计划，全国人大常委会将按照法定程序决定提请 2020 年 3 月召开的十三届全国人大三次会对该草案进行审议。

民法典（草案）采取七编制：总则编、物权编、合同编、人格权编、婚姻家庭编、继承编和侵权责任编，全文一共 1260 条（包括附则）。民法典（草案）规定，《婚姻法》《继承法》《民法通则》《收养法》《担保法》《合同法》《物权法》《侵权责任法》《民法总则》等法律将在民法典施行时同时废止。

民法典（草案）在对既有的民事法律规范进行科学的整理总结的基础上，也有许多创新之处。总则编部分对《民法总则》的条文序号进行了修改调整，基本保持了《民法总则》的结构和内容；物权编部分在用益物权中增加了“居住权”的规定；合同编部分在典型合同部分增加了“保理合同”的规定，增加了禁止高利放贷的规定；人格权独立成编，增加了防止性骚扰的规定；婚姻家庭编完善了婚姻撤销方面的规定；侵权责任编完善了高空坠物侵权的责任承担规定。[1]

民法典被誉为“社会生活的百科全书”，一部成文系统的民法典有助于法官适用法律，也可为社会提供明确的可预期的行为指引，助推国家治理体系和治理能力现代化目标的实现。

2. 全国人大常委会关于授权最高人民法院在部分地区开展民事诉讼程序繁简分流改革试点工作的决定（2019.12.28 发布，2019.12.29 施行）

全国人大常委会授权最高人民法院在部分地区开展民事诉讼程序繁简分流改革试点

1　参见《〈民法典（草案）〉首次整体亮相》，《北京青年报（电子版）》最后访问日期：2020 年 1 月 10 日。

工作。

根据最高人民法院院长周强介绍，本次改革试点工作为期两年，拟选择北京、上海市辖区内中级人民法院、基层人民法院；南京、苏州、杭州、宁波、合肥、福州、厦门、济南、郑州、洛阳、武汉、广州、深圳、成都、贵阳、昆明、西安、银川市中级人民法院及其辖区内基层人民法院；北京、上海、广州知识产权法院；上海金融法院；北京、杭州、广州互联网法院开展试点工作。主要改革内容一是优化司法确认程序；二是完善小额诉讼程序；三是完善简易程序规则；四是扩大独任制适用范围；五是健全电子诉讼规则。[1]

3. 全国人大常委会关于授权国务院在自由贸易试验区暂时调整适用有关法律规定的决定（2019.10.26发布，2019.12.01施行）

全国人大常委会授权国务院在自由贸易试验区内，以三年为期暂时调整适用《对外贸易法》《道路交通安全法》《消防法》《食品安全法》《海关法》《种子法》的有关规定。调整内容概括如下：

（1）对外贸易经营者备案登记：直接取消对外贸易经营者备案登记；

（2）拖拉机驾驶培训学校、驾驶培训班资格认定：直接取消审批；

（3）消防技术服务机构资质审批：直接取消；

（4）食品经营许可（仅销售预包装食品）：审批改为备案；

（5）报关企业注册登记：审批改为备案；

（6）公众聚集场所投入使用、营业前消防安全检查：实行告知承诺（当事人承诺符合消防安全标准并提供相关材料的，消防救援机构不再进行实质性审查，当场作出审批决定）；

（7）林草种子（进出口）生产经营许可证核发：优化审批服务（取消省级林草部门实施的审核）。[2]

（二）司法解释及司法规范性文件

1. 最高人民法院关于适用《中华人民共和国外商投资法》若干问题的解释（2019.12.26发布，2020.01.01施行）

2019年3月15日，全国人民代表大会发布《外商投资法》，2019年12月26日最高人民法院发布了配套实施的司法解释，就人民法院审理平等主体之间的投资合同纠纷案件适用法律问题作出了解释。该司法解释全文共七条，主要就投资合同的效力认定问题进行了详细规定，具体如下：

（1）外商投资准入负面清单之外的领域形成的投资合同，当事人以合同未经有关行政主管部门批准、登记为由主张合同无效或者未生效的，人民法院不予支持；

1 参见最高人民法院院长 周强：《对〈关于授权在部分地区开展民事诉讼程序繁简分流改革试点工作的决定（草案）〉的说明——2019年12月23日在第十三届全国人民代表大会常务委员会第十五次会议上》，中国法院网，最后访问日期：2020年1月10日。

2 参见司法部部长 傅政华：《关于〈关于授权国务院在自由贸易试验区暂时调整实施有关法律规定的决定（草案）〉的说明——2019年10月21日在第十三届全国人民代表大会常务委员会第十四次会议上》，中国人大网，最后访问日期：2020年1月10日。

（2）外国投资者投资外商投资准入负面清单规定禁止投资的领域，当事人主张投资合同无效的，人民法院应予支持；

（3）外国投资者投资外商投资准入负面清单规定限制投资的领域，当事人以违反限制性准入特别管理措施为由，主张投资合同无效的，人民法院应予支持；人民法院做出生效裁判前，当事人采取必要措施满足准入特别管理措施的要求，当事人主张前款规定的投资合同有效的，应予支持；

（4）在生效裁判作出前，因外商投资准入负面清单调整，外国投资者投资不再属于禁止或者限制投资的领域，当事人主张投资合同有效的，人民法院应予支持。[1]

2. 最高人民法院关于民事诉讼证据的若干规定（2019 修正）（2019.12.25 发布，2020.05.01 施行）

2019 年 12 月 26 日，最高人民法院公布《最高人民法院关于修改〈关于民事诉讼证据的若干规定〉的决定》（以下简称“**《修改决定》**”），对 2001 年 12 月 6 日通过的《关于民事证据的若干规定》（以下简称“**《民事证据规定》**”）进行了修改。《修改决定》共 115 条，根据《修改决定》重新公布的《民事证据规定》共 100 条。修改后的《民事证据规定》中，保留原《民事证据规定》条文未做修改的 11 条，对原《民事证据规定》条文修改的 41 条，新增加条文 47 条。主要内容包括完善书证提出命令，当事人自认规则，当事人、证人具结和鉴定人承诺制度，明确电子数据的审查判断规则等。该司法解释 2020 年 5 月 1 日起实施。[2]

3. 关于建立法律适用分歧解决机制的实施办法（2019.10.28 发布，2019.10.28 施行）

2019 年 10 月 28 日，最高人民法院印发《关于建立法律适用分歧解决机制的实施办法》，要求最高人民法院各业务部门、各高级人民法院和专门人民法院在案件审理与执行过程中，发现最高人民法院生效裁判之间存在法律适用分歧的，或者在审案件作出的裁判结果可能与最高人民法院生效裁判确定的法律适用原则或者标准发生分歧的，应当启动法律适用分歧解决机制。对于法律适用分歧解决结果，报经批准后，最高人民法院各业务部门、地方各级人民法院和各专门人民法院在审判与执行工作中应当参照执行。[3]

4. 最高人民法院关于审理行政协议案件若干问题的规定（2019.11.27 发布，2020.01.01 施行）[4]

2019 年 12 月 10 日，最高人民法院举办新闻发布会公布了《最高人民法院关于审理行政协议案件若干问题的规定》（以下简称“**《行政协议司法解释》**”）（法释〔2019〕17 号），该解释自 2020 年 1 月 1 日起施行。《行政协议司法解释》全文一共有 29 条，从行政协议的范围、法律适用、司法解释的溯及力等方面，对行政协议纠纷案件的审理进行了相对详细的规定。当日，最高人民法院还发布了 10 个参考案例，就行政协议的定义、

1 参见中国法院网，最后访问日期：2020 年 1 月 13 日。

2 参见最高人民法院网，最后访问日期：2020 年 1 月 13 日。

3 参见人民法院网，最后访问日期：2020 年 1 月 10 日。

4 参见最高人民法院网，最后访问日期：2020 年 1 月 13 日。

相对人的救济途径、诉讼时效、行政协议的可撤销事由等，通过具体案例，提供了《行政协议司法解释》相关条款在审判实践中运用的操作性指引。

《行政协议司法解释》从起草至正式颁布，历经多番审议、讨论，《行政协议司法解释》为人民法院审理行政协议纠纷案件提供了统一的裁判规则，有助于推动法治政府建设，优化营商环境。不过，《行政协议司法解释》的出台历经曲折，最高人民法院在征求意见、讨论过程中采取了搁置争议的折中处理做法，如：未将国有土地使用权出让合同明确列举为行政协议、根据协议签署时间作为《行政协议司法解释》适用范围的标准等。这些折中处理方式，有利于《行政协议司法解释》的顺利颁布，但不得不说亦有遗憾，例如：同类协议同类纠纷就因为签署时间的不同，审理思路和判决结果均有可能完全不同。

行政协议兼具行政和民事的共同属性，是公私法融合的产物。对该类案件的审理需要综合运用行政法律规范和民事法律规范：对于行政协议的效力需要综合运用民事法律的效力规范和行政法的效力规范来进行认定；对行政机关在履约过程中的违约行为既要运用行政法律规范进行合法性审查，也要运用民事法律规范进行合约性审查。

《行政协议司法解释》确立的行政及民事法律规范兼容的审理规则，对于审判法官、行政主体、行政相对人及其代理律师的法律知识、专业技能等都有更高的要求。但新的挑战，亦是新机遇。《行政协议司法解释》在促进诚信政府建设、提升司法公信力等方面将产生积极且深远的影响。

5. 全国法院民商事审判工作会议纪要（2019.11.08 发布，2019.11.08 施行）

最高人民法院关于印发《全国法院民商事审判工作会议纪要》（以下简称“**《会议纪要》**”）的通知指出，《会议纪要》的出台，对统一裁判思路，规范法官自由裁量权，增强民商事审判的公开性、透明度以及可预期性，提高司法公信力具有重要意义。

《会议纪要》在公司纠纷案件、合同纠纷案件、担保纠纷案件、金融纠纷案件、破产纠纷案件和商事审判程序等方面统一了裁判思路。该纪要涉及面广、问题多，对争议比较大、实践中迫切需要统一裁判尺度的十二个问题，最高人民法院民事行政审判专业委员进行了讨论。这些问题分别为：（1）与目标公司签订的“对赌协议”的效力及能否履行；（2）股东出资能否加速到期；（3）如何理解公司法司法解释（二）第18条第2款规定的清算义务人的责任；（4）法定代表人未经授权对外提供担保，公司应否承担责任；（5）违约方能否起诉解除合同；（6）混合担保中承担了担保责任的担保人能否向其他担保人追偿；（7）因登记簿设置原因，导致登记簿记载与合同约定的担保范围不一致的情况下，究竟应以合同约定还是以登记簿记载为准来确定担保物权的担保范围；（8）在房地分别抵押情况下，如何确定抵押范围以及清偿顺序；（9）让与担保的效力如何；（10）场外配资合同无效，应否以及如何返还利息；（11）如何理解信托财产的独立性；（12）实际权利人能否对抗一般债权人的执行。[1]

最高人民法院关于印发《会议纪要》的通知指出，纪要不是司法解释，不能作为裁判依据进行援引。《会议纪要》发布后，人民法院尚未审结的一审、二审案件，在裁判文

1 参见《最高人民法院民二庭负责人就〈全国法院民商事审判工作会议纪要〉答记者问》，中国法院网，最后访问日期：2020年1月10日。

书“本院认为”部分具体分析法律适用的理由时，可以根据《会议纪要》的相关规定进行说理。

6. 最高人民法院关于废止部分司法解释（第十三批）的决定（2019.07.08 发布，2019.07.08 施行）

2019 年 7 月 18 日，最高人民法院发布《关于废止部分司法解释（第十三批）的决定》，废止了一批之前公布的司法解释。包括《最高人民法院关于承认和执行外国仲裁裁决收费及审查期限问题的规定》《最高人民法院关于民事诉讼当事人因证据不足撤诉后在诉讼时效内再次起诉人民法院应否受理问题的批复》等一批涉及民商事、行政、刑事诉讼的司法解释因有新法规定或社会形式发生变化等原因不再适用。[1]

7. 关于为设立科创板并试点注册制改革提供司法保障的若干意见（2019.06.20 发布，2019.06.20 施行）

2019 年 6 月 20 日，最高人民法院发布并实施《关于为设立科创板并试点注册制改革提供司法保障的若干意见》，旨在进一步提高科创板市场违法违规成本、保护科创板投资者合法权益。据最高人民法院有关负责人指出，该意见中保护科创板投资者合法权益的措施同样适用证券市场主板、中小板、创业板等其他投资者维权案件。[2]

8. 最高人民法院关于审理生态环境损害赔偿案件的若干规定（试行）（2019.06.05 发布，2019.06.05 施行）

2019 年 6 月 5 日，最高人民法院发布《关于审理生态环境损害赔偿案件的若干规定（试行）》，就生态环境损害赔偿案件的审理工作进行了详细规定。该规定明确了该类案件的受理条件和审理规则，明确了生态环境损害赔偿诉讼与环境公益诉讼的衔接规则，规定了生态环境损害赔偿协议的司法确认规则，明确了生态环境损害赔偿案件裁判的强制执行程序。[3]

9. 最高人民法院关于深化执行改革健全解决执行难长效机制的意见——人民法院执行工作纲要（2019—2023）（2019.06.03 发布，2019.06.03 施行）

2019 年 6 月 3 日，最高人民法院发布《关于深化执行改革健全解决执行难长效机制的意见》，即《人民法院执行工作纲要（2019—2023）》。该纲要中提出，在 2020 年底前完成将失信被执行人名单信息嵌入各联合惩戒单位“互联网 + 监管”系统以及管理、审批工作系统中，实现对失信被执行人名单信息的自动比对、自动监督、自动惩戒。[4]

10. 最高人民法院关于调整高级人民法院和中级人民法院管辖第一审民事案件标准的通知（2019.04.30 发布，2019.05.01 施行）

通知将中级人民法院管辖的第一审民事案件诉讼标的上限调整为 50 亿元。高级人民法院管辖诉讼标的额 50 亿元以上或者其他在本辖区有重大影响的第一审民事案件。[5]

---

1 参见最该人民法院官网，最后访问日期：2020 年 1 月 10 日。

2 参见《为科创板改革保驾护航——最高法有关负责人就〈关于为设立科创板并试点注册制改革提供司法保障的若干意见〉答记者问》，中国法院网，最后访问日期：2020 年 1 月 10 日。

3 参见《最高法召开生态环境损害赔偿诉讼司法解释及典型案例新闻发布会》，中国法院网，最后访问日期：2020 年 1 月 10 日。

4 参见《最高法院发布执行工作五年纲要》，中国法院网，最后访问日期：2020 年 1 月 10 日。

5 参见中国法院网，最后访问日期：2020 年 1 月 13 日。

11. 最高人民法院关于适用《中华人民共和国公司法》若干问题的规定（五）（2019.04.28发布，2019.04.29施行）

该司法解释以保护中小股东合法权益为目的，就股东权益保护等纠纷案件适用法律问题作出了规定，全文共6条，主要内容概括如下：

（1）明确了履行法定程序不能豁免关联交易赔偿责任，同时规定符合条件的股东可以提起代表诉讼，请求对关联交易中相关合同确认无效与撤销；

（2）明确了董事职务的无因解除与相对应的离职补偿，厘清公司与董事的法律关系，增强股东权益保护，降低代理成本；

（3）明确了公司作出分配利润的决议后，完成利润分配的最长时限，使股东利润分配请求权落到实处；

（4）建立了有限责任公司股东重大分歧解决机制，强调法院在相关案件审理中应强化调解，引导股东协商解决分歧，恢复公司正常经营，避免公司解散。[1]

12. 最高人民法院关于严格规范民商事案件延长审限和延期开庭问题的规定（2019修正）（2019.03.27发布，2019.03.28施行）

该司法解释就民商事案件延长审限和延期开庭等有关问题作出了详细规定，其主要内容概括如下：

（1）严格遵守审限规定：适用普通程序审理的第一审案件，审限为六个月；适用简易程序审理的第一审案件，审限为三个月。审理对判决的上诉案件，审限为三个月；审理对裁定的上诉案件，审限为三十日；

（2）严格限制延期开庭次数：适用普通程序审理民商事案件，延期开庭审理次数不超过两次；适用简易程序以及小额速裁程序审理民商事案件，延期开庭审理次数不超过一次；

（3）拖延办案、延误办案的处理：故意违反法律、审判纪律、审判管理规定拖延办案，或者因过失延误办案，造成严重后果的，依照《人民法院工作人员处分条例》第四十七条的规定予以处分。[2]

该司法解释的出台有利于防止案件久拖不决，实现当事人之间纠纷的及时解决，维护当事人的合法权益。

（三）部门规章

1. 司法鉴定机构登记管理办法（修订征求意见稿）和司法鉴定人登记管理办法（修订征求意见稿）（司法部，2019.08.15发布，2019.08.15施行）

2019年8月15日，司法部发布通知，公开征求《司法鉴定机构管理登记办法（修订意见稿）》《司法鉴定人登记管理办法（修订意见稿）》的相关意见。根据司法部的说明，本次修订主要为了贯彻落实中办、国办印发的《关于健全统一司法鉴定管理体制的实施意见》《关于加快推进公共法律服务体系建设的意见》，进一步明确有关管理权限和

---

1 参见人民法院报记者 孙航：《依法保护股东权益 服务保障营商环境——最高人民法院民二庭相关负责人就〈关于适用《中华人民共和国公司法》若干问题的规定（五）〉答记者问》，最后访问日期：2020年1月10日。

2 参见最高人民法院网，最后访问日期：2020年1月13日。

管理事项、进一步严格准入条件完善退出机制、进一步完善细化处罚情形和方式、进一步完善与相关法律规范的衔接，明确规定推进信息技术应用。[1]

（四）行业规范

1. 北京仲裁委员会仲裁规则及附录收费标准（北京仲裁委员会，2019.07.19 发布，2019.09.01 施行）

2019 年 7 月 19 日北京仲裁委员会（以下简称“**北仲**”）公布了修改的《北京仲裁委员会仲裁规则》及附录 1《北京仲裁委员会案件收费标准》（以下简称“**北仲新收费标准**”），2019 年 9 月 1 日正式生效。具体的重要修改内容概括如下：

（1）新规则将适用普通程序的案件争议金额提升至 500 万元以上；

（2）新规则实行全新的收费标准，将仲裁费用明确区分为仲裁员报酬和机构费用；

（3）新规则收费标准提高了最低收费，同时明确规定了收费的封顶金额；

（4）新规则收费标准规定当事人约定情况下仲裁员报酬可以按小时计费；

（5）新规则增加规定多份合同合并申请条款；

（6）新规则进一步完善紧急仲裁员程序，并根据实际情况制定了新的紧急仲裁员和申请临时措施收费标准；

（7）将受理案件的时间由交费后 5 日内受理延长到交费后 10 日内受理；

（8）新规则附则“期限的计算”部分增加规定部分期限可根据实际情况予以延长。[2]

此次北仲新规则的最大亮点是对北仲现行的、与其他国内仲裁机构仲裁收费制度基本相同的收费制度作出了重大改革。在北仲新规则正文及北仲新收费标准中，明确将“仲裁员报酬”收费和“机构费用”分开收取，并统一适用于国内仲裁案件和涉外仲裁案件。北仲新收费标准做到了“费用透明”，同时根据该标准计算的“仲裁员报酬”高于分配给北仲自己的“机构费用”，体现出了对仲裁员在仲裁程序中主导地位的尊重。此次变革看似仅是仲裁收费方式改革的一小步，实际是中国仲裁发展史上的一大步。

综上，笔者对 2019 年度诉讼仲裁领域重要新规进行了概括、梳理与总结。可以看出，我国法律的制定愈加民主、科学，法律规范体系愈加完善，法制建设水平愈加提高，这也对争议解决律师的适用法律水平提出了更高要求。

二、2019 年度君合代理的重要案件及案例分析

（一）君合代理第一国际商事法庭的首次公开审理案件[3]

2019 年 5 月 31 日，最高人民法院第一国际商事法庭在深圳公开开庭审理原告广东本草药业集团有限公司（下称“**本草公司**”）与被告意大利贝思迪大药厂（Bruschettini

1 参见《〈司法鉴定机构登记管理办法（修订征求意见稿）〉和〈司法鉴定人登记管理办法（修订征求意见稿）〉起草说明》，司法部网站：http://www.moj.gov.cn/news/content/2019-08/15/zlk_3229852.html，最后访问日期 2020 年 1 月 10 日。

2 参见《关于〈北京仲裁委员会仲裁规则〉及附录收费标准的修改说明》，北京仲裁委员会网站：http://www.bjac.org.cn/news/view?id=3515，最后访问日期：2020 年 1 月 10 日。

3 该案代理人为君合李清、邹德龙律师。

S.R.L.，下称“**贝斯迪药厂**”）产品责任纠纷案。这是第一国际商事法庭首次公开审理案件。2019年10月25日，该案作出判决。

1. 基本案情

贝斯迪药厂系“兰菌净”（下称“**涉案药品**”）的生产厂家。贝斯迪药厂向香港公司APRONTECH Co. Ltd（下称“**香港经销公司**”）出具授权书，授权香港经销公司在中国境内独家经销涉案药品。

香港经销公司与本草公司签订《独家经销协议》，约定本草公司从香港经销公司处采购涉案药品，并在中国大陆地区独家销售。本草公司从香港经销公司处采购涉案药品的价格约为67元/瓶，在中国大陆地区销售的价格约为人民币90元/瓶。本草公司与贝斯迪药厂之间并不存在合同关系。

2016年1月18日，国家食品药品监督管理总局（下称“**食药监局**”）发布《关于停止进口脑蛋白水解物注射液等4个药品的公告》（2016年第13号）称，“……三、贝斯迪药厂的“兰菌净”实际生产工艺与注册工艺不一致，实验室存在数据完整性问题，生产过程中存在交叉污染风险，不符合《药品生产质量管理规范》第一百八十四条、第一百六十三条、附录生物制品第二十二条的要求，违反《中华人民共和国药品管理法》第九条、《药品注册管理办法》第八十四条第二款的规定”，“……五、停止贝斯迪药厂“兰菌净”的进口。六、在通过《药品生产质量管理规范》生产现场检查前，停止贝斯迪药厂“兰菌净”的相关注册事项。七、对存在安全隐患的责令企业召回”。

本草公司应食药监局的要求，宣布在国内对“兰菌净”实施召回。同时要求贝斯迪药厂赔偿本草公司召回的“兰菌净”的全部价款。贝斯迪药厂以“双方间无合同关系”为由拒绝。本草公司随即以贝斯迪药厂未按依法召回存在安全隐患的“兰菌净”为由，以贝斯迪药厂为被告，在广州市中级人民法院提起诉讼。最高人民法院依照《中华人民共和国民事诉讼法》第三十八条第一款、《最高人民法院关于设立国际商事法庭若干问题的规定》第二条第五项之规定，于2018年12月28日作出（2018）最高法民辖183号民事裁定，裁定本案由本院第一国际商事法庭审理。该案因此成为第一国际商事法庭第一案。君合在本案中担任贝思迪大药厂的代理律师。

本草公司主张，贝斯迪药厂负有召回义务，但是拒绝对涉案药品进行召回，构成侵权，应当承担赔偿责任。本草公司提出的诉讼请求主要包括判令贝斯迪药厂赔偿库存“兰菌净”的损失（本草公司在中国境内的销售价格乘以数量）及利息、判令赔偿因进口涉案药品而产生的样品损耗、判令赔偿本草公司被其分销商起诉要求召回而遭受的损失、判令赔偿处理药品而产生的损失、判令赔偿公证费和律师费等费用。

2. 案件的争议焦点

本案的争议焦点有两个：（1）贝斯迪药厂是否对“兰菌净”负有召回义务；（2）贝斯迪药厂应否向本草公司承担赔偿责任及如何确定赔偿范围。

3. 贝斯迪药厂的主要观点

（1）召回主体是本草公司，本草公司已经完成案涉药品的召回工作

a）本草公司是《药品管理办法》项下案涉药品的法定召回主体

《药品召回管理办法》第十五条对进口药品的召回主体和召回方式做了明确规定。

《药品召回管理办法》第十五条第二款规定，“进口药品的境外制药厂商在境外实施药品召回的，应当及时报告国家食品药品监督管理局[1]；在境内进行召回的，由进口单位按照本办法的规定负责具体实施。”

本草公司是案涉药品的进口商，根据该条法律规定，如果案涉药品需要召回，召回责任人应当是本草公司而非贝斯迪药厂。

b）我国产品召回法律体系明确规定，进口产品的召回主体是进口商

目前，我国产品召回规范体系正在逐步完善的过程中。在涉及进口产品的召回方面，我国监管机构均要求作为中国公司的产品进口商实施召回，而非由境外厂商实施召回。具体列举如下：

首先，《缺陷汽车产品召回管理条例》第八条规定，对缺陷汽车产品，生产者应当依照本条例全部召回；生产者未实施召回的，国务院产品质量监督部门应当依照本条例责令其召回。本条例所称生产者，是指在中国境内依法设立的生产汽车产品并以其名义颁发产品合格证的企业。从中国境外进口汽车产品到境内销售的企业，视为前款所称的生产者。

根据上述规定，在汽车产品召回时，召回主体为生产者。对于进口汽车产品的召回，从中国境外进口汽车产品到境内销售的企业（而不是境外的生产厂家），视为前款所称的生产者。

第二，《缺陷进口消费品召回工作细则》第四条规定，从中国境外进口消费品到中国境内销售的企业或境外企业在中国境内设立的授权机构（以下简称“**进口商**”）是缺陷进口消费品的召回主体。

从《缺陷汽车产品召回管理条例》《缺陷进口消费品召回工作细则》中不难看出，在涉及进口产品召回时，国家监管机关均是将中国境内的进口商，或者代理商，而不是将境外的生产厂家作为召回主体。

该等规定的立法本意是，产品召回与广大消费者的权益密切相关，而且应受到密切行政监管。基于属地管辖、国家主权等一般则，中国行政机关如对境外主体作出具体行政措施，则在境外的执行存在一定的难度。因此，为了保证对召回的有效监管和责任落实，我国法规和部门规章均规定应当由在中国境内设立的进口产品之进口商或者代理商，而非境外生产厂家作为召回主体。进口商或者代理商实施召回后，可以依照合同解决与境外生产厂家或者上游代理商之间的合同责任，其权益也能相应的得到保障。

c）本草公司已经完成了案涉药品的召回

案涉药品的召回应当由本草公司实施。而实际上，案涉药品也确实已经由本草公司完成召回，这进一步印证了本草公司的召回主体之法律地位。

2016年9月27日，本草公司向广东省食品药品监督管理局递交了《关于“兰菌净”召回工作的报告》（下称“**《召回报告》**”），并附《“兰菌净”召回明细表》。在《召回报告》中，原告向广东省食品药品监督管理局明确报告称，已经完成了案涉药品的召回工作。

2016年11月14日，原国家药品监督管理局发布公告，公告内容为：2016年1月

1　现为中华人民共和国国家市场监督管理总局

18日，总局发布《关于停止进口脑蛋白水解物等4个药品的公告》。其中，意大利贝斯迪大药厂的“细菌溶解物”（商品名：兰菌净）因不符合我国《药品生产质量管理规范》，已停止进口，**该品种代理商本草公司药业集团有限公司决定主动召回相关产品。目前该企业已召回全部进口通关的“细菌溶解物”（商品名：兰菌净），具体批次、数量见附表**。因此，原国家药品监督管理局已经确认并公示，原告已主动召回全部进口通关的涉案药品。

综上，本草公司作为召回主体，已经完成了案涉药品的召回，属于不争之事实。

d）本草公司主张“召回”是指相关产品返回生产厂家不能成立

在本案庭审中，本草公司主张，根据“召回”的字面本意，贝斯迪药厂召回产品必须回到生产厂家后，才算彻底的完成召回义务。但目前我国并未有任何规范性文件规定“召回程序的终结必须以产品回流至生产厂家为要件”。

此外，根据《中华人民共和国侵权责任法释义》对《侵权法》第四十六条作出的解读，召回是指产品的生产者、销售者依法定程序，对其缺陷产品以换货、退货、更换零配件等方式，及时消除或减少缺陷产品危害的行为。也就是说，召回的立法目的，是要消除某种具有安全隐患的产品在消费者群体中的流通，消灭或至少降低终端用户受缺陷产品之损害的风险。根据召回的立法目的，只要终端用户不再具有购买或者继续使用缺陷产品的可能性，召回即告完成。

在本案中，本草公司已经全部召回进口至中国境内的案涉药品，并且封存于仓库，不会再销售，案涉药品在中国已无流通之可能性。因此，案涉药品召回工作已经由本草公司彻底完成。

由于本草公司已经完成召回工作，案涉药品不存在被第二次召回的可能性。本草公司应与其上游代理商通过合同解决剩余的纠纷，而无权要求并非适格召回主体的被告履行“召回义务”。

（2）原告无权向被告提出商业损失索赔请求

本草公司对贝斯迪药厂提出的索赔均为商业损失，并非“产品缺陷造成的损害”的范围。本草公司应当向与其有合同关系的香港经销商提出商业损失索赔，向贝斯迪药厂索赔毫无法理依据。

a）双方之间不存在任何合同关系

本草公司和贝斯迪药厂之间从未就经销案涉药品进行过任何要约、承诺，不存在任何合意。双方之间就案涉药品的经销事宜，没有任何合同。因此，双方之间不存在任何的合同关系，本草公司无权基于“瑕疵担保责任”制度向被告提出商业损失索赔。

b）原告索赔的损失并非“产品缺陷造成的损害”的范围，无权基于《侵权责任法》向被告索赔

i.“产品缺陷造成的损害”应限于缺陷产品之外的人身和财产损害

首先，《产品质量法》明确规定，“产品缺陷造成的损害”应当被严格限定为人身损害和缺陷产品以外的财产损失。

第二，中国《侵权法》和《产品责任法》法将“产品缺陷造成的财产损害”限定为缺陷产品以外的财产损害，并不包括“缺陷产品本身”的“损伤”或“损毁”，这一法律

规定的背后有合理的法学理论支持。

从立法目的看，《侵权法》或《产品责任法》允许因产品缺陷遭受损害的受害人依据侵权规则直接向无合同关系的缺陷产品生产者主张权利，其主要目的是保护处于弱势地位的普通消费者，而非保护一般商业交易中的货物买方。

对于普通商业交易中的买方而言，如果所购买产品有质量问题，导致产品本身的损坏、损毁或价值贬损，进而导致交易利润减少或完全丧失，这些情形都属于合同法下的买方未能实现预期合同目的的情形。这种未能实现预期合同目的的情形正是合同法的调整范围，而不是、也不应当是侵权法的调整范围。

如果忽视这一合同法和侵权法之间的界限，允许商业交易中的卖方依据侵权法向产品生产者提出产品质量导致的商业损失索赔，则侵权法的适用范围势必会无限扩张，而合同法的适用范围将会大大缩小。结果将是现实中将不再有产品质量合同纠纷，合同法中关于“瑕疵担保义务”的相应规定也将失去意义。这显然既不是侵权法也不是合同法的立法目的。

在王利明先生发表的《关于侵权责任编的修改意见》一文中，王利明先生对于民法典侵权责任编第九百七十七条提出了如下的修改意见：*将第九百七十七条“因产品存在缺陷造成他人损害的，生产者应当承担侵权责任”修改为“因产品存在缺陷造成人身、缺陷产品以外的其他财产损害的，生产者应当承担赔偿责任”*。同时，王利明先生阐明了该处修改的理由为：**因产品缺陷造成产品本身的损害，主要是履行利益的问题，应当由合同法调整，只有造成产品以外的其他损害，才应当受侵权责任法调整。**

第三，参考其他国家的立法，也不难看出，国外有关产品质量责任的损害通常是指缺陷产品之外的人身和财产损害，并不会将缺陷产品本身的损害纳入产品质量责任的损害范围。举例如下：

从美国法院在 EAST RIVER S. S CORP. V. TRANSAM DELAVAL，INC. 一案（确立了为美国法院广泛适用的纯粹经济损失原则）的判决意见中可以看出，法院始终认为契约担保责任应是解决产品瑕疵引发经济损失的主要途径。产品因瑕疵而导致本身的毁损或价值减少，甚至是利润的丧失，这都是购买者作为交易主体没有取得交易的预期利益所致，而对这种交易中的预期利益提供保护正是合同法的价值所在。而侵权法特别是产品责任法，关注的公共政策是保护消费者免受产品所造成的危险。如若用侵权法对此种纯粹经济损失给予保护，则侵权法适用范围势必会无限扩张，合同法将被淹没在侵权法的汪洋大海之中。

欧盟指令第9条，规定损害是“*1. 死亡或人身伤害所造成的损害；2. 对缺陷产品之外的财产造成的损坏或毁坏*”。

结合我国法律的明确规定，主流法学理论的观点，以及美国及欧盟的立法，不难看出，“产品缺陷造成的损害”的范围应该包括：（1）人身伤害；和（2）缺陷产品以外的财产损害。

ii. 原告索赔的损失为商业损失，不属于“产品缺陷所造成的损失”

根据以上《产品质量法》第四十一条“缺陷产品以外的其他财产”的规定，“产品缺陷造成的财产损害”范围不包括“缺陷产品本身”；根据以上《产品质量法》第四十四

条第二款中“恢复原状或者折价赔偿”的规定，“财产损害”应当理解为（产品缺陷）对财产造成的“损伤”或“损毁”。

用以上法定“产品缺陷造成的财产损害”的范围对比本草公司在本案中提出的索赔请求，明显可以看出，本草公司索赔的损失主要包括涉案药品本身的损失、预期利润损失、被下游分销商索赔受到的损失等，该等损失均属于商业损失，显然不属于《侵权法》或《产品责任法》下的“产品缺陷造成的损害”的范围，不能依据《侵权法》提出索赔。

c）本草公司应当向与其有合同关系的香港经销公司提出商业损失索赔

本草公司认可，有关案涉药品的经销协议均是与香港经销公司签订的，本草公司持有的案涉药品也全部采购自香港经销公司。因此，如果本草公司因为经销案涉药品遭受了任何商业损失，应当根据其与香港经销公司签订的合同向香港经销公司提出索赔，而无权向答辩人提出索赔。

事实上，在本草公司作为证据提交的、香港经销公司和本草公司之间的《独家经销协议》第12条中，已经对案涉药品可能的召回做了明确规定，具体如下：12.1 如果产品因潜在安全问题被有关部门根据药品召回管理办法和其他相关法律要求回收，经销商应立即通知Aprontech，且Aprontech应在经销商协助下积极处理回收事宜。12.2 若Aprontech或产品生产商发现产品可能有潜在安全问题的，Aprontech应立即通知经销商并积极处理回收事宜。12.3 若经销商因产品回收遭受任何损失的，Aprontech应在90天内完全赔偿经销商。

根据以上合同条款，如果本草公司因案涉药品的召回遭受了任何损失，完全可以根据《独家经销协议》向Aprontech提出索赔，即有明确、合法的救济手段。本草公司在这种情况下不去依据合法有效的合同找Aprontech索赔，反而根据《侵权法》向与其无合同关系的贝斯迪药厂主张，并无法律依据。

4. 法院的意见

在判决书中，最高人民法院作出了如下的裁判意见。

（1）境外生产商是终极召回义务主体，销售商是中间纽带

a）生产商应为召回义务主体

产品召回制度之宗旨在于维护消费者的合法权益不因为产品缺陷遭受损害。产品召回程序的启动是由于产品存在可能伤害消费者的缺陷，而这种缺陷的产生当然是产品生产者的责任，因此，法律规定生产者应当承担产品召回责任，乃属题中应有之义。

因此，《药品召回管理办法》第三条“本办法所称药品召回，是指药品生产企业（包括进口药品的境外制药厂商，下同）按照规定的程序收回已上市销售的存在安全隐患的药品”，明确规定药品召回的主体系药品生产企业，境外制药厂商亦无例外。

b）销售商的定位是召回制度中的一个中间纽带和桥梁

法律同时规定，消费者可以向销售者主张召回，系为方便消费者而设立的一个桥梁，换言之，经销商在产品召回的制度设计中，仅是一个中间环节，是产品召回制度中连接消费者和生产商之间的一条纽带，而生产者对于产品召回应承担终极责任。理由是，首先，生产者是可能导致消费者受到伤害之缺陷产品的制作者，因产品缺陷而启动的召回

费时、费力、费钱，生产者作为始作俑者理应承担由此产生的不利后果。其次，产品召回一般均涉及缺陷产品的修理或再利用，这也是产品召回制度的重要内容，以最大程度地降低因产品召回导致的社会财富之损失，对此，生产者最具条件和便利。销售者履行了产品召回义务之后，若因为与生产者没有合同关系而不能向其主张召回，而与之有合同关系的卖方又因故难以承担责任，则因此造成的损失将全部由对于产品缺陷之产生并无责任的销售者承担，实难言公允。

因此，《药品召回管理办法》第十五条第二款“在境内进行召回的，进口单位按照本办法的规定负责具体实施”之规定，恰恰体现了为方便境内消费者而设计的进口商（销售者）在产品召回制度中的中间纽带作用，相对于境内的消费者或者下游经销商而言，本草公司作为进口单位负有在境内实施召回“兰菌净”的责任，但此条规定并未否认药品生产企业应承担药品召回终极责任。

（2）贝斯迪药厂怠于履行召回义务构成侵权

贝斯迪药厂是“兰菌净”的召回义务主体，应承担该产品召回的终极责任。本草公司多次发函要求贝斯迪药厂召回“兰菌净”，贝斯迪药厂却迟迟未采取召回措施，造成本草公司无法处理其库存的以及从下游经销商收回的“兰菌净”，导致产生相应的损失。

（3）本草公司有权主张的损失范围

本草公司本案起诉主张权利最基本的事实依据是，贝斯迪药厂负有法定的产品召回义务而怠于履行，根据侵权责任法第十五条第一款第六项的规定，本草公司可以主张赔偿的范围应为贝斯迪药厂怠于履行法定义务这一不作为侵权行为造成的直接损失。

贝斯迪药厂应向本草公司支付其库存的及其在中国境内召回的“兰菌净”产品的损失，同时支付本草公司为实施产品召回所支付的费用；考虑到因贝斯迪药厂未及时取回应予召回的“兰菌净”产品，导致其已过期失效，由此产生的处置费用亦应包括在赔偿范围之内。进而言之，贝斯迪药厂与本草公司并无合同关系，本草公司以侵权之诉向贝斯迪药厂主张赔偿，其将“兰菌净”向分销商进行销售的可得利益这一损失系其商业风险，不属本案赔偿范围。

5. 本案的指导意义和待确定问题

（1）本案指导意义

本案在进口产品责任领域有较强的指导意义和借鉴价值，具体有如下几个方面。

首先，该案确定了境外生产商在产品召回领域的终极责任主体的法律地位。经销商在产品召回的制度设计中，仅是一个中间环节，是产品召回制度中连接消费者和生产商之间的一条纽带，而生产者对于产品召回应承担终极责任。

第二，境外生产商拒绝履行召回义务，境内销售商履行召回义务并受有损失，即便境外生产商和境内销售商之间不存在合同关系（境内销售商与境外生产商之外的其他主体建立的买卖合同关系），履行了召回义务的境内销售商也可以基于侵权法律关系，主张境外生产商履行赔偿义务。

第三，在确定侵权赔偿责任的范围时，法院可能不会将侵权导致的财产损失范围限定于“缺陷产品之外的财产损失”，缺陷产品本身的价值也有可能被法院认定为侵权赔偿责任的范围。但是，如果境外生产商和境内销售商之间不存在合同关系，则境内销售商

在境内转售缺陷产品的期得利益，即“商业利润损失”，属于合同违约赔偿范围，不在侵权赔偿范围内。

（2）待确定问题

本案中第一国际商事法庭在合同关系和侵权关系之间的界限上做出了突破，允许与生产商没有合同关系的产品销售商直接基于产品质量问题向生产商提出侵权索赔。这一权利在中国法下本来只是为产品使用者（特别是一般消费者）特别设立的一项权利。在本案中第一国际商事法庭将这一权利扩展到了并不使用产品的产品销售商，在做出突破的同时也留下了以下两个待确定问题：

a）本案是由于产品召回引起的纠纷。第一国际商事法庭做出的突破是仅限于产品召回情形还是可以适用于所有产品质量问题？如果一般的产品质量问题（无召回情形）也可以给予与生产商没有合同关系的产品销售商问题向生产商提出侵权索赔，将是传统商业贸易规则中的一项重大变化。对这一变化笔者持保留态度，希望最高人民法院能够将这种突破限定于产品召回情形，或至少加上一定的限制条件，防止该突破被滥用。

b）本案中，第一国际商事法庭明确将产品销售商转售产品的商业利润排除在侵权赔偿责任范围之外。这也是第一国际商事法庭对于合同关系和侵权关系之间存在界限的一种认可。但是，本案中第一国际商事法庭在将本草公司索赔的商业利润从侵权赔偿责任范围中排除的同时，也留下了疑问。毕竟本案中本草公司与贝斯迪药厂之间没有合同关系，而是从 Aprontech 购买的涉案产品。而 Aprontech 从贝斯迪药厂购买涉案产品的价格与 Aprontech 向本草公司转售涉案产品的价格之间是有差异的。换言之，Aprontech 向本草公司转售涉案产品也有商业利润。而这部分利润构成本草公司采购涉案产品的部分成本，被第一国际商事法庭列入了侵权赔偿范围内。特别需要注意的是：本案中本草公司与贝斯迪药厂之间只存在 Aprontech 这一个中间商，而国际贸易中存在多级转售是很常见的现象。每一级转售中多少都会有一些商业利润。如果一个产品经过了多次转售后，仍然允许最后一级销售商基于产品质量向生产商提出侵权索赔并将包含了多家转售商商业利润的最终采购价作为成本列入侵权赔偿责任范围，显然对生产商非常不公平，也明显与第一国际商事法庭做出的转售商业利润不应当包含在侵权赔偿责任范围内的认定相悖。这也是笔者在上文提出希望最高人民法院能够将第一国际商事法庭在本案中做出的突破加上一定的限制条件，防止该突破被滥用的根本原因。

（二）以多元化争议解决行动方案争取最大化执行机会[1]

1. 事实背景

某甲公司为物流运输单位，向某乙公司提供物流运输服务。某乙公司长期拖欠某甲公司运费，金额高达百万元。某甲公司在长期追讨债权的过程中发现，某乙公司的有价值财产不断减少，原因是某乙公司在几年前受到行政处罚，被当地市场监督管理部门处以巨额罚款，财产及资金流不断被行政机关截流，甚至已被行政机关申请法院强制执行，却至今仍未付清该等巨额行政罚款。在巨额行政罚款的影响下，某乙公司人员和财产不断减少，整体经营陷入僵局。

1 君合参与本案的律师为叶臻勇、董明、陈幸韵。

在某甲公司反复催讨运费债权的过程中，某乙公司从未对运费债权提出过异议，认可其真实性、合法性及数额、计算方式，也解释了自身经营停滞、在原定时限内无法清偿债权的情况。某甲公司缺乏行政机关的执行权力，在无法截流其活动资金的情况下，先通过“以物抵债”方式与某乙公司签订书面协议，引导某乙公司清偿了一部分债权；但此时剩余债权金额仍有数十万元，与巨额行政罚款的剩余债权平行存续。在某乙公司已明确其无能力偿还上述任一债权的前提下，即便某甲公司提起民事诉讼程序且最终获得胜诉判决，执行到位的可能性也极低。

我们受某甲公司委托向某乙公司主张、实现债权。综合考虑上述情况，我们向某甲公司提出，可考虑某甲公司以债权人身份向法院申请对债务人某乙公司进行强制破产清算，及时梳理其剩余有价值财产，或促成其重整及与某甲公司的和解。此时，民事债权可能比行政罚款取得相对优先的清偿顺位。但在实际操作层面，当事人遇到了不少障碍。

2. 当事人面临的障碍及法律问题

（1）直接以债权人身份申请某乙公司破产的可行性

某乙公司长期不能清偿到期债权，经营出现重大困难，有可能已符合破产清算条件。依据《企业破产法》第 2 条，企业法人不能清偿到期债务，并且资产不足以清偿全部债务或者明显缺乏清偿能力的，依照本法规定清理债务。企业法人有前款规定情形，或者有明显丧失清偿能力可能的，可以依照本法规定进行重整。某甲公司作为其债权人，亦有权从外部申请其破产。依据《企业破产法》第 7 条，债务人有本法第二条规定的情形，可以向人民法院提出重整、和解或者破产清算申请。债务人不能清偿到期债务，债权人可以向人民法院提出对债务人进行重整或者破产清算的申请。企业法人已解散但未清算或者未清算完毕，资产不足以清偿债务的，依法负有清算责任的人应当向人民法院申请破产清算。

债权人作为外部人员，客观上难以获悉债务人内部财务情况，“资不抵债”或“明显缺乏清偿能力”的证据准备成为关键。依据《最高人民法院关于适用〈中华人民共和国企业破产法〉若干问题的规定（一）》第 3 条，债务人的资产负债表，或者审计报告、资产评估报告等显示其全部资产不足以偿付全部负债的，人民法院应当认定债务人资产不足以清偿全部债务，但有相反证据足以证明债务人资产能够偿付全部负债的除外。换言之，如能取得债务人的财务报表副本，举证责任便转向债务人证明其不符合破产条件。对此，我们协助某甲公司积极与某乙公司进行沟通，并获得了其年度审计报告副本，显示其已资不抵债。

然而，我们注意到，司法实践中，仅依靠审计报告直接申请债务人破产难度极高。大量案例显示，法院一般会要求债权人在申请债务人破产之前提供诉争债权的生效裁判文书，且在执行不利、终结本次执行程序的前提下，再提起破产申请。典型如：（2018）浙 0122 破申 6 号案中，被申请人作为被执行人的已决案件合计有 29 件未执行到位，法院因此认定被申请人明显缺乏清偿能力；此外，有一定数量的案件属于“执转破”制度（参见《最高人民法院关于适用〈中华人民共和国民事诉讼法〉的解释》第 513-516 条，一般指法院在执行过程中发现被执行人资不抵债、符合破产条件时通过一定程序移送破产审判部门审查的制度）下的成功案例。甚至，有司法机关认为，被申请人内部财务数

据不是必要的证据材料，前置判决及执行后不能清偿才是关键。如：（2017）粤破终29号案中，二审法院明确指出，尽管申请人未能提供资产审计报告等财务状况证明材料，但被申请人到期债务已经人民法院生效判决确认，且经强制执行仍不能清偿，加之被申请人已停业，明显缺乏清偿能力，二审改判裁定受理破产申请。

对于本案当事人而言，为申请破产而单独起诉将浪费大量时间精力和资源，主要原因是：其一，单独准备起诉材料、推进立案、判决、执行需要前后半年左右的窗口期，这期间，行政罚款执行不会中止，某乙公司也可能伺机隐匿、转移财产；其二，行政罚款执行程序已实际上证明了某乙公司无能力清偿债务的情况。在公权力的支持及公权力机关申请强制执行的情况下尚不能清偿债务，更不能期待其主动清偿民事债务。单独起诉、复制行政机关的所有程序，不过再次得出相同的结论，却错过了最佳的执行时机。

（2）探索债权债务关系合法性的证明途径

从《企业破产法》的立法原意出发，法院重视生效裁判文书的根本原因是其需要确认诉争债权债务关系的合法性。参考《最高人民法院关于适用〈中华人民共和国企业破产法〉若干问题的规定（一）》第7条第2款的规定，在破产清算程序启动后，管理人认为债权人据以申报债权的生效法律文书确定的债权错误，或者有证据证明债权人与债务人恶意通过诉讼、仲裁或者公证机关赋予强制执行力公证文书的形式虚构债权债务的，应当依法通过审判监督程序向作出该判决、裁定、调解书的人民法院或者上一级人民法院申请撤销生效法律文书，或者向受理破产申请的人民法院申请撤销或者不予执行仲裁裁决、不予执行公证债权文书后，重新确定债权。从保护全体债权人的角度看，待破产债务人可能通过虚构债权债务关系的方法逃避某些债务的履行。

由此引发的疑问是，是否法院诉讼是证明债权债务关系合法性的唯一途径？我们在本案的实践中最终证明，并非如此。在我国大司法环境推动多元化争议解决机制、建设良好营商环境的背景下，完全可以通过更高效、经济的方式固定证据，高效推进纠纷解决。

3. 我们的应对方案及启示

《最高人民法院关于人民法院进一步深化多元化纠纷解决机制改革的意见》要求人民法院进一步深化多元化纠纷解决机制改革、完善诉讼与非诉讼相衔接的纠纷解决机制，其中第9点要求法院加强与商事调解组织、行业调解组织的对接。积极推动具备条件的商会、行业协会、调解协会、民办非企业单位、商事仲裁机构等设立商事调解组织、行业调解组织，在投资、金融、证券期货、保险、房地产、工程承包、技术转让、环境保护、电子商务、知识产权、国际贸易等领域提供商事调解服务或者行业调解服务。完善调解规则和对接程序，发挥商事调解组织、行业调解组织专业化、职业化优势。

在这一指导精神下，我们找到了上海经贸商事调解中心（简称“SCMC”）。根据《最高人民法院办公厅关于确定首批纳入“一站式”国际商事纠纷多元化解决机制的国际商事仲裁及调解机构的通知》，SCMC入选了最高人民法院首批“一站式”国际商事纠纷多元化解决机制调解机构，是国内首家专业从事商事调解的独立机构，已与上海二中院、三中院、海事法院等多个法院合作开展商事纠纷调解，并有一定量的诉调对接服务，其出具的调解文件受到上海地区法院的认可。SCMC的在册调解员均为经验丰富的专业人士，其中不乏一些前任法官和仲裁员。我们审阅了SCMC的调解规则，发现其调解形式灵活，程序简便。在双方当事人对纠纷争议焦点明确、争议事实法律关系清晰的情况下，可以通过SCMC的调解程序将诉争债权债务关系固定，并在一周内完成材料提交、开庭审理、出具调解书的全套程序。

在我们的积极推动下，某甲公司与某乙公司同意共同参与调解，并分别派员至SCMC接受当庭听证。在SCMC的严格审查、当庭调查和组织辩论后，双方当庭签署《调解协议》。该《调解协议》直接作为申请证据提交至法院后，受案法院迅速组织了一次后续听证，并在听证后及时下达了《民事裁定书》，裁定受理某甲公司对某乙公司的破产清算申请。目前法院已指定破产管理人，债权申报工作稳步推进。经过首次债权人会议，我们注意到，行政机关并未前来申报对某乙公司的债权，行政罚款被排除在破产债权以外，某甲公司债权顺位在先，获得了最大程度的受偿机会。

我们理解，《企业破产法》及相关司法解释保护民事债权的清偿利益。《最高人民法院关于审理企业破产案件若干问题的规定》第六十一条规定："下列债权不属于破产债权：（一）行政、司法机关对破产企业的罚款、罚金以及其他有关费用；……上述不属于破产债权的权利，人民法院或者清算组也应当对当事人的申报进行登记"。《全国法院破产审判工作会议纪要》第28条说明了破产债权的清偿原则和顺序。对于法律没有明确规定清偿顺序的债权，人民法院可以按照人身损害赔偿债权优先于财产性债权、私法债权优先于公法债权、补偿性债权优先于惩罚性债权的原则合理确定清偿顺序。因债务人侵权行为造成的人身损害赔偿，可以参照企业破产法第一百一十三条第一款第一项规定的顺序清偿，但其中涉及的惩罚性赔偿除外。破产财产依照企业破产法第一百一十三条规定的顺序清偿后仍有剩余的，可依次用于清偿破产受理前产生的民事惩罚性赔偿金、行政罚款、刑事罚金等惩罚性债权。从这些规定出发，我国破产法体系在分配标准层面即是尽可能维护良好营商环境，保护正常商业往来。在本案中，我们采取调解对接申请破产的行动方案，最大程度上维护了客户公司的正常商业利益，从有限的被执行人财产中依法争取到一定债权额，是符合这一精神的。

在上海自贸区推动多元化争议解决、构建国际化良好营商环境下，我们可以不断探索，为客户选择最合适、最经济的争议解决方式。正如《最高人民法院关于人民法院为中国（上海）自由贸易试验区临港新片区建设提供司法服务和保障的意见》所言，应当积极推动完善新片区多元化纠纷解决机制。坚持把非诉讼纠纷解决机制挺在前面，充分尊重中外当事人对纠纷解决途径的选择权，着力推动新片区调解制度创新。鼓励商事调解机构参与国际商事、海事、投资、知识产权等领域纠纷的调解，加大运用在线调解方式，为中外当事人提供高效、便捷、低成本的纠纷解决渠道，形成调解、仲裁与诉讼相互衔接的多元化纠纷解决机制，为实施高标准贸易和投资自由化便利化提供法律服务。保障合法权益的方式远不只是法院诉讼，在未来的实践中，怎样结合多元化争议解决机制与传统法院诉讼，值得进一步思考和探索。

（三）"一事不再理"，请求权竞合和既判力理论的适用探析[1]

1. 基本案情

某中国公司A公司与某英国公司B公司于2003年签了一份技术服务协议（以下简称"**C协议**"）。经过多次延期，C协议到2016年年底一直有效。C协议下的具体技术服务由B公司委托其设立在中国北京的子公司（以下简称"**B子公司**"）实施。2014年6月，B子公司的员工王XX因对公司不满，利用其负责A公司的某分公司（以下简称"**A分公司**"）系统维护的机会，在A公司的播出系统里植入恶意软件。2014年8月，恶意软件被触发，向A分公司的用户发送非法信息。A分公司被迫关闭了其播出系统一段时间，因此遭受了一些经济损失（以下简称"**王XX事件**"）。2015年3月，王XX被A分公司所在地法院（以下简称"**L法院**"）认定王XX事件系王XX为泄私愤而做出的个人行为，判决王XX构成犯罪并处以有期徒刑数年。

2017年11月，A分公司基于王XX事件，以侵权法律关系为基础向其所在地的法院L法院提起诉讼，请求B子公司赔偿A分公司因为王XX事件而遭受的损失人民币1000万元[2]。L法院将此案案由确立为财产损害纠纷，最终判令B子公司应承担A分公司损失的20%，即人民币200万元（以下简称"**诉讼案**"）。A分公司未对此诉讼案判决提出上诉，L法院的判决于2018年5月生效。B子公司遂在判决生效后向A分公司支付了人民币200万元。

2019年5月，A公司基于C协议项下的仲裁条款在中国国际经济贸易仲裁委员会（以下简称"**贸仲**"）提起仲裁，以合同关系为基础主张B公司违反C协议，主张的"违约事实"仍然是王XX事件；主张的违约损失仍然是A分公司的在诉讼案中主张的损失1000万元；只是实际索赔额扣除了A分公司收到的B子公司的200万元赔款，仅索赔800万元。贸仲依据C协议的性质将此案确立为集成和服务协议争议案。（以下简称"**仲裁案**"）

2. 法律问题

基于上述仲裁案和诉讼案之案件背景的简要叙述可知，基于完全相同的事实，A公司先是规避C协议项下的仲裁管辖条款，以其分公司A分公司为主体基于侵权法律关系向B子公司提起诉讼并已经获得生效法院判决，后又以合同法律关系向B公司再次提起仲裁，追索在诉讼案中未能获得的损失赔偿部分（1000万损失总额－200万诉讼案赔偿额=800万仲裁索赔额），致使出现基于相同法律事实，以不同的请求权对关联主体进行先诉讼后仲裁的情形。

虽然仲裁案由于案外原因最终以双方达成和解协议结案，但笔者同时作为仲裁案中B公司和诉讼案中B子公司的代理人，仍然认为这一非常少见的案例涉及请求权竞合、一事不再理、既判力等多个重要法律问题，在司法实践中很有借鉴意义。

3. 问题讨论

（1）关于"一事不再理"规则的适用

基于相同案件事实，诉讼案已经做出终审裁判的情形下，再以关联主体提起仲裁案，

---

1 君合参与本案的律师为李清、刘威、张劼、曹夏梦、高壮（实习生）。

2 为方便分析和理解，本文中引用的索赔数字和法院判决的赔偿额并非案件中真实数字，而是适当做了取整处理。

是否能够适用我国现行法律框架下的"一事不再理"的规则？

我国《最高人民法院关于适用〈中华人民共和国民事诉讼法〉的解释》第二百四十七条[1]和《中华人民共和国仲裁法》第九条第一款[2]对"一事不再理"的规则进行了成文法确认。

前述规定从主体角度明确了"前诉"与"后诉"的"当事人"应"相同"。在本案中，显然严格意义上不符合关于当事人同一的要求。

同时，前述两处规定在司法实践中主要规制的是前诉讼后诉讼、前仲裁后仲裁和前仲裁后诉讼的三种情形，而相较而言B公司在仲裁案中面临A公司采取通过关联主体进行前诉讼后仲裁的方式。对于基于同一事实先后分别提起诉讼及仲裁程序，是否构成"一事不再理"的具体判断标准？最高人民法院在"香港帕拉沃工业有限公司与北京昆泰房地产开发集团有限公司"（〔2013〕民四终字第46号）一案中，处理诉讼案件和仲裁案件裁决处理的是否为同一争议的问题时，特别关注和论证了当事人和法律关系的同一性，即仲裁案件是否"完全涵盖"诉讼案件所涉争议。

鉴于形式上不能单纯比照前述法律或司法解释的字面含义进行抗辩，因此从"一事不再理"的规则和实践出发，作为B公司可尝试的抗辩角度有两个方面：

一为对当事人"相同"的含义进行扩大解释，将A分公司与A公司、B子公司与B公司解释为广义上"相同"的当事人。因B子公司为B公司在C协议项下的执行方，A分公司为A公司在C协议项下的受益方和基于相同事实的受害方，A分公司与B子公司之间诉讼案的结果实际及于A公司与B公司。就该等解释方法而言，如遇严格遵循表面文义的裁判者，则该主张大概率会被驳回。

二为通过查阅相关司法案例进行说明，特别是在前诉与后诉当事人不相同的情形下，亦能够对"一事不再理"的相关规则进行适用。经过相关法律研究和案例检索，在商标和遗嘱类纠纷中确存在相关支持案例[3]，而因为该等支持案例所涉类型窄、数量极少，同时存在大量相反案例的情形下，仅仅通过个别相似案例说服裁判者进行抗辩仍存在较大风险，并未实质上解决仲裁案是否"完全覆盖"诉讼案所涉争议的关键问题。

（2）关于"请求权竞合"规则的适用

继上述讨论，暂不论如何突破"一事不再理"规则中的主体同一性问题，从争议本身事实和法律关系的角度，需要重点讨论的另一问题是：基于同样的事实，A分公司已经以侵权为由向B子公司索赔并在诉讼案中获偿，A公司再基于C协议以违约为由在仲裁案中向B公司要求赔偿是否可适用"请求权竞合"的相关规则从重复赔偿的角度要求驳回A公司的请求。

从对法律规定的解读层面，要明确的是"请求权竞合"适用于仲裁案的具体依据和

1 根据《最高人民法院关于适用〈中华人民共和国民事诉讼法〉的解释》第二百四十七条：当事人就已经提起诉讼的事项在诉讼过程中或者裁判生效后再次起诉，**同时符合**下列条件的，构成重复起诉：

（一）后诉与前诉的当事人相同；

（二）后诉与前诉的诉讼标的相同；

（三）后诉与前诉的诉讼请求相同，或者后诉的诉讼请求实质上否定前诉裁判结果。

当事人重复起诉的，裁定不予受理；已经受理的，裁定驳回起诉，但法律、司法解释另有规定的除外。

2 《中华人民共和国仲裁法》第九条第一款规定："仲裁实行一裁终局的制度。裁决作出后，当事人就同一纠纷再申请仲裁或者向人民法院起诉的，仲裁委员会或者人民法院不予受理"。

3 参见（2003）民二终字第169号《民事裁定书》和（2016）沪01民终3718号《民事裁定书》。

路径。

根据《合同法》第一百二十二条规定："因当事人一方的违约行为，侵害对方人身、财产权益的，受损害方有权选择依照本法要求其承担违约责任或者依照其他法律要求其承担侵权责任"。

关于"请求权竞合"，全国人大常委会法制工作委员会在对该条的释义中明确："违约责任与侵权责任竞合，是说债务人的违法行为，既符合违约要件，又符合侵权要件，导致违约责任与侵权责任一并产生违约责任引发债权人索赔的请求权，侵权责任也引发债权人索赔的请求权，两个请求权有重叠之处，形成请求权的竞合"。[1] 对于出现了请求权竞合的情形，"受害人要么请求侵害人承担违约的民事责任，要么承担侵权的民事责任，二者只能择一，不得行使两个请求权"，该等规则制定背后的意义为"如果允许债权人不受限制地行使两个请求权，就会导致债务人因请求权的重叠而承担双重民事责任，造成不公"。

本案不仅是基于相同事实和协议存在侵权和违约竞合的问题，更需要讨论的是在诉讼案中A分公司所请求的数额未被完全支持的情况下，A公司是否仍有权在仲裁案中基于不同的请求权基础进行再次主张。对此问题，"请求权竞合"理论界存在"择一消灭"和"相互影响"两种学说，前者认为"受害人一旦选择某一种请求权，其余请求权将终局性地消灭，不论被选择的请求权是否获得满足"；而后者认为"一个请求权获得满足后，另一个请求权才会消灭"。对于前述理论分野，我国《合同法》第一百二十二条并未明确受害人一旦选择其一，而不论被选择的请求权是否获得满足，其他请求权均告消灭。在实践中，亦无明确规则或案例给与确认。

对于B公司而言，可选择对己方有利的理论和解释方法，如从以下两个方面向仲裁庭进行说明和抗辩：

一为比照全国人大常委会法制工作委员会的条文释义，说明本案中已经在诉讼案中主张侵权则无法再在仲裁案中主张违约，A公司在侵权请求权框架下已经通过主张赔偿选择行使了一种请求权，就同一法益已不能再行主张另一种请求权。

二为在诉讼案中，主张适用"择一消灭"说，明确诉讼案中L法院已经将所主张全部经济损失共1000万元纳入考量范围并作出判决，确认A分公司应承担20%，即200万元。A公司又在仲裁案中请求赔偿800万元（即1000万 –200万）元提出请求，不符合"择一消灭"说的理论。

即使适用"相互影响"的解释理论，B公司可提出A分公司在被L法院认定相关事实和赔偿200万元后，接受了一审判决，并未提出上诉请求认定B子公司还应对未被L法院支持的800万元损失部分承担赔偿责任。在此意义上，"被选择的请求权"已经"获得满足"。同时，800万元已经超出L法院依法判定的A分公司应承担的侵权责任比例，对应赔偿数额是全部经济损失1000万元的20%，不具备在该理论项下可继续行权的条件和基础。

然而，能够适用该等规则抗辩的前提是A分公司和B子公司的诉讼法律后果能够完全及于A公司和B公司。作为B公司可主张，B子公司作为B公司在中国的全资子公司

1 参见全国人大常委会法制工作委员会编制的《中华人民共和国合同法释义（第3版）》。

各方并无争议，在B子公司履行与A公司的C协议的过程中，B子公司作为B公司在中国的代理人受托履行该协议。而A公司作为C协议的相对方，对该公司股权结构和代理关系明显知情并同意，故B子公司引起代理B公司履行C协议过程中产生的任何（包括另案判决在内的）法律后果已及于B公司。A分公司作为A公司的分公司，其基于C协议项下的合同权利义务关系向B子公司通过诉讼主张权利，其判决结果当然及于A公司。不过，该等规则在仲裁案中是否能够为裁判者接受仍然存在不确定性，有被驳回的风险。

（3）关于“请求权竞合”的理论延伸和公平原则的适用

如前所述，如果B公司仅基于“一事不再理”和“请求权竞合”的法律规定和相关司法实践作为仲裁案的抗辩，仍存在多项无法明确适用、需充分解释和辩论的空间和不被裁判者接受的风险，仍需找到其他可供参照和借鉴的理论能够与现有法律框架相结合。

在研究“请求权竞合”理论及实践过程中，我们注意到江苏高院在其《民事审判第一庭侵权损害赔偿案件审理指南》中涉及的广义及狭义请求权竞合的解释相互照应[1]，从法律救济所保护的“法益”的角度对“请求权竞合”进行了解释，强调“债权人就同一个法益，都只能受偿一次，而不能重复受偿”。

笔者认为，前述“法益”或者不能“重复受偿”的理论，实际上是公平原则在合同风险分配和救济结果统一角度上的体现。基于某项合同预定的风险，出现履行过程中的问题，无论是基于合同还是侵权进行救济，均需达到统一的救济效果。当事人的选择权体现在基于证明违约和侵权成立要件的难度和对案件结果的预期而产生的请求策略上的差异，救济结果都是保护了基于具体的合同权利义务关系所产生的对当事人“法益”的保护。这也是为什么在一部分我国的司法和仲裁实践中并未排除仲裁审理侵权纠纷的情形[2]。

因此，作为B公司，可以从法益保护和“重复受偿”角度在仲裁案中提出适用公平原则，避免“一事不再理”和“请求权竞合”规则和理论的适用上存在的不确定性。即，一方面我国法律并未阻断A公司通过诉讼还是仲裁、以违约还是侵权对B公司主张赔偿，在其明确选择了争议方式和请求权基础后，A公司不应通过选择不同诉因、不同当事人再另案仲裁而获得利益。如果允许A公司继续提起仲裁并且其仲裁请求得到支持，将会导致申请人重复受偿，被申请人承担双重赔偿责任的后果，直接违反公平原则。

然而，该等视角具有一定的衡平意义，也意味着仲裁员对于该原则是否可在仲裁案件中进行适用和适用范围需要行使自由裁量权。并且，仲裁员单独适用此规则即驳回全部A公司仲裁请求存在一定的说理难度。

1 江苏高院《民事审判第一庭侵权损害赔偿案件审理指南》中包含的解释为：“所谓广义的请求权竞合，是债权人就同一个法益而享有的对于数个不同债务人的数个请求权的并存。广义的请求权竞合，对应于狭义的请求权竞合。所谓狭义的请求权竞合，是指债权人就同一个法益而享有的对于同一个债务人的数个请求权的并存，如常见的违约损害赔偿请求权与侵权损害赔偿请求权的竞合。因法律最终所保护的是当事人的法益，损害赔偿法的最高原则是填补损害，所以，无论是广义还是狭义的请求权竞合，债权人就同一个法益，都只能受偿一次，而不能重复受偿，因此都只能选择其中之一请求权而行使。”

2 相关规则例如，我国最高院《第二次全国涉外商事海事审判工作会议纪要》第七条规定：“涉外商事合同的当事人之间签订的有效仲裁协议约定了因合同发生的或与合同有关的一切争议均应通过仲裁方式解决，原告就当事人在签订和履行合同过程中发生的纠纷以侵权为由向人民法院提起诉讼的，人民法院不享有管辖权”。贸仲规则第三条第（一）项规定：“仲裁委员会根据当事人的约定受理契约性或非契约性的经济贸易等争议案件”。但通过仲裁审理解决侵权纠纷的问题尚存在争议，实践中仍需严格限定适用范围。

（4）关于“一事不再理”规则的延伸和既判力理论的适用

基于上述分析和各类法律适用的困境和风险，无论是“请求权竞合”还是“公平原则”，均离不开对“一事不再理”规则的解释和突破。因此，对仲裁案中A公司所主张的抗辩策略分析，仍需再次回归到“一事不再理”规则的适用上，由此产生的进一步研究如下：

对于“一事不再理”原则，究其背后的旨意，一方面是为了阻止重复诉讼，避免司法资源的浪费，另一方面是为了维护已有法院判决和仲裁裁决的效力和秩序。《最高人民法院关于适用〈中华人民共和国民事诉讼法〉的解释》第二百四十七条第（三）款，将“后诉的诉讼请求实质上否定前诉裁判结果”列为是否构成“重复诉讼”的特征之一而加以禁止，就是出于维护已有法院判决和仲裁裁决效力的目的，也是对“一事不再理”原则加以延伸，即所谓“既判力”原则。

既判力原则，即“已经发生法律效力的判决、裁定对后诉的羁束力”，“诉讼标的已为生效裁判所羁束的，裁定不予受理或者驳回起诉”[1]。在最高人民法院发布的相关案例中，对于既判力的积极和消极作用曾做出过解释：其“消极作用”在于，“基于国家司法权的威信以及诉讼经济，在人民法院做出生效判决、裁定后，不准对同一事件再次进行诉讼”；而其“积极作用”在于，“人民法院不得在其后的诉讼中作出与该判决、裁定内容相抵触的新的判决、裁定，这是法的安定性所决定的”[2]。目前，我国的司法实践中已有认定“虽然后诉与前诉当事人不相同，但若后诉诉求实质上否定前诉裁判结果也可构成重复起诉”的诸多案例[3]。这种名为禁止“重复诉讼”判决，实际上更多是基于“既判力”原则做出的。有的案例中已经明确提出了“既判力及于第三人”的意见[4]。

以上案例和最高人民法院的意见正表明“既判力”原则在我国被认可和尊重，而适用“既判力”原则的最重要审查标准是：在后诉讼/仲裁中是否可能做出与在先法院判决/仲裁裁决内容相抵触的新判决/裁决。

将该等评判标准适用在本案的仲裁案中，基于完全相同的事实，如果仲裁机构忽略上述“一事不再理”“请求权竞合”和“公平原则”等抗辩主张，全部或部分支持A公

1 参见最高人民法院（2017）最高法行申411号案。

2 参见最高人民法院（2017）最高法行申411号《行政裁定书》。

3 参见（2003）民二终字第169号《民事裁定书》，在该案中，最高人民法院认定“在所述再审案件一审阶段本案上诉人虽非起诉的原告，本案中其作为原告起诉虽不属于重复起诉，但其诉讼请求实质上仍属于商标权归属问题，显然与（2003）浙民再字第22号民事判决内容重复。”同时可参见（2017）最高法民申1656号《民事裁定书》，在该案中，最高人民法院认定：“再审申请人提起本案诉讼的标的就是其作为原告提起的另案遗嘱继承诉讼中所涉及的标的，即“两轮权益”。另案遗嘱继承诉讼经上海市高级人民法院审理后作出的（1996）沪高民终字第135号民事判决已经发生法律效力。再审申请人在本案中提出的诉讼请求，实质就是为了否定该另案的裁判结果，构成重复起诉”。

4 参见（2016）沪01民终3718号《民事裁定书》，在该案中，上海市第一中级人民法院认定：“虽根据既判力相对性原则，既判力仅在对立当事人之间产生效果。但既判力相对性，非绝对原则，在一定情形，亦及于一定范围之第三人。在判决后诉讼标的之权利义务转移的情况下，为维护权利关系的安定，维持纠纷解决的实效性，一般而言判决的即判力扩张至成为诉讼标的的权利主体或义务主体之人。就本案而言，原告为前一案中原告房产的特定继受人，既判力扩张的范围根据所涉诉讼标的性质亦有所区别。在诉讼标的是物权请求权的情形下，既判力应当向新占有人扩张；诉讼标的为单纯债权情形下，既判力不应当向新占有人扩张。本案的法律关系为相邻权纠纷，诉讼标的是单纯的物权请求权，故本案中上诉人受让相关房产后，前诉的既判力应向其扩张，法院不应再予受理”。

司对B公司仲裁索赔数额800万元，则将会产生直接否定L法院在诉讼案中基于同一事实确定赔偿额为200万元的后果，直接违反既判力原则，影响司法和仲裁活动的秩序和相互独立性，更会直接影响L法院生效判决的权威性。

此外，从仲裁裁决做出后的救济角度，《中华人民共和国仲裁法》第五十八条明确规定了“当事人提出证据证明裁决有下列情形之一的，可以向仲裁委员会所在地的中级人民法院申请撤销裁决：……人民法院认定该裁决违背社会公共利益的，应当裁定撤销”。仲裁案中，如裁判者基于相同的协议和事实否定诉讼案中L法院的判决，不利于法的安定，有悖于维护司法权的威信，B公司可以“违背社会公共利益”为由申请撤裁。

综上所述，围绕仲裁案中出现的特殊情形和所衍生的问题，本文从B公司的抗辩角度通过适用不同的法律及延伸理论进行分析讨论。案件的复杂性和规则缺失为各方带来不确定性的风险的同时，也给予法律解释及适用技巧以充分施展的空间，值得反复思考和论证。

（四）君合代理国际传媒集团股权转让、对赌纠纷案[1]

一家国际顶尖的传媒集团在中国大陆的外商独资企业（以下简称“**新股东**”）于2013年4月斥资人民币2亿元，收购国内网络游戏广告行业排名第一的广告公司（以下简称“**目标公司**”）的100%股权，如果对赌成功，新股东后续还需继续支付收购款至人民币8亿元。但在收购不到一年时间里，目标公司被多个客户起诉，很快资不抵债、停止经营、原股东停止履职。不得不接管目标公司后，新股东发现目标公司原股东（以下简称“**原股东**”）在股权转让过程中存在虚增应收账款、伪造财务数据和业绩预测、隐瞒关联方交易等行为。

新股东首先委托了其他律师事务所拟定仲裁方案，其他律所提出了追究原股东违约责任的代理思路。因不满其仲裁方案和推进进程，新股东重新委托了君合代理本案。

君合快速响应客户的需求，在审阅了客户提供的初步材料之后，认为原股东伪造财务数据和业绩预测的行为直接导致新股东陷入错误认识，并基于原股东粉饰过的公司财务状况作出了收购决定且向原股东支付了人民币1.8亿元、向目标公司增资2000万。君合认为如果仅仅追究原股东的违约责任对原股东的行为定性不准，亦不足以弥补新股东的巨大经济损失。因此，君合拟定了请求确认原股东构成欺诈、撤销《股权转让协议》、退还股权转让价款的仲裁方案。

在代理本案之初，由于新股东不参与目标公司的经营，对目标公司及原股东的财务、业务、人员、对外合作等各项信息均不知晓，尽管我们提出了欺诈撤销的代理思路，但距离从法律上认定原股东构成欺诈的证据要求相差甚远。

本案的亮点在于：

（1）欺诈的认定难度大。欺诈的构成要件包括：一方有欺诈的故意、欺诈方实施了欺诈行为、被欺诈方因受欺诈陷于错误判断、被欺诈方基于错误判断而为意思表示。在四个要件中最难的是欺诈故意和陷入错误认识的认定。根据我们对司法实践的了解，认

1 君合负责此案件的牵头合伙人为邹唯宁律师，主要承办合伙人为胡楠律师、王利华律师、蔡黎律师，主要承办律师及参与律师包括叶礼、左玉茹（已离职）、李多、李万平、董明、邢晶晶、吴毅恒、霍祖龙、姜鑫（已离职）、李婕、伊向明（离职）、邹德龙、岳靓、叶晓晶、刘威、金川、刘臻等。

定欺诈撤销合同与认定无效合同一样，主张一方需要承担巨大的举证责任，且成功率极低。君合为了最大限度地维护客户利益，实际上为自己选择了一条最艰难的代理思路。

（2）搜集证据难度大。由于举证责任重，君合在公证机关的配合下迅速接管了目标公司，并与客户聘请的法证调查团队充分合作，在短时间内完成了数量庞大的财务资料和业务合同等关键邮件及系统文件的审阅工作，并对收购前三年的全部媒体合同、客户合同与广告投放进行纵向和横向数据比较，证明大部分客户合同系伪造、应收账款虚增。经过大量的证据准备工作，君合梳理出了400份总计近3000页的证据，证明了原股东的欺诈行为。

（3）应对原股东的刁钻反扑难度大。仲裁案件审理中，原股东为了逃脱法律责任，提出了要求追究新股东的违约责任，并要求新股东继续支付对赌款项的仲裁请求；甚至为达到中止乃至终结仲裁审理的目的，原股东还通过提起确认仲裁协议无效之诉、恶意拒收仲裁文件、针对仲裁员提出异议、在人民法院启动对新股东及目标公司的诉讼（包括股东损害公司利益纠纷、广告合同纠纷、名誉权纠纷在内的各类诉讼）等手段并以此为由申请中止仲裁程序之目的。原股东还申请对新股东证据中的笔迹、录音、声纹进行鉴定，还在北京市朝阳区人民法院申请目标公司破产清算，以达到新股东退还公司股权的请求客观上不可能实现的目的。

原股东共计提出各类中止、延期申请9次，仲裁庭先后十二次延长裁决作出期限。针对原股东的各类诉讼、申请，君合代表新股东共计发表几十封书面反驳意见，并全面组织律师团队积极应对，从三个方面对原股东进行围堵：一是，在仲裁案件中，深挖证据、对欺诈进行深入研究，力争在法律上满足“欺诈”构成要件的认定要求；二是，针对破产案件，积极研究目标公司破产并不会对撤销合同后返还公司股权的影响，并促使清算组追究原股东的法律责任；三是，针对其他类的无理诉讼，全面代理目标公司及新股东进行应对，同时向仲裁庭说明相关案件并不构成中止仲裁的理由。

经过君合律师团队制定精准的代理方案、搜集大量关键性证据和全面应对原股东反扑的策略，最终，仲裁庭于2019年7月19日作出裁决，全面支持了新股东的仲裁请求，认定原股东存在欺诈行为，原股东退还全部股权对价款1.8亿元，赔偿2000万增资款和900多万的维权损失费用。而原股东提出的包括近人民币2亿元索赔主张在内的反请求被全部驳回。

仲裁案件历时57个月，君合为代理仲裁程序、诉讼程序律师工作时间超过11，000小时，参与工作的合伙人和律师超过40名，涉及的办公室包括北京、上海、广州。君合争议解决团队以其扎实的法律功底、认真负责的工作态度、高质量高效率的法律服务、各地分所之间跨地区的高效协同合作，赢得了客户的高度肯定和积极评价。

（五）LG电子跨境股东代表诉讼案[1]

2014年，LG电子、LG北京与中方股东在沈阳成立的合资公司期限届满。中方阻止LG集团清算合资公司，就合资公司与LG电子、LG北京签署的跨越十几年的《销售

1 君合负责此项目的牵头合伙人为邹唯宁律师、蔡黎律师，项目组成员包括律师李多、刘臻、吴毅恒、邓瀚宁、董晓瑞。合伙人王利华、赵婷婷，律师伊向明（已离职）、蒋宣（已离职）也在案件不同阶段提供了诸多帮助。

代理合同》及《咨询服务合同》提出异议，主张大股东与合资公司互相勾结、通过签署上述合同恶意转移公司利润，侵害了合资公司和中方股东的权益。并依据《公司法》第一百五十一条在沈阳中院和辽宁高院分别提起股东代表诉讼，要求LG电子、LG北京分别向合资公司返还销售佣金及咨询服务费共计高达约10亿元人民币。

君合代理LG电子和LG北京，到目前为止参加的工作包括：

· 向LG电子提供全面中国法分析并提供意见、建议；

· 代理LG电子应对中方股东在辽宁高院第一次关于销售佣金的起诉，成功说服辽宁高院驳回原告起诉；

· 代理LG北京应对合资公司提起的贸仲仲裁；

· 代理LG北京应对中方股东在沈阳中院关于咨询服务费的起诉；

· 就LG电子在韩国法院被合资公司就销售佣金起诉提供中国法咨询意见；

· 代理LG电子应对中方股东在辽宁高院第二次关于销售佣金的起诉。

自2016年至2019年11月，君合参加的以上案件全部获得胜诉结果，具体包括：

（1）2016年9月，君合代理LG电子应对中方股东第一次关于销售佣金的起诉，成功说服辽宁高院以中方股东起诉不符合股东代表诉讼前置程序为由驳回起诉。

（2）其后，中方股东向合资公司发函催告，要求合资公司从股东处收回咨询服务费和销售佣金，合资公司分别在贸仲北京就咨询服务费对LG北京申请仲裁，并在韩国法院就销售佣金事宜起诉了LG电子。就合资公司提起的上述两个法律程序：

a）2017年6月，君合代理LG北京取得了贸仲仲裁案件的胜诉裁决；

b）2018年10月，在君合提供意见的帮助下，LG电子取得了韩国诉讼的终审胜诉判决。

（3）在合资公司分别向LG北京和LG电子提起仲裁或诉讼后，中方股东不服裁决/判决，以公司关联交易损害公司利益为案由，又于2016年10月在沈阳中院和辽宁高院，分别针对LG北京和LG电子就咨询服务费和销售佣金事宜提起了两起股东代表诉讼。就中方股东提起的上述两个法律程序：

a）2018年11月，就咨询服务费争议，君合代理LG北京获得沈阳中院的胜诉裁定，沈阳中院完全采信了君合的答辩意见，以原告起诉与合资公司仲裁构成重复诉讼为理由驳回中方股东的起诉；2019年11月，辽宁高院在二审程序中全面支持了君合代理的LG北京的观点，裁定维持了沈阳中院的一审裁定。

b）2019年11月，就销售佣金争议，在辽宁高院管辖权异议一审阶段驳回LG电子管辖权异议的情况下，最高人民法院在管辖权异议二审阶段全面改判，最终支持了君合的全部代理意见，裁定撤销一审裁定，驳回了中方股东的起诉，以二审终审裁定的形式结束了时长三年多的跨国诉讼。

《公司法》第一百五十一条第三款规定："他人侵犯公司合法权益，给公司造成损失的，本条第一款规定的股东可以依照前两款的规定向人民法院提起诉讼。"中方股东基于上述法律规定，认为合资公司只能向"人民法院"即"中国法院"提起诉讼，而向仲裁机构提起仲裁或者向国外的法院提起诉讼，均不是向"人民法院"起诉，所以其享有股东代表诉讼的权利。最高人民法院的裁定对《公司法》第一百五十一条中的"人民法

院”的适用范围进行了解释，澄清《公司法》第一百五十一条有关“向人民法院提起诉讼”的表述“旨在敦促公司积极行使诉权，而非要求公司仅能向中国法院以诉讼的方式解决争议”，并且确定了股东代表诉讼也需要遵循公司与第三人之间的争议解决约定的原则，有助于防范股东恶意利用该条文规避仲裁条款或约定管辖条款以谋求地方保护。最高人民法院实际通过君合代理的个案，对《公司法》第一百五十一条进行了系统性解释，弥补了制度漏洞，具有重大的司法示范意义！

本案涉及如何理解股东代表诉讼结构、如何防止小股东滥用股东权利、国际平行诉讼及如何处理合同与侵权的竞合等诸多民商法领域的疑难复杂问题。鉴于我国《公司法》第一百五十一条有关股东代表诉讼的规定存在漏洞，且本案在审理时正值中韩关系冰点，君合在代理本案时曾遭遇较大阻力。争议解决团队进行了大量的案例及比较法研究，组织进行了广泛深入的跨境证据收集工作，就《公司法》第一百五十一条的理解与适用向全国人大法工委及最高人民法院研究室提出立法、修法建议，并邀请参加《公司法司法解释四》起草的数名学者就本案进行了研讨并出具了专家论证意见。通过“九三学社”全国人大代表阎建国，在2018年全国“两会”上通过北京代表团的30名全国人大代表正式提出了《公司法》第一百五十一条的修订议案，成为北京代表团2018年提交给全国人大会议审阅的6个正式议案之一。

本案是发生在中国境内的、为数不多的复杂涉外股东代表诉讼争议。参与本案审理的法官及参与专家论证的北京大学、中国政法大学等专家学者均认为本案对中国商事司法具有典型的示范作用，属于《公司法》修法过程中里程碑标志的典型案件。君合推动的立法修改，使得《公司法》第一百五十一条的漏洞有望在不久的将来在立法的层面上得到解决。

（六）某跨国自然资源公司涉嫌走私废物案[1]

2019年8月，江苏省某检察院决定对某跨国自然资源公司一起进口矿产品涉嫌走私废物罪的案件作出“不起诉”的决定。君合团队在本案中担任该跨国自然资源公司的辩护人。

本案中被江苏省某地海关缉私部门指控涉嫌走私固体废物的对象为该跨国自然资源公司的境内独资公司及业务负责人。海关缉私部门认定该公司及其前身向境内20多家冶金企业销售“固体废物富矿渣”长达近20年，涉案固体废物共50多万吨。本案涉及固体废物鉴别、环境影响评估、海关商品归类方法、产品标准适用、报关责任界定、境内外主体责任甄别和我国冶金行业发展、我国固体废物认定标准演变等历史演变等诸多专业性强、争议性大的专业问题，据称为中华人民共和国成立以来涉案固废数量最大的案件，涉案法律争议特别突出，全球有色金属行业对此案均高度关注。

本案中，客户前后聘请了包括君合在内的七家境内外知名律所，分别代表被指控的境内公司和该公司的业务负责人个人。君合北京和上海两地办公室全力协作，君合团队前后共计10多位律师向客户提供了全面的高专业水平的法律建议和方案，自2018年7

1　君合负责此项目的牵头合伙人为邹唯宁律师，项目组成员包括合伙人李清律师，以及陈锋律师、尹箫律师、艾行利律师、董晓瑞律师、刘润雨律师、王挽秋律师、张子龙律师（已离职）、陈克炳律师等。李新生和韩轶两位顾问为本案的胜利也做出了巨大贡献。

月至 2019 年 8 月共计工作时间超过 6000 个小时。在案件审查起诉阶段，客户最终采纳了君合团队提出的“无罪”辩护方向。最终，在君合的努力之下，检察院被成功说服，对本案作出不予起诉的决定。该决定引起业界高度关注。君合团队的工作获得了客户的高度认可，而君合律师对海关法理论和实践的精深理解和敬业态度更是获得了客户的极高赞誉。

三、2019 年度诉讼仲裁领域的热点问题研究

2019 年，世界经济不稳定，不确定因素明显增加，外部输入性风险上升。同时，国内经济下行压力加大，投资退潮趋势明显。争议解决领域热点频发，现择部分热点问题与读者分享：

（一）国际商事争端解决

2019 年的《政府工作报告》将推动共建“一带一路”、加快与国际通行经贸规则对接、加强外商合法权益保护等确定为施政纲领任务。依据《关于建立“一带一路”国际商事争端解决机制和机构的意见》而建立的国际商事法庭正式开始审理案件。2019 年 2 月第一国际商事法庭受理的首批 5 件案件，已于 2019 年下半年全部作出裁决。君合律师代理的广东本草药业集团有限公司诉意大利贝斯迪大药厂产品责任纠纷案是国际商事法庭作出实体判决的第一案（详见上文介绍）。“该案的审理展现了我国国际商事法庭在国际商事纠纷处理上的能力和水平，该判决为今后类似纠纷的解决明确了裁判规则，具有很强的指导意义。”在首批结案的五件案件中，有三件为确认仲裁协议效力案件。这三个案件的相关裁定明确了关于仲裁条款成立的裁判规则，进一步确定了仲裁协议独立性原则，解决了长期以来司法界和仲裁界对该问题产生的疑惑，引起了仲裁界的极大关注。

为积极地推动两地的司法协助及法律交流，香港特区政府与最高人民法院签署了《关于内地与香港特别行政区法院就仲裁程序相互协助保全的安排》、《关于内地与香港特别行政区法院相互认可和执行民商事案件判决的安排》（暂未生效）、《关于内地与香港特别行政区法院相互认可和执行婚姻家庭民事案件判决的安排》（暂未生效）等一系列司法协助制度安排，给外商利用中国香港的司法制度实现权利救济，进一步加强外商合法权益的保护提供了制度安排（详见下文）。

与此同时，内地也在为提高营商环境和加强外商合法权益保护方面做出努力。上海市人民法院于 2019 年 12 月 30 日发布《上海法院服务保障中国（上海）自由贸易试验区临港新片区建设的实施意见》《上海法院涉外商事纠纷诉讼、调解、仲裁多元化解决一站式工作机制的指引（试行）》等文件，提出充分尊重当事人对法律适用的选择权、对纠纷解决方式的选择权、对接国际通行规则等基本原则，探索允许外籍当事人使用英语参加诉讼活动等实际措施。与稍早时上海司法局发布的《境外仲裁机构在中国（上海）自由贸易试验区临港新片区设立业务机构管理办法》允许境外仲裁机构开展仲裁相关业务（包括案件受理、庭审、听证、裁决、案件管理等）相得益彰，共同彰显我国政府对提高营商环境、保护外商利益的决心和落实。

（二）中国香港裁决、判决在内地的承认与执行

2000年，最高人民法院发布了《最高人民法院关于内地与香港特别行政区相互执行仲裁裁决的安排》（以下简称"**《裁决执行安排》**"），确立了内地执行在中国香港作出（即仲裁地在香港）的商事仲裁裁决（机构仲裁或临时仲裁）的法律制度。该安排在其实施后的约20年中受到了业内人士的广泛欢迎。2019年1月18日，最高人民法院又颁布了《关于内地与香港特别行政区法院相互认可和执行民商事案件判决的安排》（以下简称"**《判决执行安排》**"），进一步将执行的范围扩展到了中国香港法院的判决。以下简要介绍中国内地执行香港中国仲裁裁决和判决的法律制度及其主要特点。

1. **法律适用框架**

（1）执行中国香港仲裁裁决的法律框架

《裁决执行安排》的序言规定，内地人民法院同意执行在中国香港特区按香港特区《仲裁条例》所作出的裁决，包括机构仲裁和特别仲裁。这一安排与《纽约公约》（1958年）所建立的制度类似。

2017年12月26日，《最高人民法院关于审理仲裁司法审查案件若干问题的规定》（以下简称"**《仲裁司法审查规定》**"）颁布。该规定对现有仲裁裁决的司法审查规则进行了修改和补充，还特别强调了关于裁决（包括香港仲裁裁决）的认可与执行的审查规则。

（2）执行香港判决的法律框架

在《判决执行安排》颁布前，内地已经存在执行香港法院作出的某些特定民商事判决的制度。（如《最高人民法院关于内地与香港特别行政区法院相互认可和执行当事人协议管辖的民商事案件判决的安排》（2006）和《关于内地与香港特别行政区法院相互认可和执行婚姻家庭民事案件判决的安排》（2017））。《判决执行安排》生效后，《最高人民法院关于内地与香港特别行政区法院相互认可和执行当事人协议管辖的民商事案件判决的安排》废止，而《关于内地与香港特别行政区法院相互认可和执行婚姻家庭民事案件判决的安排》（2017）将继续有效。

根据《判决执行安排》，中国香港法院作出的生效民商事判决（包括刑事判决中的民事赔偿部分）可请求内地法院执行，但下列由中国香港法院作出的判决被明确排除在外：

a）港特别行政区法院审理的应否裁判分居的案件；

b）继承案件、遗产管理或者分配的案件；

c）香港特别行政区法院审理的有关标准专利（包括原授专利）、短期专利侵权的案件，内地与香港特别行政区法院审理的有关确认标准必要专利许可费率的案件，以及有关本安排第五条未规定的知识产权案件；

d）海洋环境污染、海事索赔责任限制、共同海损、紧急拖航和救助、船舶优先权、海上旅客运输案件；

e）破产（清盘）案件；

f）确定选民资格、宣告自然人失踪或者死亡、认定自然人限制或者无民事行为能力的案件；

g）确认仲裁协议效力、撤销仲裁裁决案件；

h）认可和执行其他国家和地区判决、仲裁裁决的案件。

《判决执行安排》详细阐释了“生效判决”的定义，即由终审法院、高等法院上诉法庭及原讼法庭、区域法院以及劳资审裁处、土地审裁处、小额钱债审裁处或竞争事务审裁处作出的任何已经发生法律效力的判决、命令、判令或讼费评定书（但不包括禁诉令或临时救助命令）。

2. 程序和要求

（1）执行裁决

原则上，在中国香港作出的仲裁裁决，一方当事人不履行的，另一方当事人意欲在内地执行的，应当向被申请人住所地或者财产所在地的中级人民法院申请执行。在案件送交执行庭前，法院（通常为民事审判庭）应审查被申请人提出的不予执行抗辩，也可主动依职权审查是否存在不予执行的情形。

实践中，省级高级人民法院可以指定一至两个中级人民法院集中管辖全省涉外和/或仲裁相关的司法审查案件。但这种内部安排会给当事人寻找管辖法院带来困难——尤其是高级人民法院的指定通常为法院的内部安排，可能随时发生变化。

根据《最高人民法院关于审理仲裁司法审查案件若干问题的规定》第六条的规定，申请人向人民法院申请承认和执行外国仲裁裁决的，应当提交申请书及裁决书正本或者经证明无误的副本。申请书应当载明下列事项：

a）申请人或者被申请人为自然人的，应当载明其姓名、性别、出生日期、国籍及住所；为法人或者其他组织的，应当载明其名称、住所以及法定代表人或者代表人的姓名和职务；

b）裁决书的主要内容及生效日期；

c）具体的请求和理由。

从实务操作的角度看，实践中需要注意以下形式要求：

a）尽管《最高人民法院关于审理仲裁司法审查案件若干问题的规定》和《裁决执行安排》均未将裁决（及其他支持性文件）的公证或认证规定为形式要求（下文第（二）项除外），实践中，如果法院工作人员认为证据是在中华人民共和国领域外形成的，则其可要求证据需经中华人民共和国驻证据形成国/地区的使领馆认证。根据《最高人民法院关于民事诉讼证据的若干规定》（2019 年修正，2020 年 5 月 1 日起施行）第十六条，“当事人提供的公文书证系在中华人民共和国领域外形成的，该证据应当经所在国公证机关证明，或者履行中华人民共和国与该所在国订立的有关条约中规定的证明手续。……当事人向人民法院提供的证据是在中国香港、中国澳门、中国台湾地区形成的，应当履行相关的证明手续。”由此可见，如果当事人向人民法院提供的证据是在香港形成的，则法院可能要求当事人根据内地与香港之间的公证和转递安排履行相关的证明手续。

b）外国当事人委托中国律师在中国出庭，其身份证明文件和授权书必须经中国驻该国使领馆予以认证。

c）文件的中文译本最好由相关法院推荐或指定的翻译机构准备。

执行程序开始后，被申请人可以援引《裁决执行安排》第七条的规定提出执行异议。

（2）执行判决

原则上，在中国香港作出的判决，一方当事人不履行，另一方当事人意欲在内地申

请执行的，可以向申请人住所地或者被申请人住所地、财产所在地的中级人民法院提出。

至于内地各省高级人民法院是否会比照裁决执行的司法审查，指定少数中级人民法院集中处理该省内与香港有关的所有判决的执行，目前尚不明确。

根据《判决执行安排》第八条，申请人向人民法院申请认可和执行香港判决，应当提交下列材料：

a）经作出生效判决的法院盖章的判决副本；

b）作出生效判决的法院出具的证明书，证明该判决属于生效判决，判决有执行内容的，还应当证明在原审法院地可以执行；

c）判决为缺席判决的，应当提交已经合法传唤当事人的证明文件，但判决已经对此予以明确说明或者缺席方提出认可和执行申请的除外；

关于身份证明材料，《判决执行安排》进一步提出如下要求：

a）申请人为自然人的，应当提交身份证件复印件；

a）申请人为法人或者其他组织的，应当提交注册登记证书的复印件以及法定代表人或者主要负责人的身份证件复印件。

b）上述身份证明材料，在被请求方境外形成的，应当依据被请求方法律规定办理证明手续。

向内地人民法院提交的外文文件应当有准确的中文译本。中文译本应由法院推荐或指定的翻译机构翻译。

2. 不予执行的情形

（1）不予执行中国香港仲裁裁决的情形

根据《裁决执行安排》第七条，被申请人提出证据证明有下列情形之一的，经审查核实，有关法院可裁定不予执行：

a）当事人无行为能力或者没有有效的仲裁协议的，即仲裁协议当事人依对其适用的法律属于某种无行为能力的情形；或者该项仲裁协议依约定的准据法无效；或者未指明以何种法律为准时，依仲裁裁决地的法律是无效的；

b）缺乏正当程序，即被申请人未接到指派仲裁员的适当通知，或者因他故未能陈述意见的；

c）超出仲裁范围的，即裁决所处理的争议不是交付仲裁的标的或者不在仲裁协议条款之内，或者裁决载有关于交付仲裁范围以外事项的决定的；

d）仲裁程序不规范，即仲裁庭的组成或者仲裁庭程序与当事人之间的协议不符，或者在有关当事人没有这种协议时与仲裁地的法律不符的；

e）裁决缺乏约束力，即裁决对当事人尚无约束力，或者业经仲裁地的法院或者按仲裁地的法律撤销或者停止执行的；

f）争议缺乏可仲裁性，即有关法院认定依执行地法律，争议事项不能以仲裁解决的；

g）违反（内地）公共利益，如内地法院认定在内地执行该仲裁裁决违反内地社会公共利益。

前五项异议情形需由被申请人主动提出，后两项情形须由法院依职权审查——即不论被申请人是否提出异议，内地法院均可主动依职权审查案件是否存在后两项的情形。

（2）不予执行中国香港法院判决的情形

根据《判决执行安排》第十二条、第十三条，被申请人提供证据证明有下列情形之一的，被请求方法院审查核实后，可以不予执行：

a）原审法院对有关诉讼的管辖不符合本安排第十一条规定的；

b）依据原审法院地法律，被申请人未经合法传唤，或者虽经合法传唤但未获得合理的陈述、辩论机会的；

c）判决是以欺诈方法取得的；

d）被请求方法院受理相关诉讼后，原审法院又受理就同一争议提起的诉讼并作出判决的；

e）被请求方法院已经就同一争议作出判决，或者已经认可其他国家和地区就同一争议作出的判决的；

f）被请求方已经就同一争议作出仲裁裁决，或者已经认可其他国家和地区就同一争议作出的仲裁裁决的。

g）违反（内地）公共利益，即内地人民法院认为执行香港特别行政区法院判决明显违反内地法律的基本原则或者社会公共利益；

h）判决违反当事人之间有效的仲裁协议或者有效管辖协议的；

i）判决包括惩罚性赔偿的，不予执行惩罚性赔偿部分，但侵犯知识产权和商业秘密所确定的惩罚性赔偿部分除外。

除其他差异外，在判决执行过程中，内地法院可依职权审查香港法院作出的判决是否“明显违反”中国内地法律基本原则的情形。从理论上讲，这一规定向内地法院提供了在某些情况下（例如当案件的争议焦点需依“公平”原则进行判决时）对案件进行实质审查并重新裁判已生效香港判决的空间。

3. 监督

（1）执行外国裁决的报核制度

基于《最高人民法院关于人民法院处理与涉外仲裁及外国仲裁事项有关问题的通知》（1995）和《最高人民法院关于仲裁司法审查案件报核问题的有关规定》（2017），各地中级人民法院或专门法院在裁定不予执行或者拒绝承认和执行香港特别行政区作出的仲裁裁决之前，必须报请本辖区所属高级人民法院进行审查。如果高级人民法院经审查后同意不予执行或者拒绝承认和执行，应将其审查意见报最高人民法院。待最高人民法院答复后，方可裁定不予执行或者拒绝承认和执行。

该制度旨在完善、且已在实践中成功地完善了内地法院在仲裁案件司法审查中采用的标准及其一致性。

在法院作出不予执行的裁定后，该裁定为最终裁决，不能上诉。

实践中，也不乏地方法院利用程序规则，选择裁定“驳回申请”，而非作出“不予执行裁决”，从而规避层报制度要求的情况。

（2）执行香港裁决的复议程序

《判决执行安排》第二十六条规定了当事人对内地法院执行裁定不服的“复议”机制，“被请求方法院就认可和执行的申请作出裁定或者命令后，当事人不服的，在内地可

以于裁定送达之日起十日内向上一级人民法院申请复议。”该规定与《中华人民共和国民事诉讼法》(2012)第225条规定的当事人不服法院驳回执行异议时申请“复议”的相关规定的措辞类似。目前尚不清楚该复议程序在实践中的具体实施方式。

4. 执行

一旦仲裁裁决或判决被认可，其具体执行程序须符合《中华人民共和国民事诉讼法》(2012)第三编“执行程序”(第224条至第258条)和最高人民法院不时发布的各项司法解释的规定。

因此，执行阶段之前的诸如确定管辖法院、申请程序、受理程序以及其他必要程序，都将依照当地的程序法和法院惯例来处理，这些程序相对细致复杂，但却是内地法院的常见工作流程。

实践中，由于不属于不予执行的情形，双方当事人(甚至仲裁庭)往往会忽视下述执行的具体要求，最终导致已获认可的裁决无法实际执行：

(1)权利和义务的主体应当明确；(例如，要避免错误拼写被申请人的中文名称)

(2)货币支付数额必须确定，或者能够明确通过计算得出；(例如，“如果被申请人继续使用申请人的技术，则每月支付10万欧元的罚金”是无法执行的，因为执行庭不应也不能在执行阶段中判断是否存在继续使用的情况)；

(3)需要交付的特定物应当明确或可以确定；和/或

(4)履行的标准、对象和范围应当明确。

最后，实践中常见的问题是是否可在认可阶段申请财产保全。《判决执行安排》第24条明确规定，“申请认可和执行判决的，被请求方法院在受理申请之前或者之后，可以依据被请求方法律规定采取保全措施。”与之对应，虽然《裁决执行安排》中没有类似规定，但最高人民法院通过对湖北省高级人民法院报告的复函，在法院内部提出了自己的意见。最高人民法院在《关于湖北省高级人民法院就盖特汽车公司(AUTOMOTIVE GATE FZCO)在申请认可和执行香港特别行政区仲裁裁决案中申请财产保全问题的请示一案的复函(2017)最高法民他129号》中表示，现有法律尚未对“申请人在申请认可期间可以申请财产保全”作出规定，但内地法院可以参照《中华人民共和国民事诉讼法》第一百条规定的原则予以适用。地方法院将在何种程度上解释法院系统内部复函的效力这一问题，仍然没有明确答案。

(二)关于仲裁协议是否存在的判定

仲裁协议有效性判定的一个问题是对双方当事人之间是否存在“有效的仲裁协议”的判断。实践当中，这一问题最大的争议点在于当事人是否可以向法院申请确认“不存在有效的仲裁协议”。司法实践中曾存在两种不同的观点。

第一种观点认为不存在仲裁协议的问题不在法院确认仲裁协议效力案件的审查范围之内，即认为《仲裁法》(1995)第二十条里规定的“当事人对仲裁协议的效力有异议的，可以请求仲裁委员会作出决定或者请求人民法院作出裁定”里的“效力”一词的外延应严格限制于《仲裁法》(1995)第十六条规定的审查，即是否有效仅限于审查是否符合有效的形式要件。而是否存在仲裁条款/协议，并非法院审理仲裁协议效力案件的审查范围，而是由仲裁庭进行实体审理的内容。这种观点的具体理由为：从仲裁法的相关制度设置看，是否存在仲裁协议的问题不在法院确认仲裁协议效力案件的审查范围之内。根据《仲裁法》第二十条规定，当事人对仲裁协议效力提出异议的基础是当事人之间存在仲裁协议，此时法院才有职权对仲裁管辖异议进行审查。如果当事人请求确认事项为确认不存在仲裁协议，在没有法律法规明确规定法院有审查职权的情况下，不属于法院审理仲裁协议效力案件的审查范围。

进一步而言，就各方之间不存在仲裁协议的案件，《仲裁法》在第五十八条给予了司法救济，即“当事人有证据证明裁决有下列情形之一的，可以向仲裁委员会所在地的中级人民法院申请撤销裁决：(一)没有仲裁协议的……”。法院赋予当事人基于各方之间不存在仲裁协议而撤销仲裁裁决的权利。因此，司法对于仲裁协议进行审查和干预的制度非常明确，即法院对于当事人之间的仲裁协议是否有效的审查是事前审查，当事人可以启动确认仲裁协议效力的程序；而就当事人之间没有仲裁协议的情形，法院进行的是事后的司法审查，只能在仲裁裁决作出之后通过撤销仲裁裁决的程序进行主张。

笔者认为这种观点缺少说服力，理由有三：

第一，如果按照此种观点的逻辑，则排除了依据《仲裁法》(1995)第十七条对主观要件(即是否超出法律规定的范围、是否有行为能力瑕疵、是否是真实意思表示等)的审查。显然与实践不符。

第二，如果“是否存在有效的仲裁协议”不属于法院审查的范围而只是由仲裁机构审查，则与《仲裁法》(1995)第二十条所规定的司法审查权同时属于仲裁机构和法院且若同时启动应由法院行使司法审查权的原则不符。

第三，《仲裁法司法解释》(2006)第十八条中规定，“仲裁法第五十八条第一款第一项规定的‘没有仲裁协议’是指当事人没有达成仲裁协议。仲裁协议被认定无效或者被撤销的，视为没有仲裁协议。”因此，“没有仲裁协议”和仲裁协议被认定无效是有同样的法律后果。如果只允许当事人先进行仲裁(且需要在仲裁中提起异议)，再于撤销过程中依据“没有仲裁协议”而撤销裁决，不仅浪费当事人的时间和成本，更是对司法资源的浪费。

但是通过对仲裁协议效力纠纷案件进行的广泛搜索发现，中国司法实践的主流观点也曾是：不存在仲裁协议的问题不属于法院审理仲裁协议效力案件的审查范围，这曾是大多数法院在这类案件中采取的裁判方式。

另外一种观点认为“效力”一词应做广义理解，包括是否有效的订立以及异议方是否为仲裁协议当事方的审查。实践中各级法院做法不一，最高人民法院虽然在一些涉及海事提单争议的批复中涉及“不存在有效的仲裁协议”等表述(例如《最高人民法院关于神华煤炭运销公司与马瑞尼克船务公司确认之诉仲裁条款问题的请示的复函》(〔2013〕民四他字第4号))，但并无对此问题明确的指导意见。

第一国际商事法庭审理的运裕有限公司与深圳市中苑城商业投资控股有限公司申请确认仲裁协议效力一案中，为本问题提供了参考的意见。即：“运裕公司在中苑城公司申请仲裁后，以仲裁条款未成立为由，向人民法院申请确认双方之间不存在有效的仲裁条款。虽然这不同于要求确认仲裁协议无效，但是仲裁协议是否存在与是否有效同样直接

影响到纠纷解决方式，同样属于需要解决的先决问题，因而要求确认当事人之间不存在仲裁协议也属于广义的对仲裁协议效力的异议。《仲裁法》第二十条第一款规定：当事人对仲裁协议的效力有异议的，可以请求仲裁委员会作出决定或者请求人民法院作出裁定。据此，当事人以仲裁条款未成立为由要求确认仲裁协议不存在的，属于申请确认仲裁协议效力案件，人民法院应予立案审查。”

第一国际商事法庭对上述案件的裁定若可有力统一处理此类案件的指导性思路和标准，未来仲裁协议的当事人或与仲裁事项相关的当事人在面临类似争议时，可多一条救济途径的选择。

（三）《九民会议纪要》对证券虚假陈述案件的影响

2003年1月9日，最高人民法院公布了《最高人民法院关于审理证券市场因虚假陈述引发的民事赔偿案件的若干规定》（下称“**《虚假陈述若干规定》**”），该司法解释从2003年2月1日起正式施行。《虚假陈述若干规定》颁布后，该司法解释成为人民法院审理该类纠纷的最主要的裁判依据。

在《虚假陈述若干规定》颁布后的十余年间，证券虚假陈述案件增长迅速，因为债券违约而衍生的欺诈发行和虚假陈述也相应增多。2019年8月6日，最高人民法院发布了《全国法院民商事审判工作会议纪要》（简称“**《九民会议纪要》**”），就实践中证券纠纷案件审理出现的一些问题作出规定。

《九民会议纪要》有七条内容（集中在79条至85条）是关于证券虚假陈述案件，包括共同管辖的案件移送、案件审理方式、立案登记、案件甄别及程序决定、选定代表人、揭露日和更正日的认定、重大性要件的认定。这些规定与《虚假陈述若干规定》相比，均有一定的创新，具体评述如下。

1. 共同管辖的案件移送

《虚假陈述若干规定》第十条规定，人民法院受理以发行人或者上市公司以外的虚假陈述行为人为被告提起的诉讼后，经当事人申请或者征得所有原告同意后，可以追加发行人或者上市公司为共同被告。人民法院追加后，应当将案件移送发行人或者上市公司所在地有管辖权的中级人民法院管辖。当事人不申请或者原告不同意追加，人民法院认为确有必要追加的，应当通知发行人或者上市公司作为共同被告参加诉讼，但不得移送案件。

《九民会议纪要》第79条规定，原告以发行人、上市公司以外的虚假陈述行为人为被告提起诉讼，被告申请追加发行人或者上市公司为共同被告的，人民法院应予准许。人民法院在追加后发现其他有管辖权的人民法院已先行受理因同一虚假陈述引发的民事赔偿案件的，应当按照民事诉讼法司法解释第36条的规定，将案件移送给先立案的人民法院。

根据《九民会议纪要》规定的申请追加共同被告的主体为被告，且如果被告提出追加申请时，法院应当准许，且应当移送至先立案的其他有管辖权的人民法院。该条在一定程度上突破了《虚假陈述若干规定》第十条确立的移送处理规则。在被告追加发行人或上市公司作为共同被告情况下，案件是否移送将不再完全受制于原告意志的影响，即不需要"原告同意追加"，如果被告申请追加发行人或上市公司为共同被告，法院在追加之后"发现有因同一虚假陈述行为立案在先的法院"，则应当将案件移送至立案在先的法院管辖。该条款针对证券虚假陈述案件的特殊性，在一定程度上控制了原告的选择权，进一步推动证券虚假陈述案件的集中管辖。

2. 代表人诉讼制度

《九民会议纪要》第 80 条原则性的规定，人民法院可以选择个案以《民事诉讼法》第 54 条规定的代表人诉讼方式进行审理。第 81 条至第 83 条规定了代表人诉讼的配套制度。

具体而言，第 81 条规定了立案登记的制度，对于可以适用代表人诉讼制度审理的虚假陈述纠纷案件，人民法院在登记立案时可以根据原告起诉状中所描述的虚假陈述的数量、性质及其实施日、揭露日或者更正日等时间节点，将投资者作为共同原告统一立案登记。原告主张被告实施了多个虚假陈述的，可以分别立案登记。

第 82 条规定了案件甄别及程序决定的机制，人民法院决定采用代表人诉讼制度审理案件的，在发出公告前，应当先行就被告的行为是否构成虚假陈述，投资者的交易方向与诱多、诱空的虚假陈述是否一致，以及虚假陈述的实施日、揭露日或者更正日等案件基本事实进行审查。

第 83 条规定了在代表人诉讼中选定代表人的制度，确保代表行为能够充分、公正地表达投资者的诉讼主张。该条特别指出，国务院证券监督管理机构成立的投资者保护机构以自己的名义提起诉讼，或者接受投资人的委托指派工作人员或委托诉讼代理人参与案件审理活动的，人民法院可以指定该机构作为代表人。

《九民会议纪要》中确立的代表人诉讼制度，能够很大程度上实现案件审理的集约化和经济化。

3. 揭露日和更正日的认定

《虚假陈述若干规定》第二十条规定：虚假陈述揭露日，是指虚假陈述在全国范围发行或者播放的报刊、电台、电视台等媒体上，首次被公开揭露之日。虚假陈述更正日，是指虚假陈述行为人在中国证券监督管理委员会指定披露证券市场信息的媒体上，自行公告更正虚假陈述并按规定履行停牌手续之日。在司法实践中，由于上市公司更正虚假陈述往往非常清晰、明确，因此对于"更正日"存在的争议较少。司法实践中的相关争议，往往存在于"揭露日"的确定。

所谓揭露，通常是指监管机构、交易所、新闻媒体或者其他外部力量对信息披露义务人的虚假陈述行为，通过立案调查、拟处罚、行政处罚、新闻报道、采取监管措施等方式向投资者予以公开化，而揭露日则是指虚假陈述行为在全国范围发行或者播放的权威媒体上被首次公开的日期。根据过往案例，认定虚假陈述揭露日时，一般重点研判投资者是否能否通过揭露的信息了解虚假陈述行为的存在，因此在确定虚假陈述揭露日时，应当重点考量的因素包括：揭露内容的相关性、揭露主体的权威性和揭露时间的首次性，揭露行为是否对证券价格造成了影响。

《九民会议纪要》第 84 条规定，虚假陈述的揭露，是指虚假陈述被市场所知悉、了解，其精确程度并不以"镜像规则"为必要，不要求达到全面、完整、准确的程度。原

则上，只要交易市场对监管部门立案调查、权威媒体刊载的揭露文章等信息存在着明显的反应，对一方主张市场已经知悉虚假陈述的抗辩，人民法院依法予以支持。

《九民会议纪要》采用交易市场对揭露信息的反应作为判断“揭露日”的标准。“交易市场存在明显的反应”应当理解为投资者是否将揭露的信息与案涉虚假陈述行为建立联系，是否能够结合揭露的信息知悉案涉虚假陈述行为的存在。在确有充分证据证明市场已经对此作出明显反应的情况下，可以认定监管部门的立案调查公告即构成对案涉虚假陈述行为的揭露。

4. 重大性要件的认定

《虚假陈述若干规定》第十七条规定，证券市场虚假陈述行为是指对“重大事件”实施的信息披露违法行为（虚假记载、误导性陈述、重大遗漏或不正当披露）。对于重大事件，应当结合证券法第五十九条、第六十条、第六十一条、第六十二条、第七十二条及相关规定的内容认定。根据该条规定，虚假陈述的构成要件包括两个方面，即信息披露违法行为和“重大性”标准。

杨临萍法官在最高人民法院审判委员会上的讲话《关于当前商事审判工作中的若干具体问题的意见》（2015年12月24日）（下称“**《若干问题意见》**”）中指出，重大性，是指违法行为对投资者决定的可能影响，其主要衡量指标可以通过违法行为对证券交易价格和交易量的影响来判断。交易因果关系是指违法行为影响了投资者的交易决定。重大性、交易因果关系是为了限制或减轻行为人责任的制度安排。侵权行为不具有重大性或者侵权行为与投资者的交易决定没有因果关系时，行为人不负赔偿责任。

无论从《虚假陈述若干规定》中对“重大事件”的引致性规定，或者《若干问题意见》中对于“重大性”的衡量指标作出的指引都不难看出，之前人民法院在审理证券虚假陈述纠纷的案件中，强调应当对虚假陈述行为的“重大性”要件进行司法审查并作出独立判断。由于行政处罚的考量因素主要是信息披露的合规问题，而虚假陈述民事赔偿制度考量的是一个信息披露违规行为是否足以导致投资者作出投资决策，是否能作为投资人索赔投资差额损失的基础。

在司法实践中，也曾经存在虽然信息披露行为受到行政处罚，但是最高人民法院经审查后，认定不构成虚假陈述的案例（2013最高法民申字第1820号）。其他地方法院也有类似案例，如上海金融法院和上海市高级人民法院在方正科技与投资者证券虚假陈述民事赔偿诉讼案中体现出的“证券虚假陈述行为的行政责任与民事责任的认定原则不同，上市公司因信息披露违法违规被行政处罚后，人民法院仍应对其是否构成证券民事侵权进行审查，审查的重点是未披露信息的行为是否足以影响投资者的投资决策和市场交易价格”。[1] 这些案例无不体现出，被行政处罚的信息违法披露需满足“重大事件”的要求，才构成证券虚假陈述责任纠纷中的虚假陈述行为。

但是，《九民会议纪要》明确，审判实践中，部分人民法院对重大性要件和信赖要件存在着混淆认识，以行政处罚认定的信息披露违法行为对投资者的交易决定没有影响为由否定违法行为的重大性，应当引起注意。重大性是指可能对投资者进行投资决策具

---

1 上海金融法院于2019年5月5日作出（2018）沪74民初330号民事判决；上海市高级人民法院于2019年8月7日作出（2019）沪民终263号民事判决。

有重要影响的信息，虚假陈述已经被监管部门行政处罚的，应当认为是具有重大性的违法行为。在案件审理过程中，对于一方提出的监管部门作出处罚决定的行为不具有重大性的抗辩，人民法院不予支持，同时应当向其释明，该抗辩并非民商事案件的审理范围，应当通过行政复议、行政诉讼加以解决。

在最高人民法院民二庭编著的《全国法院民商事审判工作会议纪要理解与适用》一书中进一步明确，《虚假陈述若干规定》是通过设置起诉前置程序来为虚假陈述设定了重大性标准，也就是说只要被行政处罚或者刑事判决的虚假陈述行为，都当然构成重大证券侵权行为。因此受诉法院不能将已受到行政处罚或者刑事判决的虚假陈述行为认定为没有重大性。

《九民会议纪要》的上述内容从文意上看，是将行政监管秩序中的“重大性”直接等同于证券虚假陈述民事赔偿案件中的“重大性”，将受到行政处罚的信息披露违规行为等同于虚假陈述。在这种情况下，如果涉诉的信息披露违规行为已经受到行政处罚，则被告针对“是否构成虚假陈述行为”这一点，所能提出的抗辩将受到限制。

（四）企业破产过程中金融债权的保护

2019年破产法领域炙手可热，破产案件数量呈现大幅度增长态势。我国破产案件数量经历过两次大幅增加。第一次是1998年至2001年，目的是引导企业公司制改革，解决企业亏损问题。第二次是2014年至今，目的为进行供给侧结构性改革，意在降低杠杆，减少债务。在破产案件中，金融债权人往往占据重要地位，通常是破产企业最大的债权人。但是，在我国的破产实践中，存在对金融债权保护力度不够，甚至很多案件都是以损害金融债权人利益为代价来实现破产重整的“成功”。

1. 金融债权面临的困境

（1）政策上倾向于减少金融债权

《国务院关于积极稳妥降低企业杠杆率的意见》提出应当“有序开展市场化银行债权转股权、依法依规实施企业破产、积极发展股权融资、积极稳妥降低企业杠杆率，助推供给侧结构性改革”。去杠杆的核心在于减少债务，而金融机构作为大债权人，通常会在该等减债程序中蒙受巨大损失。

（2）部分企业存在利用破产制度逃废债的情形

破产重整本来是让还有生存价值的企业活下来，在实际操作中，很多情况下却变成了逃废债或变相减债。逃废债的方式一般存在两类，一是通过事先转移资产，或进行假破产，达到逃废债的目的；另一类是通过行政干预，强制实施破产，或利用破产重整强制削减债务。

（3）金融债权人作为重整计划草案最大利益相关方，无法参与制定重整计划

《企业破产法》第七十九条规定“债务人或者管理人应当自人民法院裁定债务人重整之日起六个月内，同时向人民法院和债权人会议提交重整计划草案”。因此，我国《企业破产法》仅仅赋予债务人和管理人制定重整计划的权利，债权人无法作为重整计划的制定主体参与其中。重整计划是整个重整程序的关键，关系到重整是否能够成功，也决定着债权人能够分配到多少清偿份额。无法提出和制定重整计划，意味着只有被动接受或

不接受债务人或管理人的方案，而无法提出自己的主张，维护自己的权利。在我国目前企业普遍高杠杆借贷经营的现实中，企业大部分资金往往都是由金融债权人提供的，企业的经营风险大部分都是由金融债权人承担。重整程序中债权人和债务人的这种不平等地位使金融债权人更加弱势，尤其是当债务人或管理人消极履职不作为的情况下，金融债权人无法推动重整程序顺利进行。根据《企业破产法》第七十九条第二款的规定，“债务人或者管理人未按期提出重整计划的，人民法院应当裁定终止重整程序，并宣告债务人破产”。这一规定也使债权人及股东等利害关系人承担了债务人和管理人的过失造成的后果，有失公允。

（4）企业在重整过程中信息披露不足，债权人缺乏监督途径

我国《企业破产法》仅规定在执行重整计划过程中债务人需要向管理人报告重整计划执行情况和财务状况，而无需向债权人披露信息。这使得债权人在重整程序中始终处于被动。在破产程序中，债务人主要向管理人负责，由管理人对债务人企业履行全面审查义务。虽然债权人可以在债权人会议时听取管理人报告或向管理人询问，但无法及时、全面地了解债务人情况。这使得债权人与债务人处于严重的信息不对等的状态，不利于债权人准确判断债务人企业状况，进而正确选择是否同意重整计划。而在重整程序进行中，由于监督权系由管理人行使，债权人无法监督债务人企业对重整计划的执行过程。然而，债务人企业重整与债权人的利益息息相关，如果不能及时监督重整计划的执行状态，那么有可能会使得重整中存在的问题迟迟无法被发现而最终导致严重后果。

尽管《最高人民法院关于适用〈中华人民共和国企业破产法〉若干问题的规定（三）》（以下简称“**《破产法解释三》**”）进一步落实了单个债权人对债务人财务状况、债权人会议、债权人委员会决议、管理人监督报告等破产程序中重要信息的知情权。但是具体的实施情况，尚有待实践检验。

2. 实现、保护金融债权的建议

（1）按照管理人要求及时申报债权

金融债权人在申报债权时，应当全面提供债权申报资料，包括但不限于管理人向其送达的《债权申报须知》要求的内容，避免因证据材料不充分而未被管理人核查确认的风险。利息、诉讼费等亦需要申报。此外，根据《破产法解释三》，破产申请受理后，债务人欠缴款项产生的滞纳金，包括债务人未履行生效法律文书应当加倍支付的迟延利息和劳动保险金的滞纳金，债权人作为破产债权申报的，人民法院不予确认，但在破产申请受理日前的加倍支付的迟延履行利息作为破产债权依法应被确认。

对于有财产担保的债权进行债权申报时，应同时主张优先受偿。同时应注意，根据《企业破产法》中对重整案件的特殊规定，尽管重整期间暂停行使对债务人的特定财产享有的担保权，但在担保物有损坏或者价值明显减少的可能，足以危害担保权人权利的例外情形出现时，担保权人可以向人民法院请求恢复行使担保权。

对于有保证人担保的债权，根据《破产法》第92条，重整计划不影响保证人应承担的担保责任，金融机构应当在诉讼时效内及时向保证人主张保证责任。尤其应当关注《全国破产审判工作会议纪要》中第31条的规定，即就债权人在破产程序中未受清偿部

分，应在破产程序终结后六个月内向保证人提出承担保证责任的要求，避免错过主张权利的时效限制而造成金融债权的损失。

（2）谨防债务人通过关联关系形成债权，合理利用债权异议程序

重整案件中，破产企业可能会利用其与股东、或其他主体的关联关系，虚构债权。《全国法院破产审判工作会议纪要》对此进行了说明："关联企业成员之间不当利用关联关系形成的债权，应当劣后于其他普通债权顺序清偿，且该劣后债权人不得就其他关联企业成员提供的特定财产优先受偿"。因此，债权人应当重点关注与破产企业存在关联关系的企业，恰当使用异议权，防止破产企业损害金融债权人利益。同时，债权人应当根据《企业破产法》及相关司法解释的规定，善用知情权，以便获得对债务人尽可能多地了解。

（3）关注债务人资产评估及审计过程及结果

关注评估机构评估过程，注意审计评估方法是否公允，利用债权人委员会及单个债权人查阅债务人财产状况报告等相关文件，监督审计、评估机构合法履职，敦促评估机构就估值过程、评估方法等予以公开，并从财务、法律等角度考量审计评估过程、评估依据及结果。

积极参与审计评估中介机构的选聘，并密切关注评估工作进展，及时致函破产管理人、评估机构，要求其予以答复。如有条件，可在债委会层面推动聘请第三方中介机构，进行审计评估数据的审阅，通过中介机构之间的对接、沟通，就评估假设、原则及方法等关键问题进行更为深入的专业层面探讨，促进形成更为公正、客观地评估价值。

此外，还要重点关注与自身债权对应的抵押物的评估价值，防范其被低估的风险。可以将破产重整中抵质押物的评估价值与贷款时认定的评估价值进行比较，如有重大差异，应及时与破产管理人、评估机构沟通，避免自身权益受损。

（4）运用《民事诉讼法》的规定实现强裁后的程序救济

无论是债权人会议表决通过的重整计划，还是符合法律规定的条件由人民法院强行批准的重整计划，即使金融债权人有异议，但该重整计划也对其具有约束力。

当金融债权人对重整计划持反对意见，但仍被人民法院强裁时，金融机构作为异议主体是否可以提起复议或上诉，在《企业破产法》并没有直接的规定，但根据《企业破产法》第4条规定，"破产案件审理程序，本法没有规定的，适用民事诉讼法的有关规定"。据此，异议金融债权人如果认为法院作出的强制批准重整计划裁定确有错误的，可以根据《民事诉讼法》第199条规定，向上一级法院申请再审。

企业破产重整制度的立法目标和现实需求都体现出了应当在重整程序中合理的保护债权人利益。而债权债务关系作为私法领域的核心，如果以牺牲债权人的利益来对企业进行破产重整，不仅损害了债权人的权益，还会动摇私法的本质，造成严重的后果。特别对于金融债权人来说，考虑到金融机构在市场经济中的特殊地位，其债权清偿直接关系到社会稳定和经济发展，应给予充分关注。

（五）违约潮下的债务处理—利用法人人格否认制度追索债务人资产

金融违约潮发生后，无论是投资人自身，或是受投资人委托的资产管理人，均以债权人的身份积极对债务人采取起诉、保全、执行等一系列的法律行动，从而尽可能地挽

救因违约潮而带来的资金损失。

然而，在违约潮的大背景下，单纯基于债务违约的法律诉讼或仲裁，往往由于债务人最终无实际可供执行的资产而无法获得足额清偿。在一些案件中，债权人发现债务人一面与债权人周旋，期望通过谈判、重整而得到债务豁免，一面却暗度陈仓另起炉灶，用从债权人处获得的资金，开创新的产业。

源头上来说，在本轮违约潮所涉及债券的发行阶段，由于特殊的市场环境，债券的发行人具有较为强势的市场谈判地位。而债券产品相关的募集说明书等协议文件所约定的合同条款并不允许投资人进行个性化定制协商，从而导致债券产品项下对发行人的监管总体上处于较弱的态势。因此，债务人可能通过新设关联公司的方式，将原借款主体的资产、人员、客户转移至新公司，从而躲避债权人的追索，而利用“干净”的资产进行经营活动。在此情形下，依据债务违约而采取的法律行动，受制于合同相对性的原则，无法对主债务人及担保人以外的其他主体采取相应的法律行动，而债务人在债券发行阶段所提供的股权质押担保，往往由于上述原因也无实际价值用于抵偿债务。

在此情形下，就如何通过法律手段，对债务人的上述行为采取规制和应对，本文将根据中国法下的法人人格否认制度，基于近年来司法实践的发展，整理出对债务人利用关联企业躲避债务情形下的法律行动方案，帮助债权人在债务追偿行动中，探索新的路径。

1. 法人人格否认制度的法律依据

《中华人民共和国公司法》(下称“**《公司法》**”)第二十条第三款规定：“*公司股东滥用公司法人独立地位和股东有限责任，逃避债务，严重损害公司债权人利益的，应当对公司债务承担连带责任。*”该款规定构成了股东滥用法人独立地位情形下债权人要求股东承担连带赔偿责任的请求权基础。

关于滥用公司法人独立地位的具体认定，随着司法实践的发展，基本形成了从关联公司之间的人员、业务、财务等方面考察是否存在混同的认定标准，其中法院尤为关注的是财务混同的情形。

2. 司法实践的衍生与突破

此外，从文义上看，《公司法》第二十条第三款的规定仅指向公司股东滥用法人独立人格从而要求其承担连带责任的情形，而在本轮违约潮中，债务人及其实际控制人利用法人人格独立性规避债务的方式具有多样性的特征，如本文开篇提到的利用新设公司主体的方式在子公司（姐妹公司）之间转移财产逃避债务，或者将公司资产下沉，将有价值的资产转移至债务人的子公司，而由母公司来承担相应的债务。那么，该等情形下是否同样可以适用《公司法》的规定要求子公司（姐妹公司）承担连带债务？最高人民法院于2013年1月31日发布的指导案例15号就此给予了肯定。

最高人民法院指导案例15号徐工集团工程机械股份有限公司诉成都川交工贸有限责任公司等买卖合同纠纷案中，法院认定，三被告成都川交工贸有限责任公司（下称“**川交工贸公司**”）、成都川交工程机械有限责任公司（下称“**川交机械公司**”）、四川瑞路建设工程有限公司（下称“**瑞路公司**”）之间存在人员混同、业务混同及财务混同的情形，进而构成三公司之间丧失独立人格，构成人格混同。并依据《公司法》第二十条第三款之规定，判令川交机械公司、瑞路公司对川交工贸公司对原告的债务承担连带清偿责任。

通过公开信息渠道检索可以发现，三公司之间，川交机械公司与瑞路公司之间的股东均为王永礼与倪刚，两者系姐妹公司的关系，而川交工贸公司的股东为张家蓉、吴帆，从表面上来看与川交机械公司、瑞路公司之间无任何股权交叉关系，但法院查明王永礼与张家蓉系夫妻关系，可见，不但姐妹公司之间可能构成人格混同并承担连带责任，即使在无股权交叉的情况下，隐性的关联公司间也可能构成人格混同并承担连带责任。

从上述指导案例来看，随着我国司法水平的逐渐提高，法人人格否认制度在《公司法》第二十条第三款的基础上，顺应社会发展需要，发生了改变与突破。法院在审查滥用法人人格独立性躲避债务的争议案件中，将会更为关注特征要件及违法实质的审查，运用法律解释的方法对《公司法》第二十条第三款的规定作出填补。

需要进一步说明的是，尽管司法实践中对于《公司法》的规定已经有所突破，但由于我国系成文法国家，因此在对股东利用子公司转移资产躲避债务情形下要求子公司承担连带责任（即反向刺破公司面纱），及股东利用关联公司转移资产躲避债务情形下要求关联公司承担连带责任（有人称之为三角刺破）的案件处理过程中，法院仍可能存在不同的司法观点，例如保守派的法官就可能认为，反向刺破与三角刺破均不符合《公司法》第二十条第三款之文义，因此拒绝在该等情形下扩大适用法人人格否认制度。但从目前的司法趋势来看，对反向刺破与三角刺破的肯定，在未来有望成为我国公司法司法观点的主流。无论司法机关的态度如何，法人人格否认在目前违约潮的背景下，都为债权人向债务人进行资产追索提供了值得尝试的思路与方法。

3. 人格混同的司法认定及其个案特殊性

由于公司运营是一项复杂的商业行为，涉及财务、人事、业务等多个方面，而相应转移资产的手段也因此具有多样性与隐蔽性，所以对于人格混同的司法审查，《公司法》第二十条第三款只做出原则性的规定，而需要法院在实际处理案件的过程中结合具体案情予以详尽的审查与法律适用。

最高人民法院指导案例 15 号中，法院从管理人员存在相同或交叉任职（人员混同）、共用销售手册、经销协议（业务混同）及共用账户、财务管理混同（财务混同）的角度认定相关当事人存在人格混同的情形。

尽管财务、人事、业务是司法实践中认定混同行为的基本方向，但在不同案件中，法院实施认定的角度与细节可能存在很大的差异。例如在（2016）浙 02 民终 322 号案件中，法院在认定被告宁波金刚机器人有限公司（下称“金刚机器人公司”）与被告宁波东平齿轮制造有限公司（下称“东平齿轮公司”）之间是否存在人格混同时，法院从下述角度展开了详尽的论述：

（1）公司人事方面，员工的劳动关系存在交叉重合，包括：

a）东平齿轮公司员工从 2014 年 7 月开始陆续到金刚机器人公司工作，但并未与金刚机器人公司签约；

b）2015 年 3 月，绝大部分原东平齿轮公司员工的工资已由金刚机器人公司支付，但与东平齿轮公司的工资、经济补偿金仍未结清。

（2）公司管理方面，公司高管的薪酬及公司盈利能力存在异常，包括：

a）金刚机器人公司的股东虽为李琪和屠世明，但李琪未领取工资，屠世明也仅领取普通员工的工资，并非高管的工资水平；

b）金刚机器人公司年营业额2000万元，但注册资本仅100万元，金刚机器人公司解释是李琪个人借款，但其无法提交借款账户的流水。

（3）公司生产的设备存在共同使用的情形，包括：

a）金刚机器人公司使用东平齿轮公司的场地经营，二者虽有租赁合同，但金刚机器人公司于2014年10月14日、11月26日分两次将8年的租金48万元支付给东平齿轮公司，对一家仅有100万元注册资本的公司而言，该行为不符合理性商事主体的行为模式；

b）金刚机器人公司使用东平齿轮公司机器设备进行生产，二者签订了抵押设备租用及代偿债务协议书，但租金明显偏低。

（4）公司业务层面存在交叉，包括：

a）金刚机器人公司在极短的时间内，与东平齿轮公司大部分客户建立了客户关系，不符合一家新设立公司的业务能力建设水平。

（5）财务方面，金刚机器人公司和东平齿轮公司经法院要求无正当理由拒不提供两家公司的会计凭证和财务账簿。

从上述分析可以看出，法院在分析人格混同时，尽管都是从财务、人事、业务等公司的日常经营活动出发，但在分析具体行为的路径选择上则呈现出个案处理的特殊性。

公司经营行为的复杂性为股东滥用法人独立人格的隐蔽性提供了帮助，因此，在发掘隐蔽的资产转移行为问题上，既是对债权人搜集被告信息的能力的考验，也是对债权人律师提供争议解决思路与信息挖掘能力的考验。

实践中，如果债权人在投资债券前对发行人进行了一定程度上的尽职调查，则可能初步掌握发行人公司管理的模式与状态。对于部分公司债发行人而言，其企业经营的管理模式可能并未达到专业化管理的水平，公司管理以创始人或实际控制人“一言堂”的方式运行，在与关联公司之间的财务处理、风险隔离方面均存在边界模糊的情况。这就为债权人在依据法人人格否认制度提起诉讼时提供了搜集证据的突破口。

4. 法人人格否认制度对债权人的价值

法人人格否认制度扩大了债权人的追索范围，其并不受合同相对性的约束，可以对除债务人与担保人以外的其他主体提起相应诉讼，包括债务人的实际控制人、债务人实际控制的子公司、债务人的关联公司甚至与债务人仅存在实际关联关系的主体。

此外，法人人格否认制度还有一种在执行阶段的特殊适用，即根据《最高人民法院关于民事执行中变更、追加当事人若干问题的规定》第二十条之规定[1]，在执行程序中直接申请追加一人有限公司的股东为被执行人。但需要注意的是，由于在执行程序中直接追加为被执行人对相关主体具有十分重大的影响，因此该条规定在司法实践中被严格限制而不得扩张适用，如果要求债务人的其他关联主体或非一人有限责任公司的股东对债

---

1 《最高人民法院关于民事执行中变更、追加当事人若干问题的规定》第二十条：“作为被执行人的一人有限责任公司，财产不足以清偿生效法律文书确定的债务，股东不能证明公司财产独立于自己的财产，申请执行人申请变更、追加该股东为被执行人，对公司债务承担连带责任的，人民法院应予支持。”

务承担连带责任的，目前仍必须通过诉讼程序取得生效判决后再申请强制执行。

关于债权人如何有效发挥法人人格否认制度的价值，除了关注上文提到的债务人财务、人事、生产等方面的情况外，我们的建议是：

（1）就公司财务、人事、生产等信息与债务人的积极沟通，除了从债务人正式提供的汇报材料了解其公司状况外，还可以通过业务人员之间平日沟通的方式，尽可能地掌握公司相关的人员、生产规划等信息，案件实务中，有些情况下对于人格混同的证明，突破口可能在一些细微的日常沟通中被债权人发现；

（2）尽管投资人对债券发行人的监管可能处于弱势地位，但在适当的情形下，投资人或受托管理人仍可以通过实地走访的方式，了解发行人及担保人的实际运营状态，在某些情况下，当发行人或担保人的经营地址出现“一套班子，两块牌子”的情况下，另一块“牌子”所涉公司的股权及控制关系就可能具备进一步调查的价值；

（3）妥善保管有价值的财务数据、债务人的情况汇报以及各类微信、邮件记录，某些情况下，对于人员转移前及业务混同的证明，正是通过曾经的邮件沟通及业务沟通的记录而呈现的；

（4）最为重要的是，在债务处理的过程中尽早聘请专业的律师团队，甚至可以在债务尚未发生违约的情况下即委托律师介入并就证据搜集、与债务人沟通及财产线索搜集等事宜提供专业指导意见。

参考资料：

（1）中国法院网：《最高人民法院指导案例 15 号：徐工集团诉买卖合同纠纷案》，最后访问日期：2019 年 9 月 8 日。

（2）张颖璐：《为逃避债务新设立的公司仍应对原公司债务承担责任》，载《人民司法（案例）》2017 年第 11 期，第 79 页。

（3）陈林、贾宏斌：《反向刺破公司面纱公司法人格否认规则的扩张适用》，载《人民司法（案例）》2010 年第 14 期，第 86 页。

（六）企业债务追偿中的刑事策略手段及风险防范——如何合法合规以刑促民、实现债权

通常，企业在遇及债务危机时，更多考虑由债权人通过民事诉讼、执行等手段进行追偿。但司法实践中经常遇到债务人拒不履行债务而民事执行手段无能为力等无奈情形。根据实践经验，本文将重点介绍债权人在债务追偿过程中可能采取的刑事方式，以期与债务人和解并最大程度实现债权；同时，也关注债权人的刑事风险防范，避免以不当手段追偿而涉嫌刑事责任。

1. 通过刑事手段推动民事纠纷解决的路径

实践中，当事人打赢官司却只能拿到一张“法律白条”，生效法律文书确定的义务无法履行的情况时常发生，严重影响了法律的权威。这种情况已明显侵害社会经济秩序，

我国刑法也为之设计了相应罪名——拒不执行判决、裁定罪[1]。在“老赖”拒不根据判决要求还款时，债权人可以请求法院或自行向公安机关以该罪名尝试报案。

本罪名属于公诉案件，在司法实践中促使债务人履行债务的概率较高。原因为：一是犯罪嫌疑人（债务人）在主动履行债务后，可以得到被害人（债权人）谅解，易从轻处罚；二是即使犯罪嫌疑人仍拒不履行债务，本罪成立后，被害人可根据刑事判决申请民事强制执行。

而且本罪可由单位构成，在最高法院公布的一起拒不执行判决、裁定罪典型案例（重庆蓉泰塑料有限公司刘建设拒不执行判决、裁定罪一案）中：被执行人重庆蓉泰塑料有限公司及公司负责人刘某在法院强制执行过程中，明知公司账户被法院冻结的情况下，指使他人将本应进入公司账户的资金转移至他人账户、挪作他用，以隐匿公司财产、逃避法院强制执行，致使法院生效裁判无法执行、情节严重，其行为构成拒不执行判决、裁定罪。

该案属于单位构成不执行判决、裁定罪的典型案例，法院依法认定被告单位及其直接负责的主管人员构成犯罪并分别判处刑罚并对单位科以罚金，具有良好的警示作用。实践中，企业留有犯罪记录会对其今后申请各类补贴、优惠、减免政策等造成不同程度影响，不利于企业发展，且企业负责人和相关主管人员亦面临牢狱之灾。

本罪包含三个要素：（i）对人民法院的判决、裁定有能力执行而拒不执行的行为（没有能力执行的，不构成本罪）；（ii）“有能力执行而拒不执行的”包括应当履行的义务的全部或部分；（iii）情节严重的行为。

需要着重收集的证据内容：

（1）合法生效的民事判决书，并已申请执行；

（2）可以证明下列情形属于刑法第三百一十三条规定的“有能力执行而拒不执行，情节严重”的情形的证据材料：

a）被执行人隐藏、转移、故意毁损财产或者无偿转让财产、以明显不合理的低价转让财产，致使判决、裁定无法执行的；

b）担保人或者被执行人隐藏、转移、故意毁损或者转让已向人民法院提供担保的财产，致使判决、裁定无法执行的；

c）协助执行义务人接到人民法院协助执行通知书后，拒不协助执行，致使判决、裁定无法执行的；

d）被执行人、担保人、协助执行义务人与国家机关工作人员通谋，利用国家机关工作人员的职权妨害执行，致使判决、裁定无法执行的；

e）其他有能力执行而拒不执行，情节严重的情形。

2. 其他值得关注的刑事罪名

在实践中，我们也发现，一些债权人存在被债务人欺骗而不自知的情况，大部分可能涉嫌刑事犯罪，同样需要引起重视。

---

1 《中华人民共和国刑法》第三百一十三条：对人民法院的判决、裁定有能力执行而拒不执行，情节严重的，处三年以下有期徒刑、拘役或者罚金。位犯前款罪的，对单位判处罚金，并对其直接负责的主管人员和其他直接责任人员，依照前款的规定处罚。

（1）合同诈骗罪

债务人在与债权人签订合同时，就以非法占有债权人的财物为目的，本质上从不具有履行合同的意图。例如明知自己的公司已资不抵债、无力运营，却依然营造公司欣欣向荣的假象，甚至伪造产权证、经营许可等关键证照来吸引投资，随后将投资款用于偿还债务或挥霍。

而作为刑事犯罪的被害人，债权人有权获得赔偿。因此债权人在发生纠纷时也应注重相关证据的收集，主要包括：

a）债务人以虚构的单位或者冒用他人名义签订合同；

b）债务人以伪造、变造、作废的票据或者其他虚假的产权证明作担保；

c）债务人没有实际履行能力，以先履行小额合同或者部分履行合同方法，诈骗对方当事人继续签订和履行合同；

d）债务人收受债权人给付的货物、货款、预付款或者担保财产后逃匿；

e）以其他方法骗取债权人财物。

（2）诈骗罪

债务人（公司）的实际负责人以单位名义与债权人发生经济往来，实际是通过公司名义达成个人非法占有债权人财物的目的，同时使其不法目的在形式上仅体现为普通的公司间民事债权债务纠纷。因此，本罪名除了需要注重收集合同诈骗罪中的证据外，还需要注意收集可以体现债务人的实际负责人个人犯罪故意的证据，包括微信聊天记录、邮件往来、语音通话等。但需注意，本罪名项下犯罪主体只包括个人，即单位不构成本罪名。

（3）其他可能关注的罪名

实践中，如存在债权人与债务人共同投资经营企业的情形，则债权人可考虑对企业经营状况、企业账目进行梳理，以期发现是否存在债务人职务侵占、挪用资金、私刻印章等涉罪行为。

此外，如债权人属于特种行业经营者，还可考虑债务人在举债过程中是否存在刑法项下规定的特殊罪名，如贷款诈骗、骗取贷款、非法吸收公众存款、非法经营、高利转贷，以及与证券犯罪相关的罪名等。

3. 债务追索中的刑事风险

在面对企业债务人不履行债务甚至为“老赖企业”时，部分债权人的确会选择通过各类刑事追索方式促成债务人履行债务。但是刑法的谦抑性原则为刑法的适用套上了牢笼，一旦滥用就有可能涉嫌刑事责任，最主要的风险是诬告陷害罪和敲诈勒索罪。

（1）诬告陷害罪

捏造事实诬告陷害他人、意图使他人受刑事追究，情节严重的，处三年以下有期徒刑、拘役或者管制；造成严重后果的，处三年以上十年以下有期徒刑。“捏造”是指无中生有、虚构犯罪事实，意图使被诬告者受到错误侦查、起诉、审判等。“虚假告发”是指行为人以捏造的犯罪事实向司法机关进行告发。告发的形式有多种多样，可以是书面的，也可以是口头的；可以是署名的，也可以是匿名的。“造成严重后果’，一是捏造犯罪事实情节严重的；二是诬告陷害的手段恶劣的；三是严重影响了司法机关的正常工作的；四是有其他情节严重的情形。实践中多以被害方被公安机关立案侦查甚至羁押作为“造

成严重后果”。

本罪在主观方面必须是故意，具有陷害他人，意图使他人受到刑事追究的目的。错告和检举失实不会构成本罪。所谓错告，是指错误地指控他人有犯罪事实的告发行为。所谓检举失实，是指揭发他人罪行，但揭发的事实与实际情况完全不符或部分不符的行为。因此，债权人在使用刑事手段时，必须严格规制自身的行为，不可故意提供虚假证据，举报债务人不实的犯罪行为。

（2）敲诈勒索罪

以非法占有为目的，对被害人使用恐吓、威胁或要挟的方法，非法占用被害人公私财物的行为，数额较大或者多次敲诈勒索的，构成敲诈勒索罪[1]。所谓“威胁”，是指以恶害通告迫使被害人处分财产，即如果不按照行为人的要求处分财产，就会在将来的某个时间遭受恶害。威胁内容的实现不要求自身是违法的，例如，债权人知道债务人的犯罪事实，向司法机关告发是合法的，但债权人以向司法机关告发进行威胁索取财物的，也成立敲诈勒索罪。威胁的方法没有限制，既可能是明示的，也可能是暗示的；既可以使用语言文字，也可以使用动作手势；既可以直接通告被害人，也可以通过第三者通告被害人。因此，债权人在获得债务人可能涉嫌犯罪的证据后，应当直接向公安机关报案，不可以向公安机关告发威胁债务人履行债务。

综合上述分析，虽然企业在追索债务过程中可考虑使用刑事手段，但必须合法合规、措施得当，切不可为了追回债务而采用过激手段，使得“有理变无理”，不仅无法维护自身合法权益，反而让自己身陷囹圄。

（七）对赌协议履行中的刑事法律风险分析——上市公司、标的企业及中介机构的刑事法律风险及防控

对赌协议本质上是一种估值调整机制，允许并购重组的买卖双方在一段时间后重新调整标的企业的估值，目的是保护投资方利益，避免投资方因投资标的估值过高而支付过高的对价。通常情况下，如果并购重组的标的企业未能达到双方事先约定的业绩目标，则投资方将获得股权回购或者现金形式的补偿。

对赌机制源起于境外，在我国投资并购市场也得到广泛使用，特别是在上市公司并购重组过程中，对赌协议几乎成为必备条款。司法实践中，在对赌协议的订立、履行过程中，围绕并购重组买卖双方的博弈，标的企业的估值、业绩达标等问题出现了大量纠纷，有些甚至引发了相关主体的刑事责任。对赌协议已然成为上市公司并购重组法律风险的高发地带。

由于对赌协议往往涉及上市公司信息披露，因此对赌协议订立、履行中的问题可能同时触发民事赔偿、行政处罚、刑事责任等多重法律风险。近年来，由于行政监管部门对上市公司信息披露违规的重点关注以及处罚力度的不断加大，上市公司及并购重组交易对手方因信息披露违规被行政处罚，甚至因涉嫌刑事犯罪被移送司法机关的案件数

1 《中华人民共和国刑法》第二百七十四条：敲诈勒索公私财物，数额较大或者多次敲诈勒索的，处三年以下有期徒刑、拘役或者管制，并处或者单处罚金；数额巨大或者有其他严重情节的，处三年以上十年以下有期徒刑，并处罚金；数额特别巨大或者有其他特别严重情节的，处十年以上有期徒刑，并处罚金。

量大幅增加。典型案例如上市公司“粤传媒”收购上海香榭丽广告传媒股份有限公司案（下称“粤传媒案”），2018 年 5 月广州市中级人民法院认定相关主体构成合同诈骗罪、行贿罪等罪名。

本文将聚焦对赌协议签订、履行过程中的刑事风险，梳理上市公司、标的企业以及中介机构各自面临的刑事责任风险，对相关问题进行分析，对于对赌协议履行中刑事风险的防范与化解以资借鉴。

1. 上市公司的刑事法律风险

上市公司作为收购方，对于是否收购标的公司、收购后是否签订对赌协议、对赌协议中具体条款的设置、约定条件未达成后的补偿方式等均具有主动权，甚至决定权。即便如此，在具体签订、履行对赌协议过程中，上市公司方仍存在不容忽视的刑事法律风险，详述如下：

（1）受贿罪 / 非国家工作人员受贿罪

根据《中华人民共和国刑法》(下称“《刑法》”）第 163 条、385 条的规定，国家工作人员利用职务上的便利，索取他人财物的，或者非法收受他人财物，为他人谋取利益的，构成受贿罪。公司、企业或其他单位的工作人员实施前述行为的，构成非国家工作人员受贿罪。

我们理解，上市公司的相关管理人员，例如董事、总经理、董秘等，可能因经委派从事公务等而具有国家工作人员身份。在这种情况下，前述人员如果私下接触利益相关方（包括被收购企业、中介机构等）、接受其非法利益输送，并利用其担任上市公司管理人员的职务便利，为利益相关方谋取利益（包括但不限于在对赌协议的磋商阶段积极促成，在签订阶段为被收购方争取有利条件，在履行过程中帮助实现业绩目标等）的，则可能构成受贿罪。即便上市公司的相关管理人员不具有国家工作人员身份，实施前述行为也可能构成非国家工作人员受贿罪。

（2）国有公司、企业人员失职罪

根据《刑法》第 168 条的规定，国有公司、企业的工作人员，由于严重不负责任造成国有公司、企业破产或者严重损失，致使国家利益遭受重大损失的，构成国有公司、企业人员失职罪。

我们理解，在上市公司系国有公司、企业的情况下，相关工作人员（包括但不限于上市公司董、监、高）疏于履行最基本的审核、调查义务，例如收购了业绩明显存疑甚至造假的企业，或者在业绩核实过程中轻易接受存在问题的审计报告等，则相关人员可能构成国有公司、企业人员失职罪。

（3）签订、履行合同失职被骗罪

根据《刑法》第 167 条的规定，国有公司、企业直接负责的主管人员，在签订、履行合同过程中，因严重不负责任被诈骗，致使国家利益遭受重大损失的，构成国有公司、企业人员失职罪。本罪与国有公司、企业人员失职罪在对客观行为的描述上存在一定相似性，主要区别在于本罪犯罪主体更窄、且失职行为被限定于签订、履行合同过程中。

我们理解，上市公司方相关人员在符合犯罪主体要求的情况下，实施了与明显不符

合资质要求的企业签订对赌协议，或者在对赌协议中的条款明显不利于收购方仍予以接受等行为的，可能构成签订、履行合同失职被骗罪。

2. 标的企业的刑事法律风险

对赌协议中的标的企业，即被收购方，为了达到承诺的业绩目标，在刑事风险意识不强的情况下，可能会通过虚构合同、虚增业绩、虚增资产等方式进行财务造假，从而逃避在对赌协议项下的补偿义务。这种行为有时还会引出不实信息披露、虚开发票等多重问题，从而引发相关涉罪风险：

（1）合同诈骗罪

根据《刑法》第224条规定，以非法占有为目的，在签订、履行合同过程中，具有该条规定的情形之一，骗取对方当事人财物，数额较大的即构成合同诈骗罪。关于签订、履行对赌协议过程中骗取对方当事人财物行为能否构成合同诈骗罪，粤传媒案的判决作出了一定的示范，但在实践中仍然存在如下问题值得思考：

a）对诈骗类犯罪客观构成要件的理解上可能存在分歧认识。司法实践中常见、典型的诈骗类犯罪，一般表现为被害人陷于对方诈骗行为导致的错误认识而主动交付财物，而收购方并非主动交付财物，而是本该获得的补偿因被收购方诈骗行为没有获得。

b）关于诈骗犯罪数额，即被害单位财产损失数额，需先统计虚增利润、业绩造假金额，再根据对赌协议进行测算，统计及测算数据不准确会影响到金额认定。

c）诈骗罪与合同诈骗罪系一般法条和特殊法条关系。区别两者的意义在于，在实际操作层面诈骗罪应向公安刑侦部门报案，合同诈骗罪向公安经侦部门报案，诈骗罪的入罪数额起点比合同诈骗罪低。

d）民刑交叉问题。之前关于对赌协议纠纷一般均采取民事诉讼或仲裁途径解决。司法实践中，如果可以通过民事途径获得救济，公安机关基于刑法谦抑原则，往往拒绝动用刑事司法途径救济被害人，这类案件在报案后很难被受理，更遑论立案。而粤传媒案阐明业绩造假行为实际有可能上升到刑事犯罪的层面。

（2）违规不披露重要信息罪

《刑法》第161条规定：依法负有信息披露义务的公司、企业向股东和社会公众提供虚假的或者隐瞒重要事实的财务会计报告，或者对依法应当披露的其他重要信息不按照规定披露，严重损害股东或者其他人利益，或者有其他严重情节的，对其直接负责的主管人员和其他直接责任人员，处三年以下有期徒刑或者拘役，并处或者单处二万元以上二十万元以下罚金。

本罪犯罪主体为特殊主体，即只有依法负有信息披露义务的公司、企业才能成为本罪主体。自然人不构成本罪主体。因为已决案件中没有涉及，被收购方到底是不是信息披露义务主体仍然存在一定争议，但根据《上市公司信息披露管理办法》《上市公司重大资产重组管理办法》，将被收购方纳入“信息披露义务人”规范也并非于法无据。有观点认为应当根据实际情况和个案情况认定信息披露义务人范围，虽然目前尚无刑事判决将被收购方作为该罪主体打击，但这一风险正在增加。还需注意的是，收购方作为上市公司，系法定信息披露义务主体，若在明知财报数据造假情况下违规不披露相关信息，一且存在前述符合立案追诉条件的情形，则可能涉嫌该罪。

（3）虚开增值税专用发票罪等

根据《刑法》第205条规定，具备为他人虚开、为自己虚开、让他人为自己虚开、介绍他人虚开行为之一的，均成立虚开。而虚开增值税专用发票或者虚开用于骗取出口退税、抵扣税款的其他发票的，达到一定金额即构成犯罪。

我们理解，在被收购方业绩造假的过程中，虚开各类发票往往是常见做法，当无法以其他罪名定罪时，司法机关可能考虑以达到一定金额、扰乱国家税收制度的虚开行为作为刑事立案侦查的抓手，以及最终规制被收购方具有社会危害性的业绩造假行为的途径。

3. 中介机构方的刑事法律风险

对赌协议签订、履行过程中的中介机构主要包括证券公司、会计师事务所、律师事务所等。前述中介机构主要为对上市公司收购事宜的对赌协议的签订、履行提供辅助性服务，其在此过程中可能存在的刑事法律风险主要有：

（1）行贿类犯罪

我们理解，如果前述中介机构为了顺利完成委托事项，或者在被收购方的授意、安排下，为了通过对赌协议获取非法利益，向上市公司相关人员进行利益输送的，根据行受贿主体的不同，在我国《刑法》项下可能构成行贿罪、单位行贿罪、对非国家工作人员行贿罪等罪名。

（2）提供虚假证明文件罪、出具证明文件重大失实罪。

根据我国《刑法》第229条的规定，承担资产评估、验资、验证、会计、审计、法律服务等职责的中介组织的人员故意提供虚假证明文件，情节严重的，可能构成提供虚假证明文件罪；前述人员因严重不负责任，出具的证明文件有重大失实，造成严重后果的，可能构成出具证明文件重大失实罪。

综上分析可见，在对赌协议的签订和履行中，各方都有可能涉及多种刑事法律风险，只有树立守法、合规的行为底线，才能避免因业绩对赌身陷囹圄，最终人财两空。参与交易的各方都应当对刑事风险保持足够的警醒，心存敬畏、警钟长鸣，才能在交易中“笑到最后”。

（八）简析《关于办理“套路贷”刑事案件若干问题的意见》

近年来，“套路贷”案件呈持续高发态势，根据公安部公布的数据显示，截止2019年2月底，全国公安机关共打掉“套路贷”团伙1664个，破获诈骗、敲诈勒索、虚假诉讼等案件21624起，抓获犯罪嫌疑人16349名，查获涉案资产35.3亿余元。同时，上海、重庆、浙江等地司法机关于2017至2018年分别发布了针对“套路贷”刑事犯罪的法律适用指导性文件。目前，涉及“套路贷”的刑事案件也在陆续被各地司法机关公开判决。

2019年4月9日，最高人民法院、最高人民检察院、公安部、司法部联合发布《关于办理“套路贷”刑事案件若干问题的意见》（下称“《意见》”），对“套路贷”刑事犯罪行为的定义、特点、常见作案手段等予以进一步明确，厘清了与民间借贷行为的界限，对此类案件的办理具有重要指导意义。

1.《意见》的主要内容及评析

(1)《意见》对“套路贷”犯罪作出了明确定义

在此次《意见》出台之前，如何界定“套路贷”刑事犯罪，在全国司法实践中尚无统一标准。本次《意见》明确，“‘套路贷’，是对以非法占有为目的，假借民间借贷之名，诱使或迫使被害人签订‘借贷’或变相‘借贷’‘抵押’‘担保’等相关协议，通过虚增借贷金额、恶意制造违约、肆意认定违约、毁匿还款证据等方式形成虚假债权债务，并借助诉讼、仲裁、公证或者采用暴力、威胁以及其他手段非法占有被害人财物的相关违法犯罪活动的概括性称谓”。

根据上述定义以及司法实践情况，我们理解“套路贷”犯罪一般具有以下特点：(1)形式上，双方当事人间会签订相关借款协议，假借“民间借贷”之名；(2)主观上，放贷人及相关犯罪分子主观上具有非法占有借款人财产的故意，此处的财产不限于借款协议项下的金额，也可能是借款人的房产等其他财产；(3)客观上，放贷人及相关犯罪分子往往会诱骗或恐吓借贷人签订相关法律协议，或通过恶意制造借款人违约等方式虚增债权，最后通过法律途径或者暴力手段实现该不应被法律保护的债权。

(2)《意见》对“套路贷”犯罪和民间借贷进行了区分

《意见》指出，“民间借贷的出借人是为了到期按照协议约定的内容收回本金并获取利息，不具有非法占有他人财物的目的，也不会在签订、履行借贷协议过程中实施虚增借贷金额、制造虚假给付痕迹、恶意制造违约、肆意认定违约、毁匿还款证据等行为。”

我们理解，“套路贷”与民间借贷纠纷的区别关键在于行为人是否有非法占有他人财物的目的。司法实践中，对行为人主观故意的判断往往要借助对其客观行为的考察。《意见》明确司法机关可以通过行为人是否在虚增借款额、制造虚假银行流水、恶意制造违约等行为，综合判断行为人是否具有非法占有他人财物的故意。如果没有非法占有他人财产故意，客观上又实施非法索债行为，应单独对该行为判断是否构成犯罪。

(3)构成“套路贷”共犯的情形

《意见》指出，在明知他人实施“套路贷”犯罪的情况下，仍(i)组织发送“贷款”信息、广告，吸引、介绍被害人“借款”的；(ii)提供资金、场所、银行卡、账号、交通工具等帮助的；(iii)出售、提供、帮助获取公民个人信息的；(iv)协助制造走账记录等虚假给付事实的；(v)协助办理公证的；(vi)协助以虚假事实提起诉讼或者仲裁的；(vii)协助套现、取现、办理动产或不动产过户等，转移犯罪所得及其产生的收益的；(viii)其他符合共同犯罪规定的情形的，应以共犯论处。同时，“明知他人实施‘套路贷’犯罪”，应当结合行为人的认知能力、既往经历、行为次数和手段、与同案人、被害人的关系、获利情况、是否曾因“套路贷”受过处罚、是否故意规避查处等主客观因素综合分析认定。

(4)“套路贷”犯罪数额计算

根据《意见》相关规定，一旦犯罪嫌疑人的行为被定性为“套路贷”犯罪，在计算犯罪数额时，应当将行为人收取的虚高债务，以及相关“利息”“保证金”“中介费”“服务费”“违约金”等费用全部计入犯罪数额。此外，向被害人给付的本金不计入犯罪数额。

在《意见》出台之前，司法实践中对“套路贷”案件犯罪数额的认定存在分歧，部分司法机关参考诈骗犯罪案件中不将犯罪成本从犯罪数额中扣除的做法，将犯罪分子在“套路贷”犯罪过程中获得的一切财产性收入均计入犯罪数额，给付给借款人的本金也不予扣除。我们理解，《意见》规定的计算方式综合考虑了行为人通过犯罪行为的实际非法所得以及对被害人造成的财产损失，在客观评判行为社会危害性的角度更具有合理性，也避免了被害人可能从犯罪嫌疑人退赃行为中获利的情况。

（5）《意见》明确从重处罚情节

《意见》明确应当从重处罚的情节，包括以老年人、未成年人、在校学生、丧失劳动能力的人等特定对象实施“套路贷”犯罪，或者因实施“套路贷”造成被害人或其特定关系人自杀、死亡、精神失常、为偿还“债务”而实施犯罪活动。

（6）禁业规定

《意见》规定，“套路贷”犯罪分子符合刑法第三十七条之一规定的，可以依法禁止从事相关职业。据此，我们理解，如果行为人因利用职业便利实施套路贷犯罪被判处刑罚的，人民法院可以根据犯罪情况和预防再犯罪的需要，禁止其自刑罚执行完毕之日或者假释之日起从事相关职业，期限为三年至五年。

（7）犯罪集团、黑恶势力的认定

《意见》规定，“三人以上为实施‘套路贷’而组成的较为固定的犯罪组织，应当认定为犯罪集团。对首要分子应按照集团所犯全部罪行处罚。符合黑恶势力认定标准的，应当按照黑社会性质组织、恶势力或者恶势力犯罪集团侦查、起诉、审判”。

2.《意见》出台的意义

我们理解，《意见》首次明确定义了“套路贷”案件，并列举了其核心特征与常见手法，在全国范围内形成统一的标准，对“套路贷”案件的办理具有很强的指导意义，使司法机关能够精准地区分“套路贷”与正常民间借贷，避免打击面扩大化。

对于《意见》出台之后，全国各地司法机关在实践中如何具体适用《意见》，我们也将持续关注，并从专业刑事律师角度，提供更加精准的法律服务。

（九）《关于办理实施“软暴力”的刑事案件若干问题的意见》发布

近年来，有组织犯罪案件中，常见在非法讨债、敲诈勒索、寻衅滋事等违法犯罪过程中采用“软暴力”的行为。2019 年最高人民法院工作报告显示，2018 年全国司法机关审结黑恶势力犯罪案件5489件2.9万人[1]，其中不乏利用“软暴力”手段实施犯罪的情况。但是，由于“软暴力”难以准确界定，且一般不直接对被害人的人身、财产权益直接造成刑事法律范畴的侵害，长期以来介于被认定为违法或犯罪之间的“灰色地带”。为此，2018 年公检法司《关于办理黑恶势力犯罪案件若干问题指导意见》中首次提出依法惩治利用“软暴力”实施相关犯罪的意见，但未对“软暴力”进行明确定义，导致司法实践中对相关犯罪的认定存在一定困惑和分歧。

2019 年 4 月 9 日，最高人民法院、最高人民检察院、公安部、司法部联合发布《关于办理实施“软暴力”的刑事案件若干问题的意见》（下称“**《意见》**”），通过定义、列举等方式对“软暴力”行为提供了客观认定标准，有助于司法实践中，对于相关涉罪行为

1 新浪新闻

作出准确定性。

1.《意见》的主要内容及评析

（1）《意见》对“软暴力”进行明确定义

《意见》首次明确，“软暴力”是指行为人为谋取不法利益或形成非法影响，对他人或者在有关场所进行滋扰、纠缠、哄闹、聚众造势等，足以使他人产生恐惧、恐慌进而形成心理强制，或者足以影响、限制人身自由、危及人身财产安全，影响正常生活、工作、生产、经营的违法犯罪手段。具体表现包括：（i）侵犯人身权利、民主权利、财产权利的手段，包括但不限于跟踪贴靠、扬言传播疾病、揭发隐私、恶意举报、诬告陷害、破坏、霸占财物等；（ii）扰乱正常生活、工作、生产、经营秩序的手段，包括但不限于非法侵入他人住宅、破坏生活设施、设置生活障碍、贴报喷字、拉挂横幅、燃放鞭炮、播放哀乐、摆放花圈、泼洒污物、断水断电、堵门阻工，以及通过驱赶从业人员、派驻人员据守等方式直接或间接地控制厂房、办公区、经营场所等；（iii）扰乱社会秩序的手段，包括但不限于摆场架势示威、聚众哄闹滋扰、拦路闹事等。

我们认为，上述规定体现刑事法律对公民人身、财产权益的扩张性保护。即便行为没有对被害人的相关权益造成刑法意义上的侵害，只要客观上实施了“滋扰、纠缠、哄闹、聚众造势”等行为（客观判断），结果上“**足以**使他人产生恐惧、恐慌进而形成心理强制，或者**足以**影响、限制人身自由、危及人身财产安全，影响正常生活、工作、生产、经营”的（主观判断），就应认定为“软暴力”行为。

同时，为了避免过度扩大刑法的打击范围，《意见》也通过列举，对上述两个“足以”进行了解释和限制。具有下述条件之一的，应予认定：（i）黑恶势力实施的；（ii）以黑恶势力名义实施的；（iii）曾因组织、领导、参加黑社会性质组织、恶势力犯罪集团、恶势力以及因强迫交易、非法拘禁、敲诈勒索、聚众斗殴、寻衅滋事等犯罪受过刑事处罚后又实施的；（iv）携带凶器实施的；（v）有组织地实施的或者足以使他人认为暴力、威胁具有现实可能性的。

我们理解，《意见》创设性地将软暴力行为与暴力、威胁行为并列作为犯罪手段的一种予以评价。但应指出，软暴力不是刑法意义上一个完整的犯罪行为，具体是否构成犯罪、构成什么罪名还要与行为人的主观故意、危害后果等综合判断。同时，实施软暴力行为构成犯罪的，也不一定就是黑恶势力犯罪，具体应结合法律及司法解释对黑恶势力的认定标准以及案件的具体证据情况进行判断。

（2）“软暴力”对“黑恶势力”的认定进行了补充

《意见》明确，“软暴力”手段属于《刑法》第二百九十四条第五款第（三）项“黑社会性质组织行为特征”以及《关于办理黑恶势力犯罪案件若干问题指导意见》第十四条“恶势力”概念中的“其他手段”。“软暴力”行为的界定在对相关黑恶势力的认定以及刑事打击过程中，提供了更为明确的指引和依据。

（3）规制虚拟空间“软暴力”行为

《意见》规定，通过信息网络或者通信工具实施，符合本意见第一条规定的违法犯罪手段，应当认定为“软暴力”。网络空间不是“法外之地”，在微博、朋友圈等网络空间实施的揭发隐私、恶意举报、诬告陷害等行为，造成特定后果的，也将会被认定为“软暴力”行为。

（4）共同犯罪认定问题

《意见》明确，雇佣、指使他人采用“软暴力”手段实施强迫交易、敲诈勒索、非法拘禁、非法侵入他人住宅、寻衅滋事等行为，构成共同犯罪的，应当依法对雇佣、指使者认定为主犯。我们理解，该规定将对于“软暴力”实施者的打击，延伸至了其背后的主谋、策划、指使等人员。

（5）出罪规定

《意见》指出，因本人及近亲属合法债务、婚恋、家庭、邻里纠纷等民间矛盾而雇佣、指使他人实施“软暴力”，没有造成严重后果的，一般不作为犯罪处理，但经有关部门批评制止或者处理处罚后仍继续实施的除外。因此，行为人诉诸“软暴力”等不当手段解决民间纠纷的，性质上应当与黑恶势力犯罪予以区别看待。

但是，实践中不乏存在某些商业借贷中，出借方主要目的是追求高利息而并非罚息，且不是意图恶意非法占有借款方财物的情形。此时，虽然利用“软暴力”催收本金、利息、罚息，但仅限于手机短信、电话骚扰，并未上门催收，且最终尚有部分金额本息并未催收成功，这种情况在相关法律及前述《意见》项下如何认定，还需要等待司法机关在其后的判决中予以个案判断。

2.《意见》出台的意义

我们理解，《意见》首次明确定义了“软暴力”行为，列举了其核心特征与常见手法，并将其作为了与暴力、威胁并列的犯罪手段。同时，《意见》对于“软暴力”行为的入罪、出罪，也进行了比较和区分。

在《意见》出台之后，司法机关具体如何适用《意见》的规定，我们拭目以待。也希望可以借《意见》出台之契机，在全国范围内统一办理“软暴力”相关案件的尺度，以同时维护被害人及犯罪嫌疑人的合法权益。

二、2020年展望

2019年末，最高人民法院及最高人民检察院相继发布《全国法院民商事审判工作会议纪要》（**《九民会议纪要》**）和多个重要司法解释。2020年初，多项重量级法律及司法解释发生法律效力。与此同时，多项立法讨论工作也在循序渐进进行中，《民法典》等重量级法律法规在不远的将来即将落地。这决定了2020年，必定是中国司法史上不平凡的一年。新的法律、法规及司法解释的落地执行，为案件争议解决提供方向指引的同时，也必定会有新的问题涌现。展望2020年，除常规的争议解决案件外，争议解决业务很有可能在以下几个方面发生新的变化：

1. 外商投资相关领域可能会涌现新的争议问题

新的《外商投资法》及司法解释、《外商投资法实施条例》于2020年1月1日起正式生效，与此同时，《中外合资经营企业法》《中外合作经营企业法》和《外资企业法》（以下合称“**三资企业法**”）同时废止。《外商投资法》对于三资企业法的重大修改内容之一，即外商投资企业最高权力机构发生变化，股东会取代董事会成为外商投资企业的最高权力机构。在新旧法更迭阶段，外商投资企业组织架构的变化是否可能引发新的争议事

项，尚存在不确定性。与此同时，对于投资合同，包括外商投资企业合同、股份转让合同、股权转让合同、财产份额或者其他类似权益转让合同、新建项目合同等协议的效力及法律适用问题、VIE结构相关交易合法性问题，也很可能成为司法实践中的关注重点。

2. 2019年11月8日施行的《九民会议纪要》出现的一系列问题也可能成为司法实践中的关注重点

《九民会议纪要》对于《民法总则》适用的法律衔接、合同纠纷案件、公司纠纷案件、担保纠纷案件（特别是对让与担保的明确）、金融消费者权益保护、证券纠纷、营业信托纠纷、财产保险合同纠纷、票据纠纷、破产纠纷、案外人救济案件以及民刑交叉争议程序的处理作出了规定，使得此前司法实践中涌现的相关疑难争议问题的审判思路得以明确。在最高人民法院将中级人民法院管辖案件的标的额上升至50亿元人民币，以期“促进矛盾纠纷化解中心下移”的背景下，《九民会议纪要》的颁布和法律适用分歧解决机制的建立，有助于统一各级法院的裁判思路，规范法官的自由裁量权，增强民事审判的可预期性。

3.《民法典》落地后，将对新旧法更迭期间的法律适用问题提出挑战

2019年12月23日至28日，十三届全国人大常委会第十五次会议在北京举行，备受关注的民法典（草案）首次整体亮相。草案共7编，依次为总则编、物权编、合同编、人格权编、婚姻家庭编、继承编、侵权责任编，以及附则，共1260条。《民法典》对于现有的《民法通则》《民法总则》《物权法》《婚姻法》《侵权责任法》的相关规定作了一定程度的补充和更新。一旦《民法典》得以通过，对于一些法律适用上的新情况新问题，尤其是新法与旧法更迭期间的法律适用问题和既有司法解释与新法衔接的问题，无疑将对司法实践提出新的挑战。

4. 技术更新带来的新类型争议案件可能逐渐跃上舞台

区块链技术、人脸识别技术的迅速发展，对于个人信息保护、互联网等法律法规提出新的挑战，由此产生的个人隐私保护问题、知识产权保护问题等亟待在新的技术规范路径下探寻新的争议解决方法。2019年10月，浙江理工大学法学副教授郭兵诉杭州野生动物园区案件，在中国拉开人脸识别法律诉讼的帷幕。2020年，随着技术的革新，也许会有新的争议案件出现。与此同时，区块链法律技术革新带来的数据安全、知识产权保护、技术许可、法律适用、责任分担、个人隐私权保护等问题，也同样值得关注。

5. 内地与香港地区仲裁相关双边司法协助安排可能成为仲裁领域的关注热点

内地法院与香港法院对于相关仲裁裁决执行的安排早已落地且实践多年，取得诸多成效。最高人民法院与香港特别行政区政府经协商，达成《关于内地与香港特别行政区法院就仲裁程序相互协助保全的安排》，允许在香港或内地进行的经过确认资格的仲裁机构管理的仲裁程序的当事人向内地或香港法院申请临时保全措施，以更有效的维护当事人的合法权益。该安排已经于2019年10月1日起发生法律效力，根据香港国际仲裁中心的统计，截至2019年12月20日，其已受理11例向内地法院提出的保全申请，其中四例已经获得批准，在实践中反响良好。除此之外，《关于内地与香港特别行政区法院相互认可和执行民商事案件判决的安排》亦已签署，等待生效。生效之后，香港和内地之间的司法协助和争议解决合作将提升到全新的高度，能为当事人提供更多争议解决的新方案。

展望2020，“世界无穷愿无尽，海天寥廓立多时”，[1] 诉讼仲裁业务的探索和实践任重而道远。君合争议解决组定会在2020年，脚踏实地、与时俱进，我们有信心也有能力在今后的争议解决过程中为客户提供高质量、全方位、高瞻远瞩的法律服务！

致　谢

参与本报告撰写的合伙人、顾问及律师为：胡楠、李清、叶臻勇、董明、王利华、顾依、刘佳迪、邹德龙、刘威、武宇彤、胡宇鹏、陈幸韵、杨帅、董晓瑞。

在此对他们表示诚挚的感谢。

1　梁启超：《自励两首（其二）》。